O PAPEL DA LEI COMPLEMENTAR TRIBUTÁRIA NO DESENHO FEDERATIVO BRASILEIRO

FSC
www.fsc.org
MISTO
Papel | Apoiando o manejo florestal responsável
FSC® C111076

A Editora Fórum, consciente das questões sociais e ambientais, utiliza, na impressão deste material, papéis certificados FSC® (*Forest Stewardship Council*).

A certificação FSC é uma garantia de que a matéria-prima utilizada na fabricação do papel deste livro provém de florestas manejadas de maneira ambientalmente correta, socialmente justa e economicamente viável.

VALTER DE SOUZA LOBATO
Coordenador

JOSÉ ANTONINO MARINHO NETO
Organizador

Prefácio
Misabel de Abreu Machado Derzi

Pósfácio
Humberto Ávila

O PAPEL DA LEI COMPLEMENTAR TRIBUTÁRIA NO DESENHO FEDERATIVO BRASILEIRO

Belo Horizonte
FÓRUM
CONHECIMENTO JURÍDICO
2024

FÓRUM
CONHECIMENTO JURÍDICO

Luís Cláudio Rodrigues Ferreira
Presidente e Editor

Coordenação editorial: Leonardo Eustáquio Siqueira Araújo / Aline Sobreira de Oliveira
Revisão: Aline Almeida
Capa e projeto gráfico: Walter Santos
Diagramação: Formato Editoração

Rua Paulo Ribeiro Bastos, 211 – Jardim Atlântico – CEP 31710-430
Belo Horizonte – Minas Gerais – Tel.: (31) 99412.0131
www.editoraforum.com.br – editoraforum@editoraforum.com.br

Técnica. Empenho. Zelo. Esses foram alguns dos cuidados aplicados na edição desta obra. No entanto, podem ocorrer erros de impressão, digitação ou mesmo restar alguma dúvida conceitual. Caso se constate algo assim, solicitamos a gentileza de nos comunicar através do *e-mail* editorial@editoraforum.com.br para que possamos esclarecer, no que couber. A sua contribuição é muito importante para mantermos a excelência editorial. A Editora Fórum agradece a sua contribuição.

Dados Internacionais de Catalogação na Publicação (CIP) de acordo com ISBD

P214 O papel da lei complementar tributária no desenho federativo brasileiro / Valter de Souza Lobato (coord.); José Antonino Marinho Neto (org.). Belo Horizonte: Fórum, 2024.
654p. 17x24cm

ISBN impresso 978-65-5518-779-3
ISBN digital 978-65-5518-780-9

1. Lei complementar tributária. 2. Federalismo fiscal. 3. Reforma tributária. I. Lobato, Valter de Souza. II. Marinho Neto, José Antonino. III. Título.

CDD: 341.39
CDU: 336

Ficha catalográfica elaborada por Lissandra Ruas Lima – CRB/6 – 2851

Informação bibliográfica deste livro, conforme a NBR 6023:2018 da Associação Brasileira de Normas Técnicas (ABNT):

LOBATO, Valter de Souza (coord.); MARINHO NETO, José Antonino (org.). *O papel da lei complementar tributária no desenho federativo brasileiro*. Belo Horizonte: Fórum, 2024. 654p. ISBN 978-65-5518-779-3.

PARTE II
LEI COMPLEMENTAR E FEDERALISMO: CONFLITOS DE COMPETÊNCIA

PARTE IV
LEI COMPLEMENTAR E AS LIMITAÇÕES CONSTITUCIONAIS AO PODER DE TRIBUTAR

PARTE V
LEI COMPLEMENTAR E TRIBUTOS EM ESPÉCIE

PREFÁCIO

As leis complementares, que a Constituição de 1988 contempla em comandos fartos, jamais foram tão numerosas na história do direito constitucional. Elas representam um desafio à ciência política, à teoria do direito e do estado, à dogmática em geral e à jurisprudência. Sobre elas, debates, discussões e bibliotecas construíram-se intermináveis e, parece-nos, estamos todos ainda distantes do apaziguamento em relação a suas funções; natureza; extensão objetiva e subjetiva e, sobretudo, a seus limites. A forma federativa a caracterizar o estado brasileiro como cláusula pétrea, irreversível, agiganta as disputas entre as funções uniformizadoras das normas gerais e as autonomias dos entes federados.

Apesar, ou melhor, por causa desse cipoal de aspectos, ângulos a partir dos quais podemos enfocar os estudos sobre as leis complementares, saudamos com aplausos intensos o advento dessa obra, intitulada *O Papel da Lei Complementar Tributária no Desenho Federativo Brasileiro*, coordenada pelo ilustre professor, doutor *Valter de Souza Lobato*, notável acadêmico e advogado, e organizada por *José Antonino Marinho Neto*, mestre pela UFMG. A obra não será apenas mais uma, porém consulta obrigatória para estudiosos e pesquisadores. Ela colhe 39 artigos de reconhecidos juristas, experientes especialistas e, certamente, será o primeiro volume de outros que se seguirão ao advento de, pelo menos, mais 12 leis complementares estruturais, em 2024, a regular a reforma tributária do consumo, introduzida pela Emenda Constitucional nº 132/2023.

Li, antecipadamente, alguns artigos constantes deste livro, imperdíveis, além do magnífico posfácio do *professor Humberto Ávila*. Ali, para finalizar, o leitor vai encontrar questões de fundo, arroladas por *Ávila*, relativas a federalismo; normas gerais; competência; extensão e eficácia das leis complementares; suas funções e limites objetivos e subjetivos que ainda estão em aberto. Prenuncia, então, a longa batalha interpretativa, que continuará a ser travada, agora recrudescida com o advento de uma reforma tributária estrutural, que já demandou, nos meses inaugurais de sua vigência, até mesmo a elaboração de uma proposta de emenda à Constituição para introduzir, adicionalmente, uma reforma do Poder Judiciário. Tudo leva a crer que *Ávila* está certo, portanto, o que reforça exatamente a oportunidade de se desdobrarem novos volumes a serem organizados pelo *professor Valter Lobato*, enfocando estudos sobre as novas leis complementares reformistas, que se avizinham.

Em face da complexidade do tema, e em prefácio que se pretende curto, não vou me juntar aos diversificados problemas já tão bem levantados no posfácio, nem abordar as diversificadas espécies de leis complementares, inseridas no capítulo do Direito Tributário da Constituição. Pretendo trabalhar em sentido oposto: quais os pontos difíceis, em torno das leis complementares, mas relativamente pacificados – pois nada existe imutável – que podemos mencionar? Sobretudo aqueles pontos de interesse já consolidados, ainda que temporariamente, no *desenho federativo brasileiro*, na mesma direção apontada pelo título da obra comentada?

O leitor terá, então, neste prefácio, alguns aspectos ou temas menos conflituosos já postos em doutrina ou jurisprudência. Para o longo caminho ainda a percorrer, sugiro a antecipação da leitura do posfácio do *professor Ávila*.

Temas pontuais que se impõem de modo consistente na Constituição e na jurisprudência da Corte Suprema: **(i)** a edição de lei complementar supõe sempre aprovação por meio de quórum qualificado; **(ii)** a matéria que deve disciplinar é aquela expressamente prevista na Constituição, de modo que o procedimento legislativo adequado não se presume na implicitude do sistema jurídico; **(iii)** em decorrência do ponto anterior **(ii)**, a regra será a indelegabilidade ao legislador ordinário daquilo que somente lei complementar possa veicular; **(iv)** assim, a Constituição ainda veda literalmente a adoção de medidas provisórias em relação à matéria reservada à lei complementar (art. 62, III); **(v)** ainda, graças ao labor científico de *Souto Maior Borges* em obra sobre o tema, forte na teoria kelseniana da hierarquia das normas e de sua validade, a doutrina e nossos tribunais assentaram o pensamento de que a superioridade de uma lei complementar sobre outras leis não advém do procedimento legislativo do qual decorre – quórum especial – mas do fato de ela ditar os **fundamentos de validade de outras (e se o ditar)**. Somente as leis complementares que veiculam normas gerais – que, portanto, vão determinar os requisitos de validade – das normas inferiores, editadas pelas ordens jurídicas parciais (federal, estadual e municipal), são hierarquicamente superiores.

Em decorrência, uma lei ordinária pode ser hierarquicamente superior a outras leis ordinárias se ela lhes ditar os critérios de validade (leis federais de normas gerais sobre licitações; lei de normas gerais financeiras de orçamento, nº 4.320/1964, antes da Constituição de 1988 etc.). Igualmente, a lei complementar que instituir o imposto sobre as grandes fortunas, ou aquela que disciplinar as atribuições do vice-presidente da república (parágrafo único do art. 79 da Constituição), ou ainda as leis complementares que instituírem, regularem o IBS, nenhuma delas será hierarquicamente superior a outras, pois têm domínio único sobre o tema, de exclusiva competência federal. Nessa matéria do IBS, foi cassada a competência para legislar dos Estados e dos Municípios pela Emenda Constitucional nº 132/2023. Nenhuma dessas leis complementares dita o fundamento de validade de outras leis.

Importa mais saber se a lei complementar veicula ou não norma geral, que obrigará as ordens jurídicas parciais. Em caso de resposta afirmativa, a lei complementar será hierarquicamente superior, ditando os critérios de validade das normas inferiores, editadas nas ordens parciais.

Exemplo de aplicação útil e recentíssima dessa posição, para nós doutrinariamente consolidada, refletiu-se em brilhante voto exarado pela *Ministra Regina Helena Costa* no Agint no Recurso Especial nº 1906018 – PR, abril de 2024, em que se enfrentou o seguinte dilema: o STJ entende que a matéria em tela é constitucional, enquanto o STF, ao contrário, rejeita o recurso extraordinário por entender que é infraconstitucional. Cria-se um "limbo", um vácuo a partir do qual o recurso não será analisado por nenhum tribunal. Essa zona cinzenta dissemina insegurança jurídica que a *Ministra* clareou, ao delinear as relações entre a lei complementar e a lei ordinária em matéria tributária, valendo-se do critério útil à diferenciação: o fundamento de validade. E assim pontua: *"nessa ambiência, ganha relevo a diretriz segundo a qual, na hipótese de a lei ordinária encontrar seu fundamento de validade também na lei complementar, o exame da controvérsia cabe ao Superior Tribunal de Justiça, porque, consoante exposto nesse caso, então, a lei ordinária extrairá seu fundamento de validade mediatamente da Constituição e imediatamente da lei complementar"*. E, então, dando provimento ao agravo, a turma acolheu o recurso especial no STJ, com que se evitou o chamado "limbo jurisdicional".

É claro. Estamos nos referindo às relações e conflitos entre leis. Não estamos em face dos decretos regulamentares do Poder Executivo, que sofrem limites normativos no Estado de direito. Assim sendo, o *Comitê Gestor* do IBS está sujeito às leis complementares editadas pelo Congresso Nacional e às resoluções senatoriais nas regras de execução que dispuser. Nesse sentido, há evidente superioridade das leis (complementares ou não) em relação às regras editadas pelo *Comitê Gestor*, pois regras regulamentares serão sempre hierarquicamente inferiores; mas esse é princípio imanente e geral, pertinente ao Estado de direito. Nenhuma especialidade na hipótese.

Um breve registro sobre as normas gerais deve, de plano, delinear o objeto de modo mais preciso, a saber: **(a)** países unitários costumam também utilizar a expressão, normas gerais, como sinônimo de princípios reitores de determinado assunto, ou de introdução a códigos e outros conjuntos de regras sistematizadas. Seriam, por exemplo, assim classificadas as leis de introdução a códigos e demais consolidações. Como na França e na Espanha, razões técnico-jurídicas, à vista da crescente participação da Administração Pública na dinâmica econômica de nossos dias, recolhendo as transformações e mudanças impostas na demanda social, impuseram a elaboração de normas gerais, como princípios orientadores de leis especiais, embora editadas pela mesma pessoa legisladora, ou seja, pelo mesmo parlamento. Tais normas gerais não envolvem, pois, a pretensão de padronização mínima de diferentes ordens jurídicas, como se dá no federalismo. Esse não é o sentido que estamos a enfocar nesta obra, que pressupõe as normas gerais em face dos entes federados. O sentido das normas gerais, que aqui buscamos, aproxima-se muito mais das **diretivas europeias**, editadas na UE, que supõem a convivência, em uma federação ou confederação, de ordens jurídicas diversas e relativamente autônomas; **(b)** como já anotamos, o veículo legislativo mais utilizado no direito tributário para veicular normas gerais são as leis complementares. Mas as leis ordinárias, em outros sítios da competência concorrente, podem se tornar meio para a disciplina das normas gerais a atingir todas as ordens parciais, como seria o caso dos §§ 1º a 4º do art. 24 da Constituição (pelo menos ainda inexiste posição consolidada nesse assunto, em sentido contrário).

Muito já se escreveu sobre o tema. *Carvalho Pinto*, citando *Duguit*, definira antes que as normas trazem em si a ideia de generalidade, ainda mais acentuada quando se lhes acrescenta o termo "gerais", expressão utilizada no Texto Constitucional de 1946. Conclui que as normas gerais supõem a forma federativa de Estado, pois não objetivam uma ou algumas pessoas congêneres de direito público, mas obrigam a todas; não visam, particularmente, a determinados institutos ou situações jurídicas, excluindo outras da mesma espécie.[1]

Como se pode constatar, a questão das normas gerais envolve a questão federativa, que é forma de estado em constante transformação histórica. Há federalismos, como o norte-americano, em que não se prevê a edição de leis de normas gerais, a padronizar as ordens jurídicas parciais dos entes federados. Em tais circunstâncias, com diferenciações notáveis, cada estado membro, nos EUA, tem espaço maior para exercer a sua competência em amplos setores de direito material. O vínculo nacional advém da Constituição. Tais peculiaridades de autonomia extensa não bloqueiam o progresso econômico e financeiro daquela nação, a mais rica do planeta, em contraste com a posição majoritária, no momento existente no Brasil, segundo a qual a uniformização, a padronização e a simplificação do sistema tributário parecerem ter se tornado pontos essenciais para o desenvolvimento do País.

Práticas, modelos e concepções de federalismo são muito diversos pelo mundo, e seria inadequado dissertar sobre essa forma de estado, nesse espaço restrito. Assim, do PONTO DE VISTA SOCIOLÓGICO, considerando os mais diversificados arranjos de federalismo entre as nações, pode-se fazer uma APROXIMAÇÃO meramente TIPOLÓGICA E JUSTIFICAÇÕES NORMATIVAS. Em artigo de uma das signatárias do presente com THOMAS BUSTAMANTE,[2] demonstrou-se que é impossível – ou, se não impossível, desimportante – o atingimento de *conceito* de Federalismo ou de Estado Federal, ao menos no sentido próprio da palavra – de *conceito classificatório universal*. A noção do que seja o princípio federativo, para nós, sendo empírica, *hic*, depende das escolhas históricas de cada país e, assim, do ponto de vista sociológico, é melhor capturada por meio de uma aproximação tipológica[3],[4]–, como descrição da realidade social, rica e diversificada.[5]

Em outras palavras, para constatar se estamos ou não diante de um Estado Federal, não basta que verifiquemos se acham-se aperfeiçoadas, in concreto, p. ex., o mecanismo da intervenção federal, a possibilidade de os Estados-Membros proporem emendas à Constituição Federal, a possibilidade de criação de novos Estados-Membros, a existência de uma Corte Suprema etc. (características essas comumente arroladas

---

1 Cf. CARVALHO PINTO. Normas Gerais de Direito Financeiro: Finanças em Debate I. Rio de Janeiro: Ed. Financeiras S/A, s.d.

2 DERZI, Misabel de Abreu Machado; BUSTAMANTE, Thomas da Rosa de. O princípio federativo e a igualdade: uma perspectiva crítica para o Sistema Jurídico Brasileiro a partir da análise do Modelo Alemão. *In*: DERZI, Misabel de Abreu Machado; BATISTA JÚNIOR, Onofre Alves; MOREIRA, André Mendes (Org.). *Estado Federal e Guerra Fiscal no Direito Comparado*. Belo Horizonte: Arraes, 2015. p. 471.

3 DERZI, Misabel de Abreu Machado. *Direito Tributário, Direito Penal e tipo*. 4. ed. Belo Horizonte: Fórum, 2021. p. 99.

4 Sobre uma leitura a respeito das principais posições doutrinárias a respeito dos tipos e conceitos em nossa doutrina, é ver: LOBATO, Valter de Souza; MARINHO NETO, José Antonino. Competência Tributária: Tipos ou Conceitos? Da Necessidade de um Exame Crítico dos Pensamentos de Misabel Derzi, Luís Eduardo Schoueri e Humberto Ávila. *Direito Tributário Atual*, v. 50, p. 569-591, 2022.

5 O que não significa dizer que o tipo não possua um núcleo mínimo de características. Mas mesmo esse núcleo não é verificado, em cada unidade concreta, da mesma e igual forma. Não é toda característica sua que será constante (apesar de alguma ou algumas poderem sê-lo, segundo pensamos), sem contar que várias poderão ser as combinações ou mesmo a intensidade em que se apresentam determinadas notas. Ver DERZI, Misabel de Abreu Machado. *Direito Tributário, Direito Penal e tipo*. 4. ed. Belo Horizonte: Fórum, 2021. p. 99.

pela doutrina como componentes do Estado Federal). Não há algo como uma receita do Federalismo universal.

Mais importante do que determinar, por exemplo, se um determinado Estado é ou não "federal" é estabelecer se (e em que medida) a sua organização política é estruturada de maneira a atender as exigências normativas do denominado "princípio federativo" e se ela apresenta, ou não, uma resposta adequada às justificações normativas apresentadas pelos princípios que se escondem por trás do modelo federativo.[6] E, se a adoção do modelo federativo deve justificar-se por princípios, que princípios são esses?

A literatura neste âmbito é vasta, mas deve merecer atenção o *princípio da subsidiariedade*, que a Constituição de 1988 elevou a ponto superior, ao integrar os municípios na composição necessária do federalismo, ao lado dos estados; *a distribuição do poder pelo território nacional*, em unidades políticas autônomas; a efetiva *participação de tais unidades político-territoriais* na formação das próprias leis a vigorarem em seu território e, ao mesmo tempo, na formação das leis nacionais integrantes da ordem jurídica nacional.[7,8]

Ao fim e ao cabo, **o Federalismo apresenta-se como poderoso instrumento de promoção da democracia**, como já ensinava *Madison* há mais de 200 anos, e acrescentamos[9] *"na medida em que [ampliaria] as possibilidades de participação e influência de cada indivíduo na formação das políticas públicas e [aproximaria] os representantes das reivindicações concretas das comunidades a que eles se vinculam"*.[10]

Embora a aproximação tipológica de federalismo – em razão da fluidez própria dos tipos – possa explicar, sociologicamente, a existência de uma série de variações e combinações diferentes de federalismo, é preciso considerar a ordem jurídica, posta em cada país. No Brasil, em que o federalismo é cláusula pétrea; em que cada um dos Entes estatais, a união, os estados, o distrito federal e os municípios são dotados de autonomia política, administrativa e financeira; e mais, dotados ainda de competência para legislar e para fazer escolhas políticas, do ponto de vista formal nós nos aproximamos bem do conceito formalmente formulado por *Hans Kelsen*. A descentralização político-jurídica que o caracteriza pressupõe descentralização do poder e se reconhece, no dizer irretocável de *Hans Kelsen*,

> quando a ordem jurídica, válida somente para uma comunidade parcial, é criada por órgãos eleitos simplesmente pelos membros dessa comunidade parcial. Como exemplo poderia citar-se um Estado federal em que as leis válidas para o território de um Estado-membro

---

6 DERZI, Misabel de Abreu Machado; BUSTAMANTE, Thomas da Rosa de. O princípio federativo e a igualdade: uma perspectiva crítica para o Sistema Jurídico Brasileiro a partir da análise do Modelo Alemão. *In*: DERZI, Misabel de Abreu Machado; BATISTA JÚNIOR, Onofre Alves; MOREIRA, André Mendes (Org.). *Estado Federal e Guerra Fiscal no Direito Comparado*. Belo Horizonte: Arraes, 2015. p. 471.

7 Uma noção inicial da subsidiariedade pode ser extraída do Catecismo da Igreja Católica, cujo §1883 reza: "uma sociedade de ordem superior não deve interferir na vida interna duma sociedade de ordem inferior".

8 O que o princípio da subsidiariedade exige é que se maximize o "contributo de cada indivíduo para a formação da vontade comunitária", como ensina REINHOLD ZIPPELIUS. *Teoria Geral do Estado*. Trad. Karin Praefke-Aires Coutinho. 3. ed. Lisboa: Calouste Gulbenkian, 1997. p. 159.

9 Cf. HAMILTON, Alexander; JAY, John; MADISON, James. *O Federalista*. Rio de Janeiro: Ed. Nacional de Direito, 1959.

10 *Idem, ibid.*

unicamente podem ser expedidas pelo legislativo local, eleito pelos cidadãos desse Estado-membro.[11]

De fato, estabelece o *caput* do art. 18 da Constituição Federal: "***A organização político-administrativa da República Federativa do Brasil compreende a União, os Estados, o Distrito Federal e os Municípios, <u>todos autônomos</u>, nos termos desta Constituição***" (*ng*).

Portanto, é da essência do Estado Federal, em nosso País, a distribuição de competência entre os entes estatais que o compõem. Ao lado da competência privativa da união, a Constituição de 1988 concedeu autonomia formal e material à competência concorrente, como deixou registrado, *Machado Horta*:

> Autonomia formal, sob o aspecto de nova modalidade introduzida na repartição de competências, e autonomia material, indicando os temas que poderão constituir objeto da legislação concorrente. Enriqueceu a autonomia formal, dispondo que a competência da União consistirá no estabelecimento de normas gerais, isto é, normas não exaustivas, e a competência dos Estados se exercerá no domínio da legislação suplementar (art. 24, §§1º. e 2º.). A lei de normas gerais deve ser uma lei quadro, uma moldura legislativa. A lei estadual suplementar introduzirá a lei de normas gerais no ordenamento do Estado, mediante o preenchimento dos claros deixados pela lei de normas gerais, de forma a afeiçoá-la às peculiaridades locais.[12]

Lei quadro, lei moldura, lei de princípios, a lei de normas gerais de Direito Tributário, ou de Direito Financeiro, emana da união por meio de lei complementar e pertence àquela ordem jurídica no Estado Federal. Sendo hierarquicamente inferior à Constituição, sobrepõe-se, entretanto, às ordens jurídicas parciais da própria união, dos estados, do distrito federal e dos municípios.

Já dizia Aliomar Baleeiro, comentando a Constituição anterior, que ela previa

> as controvérsias que o choque de interesses e de opiniões engendrará em torno das limitações constitucionais ao poder fiscal, e, por isso cometeu à lei complementar (art.50) as soluções adequadas no vasto campo do art.18 (...) parágrafo 1º. – Lei complementar estabelecerá normas gerais de Direito Tributário, disporá sobre os conflitos de competência nessa matéria entre a União, os Estados, o D. F. e os Municípios, e regulará as limitações constitucionais do poder de tributar.
>
> Essa cláusula final não significa de modo algum que todas essas limitações ficam a depender da lei complementar para que entrem em vigor. Os art. 18 e 19 da C.F., p. ex., têm eficácia imediata, embora não se exclua a possibilidade de serem regulados em lei complementar, que lhes não restrinja o alcance.
>
> Em princípio, as disposições que vedam o poder tributário são auto executáveis, independentemente de lei complementar.
>
> Essa lei poderá cortar dúvidas que, na ausência dela, serão resolvidas pela interpretação dos Tribunais e, soberanamente, pelo STF (C.F., arts. 153, par. 4º., e 119, I, 1).

---

11 Cf. HANS, Kelsen. *Teoria General del Derecho y del Estado*. Trad. Eduardo Garcia Maynez. 2. ed. México: Imprenta Universitária, 1958. p. 268.

12 Cf. HORTA, Raul Machado. *Estudos de Direito Constitucional*. Belo Horizonte: Del Rey, 1995. p. 419-420.

Cabem, porém, ao Congresso a competência e o dever de regular as limitações, muito embora, nos E.U.A, BIKLÉ e POWELL já se referissem às *wonderful things Congress says by remaining silent.*

Há, sim, a subordinação das três ordens parciais a uma ordem jurídica total, ou nacional, que corresponde à parcela de poder não partilhada entre as distintas esferas estatais, e da qual são expressão mais evidente, as normas constitucionais e as normas gerais de Direito Tributário. Em consequência, as normas gerais jamais substituem o exercício da competência legislativa da união, dos estados, do distrito federal e municípios em matéria financeira e tributária, de tal sorte que, havendo omissão do legislador ordinário estadual ou municipal, não poderá a união – mesmo editando lei complementar – regular o tributo de alheia competência, para valer no território daquela pessoa que renunciou à faculdade de legislar, atribuída na Carta Magna.

É fundamental, não obstante, observar que a função das normas gerais, como normas amplas de padronização mínima das ordens jurídicas parciais, nasceu com a Constituição de 1988. Antes disso, duas correntes diversas se opuseram na delimitação das funções das normas gerais, sob a vigência da Constituição de 1969, a saber:

(a) **a corrente federalista, liderada por Geraldo Ataliba,**[13] lia *o art.18 (...) §1º – Lei complementar estabelecerá normas gerais de Direito Tributário, disporá sobre os conflitos de competência nessa matéria entre a União, os Estados, o D. F. e os Municípios, e regulará as limitações constitucionais do poder de tributar,* da Constituição de 1969, da seguinte forma: (...) lei complementar estabelecerá normas gerais de Direito Tributário **para** dispor sobre os conflitos de competência (...) e regular as limitações constitucionais ao poder de tributar. Ou seja, as normas gerais somente poderiam versar sobre conflitos, se necessário, e regular as limitações constitucionais, de tal modo que não teriam a função de criar padrões, modelos e uniformização das ordens jurídicas parciais. Federalismo é exatamente a diversidade e a tolerância das diferenças locais e regionais. Em decorrência, parte do CTN, relativa a lançamento; decadência; seria inconstitucional, pois lesiva à autonomia de Estados e Municípios;

(b) **a corrente pragmática, que foi vitoriosa na Constituinte de 87**, atribuiu à lei complementar (chamada tricotômica), a tríplice matéria descrita naquele art. 18 da Constituição de 1969. Ao fim, a Constituição de 1988, no art. 146, incluiu dentro das atribuições das leis complementares federais a criação de normas gerais, versando sobre tributos e suas espécies, bases de cálculo, obrigações, prescrição e decadência; em tópicos apartados ainda previu a prevenção de conflitos de competência e a regulação das limitações constitucionais.

Com isso, a polêmica de alta relevância, à luz da Constituição anterior, foi amainada com o advento da Constituição de 1988. Leis complementares federais, como leis nacionais, veiculam normas gerais, em três funções diferentes, às quais a doutrina e a jurisprudência dão o sentido adotado neste artigo de padrões mínimos;

---

[13] Cf. ATALIBA, Geraldo. O Direito Tributário e a Autonomia dos Estados-Membros e Municípios. *Revista de Direito Público*, v. 2, n. 10, p. 45-80, out./dez. 1969.

diretrizes gerais, cujos limites estão fixados na própria autonomia dos Entes federados. São vinculantes para as ordens jurídicas parciais, ditando-lhes os fundamentos de validade.

De maneira mais simples: se, por um lado, os entes federados têm limitada a sua capacidade de auto-organização, justamente por terem que observar a normatização geral emanada pelo poder nacional em matéria de normas gerais, editadas por leis complementares da união, por outro, também o poder nacional encontra um limite na edição de leis nacionais – esse limite está na generalidade das normas que edita. A subsidiariedade, vê-se, serve como contraponto à limitação da autonomia dos entes federados. É lícito dizer que *a limitação possui limites*.

Mas, então, a questão: por que traçar limites à autonomia dos entes federados (heteronomia)? O que justifica a necessidade, **forte entre nós**, de se conferir certa uniformização ao arranjo federativo, necessidade que outros países, democráticos e economicamente desenvolvidos não apresentam, como ocorre nos EUA? Por ora, cabe referir aqui, em tema tão complexo, apenas que – em face da profunda desigualdade social e regional do Brasil – o princípio da cooperação remete-nos ao federalismo cooperativo, plasmado na Constituição de 1988. É que "o federalismo cooperativo vê na necessidade de uniformização de certos interesses um ponto básico da colaboração", como corretamente defende *Ferraz Jr*. Federalismo e igualdade se miscigenam em nosso sistema, à moda federativa dos alemães.[14]

Esperemos que a reforma introduzida pela EC nº 132/2023 não lese o federalismo cooperativo e quebre a busca da igualdade, por inserir no poderoso *Comitê Gestor*, em que prevalecerão as decisões dos estados mais populosos – coincidentemente os mais ricos – a hegemonia das regiões sudeste e sul, em detrimento dos mais pobres do norte e do nordeste. Mas tal é uma questão relevante, problemática, para os anos vindouros.

Propus-me apenas a referir, brevemente, alguns pontos de relativa pacificação em tema tão controvertido.

Miríades de problemas levantam-se, como tão profundamente denunciou o *professor Humberto Ávila* em seu posfácio. Este livro, portanto, haverá de suscitar profundo interesse para estudos acadêmicos e à prática profissional. Velhas e novas questões já se encontram, nele, refletidas. Com mais intensidade do que antes, após a grande reforma introduzida pela Emenda Constitucional nº 132/2023, a consulta a esta obra torna-se útil e mesmo, inevitável.

Misabel Abreu Machado Derzi
Professora Titular e Emérita da UFMG

14 FERRAZ JR., Tércio Sampaio. Normas gerais e competência concorrente: uma exegese do art. 24 da Constituição Federal. *Revista da Faculdade de Direito da Universidade de São Paulo*, v. 90, p. 249, 1995.

A presente obra nasce de uma série de percepções dos últimos anos. A primeira delas por conta do expressivo número de julgamentos do Supremo Tribunal Federal, todos com foco na ausência de lei complementar ou na deficiência desta lei complementar.

Além deste dado, com a Emenda Constitucional nº 132, de dezembro de 2023, a lei complementar tributária ganha um papel inédito no direito brasileiro, ao lado das então existentes. Até o advento da referida Emenda, a lei complementar tinha como papéis estabelecer normas gerais, regular as limitações ao poder de tributar e dispor sobre conflitos de competências (os chamados papéis genéricos da lei complementar tributária, todos eles arrolados no art. 146 da Constituição). Há ainda um outro, reconhecido por Sacha Calmon como um papel tópico de fazer atuar ditames constitucionais. Esse papel tanto poderá ser desempenhado concomitantemente com algum genérico como poderá agir isoladamente (é o caso, p. ex., de quando a Constituição exige o veículo da lei complementar para a instituição de empréstimos compulsórios).

A referida Emenda se apoiou no veículo da lei complementar em várias oportunidades, para tratar de variados temas (Comitê Gestor do IBS, não cumulatividade e repartição do produto da arrecadação desse mesmo imposto etc.). Dentre todas, uma exigência de lei complementar feita pela Emenda destaca-se, por intrincada: instituir o IBS. Trata-se da Constituição atribuindo à lei complementar (nacional ou federal?) o papel de instituir tributo que ela própria diz ser de competência dos Estados e dos Municípios (mas competência tributária não é a aptidão para instituir tributo?). Como já se começa a notar, a lei complementar do IBS coloca interrogações sobre teorias há muito consolidadas, em maior ou menor medida, como da competência tributária, do federalismo e da própria lei complementar. A aceitar-se a constitucionalidade da EC nº 132/2023 neste ponto, pode-se dizer que a lei complementar tributária ganha uma nova função.

Pois bem, diante desse momento de grande reestruturação do nosso Sistema Tributário, alguns estudos ainda remanescentes de disciplina ministrada em conjunto com o professor Flávio Couto Bernardes no Programa de Pós-Graduação em Direito da UFMG, no primeiro semestre de 2022, foram resgatadas e acrescentadas novas indagações, com a ilustre presença de professores e professoras convidados. Busca-se esmiuçar aqui, como feito na referida matéria, na maior completude possível, os diversos papéis e nuances desempenhadas pela Lei Complementar em matéria tributária, após o advento da Constituição Cidadã de 1988.

É desnecessário mencionar todo o manancial doutrinário e jurisprudencial pertinente a esta temática.

Por tal razão é que a obra estrutura-se em seis eixos temáticos principais: (i) a Lei Complementar no Direito brasileiro e as regras de competência; (ii) Lei Complementar e Federalismo: Conflitos de Competência; (iii) Lei Complementar e Federalismo: Normas gerais em matéria tributária; (iv) Lei Complementar e as limitações constitucionais ao poder de tributar; (v) Lei Complementar e Tributos em Espécie e (vi) A lei complementar e a reforma tributária.

A obra também mescla uma diversidade de autores. Escrevem tanto alunos que participaram daquela disciplina (dentre os quais o próprio Antonino, organizador da obra), como outros jovens pesquisadores, além de renomados doutrinadores tributaristas brasileiros. Essa diversidade é somada às distintas posições exercidas pelos autores na prática do Direito, para além da academia: há desembargadores, procuradores, advogados etc. Tudo isso com o intuito de cotejar um maior número possíveis de visões a respeito do tema.

Busca-se, portanto, que a obra tenha relevância em âmbito nacional, destinada tanto ao público acadêmico, como fonte de pesquisa, quanto à prática do Direito Tributário perante os tribunais, sejam eles administrativos ou judiciais.

Agradecendo profundamente a todos os autores que contribuíram para que esta obra viesse à lume, cumprimentamos nossos leitores, na espera de que a leitura lhes seja proveitosa.

Belo Horizonte, maio de 2024.
Valter de Souza Lobato

PARTE I

A LEI COMPLEMENTAR NO DIREITO BRASILEIRO E AS REGRAS DE COMPETÊNCIA

REFLEXÕES SOBRE A LEI COMPLEMENTAR DO IMPOSTO E DA CONTRIBUIÇÃO SOBRE BENS E SERVIÇOS

VALTER DE SOUZA LOBATO

Introdução

Este texto tem como objetivo sustentar que a Emenda Constitucional nº 132, de dezembro de 2023, que reforma o sistema tributário nacional, notadamente a tributação sobre o consumo, incumbe à lei complementar um mister absolutamente inédito no direito brasileiro, ao ponto de poder-se dizer que a lei complementar tributária ganha uma nova função, ao lado das hoje existentes, caso se entenda que ela é compatível com o Federalismo determinado pela Constituição Federal, em seu texto original.

Esta função – um estudioso atento da reforma tributária poderia logo dizer – é a de instituir o imposto sobre bens e serviços, que, curiosamente, o próprio texto da emenda diz ser de competência estadual e municipal. O que, numa primeira aproximação, pode parecer não oferecer maiores dificuldades, na verdade, coloca pontos de interrogação sobre constatações há muito consolidadas na doutrina, em maior ou menor medida. O pensador do direito será forçado a revisitar a teoria da competência tributária, do federalismo e da própria lei complementar – e também isso será papel deste trabalho demonstrar.

Para tanto, será necessário brevemente resgatar os atuais papéis da lei complementar tributária. Três deles genéricos, todos arrolados no art. 146 da Constituição: estabelecer normas gerais, regular as limitações constitucionais ao poder de tributar e dispor sobre conflitos de competência. O outro deles (tópico exigido caso a caso, pela Constituição): fazer atuar certos ditames constitucionais.

Essas considerações serão essenciais para que, na sequência, após o atingimento da constatação de que o legislador complementar carrega consigo uma grande responsabilidade em definir qual será "a cara" do novo sistema que gradualmente se implementa, possa-se passar ao estudo das intrincadas questões pertinentes à lei complementar do imposto (e também da contribuição) sobre bens e serviços.

1 Atuais papéis da lei complementar tributária

O art. 18, §1º, da Emenda Constitucional nº 1 de 1969 (ou da Constituição de 1969, para alguns), dispunha que "lei complementar estabelecerá normas gerais de direito tributário, disporá sôbre os conflitos de competência nesta matéria entre a União, os Estados, o Distrito Federal e os Municípios, e regulará as limitações constitucionais do poder de tributar". Em face do dispositivo, a doutrina, por muito tempo, discutiu quantos e quais seriam os papéis da lei complementar tributária no concerto federativo brasileiro.

Para a chamada *corrente dicotômica*, os papéis seriam tão somente os de dispor sobre conflitos de competência e de regular as limitações constitucionais ao poder de tributar. Justamente para desempenhar esses dois papéis é que normas gerais de direito tributário seriam editadas, de forma que a sua edição não consistiria, *per se*, em um terceiro papel autônomo da lei complementar tributária. Já para a chamada *corrente tricotômica*, a edição de normas gerais de direito tributário não teria o seu sentido esgotado naquelas duas funções, podendo estar a serviço de outros propósitos. Daí que faria sentido reservar-lhe o status de uma terceira função autônoma da lei complementar tributária.

Como lembrou Schoueri,[1] a discussão parece estar hoje superada, em face da disposição "equivalente" do texto constitucional de 1988 àquele dispositivo, que fez questão de individualizar cada uma das três funções sustentadas pela teoria tricotômica em um inciso próprio. Lê-se no art. 146 da Constituição:

> Art. 146. Cabe à lei complementar:
> I – dispor sobre conflitos de competência, em matéria tributária, entre a União, os Estados, o Distrito Federal e os Municípios;
> II – regular as limitações constitucionais ao poder de tributar;
> III – estabelecer normas gerais em matéria de legislação tributária, especialmente sobre:
> a) definição de tributos e de suas espécies, bem como, em relação aos impostos discriminados nesta Constituição, a dos respectivos fatos geradores, bases de cálculo e contribuintes;
> b) obrigação, lançamento, crédito, prescrição e decadência tributários;
> c) adequado tratamento tributário ao ato cooperativo praticado pelas sociedades cooperativas.
> d) definição de tratamento diferenciado e favorecido para as microempresas e para as empresas de pequeno porte, inclusive regimes especiais ou simplificados no caso do imposto previsto no art. 155, II, das contribuições previstas no art. 195, I e §§12 e 13, e da contribuição a que se refere o art. 239.

Conquanto seja certo que a Constituição de 1988 abraçou a teoria tricotômica, não é lícito que a compreensão dos papéis da lei complementar tributária pare por aí. Como observa Coêlho,[2] os três papéis sustentados pela corrente tricotômica consistem apenas nos papéis genéricos da lei complementar tributária. Há, ainda, o que didaticamente pode-se reconhecer como um quarto papel, que é o de topicamente fazer atuar certos ditames constitucionais.

---

1 SCHOUERI, Luís Eduardo. *Direito Tributário* [recurso eletrônico]. 9. ed. São Paulo: Saraiva, 2019. p.i.

2 COÊLHO, Sacha Calmon Navarro. *Curso de Direito Tributário brasileiro* [recurso eletrônico]. 17. ed. Rio de Janeiro: Forense, 2020. p.i.

No que segue, cada um desses papéis da lei complementar tributária será brevemente aprofundado, mas importante verificar que a discussão acima não desapareceu com a explicitação no Texto Constitucional das três funções da lei complementar, pois esta posição formal não encerra os seus limites e funções.

1.1 Funções genéricas

1.1.1 Estabelecer normas gerais

A função da lei complementar tributária de estabelecer normas gerais guarda íntima relação com o desenho federativo. Aliás, é a lei complementar que poderá desenhar os limites do Federalismo ou ultrapassá-los e, com isso, ferir o Texto Constitucional; é a tinta que deverá se manter dentro da moldura. É que as normas gerais, expressão do poder nacional que são, consistem em normas que conferem um mínimo de uniformização a um sistema descentralizado de poder político, ao mesmo tempo em que respeitam a autonomia política de cada ente da federação. É como ensina Ávila: o princípio federativo será encontrado no justo equilíbrio entre autonomia e uniformidade.[3]

No concerto federativo brasileiro, as normas gerais consistem em manifestação do poder nacional[4] ou do ordenamento jurídico total, fundado em uma Constituição total (*Gesamtverfassung*), na esteira da teorização kelseniana.[5]

Enquanto tais, essas normas vinculam todos os entes da Federação. Isso somente se mostra possível partindo-se da compreensão de que a autonomia política dos entes da Federação não é absoluta. Alguma heteronomia – não como regra – é necessária,[6] para prestigiar o federalismo cooperativo plasmado na Constituição de 1988.[7] Confere-se um tratamento minimamente uniforme a determinadas matérias no âmbito de toda a Federação, no contexto de um sistema descentralizado de poder político.[8] Autonomia e uniformidade.

De outro lado, servindo como um contraponto à heteronomia ocasionada pelas normas gerais, há o princípio da subsidiariedade.[9,10] Quer esse princípio significar que a interferência do poder nacional na vida das comunidades parciais somente se justificará

---

[3] ÁVILA, Humberto. *Teoria da Segurança Jurídica*. 6. ed. São Paulo: Malheiros/Juspodivm, 2021. p. 324. PLEYER, Marcus. *Föderative Gleichheit*. Berlim: Duncker und Humblot, 2005. p. 337.

[4] BARROSO, Luís Roberto. *Curso de Direito Constitucional contemporâneo*: os conceitos fundamentais e a construção do novo modelo [recurso eletrônico]. 7. ed. São Paulo: Saraiva Educação, 2018. p. i.

[5] KELSEN, Hans. Jurisdição constitucional. Introdução e revisão técnica Sérgio Sérvulo da Cunha. São Paulo: Martins Fontes, 2003, p. 53.

[6] TORRES, Heleno Taveira. *Direito Constitucional Financeiro*: Teoria da Constituição Financeira. São Paulo: Editora Revista dos Tribunais, 2014. p. 308.

[7] FERRAZ JR., Tércio Sampaio. Normas gerais e competência concorrente: uma exegese do art. 24 da Constituição Federal. *Revista da Faculdade de Direito da Universidade de São Paulo*, v. 90, p. 249, 1995.

[8] SCAFF, Fernando Facury, O que são normas gerais de direito financeiro? *In*: MARTINS, Ives Gandra da Silva; MENDES, Gilmar Ferreira; NASCIMENTO, Carlos Valder do (Coord.). *Tratado de Direito Financeiro*. São Paulo: Saraiva, 2013. v. 1. p. 30-44.

[9] DERZI, Misabel de Abreu Machado; BUSTAMANTE, Thomas da Rosa de. O princípio federativo e a igualdade: uma perspectiva crítica para o Sistema Jurídico Brasileiro a partir da análise do Modelo Alemão. *In*: DERZI, Misabel de Abreu Machado; BATISTA JÚNIOR, Onofre Alves; MOREIRA, André Mendes (Org.). *Estado Federal e Guerra Fiscal no Direito Comparado*. Belo Horizonte: Arraes, 2015.

[10] ZIPPELIUS, Reinhold. *Teoria Geral do Estado*. Trad. Karin Praefke-Aires Coutinho. 3. ed. Lisboa: Calouste Gulbenkian, 1997. p. 159, *apud idem, ibid*.

caso dê-se na exata "medida do necessário". Deve o poder nacional, na edição de normas gerais, atentar-se a esse princípio, não descendo a pormenores no trato da matéria, pena de inconstitucionalidade por afronta à autonomia dos entes federal e federados.

Essas considerações são pertinentes não somente ao plano teórico, senão também ao dogmático: encontram-se encerradas no texto constitucional, na previsão e no regramento da competência concorrente. Lê-se nos parágrafos do art. 24 que (§1º) no âmbito da legislação concorrente, a competência da União limitar-se-á a estabelecer normas gerais; (§2º) a competência da União para legislar sobre normas gerais não exclui a competência suplementar dos Estados; (§3º) inexistindo lei federal sobre normas gerais, os Estados exercerão a competência legislativa plena, para atender a suas peculiaridades; e (§4º) a superveniência de lei federal sobre normas gerais suspende a eficácia da lei estadual, no que lhe for contrário.

1.1.2 Regular as limitações constitucionais ao poder de tributar

As limitações constitucionais ao poder de tributar são compreensivas de pelo menos três coisas.[11] Primeiro, da própria repartição de competências. A Constituição, ao outorgar competência a determinada pessoa política, necessariamente nega às demais, com isso definindo o alcance, (limitando) do poder de tributar. Segundo, dos princípios constitucionais-tributários. A Constituição, ao colocar princípios tributários, condiciona a atuação do legislador e, portanto, o próprio exercício da competência tributária, traçando limites ao *ius tributandi*. Terceiro, das imunidades tributárias. A Constituição, ao colocar as imunidades, delimita negativamente, i.e., nega competência tributária a determinadas pessoas, ou a diz inexistente em determinadas situações.

E, em meio a isso, onde entra o papel da lei complementar em regular essas limitações? Isso depende. Como bem observou Coêlho,[12] três são os cenários de que se pode cogitar.

Em primeiro lugar, se a Constituição, tópica e expressamente, não exige a intermediação da lei complementar para a atuação da limitação, então a sua edição será facultativa. É o caso da imunidade dos livros, jornais, periódicos e do papel destinado à sua impressão.

Em segundo, se a Constituição, tópica e expressamente, exige a intermediação da lei complementar para a atuação da limitação, então sua edição será obrigatória. Nesse caso, conforme a hipótese, a lei complementar tanto poderá prestar-se para conter a eficácia de norma constitucional (norma de eficácia contível) como para liberar a eficácia de dispositivo constitucional que, de outra forma, ficaria com sua eficácia bloqueada (norma de eficácia limitada). Como um exemplo dessa última hipótese, tem-se o exemplo da imunidade dos partidos políticos, inclusive suas fundações, das entidades sindicais dos trabalhadores, das instituições de educação e de assistência social ("atendidos os requisitos da lei").

---

[11] COSTA, Regina Helena. *Curso de Direito Tributário* [recurso eletrônico]. 8. ed. São Paulo: Saraiva Educação, 2018. p.i.

[12] COÊLHO, Sacha Calmon Navarro. *Curso de Direito Tributário brasileiro* [recurso eletrônico]. 17. ed. Rio de Janeiro: Forense, 2020. p.i.

Em terceiro e último lugar, se a Constituição colocar uma imunidade que, por sua própria natureza, é dotada de eficácia plena, então não terá espaço a lei complementar para regulá-la. Como exemplo, pode-se citar o princípio da legalidade tributária formal (exigência de lei em sentido formal para a instituição ou aumento de tributo), depreendido do art. 150, I, da CR/88.

1.1.3 Dispor sobre conflitos de competência

Como um último papel genérico da lei complementar tributária, deve-se mencionar o papel de dispor sobre conflitos de competência.

Exemplo sempre lembrado de (potencial) conflito de competência é aquele que se dá entre a competência estadual para cobrança do ICMS e a competência municipal para cobrança do ISS. O limite entre essas duas competências pode ser "nebuloso" e, no caso, cumpre à Lei Complementar nº 116/03 "clareá-lo". Fá-lo por meio da definição de quais hipóteses constituem a materialidade do ISS.

Aqui, cumpre registrar a divergência doutrinária acerca de como o papel da lei complementar tributária de dispor sobre conflitos de competência pode ser mais bem concebido: se como um papel de colocar contornos da competência antes inexistentes ou se como um papel de tão somente aclarar seus contornos previamente existentes. Essas concepções podem ser chamadas, respectivamente, de *papel de criação* e de *papel de especificação*.[13,14]

Para a doutrina que concebe o papel da lei complementar de dispor sobre conflitos de competência como um *papel de criação*, a Constituição, ao repartir as competências tributárias, se valeu de tipos.[15] Conflitos de competência entre os entes propriamente ocorreriam, em face da, digamos, fluidez da repartição constitucional de competências. O papel que caberia à lei complementar, então, seria o de baixar no ordenamento novos contornos da competência.

Já para a doutrina que concebe o papel da lei complementar de dispor sobre conflitos de competência como um *papel de especificação*, a Constituição se utilizou de conceitos para repartir as competências tributárias.[16,17] Conflitos de competência entre os entes não ocorreriam propriamente, em face da rigidez ou perfeição, por assim dizer, com que a Constituição teria repartido as competências tributárias. No máximo, o que ocorreria seriam equívocos interpretativos, o que daria margem a desentendimentos (o "conflito de competências" a isso se resumiria). Caberia à lei complementar esclarecer os limites constitucionais da competência, numa tentativa de como persuadir os entes acerca da correta interpretação constitucional da questão.

---

13 SOARES, V. A. O; FILGUEIRAS. B. C. *O papel extralógico da lei complementar tributária de dispor sobre conflitos de competência*. No prelo.

14 Esta discussão depende de uma outra: as normas de competência conterem tipos ou conceitos. Sobre isto, a discussão doutrinária foi sintetizada em LOBATO, Valter de Souza; MARINHO NETO, José Antonino. Competência Tributária: Tipos ou Conceitos? Da Necessidade de um Exame Crítico dos Pensamentos de Misabel Derzi, Luís Eduardo Schoueri e Humberto Ávila. *Direito Tributário Atual*, v. 50, p. 569-591, 2022.

15 SCHOUERI, Luís Eduardo. *Direito Tributário* [recurso eletrônico]. 9. ed. São Paulo: Saraiva, 2019. p. 277 e ss.

16 DERZI, Misabel de Abreu Machado. *Direito Tributário, Direito Penal e tipo*. 4. ed. Belo Horizonte: Fórum, 2021.

17 ÁVILA, H. *Competências tributárias*: um ensaio sobre a sua compatibilidade com as noções de tipo e conceito. São Paulo: Malheiros, 2018.

1.2 Função tópica: fazer atuar certos ditames constitucionais

Cabe anotar uma última função da lei complementar tributária; não genérica, como as demais, mas tópica (é feita caso a caso): a de fazer atuar certos ditames constitucionais.[18]

O desempenho dessa função consiste em nada mais do que na observância das exigências que faz a Constituição, caso a caso, de adoção do veículo da lei complementar. Neste ponto – como já se pôde entrever –, a atuação da lei complementar tanto poderá prestar-se para conter a eficácia de dispositivo constitucional (norma de eficácia contível) como para liberar a eficácia de dispositivo constitucional que, de outra forma, ficaria com sua eficácia bloqueada (norma de eficácia limitada). É nesse sentido que se pode dizer que a lei complementar *faz atuar certos ditames constitucionais*.

Pode ser que a Constituição exija o veículo da lei complementar justamente para dispor sobre conflitos de competência, regular as limitações constitucionais ao poder de tributar (como já se pôde entrever) ou mesmo para estabelecer normas gerais em matéria de direito tributário. Nesses casos, a lei complementar performará uma dupla função (a tópica e uma outra genérica).

Mas pode ser, também, que a exigência de lei complementar dê-se por mero "capricho" do constituinte, sem que qualquer função genérica esteja sendo atendida. É o caso do já trazido exemplo do art. 148, que exige lei complementar para a instituição de empréstimos compulsórios, ou do art. 153, que requer o mesmo para a instituição do imposto sobre grandes fortunas. Oportuno lembrar que, nesses casos, a lei complementar certamente não consistirá em lei nacional, senão em lei federal, i.e., disporá sobre matéria de interesse ordinário da União.

Como uma última observação neste ponto, cumpre observar que o rol de matérias para as quais a Constituição reserva o veículo de lei complementar é exaustivo, não podendo o legislador infraconstitucional expandi-lo. Trata-se de constatação firme na doutrina e na jurisprudência dos tribunais superiores.[19]

Como já observou Maior Borges,[20] lei complementar e lei ordinária têm cada qual o seu campo privativo de matérias. Certamente que, se a lei ordinária invadir o campo da lei complementar, haverá vício de inconstitucionalidade formal, por inobservância do *quorum* especial e qualificado exigido para essa última.

A recíproca, contudo, não é verdadeira: se lei complementar tratar de matéria pertencente ao campo privativo de lei ordinária, inconstitucionalidade não haverá. Afinal, "quem pode o mais pode o menos", como lembrou Coêlho.[21] O que haverá é, isso sim, o fenômeno da adaptação:[22] a lei votada como complementar valerá como lei ordinária.

---

[18] COÊLHO, Sacha Calmon Navarro. *Curso de Direito Tributário brasileiro* [recurso eletrônico]. 17. ed. Rio de Janeiro: Forense, 2020. p.i.

[19] Tanto STF como STJ entendem que a lei complementar "meramente formal", i.e., a lei votada como complementar, mas que dispõe sobre matéria não reservada à lei complementar (pertencente ao campo privativo da lei ordinária), é passível de revogação por lei ordinária.

[20] BORGES, Souto Maior. *Lei Complementar Tributária*. São Paulo: Revista dos Tribunais, 1975.

[21] COÊLHO, Sacha Calmon Navarro. *Curso de Direito Tributário brasileiro* [recurso eletrônico]. 17. ed. Rio de Janeiro: Forense, 2020. p.i.

[22] *Idem*.

2 Reforma tributária e lei complementar

A reforma que a Emenda Constitucional nº 132, de dezembro de 2023, leva a cabo no sistema tributário nacional apoia-se, em variadas oportunidades e para variados fins, no veículo da lei complementar. Muito longe não será necessário ir, pois o art. 156-A determina que lei complementar instituirá imposto sobre bens e serviços de competência compartilhada entre Estados, Distrito Federal e Municípios. Percebam a profundidade: lei complementar exercerá a competência dos Estados e Municípios; será ela a via legislativa para exercício do poder de tributar de tais entes federativos.

Para mais, da lei complementar dependerá a não cumulatividade de tributos antes existentes e também dos novos. Por exemplo, quanto ao Imposto sobre Bens e Serviços (IBS), lei complementar disporá sobre o regime de compensação, podendo estabelecer hipóteses em que o aproveitamento do crédito ficará condicionado à verificação do efetivo recolhimento do imposto incidente sobre a operação com bens materiais ou imateriais, inclusive direitos, ou com serviços, desde que cumpridos determinados requisitos (art. 156-A, §5º, II).

Também da lei complementar dependerá a atuação do Comitê Gestor do IBS. Nos termos e limites da nova norma constitucional e da lei complementar, o Comitê exercerá as competências administrativas de editar regulamento único e uniformizar a interpretação e a aplicação da legislação do imposto; arrecadar o imposto, efetuar as compensações e distribuir o produto da arrecadação entre Estados, Distrito Federal e Municípios; e decidir o contencioso administrativo (art. 156-B, *caput* e incisos).

Igualmente, a repartição do produto da arrecadação do IBS entre os entes da federação (e, portanto, em ampla medida o federalismo fiscal brasileiro) dependerá da lei complementar. Quanto ao IBS, além da disposição trazida logo acima, é previsto que a lei complementar disporá sobre as regras para a distribuição do produto da arrecadação do imposto, disciplinando, entre outros aspectos, a sua forma de cálculo, o tratamento em relação às operações em que o imposto não seja recolhido tempestivamente e as regras de distribuição aplicáveis aos regimes favorecidos, específicos e diferenciados de tributação previstos na Constituição (art. 156-A, §5º, I).

Tantos outros exemplos poderiam se seguir, como a instituição de fundos de desenvolvimento e a regulação de regimes diferenciados de tributação, mas os exemplos aqui trazidos já permitem constatar: o legislador complementar carrega consigo uma enorme responsabilidade na definição do novo sistema que se avizinha (gradualmente se implementa).

Mas, de todas as incumbências que a lei complementar recebe da EC nº 132/2023, há uma que, por especialmente intrincada e relevante, merecerá considerações em tópico apartado, no qual ora se adentra.

2.1 Papéis da lei complementar tributária e outras dificuldades

O Imposto sobre Bens e Serviços, de competência compartilhada entre Estados, Distrito Federal e Municípios, será instituído por lei complementar (art. 156-A, *caput*). Numa primeira aproximação, o dispositivo pode parecer não oferecer maiores dificuldades. Sua análise atenta, contudo, revela uma questão das mais intrincadas, além de absolutamente inédita no direito brasileiro, que perpassa pela teoria da competência tributária, do federalismo e da própria lei complementar: como pode ser que um tributo seja de competência compartilhada entre dois entes federativos e, como se não bastasse, não caiba a nenhum deles instituí-lo?

Tamanha é a complexidade trazida pelo dispositivo que ele impõe que o próprio conceito de competência tributária seja revisitado. O que é competência tributária? A doutrina sempre aceitou que a competência tributária é a competência legislativa (ou de natureza legislativa) para a instituição de tributos. Mas qualquer conceituação que aponte nesse sentido não parece dar conta da competência compartilhada do IBS. Ora, se competência tributária é competência (de natureza) legislativa para a instituição de tributos, então, com rigor, a competência tributária do IBS não seria dos Estados, do Distrito Federal e dos Municípios, porquanto a lei de sua instituição não será por eles editada.

De quem seria, então? Parece imediato responder: "da União". Mas talvez nem sobre essa afirmação se possa ter certeza. É certo que a lei complementar é votada pelo Congresso Nacional, que vota as leis da União (leis federais). Acontece que também o Congresso Nacional é que vota leis nacionais (sendo válido lembrar que leis complementares tanto podem veicular normas nacionais como federais).

E, então, a pergunta: a lei de instituição do IBS será nacional ou federal? Caso se queira sustentar que a lei seria nacional, então o próprio conceito de lei nacional no direito brasileiro, ou ao menos no direito tributário brasileiro, merecerá ser repensado. Ora, leis nacionais veiculam normas gerais, que, enquanto tais, vinculam todos os entes da federação, i.e., interferem em todos os ordenamentos jurídicos parciais, incluído o federal, o que não seria o caso. "Normais gerais" porque a interferência deve ser mínima, como uma das características do Federalismo. Mas, ao contrário, a EC nº 132/2023 reduz a autonomia ou o poder político dos Estados e Municípios, ao fundamento de terem causado mal à Federação com a promoção de guerra fiscal.

Além disso, conforme o fluxo de positivação esperado – por assim dizer – da competência concorrente, à edição de norma geral segue-se a edição de norma específica pelo ente que deva fazê-lo, em atenção ao princípio da predominância do interesse, afirmado e reafirmado na jurisprudência do Supremo Tribunal Federal. Mas, no caso da lei complementar do IBS, inexistiria qualquer espaço para a edição de norma específica após a edição da pretensa norma geral, já que ela própria é que institui o tributo. Sobrou aos Estados, Distrito Federal e Municípios escolherem suas alíquotas, mas, no silêncio, a lei complementar escolherá por eles (alíquota de referência).

De outro lado, caso queira-se sustentar que a lei instituidora do IBS seria federal, então exsurgirá uma óbvia, porém dificílima questão federativa. Ora, se não é dado a qualquer ordenamento parcial, incluído o central (União), interferir nos demais – o que, nas palavras de Baleeiro, consiste em "corolário lógico da descentralização dinâmica"[23] –, que dirá instituir, por lei própria, tributos de competência alheia. Nesse caso, haveria uma inegável subtração de autonomia política dos entes federados ("subnacionais"),

[23] BALEEIRO, Aliomar; DERZI, Misabel de Abreu Machado. *Direito Tributário brasileiro* [recurso eletrônico].14. ed., rev., atual. e ampl. Rio de Janeiro: Forense, 2018. p i.

podendo-se cogitar de afronta ao pacto federativo – o que ainda caberá à doutrina estudar e ao Supremo Tribunal Federal decidir.

Mas, a aceitar-se a constitucionalidade da competência para instituição do IBS, nos moldes em que colocada pela EC nº 132/2023, seria ainda de se perguntar: qual dos três (ou quatro, se considerado o já estudado papel tópico) papéis da lei complementar tributária estar-se-ia diante?

Não parece poder-se dizer que a lei complementar de instituição do IBS estabeleça normas gerais, regule limitações constitucionais ao poder de tributar ou disponha sobre conflitos de competência.

Poder-se-ia argumentar que a lei complementar em questão estaria performando meramente a sua função tópica, já abordada, i.e., que o veículo da lei complementar estaria sendo exigido por "mero capricho" do constituinte, tal como sucede com o imposto sobre grandes fortunas e com os empréstimos compulsórios. Ora, de forma alguma é disso, ou apenas disso, que se trata. No caso desses dois tributos, o enquadramento das leis complementares de sua instituição na teoria (i) da competência tributária, (ii) do federalismo e (iii) da própria lei complementar não apresenta maiores dificuldades.

Quanto à teoria da competência tributária, tanto o imposto sobre grandes fortunas como os empréstimos compulsórios são tributos cuja competência para instituição é da União. De modo algum a exigência de lei complementar, nesses casos, causa atrito com as tentativas de conceituação da competência tributária como a competência (de natureza) legislativa para a instituição de tributos, ainda mais se considerado o seguinte.

Quanto à teoria do federalismo, é cediço que a lei complementar, muitas vezes, veicula normas gerais e, portanto, normas nacionais, i.e., normas que consistem não em manifestação do ordenamento jurídico parcial central (União), mas do ordenamento jurídico total. Mas nada obsta que a lei complementar veicule norma federal, i.e., disponha sobre matéria de interesse ordinário da União. É o caso, por exemplo, da lei complementar exigida para que a União autorize que forças estrangeiras transitem pelo território nacional (art. 21, IV, CR/88) e é também o caso, notoriamente, de lei complementar exigida para a instituição de tributo federal (art. 153, VII, e art. 148, *caput*, ambos da CR/88).

Quanto à teoria da lei complementar. A exigência de lei complementar para a instituição de alguns tributos federais, como é o caso do imposto sobre grandes fortunas e dos empréstimos compulsórios, mas não para a instituição de outros, como são o imposto sobre a renda e proventos de qualquer natureza e o imposto sobre produtos industrializados, consiste em "mero capricho" do contribuinte, ou, quem sabe, numa tentativa de reforçar o caráter democrático. Seja como for, facilmente se percebe que a lei complementar, nos casos em que exigida para a instituição de tributos federais, estará performando tão somente a sua função tópica, e nenhuma genérica, o que, como já visto, é perfeitamente possível.

Conclusão

O estudo não traz conclusões, mas suscita reflexões. Se a lei complementar exigida para a instituição de tributos federais não oferece maiores dificuldades, a feitura dessa mesma exigência para um tributo que a própria Constituição diz ser de competência estadual e municipal (concomitantemente!) inaugura uma discussão inédita no direito brasileiro. Muito mais do que meramente performar a sua função tópica, a lei complementar tributária do IBS (e também da CBS) força os pensadores do direito a revisitar teorias há muito consolidadas, em maior ou menor medida.

Se alguma inconstitucionalidade irá daí aflorar, isto é ainda um outro problema, que caberá à doutrina discutir e ao Supremo Tribunal Federal decidir. Por ora, o que parece certo dizer é que, com a reforma tributária e a Emenda Constitucional nº 132 estamos diante de dois caminhos: a inconstitucionalidade do excesso de poderes dados à lei complementar ou um redesenho do sistema, com a lei complementar tributária ganhando uma função *sui generis*, absolutamente inédita no direito brasileiro – ou uma quinta função, como preferir o leitor, com novos contornos no nosso federalismo. Resta-nos aguardar os próximos capítulos, com a certeza de que ocorrerão.

Referências

ÁVILA, H. *Competências tributárias*: um ensaio sobre a sua compatibilidade com as noções de tipo e conceito. São Paulo: Malheiros, 2018.

ÁVILA, Humberto. *Teoria da Segurança Jurídica*. 6. ed. São Paulo: Malheiros/Juspodivm, 2021.

BALEEIRO, Aliomar; DERZI, Misabel de Abreu Machado. *Direito Tributário brasileiro* [recurso eletrônico]. 14. ed., rev., atual. e ampl. Rio de Janeiro: Forense, 2018.

BARROSO, Luís Roberto. *Curso de Direito Constitucional contemporâneo*: os conceitos fundamentais e a construção do novo modelo [recurso eletrônico]. 7. ed. São Paulo: Saraiva Educação, 2018.

BORGES, Souto Maior. *Lei Complementar Tributária*. São Paulo: Revista dos Tribunais, 1975.

COÊLHO, Sacha Calmon Navarro. *Curso de Direito Tributário brasileiro* [recurso eletrônico]. 17. ed. Rio de Janeiro: Forense, 2020.

COSTA, Regina Helena. *Curso de Direito Tributário* [recurso eletrônico]. 8. ed. São Paulo: Saraiva Educação, 2018.

DERZI, Misabel de Abreu Machado. *Direito Tributário, Direito Penal e tipo*. 4. ed. Belo Horizonte: Fórum, 2021.

DERZI, Misabel de Abreu Machado; BUSTAMANTE, Thomas da Rosa de. O princípio federativo e a igualdade: uma perspectiva crítica para o Sistema Jurídico Brasileiro a partir da análise do Modelo Alemão. *In*: DERZI, Misabel de Abreu Machado; BATISTA JÚNIOR, Onofre Alves; MOREIRA, André Mendes (Org.). *Estado Federal e Guerra Fiscal no Direito Comparado*. Belo Horizonte: Arraes, 2015.

FERRAZ JR., Tércio Sampaio. Normas gerais e competência concorrente: uma exegese do art. 24 da Constituição Federal. *Revista da Faculdade de Direito da Universidade de São Paulo*, v. 90, 1995.

KELSEN, Hans. *Jurisdição constitucional*. Introdução e revisão técnica Sérgio Sérvulo da Cunha. São Paulo: Martins Fontes, 2003.

LOBATO, Valter de Souza; MARINHO NETO, José Antonino. Competência Tributária: Tipos ou Conceitos? Da Necessidade de um Exame Crítico dos Pensamentos de Misabel Derzi, Luís Eduardo Schoueri e Humberto Ávila. *Direito Tributário Atual*, v. 50, p. 569-591, 2022.

PLEYER, Marcus. *Föderative Gleichheit*. Berlim: Duncker und Humblot, 2005.

SCAFF, Fernando Facury, O que são normas gerais de direito financeiro? *In*: MARTINS, Ives Gandra da Silva; MENDES, Gilmar Ferreira; NASCIMENTO, Carlos Valder do (Coord.). *Tratado de Direito Financeiro*. São Paulo: Saraiva, 2013. v. 1. p. 30-44.

SCHOUERI, Luís Eduardo. *Direito Tributário* [recurso eletrônico]. 9. ed. São Paulo: Saraiva, 2019.

SOARES, V. A. O; FILGUEIRAS. B. C. *O papel extralógico da lei complementar tributária de dispor sobre conflitos de competência*. No prelo.

TORRES, Heleno Taveira. *Direito Constitucional Financeiro*: Teoria da Constituição Financeira. São Paulo: Editora Revista dos Tribunais, 2014.

ZIPPELIUS, Reinhold. *Teoria Geral do Estado*. Trad. Karin Praefke-Aires Coutinho. 3. ed. Lisboa: Calouste Gulbenkian, 1997.

Informação bibliográfica deste texto, conforme a NBR 6023:2018 da Associação Brasileira de Normas Técnicas (ABNT):

LOBATO, Valter de Souza. Reflexões sobre a lei complementar do imposto e da contribuição sobre bens e serviços. *In*: LOBATO, Valter de Souza (coord.); MARINHO NETO, José Antonino (org.). *O papel da lei complementar tributária no desenho federativo brasileiro*. Belo Horizonte: Fórum, 2024. p. 31-41. ISBN 978-65-5518-779-3.

AS LEIS COMPLEMENTARES DA CONSTITUIÇÃO

SACHA CALMON NAVARRO COÊLHO

Introdução

Pela leitura do art. 59 da Constituição Federal, infere-se que a elaboração de leis complementares faz parte do processo legislativo brasileiro.

A) sob o ponto de vista formal, lei complementar da Constituição é aquela votada por maioria absoluta (quórum de votação de metade mais um dos membros do Congresso Nacional), a teor do art. 69 da CF;

B) sob o ponto de vista material, a lei complementar é a que tem por objetivo (conteúdo) a complementação da Constituição, quer ajuntando-lhe normatividade, quer operacionalizando-lhe os comandos, daí se reconhecer que existem leis complementares normativas e leis complementares de atuação constitucional. A matéria das leis complementares é fornecida pela própria CF expressamente.

1 As leis complementares tributárias

Em matéria tributária, a Constituição de 1988 assinala para a lei complementar os seguintes papéis:

I – emitir normas gerais de Direito Tributário;
II – dirimir conflitos de competência;
III – regular limitações ao poder de tributar;
IV – fazer atuar certos ditames constitucionais.

Os três primeiros são *genéricos*. O quarto é *tópico*. Caso por caso, a Constituição determina a utilização da lei complementar. Podemos dizer, noutras palavras, que a utilização da lei complementar não é decidida pelo *Poder Legislativo*. Ao contrário, a sua utilização é predeterminada pela Constituição. As matérias sob reserva de lei complementar são aquelas expressamente previstas pelo constituinte (âmbito de validade material, predeterminado constitucionalmente).

O assunto convoca necessariamente alguma explicação sobre a ordem jurídica dos Estados federativos. Em que pesem as particularidades dos vários Estados federais existentes, um fundamento é intrinsecamente comum a todos eles: a *existência*, ou melhor, a *coexistência de ordens jurídicas parciais* sob a égide da Constituição.

No Brasil, *v.g.*, existem três ordens jurídicas parciais que, subordinadas pela ordem jurídica constitucional, formam a ordem jurídica nacional. As ordens jurídicas parciais são: (a) a federal, (b) a estadual e (c) a municipal, pois tanto a União como os Estados e os Municípios possui autogoverno e produzem *normas* jurídicas. Juntas, essas ordens jurídicas formam a *ordem jurídica total*, sob o império da Constituição, fundamento do *Estado* e do *Direito*. A lei complementar é *nacional* e, pois, subordina as ordens jurídicas parciais (O Distrito Federal é Estado e Município a um só tempo).

2 O lugar da lei complementar no ordenamento jurídico

Para bem precisar a noção em exame, de resto fundamental, é preciso atentar para o estudo dos âmbitos de validade das leis teorizado por Kelsen e entre nós por Pontes de Miranda, Miguel Reale e José Souto Maior Borges, sem olvidar Lourival Vilanova, os dois últimos da Universidade Federal de Pernambuco, autores que nos inspiram e com os quais mantemos irrisórias divergências terminológicas ou analíticas.

A lei, toda lei, necessariamente exige um emissor, uma mensagem e um receptor (ou destinatário), porque a função maior da lei consiste em planificar comportamentos humanos e sociais. Todavia, não basta dizer isso. As leis possuem âmbitos de validade e são quatro: o material, o pessoal, o espacial e o temporal:

A) o âmbito de validade material diz respeito ao seu conteúdo, ou seja, diz respeito à norma que ela encerra. A lei é continente, a norma é conteúdo. Cada norma tem um conteúdo material preciso e, pois, limitado. Daí as classificações de normas pelo objeto: competenciais, organizatórias, técnicas ou processuais, de dever, sancionatórias etc.;
B) o âmbito de validade pessoal diz respeito aos destinatários da norma, ou seja, às classes de pessoas a quem se dirige a lei, com exclusão de todas as demais classes;
C) o âmbito de validade espacial encerra o espaço político onde a lei tem vigência e eficácia, onde produz efeitos, daí as noções de territorialidade e extraterritorialidade das leis;
D) o âmbito de validade temporal liga-se ao tempo de aplicação da lei, daí as questões de Direito intertemporal.

Agora o enlace.

Kelsen e os bons teóricos do federalismo costumam distinguir, utilizando-se do âmbito de validade espacial das leis, as que são válidas em todo o território do Estado federal (normas centrais) das que são válidas apenas para determinadas partes desse mesmo território (normas parciais). Preferimos falar em ordem jurídica federal ao invés de central. No Brasil, v.g., "centrais" seriam as leis emitidas pelo Legislativo federal. Em verdade, as leis federais vigem e valem em todo o território nacional. Parciais seriam as leis emitidas pelos Legislativos estaduais e municipais. Vigem e valem, respectivamente, nos territórios pertencentes aos diversos Estados-Membros da Federação e nos territórios dos seus Municípios. Preferimos falar em ordens jurídicas estaduais e municipais. Para nós, então, a reunião dessas três ordens parciais (a federal, a estadual e a municipal) forma a ordem jurídica total (nacional) sob a ordem jurídica constitucional, fundamento de validez de todas elas.

O emissor da lei complementar posta no Texto Constitucional e aqui tratada é o Congresso Nacional, que também edita as leis ordinárias federais. Vimos por outro lado que a lei complementar é votada por maioria absoluta (metade mais um dos membros do Congresso Nacional), o que fornece o critério formal de seu reconhecimento como ente legislativo autônomo. Vimos, ainda, os seus objetos materiais, isto é, os assuntos que cabem à lei complementar tributária. Inobstante, tais clareamentos nada adiantam sobre o lugar da lei complementar no interior das ordens jurídicas que integram o Estado federal. A lei complementar é lei federal, é lei da ordem jurídica parcial da União? Ou, ao revés, é lei que integra o próprio ordenamento constitucional, não no sentido de ser da Constituição, mas no sentido de ser o instrumento que diz como devem ser certas determinações constitucionais?

A resposta, por certo, é difícil. Contudo, a reunião de certos conceitos e intuições talvez nos permita bem compreender a dinâmica, antes que a estática da lei complementar no sistema jurídico da Constituição brasileira.

Em primeiro lugar, o órgão de emissão da lei complementar é o mesmo que emite a lei federal ordinária – o Congresso Nacional – e seu âmbito de validade espacial é igual ao âmbito da lei federal – todo o território do país. Por aí, as leis complementares são idênticas às leis federais ordinárias.

É preciso, porém, estabelecer quanto ao tema um "escolástico distínguo". É que o Congresso Nacional, ao lado das suas funções normais de órgão legislativo da União Federal (ordem jurídica parcial), outras exerce que não são do exclusivo interesse dessa. É o caso, por exemplo, das emendas à Constituição, que são feitas pelo Congresso Nacional em prol da Nação, alterando a própria ordem constitucional. O mesmo se pode dizer da lei complementar, que, a nosso ver, é lei nacional de observância obrigatória pelas ordens parciais.[1]

Noutras palavras, a lei complementar está a serviço da Constituição e não da União Federal. Essa apenas empresta o órgão emissor para a edição das leis complementares (da Constituição). Por isso mesmo, por estar ligada à expansão do texto constitucional, a lei complementar se diferencia da lei ordinária federal, que, embora possua também âmbito de validade espacial nacional, cuida só de matérias de interesse ordinário da União Federal, cuja ordem jurídica é parcial, tanto quanto são parciais as ordens jurídicas

[1] Reconhecemos que, ao lume da teorização kelseniana, a assertiva não possui fundamento incontestável, pois nacional é também a lei federal, aos fundamentos de que são os mesmos: (a) o órgão de emissão e (b) o âmbito de validade espacial (de ambas as leis), diferentes somente no *quórum* de votação (requisito de forma) e no conteúdo (requisito de fundo). A crítica, forçoso é reconhecer, procede. No entanto, estamos alcunhando de nacional a lei complementar com o único intuito de apartá-la da legislação federal ordinária pelo *quórum* (forma) e em razões de seus conteúdos (fundo), os quais são sempre fins queridos pelo legislador constituinte, em continuação da própria Lei Maior, através de determinações expressas do texto constitucional. Certo, certíssimo.

dos Estados-Membros e dos Municípios. A lei complementar é, por excelência, um instrumento constitucional utilizado para integrar e fazer atuar a própria Constituição. Sendo tal, a lei complementar jamais pode delegar matéria pertinente a ela, por determinação constitucional; tornaria flexível a nossa Constituição.

3 A lei complementar e seu relacionamento jurídico com a Constituição Federal e as leis ordinárias

A lei complementar na forma e no conteúdo só é contrastável com a Constituição (o teste de constitucionalidade se faz em relação à Superlei) e, por isso, pode apenas adentrar área material que lhe esteja expressamente reservada. Se porventura cuidar de matéria reservada às pessoas políticas periféricas (Estado e Município), não terá valência. Se penetrar, noutro giro, competência estadual ou municipal, provocará inconstitucionalidade por invasão de competência. Se regular matéria da competência da União reservada à lei ordinária, ao invés de inconstitucionalidade incorre em queda de status, pois terá valência de simples lei ordinária federal.[2] Abrem-se ensanchas ao brocardo processual "nenhuma nulidade, sem prejuízo", por causa do princípio da economia processual, tendo em vista a identidade do órgão legislativo emitente da lei. Quem pode o mais pode o menos. A recíproca não é verdadeira. A lei ordinária excederá se cuidar da matéria reservada à lei complementar. Não valerá. Quem pode o menos não pode o mais.

Outrossim, é oportuno observar que as situações acima narradas implicam diferentes técnicas de reconhecimento normativo. Voltando à lei que, votada como complementar, trata de objeto reservado à lei ordinária federal, temos que ocorre o fenômeno da adaptação: o sistema adapta a pretensa lei complementar à função que lhe determinou o ordenamento *ratione materiae*. No caso de lei complementar regulando matéria de lei ordinária estadual ou municipal, ocorre o fenômeno da rejeição. O sistema jurídico rejeita a norma, vedando o seu ingresso no ordenamento para evitar a invasão das competências fixadas na CF. O mesmo ocorrerá se a lei ordinária federal cuidar de matéria reservada à lei complementar. Já o fenômeno da recepção ocorre quando o sistema reconhece a existência da lei, sua validade formal, sua validade material e, portanto, se vigente, a sua eficácia. As técnicas de reconhecimento, portanto, uma vez utilizadas, levam à adaptação, à rejeição ou à recepção das normas do sistema.

À guisa de conclusão, fazemos duas últimas advertências.

A primeira delas é a de que, nos termos da jurisprudência do STF, inexiste qualquer hierarquia entre a lei complementar e a lei ordinária. Na verdade, verifica-se entre tais espécies normativas meramente uma distinção no tocante à matéria que cada uma veicula, porquanto a esfera de conteúdo da lei complementar é, como vimos, determinada pela própria Constituição.

---

[2] Nesse caso, embora a lei seja formalmente complementar, é materialmente ordinária, motivo pelo qual ela poderá ser inclusive revogada por um diploma ordinário posterior que verse sobre a mesma matéria; na verdade, essa é a única hipótese de revogação de lei complementar por lei ordinária no ordenamento brasileiro. Deve-se mencionar, enfim, que o STF compartilha de tal entender, conforme se verifica, entre outros, por meio do RE nº 377.457/PR, Rel. Ministro Gilmar Mendes, DJe 19.12.2008, em que se admitiu a revogação da isenção de COFINS constante do art. 6º, II, da Lei Complementar nº 70/1991 pelo art. 56 da Lei nº 9.430/1996.

A segunda advertência que fazemos, por sua vez, remete-nos ao art. 62, §1º, III, de nossa Carta, que é expresso ao proibir a edição de medida provisória sobre matéria reservada à lei complementar. Ora, possuindo a lei complementar, como efetivamente possui, diversas funções no campo tributário, tem-se, por via de consequência, que as possibilidades da medida provisória na seara da tributação são bastante limitadas.

4 Como operam as leis complementares em matéria tributária

Embora já saibamos que as leis complementares, em tema de tributação, têm por objetos materiais: (a) editar normas gerais; (b) dirimir conflitos de competência; (c) regular as limitações ao poder de tributar; e (d) fazer atuar ditames constitucionais, é oportuníssimo vislumbrar *como operam as leis complementares* dentro do sistema (interconexão normativa).

Pois bem, as leis complementares *atuam diretamente* ou *complementam dispositivos constitucionais de eficácia contida* (balizando-lhes o alcance), ou, ainda, integram dispositivos constitucionais de eficácia limitada (conferindo-lhes normatividade plena).

Cuidemos de exemplos:

A) lei complementar, integrando dispositivo constitucional de eficácia limitada, necessitado de agregação normativa para poder ser aplicado por não ser bastante *em si*, como diria Pontes de Miranda: o art. 150, VI, "c", da CF, preconiza que os partidos políticos, inclusive suas fundações, os sindicatos de trabalhadores e as entidades educacionais e as assistenciais sem fins lucrativos fazem jus à imunidade tributária de impostos sobre patrimônio, renda e serviços uma vez observados os requisitos da lei. Assim, inexistindo essa lei, que só pode ser a complementar, a teor do art. 146, II, da CF, a imunidade sob cogitação é inaplicável à falta dos requisitos necessários à fruição desta (*not self-executing*);

B) lei complementar contendo dispositivo constitucional de eficácia contível e aplicável de imediato, sem peias: anteriormente à Emenda Constitucional nº 42/2003, o art. 155, §2º, X, "a", da CF, dispunha não incidir ICMS "sobre operações que destinem ao exterior produtos industrializados, excluídos os semielaborados definidos em lei complementar". Destarte, enquanto não sobreveio lei complementar ou convênio com a *lista dos semielaborados*, todos os produtos industrializados, inclusive os semielaborados, foram *imunes* quando remetidos ao exterior. A lei complementar no caso teve por função comprimir a licença constitucional ampla e autoaplicável (*self-executing*).

Atente-se que o exemplo é dado apenas para fins didáticos – hoje, após a Emenda Constitucional nº 42/2003, todos os produtos exportados são imunes (sejam primários, semielaborados ou industrializados);

C) lei complementar com função de fazer atuar diretamente dispositivo constitucional: o art. 148 da CF atribui à lei complementar a função direta de instituir empréstimos compulsórios em favor da União verificados os motivos previstos no próprio texto constitucional (incisos I e II). Desempenharão a mesma função as leis complementares que tenham por objeto dirimir conflitos de competência entre as pessoas políticas em matéria tributária: elas atuarão para diretamente resolver turbulências no *discrímen* das competências na hipótese de ocorrerem.

Bem examinadas as coisas, as leis complementares funcionam como manifestações de expansão da própria Constituição, daí o adjetivo complementar (da Constituição). Conquanto a integração das leis constitucionais possa ser feita por leis ordinárias, plebiscitos, referendos etc., dependendo do querer do legislador máximo, como bem observado por José Afonso da Silva, entre nós o constituinte elegeu a lei complementar como o instrumento por excelência dessa elevada função, com os matizes que vimos de ver, embora sem excluir aqui e acolá outros instrumentos integrativos. Em matéria tributária, sem dúvida, a lei complementar é o instrumento-mor da complementação do sistema tributário da Constituição, a começar pelo Código Tributário Nacional, que, material e formalmente, só pode ser lei complementar. Quatro consequências devem ser ditas: a) o legislador não escolhe a matéria da lei complementar, fá-lo a Constituição; b) o legislador ordinário não pode adentrar matéria de lei complementar, torná-la-ia inútil; c) a lei complementar só é superior às leis ordinárias quando é o *fundamento de validez* dessas; e d) a matéria sob reserva de lei complementar é *indelegável* (art. 68, §1º, da CF).

5 Os três objetos materiais genéricos da lei complementar tributária segundo a Constituição Federal de 1988

Como dito anteriormente, o art. 146 do atual Texto Constitucional estabelece três funções materiais para a lei complementar: (a) dispor sobre conflitos de competência em matéria tributária entre as pessoas políticas; (b) regulação das limitações constitucionais ao poder de tributar e (c) editar normas gerais de Direito Tributário, com alguns caminhos já pautados pelas letras "a" a "d" do inciso III e parágrafo único, todos do mesmo art. 146. Veremos uma a uma nos itens a seguir, além da novidade do art. 146-A.

6 Conflitos de competência

O primeiro objeto genérico da lei complementar tributária é o de dispor sobre conflitos de competência em matéria tributária entre as pessoas políticas. A sua função na espécie é tutelar do sistema e objetiva controlar, após a promulgação da Lei Maior, o sistema de repartição de competências tributárias, resguardando-o.

Em princípio, causa perplexidade a possibilidade de conflitos de competência, dada a rigidez e a rigorosa segregação do sistema, com impostos privativos e apartados por ordem de governo e taxas e contribuições de melhoria atribuídas com base na precedente competência político-administrativa das pessoas políticas componentes da Federação. Dá-se, porém, que não são propriamente conflitos de competência que podem ocorrer, mas invasões de competência em razão da insuficiência intelectiva dos relatos constitucionais pelas pessoas políticas destinatárias das regras de competência relativamente aos fatos geradores de seus tributos, notadamente impostos. É dizer, dada pessoa política mal entende o relato constitucional e passa a exercer a tributação de maneira mais ampla que a prevista na Constituição, ocasionando fricções, atritos, em áreas reservadas a outras pessoas políticas. Diz-se então que há um conflito de competência, mais subjetivo do que objetivo.

Quando ocorrem fenômenos dessa ordem, o normal é submeter ao Judiciário o desate da questão, o que provoca maior nitidez, dando feição cada vez mais límpida ao sistema de repartição das competências tributárias. E, evidentemente, essa possibilidade existe. Ocorre que o constituinte, para custodiar o sistema, encontra uma fórmula legislativa de resolver o conflito, qual seja, interpretar o seu próprio texto através de leis complementares consagradoras de "regras explicativas do *discrímen*". Na verdade, o constituinte delegou ao Congresso essa função.

A remoção do conflito pela edição de normas práticas destinadas a solvê-lo, mediante lei complementar, agiliza, em tese, a resolução do problema, mantendo incólume o sistema de repartição de competências, o que não significa ter a lei complementar *in casu* a mesma força de uma decisão judicial, pois o monopólio da jurisdição é atributo do Poder Judiciário. Pode perfeitamente ocorrer que as partes não se convençam e continuem a controverter sobre as próprias regras de interpretação dispostas pela lei complementar, apropositando a intervenção provocada do Poder Judiciário.[3]

A lei complementar, nesta espécie, é regra de atuação direta, ou seja, não complementa nem contém dispositivo constitucional, faz atuar a Constituição logo que surge a situação conflituosa, de modo a resguardar a discriminação das fontes de receitas tributárias instituídas na Lei Maior. É lei de resguardo da Constituição, com função tutelar. Obviamente, a lei complementar, a título de solver conflito de competência, não pode alterar a Constituição. A uma, porque isso só é possível através de emenda, processo legislativo diverso. A duas, porque, pudesse fazê-lo, teria o legislador da lei complementar poder constituinte permanente (hipóteses impensáveis logicamente).

O relacionamento Constituição-Lei complementar-leis ordinárias, em torno da questão ora sob crivo, oferece instigantes indagações. Aporias surgem a requisitar respostas. Em princípio, impera o texto constitucional. Da sua interpretação pelas pessoas políticas podem surgir conflitos subjetivos de interpretação. Possível a lei complementar para resolvê-los; essa, uma vez editada, deve ser obedecida pelas pessoas políticas. A solução por ela encontrada submete as leis ordinárias. Em tese, essas catam submissão aos critérios da lei complementar resolutórios do conflito. Todavia, podem ocorrer várias situações, dentre elas as seguintes:

---

[3] Sob o regime da Carta de 1967, a regra já existia, tendo o fenômeno ocorrido em relação às chamadas "operações mistas" que implicavam ICM e ISS, gerando um confronto amplo entre os Estados-Membros e os Municípios. Era o caso, por exemplo, entre outros, das oficinas, que, além de venderem peças (mercadorias), faziam os serviços (ISS) para os seus clientes. O Estado queria tributar com o ICM o valor total da operação, e a prefeitura, o valor total do serviço. Cada qual reivindicava para si a ocorrência do "seu fato gerador". Para o Estado, houvera circulação de mercadoria. Para o Município, prestara-se um serviço. A solução encontrada foi, estando em recesso forçado o Congresso, a edição do Decreto-Lei nº 406/1968, seguido do Decreto-Lei nº 834/1969. Tecnicamente, foi adotada a lista *numerus clausus*, i.e., taxativa, que enumerava todos os serviços tributáveis pelo ISS municipal, com exclusão do ICM, seguida de uma regra de atenuação que dizia ficarem sujeitas ao ICM certas mercadorias e somente elas se e quando fornecidas juntamente com os serviços. Quaisquer outros serviços não constantes da lista que implicassem o fornecimento de mercadorias ficavam sujeitos ao ICM. Remarque-se que a solução sofreu sérias críticas doutrinárias. Entendeu-se que o Município sofreu restrições em sua competência constitucional.

A) as pessoas políticas ou mesmo os contribuintes podem acusar a lei complementar de exceder o seu objeto, eis que altera o texto da Constituição: eiva de inconstitucionalidade;
B) lei ordinária de dada pessoa política introjeta os ditames da lei complementar *pro domo sua*. A outra pessoa política prejudicada, bem como os contribuintes, opõem-se à dita lei, contrastando-a com a lei complementar: eiva de ilegalidade.

Nesses casos, a solução última e final somente pode ser dada pelo Judiciário. A função jurisdicional (*juris dicere*), cujo fito é a interpretação última das leis, com efeito de coisa julgada, é intransferível e insubstituível.

7 Regulação das limitações ao poder de tributar

O segundo objetivo genérico da lei complementar em matéria tributária é a regulação das limitações constitucionais ao poder de tributar estabelecidas pelos constituintes, democraticamente escolhidos pelo povo (legitimidade da ordem jurídica e do Estado) para construir ou reconstruir juridicamente o Estado.

Devemos ressalvar, contudo, que nem toda limitação constitucional ao poder de tributar exige complementação. Essa por vezes é desnecessária, a depender simplesmente da escolha do constituinte. A título propedêutico, podemos firmar as seguintes premissas:

A) quando a Constituição põe uma limitação ao poder de tributar, sem requisitar tópica e expressamente lei complementar, a competência conferida ao legislador da lei complementar para regulá-la é uma competência facultativa (trata-se de poder-faculdade na lição de Santi Romano). É o caso, por exemplo, do art. 150, VI, "d", da CF, que veda aos entes políticos instituir impostos sobre livros, jornais, periódicos e o papel destinado a sua impressão – o legislador pós-constitucional regulará a limitação se quiser;
B) quando a Constituição põe uma limitação ao poder de tributar, requisitando tópica e expressamente lei complementar, seja para conter, seja para ditar conteúdo normativo (proibições de eficácia limitada e proibições de eficácia contível), ao legislador da lei complementar é dada uma competência obrigatória (poder-dever na terminologia de Santi Romano). Cite-se, ilustrativamente, o art. 150, VI, "c", da CF, que consagra a imunidade tributária dos partidos políticos, das entidades sindicais dos trabalhadores e das instituições de educação e de assistência social – nessa hipótese, o dispositivo constitucional vedatório exige complementação quanto aos requisitos sem os quais não é possível a fruição da imunidade, de modo que, sendo omisso o legislador, cabe inclusive mandado de injunção;
C) certas proibições ao poder de tributar, pela sua própria natureza e fundamentos axiológicos, repelem regulamentação porque são autoaplicáveis em razão de normatividade plena, isto é, porque são vedações constitucionais de eficácia cheia. O art. 150, I, da CF, *v.g.*, proíbe à União, Estados e Municípios exigir ou aumentar tributo, seja lá como for, sem que a lei o estabeleça; nesse caso,

a genealogia histórica e jurídica do princípio da legalidade é tal que dispensa regulamentação por lei complementar (por isso mesmo as exceções estão expressas no próprio texto constitucional).

A lei complementar na espécie de regulação das limitações ao poder de tributar é quase sempre instrumento de complementação de dispositivos constitucionais de eficácia limitada ou contida. Quando a limitação é autoaplicável, está vedada a emissão de lei complementar. Para quê?

8 Apreciações críticas sobre a matéria em exame

De lege ferenda entendemos que as leis complementares para dirimir conflitos são bem-vindas para zelar pelo *discrímen* de competências, sem exclusão do acesso ao Judiciário, cujas decisões prevalecerão sempre, ainda que contra texto de lei complementar, quando fundadas as decisões na interpretação da Constituição em cotejo com o alcance da sua complementação. As leis complementares para regular limitações ao poder de tributar, repelimo-las por entender que são desnecessárias, só se apropositando em raros casos de dispositivos de eficácia limitada para evitar paralisia constitucional. Mesmo assim, as vedações deveriam sair prontas da CF.

Ao nosso sentir, no Brasil, o campo de eleição da lei complementar tributária é a *norma geral de Direito Tributário*, que examinaremos em seguida. Convém adiantar que, nessa matéria, a lei complementar é lei delegada pelo constituinte. Suas prescrições são questionáveis juridicamente apenas se o Judiciário decretar a incompatibilidade delas em relação à Constituição. Afora isso, as normas gerais de Direito Tributário são sobranceiras. O fundamento de validez das normas gerais é a própria Constituição. A seu turno, pelas normas gerais são fornecidos os critérios para a elaboração material das leis tributárias ordinárias federais, estaduais e municipais, sendo, portanto, materialmente, nexos fundantes da validade dessas leis das ordens jurídicas parciais, que delas só podem prescindir num único caso: *inexistência* (art. 24, §3º, da CF). Mas, tão logo sobrevenha a norma geral, as leis ordinárias em contrário ficam paralisadas, sem eficácia (art. 24, §4º, da CF). Retifique-se: no art. 24, §4º, onde se lê *lei federal*, leia-se *lei complementar*. No campo das normas gerais, os destinatários são os próprios legisladores das três ordens de governo em tema tributário.

9 Normas gerais de direito tributário

O terceiro objeto genérico da lei complementar é o de editar as normas gerais de Direito Tributário, expressão de resto polêmica à falta de um conceito escorreito de norma geral no Direito Tributário brasileiro, com a doutrina falhando por inteiro no encalço de conceituar o instituto de modo insofismável. O saudoso prof. Carvalho Pinto chegou ao ponto de definir o que não era norma geral. Ficou nisso. E Rubens Gomes de Sousa teve a humilde ousadia de afirmar que a doutrina não chegara ainda à norma geral que levasse ao conceito das normas gerais de Direito Tributário. Para logo, o assunto complicase pelo fato de existir a partilha das competências legislativas entre as pessoas políticas. Fôssemos um Estado unitário, e o problema desapareceria. Mas as dificuldades de modo algum impedem o trato da matéria.

Praticamente a matéria inteira da relação jurídico-tributária se contém no art. 24, I e parágrafos, e no art. 146, ambos da CF. Diz-se que ali está a epopeia do nascimento, vida e morte da obrigação tributária. Se ajuntarmos a tais "normas gerais" o conteúdo (e aqui não se discute se são ou não excedentes) do atual Código Tributário Nacional, teremos uma visão bem abrangente do que são as normas gerais de Direito Tributário.

Da conjugação dos dispositivos supracitados sobram três conclusões:

A) a edição das *normas gerais de Direito Tributário* é veiculada pela União,[4] através do Congresso Nacional, mediante leis complementares (lei nacional) que serão observadas pelas ordens jurídicas parciais da União, dos Estados e dos Municípios, salvo sua inexistência, quando as ordens parciais poderão suprir a lacuna (art. 24, §3º, da CF) até e enquanto não sobrevenha a solicitada lei complementar, a qual, se e quando advinda, *paralisa* as legislações locais, no que lhe forem contrárias ou incongruentes (art. 24, §4º);
B) a lei com estado de complementar sobre normas gerais de Direito Tributário, ora em vigor, é o Código Tributário Nacional, no que não contrariar a Constituição de 1988, a teor do art. 34, §5º, do Ato das Disposições Constitucionais Transitórias (*lex legum habemus*);
C) a lei complementar que edita normas gerais é lei de atuação e desdobramento do *sistema tributário*, fator de unificação e equalização aplicativa do Direito Tributário. Como seria possível existir um Código Tributário Nacional sem o instrumento da lei complementar, com império incontrastável sobre as ordens jurídicas parciais da União, dos Estados-Membros e dos Municípios?

Mas, ao cabo, o que são normas gerais de Direito Tributário? O ditado constitucional do art. 146, III e alíneas, inicia a resposta, dizendo nominalmente alguns conteúdos (normas gerais nominadas) sem esgotá-los. É dizer, o discurso constitucional é *numerus apertus*, meramente exemplificativo. Razão houve para isso. Certos temas, que a doutrina recusava fossem objeto de norma geral, passaram expressamente a sê-lo. *Roma locuta, tollitur quaestio*. Uma boa indicação do que sejam normas gerais de Direito Tributário, para sermos pragmáticos, fornece-nos o atual Código Tributário Nacional (Lei nº 5.172, de 25 de outubro de 1966, e alterações posteriores), cuja praticabilidade já está assentada na "vida" administrativa e judicial do país. O CTN, especialmente o Livro II, arrola inúmeros institutos positivados como normas gerais.[5]

---

4 A grande força da União como ente legislativo em matéria tributária resulta de que o Senado, através de resoluções, fixa bases de cálculo e alíquotas de vários tributos da competência de Estados e Municípios, e de que, através de normas gerais, o Congresso Nacional desdobra as hipóteses de incidência e, muitas vezes, o *quantum debeatur* desses tributos, exercitando controle permanente sobre o teor e o exercício da tributação no território nacional. Tal circunstância somente reafirma a tese da adoção de um federalismo concentracionário legiferante em nosso país, cuja vantagem, porém, está na unificação do sistema tributário nacional.

5 Parcela da doutrina justributária brasileira, com ótimas razões e fortes raízes federalistas, recusa *partes do Código Tributário Nacional* atual ao argumento de que cuidam de temas que, longe de se constituírem em *normas gerais*, imiscuem-se na competência privativa e indelegável das pessoas políticas, invadindo-a, contra a Constituição. Entendemos, contudo, que há tantos federalismos, diversos entre si, quantos Estados federativos existam – o modelo

Nesse mister, perguntamos: e se, afinal, não for editada uma lei complementar veiculadora de normas gerais em matéria tributária? O que ocorre, por exemplo, se mesmo diante do art. 146, III, "a", o Congresso Nacional não edita lei complementar a respeito do fato gerador, base de cálculo e contribuintes de dado imposto discriminado na CF? Fica a pessoa política titular da competência paralisada pela inação legislativa? A resposta é negativa. É o caso de se dar aplicação ao art. 24 e §§1º a 4º, da CF. E onde se lê *União*, leia-se *Congresso Nacional*, e onde se lê *lei federal*, leia-se *complementar*, ao menos em matéria tributária.

As normas gerais de Direito Tributário, veiculadas pelas leis complementares, são eficazes em todo o território nacional, acompanhando o âmbito de validade espacial dessas, e se endereçam aos *legisladores das três ordens de governo da Federação*, em verdade, seus destinatários. A norma geral articula o sistema tributário da Constituição às legislações fiscais das pessoas políticas (ordens jurídicas parciais). São normas sobre como fazer normas em sede de tributação.

10 O "poder" das normas gerais de direito tributário em particular

O grande risco da lei complementar sobre normas gerais de Direito Tributário reside em o Legislativo federal desandar a baixá-las contra o espírito da Constituição, em desfavor das ordens jurídicas parciais, cuja existência e fundamentos de validez decorrem diretamente da Lei Maior. Os seus poderes e limitações, em suma, são de radicação constitucional. Grande, pois, o poder do Congresso Nacional, a ser exercido com cautela para não arranhar o estado federal armado na Lei Maior. O parágrafo único do art. 22 da CF, disposição inspirada na Lei Fundamental de Bonn, contrabalança a expansão federal, permitindo aos Estados legislar sobre questões específicas das matérias relacionadas no art. 22, de competência privativa da União.

A sede jurídica de estudo das normas gerais situa-se na área da repartição das competências legislativas nos Estados federais. A doutrina costuma referir-se a dois tipos de repartições: a horizontal e a vertical. Na horizontal, as pessoas políticas, isonômicas, recebem cada qual suas áreas competenciais devidamente apartadas. São lotes, por assim dizer, perfeitamente delimitados. Em se tratando da repartição vertical, o *discrímen* se faz por graus, pois as matérias são regradas por mais de uma pessoa política. Para evitar a promiscuidade impositiva, faz-se necessário graduar, na escala vertical, o ponto de incidência do regramento cabente a cada pessoa política.

Entre nós, determinadas províncias jurídicas não ensejam repartição vertical de competências legislativas. Tais são os casos dos Direitos Civil, Comercial, Penal, Trabalhista etc. Esses são Direitos cujas fontes legislativas são privativas da União Federal. Outros ramos jurídicos, mormente aqueles que se incrustam no que se convencionou chamar de Direito Público, oferecem ensejo a que ocorra o fenômeno da repartição vertical de competências legislativas, ocasião em que mais de uma pessoa

---

brasileiro, por exemplo, tal como talhado na Constituição de 1988, é *normativamente centralizado, financeiramente repartido e administrativamente descentralizado*. O importante é que haja um *minimum* de autodeterminação política, de autogoverno e de produção normativa da parte dos Estados federados. Quanto à repartição das competências legislativas, a questão resolve se pela opção do legislador: no Brasil, ao menos em tema de tributação, o constituinte optou pelo fortalecimento das prerrogativas do poder central.

política normatiza, por graus, uma mesma matéria jurídica. Em Direito Administrativo e Direito Tributário, o fenômeno é evidente.

Ora, precisamente em razão da repartição vertical de competências é que surgem as normas gerais. Assim, as normas gerais de Direito Tributário são da competência legislativa da União Federal, através do Congresso Nacional. Na verdade, inexiste aí competência concorrente, senão a partilhada. A concorrência é meramente substitutiva, i.e., se a União não emitir normas gerais, a competência das pessoas políticas (Estados-Membros e Municípios) torna-se plena. Emitidas que sejam as normas gerais, cumpre sejam observadas quando do exercício das respectivas competências privativas por parte de Estados e Municípios, sem prejuízo da eventual e limitada competência supletiva do Estado-Membro na própria temática da norma geral, conforme se pode verificar a uma simples leitura da repartição geral de competências levada a efeito pela Constituição de 1988.

A melhor doutrina, na espécie, é a de Raul Machado Horta, ilustre professor de Direito Constitucional na Faculdade de Direito da UFMG. Dizia ele, sob o regime de 1967, em lição ainda atual: "perdura na evolução federativa brasileira o retraimento da competência comum, sem explorar as possibilidades do condomínio legislativo, para aperfeiçoar a legislação federal fundamental, de estrutura ampla e genérica, às peculiaridades locais". Nada obstante, "a evolução demonstra que a federação experimentou um processo de mudança. A concepção clássica, dualista e centrífuga, acabou sendo substituída pela federação moderna, fundada na cooperação e na intensidade das relações intergovernamentais".[6]

Embora a teoria das normais gerais situe bem a questão do compartilhamento de competências (verticalizadas) nos Estados federais, afirmando que a norma geral possui eficácia forçada (*loi de cadre*), sempre sobrará uma zona cinzenta na delimitação das fronteiras objetivas da *norma geral, o ponto além do qual não pode ela passar sem ferir a competência das pessoas políticas*. Ao fim e ao cabo, somente a contribuição da doutrina e da jurisprudência, ao longo do tempo depurativo, trará solução a este tormentoso problema. Mas, não é a sedimentação jurisprudencial que estabiliza a *ordem jurídica*?

Grande, repetimos, é a força e o comando das normas gerais de Direito Tributário emitidas pela União como fator de ordenação do sistema tributário, como ideado pelo constituinte de 1988.

11 O art. 146-A do texto constitucional – a preservação da concorrência

Ainda a respeito das funções constitucionais da lei complementar no campo tributário, cumpre mencionar a inovação trazida pela EC nº 42, de 19.12.2003, que introduziu o art. 146-A na Carta de 1988. De acordo com o novel dispositivo, lei complementar poderá "estabelecer critérios especiais de tributação, com o objetivo de prevenir desequilíbrios da concorrência, sem prejuízo da competência de a União, por lei, estabelecer normas de igual objetivo". Fácil perceber, pois, pela própria literalidade

---

6 HORTA, Raul Machado. Tendências do federalismo brasileiro. *Revista Brasileira de Estudos Políticos*, Belo Horizonte, n. 28, p. 45, jan. 1970.

da norma, que o objetivo do constituinte derivado foi prestigiar um dos princípios gerais da ordem econômica brasileira, a livre concorrência (art. 170, IV, da CF).[7]

A novidade passa por algumas reflexões. Embora seja dado à União, por meio de simples lei ordinária, legislar sobre a matéria, é fora de dúvida que tal competência abrange apenas os tributos de sua alçada. Admitir o contrário implicaria grave ofensa à forma federativa de Estado, cláusula pétrea consagrada no art. 60, §4º, I, na medida em que equivaleria a conceder uma permissão ao ente central para invadir o campo de competência dos demais membros da federação. Desse modo, a lei complementar fica para dirimir os desequilíbrios de concorrência entre os entes federados ou para os casos em que a matéria tratada tenha como exigência essa espécie legislativa.

Impende destacar, a pretexto do art. 146-A, que o assunto *concorrência tributária* é objeto de intenso estudo no mundo moderno, porquanto os agentes econômicos e demais contribuintes buscam, cada vez mais, de forma legítima, situar os *signos presuntivos* nos locais onde a tributação é mais amena. A rigor, teremos a denominada concorrência tributária quando o ente político, para não perder sua base de incidência ou atrair outras bases, buscar um de dois caminhos: (i) incentivos fiscais, com redução da tributação sobre as bases mais móveis e concentração sobre outras bases menos móveis; ou (ii) incentivos econômicos, com o retorno ao chamado *imposto-troca*, criando para aquele contribuinte que se tenta atrair ou manter no território uma série de vantagens de infraestrutura, custeadas com os impostos arrecadados de outros indivíduos.

A *concorrência tributária* pode eventualmente ser saudável, caso estimule os entes políticos a adequarem suas exigências às mudanças econômicas do mundo contemporâneo. Todavia, na maior parte das vezes é uma situação perigosa e degenerativa do ônus tributário, porque acaba por concentrar a carga tributária sobre os contribuintes que têm menor chance de deslocar suas bases imponíveis para locais a salvo da tributação ou para onde essa lhes seja mais favorável. Não bastasse, o produto da arrecadação destina-se a projetos de infraestrutura do agrado dos contribuintes que se pretende manter no território do ente federado, em geral detentores de disponibilidade econômica mais elevada. Em razão da concorrência tributária, portanto, é possível a ocorrência de uma clara perversão do sistema, que distorce e amesquinha o princípio constitucional da capacidade contributiva.

12 Temas constitucionais reservados à lei complementar em matéria tributária

Além dos objetos genéricos retroexaminados sob reserva de lei complementar, outros muitos existem ao longo do texto constitucional. A Lei Maior, por exemplo, determina que alguns tributos somente podem ser instituídos pela via da espécie normativa em estudo – é o caso do imposto sobre grandes fortunas (art. 153, VII), dos empréstimos compulsórios (art. 148), dos impostos residuais (art. 154, I) e das contribuições sociais residuais (art. 195, §4º).

---

[7] A propósito do tema, registrem-se as oportunas palavras proferidas pelo Ministro Cezar Peluso em voto encampado pela maioria do STF quando do julgamento da MC-AC nº 1.657/RJ (DJe 31.08.2007): "não há impedimento a que norma tributária, posta regularmente, hospede funções voltadas para o campo da defesa da liberdade de competição no mercado, sobretudo após a previsão textual do art. 146-A da CF".

Outrossim, a lei complementar ainda possui a função de:

A) quanto ao ISS, definir os serviços sujeitos à incidência do imposto (art. 156, III), fixar suas alíquotas máximas e mínimas, excluir as exportações de serviços da cobrança do tributo e regular a forma e as condições como isenções, incentivos e benefícios fiscais devem ser concedidos e revogados (art. 156, §3º);
B) quanto ao ITCD, regular a competência para a sua instituição pelos Estados e pelo Distrito Federal, nos termos do art. 155, §1º, III;
C) quanto ao ICMS, definir seus contribuintes e disciplinar os diversos – e importantíssimos – outros tópicos mencionados no art. 155, §2º, XII, "a" a "i", da CF, tais como a substituição tributária e o regime de compensação do imposto;
D) quanto às contribuições sociais referidas no art. 195, I, "a", e II, fixar o montante acima do qual não é possível a concessão de remissão ou anistia (art. 195, §11).

Perceba-se, portanto, pela conjugação das atribuições insertas no art. 146 com as expostas acima, as inúmeras funções desempenhadas pela lei complementar em nosso sistema. De fato, os diplomas desse tipo possuem abrangência que varia desde a instituição de tributos até a definição da quantia devida pelo contribuinte passível de ser remida, isto é, abarcam desde o nascimento até a morte das obrigações tributárias, não bastasse a função uniformizadora que desempenham em tal mister.

13 A necessidade de lei complementar prévia para a instituição de impostos e contribuições

Discute-se muito sobre a necessidade de lei complementar, prévia, em relação à edição da lei institutiva de impostos e contribuições sociais. São duas as correntes, uma propugnando não poder a competência institutiva ser exercida sem prévia lei complementar de normas gerais, e outra defendendo a supremacia da competência impositiva das pessoas políticas na hipótese de inação do legislador complementar. A discussão faz-se à volta do art. 146, III, "a", da CF, que predica a lei complementar para *a definição de tributos e suas espécies, bem como dos impostos discriminados na Constituição, seus respectivos fatos geradores, bases de cálculo e contribuintes*.

A propósito, observamos que o CTN, recepcionado pela Constituição, já define o tributo, suas espécies e os fatos geradores e bases de cálculo da maioria dos *impostos discriminados*. Os impostos novos e, em parte, os modificados é que careceriam de maiores definições em lei complementar de normas gerais. O nosso posicionamento é o seguinte:

A) quanto aos impostos residuais e aos restituíveis (empréstimos compulsórios), desnecessária se faz lei complementar normativa prévia, por isso que só podem ser instituídos pelo *processo legislativo da lei complementar*. Esta, ao instituir o *tipo tributário*, regrará aquelas matérias previstas no art. 146, III, "a", da CF;
B) no concernente especificamente às contribuições sociais do art. 195 da CF, só possuem legitimidade para exigir lei complementar prévia aqueles que entendem serem impostos tais figuras impositivas. Certo, por isso que a regra do art. 146, III, "a", da CF, endereçada está a impostos e, o que é mais, impostos

discriminados na mesma. Consequentemente, os que entendem possuírem as contribuições sociais natureza específica diversa da dos impostos, seja por critérios de *validação finalística*, seja por outros critérios, estão *ipso facto* impedidos de pleitear lei complementar regrando o *fato gerador, a base de cálculo e os contribuintes* dessas exações. As contribuições sobre folha de salários, lucro e faturamento (empregadores), receita de prognósticos deveriam ser previamente estruturadas em lei complementar de normas gerais. Mas o exercício da competência impositiva das pessoas políticas é eminentemente constitucional. O Congresso, por inação, não pode paralisar o exercício da tributação pelas pessoas políticas. O Convênio nº 66 em tema de ICMS, ausente lei complementar, confirma a assertiva. Evidentemente, a superveniência de lei complementar sobre ditas espécies paralisa a eficácia dos dispositivos constantes das leis que ofereçam contraste às suas prescrições. A competência tributária, portanto, é dominante na CF;

C) as contribuições previdenciárias dos trabalhadores do Regime Geral (art. 195, II, da CF) e as dos funcionários públicos federais, estaduais e municipais (art. 40 c/c art. 149, §1º, da CF), não são impostos e, portanto, são instituíveis por leis ordinárias, federais, estaduais e municipais (são contribuições sinalagmáticas).

Ressalte-se, ainda, a questão envolvendo o imposto de competência estadual sobre a propriedade de veículos automotores. O CTN não o regula, haja vista que ele foi criado apenas no ano de 1985, em substituição à "Taxa Rodoviária Única - TRU", enquanto o Código data de 1966. Dessa feita, pairava na doutrina e na jurisprudência dúvida acerca da necessidade da edição de lei complementar prévia para a instituição do IPVA. O STF, contudo, pôs termo ao debate, afirmando ser dispensável o referido agir do legislador federal para a cobrança do tributo, mormente considerando o disposto no art. 24, §3º, da CF, atribuidor de competência legislativa plena aos Estados-Membros até que sobrevenha lei complementar de normas gerais editada pela União.[8]

A Constituição, para finalizar, contém regra expressa no art. 34, §3º, do Ato das Disposições Constitucionais Transitórias autorizando a União, os Estados e os Municípios a editarem as leis necessárias à instituição do sistema tributário no âmbito das respectivas competências.

O Supremo Tribunal assentou tese segundo a qual as contribuições do art. 195 desnecessitam de lei complementar prévia às leis ordinárias institutivas e modificativas, por isso que a própria Constituição já delineava os fatos geradores, os contribuintes e, implicitamente, as bases de cálculo. A contrário senso, tal não é o caso das contribuições de intervenção no domínio econômico. Quanto a essas, a Constituição é lacônica, diz apenas que a União é competente para instituí-las e que são instrumentos de intervenção. No entanto, a Corte parece estar tolerando que dezenas de contribuições de intervenção, verdadeira derrama fiscal dos tempos lusitanos, sejam instituídas até por medidas provisórias. É intolerável.

---

8 STF, AgR-AI nº 167.777/SP, Rel. Ministro Marco Aurélio, DJ 09.05.1997.

Referências

HORTA, Raul Machado. Tendências do federalismo brasileiro. *Revista Brasileira de Estudos Políticos*, Belo Horizonte, n. 28, p. 45, jan. 1970.

Informação bibliográfica deste texto, conforme a NBR 6023:2018 da Associação Brasileira de Normas Técnicas (ABNT):

COÊLHO, Sacha Calmon Navarro. As leis complementares da Constituição. *In*: LOBATO, Valter de Souza (coord.); MARINHO NETO, José Antonino (org.). *O papel da lei complementar tributária no desenho federativo brasileiro*. Belo Horizonte: Fórum, 2024. p. 43-58. ISBN 978-65-5518-779-3.

A ESTRUTURA E OS ELEMENTOS DA NORMA TRIBUTÁRIA: QUAL O PAPEL DA LEI COMPLEMENTAR?

ARTHUR FERREIRA MARIA NETO
ARTHUR PATTUSSI BEDIN

Introdução

Nos últimos anos, o direito tributário brasileiro vem vivenciando curioso e preocupante – mas em certo sentido previsível – fenômeno cognitivo provocador de ruptura e revisão de um dos seus mais importantes pressupostos teóricos, o qual, em grande medida, sempre moldou a mentalidade dos estudiosos e operadores desse ramo jurídico. Ninguém com algum conhecimento acerca dos fundamentos do direito tributário negaria que essa disciplina jurídica sempre priorizou – como pressuposto essencial e inegociável – o respeito rigoroso a determinadas formalidades a serem observadas pelo legislador e pelos demais agentes estatais quando pretendem criar, majorar ou cobrar determinada exigência tributária. Obviamente, não se quer dizer com isso que tal pressuposto não seja levado a sério nos outros campos do direito, mas é inegável que o direito tributário (juntamente com o direito penal) sempre dedicou maior prestígio e importância ao papel que as formas jurídicas devem exercer na configuração dos comandos que autorizam o Estado a usar do seu poder para ingressar na esfera privada dos particulares, impondo-lhes determinado ônus ou exigindo deles determinada prestação.

Precisamente por isso, o direito tributário, desde a sua origem histórica no Brasil, sempre tratou os aspectos formais da tributação, ao menos no plano teórico, com grande precisão e sistematicidade.[1] Daí a extrema relevância que, no passado, os operadores do direito tributário deram à segurança jurídica (na produção e na interpretação do direito), à legalidade e ao estudo detalhado dos elementos internos da norma tributária (*e.g.*, do fato gerador, da hipótese de incidência, da regra-matriz de incidência tributária etc.). Por essa razão, não chega a ser surpresa que esse campo jurídico sempre veio a ser o terreno

---

1 Sobre os diferentes paradigmas científicos do direito tributário brasileiro, *vide* FERREIRA NETO, Arthur Maria. *Por uma Ciência Prática do Direito Tributário*. São Paulo: Quartier Latin, 2016.

fértil para o desenvolvimento de propostas teóricas positivistas e normativistas, as quais, invariavelmente, priorizam um grau maior de controle formal na aplicação do direito ou até dedicam atenção exclusiva à depuração analítica de cada elemento conceitual que seria capaz explicar, de modo pretensamente exaustivo, o fenômeno tributário.[2]

Tendo assim sido estruturada a dogmática tributária desde a sua fundação científica, não deveria causar espanto o fato de tal postura teórica ter alcançado, nas últimas décadas, o seu ponto de saturação, sendo hoje amplamente conhecida a crítica acadêmica[3] que diagnostica certos exageros epistemológicos nessa corrente de pensamento, os quais são ilustrados pelo reducionismo de se definir o direito tributário a partir de uma perspectiva puramente descritiva e formalizada, fria e distante da realidade, a qual, desprezando aspectos relevantes do nosso texto constitucional, teria despido a atividade de tributação pelo Estado de todo e qualquer elemento considerado extranormativo (aspectos morais, econômicos, financeiros, finalísticos etc.) e teria assumido que essa poderia de ser analisada tão somente a partir do categórico respeito às formas jurídicas. A crítica à postura tradicional da época acusa de ser extremada e radical a atitude teórica que venera a "forma pela forma" e que defende uma observância incondicional da lei tributária, na medida em que, muitas vezes, o desejo de se respeitar certas formalidades jurídicas como um fim em si acaba provocando (de modo intencional ou não) um bloqueio intelectual na nossa capacidade de visualizar e de responder a questões tributárias substanciais, as quais, enquanto pretensões não captáveis pela mera sistematização de aspectos jurídicos formais, sequer são compreendidas como um problema real a ser enfrentado ou ainda são vistas como um falso dilema. Diante disso, parte relevante da comunidade científica do direito tributário brasileiro acabou percebendo que esse reducionismo teórico não seria mais capaz de resolver os problemas práticos surgidos em um ambiente econômico cada dia mais complexo, dinâmico e internacionalizado, motivo pelo qual a tradição do formalismo tributário – que exerceu um papel importante nos anos de fundação desse ramo jurídico – deveria ter seus fundamentos profundamente revistos ou até ser abandonada na íntegra e com máxima urgência.

Ao se entender como necessária a ruptura com o paradigma do formalismo normativista que imperou no direito tributário desde a sua fundação científica, acabou-se abrindo espaço para a introdução de outras propostas teóricas rivais, as quais, longe de serem um monólito homogêneo de ideias, organizaram-se em tornos das mais variadas escolas de pensamento (*e.g.*, interpretativismo, pragmatismo, neoconstitucionalismo, jusnaturalismo etc.), cada uma com seus pressupostos extraídos da filosofia, da teoria do direito e do direito constitucional. Ocorre que muitas das premissas adotadas por cada uma dessas tradições concorrentes acabam sendo, entre si, antagônicas e inconciliáveis. Por isso, tal como ocorre em qualquer movimento reformista de uma tradição,[4] estamos

---

2 SCHMITT, Carl. Sobre os três tipos de pensamento jurídico. *In*: MACEDO JR, Ronaldo Porto. Carl Schmitt e a fundamentação do Direito. São Paulo: Max Limonad, 2001.

3 ÁVILA, Humberto. Função da Ciência do Direito Tributário: do Formalismo Epistemológico ao Estruturalismo Argumentativo. *Revista Direito Tributário Atual*, São Paulo, IBDT, n. 29, 2013; ÁVILA, Humberto. Ciência do Direito Tributário e Discussão Crítica. *Revista Direito Tributário Atual*, São Paulo, IBDT, n. 32, p. 159-197, 2014.

4 Tal processo pode ser aproximado à descrição apresentada por MACINTYRE, no seu clássico *After virtue*, ao se referir à fragmentação das teorias morais na Pós-Modernidade. (MaCINTYRE, Alasdair. *After virtue*. 2. ed. Estados Unidos da América: University of Notre Dame, 1984).

vivendo, hoje no Brasil, um período histórico de ampla fragmentação de ideias e de teorias acerca de como deve ser concebido, estruturado e regulado o direito tributário. Isso, por sua vez, vem provocando graves focos de divergências e de incoerências na interpretação e aplicação do direito tributário, principalmente por parte dos Tribunais, na medida em que, hoje, diferentes critérios de compreensão do fenômeno tributário e de fundamentação do nosso Sistema Constitucional são, simultaneamente, oferecidos como sendo o modo adequado de resolução desses conflitos jurídicos, mesmo que não se perceba com clareza que muitos desses critérios são, entre si, incompatíveis. Isso, porém, pode ser visto como um reflexo natural da disputa por espaço dessas ideias rivais num ambiente em que não há mais consensos teóricos básicos, o que cria, sabidamente, dificuldades comunicativas e provoca frustrações nos operadores do direito tributário que anseiam por um modelo teórico minimamente coeso e objetivo, o qual consiga garantir que a sua prática profissional volte a ser vista como ancorada na aplicação segura de uma técnica e não meramente como uma atividade desgovernada que segue apenas a manifestação episódica de decisões aleatórias oriundas do mero arbítrio daqueles em posição de poder. De outro lado, também se sabe (talvez intuitivamente) que esse cenário de discórdia quanto aos pressupostos básicos do direito tributário poderá perdurar até o momento da consolidação do novo paradigma teórico que ainda irá se firmar e que deverá prevalecer após esse período desordenado de transição, o qual, infelizmente, não temos como antecipar quanto tempo demorará a ser superado.[5]

Pois bem, considerando os objetivos centrais deste estudo, merece destaque, dentre as propostas teóricas rivais antes mencionadas, aquela que, provavelmente, assumiu a atitude mais firme e fervorosa contra os pilares formalistas que ergueram o direito tributário clássico. Essa escola de pensamento, mirando – com razão – nos limites e nos defeitos do formalismo normativo dominante no direito tributário brasileiro desde o século passado, empenhou-se em atacar de frente os problemas identificados nessa tradição, a qual deveria ser considerada, de acordo com essa visão, ultrapassada, retrógrada, mantenedora do *status quo* e, por isso, muito prejudicial à *"verdadeira"* concretização dos mandamentos constitucionais que impõem a efetivação de inúmeros direitos sociais que necessitam ser custeados por meio da arrecadação de tributos. Portanto, esse novo modelo teórico substitutivo assumiu, com prioridade, a tarefa de extirpar qualquer elemento que pudesse lembrar aquilo que havia causado as falhas daquele paradigma científico, o qual, na sua esterilidade formalista, havia fracassado não apenas no enfrentamento adequado de problemas de ordem fiscal, como também na sua incapacidade de dar conta daqueles conflitos sociais que geram injustiças e situações de desigualdade, presumindo-se, assim, que todos esses estão no escopo e sob responsabilidade do direito tributário.

No entanto, não obstante a nobreza dessas intenções, na verve de se atacar os males do formalismo normativista, acabou-se aviltando e depreciando – de forma consciente ou não – a dimensão meritória e valiosa que o direito sempre conectou com o respeito às formas jurídicas, na medida em que esses instrumentos formais, em regra, representam a via de legitimação dos atos sociais gerados com base em determinados

---

[5] Tal fenômeno científico é bem detalhado por KUHN, Thomas. *The Structure of Scientific Revolutions*. 2. ed. Estados Unidos da América: University Of Chicago Press, 1970.

ritos e protocolos, precisamente em razão da sua natureza procedimental e pública, o que, na essência, serve para garantir o reconhecimento coletivo de que esses deverão ser considerados cogentes e dignos de deferência na proteção às expectativas dos indivíduos precisamente porque agiram em observância a essas mesmas formas. Por isso, dentro desse movimento de ataque total aos pressupostos formalistas do direito tributário, torna-se cada dia mais comum a tentativa de justificação e de pseudorracionalização dos motivos que permitiriam, em nome de um *"novo direito tributário"* – dito mais eficiente, mais humano e mais solidário –, fossem criadas, muitas vezes de modo *ad hoc* e *ex post facto*, hipóteses de exceção às formalidades previstas na Constituição, as quais, até então, enquanto regras jurídicas, tinham a função precípua de proteger as expectativas legítimas do contribuinte e de fixar limites ao exercício do poder estatal, mesmo que o respeito a tais formalidades pudesse culminar na assunção coletiva de determinados custos financeiros momentâneos. No entanto, ao se golpear cegamente o formalismo normativista, acabou-se, como dano colateral, deturpando o verdadeiro papel exercido pelas proteções formais que estruturavam o direito tributário do passado, de modo que essas passam a ser compreendidas com certo menosprezo, como sendo privilégio dos já privilegiados ou como sendo meros entraves e obstáculos que atrasam a construção de uma sociedade mais igualitária, solidária e cívica, a qual sempre esteve programada na Constituição de 1988, mas que, até agora, não pode ser plenamente materializada.

Ora, essa tendência pode ser identificada, com frequência, nas interpretações de *"vanguarda"* que sustentam estar amparada na nossa Constituição *(i)* a leitura da legalidade tributária como maleável ou flexível, a qual ampliaria o campo de inovação dos órgãos do Poder Executivo quando exercem as suas funções normativas, *(ii)* a compreensão da anterioridade tributária como simples recomendação ao legislador que, a depender do contexto político, não necessitaria observar o período fixado no texto constitucional para a criação ou majoração de um tributo ou, ainda, *(iii)* a construção de um suposto princípio da segurança jurídica fiscal-orçamentária que autorizaria fossem resguardadas as expectativas arrecadatórias do ente tributante diante de *"meros"* deslizes na observância das formalidades fixadas em normas tributárias. Nesse contexto, os revisionistas da legalidade e aqueles que fazem pouco caso do respeito às formas tributárias acabam confundindo os vícios teóricos do formalismo normativista com o propósito de legitimação pública que se deseja produzir por meio da observância de procedimentos previamente estabelecidos nas fontes do direito. Dito de outro modo, aquele que relativiza a importância de se cumprir determinada forma jurídica acaba confundindo a simples manifestação exterior de ritos formais com aqueles objetivos substanciais que se quer proteger quando se entende por necessária a observância de um procedimento jurídico ou de uma prática estabelecida. Assim, o tributarista dos novos tempos interpreta, equivocadamente, o jogo de linguagem por trás do respeito à forma jurídica, como se isso fosse uma simples encenação de atos cerimoniais, cujo único propósito seria a sua própria execução, tal como se estivéssemos diante de um tabu milenar repetido acriticamente por membros de uma sociedade primitiva que ainda não foi submetida ao *"movimento civilizatório"* que, uma vez implementado, justificará a relativização dessas arcaicas formalidades, desprovidas de qualquer mérito.

Por isso, aqueles que menosprezam a importância de serem observados os cuidados formais previstos em uma regra tributária dizem com grande convicção (ou até um ar de indiferença) frases do seguinte estilo: "ora, qual a efetiva relevância de maioria simples ou maioria qualificada na aprovação de uma lei, se formos contrastar esse mero formalismo com o enorme valor que necessitará ser retirado dos cofres públicos como consequência da invalidação desse pequeno lapso de atenção do legislador?" ou "qual a real diferença se uma lei tributária acabou sendo publicada no dia 31 de dezembro ou alguns dias depois, se, afinal, ninguém chega a ler o diário oficial e uma filigrana como essa poderá gerar um impacto bilionário na arrecadação já aguardada pelo ente estatal?" ou ainda, em um contexto mais específico, "qual a razão para se perder tempo intimando para defesa prévia um indivíduo que terá seus bens penhorados em uma execução fiscal com a qual não teve ele qualquer conexão, se já sabemos de antemão que a decretação de fraude à execução irá representar para esse terceiro uma presunção absoluta de conluio com o verdadeiro devedor?".

Pois bem, considerando-se essa contextualização histórica acerca da evolução dos pressupostos do direito tributário brasileiro, não seria extravagante questionar se, no atual cenário, ainda teria alguma relevância teórica ou prática um estudo monográfico dedicado à análise da estrutura normativa e das funções constitucionais da lei complementar em matéria tributária. Isso porque essa temática, invariavelmente, exige o reconhecimento de que formas jurídicas devem ser levadas a sério pelo aplicador do direito, jamais representando, pois, meros caprichos do Constituinte. Esse pressuposto, portanto, impõe ao leitor algum compromisso com a noção de que é de máxima relevância a forma como são estruturadas as normas de competência e as diferentes funções legislativas no campo tributário, o que somente faz sentido se essas forem compreendidas como exigências cogentes a serem observadas por todos os Poderes Constituídos. Já vimos aqui que o tributarista de vanguarda, possivelmente, compreenderá como sendo um esforço de menor importância aquele que pretende ordenar os diferentes tipos de veículo legislativo na área tributária, classificando-os de acordo com a sua estrutura interna e as suas atribuições constitucionais, na medida em que a especificação de ritos, procedimentos, funções e outras formalidades não representaria, hoje, o fator determinante para a concretização dos "*reais objetivos*" de um direito tributário moderno e dinâmico, o qual não pode ficar refém dessas questões mais burocráticas.

No entanto, mesmo que não se possa (nem se queira) defender um retorno completo ao paradigma do formalismo normativista, o qual já alcançou seu ponto de esgotamento, também não se pode aceitar com tranquila passividade os avanços de uma matriz teórica que vislumbra menor peso na obediência rigorosa às formas jurídicas previstas na Constituição, tolerando, de outro lado, um processo gradual e constante de relativização daquelas proteções fundamentais e tradicionais que o direito tributário sempre consagrou em favor do contribuinte. Deve, pois, haver algum empenho, nessa fase de transição paradigmática, para se encontrar uma postura científica que se posicione em um meio-termo entre esses dois extremos!

Precisamente aí é que se encontra o grande mérito desta importante obra coletiva, *O papel da Lei Complementar Tributária no desenho federativo brasileiro*, organizada pelo professor Valter de Souza Lobato e pelo pesquisador José Antonino Marinho Neto e da qual muito nos honra participar. Com efeito, diante da crise epistêmica diagnosticada nos primeiros parágrafos deste texto, a construção desse caminho intermediário exige uma retomada na discussão acerca da importância de se bem compreender a estrutura normativa, o papel constitucional e as consequências jurídicas de não serem respeitadas as formalidades na produção de uma lei complementar no direito tributário.

Neste artigo, portanto, para o estudo da estrutura interna da lei complementar tributária, pretendemos resgatar elementos extraídos da Teoria Geral do Direito que permitem reestabelecer o mérito que há por trás do respeito na observância de determinadas formas normativas, cuidando, de outro lado, para não se incorrer nos problemas teóricos já identificados na tradição do formalismo normativista. Para tanto, aqui, será utilizada a conhecida classificação das normas jurídicas que as separa em duas grandes classes estruturais e funcionais, a saber, *normas de conduta, ou primárias*, e *normas de estrutura, ou secundárias*, seguindo, assim, as lições desenvolvidas de modo marcante nas obras de Norberto Bobbio e H. L. A. Hart.

1 A diferenciação entre normas de conduta e normas de estrutura: um resgate das lições clássicas de Hart e Bobbio

1.1 O direito compreendido como conjunto de regras primárias e secundárias

Em pelo menos um sentido relevante, todos os operadores do direito contemporâneo são herdeiros de Bobbio. Isso porque, mesmo que não tenha sido ele o responsável pela fundação do pensamento positivista, foi ele, sem dúvida, um dos principais responsáveis pela difusão da ideia de que o fenômeno jurídico seria, exclusiva ou prioritariamente, um fenômeno normativo. Segundo Bobbio, "a experiência jurídica é uma experiência normativa", pois a "nossa vida se desenvolve em um mundo de normas".[6] Uma vez estabelecida tal moldura pré-epistêmica, toda a realidade humana passa a ser depurada a partir da perspectiva da normativa, de modo que todas as civilizações, as religiões, as paixões humanas, em síntese, toda a história da humanidade passa a ser compreendida com base no "complexo de ordenamentos normativos que se sucedem, se sobrepõem, se contrapõem, se integram".[7] Nessa visão, não apenas a norma ocupa uma posição hiperinflacionada, mas o próprio fenômeno jurídico acaba se arrogando da pretensão de explicar e coordenar a totalidade da experiência humana, como se não houvesse aspecto de nossa realidade que não estivesse fora das garras da pretensão coercitiva de um sistema normativo. Tal atitude científica, normalmente, ocorre quando o teórico atribui peso demasiado a um dos aspectos da sua pesquisa ou a um dos conceitos que formulou para explicar seu objeto de estudo. Comumente, esse é o risco enfrentado pelo cientista que se apaixona por seu próprio sistema de pensamento, de modo que ele passa a apresentar os sintomas típicos de um apaixonado, projetando o objeto de sua paixão em todos os lugares para o qual olha e não vendo os seus defeitos internos. Como diz Macintyre, esse cientista troca o amor à verdade pela paixão de sua teoria.[8]

---

6 BOBBIO, Norberto. *Teoria da Norma Jurídica*. 1. ed. São Paulo: Edipro, 2001. p. 23.

7 BOBBIO, Norberto. *Teoria da Norma Jurídica*. 1. ed. São Paulo: Edipro, 2001. p. 24-25.

8 MaCINTYRE, Alasdair. *The Tasks of Philosophy-Selected Essays*. Reino Unido: Cambridge University Press, 2006. v. l. p. 181.

Pois bem, essa mesma paixão pela norma jurídica inebriou a grande maioria dos juristas que se dedicaram ao estudo do direito tributário no Brasil,[9] de modo que representa absoluto senso comum pensar a tributação pela perspectiva exclusiva de sua normatividade. Aliás, a centralidade do normativo na explicação do fenômeno jurídico representou aspecto fundamental dos modelos científicos que emergem das lições de Becker,[10] Ataliba[11] e Carvalho.[12]

Isso porque a norma jurídica é, de fato, elemento relevante para a compreensão das razões que devem influenciar a tomada de decisão que culmina em ações humanas voluntárias e intencionais, mesmo que não seja ela a única e exclusiva razão que afete o agir humano no plano do direito. Conforme se verá, o agir jurídico também deve ser raciocinado com base em bens básicos, fundamentos de justiça, avaliação de eficiência e finalidades que direcionam e tornam inteligível uma conduta praticada dentro do universo jurídico. Portanto, uma ciência prática aplicável ao direito tributário necessita estabelecer uma proposta classificatória das diferentes normas tributárias, não obstante não possa se ater apenas a essa tarefa.

Com efeito, no que tange ao hoje relevantíssimo debate jurídico acerca das diferentes espécies normativas, revela-se amplamente conhecida, no ambiente acadêmico, a discussão teórica que pretende especificar as diferenças conceituais entre regras e princípios, especialmente em razão das importantes contribuições teóricas de Hart,[13] Dworkin[14] e Alexy,[15] e entre nós, por Ávila.[16] Com efeito, a proposta de Ávila dá conta perfeitamente da dimensão formal do objeto de uma ciência tributária, que pode ser ordenada com base na diferenciação de regras, princípios e postulados normativos.

---

9 Obviamente não apenas no Brasil, o normativismo representou postura dominante, pois também foi absolutamente influente dos principais tributaristas europeus. Aliás, interessante a constatação de Schmitt, em 1934, quando afirma que o direito tributário europeu foi o Santuário sagrado do positivismo jurídico (SCHMITT, Carl. Sobre os três tipos de pensamento jurídico. *In*: MACEDO JR, Ronaldo Porto. Carl Schmitt e a fundamentação do Direito. São Paulo: Max Limonad, 2001. p. 211). Para exemplificar tributaristas europeus contemporâneos que também adotam a visão normativista, vide ainda: LAPATZA, José Juan Ferreiro; HERNANDEZ, Francisco; QUERALT, Juan Martin; ROYO, Fernando; LOPEZ, José Manuel. *Curso de Derecho Tributário*. 13. ed. Espanha: Marcial Pons, 1997; FALSITTA, Gaspare. *Manuale di Diritto Tributario*. Itália: CEDAM, 2003.

10 Becker defende que haveria uma fonte única do direito, sustentando que "no momento em que o Ser Social (Estado) criou a primeira regra de conduta, visando a garantir sua própria sobrevivência, surgiu a primeira regra jurídica e com esta o Direito". (BECKER, Alfredo Augusto. *Teoria Geral do Direito tributário*: 3. ed. São Paulo: Lejus, 1998. p. 205).

11 "O conceito jurídico de tributo é eminentemente formal (...) só pode ser formulado a partir do desenho legal construído discricionariamente pelo legislador constituinte. (...) Como afirmado, a estrutura de todas as normas do direito tributário é idêntica às das demais normas jurídicas, sendo passiveis de igual tratamento técnico. Há um tipo de norma que forma o centro do direito tributário, em torno da qual todo ele se estrutura: é a que contém a descrição do fato a que se imputa o comando 'entregue a importância x de dinheiro ao estado". (ATALIBA, Geraldo. *Hipótese de Incidência Tributária*. 6. ed. São Paulo: Malheiros, 2001. p. 51-52).

12 "O objeto da Ciência do Direito há de ser precisamente o estudo desse feixe de proposições, vale dizer, o contexto normativo que tem por escopo ordenar o procedimento dos seres humanos, na vida comunitária. O cientista do Direito vai debruçar-se sobre o universo de normas jurídicas, observando-as, investigando-as, interpretando-as e descrevendo-as segundo determinada metodologia". (CARVALHO, Paulo de Barros. *Curso de Direito Tributário*. 24. ed. São Paulo: Saraiva, 2012. p. 35).

13 HART. H. L. A. *The Concept of Law*. Oxford: Oxford University Press, 1961. p. 77e ss.

14 DWORKIN, Ronald. *Taking Rights Seriously*. Estados Unidos da América: Harvard University Press, 1978. p. 14 e ss.

15 ALEXY, Robert. *Theorie der Grundrechte*. Alemanha: Suhrkamp, 1986. p. 71 e ss.

16 ÁVILA, Humberto. *Teoria dos Princípios* – da definição à aplicação dos princípios jurídicos. 5. ed. São Paulo: Editora Malheiros, 2006.

Norma na linguagem comum do direito pode ser definida como um macrodiscurso prescritivo ou normativo, essencialmente o discurso prescritivo emanado do *legislador*, aqui bem entendido em sentido material, de modo a compreender qualquer tipo de autoridade normativa. E, para que seja prescritivo um discurso, basta que esse tenha ao menos uma prescrição em sentido estrito, ou seja, um comando. Desse modo, o atributo prescritivo convém também a discursos que, para além de um ou mais comandos, contém enunciados de outra natureza.[17]

Essa definição de discurso prescritivo, segundo Guastini, levar-nos-ia à fácil constatação de que o conjunto de enunciados, ou discursos, que usualmente denominados ordenamento jurídico, não são compostos unicamente de comandos prescritivos, mas também de enunciados de outro tipo, funcionalmente dependentes desses comandos.[18]

No mesmo sentido, aduz Bobbio que "as normas jurídicas nunca existem isoladamente, mas sempre em um contexto de normas com relações particulares entre si". A este contexto é que precisamente se dá o nome de ordenamento jurídico.[19] E, na medida em que não é possível dar uma definição do Direito do ponto de vista exclusivo da norma jurídica, considerada isoladamente, resta necessário alargar o horizonte para a consideração do modo pelo qual uma determinada norma se torna eficaz a partir de uma complexa organização que determina a natureza e a entidade das sanções, as pessoas que devam exercê-las e a sua execução. Essa organização complexa é sempre produto de um ordenamento jurídico. Significa, portanto, que uma definição satisfatória do Direito somente será possível se colocada deste ponto de vista do ordenamento jurídico. Daí porque a teoria do ordenamento jurídico consistiria em uma integração da norma jurídica,[20] e no reconhecimento da existência de duas grandes categorias gerais de normas jurídicas,[21] quando compreendidas no sentido específico aqui traçado. Essas duas classes normativas representam estruturas regulatórias que exercem funções absolutamente essenciais em qualquer sistema jurídico minimamente avançado, sem as quais sequer conseguimos compreender o papel que o Direito deve exercer como ferramenta de ordenação social.

Por isso, em todo e qualquer ordenamento, necessitam ser compreendidos e identificados um conjunto de enunciados prescritivos cujo objeto imediato é o comportamento humano a ser ordenado e direcionado por meio dessa norma jurídica. Esse tipo de prescrição, portanto, vincula-se à regulação direta da conduta humana, avaliando seus propósitos, seus méritos e seus efeitos sociais, para designar o padrão comportamental que, conforme o direito, se deseja perseguir ou promover.

Ao lado das normas que veiculam exclusivamente comandos prescritos comportamentais, também denominadas *normas de conduta*, ou *normas primárias*, há um outro tipo de normas, que veiculam enunciados de natureza diversa. Trata-se de normas que não prescrevem a conduta que se deve ter ou não ter, mas as condições e os procedimentos formais por meio são, validamente, produzidas, retificadas e extintas normas de conduta.

---

17 GUASTINI, Riccardo. *Teoria e dogmatica delle fonti*. Milão: Giuffrè, 1998. p. 21.

18 GUASTINI, Riccardo. *Teoria e dogmatica delle fonti*. Milão: Giuffrè, 1998. p. 22.

19 BOBBIO, Norberto. *Teoria do Ordenamento Jurídico*. 6. ed. Brasília: Editora UnB, 1995. p. 19.

20 BOBBIO, Norberto. *Teoria do Ordenamento Jurídico*. 6. ed. Brasília: Editora UnB, 1995. p. 22.

21 HART. H. L. A. *The Concept of Law*. Oxford: Oxford University Press, Third edition, 2012. p. 81-82.

Ilustrando, de modo simples, essa classificação: Uma norma que prescreve "*é obrigatório caminhar pela faixa da direita*" representa uma norma de conduta; já uma norma que prescreve que "a assinatura registrada em cartório em documento redigido por duas pessoas que firmam termo de compromisso e de regulação dos seus interesses, passando esse a estar dotado de força vinculante e cogente" representa uma *norma de estrutura ou de competência*, ou ainda *normas secundárias*. No primeiro exemplo, temos uma estrutura normativa que se preocupa exclusivamente em regular, por obrigação, proibição ou permissão um comportamento humano típico; já no segundo caso, não temos propriamente a descrição imediata de uma conduta, mesmo que, em parte, isso seja também necessário (até porque sem qualquer interação de seres humanos não temos sequer atividade jurídica), mas sim uma disposição normativa que fixa as condições e os procedimentos a serem adotados na criação, alteração ou extinção de normas válidas de conduta.[22] Considerando essa dimensão procedimental, essas normas de estrutura ou de competência também podem ser definidas como enunciados destinados primordialmente aos órgãos do Estado, na medida em que conferem poderes normativos aos entes estatais para criar direito *ex novo*.[23]

Veja-se, portanto, que as normas de conduta são determinações de comportamento, preceitos que geram obrigações, proibições e permissões. Isto é, são normas que instituem o obrigatório, o proibido, o permitido, às quais comumente são agregadas sanções jurídicas com vistas a reforçar sua obediência,[24] ou ainda uma *sanção externa institucionalizada*.[25]

Em suma, as normas de conduta têm como objeto comportamentos materiais, ao passo que as normas de estrutura ou competência tem como objeto atos normativos.[26]

Para aprofundarmos essas reflexões, é fundamental lembrarmos que essa concepção dúplice da normatividade jurídica é conceito basilar para a Teoria do Direito em Hart, segundo a qual o direito não é composto apenas por normas que impõem condutas e por normas que conferem poderes, mas é ele mesmo fundado por tais normas. Especificamente, Hart afirma que na base de todo ordenamento jurídico está uma regra social que estabelece o critério de validade jurídica. Essa regra mestra, que Hart chama de *regra de reconhecimento*, determina quais normas que conferem deveres e poderes são válidas dentro do sistema.[27]

Na fundação do seu pensamento, Hart supõe uma sociedade primitiva, cujo ordenamento jurídico resta formado apenas por normas primárias de conduta. Um tal ordenamento jurídico, nesses moldes, apresentaria três problemas nucleares: *(i)* o problema quanto à *incerteza* normativa, relativo à identificação de uma norma, ao seu escopo, validade e conteúdo, decorrente da inexistência de autoridade ou institucionalidade apta a resolver tais dilemas, na medida em que a própria atribuição de poder legiferante dependeria de uma espécie normativa outra, distinta das normas

---

22 BOBBIO, Norberto. *Teoria do Ordenamento Jurídico*. 6. ed. Brasília: Editora UnB, 1995. p. 33-34.

23 GUASTINI, Riccardo. *Teoria e dogmatica delle fonti*. Milão: Giuffrè, 1998. p. 23.

24 SGARBI, Adrian. *Introdução à Teoria do Direito*. São Paulo: Marcial Pons, 2013. p.62.

25 BOBBIO, Norberto. *Teoria da Norma Jurídica*. 2. ed. São Paulo: Edipro, 2003. p. 159.

26 GUASTINI, Riccardo. *Teoria e dogmatica delle fonti*. Milão: Giuffrè, 1998. p. 23.

27 SCOTT, Shapiro. *Legality*. Cambridge: Harvard University Press, 2011. p. 80.

de conduta; *(ii)* o problema do caráter *estático* das normas de conduta, dada a ausência de meios para a adaptação do sistema a novas circunstâncias sociais, seja através da eliminação de regras obsoletas, seja através da introdução de novas regras, cuja condição de possibilidade reside também em espécie normativa diversa daquela que apenas prescreve condutas; por fim, *(iii)* o problema da *ineficácia* do sistema, então mantido estritamente pela pressão social, dada a ausência de atribuição de poder à autoridade ou à instância a cargo da solução de controvérsias relativas à aplicação, interpretação e validade das normas de conduta.[28]

Hart aponta como solução para cada uma dessas questões a introdução no sistema de normas secundárias, a saber: *i)* a aludida *regra de reconhecimento*, em relação ao problema da *incerteza*, pela qual questões normativas podem ser resolvidas sem envolver-se em deliberação, negociação ou persuasão; *ii)* as *regras de modificação*, em relação ao problema da *estaticidade*, que conferem poderes a indivíduos ou grupos de indivíduos para a introdução de novas normas primárias, bem como sua extinção ou modificação e respectivos procedimentos; e *(iii) regras de julgamento*, em relação ao problema da *ineficácia*, que consistem em normas secundárias atribuidoras de poder a indivíduos no sentido de definir quando uma norma primária foi ou não violada.[29]

Nesse contexto, assevera que a introdução de normas secundárias é o sinal que representa a passagem do mundo pré-jurídico para o mundo jurídico, de modo a converter o regime de regras primárias naquilo que é indiscutivelmente um sistema jurídico, elucidando os principais conceitos que compõem a sua estrutura.[30]

Em um sistema jurídico avançado, as regras de reconhecimento são naturalmente mais complexas. Em vez de identificarem regras exclusivamente por referência a um texto ou lista, fazem-no por referência a alguma característica geral possuída pelas regras primárias. Essas características gerais podem estar relacionadas ao órgão que as promulgou, à longa tradição consuetudinária ou às decisões judiciais relacionadas. Além disso, quando várias dessas características gerais são usadas como critérios de identificação, é possível antecipar conflitos, organizando-as em uma hierarquia de superioridade, como subordinando a prática costumeira ou precedente à legislação, que é considerada uma fonte superior do direito. Ao fornecer uma marca de autoridade, introduzem, mesmo que de forma incipiente, a ideia de um sistema jurídico: pois as regras não são agora apenas um conjunto discreto e desconectado, mas são, de uma forma simples, unificadas. Ademais, no ato simples de identificar uma norma específica como tendo a característica necessária para ser incluída em um rol oficial de normas, existe a origem da ideia de validade jurídica.[31]

De se inserir, neste ponto, a observação de Maccormick, no sentido de que, em qualquer Estado que tenha uma constituição formal ou "escrita", parece necessário que os critérios de reconhecimento incluam as normas constitucionais no alto nível normativo e vinculativo. Dessarte, a afirmação de que a regra do reconhecimento desempenharia um papel radicalmente diferente da *Grundnorm* de Kelsen é, nessa

[28] HART. H. L. A. *The Concept of Law*. Oxford: Oxford University Press, Third edition, 2012. p. 92.
[29] HART. H. L. A. *The Concept of Law*. Oxford: Oxford University Press, Third edition, 2012. p. 94-97.
[30] HART. H. L. A. *The Concept of Law*. Oxford: Oxford University Press, Third edition, 2012. p. 98.
[31] HART. H. L. A. *The Concept of Law*. Oxford: Oxford University Press, Third edition, 2012. p. 95.

medida, duvidosa. O fato de Kelsen tratar esse aspecto como uma questão de mera "pressuposição", enquanto Hart insiste no seu carácter convencional, é significativo nos contornos das suas distintas concepções metodológicas. Todavia, a ideia de que algo está por trás da constituição formal é significativamente um ponto que ambos têm em comum. Pode-se ainda argumentar que a manutenção de uma ordem constitucional estabelecida depende de uma norma comumente observada por todos os titulares de cargos públicos e sustentada pelas expectativas dos cidadãos politicamente conscientes de que a constituição deve ser respeitada. As regras de reconhecimento devem, portanto, ser consideradas como normas especiais que regem o poder judiciário nos seus vários ramos, com critérios possivelmente diferentes para diferentes tribunais dentro de um sistema complexo, especialmente, mas não apenas, em sistemas federais de governo.[32]

A concepção de regra de reconhecimento é importante não somente para a compreensão do Direito, segundo Hart, como um sistema de normas primárias e secundárias, mas representa elemento fundamental da teoria da normatividade, na medida em que assevera a utilização de critérios ou testes convencionais através dos quais os operadores de determinado ordenamento jurídico concordam no sentido da determinação em relação a quais normas fazem parte do sistema e quais não fazem, bem como quanto à sua estruturação, organização e hierarquia.

1.2 A relevância da distinção funcional das normas de conduta e das normas de estrutura

Com efeito, a distinção funcional entre normas de conduta e normas de estrutura, conquanto não suficiente, é indispensável para a compreensão do funcionamento normativo do direito, do que se deriva de forma direta sua relevância.

Conforme referido no capítulo anterior, as normas de conduta dispõem imediatamente sobre como se deve agir, ao instituir de modo prescritivo aquilo que é obrigatório, proibido ou permitido, cujo enunciado geralmente é acompanhado de uma sanção. Sua função, portanto, é regular uma determinada *ação*.

De outra parte, as normas de estrutura não determinam uma conduta, mas estabelecem condições e procedimentos para a formação de normas válidas, cujos enunciados restam destinados primordialmente aos órgãos do Estado, aos que conferirem poderes de instituição e aplicação de novas normas jurídicas. Sua função primordial, portanto, é regular a *produção* normativa, no sentido de que *o direito disciplina a sua própria criação*.

Guastini classifica as normas de estrutura em duas subclasses: *(i)* normas de estrutura em *sentido estrito*, que compreendem todas aquelas normas que estabelecem qual órgão é competente para a atividade normativa, e através de quais procedimentos deve exercitar tal competência; e *(ii)* normas de estrutura em *sentido a*mplo, que compreendem todas aquelas normas que limitam ou predeterminam o conteúdo normativo. Assim, as normas de estrutura em sentido estrito têm um carácter "formal", no sentido de que não dizem respeito ao conteúdo da normatização futura, enquanto as normas de estrutura

[32] MACCORMICK, Neil. *H. L. A. Hart*. 2. ed. Stanford: Stanford University Press, 2008. p. 140-141.

em sentido lato, por outro lado, têm um carácter "material" ou "substancial", uma vez que dizem respeito precisamente ao seu conteúdo normativo.[33]

Tal noção é importante para o entendimento no sentido de que as normas de estrutura no Direito Tributário brasileiro estão essencialmente veiculadas no bojo do Sistema Constitucional Tributário e residualmente no espaço constitucionalmente reservado à lei complementar, que será objeto de maior atenção no próximo item.

De se notar que o Sistema Constitucional Tributário encartado na Constituição Federal de 1988 (arts. 145 a 162), por sua vez, é estruturado de forma analítica no sentido da regulação pormenorizada da relação tributária. Como resultado, constituiu-se o fundamento do Direito Tributário Brasileiro quase que integralmente em nível constitucional, através de normas constitucionais que estabelecem seus princípios gerais, consagram as limitações ao poder de tributar, bem como distribuem as regras de competência tributária da União, dos Estados e dos Municípios.[34]

Ao consagrar limitações ao poder de tributar, o Sistema Constitucional Tributário revela-se aberto. O próprio artigo 150 da Constituição Federal, ao prever em seus incisos extenso rol de garantias do contribuinte (legalidade, igualdade, irretroatividade, anterioridade, proibição de efeito confiscatório, imunidades) assim o faz "sem prejuízo de outras garantias" contidas ao longo do texto constitucional, sejam elas reconduzidas a princípios fundamentais (arts. 1º a 5º), a direitos e garantias fundamentais em geral (art. 5º a 17), ou ainda a outros direitos e garantias decorrentes do regime e dos princípios implicitamente adotados pela Constituição ou dos tratados internacionais em que a República Federativa do Brasil seja parte (art. 5º, §2º).[35]

Abertura essa que não se resume ao reenvio do Sistema a outros preceitos constitucionais, mas também engloba limitações previstas em sede infraconstitucional, a exemplo da previsão da competência da lei complementar para regular as limitações ao poder de tributar ou estabelecer normas gerais em matéria tributária (arts. 69 e 146, incs. I e III), bem como das resoluções do Senado Federal, que estabelecem alíquotas aplicáveis às operações e prestações interestaduais e de exportação (art. 155, §2º, inc. IV), alíquotas mínimas e máximas nas operações internas para resolver conflito específico que envolva interesse de Estados (art. 155, §2º, inc. V).[36]

Ao distribuir regras de competência e definir os impostos da União (art. 153), dos Estados (art. 155) e dos Municípios (art. 156), predeterminando o conteúdo material de cada espécie tributária e regulando o exercício da respectiva competência, o Sistema Constitucional Tributário demonstra rigidez.[37] Isso porque a fixação de competências

---

[33] GUASTINI, Riccardo. *Teoria e dogmatica delle fonti*. Milão: Giuffrè, 1998. p. 43-44.

[34] BALEEIRO, Aliomar. *Direito Tributário Brasileiro*.13. ed. Rio de Janeiro: Forense, 2015 p. 61; ATALIBA, Geraldo. *Sistema Constitucional Tributário Brasileiro*. São Paulo: Revista dos Tribunais, 1968. p. 22; ÁVILA, Humberto. *Sistema Constitucional Tributário*. 5. ed. São Paulo: Saraiva, 2012. p. 161.

[35] Ávila ainda afirma que a abertura do Sistema Constitucional Tributário para outras normas constitucionais implícitas significa intensa proteção da esfera privada, seja em razão da previsão da dedução de direitos fundamentais e garantias indeterminadas (art. 150 e art. 5, §2º), seja em razão da aplicação imediata das normas decorrentes dos direitos e garantias fundamentais (art. 5, §1º). (ÁVILA, Humberto. *Sistema Constitucional Tributário*. 5. ed. São Paulo: Saraiva, 2012. p. 162).

[36] ÁVILA, Humberto. *Sistema Constitucional Tributário*. 5. ed. São Paulo: Saraiva, 2012. p. 163.

[37] Sobre a rigidez do Sistema Tributário Nacional, vide ATALIBA, Geraldo. Sistema Constitucional Tributário Brasileiro. São Paulo: Revista dos Tribunais, 1968. p. 22 e seguintes.

tributárias em nível constitucional representa a impossibilidade de modificação dessas regras pela legislação complementar ou ordinária, atraindo o rito constitucional do art. 60, que dentre suas cláusulas pétreas (4º) exclui de deliberação a proposta de emenda tendente a abolir a forma federativa de Estado (inc. I), o voto direto, secreto, universal e periódico (inc. II); a separação dos Poderes (inc. III) e os direitos e garantias individuais (inc. IV), âmbito em que restam incluídas as garantas específicas do contribuinte.[38]

Para Ataliba, a característica da rigidez do Sistema Constitucional Tributário constitui princípio constitucional implícito que deve se inscrever ao lado dos demais princípios constitucionais tributários. Nesse contexto, o constituinte reteve o poder tributário pleno, conferindo à legislatura competências específicas, delimitadas e circunscritas, e assim o fez de modo a assegurar a autonomia administrativa e financeira dos entes federados, no escopo de "garantir clima de harmonia, estreme de conflitos, o que o conduziu a cuidados superlativos na disciplina quase exaustiva de toda atividade tributária".[39]

É nesse contexto teórico e normativo que analisaremos a lei complementar em matéria tributária.

2 A classificação das leis complementares no direito tributário a partir da Teoria Geral do Direito

2.1 A lei complementar no contexto do Sistema Constitucional Tributário

Borges, no contexto normativo da Constituição Federal de 1967, após a Emenda Constitucional nº 1, de 1969, atribuía à lei complementar a função de integrar a eficácia das normas constitucionais referentes à estrutura do Estado, à formação e relação entre os poderes, cujo conceito formal ou jurídico-positivo deflui do regime peculiar a que está submetida, a saber, aprovação pela maioria absoluta dos votos dos membros das duas Casas do Congresso Nacional, tendo por objeto regular preceitos constitucionais cuja aplicação deles dependa expressamente.[40]

No mesmo enquadramento, Ataliba referia a tal espécie legislativa como sendo aquela expressamente prevista pelo texto constitucional e para cuja elaboração previu-se processo legislativo especial, porque exclusivo, e qualificado, porque revestido de exigências que o tornam qualitativamente superior àquele próprio da legislação ordinária.[41]

José Afonso conceitua as leis complementares, para além do critério qualificado de aprovação, como leis integrativas de normas constitucionais de eficácia limitada, contendo princípio institutivo ou de criação de órgãos ou seções judiciárias nos casos constitucionalmente previstos.[42]

A Constituição Federal de 1988, a seu turno, do ponto de vista formal, faz menção expressa à lei complementar, ao incluí-la entre as espécies legislativas do *caput* do art.

---

[38] ÁVILA, Humberto. *Sistema Constitucional Tributário*. 5. ed. São Paulo: Saraiva, 2012. p. 164-164.

[39] ATALIBA, Geraldo. *Sistema Constitucional Tributário Brasileiro*. São Paulo: Revista dos Tribunais, 1968. p. 38.

[40] BORGES, José Souto Maior. *Lei complementar tributária*. São Paulo: Revista dos Tribunais, 1975. p. 33-34.

[41] ATALIBA, Geraldo. *Lei Complementar na Constituição*. São Paulo: Revista dos Tribunais, 1971. p. 30.

[42] SILVA, José Afonso da. *Aplicabilidade das normas constitucionais*. 7. ed. São Paulo: Malheiros, 2007. p. 236.

59, referindo no Parágrafo Único que essa ainda disporá sobre a elaboração, redação, alteração e consolidação das leis, estabelecendo o *quorum* qualificado no art. 69.

No âmbito do direito tributário, o constituinte reservou à lei complementar essencialmente a tríplice função material de (i) dispor sobre conflitos de competência, em matéria tributária, entre a União, os Estados, o Distrito Federal e os Municípios; (ii) regular as limitações constitucionais ao poder de tributar; e (iii) estabelecer normas gerais em matéria de legislação tributária, conforme prescrição do art. 146.

Todavia, para além dessa função *típica* como norma *secundária* ou *estruturante* do sistema, há previsão de lei complementar como veículo para a instituição de tributos específicos, a saber: (i) empréstimos compulsórios, conforme art. 148; (ii) imposto sobre grandes fortunas, conforme art. 153, inc. VII; (iii) impostos residuais, conforme art. 154, inc. I e (iv) contribuições sociais residuais, conforme art. 195, §4º. Nessas hipóteses, a espécie normativa exerce função *atípica* de norma *primária* ou de *conduta*.

2.2 Conceituação e hipóteses constitucionais de leis complementares de estrutura: a lei complementar em matéria tributária tem função típica de norma de estrutura

Dentro do desenho constitucional do Sistema Tributário é nítida a função integrativa da lei complementar, ao tratar sobre conflitos de competência tributária entre os entes federativos, regular as limitações constitucionais ao poder de tributar e estabelecer normas gerais em matéria tributária. Nesse âmbito, portanto, a lei complementar opera sua função típica de norma de *estrutura* ou *secundária*, ao *complementar*, no espaço que lhe confere o art. 146 da Constituição Federal, bem como as regras constitucionais que instituem, delimitam e repartem as competências tributárias.

Assim, quando a lei complementar institui normas gerais de direito tributário ela se coloca em posição hierárquica normativa infraconstitucional, porém acima da lei ordinária. E tal não decorre da norma procedimental do art. 69 da Constituição Federal, que exige como condição de validade a sua aprovação pela maioria absoluta dos membros de ambas as casas legislativas. A relação de hierarquia material entre lei complementar e ordinária decorre em razão de que, ao estabelecer normais gerais, a legislação complementar predetermina o conteúdo das leis ordinárias instituidoras de tributos.[43] Ou seja, assume essa figura legislativa *status* de superioridade hierárquica em relação às leis ordinárias que venham a dispor de forma específica sobre determinada matéria, subordinadas àquela norma estrutural no seu âmbito de incidência. Tanto é assim que, por foça de expressa previsão constitucional, a superveniência de lei federal sobre normas gerais suspende a eficácia da lei estadual, no que lhe for contrário (art. 24, §4º, CF).

No exercício da sua função típica de norma de estrutura e, ao ocupar-se de questões de interesse nacional com aplicação às três esferas jurídicas da União, dos Estados e do Município, a lei complementar atua como lei *nacional* e não como lei federal, essa última destinada apenas aos órgãos submetidos à União Federal.[44] Ora, se a competência

[43] ÁVILA, Humberto. *Sistema Constitucional Tributário*. 5. ed. São Paulo: Saraiva, 2012. p. 188-189.

[44] BORGES, José Souto Maior. *Lei complementar tributária*. São Paulo: Revista dos Tribunais, 1975. p. 25.

tributária é concorrente a todos os entes políticos da federação (art. 24, inc. I, CF), então se faz necessária norma de âmbito nacional que crie uma estrutura geral de definições e conceitos no sentido de racionalizar o sistema, orientar a produção legislativa e conferir-lhe atributos de coesão e coerência.

Nesse sentido, as hipóteses de incidência, as bases de cálculo e os contribuintes dos impostos dos Estados e dos Municípios, assim como a obrigação, o lançamento, o crédito, a prescrição e a decadência tributários devem ser unitária e harmonicamente definidos uniformemente na federação, na medida em que a exigência de unidade de normas gerais decorre do modelo federativo normativamente centralizador adotado pela Constituição de 1988, que pressupõe normas gerais com eficácia limitadora e especificadora.[45]

Com efeito, a norma geral de direito tributário por excelência se constitui no Código Tributário Nacional, instituído pela Lei nº 5.172 de 1966 e recepcionado pelas Constituições de 1967 e 1988 na qualidade de lei complementar. Trata-se de norma de estrutura que desempenha função típica de lei complementar no âmbito da matéria tributária, de incidência nacional e estruturante da legislação ordinária produzida com esteio nas regras de competência definidas pela Constituição.

O próprio Supremo Tribunal Federal, quando do julgamento do Recurso Extraordinário nº 556.664/RS, de Relatoria do Min. Gilmar Mendes, ocasião em que se examinou o âmbito material das leis complementares, firmou entendimento de que tais fontes normativas devem ser utilizadas sempre que houver problemas relativos à segurança e à uniformidade no âmbito federativo. No ponto, tendo como premissa a natureza tributária das contribuições para a seguridade social, decidiu-se que as normas relativas à prescrição e à decadência têm caráter de normas gerais de direito tributário, pelo que devem ser objeto de disciplina homogênea em nível nacional. Assim, permitir regulação distinta sobre esses temas, pelos diversos entes da federação, implicaria prejuízo à vedação de tratamento desigual entre contribuintes em situação equivalente e à segurança jurídica. Sob tal fundamentação, restaram declarados inconstitucionais o parágrafo único do artigo 5º do Decreto-Lei nº 1.569/1977 e os artigos 45 e 46 da Lei nº 8.212/1991, que tratavam da prescrição e da decadência do crédito tributário da seguridade social. O julgamento culminou com a edição da Súmula Vinculante nº 8.

Do mesmo modo, são normas de estrutura a Lei Complementar nº 87/1996 (Lei Kandir), que instituiu as regras gerais para o imposto sobre operações relativas à circulação de mercadorias e sobre prestações de serviços de transporte interestadual e intermunicipal e de comunicação, e a Lei Complementar nº 116/2003, que dispõe sobre o imposto sobre serviços de qualquer natureza. Ambos os diplomas legislativos positivam a ordenação básica, respectivamente, da exação estadual prevista no art. 155 da Constituição Federal e da exação municipal de que trata o art. 156 do texto constitucional, de modo a parcialmente predeterminar o conteúdo normativo material a ser individualmente produzido pelos Estados, pelo Distrito Federal e pelos Municípios na concretização da regra de competência tributária.

---

[45] ÁVILA, Humberto. *Sistema Constitucional Tributário*. 5. ed. São Paulo: Saraiva, 2012. p. 192.

Note-se que a delimitação do âmbito material das regras de competência é função expressa da lei complementar, como no caso do ICMS, que terá seus contribuintes, o mecanismo de substituição tributária, o regime de compensação do imposto, a fixação do estabelecimento responsável, a determinação das hipóteses de não incidência e de manutenção do crédito regulados por meio de lei complementar (art. 155, §2º, XII); e no caso do ISSQN, cuja competência municipal para instituir imposto sobre serviços não compreendidos no art. 155, II, será definida em lei complementar (art. 156, III), assim como é delimitada por lei complementar a fixação de suas alíquotas máximas e mínimas e da exclusão da sua incidência sobre exportações de serviços para o exterior (art. 156, §3º, II). Ainda, a competência dos Estados e do Distrito Federal para instituir imposto sobre transmissão *causa mortis* e doação, de quaisquer bens ou direitos, será regulada por lei complementar, se o doador tiver domicílio ou residência no exterior ou se o *de cujus* possuía bens, era residente ou domiciliado ou teve o seu inventário processo no exterior (art. 155, §1º), bem como em relação à exigência de lei complementar para regular a forma como, mediante deliberação dos Estados e do Distrito Federal, isenções, incentivos e benefícios fiscais serão concedidos e revogados (art. 155, §2º, XII, "g").

Em síntese, a função típica da lei complementar em matéria tributária é a de ser norma secundária ou de estrutura, cuja tarefa consiste em definir o rito, procedimento ou autoridade competente para criar, alterar, retificar ou extinguir outra norma jurídica. Nessa função, a lei complementar assume natureza de lei nacional, com campo de atuação principalmente definido pela Constituição Federal em seu art. 146, no sentido de dispor sobre conflito de competência, estabelecer normas gerais em matéria tributária, regular limitações ao poder de tributar, fixar critérios tributários para prevenir desequilíbrios concorrenciais. No exercício dessa relevante atribuição constitucional, a lei complementar estabelece relação de coordenação e superioridade em relação à legislação ordinária (submissão hierárquica), na medida em que as leis nacionais predeterminam o conteúdo admissível a ser positivado pela lei ordinária a ser editada em observância à lei nacional.

2.3 Conceituação e hipóteses constitucionais de leis complementares de conduta: a lei complementar em matéria tributária tem função atípica de norma de conduta

A Constituição Federal prevê competência para a instituição de determinados tributos exclusivamente através da edição de lei complementar, e assim o fez quanto aos empréstimos compulsórios para atender a despesas extraordinárias decorrentes de calamidade pública, de guerra externa ou sua iminência e no caso de investimento público de caráter urgente e de relevante interesse nacional (art. 148); imposto sobre grandes fortunas (art. 153, VII); impostos não previstos na competência ordinária da União Federal, a serem instituídos no exercício da sua competência residual (art. 154, I) e, finalmente, contribuições sociais residuais destinadas a garantir a manutenção ou expansão da seguridade social (art. 195, §4º).

A exigência de lei complementar, em tais hipóteses, decorre do caráter extraordinário dos tributos por ela estritamente instituídos, surgindo como instrumento de controle do legislador infraconstitucional que resta formalmente adstrito à sua aprovação pelo *quorum* do art. 69 da Constituição Federal.

Nesses casos, as leis complementares assumem natureza de normas de *conduta* ou *primárias* e exercem fundação *atípica* de criação imediata da integralidade da regra de incidência relativa às espécies tributárias extraordinariamente especificadas em regras de competência residuais. Trata-se, portanto, de tarefa esporádica ou acidental dentro do Sistema Tributário Nacional.

Em razão de sua eficácia direta, a lei complementar que veicula norma de conduta coloca-se no mesmo nível hierárquico da legislação ordinária, na medida em que não trata de matéria de interesse nacional que necessite de disciplina uniforme no âmbito do exercício do poder tributário pelos entes da federação. Sua função é pura e simplesmente a instituição do tributo.

Este é o caso da Lei Complementar nº 84/1996, que instituiu inédita fonte de custeio para a manutenção da seguridade social, na forma do §4º do art. 195 da Constituição Federal através de duas contribuições sociais, a primeira a cargo das empresas e pessoas jurídicas, inclusive cooperativas, no valor de 15% do total das remunerações ou retribuições por elas pagas ou creditadas no decorrer do mês, pelos serviços que lhes prestem, sem vínculo empregatício, os segurados empresários, trabalhadores autônomos, avulsos e demais pessoas físicas (art. 1º, I); e a segunda a cargo das cooperativas de trabalho, no valor de 15% do total das importâncias pagas, distribuídas ou creditadas a seus cooperados, a título de remuneração ou retribuição pelos serviços que prestem a pessoas jurídicas por intermédio delas (art. 1º, II).

Portanto, a função atípica da lei complementar em matéria tributária é a de ser norma primária ou de conduta, cuja tarefa consiste em regular, de modo imediato, o comportamento humano, por meio da fixação de padrão proibitivo, obrigatório ou permissivo de conduta. Nesse escopo, a lei complementar assume natureza de lei federal, desempenhando via legislativa para o exercício de competência tributária em relação a tributos extraordinariamente previstos no texto constitucional, como é o caso dos aludidos empréstimos compulsórios (art. 148, CF), imposto sobre grandes fortunas (art. 153, VII, CF), impostos e contribuições sociais residuais (arts. 154, I e 195, §4º). No cumprimento dessa atribuição constitucional, a lei complementar atua em plano de mesma hierarquia em relação à legislação ordinária, de modo que cada classe normativa ocupa uma diferente esfera de competência detalhada pela Constituição, em posição de paralelismo e não de subordinação.

2.4 Tabela comparativa

Com base nas considerações desenvolvidas nos tópicos anteriores, torna-se possível estruturar a seguinte tabela comparativa que sintetiza os argumentos antes defendidos:

Lei Complementar em Matéria Tributária					
	Estrutura normativa	**Tarefa a ser desempenhada**	***Status* normativo dentro da Constituição de 1988**	**Campo de atuação na Constituição de 1988**	**Modo de interação com lei ordinária em matéria tributária**
Função típica (Tarefa prioritária dentro do Sistema Tributário Nacional)	Norma secundária ou de estrutura.	Norma de produção, cuja tarefa é de definir o rito, procedimento ou autoridade competente para criar, alterar, retificar ou extinguir outra norma jurídica.	Lei de natureza Nacional.	Dispor sobre conflito de competência, estabelecer normas gerais em matéria tributária, regular limitações ao poder de tributar, fixar critérios tributários para prevenir desequilíbrios concorrenciais (art. 146, CF).	Relação de coordenação e superioridade em relação à legislação ordinária (submissão hierárquica), na medida em que as leis nacionais predeterminam o conteúdo admissível a ser positivado pela lei ordinária a ser editada em observância à lei nacional.
Função atípica (Tarefa esporádica ou acidental dentro do Sistema Tributário Nacional)	Norma primária ou de conduta.	Norma jurídica de ação, cuja tarefa é a de imediatamente regular comportamento humano típico, por meio da fixação de padrão proibitivo, obrigatório ou permissivo de conduta.	Lei de natureza Federal.	Instituir tributos extraordinários: empréstimos compulsórios (art. 148, CF), imposto sobre grandes fortunas (art. 153, VII, CF), impostos e contribuições sociais residuais (arts. 154, I e 195, §4º).	Plano de mesma hierarquia em relação à legislação ordinária, de modo que cada classe normativa ocupa uma diferente esfera de competência detalhada pela Constituição, em posição de paralelismo e não de subordinação.

Conclusão

Com efeito, o atributo prescritivo que conforma o enunciado normativo convém também a discursos que, para além de um ou mais comandos prescritivos, contêm enunciados de outra natureza, funcionalmente dependentes de tais comandos. Daí se falar que as normas jurídicas nunca existem isoladamente, mas sempre em um contexto de normas com relações particulares entre si.

Nesse contexto, em todo o ordenamento, ao lado das normas que veiculam exclusivamente comandos prescritos, também denominadas *normas de conduta*, ou *normas primárias*, há um outro tipo de normas, que veiculam enunciados de natureza diversa. Trata-se de normas que não prescrevem a conduta que se deve ter ou não ter, mas as condições e os procedimentos através dos quais emanam normas de conduta válidas. Uma norma que prescreve caminhar pela direita é uma norma de conduta; uma norma que prescreve que duas pessoas estão autorizadas a regular seus interesses em certo âmbito mediante normas vinculantes e coativas é uma *norma de estrutura ou de competência*, ou ainda *normas secundárias*, na medida em que não determina uma conduta, mas fixa as condições e os procedimentos para produzir normas válidas de conduta. Essas normas de estrutura ou de competência ainda podem ser definidas como todos os enunciados destinados primordialmente aos órgãos do Estado, que conferem poderes normativos, ou seja, poderes de criação de normas jurídicas.

As normas de conduta dispõem imediatamente sobre como se deve agir, ao instituir de modo prescritivo aquilo que é obrigatório, proibido ou permitido, cujo enunciado geralmente é acompanhado de uma sanção. Sua função, portanto, é regular uma determinada *ação*. De outra parte, as normas de estrutura não determinam uma conduta, mas estabelecem condições e procedimentos para a formação de normas válidas, cujos enunciados restam destinados primordialmente aos órgãos do Estado, aos que conferirem poderes de instituição e aplicação de novas normas jurídicas. Sua função primordial, portanto, é regular a *produção* normativa, no sentido de que *o direito disciplina a sua própria criação*.

No âmbito do direito tributário, o constituinte reservou à lei complementar essencialmente a tríplice função material de (i) dispor sobre conflitos de competência, em matéria tributária, entre a União, os Estados, o Distrito Federal e os Municípios; (ii) regular as limitações constitucionais ao poder de tributar; e (iii) estabelecer normas gerais em matéria de legislação tributária, conforme prescrição do art. 146.

Nesse contexto, portanto, a lei complementar opera sua função típica de norma de *estrutura* ou *secundária*, ao *complementar*, no espaço que lhe confere o art. 146 da Constituição Federal, as regras constitucionais que instituem, delimitam e repartem as competências tributárias.

No exercício da sua função típica de norma de estrutura e, ao ocupar-se de questões de interesse nacional com aplicação às três esferas jurídicas da União, dos Estados e do Município, a lei complementar atua como lei *nacional* e não como lei federal, colocando-se em posição hierárquica superior à legislação ordinária[46] que venha a dispor de forma específica sobre determinada matéria de sua alçada.

Todavia, para além dessa função *típica* como norma *secundária* ou *estruturante* do sistema, há previsão de lei complementar como veículo para a instituição de tributos específicos, a saber: (i) empréstimos compulsórios, conforme art. 148; (ii) imposto sobre grandes fortunas, conforme art. 153, inc. VII; (iii) impostos residuais, conforme art. 154, inc. I e (iv) contribuições sociais residuais, conforme art. 195, §4º. Nessas hipóteses, a espécie normativa exerce função *atípica* de norma primária ou de *conduta*.

A exigência de lei complementar, em tais hipóteses, decorre do caráter extraordinário dos tributos por ela estritamente instituídos, surgindo como instrumento de controle do legislador infraconstitucional que resta formalmente adstrito à sua aprovação pelo *quorum* do art. 69 da Constituição Federal.

Nesses casos, as leis complementares assumem natureza de normas de *conduta* ou *primárias* e exercem fundação *atípica* de criação imediata da integralidade da regra de incidência relativa às espécies tributárias extraordinariamente especificadas em regras de competência residuais.

Referências

ALEXY, Robert. *Theorie der Grundrechte*. Alemanha: Suhrkamp, 1986.

ATALIBA, Geraldo. *Hipótese de Incidência Tributária*. 6. ed. São Paulo: Malheiros, 2001.

ATALIBA, Geraldo. *Lei Complementar na Constituição*. São Paulo: Revista dos Tribunais, 1971.

ATALIBA, Geraldo. *Sistema Constitucional Tributário Brasileiro*. São Paulo: Revista dos Tribunais, 1968.

ÁVILA, Humberto. *Sistema Constitucional Tributário*. 5. ed. São Paulo: Saraiva, 2012.

ÁVILA, Humberto. *Teoria dos Princípios* – da definição à aplicação dos princípios jurídicos. 5. ed. São Paulo: Editora Malheiros, 2006.

ÁVILA, Humberto. Função da Ciência do Direito Tributário: do Formalismo Epistemológico ao Estruturalismo Argumentativo. *Revista Direito Tributário Atual*, São Paulo, IBDT, n. 29, 2013.

ÁVILA, Humberto. Ciência do Direito Tributário e Discussão Crítica. *Revista Direito Tributário Atual*, São Paulo, IBDT, n. 32, p. 159-197, 2014.

BALEEIRO, Aliomar. *Direito Tributário Brasileiro*.13. ed. Rio de Janeiro: Forense, 2015.

BECKER, Alfredo Augusto. *Teoria Geral do Direito tributário*: 3. ed. São Paulo: Lejus, 1998.

BOBBIO, Norberto. *Teoria da Norma Jurídica*. 1. ed. São Paulo: Edipro, 2001.

BOBBIO, Norberto. *Teoria da Norma Jurídica*. 2. ed. São Paulo: Edipro, 2003.

BOBBIO, Norberto. *Teoria do Ordenamento Jurídico*. 6. ed. Brasília: Editora UnB, 1995.

BORGES, José Souto Maior. *Lei complementar tributária*. São Paulo: Revista dos Tribunais, 1975.

[46] Não se desconhece a posição doutrinária e jurisprudencial que resiste em visualizar qualquer espécie de relação hierárquica entre lei complementar (de estrutura) e lei ordinária (de conduta). No entanto, essa resistência parece ter mais relação com questões de ordem processual envolvidas em controle de constitucionalidade (na medida em que, por exemplo, não caberia em tese ao STF analisar a validade no relacionamento normativo entre diferentes leis infraconstitucionais) do que propriamente com a questão própria de haver ou não uma relação lógica de superioridade e de subordinação entre o conteúdo de uma lei complementar de estrutura e uma lei ordinária de conduta. Parece ser inquestionável que uma norma geral de direito tributário estará predeterminando – em sentido perfeitamente hierárquico – o campo de normatividade que será admissível e aceito como válido de uma lei tributária que instituirá um novo tributo.

CARVALHO, Paulo de Barros. *Curso de Direito Tributário*. 24. ed. São Paulo: Saraiva, 2012.

DWORKIN, Ronald. *Taking Rights Seriously*. Estados Unidos da América: Harvard University Press, 1978.

FALSITTA, Gaspare. *Manuale di Diritto Tributario*. Itália: CEDAM, 2003.

FERREIRA NETO, Arthur Maria. *Por uma Ciência Prática do Direito Tributário*. São Paulo: Quartier Latin, 2016.

GUASTINI, Riccardo. *Teoria e dogmatica delle fonti*. Milão: Giuffrè, 1998.

HART. H. L. A. *The Concept of Law*. Oxford: Oxford University Press, 1961.

HART. H. L. A. *The Concept of Law*. Oxford: Oxford University Press, Third edition, 2012.

KUHN, Thomas. *The Structure of Scientific Revolutions*. 2. ed. Estados Unidos da América: University Of Chicago Press, 1970.

LAPATZA, José Juan Ferreiro; HERNANDEZ, Francisco; QUERALT, Juan Martin; ROYO, Fernando; LOPEZ, José Manuel. *Curso de Derecho Tributário*. 13. ed. Espanha: Marcial Pons, 1997.

MACCORMICK, Neil. *H. L. A. Hart*. 2. ed. Stanford: Stanford University Press, 2008.

MACEDO JR., Ronaldo Porto. *Carl Schmitt e a fundamentação do Direito*. São Paulo: Max Limonad, 2001.

MaCINTYRE, Alasdair. *After virtue*. 2. ed. Estados Unidos da América: University of Notre Dame, 1984.

MaCINTYRE, Alasdair. *The Tasks of Philosophy-Selected Essays*. Reino Unido: Cambridge University Press, 2006. v. l.

SCHMITT, Carl. Sobre os três tipos de pensamento jurídico. *In*: MACEDO JR, Ronaldo Porto. Carl Schmitt e a fundamentação do Direito. São Paulo: Max Limonad, 2001.

SCOTT, Shapiro. *Legality*. Cambridge: Harvard University Press, 2011.

SGARBI, Adrian. *Introdução à Teoria do Direito*. São Paulo: Marcial Pons, 2013.

SILVA, José Afonso da. *Aplicabilidade das normas constitucionais*. 7. ed. São Paulo: Malheiros, 2007.

Informação bibliográfica deste texto, conforme a NBR 6023:2018 da Associação Brasileira de Normas Técnicas (ABNT):

MARIA NETO, Arthur Ferreira; BEDIN, Arthur Pattussi. A estrutura e os elementos da norma tributária: qual o papel da lei complementar? In: LOBATO, Valter de Souza (coord.); MARINHO NETO, José Antonino (org.). *O papel da lei complementar tributária no desenho federativo brasileiro*. Belo Horizonte: Fórum, 2024. p. 59-79. ISBN 978-65-5518-779-3.

NEM A LEI COMPLEMENTAR NEM AS DECISÕES DO STF PODEM ALTERAR O CONTEÚDO DAS REGRAS CONSTITUCIONAIS DE COMPETÊNCIA TRIBUTÁRIA

CASSIANO MENKE

Introdução

As Leis Complementares e as decisões do Supremo Tribunal Federal (STF) não são emendas à Constituição e, por isso, não podem alterar validamente as regras constitucionais de competência tributária. Tal afirmação, em que pese sua aparente obviedade, não tem sido levada tão a sério. É que, recentemente, o STF, ao examinar o conceito de serviços de qualquer natureza para fins de incidência do ISSQN, decidiu em sentido diverso.

No julgamento do RE nº 651703, o Tribunal entendeu, de um lado, que a LC nº 116 tem o papel de "ampliar" o campo de incidência do imposto em questão. De outro lado, decidiu por alterar o núcleo de significado historicamente construído pelo próprio STF com relação ao que deve ser considerado como serviços de qualquer natureza. Em vez de obrigação de fazer, serviços seriam, segundo a nova decisão, utilidade econômica imaterial. E, por conta disso, o âmbito material de incidência que a CF/88 definira para o tributo municipal em questão estaria, então, ampliado.

Essa decisão e esse entendimento parecem ameaçar, a um só tempo, a força normativa e a rigidez da CF/88, a separação dos poderes e o princípio democrático. Tudo porque tendem a fazer crer que os conceitos constitucionais incorporados pelas regras de competência tributária seriam fluidos, mutantes e modificáveis sem o filtro democrático inerente às emendas à Constituição.

Nesse contexto, o presente artigo visa demonstrar que, de um lado, as regras de competência tributária estabelecidas pela CF/88 não permitem, dada sua estrutura normativa, que a legislação complementar possa validamente alterá-las. E, de outro lado, visa esclarecer que tampouco as decisões judiciais emitidas pela Corte Constitucional podem fazê-lo, já que, segundo o sistema de garantias do cidadão estatuído pela CF/88, somente as emendas constitucionais poderiam realmente ampliar o sentido normativo das regras de competência tributária.

O estudo está dividido em duas partes: na primeira, demonstra-se a estrutura das regras de competência tributária no âmbito da CF/88 e a circunstância de elas fixarem conceitos constitucionais prescritivos; na segunda, são expostas as razões pelas quais as Leis Complementares e as decisões judiciais da Suprema Corte não devem alterar o sentido normativo dessas regras jurídicas que atribuíram poder de tributar aos entes federados.

1 Regras de competência tributária e os conceitos constitucionais

Como se sabe, a CF/88 atribuiu poder de tributar aos entes federados por meio de regras jurídicas de competência, de caráter prescritivo e imperativo.[1]

Dizem-se, em primeiro lugar, regras jurídicas *prescritivas*, porque a CF/88, nesse âmbito de regulação, valeu-se da dimensão normativa na qual as condutas devidas foram imediatamente delimitadas no texto normativo, por meio da determinação do que *deve ser* e não do que *é*.[2] A CF/88 atribuiu, por exemplo, aos Municípios o poder para instituição e cobrança de imposto sobre serviços de qualquer natureza. O tributo será instituído somente sobre aquilo que o texto da CF/88 estabelece que *deve ser* considerado como serviço de qualquer natureza. Sobre o que, segundo a CF/88, não for serviço de qualquer natureza, não cabe instituir o referido tributo.

Em segundo lugar, dizem-se regras jurídicas *imperativas* (de conduta), porque qualificam como obrigatório um comportamento, de ação e/ou omissão.[3] Elas visam interferir diretamente na conduta do destinatário. Vale dizer, referidas regras de competência determinam o comportamento que o legislador infraconstitucional deve praticar e aquele que ele não deve praticar no exercício do poder de tributar. Nesse sentido, é proibido que o legislador complementar e/ou municipal edite enunciados normativos para instituir, por exemplo, tributação sobre fatos econômicos que ficam fora daquilo que a CF/88 considera como serviços de qualquer natureza.

Ou seja, ao atribuir competência tributária, a CF/88 regrou o tema – *pela delimitação da conduta devida* –, prescreveu comportamentos – *pela criação de uma realidade institucional que deve ser promovida* – e impôs condutas – *pela proibição e determinação do que se deve fazer*.

Mas não foi só isso. Para fins de regrar prescritiva e imperativamente a matéria, a CF/88 atribuiu poder aos entes federados por meio do uso de palavras evidentemente dotadas de significados. Isso até porque o Direito só cumpre sua função básica de guiar prospectivamente as condutas dos seus destinatários se se valer de signos capazes de comunicar, com clareza e objetividade, aquilo que deve ser feito. Daí porque a CF/88 deu conteúdo de significado ao seu texto normativo.

Nesse aspecto, o legislador constituinte usou, por exemplo, palavras e expressões como "renda e proventos de qualquer natureza", "circulação de mercadorias", "propriedade predial e territorial urbana", "receita", "faturamento", "serviços de qualquer natureza", dentre outras. E, ao usá-las, estabeleceu o que se pode chamar de

---

1 ÁVILA, Humberto. Competências tributárias: um ensaio sobre a sua compatibilidade com as noções de tipo e conceito. São Paulo: Malheiros, 2018. p. 39 e ss.

2 GUASTINI, Riccardo. Teoria e dogmatica delle fonti. Milano: Giuffrè Editore, 1998. p. 24 e ss.

3 GUASTINI, Riccardo. Teoria e dogmatica delle fonti. Milano: Giuffrè Editore, 1998. p. 28.

conceitos classificatórios com relação ao significado de cada uma delas. Isto é, a CF/88 utilizou palavras e expressões cujos significados foram postos e pressupostos pelo legislador constituinte em razão da presença de propriedades necessárias e suficientes à sua caracterização.

Para ilustrar o que se está a dizer, veja-se o conceito de *receita*. A referida palavra, empregada no art. 195, I, "b", da CF/88, foi utilizada pelo legislador constituinte como sendo a (I) entrada de elemento novo e positivo que (II) se integra ao patrimônio de quem a aufere, (III) sem correspondência no passivo.[4] Três são, pois, as propriedades que devem estar cumulativamente presentes para que, em uma dada realidade, certa entrada seja considerada como pertencente à classe *receita* para fins constitucionais e tributários.

Esses conceitos não foram, em sua grande maioria, estipulados e/ou textualmente escritos no próprio texto da CF/88. Quer dizer, a CF/88 não apresentou explicitamente definições das mencionadas expressões ao longo dos seus dispositivos. Pelo contrário, na maior parte das situações, ela incorporou os conceitos técnicos e/ou ordinários que vigoravam à época em que foi promulgada. Por exemplo, a palavra *salário* foi empregada com o significado que lhe dera a legislação trabalhista vigente em 1988.[5] Igualmente, a expressão *renda e proventos de qualquer natureza* foi empregada mediante incorporação do conceito da legislação tributária vigente em 1988, como tendo em seu núcleo o acréscimo patrimonial (art. 43, do CTN).[6] E assim por diante com as demais palavras e expressões das regras de competência do texto constitucional.[7]

Nesse contexto, ao estabelecer os aludidos conceitos, o legislador constituinte visou dotar as regras de competência, prescritivas e imperativas, de significado. E assim o fazendo, visou estabelecer a normatividade dessas regras. Isso porque, como se disse acima, o pressuposto para que as normas jurídicas possam ser observadas e para que se faça o que elas mandam fazer é que se conheça o significado que essas normas trazem em si. Admitir um texto sem significado – se é que isso seria possível – implicaria conceber um conjunto de signos que nada comunicaria e que, portanto, não teria aptidão para reger a conduta de quem quer que seja.

O que logo se constata com essas considerações é que a escolha, pelo legislador constituinte, dessa estrutura normativa (de regras prescritivas e imperativas, com conceitos classificatórios) implicou consequência muitíssimo relevante no que se refere à interpretação e à aplicação das regras jurídicas em exame: mais do que regras de atribuição de poder, as regras de competência tributária são importantíssimos limites ao exercício do poder de tributar.

---

4 STF, RExt nº 574.706, Min. Rel. Carmen Lúcia, Tribunal Pleno, DJU 02.10.2017.

5 STF, 166772, Tribunal Pleno, Rel. Min. Marco Aurélio, DJU 18.12.1994.

6 *Vide*, sobre o tema: DERZI, Misabel de Abreu Machado. *Os conceitos de renda e de patrimônio (efeitos da correção monetária insuficiente no Imposto de Renda)*. Belo Horizonte: Del Rey, 1992. p. 23 e 24. Ainda: STF, Re nº 1063187, Tribunal Pleno, Rel. Min. Dias Toffoli, DJU 16.12.2021.

7 No sentido de que a CF/88, no âmbito das regras de competência tributária, estabeleceu conceitos classificatórios, vide: STF, RExt nº 116121, Tribunal Pleno, Min. Rel. Octavio Gallotti, Redator par ao acórdão: Min. Marco Aurélio, DJU 25.05.2001; STF, RExt nº 592905, Tribunal Pleno, Rel. Min. Eros Grau, DJU 05.03.2010; STF, RExt nº 185789, Tribunal Pleno, Rel. Min. Ilmar Galvão, DJU 19.05.2000; STF, RExt nº 346084, Tribunal Pleno, Rel. Min. Ilmar Galvão, DJU 01.09.2006; STF nº 559937, Tribunal Pleno, Redator para o Acórdão Min. Dias Toffoli, DJU 17.10.2013.

De um lado, no campo da interpretação, elas proíbem que o intérprete, seja ele o legislador, seja ele o Judiciário, reconstrua integralmente significados para as palavras do texto constitucional e despreze aqueles que foram incorporados originariamente pelo legislador constituinte, tal como se disse acima. É vedado, pois, adotar aquilo que Guastini chama de concepção realística, cética ou particularista de criação de significados de acordo com o caso e/ou a circunstância que se está a examinar.[8] A força da superioridade hierárquica das fontes que tem a Constituição proíbe esse tipo de interpretação totalmente criativa. Em outras palavras: dada a supremacia da Constituição como fonte inicial do Direito, é proibido ao legislador e até mesmo ao Judiciário pretenderem alterar o significado dos termos do texto constitucional pelo discurso "meramente" interpretativo, sem que haja alteração do referido texto por meio de Emendas à Constituição.

De outro lado, no campo da aplicação e da criação de enunciados normativos infraconstitucionais, as referidas normas jurídicas de competência constrangem o Executivo, o Judiciário e o Legislativo a adotarem as condutas que foram rigidamente determinadas pela regra constitucional. Isso de modo que, na prolação de decisões judiciais, na cobrança de tributos e na elaboração das leis, seja respeitada a prescrição no sentido de que só se pode conceber imposição, por exemplo, de tributo sobre serviços de qualquer natureza, se for observado o conceito constitucional estabelecido em 1988 para a referida expressão. Fora do aludido campo material, será inválido impor tributação a esse título.

E por que, vale perguntar, a CF/88 estabeleceu essa limitação *rígida* exatamente no campo da competência tributária? A resposta para tal indagação é a seguinte: o referido realce de rigidez e, portanto, de proteção do particular deve-se à eficácia interventiva inerente à concretização das normas tributárias oneratórias. A aplicação de tais normas provoca restrição à liberdade e à propriedade do indivíduo.[9] Seja no âmbito da obrigação tributária principal, seja no que se refere ao cumprimento dos deveres instrumentais, o conteúdo dos direitos do particular é afetado pela eficácia das aludidas normas jurídicas. Elas tendem a reduzir a disponibilidade que o indivíduo tem relativamente aos bens protegidos por tais direitos.[10] A eficácia interventiva das obrigações tributárias prejudica, por exemplo, a disposição do contribuinte relativamente aos seus ativos financeiros. Sendo assim, por se tratar de um campo do Direito em que as obrigações provocam os efeitos acima mencionados, a Constituição cuidou de regrar e, portanto, *reforçar* a proteção do particular. Ou seja, ela foi mais enfática em tal sentido nesse campo da disciplina jurídica do que na maior parte dos demais.

Nesse aspecto, aliás, é que, por exemplo, como se sabe, o art. 150 da CF/88 previu limitações ao poder de tributar "sem prejuízo de outras garantias asseguradas ao contribuinte". Ou seja, o subsistema tributário foi conectado explicitamente aos princípios fundamentais, como o do Estado de Direito e o da Dignidade Humana (art. 1.º, *caput* e inciso III). Mas não apenas a eles. Foi conectado, também, aos direitos e às garantias

---

8 GUASTINI, Riccardo. L'interpretazione dei documenti normativi. Milano: Giuffrè Editore, 2004. p. 27.

9 TORRES, Ricardo Lobo. *Tratado de direito constitucional financeiro e tributário.* 3. ed. Rio de Janeiro: Renovar, 2005. v. 3: os direitos humanos e a tributação: imunidades e isonomia. p. 5.

10 ÁVILA. Humberto. *Sistema constitucional tributário.* São Paulo: Saraiva, 2004. p. 59.

fundamentais, tais como a liberdade, a propriedade, o devido processo legal, a ampla defesa e o contraditório.

O que todas essas considerações querem significar é que o Sistema Constitucional Tributário estabelecido pela CF/88 é peculiar e nitidamente rígido no que se refere às regras de competência tributária. Ele visa impor, como se viu, limites ao legislador e ao julgador.

Exatamente, pois, no contexto desses limites é que surge indagação da mais alta relevância relativamente ao problema de pesquisa investigado no presente artigo, qual seja: se as regras de competência tributária, prescritivas e imperativas, portadoras de significados atribuídos mediante conceitos classificatórios, são limites ao poder de tributar, seria cabível ao legislador complementar, a pretexto de definir as espécies tributárias, tal como determina o art. 146, III, "a", da CF/88, "atualizar" os significados das palavras empregadas pelo legislador constituinte para o fim de modificá-los? Nesse mesmo sentido, seria compatível com as regras constitucionais de competência tributária e com o princípio democrático a decisão judicial que, a pretexto de avaliar o sentido normativo do texto da Lei Complementar acima referida, decide por redefinir o significado das palavras do texto da CF/88?

As respostas a essas perguntas são o objeto do ponto que passa a ser apresentado a seguir.

2 É vedado ao legislador complementar e ao judiciário reescrever as regras constitucionais de competência tributária

Como se viu na parte introdutória do presente estudo, o STF decidiu, recentemente, ao examinar a definição de serviços para fins da incidência de ISSQN, que

> (...)
> *A Constituição Tributária deve ser interpretada de acordo com o pluralismo metodológico, abrindo-se para a interpretação segundo variados métodos, que vão desde o literal até o sistemático e teleológico,* ***sendo certo que os conceitos constitucionais tributários não são fechados e unívocos, devendo-se recorrer também aos aportes de ciências afins para a sua interpretação****, como a Ciência das Finanças, Economia e Contabilidade.*[11] (Grifos nossos)
> (...)
> Os tributos sobre o consumo, ou tributos sobre o valor agregado, de que são exemplos o *ISSQN* e o ICMS, assimilam considerações econômicas, porquanto baseados em **conceitos** elaborados pelo próprio Direito Tributário ou em conceitos tecnológicos, **caracterizados por grande fluidez e mutação** quanto à sua natureza jurídica.[12] (Grifos nossos)
> (...)
> A LC nº 116/2003 teve por objetivo ampliar o campo de incidência do ISSQN, principalmente no sentido de adaptar a sua anexa lista de serviços à realidade atual, relacionando numerosas atividades que não constavam dos atos legais antecedentes.[13]

---

[11] STF, RExt nº 651703, Tribunal Pleno, Rel. Min. Luiz Fux, DJU 26.04.2017, item 10 da ementa da decisão.

[12] STF, RExt nº 651703, Tribunal Pleno, Rel. Min. Luiz Fux, DJU 26.04.2017, item 13 da ementa da decisão.

[13] STF, RExt nº 651703, Tribunal Pleno, Rel. Min. Luiz Fux, DJU 26.04.2017, item 24 da ementa da decisão.

O Min. Fux, relator do caso, assim se pronunciou quanto ao ponto:

> A LC nº 116/2003 teve por objetivo ampliar o campo de incidência do Imposto Sobre Serviço, principalmente no sentido de adaptar a sua anexa lista de serviços à realidade atual, relacionando numerosas atividades que não constavam dos atos legais antecedentes.[14] (Grifos nossos)

Ou seja, o Tribunal entendeu que os significados das palavras empregadas pelo legislador constituinte, no âmbito das regras de competência, não seriam fechados, mas, isto sim, fluidos e mutáveis ao longo do tempo. Entendeu, também, que caberia ao legislador complementar *ampliar* a hipótese normativa de incidência do ISS. Isso a pretexto de adaptar a lista de serviços anexa à LC nº 116/2003 à realidade atual. E, por fim, manifestou novo significado para o expresso de serviços de qualquer natureza (utilidade econômica imaterial), conforme se expõe adiante.

Essas afirmações, às quais outras no mesmo sentido poderiam ser somadas, todas presentes na aludida decisão do STF, não são, todavia, compatíveis com a estrutura normativa das regras constitucionais de competência tributária, tal como acima exposto. A essa constatação se pode chegar por, pelo menos, três razões principais.

Em primeiro lugar, é essencial destacar que os conceitos constitucionais não são fluidos e mutáveis de acordo com a mudança da realidade, tal como fez crer a referida decisão. Isso, como disse no ponto anterior, dado o caráter prescritivo desses conceitos e das regras de competência que os estabelecem.

Com efeito, ao determinar como as coisas devem ser e, nesse sentido, o que se deve considerar como serviço de qualquer natureza, o legislador constituinte não descreveu a realidade como ela é. Diferentemente disso, o legislador constituinte, em 1988, prescreveu aquilo que deveria ser tomado, dali por diante, como serviço de qualquer natureza. Ele incorporou o conceito de serviço como sendo uma obrigação de fazer algo para usuário final, mediante contrapartida econômica, tal como, aliás, reconhecido e aplicado pelo STF em muitas decisões, citadas em nota de rodapé no ponto anterior.

Nesse aspecto, vale lembrar que prescrever é diferente de descrever. Prescrever, de um lado, é dar ordem ou determinar que se faça algo. Mais do que isso, no plano da construção do sentido das palavras, prescrever um significado é criar uma realidade institucional e artificial, a partir da presença de pressupostos estipulados pelo autor da prescrição. Descrever, por outro lado, é examinar a realidade e indicar, por correspondência ao que se observa empiricamente, os elementos que identificam certo objeto observado.[15]

Sendo assim, o que o legislador constituinte fez ao estabelecer regras prescritivas de competência com conceitos igualmente prescritivos não foi observar a realidade e descrever o que, de fato, era serviço em 1988. A CF/88 tampouco autorizou que o legislador infraconstitucional assim o fizesse, de tempos em tempos, no intuito de supostamente atualizar a definição de serviço à realidade. Diferentemente disso, a CF/88 delimitou,

---

[14] STF, RExt nº 651703, Tribunal Pleno, Rel. Min. Luiz Fux, DJU 26.04.2017, p. 22 do voto do relator.

[15] ÁVILA, Humberto. Teoria da indeterminação do Direito: entre a indeterminação aparente e a determinação latente. São Paulo: Malheiros Juspodivm, 2022. p. 128.

a partir do que o Código Civil definira como tal, um âmbito de significado para a expressão *serviço de qualquer natureza*, conforme já exposto. Até porque, se assim não fosse, então não se poderia falar em regras de competência prescritivas, mas, isto sim, em regras de competência "descritivas", estrutura que visivelmente não se ajustaria ao caráter prospectivo do Direito, vale dizer, ao caráter de o Direito se destinar à regulação de situações futuras e abstratamente consideradas.

Essas considerações, contudo, não significam que os conceitos constitucionais não tenham que ser especificados e explicados pelo legislador infraconstitucional. Esse, aliás, é o papel estabelecido para a Lei Complementar pelo art. 146, III, "a", da CF/88. Como se sabe, à Lei Complementar cabe *definir* os tributos e, quanto aos impostos, a ela cumpre definir os fatos geradores de tais espécies tributárias. Ainda assim, é essencial esclarecer que definir não é o mesmo que conceituar.

Conceituar, de um lado, é fixar o significado para certo termo ou para um conjunto de termos. Isso por meio da apresentação de propriedades necessárias que o objeto conceituado tem que ter para ser incluído na classe que se está a examinar. Definir, de outro lado, é explicar e especificar os limites de um conceito. Ou seja, definir significa delimitar o conceito, vale dizer, implica aclará-lo, mas de modo algum recriá-lo ou modificá-lo.[16]

Sendo isso verdadeiro, o que se pode afirmar é que a CF/88 conceituou os serviços de qualquer natureza, a partir da incorporação do significado estabelecido pelo Código Civil para tanto. E, igualmente, atribuiu poder ao legislador infraconstitucional para *explicar* esse conceito por meio de definição, esta, por sua vez, vinculada aos limites postos pela Carta Magna.

É nesse sentido, aliás, que a LC nº 116/2003 apresenta lista anexa contendo rol exaustivo de situações que são consideradas como serviços de qualquer natureza. A função daquela lista é aclarar o significado de serviços por meio da indicação extensional de objetos que pertencem à classe "serviço de qualquer natureza". Nesse sentido, conforme determina o art. 146, III, "a", da CF/88, a aludida lista define, explica e aclara o que os serviços tributáveis são, ou, conforme ensina Derzi, "a Constituição outorga a competência municipal e a lei complementar, a disciplina, facilitando e esclarecendo o conceito de serviços de qualquer natureza".[17] Ainda segundo a jurista, à lei complementar federal cumpre formular significado "especificante e determinado, por meio da enumeração dos aspectos, características e notas essenciais do conceito de prestação de serviços".[18] Ou seja, à lei complementar cabe esclarecer o significado previamente dado pela CF/88, nos limites, porém, fixados por este.

Sendo assim, é certo afirmar que o legislador complementar está proibido de incluir, na lista anexa à LC nº 116/2003, situação que não se amolda às propriedades do

---

[16] ÁVILA, Humberto. Competências tributárias: um ensaio sobre a sua compatibilidade com as noções de tipo e conceito. São Paulo: Malheiros, 2018. p. 40 e ss.

[17] DERZI, Misabel de Abreu Machado. Alguns aspectos relevantes do Imposto Sobre Serviços de Qualquer Natureza. In: NASCIMENTO, Carlos Valder do; DI PIETRO, Maria Sylvia Zanella; MENDES, Gilmar Ferreira (Org.). Tratado de Direito Municipal. Belo Horizonte: Fórum, 2018. p. 585.

[18] DERZI, Misabel de Abreu Machado. Alguns aspectos relevantes do Imposto Sobre Serviços de Qualquer Natureza. *In*: NASCIMENTO, Carlos Valder do; DI PIETRO, Maria Sylvia Zanella; MENDES, Gilmar Ferreira (Org.). *Tratado de Direito Municipal*. Belo Horizonte: Fórum, 2018. p. 587.

conceito constitucional de serviço. Foi exatamente por isso, aliás, que o STF declarou que, embora os serviços farmacêuticos constem da referida lista (item 4.07), as operações de venda de medicamentos ofertados aos consumidores em prateleira pelas farmácias de manipulação não se enquadram no conceito de serviço e, por isso, não devem ser tributadas pelo ISSQN. É que tal atividade não apresenta as propriedades prescritas para que certo objeto seja considerado serviço (obrigação de fazer, destinada ao usuário final e obtida mediante contrapartida econômica).[19] Igualmente, o STF decidiu, em sede cautelar, que não incide ISS sobre operações de industrialização por encomenda de embalagens, destinadas à integração ou utilização direta em processo subsequente de industrialização ou de circulação de mercadoria, mesmo que o item 13.05 da lista da LC nº 116/2003 previsse tal incidência.[20]

Ou seja, o que todas essas considerações pretendem evidenciar é que a circunstância de a CF/88 ter atribuído ao legislador complementar a função de definir os fatos geradores dos impostos não autoriza, de forma alguma, que esse modifique os conceitos estabelecidos pela CF/88, sobretudo porque, como se disse, definir não é o mesmo que conceituar. Esse é o ponto crucial.

Em segundo lugar, a afirmação que constou da decisão do STF, no sentido de que "a LC nº 116/2003 teve por objetivo *ampliar* o campo de incidência do Imposto Sobre Serviço" é manifestamente improcedente. Isso em razão da sua incompatibilidade com o postulado da supremacia hierárquica das regras constitucionais de competência tributária.

Como se sabe, a CF/88 estabeleceu Sistema Jurídico cuja produção normativa parte da premissa da superioridade hierárquica e da rigidez do texto da Carta Constitucional. Isso significa, acima de tudo, que a Constituição não pode ser alterada pela lei de rito ordinário e de rito complementar. O texto da Carta Constitucional somente pode ser modificado por meio do procedimento extraordinário e solene das Emendas à Constituição. E, ainda assim, há matérias (cláusulas pétreas) que sequer as Emendas à Constituição podem suprimir (art. 60, §4º, da CF/88).

Quanto ao ponto, Guastini explica que a Constituição rígida ocupa uma posição suprema no ordenamento jurídico em dois sentidos. Primeiro, no sentido de que ela não pode ser alterada pela lei. Segundo, no sentido de que o "cumprimento das normas constitucionais é condição necessária de validade da própria lei".[21]

Sendo assim, relativamente ao tema objeto do presente artigo, a supremacia da CF/88 determina, de um lado, a impossibilidade jurídica de que a LC nº 116 seja utilizada para ampliar o conceito de serviço estabelecido pela CF/88. Isso tendo em vista que ampliar o sentido de uma regra de competência significa alterar a CF/88. E alterar a Constituição, por sua vez, é algo que a Lei Complementar está, por óbvio, proibida de fazer. De outro lado, a referida supremacia também implica a invalidade da Lei Complementar que pretenda promover a mencionada ampliação conceitual. Isso porque, nesse caso, tal lei não estaria cumprindo a condição necessária para sua validade, a qual consiste na adoção do procedimento inerente à elaboração de Emendas Constitucionais.

---

[19] STF, RExt nº 605552, Tribunal Pleno, Rel. Min. Dias Toffoli, DJU 06.10.2020.

[20] STF, ADI nº 4389 MC, Tribunal Pleno, Rel. Min. Joaquim Barbosa, DJU 25.05.2011.

[21] GUASTINI, Riccardo. Teoria e dogmatica delle fonti. Milano: Giuffrè Editore, 1998. p. 24.

Em terceiro lugar, a crença manifestada pela decisão judicial do STF de que a CF/88 apresentaria, no âmbito da competência tributária, conceitos fluidos e de que seria possível atualizar esses conceitos com a chancela da própria Suprema Corte revela desrespeito à separação dos poderes e à legitimação democrática relativamente à alteração da CF/88.

O referido desrespeito reside no fato de que, mediante o chamado pluralismo metodológico da interpretação, mencionado no julgamento do RE nº 651703, o STF está, ao que parece, modificando o texto constitucional sem a devida observância do formalismo que a própria Constituição estabelece para tanto – a adoção de Emenda Constitucional. Explica-se.

Como se sabe, há, historicamente, muitas decisões da Suprema Corte no sentido de que o núcleo de significado do conceito de serviços para fins de ISSQN, tal como já mencionado neste artigo, é a existência de obrigação de fazer por parte do prestador do serviço. Nesse sentido foi que, já no ano de 2000, o STF declarou a inconstitucionalidade da cobrança de ISSQN sobre a atividade da locação de guindastes. Isso porque tal operação econômica não implicaria obrigação alguma de fazer e, por isso, não poderia ser enquadrada como prestação de serviço.[22] Na mesma linha de entendimento, foi declarada a constitucionalidade da cobrança de ISSQN sobre a operação de *leasing* financeiro, já que haveria, em tal hipótese, obrigação de fazer.[23]

Esse núcleo de significado, contudo, parece estar sendo alterado a partir de recentes pronunciamentos do STF. Trata-se das decisões proferidas no já citado caso das operadoras de planos de saúde (RE nº 651703) e no caso em que o Tribunal admitiu a incidência de ISSQN sobre operações com programas de computador, independentemente de estes serem padronizados ou customizados (ADI nº 1945).[24]

Em tais situações, o STF abandonou o núcleo de significado do conceito de serviço, radicado no Direito Privado (obrigação de fazer), para, em seu lugar, adotar a definição de "utilidade econômica imaterial". Veja-se, nesse sentido, que, na ementa do acórdão do RE nº 651703, foi afirmado que "a classificação das obrigações de dar, de fazer e não fazer tem cunho eminentemente civilista" e "não é a mais apropriada para o enquadramento dos produtos e serviços".[25] Na mesma linha de raciocínio, consta da decisão que "a classificação (obrigação de dar e obrigação de fazer) escapa a *ratio* que o legislador constitucional pretendeu alcançar" no âmbito da tributação dos serviços.[26] Por fim, a decisão evidencia que serviço seria, então, a "utilidade para outrem, a partir de um conjunto de atividades materiais ou imateriais, prestadas com habitualidade e intuito de lucro, podendo estar conjugada ou não com a entrega de bens ao tomador".[27]

Note-se que, ao examinarem itens da lista anexa à LC nº 116/2003, os quais, dada a realidade econômica atual, não se ajustariam ao conceito tradicional de serviços consolidados nos precedentes da Suprema Corte, essas novas decisões do STF estão modificando radicalmente o núcleo de significado do aludido conceito. E, com isso,

22 STF, RExt nº 116121, Tribunal Pleno, Min. Rel. Octavio Gallotti, Redator par ao acórdão: Min. Marco Aurélio, DJU 25.05.2001.

23 STF, RExt nº 592905, Tribunal Pleno, Rel. Min. Eros Grau, DJU 05.03.2010.

24 STF, ADI nº 1945, Tribunal Pleno, Redator para o Acórdão Min. Dias Toffoli, DJU 02.05.2021.

25 STF, RExt nº 651703, Tribunal Pleno, Rel. Min. Luiz Fux, DJU 26.04.2017, item 15 da ementa da decisão.

26 STF, RExt nº 651703, Tribunal Pleno, Rel. Min. Luiz Fux, DJU 26.04.2017, item 20 da ementa da decisão.

27 STF, RExt nº 651703, Tribunal Pleno, Rel. Min. Luiz Fux, DJU 26.04.2017, item 21 da ementa da decisão.

estão alterando o conteúdo das regras de competência tributária estabelecidas desde 1988 pela Constituição.

Nesse aspecto, dizer que serviço de qualquer natureza, para fins de ISSQN, não é mais conceituado como sendo uma obrigação de fazer, e que, a partir de então, passará a ser entendido, em essência, como "utilidade econômica imaterial", é mudar inequivocamente o sentido normativo da regra constitucional que fora estabelecido pela CF/88.

Essa mudança de significado até pode, é verdade, ser feita. Todavia, ao que tudo indica, não poderia ocorrer, de modo algum, por meio de decisão do Judiciário. A alteração do texto constitucional, sobretudo no âmbito das regras de competência tributária, as quais, como se disse, têm aptidão para limitarem a liberdade e a propriedade do particular, deve observar o rigoroso e democrático processo legislativo inerente às Emendas Constitucionais. É o Poder Legislativo quem tem competência e legitimidade para promover a aludida modificação.

A esse respeito, não é demais lembrar o que afirmou Guastini com relação ao dever de observância ao princípio democrático quando o assunto envolve estabelecer normas que implicam limitação da liberdade individual, tal como no caso das aludidas regras de competência. Para o autor, a atuação do princípio democrático impõe, nesse âmbito, que os atos normativos gerais e abstratos sejam emanados por representantes eleitos pelos cidadãos. Trata-se de condição de validade para a criação desses atos:

> Se se convenciona que a norma jurídica constitua, enquanto tal, uma limitação da liberdade para os seus destinatários (para os sujeitos aos quais impõe obrigações), se pode dizer que tal limitação da liberdade é aceitável sob a condição de que seja fruto de uma decisão dos próprios cidadãos: se não diretamente, ao menos indiretamente por meio dos seus representantes eleitos.[28] (Grifos nossos)

Esse dever de observância do devido procedimento legislativo e, portanto, do formalismo que se exige para alteração do texto constitucional pode ser realçado também sob outro aspecto. É que, conforme exaustivamente destacado acima, a competência tributária foi atribuída aos entes federados por meio de regras jurídicas. Essas são normas jurídicas, como define Ávila, preliminarmente decisivas e abarcantes.[29] Decisivas, porque geram uma solução específica para o caso. Abarcantes, porque todos os casos que preencham as condições descritas na regra serão por ela regulados.

Ademais, a aplicação da regra é rígida e afasta, em geral, a necessidade de ponderação de bens. Isso precisamente porque tal norma consiste em uma decisão parlamentar preliminar acerca dos aludidos bens que se encontram em jogo. O parlamento, ao editar o texto com base no qual a regra é construída, estabelece a solução desejada para determinada situação, como, aliás, é o caso das regras de competência.

Ao escrever, no texto da CF/88, as disposições normativas que fundamentam as referidas regras, o legislador constituinte fez sua escolha de significado. E assim delimitou

---

[28] GUASTINI, Riccardo. *Fisolofia del diritto positivo.* Torino: Giappichelli Editore, 2017. p. 254.

[29] ÁVILA, Humberto. *Teoria dos princípios:* da definição à aplicação dos princípios jurídicos. 15. ed. São Paulo: Malheiros, 2014. p. 101 e 129.

o campo de atuação do legislador complementar. Mas não só dele. A mencionada limitação também foi imposta ao Judiciário. Quanto a esse, aliás, sabe-se, por óbvio, que o STF exerce papel importantíssimo na defesa do Estado Democrático de Direito e, nesse sentido, tem o dever de interpretar o texto da Constituição, visando assegurar a concretização e a supremacia dessa.

Ainda assim, essa atividade de jurisdição constitucional parece não permitir que, no âmbito de normas jurídicas tais como as regras de competência, os enunciados da Lei Maior sejam ressignificados sem que haja o devido filtro democrático para tanto. Sobre este ponto, envolvendo o formalismo na aplicação do Direito, vale lembrar a importante lição de Schauer, para o qual "a característica distintiva das regras reside na sua capacidade de serem formais, de excluírem da consideração, no caso particular, fatores cuja exclusão foi determinada sem referência ao caso em particular".[30] Em outras palavras: as regras pré-excluem do Judiciário determinadas opções de julgamento. Elas "estreitam" as oportunidades de decisão e o alcance decisório, para que somente o Legislativo possa modificar disposições e efetivamente inovar na disciplina jurídica,[31] sob pena de, se assim não for, um poder – Judiciário – acabar por usurpar a função do outro – Legislativo.

Não é demais lembrar, neste ponto, que esse dever de adoção de emendas constitucionais para mudança das regras de competência tributárias já foi objeto de um importante caso solucionado pelo legislador brasileiro no início deste século. Tratava-se da situação em que o STF havia declarado inconstitucional a cobrança de ICMS sobre a importação de veículos por pessoa física.[32] Isso porque a regra de competência do aludido imposto não previa a incidência do tributo em tal hipótese. Ou seja, a importação de bens por pessoa física não se amoldava ao conceito constitucional de circulação de mercadorias.

Foi então que o legislador decidiu alterar o texto da Lei Maior. Editou-se a Emenda Constitucional nº 33/2001, por meio da qual foi incluída na CF/88 a previsão no sentido de que o ICMS incidiria também sobre a entrada de bem ou mercadoria importados do exterior por pessoa física ou jurídica, ainda que não fosse contribuinte habitual do imposto (art. 155, §2.º, IX, "a", da CF/88). Ou seja, como se vê, a regra de competência teve seu significado ampliado. Tal ampliação, porém, foi perpetrada não por decisão do STF, mas por meio de Emenda à Constituição.

O que todas as considerações acima expostas querem, afinal, demonstrar é que nem o legislador complementar, tampouco o Judiciário podem ampliar o sentido das regras de competência tributária, sob pena de ter-se violada a CF/88. O papel da Lei Complementar não é modificar os conceitos constitucionais das regras de competência tributária. Seu papel, como dito, é apenas de explicá-los. E a função do Judiciário também não é a de promover reforma tributária no texto constitucional por meio da ampliação e/ou modificação das hipóteses de incidência dos tributos nela estabelecidos. Essa tarefa, como se disse, é dos representantes do povo, os quais, aí sim, foram eleitos exatamente

---

30 SCHAUER, Frederick. Formalism. The Yale Law journal, vol. 97, n. 4, p. 544, mar. 1988.

31 SCHAUER, Frederick. Formalism. *The Yale Law journal*, vol. 97, n. 4, p. 544, mar. 1988.

32 *Vide* Súmula 660 do STF e RE 439.796, rel. min. Joaquim Barbosa, P, j. 6-11-2013, DJE 51 de 17-3-2014, Tema 171.

para cumprirem, dentre outros, o mister de revisarem a CF/88 para adaptá-la aos anseios e às aspirações que do próprio povo emanam. Esse é o ponto central.

Conclusões

Com base em todas as considerações acima expostas, é possível formular as seguintes conclusões:

a) A competência tributária foi atribuída pela CF/88 por meio de regras jurídicas, prescritivas e imperativas, as quais fixam conceitos constitucionalizados relativamente às palavras por elas utilizadas; esses conceitos, por sua vez, podem ser explicados e esclarecidos pelas Leis Complementares, jamais modificados por essas;
b) A Lei Complementar que porventura ampliar o conceito constitucional delimitado pelas regras de competência tributária padecerá do vício de inconstitucionalidade, haja vista a violação à norma jurídica baseada no art. 146, III, "a", da CF/88 e às regras de competência tributária, já que definir significa apenas explicar o conceito e não o alterar;
c) A ampliação do sentido normativo das regras de competência tributária é matéria reservada às Emendas Constitucionais; nesse sentido, é descabido ao Poder Judiciário, a pretexto de "atualizar" e "modernizar" a Constituição, promover reforma do texto da Lei Maior, sob pena de, se assim não for, serem violadas as normas jurídicas que asseguram a separação de poderes e o Estado Democrático de Direito (art. 1º da CF/88).

Referências

ÁVILA, Humberto. *Competências tributárias*: um ensaio sobre a sua compatibilidade com as noções de tipo e conceito. São Paulo: Malheiros, 2018.

ÁVILA. Humberto. *Sistema constitucional tributário*. São Paulo: Saraiva, 2004.

ÁVILA, Humberto. *Teoria da indeterminação do Direito*: entre a indeterminação aparente e a determinação latente. São Paulo: Malheiros Juspodivm, 2022.

ÁVILA, Humberto. *Teoria dos princípios*: da definição à aplicação dos princípios jurídicos. 15. ed. São Paulo: Malheiros, 2014.

DERZI, Misabel de Abreu Machado. *Os conceitos de renda e de patrimônio (efeitos da correção monetária insuficiente no Imposto de Renda)*. Belo Horizonte: Del Rey, 1992.

DERZI, Misabel de Abreu Machado. Alguns aspectos relevantes do Imposto Sobre Serviços de Qualquer Natureza. *In*: NASCIMENTO, Carlos Valder do; DI PIETRO, Maria Sylvia Zanella; MENDES, Gilmar Ferreira (Org.). *Tratado de Direito Municipal*. Belo Horizonte: Fórum, 2018. p. 563-619.

GUASTINI, Riccardo. *Fisolofia del diritto positivo*. Torino: Giappichelli Editore, 2017.

GUASTINI, Riccardo. *Il diritto come linguaggio*. G. Giappichelli Editore, 2001.

GUASTINI, Riccardo. *L'interpretazione dei documenti normativi*. Milano: Giuffrè Editore, 2004.

GUASTINI, Riccardo. *Teoria e dogmatica delle fonti*. Milano: Giuffrè Editore, 1998.

SCHAUER, Frederick. Formalism. *The Yale Law journal*, vol. 97, n. 4, p. 509-548, mar. 1988.

TORRES, Ricardo Lobo. *Tratado de direito constitucional financeiro e tributário.* 3. ed. Rio de Janeiro: Renovar, 2005. v. 3: os direitos humanos e a tributação: imunidades e isonomia.

Informação bibliográfica deste texto, conforme a NBR 6023:2018 da Associação Brasileira de Normas Técnicas (ABNT):

MENKE, Cassiano. Nem a lei complementar nem as decisões do STF podem alterar o conteúdo das regras constitucionais de competência tributária. In: LOBATO, Valter de Souza (coord.); MARINHO NETO, José Antonino (org.). *O papel da lei complementar tributária no desenho federativo brasileiro*. Belo Horizonte: Fórum, 2024. p. 81-93. ISBN 978-65-5518-779-3.

A LEI COMPLEMENTAR NO DESENHO DO SISTEMA TRIBUTÁRIO BRASILEIRO

FERNANDO AURELIO ZILVETI

Introdução

Convidado a escrever sobre um tema dessa relevância, logo me pus a pensar, mais uma vez, nas falsas polêmicas. Funciona assim: cria-se a falsa polêmica para, depois de gerar a confusão, vir com o remédio para aquilo que não existe. Aponta-se a solução maniqueísta da lei na tributação, quando a lei jamais foi posta em dúvida. O perigo da falsa polêmica é o aprisionamento intelectual que isso provoca. O salvacionismo neopositivista faz pensar que tudo que não seja a lei, na sua concepção, coloca o jurisdicionado em insegurança jurídica. Um exemplo dos pseudoproblemas é a teoria dicotômica da lei complementar na Constituição. Disso pretendo tratar adiante, com enfoque nas questões sugeridas no convite para este trabalho.

Descrever o fato jurídico tributável, porém, passou a ser sinônimo de legalidade estrita, ao menos no país. Da legalidade estrita se deu a mutação de nome, mas com a mesma expressão doutrinária. Todas são formas distintas de conteúdo único neopositivista, com suas falsas polêmicas, cuja doutrina só encontra eco no Brasil. A teoria da norma tributária, com a lei complementar no seu eixo constitucional determinante, é mais útil para o sistema tributário nacional, como se vê na proposta de reforma do tributo sobre o consumo – PEC 45.

Assim, partindo da ideia de norma geral de direito tributário como categoria jurídica de direito positivo, constante num diploma como a Constituição, pode-se chegar à conclusão de que norma tributária, afinal, é o que o constituinte diz.[1] Ao pensar desse modo, o leitor mais apressado poderia entender pela desnecessidade de outra norma que não fosse a Constituição. Mais, para ter segurança jurídica seria preciso prever tudo na Constituição e fazer da Carta um diploma forte, rígido e inflexível. Falso. Negar a importância do inciso III do art. 146 da Constituição não faz o menor sentido, além de

[1] BORGES, José Souto Maior. Normas Gerais de Direito Tributário: Velho Tema Sob Perspectiva Nova. Revista *RDD*, n. 213, p. 49, 2013.

distorcer a doutrina do direito tributário estudada nas universidades. A proposta aqui é tratar da lei complementar na tributação, sem fomentar a controvérsia polarizante, os pseudoproblemas, desinteressantes para a ciência jurídica.

Para encaminhar esse embate de ideias, basta pensar que a codificação do sistema tributário teve um papel importante no desenvolvimento da categorização dos fatos de interesse para a tributação. Desde 1966, com o Código Tributário Nacional – CTN, os fatos tributários foram delegados ao constituinte. A delegação do legislador que engendrou o CTN teve uma função sistêmica relevante, pensando na federação e nas competências dos entes tributantes. Deveria o constituinte, na época em que se pensou sistemicamente o direito tributário, determinar as categorias lógicas, seu conteúdo mínimo, para que o legislador complementar as completasse, ajustando a Constituição.[2]

Logo após a entrada em vigor do CTN, com a Emenda Constitucional nº 1 de 1969, art. 18, a lei complementar trouxe unidade ao sistema tributário brasileiro. O texto constitucional emendado recepcionou o CTN, dando-lhe status de lei complementar. A partir da Carta de 67/69, então, o jurisdicionado passou a contar com a lei complementar para estabelecer normas gerais em direito tributário. A lei complementar recebeu a função de eliminar conflitos de competência constitucional e regular as limitações ao poder de tributar.

Em 1988, à guisa de evitar sobreposições e conflitos de competência, procurou o constituinte originário esgotar as hipóteses fiscais, base de cálculo, sujeito ativo e passivo. Isso se deu em reação aos excessos praticados durante o regime militar. Mesmo com a estruturação taxativa de um sistema tributário, a determinação sistêmica ficou a cargo do legislador complementar, na redação expressa do art. 146 da Constituição Federal. Não houve uma constitucionalização do sistema tributário nacional, engessando o que existia até então. O processo de recepção constitucional não pressupõe que, a partir daí tudo seja rígido e imutável. Ao jurisdicionado basta, nos tempos atuais, a certeza, calculabilidade, legalidade, objetividade e previsibilidade na relação jurídico-tributária.[3] O constituinte de 1988 acrescentou uma função ao legislador complementar, conforme inciso III do art. 146, estabelecer normas gerais de direito tributário.

O movimento do constituinte de 1988 em direção à legislação complementar parte do reconhecimento, pela teoria do direito, da existência de normas constitucionais autoaplicáveis e normas constitucionais não autoaplicáveis. Na nossa Constituição, por exemplo, o art. 5º e seus incisos estaria no rol das normas autoaplicáveis. Todas elas, porém, são proposições prescritivas, reunidas num texto constitucional. Podem, no entanto, estar contidas tanto na Constituição quanto num código, ou até mesmo em ambos.[4]

Seguindo a ideia desenvolvida acima, acerca do sistema tributário, a norma constitucional assume uma função estruturante, da mesma forma que a legislação complementar, cada qual com sua função. O papel categorizante da lei complementar, pensado em 1969, vem sendo confirmado ao longo do tempo pela jurisprudência do

---

2 BOBBIO, Norberto. *L'età dei diritti*. Milão: Einaudi, 1992. p. 18.

3 TORRES, Ricardo Lobo. *Tratado de Direito Constitucional Financeiro e Tributário*. Rio de Janeiro: Renovar, 2005. v. II. p. 168.

4 BOBBIO, Norberto. *Teoria Della Norma Giuridica*. Turim: G. Giappichelli, 1993. p. 134.

Supremo Tribunal Federal – STF.[5] Tal papel, dentre outros, é de trazer harmonia entre os poderes do Estado, com atenção à federação e ao sistema tributário normativo, sem a ideia anacrônica da legalidade estrita.[6]

A norma tributária complementar, além das características descritas acima, tem o condão de limitação de poder do Estado, para extrair a riqueza do jurisdicionado, de acordo com a capacidade contributiva. Ao prever o fato de que, concretizado, confere ao Fisco o direito de coletar o tributo, a norma tributária limita também o poder. Transforma a relação jurídica entre Fisco e contribuinte, de poder, para a relação jurídica de direito. Na verdade, a norma tributária é norma jurídica, estabelecendo a relação entre o Estado e o contribuinte. Não há falar em teoria dicotômica ou tricotômica, mas em teoria do direito tributário que, no caso brasileiro, confere à lei complementar um papel específico, determinado na própria Constituição Federal, art. 146, *caput* e incisos.

1 A lei complementar na Constituição

Quis o constituinte de 1986/88 descrever, claramente, as funções da lei complementar no sistema tributário constitucional. Em 35 anos de vigência da Constituição, ademais, o STF não titubeou uma vez sequer, sobre o papel da lei complementar. Vejamos o texto constitucional:

> Art. 146. Cabe à lei complementar:
> I – dispor sobre conflitos de competência, em matéria tributária, entre a União, os Estados, o Distrito Federal e os Municípios;
> II – regular as limitações constitucionais ao poder de tributar;
> III – estabelecer normas gerais em matéria de legislação tributária, especialmente sobre:
> a) definição de tributos e de suas espécies, bem como, em relação aos impostos discriminados nesta Constituição, a dos respectivos fatos geradores, bases de cálculo e contribuintes;
> b) obrigação, lançamento, crédito, prescrição e decadência tributários;
> c) adequado tratamento tributário ao ato cooperativo praticado pelas sociedades cooperativas.
> d) definição de tratamento diferenciado e favorecido para as microempresas e para as empresas de pequeno porte, inclusive regimes especiais ou simplificados no caso do imposto previsto no art. 155, II, das contribuições previstas no art. 195, I e §§ 12 e 13, e da contribuição a que se refere o art. 239.

O texto constitucional revela as três funções da lei complementar. Isso não se trata de teoria, mas de determinação constitucional bastante específica. O constituinte estabelece o que o legislador complementar pode e deve fazer em matéria tributária. Ao detalhar em três incisos as funções regulamentares da lei, o constituinte concretiza a federação, limita poder e estabelece como devem ser feitas as normas gerais em matéria tributária. Pensar em dicotomia ou tricotomia revela um falso problema.[7]

---

5 BRASIL. STF. *RE nº 815.108/SP*. Tema 825. Rel. Min. Dias Toffoli. Julgamento em 01.03.2021. Disponível em: https://redir.stf.jus.br/paginadorpub/paginador.jsp?docTP=TP&docID=755628450 Acesso em: 20 mar. 2023.

6 TORRES, Ricardo Lobo. Legalidade Tributária e Riscos Sociais. *Revista RDPG*, n. 53, p. 198, 2000. Disponível em: https://pge.rj.gov.br/comum/code/MostrarArquivo.php?C=MTg2MA%2C%2C. Acesso em: 20 mar. 2023.

7 BORGES, José Souto Maior. Normas Gerais de Direito Tributário: Velho Tema Sob Perspectiva Nova. *Revista RDD*, n. 213, p. 55, 2013.

A segurança jurídica na norma se configura no texto constitucional, que assegura ao contribuinte o caráter central estabilizante do sistema tributário nacional. Vincula todos os entes federativos, sem exceção, levando em conta o caráter trino e centrífugo do sistema tributário nacional.[8] O correto papel da lei complementar, como esclareceu o STF, depende da simples interpretação do texto, claro em seu propósito estruturante.

Sob a perspectiva constitucional, ao dar ao legislador complementar o dever de dirimir conflito de competência, pretendeu o constituinte evitar que os entes federados se digladiem para tributar riquezas uns dos outros. É defeso, assim, que entes federados se coloquem na posição de legislar concorrentemente, pois cabe à União editar normas gerais, segundo o art. 24 da Carta. No desenho federativo, ademais da União, com competência exclusiva para normas gerais, os estados e municípios podem somente suplementar, o que quer dizer, se abster de fazer aquilo que cabe à União.[9] Estados e municípios somente atuam na ausência da União que, sobrevindo, as normas estaduais ou municipais ficam com eficácia suspensa. As competências constitucionais não prescindem de lei complementar, pois é essa uma das funções do art. 146 da Carta, justamente para evitar conflitos entre poderes tributantes.

Em relação às limitações ao poder de tributar, concentramo-nos na concretização de direitos fundamentais, numa via de mão dupla da legalidade. Limitar o poder segundo a Constituição nos remete, primeiramente, ao que a Constituição traz sobre o tema. Tratamos aqui da proteção do jurisdicionado, das liberdades básicas, da legalidade, do mínimo existencial, capacidade contributiva e vedação ao confisco, lembrando que o método jurídico deve ser tão racional quanto possível. O jurisdicionado precisa conhecer a possibilidade da racionalidade na aquisição do direito, mas também os seus limites.[10] Isso quer dizer, em outras palavras, que a segurança jurídica do jurisdicionado, em matéria tributária, deve seguir um método racional, no que o art. 146, II, da Constituição, colabora muito. Curioso observar a omissão do legislador complementar nesse mister limitador do poder de tributar. No caso da imunidade das instituições de assistência social, o STF concretizou a capacidade contributiva negativa, algo que o legislador complementar deveria ter feito.[11]

O terceiro condão constitucional da lei complementar é talvez o que desperta maiores paixões, pois lida com a legislação tributária, em todos os seus aspectos prescritivos. Tanto assim, que o constituinte detalhou minuciosamente o que determinou ao legislador complementar. Quando o legislador ordinário avança sobre o que cabe apenas ao legislador complementar, cabe ao STF conter tal inconstitucionalidade, como no caso da extinção de crédito tributário.[12] Não resta dúvida sobre a manifestação de vontade do

---

8 BRASIL. STF. RE nº 433.352/MG. Rel. Min. Joaquim Barbosa. Julgamento em 17.12.2009. Disponível em: https://jurisprudencia.stf.jus.br/pages/search?base=acordaos&sinonimo=true&plural=true&page=1&pageSize=10&queryString=RE%20433352&sort=_score&sortBy=desc. Acesso em: 20 mar. 2023.

9 BRASIL. STF. *RE nº 815.108/SP*. Tema 825. Rel. Min. Dias Toffoli. Julgamento em 01.03.2021. Disponível em: https://redir.stf.jus.br/paginadorpub/paginador.jsp?docTP=TP&docID=755628450. Acesso em: 20 mar. 2023.

10 KAUFMANN, Arthur. *Das Verfahren der Rechtsgewinnung*. Eine rationale Analyse. Munique: C. H. Beck, 1999. p. 98.

11 BRASIL. STF. *ADIN nº 1802/DF*. Rel. Min. Dias Toffoli Julgamento em 12.04.2018. Disponível em: https://redir.stf.jus.br/paginadorpub/paginador.jsp?docTP=TP&docID=14751409. Acesso em: 20 mar. 2023.

12 BRASIL. STF. ADIN nº 1917/DF. Rel. Min. Lewandowski. Julgamento 26.4.2007. Disponível em: https://redir.stf.jus.br/paginadorpub/paginador.jsp?docTP=AC&docID=481954. Acesso em: 20 mar. 2023.

Estado na determinação da hipótese normativa. Essa, formal e materialmente positiva, demanda uma reflexão mais profunda sobre o verdadeiro conteúdo da norma jurídica.[13] Ao tratar, afinal, da tributação, o legislador toma em conta o princípio fundamental do direito público, de que estabelecer tributo é um ato de soberania, ou seja, somente pode ser válido a partir da lei. Nos Estados constitucionais, a legalidade é um pressuposto, autorizativa para o exercício da soberania fiscal.[14] A reserva legal se realiza e realiza a soberania fiscal, como direito de intervenção. Legitima-se na lei a oneração do sujeito passivo, de modo que a reserva legal protege o direito fundamental do contribuinte de somente pagar tributo no limite da capacidade contributiva. A norma que determina clara e inconteste, o fato gerador, no Brasil, é a Lei Complementar, por delegação da Constituição, que se limita a delinear, lógico e indeterminado, o tipo.

2 A lei complementar na federação

A federação brasileira não é melhor ou pior que outras federações. Apenas diferente. A federação brasileira se desenvolveu de modo a criar autonomias. Sob a perspectiva tributária, o fato de os estados e municípios possuírem tributos privativos implica reconhecer a autonomia fiscal. O sistema normativo brasileiro passou por um processo de constitucionalização. Na federação, essa autonomia resulta no poder de legislar e, para preservar a federação, precisa haver harmonia legislativa, fato determinante na estruturação do sistema normativo.[15]

A constitucionalização do Sistema Tributário teve um esquema semelhante ao da constitucionalização do Direito Financeiro. Fala-se em Constituição Tributária, como um subsistema da Constituição. Constitucionalizar a tributação foi uma opção de algumas jurisdições para garantir direitos do contribuinte e do Estado.[16] Numa federação trina, como a brasileira, constitucionalizar tem o sentido de harmonizar o sistema, conferindo-lhe unidade. A constitucionalização do Sistema Tributário garante não só direitos e obrigações do Fisco e do contribuinte, mas também a própria federação.

Ao elencar minuciosamente os tributos e as competências tributárias, o constituinte de 1988 buscou estruturar a federação. Em particular, o constitucionalismo brasileiro segue modelos estrangeiros, até mesmo em sua estrutura garantidora de direitos. Houve no país uma relativa dicotomia entre constitucionalidade formal e material. A perfeição da constitucionalidade formal oculta, em certa medida, a imperfeição material. A constante crise constitucional brasileira se deve, em grande parte, à incapacidade de solução das questões materiais.

Nos EUA, a legalidade tributária foi prevista num contexto de divisão de custos da federação entre os Estados federados, de modo a compartilhar as despesas comuns, em tempos de guerra ou paz, por meio de um único tesouro. Assim, os tributos para suportar os custos proporcionais do tesouro americano seriam instituídos pelo Poder

---

[13] GIANNINI, A. D. *Istituzioni di Diritto Tributario*. Milão: Giuffrè, 1968. p. 19.

[14] TROTABAS, Louis. *Précis de Science et Législation Financières*. Paris: Dalloz, 1953. p. 256.

[15] SOUSA, Rubens Gomes de. Normas gerais de direito financeiro. RDA, n. 37, p. 13, jul./set. 1954.

[16] TORRES, Ricardo Lobo. *Tratado de direito constitucional financeiro e tributário*. Rio de Janeiro: Renovar, 2009. v. I. p. 271.

Legislativo dos diversos Estados de acordo com o estabelecido entre eles e o Congresso (art. 8º). A divisão de competências tributantes constitui outro importante elemento para a configuração do Sistema Tributário.[17] No sistema americano, modelo para outras jurisdições, a essência do federalismo está na rígida divisão de competências tributárias, mantida intacta ao longo do tempo. Pode-se dizer, ao menos em boa parte das Federações, que as crises econômicas e políticas serviram de mola propulsora para a implantação e modificação de Sistemas Tributários federais. Nos EUA, bem demonstrado no texto de sua Carta, a representação política, as competências fiscais, o modelo constitucional e os direitos, além da questão da soberania, seguem o eixo federativo.

Sobre a história da federação no Brasil, algumas passagens sobre o sistema tributário republicano de 1891 merecem destaque, sobre o modo de captação de riqueza. O problema republicano se deu em função de distorções na estrutura fiscal, que não trazia elementos essenciais da federação, como uma eficiente repartição de competências convergentes para o Estado federado. Não basta, portanto, ao sistema a federação trazer repartição de competências, pois o Estado unitário faz o mesmo. É preciso que a repartição de competências provoque convergência de receitas ao tesouro central, além de contribuir para a unidade no exercício da soberania fiscal. Repartir funções na federação é tarefa difícil, que deve proporcionar o equilíbrio sistêmico.[18] O papel da lei complementar em matéria tributária é formatar a federação fiscal.

O desequilíbrio de competências tributantes afeta frontalmente o núcleo conceitual da federação, a autonomia dos entes federados. É possível falar, então, em relação ao art. 146 da Constituição, em Sistema Tributário Federal quando se observa competência impositiva dos entes federados. A repartição das receitas tributárias também configura um Sistema Tributário Federal. Essa estrutura representa uma vantagem competitiva em relação ao Sistema Tributário de um Estado Unitário. Ambos os sistemas apresentam distorções apontadas na história da tributação, mas o sistema federal possui melhores instrumentos estruturantes. A equidade e a autonomia dos entes tributantes despontam como algumas vantagens do Sistema Tributário Federal.[19]

De fato, a adoção do federalismo fiscal importa na distribuição de competências constitucionais fiscais entre os distintos níveis de governo. Parte-se de um conceito de federação como meio de unir agentes em unidades políticas autônomas interligadas por vínculos comuns, como a nacionalidade. O modelo de federação, porém, pode surgir a partir de associações livres entre estados independentes ou por subdivisão de estados unitários.[20]

No Brasil, afinal, o Sistema Tributário segue, atualmente, peculiaridades do sistema federativo. O modelo de federação brasileiro trino exerce significativa influência no Sistema Tributário. Na Constituição de 1988, o constituinte dividiu competências

---

17 BROWNLEE, Elliot. *Federal Taxation in America*: a Short History. Cambridge e Nova Iorque: Cambridge University Press, 2004. p. 13.

18 COSTA, Alcides Jorge. História da tributação no Brasil. *In*: FERRAZ, Roberto (Coord.). *Princípios e limites da tributação*. São Paulo: Quartier Latin, 2005. p. 100.

19 TORRES, Ricardo Lobo. *Tratado de direito constitucional financeiro e tributário*. Rio de Janeiro: Renovar, 2009. v. I. p. 359.

20 MUSGRAVE, Richard A.; MUSGRAVE, Peggy B. *Hacienda Publica Teorica Aplicada*. Trad. Juan Francisco Corona Ramon, Juan Carlos Costas Terrones e Melia Diaz Alvarez. Madri: 1992. p. 570.

tributárias entre os três níveis de governo – a União, os Estados e os Municípios. A organização tributária fiscal brasileira reflete a autonomia constitucional dos entes federados, na proporção das competências vertical e horizontal desenhadas pelo constituinte de 1988. O constituinte optou por uma posição entre o liberalismo oitocentista e o dirigismo estatal. Entendeu que a Carta de 1988 adotou o social-liberalismo, compatível com os problemas da época.[21] Consequentemente, o Sistema Tributário tem um conceito próprio no sistema de governo republicano federativo.

3 A lei complementar e o sistema tributário

Não obstante o reconhecimento desse modelo federativo como ideal pareça algo imperativo, quiçá o confederativo fosse mais adequado. O equívoco europeu parece ser pensar num Superestado, quando o modelo de Estados unidos em torno de um mercado comum por meio de tratados internacionais fosse mais adequado e, ao longo do tempo, mais seguro para os próprios Estados e seus jurisdicionados. Pensar em confederação redunda em considerar um Sistema Tributário organizado para atender às necessidades de um processo dinâmico de mundialização econômica. A questão que se coloca é saber se esse processo comandará a construção de um único Sistema Tributário ou permitirá a coexistência de sistemas diversos, adequados às circunstâncias de cada jurisdição. O princípio da igualdade tem sido a base da distribuição de competências tributárias nessas organizações supranacionais, como a União Europeia, preparatórias de uma confederação ou federação mais ampla. O ponto comum para a constituição de uma federação e seu Sistema Tributário deve ser o princípio da igualdade.[22]

É absolutamente utópico um Sistema Tributário Ideal, mas essa elipse movimenta o pensamento humanista há muito tempo.[23] Esse foi o desenho constitucional de 1988, particularmente do art. 146, com seus três incisos. A doutrina brasileira busca tal utopia por meio de tributação única ou contribuições indiretas sobre a receita bruta. Também foram testados e desenvolvidos sistemas tributários simplificados que, efetivamente, nada contribuíram senão para uma complexidade maior ainda. Outro efeito da busca irracional pela simplicidade e pelo sistema ideal é a regressão, efeito de precificação do tributo, em prejuízo das classes menos favorecidas. A tributação sobre a receita depende de um núcleo mínimo, essência característica do fato gerador, como se busca internacionalmente, com o Pilar II, com todos os problemas dessa iniciativa.[24]

O núcleo mínimo, em se tratando de tributo sobre o consumo, pode ser a não cumulatividade, ou o valor agregado, desenhados na Constituição. Essa essência encontra-se na PEC nº 45, na reforma tributária em tramitação final no Congresso Nacional, enquanto este artigo é confeccionado. A PEC nº 45/2019 substitui cinco

---

[21] REALE, Miguel. *Aplicações da Constituição de 1988*. Rio de Janeiro: Forense, 1990. p. 13.

[22] BIRK, Dieter. Rahmenbedingungen für den Grundrechtsschutz im Steuerrecht in Europa. *In*: KIRSCHHOF, Paul; LEHNER, Moris; RAUPACH, Arndt; RODI, Michael (Org.). *Staaten und Steuern, Festschrift für Klaus Vogel zum 70*. Geburtstag. Heidelberg: C. F. Muller, 2000. p. 164.

[23] VOGEL, Klaus. Über "Besteuerungsrechte" und über das Leistungsfähigkeitsprinzip im Internationalem Steuerrecht. Festschrift für Franz Klein. Colônia: Dr. Otto Schmidt, 1994. p. 376.

[24] AVI-YONAH, Reuven. Pillar II and the Bits. *SSRN*, p. 6, 9 jun. 2023. Disponível em https://papers.ssrn.com/sol3/papers.cfm?abstract_id=4461285. Acesso em: 20 nov. 2023.

tributos (ISS, ICMS, PIS, Cofins e IPI) por um IVA dual, formado pelo Imposto sobre Bens e Serviços (IBS), no âmbito dos estados e municípios, e a Contribuição sobre Bens e Serviços (CBS) e Imposto Seletivo (IS), na esfera da União. De acordo com o texto aprovado nas duas casas legislativas, o constituinte derivado definiu o conteúdo mínimo da tributação sobre o consumo, numa tentativa de resgatar o sistema tributário tal como pensado na Constituição de 1988.

A constitucionalização do Sistema Tributário ao longo da história contribuiu significativamente para impregnar o conceito de Estado de um valor semântico traduzido em poder, especialmente quando se trata de poder de tributar. A origem histórica da federação alemã veio do ato de união federal de 1815 entre os reinos federados. Os Estados federados aceitam e compreendem o significado da palavra Estado como poder. Esse poder não se limita ao valor semântico da palavra. É preciso que se tenha substância para que o Estado se afirme enquanto poder na federação.[25] Em termos de Sistema Tributário, haverá de se definir uma combinação entre centralização e descentralização do poder de tributar, dicotomia a gerar bastante desequilíbrio nas relações entre entes tributantes.

Há de se tratar, ainda, do avanço tecnológico da prática fiscal, com todas as consequências positivas e negativas para o Estado de Direito e para os direitos fundamentais do contribuinte. O processo histórico do desenvolvimento da máquina do Estado e seus meios de intervenção no domínio econômico desempenharam um papel determinante na eficácia fiscal. Preocupa o efeito negativo da tecnologia para a justiça fiscal. A dicotômica relação da simplicidade com a justiça fiscal merece especial crítica.[26] A tecnologia fiscal afeta o Sistema Tributário, ao desprezar seus elementos sociais e econômicos em nome da arrecadação. Essa crítica parece contribuir para um direcionamento adequado da tributação, no sentido de buscar igualdade e justiça. Isso ressalta o surgimento no século XX, em especial, de mais um elemento do Sistema Tributário: a epistemologia. Verifica-se se questões epistemológicas podem integrar o Sistema sem desintegrá-lo. Não houve a evolução esperada da tributação em termos sistêmicos nas últimas décadas deste século. Em relação à tecnologia de informação, porém, a teoria da tributação avançou, mas em termos persecutórios. A praticidade serve o Fisco para arrecadar via tecnologia de informação. Em nome da praticidade, o Estado se vale de instrumentos cada vez mais invasivos de captação da riqueza do contribuinte. É preciso mencionar, porém, que algumas jurisdições contradizem em certa medida a afirmação de baixa evolução sistemática. A norma tributária complementar tem, nesse sentido, o condão de limitar o poder de tributar. Quando o legislador é acionado, ele precisa evitar que o poder de tributar avance sobre os direitos fundamentais do contribuinte, notadamente a capacidade contributiva, corolário da igualdade na tributação.

O Sistema Tributário reflete fielmente as particularidades das diversas jurisdições que o desenvolvem. A constitucionalização do Direito Tributário trouxe mais problemas do que soluções para nosso sistema tributário. Esse fenômeno influencia conceitualmente

---

[25] ISENSEE, Josef. Idee und Gestalt des Föderalismus im Grudgesetz. *In*: ISENSEE, J.; KIRCHHOF, P. *Handbuch des Staatsrechts des Bundesrepublik Deutschland*. Heidelberg: C. F. Muller, 1999. v. IV. §98, coluna 70, p. 555.

[26] TIPKE, Klaus. *Ein Ende dem Einkommensteuer Wirrwarr!?* Recthsreform Statt Stimmenfangpolitik. Colônia: Dr. Otto Schmidt, 2006. p. 9.

o Sistema Tributário. Existe de fato uma excessiva constitucionalização do Direito Tributário. O nosso sistema não é só federal, mas também constitucional, e esse aspecto particularmente brasileiro informa a própria conceituação do Sistema Tributário. Na interrelação entre os entes federados, interpõe-se a isonomia, justamente pela autonomia atribuída constitucionalmente, tudo em nome da segurança jurídica do jurisdicionado.[27]

"O Estado é o senhor absoluto de todos os negócios públicos". Essa afirmação revela a importância do Estado para o Sistema Tributário. Existe um que de retórica na afirmação da relação de Direito sobre a mera relação de poder, em que o Estado exerceu um papel central para a consolidação do Direito e, especialmente, do Direito Tributário. Acreditava-se que na relação de poder entre Fisco e contribuinte tinha boas razões argumentativas para tanto. O que se pretendeu com tal retórica foi reforçar a figura do Estado, não só na elaboração da lei, mas em toda a relação tributária.[28] A lei complementar reforça a ideia força de Estado na constituição do sistema tributário. Ademais do direito tributário, o sistema unitário, normativo, federal e com respeito aos direitos fundamentais é matéria de teoria do estado.

O instrumento limitador de poder político e, especialmente, de arrecadação foi, de igual sorte, configurado no próprio Estado, qual seja, o poder financeiro ou de arrecadação. As finanças são a concretização do Estado, de modo que não há um sem o outro. A essência das finanças públicas, o dinheiro, traz consigo um misto de liberdade e poder; o elemento da liberdade sob a proteção do Estado, que sofre limitação e controle de seu poder por meio do Direito Financeiro.[29] Proteção e controle podem facilmente ser violados pelo dinheiro, de sorte que as disposições do Direito Financeiro têm caráter de garantia para o contribuinte. O Direito Financeiro ajusta a percepção humana da regulação da liberdade e poder sob proteção do Estado. Evita-se utilizar a expressão "Estado de Direito", uma vez descartado aquele Estado em que o Direito não vigora, mas sim a força. Igualmente, o Sistema Tributário somente se configura naquele Estado em que as finanças públicas se organizam na contenção do poder, conferindo liberdade ao contribuinte.

Garantir a liberdade do contribuinte é função essencial do Estado, justificativa de sua própria existência. A Administração Pública não se resume à legalidade, mas sim a um exercício diário de adequação da lei ao fato, um exercício cotidiano de poder do Estado. A Constituição é constantemente revista por seus intérpretes em todos os sentidos de proteção dos direitos individuais e do poder do Estado. Atualmente, o Direito Constitucional enfrenta desafios centrais de certeza e segurança jurídica. A Constituição é, portanto, um texto historicamente amadurecido e uma obra de unidade contemporânea. Reúne elementos importantes para a garantia de direitos do contribuinte

---

27 BORGES, José Souto Maior. O princípio da segurança jurídica na criação e aplicação do direito. *RDDT*, n. 22, p. 28, jul. 1997.

28 MAYER, Otto. *Deutsches Verwaltungsrecht*. Berlim: Dunker & Humblot, 1961. v. 1. p. 15.

29 VOGEL, Klaus. Grundzüge des Finanzrechts des Grundgesetzes. *In*: ISENSEE, Josef; KIRCHHOF, Paul (Orgs.). *Handbuch des Staatsrechts*. Heidelbergue: C. F. Müller Juristischer. 1999. v. IV. p. 4 e ss.

na limitação do poder de tributar.[30] Também traz, no caso brasileiro, a estruturação por meio de lei complementar, nos termos do art. 146 da Constituição.

Nesse sentido, quando o constituinte trabalha uma reforma do sistema tributário, como no caso da PEC nº 45, estabelece relações claras entre entes tributantes para a redefinição do quadro do tributo sobre o consumo. Não poderia, como de fato não fez, olvidar-se de determinar ao legislador complementar, que se ocupe dos temas relativos à federação, às limitações ao poder de tributar e à própria definição normativa, de base de cálculo, alíquota, sujeito ativo e passivo etc. A menção à lei complementar permeia todo o projeto de emenda constitucional, mas podemos citar apenas um exemplo significativo, no próprio *caput* do art. 156-A da Constituição emendada, que determina ao legislador complementar a tarefa o imposto sobre bens e serviços de competência dos Estados, do Distrito Federal e dos Municípios. A previsão de lei complementar também se observa na estruturação dos temas mais sensíveis da reforma dos tributos sobre o consumo, como nas hipóteses de cesta básica, *cash back*, regimes fiscais específicos, entre outros. Esses aspectos da reforma tributária têm relação direta com a federação e o poder de tributar.[31]

Conclusão

O Direito limitador do poder de tributar apresenta-se de diversas formas. Acima se tratou do Direito expresso na Constituição, que traz regras a serem observadas pelo contribuinte e pelo Estado, esse limitado em seu poder de tributar por uma série de princípios e regras de competência, além da legalidade. A análise histórica do sistema tributário pode, assim, trazer alguns ganhos científicos. A demanda de investigação aqui proposta não se resume apenas à constatação dos elementos da lei complementar no sistema tributário. Para haver sistema, é mandatório que tais elementos se unam por meio de uma liga. Esse amálgama encontra-se nos princípios de Direito Tributário. Há, assim, um enquadramento dos princípios de justiça fiscal. Podemos elencar alguns corolários da justiça fiscal, como o princípio orçamentário, o princípio do benefício público, o princípio da igualdade, o princípio da capacidade contributiva, o princípio da redistribuição da renda, o princípio do mérito social ou utilidade e, por último, o princípio da distribuição de acordo com a necessidade.[32]

Afinal, a noção de Sistema Tributário alicerçado pela lei complementar, proposta neste ensaio, leva em conta o conjunto de normas que compõem a dimensão econômica, o contexto institucional, além dos aspectos ligados à realidade socioeconômica em curso. As competências tributárias determinadas pelo constituinte originário ou derivado precisam de lei complementar para determinar melhor os aspectos formais e materiais do sistema, a serem exercidos pelos entes tributantes em seus três níveis. Os conflitos

---

30 KIRCHHOF, Paul. Das Staatsrechtals Gemeinschaftswerk. *In*: DEPENHEUER, Otto; HEINTZEN, Markus; JESTAEDT, Matthias; AXER, Peter (Orgs.). *Staat im Wort, Festschrift für Josef Isensee*. Heidelberg: C. F. Müller, 2007. p. 22.

31 BRASIL. Senado Federal. *PEC nº 45/2019*. Disponível em: https://legis.senado.leg.br/sdleg-getter/documento?dm=9418093&ts=1700000310970. Acesso em 20 nov. 2023.

32 ZILVETI, Fernando Aurelio. *Evolução Histórica da Teoria da Tributação*. São Paulo: Saraiva, 2017. p. 50.

de competência existem em qualquer federação, mas a lei complementar tem o condão de diminuir as tensões entre entes tributantes.

A malha federativa de competências tributárias, formada a partir de sólida teoria da tributação, tornou o sistema brasileiro exemplar. Falta-lhe, todavia, algum pragmatismo americano. O Sistema Tributário nacional, conquista dos contribuintes após séculos de disputas políticas internas, sofreu, porém, um processo de desmobilização com os movimentos políticos do século XX. Tal retrocesso, como se viu no final do século XX, se deu também em função da erosão de bases tributárias, motivada pelo esgarçamento do conceito de soberania, efeito da globalização.[33]

A jurisdição elástica e pluriterritorial desestrutura as instituições que promovem e mantêm a relação jurídica estável. O mundo caminha, portanto, para a constatação simples de que a concorrência fiscal pode trazer problemas sérios para o Sistema Tributário interno de cada jurisdição, bem como prejudicar as relações internacionais em matéria tributária. A Constituição de 1988, hoje celebrando seus 35 anos, assegurou, de certo modo, a espinha dorsal do sistema tributário, por meio de uma teia de leis complementares.

Referências

AVI-YONAH, Reuven. Pillar II and the Bits. *SSRN*, p. 1-6, 9 jun. 2023. Disponível em https://papers.ssrn.com/sol3/papers.cfm?abstract_id=4461285. Acesso em: 20 nov. 2023.

BIRK, Dieter. Rahmenbedingungen für den Grundrechtsschutz im Steuerrecht in Europa. *In*: KIRSCHHOF, Paul; LEHNER, Moris; RAUPACH, Arndt; RODI, Michael (Org.). *Staaten und Steuern, Festschrift für Klaus Vogel zum 70*. Geburtstag. Heidelberg: C. F. Muller, 2000.

BOBBIO, Norberto. *L'età dei diritti*. Milão: Einaudi, 1992.

BOBBIO, Norberto. *Teoria Della Norma Giuridica*. Turim: G. Giappichelli, 1993.

BORGES, José Souto Maior. Normas Gerais de Direito Tributário: Velho Tema Sob Perspectiva Nova. *Revista RDD*, n. 213, p. 48-65, 2013.

BORGES, José Souto Maior. O princípio da segurança jurídica na criação e aplicação do direito. *RDDT*, n. 22, p. 24-29, jul. 1997.

BRASIL. Senado Federal. *PEC nº 45/2019*. Disponível em: https://legis.senado.leg.br/sdleg-getter/documento?dm=9418093&ts=1700000310970. Acesso em 20 nov. 2023.

BRASIL. STF. *ADIN nº 1802/DF*. Rel. Min. Dias Toffoli Julgamento em 12.04.2018. Disponível em: https://redir.stf.jus.br/paginadorpub/paginador.jsp?docTP=TP&docID=14751409. Acesso em: 20 mar. 2023.

BRASIL. STF. *ADIN nº 1917/DF*. Rel. Min. Lewandowski. Julgamento 26.4.2007. Disponível em: https://redir.stf.jus.br/paginadorpub/paginador.jsp?docTP=AC&docID=481954. Acesso em: 20 mar. 2023.

BRASIL. STF. *RE nº 433.352/MG*. Rel. Min. Joaquim Barbosa. Julgamento em 17.12.2009. Disponível em: https://jurisprudencia.stf.jus.br/pages/search?base=acordaos&sinonimo=true&plural=true&page=1&pageSize=10&queryString=RE%20433352&sort=_score&sortBy=desc. Acesso em: 20 mar. 2023.

BRASIL. STF. *RE nº 815.108/SP*. Tema 825. Rel. Min. Dias Toffoli. Julgamento em 01.03.2021. Disponível em: https://redir.stf.jus.br/paginadorpub/paginador.jsp?docTP=TP&docID=755628450 Acesso em: 20 mar. 2023.

BROWNLEE, Elliot. *Federal Taxation in America*: a Short History. Cambridge e Nova Iorque: Cambridge University Press, 2004.

[33] ZILVETI, Fernando Aurelio. *Evolução Histórica da Teoria da Tributação*. São Paulo: Saraiva, 2017. p. 245.

COSTA, Alcides Jorge. História da tributação no Brasil. *In*: FERRAZ, Roberto (Coord.). *Princípios e limites da tributação*. São Paulo: Quartier Latin, 2005.

GIANNINI, A. D. *Istituzioni di Diritto Tributario*. Milão: Giuffrè, 1968.

ISENSEE, Josef. Idee und Gestalt des Föderalismus im Grudgesetz. *In*: ISENSEE, J.; KIRCHHOF, P. *Handbuch des Staatsrechts des Bundesrepublik Deutschland*. Heidelberg: C. F. Muller, 1999. v. IV.

KAUFMANN, Arthur. *Das Verfahren der Rechtsgewinnung*. Eine rationale Analyse. Munique: C. H. Beck, 1999.

KIRCHHOF, Paul. Das Staatsrechtals Gemeinschaftswerk. *In*: DEPENHEUER, Otto; HEINTZEN, Markus; JESTAEDT, Matthias; AXER, Peter (Orgs.). *Staat im Wort, Festschrift für Josef Isensee*. Heidelberg: C. F. Müller, 2007.

MAYER, Otto. *Deutsches Verwaltungsrecht*. Berlim: Dunker & Humblot, 1961. v. 1.

MUSGRAVE, Richard A.; MUSGRAVE, Peggy B. *Hacienda Publica Teorica Aplicada*. Trad. Juan Francisco Corona Ramon, Juan Carlos Costas Terrones e Melia Diaz Alvarez. Madri: 1992.

REALE, Miguel. *Aplicações da Constituição de 1988*. Rio de Janeiro: Forense, 1990.

SOUSA, Rubens Gomes de. Normas gerais de direito financeiro. *RDA*, n. 37, p. 12-34, jul./set. 1954.

TIPKE, Klaus. *Ein Ende dem Einkommensteuer Wirrwarr!*? Recthsreform Statt Stimmenfangpolitik. Colônia: Dr. Otto Schmidt, 2006.

TORRES, Ricardo Lobo. Legalidade Tributária e Riscos Sociais. *Revista RDPG*, n. 53, p. 178-198, 2000. Disponível em: https://pge.rj.gov.br/comum/code/MostrarArquivo.php?C=MTg2MA%2C%2C. Acesso em: 20 mar. 2023.

TORRES, Ricardo Lobo. *Tratado de direito constitucional financeiro e tributário*. Rio de Janeiro: Renovar, 2009. v. I.

TORRES, Ricardo Lobo. *Tratado de Direito Constitucional Financeiro e Tributário*. Rio de Janeiro: Renovar, 2005. v. II.

TROTABAS, Louis. *Précis de Science et Législation Financières*. Paris: Dalloz, 1953.

VOGEL, Klaus. Grundzüge des Finanzrechts des Grundgesetzes. *In*: ISENSEE, Josef; KIRCHHOF, Paul (Orgs.). *Handbuch des Staatsrechts*. Heidelbergue: C. F. Müller Juristischer. 1999. v. IV.

VOGEL, Klaus. Über "Besteuerungsrechte" und über das Leistungsfähigkeitsprinzip im Internationalem Steuerrecht. Festschrift für Franz Klein. Colônia: Dr. Otto Schmidt, 1994.

ZILVETI, Fernando Aurelio. *Evolução Histórica da Teoria da Tributação*. São Paulo: Saraiva, 2017.

Informação bibliográfica deste texto, conforme a NBR 6023:2018 da Associação Brasileira de Normas Técnicas (ABNT):

ZILVETI, Fernando Aurelio. A lei complementar no desenho do sistema tributário brasileiro. In: LOBATO, Valter de Souza (coord.); MARINHO NETO, José Antonino (org.). *O papel da lei complementar tributária no desenho federativo brasileiro*. Belo Horizonte: Fórum, 2024. p. 95-106. ISBN 978-65-5518-779-3.

A CAPACIDADE CONTRIBUTIVA ENTRE LEI COMPLEMENTAR TRIBUTÁRIA E O ESTADO FEDERAL

LUÍS EDUARDO SCHOUERI,
JONATHAN MALAQUIAS

Introdução

É corrente o entendimento de que o constituinte brasileiro, como meio de assegurar o modelo federativo, teria distribuído as competências tributárias de forma rígida. Por outro lado, este artigo sustenta que os conceitos delimitadores da competência tributária entre as pessoas jurídicas de direito público encontram fundamento na figura da lei complementar, sendo a repartição normativa um veículo garantidor do princípio norteador dos impostos, i.e., a capacidade contributiva – a despeito da adoção do sistema federal.

A primeira seção reconstrói a ideia de um modelo federativo em consideração aos debates ocorridos desde o final do século XIX, momento em que o Estado brasileiro ainda detinha o unitarismo como característica substancial. Nesse sentido, argumenta-se que o sistema federal deve implicar autonomia financeira, traduzida em orçamentos autônomos entre as unidades políticas, e não na mera repartição de competências arrecadatórias. Expõe-se que, na gênese do Estado Brasileiro, a preocupação acerca da delimitação de competências esteve atrelada ao impedimento de que diversas entidades políticas se suprissem, simultaneamente, da mesma fonte de riqueza, tendo em vista que a bitributação de rendas equivaleria à desconsideração da capacidade contributiva, o princípio norteador dos impostos.

A preocupação com a exação em excesso se manteve, em certa medida, com a adoção do regime republicano e suas respectivas cartas constitucionais. Rememora-se que, ao início da República Federativa, outro rumo foi conferido à discussão acerca do excesso de exação em matéria de impostos: o novo modelo de Estado deveria garantir, primariamente, a existência das unidades políticas concebidas. Afastaram-se, com isso, considerações acerca da capacidade contributiva, ao passo em que foi dada razão à possibilidade de um suprimento orçamentário maior por receitas tributárias. Como consequência, a adoção do federalismo no Brasil foi acompanhada pela permissibilidade da dupla tributação.

No entanto, por meio da reconstrução dos debates ocorridos no bojo das assembleias constituintes brasileiras, verifica-se que a preocupação com o excesso de tributação sempre esteve presente na delimitação de competências tributárias. É dizer: recorria-se à capacidade contributiva como limitadora da exação, e não ao federalismo. A partir da Constituição de 1967, a interpenetração entre competências tributárias encontrou na lei complementar um ponto de resolução.

Realizada a construção histórica referente à repartição de competências e exposto o ponto de inflexão referente à bitributação, a segunda seção passa a demonstrar que os impostos foram incluídos no texto constitucional vigente por meio de realidades preexistentes. Com isso, quer-se dizer que o constituinte se valeu da abordagem tipológica, aberta e fluída, que possibilitaria até mesmo o nascimento de conflitos de competência (i.e., que propiciariam a bitributação).

Seguindo o modelo de 1967, a Constituição de 1988 atribuiu à lei complementar a função de dispor sobre conflitos atinentes às competências tributárias. Em outros termos, à nova figura normativa foi conferida a função de conceituar os termos referentes à distribuição de competências. Por meio da conceituação, os limites entre a jurisdição tributária das diferentes unidades políticas tornam-se nítidos (*definidos*). Garante-se, nesse cenário, a resolução de conflitos horizontais e verticais como modo de resguardar o princípio norteador dos impostos, qual seja: a capacidade contributiva.

1 O modelo federativo e a repartição de competências tributárias

O Estado Federal conserva a descentralização normativa como característica constitutiva.[1] Por esse modelo, a organização jurídica é disciplinada por ordenamentos parciais subordinados a um sistema normativo central.[2] A gerência descentralizada do Estado Federal é refletida no poder de auto-organização de suas unidades políticas, do qual se irradiam a autonomia administrativa, judiciária, legislativa e financeira.[3]

No que diz respeito ao aspecto tributário, a descentralização propiciada pelo federalismo não possui como pressuposto a discriminação de competências entre suas respectivas pessoas jurídicas.[4] Esse sistema exige que se assegure a autonomia financeira, o que implica a discriminação de rendas em orçamentos autônomos, com ou sem repartição de competências arrecadatórias.[5]

No caso dos impostos, a delimitação da atribuição de competências tributárias a diferentes entes políticos parece voltar-se a garantir antes a capacidade contributiva, na sua feição de proibição de excesso de exação,[6] do que o princípio federativo. Isso é assim porque a justificativa que norteia essa espécie tributária é, justamente, a capacidade

---

1 Cf. HORTA, Raul Machado. *Direito Constitucional*. Belo Horizonte: Del Rey, 1999. p. 477.

2 Cf. BORGES, José Souto Maior. Hierarquia e sintaxe constitucional da lei complementar tributária. *Revista Dialética de Direito Tributário*, n. 150, p. 67 (69), mar. 2008.

3 Cf. HORTA, Raul Machado. *Direito Constitucional*. Belo Horizonte: Del Rey, 1999, p. 480 e ss.

4 Cf. DÓRIA, Antonio Roberto Sampaio. *Discriminação de rendas tributárias*. São Paulo: José Bushatsky, 1972. p. 15.

5 Cf. SCHOUERI, Luís Eduardo. *Direito Tributário*. 12. ed. SaraivaJur: São Paulo, 2023. p. 250 e ss.

6 Cf. TIPKE, Klaus. Über die Gleichartigkeit von Steuern. *Steuer und Wirtschaft*, n. 3, p. 242-251, 1975.

contributiva. Uma breve análise do contexto histórico brasileiro fornece substrato a essa afirmação.

1.1 A repartição de competências tributárias e o nascimento do federalismo brasileiro

No Brasil, a ideia de um Estado federal ganhou força durante o final do século XIX, oportunidade em que a concentração de competências no Governo Central foi amplamente contestada pela oposição liberal.[7] Como forma de pacificar o descompasso entre a centralização *versus* a necessidade de autonomia das unidades regionais, projetos que transformavam a Monarquia em uma federação foram apresentados ao Parlamento.[8]

O tema da tributação constituiu a centralidade do debate federativo. Joaquim Nabuco, em discurso veiculado em 21 de setembro de 1885, expôs que de nada adiantaria assegurar competências tributárias para as províncias ante o poder ilimitado do Governo Central para tributar rendas locais. O desconforto do estadista era resultado de determinações como a Lei de 14 de novembro de 1827, que tornava mandatória a concorrência das receitas provinciais para as despesas gerais, e da Lei nº 99, de 31 de outubro de 1835, que discriminava 35 fontes de renda para o Governo Central, ao passo em que conferia às provinciais somente a competência residual.

Alcides Jorge Costa aponta que, com as disposições centrais, o orçamento provincial era relegado à penúria.[9] Ainda que as províncias tenham conquistado certa autonomia para a instituição de impostos em 1834,[10] questionava-se a possibilidade de gravar rendas já tributadas pelo Governo Central, tendo em vista que a condição para a imposição de novos tributos, em consideração à sua competência residual, era o não constrangimento das rendas centrais.[11]

De fato, abriam-se duas hipóteses para tributação provincial: as rendas gravadas pelo Governo Central estariam expressamente excluídas do poder de tributar local ou, desde que a carga tributária efetiva não fosse considerada excessiva, permitia-se a dupla tributação. Na prática, verificou-se a tentativa do poder local de gravar rendas já tributadas pela autoridade central e a dupla exação constituiu motivo para que diversas assembleias provinciais tivessem a eficácia de suas leis suspensas.[12]

O cenário, insuportável aos contribuintes, levou Joaquim Nabuco a afirmar que "todas as populações têm naturalmente um limite de taxação: os povos, como

---

7 Cf. PONTES, Carlos. *Tavares Bastos (Aureliano Cândido)*. São Paulo: Ed. Nacional, 1975. p. 180.

8 Cf. NABUCO, Joaquim. *Discursos parlamentares (1879-1889)*. São Paulo: Instituto Progresso Editorial S. A., 1949. p. 260 e ss.

9 Cf. COSTA, Alcides Jorge. História da Tributação no Brasil. *In*: FERRAZ, Roberto (Coord.). *Princípios e limites da tributação*. São Paulo: Quartier Latin, 2005. p. 41 e ss.

10 Cf. o art. 10, 5º da Lei 16, de 12 de agosto de 1834 "Art. 10. Compete às mesmas Assembléias legislar: (...) 5º) Sobre a fixação das despesas municipais e provinciais, e os impostos para elas necessários, contanto que estes não prejudiquem as imposições gerais do Estado. As Câmaras poderão propor os meios de ocorrer às despesas, dos seus Municípios".

11 Cf. BRASIL. *Relatório apresentado à Assembleia Geral na Segunda Sessão da Décima Quarta Legislatura pelo Ministro e Secretário de Estado dos Negócios do Império*. Rio de Janeiro: Typographia Nacional, 1870. p. 8.

12 Cf. URUGUAY, Visconde de. *Estudos Práticos sobre a Administração de Províncias no Brasil*. B. L. Rio de Janeiro: Garnier, 1865. Tomo I. p. 234 e ss.

os indivíduos, não podem ir além dos seus próprios recursos".[13] A justificativa para repressão da competência residual das províncias, ainda que nominalmente distinta de termos modernos, residia na capacidade contributiva, em sua feição de proibição de excesso de exação.

Dessa feita, se o poder de tributar deveria ser distribuído entre as unidades políticas, seria necessário atentar para o conflito entre as respectivas competências tributárias, como forma de assegurar princípio norteador das exações. No ideal do século XIX brasileiro, a solução desse problema encontrou fundamento em uma nova forma de governo: a República Federativa. Nesse momento, a justa repartição de competências, como será observado, também dispôs da capacidade contributiva como mote.

1.2 A República federativa brasileira e a bitributação

Nos primórdios da República, a redistribuição de poderes entre as unidades políticas que compuseram o Estado Brasileiro deu azo a conflitos entre visões mais ou menos centralistas. Em discurso veiculado em 16 de dezembro de 1890, Rui Barbosa, inspirado na obra *Federal Taxes and State Expenses* de William Jones, sustentou que o objetivo dos países federalistas, como os Estados Unidos da América, consistia em fortalecer o poder de tributar da União, razão pela qual a Constituição estadunidense não conhecia impostos distribuídos privativamente às unidades federativas.[14] Situação contrária ocorria em solo brasileiro. Enquanto as competências para instituição de impostos sobre a transmissão de propriedade, exportação e território ficavam sob a jurisdição dos Estados, o orçamento da União era restrito à renda proveniente do imposto de importação.[15]

Uma vez garantida a autonomia financeira e excluída a disposição acerca da concorrência de receitas locais para despesas centrais, a tentativa de Rui Barbosa de concentrar competências tributárias na União esteve ligada à sua própria existência material. De fato, o governo federal herdaria o orçamento imperial em conjunto com as diversas despesas criadas para a consecução no novo regime, o que equivale a dizer que novas fontes de receitas seriam necessárias.[16] Por consequência, o meio encontrado para resguardar a obtenção de receitas para além das descriminações ordinárias encontrou fundamento no compartilhamento da competência residual cumulativa em matéria tributária. Forneceu-se aos Estados e à União a possibilidade de gravar, cumulativamente, a mesma manifestação de riqueza (art. 12 da Constituição de 1891).

A crítica à admissão do dispositivo que permitia a exação em excesso foi consubstanciada nas falas de Júlio de Castilhos,[17] representante do Rio Grande do Sul na Assembleia

---

13 Cf. NABUCO, Joaquim. *Discursos parlamentares (1879-1889)*. São Paulo: Instituto Progresso Editorial S. A., 1949. p. 272.

14 Cf. BRASIL. *Annaes do Congresso Constituinte da República*. 2. ed. Rio de Janeiro: Imprensa Nacional, 1924. v. 1. p. 622.

15 Cf. BRASIL. *Annaes do Congresso Constituinte da República*. 2. ed. Rio de Janeiro: Imprensa Nacional, 1924. v. 1. p. 623 e ss.

16 Cf. ANDRADE, Paulo Bonavides Paes de. *História Constitucional do Brasil*. 3. ed. Brasília: Paz e Terra, 1990. p. 226-227.

17 Cf. BRASIL. *Annaes do Congresso Constituinte da República*. 2. ed. Rio de Janeiro: Imprensa Nacional, 1924. v. 1. p. 364.

Constituinte de 1890. De acordo com o congressista, o artigo 12 consagraria o regime dos "impostos duplos", razão pela qual "a Constituição [de 1891] reproduz, no ponto de vista real, o mesmo regime tributário da administração imperial".[18]

Como reação, as emendas apresentadas ao art. 12 previam sua supressão ou condicionamento a casos extraordinários, como aqueles relacionados à calamidade pública ou à insuficiência das receitas para dar continuidade do embolso da dívida nacional.[19] Por certo, em disputa estava a proibição da exação em excesso, em atenção a uma concepção embrionária de capacidade contributiva *versus* a necessidade de assegurar a existência material das pessoas jurídicas recém-constituídas.[20] Por 94 votos favoráveis, a última corrente sagrou-se vitoriosa.[21]

O cenário do federalismo financeiro centrífugo deslocou-se para um modelo centrípeto a partir de 1934, de modo a garantir maiores competências Governo Federal.[22] Não obstante, o Anteprojeto apresentado à Constituinte de 1933 concebeu a possibilidade de Estados e União cobrarem impostos sobre a mesma materialidade (art. 18 do Anteprojeto), desde que respeitadas as competências privativas descritas pela Carta de 1934.[23] Para o constituinte João Simplício, a adoção do dispositivo equivaleria a incorrer no "erro apontado por Castilhos, há 43 anos", ou, em outros termos "o mesmo mal que os constituintes de 91 já sentiam para a vida republicana do país, os constituintes de 33 virão agravar com essas medidas".[24]

Novamente, o cenário da Assembleia Constituinte de 1890 se repetia: como meio de vedar a bitributação, emendas foram apresentadas em prol da modificação do art. 18 do Anteprojeto de 1933. A Emenda 1.945 – posteriormente aprovada – previa ser "vedada a bitributação, prevalecendo o imposto lançado pela União, quando a competência for concorrente".[25] Como redação final, à letra da Constituição de 1934, arrolaram-se impostos de competência privativa da União (art. 6), como o imposto sobre importações; consumo; renda e transferência de fundos para o exterior. Aos Estados (art. 8), foi reservado o poder para tributar a propriedade territorial (exceto a urbana); a transmissão *causa mortis* e, no caso de bens imobiliários, *inter vivos*; consumo de combustíveis; exportações; vendas e consignações, bem como indústrias e profissões. Aos Municípios (art. 13) foi assegurada a competência do imposto de licenças; o predial e territorial urbano; o sobre diversões públicas e o cedular sobre a renda de imóveis rurais, além da participação em impostos de outros entes tributantes. Aos Estados e à União foi conferida a competência residual, concorrentemente (art. 10, VII) e com preferência às disposições da União, de modo a vedar-se a bitributação (art. 11).

---

18 Cf. BRASIL. *Annaes do Congresso Constituinte da República*. 2. ed. Rio de Janeiro: Imprensa Nacional, 1924. v. 1. p. 364.

19 Cf. BRASIL. *Annaes do Congresso Constituinte da República*. 2. ed. Rio de Janeiro: Imprensa Nacional,, 1924. v. 1. p. 363.

20 Cf. BARBALHO, João. *Constituição Federal Brazileira*: Commentarios. Rio de Janeiro: Typographia da Compannhia Litho-Typographia, 1902. p. 43.

21 Cf. BRASIL. *Annaes do Congresso Constituinte da República*. 2. ed. Rio de Janeiro: Imprensa Nacional, 1924. v. 1. p. 869.

22 Cf. DÓRIA, Antonio Roberto Sampaio. *Discriminação de rendas tributárias*. São Paulo: José Bushatsky, 1972. p. 48.

23 Cf. BRASIL. *Annaes da Assembléa Nacional Constituinte*. Rio de Janeiro: Imprensa Nacional, 1935. v. 1. p. 134.

24 Cf. BRASIL. *Annaes da Assembléa Nacional Constituinte*. Rio de Janeiro: Imprensa Nacional, 1935. v. 2. p. 312.

25 Cf. BRASIL. *Annaes da Assembléa Nacional Constituinte*. Rio de Janeiro: Imprensa Nacional, 1935. v. 17. p. 316.

O modelo adotado em 1934 manteve-se, com pequenas modificações, nas cartas adotadas a partir de 1937. Nesse contexto, a Constituição de 1937 conferiu competências privativas à União (art. 20), aos Estados (art. 23) e aos Municípios (art. 28). Acerca da competência residual, enquanto parte da doutrina entendia caber aos Estados,[26] a compreensão dominante foi no sentido de ser ela concorrente, ainda que vedada a bitributação, com a preferência aos impostos federais (art. 24).[27] Disposições similares foram replicadas na Carta de 1946. À época, a competência residual foi compartilhada entre a União e os Estados. Como modo de evitar a bitributação, o constituinte assegurou "que o imposto federal excluiria o estadual idêntico" (art. 21).

Em período anterior à Constituição de 1967, a Emenda Constitucional nº 18, de 1965, contemporânea ao Código Tributário Nacional, tornou possível a divisão dos impostos a partir das seguintes categorias: sobre o comércio exterior, sobre o patrimônio e a renda, sobre a produção e circulação e especiais. Como expresso pela Comissão da Reforma do Ministério da Fazenda, a classificação refletiu a premissa básica dos trabalhos desenvolvidos: "a consolidação dos impostos de idênticas naturezas em figuras unitárias, definidas por via de referência às suas bases econômicas, antes que a uma das modalidades jurídicas que pudessem revestir".[28] A partir de 1967, o conflito de competências tributárias entre as pessoas jurídicas de direito público teria a figura da lei complementar como ponto de solvência (art. 19, §1º).

A Constituição de 1988 fez jus à discriminação de competências prevista no período anterior. Pela observância dos arts. 153, 155 e 156, nota-se que constituinte pouco inovou, o que significa dizer que, como já afirmado antes, as "fontes" de capacidade contributiva vislumbradas foram resultado da redistribuição de impostos preexistentes.[29] O aspecto histórico e político coordenou a repartição de competências em referência a fenômenos econômicos já conhecidos. É dizer: o poder constituinte não esteve preocupado em delinear rígidos limites para as competências tributárias; apresentou, antes, os impostos que já existentes, com todas as suas características típicas e a partir daí tratou de reparti-los. Na hipótese de conflitos que atraíssem o fenômeno da bitributação, deu-se à lei complementar a função de solvê-los.

2 A concepção de uma lei complementar

Ao início da República, Rui Barbosa[30] sustentou que as constituições não detinham caráter analítico; em grande verdade, elas seriam largas sínteses de princípios gerais

---

[26] Cf. PINTO, Carlos Alberto A. de Carvalho. *Discriminação de rendas*. São Paulo: Prefeitura do Município de São Paulo, 1941. p. 138-146.

[27] Cf. MIRANDA, Pontes de. *Comentários à Constituição Federal de 10 de novembro de 1937*. Rio de Janeiro: Irmãos Pongetti, 1938. Tomo 1. p. 566.

[28] Cf. LOPES, Luiz Simões (Presidente da Comissão) *et al*. Reforma da discriminação constitucional de rendas (anteprojeto). *Fundação Getúlio Vargas e Comissão de Reforma do Ministério da Fazenda*, n. 6, 1965, p. 6.

[29] Cf. SCHOUERI, Luís Eduardo. A lei complementar e a repartição de competências tributárias. *In*: IX CONGRESSO NACIONAL DE ESTUDOS TRIBUTÁRIOS, 2012, São Paulo. Sistema tributário nacional e a estabilidade da federação brasileira. São Paulo: Noeses, 2012. p. 679 e ss; SCHOUERI, Luís Eduardo. Discriminação de Competências e Competência Residual. *In*: ZILVETI, Fernando Aurélio; SCHOUERI, Luis Eduardo (Org.). *Direito Tributário*: Estudos em Homenagem a Brandão Machado. São Paulo: Quartier Latin, 1998. p. 82.

[30] Cf. BARBOSA, Rui. *Comentários à Constituição Federal brasileira*: coligidos e ordenados por Homero Pires. São Paulo: Livraria Acadêmica Saraiva & Cia., 1933. v. 2. p. 477.

que demandariam a edição de leis para sua complementação. No século XIX, a ideia de uma lei formalmente complementar, com *quórum* diferenciado, ainda não era cogitada. Contudo, a criação de normas responsáveis por complementar as cartas constitucionais não pode ser considerada uma inovação. A título exemplificativo, a Constituição de 1891 estabeleceu, em seu art. 34, competir privativamente ao Congresso Nacional "Decretar as leis orgânicas para a execução completa da Constituição".

O artigo 22 da Emenda Constitucional nº 4, de 1961, que reintroduziu o regime parlamentarista no Brasil, inovou ao estabelecer a possibilidade de uma lei complementar com um grau de hierarquia superior em relação às demais leis, situando-se em uma posição intermediária entre as leis constitucionais e as leis ordinárias. O referido dispositivo estipulava que era viável complementar a estrutura do sistema parlamentarista de governo recém-estabelecido por meio de leis aprovadas pelas maiorias absolutas das duas Casas do Congresso Nacional.

A Emenda Constitucional nº 18, de 1965, que modificou o sistema tributário nacional, voltou a tratar das leis complementares. A Comissão de Reforma foi responsável pela apresentação de dois anteprojetos, A e B. O projeto A, em referência às *normas legislativas*, criou a figura das leis complementares, normas mais rígidas se comparadas às leis ordinárias (art. 5). No entanto, ao Congresso Nacional somente foi submetido o projeto B, o qual não fornecia às leis complementares a situação hierárquica anteriormente prevista. Com a aprovação do projeto, as leis complementares surgiram sem distinção em relação às demais leis ali citadas.

Posteriormente, a Constituição de 1967 e a Emenda Constitucional nº 1, de 1969, inseriram a figura da lei complementar no processo legislativo. A Constituição de 1988, no mesmo sentido, contemplou a figura da lei complementar em seu art. 59 (processo legislativo), sendo o *quórum* (maioria absoluta) previsto pelo art. 69.

2.1 O papel da lei complementar em matéria de competências

Como visto, a delimitação de competências para evitar a exação por diversos entes políticos esteve na centralidade das mutações constitucionais do Estado Brasileiro. Com a descrição das funções da lei complementar, atribuiu-se a essa espécie normativa a responsabilidade para dispor sobre conflitos de competência. Parece ser essa confirmação cabal de que o constituinte tinha consciência de que seu texto não continha conceitos rígidos ao distribuir competências. Se assim fosse, desnecessária seria a edição de leis complementares para dar fim aos conflitos. Em grande verdade, o constituinte referiu-se aos impostos a partir de uma aproximação tipológica, concepção que norteou a distribuição de poderes entre as unidades políticas da federação, como será visto a seguir.

2.1.1 A utilização de tipos pelo constituinte

A utilização de tipos na repartição de competências foi tema de substancial relevância na Alemanha, durante a década de 1970, pelos estudos de Klaus Vogel e

Hannfried Walter.[31] Sendo a repartição de competências mera opção do constituinte, os autores concluíram que sua sistematização não obedeceria a uma lógica predeterminada. É dizer: o constituinte distribuiu as competências a partir de características nominais, sem qualquer coerência. Partiu-se, antes, de uma visão histórica.[32] O mesmo ocorre na Constituição de 1988, em que o constituinte, com base em um conjunto de impostos preexistentes, valeu-se de um rol de impostos para discriminar competências tributárias.[33]

A ausência de rigidez na delimitação das competências, fruto da evolução histórica, afasta a categorização dos impostos discriminados no texto constitucional enquanto conceitos. Efetivamente, as competências tributárias foram distribuídas a partir de uma concepção tipológica.[34]

A ideia de "tipo" foi sistematizada por Strache, que coloca o "tipo" em oposição a "conceito".[35] De acordo com o teórico, enquanto o conceito permite uma definição exata, ao tipo é atribuída uma função descritiva. Em termos práticos, diz-se que o conceito é definido por meio de seus limites, i.e., os pontos dos quais o objeto observado não pode ultrapassar, sob pena de não se enquadrar no conceito considerado. O tipo, por sua vez, descreve-se em relação aos seus elementos substanciais[36] ou simplesmente "típicos",[37] razão pela qual não permitem uma diferenciação exata.

Diferentemente da rigidez inerente ao campo conceitual, o tipo permite uma evolução. É possível que, ao longo do tempo, algumas características típicas passem a predominar sobre outras.[38] A consequência de tal dinamicidade é que uma vez reconhecido determinado objeto como pertencente a um tipo, o próprio tipo é modificado, já que passa a admitir a afirmação de novas características típicas.[39] Larenz e Canaris caracterizam o conjunto de elementos típicos como um verdadeiro "sistema

---

[31] Cf. VOGEL, Klaus; WALTER, Hannfried. *Kommentar zum Bonner Grundgesetz* (Bonner Kommentar). 2ª revisão do comentário ao art. 105 da Lei Fundamental, p. 47; No mesmo sentido e mais completo, v. VOGEL, Klaus. Zur Konkurrenz zwischen Bundes – und Landessteuerrecht nach dem Grundgesetz – Über das 'Anzapfen' von 'Steuerquellen'. *Steuer und Wirtschaft*, v. 48, n. 1, p. 308-316, 1971.

[32] Cf. VOGEL, Klaus; WALTER, Hannfried. *Kommentar zum Bonner Grundgesetz* (Bonner Kommentar). 2ª revisão do comentário ao art. 105 da Lei Fundamental, p. 50.

[33] Cf. MACHADO, Raquel Cavalcanti Ramos. *Competência tributária*: entre a rigidez do sistema e a atualização interpretativa. 2013. Tese (Doutorado em Direito Econômico e Financeiro) – Faculdade de Direito, Universidade de São Paulo, São Paulo, 2013. p. 54 e ss.

[34] Cf. SCHOUERI, Luís Eduardo. A lei complementar e a repartição de competências tributárias. *In*: IX CONGRESSO NACIONAL DE ESTUDOS TRIBUTÁRIOS, 2012, São Paulo. Sistema tributário nacional e a estabilidade da federação brasileira. São Paulo: Noeses, 2012. p. 682.

[35] Cf. STRACHE, Karl-Heinz. *Das Denken in Standards* – Zugleich ein Beitrag zur Typologik. Berlim: Duncker & Humblot, 1968. passim.

[36] Cf. STRACHE, Karl-Heinz. *Das Denken in Standards* – Zugleich ein Beitrag zur Typologik. Berlim: Duncker & Humblot, 1968. p. 32-33.

[37] Cf. STRACHE, Karl-Heinz. *Das Denken in Standards* – Zugleich ein Beitrag zur Typologik. Berlim: Duncker & Humblot, 1968. p. 36.

[38] Cf. STRACHE, Karl-Heinz. *Das Denken in Standards* – Zugleich ein Beitrag zur Typologik. Berlim: Duncker & Humblot, 1968. p. 48.

[39] Cf. STRACHE, Karl-Heinz. *Das Denken in Standards* – Zugleich ein Beitrag zur Typologik. Berlim: Duncker & Humblot, 1968. p. 55.

em movimento",[40] dinamicidade que implica a possibilidade de se criarem sequências típicas (*Typenreihen*) em virtude da variabilidade de seus elementos.[41]

No Brasil, a discussão acerca da teoria dos tipos no campo tributário não é uma inovação.[42] Seu aprofundamento deve-se à Misabel de Abreu Machado Derzi. A autora, ao se desdobrar sobre os tipos, indica que esses são uma abstração generalizadora, construídos por meio da comparação. Características como a abertura, graduabilidade e a aproximação à realidade são substanciais aos tipos.[43] Os conceitos, de outro modo, definem o objeto por suas notas irrenunciáveis, fixas e rígidas, determinadas em uma relação de exclusão.[44]

Entretanto, para Misabel, a existência de tipos na discriminação constitucional de competências não pode se adaptar à rigidez constitucional, tendo em vista que limites rígidos na distribuição de competências é resultado direto da adoção de um modelo federal, o que exige a construção de figuras conceituais para sua concepção.

Ocorre que a mera discriminação de competências, como visto, não é pressuposto do modelo federal; deve-se assegurar, sobretudo, a autonomia financeira por meio de orçamentos autônomos. À repartição de competências cabe a finalidade de conformar o princípio norteador dos impostos, qual seja: a capacidade contributiva em sua feição limitadora. Como consequência, não há óbices à adoção da abordagem tipológica (não rígida), em nível constitucional, na repartição de competências tributárias, tema que será tratado a seguir.

2.1.1.1 Os tipos na Constituição de 1988

A distribuição de competências na Constituição de 1988 partiu de uma realidade preexistente: os impostos tradicionalmente introduzidos em nosso sistema tributário deram origem ao elenco nominativo dos artigos 153, 155 e 156.

Dada a evolução histórica e a fluidez do fenômeno econômico, o constituinte de 1988 sabia que a distribuição de competências por vezes implicaria uma interpenetração, possibilitando, até mesmo, o nascimento de conflitos de competência entre as pessoas de direito público. Sobre esse aspecto, José Nabantino Ramos, valendo-se do direito de vizinhança, referia-se a "fatos geradores confrontantes" por serem "contíguos uns dos outros, guardando relação espacial ou temporal, de sucessão, paralelismo

---

[40] Cf. LARENZ, Karl; CANARIS, Claus Wilhelm. *Methodenlehre der Rechtswissenschaft*. 3. ed. Berlim: Springer, 1995. p. 298.

[41] Cf. LARENZ, Karl; CANARIS, Claus Wilhelm. *Methodenlehre der Rechtswissenschaft*. 3. ed. Berlim: Springer, 1995. p. 299.

[42] Neste sentido, cf. o trabalho de OLIVEIRA, Yonne Dolacio de. *A tipicidade no Direito Tributário brasileiro*. São Paulo: Saraiva, 1980; ver também, da mesma autora, MARTINS, Ives Gandra da Silva (Coord.). *Princípios da legalidade e da tipicidade*. Curso de Direito Tributário. 2. ed. Belém: CEJUP; Centro de Extensão Universitária, 1993. p. 141-160 (154).

[43] Cf. DERZI, Misabel de Abreu Machado. *Direito Tributário, Direito Penal e tipo*. São Paulo: Revista dos Tribunais, 1988. p. 48.

[44] Cf. DERZI, Misabel de Abreu Machado. *Direito Tributário, Direito Penal e tipo*. São Paulo: Revista dos Tribunais, 1988. p. 83-84.

ou simultaneidade".[45] Daí a necessidade de uma lei complementar, cuja a função conceitualizadora delimitaria os campos de competência dos respectivos entes.

De acordo com o inciso I do art. 146 do texto constitucional, cabe à lei complementar "dispor sobre conflitos de competência, em matéria tributária, entre a União, os Estados, o Distrito Federal e os Municípios". Fossem os elencos dos arts. 153, 155 e 156 conceitos, então se extrairiam dali seus limites, dispensandose o emprego da lei complementar. Essa seria meramente redundante.

Nesse contexto, compreende-se a escolha do constituinte de evitar que a fluidez natural dos tipos resultasse em conflitos entre as três esferas políticas, de modo a dar ensejo a múltiplas exações sobre a mesma manifestação de riqueza. O constituinte desejou estabelecer limites rígidos para a atuação do legislador ordinário. Para tanto, tornou-se imperativo que a realidade, inicialmente representada no texto constitucional de maneira tipológica, adquirisse uma expressão conceitual.

O art. 146 ainda demonstra o importante papel na matéria da definição dos tipos constitucionais. Seu inciso III, "a", estabelece caber à lei complementar a construção de normas gerais acerca da definição de tributos e de suas espécies. Ou seja, o constituinte teve a consciência de que ele próprio não conceituara os elementos distintivos dos impostos previstos na Constituição de 1988. À lei complementar coube tal tarefa.

No que diz respeito à competência residual, o art. 154, I, do texto constitucional, admite que a União poderá instituir, mediante lei complementar, impostos não previstos em seus dispositivos, desde que sejam não cumulativos e não tenham fato gerador ou base de cálculo próprios dos discriminados na Constituição. Há lógica em tal sistemática: se a competência residual se dará à luz dos limites das demais pessoas jurídicas, e se esses limites se definem por meio de lei complementar, acerta o constituinte ao exigir instrumento equivalente para a competência residual.

Desde logo, é necessário atentar-se ao fato de que situações tipicamente alcançadas pelos impostos encontram-se na esfera empírica de cada exação, ou seja, o tipo conforma-se no grau de amplitude de sua incidência, à luz das características agregadas, ao longo do tempo, pelos objetos que passam a fazer parte de sua composição. Afasta-se, com isso, a ideia de uma comparabilidade meramente nominal, em que o critério de comparação é o título do imposto. O tipo é antes concretizado por aquilo que é refletido da realidade. Situação assemelhada ao bordão de Soares "[o] universo não é meu: sou eu",[46] pode-se transladar uma possível tradução, em termos tributários, para "o tipo não é do imposto: ele é o imposto".

Essa ideia da evolução dos tipos – implicando interpretação dinâmica dos termos constitucionais – vem ganhando força, sobretudo, em decisões dos Tribunais Superiores. No Recurso Extraordinário nº 651.703, de relatoria do Ministro Luiz Fux, onde se analisou o conceito de prestação de "serviços de qualquer natureza" no âmbito das operadoras de planos privados de assistência à saúde, consolidou-se o entendimento de que "a Constituição, ao dividir competências tributárias, valeu-se eminentemente de tipos, e

---

[45] Cf. RAMOS, José Nabantino. Direito Constitucional Tributário – fatos geradores confrontantes. São Paulo: Instituto Brasileiro de Direito Tributário; Editora Resenha Tributária, 1975. p. 2.

[46] Cf. PESSOA, Fernando. *O livro do desassossego*. São Paulo: Companhia das Letras, 2011. p. 158.

não de conceitos",[47] razão pela qual se atribui à lei complementar a função conceitual, nos termos do art. 146, I da Constituição de 1988.

Logo, ainda que se reconheça a fluidez na repartição de competências, assegura-se à lei complementar a função de dirimir tais conflitos. Neste momento, é desses conflitos que se passa a tratar.

2.1.2 Conflitos verticais e horizontais

No caso de conflitos verticais, ocorridos entre entes situados em níveis distintos, pode-se citar a clássica questão entre o Imposto Sobre Serviços de Qualquer Natureza ("ISS"), de competência municipal, e o Imposto sobre Operações relativas à Circulação de Mercadorias e sobre Prestações de Serviços de Transporte Interestadual e Intermunicipal e de Comunicação ("ICMS"), instituído pela esfera estadual.

Ao discriminar a competência se utilizando de tipos, o constituinte tinha em mente um conjunto de características para cada um dos impostos que lhe permitia apartar duas realidades econômicas inconfundíveis. No entanto, o que se revelou na prática foi que grande parte das operações relativas à prestação de serviço envolveria, em maior ou menor grau, uma operação relativa à circulação de mercadorias. À lei complementar coube a função de delimitar a incidência dos respectivos tributos sobre fenômenos econômicos específicos, o que se fez por meio da Lei Complementar nº 116, que define serviços sujeitos ao ISS (i.e., não vislumbrados pela incidência do ICMS).

Mais recente, deve-se citar a ADI nº 5.659, referente à tributação de softwares. No voto do Ministro Dias Toffoli, verifica-se que o magistrado vislumbrou, na transação, elementos típicos tanto do ICMS (reconhecendo que o fato de o software ser mercadoria não afastava a possibilidade de sua tributação pelos estados) como do ISS (indicando esforço humano para sua produção e manutenção).[48]

De acordo com o entendimento do Ministro Dias Toffoli, os contratos de licenciamento ou cessão de direito de uso, previstos no subitem 1.05 do Anexo à Lei Complementar nº 116, e aplicáveis ao caso de distribuição de softwares, exigiam obrigações de fazer em favor do usuário. No entanto, seu voto rememorou que a Corte resolve, tradicionalmente, as indefinições entre o ISS e o ICMS com base em uma sistemática objetiva, i.e., pela definição (*conceituação*) do serviço em lei complementar.

O mesmo entendimento foi seguido pelo Ministro Edson Fachin, responsável pela menção de que "[a] Constituição Federal impõe às leis complementares a tarefa de *definir* as situações que ensejam a incidência de tributos", situação que impede invasões de competência e tributação de idêntico sinal de capacidade contributiva.[49]

Outro bom exemplo pode ser visto no caso das operações mistas, ou híbridas. Quando se toma o fornecimento de uma refeição em um restaurante, dificilmente alguém negaria haver ali os elementos tipicamente alcançados tanto pelo ICMS quanto pelo ISS. Note-se que se trata de uma única operação, sujeita a uma única cobrança. Não

---

[47] BRASIL. STF. *RE nº 651.703*. Tribunal Pleno, rel. Min. Luiz Fux, j. 29.09.2016, D.J. 26.04.2017.

[48] BRASIL. STF. *ADI nº 5.659*. Tribunal Pleno, rel. Min. Dias Toffoli, j. 24.02.2021, D.J. 20.05.2021. p. 18 e ss.

[49] BRASIL. STF. *ADI nº 5.659*. Tribunal Pleno, rel. Min. Dias Toffoli, j. 24.02.2021, D.J. 20.05.2021. p. 59 e ss.

se acumulam prestações, mas, ao contrário, é um único fornecimento que poderia ser alcançado por mais de um imposto, por reunir suas características típicas.

Assim sendo, foi necessário que a Lei Complementar nº 87, em seu artigo 2, 'I', resolvesse o conflito, conceituando (*definindo*) a operação no campo de competência do ICMS. Fosse outra a decisão do legislador complementar, ou, ainda, caso houvesse nova lei complementar incluindo essa operação na lista de serviços de que trata a Lei Complementar nº 116, então passaria aquela mesma operação a ser coberta pelo ISS, sem que se pudesse falar em inconstitucionalidade, já que se encontrariam elementos tipicamente alcançados pelo mesmo imposto.

Idêntico raciocínio é aplicado na questão das incidências típicas do Imposto sobre a Propriedade Territorial Urbana ("IPTU") e do Imposto sobre a Propriedade Territorial Rural ("ITR"), para fins de delimitar as competências dos municípios e da união, respectivamente. A definição que permita a diferenciação entre seus limites não se encontra na Constituição, mas no Código Tributário Nacional, o qual, enquanto lei complementar, apresenta a localização do imóvel fora ou dentro da zona urbana, como critério de discriminação (arts. 29 e 32). A necessidade de conceituação levou o legislador complementar a detalhar as características diferenciadoras de ambos tributos; por essa razão é que se apresentou o §1º do art. 32, onde o conceito para a zona urbana, a partir da presença de pelo menos dois melhoramentos públicos ali indicados, foi estabelecido.

Por outro lado, um conhecido exemplo de conflito horizontal diz respeito ao ISS, nos casos em que empresa, estabelecida em um município, prestasse serviço em outro município. O entendimento do Superior Tribunal de Justiça tornou nítido que o ISS seria devido ao município da prestação do serviço, ainda que a empresa estivesse estabelecida em outro município.[50] Nessa hipótese, tanto o município onde estava estabelecida a empresa quanto aquele onde teria sido prestado o serviço se julgavam competentes para a cobrança do ISS. A partir da edição da Lei Complementar nº 116, os casos em que o imposto seria devido no local da efetiva prestação foram arrolados; nos demais casos, o imposto deveria ser recolhido no município onde estivesse situado o estabelecimento prestador.

2.1.3 O limite de atuação do legislador complementar

Dada a interpenetração própria da fluidez das figuras típicas, nada impede que uma mesma realidade econômica seja compreendida em mais de um tipo e, nesse caso, apenas com o nascimento de conceitos é que se terá satisfeita a discriminação de competências exigida pelo sistema federal. A liberdade do legislador complementar terminará, outrossim, quando ficar patente que foi contrariado o objeto do tipo.

Nesse sentido, os exemplos trazidos ao longo da exposição demonstram que uma solução que levasse à tributação, por diferentes unidades políticas, de um mesmo objeto, contrariaria todo o esforço do constituinte em repartir e delimitar competências em matéria de impostos. Essa espécie tributária, enquanto detentora da capacidade

---

50 BRASIL. STJ. *REsp nº 41.867*. 1ª Turma, rel. Min. Demócrito Reinaldo, j. 04.04.1994, D.J. 25.04.1994.

contributiva como princípio norteador, encontra na solução de conflitos, propiciada pela figura da lei complementar, uma forma de restringir o excesso de exações.

No modelo normativo vigente, a lei complementar é o instrumento adequado para garantir a intransponibilidade entre competências. O federalismo, por sua vez, assegura a autonomia das unidades políticas. Pelo primeiro, evita-se que o contribuinte disponha daquilo que perpassa sua capacidade para arcar com as despesas públicas (excesso de exação); pelo segundo, garante-se o autogerenciamento de cada pessoa jurídica de direito público. Assim, a relação entre capacidade contributiva, lei complementar tributária e o modelo federativo é delineada.

Conclusão

A repartição de competências não é pressuposto da existência de um Estado Federal. A descentralização enquanto resultado do federalismo deve garantir, sobretudo, a autonomia financeira das unidades políticas.

Como demonstra o histórico do Estado Brasileiro, enquanto o modelo federativo ainda não era uma realidade, a noção de repartição de competências se constituiu como uma forma de afastar a exação em excesso. Nos dizeres das autoridades oitocentistas, rendas gravadas cumulativamente consistiriam em uma medida prejudicial ao contribuinte e à economia. A ideia, ainda incipiente durante o século XIX, encontrou fundamento na capacidade contributiva, justificativa norteadora dos impostos.

A adoção do modelo federal pelo Estado Brasileiro trouxe à evidência, novamente, o fundamento da capacidade contributiva como princípio norteador da exação tributária. No bojo da construção constitucional, anteprojetos prevendo a dupla exação por diferentes unidades políticas receberam aprovação (como no caso da Constituição de 1891) ou, ao menos, foram trazidos à discussão. De fato, não houve contradição entre o modelo federalista e os dispositivos adotados. Ao federalismo coube a autonomia financeira e à capacidade contributiva caberia a vedação de exação em excesso, por meio da repartição de competências.

A figura da lei complementar agrega-se à função de evitar o excesso de exações. Isso é assim pois a Constituição não se preocupou em definir limites precisos para repartição de competências. Ao contrário, apenas referiu-se a figuras típicas, produtos da evolução histórica, distribuindo-as entre as unidades políticas.

Dessa feita, a distribuição de competências tributárias inclui-se na categoria de tipos, não de conceitos. É justamente na lei complementar que figuras típicas ganham os contornos rígidos de conceitos. À lei complementar cabe definição de cada imposto, de modo a dispor sobre sua hipótese, base de cálculo e contribuinte. Com isso, o legislador complementar assegura que as diversas pessoas jurídicas de direito público não atinjam a mesma manifestação de capacidade contributiva.

Referências

ANDRADE, Paulo Bonavides Paes de. *História Constitucional do Brasil*. 3. ed. Brasília: Paz e Terra, 1990.

BARBALHO, João. *Constituição Federal Brazileira*: Commentarios. Rio de Janeiro: Typographia da Compannhia Litho-Typographia, 1902.

BARBOSA, Rui. *Comentários à Constituição Federal brasileira*: coligidos e ordenados por Homero Pires. São Paulo: Livraria Acadêmica Saraiva & Cia., 1933. v. 2.

BORGES, José Souto Maior. Hierarquia e sintaxe constitucional da lei complementar tributária. *Revista Dialética de Direito Tributário*, n. 150, p. 67 (69), mar. 2008.

BRASIL. *Annaes da Assembléa Nacional Constituinte*. Rio de Janeiro: Imprensa Nacional, 1935. v. 1.

BRASIL. *Annaes da Assembléa Nacional Constituinte*. Rio de Janeiro: Imprensa Nacional, 1935. v. 2.

BRASIL. *Annaes da Assembléa Nacional Constituinte*. Rio de Janeiro: Imprensa Nacional, 1935. v. 17.

BRASIL. *Annaes do Congresso Constituinte da República*. 2. ed. Rio de Janeiro: Imprensa Nacional, 1924. v. 1.

BRASIL. *Relatório apresentado à Assembleia Geral na Segunda Sessão da Décima Quarta Legislatura pelo Ministro e Secretário de Estado dos Negócios do Império*. Rio de Janeiro: Typographia Nacional, 1870.

BRASIL. STF. *ADI nº 5.659*. Tribunal Pleno, rel. Min. Dias Toffoli, j. 24.02.2021, D.J. 20.05.2021.

BRASIL. STF. *RE nº 651.703*. Tribunal Pleno, rel. Min. Luiz Fux, j. 29.09.2016, D.J. 26.04.2017.

BRASIL. STJ. *REsp nº 41.867*. 1ª Turma, rel. Min. Demócrito Reinaldo, j. 04.04.1994, D.J. 25.04.1994.

COSTA, Alcides Jorge. História da Tributação no Brasil. In: FERRAZ, Roberto (Coord.). *Princípios e limites da tributação*. São Paulo: Quartier Latin, 2005.

DERZI, Misabel de Abreu Machado. *Direito Tributário, Direito Penal e tipo*. São Paulo: Revista dos Tribunais, 1988.

DÓRIA, Antonio Roberto Sampaio. *Discriminação de rendas tributárias*. São Paulo: José Bushatsky, 1972.

HORTA, Raul Machado. *Direito Constitucional*. Belo Horizonte: Del Rey, 1999.

LARENZ, Karl; CANARIS, Claus Wilhelm. *Methodenlehre der Rechtswissenschaft*. 3. ed. Berlim: Springer, 1995.

LOPES, Luiz Simões (Presidente da Comissão) *et al*. Reforma da discriminação constitucional de rendas (anteprojeto). *Fundação Getúlio Vargas e Comissão de Reforma do Ministério da Fazenda*, n. 6, 1965.

MACHADO, Raquel Cavalcanti Ramos. *Competência tributária*: entre a rigidez do sistema e a atualização interpretativa. 2013. Tese (Doutorado em Direito Econômico e Financeiro) – Faculdade de Direito, Universidade de São Paulo, São Paulo, 2013.

MARTINS, Ives Gandra da Silva (Coord.). *Princípios da legalidade e da tipicidade*. Curso de Direito Tributário. 2. ed. Belém: CEJUP; Centro de Extensão Universitária, 1993.

MIRANDA, Pontes de. *Comentários à Constituição Federal de 10 de novembro de 1937*. Rio de Janeiro: Irmãos Pongetti, 1938. Tomo 1.

NABUCO, Joaquim. *Discursos parlamentares (1879-1889)*. São Paulo: Instituto Progresso Editorial S. A., 1949.

OLIVEIRA, Yonne Dolacio de. *A tipicidade no Direito Tributário brasileiro*. São Paulo: Saraiva, 1980.

PESSOA, Fernando. *O livro do desassossego*. São Paulo: Companhia das Letras, 2011.

PINTO, Carlos Alberto A. de Carvalho. *Discriminação de rendas*. São Paulo: Prefeitura do Município de São Paulo, 1941.

PONTES, Carlos. *Tavares Bastos (Aureliano Cândido)*. São Paulo: Ed. Nacional, 1975.

RAMOS, José Nabantino. *Direito Constitucional Tributário* – fatos geradores confrontantes. São Paulo: Instituto Brasileiro de Direito Tributário; Editora Resenha Tributária, 1975.

SCHOUERI, Luís Eduardo. A lei complementar e a repartição de competências tributárias. *In*: IX CONGRESSO NACIONAL DE ESTUDOS TRIBUTÁRIOS, 2012, São Paulo. Sistema tributário nacional e a estabilidade da federação brasileira. São Paulo: Noeses, 2012.

SCHOUERI, Luís Eduardo. *Direito Tributário*. 12. ed. SaraivaJur: São Paulo, 2023.

SCHOUERI, Luís Eduardo. Discriminação de Competências e Competência Residual. *In*: ZILVETI, Fernando Aurélio; SCHOUERI, Luis Eduardo (Org.). *Direito Tributário*: Estudos em Homenagem a Brandão Machado. São Paulo: Quartier Latin, 1998.

STRACHE, Karl-Heinz. *Das Denken in Standards* – Zugleich ein Beitrag zur Typologik. Berlim: Duncker & Humblot, 1968.

TIPKE, Klaus. Über die Gleichartigkeit von Steuern. *Steuer und Wirtschaft*, n. 3, p. 242-251, 1975.

URUGUAY, Visconde de. *Estudos Práticos sobre a Administração de Províncias no Brasil*. B. L. Rio de Janeiro: Garnier, 1865. Tomo I.

VOGEL, Klaus; WALTER, Hannfried. *Kommentar zum Bonner Grundgesetz (Bonner Kommentar)*. 2ª revisão do comentário ao art. 105 da Lei Fundamental.

Vogel, Klaus. Zur Konkurrenz zwischen Bundes – und Landessteuerrecht nach dem Grundgesetz – Über das 'Anzapfen' von 'Steuerquellen'. *Steuer und Wirtschaft*, v. 48, n. 1, p. 308-316, 1971.

Informação bibliográfica deste texto, conforme a NBR 6023:2018 da Associação Brasileira de Normas Técnicas (ABNT):

SCHOUERI, Luís Eduardo; MALAQUIAS, Jonathan. A capacidade contributiva entre lei complementar tributária e o estado federal. In: LOBATO, Valter de Souza (coord.); MARINHO NETO, José Antonino (org.). *O papel da lei complementar tributária no desenho federativo brasileiro*. Belo Horizonte: Fórum, 2024. p. 107-121. ISBN 978-65-5518-779-3.

SOBRE O PAPEL DA LEI COMPLEMENTAR E O EXERCÍCIO DA COMPETÊNCIA TRIBUTÁRIA: APONTAMENTOS SOBRE O RECURSO EXTRAORDINÁRIO Nº 851.108

THIAGO ÁLVARES FEITAL,
LUCIANA MUNDIM DE MATTOS PAIXÃO

1 Lei complementar no direito constitucional brasileiro

Criação constitucional brasileira,[1] a lei complementar é objeto de expressiva produção bibliográfica. A preocupação da literatura constitucional concentra-se em dois pontos: (*i*) examinar as diferenças entre lei complementar e lei ordinária; e (*ii*) investigar se há hierarquia entre ambas. O interesse por esses tópicos justifica-se. Estruturalmente lei complementar e lei ordinária submetem-se ao mesmo processo legislativo, nos termos do artigo 59, da Constituição, exceto em relação à subfase de votação. É o *quórum* o elemento diferencial, pois o artigo 69 exige maioria absoluta para aprovação de leis complementares ao passo que as leis ordinárias são aprovadas por maioria relativa, como requer o artigo 47.

A diferença em relação ao *quórum* remete à própria função da lei complementar, pois nas matérias em que se exige essa última, quer a Constituição que a sua deliberação seja mais custosa.[2] Como o quórum de maioria absoluta é um número fixo, que sempre será superior ou igual à maioria relativa, a aprovação ou alteração de uma matéria sujeita à lei complementar é mais difícil. Consequentemente, tais matérias tornam-se mais estáveis politicamente.[3]

É aqui que a literatura clássica identifica a semelhança do instituto brasileiro com a lei orgânica (*loi organique*) do direito francês.[4] A comparação deve ser vista, porém,

---

[1] STRECK, Lenio Luiz; OLIVEIRA, Marcelo Andrade Cattoni de. Comentário ao artigo 69. *In*: CANOTILHO, J. J. Gomes; GILMAR, Mendes F.; SARLET, Ingo Wolfgang; STRECK, Lenio Luiz (Orgs.). *Comentários à Constituição do Brasil*. São Paulo: Saraiva/Almedina, 2013.

[2] TAVARES, André Ramos. *Curso de direito constitucional*. São Paulo: Saraiva Jur, 2021.

[3] CAVALCANTI FILHO. *Processo legislativo constitucional*. Salvador: JusPodivm, 2020.

[4] FERREIRA FILHO, Manoel Gonçalves. *Do processo legislativo*. São Paulo: Saraiva, 1995.

com alguma reserva. Isso porque as características que diferenciam a lei complementar da lei ordinária na Constituição de 1988 são o seu âmbito material (matérias especificamente previstas) e o *quórum*[5] (maioria absoluta), aquilo que José Souto Maior Borges denomina de limites de *fundo* e de *forma*.[6] No direito francês, por outro lado, somente se exige maioria absoluta (dos membros da Assembleia Nacional) para aprovar uma lei orgânica, caso haja desacordo entre a Assembleia Nacional e o Senado. A rigor, a semelhança resume-se então à existência de um âmbito material próprio disciplinado nas respectivas constituições.

O debate sobre a hierarquia divide a literatura em dois grupos. De um lado, uma corrente minoritária, que conta com Pontes de Miranda, Manoel Gonçalves Ferreira Filho e Alexandre de Moraes, defende a sujeição das leis ordinárias às leis complementares. Para Manoel Gonçalves Ferreira Filho, "(...) a lei complementar é um *tertium genus* interposto, na hierarquia dos atos normativos, entre a lei ordinária (e os atos que têm a mesma força que esta – a lei delegada e o decreto-lei) e a Constituição (e suas emendas)".[7] Uma nuance dessa teoria afirma que a lei complementar é superior à ordinária, desde que aquela tenha sido promulgada dentro do campo previsto pela Constituição. Na hipótese de uma lei complementar versar sobre matéria de lei ordinária, não haveria que se falar em hierarquia.

A outra corrente, majoritária, recusa a hierarquia, fundamentando seu entendimento na teoria kelseniana. Para Hans Kelsen, uma norma é hierarquicamente inferior à outra quando nela colhe o fundamento de sua validade.[8] Partindo dessa premissa, Michel Temer argumenta que as leis ordinárias nunca se encontram nessa posição: "(...) lei ordinária, por acaso, encontra seu fundamento de validade, seu engate lógico, sua razão de ser, sua fonte geradora, na lei complementar? Absolutamente, não!".[9] Ambas as espécies, previstas na própria Constituição, derivam dela o seu fundamento de validade.

Conquanto seja mais satisfatória do que a teoria que vislumbra a existência de hierarquia em função do *quórum* mais rigoroso[10] – confundindo o âmbito da validade com aquele da eficácia, segundo Humberto Ávila[11] – a posição de Temer ignora que há casos em que a lei ordinária extrai seu fundamento de lei complementar. Daí decorre a posição de José Souto Maior Borges, conhecida como teoria dicotômica, segundo a qual a existência de hierarquia entre as espécies é eventual. Encontra-se uma relação hierárquica sempre que se está diante de lei complementar que exerça a função de lei de normas gerais. Essa é lei complementar nacional, com âmbitos de material e pessoal diferentes das leis federais,[12] ainda que a fonte das quais emanem seja a mesma (o Congresso Nacional). Nesse sentido, o Supremo Tribunal Federal já se pronunciou, afirmando que "(...) 'gerais' não significa 'genéricas', mas sim 'aptas a vincular todos os entes federados

---

5 TEMER, Michel. *Elementos de direito constitucional*. Salvador: JusPodivm, 2023. p. 149.

6 BORGES, José Souto Maior. *Lei Complementar Tributária*. São Paulo: Revista dos Tribunais, 1975. p. 54-55.

7 FERREIRA FILHO, Manoel Gonçalves. *Do processo legislativo*. São Paulo: Saraiva, 1995. p. 236.

8 KELSEN, Hans. *Teoria pura do direito*. São Paulo: Martins Fontes, 2009.

9 TEMER, Michel. *Elementos de direito constitucional*. Salvador: JusPodivm, 2023. p. 149.

10 Dentre outros: MACHADO, Hugo de Brito. *Lei complementar tributária*. São Paulo: Malheiros, 2010.

11 ÁVILA, Humberto. *Sistema Constitucional Tributário*. São Paulo: Saraiva, 2012. p. 134.

12 BORGES, José Souto Maior. *Lei Complementar Tributária*. São Paulo: Revista dos Tribunais, 1975. p. 67-68.

e os administrados'".[13] É nessa qualidade que são superiores às normas de direito federal, estadual ou municipal.[14] Por outro lado, há leis complementares cujo âmbito é o das normas federais, pois materializam mero exercício de competências atribuídas à União e em relação a elas não há que se falar em inferioridade das leis ordinárias.

No subsistema tributário, a lei complementar assume funções específicas e a matéria cresce em importância. À lei complementar tributária, nos termos do artigo 146, são reservadas funções que tocam diretamente em tópicos centrais para a manutenção da Federação, especialmente o papel de evitar conflitos de competência entre os entes federados. Ao mesmo tempo, tratam de temas atrelados ao exercício de direitos individuais dos contribuintes, como as limitações constitucionais ao poder de tributar (arts. 150, VI, "c"; 155, §2º, X e XII; 156, §3º; 195, §7º).[15]

2 As funções da lei complementar em matéria tributária na Constituição de 1988 e a prevenção de conflitos de competência

A lei complementar tributária desdobra-se em dois âmbitos na Constituição de 1988. O primeiro pertence ao domínio de atuação do legislador federal. Trata-se de veicular normas fruto do exercício da competência da União (arts. 148; 153, VII; 154, I; 185, §6º). Já o segundo âmbito, nos domínios do legislador nacional, foi objeto de disputa acerca da sua abrangência. Segundo a corrente que ficou conhecida como dicotômica, às leis complementares em matéria tributária caberia uma única tarefa: dispor sobre normas gerais de direito tributário. Tais normas gerais, a seu turno, poderiam (i) versar sobre conflitos de competência entre as entidades tributantes ou (ii) regular as limitações constitucionais ao poder de tributar.[16] Para a corrente antagônica, conhecida como tricotômica, a lei complementar tributária teria três funções distintas: (i) veicular normas gerais; (ii) dispor sobre conflitos de competência; e (iii) regular as limitações constitucionais ao poder de tributar. A discussão – que se estabeleceu na vigência da Constituição de 1967 (art. 18, §6º) – foi transposta para o cenário da Constituição de 1988. Contudo, conforme argumentam, dentre outros, Paulo de Barros Carvalho[17] e Ricardo Lobo Torres,[18] diante da redação do artigo 146 da Constituição em vigor – que é bastante distinta daquela adotada pela Constituição anterior – a adoção da teoria dicotômica esbarra na positividade do texto constitucional.

Enquanto instrumento em prol da prevenção de conflitos de competência, a lei complementar atrela-se a um princípio estruturante do direito brasileiro: o princípio federativo. A Constituição de 1988 preocupou-se amplamente com o tema da repartição de

[13] Recurso Extraordinário nº 433352, AgR, Relator(a): Joaquim Barbosa, Segunda Turma, julgado em 20.04.2010.

[14] BORGES, José Souto Maior. *Lei Complementar Tributária*. São Paulo: Revista dos Tribunais, 1975. p. 70.

[15] TORRES, Heleno Taveira. Comentário ao artigo 146. In: CANOTILHO, J. J. Gomes; GILMAR, Mendes F.; SARLET, Ingo Wolfgang; STRECK, Lenio Luiz (Orgs.). Comentários à Constituição do Brasil. São Paulo: Saraiva/Almedina, 2013. p. 7549-62.

[16] Dentre outros, veja-se COSTA, Regina Helena. *Curso de direito tributário*: Constituição e Código Tributário Nacional. São Paulo: Saraiva, 2014.

[17] CARVALHO, Paulo de Barros. *Curso de Direito Tributário*. São Paulo: Saraiva, 2011. p. 258-259.

[18] TORRES, Ricardo Lobo. *Curso de Direito Financeiro e Tributário*. 18. ed. Rio de Janeiro: Renovar, 2011. p. 43.

competências, a exemplo da Constituição alemã de 1949 e da Constituição suíça de 1874.[19] A competência pode ser definida como o poder constitucionalmente atribuído a um ente, o qual em uma federação, identifica-se com o poder dos entes federados de legislar, de administrar-se e de tributar.[20] Essa última está distribuída nos seguintes dispositivos: (i) impostos: (i.a) nominados: arts. 153, 155, e 156; (i.b) residuais e extraordinários: art. 154; (ii) taxas: art. 145, II; (iii) contribuição de melhoria: art. 145, III; (iv) empréstimo compulsório: art. 148; e (v) contribuições: art. 149. E não poderia ser diferente, pois, como ensina José Souto Maior Borges, "(...) o princípio básico que preside a estruturação do Estado federal é a repartição de competências (*Kompetenzverteilung*), em particular, a repartição de competências tributárias (*Steuerkonpetenzen*)".[21]

Dado que a divisão estabelecida pela Constituição de 1988 é rígida e pressupõe, como esclarece Misabel Derzi,[22] um raciocínio conceitual,[23] afirma-se que "(...) os conflitos de competência em matéria tributária logicamente não existem (...)".[24] A afirmação, conquanto tenha o mérito de ressaltar o rigor do esquema constitucional, não é de grande auxílio. Com ela se quer significar que o subsistema tributário, especialmente no que diz respeito à distribuição de competências, não possui lacunas de conflito, definidas como a "(...) contradição de duas normas (...) sem que se possa saber qual (...) deverá aplicar-se ao caso singular".[25] Em fim de contas, a questão aproxima-se da síntese kelseniana do princípio da completude:[26] um dispositivo destinado a impor limites ideológicos ao intérprete. No caso da distribuição de competências, fica-se proibido completar as disposições constitucionais *praeter* ou *contra legem*. Mas a pragmática revela que a expressão "conflito de competência" não é utilizada para se referir a uma incoerência no texto constitucional – o que a rigor não se concebe no direito tributário brasileiro – e, sim, para se referir a situações em que a aplicação da norma, seu conteúdo e significado, é objeto de disputa pelos entes federados.[27]

---

[19] ALMEIDA, Fernanda. Federalismo (Comentários à Constituição do Brasil). *In*: CANOTILHO, J. J. Gomes; GILMAR, Mendes F.; SARLET, Ingo Wolfgang; STRECK, Lenio Luiz (Orgs.). *Comentários à Constituição do Brasil*. São Paulo: Saraiva/Almedina, 2013. p. 7549-62.

[20] DA SILVA, Virgílio Afonso. *Direito constitucional brasileiro*. São Paulo: EdUSP, 2021.

[21] BORGES, José Souto Maior. *Teoria Geral da Isenção Tributária*. São Paulo: Malheiros, 2007. p. 29.

[22] Derzi, Misabel de Abreu Machado. "Tipos e conceitos. A incompatibilidade do modo de pensar por tipos as regras de competência tributária constitucionais (federalismo, separação de poderes, segurança jurídica e direitos e garantias fundamentais)". DERZI, Misabel de Abreu Machado. Tipos e conceitos. A incompatibilidade do modo de pensar por tipos as regras de competência tributária constitucionais (federalismo, separação de poderes, segurança jurídica e direitos e garantias fundamentais). *In*: MITIDIERO, Daniel; ADAMY, Pedro (Orgs.). *Direito, razão e argumento*: a reconstrução dos fundamentos democráticos e republicanos do direito público com base na teoria do direito. Salvador: Juspodivm, 2020.

[23] Em sentido contrário, afirmando que "reconhecer um tributo é identificar características que lhe são típicas", cf. SCHOUERI, Luís Eduardo. *Direito Tributário*. 2. ed. São Paulo: Saraiva, 2012. p. 265.

[24] CARRAZZA, Roque Antônio. *Curso de Direito Constitucional Tributário*. São Paulo: Malheiros, 2023. p. 894.

[25] KLUG, Ulrich. Observations sur le Problème des Lacunes en Droit. *Logique et Analyse*, vol. 10, n. 37, p. 98-116, 1967.

[26] KELSEN, Hans. *Teoria pura do direito*. São Paulo: Martins Fontes, 2009.

[27] "(...) o impropriamente denominado "conflito de competência tributária" é provocado: I – por uma lei tributária inconstitucional; II – por uma pretensão administrativa ilegal (ou inconstitucional) da pessoa tributante; e III – por uma insurgência do apontado sujeito passivo, que vai ao Judiciário para tentar demonstrar que: a) a lei que criou, in abstracto, o tributo é inconstitucional; b) o fato por ele praticado não é imponível; e c) o fato por ele praticado subsumir-se à hipótese de incidência de tributo que, nos termos da Constituição, pertence a pessoa diversa daquela que dele o quer exigir". CARRAZZA, Roque Antônio. *Curso de Direito Constitucional Tributário*. São Paulo: Malheiros, 2023. p. 894.

Nessa acepção, conflitos de competência nada mais são do que conflitos entre os entes federativos em torno da interpretação de uma norma constitucional atributiva de poder. Esses conflitos podem ser verticais ou horizontais. Verticais, quando envolvem entes federativos de diferentes níveis e horizontais, quando envolvem entes federativos de níveis diversos. Considerando que o Brasil possui quatro entes federativos (União, Estados, Distrito Federal e Municípios), distribuídos em três níveis (federal, estadual e municipal), perfazendo um ente central, 27 Unidades da Federação e 5.568 Municípios, as possibilidades de divergências, sobretudo entre os entes subnacionais, avolumam-se.

3 O recurso extraordinário nº 851.108

No Recurso Extraordinário nº 851.108, submetido à sistemática da repercussão geral, o Supremo Tribunal Federal – analisando recurso interposto pela Fazenda Pública contra acórdão do Tribunal de Justiça de São Paulo – foi instado a se manifestar sobre a constitucionalidade de dispositivo da legislação paulista (art. 4º, II, da Lei Estadual nº 10.705/2000) que determinava a cobrança do Imposto sobre Transmissão Causa Mortis e Doação (ITCD) em hipóteses nas quais o doador resida ou tenha domicílio no exterior ou o "de cujus" residia ou teve o inventário processado no exterior. A controvérsia foi sumarizada pelo relator, Ministro Dias Toffoli:

> É de se definir, portanto, se os estados-membros podem fazer uso de sua competência legislativa plena, com fulcro no art. 24, §3º, da Constituição e no art. 34, §3º, do ADCT, ante a omissão do legislador nacional em (i) estabelecer as normas gerais pertinentes ao imposto sobre transmissão causa mortis ou doação de quaisquer bens ou direitos (ITCMD), na forma do art. 146, III, a, da Constituição Federal; e (ii) definir a competência tributária nas hipóteses específicas do art. 155, §1º, III, a e b, da Magna Carta.[28]

Em seu voto, o relator negou provimento ao recurso, fundamentando sua posição na diferença entre as funções da lei complementar previstas no artigo 146. Invocando o Recurso Extraordinário nº 136.215, o relator concluiu que na ausência de lei complementar, em hipóteses nas quais a lei nacional seja necessária para evitar que uma unidade da federação se imiscua no campo de outra, aos Estados é vedado o exercício da competência legislativa plena prevista no artigo 24, §3º. A vedação se aplicaria no direito tributário, pois, "(...) os estados não dispõem de competência legislativa em matéria tributária para suprir a ausência de lei complementar nacional exigida pelo art. 155, §1º, III, da CF". O voto foi acompanhado pelos Ministros Marco Aurélio, Ricardo Lewandowski, Rosa Weber, Roberto Barroso, Edson Fachin e Nunes Marques.

Na divergência inaugurada pelo Ministro Alexandre de Moraes, ressalta-se que as regras de repartição de competências estão fundamentadas no federalismo:

> A possibilidade do exercício da competência plena pelos Estados e pelo Distrito Federal, ante a ausência de legislação complementar federal, especialmente no que se refere à

[28] Recurso Extraordinário nº 851108 RG, Relator(a): Dias Toffoli, Tribunal Pleno, julgado em 25.06.2015.

matéria financeiro-tributária, cuida-se de tema sensível ao pacto federativo, por envolver o equilíbrio financeiro e a autonomia das Unidades da Federação.[29]

O voto divergente aduz ainda que a inércia da União em produzir as normas gerais em questão colocaria – na inexistência da regra prevista no artigo 24, §3º – em xeque a autonomia característica dos entes federados:

> Diante da autonomia financeira dos entes federados, bem como da importância da arrecadação tributária para se fazer frente à efetivação de políticas orçamentárias, nota-se que a inércia da União em editar normas gerais sobre determinado tributo de competência dos Estados importa grave violação ao pacto federativo, impactando, inclusive, na implementação de políticas sociais em prol de toda a população. Exatamente para impedir essa situação – onde a inércia da União poderia prejudicar o pleno exercício da autonomia financeira dos Estados-membros – a Constituição Federal previu, expressamente, a matéria tributária como de competência legislativa concorrente, admitindo a atuação plena dos Estados-membros nas hipóteses onde a União silencia em exercer seu munus constitucional.[30]

O voto foi acompanhado pelos Ministros Luiz Fux, Gilmar Mendes e Cármen Lucia.

Esquematicamente, a tensão que se colocou diante do STF nesse caso refere-se ao conflito entre a norma constitucional atributiva de competência tributária e a inexistência de lei de normas gerais. O acórdão constitui interessante instrumento para analisar a metódica adotada pelo Supremo Tribunal Federal na interpretação da Constituição.

4 Breves apontamentos sobre o Recurso Extraordinário nº 851.108 à luz da hermenêutica constitucional

O acórdão analisado não deixa suficientemente claro como a questão do ITCD – sobretudo diante do caso concreto, em que não se vislumbrou qualquer conflito de competência entre os entes federados, sendo São Paulo o único estado a exigir o pagamento do imposto do contribuinte em questão – assemelha-se à do, já extinto, adicional ao imposto de renda, invocado como precedente pelo relator. A complexidade do caso pode ser vislumbrada, citando-se breve excerto do didático voto do ministro Octavio Gallotti no Recurso Extraordinário nº 136.215:

> Figure-se, ainda, e só para exemplificar, a transferência de domicílio, pelo contribuinte, no primeiro dia do ano, de São Paulo (onde o fato gerador – Lei nº 6.352-88 – é o mesmo do imposto de renda), para o Rio de Janeiro (onde o fato gerador é o pagamento do imposto de renda, Lei nº 1.394-88). A sancionar-se essa liberdade do legislador local, seria o imposto devido aos dois Estados.[31]

Ao contrário do adicional, em relação ao qual realmente parecia reinar uma diversidade de critérios potencialmente conflituosos a nível nacional, no que toca

---

29 Recurso Extraordinário nº 851108 RG, Relator(a): Dias Toffoli, Tribunal Pleno, julgado em 25.06.2015.

30 Recurso Extraordinário nº 851.108 RG, Relator(a): Dias Toffoli, Tribunal Pleno, julgado em 25.06.2015.

31 Recurso Extraordinário nº 136215, Relator(a): Octavio Gallotti, Tribunal Pleno, julgado em 18.02.1993.

ao ITCD a legislação dos Estados parece mais coordenada. A esse respeito, veja-se a disposição na legislação de Amazonas, Bahia, Goiás, Minas Gerais e Paraná:

Amazonas Lei Complementar nº 19/1997	Art. 115. O imposto é devido ao Estado do Amazonas: (...) Parágrafo único - O disposto neste artigo aplica-se ainda, às seguintes hipóteses: I – quando o doador tiver domicílio ou residência no Exterior; II – quando o de cujus possuía bens, era residente ou domiciliado ou teve seu inventário processado no Exterior.
Bahia Lei nº 4.826/1989	Art. 8º Considera-se local de transmissão "CAUSA MORTIS" ou doação: I – tratando-se de imóveis e de direitos a eles relativos, o da situação dos bens; II – tratando-se de bens móveis, direitos, títulos e créditos, onde tiver domicílio: a) o doador ou onde se processar o inventário ou arrolamento; b) o donatário, na hipótese em que o doador tenha domicílio ou residência no exterior; c) o herdeiro ou legatário, quando o inventário ou arrolamento tiver sido processado no exterior; d) o herdeiro ou o legatário se o "de cujos" possuía bens, era residente ou domiciliado no exterior, ainda que o inventário ou arrolamento tenha sido processado no País.
Goiás Lei nº 11.651/1991	Art. 73. A incidência do imposto alcança: (...) I-A – a transmissão *causa mortis* de bem móvel ou direito, quando: (...) a) o processo de inventário ou arrolamento esteja tramitando ou venha a tramitar neste Estado; b) o herdeiro ou legatário tiver domicílio neste Estado e o processo de inventário esteja tramitando ou venha a tramitar no exterior; c) o herdeiro ou legatário tiver domicílio neste Estado, e o *de cujus* possuía bens, era domiciliado ou residente no exterior, ainda que o processo de inventário esteja tramitando ou venha a tramitar no Brasil; (...) II – a doação de bem móvel ou direito, quando: (...) b) o doador não tiver residência ou domicílio no Brasil e o donatário for domiciliado neste Estado; (...) § 1º Nas hipóteses previstas neste artigo para fins de comprovação do domicílio, considera-se o constante na declaração do imposto de renda relativa ao ano anterior ao da ocorrência do fato gerador e, na falta deste, aplica-se o disposto no art. 127, da Lei nº 5.172, de 25 de outubro de 1966.

Minas Gerais Lei nº 14.941/2003	Art. 1º O Imposto sobre Transmissão Causa Mortis e Doação de Quaisquer Bens ou Direitos - ITCD - incide: (...) §2º O imposto incide sobre a transmissão de bens móveis, inclusive semoventes, direitos, títulos e créditos, e direitos a eles relativos, quando: (...) II – o doador não tiver residência ou domicílio no País, e o donatário for domiciliado no Estado; IV – o herdeiro ou legatário for domiciliado no Estado se o de cujus possuía bens, era residente ou domiciliado ou teve o seu inventário processado no exterior.
Paraná Lei nº 18.573/2015	Art. 8. O ITCMD também incidirá sobre a transmissão: (...) §1º A transmissão de propriedade ou de domínio útil, de bem imóvel situado neste Estado, e de direito a ele relativo, sujeita-se ao imposto, ainda que: (...) I – o respectivo inventário ou arrolamento seja processado em outro Estado, no Distrito Federal ou no exterior; (*vide* ADI / 6818) O Tribunal, por unanimidade, conheceu da ação direta e julgou procedente o pedido nela formulado para declarar a inconstitucionalidade formal da expressão "ou no exterior", constante do art. 8º, §1º, I, e da integralidade do §3º do art. 8º da Lei nº 18.573, de 30.09.2015, do Estado do Paraná, e modulou os efeitos da decisão para que tenha eficácia a partir da data de publicação do acórdão do julgamento do RE 851.108/SP, referente ao tema nº 825 da sistemática da repercussão geral, de relatoria do Min. Dias Toffoli, em 20.04.2021, ressalvadas as ações judiciais pendentes de conclusão até a mesma data, nas quais se discuta (i) a qual Estado o contribuinte deveria efetuar o pagamento do ITCMD, considerando a ocorrência de bitributação; e (ii) a validade da cobrança desse imposto, não tendo sido pago anteriormente, nos termos do voto da Relatora. Plenário, Sessão Virtual de 11.03.2022 a 18.03.2022. (...) §2º Ficam sujeitos ao imposto de que trata esta Lei os bens móveis e os direitos a eles relativos, inclusive os que se encontrem em outra unidade federada, no caso de: (...) §3º O imposto também é devido se o doador residir ou tiver domicílio no exterior, ou se o de cujus era residente ou teve seu inventário processado fora do país: (vide ADI / 6818) O Tribunal, por unanimidade, conheceu da ação direta e julgou procedente o pedido nela formulado para declarar a inconstitucionalidade formal da expressão "ou no exterior", constante do art. 8º, §1º, I, e da integralidade do §3º do art. 8º da Lei nº 18.573, de 30.09.2015, do Estado do Paraná, e modulou os efeitos da decisão para que tenha eficácia a partir

> da data de publicação do acórdão do julgamento do RE 851.108/SP, referente ao tema nº 825 da sistemática da repercussão geral, de relatoria do Min. Dias Toffoli, em 20.04.2021, ressalvadas as ações judiciais pendentes de conclusão até a mesma data, nas quais se discuta (i) a qual Estado o contribuinte deveria efetuar o pagamento do ITCMD, considerando a ocorrência de bitributação; e (ii) a validade da cobrança desse imposto, não tendo sido pago anteriormente, nos termos do voto da Relatora. Plenário, Sessão Virtual de 11.03.2022 a 18.03.2022.

De qualquer modo, a questão mereceria, salvo melhor juízo, um tratamento mais analítico, para demonstrar que o julgamento citado configura precedente para a questão aqui analisada. Isso porque a correta apresentação dos motivos para decidir e o cotejo detalhado dos fatos julgados com os caracteres dos precedentes invocados é uma garantia de racionalidade, certeza e segurança jurídica, princípios constitucionais aos quais o STF sujeita-se na missão de intérprete da Constituição.

Ainda em relação aos precedentes citados no voto vencedor, verifica-se a menção ao RE 601.247 AgR, no qual o mesmo Tribunal decidiu que Estados podem editar normas gerais referentes ao IPVA,[32] com fundamento na competência concorrente prevista no art. 24, §3º, da Constituição.[33] Contudo, o voto não se debruça sobre a questão e não está claro de que maneira a lei de normas gerais do IPVA difere da lei de normas gerais do ITCD em relação à função. Em ambos os casos, vislumbra-se a possibilidade de conflitos de competência, o que foi reconhecido pelo STF no julgamento do Recurso Extraordinário nº 1.016.605. Pretendendo solucionar o problema – um "típico caso de guerra fiscal", segundo o relator, o Ministro Alexandre de Moraes – o Tribunal proferiu a seguinte tese (Tema 708): "A Constituição autoriza a cobrança do Imposto sobre a Propriedade de Veículos Automotores (IPVA) somente pelo Estado em que o contribuinte mantém sua sede ou domicílio tributário". O voto foi acompanhado pelos ministros Rosa Weber, Cármen Lúcia, Luiz Fux, Dias Toffoli e Gilmar Mendes. Contudo, o julgamento não resolve a questão mais premente. Sem adentrar no mérito da aparente incoerência entre o Recurso Extraordinário nº 1.016.605 e a Ação Direta de Inconstitucionalidade nº 4.612,[34] o *leading case* selecionado pelo Tribunal não é representativo da controvérsia mais saliente. No Recurso Extraordinário nº 1.016.605, empresa domiciliada exclusivamente em Minas Gerais, estado no qual seus veículos circulavam, optou por licenciá-los em Goiás, onde não possuía qualquer estabelecimento. Não são essas as situações mais relevantes de conflito. No caso do IPVA, na realidade, os conflitos são bastante comuns nas situações em que o contribuinte possui mais de

[32] Outros precedentes, citados pelo relator são: AI nº 500.743 – AgR/MG, Rel. Min. Marco Aurélio; RE nº 191.703-AgR/SP e RE nº 203.301 – AgR/SP, Rel. Min. Néri da Silveira; RE nº 206.003/SP, Rel. Min. Moreira Alves; AI nº 447.233/SP, Rel. Min. Ellen Gracie; AI nº 487.906/SP, Rel. Min. Carlos Velloso.

[33] Recurso Extraordinário nº 601247 AgR, Relator(a): Ricardo Lewandowski, Segunda Turma, julgado em 29.05.2012.

[34] Na ADI nº 4.612, o STF julgou constitucional a lei do Estado de Santa Catarina que exige a cobrança do IPVA sobre veículos que trafegam no Estado, ainda que o proprietário seja domiciliado em outra unidade da federação.

um domicílio[35] – pluralidade admitida pela legislação civil. Quando o contribuinte possui dois domicílios e circula com o veículo em mais de um Estado, pois os domicílios encontram-se em região fronteiriça, não raro, se vê compelido a recolher o imposto a Estado diferente daquele no qual registrou o veículo.[36] Sem aprofundar uma análise do objeto do Recurso Extraordinário nº 1.016.605, o que escapa aos objetivos deste trabalho, verifica-se que o problema remanesce, porque a sua raiz é a falta de lei de normas gerais, uma ausência que abre margens para conflitos entre os entes federados acerca da interpretação da norma constitucional atributiva de competência.

À parte a questão dos precedentes não ter recebido tratamento adequado no Recurso Extraordinário nº 851.108, parece-nos que a solução proposta é criticável também em relação à hermenêutica constitucional.

Do princípio da unidade da Constituição[37] decorre a inexistência de hierarquia formal entre as normas criadas pelo poder constituinte originário,[38] mas disso não se depreende a ausência de hierarquia material entre elas. Há regras na Constituição mais importantes do que outras, pois atreladas a princípios fundamentais do sistema normativo. Ninguém afirmaria que a regra prevista no artigo 242, §2º tem a mesma importância daquela prevista no artigo 5º, I. A relevância material das normas deve ser considerada na decisão em que se alegar a existência de conflito entre elas. Não há que se questionar que a atribuição de competências é um dos eixos normativos da Constituição de 1988, uma vez que a autonomia subnacional é elemento intrínseco ao federalismo, e autonomia e competência implicam-se.[39] Ao sobrevalorizar a existência de potenciais conflitos de competência em detrimento da aplicação da regra prevista no artigo 24, §3º, sacrifica-se parcela da autonomia dos Estados. Desrespeita-se, consequentemente, o princípio da unidade da Constituição, uma vez que esse exige respeito às decisões constitucionais fundamentais, como esclarece Friedrich Müller,[40] e a autonomia dos entes subnacionais é uma decisão cardeal da Constituição em vigor.

A garantia de competência plena, diante da inércia do legislador nacional, é decorrência da isonomia entre os entes federados. Pode-se apontar aqui, também, a interpretação que o STF vem construindo acerca do princípio da subsidiariedade.[41] Em termos de argumentação jurídica, em caso de conflito entre norma subnacional e norma do ente central, o princípio desloca o ônus argumentativo para aquele que defende a

---

[35] Sobre o aspecto espacial da regra matriz do IPVA, veja-se SILVA, Paulo Roberto Coimbra. *IPVA*: Imposto sobre a Propriedade de Veículos Automotores. 2. ed. Belo Horizonte: Editora D'Plácido, 2019.

[36] Veja-se que a este respeito, o Recurso Extraordinário nº 1016605 também não resolve a indeterminação, uma vez que o entendimento exposto no voto vencedor, segundo o qual o veículo deve ser registrado no local onde o estabelecimento possui "vínculo material", assim entendido o local onde o veículo trafega. A decisão não soluciona o problema, uma vez que há situações em que o veículo trafega efetivamente em mais de um Estado.

[37] HESSE, Konrad. *Grundzüge des Verfassungsrechts*. Heidelberg: C. F. Müller, 1990. p. 26.

[38] Cf. Ação Direta de Inconstitucionalidade nº 815, Relator(a): Moreira Alves, Tribunal Pleno, julgado em 28.03.1996.

[39] Em sentido contrário, afirmando que a repartição de competências não é requisito de uma Federação, mas apenas a repartição de receitas, veja-se SCHOUERI, Luís Eduardo. *Direito Tributário*. 2. ed. São Paulo: Saraiva, 2012. p. 247.

[40] "(...) *il impose d'interpréter le droit constitutionnel de telle sorte que soient évitées les contradictions avec d'autres normes constitutionnelles et, particulièrement, avec les décisions constitutionnelles fondamentales*". MÜLLER, Friedrich. *Discours de la méthode juridique*. Paris: PUF, 1996. p. 280.

[41] Cf. Ação Direta de Inconstitucionalidade nº 3.937, red. do ac. min. Dias Toffoli, julgado em 24.08.2017, especialmente o voto do ministro Edson Fachin.

centralização da matéria. Decorre do caráter cooperativo do federalismo brasileiro – como reconheceram pioneiramente entre nós Raul Machado Horta[42] e José Alfredo de Oliveira Baracho[43] – e implica reconhecer que a distribuição de competências envolve a alocação de poder no regime jurídico.[44] Como esclarecem Misabel Derzi e Thomas Bustamante, o federalismo depende da preservação da dualidade de "(...) centros de decisão e produção de normas (...)".[45] Não por outra razão, a solução de uma controvérsia constitucional em favor da centralização normativa deve ser acompanhada de fortes argumentos que a justifiquem no caso concreto, sobremaneira diante da "descentralização dinâmica"[46] de poder que rege a Constituição de 1988.

Finalmente, é de se notar que a decisão também não adentra na necessária distinção entre competência tributária e competência para legislar sobre direito tributário. Dentro do esquema constitucional de atribuição de competências, não está claro como a competência para instituir tributos – cerne da autonomia financeira na tradição constitucional brasileira – pode ser obstada pelo não exercício da competência para legislar sobre direito tributário. Não é sem razão que a primeira (competência para instituir tributos) está no campo da competência exclusiva e a segunda (competência para legislar sobre direito tributário) está no campo da competência concorrente. A racionalidade do esquema constitucional – que pode ser vislumbrada nos precedentes do STF sobre o IPVA – parece repousar justamente no objetivo de manter a primeira incólume diante do não exercício da segunda, ocasião em que aos Estados se atribui a competência plena mencionada no artigo 24, §3º.

Assim concluiu Misabel Derzi, analisando o teor do artigo 6º do Código Tributário Nacional:

> A isonomia dos entes políticos – em que se baseia a Federação – não é conciliável com a norma de competência derivada de outro ente político e dependente da edição de lei complementar ou ordinária federal. Por essa razão, dispõe o art. 24, § 3º, que, inexistindo lei federal sobre normas gerais, os Estados exercerão a competência legislativa plena, para atender a suas peculiaridades. (...) as normas gerais não suprimem, nem reduzem ou substituem o exercício da competência legislativa tributária por cada pessoa política, que regulará o tributo de sua competência por meio da edição de lei própria, único ato normativo estatal apto a institui-lo validamente, dentro do respectivo âmbito territorial de

---

[42] HORTA, Raul Machado. Federalismo e o Princípio da Subsidiariedade. *Revista do Instituto dos Advogados de Minas Gerais*, Belo Horizonte, n. 9, p. 13-29, 2003.

[43] BARACHO, José Alfredo de Oliveira. O Princípio de Subsidiariedade: Conceito e Evolução. *Revista da Faculdade de Direito da UFMG*, n. 35, p. 28-29, 1995.

[44] Em sentido contrário, afirmando que a discriminação de rendas deve ser compreendida como limitação de poderes e não como concessão de faculdades, veja-se BORGES, José Souto Maior. *Teoria Geral da Isenção Tributária*. São Paulo: Malheiros, 2007. p. 24.

[45] DERZI, Misabel de Abreu Machado; BUSTAMANTE, Thomas da Rosa de. O princípio federativo e a igualdade: uma perspectiva crítica para o sistema jurídico brasileiro a partir da análise do modelo alemão. *In*: DERZI, Misabel de Abreu Machado; BUSTAMANTE, Thomas da Rosa de. *Federalismo justiça distributiva e royalties do petróleo*: três escritos sobre direito constitucional e o estado federal brasileiro. Belo Horizonte: Arraes, 2016. p. 468.

[46] DERZI, Misabel de Abreu Machado. Notas de atualização ao artigo 83. *In*: BALEEIRO, Aliomar. *Direito tributário brasileiro*. Rio de Janeiro: Forense, 2018.

validade. Nem a inexistência da norma geral poderá paralisar o exercício da competência legislativa estadual ou municipal.[47]

Afinal, se, de um lado, o sistema constitucional tributário é incompatível com conflitos de competência, de outro, não se concebe que a competência de um ente federado esteja condicionada ao exercício da competência de outro ente.

Referências

ALMEIDA, Fernanda. Federalismo (Comentários à Constituição do Brasil). *In*: CANOTILHO, J. J. Gomes; GILMAR, Mendes F.; SARLET, Ingo Wolfgang; STRECK, Lenio Luiz (Orgs.). *Comentários à Constituição do Brasil*. São Paulo: Saraiva/Almedina, 2013. p. 7549-62.

ÁVILA, Humberto. *Sistema Constitucional Tributário*. São Paulo: Saraiva, 2012.

BARACHO, José Alfredo de Oliveira. O Princípio de Subsidiariedade: Conceito e Evolução. *Revista da Faculdade de Direito da UFMG*, n. 35, 1995.

BORGES, José Souto Maior. *Lei Complementar Tributária*. São Paulo: Revista dos Tribunais, 1975.

BORGES, José Souto Maior. *Teoria Geral da Isenção Tributária*. São Paulo: Malheiros, 2007.

CARRAZZA, Roque Antônio. *Curso de Direito Constitucional Tributário*. São Paulo: Malheiros, 2023.

CARVALHO, Paulo de Barros. *Curso de Direito Tributário*. São Paulo: Saraiva, 2011.

CAVALCANTI FILHO. *Processo legislativo constitucional*. Salvador: JusPodivm, 2020.

COSTA, Regina Helena. *Curso de direito tributário*: Constituição e Código Tributário Nacional. São Paulo: Saraiva, 2014.

DA SILVA, Virgílio Afonso. *Direito constitucional brasileiro*. São Paulo: EdUSP, 2021.

DERZI, Misabel de Abreu Machado. Notas de atualização ao artigo 83. *In*: BALEEIRO, Aliomar. *Direito tributário brasileiro*. Rio de Janeiro: Forense, 2018.

DERZI, Misabel de Abreu Machado. Notas de atualização ao artigo 6º. *In*: BALEEIRO, Aliomar. *Direito tributário brasileiro*. Rio de Janeiro: Forense, 2018.

DERZI, Misabel de Abreu Machado. Tipos e conceitos. A incompatibilidade do modo de pensar por tipos as regras de competência tributária constitucionais (federalismo, separação de poderes, segurança jurídica e direitos e garantias fundamentais). *In*: MITIDIERO, Daniel; ADAMY, Pedro (Orgs.). *Direito, razão e argumento*: a reconstrução dos fundamentos democráticos e republicanos do direito público com base na teoria do direito. Salvador: Juspodivm, 2020.

DERZI, Misabel de Abreu Machado; BUSTAMANTE, Thomas da Rosa de. O princípio federativo e a igualdade: uma perspectiva crítica para o sistema jurídico brasileiro a partir da análise do modelo alemão. *In*: DERZI, Misabel de Abreu Machado; BUSTAMANTE, Thomas da Rosa de. *Federalismo justiça distributiva e royalties do petróleo*: três escritos sobre direito constitucional e o estado federal brasileiro. Belo Horizonte: Arraes, 2016.

FERREIRA FILHO, Manoel Gonçalves. *Do processo legislativo*. São Paulo: Saraiva, 1995.

HESSE, Konrad. *Grundzüge des Verfassungsrechts*. Heidelberg: C. F. Müller, 1990.

HORTA, Raul Machado. Federalismo e o Princípio da Subsidiariedade. *Revista do Instituto dos Advogados de Minas Gerais*, Belo Horizonte, n. 9, 2003.

KELSEN, Hans. *Teoria pura do direito*. São Paulo: Martins Fontes, 2009.

KLUG, Ulrich. Observations sur le Problème des Lacunes en Droit. *Logique et Analyse*, vol. 10, n. 37, p. 98-116, 1967.

---

[47] DERZI, Misabel de Abreu Machado. Notas de atualização ao artigo 6º. *In*: BALEEIRO, Aliomar. *Direito tributário brasileiro*. Rio de Janeiro: Forense, 2018.

MACHADO, Hugo de Brito. *Lei complementar tributária*. São Paulo: Malheiros, 2010.

MÜLLER, Friedrich. *Discours de la méthode juridique*. Paris: PUF, 1996.

SCHOUERI, Luís Eduardo. *Direito Tributário*. 2. ed. São Paulo: Saraiva, 2012.

SILVA, Paulo Roberto Coimbra. *IPVA*: Imposto sobre a Propriedade de Veículos Automotores. 2. ed. Belo Horizonte: Editora D'Plácido, 2019.

STRECK, Lenio Luiz; OLIVEIRA, Marcelo Andrade Cattoni de. Comentário ao artigo 69. *In*: CANOTILHO, J. J. Gomes; GILMAR, Mendes F.; SARLET, Ingo Wolfgang; STRECK, Lenio Luiz (Orgs.). *Comentários à Constituição do Brasil*. São Paulo: Saraiva/Almedina, 2013.

TAVARES, André Ramos. *Curso de direito constitucional*. São Paulo: Saraiva Jur, 2021.

TEMER, Michel. *Elementos de direito constitucional*. Salvador: JusPodivm, 2023.

TORRES, Heleno Taveira. Comentário ao artigo 146. *In*: CANOTILHO, J. J. Gomes; GILMAR, Mendes F.; SARLET, Ingo Wolfgang; STRECK, Lenio Luiz (Orgs.). *Comentários à Constituição do Brasil*. São Paulo: Saraiva/ Almedina, 2013. p. 7549-62.

TORRES, Ricardo Lobo. *Curso de Direito Financeiro e Tributário*. 18. ed. Rio de Janeiro: Renovar, 2011.

Informação bibliográfica deste texto, conforme a NBR 6023:2018 da Associação Brasileira de Normas Técnicas (ABNT):

FEITAL, Thiago Álvares; PAIXÃO, Luciana Mundim de Mattos. Sobre o papel da lei complementar e o exercício da competência tributária: apontamentos sobre o recurso extraordinário nº 851.108. In: LOBATO, Valter de Souza (coord.); MARINHO NETO, José Antonino (org.). *O papel da lei complementar tributária no desenho federativo brasileiro*. Belo Horizonte: Fórum, 2024. p. 123-135. ISBN 978-65-5518-779-3.

PARTE II

LEI COMPLEMENTAR E FEDERALISMO: CONFLITOS DE COMPETÊNCIA

LEI COMPLEMENTAR E CONFLITO DE COMPETÊNCIA: UM ESTUDO SOBRE A EFICÁCIA DA LEI ORDINÁRIA PROMULGADA NA AUSÊNCIA DE LEI COMPLEMENTAR

ÁTILA HENRIQUE MOURA FARIA

Introdução

Diante da complexidade do sistema tributário nacional, com as rígidas divisões de competência tributária e do grande número de contencioso judiciário, faz-se necessário compreender quais são as suas funções e o papel da lei complementar em matéria tributária no ordenamento jurídico brasileiro.

Nessa esteira, o presente artigo tem como objetivo analisar a eficácia da lei ordinária promulgada na ausência de lei complementar. Para tanto, inicialmente se farão breves considerações sobre as funções da lei complementar tributária.

Logo após, será feito um exame específico da lei complementar com função de dispor sobre conflitos de competência. Posteriormente, com base nas lições de José Afonso da Silva, será feito um estudo sobre as três espécies de eficácia das normas constitucionais.

Estabelecidas tais premissas, será apresentado uma análise sobre a eficácia da lei ordinária promulgada na ausência de lei complementar, com base no caso prático da ausência de lei complementar sobre o ITCMD-Exterior (artigo 155 §1º, III, CF/88).

É o que se passa a demonstrar.

1 As funções da lei complementar tributária

Historicamente, consolidou-se o entendimento de que as leis complementares são uma espécie legislativa com características materiais e formais bem delimitadas, uma vez que são leis que tratam de matéria reservada expressamente pela Constituição Federal e que para sua aprovação é exigido quórum qualificado,[1] maioria absoluta

---

[1] SEHN, Solon. A Lei complementar no sistema de fontes do direito tributário. *Revista Dialética de Direito Tributário*, n. 82, p. 118, 2002.

dos parlamentares – metade mais um dos membros do Congresso Nacional (art. 69 da CF/88), enquanto para aprovação das leis ordinárias exige-se maioria simples dos Deputados e dos Senadores, em suas respectivas casas.[2]

Vale ponderar, com base em Hugo de Brito Machado,[3] que, embora a Constituição tenha reservado matérias específicas para lei complementar, nada impede que o legislador use desse instrumento normativo para disciplinar outras matérias que não foram reservadas pelo constituinte. Ocorrendo isso, a lei complementar que disciplina matéria diversa daquela estabelecida na Carta Magna terá *status* de lei ordinária com relação ao seu conteúdo.

Ademais, convém mencionar ainda que a lei complementar possui caráter nacional, pois subordina as ordens jurídicas parciais – federal, estadual, municipal e distrital –, uma vez que tanto a União, os Estados e os Municípios possuem autogoverno e criam suas próprias normas jurídicas, que juntas formam a ordem jurídica total, subordinada aos ditames da Constituição Federal.[4]

Nesse contexto, dada a importância da lei complementar em matéria tributária, principalmente quando se pensa em reformar o sistema tributário, necessita-se discutir quais são as suas funções no ordenamento jurídico brasileiro. Vale ponderar que a delimitação das funções da lei complementar é objeto de divergências na doutrina, em razão da existência de duas correntes de estudo, a dicotômica e a tricotômica, sendo que, conforme ensina Roberto Biava Júnior,[5] os defensores da corrente dicotômica entendem que a lei complementar possui dupla função: (i) dispor sobre conflito de competência e (ii) limitações constitucionais ao poder de tributar.

Por outro lado, os defensores da corrente tricotômica sustentam que a lei complementar tributária possui função tripla, qual seja, (i) dispor sobre conflito de competência, (ii) limitações constitucionais ao poder de tributar e (iii) disciplinar normas gerais de Direito Tributário.[6]

Essa corrente ganhou mais força com o tratamento dado pela Constituição Federal de 1988 à lei complementar tributária, pois a Lei Maior adotou três funções para essa espécie normativa. O artigo 146 da Constituição Federal determina que a lei complementar tem a função de regular aspectos fundamentais relacionados à tributação,

---

2 Nesse sentido, assim aduz Sacha Calmon: "Caso por caso, a Constituição determina a utilização da lei complementar. Podemos dizer, noutras palavras, que a utilização da lei complementar não é decidida pelo Poder Legislativo. Ao contrário, a sua utilização é predeterminada pela Constituição. As matérias sob reserva de lei complementar são aquelas expressamente previstas pelo constituinte (âmbito de validade material, predeterminado constitucionalmente)." COÊLHO, Sacha Calmon Navarro. A Lei Complementar como agente normativo ordenador do sistema tributário e da repartição das competências tributárias. Revista do Superior Tribunal de Justiça, v. 242, p. 667, 2016.

3 MACHADO, Hugo de Brito. A identidade Específica da Lei Complementar. *Revista Dialética de Direito Tributário*, n. 14, p. 63, 1996.

4 COÊLHO, Sacha Calmon Navarro. A Lei Complementar como agente normativo ordenador do sistema tributário e da repartição das competências tributárias. Revista do Superior Tribunal de Justiça, v. 242, p. 667, 2016.

5 JÚNIOR, Roberto Biava. A Incidência do ITCMD quando o Doador tiver Domicílio ou Residência no Exterior, ou quando o "de Cujus" possuía Bens, era Residente ou Domiciliado ou teve o seu Inventário Processado no Exterior: Análise de Constitucionalidade das Leis Estaduais que instituíram o ITCMD nestas Hipóteses. *Revista Direito Tributário Atual*, n. 26, p. 332, 2011.

6 JÚNIOR, Roberto Biava. A Incidência do ITCMD quando o Doador tiver Domicílio ou Residência no Exterior, ou quando o "de Cujus" possuía Bens, era Residente ou Domiciliado ou teve o seu Inventário Processado no Exterior: Análise de Constitucionalidade das Leis Estaduais que instituíram o ITCMD nestas Hipóteses. *Revista Direito Tributário Atual*, n. 26, p. 311-340, 2011.

como a definição de competências, limitações constitucionais, normas gerais de legislação tributária, tratamento tributário para atividades cooperativas e benefícios fiscais para microempresas e empresas de pequeno porte.[7]

Além disso, convém apontar que os defensores da corrente dicotômica consideram que a lei complementar tem pouca importância e argumentam que a própria Constituição já resolve os conflitos de competência, tornando desnecessária a existência de normas específicas. Já os adeptos da corrente tricotômica afirmam que todo o sistema constitucional tributário foi estruturado com base na lei complementar, o que evidencia sua relevância para o ordenamento jurídico.[8]

Ademais, Souto Maior Borges[9] oferece uma conclusão significativa para encerrar o debate. Ele defende que as funções integrativas das normas gerais são intrinsecamente indetermináveis e não podem ser mensuradas. Além disso, defende que os conflitos de competência, as limitações constitucionais ao poder de tributar (dicotomia) e as normas gerais de direito tributário (tricotomia) são todas instituições normativas genéricas, argumentando que é um equívoco tentar quantificar o inquantificável e aplicar métodos quantitativos para caracterizar as funções das normas gerais de direito tributário. Sendo assim, segundo o referido autor, tanto a dicotomia quanto a tricotomia das funções do artigo 146, inciso III, da Constituição Federal, devem ser descartadas.[10]

Desse modo, entende-se que a lei complementar tributária é o instrumento normativo que apresenta as normas gerais na legislação tributária. Assim, as funções de dispor sobre conflitos de competência (art. 146, I) e de regular as limitações constitucionais ao poder de tributar (art. 146, II) são operacionalizadas pelas normas gerais de direito tributário (art. 146, III).

---

7 Veja o que prescreve o artigo 146 da CF/88: "Art. 146. Cabe à lei complementar: I – dispor sobre conflitos de competência, em matéria tributária, entre a União, os Estados, o Distrito Federal e os Municípios; II – regular as limitações constitucionais ao poder de tributar; III – estabelecer normas gerais em matéria de legislação tributária, especialmente sobre: a) definição de tributos e de suas espécies, bem como, em relação aos impostos discriminados nesta Constituição, a dos respectivos fatos geradores, bases de cálculo e contribuintes; b) obrigação, lançamento, crédito, prescrição e decadência tributários; c) adequado tratamento tributário ao ato cooperativo praticado pelas sociedades cooperativas. d) definição de tratamento diferenciado e favorecido para as microempresas e para as empresas de pequeno porte, inclusive regimes especiais ou simplificados no caso do imposto previsto no art. 155, II, das contribuições previstas no art. 195, I e §§12 e 13, e da contribuição a que se refere o art. 239".

8 Nesse sentido, assim ensina Ricardo Anderle: "A corrente dicotômica representa os autores que entendem que muito pouco sobrava para a lei complementar, e, em matéria de conflito de competência, "não precisa de norma alguma", pois a própria Constituição haveria eliminado os conflitos. Em contraponto, os defensores da corrente tricotômica objetavam que "todo o sistema constitucional tributário foi organizado em função da lei complementar". A terceira fase das normas gerais no direito brasileiro inaugura-se com a redação do art. 146 da Constituição de 1988 que, com o objetivo de pôr uma pá de cal no debate anterior, dedica um inciso específico às funções das normas gerais de direito tributário (inciso III)." ANDERLE, Ricardo. O papel da lei complementar na solução de conflitos de competência. In: CONGRESSO NACIONAL DE ESTUDOS TRIBUTÁRIOS. 2016. p. 1.001.

9 BORGES, José Souto Maior. Sobre o Todo e Suas Partes no Sistema Tributário Nacional. *Revista Dialética de Direito Tributário*, São Paulo, n. 218, p. 113, nov. 2013.

10 Sobre esse ponto, essa foi a consideração de Ricardo Ardele: "Para nós, é Souto Maior Borges quem melhor encerra o embate anterior. Revisitando o problema das normas gerais, defende que não é possível mensurar as funções integrativas das normas gerais, pois são potencialmente indetermináveis. Para o autor, os conflitos de competência, as limitações constitucionais do poder de tributar (dicotomia) e as normas gerais de direito tributário (tricotomia) correspondem a instituições normativas genéricas. "O paradoxo do pensamento doutrinário é pretender pensar o impensável: quantificar o inquantificável, i.e, normas gerais". Assim, os "métodos quantitativos de caracterização das funções de normas gerais de direito tributário devem ser descartados. Nem dicotomia, nem tricotomia de funções do art. 146, III, da CF"." ANDERLE, Ricardo. O papel da lei complementar na solução de conflitos de competência. In: CONGRESSO NACIONAL DE ESTUDOS TRIBUTÁRIOS. 2016. p. 1.004.

Além disso, a Carta Magna reserva à lei complementar outras funções ao longo do seu texto, por exemplo, determina que alguns tributos só podem ser instituídos por meio dessa espécie legislativa, como é o caso do imposto sobre grandes fortunas, do empréstimo compulsório, dos impostos e das contribuições sociais residuais.

Sendo assim, entende-se que a lei complementar tributária é o instrumento normativo que possui três funções materiais definidas no artigo 146 da Constituição Federal. Esse instrumento legal complementa o sistema tributário da Constituição Federal, integrando as normas constitucionais de eficácia contida e limitada. Além disso, a Carta Magna reserva à lei complementar outras funções ao longo do seu texto, por exemplo, determina que alguns tributos só podem ser instituídos por meio dessa espécie legislativa, como é o caso do imposto sobre grandes fortunas, do empréstimo compulsório, dos impostos e contribuições sociais residuais.

Portanto, depreende-se que o conteúdo material da lei complementar tributária já foi estabelecido pela Carta Magna. Desse modo, não cabe ao legislador escolher qual será a matéria da lei complementar.[11]

Por fim, importante destacar que a lei complementar possui caráter nacional, uma vez que subordina as ordens jurídicas parciais, formadas pelas normas jurídicas editadas pelos entes federados. Por isso, a relevância e a necessidade de estabilidade do conteúdo disciplinado por meio de lei complementar, razão pela qual é exigido o quórum qualificado para a sua aprovação, o que demanda certo consenso entre os parlamentares, principalmente nos pontos que visam dispor sobre conflitos de competência.

2 A lei complementar que dispõe sobre conflitos de competência tributária

Como foi exposto, a lei complementar tributária possui três funções materiais definidas no artigo 146 da Constituição Federal: (a) dispor sobre conflito de competência em matéria tributária entre os entes federados, (b) regular as limitações constitucionais ao poder de tributar[12] e (c) editar normas gerais de Direito Tributário. Em razão do recorte metodológico, este estudo abordará apenas a função de dirimir conflito de competência, o que passa a expor.

A lei complementar imbuída da função de dispor sobre conflitos de competência tem como finalidade controlar e resguardar o sistema de repartição de competências tributárias definido na Constituição Federal. Nesse contexto, a função da lei complementar é eliminar conflitos por meio de "regras explicativas que esclarecem a diferença".[13]

---

11 Nesse contexto, vale apontar o ensinamento de Sacha Calmon: "No Brasil, existem três ordens jurídicas parciais que, subordinadas pela ordem jurídica constitucional, formam a ordem jurídica nacional. As ordens jurídicas parciais são: (a) a federal, (b) a estadual e (c) a municipal, pois tanto a União, como os Estados e os Municípios possuem autogoverno e produzem normas jurídicas. Juntas, estas ordens jurídicas formam a ordem jurídica total, sob o império da Constituição, fundamento do Estado e do Direito". COÊLHO, Sacha Calmon Navarro. Curso de direito tributário brasileiro. 18. ed. Rio de Janeiro: Grupo Gen-Editora Forense, 2022. p. 63.

12 A regulação das limitações ao poder de tributar é a segunda função definida no art. 146 da CF/88.

13 Nesse sentido, é a lição de Sacha Calmon: "(...) a lei complementar que dirime, resolvendo os aparentes conflitos de competência, deve ser recepcionada pelas pessoas políticas. Dissemos aparentes os conflitos porque eles não são objetivos e sim subjetivos. A lei complementar destina-se, então, a eliminá-los através de "regras explicativas do discrímen". Obviamente, a lei complementar, a título de solver "conflito de competência", não pode alterar a Constituição. A uma, porque isto só é possível através de emenda, processo legislativo diverso. A duas, porque, pudesse fazê-lo, teria o legislador da lei complementar poder constituinte permanente (hipóteses impensáveis

Desse modo, compreende-se que a lei complementar que dirime conflitos de competência visa, por meio de regras explicativas e descritivas, observando os parâmetros constitucionais, eliminar potenciais conflitos e invasão de competência tributária entre os entes federados.

Para Ricardo Anderle,[14] a ambiguidade e a vagueza do texto constitucional é um dos fundamentos de aplicação da lei complementar para dirimir os casos de conflito de competência tributária. Pode soar estranho, mas conforme ensina Anderle, a linguagem do texto constitucional é vaga e ambígua, justamente para garantir maior perpetuidade do seu texto.

E isso está intrínseco à hierarquia do sistema, que parte da Constituição, norma com maior grau de vagueza; para leis complementares, normas com maiores detalhes da materialidade dos tributos; e finalmente, as leis ordinárias, que estabelecem as hipóteses de incidência dos tributos.[15]

Portanto, a lei complementar possui a função de explicar e descrever os pontos vagos e ambíguos do texto constitucional, instituindo regras para prevenir conflitos de competência e a guerra fiscal entre os entes federados, para proporcionar segurança jurídica e confiabilidade ao sistema tributário nacional.

A seguir será apresentado breves considerações sobre a eficácia das normas constitucionais, para posteriormente discutir a eficácia da lei ordinária promulgada antes da instituição da lei complementar tributária.

3 A eficácia das normas constitucionais

Primeiramente, é importante discorrer que "uma norma é o significado de um enunciado com função prescritiva, reconstruído por meio da interpretação de enunciados contidos nas fontes. (...) com o propósito de modificar, dirigir ou influenciar o comportamento do destinatário".[16] Assim, por meio da função prescritiva, a norma

---

logicamente)." COÊLHO, Sacha Calmon Navarro. A Lei Complementar como agente normativo ordenador do sistema tributário e da repartição das competências tributárias. *Revista do Superior Tribunal de Justiça*, v. 242, p. 679, 2016.

14 ANDERLE, Ricardo. O papel da lei complementar na solução de conflitos de competência. *In*: *CONGRESSO NACIONAL DE ESTUDOS TRIBUTÁRIOS*. 2016. p. 1109.

15 Nesse sentido, convém destacar a lição de Ricardo Anderle, que dispõe o seguinte: "Assim, se a Constituição não traz em si conceitos, mas apenas signos, de que precisam estamos falando? Como então defender um conceito exato e imutável para expressões como produtos industrializados, serviços de qualquer natureza ou circulação de mercadorias? Entendemos que a outorga de competência se deu mediante a referência, bastante discreta, a bens, negócios, atividades, finalidades ou eventos cujos conceitos são fluidos e vagos, demandando maior elucidação por parte do legislador complementar. Onde, portanto, identificar essa exaustividade? A linguagem constitucional é deveras vaga, ambígua, e, portanto, potencialmente conflituosa. Antevendo os problemas que poderiam surgir com a interpretação dos dispositivos que outorgam competência tributária, a Constituição adequadamente elegeu um instrumento legal, de âmbito nacional, para solucionar os conflitos e fixar barreiras legais ao exercício da faculdade de criar tributos. Realmente, se as competências fossem fixadas de maneira rígida, não haveria qualquer sentido o legislador Constituinte inserir, na Seção I, 'Princípios Gerais do Sistema Tributário Nacional', extenso artigo em que incumbe relevantes matérias à lei complementar". ANDERLE, Ricardo. O papel da lei complementar na solução de conflitos de competência. *In*: *CONGRESSO NACIONAL DE ESTUDOS TRIBUTÁRIOS*. 2016. p. 1109.

16 ÁVILA, Humberto. Competências tributárias: um ensaio sobre a sua compatibilidade com as noções de tipo e conceito. São Paulo: Malheiros, 2018.

jurídica possui o papel de determinar como as coisas devem ser feitas, sendo esse o objeto da norma.

Noutro giro, em sua obra clássica, José Afonso da Silva[17] classificou as normas constitucionais em três funções. No que concerne à sua aplicabilidade e eficácia, classificou-as em: (i) normas de eficácia plena e aplicabilidade direta, imediata e integral, (ii) normas de eficácia contida (ou contível) e aplicabilidade direta, imediata, mas possivelmente não integral, (iii) normas de eficácia limitada: as declaratórias de princípios institutivos ou organizativos e as declaratórias de princípios programáticos.

Segundo o referido autor,[18] as normas de eficácia plena são aquelas que produzem ou podem produzir todos os efeitos essenciais quando a Constituição entrou em vigor. Elas possuem aplicabilidade direta e imediata, pois são "dotadas de todos os meios e elementos necessários à sua executoriedade, não requerendo normatividade alguma ulterior para sua aplicação".[19]

Por outro lado, às normas de eficácia contível ou contida são aquelas de caráter imperativo e limitador do Poder Público, em que o constituinte disciplinou os interesses relativos à determinada matéria, mas permite ao Poder Público operar restrições sobre a referida matéria. Elas também possuem aplicabilidade direta e imediata. Sua eficácia não necessita de interferência do legislador, nem sua aplicabilidade precisa de uma norma ulterior, no entanto, as normas de eficácia contida dependem de limites ou circunstâncias restritivas que devem ser estabelecidas previamente, por meio de lei.[20]

Por fim, as normas constitucionais de eficácia limitada são aquelas em que há necessidade de providência ulterior, ou seja, necessita-se de uma lei que disponha sobre sua aplicação. Segundo José Afonso da Silva, há dois tipos de normas de eficácia limitada: a) as de princípio institutivo ou organizativo e b) as de princípio programático.[21]

As normas de eficácia limitada do tipo princípio organizativo são aquelas em que o legislador infraconstitucional criará normas gerais de estruturação da matéria disciplinada. É possível identificar tal norma na Constituição pelas expressões "a lei complementar estabelecerá (...)", "(...) regulada por lei complementar", "nos termos da lei (...)", "a lei fixará (...)", dentre outras.

---

[17] DA SILVA, José Afonso. Aplicabilidade das normas constitucionais. *Pensar-Revista de Ciências Jurídicas*, v. 2, n. 1, p. 7-22, 1993.

[18] DA SILVA, José Afonso. Aplicabilidade das normas constitucionais. *Pensar-Revista de Ciências Jurídicas*, v. 2, n. 1, p. 10, 1993.

[19] DA SILVA, José Afonso. Aplicabilidade das normas constitucionais. *Pensar-Revista de Ciências Jurídicas*, v. 2, n. 1, p. 11, 1993.

[20] Nesse sentido, José Afonso da Silva ensina: "*Normas constitucionais de eficácia contível* têm natureza de normas imperativas, positivas ou negativas, limitadoras do Poder Público, valendo dizer, consagradoras, em regra, de direitos subjetivos dos indivíduos ou de entidades públicas ou privadas. E as regras de contenção de sua eficácia constituem limitações a esses direitos e autonomias, *São, portanto, aquelas em que o constituinte regulou suficientemente os interesses relativos à determinada matéria, mas deixou margem à atuação restritiva da competência discricionário do Poder Público, nos termos que a lei estabelecer ou nos termos de conceitos gerais nelas enunciados,* como os de bons costumes, de ordem pública, etc. São de aplicabilidade imediata e direta. Sua eficácia independe da interferência do legislador, nem sua aplicabilidade fica condicionada a uma normação ulterior, mas fica dependente dos limites (daí: eficácia contível) que ulteriormente se lhe estabeleçam mediante lei, ou de que as circunstâncias restritivas, constitucionalmente admitidas. (...)". DA SILVA, José Afonso. Aplicabilidade das normas constitucionais. *Pensar-Revista de Ciências Jurídicas*, v. 2, n. 1, p. 11, 1993.

[21] DA SILVA, José Afonso. Aplicabilidade das normas constitucionais. *Pensar-Revista de Ciências Jurídicas*, v. 2, n. 1, p. 11, 1993.

Por sua vez, as normas constitucionais de eficácia limitada do tipo programática são aquelas em que o constituinte apenas pauta os princípios jurídicos a serem cumpridos pelos órgãos estatais (legislativo, executivo, jurisdicionais e administrativos), para a concretização dos fins sociais do Estado.

Feita tais considerações sobre a eficácia das normas constitucionais com apoio nos ensinamentos de José Afonso da Silva, precursor do referido tema, o próximo tópico se dedicará a uma análise sobre a eficácia da lei ordinária promulgada antes da instituição da lei complementar tributária.

4 Uma análise sobre a eficácia da lei ordinária promulgada na ausência de lei complementar tributária

Como visto, compreende-se que a lei complementar tributária é o instrumento normativo que complementa o sistema tributário da Constituição Federal, com a finalidade de explicar e descrever os pontos vagos e ambíguos do texto constitucional, sem ampliá-lo ou restringi-lo. Sendo assim, dentre outras coisas, cabe à lei complementar definir fatos geradores dos impostos previstos na Constituição Federal, bem como estabelecer a respectiva base de cálculo, alíquotas e o contribuinte de determinado tributo discriminado na Lei Maior.

Entende-se ainda que esse instrumento normativo possui três funções materiais definidas no artigo 146 da Carta Magna, quais sejam, (a) dispor sobre conflitos de competência, em matéria tributária, entre a União, os Estados, o Distrito Federal e os Municípios; (b) regular as limitações constitucionais ao poder de tributar; e (c) estabelecer normas gerais em matéria de legislação tributária.

Por fim, quanto à função de dirimir conflitos de competência, depreende-se que para proporcionar segurança jurídica no sistema tributário, cabe à lei complementar instituir regras prescritivas para evitar potenciais conflitos de competência entre os entes políticos.

Estabelecidas essas premissas, cumpre neste momento examinar a eficácia da lei ordinária promulgada na ausência da lei complementar.

Para isso, convém apontar que a União, os Estados, os Municípios e o Distrito Federal, ao receberem a competência tributária, já a recebe de forma limitada. Isso ocorre porque a lei complementar tributária estabelece, em si, limitações ao poder de tributar dos entes federados, uma vez que, ao conceder a competência para tributar, ao mesmo tempo, a Constituição institui uma série de limitações ao seu exercício.[22]

Ocorre que algumas normas têm o seu comando integrado via leis complementares, que ainda não foram editadas, como é o caso, a título de exemplo, do ITCMD-Exterior (artigo 155 §1º, III, CF/88),[23] dentre outras situações. Essas normas possuem eficácia

---

[22] NOGUEIRA, Johnson Barbosa. Lei complementar e a competência legislativa estadual. *Direito Tributário Atual*, São Paulo: Resenha Tributária, v. 13, p. 143, abr. 1994.

[23] CF/88: "Art. 155. Compete aos Estados e ao Distrito Federal instituir impostos sobre:
I – transmissão causa mortis e doação, de quaisquer bens ou direitos;
(...) §1º O imposto previsto no inciso I:
I – relativamente a bens imóveis e respectivos direitos, compete ao Estado da situação do bem, ou ao Distrito Federal;

limitada do tipo organizativo, conforme classificação apresentada no tópico anterior, ou seja, dependem de uma lei posterior, no caso do exemplo: lei complementar deve instituir as regras para a estruturação da matéria disciplinada.

Nesses casos, pergunta-se: "Na ausência de leis complementares, os entes tributantes podem exercer tal competência, até que sobrevenha a lei complementar?" e "Qual é a eficácia dessa lei instituída pelo ente tributante?". Essas questões são objeto de certa controvérsia na doutrina, uma vez que não há um entendimento uniforme sobre esses pontos, como será demonstrado a seguir.

Em um estudo sobre o tema, Johnson Barbosa Nogueira aduz que uma vez outorgada a competência tributária, cabe a seu titular exercê-la, pois os Estados, os Municípios e o Distrito Federal não podem ser impedidos de exercer sua competência, pela morosidade do Congresso Nacional.[24]

Desse modo, a inexistência de lei complementar não deve limitar o exercício da competência tributária dos entes federados. Os entes tributantes podem exercer competência plena, nos termos artigo 24, I, §3º da CF/88.[25] Dessa maneira, sobrevindo lei complementar que colide com disposições instituídas pelas ordens jurídicas parciais, ficam tais dispositivos com sua eficácia suspensa.

Sacha Calmon ensina que quando não for editada lei complementar veiculadora de normas gerais, que trate sobre fato gerador, base de cálculo e contribuintes de dado imposto previsto na CF/88, o legislador ordinário poderá exercer a competência plena na forma prevista no art. 24, §3º da Constituição Federal e instituir lei ordinária sobre a matéria.[26]

II – relativamente a bens móveis, títulos e créditos, compete ao Estado onde se processar o inventário ou arrolamento, ou tiver domicílio o doador, ou ao Distrito Federal;
III – terá competência para sua instituição regulada por lei complementar: a) se o doador tiver domicilio ou residência no exterior; b) se o de cujus possuía bens, era residente ou domiciliado ou teve o seu inventário processado no exterior; (...)."

[24] Segundo Johson Barbosa Nogueira, "Em caso de omissão legislativa, a entidade tributante legisla dentro de sua competência. Se esta competência vier a ser restringida pela futura lei complementar, fica o dispositivo da lei ordinária colidente com sua eficácia suspensa. Não se trata de revogação, nem de inconstitucionalidade, mas de suspensão de eficácia, conforme já lecionavam SOUTO MAIOR e CELSO BASTOS. A Constituição atual adere a esta posição doutrinária (Cons. O art. 24, §4º). Não tem sentido pretender que a falta de lei complementar paralise e esterilize competência atribuída pela Constituição. (...) Ademais, a inexistência de normas gerais baixadas por lei federal, seja ordinária ou complementar, autoriza os Estados a exercerem sua competência plena (art. 24, §3º da C. Federal). Exatamente porque a inexistência de lei complementar não pode impedir o exercício da competência tributária outorgada aos Estados e Municípios, é que o Legislador Constituinte, preocupado com a possibilidade de variedade abusiva de tributações, determinou medidas provisórias até a edição de certas leis complementares (artigo 34, §§7º, 8º e 9º), evitando-se o ressuscitamento das chamadas guerras fiscais". NOGUEIRA, Johnson Barbosa. Lei complementar e a competência legislativa estadual. *Direito Tributário Atual*, São Paulo: Resenha Tributária, v. 13, p. 143, abr. 1994.

[25] CF/88: "Art. 24. Compete à União, aos Estados e ao Distrito Federal legislar concorrentemente sobre:
I – direito tributário, financeiro, penitenciário, econômico e urbanístico;
(...) §3º Inexistindo lei federal sobre normas gerais, os Estados exercerão a competência legislativa plena, para atender a suas peculiaridades".

[26] Sacha Calmon aduz que "as normas gerais de Direito Tributário são da competência legislativa da União Federal, através do Congresso Nacional. Na verdade, inexiste aí competência concorrente, senão a partilhada. A concorrência é meramente substitutiva, se a União não emitir normas gerais, a competência das pessoas políticas (Estados-Membros e Municípios) torna-se plena. Emitidas que sejam as normas gerais, cumpre sejam observadas quando do exercício das respectivas competências privativas por parte de Estados e Municípios, sem prejuízo da eventual e limitada competência supletiva do Estado-Membro na própria temática da norma geral, conforme se pode verificar a uma simples leitura da repartição geral de competências levada a efeito pela Constituição de

Por outro lado, Geraldo Ataliba assevera que, enquanto as leis complementares mencionadas na Constituição não forem promulgadas, o Poder Executivo, o Poder Judiciário e até mesmo o Poder Legislativo das jurisdições parciais ficarão limitados em suas atividades, no que diz respeito às matérias que apenas podem ser disciplinas por meio da lei complementar. Dessa maneira, na perspectiva do autor, não há solução para essa questão, se não a edição da respectiva lei complementar.[27]

Noutro giro, retornando ao exemplo do ITCMD-Exterior, o Supremo Tribunal Federal – STF no julgamento do Recurso Extraordinário nº 851.108/SP, produziu a seguinte tese de repercussão geral: "É vedado aos estados e ao Distrito Federal instituir o ITCMD nas hipóteses referidas no art. 155, §1º, III, da Constituição Federal sem a edição da lei complementar exigida pelo referido dispositivo constitucional".

O STF, no julgamento do Tema nº 825, entendeu que não cabe aos Estados e ao Distrito Federal instituir o ITCMD-Exterior até que seja editada lei complementar sobre a matéria, uma vez que essa norma não possui caráter único de regra geral, mas de diploma necessário à fixação nacional da exata competência dos estados para que não haja conflito de competência entre os entes tributantes.[28]

1988". COÊLHO, Sacha Calmon Navarro. Curso de direito tributário brasileiro. 18. ed. Rio de Janeiro: Grupo Gen-Editora Forense, 2022. p. 72.

[27] Nessa perspectiva, Geraldo Ataliba leciona que: "Enquanto não sejam elaboradas as leis complementares exigidas pelo texto magno, tanto o Executivo quanto o Judiciário, e até mesmo o Legislativo, ficam inibidos na sua ação, no respeitante às matérias que somente são passíveis de disciplina por meio deste instrumento normativo. (...) Nenhuma isenção geral de impostos existe no novo regime constitucional – nem mesmo as chamadas contratuais – se não foi objeto de lei específica, na forma do §2º do art. 20, depois de vigente a Constituição de 1967. As anteriores foram revogadas, como se verá. Este raciocínio pode ser aplicado a todas as matérias para as quais a Carta Constitucional requereu lei complementar. Da mesma forma que o Legislativo, e com maior razão o Judiciário e o Executivo são inibidos pela ausência das leis complementares que, por isso mesmo, devem, o mais breve possível, ser elaboradas pelo Congresso. Não se pode dar solução a nenhuma destas questões sem o critério normativo a ser fixado por meio desse instrumento" (ATALIBA, Geraldo. Eficácia jurídica das normas constitucionais e leis complementares. *Revista de Direito Público*, n. 13, p. 35-44, 1970).

[28] Essa foi a ementa do RE nº 851.108/SP – Tema 825: "RECURSO EXTRAORDINÁRIO. REPERCUSSÃO GERAL. TRIBUTÁRIO. COMPETÊNCIA SUPLEMENTAR DOS ESTADOS E DO DISTRITO FEDERAL. ARTIGO 146, III, A, CF. NORMAS GERAIS EM MATÉRIA DE LEGISLAÇÃO TRIBUTÁRIA. ARTIGO 155, I, CF. ITCMD. TRANSMISSÃO CAUSA MORTIS. DOAÇÃO. ARTIGO 155, §1º, III, CF. DEFINIÇÃO DE COMPETÊNCIA. ELEMENTO RELEVANTE DE CONEXÃO COM O EXTERIOR. NECESSIDADE DE EDIÇÃO DE LEI COMPLEMENTAR. IMPOSSIBILIDADE DE OS ESTADOS E O DISTRITO FEDERAL LEGISLAREM SUPLETIVAMENTE NA AUSÊNCIA DA LEI COMPLEMENTAR DEFINIDORA DA COMPETÊNCIA TRIBUTÁRIA DAS UNIDADES FEDERATIVAS. 1. Como regra, no campo da competência concorrente para legislar, inclusive sobre direito tributário, o art. 24 da Constituição Federal dispõe caber à União editar normas gerais, podendo os estados e o Distrito Federal suplementar aquelas, ou, inexistindo normas gerais, exercer a competência plena para editar tanto normas de caráter geral quanto normas específicas. Sobrevindo norma geral federal, fica suspensa a eficácia da lei do estado ou do Distrito Federal. Precedentes. 2. Ao tratar do Imposto sobre transmissão Causa Mortis e Doação de quaisquer Bens ou Direitos (ITCMD), o texto constitucional já fornece certas regras para a definição da competência tributária das unidades federadas (estados e Distrito Federal), determinando basicamente duas regras de competência, de acordo com a natureza dos bens e direitos: é competente a unidade federada em que está situado o bem, se imóvel; é competente a unidade federada onde se processar o inventário ou arrolamento ou onde tiver domicílio o doador, relativamente a bens móveis, títulos e créditos. 3. A combinação do art. 24, I, §3º, da CF, com o art. 34, §3º, do ADCT dá amparo constitucional à legislação supletiva dos estados na edição de lei complementar que discipline o ITCMD, até que sobrevenham as normas gerais da União a que se refere o art. 146, III, a, da Constituição Federal. De igual modo, no uso da competência privativa, poderão os estados e o Distrito Federal, por meio de lei ordinária, instituir o ITCMD no âmbito local, dando ensejo à cobrança válida do tributo, nas hipóteses do §1º, incisos I e II, do art. 155. 4. Sobre a regra especial do art. 155, §1º, III, da Constituição, é importante atentar para a diferença entre as múltiplas funções da lei complementar e seus reflexos sobre eventual competência supletiva dos estados. Embora a Constituição de 1988 atribua aos estados a competência para a instituição do ITCMD (art. 155, I), também a limita ao estabelecer que cabe a lei complementar – e não a leis estaduais – regular tal competência em relação aos casos em que o "de

Assim, para a Suprema Corte, a hipótese do artigo 155, §1º, III, da CF/88, revela a função da lei complementar de dirimir conflitos de competência. Por esse motivo, não se aplica o disposto no artigo 24, §3º, da CF/88, que permite a competência plena das ordens jurídicas parciais apenas nos casos em que a lei complementar dispõe sobre normas gerais.

Desse modo, no caso do ITCMD-Exterior, no RE nº 851.108/SP, o artigo 4º da Lei Paulista nº 10.705/00, foi classificado como de eficácia contida, sob fundamento de que ele depende de lei complementar para operar seus efeitos.

Com relação a isso, compreende-se, com base nos ensinamentos de José Afonso da Silva expostos nesse estudo, que a classificação adequada para a norma do artigo 155, §1º, III, da CF/88, que tal hipótese possui eficácia limitada do tipo organizativo.

Além disso, entende-se que os dispositivos das leis estaduais que instituíram o aludido imposto são inconstitucionais no momento de sua promulgação e, portanto, não podem produzir efeitos mesmo após a edição da lei complementar sobre a matéria.

Portanto, depreende-se que as normas tributárias de eficácia limitada que dependem de lei complementar para dispor sobre conflito de competência e tratar sobre a regulação das limitações constitucionais ao poder de tributar não podem ser reguladas por outra espécie normativa. Assim, as ordens jurídicas parciais (Estados e Municípios) nesses casos, não podem se valer de lei ordinária, com base na competência supletiva prevista no artigo 24, §3º da CF/88 para tratar de tais matérias, sob pena de inconstitucionalidade e afronta ao federalismo.

Conclusão

Diante do exposto, conclui-se que é de extrema relevância entender o papel e as funções da lei complementar no sistema tributário nacional. Entende-se que a lei complementar tributária possui três funções materiais bem delineadas no artigo 146 da Constituição Federal, quais sejam: (a) dispor sobre conflitos de competência, em matéria tributária, entre a União, os Estados, o Distrito Federal e os Municípios; (b) regular as limitações constitucionais ao poder de tributar; e (c) estabelecer normas gerais em matéria de legislação tributária.

---

cujus possuía bens, era residente ou domiciliado ou teve seu inventário processado no exterior" (art. 155, §1º, III, b). 5. Prescinde de lei complementar a instituição do imposto sobre transmissão causa mortis e doação de bens imóveis – e respectivos direitos –, móveis, títulos e créditos no contexto nacional. Já nas hipóteses em que há um elemento relevante de conexão com o exterior, a Constituição exige lei complementar para se estabelecerem os elementos de conexão e fixar a qual unidade federada caberá o imposto. 6. O art. 4º da Lei paulista nº 10.705/00 deve ser entendido, em particular, como de eficácia contida, pois ele depende de lei complementar para operar seus efeitos. Antes da edição da referida lei complementar, descabe a exigência do ITCMD a que se refere aquele artigo, visto que os estados não dispõem de competência legislativa em matéria tributária para suprir a ausência de lei complementar nacional exigida pelo art. 155, §1º, inciso III, CF. A lei complementar referida não tem o sentido único de norma geral ou diretriz, mas de diploma necessário à fixação nacional da exata competência dos estados. 7. Recurso extraordinário não provido. 8. Tese de repercussão geral: 'É vedado aos estados e ao Distrito Federal instituir o ITCMD nas hipóteses referidas no art. 155, §1º, III, da Constituição Federal sem a edição da lei complementar exigida pelo referido dispositivo constitucional'. 9. Modulam-se os efeitos da decisão, atribuindo a eles eficácia ex nunc, a contar da publicação do acórdão em questão, ressalvando as ações judiciais pendentes de conclusão até o mesmo momento, nas quais se discuta: (1) a qual estado o contribuinte deve efetuar o pagamento do ITCMD, considerando a ocorrência de bitributação; e (2) a validade da cobrança desse imposto, não tendo sido pago anteriormente". BRASIL. Supremo Tribunal Federal. Recurso Extraordinário nº 851.108. Plenário do Supremo Tribunal Federal. Ministro Relator Dias Toffoli, 1º de março de 2021. (Grifo nosso)

Com relação à eficácia das normas constitucionais, entende-se, com base no estudo de José Afonso da Silva, há três espécies de eficácia normativas: (a) normas de eficácia plena e aplicabilidade direta, imediata e integral; (b) normas de eficácia contida (ou contível) e aplicabilidade direta, imediata, mas possivelmente não integral; e (c) normas de eficácia limitada: I) declaratórias de princípios institutivos ou organizativos; II) declaratórias de princípios programáticos.

No que diz respeito à eficácia da lei ordinária promulgada antes da instituição da lei complementar tributária, depreende-se que quando a lei complementar possuir a função de dirimir conflitos de competência, como é o caso, por exemplo, do ITCMD-Exterior, as ordens jurídicas parciais não podem instituir lei ordinária para tratar da referida matéria que possui eficácia limitada. Portanto, os entes federados dependem de lei complementar para prescrever tal matéria, não podendo se utilizar da previsão do artigo 24, §3º da CF/88, que vale apenas para função material de editar normas gerais de Direito Tributário.

Referências

ANDERLE, Ricardo. O papel da lei complementar na solução de conflitos de competência. *In*: *CONGRESSO NACIONAL DE ESTUDOS TRIBUTÁRIOS*. 2016. p. 1099-1138.

ATALIBA, Geraldo. Eficácia jurídica das normas constitucionais e leis complementares. *Revista de Direito Público*, n. 13, p. 35-44, 1970.

ÁVILA, Humberto. *Competências tributárias*: um ensaio sobre a sua compatibilidade com as noções de tipo e conceito. São Paulo: Malheiros, 2018.

BORGES, José Souto Maior. Sobre o Todo e Suas Partes no Sistema Tributário Nacional. *Revista Dialética de Direito Tributário*, São Paulo, n. 218, p. 33-48, nov. 2013.

BRASIL. *Constituição da República Federativa do Brasil de 1988*.

BRASIL. Supremo Tribunal Federal. *Recurso Extraordinário nº 851.108*. Plenário do Supremo Tribunal Federal. Ministro Relator Dias Toffoli, 1º de março de 2021.

COÊLHO, Sacha Calmon Navarro. A Lei Complementar como agente normativo ordenador do sistema tributário e da repartição das competências tributárias. *Revista do Superior Tribunal de Justiça*, v. 242, p. 665-685, 2016.

COÊLHO, Sacha Calmon Navarro. *Curso de direito tributário brasileiro*. 18. ed. Rio de Janeiro: Grupo Gen-Editora Forense, 2022.

DA SILVA, José Afonso. Aplicabilidade das normas constitucionais. *Pensar-Revista de Ciências Jurídicas*, v. 2, n. 1, p. 7-22, 1993.

JÚNIOR, Roberto Biava. A Incidência do ITCMD quando o Doador tiver Domicílio ou Residência no Exterior, ou quando o "de Cujus" possuía Bens, era Residente ou Domiciliado ou teve o seu Inventário Processado no Exterior: Análise de Constitucionalidade das Leis Estaduais que instituíram o ITCMD nestas Hipóteses. *Revista Direito Tributário Atual*, n. 26, p. 311-340, 2011.

NOGUEIRA, Johnson Barbosa. Lei complementar e a competência legislativa estadual. *Direito Tributário Atual*, São Paulo: Resenha Tributária, v. 13, p. 133-145, abr. 1994.

MACHADO, Hugo de Brito. A identidade Específica da Lei Complementar. *Revista Dialética de Direito Tributário*, n. 14, p.19-22, 1996.

SEHN, Solon. A Lei complementar no sistema de fontes do direito tributário. *Revista Dialética de Direito Tributário*, n. 82, p. 114-133, 2002.

Informação bibliográfica deste texto, conforme a NBR 6023:2018 da Associação Brasileira de Normas Técnicas (ABNT):

FARIA, Átila Henrique Moura. Lei complementar e conflito de competência: um estudo sobre a eficácia da lei ordinária promulgada na ausência de lei complementar. In: LOBATO, Valter de Souza (coord.); MARINHO NETO, José Antonino (org.). *O papel da lei complementar tributária no desenho federativo brasileiro*. Belo Horizonte: Fórum, 2024. p. 139-150. ISBN 978-65-5518-779-3.

LEI COMPLEMENTAR TRIBUTÁRIA E FEDERALISMO

JOSÉ EDUARDO SOARES DE MELO

1 Federalismo

A *federação* constitui uma das pedras fundamentais do edifício jurídico (consagrada no primeiro artigo da CF, e reiterada em demais disposições constitucionais), com ampla aplicação relativamente às normas de imposição tributária. Sua magnitude é ressaltada no art. 60, §4º, que proíbe ao Congresso Nacional sobre eventual proposta tendente a aboli-la, vedando sua indissolubilidade.

Compreende a associação de Estados e configuração jurídica de um novo Estado (federal), sendo que as características básicas do regime federativo podem ser assentadas na forma seguinte: "1. esquema de constituição rígida; 2. um poder constitucional próprio dos Estados; 3. existência de um território próprio; 4. existência de um povo próprio; 5. os poderes derivam da sua constituição compatibilizada com a repartição de competências que está na Constituição Federal; 6. Representação proporcional da vontade do povo dos Estados no órgão legislativo da União, além da representação dos Estados, paritariamente nesse órgão; 7. corte constitucional que assegure supremacia da Constituição Federal".[1]

A federação contém três ordens jurídicas distintas:

a) a *nacional* compreende o próprio Estado Federal, como o aspecto global do País, ou seja, o Estado brasileiro dotado de soberania que representa o País no quadro internacional das nações, exercendo seus direitos e cumprindo seus deveres, tanto que legisla para as demais entidades (União, Estados, Distrito Federal e Municípios), mediante as leis *nacionais*, transcendendo as pessoas políticas, não se confundindo com as leis federais, estaduais, distritais e municipais.

O limite de validade e eficácia das leis nacionais contém-se na própria Constituição Federal, não só quanto à materialidade, mas também no que atina à impossibilidade jurídica de violarem a autonomia dos entes periféricos, limitando seus poderes tributários.

[1] ATALIBA, Geraldo. Federação. *Revista de Direito Público*, n. 81, p. 172-81, jan./mar. 1987.

As normas nacionais – conquanto sejam fruto de atuação do mesmo órgão editor de leis federais (Congresso Nacional) – com essas não se confundem, possuindo distinto âmbito de validade e diverso conteúdo. Dessa forma, ao celebrar um tratado, estará a União exercendo a competência do Estado (federal) com personalidade internacional.

As leis complementares previstas no sistema tributário nacional têm a natureza de normas nacionais, devendo ser observadas por todos os legisladores (federais, estaduais, distritais e municipais).

b) as *centrais* e as *regionais*, representando ordens parciais, compreendem a União, os Estados e o Distrito Federal, com as reservas de competências outorgadas e previstas pela CF (arts. 21 a 24). Embora os Municípios não integrem formalmente o pacto federativo, e não possuam representação no Senado Federal, também constituem pessoas de Direito Público, dotadas de idêntica autonomia (art. 30 da CF), e com o mesmo caráter isonômico.

Em razão da *autonomia municipal* existe absoluta igualdade entre a União, os Estados, Distrito Federal e Municípios, e nem tipo de hierarquia, mas apenas fixação de competências distintas.

O *princípio federativo*, conjugado com a *autonomia municipal*, apresenta profundas e substanciais ingerências na sistemática tributária, tendo em vista o plano normativo e as diferenciadas competências conferidas às referidas pessoas políticas, a saber:

a) o Código Tributário Nacional (caracterizado como lei complementar) dispõe sobre normas gerais de direito tributário, sendo aplicado indistintamente na elaboração das normas tributárias federais, estaduais, distritais e municipais;

b) as leis federais, conquanto fruto de atuação do mesmo órgão editor das leis nacionais (Congresso Nacional), e instituidoras de tributos de sua competência exclusiva, não podem determinar, ordenar ou impor seus comandos na elaboração de leis estaduais, distritais e municipais, o mesmo ocorrendo com essas que não podem intervir no âmbito federal.

Por exemplo, nenhuma norma federal poderá preceituar que uma atividade tipificada como "serviço" (sujeita a imposto municipal – ISS), seja caracterizada como "industrialização" (sujeita a imposto federal – IPI).

2 Características

Lei Complementar é um instrumento normativo de competência do Congresso Nacional que tem como função, e finalidade, integrar a eficácia das normas constitucionais, revestindo a natureza formal de lei nacional, produto do Estado total (global), que fundamenta a edição de normas federais, estaduais, distritais e municipais.

A Constituição Federal (art. 146) trata da figura da lei complementar que tem como atribuições:

> I – dispor sobre conflitos de competência, em matéria tributária, entre a União, os Estados, o Distrito Federal e os Municípios;
> II – regular as limitações constitucionais ao poder de tributar:
> III – estabelecer normas gerais em matéria de legislação tributária, especialmente sobre:

a) definição de tributos e de suas espécies, bem como em relação aos impostos discriminados nesta Constituição, a dos respectivos fatos geradores, bases de cálculo e contribuintes:
b) obrigação, lançamento, crédito, prescrição e decadência tributários;
c) adequado tratamento tributário ao ato cooperativo praticado pelas sociedades cooperativas;
d) definição de tratamento diferenciado e favorecido para as microempresas e para as empresas de pequeno porte, inclusive regimes especiais ou simplificados no caso do imposto previsto no art. 155, II, das contribuições previstas no art. 195, I e §§12 e 13, e da contribuição a que se refere o art. 239.
Parágrafo único. A lei complementar de que trata o inciso III, *d*, também poderá instituir um regime único de arrecadação dos impostos e contribuições da União, dos Estados, do Distrito Federal e dos Municípios, observado que:
I – será opcional para o contribuinte;
II – poderão ser estabelecidas condições de enquadramento diferenciadas por Estado;
III – o recolhimento será unificado e centralizado, e a distribuição da parcela de recursos pertencentes aos respectivos entes federados será imediata, vedada qualquer retenção ou condicionamento;
IV – a arrecadação, a fiscalização e cobrança poderão ser compartilhadas pelos entes federados, adotado cadastro nacional único de contribuintes.
Art. 146-A Lei complementar poderá estabelecer critérios especiais de tributação, com o objetivo de prevenir desequilíbrios da concorrência, sem prejuízo da competência de a União, por lei, estabelecer normas de igual objetivo (redação da EC nº 42/03).

O âmbito normativo da lei complementar implicará na rigorosa classificação científica das normas constitucionais (segundo sua eficácia e aplicabilidade), a saber:

I – normas de eficácia plena e aplicabilidade direta, imediata e integral;
II – normas de eficácia limitada contida e aplicabilidade direta, imediata, mas possivelmente não-integral;
III – normas de eficácia limitada, compreendendo: a) declaratórias de princípios instintivos ou organizativos; b) declaratórias de princípios programáticos.[2]

As leis complementares da CF (art. 59, II) impõem a necessidade de quórum qualificado (maioria absoluta – art. 69), não significando, contudo, que haja superioridade formal da lei complementar pela circunstância de que não pode revogar a lei ordinária, em virtude dos argumentos seguintes: "1º os campos da lei complementar e da lei ordinária em princípio não se interpenetram, numa decorrência da técnica constitucional da distribuição *rationae materiae* de competências legislativas; 2º a superveniência da lei complementar somente suspende ou paralisa a eficácia da lei ordinária em casos excepcionais".[3]

A *lei ordinária* distingue-se da *lei complementar* por significar diploma normativo competente para a efetiva criação das obrigações tributárias (principal e acessória) pelos poderes legislativos da União, dos Estados, do Distrito Federal e dos Municípios, dispondo sobre todos os aspectos das normas – pessoal, material, quantitativo, espacial e temporal. Também trata da cominação de penalidades para as ações ou omissões

---

[2] SILVA, José Afonso da. *Aplicabilidade das Normas Constitucionais*. 2. ed. São Paulo: RT, 1982. p. 75.
[3] BORGES, José Souto Maior. *Lei Complementar Tributária*. São Paulo: RT, 1975. p. 25.

contrárias a seus dispositivos; das hipóteses de exclusão, suspensão e extinção de créditos tributários, ou de dispensa ou redução de penalidades, atendidas ressalvas específicas (CTN, art. 97).

Essas considerações demonstram que o art. 146, da CF, confere à lei complementar uma diferenciada abrangência em matéria tributária, como não se continha na Constituição anterior.

3 Conflitos de competência

Competência tributária é a aptidão para criar os tributos, legalmente e de forma abstrata, indicando todos os elementos da hipótese de incidência, compreendendo o aspecto pessoal (sujeitos ativo e passivos), a materialidade, quantificação (base de cálculo e alíquota), e aspectos espacial e temporal.

A instituição de qualquer espécie tributária só pode ser exercida pela pessoa política prevista na Constituição, que fixa os respectivos estados, fatos, situações, e atividades de modo a assegurar-lhe a decorrente receita financeira. A competência significa superior princípio constitucional que se caracteriza pela "privatividade, indelegabilidade, incaducabilidade, inalterabilidade e facultatividade do exercício".[4]

A *bitributação* corresponde à exigência de diversas imposições fiscais sobre um mesmo fato gerador, por parte de distintas pessoas de direito público; independentemente de sua previsão constitucional; ou mesmo da espécie tributária (impostos, contribuições etc.).

A discriminação das competências pelas entidades tributantes, de conformidade com as específicas materialidades – ainda que possam denotar semelhanças e vinculações –, impede que seja cogitada a bitributação, uma vez que a própria Constituição outorga o respectivo direito à imposição fiscal.

Esse fenômeno ocorre através de um concurso de normas sobre um mesmo fato gerador; e que pode formar-se tanto no interior de um dado sistema jurídico, como externamente nas relações entre sistemas jurídicos postos em concurso por um determinado fato tributário, formando assim, respectivamente, a dupla tributação interna ou internacional".[5]

É patente a bitributação quando o fato (jurídico) relativo à montagem (fabricação de produto industrializado) – com incidência do IPI (competência da União) – seja objeto da exigência do ISS pelo Município, por qualificar a montagem como prestação de serviço.

Pode-se cogitar de ilegitimidade na dupla exigência de imposto e de taxa diante de naturezas distintas, porque ou se trata de exação vinculada à atuação do poder público, ou se cogita de imposição pertinente a negócio realizado por particular (exação não vinculada).

A positivação da bitributação (ou não) demanda o exame do texto constitucional, para se aferir a possibilidade de múltiplas imposições de cargas tributárias (IPI, ICMS,

---

4 CARRAZZA, Roque Antonio. *Curso de Direito Constitucional Tributário*. 24. ed. São Paulo: Malheiros, 2008. p. 505.

5 TORRES, Heleno Taveira. Tipologia da Dupla (Múltipla) Tributação Internacional de Rendas das Empresas: "Dupla Tributação Jurídica Internacional" e "Dupla Tributação Econômica Internacional", o Fim de um Paradigma. *RTJE*, v. 133, p. 33, fev. 1995.

PIS, COFINS), a despeito de decorrerem de uma mesma riqueza (econômica). Embora se trate de um único fato (operação com produto industrializado suscetível de incidência do IPI – art. 153, IV, da CF), verifica-se o natural reflexo de outros fatos (operações mercantis – ICMS, art. 155, II, da CF); e faturamento/receita – COFINS, art. 195, I, *b*; e PIS, art. 239, da CF), não sendo o caso de bitributação.

No *bis in idem* o fato jurídico é tributado por uma mesma pessoa política (única titularidade ativa), mais de uma vez; podendo tratar-se de simples adicional (uniformidade da espécie de tributo); além de cogitar-se de uma mesma base imponível. É o caso do Imposto de Renda (art. 153, III, da CF) e da Contribuição Social sobre o Lucro (art. 195, I, *c*), decorrentes de um fato básico (lucro), compreendido como resultado positivo (acréscimo patrimonial), obtido pela pessoa jurídica ao final de um determinado período de tempo.

STF
IPVA

RECURSO EXTRAORDINÁRIO. REPERCUSSÃO GERAL. TEMA 708. CONSTITUCIONAL. TRIBUTÁRIO. IMPOSTO SOBRE A PROPRIEDADE DE VEÍCULOS AUTOMOTORES (IPVA). RECOLHIMENTO EM ESTADO DIVERSO DAQUELE QUE O CONTRIBUINTE MANTÉM SUA SEDE OU DOMICÍLIO TRIBUTÁRIO. IMPOSSIBILIDADE.
(...)
3. Embora o IPVA esteja previsto em nosso ordenamento jurídico desde a Emenda 27/1985 à Constituição de 1967, ainda não foi editada a lei complementar estabelecendo suas normas gerais, conforme determinado o art. 146, III, da CF/1998. Assim, os Estados poderão editar leis necessárias à aplicação do tributo, conforme estabelecido pelo art. 24, §3º, da Carta, bem como pelo art. 34, §3º, do Ato das Disposições Constitucionais Transitórias – ADCT.
4. A presente lide retrata uma das hipóteses de "guerra fiscal" entre entes federativos, configurando-se a conhecida situação em que um Estado busca aumentar sua receita por meio da oferta de uma vantagem econômica para o contribuinte domiciliado ou sediado em outro.
5. A imposição do IPVA supõe que o veículo automotor circule no Estado em que licenciado. Não por acaso, o inc. III do art. 158 da Constituição de 1988 atribui cinquenta por cento do produto da arrecadação do imposto do Estado sobre a propriedade de veículos automotores aos Municípios em que licenciados os automóveis.
(...)
7. Tese para fins de repercussão geral: "*A Constituição autoriza a cobrança do Imposto sobre Propriedade de Veículos Automotores (IPVA) somente pelo Estado em que o contribuinte mantém sua sede ou domicílio tributário (...).*"
(RE nº 1.016.605-MG – red. p/ac Min. Alexandre de Moraes – sessão de 16.06.2020). (Grifos nossos)

ITCMD

Recurso extraordinário. Repercussão geral. Tributário. Competência suplementar dos estados e do Distrito Federal. Artigo 146, III, *a*, da CF. Normas gerais em matéria de legislação tributária. Artigo 155, I, CF, ITCMD. Transmissão *causa mortis*. Doação. Artigo 155, §1º, III, CF. Definição de competência. Elemento relevante de conexão com o exterior. Necessidade

de edição de lei complementar. Impossibilidade de os estados e o Distrito Federal legislarem supletivamente na ausência da lei complementar definidora da competência tributária das unidades federativas.
(...)
5. Prescinde a lei complementar a instituição do imposto sobre transmissão causa mortis e doação de bens imóveis – e respectivos direitos – móveis, títulos e créditos no contexto nacional. Já nas hipóteses em que há um elemento relevante de conexão com o exterior, a Constituição exige lei complementar para se estabelecerem os elementos de conexão e fixar a qual unidade federada caberá o imposto.
(...)
8. Tese de repercussão geral:
É vedado aos estados e ao Distrito Federal instituir o ITCMD nas hipóteses referidas no art. 155, §1º, III, da Constituição Federal sem a edição da lei complementar exigida pelo referido dispositivo constitucional.
(RE nº 851.108-SP – Plenário – rel. Min. Dias Toffoli – sessão de 01.03.2021). (Grifos nossos)

ICMS

Ação direta de inconstitucionalidade. Legitimidade ativa da associação autora. Emenda Constitucional nº 87/15. ICMS. Operações e prestações em que haja destinação de bens e serviços a consumidor final não contribuinte do ICMS localizado em estado distinto daquele do remetente. Inovação constitucional. Matéria reservada à lei complementar (art. 146, inciso III, *d*, e parágrafo único, CF/88). Cláusulas (...)do Convênio ICMS nº 93/2015. Inconstitucionalidade: Cautelar deferida na ADI nº 5.464/DF, *ad referendum* do Plenário.
(...) 2. Cabe à lei complementar dispor sobre conflitos de competência em matéria tributária e estabelecer normas gerais sobre os fatos geradores, as bases de cálculo, os contribuintes dos impostos discriminados na Constituição e a obrigação tributária (art. 146, I e III, a e b).
(...) 3. Especificamente no que diz respeito ao ICMS, o texto constitucional consigna caber à lei complementar, entre outras competências, definir os contribuintes do imposto, dispor sobre substituição tributária, disciplinar o regime de compensação do imposto e de definição do estabelecimento responsável e fixar a base de cálculo do imposto (art. 155, §2º, XII, *a*, *b*, *c* e *i*).
(...)
5. Convênio interestadual não pode suprir a ausência de lei complementar dispondo sobre obrigação tributária, contribuintes, bases de cálculo/alíquotas e créditos de ICMS nas operações e prestações interestaduais com consumidor final não contribuinte do imposto, como fizeram as cláusulas primeira, segunda, terceira e sexta do Convênio nº 93/2015.
(ADI 5.469-DF – Plenário – rel. Min. Dias Toffoli – sessão de 24.02.21). (Grifos nossos)
Ação direta de inconstitucionalidade. Direito Tributário. Lei nº 6.375/75 e Lei Complementar Federal nº 87/96. Operações com programa de computador (*software*). Critério objetivo. Subitem 1.05 da lista anexa à LC nº 116/03. Incidência do ISS. Aquisição por meio físico ou meio padronizado (*download, streaming*, etc.)
(...)
2. A Corte tem tradicionalmente resolvido as indefinições entre ISS, e do ICMS, com base em critério objetivo: incide apenas o primeiro se o serviço está definido por lei complementar como tributável por tal imposto, ainda que sua prestação envolva a utilização ou o fornecimento de bens, ressalvadas as exceções previstas na lei; ou incide apenas o segundo se a operação de circulação de mercadorias envolver serviços não definido por aquela lei complementar; (...).

(ADI nº 5.659-MG – Plenário – rel. Min. Dia Toffoli – sessão de 24.02.2021).
(...)
17. A lei complementar a que se refere o art. 156, III, da CRFB/88, ao definir os serviços de qualquer natureza a serem tributados pelo ISS a) arrola serviços por natureza; b) inclui serviços que, não exprimindo a natureza de outro tipo de atividade, passam á categoria de serviços, para fim de incidência do tributo, por força de lei, visto que, se assim não considerados, restariam incólumes a qualquer tributo; e c) em caso de operações mistas, afirma a prevalência do serviço, para fim de tributação pelo ISS;
(...) 19. A regra do art. 146, III, "a", combinado com o art. 146, I, CRFB/88, remete à lei complementar a função de definir o conceito "de serviços de qualquer natureza", o que é efetuado pela LC nº 116/2003;
(...)
27. *Ex positis*, em sede de Repercussão Geral a tese jurídica assentada é: "*As operadoras de planos de saúde e de seguro-saúde realizam prestação de serviço sujeita ao Imposto Sobre Serviços de Qualquer Natureza – ISSQN, previsto no art. 156, III, da CRFB/88 – Tema 581.*
(RE nº 651.703-PR – Plenário – rel. Min. Luiz Fux – sessão de 29.09.2016).

ISS

RECURSO EXTRAORDINÁRIO COM REPERCUSSÃO GERAL. TRIBUTÁRIO. IMPOSTO SOBRE SERVIÇOS DE QUALQUER NATUREZA. ISS. ART. 156, III, DA CARTA POLÍTICA. OPÇÃO CONSTITUCIONAL PELA LIMITAÇÃO DA CAPACIDADE TRIBUTÁRIA DOS MUNICÍPIOS POR MEIO DA ATRIBUIÇÃO Á LEI COMPLEMENTAR DA FUNÇÃO DE DEFINIR OS SERVIÇOS TRIBUTÁVEIS PELO ISS. LISTAS DE SERVIÇOS ANEXAS AO DECRETO-LEI 406/1968 E LEI COMPLEMENTAR 116/2003. CARÁTER TAXATIVO COMPATÍVEL COM A CONSTITUIÇÃO DA REPÚBLICA.
(...)
5. Ao determinar que compete à lei complementar definir os serviços tributáveis pelo ISS, a Constituição fez escolha pragmática para evitar que, a todo momento, houvesse dúvida se determinada operação econômica seria tributada como prestação de serviços ou circulação de mercadorias, especialmente tendo em conta o caráter economicamente misto de muitas operações.
(...)
8. Embora a lei complementar não tenha plena liberdade de qualificar como serviços tudo aquilo que queira, a jurisprudência do Supremo Tribunal Federal não exige que ela inclua apenas aquelas atividades que o Direito Privado qualificaria como tais. Precedentes nesse sentido julgado em regime de repercussão geral, a saber: "*É taxativa a lista de serviços sujeita ao ISS a que se refere o art. 156, III, da Constituição Federal, admitindo-se, contudo, a incidência do tributo sobre as atividades inerentes aos serviços elencados em lei em razão da interpretação extensiva*" (Tema 296).
(RE nº 784.439-DF – Plenário – rel. Min. Rosa Weber – sessão de 20.06.2020). (Grifos nossos)

ISS/ICMS

Recurso Extraordinário. Repercussão geral. Direito Tributário. Incidência do ICMS ou do ISS. Operações mistas. Critério objetivo. Definição de serviço em lei complementar. Medicamentos produzidos por manipulação de fórmulas, sob encomenda, para entrega posterior ao adquirente, em caráter pessoal. Subitem 4.07 da lista anexa á LC nº 116/03.

Sujeição ao ISS. Distinção em relação aos medicamentos de prateleira, ofertados ao público consumidor, os quais estão sujeitos ao ICMS.
1. A Corte tradicionalmente resolve as ambiguidades entre o ISS e o ICMS com base em critério objetivo: incide apenas o primeiro se o serviço está definido por lei complementar como tributável por tal imposto, ainda que sua prestação envolva a utilização ou o fornecimento de bens, ressalvadas as exceções previstas na lei; ou incide apenas o segundo se a operação de circulação de mercadorias envolver serviço não definido por aquela lei complementar.
2. O critério objetivo pode ser afastado se o legislador definir como tributáveis pelo ISS serviços que, ontologicamente, não são serviços ou sempre que o fornecimento de mercadoria seja de vulto significativo e com efeito cumulativo.
3. À luz dessas diretrizes incide o ISS (subitem 4.07 da Lista anexa à LC nº 116/03), sobre as operações realizadas por farmácias de medicamentos encomendados para posterior entrega aos fregueses, em caráter pessoal, para consumo; incide o ICMS sobre os medicamentos de prateleira ofertados ao público consumidor e produzidos por farmácias de manipulação, S4. Fixação da seguinte tese para o Tema nº 379 da Gestão por temas de repercussão geral: "Incide ISS sobre as operações de venda de medicamentos preparados por farmácia de manipulação sob encomenda. Incide ICMS sobre as operações de venda de medicamentos por elas ofertados aos consumidores em prateleiras.
(RE nº 605.552 – Rio Grande do Sul – Plenário – rel. Min. Dias Toffoli – j. 05.08.2020).

STJ

ISS

Tributário. Recurso Especial. ISSQN. Prestação de serviços de manutenção em elevadores e fornecimento de materiais. Operação mista. Item 14.01 da Lista Anexa à LC 116/2003. Recurso provido.
1. O critério adotado por esta Corte para definir os limites entre os campos de competência tributária de Estados e Municípios relativamente ao ICMS e ISSQN, seguindo orientação traçada no Supremo Tribunal Federal, é o de que nas operações mistas há que se verificar a atividade da empresa, se esta estiver sujeita à lista do ISSQN o imposto a ser pago é o ISSQN, inclusive sobre as mercadorias envolvidas, com a exclusão do ICMS sobre elas, a não ser que conste expressamente da lista a exceção.
(ED no AgR no REsp nº 1.168.488-SP, rel. Min. Humberto Martins, 2ª. T., DJe 21.06.2010).

ISS/ICMS
(...)
1. Segundo decorre do sistema normativo específico (art. 155, II, §2º, IX, *b*; art. 156, III, da Cf.; art. 2º, IV, da LC 87/96; e art. 1º, §2º,d a LC 116/03), a delimitação dos campos de competência tributária entre Estados e Municípios, relativamente à incidência de ICMS e ISSQN, está submetida aos seguintes critérios: (a) sobre operações de circulação de mercadorias e sobre serviços de transporte interestadual e internacional (*sic*) e de comunicações índice ICMS; (b) sobre operações de prestações de serviços compreendidos na lista de que trata a LC 116/03, incide ISSQN; e (c) sobre operações mistas, assim entendidas as que agregam mercadorias e serviços, incide o ISSQN sempre que o serviço agregado não estiver previsto na referida lista. Precedentes de ambas as turmas do STF (...).
(REsp nº 881.035-RS – 1ª. Seção – rel. Min. Teori Albino Zavascki – j. 6.3.18 – Dje de 25.03.2008).

IPI/ISS

(...). A prestação de serviço de beneficiamento e polimento doe peças de metal, por encomenda ("industrialização por encomenda"), subsome-se à previsão contida no item 14.05 da Lista Anexa à LC 116/2003, razão pela qual é legítima a incidência do ISS sobre a atividade (...). (AgR nos EDv em Ag nº 1.360.188-RS, 1ª. Seção, rel. Min. Mauro Campbell Marques, j. 11.06.2014, *DJe* 12.03.2014).
A galvanoplastia, como serviço relativo a bens de terceiros, ainda que componha etapa intermediária no processo de industrialização do bem, se sujeita ao ISSQN. Precedentes do STJ. (AgR em REsp nº 330.870-SC – 2ª. T – rel. Min. Humberto Benjamin, j. 17.12.2013, DJe 12.03.2014).

ITR/IPTU

Tributário. Imóvel na Área Urbana. Destinação Rural. IPTU. Não-Incidência. Art. 15 do DL 57/1966.
Recurso Repetitivo. Art. 543-C do CPC.
1. Não incide IPTU, mas ITR, sobre imóvel localizado na área urbana do Município desde que comprovadamente utilizado em exploração extrativa, vegetal, agrícola, pecuária ou agroindustrial (art. 15 do DL 57/1966).
(REsp nº 1.112.646/SP – 1ª. Seção – rel. Min. Herman Benjamin – j. 26.08.2009, DJe 28.08.2009).

4 Limitações constitucionais ao poder de tributar

Trata-se de normas de caráter proibitivo, que conferem operacionalidade ao texto constitucional, como ocorre no caso das imunidades, disciplinadas pelo CTN (art. 14) com a consagrada natureza de lei complementar.

A *imunidade* consiste na exclusão de competência da União, Estados, Distrito Federal e Municípios, para instituir tributos relativamente a determinados atos, fatos e pessoas, expressamente previstos na CF. Do mesmo modo que confere competência para instituir tributos sobre determinadas materialidades, a própria CF também estabelece outras específicas situações que são afastadas dos gravames tributários.

O objetivo da imunidade é a preservação de valores considerados como de superior interesse nacional, tais como a manutenção das entidades federadas, o exercício das atividades religiosas, da democracia, das instituições educacionais, assistenciais e de filantropia e o acesso às informações.

O regime formal da imunidade implica considerar os seguintes pressupostos básicos: 1) é matéria sob reserva da Constituição; 2) tem voz dirigida às entidades tributantes, vedando a instituição de imposto e alcançando indiretamente a competência tributária; 3) não pode ser recusada nem renunciada; 4) não pode ser tida como um privilégio, um favor ou um benefício fiscal; e 5) opera *ope legis* sem necessidade de concessões, autorizações ou despachos".[6]

---

[6] MORAES, Bernardo Ribeiro de. A Imunidade Tributária e seus Novos Aspectos. *Imunidades Tributárias*. Pesquisas Tributárias, Nova Série n. 4, Coedição da Revista dos Tribunais e do Centro de Extensão Universitária, p. 115-118, 1998.

Assim, é proibida a atuação do legislador ordinário na instituição de determinados tributos, tendo em vista as precisas materialidades e pessoas participantes das relações jurídicas.

A CF estabelece o seguinte:

> Art. 150. Sem prejuízo de outras garantias asseguradas ao contribuinte, é vedado á União, aos Estados, ao Distrito Federal e aos Municípios:
> (...)
> VI – instituir impostos sobre:
> (...)
> c) patrimônio, renda ou serviços dos partidos políticos, inclusive suas fundações, das entidades sindicais dos trabalhadores, das instituições de educação e de assistência social, sem fins lucrativos, atendidos os requisitos da lei.

Justifica-se a exclusividade de lei complementar no regramento da imunidade, uma vez que, constituindo a competência tributária matéria estritamente constitucional, é lógico que a exclusão da competência – como se configura a imunidade – pode ser veiculada por norma (lei complementar) que tenha de ser considerada pelas pessoas políticas.

Realmente, se ao legislador ordinário fosse possibilitado instituir regras próprias de imunidade, as normas complementares poderiam ser alteradas, desprezadas ou suprimidas, eliminando-se obliquamente as limitações para tributar, que, a seu turno, consubstanciam irremovíveis direitos e garantias individuais.

Perspicaz a afirmativa de que "pode-se cogitar de uma situação intermediária, onde a lei 'complementar' (CF, art. 146, III) e lei 'ordinária' (CF, art. 150, VI, *c*) conviveriam, harmonicamente, em campos próprios e compatíveis de sorte a preservar, de um lado, o real e efetivo significado do instituto da imunidade e, de outro, os também respeitáveis interesses do Erário, que merecem ser tutelados, desde que isso se dê sem atropelo aos direitos e garantias fundamentais".[7]

Entretanto, a Lei federal nº 9.532, de 11 de dezembro de 1997, pretendeu introduzir preceitos próprios no âmbito da imunidade, modificando as diretrizes do CTN, considerando imune a instituição de educação, ou de assistência social, que presta serviços para os quais houver sido instituída e os coloque à disposição da população em geral em caráter suplementar às atividades do Estado, sem fins lucrativos.

Inexiste previsão constitucional de as entidades estarem abertas à população em geral, pois podem atender exclusivamente aos seus associados, complementando atividades fundamentais do Estado (ensino, serviços médicos, hospitalares, previdenciários etc.).

A proibição de finalidade lucrativa deve ser compreendida no sentido de que os objetivos institucionais não perseguem o lucro – implicador do caráter mercantil – que, naturalmente pudesse acarretar o posterior repasse ou distribuição aos sócios. É normal e compreensível que as instituições de beneficência – como quaisquer outras entidades

---

[7] BOTTALLO, Eduardo Domingos. Imunidades de Instituições de Educação e de Assistência Social e Lei Ordinária – um Intrincado Confronto. In: ROCHA, Valdir de Oliveira (Coord.). Imposto de Renda – Alterações Fundamentais. São Paulo: Dialética, 1998. v. 2. p. 53-63.

de natureza assemelhada – colimam sempre um resultado positivo de suas atividades para poderem aprimorar o patrimônio e os serviços.

Não colhe a exigência de não remunerar, por qualquer forma, seus dirigentes pelos serviços prestados (art. 12, §2º), porque, além de não encontrar correspondência em nenhum requisito do CTN, é natural que o pagamento a diretor ou qualquer administrador das instituições não representa violação aos preceitos básicos da imunidade, desde que sejam compatíveis com as condições usuais do mercado de trabalho, não caracterizando distribuição disfarçada de lucros.

É injurídica a obrigatória destinação de superávit a incremento do seu ativo imobilizado (art. 12, §3º), porque cria obrigação não prevista no CTN, acrescido da circunstância de que o administrador pode realizar diferentes espécies de aplicações, desde que estejam vinculadas à manutenção dos seus objetivos. Parece razoável a utilização do superávit para fazer face às despesas com professores, médicos, enfermagem, cursos de especialização etc.

A imunidade "não é restrita apenas à renda decorrente do objeto social da entidade, mas sim toda aquela auferida de forma regular visando resguardar o seu patrimônio dos efeitos corrosivos da inflação, como ocorre com as aplicações financeiras" (STF, Ag. Reg. no Agravo de Instrumento nº 749.009, 1ª. T., rel. Min. Luiz Fux, j. 13.03.2012, *DJe* 29.03.2012, p. 31-32).

Nesse contexto normativo, o STF decidiu:

> (...)
> II. Imunidade tributária (CF, art. 150, VI, *c*, e 146, II): *instituições de educação e de assistência social, sem fins lucrativos, atendidos os requisitos da lei*: delimitação dos âmbitos da matéria reservada, no ponto, à intermediação da lei complementar e da lei ordinária: análise, a partir daí, dos preceitos impugnados (Lei nº 9.532/97, arts. 12 a 14): cautelar parcialmente deferida. Conforme precedente no STF (RE 93.770), Muñoz, *RTJ* 102/304) e na linha da melhor doutrina, o que a Constituição remete à lei ordinária, no tocante à imunidade tributária considerada, é a fixação de normas sobre a constituição e funcionamento da entidade educacional ou assistencial imune: não o que diga respeito aos lindes da imunidade, que, quando suscetíveis de disciplina infraconstitucional, ficou reservado á lei complementar.
> (ADI nº 1.802-3/DF, Pleno, rel. Min. Sepúlveda Pertence, j. 27.08.1988, DJU 1 13.02.2004, p. 10).

Em 2017, o STF firmou o entendimento de que "os requisitos para o gozo da imunidade, hão de estar previstos em lei complementar" (ADIs nº 2.028, 2.228 e 2.621, e RE nº 566.622, Plenário de 23.02.2017, rel. Min. Marco Aurélio, Tema 32 de Repercussão Geral).

5 Normas gerais de direito tributário

A matéria relativa à *definição de tributos* (CTN, art. 146, III, *a*) implica em problemática atuação do legislador complementar, tendo em vista a competência outorgada às pessoas de direito público, em razão do que podem ser assumidas as posturas seguintes:

a) a lei complementar (mediante definição) delimita os tributos e especifica os fatos geradores, as bases de cálculo e os contribuintes dos impostos, restando mínima atuação legislativa das pessoas tributantes;
b) a lei complementar traça apenas os contornos dos tributos e impostos, permanecendo ampla margem legislativa das entidades tributantes;
c) a lei complementar caracteriza-se como norma do âmbito federal, não sendo aplicável aos Estados, Distrito Federal e Municípios, face suas autonomias.

Deslindar a questão não constitui tarefa simples, pois a competência da lei complementar restringe-se à *definição*, que representa temática mais apropriada ao campo doutrinário, e que, em termos legais, deve ser concebida como mera finalidade prática.

A definição na lei não se insere como elemento científico, visando apenas facilitar a aplicação das normas, podendo se entender que o intérprete e o aplicador da lei não se encontram adstritos às construções teóricas do legislador. Ao definir os tributos e os elementos específicos dos impostos, o legislador nada mais fez do que clarificar os implícitos comandos constitucionais, não criando nenhum direito novo.

Considerando que a CF expressamente indica as espécies tributárias, à lei complementar pouco restaria fazer, salvo a instituição de empréstimos compulsórios (art. 148), do imposto sobre grandes fortunas (art. 153, VII), bem como dos impostos e contribuições decorrentes da competência residual da União (arts. 154, I, e 195, §4º). Sob esse aspecto, não poderia modificar a natureza de cada tipo tributário, que se encontra plasmado nas normas e princípios constitucionais que podem ser captadas pelo hermeneuta.

Impertinente a definição de taxa em face da compreensão do conceito encartado no inciso II, do art. 145, da CF ("exercício regular do poder de polícia pela utilização, efetiva ou potencial"; e "prestação de serviços públicos, específicos e divisíveis, prestados ao contribuinte ou postos à sua disposição"). A lei complementar que pretendesse defini-la nada poderia acrescentar, muito menos restringir.

No que tange aos impostos, o empenho do legislador complementar revelaria mero caráter didático, porque – embora a Constituição (art. 145, I) só mencione o vocábulo "impostos" – a pauta de competências tributárias arroladas nos arts. 153, 155 e 156, permite visualizar exação não vinculada à atuação do poder público.

O mesmo ocorre com as contribuições de melhoria (art. 145, III), e contribuições sociais (art. 149 e 195, entre outros), em que a própria Constituição permite apurar os seus lineamentos básicos, de conformidade com interpretação sistemática do quadro tributário.

Havendo a CF relacionado as matérias tributárias é de se supor, como lógica elementar, que todos os aspectos da hipótese de incidência devam estar vinculados às específicas materialidades. Além disso, seria irrelevante a inexistência de lei complementar definidora de fatos geradores, bases de cálculo e contribuintes, ou, se editada, o fizesse de modo restritivo, impossibilitando as pessoas públicas de exercitarem suas competências.

O CTN dispõe:

Art. 3º. Tributo é toda prestação pecuniária compulsória, em moeda ou cujo valor nela se possa exprimir, que não constitua sanção de ato ilícito, instituída em lei e cobrada mediante atividade administrativa plenamente vinculada.

Trata-se de obrigação legal concernente a vínculo jurídico transitório, de conteúdo econômico, impondo ao sujeito passivo o comportamento de levar dinheiro aos cofres públicos que decorre de ato, estado, negócio, situação jurídica; ou da realização de serviços públicos específicos e divisíveis, prestados ao contribuinte ou colocados à sua disposição, ou decorrente do exercício regular do poder de polícia.

O tributo distingue-se das multas, obrigações convencionais e indenização por dano. Trata-se de receita pública derivada do patrimônio dos particulares, de caráter obrigatório e prevista em norma competente, consoante as materialidades e competências constitucionais, fundamentada em princípios conformadores de regime jurídico peculiar.

Referências

ATALIBA, Geraldo. Federação. *Revista de Direito Público*, n. 81, p. 172-81, jan./mar. 1987.

BORGES, José Souto Maior. *Lei Complementar Tributária*. São Paulo: RT, 1975.

BOTTALLO, Eduardo Domingos. Imunidades de Instituições de Educação e de Assistência Social e Lei Ordinária – um Intrincado Confronto. *In*: ROCHA, Valdir de Oliveira (Coord.). *Imposto de Renda* – Alterações Fundamentais. São Paulo: Dialética, 1998. v. 2.

CARRAZZA, Roque Antonio. *Curso de Direito Constitucional Tributário*. 24. ed. São Paulo: Malheiros, 2008.

MORAES, Bernardo Ribeiro de. A Imunidade Tributária e seus Novos Aspectos. *Imunidades Tributárias*. Pesquisas Tributárias, Nova Série n. 4, Coedição da Revista dos Tribunais e do Centro de Extensão Universitária, p. 115-118, 1998.

SILVA, José Afonso da. *Aplicabilidade das Normas Constitucionais*. 2. ed. São Paulo: RT, 1982.

TORRES, Heleno Taveira. Tipologia da Dupla (Múltipla) Tributação Internacional de Rendas das Empresas: "Dupla Tributação Jurídica Internacional" e "Dupla Tributação Econômica Internacional", o Fim de um Paradigma. *RTJE*, v. 133, p. 33, fev. 1995.

Informação bibliográfica deste texto, conforme a NBR 6023:2018 da Associação Brasileira de Normas Técnicas (ABNT):

MELO, José Eduardo Soares de. Lei complementar tributária e federalismo. In: LOBATO, Valter de Souza (coord.); MARINHO NETO, José Antonino (org.). *O papel da lei complementar tributária no desenho federativo brasileiro*. Belo Horizonte: Fórum, 2024. p. 151-163. ISBN 978-65-5518-779-3.

A NECESSIDADE DE LEI COMPLEMENTAR PARA DEFINIÇÃO DE CRITÉRIOS OBJETIVOS PARA TRIBUTAÇÃO NAS ÁGUAS MARÍTIMAS

NINA PINHEIRO PENCAK

Introdução[1]

É impossível dissociar o conceito de federalismo fiscal da definição do federalismo considerado isoladamente, como tipo de Estado, principalmente, quando se admite que a divisão de competências tributárias é inerente à própria manutenção do pacto federativo.

Tem-se, por unanimidade da doutrina, que o cerne do Federalismo é a Constituição, uma vez que, em primeiro lugar, a existência do Estado Federal deve estar expressa na Carta, cabendo, também, ao constituinte definir as competências dos entes federados.

Seja por meio de compensações financeiras, seja pela repartição das receitas tributárias é a Constituição que dá as bases para a auto-organização dos entes federados e para a manutenção do pacto federativo. O federalismo fiscal é, assim, a partilha de receitas tributárias e não tributárias aos entes federativos, a fim de que consigam exercer as demais competências atribuídas pela Constituição, para que se faça possível a manutenção de sua autonomia, e para que se coloque em prática o federalismo cooperativo.

O Federalismo brasileiro, do ponto de vista tributário, baseia-se na repartição constitucional, entre os entes federativos, da competência de criação de tributos, respeitando-se limites impostos pela própria Constituição, bem como na estipulação da partilha do produto da arrecadação tributária.

Fato é que a Constituição de 1988 alterou certos conceitos ínsitos ao Federalismo, porém, já fragilizados devido a contextos históricos autoritários. Não menos importante, a Carta introduziu novos parâmetros para o respeito ao equilíbrio federativo, com a intenção de manter a estabilidade do regime democrático.

Assim, é indispensável a repartição constitucional de receitas e a outorga da capacidade de tributar, visto que a mesma Carta, que coloca o Federalismo como sistema

1 O presente artigo utilizou-se de trechos da dissertação de Mestrado apresentada pela autora em 2016 como requisito para conclusão da pós-gradução *sticto sensu*, na UERJ.

de poder, deve ser capaz de prover meios para abastecê-lo e muni-lo dos atributos necessários para sua manutenção e fortalecimento, para que seja possível criar um sistema cada vez mais capaz de se autogerir. Sabendo-se que não deve ser o ente central dono de tamanho poder e responsabilidade, deve-se recorrer à Constituição Federal que provê os mecanismos necessários para o equilíbrio do pacto federativo.[2]

Ocorre que, muitas vezes, os próprios entes – Estados e Municípios – acabam causando um enfraquecimento do Federalismo, devido à exacerbação da competência outorgada pela Constituição e das leis complementares que impõem normas gerais de ICMS e ISS, suas principais fontes de receitas. Há, então, um desequilíbrio causado pela violação ao Princípio da Conduta Amistosa Federativa que atua no Federalismo pela manutenção do equilíbrio dos planos vertical e horizontal.

Prevendo a possibilidade de o balizamento das competências tributárias positivas e negativas não ser o suficiente para impedir o surgimento desses conflitos, o constituinte delegou ao legislador complementar, por meio do art. 146, I e III, a competência para regular os conflitos de competência e instituir as normas gerais dos impostos.

Assim, cabe à lei complementar implementar critérios para evitar a ocorrência da bitributação, fenômeno taxativamente vedado pela Constituição Federal, que determinou as materialidades econômicas utilizadas como hipóteses de incidência de impostos para cada ente federativo, que se torna necessário o respeito aos limites territoriais nos quais a legislação tributária de Estados e Municípios possuem eficácia. Tal respeito está longe de ser verificado quando nos debruçamos sobre o estudo da tributação dos fatos ocorridos em águas marítimas.

A divisão inconstitucional de competências tributárias entre Estados e Municípios no território marítimo é feita por esses próprios entes com fundamento no parágrafo único do art. 9º da Lei nº 7.525/86, que dispõe sobre a repartição dos poços de petróleo situados até a plataforma continental para fins de pagamentos de *royalties* a Estados e Municípios.

A referida lei, em seu artigo 9º, delega ao Instituto Brasileiro de Geografia e Estatística – IBGE – a competência para traçar linhas ortogonais e paralelas de projeção marítima e estabelecer os limites dos territórios de Estados e Municípios para os fins de distribuição da referida compensação financeira, conforme será abordado.[3]

---

[2] Nesse sentido, Régis Fernandes de Oliveira: "A Constituição outorgou competência tributária a cada ente federativo, para que possa instituir seus próprios tributos, de acordo com a repartição efetuada. Como a Constituição estabeleceu as atribuições de cada ente federal, evidente que deve dar-lhes os instrumentos ou recursos para que possa atendê-las. Quem dá os fins, dá os meios, dizia Rui Barbosa. Se, na partilha das competências políticas e administrativas, União, Estados-membros, Distrito Federal e Municípios receberam um plexo de atribuições de que deve cuidar, evidente que a eles devem ser destinados recursos para cumprir suas finalidades". (OLIVEIRA, Regis Fernandes de. Curso de direito financeiro. São Paulo: Revista dos Tribunais, 2011. p. 45.)

[3] Art. 9º Caberá à Fundação Instituto Brasileiro de Geografia e Estatística – IBGE:
I – tratar as linhas de projeção dos limites territoriais dos Estados, Territórios e Municípios confrontantes, segundo a linha geodésica ortogonal à costa ou segundo o paralelo até o ponto de sua interseção com os limites da plataforma continental;
II – definir a abrangência das áreas geoeconômicas, bem como os Municípios incluídos nas zonas de produção principal e secundária e os referidos no §3º do art. 4º desta lei, e incluir o Município que concentra as instalações industriais para o processamento, tratamento, armazenamento e escoamento de petróleo e gás natural;
III – publicar a relação dos Estados, Territórios e Municípios a serem indenizados, 30 (trinta) dias após a publicação desta lei;

Assim, devido à falta de previsão legal específica, os Estados e Municípios se utilizam da lógica da Lei nº 7.525/86 e do Decreto nº 93.189/86 para determinar suas competências tributárias sobre as mercadorias comercializadas e os serviços prestados nas plataformas de petróleo – leia-se, nos poços de petróleo, situados em blocos de exploração de petróleo, em águas marítimas – o que se traduz em verdadeira analogia para imposição de obrigação tributária, forma de integração vedada pelo Código Tributário Nacional e pela Constituição Federal, que impõem o respeito à legalidade para instituição e majoração de tributos.

Essa recorrente prática, como pontuado, acaba por gerar situações de potencial pluritributação, com diversos lançamentos efetuados por diferentes entes estaduais ou municipais, com base no mesmo fato gerador e mesmo sujeito passivo.

Ademais, não menos importante é o fato de que, além de desvirtuamento da aplicação da Lei nº 7.525/86, os Estados e Municípios que dela extraem as suas competências tributárias agem em manifesta afronta ao art. 146, I, da Constituição, uma vez que em situações em que resta claro o conflito de competências entre diferentes entes em matéria tributária, cabe ao legislador complementar dirimi-los.

Dessa forma, o presente artigo pretende concluir que não há que se falar em projeção do território e, por sua vez, das competências de Estados e Municípios quando da ausência de lei federal, inclusive, pelo fato de que a Lei nº 8.617/93, em seu art. 2º, afirma que o Brasil possui soberania total sobre o seu mar territorial, soberania econômica na Zona Econômica Exclusiva e soberania, para efeitos de exploração dos recursos naturais, sobre a plataforma continental.

Antes de apresentarmos nossas conclusões, abordaremos, brevemente, o papel da lei complementar no direito tributário, especificamente, para dirimir o conflito de competências ocorrido quanto à tributação em águas marítimas. Destacaremos o seu papel de assegurar a estabilidade e a segurança jurídica, bem como a opinião doutrinária sobre o assunto. Confira-se.

1 O papel da lei complementar no Direito Tributário

A lei complementar possui papel de grande relevância no sistema tributário nacional. O art. 146, da Constituição de 1988, delega ao legislador complementar i) a edição de normas gerais; ii) dirimir conflitos de competência entre os entes da federação; iii) regular as limitações constitucionais ao poder de tributar; iv) cumprir com papéis específicos, ligados a certos tributos, conforme determinado pelo constituinte caso a caso.

O objeto do presente tópico será a análise mais aprofundada da função ligada às normas gerais e à regulação do conflito de competências, com maior destaque à última.

IV – promover, semestralmente, a revisão dos Municípios produtores de óleo, com base em informações fornecidas pela PETROBRÁS sobre a exploração de novos poços e instalações, bem como reativação ou desativação de áreas de produção.
Parágrafo único. Serão os seguintes os critérios para a definição dos limites referidos neste artigo:
I – linha geodésica ortogonal à costa para indicação dos Estados onde se localizam os Municípios confrontantes;
II – seqüência da projeção além da linha geodésica ortogonal à costa, segundo o paralelo para a definição dos Municípios confrontantes no território de cada Estado.

1.1 Normas gerais de Direito Tributário

A doutrina apresenta crítica à referida delegação constitucional por não haver definição do que seriam as "normas gerais em Direito Tributário".[4] Entretanto, o constituinte listou nas alíneas do inciso III as matérias que se incluiriam no referido conceito, que, segundo Sacha Calmon, são aquelas dispostas no Livro II do Código Tributário Nacional.

Como já abordado, o constituinte optou por conferir competência legislativa a todos os entes da Federação, de modo a descentralizar a produção legislativa, conferindo maior autonomia a Estados e Municípios, inclusive, no que tange ao direito tributário e financeiro, conforme disposto no art. 24, I, da Constituição.[5] A partir da leitura combinada do art. 24 com o art. 146 da Constituição, verifica-se que há clara e inconteste competência dos entes para instituição de seus tributos por lei ordinária, de um lado, no entanto, nas matérias elencadas no art. 146, o constituinte optou pela centralização legislativa, numa tentativa de tornar mais uníssono o sistema tributário nacional.

Isso porque, independente de qual ente é competente para a instituição do tributo, o fato gerador, a obrigação tributária, seus elementos, o lançamento, prescrição e decadência, anistia, isenções etc. são temas subordinados a uma mesma disciplina, que emana do Poder Legislativo nacional, que, para o professor Sacha Calmon, guarda relação com a praticidade do Direito.[6]

Os dois primeiros parágrafos do art. 24 da Constituição conferem, no caso de competência concorrente, o caráter não cumulativo, posto que afirmam que se não há lei complementar nacional sobre normas gerais, os Estados podem legislar plenamente sobre o assunto em relação aos tributos de sua competência. Nesse caso, os Estados (e Municípios, de acordo com o art. 30, II) apenas complementam as normas gerais já existentes, no espaço deixado pela lei geral.

No §3º do art. 24, verifica-se a situação em que não há qualquer norma geral versando sobre o assunto, em caso claro de lacuna normativa. Em tais hipóteses, há competência concorrente cumulativa, posto que ao Estado cabe o exercício da competência plena, até que seja editada lei complementar pelo Congresso Nacional.

Ocorre que, conforme pontuado por Luís Eduardo Schoueri, não é dizer que os Estados baixarão normas gerais como as da lei complementar, mas apenas que suas normas não encontrarão barreiras em normas de hierarquia superior. Essa competência, entretanto, apenas pode ser exercida na medida necessária para que eles, Estados,

---

[4] *Vide*: COÊLHO, Sacha Calmon. *Curso de direito tributário brasileiro*. Rio de Janeiro: Forense, 2015. p. 96., e SCHOUERI, Luís Eduardo. *Direito tributário*. São Paulo: Saraiva, 2011. p. 72.

[5] Art. 24. Compete à União, aos Estados e ao Distrito Federal legislar concorrentemente sobre:
I – direito tributário, financeiro, penitenciário, econômico e urbanístico;
(...)
§1º No âmbito da legislação concorrente, a competência da União limitar-se-á a estabelecer normas gerais.
§2º A competência da União para legislar sobre normas gerais não exclui a competência suplementar dos Estados.
§3º Inexistindo lei federal sobre normas gerais, os Estados exercerão a competência legislativa plena, para atender a suas peculiaridades.
§4º A superveniência de lei federal sobre normas gerais suspende a eficácia da lei estadual, no que lhe for contrário.

[6] COÊLHO, Sacha Calmon. *Curso de direito tributário brasileiro*. Rio de Janeiro: Forense, 2015. p. 95.

possam exercer sua competência própria de legislador sobre normas particulares.[7] Nesse sentido, foi o voto do Ministro Octávio Gallotti, quando do julgamento sobre a inconstitucionalidade do Adicional de Imposto de Renda criado pelos Estados:

> Sr. Presidente, a definição de fato gerador, na lei complementar – lei que não é puramente federal, mas nacional, ela é mais do que federal, portanto – inscrita no art. 146 da Constituição, tem um sentido e uma finalidade, que é a de impedir a ocorrência de conflitos de competência em matéria tributária entre as entidades políticas que compõem a Federação – União, Estados, Distrito Federal e Municípios.
> (...)
> Definir fatos geradores é a providência primeira que cabe fazer a lei complementar adotar para o fim de evitar os conflitos de competência entre as entidades políticas. Neste caso, portanto, é importante, muito importante, que uma lei nacional defina o fato gerador dos impostos e aquilo que toca de perto o fato gerador, que gira em torno deste, para, justamente, repito, impedir a ocorrência de conflitos de competência entre as entidades políticas que compõem a Federação.
> Posta assim a questão, penso que não se pode emprestar à matéria caráter local, para o fim de permitir, na linha do §3º do art. 24 da Constituição 'para atender a suas peculiaridades', vale dizer, para atender a peculiaridades locais. É que o Estado-membro somente exercerá competência plena, na falta da lei federal, para atender a suas peculiaridades (§3º do art. 24 da Constituição). Ora, definir fato gerador de imposto, conforme vimos, interessa a mais de uma entidade política que compõe a Federação, diz respeito a diversas entidades políticas, a mais de um Estado-membro, interessa e diz respeito à própria União.[8]

Assim, resta claro, a partir do trecho do voto do Ministro relator, que, na competência cumulativa, os Estados somente podem legislar para atender às peculiaridades locais, não para definir fatos geradores ou criar aspectos da obrigação tributária que estejam previstos de forma distinta em lei complementar. Além disso, nos casos de competência concorrente não cumulativa, Estados e Municípios legislam suplementarmente apenas naquilo que já não tenha sido regulado pela União, não podendo, simplesmente, alterar aspectos já definidos pelo legislador complementar.

Outra conclusão a que se chega, quando da leitura da referida decisão, é a de que existem elementos que constituem as normas gerais, e que possuem vinculação nítida com a definição das competências tributárias entre os entes e, por sua vez, com o conflito oriundo da distribuição de competências. Isso porque o constituinte previu o rol das materialidades econômicas que podem ser tributadas pelos entes, materialidades essas que são previstas nas leis ordinárias em forma de hipóteses de incidências e, uma vez ocorridos os fatos geradores, verifica-se a obrigação tributária.

O constituinte, no entanto, criou hipótese específica em que o legislador complementar possui a função de regular os conflitos de competência entre os entes, aquela prevista no inciso II, do art. 146, da qual trataremos a seguir.

---

7 SCHOUERI, Luís Eduardo. *Direito tributário*. São Paulo: Saraiva, 2011. p. 78.

8 BRASIL. Supremo Tribunal Federal. *Recurso Extraordinário nº 136.251/RJ*. Plenário, Relator Ministro Octávio Gallotti, Data de publicação: 16.04.1993.

1.2 Conflito de competências entre os entes federados

O artigo 146, I, da Constituição, prevê que cabe à lei complementar *dispor sobre conflitos de competência, em matéria tributária, entre a União, os Estados, o Distrito Federal e os Municípios.*

Essa função da lei complementar está ligada a um controle da observância, pelos entes subnacionais, das competências tributárias definidas na Constituição. Isso porque, mesmo com um sistema de divisão rígido de competências, os entes, vertical ou horizontalmente, acabam por invadir as competências uns dos outros, dada a falta de compreensão quanto a elementos que compõem os fatos geradores de seus tributos, sobretudo, impostos e, como não poderia deixar de ser, os intuitos arrecadatórios.

O professor titular da UFMG, Sacha Calmon, define conflito de competências da seguinte forma:

> Dá-se, porém, que não são propriamente conflitos de competência que podem ocorrer, mas invasões de competência em razão da insuficiência intelectiva dos relatos constitucionais pelas pessoas políticas destinatárias das regras de competências relativamente aos fatos geradores de seus tributos, notadamente impostos. É dizer, dada pessoa política mal entende o relato constitucional e passa a exercer a tributação da maneira mais ampla que a prevista na Constituição, ocasionando fricções, atritos, em áreas reservadas a outras pessoas políticas. Diz-se então que há um conflito de competências.[9]

Com isso em mente, é comum a ocorrência de conflitos entre os três entes, sobretudo no que tange aos seus impostos sobre consumo – IPI, ICMS e ISS. Assim, a lei complementar atua como fronteira, a fim de delimitar a atuação de cada ente e afastar os conflitos que possam surgir de interpretações equivocadas dos preceitos constitucionais.

Sobre esse ponto, manifestou-se o professor de Direito Financeiro da UERJ, Gustavo da Gama Vital de Oliveira:

> A CF possui diversos dispositivos que consagram essa confiança do constituinte no papel da lei complementar para dirimir conflitos de competência. O art. 146, I, é apenas o dispositivo no qual essa ideia é mais evidente. Nos outros dispositivos que tratam dos impostos específicos a CF, quando ventilou a possibilidade de conflito com outro imposto, expressamente referiu a lei complementar como veículo de definição de tais controvérsias. Ao tratar do ISS, no art. 156, a CF estabeleceu incidência de serviços de qualquer natureza, não compreendidos no art. 155, II, definidos em lei complementar. Ao dispor acerca do ICMS no art. 155, §2º, IX, a CF estabeleceu que o imposto incidirá também sobre o valor total da operação, quando mercadorias forem fornecidas com serviços não compreendidos na competência tributária dos Municípios.[10]

---

[9] COÊLHO, Sacha Calmon. *Curso de direito tributário brasileiro*. Rio de Janeiro: Forense, 2015. p. 89-90.

[10] OLIVEIRA, Gustavo da Gama Vital de. Federalismo fiscal, jurisdição constitucional e conflitos de competência em matéria tributária: o papel da lei complementar. *In*: GOMES, Marcus Lívio; VELLOSO, Andrei Pitten (Orgs.). *Sistema constitucional tributário*: dos fundamentos teóricos aos hard cases tributários – estudos em homenagem ao ministro Luiz Fux. Porto Alegre: Livraria do Advogado, 2014. p. 200.

No caso do conflito entre ICMS e ISS, são as LC nº 87/96 e LC nº 116/2003, respectivamente, que ocupam esse papel, que em seus artigos 2º e 1º, §2º, definem os serviços que serão tributados por cada ente.

Frise-se que a eleição pelo constituinte de veículo normativo específico para a resolução de conflitos de competência também está relacionada à praticidade, já que, caso coubesse ao Judiciário a resolução de todas essas questões inerentes ao Federalismo, haveria maior demora na obtenção de soluções e maior possibilidade de casuísmos.

A lei complementar possui atuação direta no que se refere à obediência à repartição de competências propostas pela Constituição, bem como confere maior segurança jurídica às relações Fisco-contribuintes, conforme será melhor pontuado.

Por outro lado, é relevante ressaltar que os conflitos de competência não ocorrem somente entre entes de hierarquias diferentes – conflitos verticais – mas também horizontalmente, entre entes da mesma hierarquia (Municípios x Municípios e Estados x Estados). Em tais hipóteses, é também a lei complementar o instrumento hábil para resolução do conflito, assim como ocorreu com o art. 3º da Lei Complementar nº 116/2003, que veio para solucionar o conflito criado pela interpretação equivocada do STJ sobre o local da ocorrência do fato gerador previsto no Decreto-Lei nº 406/68, configurando verdadeira correção legislativa da jurisprudência.

No entanto, como relatamos, apesar dos esforços do legislador complementar, os Municípios continuam, com aval do Judiciário, a tributar os fatos geradores ocorridos em águas marítimas no local da prestação, e não no estabelecimento do prestador. Tanto o Poder Executivo e Legislativo dos entes subnacionais, quanto o Judiciário, incluídos STF e STJ, desconsideram o disposto no art. 3º, §3º, da LC nº 116/2006.

Além do caso da inexistência de critérios objetivos para determinação do local da incidência tributária nos casos dos fatos ocorridos em águas marítimas, nesse sentido, foram os julgamentos que decidiram pela inconstitucionalidade do AIRE – Adicional de Imposto de Renda Estadual,[11] bem como das ADI nº 1089 e 1600, que questionavam a constitucionalidade da incidência de ICMS sobre a navegação aérea.

Feitas essas considerações preliminares, abordaremos a necessidade de lei complementar para dirimir os conflitos de competência na tributação em águas marítimas.

2 A aplicação da Lei nº 7.525/86 e o desequilíbrio do pacto federativo: a necessidade de lei complementar

A tributação estadual e municipal sobre as plataformas localizadas em águas marítimas vem gerando inúmeros conflitos de competência, o que ocorre, em primeiro lugar, porque não há legislação que disponha sobre a divisão das projeções estaduais e municipais nessas áreas. Em segundo lugar, conforme relatado em tópico supra, a utilização dos critérios da Lei nº 7.525/86 levam à tributação da prestação de serviços nas plataformas de petróleo por diversos Estados e Municípios, em conflito de competência horizontal, gerando o fenômeno da pluritributação e instabilidade para os contribuintes.

---

[11] BRASIL. Supremo Tribunal Federal. *ADI nº 28/SP*. Rel. Min. Octavio Gallotti, MC em DJ 26.05.1989.

Nesse quadro de potencial conflito de competências entre os entes na tributação das operações em águas marinhas, insta ressaltar a necessidade da lei complementar para dirimir tais conflitos, e definir os critérios para que cada ente federativo venha a tributar essas áreas, já que a tributação na ausência de lei complementar é ilegal e inconstitucional.

Portanto, não se afirma, aqui, que a tributação em águas marítimas seja impossível. Afirma-se que no direito positivo brasileiro não há regra que promova a repartição entre Estados e Municípios de suas projeções marítimas na plataforma continental e na zona econômica exclusiva. Inexistindo tal norma, inadequada a utilização, por analogia, das regras para distribuições dos royalties do petróleo. A ausência de tal regramento vem provocando um quadro de pluritributação horizontal no âmbito municipal, exigindo lei complementar que possa dirimir o potencial conflito de competência, nos termos do artigo 146, I, da Constituição Federal.

A Lei complementar nº 116/2003 procurou resolver a questão com a previsão no §3º do seu artigo 3º[12] de que o fato gerador dos serviços executados em águas marítimas considera-se ocorrido no estabelecimento prestador, o que, aliás, é a regra geral prevista no *caput* do mesmo artigo para todos os serviços, excetuados os previstos nos incisos I a XII da referida norma.

Em um exame mais apressado, imaginar que a mencionada previsão poderia constituir a lei complementar destinada a dirimir os problemas decorrentes da falta de repartição das projeções municipais das águas marinhas, nos termos do artigo 146, I, Constituição Federal. No entanto, tal previsão não soluciona o quadro de potencial conflito de competência, que também não encontra amparo na Lei Kandir, uma vez que os Estados e Municípios costumam prescrever que as plataformas de petróleo constituem estabelecimentos para fins de incidência de ICMS e ISS ou que seus territórios abrangem o mar territorial, a zona econômica exclusiva e a plataforma continental, de modo a possibilitar a tributação no local em que o serviço é efetivamente prestado.

Com efeito, há que se considerar que a regra do artigo 4º da LC nº 116/03, ao definir o que é estabelecimento prestador, só é aplicável em relação aos serviços tributados neste, o que constitui a regra geral do *caput* do artigo 3º, que foi reproduzida no §3º do artigo 3º em relação aos serviços prestados em águas marinhas. É ineficaz em relação aos serviços tributados no local do fato gerador, já que nestes, irrelevante é a definição do estabelecimento prestador.

Desse modo, a pretensa regra específica destinada a evitar o potencial conflito de competência em relação aos serviços prestados em águas marinhas é tão impotente para impedir a pluritributação municipal quanto à regra geral, já que a ela é idêntica.

No caso dos Estados, a lei complementar para dirimir conflito horizontal de competências é tão relevante, a fim de tornar certo o local da incidência e definir o ente responsável pela tributação, que encontra previsão constitucional genérica no art. 146, I, III e, ainda, previsão específica no art. 155, §2º, XII, "d" da Constituição, conforme se verifica:

---

[12] "§3º. Considera-se ocorrido o fato gerador do imposto no local do estabelecimento prestador nos serviços executados em águas marítimas, excetuados os serviços descritos no subitem 20.01".

> XII – cabe à lei complementar:
> (...)
> d) fixar, para efeito de sua cobrança e definição do estabelecimento responsável, o local das operações relativas à circulação de mercadorias e das prestações de serviços;

No caso da definição do aspecto espacial do fato gerador do ICMS, os papéis da lei complementar se confundem, posto que essa serve para estabelecer as normas gerais e para evitar conflitos de competência. Nesse sentido, Ricardo Lodi Ribeiro:

> O art. 146, III, a, da Constituição estabelece que os impostos devam ter fato gerador, base de cálculo e contribuintes definidos em lei complementar. Porém, no ICMS, dada a necessidade de dotar o imposto incidente sobre todas as mercadorias que circulam no País de regras nacionais uniformes que evitem o embaraço nos negócios por conta de discrepâncias de normas dos vários Estados, a Constituição exige uma maior disciplina por lei complementar.[13]

A Lei Kandir – LC nº 87/1996 – veio dispor sobre as alíneas do inciso XII, definindo, para quase todos os casos, as normas gerais de ICMS. No entanto, não há previsão quanto ao local da incidência quando as operações ocorrem no mar, de modo que, também para esse imposto, há a necessidade de lei complementar específica que dirima os conflitos de competência inerentes às omissões legislativas concernentes a esse ponto das normas gerais de ICMS. Assim, o fato de os Estados possuírem previsão em sua legislação de que os territórios se expandem para as águas marítimas (mar territorial, ZEE e plataforma continental) em nada supre a necessidade de lei complementar para definir o local exato da ocorrência do fato gerador.

Assim, conforme já explicitado, a lei complementar teria a dupla função de estabelecer normas gerais e dispor sobre conflitos de competência.

Nessa linha, insta ressaltar a necessidade da Lei Complementar para a regulamentação de conflitos de competência entre entes federados, que se utilizam, para tal finalidade, da Lei nº 7.525/86, conforme disposto no art. 146, I, da Constituição Federal.

Não restam dúvidas de que a tributação estadual e municipal sobre as operações que se vinculam às atividades atreladas às plataformas localizadas em águas marítimas gera conflitos de competência. Em primeiro lugar, porque não há legislação que disponha sobre as competências tributárias sobre essas áreas (o mar territorial, a zona econômica exclusiva e a plataforma continental), que, de acordo com a Lei nº 8.617/93, são áreas em que há soberania, limitada em determinados casos, da União Federal. Em segundo lugar, a utilização dos critérios da Lei nº 7.525/86 acarreta a tributação da prestação de serviços nas plataformas de petróleo por diversos Municípios, o que leva ao fenômeno da pluritributação.

Dessa forma, é nítida a reserva de lei complementar para regulamentar a questão das competências tributárias sobre as referidas áreas. É, ainda, pacífico, entre doutrina e jurisprudência, o fato de que a não existência de lei complementar dirimindo tais conflitos faz com que suas cobranças sejam consideradas inconstitucionais, conforme os precedentes do STF citados.

---

[13] RIBEIRO, Ricardo Lodi. *Tributos (teoria geral e espécies)*. Niterói: Impetus, 2013. p. 261.

É principalmente em relação ao primeiro ponto, descrito acima, que se deve a necessidade de Lei Complementar para instituir as competências municipais e estaduais sobre as águas marítimas, e definir os critérios para que cada ente federativo venha a tributar essas áreas, inclusive porque, no que tange à definição do local da incidência do tributo, repisa-se, que os papéis da lei complementar se confundem – a definição de tal ponto da norma geral está intimamente vinculada à resolução do conflito de competências, principalmente, horizontal, entre os entes. A tributação na ausência de lei complementar é, pois, ilegal e inconstitucional. É imprescindível, portanto, que haja lei complementar regulamentando a matéria, a fim de impor critérios, ou, ao menos, delegar a órgão técnico a elaboração de critérios objetivos para a divisão das águas marítimas entre Estados e Municípios, sob pena de se ferir frontalmente a Constituição e o Código Tributário Nacional.

2.1 A afronta à segurança jurídica dos contribuintes

Ao abordarmos a legalidade, quando tratamos da vedação à analogia e do papel da lei complementar, verificamos que esse princípio não se contenta apenas em tutelar a criação e a majoração de tributos. Humberto Ávila afirma que *a legalidade tributária exige que todas as decisões essenciais e com aptidão para permanência devem ser tomadas pelo próprio Parlamento (reserva de essencialidade), mormente no campo do Direito Tributário, que diz respeito à liberdade e propriedade dos cidadãos. Isso está claro. Mas a reserva de essencialidade exige que o Parlamento se ocupe apenas com questões fundamentais, o que exclui a regulação legal dos problemas atinentes aos detalhes.*[14]

A Constituição, como visto no art. 146, III, impõe que lei complementar defina as normas gerais de Direito Tributário para os impostos. Do mesmo modo, o art. 146, I, impõe que os conflitos de competência também deverão ser resolvidos por lei complementar. Por sua vez, o art. 150, I, da Constituição, dispõe que somente lei pode criar ou majorar tributo. Senão vejamos.

No caso da tributação dos entes nas águas marítimas, tendo em vista a ausência de previsão legal do local da incidência da norma – matéria de lei complementar – é forçoso que se reconheça que a imposição tributária, nesse caso, significa a criação de tributo não previsto em lei, de modo que se fere o preceito constitucional da legalidade. Isso porque, como visto, o aspecto espacial do fato gerador o compõe, de modo que a cobrança de tributo, com base em fato que não se enquadra em hipótese de incidência legalmente prevista, fere a legalidade e a segurança jurídica do contribuinte.

A falta de previsibilidade leva a situações em que há tamanha instabilidade que as empresas se veem obrigadas a recorrer ao Judiciário, posto que alguns Municípios, em especial do Espírito Santo, ignoram os mandamentos contidos no art. 3º, §3º, da LC nº 116/2003 e, de forma manifestamente ilegal, tributam os fatos geradores ocorridos em águas marítimas, ainda que na falta da lei complementar supramencionada, necessária para dirimir os conflitos de competência.

Apesar de terminantemente vedada a tributação por analogia, considerando a divisão constitucional de competências, diversos Municípios do Estado do Espírito

[14] ÁVILA, Humberto. *Sistema Constitucional Tributário.* São Paulo: Saraiva, 2005. p. 192.

Santo, aparentemente, não julgam ser relevante o fato de não haver regulamentação quanto à tributação de serviços prestados em plataformas, o que acaba por gerar grandes conflitos de competência. Tal prática, inclusive, foi levada ao Judiciário, como na ação declaratória de existência de relação jurídica tributária nº 0001936-88.2011.8.19.0028, ajuizada pelo Município de Macaé, no Rio de Janeiro, em face de Aracruz, Anchieta, Guarapari, Itapemirim, Jaguaré, Marataízes, São Mateus, Serra, Vila Velha e Vitória, todos Municípios do Estado do Espírito Santo, além de incluir a Petrobras como litisconsorte passivo.

A referida ação tramita perante o Poder Judiciário do Estado do Rio de Janeiro, e possui como objeto a declaração de existência de relação jurídica tributária entre o Município de Macaé e a Petrobras, tendo em vista que essa empresa havia sido, surpreendentemente, autuada por diversos Municípios do Estado do Espírito Santo por ISS incidente sobre os serviços prestados em águas marítimas.

Há que se enfatizar que, de fato, tais lançamentos por parte dos Municípios capixabas foram surpreendentes já que a tributação pelos serviços prestados nas plataformas utilizadas pela Petrobras sempre foi efetuada pelo Município de Macaé, no Rio de Janeiro, com base no já mencionado §3º do art. 3º da Lei Complementar nº 116/2003, posto que se tratavam de serviços incluídos no subitem 7.21 da lista anexa à lei complementar.

Tal ação declaratória ajuizada pelo Município de Macaé é um dos muitos exemplos que demonstram que os critérios legais hoje existentes não foram suficientes para evitar a situação de pluritributação que alcançou o extremo, já que o Município que, por lei, é o sujeito ativo da obrigação tributária, teve que recorrer ao Judiciário para ver tal situação reconhecida perante, pasmem, mais de dez Municípios do Estado do Espírito Santo que, repentinamente, por meio de critérios distorcidos, ilegais e inconstitucionais, efetuaram lançamentos sobre a Petrobras. Tal prática é comum, estando outras empresas sujeitas à conduta corriqueira dos entes citados.

Cumpre, ainda, deixar claro, a título de informação, que, na ação declaratória ajuizada por Macaé, o juízo entendeu por bem deferir a antecipação da tutela para que a Petrobrás continuasse a reter o ISS em favor do Autor.

Resta claro, pois, que além do fato de se impor tributação por analogia, com o mau uso da Lei nº 7.525/86, ocorre que outra grave consequência é a afronta à segurança jurídica, tendo em vista que há desrespeito à divisão de competências tributárias constitucionalmente estabelecidas, ocasionando situações de pluritributação em que aqueles que efetuaram os lançamentos almejam, somente, a pura e simples arrecadação aos cofres públicos, nem que, para isso, seja necessário passar por cima dos ditames legais e, mais grave, aqueles impostos pela Constituição Federal.

2.2 O entendimento da doutrina sobre o tema

O presente tópico se faz imprescindível a fim de averiguar o entendimento da esparsa doutrina tributária que se manifestou, especificamente, sobre o tema aqui debatido.

Aires F. Barreto, em artigo sobre a tributação dos Municípios em águas marítimas, defende a impossibilidade de incidência do ISS sobre serviços prestados em águas marítimas, devido à ausência de competência dos Municípios para tanto.

Considerando o art. 102 do CTN, dispõe sobre os limites territoriais de incidência da lei dos entes da Federação, a competência tributária dos entes federativos deve respeitar a competência conferida a cada ente pela Constituição da República. Note-se, portanto, que, diante de tais limitações constitucionalmente fixadas, deparamo-nos com o silêncio a respeito de outros limites à competência tributária, dentre os quais se incluiria as divisas marítimas.

O autor estatui que, por exemplo, verifica-se que, quando as importações de bens, mercadorias e serviços ganharam vulto e foi necessário regulamentar a tributação de tais operações, foi editada, primeiramente, a EC nº 3/1993 e, posteriormente, a EC nº 33/2001, dado que o texto originário da Constituição não contemplava tais situações. Dessa forma, foi fundamental uma ampliação da competência dos Estados e do Distrito Federal para abarcar tal cenário. A extensão da competência tributária era imprescindível para explicitar a que ente federativo competia à tributação de operações dessa natureza, o que não era, até a edição das referidas emendas constitucionais, evidente, o que poderia ocasionar interpretações diversas que sustentassem uma competência implícita.

Assim, a ausência de atribuição explícita aos Municípios para cobrar ISS em águas marítimas encontra-se em situação análoga àquela das importações de bens, mercadorias e serviços antes da edição das emendas constitucionais.

Diante da inexistência de Emenda Constitucional sobre o assunto, o professor da PUC-SP fundamenta seu posicionamento demonstrando que, para saber se compete ao Município ou não a atribuição de imposto sobre as operações ocorridas em águas marítimas, é preciso saber se essas integram seus territórios, ou seja, se são áreas de aplicação das leis municipais.

Nesse sentido, como bem elucidou o prof. Aires F. Barreto, para se determinar a área de eficácia das leis de um Município, é preciso observar os limites de seu território. Veja-se:

> Ante as balizas postas pelos princípios e normas constitucionais, o âmbito de eficácia das leis municipais tem seus limites coincidentes com os do seu território, assim como o das leis estaduais, cuja amplitude esgota-se nos seus limites territoriais. As leis de um Município a ninguém obrigam fora do seu território, eis que elas só têm eficácia no interior dele. De outra parte, como já vimos de observar, os territórios municipais, por sua vez, têm seus limites fixados por lei estadual, observada a Constituição. Igualmente, as leis de um Estado-membro: seu campo de ação ou eficácia circunscreve-se pelos mesmos limites do seu território, não atuam fora deles. As leis do Mato Grosso não têm efeitos jurídicos em São Paulo, ou em Minas Gerais, ou em qualquer outro Estado-membro; só vão até suas divisas com este ou com outros Estados-membros; não as ultrapassam.[15]

É possível concluir, assim, que, caso um Município edite uma lei visando a sua aplicação em área que excede o seu território, tem-se uma lei inválida por não encontrar fundamento na Constituição Federal.

---

[15] BARRETO, Aires F. ISS – Não incidência sobre atividades desenvolvidas em águas marítimas. *Revista Dialética de Direito Tributário*, n. 200, p. 7, maio 2012.

Aplicando tal conclusão à realidade brasileira, como nenhum Estado-Membro que se tenha conhecimento incluiu águas marítimas ou porções do oceano nas leis que delimitam os territórios dos Municípios que o integram, é possível verificar que não há lei municipal que tenha validade para dispor sobre fatos ou situações ocorridas nas águas marítimas.

São inválidas, portanto, quaisquer normas infraconstitucionais que, buscando submeter essas atividades ao ISS, dispõem que os serviços executados em águas marinhas serão considerados devidos no local do estabelecimento prestados.

O artigo elucida, ainda, que compete à União a ordenação de matérias concernentes às águas públicas, em especial as marítimas:

> (...) Nenhum dos entes federativos ou os Municípios têm competência para regrar matérias relacionadas com as águas marítimas. A entidade federativa que tem jurisdição sobre essas áreas é, induvidosamente, a União. Essa razão – de que só a União tem jurisdição sobre águas marítimas – além do fato de, indiscutivelmente, estarem elas fora dos limites territoriais dos Municípios, também deixa patente a impossibilidade jurídica de as leis municipais terem eficácia sobre fatos ou situações que versem sobre quaisquer matérias que a elas sejam referentes.
> (...)
> Sobre o mais, as atividades e serviços concernentes às águas marítimas, ao seu leito ou fundo e ao seu subsolo, especialmente no que se refere aos recursos minerais ou naturais ali contidos, são estratégicas para o País e de interesse nacional, como deflui da CF e prevê a lei federal – e nisso também reside a razão para que a competência sobre elas tenha sido atribuída, pelo legislador constituinte, à União. É visível, assim, que não têm os Municípios nenhuma competência para editar normas sobre essas áreas.

Observa-se ainda que a Constituição Federal destina à União, aos Estados-Membros, Distrito Federal e Municípios competência comum sobre alguns temas, dentre os quais não se incluem os relativos às águas, cujo domínio é completo da União, e à matéria tributária.

Continua o professor em parecer dado sobre o tema em consulta feita pela empresa Shell:

> Sob a ótica da indispensabilidade da integridade da hipótese de incidência do ISS, para afirmar a ocorrência do fato tributário, cabe assinalar a ausência, no caso, do aspecto pessoal, o sujeito ativo – e, por conseqüência, a falta do sujeito passivo – da h. i. do ISS; não há sujeito ativo, ergo, não há sujeito passivo; *ipso facto*, não será possível, absolutamente, o surgimento de obrigação tributária; juridicamente, é impossível o surgimento de relação jurídica entre dois sujeitos, um no pólo ativo e outro no pólo ativo, na qual o primeiro titularize o direito de haver quantia a título de imposto e o outro tenha o dever jurídico de satisfazê-lo.
> (...)
> A impossibilidade jurídica de o Município ser sujeito ativo de ISS, no caso, é – como demonstrado – decorrência das normas constitucionais que ***não*** lhe outorgam competência para dispor sobre fatos ou ações que tenham ocorrência fora dos seus limites territoriais, muito menos para exigir tributo sobre fatos que fora deles tenham lugar. O âmbito de validade e eficácia de suas leis circunscreve-se ao do seu território, os limites desse âmbito são perfeitamente coincidentes com os do seu território.

> Os fatos tributáveis pelo ISS, como exposto, hão de ter lugar dentro do território do Município para que suas leis sobre eles recaiam, incidam. As leis municipais somente têm eficácia dentro dos limites dos seus territórios. Fora deles são juridicamente inaptas para produzirem efeitos de direito. Os limites territoriais da faixa de competência tributária outorgada aos Municípios não sobrepassa os limites dos seus respectivos territórios. Segue-se daí que, o aspecto pessoal da h. i. do ISS é decorrência dos limites territoriais da sua competência legislativa, especialmente em matéria tributária.[16]

Verifica-se, portanto, que o referido autor afirma ser impossível a tributação dos entes em águas marítimas, hipótese em que se verificaria a extraterritorialidade da legislação tributária, em manifesta afronta ao art. 102 do CTN. O território marítimo seria indivisível entre os entes subnacionais, de modo a incidir apenas a legislação tributária da União.

Em outra oportunidade, Aires Barreto, afirma expressamente, que para fins de serviços prestados em embarcações, não haveria prejuízo, de acordo com as características atribuídas na Lei Complementar nº 116/2003, para que elas fossem consideradas estabelecimento prestador. Entretanto, uma vez que os fatos ocorrem em águas marítimas, área que, como visto, para o doutrinador, não pertence a Estados e Municípios, não haveria que se cogitar a tributação, por ICMS e ISS, dos fatos ocorridos em navios.[17]

Por sua vez, Marco Aurélio Greco, também em artigo sobre o tema, que trata da tributação de mercadorias vendidas em cruzeiros marítimos, analisa a possibilidade do exercício de competências tributárias pelos Estados em fatos ocorridos no mar territorial e na zona econômica exclusiva.

Quanto ao mar territorial, o jurista considera, com base no art. 2º da Lei nº 8.617/93, que o Brasil, enquanto composto pelos quatro entes da Federação, exerce soberania sobre o mar territorial, de modo que a soberania se estende a Estados e Municípios. Porém, cabe à União, como entidade federal parcial interna, a função de cuidar do que ocorre nessa parcela do território nacional, em interpretação do art. 20 da Constituição.

Haveria, portanto, um interesse incomum de todos os entes da Federação, porém, não exclusivo de nenhum dos entes, de modo que o mar territorial integra o território dos Estados e dos Municípios, mas de todos eles, enquanto não houver especificação da parcela exclusiva de cada ente. Admite, ainda, o professor que é possível interpretar, de acordo com o art. 20, §1º, que o mar territorial pertenceria, somente, aos entes subnacionais litorâneos, porém, tão somente após divisão dessa área. E continua o doutrinador:

---

16 PARECER: ISS – PERFURAÇÃO E PESQUISA DO SOLO TERRESTRE, DO LEITO OU FUNDO DO MAR, NECESSÁRIAS À CONSECUÇÃO DA ATIVIDADE ECONÔMICA DE EXTRAÇÃO E EXPLORAÇÃO DE PETRÓLEO – TRABALHOS INSUSCEPTÍVEIS DE SOFREREM INCIDÊNCIA DO ISS, QUALQUER QUE SEJA O LUGAR ONDE SE DESENVOLVAM, QUANDO EXECUTADAS PELA PRÓPRIA EMPRESA, COMO ATIVIDADE-MEIO – NÃO INCIDÊNCIA DO ISS QUANDO REALIZADOS EM ÁGUAS MARÍTIMAS COMO ATIVIDADES-FIM EM SI MESMAS CONSIDERADAS – NÃO INCIDÊNCIA SOBRE IMPORTAÇÃO DE SERVIÇOS, de 09 de fevereiro de 2011.

17 BARRETO, Aires, F. ISS – Organização e Execução de Pacotes Turísticos, inclusive de Viagens Marítimas Temáticas – Local da Prestação dos Serviços – Navios podem ser Considerados como "Estabelecimento Prestador" para Fins de Incidência Tributária – Base de Cálculo dos Serviços de Organização e Execução de Pacotes Turísticos. Revista Dialética de Direito Tributário, São Paulo, n. 165, p. 117-133, jun. 2009.

> De qualquer modo, a atribuição pro indiviso comporta especificação desde que a legislação nacional assim o preveja claramente.
>
> Isto significa que o exercício dos poderes das entidades políticas tanto pode se dar:
>
> i) de forma global indivisível e, portanto, apenas pela União;
>
> ii) de forma individual exclusiva pelos Estados ou Municípios.
>
> Porém, para que esta segunda hipótese ocorra, torna-se necessária a existência de norma nacional que assim disponha expressamente, sob pena de se instaurar um conflito entre Estados e Municípios que transcende a mera divergência entre seus respectivos lindes físicos, para extrapolar, inclusive, em direção ao âmbito internacional.
>
> (...)
>
> Note-se que a Lei federal nº 8.617/93 deixa claro que o Brasil (e não a União como entidade de Direito Público Interno) exerce no mar territorial soberania (e não direito de "propriedade").
>
> Esta soberania envolve exploração e aproveitamento de recursos naturais, bem como direito de regulamentar o respectivo uso.
>
> Ou seja, a pretensão estadual de exercer competência tributária exclusiva no mar territorial implica conflito também com as competências da União, pois um pode emanar regra numa direção que não seja compatível com a emanada pelos demais.[18]

Assim, o autor pontua que a Lei Kandir não aborda a tributação dos Estados no mar territorial, de modo que seria necessária a edição de lei complementar para: i) transformar o *poder de tributar estadual da condição de pro indiviso para pro diviso, especificando e atribuindo com exclusividade seu exercício aos Estados e definindo as respectivas amplitude e condições de exercício;* ii) definir se a competência será dos Estados confrontantes ou de todos os Estados; iii) estabelecer *os critérios para determinar, em cada caso concreto, e para fins de ICMS, o local em que serão consideradas ocorridas as operações ocorridas e as prestações realizadas no âmbito do mar territorial.*

O autor conclui que, diante da inexistência de tal lei complementar, não há elementos suficientes para a incidência da norma tributária dos entes subnacionais sobre os fatos ocorridos no mar territorial, conforme previsto no art. 146 e 155, §2º, XII, da Constituição.

Já em relação à ZEE, Marco Aurélio Greco consigna que ocorre regime jurídico distinto daquele do mar territorial, isso porque o art. 7º da Lei nº 8.617/93 define que, nessa área, o Brasil exerce direito de soberania circunscrito à exploração e conservação dos recursos naturais existentes para fins econômicos. Não é o caso de soberania plena, como ocorre no mar territorial, mas trata-se de poderes limitados e ligados a determinadas funções econômicas e ambientais, sendo o Estado, na ZEE, limitado e especificamente soberano.

Segundo Greco, a doutrina de Direito do Mar afirma que a ZEE possui um regime híbrido entre o mar territorial e o alto-mar, sendo uma zona em que *todos têm direitos e liberdades, mas os países costeiros têm direito de exploração econômica dos recursos naturais ali existentes, esta sim exclusiva.* E ainda pontua que os países não banhados pelo mar têm direitos e liberdades em relação à ZEE dos países costeiros. Assim, não cabe ao

---

[18] GRECO, Marco Aurélio. Impossibilidade de cobrar ICMS em operações ocorridas no mar territorial e na zona econômica exclusiva. Revista Dialética de Direito Tributário, São Paulo, n. 133, p. 67-79, out. 2006.

legislador complementar ou a qualquer outro a edição de lei para que seja possível a tributação nessa área, já que o próprio Estado não possui soberania plena.

Por fim, cita o caso Saiga, julgado em julho/99, pelo Tribunal Internacional do Direito do Mar, que tangenciou o tema, afirmando não ser plena a soberania dos Estados costeiros, no que tange a suas leis aduaneiras, na ZEE. Na verdade, o caso Saiga envolve a apreensão irregular pela Guiné de petroleiro, e sua tripulação, de bandeira de São Vicente Granadinas.

De fato, a decisão do Tribunal afirma que a legislação aduaneira não pode ser aplicada indiscriminadamente pelo Estado costeiro na ZEE, porém, não é possível afirmar com certeza que o acórdão está se referindo ao poder de tributar, mas ao poder de fiscalização, o poder de polícia.

Assim, verificamos, dentre os autores que adentraram especificamente no tema, duas opiniões distintas: i) admitir a tributação das áreas marítimas é conferir extraterritorialidade à legislação dos entes, uma vez que não há previsão constitucional para divisão dessas áreas entre os entes; ii) é possível que Estados e Municípios venham a tributar os fatos ocorridos no mar territorial, após a edição de lei complementar para dirimir o conflito de competência. Até lá, o mesmo permanece pró-indiviso. Já a ZEE, por possuir regime jurídico próprio, não pode ser incluída como parte do território nacional, de modo que as leis internas nela não incidem.

Conclusões

Conclui-se pela necessidade da Lei Complementar para a regulamentação de conflitos de competência entre entes federados, ao contrário da postura adotada por Estados e Municípios, que se utilizam, para tal finalidade, da Lei nº 7.525/86, em desconformidade ao art. 146, I e III; art. 155, §2º, XII, da Constituição Federal e art. 3º, §3º, da Lei Complementar nº 116/2003.

Não restam dúvidas de que a tributação sobre as plataformas localizadas em águas marítimas gera conflitos de competência. Em primeiro lugar, porque não há legislação que disponha sobre as competências tributárias sobre essas áreas, que, de acordo com a Lei nº 8.617/93, o mar territorial, a zona econômica exclusiva e a plataforma continental, são áreas em que há soberania, limitada em determinados casos, da União Federal. Em segundo lugar, conforme relatado em tópico supra, a utilização dos critérios da Lei nº 7.525/86 levam à tributação das operações nas plataformas de petróleo por diversos entes, o que gera o fenômeno da pluritributação.

Dessa forma, é nítida a reserva de lei complementar para regulamentar a questão das competências tributárias sobre as referidas áreas. É, ainda, pacífico, entre doutrina e jurisprudência, o fato de que a não existência de lei complementar dirimindo tais conflitos faz com que suas cobranças sejam consideradas inconstitucionais, conforme os precedentes do STF referentes a inovações por parte dos entes subnacionais quanto aos impostos de sua competência, mas fora do poder que lhes fora outorgado pelo constituinte.

Não havendo lei complementar que regulamente a repartição territorial e a competência tributária dos Estados e Municípios sobre o mar territorial (que compreende as 12 milhas a contar da linha de base, em que existe a soberania irrestrita da União), assim como não há qualquer poder tributário desses entes federativos – Estados e Municípios – em relação à zona econômica exclusiva ou à plataforma continental, permanecem as águas marítimas como território indiviso da União Federal, dentro dos limites estabelecidos pela Convenção de Montego Bay e pela Lei nº 8.617/93.

Referências

ÁVILA, Humberto. *Sistema Constitucional Tributário*. São Paulo: Saraiva, 2005.

BARRETO, Aires F. ISS – Não incidência sobre atividades desenvolvidas em águas marítimas. *Revista Dialética de Direito Tributário*, n. 200, p. 7, maio 2012.

BARRETO, Aires, F. ISS – Organização e Execução de Pacotes Turísticos, inclusive de Viagens Marítimas Temáticas – Local da Prestação dos Serviços – Navios podem ser Considerados como "Estabelecimento Prestador" para Fins de Incidência Tributária – Base de Cálculo dos Serviços de Organização e Execução de Pacotes Turísticos. *Revista Dialética de Direito Tributário*, São Paulo, n. 165, p. 117-133, jun. 2009.

BRASIL. Supremo Tribunal Federal. *ADI nº 28/SP*. Rel. Min. Octavio Gallotti, MC em DJ 26.05.1989.

BRASIL. Supremo Tribunal Federal. *Recurso Extraordinário nº 136.251/RJ*. Plenário, Relator Ministro Octávio Gallotti, Data de publicação: 16.04.1993.

COÊLHO, Sacha Calmon. *Curso de direito tributário brasileiro*. Rio de Janeiro: Forense, 2015.

GRECO, Marco Aurélio. Impossibilidade de cobrar ICMS em operações ocorridas no mar territorial e na zona econômica exclusiva. *Revista Dialética de Direito Tributário*, São Paulo, n. 133, p. 67-79, out. 2006.

OLIVEIRA, Gustavo da Gama Vital de. Federalismo fiscal, jurisdição constitucional e conflitos de competência em matéria tributária: o papel da lei complementar. *In*: GOMES, Marcus Lívio; VELLOSO, Andrei Pitten (Orgs.). *Sistema constitucional tributário*: dos fundamentos teóricos aos hard cases tributários – estudos em homenagem ao ministro Luiz Fux. Porto Alegre: Livraria do Advogado, 2014.

OLIVEIRA, Regis Fernandes de. *Curso de direito financeiro*. São Paulo: Revista dos Tribunais, 2011.

RIBEIRO, Ricardo Lodi. *Tributos (teoria geral e espécies)*. Niterói: Impetus, 2013.

SCHOUERI, Luís Eduardo. *Direito tributário*. São Paulo: Saraiva, 2011.

Informação bibliográfica deste texto, conforme a NBR 6023:2018 da Associação Brasileira de Normas Técnicas (ABNT):

PENCAK, Nina Pinheiro. A necessidade de lei complementar para definição de critérios objetivos para tributação nas águas marítimas. In: LOBATO, Valter de Souza (coord.); MARINHO NETO, José Antonino (org.). *O papel da lei complementar tributária no desenho federativo brasileiro*. Belo Horizonte: Fórum, 2024. p. 165-181. ISBN 978-65-5518-779-3.

O PAPEL DA LEI COMPLEMENTAR TRIBUTÁRIA NO DESENHO FEDERATIVO BRASILEIRO

RICARDO MARIZ DE OLIVEIRA

1 Breve histórico e considerações iniciais de caráter geral

1.1 Quanto à lei complementar

Lei complementar e federalismo são dois assuntos distintos, mas que algumas vezes se encontram no nosso sistema constitucional.

A Constituição Federal de 1946 não conhecia a espécie lei complementar, até que em 1965 a Emenda nº 17 alterou seu art. 67 e, entre outras providências, acrescentou-lhe o seguinte parágrafo: "Parágrafo 8º – Os projetos de leis complementares da Constituição e os de Código ou de reforma de Código receberão emendas perante as comissões, e sua tramitação obedecerá aos prazos que forem estabelecidos nos regimentos internos ou em resoluções especiais".

Tratou-se de norma isolada e genérica, sem definição de matérias a serem submetidas às leis complementares. Nela nota-se, igualmente, a distinção entre códigos e leis complementares, mas, também para os códigos, nada específico foi estabelecido.

Logo depois, a Emenda nº 18, de 1965, revolucionou o sistema tributário brasileiro, e, além de dez disposições específicas sobre matérias subordinadas a leis complementares, dispôs no seu art. 1º: "Art. 1º O sistema tributário nacional compõe-se de impostos, taxas e contribuições de melhoria, e é regido pelo disposto nesta Emenda, em leis complementares, em resoluções do Senado Federal, e, nos limites das respectivas competências, em leis federal, estadual ou municipal".

Vários outros artigos dessa emenda estabeleceram as situações a serem regidas por leis complementares.

Destarte, ao menos em matéria tributária, passou a haver disposições constitucionais, reservando determinadas matérias à lei complementar. A despeito de respeitáveis opiniões em contrário, a doutrina reconheceu que uma lei seria complementar não apenas formalmente, mas sim *ratione materiae*, ao que voltarei adiante.

É interessante que, na esteira da Emenda nº 18, em 1966, foi promulgado o Código Tributário Nacional (CTN) pela Lei nº 5.172, a qual, contudo, foi aprovada em regime de lei ordinária, o que se deveu à falta de melhor sistematização, na Constituição, a respeito das leis complementares, ou porque normas gerais não estavam entre as que a Emenda nº 18 previa para tais leis.

Já a Constituição Federal de 1967 sistematizou a aplicação das leis complementares, prevendo-as para um grande número de matérias. No âmbito tributário, o art. 18 as incorporou como instrumentos de regência do sistema tributário nacional, dizendo: "Art. 18 – O sistema tributário nacional compõe-se de impostos, taxas e contribuições de melhoria e é regido pelo disposto neste Capítulo em leis complementares, em resoluções do Senado e, nos limites das respectivas competências, em leis federais, estaduais e municipais".

E o art. 19 inseriu a importante norma diretiva das funções desse mecanismo legislativo, com o seguinte parágrafo: "§1º – Lei complementar estabelecerá normas gerais de direito tributário, disporá sobre os conflitos de competência tributária entre a União, os Estados, o Distrito Federal e os Municípios, e regulará as limitações constitucionais do poder tributário".

Além disso, constaram outras cinco disposições particulares em matéria tributária, submetidas à lei complementar.

Tivemos depois a Emenda Constitucional nº 1, de 1969, aumentando as hipóteses de exigência de lei complementar em matéria de tributos, e o parágrafo 1º do art. 18, que repetiu a regra anterior, ao prever que lei complementar estabeleceria normas gerais de direito tributário, disporia sobre os conflitos de competência nesta matéria entre a União, os Estados, o Distrito Federal e os Municípios, e regularia as limitações constitucionais do poder de tributar.

Por força do parágrafo 1º do art. 19 da Constituição de 1967, o CTN foi então recepcionado como lei complementar, *status* que conservou na Emenda nº 1/69, e também na Constituição Federal promulgada em outubro de 1988.

Nessa, porém, o elenco de matérias sujeitas à lei complementar foi sensivelmente aumentado, não apenas quanto a itens específicos deste ou daquele tributo, mas também, e principalmente, por seu art. 146, o qual consolidou a natureza de lei complementar do CTN em todos os seus aspectos.

Realmente, o art. 146 determina o seguinte:

> Art. 146. Cabe à lei complementar:
> I – dispor sobre conflitos de competência, em matéria tributária, entre a União, os Estados, o Distrito Federal e os Municípios;
> II – regular as limitações constitucionais ao poder de tributar;
> III – estabelecer normas gerais em matéria de legislação tributária, especialmente sobre:
> a) definição de tributos e de suas espécies, bem como, em relação aos impostos discriminados nesta Constituição, a dos respectivos fatos geradores, bases de cálculo e contribuintes;
> b) obrigação, lançamento, crédito, prescrição e decadência tributários;
> c) adequado tratamento tributário ao ato cooperativo praticado pelas sociedades cooperativas.
> d) definição de tratamento diferenciado e favorecido para as microempresas e para as empresas de pequeno porte, inclusive regimes especiais ou simplificados no caso do imposto previsto no art. 155, II, das contribuições previstas no art. 195, I e §§12 e 13, e da contribuição a que se refere o art. 239.

Parágrafo único. A lei complementar de que trata o inciso III, d, também poderá instituir um regime único de arrecadação dos impostos e contribuições da União, dos Estados, do Distrito Federal e dos Municípios, observado que:
I – será opcional para o contribuinte;
II – poderão ser estabelecidas condições de enquadramento diferenciadas por Estado;
III – o recolhimento será unificado e centralizado e a distribuição da parcela de recursos pertencentes aos respectivos entes federados será imediata, vedada qualquer retenção ou condicionamento;
IV – a arrecadação, a fiscalização e a cobrança poderão ser compartilhadas pelos entes federados, adotado cadastro nacional único de contribuintes.

A partir da alínea "d" do *caput* do artigo, todas as disposições seguintes, inclusive essa própria alínea e o parágrafo, foram acréscimos feitos pela Emenda nº 42 de 2003, a qual também introduziu o art. 146-A, segundo o qual a lei complementar pode estabelecer critérios especiais de tributação, com o objetivo de prevenir desequilíbrios da concorrência, sem prejuízo da competência de a União, por lei, estabelecer normas de igual objetivo.

Finalizando este breve tópico, com as vistas voltadas para as normas constitucionais, podemos afirmar que:

- a lei complementar exerce a função de complementar disposições constitucionais que ficaram incompletas no texto constitucional; nesse sentido, a Emenda Constitucional nº 17 expressamente reconhecia nessa espécie legislativa a natureza de complemento da Constituição, ao se referir a *"leis complementares da Constituição"*;[1]
- como consequência emergente do ordenamento constitucional sobre as leis complementares, pode-se dizer que suas normas são hierarquicamente superiores às normas de leis ordinárias;[2]
- a lei complementar formalmente requer tramitação legislativa própria, distinta da relativa à Constituição e às leis ordinárias, pois deve ser aprovada por maioria absoluta (art. 69), mas substancialmente tem essa natureza em razão da matéria de que trata, quando a Constituição a reserva à lei complementar;
- a lei complementar pode ser formalmente lei complementar, mas materialmente lei ordinária, quando dispuser sobre matéria não reservada constitucionalmente à lei complementar, razão pela qual é possível identificar-se num mesmo diploma legal, embora tramitado como lei complementar, disposições de natureza ordinária ao lado de outras de natureza complementar;

---

1 Por esta razão, há quem diga que contrariar uma norma de lei complementar representa uma contrariedade indireta da Constituição.

2 Há autores que negam a existência de hierarquia entre as normas do ordenamento jurídico, e entendem que a distinção entre leis ordinárias e leis complementares seja exclusivamente derivada da matéria ser atribuída a um nível (ou uma espécie) de norma, o que dá à lei complementar a exclusiva competência para disciplinar tal matéria. Não obstante, a referência, que geralmente se faz à hierarquia, é devida a que uma norma de lei ordinária não pode contrariar uma norma de lei complementar, isto é, o conteúdo normativo da lei ordinária pode ser apropriado a ela, mas deve submeter-se às normas de leis complementares que incidam conjuntamente sobre os mesmos fatos subsumidos a ambas.

- quando tratar de assuntos tributários, a característica de lei complementar está detectada por disciplinar alguma das matérias descritas no art. 146 da Constituição ou em outro dispositivo que a requeira para específica matéria, bem como por ter sido aprovada em regime legislativo próprio a essa espécie;
- a denominação "código", atribuída a alguma lei, não é necessariamente relacionada a uma lei complementar, pois se trata de título atribuído a codificações estruturadas para reger amplamente alguma matéria ou de normas pertinentes a um mesmo assunto,[3] como "Código Civil" ou "Código Tributário Nacional"; deste modo, um código pode estar veiculado em lei ordinária (como é o Código Civil) ou em lei que deva ser complementar quando a Constituição requeira uma lei desta espécie (como é o CTN);[4] em suma, algum diploma ser denominado "código" não significa que deva ser (ou seja) lei complementar, e nem toda lei complementar é "código";
- ao contrário, uma lei ordinária que tramitou e foi promulgada como tal em conformidade com a Constituição da sua época pode tratar de matérias que posteriormente venham a ser submetidas à lei complementar em novo regime constitucional, caso em que, como o CTN, passa a ser dessa nova categoria legal e somente pode vir a ser revogada ou modificada por outra lei complementar.

1.2 Quanto ao modelo federativo

Não há um modelo de federação único no mundo, pois existem federações com distintas feições. Assim, o desenho federativo do Brasil não é necessariamente igual ao de outros países que adotam o federalismo.

Por outro lado, nossa federação é estabelecida, evidentemente, nos moldes da Constituição Federal vigente, tendo seu ponto central no art. 18, que reza: "Art. 18. A organização político-administrativa da República Federativa do Brasil compreende a União, os Estados, o Distrito Federal e os Municípios, todos autônomos, nos termos desta Constituição".

Nossa federação, portanto, inclui os quatro tipos de entes referidos nessa norma – União, Estados, Distrito Federal e Municípios –, aos quais é assegurada autonomia.

A federação é cláusula pétrea, eis que o art. 60 da Carta de 1988 determina no seu parágrafo 4º que "não será objeto de deliberação a proposta de emenda tendente a abolir: I – a forma federativa de Estado".

Por que nosso modelo importa em autonomia dos entes federados, somente é permitido à União intervir em um dos Estados ou no Distrito Federal em situações de gravidade listadas *numerus clausus* no art. 34, dentre cujas hipóteses devem ser destacadas as que se referem a medidas destinadas à manutenção da integridade nacional, à resistência à invasão estrangeira ou de uma unidade em outra, à finalização de grave comprometimento da ordem pública, à garantia do livre exercício de qualquer dos Poderes das unidades, à reorganização das finanças de uma das unidades, ao provimento

[3] Sobre as codificações, veja-se a Lei Complementar nº 95, de 1998, art. 7º-I e 13.

[4] Ao invés de "código", uma lei codificadora poderia denominar-se "consolidação", como ocorre com a Consolidação das Leis do Trabalho, e como se constata pelos mesmos dispositivos da Lei Complementar nº 95.

da execução de lei federal, ordem ou decisão judicial, e a assegurar a observância dos princípios constitucionais da forma republicana, do sistema representativo, do regime democrático, dos direitos da pessoa humana, da autonomia municipal, da prestação de contas da Administração Pública direta e indireta, e de aplicação do mínimo exigido da receita resultante de impostos estaduais, compreendida a proveniente de transferências, na manutenção e desenvolvimento do ensino e nas ações e serviços públicos de saúde. Paralelamente, a intervenção da União ou de Estados em Municípios é restrita às hipóteses referidas no art. 35.

Em torno desse epicentro giram inúmeras normas relacionadas a assuntos orçamentários e programáticos.

Em síntese, temos um modelo que consagra a autonomia das unidades federadas, porém com resguardo da união da federação, que seja possivelmente afetada numa daquelas situações.

Outrossim, não pode ser ignorado que a importância do regime federado é tal que participa da própria denominação constitucional dada ao Estado brasileiro – "República Federativa do Brasil" –, o que sobreleva o tipo de estrutura política aqui adotada.

2 O encontro das leis complementares com o federalismo

A todo rigor, a garantia da existência de um Estado federal e da sua continuidade não depende de lei complementar, mas do esquema normativo traçado na Constituição (fonte do federalismo e da sua formatação) e da proibição até para que haja qualquer deliberação a respeito de alguma proposta de emenda tendente a aboli-lo (defesa e garantia da continuidade do federalismo).

Sendo assim, o papel de uma lei complementar pode ser o de assegurar que os contornos constitucionais da federação brasileira sejam aplicados neste ou naquele aspecto ou detalhe particular, sem se afastar da essência já prevista e instalada. E isto quando houver alguma prescrição constitucional que requeira lei complementar para um destes fins.

Não dispomos de espaço suficiente para uma completa exposição em torno de todas as hipóteses em que a Constituição determina reserva de lei complementar, motivo pelo qual as afirmações contidas no parágrafo precedente são feitas conceitualmente.

Não obstante, tratando-se de trabalho voltado especialmente para o Sistema Tributário Nacional, podemos nos debruçar sobre este na busca de situações em que haja intercessão entre lei complementar e federação, ou ao menos vinculação do regime tributário com o federalismo. Ou em que nada disto exista.

Nesse sentido, é particularmente importante iniciar dizendo que não se encontra no CTN uma única disposição sequer que seja voltada para regular ou defender o federalismo, apesar de que ele é norma complementar da Constituição, portanto, também componente do Sistema Tributário Nacional.

De fato, sem ser dirigida a essas finalidades, apenas uma norma do CTN emprega a palavra "federação" (parágrafo 4º do art. 155-A). Além disso, não existe a palavra "federalismo" no CTN, e a palavra "federal" somente é utilizada como qualificativa de uma unidade da federação, ou de um órgão, ou de um tributo ou de algo mais.

No capítulo da Constituição de 1988 que trata do Sistema Tributário Nacional, o panorama é o mesmo, mas existem algumas (nem todas) disposições cujas existência e teleologia derivam de haver a federação, e visam completar as expressas determinações constitucionais a seu respeito, ou são disposições cuja razão de ser é a existência da federação brasileira. Em outras palavras, são regras que não existiriam se o Estado brasileiro fosse unitário, mas, por ser federado, estão inspiradas nessa forma de organização política do País, e se coadunam com ela. Com certeza não há contrariedade.

Vale acrescentar, entretanto, que muitas vezes não são regras defensivas do federalismo, porque esse poderia existir e subsistir sem elas. Quando muito, algumas dessas normas reforçam o respeito ao regime federal.

Além disso, tais regras não são necessariamente sujeitas a constarem de leis complementares.

Um simples e breve passar de olhos nas disposições constitucionais confirmam as afirmações anteriores e o liame limitado entre federalismo e lei complementar.

Assim, por exemplo, a previsão, contida no art. 145, das espécies tributárias que em geral podem ser instituídas pela União e pelos Estados, Distrito Federal e Municípios, deriva da divisão política do País entre esses entes, mas não tem o objetivo de assegurar o federalismo, nem envolve matérias obrigatoriamente sujeitas à regência de lei complementar, somente requerida quando expressamente dito na Constituição.

O mesmo ocorre com outras normas que restringem as competências tributárias deste ou daquele ente federado, que na verdade são regras que distribuem as competências tributárias nas quais, assim como no art. 145, se pode enxergar o objetivo de assegurar a existência efetiva desses entes, ao lhe serem dotados recursos econômicos necessários a executarem as atribuições que a mesma Constituição lhes estabelece.

Se nos debruçarmos sobre as limitações do poder de tributar, elencadas no art. 150, vamos encontrar um cenário igual.

Essas limitações são aplicáveis face a todos os entes que detêm competências tributárias, não por alguma vinculação com o federalismo, e sim porque elas representam direitos fundamentais dos contribuintes contra o Poder Público em geral. Quer dizer, são garantias que, num Estado Democrático de Direito, deveriam existir ainda que o Estado fosse unitário.

Mas no art. 150 há uma nota de defesa do federalismo, ao menos indiretamente, quando, entre as limitações, é assegurada a imunidade recíproca dos impostos (inciso VI, letra "a"). Porém, trata-se, ao mesmo tempo, de outra limitação do poder de tributar e de um instrumento de fortalecimento da autonomia dos entes federados, ao ser atribuída uma garantia não em favor de contribuintes, mas recíproca entre Poderes tributantes.

E assim vamos encontrando diversas normas que decorrem da existência da federação, mas que não se prestam a defendê-la ou reforçá-la. No fundo, dão uniformidade de tratamento em todas as esferas de Poder dentro da federação.

Neste aspecto, as inúmeras disposições constitucionais em torno do ICMS, existentes no art. 155, representam os melhores exemplos, incluindo-se, entre outras, as que sejam necessárias para aplicação de várias matérias previstas no parágrafo 4º, as quais devem ser estabelecidas mediante deliberação dos Estados e do Distrito Federal (parágrafo 5º), além de outras que outorgam competência ao Senado Federal em determinadas matérias ou que limitam a incidência nas operações interestaduais (incisos IV e V do parágrafo 2º), e não sendo possível deixar de mencionar a necessidade dos Estados e do Distrito Federal se submeterem a convênios para a concessão e revogação de isenções, incentivos e outros benefícios fiscais (parágrafo 2º, inciso XII, letra "g").

Já no art. 151 encontram-se disposições que se ligam mais diretamente ao federalismo no sentido de fortalecê-lo. Isto se manifesta principalmente no inciso I, o qual proíbe que a União institua tributo que não seja uniforme em todo o território nacional ou que implique em distinção ou preferência em relação a Estado, ao Distrito Federal ou a Município, em detrimento de outro, mas admitindo a concessão de incentivos fiscais destinados a promover o equilíbrio do desenvolvimento socioeconômico entre as diferentes regiões do País.

O inciso II do mesmo art. 151 também tem essa característica, pois veda que a União tribute a renda das obrigações da dívida pública dos Estados, do Distrito Federal e dos Municípios, ou a remuneração e os proventos dos respectivos agentes públicos, em níveis superiores aos que fixar para suas obrigações e para seus agentes.

Por fim, ainda no art. 151, o inciso III proíbe a concessão de isenções heterônomas pela União, ou seja, é defeso a ela instituir isenções de tributos da competência dos Estados, do Distrito Federal ou dos Municípios. Esta vedação fortalece a federação, na medida em que complementa a autonomia dos entes regionais.

Por seu turno, os Estados, o Distrito Federal e os Municípios não podem estabelecer diferença tributária entre bens e serviços, de qualquer natureza, em razão de sua procedência ou destino. Essa vedação, contida no art. 152, também é fortalecedora da federação.

Outras regras tratam da partilha de arrecadações federais ou estaduais, como a do parágrafo 5º do art. 153, relativa ao IOF sobre ouro ativo financeiro ou instrumento cambial, e as dos art. 157 e seguintes, pertinentes a outros impostos.

A divisão de recursos tributários arredados por um ente, em favor de outros, igualmente deriva da necessidade de garantir-lhes recursos para cumprirem suas atribuições.

E, quanto à partilha do produto de arrecadações tributárias, há a participação de leis complementares, pois o art. 161 determina a sua competência para definir valor adicionado relativo ao ICMS a ser entregue aos Municípios, além de lhe caber fixar normas para as entregas devidas pela União, inclusive sobre os critérios de rateio dos fundos de participação dos Estados e dos Municípios, e, finalmente, devendo a lei complementar dispor sobre o acompanhamento, pelos beneficiários, das quotas de participação e da sua liberação. Quanto a isto, ao se ter presente a equidade de tratamento dos órgãos federados pela União, é importante observar que a lei complementar deve objetivar equilíbrio entre Estados e entre Municípios quando baixar normas relativas às entregas de parcelas devidas pela União, e sobre os critérios de rateio dos fundos de participação dos Estados e dos Municípios.

Uma observação que se retira do estudo da Constituição é no sentido de que a maioria das normas acima mencionadas não é implementada através de leis complementares.

Realmente, leis complementares são necessárias, além das hipóteses já mencionadas, nos seguintes casos:

- para a instituição de empréstimos compulsórios pela União, cuja exigência e demais requisitos foram inscritos na Constituição de 1988 para evitar a proliferação maligna desse instrumento de arrecadação, antes praticado às largas (art. 148);
- para a qualificação do que sejam grandes fortunas, caso esse imposto complicado venha a ser instituído pela União (art. 153, inciso VI);
- para a União instituir impostos no campo residual, e seus requisitos, inclusive o de não invasão da competência tributária de outro ente (art. 154);
- para a definição do Estado competente para a cobrança do imposto sobre transmissão de bens *causa mortis* e por doação (ITCMD), quando o doador tiver domicílio ou residência no exterior, ou o *de cujus* possua bens, era residente ou domiciliado ou teve seu inventário processado no exterior (art. 155, parágrafo 1º, inciso III);
- para definir os vários aspectos relacionados ao ICMS, elencados no inciso XII do parágrafo 2º do art. 155, pertinentes à sujeição passiva, compensação do imposto pago nas operações anteriores, exclusão da incidência nas operações com o exterior e respectiva manutenção de créditos, bem como para regular a deliberação dos Estados e do Distrito Federal para a concessão de isenções, incentivos e benefícios fiscais, para definir os combustíveis e lubrificantes sujeitos a uma única incidência, e para fixar a base de cálculo, de modo que o montante do imposto a integre, também na importação do exterior de bem, mercadoria ou serviço.
- para definir os serviços de qualquer natureza que podem ser sujeitos ao ISS, e que não sejam os sujeitos ao ICMS (art. 156, inciso III);
- para, relativamente ao ISS, fixar suas alíquotas máximas e mínimas, excluir da incidência as exportações de serviços para o exterior, e para regular a forma e as condições em que isenções, incentivos e benefícios fiscais podem ser concedidos e revogados (art. 156, parágrafo 3º).

Evidentemente, a norma mais capital em matéria tributária, que requer lei complementar, é a do art. 146, já transcrito no Tópico I acima.

Essa norma tem um consequente normativo – *"cabe à lei complementar"* – que, topograficamente, vem antes dos seus antecedentes. Em outros termos, o comando constitucional precede suas hipóteses de incidência, que é uma técnica legislativa perfeitamente válida.[5]

É bom passar por todas as suas hipóteses, isto é, pelas hipóteses em que a norma se aplica, notando o quanto segue:

[5] As expressões usuais – antecedente e consequente normativos – não impõem, como alguém erradamente possa pensar, que a hipótese de incidência, por ser o antecedente da norma, deva vir antes do consequente. Essa ordem não é requerida nem pela Lei Complementar nº 95, promulgada para atender à determinação do parágrafo único do art. 59 da Constituição, de que lei complementar disponha sobre a elaboração, redação, alteração e consolidação das leis.

- o primeiro inciso é relativo às disposições da lei complementar destinadas a dispor sobre conflitos de competência, em matéria tributária, entre a União, os Estados, o Distrito Federal e os Municípios; trata-se de norma geral, além de outras específicas que estão previstas na própria Carta Constitucional, visando evitar duplas ou múltiplas pretensões tributárias, o que vem não somente em favor dos contribuintes, mas também para proteger a união federativa que seria prejudicada por disputas entre entes locais;
- o inciso II determina lei complementar para regular as limitações constitucionais ao poder de tributar, sendo norma tipicamente complementar das limitações que constam do art. 150 da própria Constituição;
- o terceiro inciso tem alcance mais amplo, pois se refere simultaneamente ao estabelecimento de normas gerais em matéria de legislação tributária, especialmente sobre:
  a) a definição de tributos e de suas espécies, bem como, em relação aos impostos discriminados nesta Constituição, a dos respectivos fatos geradores, bases de cálculo e contribuintes; esta competência é importantíssima porque cabe à lei complementar delinear os contornos dos fatos geradores dos impostos discriminados na Constituição e cabentes a qualquer dos entes federados, sendo normas verdadeiramente complementares das competências tributárias constitucionalmente outorgadas a eles;
  b) a obrigação, o lançamento, o crédito, a prescrição e a decadência tributários, prescrição esta que ratifica a natureza de normas de lei complementar para as disposições do CTN que tratam destas matérias;
  c) o adequado tratamento tributário ao ato cooperativo praticado pelas sociedades cooperativas, o que se mostra de grande relevância face às peculiaridades dessas sociedades; assim determinando, a Constituição de 1988 atribuiu natureza de lei complementar aos dispositivos da Lei nº 5.764, de 1971, que tratam de obrigações tributárias das cooperativas e dos cooperados, entre as regras disciplinadoras do cooperativismo;
  d) a definição de tratamento diferenciado e favorecido para as microempresas e para as empresas de pequeno porte, inclusive regimes especiais ou simplificados no caso do ICMS, podendo também instituir um regime único de arrecadação dos impostos e contribuições da União, dos Estados, do Distrito Federal e dos Municípios, o qual deve ser opcional para o contribuinte, para o qual podem ser estabelecidas condições de enquadramento diferenciadas por Estado, no qual o recolhimento deve ser unificado e centralizado e a distribuição da parcela de recursos pertencentes aos respectivos entes federados deve ser imediata, vedada qualquer retenção ou condicionamento, e sobre o qual a arrecadação, a fiscalização e a cobrança podem ser compartilhadas pelos entes federados, adotado cadastro nacional único de contribuintes; esta previsão é igualmente essencial numa economia marcada predominantemente pela existência de pequenos negócios, e contribui para fortalecer a federação, ao prescrever tratamento geral e unificado;

e) a definição de tratamento diferenciado e favorecido para as contribuições dos empregadores, destinadas a custear a seguridade social, incidentes sobre folha de salários e demais rendimentos do trabalho pagos ou creditados, a qualquer título, à pessoa física que lhe preste serviço, mesmo sem vínculo empregatício, ou sobre receita ou sobre lucro, incluindo a definição dos setores de atividade econômica para os quais não são cumulativas as contribuições sobre a receita e sobre a importação de bens e serviços, além da contribuição ao PIS.

Por fim, cabem algumas palavras sobre a competência legislativa concorrente, já que o art. 24 da Carta de 1988 elenca matérias em que a União, os Estados e o Distrito Federal podem legislar concorrentemente, e, entre elas, as pertinentes ao direito tributário. Por evidente, tal prescrição somente se justifica porque o Estado brasileiro é federado.

Ocorre que, no âmbito da legislação concorrente, a competência da União limita-se a estabelecer normas gerais (parágrafo 1º), e estas, quando relativas a tributos, devem ser normas de leis complementares em cumprimento ao disposto no art. 146.

A título de registro, consigne-se que os parágrafos 2º a 4º do art. 24 estabelecem que a competência da União para legislar sobre normas gerais não exclui a competência suplementar dos Estados, que, inexistindo lei federal sobre normas gerais, podem exercer a competência legislativa plena para atender a suas peculiaridades, e que a superveniência de lei federal sobre normas gerais suspende a eficácia da lei estadual, no que lhe for contrário.

Em conclusão, a verificação das hipóteses em que a Constituição prevê a necessidade de lei complementar confirma que nem sempre esse instrumento legislativo mira o federalismo, e, quando tem alguma ligação com este, na maior parte das vezes é simples decorrência da sua existência, e não condição para ela ou para o seu fortalecimento.

Informação bibliográfica deste texto, conforme a NBR 6023:2018 da Associação Brasileira de Normas Técnicas (ABNT):

OLIVEIRA, Ricardo Mariz de. *O papel da lei complementar tributária no desenho federativo brasileiro*. In: LOBATO, Valter de Souza (coord.); MARINHO NETO, José Antonino (org.). *O papel da lei complementar tributária no desenho federativo brasileiro*. Belo Horizonte: Fórum, 2024. p. 183-192. ISBN 978-65-5518-779-3.

CONFLITOS DE COMPETÊNCIA NÃO RESOLVIDOS POR LEIS COMPLEMENTARES: REPERCUSSÕES CAUSADAS PELA AUSÊNCIA DE LEIS COMPLEMENTARES

TATIANA MIDORI MIGIYAMA

Introdução

O presente artigo tem por desígnio delinear os conflitos de competência não resolvidos por Leis Complementares – LCs, além de destacar contendas tributárias ocasionadas pela ausência de LC, tratando de normas gerais em matéria tributária de índole mandamental com caráter constitucional, abordando, em especial, casos tratados no âmbito do judiciário. Ao solidificar a importância do debate, recorda-se que alguns tributos, ainda que tenham sido objeto de LC, encontram-se em confronto quanto as suas incidências sobre um mesmo evento, mesmo que os tributos tenham sido objeto de regulamentação apropriada, definindo hipóteses de incidência, *de per se*, concretas e objetivas, de forma, até mesmo, taxativa. Exemplificando: é de se mencionar polêmica acerca do conflito de competência envolvendo o Imposto sobre Serviços de Qualquer Natureza – ISS, de responsabilidade legislativa dos Municípios e do Distrito Federal, disciplinado pela LC nº 116, de 2003 e o Imposto sobre Produtos Industrializados – IPI, tratado pela LC nº 61, de 1989 e regulamentado pelo Decreto nº 7.212, de 2010. Vê-se que há hipóteses de incidência idênticas trazidas nas regulamentações dos dois tributos, tanto para o ISS, relativamente aos serviços tributáveis constantes da lista de serviços da LC nº 116, de 2003, como para o IPI, quanto aos produtos industrializados com observância dos eventos estabelecidos na Tabela de Incidência do Imposto sobre Produtos Industrializados – TIPI.[1] Decerto, se a Constituição Federal atribuiu, a rigor, competências tributárias distintas a cada ente federativo, afastando eventual conflito de atribuições, não poderia haver concomitantemente a exigência de dois tributos de entes diferentes sobre uma mesma hipótese de incidência.

---

1 Lei nº 4.502, de 1964. Art. 1º. O Impôsto de Consumo incide sobre os produtos industrializados compreendidos na Tabela anexa.

Das muitas lições do professor Luís Eduardo Schoueri[2] é de se clarificar que a competência tributária é indelegável e, mesmo que não seja exercida por uma pessoa jurídica de direito público, não pode outra valer-se do vácuo para instituir tributo fora de sua competência.

Ademais, percebe-se que o enquadramento de um evento como serviço, passível de tributação pelo ISS, preponderantemente, deveria conter elementos que atestassem essa natureza, sendo justificável tal configuração, entre outros, pela necessidade de customização pessoal, por ser decorrente de demanda específica e individual, pelo envio do produto finalizado se dar diretamente ao tomador do serviço consumidor final e, enfim, pelo uso de inteligência, tecnicidade humana quando da elaboração e finalização do produto encomendado. Diferentemente de um produto industrializado, passível de tributação pelo IPI, que deveria considerar, a rigor, produção padronizada e distribuição para encomendantes intermediários da cadeia produtiva até finalização do produto objeto de venda ao consumidor final.

Nada obstante à pretensão constitucional, destaca-se o direcionamento contrário emitido pela autoridade fiscal ao lucubrar sobre a possibilidade de concomitância de recolhimentos de ISS e de IPI sobre o mesmo evento, eis o pensamento manifestado em Solução de Consulta Cosit nº 59, de 2023:

> Assunto: Imposto sobre Produtos Industrializados – IPI
> Ementa: LABORATÓRIO DE PRÓTESE. ENCOMENDA REALIZADA POR CLÍNICA ODONTOLÓGICA. PRESTAÇÃO DE SERVIÇOS. INCIDÊNCIA DO IPI. POSSIBILIDADE.
> O fato de um determinado estabelecimento realizar prestação de serviço sujeito à eventual incidência do ISS é irrelevante para a caracterização do procedimento de industrialização e para a incidência do IPI.
> O laboratório de prótese dentária ou protético que trabalha sob demanda específica de clínica de odontologia será considerado estabelecimento industrial caso execute quaisquer das operações referidas no art. 4º do RIPI/2010, de que resulte produto tributado pelo IPI, ainda que de alíquota zero ou isento.
> A atividade de produção de próteses dentárias não admite aplicação da norma excepcional de exclusão do conceito de industrialização, prevista no RIPI/2010, art. 5º, V[3], tendo em vista a existência de vedação legal à prestação de assistência direta a clientes pelos técnicos em prótese dentária, imposta pela legislação que regulamenta a profissão, o que inviabiliza a elaboração desses produtos sob "encomenda direta do consumidor ou usuário" (condição necessária para o enquadramento na norma de exclusão).

A autoridade fiscal entendeu, simploriamente, que como há vedação profissional de os produtores de próteses e dentes prestarem assistência direta aos pacientes odontológicos, conforme art. 4º, inciso I, da Lei nº 6.710, de 1979, dever-se-ia afastar a possibilidade de exclusão desse evento do conceito de industrialização. Justificando, reflete que não será considerado industrialização caso, cumulativamente:

---

2 SCHOUERI, Luis Eduardo. *Direito Tributário*. 4. ed. São Paulo: Saraiva, 2014.

3 Art. 5º Não se considera industrialização: (...)
V – o preparo de produto, por encomenda direta do consumidor ou usuário, na residência do preparado ou em oficina, desde que, em qualquer caso, seja preponderante o trabalho profissional; (...)

- O preparo de produto seja decorrente de encomenda direta do consumidor ou usuário;
- O preparo de produto ocorra na residência do preparador ou em oficina, sendo que oficina é definida como o estabelecimento que empregar, no máximo, cinco operários e, caso utilize força motriz, não dispuser de potência superior a cinco quilowatts; e
- O preparo do produto, seja preponderante o trabalho profissional. Considerando-se que o trabalho preponderante é o que contribui no preparo do produto, para formação de seu valor, a título de mão de obra, no mínimo com 60%.

No entanto, é de se ponderar que se há vedação legal para a encomenda da prótese ser feita diretamente pelo consumidor final, não poderia, por óbvio, afastar a exclusão sob a justificativa de que não houve encomenda direta pelo consumidor final, pois há concreta vedação legal. A redundância das palavras se justifica, eis que a vedação legal apenas confirma que o contratante é, de fato, o consumidor final e a parte que entrou em contato com o prestador para se oficializar o pedido atuou apenas como mero intermediador ou mesmo como representante do consumidor final e em seu nome.

Proveitoso mencionar que, em nenhum momento, houve discussão ou enfrentamento do tema conflitos de competência para se afastar a tributação do IPI ou do ISS, tampouco dos elementos legítimos que naturalizam o evento como serviço, e não como industrialização. O produto encomendado teria caráter personalíssimo; por óbvio, não sendo o molde reutilizável para outro paciente, não se trataria de produto disponível em prateleira.

A reflexão e o estudo casuístico, necessário ao operador do direito, abrangendo, de certa forma, a autoridade fiscal, deveriam resultar em um posicionamento capaz de trazer segurança jurídica confortante e admissível tecnicamente aos contribuintes e à Fazenda Nacional, independentemente do direcionamento, afastando qualquer pretensão de se litigar para a busca de justiça tributária.

Percorrendo a polêmica e adentrando-se às competências tributárias convocadas pela Constituição Federal, de 1988 – CF, é de se recordar que ela atribui responsabilidade para a instituição singular de tributos aos entes federativos, conforme dispõe o art. 145,[4] tendo a União, os Estados, o Distrito Federal e os Municípios competências ímpares. Porém, independentemente dessa autorização constitucional pela instituição de tributos dadas aos entes federativos, realça-se que o assentimento não seria amplo, devendo os entes federativos observarem limitações ao poder de tributar.

---

[4] CF, de 1988.
Art. 145. A União, os Estados, o Distrito Federal e os Municípios poderão instituir os seguintes tributos:
I – impostos;
II – taxas, em razão do exercício do poder de polícia ou pela utilização, efetiva ou potencial, de serviços públicos específicos e divisíveis, prestados ao contribuinte ou postos a sua disposição;
III – contribuição de melhoria, decorrente de obras públicas.
§1º Sempre que possível, os impostos terão caráter pessoal e serão graduados segundo a capacidade econômica do contribuinte, facultado à administração tributária, especialmente para conferir efetividade a esses objetivos, identificar, respeitados os direitos individuais e nos termos da lei, os rendimentos e as atividades econômicas do contribuinte.
§2º As taxas não poderão ter base de cálculo própria de impostos.

Demonstra-se que se tem dispositivos tratando de imunidades, anterioridades a depender do tributo etc. Reforça-se tais limitações ao poder de tributar os dizeres do art. 6º da Lei nº 5.172, de 1966 – Código Tributário Nacional:

> Art. 6º A atribuição constitucional de competência tributária compreende a competência legislativa plena, ressalvadas as limitações contidas na Constituição Federal, nas Constituições dos Estados e nas Leis Orgânicas do Distrito Federal e dos Municípios, e observado o disposto nesta Lei.
> Parágrafo único. Os tributos cuja receita seja distribuída, no todo ou em parte, a outras pessoas jurídicas de direito público pertencerá à competência legislativa daquela a que tenham sido atribuídos.

Deveras, o CTN reflete ser do ente federativo o exercício da competência legislativa, nos termos a ele atribuído, independentemente de o produto da arrecadação do tributo instituído ser distribuído aos outros entes. Profícuo refletir os ensinamentos da professora Regina Helena Costa,[5] ao delinear que a competência tributária consiste na aptidão para instituir tributos, descrevendo, por meio de lei, suas hipóteses de incidência. No Estado Democrático de Direito, a tributação há de se comportar dentro de certos limites para que possa ser legitimamente exercida. Desse modo, a noção de competência tributária corresponde ao "poder de tributar", juridicamente limitado pelo próprio texto constitucional. O veículo de atribuição de competências tributárias é a Constituição da República, o que justifica em razão do modelo federativo adotado, com a peculiaridade do convício de três ordens jurídicas distintas: a federal, a estadual/distrital e a municipal. Sendo competência de natureza legislativa, somente as pessoas políticas a detêm. A Constituição estabelece o que pode cada pessoa política realizar em matéria tributária, demarcando os respectivos âmbitos de atuação, no intuito de evitar conflitos entre os entes federativos.

Nesses termos, como dito alhures, recorda-se que a CF, de 1988, determinou que a União seria competente para instituir: (i) Imposto de Produtos Estrangeiros; (ii) Imposto de Exportação, para o exterior, de produtos nacionais ou nacionalizados; (iii) Imposto de Renda e Proventos de Qualquer Natureza; (iv) Imposto sobre Produtos Industrializados; (v) Imposto sobre Operações de Crédito, Câmbio e Seguro, ou relativas a títulos ou valores mobiliários; (vi) Imposto sobre Propriedade Territorial Rural; (vii) Imposto sobre Grandes Fortunas; (viii) Empréstimo Compulsório; (ix) Contribuições Especiais – INSS, PIS e Cofins; (x) Taxas e Contribuições de Melhorias de sua competência e (xi) Contribuições para custear o regime previdenciário de seus funcionários públicos.

Proveitoso arrazoar que ainda que haja competência para a União instituir impostos expressos na Carta Magna, ela pode deixar de fazê-lo por entender não ser atendível à economia do país; análogo a isso, evidencia-se o IGF, que se encontra previsto no art. 153, inciso VII, da CF,[6] de 1988, mas não instituído por lei complementar até o momento.

---

[5] COSTA, Regina Helena. *Código Tributário Nacional Comentado em sua moldura Constitucional*. 3. ed. Rio de Janeiro: Editora Forense, 2023.

[6] CF, de 1988. Art. 153 Compete à União instituir impostos sobre:
(...)
VII – Grandes fortunas, nos termos da lei complementar.

Rememora-se que, no período de pandemia pela Covid-19, foram apresentadas várias proposições de LC, dentre as quais se destaca o PLP nº 38, de 2020, que refletiu como vigência o período de calamidade pública com aplicação de alíquota de 0,5% sobre o patrimônio líquido que exceda 50.000 salários-mínimos. A justificação para a apresentação dessa proposta considerou que o Brasil possui 206 bilionários com patrimônio superior a mais de R$1,2 trilhão, sendo que, apenas deste seleto grupo, poderiam verter recursos da ordem de R$6 bilhões para o combate de calamidades públicas no Brasil. Isso sem contar as pessoas que estão na faixa entre R$50 milhões e R$1 bilhão de patrimônio líquido, o que aumentaria de forma expressiva a arrecadação de recursos nesse momento tão delicado e crítico para a população brasileira.

Além dessa proposta e outras, tais como o PLP nº 50, de 2020, o PLP nº 59, de 2020, o PLP nº 183, de 2020, surgiram à época projetos criando empréstimo compulsório, a exemplo do PLP nº 61, de 2020 e PLP nº 34, de 2020, alcançando pessoas domiciliadas no país com patrimônio líquido igual ou superior a R$500 milhões e pessoas domiciliadas no exterior quanto ao patrimônio detido no país.

A tentativa de instituição do IGF e empréstimo compulsório por calamidade pública, ainda que possa ser considerada legítima na pandemia, revolveu reflexões negativas e positivas, eis:

- Cogitações positivas:
  - (i) O IGF alcançaria somente 0,1% da população nacional;
  - (ii) Seria promovido para redução de índices de desigualdades sociais e combate à evasão, com convênio cartorial de imóveis e compartilhamento de dados no âmbito estadual e municipal; e
  - (iii) Observaria, em sua essência, os Princípios da Capacidade Contributiva e Isonomia, graduando a tributação de acordo com a riqueza de cada cidadão.
- Cogitações negativas:
  - (i) O conceito de riqueza é subjetivo, tendo suas variáveis atreladas às discrepâncias do custo de vida considerável a depender da região;
  - (ii) O tributo seria de difícil fiscalização e arrecadação;
  - (iii) Haveria desestímulo à poupança com possíveis reflexos econômicos negativos;
  - (iv) Promoveria estímulo à evasão fiscal pela não declaração ou subvaloração de determinado bem;
  - (v) Incentivaria a elisão fiscal, com implementação de alternativas legítimas; por exemplo, transferência de patrimônio para pessoa jurídica residente ou não residente em país considerado Paraíso Fiscal;
  - (vi) Desestimularia o empreendedorismo e a iniciativa privada, atentando que a carga tributária observada no Brasil é muito alta se comparada a outros países;
  - (vii) Ressurgiria com dúvidas acerca da exigência do Imposto sobre Transmissão Causa Mortis e Doação – ITCMD que, a rigor, já seria um substituidor do IGF; e

(viii) Refletiria impacto não relevante, considerando a possível evasão populacional rica.

À vista disso, o Congresso Nacional adotou postura ponderada, ao retirar as urgências constitucionais para a apreciação dos projetos de LC que tratavam da criação deste tributo, pois poderia o IGF se tornar um tributo oportunista com destinação duvidosa e impacto relevante para a sociedade e ao país ao longo do tempo, ainda que tenha finalidade imediata.

Nada obstante ao desenrolar legislativo, é de se questionar a instituição de um imposto por LC. Para tal indagação, ensina o professor Luciano Amaro[7] que a Constituição reclama, excepcionalmente, a edição de lei complementar para a criação de certos tributos (arts. 148, 153, VII, e 154, I). Instituir tributo nada tem que ver com complementar a Constituição. O que se dá é que a Constituição pretende que umas poucas e determinadas figuras tributárias só possam ser criadas por leis editadas a partir de um processo de aprovação mais representativo que o da lei comum. Para isso, a Constituição exige a lei complementar, exatamente o modelo legislativo que atende à referida preocupação, pois requer maioria absoluta de votos, não pode ser objeto de delegação, e, em nossa opinião, já era, mesmo antes da Emenda nº 32, de 2001, insubstituível por medida provisória.

A importância quanto aos impactos que a instituição do IGF poderia causar ao país e sua economia, independentemente de o propósito ser ou não legítimo, justifica que sua criação se dê por LC, tendo em vista um necessário aprofundamento de possíveis sequelas empresariais, sociais e econômicas.

Quanto à competência dos Estados, nos termos do art. 155 da CF, de 1988, é concedida permissão para a instituição dos seguintes tributos: (i) Imposto sobre Circulação de Mercadorias e Serviços – ICMS; (ii) Imposto de Transmissão Causa Mortis e Doação – ITCMD; (iii) Imposto sobre a Propriedade de Veículos Automotores – IPVA; (iv) Taxas e Contribuições de Melhoria e Contribuições para custear o regime previdenciário de seus funcionários públicos. E, enfim, relativamente aos Municípios, tem-se: (i) Imposto sobre a Propriedade Predial e Territorial Urbana – IPTU (ii) Imposto sobre Serviços de Qualquer Natureza – ISS; (iii) Imposto sobre a Transmissão de Bens Imóveis – ITBI; (iv) Contribuição para Custeio do serviço de iluminação pública; (v) Taxas e Contribuições de Melhoria e (vi) Contribuições para Custear o Regime Previdenciário de seus funcionários públicos.

O Distrito Federal tem permissão de instituir tributos de competência do Estado e dos Municípios, tal como explicita o art. 3º[8] da Lei Complementar nº 4, de 1994 – Código Tributário do Distrito Federal.

---

7 AMARO, Luciano. *Direito Tributário Brasileiro.* Atualizada com: Lei Complementar n. 187/2021 – imunidade de contribuições sociais e alteração do art. 198 do CTN. ADPF 357 – não recepção pela CF do parágrafo único do art. 187 do CTN. 25. ed. São Paulo: Saraiva, 2023.

8 LC nº 4, de 1994. Art. 3º. São impostos do Distrito Federal:
I – Impostos sobre a Propriedade Predial e Territorial Urbana – IPTU;
II – Imposto sobre a Propriedade de Veículos Automotores – IPVA;
III – Imposto sobre a Transmissão Inter Vivos de

Ventilada singela introdução, é de se discorrer sobre precedentes que trataram sobre conflitos de competência não resolvidos por Leis Complementares – LCs e contendas tributárias ocasionadas pela ausência de LC.

1 Conflitos de competência não resolvidas por leis complementares

Embrenhando-se ao mote proposto, o debate rodeando a incidência do ISS e do ICMS e, por resultância, do IPI, atiça investigações casuísticas no âmbito do judiciário. Ora, o certame enfrentado pelo Supremo Tribunal Federal – STF, quando da apreciação do RE nº 688.223/PR, em sede de repercussão geral, trouxe anseio, à luz do art. 155, §3º[9] e art. 156, inciso III,[10] da Constituição Federal – CF de 1988, ao promover discussões sobre a possibilidade de se incidir ou não ISS em contrato envolvendo cessão ou licenciamento de programas de computador – softwares desenvolvidos para clientes de forma personalizada. O STF, em julgamento, fixou no tema 590 a tese de que é constitucional a incidência do ISS no licenciamento ou na cessão de direito de uso de programas de computação desenvolvido para clientes de forma personalizada, nos termos do subitem 1.05 da lista anexa à Lei Complementar nº 116, de 2003.[11]

O posicionamento vencedor foi dado pelo Ministro relator Dias Toffoli no sentido de que o licenciamento e a cessão de direito de uso de programas de computação, sejam esses customizados ou de prateleira, ficam sujeitos ao ISS, e não ao ICMS,[12] tendo em vista que não mais seria suficiente a distinção entre software de prateleira e por encomenda, sendo imprescindível a existência de esforço humano direcionado para a construção dos programas, predominando a obrigação de fazer.

---

[9] CF, de 1988. Art. 155. Compete aos Estados e ao Distrito Federal instituir impostos sobre: (...) §3º À exceção dos impostos de que tratam o inciso II do caput deste artigo e o art. 153, I e II, nenhum outro imposto poderá incidir sobre operações relativas a energia elétrica, serviços de telecomunicações, derivados de petróleo, combustíveis e minerais do País.

[10] CF, de 1988. Art. 156. Compete aos Municípios instituir impostos sobre: (...) III – serviços de qualquer natureza, não compreendidos no art. 155, II, definidos em lei complementar.

[11] Ementa: Recurso extraordinário. Repercussão geral. Direito Tributário. ISS. Licenciamento ou cessão de direito de uso de programas de computação desenvolvidos para clientes de forma personalizada, Subitem 1.05 da lista anexa à LC nº 116/03. Constitucionalidade. Precedentes do Tribunal Pleno.
1. Recentemente, o Tribunal Pleno, no julgamento das ADI nºs 1.945/MT e 5.659/MG, consignou que a tradicional distinção entre software de prateleira (padronizado) e por encomenda (personalizado) não é mais suficiente para a definição da competência para a tributação dos negócios jurídicos que envolvam programas de computador em suas diversas modalidades.
2. Na mesma oportunidade, a Corte aduziu que o legislador complementar em matéria tributária envolvendo softwares, estabelecendo, no subitem 1.05 da lista anexa à LC nº 116/03, que estão sujeitos ao ISS o licenciamento e a cessão de direito de uso de programas de computação. Pontuou-se, ademais, que, conforme a Lei nº 9.609/98, o uso de programa de computador no País é objeto de contrato de licença.
3. Ainda naquela ocasião, o Tribunal consignou que, associado a isso, não se pode desconsiderar o fato de que é imprescindível a existência de esforço humano direcionado para a construção de programas de computação, sejam eles de qualquer tipo, configurando-se obrigação de fazer, a qual também de encontra presente nos demais serviços prestados ao usuário, como no help desk, nas atualizações etc. Outrossim, asseverou o Tribunal haver prestação de serviço no modelo denominado Software-as-a-Service (SaaS).
4. Aplica-se ao presente caso a orientação firmada no julgamento das citadas ações diretas.
5. Foi fixada a seguinte tese para o Tema nº 590 de repercussão geral:"[é] constitucional a incidência do ISS no licenciamento ou na cessão de direito de uso de programas de computação desenvolvidos para clientes de forma personalizada, nos termos do subitem 1.05 da lista anexa à LC nº 116/03". (...)

[12] Ações Diretas de Inconstitucionalidade – ADIs nº 1945 e nº 5659. Foi assentado que o licenciamento e a cessão de direito de uso de programas de computação, sejam esses de qualquer tipo, estão sujeitos ao ISS.

Com efeito, o conceito de dispêndio intelectual humano para a elaboração do software, independentemente se o produto resultante seria comercializado, foi fulcral para se definir a natureza do evento como sendo serviço.

Avista-se, enfim, com essa decisão, que o direito evolui com o tempo, eis que o posicionamento antigo daquela Corte se resumia em considerar que o software de prateleira seria passível de incidência de ICMS e o software customizado, de ISS.

Atualmente, em face das inovações tecnológicas, novas demandas empresariais, competitividade entre empresas e acesso rápido às informações, não há mais que se falar em software de prateleira – aquele vendido em grandes quantidades e disponíveis por um tempo considerável nas prateleiras – pois o produto se depreciaria momentaneamente. Sendo assim, não há que se falar em estoque para a venda desse tipo de produto; o que, a rigor, perderia a natureza de mercadoria.

A busca incessante por vantagem competitiva com maior aproveitamento do tempo reforça a predominância do esforço humano, de forma dinâmica e constante, para a elaboração de softwares inovadores, independentemente de sua destinação, se para varejo ou empresas encomendantes.

Assevera-se que a linha de argumentação trabalhada pelos Ministros justifica a mudança de entendimento e critérios para a definição do evento como serviço, e não mais como mera concessão de mercadoria, ainda que se trate de software de prateleira.

Regressando ao cerne desse artigo, vê-se que, ainda que a LC nº 116, de 2003, que dispõe sobre o ISS, estabeleça em seu art. 1º, §2º, que os serviços mencionados na lista anexa à LC não ficariam sujeitos ao ICMS, mesmo que sua prestação envolva fornecimento de mercadorias, o debate envolvendo a incidência desses dois tributos alterou-se com o tempo e, portanto, o conflito de competência prevaleceu até hoje.

As LCs, que regulamentaram os dois impostos, não solucionaram na origem a natureza dos softwares como serviço ou mercadoria, ainda que tenha a LC nº 116, de 2003, em especial, explicitado que, se o evento consta da lista como serviço com fornecimento de mercadorias, não poderia ser passível de incidência de ICMS. A definição quanto à incidência de um ou outro tributo ficou pendente de uma análise casuística, envolvendo a inteligência humana que seria demandada para a produção daquele produto, bem como a dinâmica sob aspecto temporal que seria considerada para a venda e depreciação do produto.

Nada obstante ao entendimento dado pelo STF, aproveita-se para abrir nova divergência quanto à natureza imposta, qual seja, de serviço, eis que a autoridade fiscal emitiu Solução de Consulta Cosit nº 107, de 2023, tratando ora como serviço e ora como royalties para o enquadramento em hipóteses de incidência de tributos diferentes em remessa ao exterior para pagamento de licença de uso de software, eis:

> Assunto: Imposto sobre a Renda Retido na Fonte – IRRF
> LICENÇA DE USO DE SOFTWARE. PAGAMENTO, CRÉDITO, ENTREGA, EMPREGO OU REMESSA PARA O EXTERIOR. USUÁRIO FINAL. AQUISIÇÃO OU RENOVAÇÃO. ROYALTIES. TRIBUTAÇÃO.
> Os valores pagos, creditados, entregues, empregados ou remetidos em a residente ou domiciliado no exterior, pelo usuário final, para fins de aquisição ou renovação de licença de uso de software, independentemente de customização ou do meio empregado na

entrega, caracterizam royalties e estão sujeitos à incidência de Imposto sobre a Renda na Fonte (IRRF), em regra, sob a alíquota de 15% (quinze por cento).

Dispositivos Legais: Lei nº 9.609, de 19 de fevereiro de 1998, arts. 1º, 2º e 9º; Lei nº 9.610, de 19 de fevereiro de 1998, art. 7º, inciso XII; Decreto nº 9.580, de 22 de novembro de 2018, arts. 44 e 767.

BENEFICIÁRIO RESIDENTE OU DOMICILIADO EM PAÍS COM TRIBUTAÇÃO FAVORECIDA. ALÍQUOTA MAJORADA.

Na hipótese de o beneficiário ser residente ou domiciliado em país com tributação favorecida, a alíquota do IRRF sobre os royalties devidos pela licença de uso de software será de 25% (vinte e cinco por cento).

Dispositivos Legais: Lei nº 9.430, de 27 de dezembro de 1996, art. 24; Decreto nº 9.580, de 22 de novembro de 2018, arts. 44 e 748.

Solução de Consulta parcialmente vinculada à Solução de Consulta Cosit nº 75, de 31 de março de 2023.

SERVIÇO TÉCNICO DE MANUTENÇÃO. ATUALIZAÇÃO DE VERSÃO SEM AQUISIÇÃO DE NOVA LICENÇA. PAGAMENTO, CRÉDITO, ENTREGA, EMPREGO OU REMESSA PARA O EXTERIOR. TRIBUTAÇÃO.

A prestação do serviço técnico de manutenção, incluindo atualização de versão do software, desde que essa atualização não origine novo licenciamento ou prorrogação do prazo da licença original, quando remunerada a residente ou domiciliado no exterior, estará sujeita à incidência de IRRF à alíquota de 15% (quinze por cento).

Caso o prestador do serviço seja residente ou domiciliado em país ou dependência enquadrado como de tributação favorecida, incidirá a alíquota de 25% (vinte e cinco por cento).

Dispositivos Legais: arts. 748 e 765 do Anexo do Decreto nº 9.580, de 22 de novembro de 2018.

Assunto: Contribuição de Intervenção no Domínio Econômico – CIDE

LICENÇA DE USO DE SOFTWARE. ATUALIZAÇÃO DE VERSÃO COM AQUISIÇÃO DE NOVA LICENÇA. PAGAMENTO, CRÉDITO, ENTREGA, EMPREGO OU REMESSA PARA O EXTERIOR. SEM TRANSFERÊNCIA DE TECNOLOGIA. NÃO INCIDÊNCIA.

A Contribuição de Intervenção no Domínio Econômico não incide sobre a remuneração a residente ou domiciliado no exterior pela licença de uso de programa de computador (software), incluindo a aquisição de versão de atualização do software, através de nova licença ou prorrogação do prazo da licença original, salvo quando envolver a transferência da correspondente tecnologia.

Dispositivos Legais: art. 2º, §1º-A, da Lei nº 10.168, de 2000.

SERVIÇO TÉCNICO DE MANUTENÇÃO. ATUALIZAÇÃO DE VERSÃO SEM AQUISIÇÃO DE NOVA LICENÇA.

A Contribuição de Intervenção no Domínio Econômico incide sobre a remuneração a residente ou domiciliado no exterior, em caso de contratação de serviço técnico de manutenção pela atualização da versão do próprio software, desde que não origine novo licenciamento, à alíquota de 10% (dez por cento).

Dispositivos Legais: art. 2º, §2º, da Lei nº Lei nº 10.168, de 2000.

Assunto: Contribuição para o PIS/Pasep

IMPORTAÇÃO. SOFTWARES DE PRATELEIRA. DOWNLOAD. LICENÇA DE USO. SERVIÇOS CONEXOS. CONTRATO. PREVISÃO CONCOMITANTE DE LICENÇA DE USO E SERVIÇOS CONEXOS. INCIDÊNCIA.

No contrato de licenciamento de uso de softwares a obrigação de fazer está presente no esforço intelectual, seja a aquisição por meio físico ou eletrônico, o que configura contraprestação por serviço prestado os valores pagos, creditados, entregues, empregados ou remetidos

a beneficiário residente ou domiciliado no exterior como remuneração decorrente dessa adesão, incidindo a Contribuição para o PIS/Pasep-Importação sobre tais valores, nos termos do inciso II do art. 7º c/c o inciso II do art. 3º da Lei nº 10.865, de 2004.
A Contribuição para o PIS/Pasep-Importação incide sobre os valores pagos, creditados, entregues, empregados ou remetidos a residentes ou domiciliados no exterior, como contraprestação à prestação de serviços decorrentes de contratos de licenciamento de uso de softwares, como a manutenção e o suporte a esses relacionados.
REFORMA PARCIALMENTE A SOLUÇÃO DE CONSULTA COSIT Nº 303, DE 2017; A SOLUÇÃO DE CONSULTA COSIT Nº 374, DE 2017; A SOLUÇÃO DE CONSULTA COSIT Nº 262, DE 2017; A SOLUÇÃO DE CONSULTA COSIT Nº 448, DE 2017 E A SOLUÇÃO DE DIVERGÊNCIA Nº 2, DE 2019.
Dispositivos Legais: arts. 21, 22 e 23 da Lei nº 4.506, de 30 de novembro de 1964; arts. 1º, 2º, 6º, e 9º a 12 da Lei nº 9.609, de 19 de fevereiro de 1998; arts. 1º, 3º, 4º e inciso II do art. 7º da Lei nº 10.865, de 30 de abril de 2004.
Assunto: Contribuição para o Financiamento da Seguridade Social – Cofins
IMPORTAÇÃO. SOFTWARES DE PRATELEIRA. DOWNLOAD. LICENÇA DE USO. SERVIÇOS CONEXOS. CONTRATO. PREVISÃO CONCOMITANTE DE LICENÇA DE USO E SERVIÇOS CONEXOS. INCIDÊNCIA.
No contrato de licenciamento de uso de softwares a obrigação de fazer está presente no esforço intelectual, seja a aquisição por meio físico ou eletrônico, o que configura contraprestação por serviço prestado os valores pagos, creditados, entregues, empregados ou remetidos a beneficiário residente ou domiciliado no exterior como remuneração decorrente dessa adesão, incidindo a Cofins-Importação sobre tais valores, nos termos do inciso II do art. 7º c/c o inciso II do art. 3º da Lei nº 10.865, de 2004.
A Cofins-Importação incide sobre os valores pagos, creditados, entregues, empregados ou remetidos a residentes ou domiciliados no exterior, como contraprestação à prestação de serviços decorrentes de contratos de licenciamento de uso de softwares, como a manutenção e o suporte a esses relacionados.
REFORMA PARCIALMENTE A SOLUÇÃO DE CONSULTA COSIT Nº 303, DE 2017; A SOLUÇÃO DE CONSULTA COSIT Nº 374, DE 2017; A SOLUÇÃO DE CONSULTA COSIT Nº 262, DE 2017; A SOLUÇÃO DE CONSULTA COSIT Nº 448, DE 2017 E A SOLUÇÃO DE DIVERGÊNCIA Nº 2, DE 2019.
Dispositivos Legais: arts. 21, 22 e 23 da Lei nº 4.506, de 30 de novembro de 1964; arts. 1º, 2º, 6º, e 9º a 12 da Lei nº 9.609, de 19 de fevereiro de 1998; arts. 1º, 3º, 4º e inciso II do art. 7º da Lei nº 10.865, de 30 de abril de 2004.

A natureza já foi definida pelo STF, mas a autoridade fiscal interpreta tal decisão ao responder consulta tratando das implicações tributárias sobre a referida remessa, independentemente de os conceitos jurídicos serem diferentes quando se trata de serviços e royalties e diferenças quanto à transferência e aplicação de tecnologia, inclusive considerando normas internacionais aplicáveis.

Regressando ao tema, salienta-se que o debate em torno do conflito de competência tem provocado, há tempos, acirradas disputas entre os doutrinadores pátrios; o que se reflete na multiplicidade de discussões levadas aos Tribunais Superiores, não sendo matéria pacífica, até mesmo sob o aspecto temporal, já que o Direito evolui com o tempo.

2 Contendas tributárias ocasionadas por ausência de LC

Permeando a discussão posta, cabe elucidar o debate, primordialmente, com menção ao RE nº 851.108/SP, de relatoria do Ministro Dias Toffoli, que teve sua repercussão geral conhecida em 2015 no Supremo Tribunal Federal.

Recorda-se que o RE teve origem em processo gerado pela impetração de Mandado de Segurança com intenção de se declarar a inexigibilidade de crédito tributário concernente ao ITCMD incidente sobre doação testamentária realizada no exterior por cidadão estrangeiro. Decorre que a Sexta Câmara de Direito Público do Tribunal de Justiça do Estado de São Paulo desproveu a apelação interposta, confirmando a sentença. Assentou, *de per se*, não ser possível a exigência do referido imposto ante a ausência de LC, conforme determina o artigo 155, inciso I, §1º, inciso III, da CF, de 1988,[13] não tendo os Estados, no caso, competência legislativa subsidiária em face do disposto no artigo 34, §§3º e 4º, das Disposições Transitórias. Dessarte, em Recurso Extraordinário, o Estado de São Paulo arguiu desrespeito aos artigos 24, inciso I, §3º, e 155, inciso I, §1º, incisos II e III, alínea "b", da CF, bem como ofensa ao art. 34, §§3º e 4º, das Disposições Transitórias, argumentando terem os Estados competência para fixar as regras do ITCMD, desde que respeitem os princípios gerais e as limitações ao poder de tributar.

Para tanto, releva caber à União e aos estados legislar concorrentemente sobre Direito Tributário e, diante da falta de lei federal dispondo sobre normas gerais, teria competência legislativa plena para tratar do referido imposto. Frisou seu entendimento, reforçando a constitucionalidade do art. 4º, inciso II, alínea "b", da Lei do Estado de São Paulo nº 10.705/00 e art. 3º do Decreto local nº 46.655/2002.

O STF, quando da apreciação do referido RE – tema nº 825, por sua vez, decidiu que prescindiria de LC a instituição do ITCMD sobre hipóteses em que há um elemento relevante de conexão com o exterior, afastando a exigência desse tributo, visto que os Estados não dispõem de competência para suprir a ausência de LC, consignando, por consequência, a seguinte ementa:

> Recurso extraordinário. Repercussão geral. Tributário. Competência suplementar dos estados e do Distrito Federal. Artigo 146, III, a, CF. Normas gerais em matéria de legislação tributária. Artigo 155, I, CF. ITCMD. Transmissão causa mortis. Doação. Artigo 155, §1º, III, CF. Definição de competência. Elemento relevante de conexão com o exterior. Necessidade de edição de lei complementar. Impossibilidade de os estados e o Distrito Federal legislarem supletivamente na ausência da lei complementar definidora da competência tributária das unidades federativas.
>
> 1. Como regra, no campo da competência concorrente para legislar, inclusive sobre direito tributário, o art. 24 da Constituição Federal dispõe caber à União editar normas gerais, podendo os estados e o Distrito Federal suplementar aquelas, ou, inexistindo normas gerais,

[13] CF, de 1988. Art. 155. Compete aos Estados e ao Distrito Federal instituir impostos sobre:
I – transmissão causa mortis e doação, de quaisquer bens ou direitos;
(...)
§1º O imposto previsto no inciso I:
(...)
III – terá competência para sua instituição regulada por lei complementar:
a) Se o doador tiver domicílio ou residência no exterior;
b) Se o de cujus possuía bens, era residente ou domiciliado ou teve o seu inventário processado no exterior; (...)

exercer a competência plena para editar tanto normas de caráter geral quanto normas específicas. Sobrevindo norma geral federal, fica suspensa a eficácia da lei do estado ou do Distrito Federal. Precedentes.
2. Ao tratar do Imposto sobre transmissão Causa Mortis e Doação de quaisquer Bens ou Direitos (ITCMD), o texto constitucional já fornece certas regras para a definição da competência tributária das unidades federadas (estados e Distrito Federal), determinando basicamente duas regras de competência, de acordo com a natureza dos bens e direitos: é competente a unidade federada em que está situado o bem, se imóvel; é competente a unidade federada onde se processar o inventário ou arrolamento ou onde tiver domicílio o doador, relativamente a bens móveis, títulos e créditos.
3. A combinação do art. 24, I, §3º, da CF, com o art. 34, §3º, do ADCT dá amparo constitucional à legislação supletiva dos estados na edição de lei complementar que discipline o ITCMD, até que sobrevenham as normas gerais da União a que se refere o art. 146, III, a, da Constituição Federal. De igual modo, no uso da competência privativa, poderão os estados e o Distrito Federal, por meio de lei ordinária, instituir o ITCMD no âmbito local, dando ensejo à cobrança válida do tributo, nas hipóteses do §1º, incisos I e II, do art. 155.
4. Sobre a regra especial do art. 155, §1º, III, da Constituição, é importante atentar para a diferença entre as múltiplas funções da lei complementar e seus reflexos sobre eventual competência supletiva dos estados. Embora a Constituição de 1988 atribua aos estados a competência para a instituição do ITCMD (art. 155, I), também a limita ao estabelecer que cabe a lei complementar – e não a leis estaduais – regular tal competência em relação aos casos em que o "de cujus possuía bens, era residente ou domiciliado ou teve seu inventário processado no exterior" (art. 155, §1º, III, b).
5. Prescinde de lei complementar a instituição do imposto sobre transmissão causa mortis e doação de bens imóveis – e respectivos direitos -, móveis, títulos e créditos no contexto nacional. Já nas hipóteses em que há um elemento relevante de conexão com o exterior, a Constituição exige lei complementar para se estabelecerem os elementos de conexão e fixar a qual unidade federada caberá o imposto.
6. O art. 4º da Lei paulista nº 10.705/00 deve ser entendido, em particular, como de eficácia contida, pois ele depende de lei complementar para operar seus efeitos. Antes da edição da referida lei complementar, descabe a exigência do ITCMD a que se refere aquele artigo, visto que os estados não dispõem de competência legislativa em matéria tributária para suprir a ausência de lei complementar nacional exigida pelo art. 155, §1º, inciso III, CF. A lei complementar referida não tem o sentido único de norma geral ou diretriz, mas de diploma necessário à fixação nacional da exata competência dos estados.

Com efeito, considera que o art. 4º da Lei paulista nº 10.705, de 2000, deve ser entendido como sendo de eficácia contida, pois haveria dependência de LC para operar seus efeitos.

Quanto à modulação dos efeitos dessa decisão, o STF recordou que já havia proferido decisões,[14] reconhecendo a possibilidade de os Estados, com base na competência legislativa plena, editarem leis prevendo a cobrança do ITCMD sobre doações ou bens objetos de herança provenientes do exterior; o que, por maioria, modulou os efeitos da decisão, atribuindo-lhes eficácia ex nunc, a contar da publicação do acórdão em

---

[14] AI nº 805.043/RJ e RE nº 879.773/SP.

questão, ressalvando as ações judiciais pendentes de conclusão até o mesmo momento, nas quais se discuta:

> (1) a qual Estado o contribuinte deve efetuar o pagamento do ITCMD, considerando a ocorrência de bitributação; e
> (2) a validade da cobrança desse imposto, não tendo sido pago anteriormente.
> Por fim, restando a decisão transitada em julgado em maio de 2022, assentou a seguinte tese: É vedado aos estados e ao Distrito Federal instituir o ITCMD nas hipóteses referidas no art. 155, §1º, III, da Constituição Federal sem a intervenção da lei complementar exigida pelo referido dispositivo constitucional.

Em fevereiro de 2002, o STF,[15] apreciando o ADI nº 6817, por influência, por unanimidade de votos, declarou a inconstitucionalidade formal do art. 4º, parágrafo único, da Lei nº 13.974/2009 do Estado de Pernambuco, modulou os efeitos desta decisão, nos mesmos termos decididos no RE nº 851.108/SP, eis:

> AÇÃO DIRETA DE INCONSTITUCIONALIDADE COM PEDIDO DE MEDIDA CAUTELAR. DIREITO CONSTITUCIONAL E TRIBUTÁRIO. ART 4º, PARÁGRAFO ÚNICO, DA LEI 13.974/2009, DO ESTADO DE PERNAMBUCO. INSTITUIÇÃO DE IMPOSTO SOBRE TRANSMISSÃO CAUSA MORTIS E DE DOAÇÃO DE QUAISQUER BENS OU DIREITOS – ITCMD. HIPÓTESES DO ART. 155, §1º, III, DA CONSTITUIÇÃO FEDERAL. TESE FIXADA NO TEMA 825 DA REPERCUSSÃO GERAL NO RE 851.108 RG/SP. AUSÊNCIA DE LEI COMPLEMENTAR FEDERAL. INCONSTITUCIONALIDADE FORMAL. MODULAÇÃO DOS EFEITOS. ADI CONHECIDA E JULGADA PROCEDENTE.
> I – O Plenário do STF consolidou o entendimento de que é vedado aos Estados e ao Distrito Federal instituir o ITCMD nas hipóteses referidas no art. 155, §1º, III, a e b, da Constituição da República, sem a edição da lei complementar exigida pelo referido dispositivo constitucional (RE 851.108/SP, Rel. Min. Dias Toffoli, Tema 825 da Repercussão Geral).
> II – Modulação dos efeitos da declaração a partir da publicação do acórdão prolatado no RE 851.108-RG/SP, de relatoria do Ministro Dias Toffoli (20.04.2021), ressalvando-se as ações judiciais pendentes de conclusão até o mesmo marco temporal em que se discuta (i) a qual Estado o contribuinte deveria efetuar o pagamento do ITCMD, considerando a ocorrência de bitributação; ou (ii) a validade da cobrança desse imposto, não tendo sido pago anteriormente.
> III – Ação conhecida e pedido julgado procedente, declarando a inconstitucionalidade formal do art. 4º, parágrafo único, da Lei 13.974/2009, do Estado de Pernambuco.

Entoando essa discussão, é de se mencionar que a proposta de PEC nº 45, de 2019, enviada ao Senado Federal após aprovação na Câmara dos Deputados, conforta os entes federativos, em especial o Estado, na ausência de LC tratando do ITCMD nos eventos tratados pelo STF, ao prever:

> Art. 16. Até que lei complementar regule o disposto no art. 155, §1º, III, da Constituição Federal, o imposto incidente nas hipóteses de que trata o referido dispositivo competirá:

---

[15] No julgamento da ADI nº 6828 e da ADI nº 6830, o Plenário do STF invalidou normas do Estado de Alagoas e de São Paulo que disciplinavam a exigência do ITCMD nas doações e heranças instituídas no exterior.

I – relativamente a bens imóveis e respectivos direitos, ao Estado da situação do bem, ou ao Distrito Federal;
II – se o doador tiver domicílio ou residência no exterior:
a) Ao Estado onde tiver domicílio o donatário ou ao Distrito Federal;
b) Se o donatário tiver domicílio ou residir no exterior, ao Estado em que se encontrar o bem ou ao Distrito Federal;
III – relativamente aos bens do de cujus, ainda que situados no exterior, ao Estado onde era domiciliado, ou, se domiciliado ou residente no exterior, onde tiver domicílio o herdeiro ou legatário, ou ao Distrito Federal.

Proveitoso trazer que o STF, adotando o mesmo racional, quando da apreciação da ADI nº 5469,[16] ajuizada pela Associação Brasileira de Comércio Eletrônico contra

[16] Ação direta de inconstitucionalidade. Legitimidade ativa da associação autora. Emenda Constitucional nº 87/15. ICMS. Operações e prestações em que haja destinação de bens e serviços ao consumidor final não contribuinte do ICMS localizado em estado distinto daquele do remetente. Inovação constitucional. Matéria reservada à lei complementar. (art. 146, I e III, a e b; e art. 155, §2º, XII, a, b, c, d e i, da CF/88). Cláusulas primeira, segunda, terceira e sexta do Convênio ICMS nº 93/2015. Inconstitucionalidade. Tratamento tributário diferenciado e favorecido destinado a microempresas e empresas de pequeno porte. Simples Nacional. Matéria reservada à lei complementar (art. 146, inciso III, d, e parágrafo único CF/88). Cláusula nona do Convênio ICMS nº 93/2015. Inconstitucionalidade. Cautelar deferida na ADI nº 5.464/DF, ad referendum do Plenário. 1. A associação autora é formada por pessoas jurídicas ligadas ao varejo que atuam no comércio eletrônico e têm interesse comum identificável Dispõe, por isso, de legitimidade ativa ad causam para ajuizamento da ação direta de inconstitucionalidade (CF/88, art. 103, IX). 2. Cabe a lei complementar dispor sobre conflitos de competência em matéria tributária e estabelecer normas gerais sobre os fatos geradores, as bases de cálculo, os contribuintes dos impostos discriminados na Constituição e a obrigação tributária (art. 146, I, e III, a e b). Também cabe a ela estabelecer normas gerais em matéria de legislação tributária sobre definição de tratamento diferenciado e favorecido para as microempresas e as empresas de pequeno porte, podendo instituir regime único de arrecadação de impostos e contribuições. 3. Especificamente no que diz respeito ao ICMS, o texto constitucional consigna caber a lei complementar, entre outras competências, definir os contribuintes do imposto, dispor sobre substituição tributária, disciplinar o regime de compensação do imposto, fixar o local das operações, para fins de cobrança do imposto e de definição do estabelecimento responsável e fixar a base de cálculo do imposto (art. 155, §2º, XII, a, b, c, d e i). 4. A EC nº 87/15 criou uma nova relação jurídico-tributária entre o remetente do bem ou serviço (contribuinte) e o estado de destino nas operações com bens e serviços destinados a consumidor final não contribuinte do ICMS. Houve, portanto, substancial alteração na sujeição ativa da obrigação tributária. O ICMS incidente nessas operações e prestações, que antes era devido totalmente ao estado de origem, passou a ser dividido entre dois sujeitos ativos, cabendo ao estado de origem o ICMS calculado com base na alíquota interestadual e ao estado de destino, o diferencial entre a alíquota interestadual e sua alíquota interna. 5. Convênio interestadual não pode suprir a ausência de lei complementar dispondo sobre obrigação tributária, contribuintes, bases de cálculo/alíquotas e créditos de ICMS nas operações ou prestações interestaduais com consumidor final não contribuinte do imposto, como fizeram as cláusulas primeira, segunda, terceira e sexta do Convênio ICMS nº 93/2015. 6. A Constituição também dispõe caber a lei complementar – e não a convênio interestadual – estabelecer normas gerais em matéria de legislação tributária, especialmente sobre definição de tratamento diferenciado e favorecido para as microempresas e as empresas de pequeno porte, o que inclui regimes especiais ou simplificados de certos tributos, como o ICMS (art. 146, III, d, da CF/88, incluído pela EC nº 42/03). 7. A LC nº 123/06, que instituiu o Regime Especial Unificado de Arrecadação de Tributos e Contribuições devidos pelas Microempresas e pelas Empresas de Pequeno Porte – Simples Nacional –, trata de maneira distinta as empresas optantes desse regime em relação ao tratamento constitucional geral atinente ao denominado diferencial de alíquotas de ICMS referente às operações de saída interestadual de bens ou de serviços a consumidor final não contribuinte. Esse imposto, nessa situação, integra o próprio regime especial e unificado de arrecadação instituído pelo citado diploma. 8. A cláusula nona do Convênio ICMS nº 93/15, ao determinar a extensão da sistemática da Emenda Constitucional nº 87/15 aos optantes do Simples Nacional, adentra no campo material de incidência da LC nº 123/06, que estabelece normas gerais relativas ao tratamento tributário diferenciado e favorecido a ser dispensado a microempresas e empresas de pequeno porte. 9. Existência de medida cautelar deferida na ADI nº 5.464/DF, ad referendum do Plenário, para suspender a eficácia da cláusula nona do Convênio ICMS nº 93/15, editado pelo Conselho Nacional de Política Fazendária (CONFAZ), até o julgamento final daquela ação. 10. Ação direta julgada procedente, declarando-se a inconstitucionalidade formal das cláusulas primeira, segunda, terceira, sexta e nona do Convênio ICMS nº 93, de 17 de setembro de 2015, do Conselho Nacional de Política Fazendária (CONFAZ), por invasão de campo próprio de lei complementar federal. 11. Modulação dos efeitos da declaração de inconstitucionalidade

cláusulas do Convênio ICMS nº 93, de 2015 do Conselho Nacional de Política Fazendária – CONFAZ, e do RE nº 128019 – tema 1093, interposto pela MadeiraMadeira Comércio Eletrônico S.A contra decisão do Tribunal de Justiça do Distrito Federal, decidiu ser inconstitucional a cobrança do Diferencial de Alíquota do ICMS – DIFAL/ICMS sem edição de LC, disciplinando a compensação. A rigor, com a ADI nº 5469, houve declaração de inconstitucionalidade formal das cláusulas 1ª, 2ª, 3ª, 6ª e 9ª, do Convênio ICMS nº 93, de 2015; e ao RE, assentou-se a invalidade de cobrança em operação interestadual envolvendo mercadoria destinada a consumidor final não contribuinte do DIFAL/ICMS, pela inexistência de lei complementar disciplinadora. Restou fixada a seguinte tese:

> A cobrança do diferencial de alíquota alusiva ao ICMS, conforme introduzido pela Emenda Constitucional 87, de 2015, pressupõe a edição de lei complementar veiculando normas gerais.

Quanto à modulação dos efeitos dessa decisão, o STF, por maioria, modulou os efeitos da declaração de inconstitucionalidade das cláusulas 1ª, 2ª, 3ª, 6ª e 9ª do convênio questionado para que a decisão produza efeitos, quanto à cláusula 9ª, desde a data da concessão da medida cautelar nos autos da ADI e, quanto às cláusulas 1ª, 2ª, 3ª e 6ª, a partir do exercício financeiro seguinte à conclusão deste julgamento – 2022, aplicando-se a mesma solução em relação às respectivas leis dos estados e do Distrito Federal, para as quais a decisão produzirá efeitos a partir do exercício financeiro seguinte à conclusão deste julgamento – 2022, exceto no que diz respeito às normas legais que versarem sobre a cláusula 9ª do Convênio ICMS nº 93, de 2015, cujos efeitos retroagem à data da concessão da medida cautelar nos autos da ADI nº 5.464/DF. Ficaram ressalvadas da proposta de modulação as ações judiciais em curso.

Nada obstante à modulação conferida pelo STF, vê-se que a entrada em vigor da LC nº 190, de 2022 se deu somente em 04.01.2022, sendo legítima a exigência do DIFAL/ICMS apenas em 2023, em respeito aos Princípios da Anterioridade Anual e da Anterioridade Nonagesimal.

Percebe-se que o operador de direito se depara com novas controvérsias, tendo em vista que vários contribuintes ajuizaram medidas judiciais confrontando a modulação pretendida pelo STF; muitos obtiveram liminares favoráveis à cobrança do DIFAL/ICMS apenas em 2023.

Provocou-se, assim, o STF a reconhecer, em agosto de 2023, repercussão geral do RE nº 1.426.271/CE, por possuir índole constitucional a controvérsia relativa à incidência das regras da anterioridade anual e nonagesimal na cobrança do ICMS com diferencial de alíquota decorrente de operações interestaduais envolvendo consumidores finais não contribuintes do imposto, após a entrada em vigor da LC nº 190, 2022.

---

das cláusulas primeira, segunda, terceira, sexta e nona do convênio questionado, para que a decisão produza efeitos, quanto à cláusula nona, desde a data da concessão da medida cautelar nos autos da ADI nº 5.464/DF e, quanto às cláusulas primeira, segunda, terceira e sexta, a partir do exercício financeiro seguinte à conclusão deste presente julgamento (2022), aplicando-se a mesma solução em relação às respectivas leis dos estados e do Distrito Federal, para as quais a decisão deverá produzir efeitos a partir do exercício financeiro seguinte à conclusão deste julgamento (2022), exceto no que diz respeito às normas legais que versarem sobre a cláusula nona do Convênio ICMS nº 93/15, cujos efeitos deverão retroagir à data da concessão da medida cautelar nos autos da ADI nº 5.464/DF. Ficam ressalvadas da modulação as ações judiciais em curso.

Constata-se, em síntese, após breve exposição, haver convergência de entendimento da Suprema Corte quanto à necessidade de LC para a cobrança de tributos em determinadas hipóteses abarcadas pela CF, de 1988 como dependentes de disciplinamento de LC para sua efetiva exigência. Nada obstante, a ausência de LC para a regulamentação dessas hipóteses para a exigência dos tributos, nos termos invocados pela CF, de 1988, com a afoita conduta dos entes federativos legitimados para a instituição desses tributos e, por consequência, a demora da Corte máxima em resolver questão constitucional de elevada relevância à sociedade, já que se considerar que tais fatores geram, independentemente da solução de mérito, discussões e inseguranças quanto à aplicação da modulação dos efeitos imposta pela Corte aos contribuintes e aos entes federativos.

Recorda-se que a modulação tem como objetivo promover a segurança jurídica e proteger o interesse social, não se pretendendo garantir a arrecadação já efetuada pelos entes federativos; pois, caso assim se direcionasse, poderia legitimar atos precipitados de conduta duvidosa de entes federativos, originados e conduzidos pela demora de o Poder Legislativo cumprir o seu papel de legislar com apresentação e aprovação de propostas de LC.

Breves considerações

Após lacônicas exposições, repara-se que esse artigo teve o singelo intuito de ampliar as visões e questões correlatas aos conflitos de competência não resolvidos por Leis Complementares – LCs, além de destacar contendas tributárias ocasionadas pela ausência de LC, tratando de normas gerais em matéria tributária de índole mandamental com caráter constitucional. Retratar o entendimento emitido pelo STF em casos emblemáticos, que demandaram evolução de pensamentos para adoção de critérios objetivos e subjetivos com análise criteriosa e casuística, confere conforto à segurança jurídica que o contribuinte e os entes federativos merecem.

Não se espera ao contribuinte e ao ente federativo decisões com posicionamentos favoráveis ou desfavoráveis, mas sim posições que legitimam direcionamentos e critérios aceitáveis que, por sua vez, possam trazer segurança às partes para, inclusive, considerá-los em outros eventos. Conceitos e critérios que reflitam o momento atual com todas as suas deficiências, eficiências, dinamismo, inclusive econômico que a sociedade convive. Sejam admissíveis tecnicamente para a sociedade.

Decerto que não há que se ignorar que a ausência de sintonia, até mesmo sob o aspecto temporal, além do material, entre o Poder Executivo, Poder Legislativo e Poder Judiciário, cria empecilhos para o funcionamento da máquina estatal, eis que a demora na instituição de LC regulamentando determinada hipótese causa afligimento aos entes federativos, ao se verem mutilados para efetuar a cobrança do imposto em determinado evento. Tal situação provoca a instituição de Leis por entes federativos sem suporte em LC, instigando, por consequência, o Poder Judiciário a atuar como agente apaziguador, ao modular efeitos de decisões com base em impactos que os entes federativos sofreriam com o seu posicionamento, ainda que tenham desconsiderados leis instituídas por eles sem a existência de LC. Ou mesmo a atuar de forma dessintonizada com as competências constitucionais que lhe são atribuídas, causando confusão com as atribuições conferidas ao Poder Legislativo.

Reforça-se que o STF, nas lições de Manoel Gonçalves Ferreira Filho,[17] exerce o controle concentrado de constitucionalidade, pois lhe cabe processar e julgar originariamente as ações diretas de inconstitucionalidade, declaratórias de constitucionalidade, bem como a ação de inconstitucionalidade por omissão. Por outro lado, a ele é dado julgar, em sede de recurso extraordinário, as decisões que contrariem dispositivo da Constituição, houverem declarado a inconstitucionalidade de tratado ou lei federal, ou a constitucionalidade, em face da Lei Magna federal, de lei local (estadual). Assim, é ele que diz a última palavra no controle incidental de constitucionalidade.

Cabe ao STF julgar a constitucionalidade de Lei Estadual em face da CF, de 1988.

A harmonia entre os Poderes Executivo, Legislativo e Judiciário deveria estar integrada e interligada para o bom funcionamento da máquina estatal, dando conforto aos entes federativos e aos contribuintes na realização de eventos passíveis de tributação.

Referências

AMARO, Luciano. *Direito Tributário Brasileiro*. Atualizada com: Lei Complementar n. 187/2021 – imunidade de contribuições sociais e alteração do art. 198 do CTN. ADPF 357 – não recepção pela CF do parágrafo único do art. 187 do CTN. 25. ed. São Paulo: Saraiva, 2023.

COSTA, Regina Helena. *Código Tributário Nacional Comentado em sua moldura Constitucional*. 3. ed. Rio de Janeiro: Editora Forense, 2023.

FERREIRA FILHO, Manoel Gonçalves. *Curso de Direito Constitucional*. 38. ed. São Paulo: Editora Saraiva, 2012.

GASPERIN, Carlos Eduardo Makoul. O caráter interpretativo e retrospectivo da LC nº 160/2017: consequências. *Revista de Direito Tributário Atual*, São Paulo, n. 39, 2019.

PEDREIRA, José Bulhões Pedreira. *Imposto de Renda*: Pessoas Jurídicas. Rio de Janeiro: Adcoas-Justec, 1979.

SCHOUERI, Luis Eduardo. *Direito Tributário*. 4. ed. São Paulo: Saraiva, 2014.

SCHOUERI, Luís Eduardo. *Normas Tributárias Indutoras e Intervenção Econômica*. Rio de Janeiro: Forense, 2005.

Informação bibliográfica deste texto, conforme a NBR 6023:2018 da Associação Brasileira de Normas Técnicas (ABNT):

MIGIYAMA, Tatiana Midori. Conflitos de competência não resolvidos por leis complementares: repercussões causadas pela ausência de leis complementares. In: LOBATO, Valter de Souza (coord.); MARINHO NETO, José Antonino (org.). *O papel da lei complementar tributária no desenho federativo brasileiro*. Belo Horizonte: Fórum, 2024. p. 193-209. ISBN 978-65-5518-779-3.

[17] FERREIRA FILHO, Manoel Gonçalves. *Curso de Direito Constitucional*. 38. ed. São Paulo: Editora Saraiva, 2012.

O PAPEL EXTRALÓGICO DA LEI COMPLEMENTAR TRIBUTÁRIA DE DISPOR SOBRE CONFLITOS DE COMPETÊNCIA

VINÍCIUS ANDRÉ DE OLIVEIRA SOARES,
BERNARDO CABRAL FILGUEIRAS

Introdução

Este trabalho se propõe a investigar como o papel da lei complementar tributária de dispor sobre conflitos de competência pode ser melhor compreendido: se como um papel de colocar contornos da competência antes inexistentes ou se como um papel de tão somente aclarar seus contornos previamente existentes. A existência ou inexistência prévia desses contornos, como é cediço, é questão firmada no altiplano constitucional, já que é nele em que foi feita a repartição de competências tributárias entre os entes da Federação.

Esses papéis serão chamados, respectivamente, de *papel de criação* e de *papel de especificação*. A terminologia é adequada, porquanto *criar* exprime "dar existência a; tirar do nada; formar, originar", enquanto *especificar* exprime "indicar ou exprimir com exatidão; apontar, determinar, precisar".[1]

Se o papel de criação for o que melhor explicar a atuação da lei complementar tributária sobre os conflitos de competência, será porque a Constituição, ao repartir as competências tributárias, valeu-se de tipos ("repartição tipológica"). Neste caso, conflitos de competência entre os entes propriamente ocorreriam, em face da, digamos, fluidez da repartição constitucional de competências. Caberia à lei complementar baixar no ordenamento novos contornos da competência para apaziguar a disputa.

Se, do contrário, o papel de especificação for o mais adequado, será porque a Constituição se utilizou de conceitos ("repartição conceitual"). Neste caso, conflitos de competência entre os entes não ocorreriam propriamente, em face da rigidez ou perfeição, por assim dizer, com que a Constituição teria repartido as competências.

---

1 MICHAELIS. *Dicionário Brasileiro da Língua Portuguesa.* Disponível em: https://michaelis.uol.com.br/moderno-portugues/. Acesso em: 15 out. 2023.

No máximo, o que ocorreria seriam equívocos interpretativos, o que daria margem a desentendimentos – o "conflito" de competências a isso se resumiria. Caberia à lei complementar esclarecer os limites constitucionais da competência, numa tentativa de como persuadir os entes acerca da correta interpretação constitucional da questão.

Portanto, para que o objetivo deste trabalho seja alcançado, será necessário primeiro aferir de que categoria metodológica o constituinte de 1988 se valeu ao repartir as competências tributárias entre os entes: se da tipológica ou se da conceitual.

Nossa hipótese é a de que as regras de competência contêm conceitos. A razão disso escapa aos domínios da lógica formal, não podendo ser sustentada por argumentos lógico-formais – como quer parte da doutrina –, senão devendo ser buscada nos princípios e tendências que informam o sistema constitucional tributário. À lei complementar, portanto, incumbe o papel de tão somente especificar o alcance e os limites da competência tributária. Ao final, veremos algumas implicações que se seguem dessa constatação.

1 Repartição de competências: tipológica ou conceitual?

1.1 Preliminarmente: o que são tipos e conceitos?

Compreendamos primeiramente os conceitos ou a forma de pensar por conceitos (classificatórios). Trata-se de categoria que, no bojo dos séculos XVIII e XIX, encantou os jusnaturalistas e os positivistas, ambos sob influência do racionalismo.[2] Ambos preocupados em conhecer a realidade matematicamente, univocamente, operando por meio de exercícios de subsunção.[3] O conceito ou a abstração conceitual, então, seria "o processo pelo qual se (dariam) a separação, a percepção isolada e, ao mesmo tempo, a denominação e a determinação genérica das características do objeto".[4]

Conceito é abstração, que seccionando, selecionando a realidade,[5] denota o seu objeto – coisa real ou não[6] – através da colocação de alguns poucos elementos ou notas rígidas, necessárias (individualmente) e suficientes (conjuntamente) para a caracterização do objeto. O exercício, aqui, é de subsunção. "Se o conceito A possui as notas 'a, b, c', na investigação jurídica, somente se afirma o conceito A se o conceito do fato contiver as mesmas características 'a, b, c'".[7] Um conceito, ademais, pode ser mais ou menos abstrato. Quanto mais abstrato (ou menos compreensivo) o conceito for, maior será a sua extensão, vale dizer, mais unidades individuais ele poderá vir a abarcar.[8]

Por outro lado, tem-se também os tipos (ou "conceitos de ordem"). Trata-se de categoria que, a partir do século XX, em face do insucesso ou da insuficiência do modo de pensar por conceitos, apresentou-se como uma nova metodologia jurídica.[9] O tipo tem como características "a abertura, a gradação, o sentido, a inteireza e a aproximação

[2] DERZI, Misabel de Abreu Machado. *Direito Tributário, Direito Penal e tipo*. 4. ed. Belo Horizonte: Fórum, 2021. p. 54.

[3] *Idem, ibid.*

[4] *Idem*, p. 55.

[5] *Idem, ibid.*

[6] *Idem*, p. 56.

[7] *Idem, ibid.*

[8] *Idem*, p. 55.

[9] *Idem*, p. 53 e ss.

da realidade".[10] É também abstração, só que "uma abstração rica de conteúdo, uma descrição plena de dados referenciais do objeto".[11] Não é tão concreto ao ponto de confundir-se com o individual – até porque, se assim fosse, de abstração não se trataria –, mas, por outro lado, não é tão pobre de conteúdo quanto o conceito. Situa-se, isso sim, em posição intermediária entre o conceito e o individual.[12]

A abstração tipológica, de igual forma, denota um objeto. Denota, só que de maneira diferente: não opera por exercícios de subsunção. O tipo é mais próximo à realidade e, quando em conflito com ela, muitas vezes cede. Não exige, como se passa nos conceitos, o aperfeiçoamento *in concreto* de cada nota ou característica sua. Algumas delas poderão ficar de fora e, ainda assim, poder-se-á dizer típico um objeto. Trata-se da característica da flexibilidade estrutural dos tipos, com consequente renunciabilidade de algumas de suas notas.[13]

O que não significa dizer que o tipo não possua um núcleo mínimo de características. Ele possui, sim. Mas mesmo esse núcleo não é verificado, em cada unidade concreta, da mesma e igual forma. Não é toda característica sua que será constante (apesar de alguma ou algumas poderem sê-lo, segundo pensamos), sem contar que várias poderão ser as combinações ou mesmo a intensidade em que se apresentam determinadas notas.[14]

1.2 A falácia da repartição logicamente tipológica

Para parte da doutrina, as regras de competência contêm tipos. O principal argumento de que se vale essa corrente mostra-se tentador numa primeira aproximação, mas é falacioso, por duas razões alternativas entre si.

Em linhas gerais, argumenta-se que, tivesse o constituinte se utilizado de conceitos para repartir as competências tributárias entre os entes, então não teria porque esse mesmo constituinte ter reservado à lei complementar o papel de dispor sobre conflitos de competência (art. 146). Noutro giro linguístico, tivesse o constituinte se utilizado de conceitos, o alcance e os limites da competência tributária poderiam ser depreendidos inteira e diretamente da Constituição, e papel algum sobraria à lei complementar.[15] Trata-se de um argumento lógico-formal em favor da "repartição tipológica", i.e., um argumento que se pauta pela lógica formal para pretender concluir pela utilização de tipos pelo constituinte na repartição de competências tributárias.

Primeiro, o argumento é em si falho, porquanto parte da premissa de que conceitos não podem ou não precisam ser especificados. Daí que o papel da lei complementar de dispor sobre conflitos de competência seria esvaziado. Acontece que conceitos podem, sim, ser especificados (explicados, esclarecidos), consistindo justamente este em um papel que pode ser incumbido à lei complementar. Ainda voltaremos nisso.

---

10 *Idem*, p.79.

11 *Idem*, p. 80.

12 *Idem*, *ibid*.

13 *Idem*, p. 99.

14 *Idem*, *ibid*.

15 SCHOUERI, Luís E Eduardo. A lei complementar e a repartição de competências tributárias. *In*: *IX CONGRESSO NACIONAL DE ESTUDOS TRIBUTÁRIOS*, 2012, São Paulo. Sistema tributário nacional e a estabilidade da federação brasileira. São Paulo: Noeses, 2012. p. 679-701.

Segundo, mesmo que não fosse falho, o argumento seria insuficiente, justamente por pautar-se por mera lógica formal. Como pretendemos ainda demonstrar, as razões pelas quais uma ou outra metodologia – tipológica ou conceitual – devem prevalecer em um ou outro ramo do direito (neste caso, no Direito Tributário, e mais especificamente tratando-se de repartição de competências) não se fundam em mera lógica formal. Dependem, antes, das exigências principiológicas e tendências existentes no sistema.

A conclusão a que chega essa corrente da doutrina – utilização de tipos pelo constituinte na repartição de competências tributárias – é equivocada, não podendo o argumento mencionado, tampouco qualquer outro, sustentá-la.

1.3 A falácia da repartição logicamente conceitual

Para outra parte da doutrina, as regras de competência contêm conceitos. Os argumentos de que se costuma lançar mão, também aqui, são insuficientes, além de por vezes falhos em si mesmos.

Argumenta-se, por exemplo, que, ao aceitar que as regras de competência contêm tipos, a própria regra de competência seria descaracterizada, deixando de ter um significado prescritivo. Isso se explicaria, *inter alia*, por uma perda de heterolimitação constitucional, com os entes passando a poder autorregular a sua competência. Isso porque o significado que tiver sido levado em conta quando do exercício competência, mesmo que esse exercício tenha sido descauteloso, passaria a fazer parte do que é típico.[16] O argumento impressiona, mas, se analisado com vagar, revela a sua falha. Vejamos.

Quando se discute sobre a norma de competência conter ou um tipo ou um conceito, devemos reportar-nos ao *comando* da norma: é nele que ou o tipo ou o conceito se encontrará. Basta pensar no caso em que a Constituição diz competir à União instituir impostos sobre a renda (art. 153, I): por força do *comando* constitucional, fica a União autorizada a instituir impostos sobre "renda" e, ao mesmo tempo, fica a União proibida de instituir impostos sobre qualquer outra materialidade que não "renda" (e que não tenha sido também contemplada por previsão constitucional expressa, obviamente). Este o *comando* da norma. E, então, a questão: ao indicar a materialidade "renda" no *comando* da norma de competência, o constituinte erigiu um tipo ou um conceito?

Pois bem, tomemos de exemplo uma norma em cujo *comando* seja fácil constatar que há um tipo: "os negócios jurídicos devem ser interpretados conforme a boa-fé e os usos do lugar de sua celebração" (art. 113 do Código Civil). Não espanta que se trate de norma de Direito Civil, ramo do direito mais afeito à utilização de tipos.

Deixemos de lado o parâmetro interpretativo da "boa-fé". O que se pode facilmente constatar é que o legislador, ao falar em "usos do lugar de sua celebração", lança mão de uma abstração tipológica. Afinal, se quero saber quais são os usos do lugar de celebração de um negócio jurídico, não devo partir em busca, em disposições do ordenamento jurídico, de quais são as notas necessárias e suficientes para a expressão do seu objeto; devo, antes, olhar para a realidade (é dela que o tipo está próximo); devo olhar para a prática social do local de celebração e, então, buscar identificar o que se afigura típico.

---

[16] ÁVILA, Humberto Bergmann. *Competências tributárias*: um ensaio sobre a sua compatibilidade com as noções de tipo e conceito. São Paulo: Malheiros, 2018.

E, aqui, nosso ponto: uma vez constatado o que, tratando-se do negócio jurídico em questão, é típico no seio da comunidade, então isso, seja lá o que for, *deve* ser observado na interpretação do negócio ("(...) *devem* ser interpretados conforme...''). É aí que entra o comando da norma. Perceba-se: a observância do tipo (usos do lugar de celebração) pelo intérprete do negócio jurídico consiste exatamente no objeto da prescrição (aquilo que se prescreve). O comando da norma continua ali, em nada prejudicado por conter em si um tipo.

Da mesma forma que erigiu um tipo no comando da norma, o legislador civil poderia ter erigido um conceito no lugar. Tudo bem que isso poderia ser questionável do ponto de vista do Direito Civil ou, mais especificamente, da teoria do negócio jurídico. Mas o fato é: ele poderia (nada, a princípio, o impediria). O legislador poderia ter construído o comando da norma se utilizando seja de um tipo, seja de um conceito. *Em todo caso, haveria prescritividade.* Isso pode ser facilmente verificado. Vejamos como.

Deve-se lembrar de que tanto tipos como conceitos são abstrações. Abstraem de alguns elementos, tomando outros por relevantes, para denotar um objeto. Pode até mesmo ser que um tipo e um conceito exprimam um mesmo objeto. A diferença seria a de que a correspondência de unidades individuais com a abstração dar-se-ia de maneira flexível nos tipos (afinal, algumas – insista-se, algumas – de suas notas poderiam ser renunciadas), enquanto seria rígida nos conceitos. Veja-se o feliz exemplo dado por Luís Eduardo Schoueri, em que um tipo e um conceito denotam um mesmo objeto:

> Imagine-se que um professor queira se referir a uma realidade que ele conhece: seus alunos. Ele pode fazê-lo de um modo tipológico ou conceitual. Pela última aproximação, ele dirá: "meus alunos são aqueles que, neste semestre, estão regularmente matriculados na turma X, excluídos aqueles que porventura tenham sido reprovados nas disciplinas que sejam pré-requisito para a minha disciplina". A aproximação tipológica será diferente: "meus alunos são aqueles que já adotaram um conhecimento dos fundamentos da minha disciplina; são jovens de 20 anos que se interessam por tributos em todas as suas feições: jurídica, econômica, política e social". No último caso, o professor terá descrito um aluno "típico", despindo-o do aspecto espacial ou temporal. Tal tipo formou-se em sua mente a partir de uma observação dos diversos alunos que passaram por sua turma ao longo do tempo. Ele apresenta as características essenciais, que costumam – tipicamente – ocorrer. Haverá quem não tenha uma ou outra dessas feições, mas, ainda assim, reunirá tantas características "típicas", que acabará por ser reconhecido como um aluno "típico".[17]

Ora, se tanto tipos como conceitos podem denotar o mesmo objeto, e se conceitos podem compor o conteúdo de um comando jurídico, não há porque os tipos também não o poderem. Ou seja: da mesma forma que um conceito pode ser usado para prescrever uma conduta devida, também o tipo o pode (a mesma conduta, inclusive). É certo que o exercício utilizado para se construir um tipo é o de *descrição* (olha-se para a realidade para descobri-lo), mas, uma vez construído, pode ele ser usado para *prescrição*: basta que seja erigido no comando de uma norma jurídica.

---

[17] SCHOUERI, Luís Eduardo. *Direito Tributário [recurso eletrônico]*. 9. ed. São Paulo: Saraiva, 2019. p. i.

Sobre a possibilidade de tipos no consequente de normas jurídicas, observou Derzi com perspicácia ímpar:

> Saber, pois, se, na primeira parte da norma, temos um conceito legal fechado, classificatório ou um tipo, de estrutura flexível, é informação que não encontramos no plano lógico formal. O mesmo se passa com relação às consequências ou segunda parte do juízo hipotético. "B deve ser" é apenas uma estrutura vazia de significado concreto, que pode ser preenchida de múltiplas maneiras (deveres, direitos, obrigações, sanções, graduados em intensidade diversa na norma).
> (...)
> Respeitada, pois, a estrutura lógico-sintática das proposições prescritivas, que, como visto, é bastante flexível, nada há que obste a construção do normativo, quer por meio de tipos, no sentido próprio do termo, quer através de conceitos fechados.[18]

Poder-se-ia argumentar que o fato de uma norma conter um tipo em seu comando faria com que *qualquer* conduta satisfizesse o comando, de forma que, ao fim, nenhuma conduta seria devida. Não é verdade, e um exemplo retirado do caso do professor e seus alunos pode demonstrá-lo. Se, tipicamente, considera-se aluno desse professor quem (a) já tenha adotado um conhecimento dos fundamentos da disciplina, (b) seja um jovem de 20 anos e (c) se interesse por tributos em todas suas feições, então é claro que não pode ser considerado aluno típico desse professor quem (a) jamais tenha tido contato com os fundamentos da disciplina, (b) seja um senhor de 70 anos e (c) não tenha o menor interesse por tributos. *Quer-se com isso apenas dizer: nos tipos, a irrenunciabilidade é de apenas algumas de suas notas, sob pena de descaracterizar-se o que é típico.*

Se, portanto, um tipo consta do comando de uma norma, não é qualquer conduta que irá satisfazê-lo. Permitir alguma fluidez não é permitir qualquer coisa. Além disso, por essa exata razão, unidades individuais desviantes, i.e., que extrapolem as possibilidades do tipo, não alteram o espectro de unidades que podem vir a ser consideradas típicas. O senhor de 70 anos desinteressado em tributos e ignorante dos fundamentos da disciplina em nada influi no leque de pessoas que podem vir a ser consideradas "alunos típicos do professor", simplesmente porque ele mesmo não o pode.

Voltando ao exemplo dos usos do lugar de celebração do negócio jurídico. Ora, se se toma como vetor interpretativo de um negócio uma conduta que absolutamente nada tenha a ver com a prática tipicamente observada numa comunidade, então essa conduta não será considerada típica, e muito menos passará a compor o que pode ser considerado típico – porque ela mesma não o pode. O comando da norma do art. 113 do Código Civil terá sido violado, e o desvio receberá reprimenda jurídica, resultando na invalidade do negócio jurídico.

Voltando, agora, à questão que propriamente interessa aqui. Mesmo que se entenda que o constituinte se utilizou de tipos na repartição de competências, se a União, no trato de "renda" para fins de tributação, desviar-se totalmente do que tipicamente se poderia considerar "renda", então o tipo constitucional não estaria atendido. Estaria,

---

[18] DERZI, Misabel de Abreu Machado. *Direito Tributário, Direito Penal e tipo*. 4. ed. Belo Horizonte: Fórum, 2021. p. 83 e 84.

antes, violado, e seria patente a inconstitucionalidade, por afronta direta ao art. 153, I. Além disso, de forma alguma a concepção desarrazoadamente alargada de "renda" empregada pela União passaria a compor o que se pode considerar típico – porque ela mesma não o pode.

Outro argumento possível em defesa da "repartição conceitual" é o seguinte: a coexistência, no texto constitucional de 1988, de competências ordinárias (ex.: as competências do art. 153) e residuais (ex.: a competência do art. 154: "impostos não previstos no artigo anterior") não se explica caso se aceite que as regras de competência contêm tipos. É que "não haveria sentido em outorgar uma competência residual sobre bases diversas se a competência ordinária não fosse limitada a determinadas bases – quem tem competência para tributar tudo, não precisa de uma competência suplementar para tributar algo mais".[19]

Novamente, o argumento é refinado, mas parece ceder em face das considerações acima tecidas. Ter competência para instituir impostos sobre bases fluídas não significa ter competência para instituir impostos sobre quaisquer bases. Isso porque, por mais que os tipos sejam marcados por alguma fluidez, não são todas as suas notas – ao menos não todas elas de uma vez, certamente – que podem ser renunciadas, sob pena de descaracterizar-se o típico. Logo, mesmo que admitida a "repartição tipológica", sempre restará um espaço inalcançado por quaisquer das bases expressamente indicadas pela Constituição, e será esse espaço o que a competência residual poderá vir a preencher, por assim dizer.

Mas esses argumentos, mesmo que não fossem em si falhos, seriam insuficientes para concluir pela repartição conceitual, na exata medida em que se pautam por mera lógica formal para defender a incompatibilidade dos tipos seja com a própria noção de uma regra de competência (primeiro argumento), seja com o sistema de repartição de competências insculpido na Constituição de 1988 (segundo argumento). A conclusão a que chega essa corrente da doutrina – utilização de conceitos pelo constituinte na repartição de competências tributárias – é, contudo, acertada. Acontece somente de ser alcançada pelas vias erradas. Por qual razão, então, as regras de competência contêm conceitos?

1.4 O caminho possível: a repartição extralogicamente conceitual

Anotou Derzi:

> Modernamente, quando se propõe o tipo como novo modo de pensar, de ordenar, sugere-se uma nova metodologia jurídica.
>
> A metodologia não faz parte da lógica, já que é aplicada a cada ciência especializada, segundo o modo de ser peculiar do objeto. Está no *interior* de cada ciência, como alerta Vilanova, e exige o extralógico.
>
> (...)
>
> A primazia de uma e outra forma de raciocínio, sempre em tensão, na realidade, é manifestação da prevalência de tendências e princípios que também se relacionam em

[19] ÁVILA, Humberto Bergmann. *Competências tributárias*: um ensaio sobre a sua compatibilidade com as noções de tipo e conceito. São Paulo: Malheiros, 2018. p. 33.

> constante tensão: justiça, uniformidade, segurança, praticabilidade, legitimidade e legalidade, economia, utilidade etc.[20]

É cediço que o Direito Tributário é um daqueles ramos do direito em que a segurança jurídica e a legalidade, de maneira geral, ocupam posição de destaque. Por outro lado, também de maneira geral, encontram repulsa a praticabilidade, a economia, a utilidade etc.

É também cediço que o sistema de repartição de competências insculpido na Constituição de 1988 é dotado de alta rigidez. A técnica de discriminação de competências de que se utilizou o constituinte – de fato, todo o sistema é pensado para isso – não tolera interpenetrações de competência.

Essas premissas, que agora se toma, são amplamente aceitas pela doutrina, e não nos ocuparemos de demonstrá-las aqui, o que extrapolaria o escopo deste trabalho. Nosso ponto aqui é: se o raciocínio conceitual, em detrimento do tipológico, é o que predomina no Direito Tributário, em especial quando se estiver tratando de repartição de competências, isso não se dá por uma razão lógico-formal. Não. Dá-se, isso sim, por força de exigências principiológicas e tendências existentes no interior da ciência do Direito Tributário, em geral, e do estudo do sistema constitucional de repartição de competências tributárias, em especial.

Segurança jurídica, não bitributação, não invasão de competências. Todas essas são feições da repartição constitucional de competências tributárias caras à Constituição, caras demais para terem sua importância relegada a um segundo plano quando se discute a questão de as normas de competência tributária veicularem tipos ou conceitos.

A predominância de uma ou outra metodologia – tipológica ou conceitual – não pode ficar na dependência do sucesso ou insucesso de um ou outro argumento lógico-formal. "Se as normas de competência veiculassem conceitos, o papel da lei complementar de dispor sobre conflitos de competência seria esvaziado"; "se veiculassem tipos, as normas de competência se descaracterizariam, e a coexistência de competências ordinárias e residuais não se explicaria" etc.

Vimos que argumentos lógico-formais apontam em ambos os sentidos e, em ambos os casos, não raro são falhos. Se um argumento lógico-formal em favor da repartição conceitual é bem sucedido, ou se um em favor da repartição tipológica é falho, eles talvez possam, no máximo, servir para comprovar o que, por razões extralógicas, é um fato: o constituinte se utilizou de conceitos para repartir as competências tributárias entre os entes. Por outro lado, argumentos lógico-formais bem sucedidos a favor da repartição tipológica e argumentos falhos em favor da repartição conceitual em nada prejudicam essa constatação. Suas razões, afinal, escapam ao domínio da lógica.

2 Papel da lei complementar: especificar ou criar?

Se é verdade que o constituinte, ao repartir as competências tributárias entre os entes da federação, utilizou-se de conceitos, então se segue que o papel da lei complementar

[20] DERZI, Misabel de Abreu Machado. *Direito Tributário, Direito Penal e tipo*. 4. ed. Belo Horizonte: Fórum, 2021. p. 78 e 96.

de dispor sobre conflitos de competência é melhor compreendido como um papel de especificar o alcance e os limites da competência, não de criá-los. Por quê?

Em face de todo o exposto, as razões disso são facilmente compreendidas. Ora, se as regras de competência contêm conceitos em seus comandos, então todas as notas necessárias e suficientes para o exercício legítimo da competência já se encontram firmadas no altiplano constitucional, que seja de maneira implícita. Se à lei complementar resta algum papel em dispor sobre conflitos de competência, então só pode ser ele o de especificação conceitual (e de fato é, como ainda ficará claro).

Mas algo mais não se pode perder de vista. Não é que o papel de especificar os conceitos constitucionais contidos nas regras de competência seja meramente o papel que *sobra* à lei complementar. Isso é parcialmente verdade, mas deve-se ir além. Ora, se de razões extralógicas segue-se que as regras de competência contêm conceitos, e se disso, por sua vez, segue-se que o papel da lei complementar seja o de especificar esses conceitos, então é lícito afirmar: a razão de ser da função da lei complementar é também extralógica, i.e., deve-se às exigências do sistema por segurança jurídica e por não deturpação da competência.

Vejamos, portanto, como essa atuação da lei complementar está em função da segurança jurídica e da não deturpação do sistema constitucional de repartição de competências tributárias e, logo após, algumas implicações que se seguem dessa atuação.

2.1 Como atua a lei complementar e implicações

A chamada "pirâmide de Kelsen", concebida por Merkl para representar a teoria da gradação escalonada do direito, é útil para a compreensão do fenômeno da inconstitucionalidade. É que, no topo dessa pirâmide, acha-se a norma fundamental – pressuposta, não positivada –, da qual todas as demais retiram o seu fundamento de validade, que seja em última análise. Assim é porque "uma norma somente pertence a uma ordem jurídica porque é estabelecida de conformidade com uma outra norma desta ordem jurídica".[21]

A norma fundamental confunde-se com a própria Constituição, ao menos se tomada esta em seu sentido lógico-jurídico. Ela consiste na máxima de obediência à Constituição em sentido jurídico-positivo, por sua vez, positiva, como o próprio nome diz.[22] Constatada, portanto, desconformidade de uma norma infraconstitucional com a Constituição, aquela é de ser anulada – o que, ao menos na teoria do próprio Kelsen, tem como que efeito constitutivo (a norma nunca foi inválida, até ter sua inconstitucionalidade decretada).

Tendo-se isso em conta, e em vista da questão analisada no presente trabalho, impõe-se saber: se as normas infraconstitucionais devem estar em conformidade com a Constituição, o que significa uma lei complementar tributária que disponha sobre conflitos de competências – função esta atribuída pelo art. 146, I da CR/1988 – estar em

---

[21] KELSEN, Hans. *Teoria Pura do Direito*. 6. ed. São Paulo: Martins Fontes, 1998. p. 260.

[22] GONCALVES, A. S.; QUIRINO, Regio Hermilton Ribeiro. A Norma Hipotética Fundamental de Hans Kelsen e a Regra de Reconhecimento de Herbert Hart: semelhanças e diferenças entre os critérios de validade do Sistema Jurídico. *Sequencia*, v. 39, p. 91-118, 2018.

conformidade com a Constituição? Como é possível que ela atue de modo a resguardar o princípio da segurança jurídica, além de não deturpar a repartição de competências?

Na perspectiva já exposta, as regras de competências, que contêm conceitos em seu comando, trazem tudo aquilo de que depende o exercício legítimo da competência, de modo que a lei complementar vem para tão somente especificar aquilo que já está rigidamente colocado. Com isso, não cabe ao legislador complementar inovar, criar, senão apenas esclarecer, especificar, definir aquilo que já se encontra firmado no altiplano constitucional – o conceito. Na lição de Ávila:

> A definição, que pode ser traduzida como um enunciado por meio do qual se explica o significado de expressões linguísticas, cumpre precisamente a função de esclarecer os limites ou as fronteiras de um conceito, indicando o que é e o que não é nele incluído, por meio da indicação de critérios, isto é, de propriedades ou atributos. A definição, portanto, ajuda a tornar mais precisas as fronteiras conceituais, além de esclarecer a relação dos conceitos entre si, mediante a indicação daquilo que é essencial ou fundamental.[23]

A partir do que foi exposto, é possível depreender uma implicação: sempre que um ente da federação, no exercício de sua competência tributária, na verdade extrapolá-la, será o caso de inconstitucionalidade, e nunca de ilegalidade por afronta à lei complementar. E isso por mais que somente disposições da lei complementar aparentem ter sido violadas.

Ora, tendo-se em vista que as normas de competência contêm conceitos e encontram-se no altiplano constitucional, uma extrapolação de competência por um ente ao instituir um tributo jamais poderia consistir em afronta à lei complementar – por mais que pareça ser o caso –, já que esta somente vem a esclarecer ou especificar os conceitos constitucionais.

De outra sorte, a aceitar-se que as regras de competência contêm tipos em seu comando e que, portanto, o papel atribuído à lei complementar é o de efetivamente moldar os limites da competência, então nada impediria que uma invasão de competência consistisse em mera ilegalidade – o que, até mesmo pela experiência brasileira, soa estranho. Está aí um argumento que (meramente) corrobora a tese da "repartição conceitual".

É possível depreender mais uma implicação do exposto: os conflitos de competência, em algum sentido, na verdade não propriamente ocorrem. É que em momento algum as competências realmente se sobrepõem ou se interpenetram. O que ocorre é a extrapolação, por algum ente da federação, de sua competência em razão de sua "insuficiência intelectiva", no feliz dizer de Coêlho.[24] Um ente invade a competência do outro por não compreender aquilo que foi conceituado pela Constituição. Parece lícito dizer que *as competências não se conflitam, o que conflitam são as interpretações dos entes federativos acerca dos limites e alcance de sua própria competência. Com certeza, pelo menos uma delas estará errada.*

---

[23] ÁVILA, Humberto Bergmann. *Competências tributárias*: um ensaio sobre a sua compatibilidade com as noções de tipo e conceito. São Paulo: Malheiros, 2018. p. 41.

[24] COÊLHO, Sacha Calmon Navarro. *Curso de Direito Tributário brasileiro*. 17. ed. Rio de Janeiro: Forense, 2020. p.i.

É esse o único entendimento possível coerente com a tese da "repartição conceitual". Mesmo quando um adepto dessa tese falar em "conflitos de competência", será esse o raciocínio que estará subjazendo o dizer:

> Sendo assim, o fato de a Constituição ter atribuído à lei complementar a função de dispor sobre conflitos de competência, em matéria tributária, entre os entes federados (art. 146, I), não impede o surgimento de conflitos de competência. Fosse isso verdadeiro, não existiriam, por exemplo, conflitos de competência entre os entes federados porque várias leis complementares definiram os fatos geradores, as bases de cálculo e os contribuintes dos impostos discriminados na Constituição, como é o caso do Código Tributário Nacional, no tocante aos tributos em geral, da Lei Complementar 87/1996, no tocante ao imposto sobre circulação de mercadorias, e da Lei Complementar 116/2003, no tocante ao imposto sobre serviços.[25]

E cabe observar, por fim, que, mesmo que as leis complementares busquem dar mais clareza ao que está conceituado na Constituição, será sempre possível que as pessoas políticas destinatárias das regras de competência continuem não compreendendo bem a norma e, portanto, controvertindo. O que é natural e esperado, na medida em que, mesmo com a lei complementar precisando o conceito constitucional, a incerteza nunca é reduzida a zero.[26] Seria o caso, então, de buscar a solução pela via do Poder Judiciário, que detém o monopólio da jurisdição estatal – mais precisamente o STF, o intérprete "último" da Constituição.[27]

Conclusão

O papel da lei complementar tributária de dispor sobre conflitos de competência é melhor compreendido como um papel de tão somente aclarar os contornos previamente existentes (no altiplano constitucional) da competência, e não de colocar contornos antes inexistentes.

Isso porque a Constituição, ao repartir as competências tributárias entre os entes da federação, valeu-se de conceitos. O alcance dessa importante conclusão não pode ficar na dependência do sucesso ou insucesso de um ou outro argumento lógico-formal – como quer parte da doutrina –, senão devendo apoiar-se na análise dos princípios e tendências que informam o sistema constitucional tributário.

Sendo assim, conflitos de competência entre os entes não propriamente ocorrem. O que ocorrem são equívocos interpretativos, a proporcionar desentendimentos. O papel que incumbe à lei complementar é, então, o de esclarecer, especificar, definir os limites constitucionais da competência, numa tentativa de convencê-los do correto mandamento constitucional.

---

[25] ÁVILA, Humberto Bergmann. *Competências tributárias*: um ensaio sobre a sua compatibilidade com as noções de tipo e conceito. São Paulo: Malheiros, 2018. p. 45.

[26] *Idem, ibid.*

[27] COÊLHO, Sacha Calmon Navarro. *Curso de Direito Tributário brasileiro*. 17. ed. Rio de Janeiro: Forense, 2020. p.i.

Referências

ÁVILA, Humberto Bergmann. *Competências tributárias*: um ensaio sobre a sua compatibilidade com as noções de tipo e conceito. São Paulo: Malheiros, 2018.

COÊLHO, Sacha Calmon Navarro. *Curso de Direito Tributário brasileiro*. 17. ed. Rio de Janeiro: Forense, 2020.

DERZI, Misabel de Abreu Machado. *Direito Tributário, Direito Penal e tipo*. 4. ed. Belo Horizonte: Fórum, 2021.

GONCALVES, A. S.; QUIRINO, Regio Hermilton Ribeiro. A Norma Hipotética Fundamental de Hans Kelsen e a Regra de Reconhecimento de Herbert Hart: semelhanças e diferenças entre os critérios de validade do Sistema Jurídico. *Sequencia*, v. 39, p. 91-118, 2018.

KELSEN, Hans. *Teoria Pura do Direito*. 6. ed. São Paulo: Martins Fontes, 1998.

MICHAELIS. *Dicionário Brasileiro da Língua Portuguesa*. Disponível em: https://michaelis.uol.com.br/moderno-portugues/. Acesso em: 15 out. 2023.

SCHOUERI, Luís E Eduardo. A lei complementar e a repartição de competências tributárias. *In*: *IX CONGRESSO NACIONAL DE ESTUDOS TRIBUTÁRIOS*, 2012, São Paulo. Sistema tributário nacional e a estabilidade da federação brasileira. São Paulo: Noeses, 2012. p. 679-701.

SCHOUERI, Luís Eduardo. *Direito Tributário [recurso eletrônico]*. 9. ed. São Paulo: Saraiva, 2019.

Informação bibliográfica deste texto, conforme a NBR 6023:2018 da Associação Brasileira de Normas Técnicas (ABNT):

SOARES, Vinícius André de Oliveira; FILGUEIRAS, Bernardo Cabral. O papel extralógico da lei complementar tributária de dispor sobre conflitos de competência. In: LOBATO, Valter de Souza (coord.); MARINHO NETO, José Antonino (org.). *O papel da lei complementar tributária no desenho federativo brasileiro*. Belo Horizonte: Fórum, 2024. p. 211-222. ISBN 978-65-5518-779-3.

PARTE III

LEI COMPLEMENTAR E FEDERALISMO: NORMAS GERAIS EM MATÉRIA TRIBUTÁRIA

LEGALIDADE TRIBUTÁRIA QUALIFICADA: A (RE)DEFINIÇÃO DAS NORMAS GERAIS TRIBUTÁRIAS POR LEI COMPLEMENTAR

ÁLVARO RICARDO DE SOUZA CRUZ,
MAURÍCIO COUTINHO DE ALMEIDA

1 A posição da lei complementar nas fontes do direito tributário

O Direito Tributário pode ser definido como o conjunto de princípios e regras jurídicas que disciplinam o exercício do poder estatal de tributar e os direitos fundamentais dos contribuintes. Seu objeto é regramento normativo dos tributos, os quais são considerados como as formas de receitas públicas mais importantes para a composição do orçamento governamental. Portanto, trata-se do feixe de normas que estabelecem os instrumentos para que o Estado possa obter continuamente receitas cogentes sobre o patrimônio particular para fazer frente às despesas públicas. Assim, para que sejam aplicadas corretamente as suas normas, faz-se necessário definir adequadamente o que é *tributo*, de modo suficiente que haja a aplicação específica das normas que regem essa categoria jurídica, em respeito à sua autonomia epistemológica. Dessa maneira, somente ao tributo serão aplicáveis as normas oriundas do direito tributário, o que, ao contrário do que possa inicialmente parecer, não é uma questão trivial.

Pode-se afirmar que a característica elementar do tributo é a obrigatoriedade, eis que está ligado às receitas exigidas de forma imperativa pelos entes federados sobre empresas e cidadãos. No entanto, por se tratar de uma forma ininterrupta de aportes financeiros no erário para a manutenção dos serviços e políticas públicas, o tributo não corresponde a uma pena ou sanção individual, mas sim ao preço que se paga para fruir de um sistema de direitos fundamentais. Logo, não há falar na existência de um direito individual à propriedade antes do cumprimento do dever de contribuir para a tutela da coletividade, eis que "concebidos como um aspecto das finanças públicas, os direitos jurídicos se apresentam como instrumentos de promoção do bem-estar humano, criados por meios políticos e financiados pela coletividade".[1]

[1] HOLMES; SUNSTEIN, 2019, p.188.

Destarte, como está diretamente ligado à atividade financeira do Estado, o direito tributário não pode ser concebido em apartado dos institutos de finanças públicas. No entanto, sua autonomia é apenas relativa. É inegável que o tributo integra o grupo das receitas públicas abrangidas pelas normas de direito financeiro. Conforme há muito adverte a doutrina, a "receita pública é a entrada que, integrando-se no patrimônio público sem quaisquer reservas, condições ou correspondência no passivo, vem acrescer o seu vulto, como elemento novo e positivo".[2]

As receitas públicas do Estado se agrupam em derivadas e originárias. As primeiras, entre as quais está situado o tributo, decorrem de lei. As segundas são estabelecidas em regime administrativo próprio, a exemplo do contrato administrativo de concessão de serviços ou da exploração particular de bens públicos. Tais ingressos de recursos no erário, juntamente com os chamados movimentos de fundo ou de caixa (crédito público), são discriminados obrigatoriamente no orçamento público para que seja possível a realização das despesas públicas. Dessa maneira, as receitas públicas formam o instrumental indispensável para que sejam alcançados os objetivos constitucionalmente estabelecidos.

Nesse contexto, verifica-se que a principal característica da receita tributária é a sua correspondência a uma obrigação estabelecida em lei. Nesse sentido, o tributo acarreta na retirada forçada de uma fração da propriedade individual para que o poder público possa realizar os serviços públicos, obras ou políticas necessárias à proteção do bem comum. Logo, por abranger a principal forma de obtenção de recursos que serão destinados ao bem comum, a questão tributária é considerada essencial ao Estado de Direito, pois possibilita o aporte de recursos suficiente para que as necessidades públicas sejam providas pelo orçamento estatal. "O tributo, como item da receita pública, é impensável sem as categorias correspondentes da despesa pública. Receita e despesa formam um conjunto inseparável no Estado Democrático Fiscal, que atua dialeticamente".[3]

Nessa linha de raciocínio, a busca por uma definição de tributo não pode se afastar das regras basilares de direito financeiro. Entre elas se destaca a sua natureza de receita pública derivada prevista em lei,[4] bem como a necessidade de se prescrever medidas compensatórias quando for implementada algum tipo de renúncia fiscal.[5] Em ambos os casos se pode vislumbrar que a submissão ao princípio da legalidade constitui a pedra de toque da receita tributária, isto é, o seu elemento essencial.

---

[2] BALEEIRO, 2008, p. 150.

[3] TORRES, 2007, p. 18.

[4] BRASIL, Lei nº 4.320/64, art. 9º. Tributo é a receita derivada instituída pelas entidades de direito publico, compreendendo os impostos, as taxas e contribuições nos termos da constituição e das leis vigentes em matéria financeira, destinando-se o seu produto ao custeio de atividades gerais ou especificas exercidas por essas entidades.

[5] BRASIL, Lei Complementar nº 101/00, art. 14. A concessão ou ampliação de incentivo ou benefício de natureza tributária da qual decorra renúncia de receita deverá estar acompanhada de estimativa do impacto orçamentário-financeiro no exercício em que deva iniciar sua vigência e nos dois seguintes, atender ao disposto na lei de diretrizes orçamentárias e a pelo menos uma das seguintes condições I – demonstração pelo proponente de que a renúncia foi considerada na estimativa de receita da lei orçamentária, na forma do art. 12, e de que não afetará as metas de resultados fiscais previstas no anexo próprio da lei de diretrizes orçamentárias; II – estar acompanhada de medidas de compensação, no período mencionado no *caput*, por meio do aumento de receita, proveniente da elevação de alíquotas, ampliação da base de cálculo, majoração ou criação de tributo ou contribuição.

Por essa razão, a Constituição Federal de 1988 estabeleceu um processo legislativo específico para organizar a criação de obrigações tributárias pelo ordenamento jurídico, cuja observância é obrigatória pelo poder competente, sob pena de invalidade da norma correspondente. O Poder Legislativo foi incumbido da primazia de exercer tal tarefa por meio da edição de leis complementares e leis ordinárias. Aos demais Poderes do Estado também foi outorgada tal função, mas de forma excepcional ou atípica.

Portanto, pode-se verificar que o princípio da legalidade tributária, estabelecido pelo art. 150, I, da CRFB/88,[6] é dotado de uma dupla conformação: a legalidade formal, ou reserva legal, e a legalidade material, ou tipicidade. Em seu aspecto estritamente formal, a Carta Política permite que a matéria tributária seja estabelecida por meio do processo legislativo próprio, o que compreende a edição de leis complementares e ordinárias.

Conforme definido acertadamente pelo Supremo Tribunal Federal, não há hierarquia entre lei ordinária e lei complementar. Ambas são fontes normativas primárias do direito, imediatamente infraconstitucionais. Distinguem-se não apenas pelo quórum de aprovação, mas principalmente pelo fato de ter o constituinte originário fixado taxativamente as matérias que devem ser tratadas por meio de lei complementar.

> Ao exigir maioria absoluta, quis o constituinte que a aprovação da lei complementar se fizesse com maior ponderação, resguardando certas matérias de caráter paraconstitucional contra mudanças constantes e apressadas, evitando eventuais arbítrios que pudessem surgis, momentaneamente, por questões político-partidárias.[7]

Assim, a diferenciação entre os dois instrumentos normativos é questão exclusivamente constitucional, que está relacionada à distribuição material de competências. Dessa forma, não pode ser restringida ou ampliada pelo legislador. Essa orientação foi estabelecida quando da revogação da isenção de COFINS concedida às sociedades civis de profissão regulamentada pelo art. 6º, II, da Lei Complementar nº 70/91, pelo art. 56 da Lei Ordinária nº 9.430/96. Confira-se trecho do voto do Ministro Relator:

> Só se exige lei complementar para as matérias cuja disciplina a Constituição expressamente faz tal exigência, e, se por ventura a matéria disciplinada por lei cujo processo legislativo observado tenha sido o de lei complementar não seja daquelas para que a Carta Magna exige essa modalidade legislativa, os dispositivos que tratam dela se têm como dispositivos de lei ordinária.[8]

Assim, verifica-se que não é inconstitucional uma lei complementar tratar de matéria reservada à lei ordinária. Por outro lado, configura inconstitucionalidade formal a lei ordinária que disciplinar matéria de lei complementar. Isto significa dizer que a Lei Complementar nº 70/91 é um instituto híbrido, formalmente complementar e

---

[6] BRASIL, Constituição (1988, art. 150. Sem prejuízo de outras garantias asseguradas ao contribuinte, é vedado à União, aos Estados, ao Distrito Federal e aos Municípios: I – exigir ou aumentar tributo sem lei que o estabeleça;

[7] RODRIGUES, 2011, p. 735.

[8] BRASIL, (1995).

materialmente ordinária eis que tratou apenas de matéria que não estava não submetida expressamente à reserva de lei complementar pela Constituição de 1988.[9]

O conjunto das normas jurídicas validamente produzidas segundo os parâmetros constitucionais formam as fontes formais do direito tributário. "As fontes formais constituem o direito tributário positivo, o conjunto de normas que compõem esse ramo da ciência jurídica".[10] São essas as medidas que podem inovar o direito positivo, estabelecendo os critérios da relação jurídica entre o Fisco e os contribuintes. Em um Estado de Direito, que protege tanto a propriedade privada quanto a manutenção dos serviços públicos, a delimitação do ordenamento jurídico é uma decorrência da legalidade constitucional (juridicidade). Nesse princípio, podem ser identificadas as fontes formais principais (59, CF) e as secundárias (84, IV, CF; 100, CTN) do direito. Vamos nos referir apenas à primeira categoria, pois a receita tributária decorre exclusivamente de lei formal.

Importa ressaltar que a Constituição visa materialmente à organização do poder político e à definição dos direitos fundamentais dos cidadãos. Formalmente, é considerada o parâmetro de controle dos demais atos estatais, seja quanto à definição de normas legais, à prática de atos administrativos, ou à prolação de sentenças judiciais. Assim, a lei constitucional é considerada superior às demais normas por ser imperativa a eliminação das incertezas relativas à eficácia das normas primárias, possibilitando a implementação da segurança jurídica e social. Isso é o que Herbert Hart designou de regra de reconhecimento, o que alcançou grande prestígio atualmente. Nesse sentido, a Constituição é considerada a última norma do ordenamento jurídico, aquela que contém os critérios de controle das demais. Confira-se:

> A forma mais simples de solução para a incerteza própria do regime de normas primárias é a introdução de algo que chamaremos de norma de reconhecimento. Essa norma especifica as características que, se estiverem presentes numa determinada norma, serão consideradas como indicação conclusiva de que se trata de uma norma do grupo, a ser apoiada pela pressão social que este exerce.[11]

A Norma Constitucional é a única no ordenamento jurídico que é dotada de rigidez formal, pois está submetida a um procedimento de alteração mais complexo que aquele previsto para as demais, nos termos do art. 60, CF/88. Nesse contexto, insere-se o Sistema Tributário Nacional, que é formado pelo conjunto de princípios e regras constitucionais tributarias sobre: (a) delimitação de competências: arts. 24, I; 145; 149; 153 a 156; 195; 239; e 240, CF/88; (b) limitações ao poder de tributar: arts. 5º; 145; 150 a 152, CF/88; e (c) repartição de receitas tributárias: arts. 157 a 162, CF/88.

Pela análise das normas acima mencionadas, verifica-se que os redatores originais da Carta Política optaram por erigir a legalidade tributária em um padrão mais rigoroso. Ele se caracteriza por ser disciplinado pela União por meio do exercício de sua competência

---

9 BRASIL, Constituição (1988). Art. 195. A seguridade social será financiada por toda a sociedade, de forma direta e indireta, nos termos da lei, mediante recursos provenientes dos orçamentos da União, dos Estados, do Distrito Federal e dos Municípios, e das seguintes contribuições sociais:

10 ALMEIDA, 2011, p. 401.

11 HART, 2018, p. 122.

legislativa concorrente, nos termos do art. 24, da CF/88.[12] A norma constitucional estabelece que os institutos centrais de direito tributário e de direito financeiro devem observar o processo legislativo próprio da lei complementar.[13]

Esse fenômeno de concentração de funções normativas no poder central é uma característica típica do federalismo brasileiro. Nele, há uma detalhada repartição constitucional de competências legislativas, entre as quais se destaca a competência concorrente. Por meio dessa atribuição, a "a União limita-se a estabelecer normas gerais".[14] Destarte, é correto afirmar que a Constituição de 1988 adota uma reserva legal qualificada (reserva de lei complementar) para estabelecer normas gerais de direito tributário. Nesse sentido, pela edição de leis complementares cabe à União disciplinar o núcleo material ou essencial do direito tributário pátrio.

Tal exigência constitucional de elaboração de lei complementar constitui um princípio específico do sistema jurídico-tributário, ao qual denominamos de *legalidade qualificada*. Sua função é impedir a erosão do sentido de seus principais institutos ou conceitos. A existência de um conjunto de regras gerais que não podem ser alteradas por lei ordinária ou por decreto executivo é um incremento considerável à ideia de segurança jurídica que deve permear as relações entre o Fisco e os contribuintes.

2 As normas gerais de direito tributário

A rigidez constitucional impõe um processo legislativo adequado para que as disposições infraconstitucionais sejam válidas. Assim, qualquer forma de restrição ao exercício de direitos fundamentais deve preencher os critérios específicos de sua produção, especialmente em se tratando das leis complementares. A competência da União para estabelecer normas gerais sobre finanças públicas remonta à Constituição de 1946.[15] Mas foi a Carta de 1967 que atribuiu essa matéria à lei complementar.[16] Já a Constituição de 1988, em seu art. 59, estabeleceu o método de previsão de direitos e obrigações novas, para que figurem entre aquelas já existentes no ordenamento jurídico. Entre tais instrumentos figura, com destaque, a lei complementar. Frise-se que cada fonte normativa primária possui seu âmbito de aplicação, sendo que a inobservância tramite de produção da regra inovadora acarretará em vício de inconstitucionalidade formal.

Essa função típica do Poder Legislativo é dotada de certas normas básicas que são, por simetria, de observância obrigatória para todos os Entes Federados. Trata-se do processo legislativo indireto, o qual as regras estatais são elaboradas por representantes

---

[12] BRASIL, Constituição (1988), art. 24. Compete à União, aos Estados e ao Distrito Federal legislar concorrentemente sobre: I – direito tributário, financeiro, penitenciário, econômico e urbanístico.

[13] BRASIL, Constituição (1988), art. 163. Lei complementar disporá sobre: I – finanças públicas.

[14] SILVA, 2021, p. 366.

[15] BRASIL, Constituição (1946), art. 5º Compete à União: (...) XV legislar sobre: (...) b) normas gerais de direito financeiro; de seguro e previdência social; de defesa e proteção da saúde; e de regime penitenciário;

[16] BRASIL, Constituição (1967), art. 19. Compete à União, aos Estados, ao Distrito Federal e aos Municípios arrecadar: (...) §1º – Lei complementar estabelecerá normas gerais de direito tributário, disporá sobre os conflitos de competência tributária entre a União, os Estados, o Distrito Federal e os Municípios, e regulará as limitações constitucionais do poder tributário.

eleitos pelos cidadãos, conforme o art. 1º, §1º, da Carta vigente.[17] As suas etapas procedimentais são: (a) sumária: utilizada em regime de urgência, em que há prazo abreviado para concluir as fases de deliberação e votação; (b) ordinário: utilizado para situações comuns ou usuais, motivo pelo qual compreende a elaboração das leis ordinárias; e (c) especial: utilizada por exclusão, é própria para emendas à constituição, leis complementares, leis orçamentárias, medidas provisórias, leis delegadas, resoluções do Senado e decretos legislativos.

Vale ressaltar que o processo legislativo ordinário instaura-se pela iniciativa da autoridade competente para a apresentação do projeto de lei, e se desenvolve por meio de um conjunto de atos sucessivos. São eles: deliberação, votação, sanção/veto, promulgação e publicação. Após, a lei passa a viger, mas sua eficácia fica vinculada ao decurso dos prazos de anterioridade (*vacatio legis*).

O processo de elaboração de uma lei complementar se distingue do previsto para lei ordinária em dois aspectos, o material e o formal. Do ponto de vista material, somente assuntos taxativamente previstos no texto constitucional podem ser objeto de lei complementar. Já sob o ângulo formal, a Constituição exige que o quórum de aprovação seja de maioria absoluta.[18-19] Interessante notar que ambas se equivalem quanto ao quórum de instalação (maioria absoluta), enquanto diferem pelo fato de que a lei ordinária deve ser aprovada por maioria simples. Os Regimentos Internos das Casas Legislativas preveem, ainda, que as leis complementares devem ser votadas em plenário, ao passo que as ordinárias podem ser votadas pelas comissões.[20] Por essa razão, é correto afirmar que as matérias reservadas à edição de lei complementar possuem maior legitimidade deliberativa, o que justifica considerá-las como as mais relevantes normas infraconstitucionais para a distribuição das funções públicas.

Autores de referência se dedicaram ao estudo deste tema. Alguns lembram que a definição de regras gerais pela União é uma característica ínsita à forma federativa de estado, que se manifesta pela repartição vertical de competências legislativas. Nesse aspecto, a "legislação federal é reveladora das linhas essenciais, enquanto a legislação local buscará preencher o claro que ficou, afeiçoando a matéria revelada na legislação de normas gerais às peculiaridades e as exigências estaduais".[21] Todos reconhecem que as leis complementares são dotadas de especificidades formais e materiais. Tais situações decorrem de expressa determinação constitucional e, assim, escapam da apreciação do poder legislativo ordinário.

---

17 BRASIL, Constituição (1988), art. 1º. A República Federativa do Brasil, formada pela união indissolúvel dos Estados e Municípios e do Distrito Federal, constitui-se em Estado Democrático de Direito e tem como fundamentos: (...) Parágrafo único. Todo o poder emana do povo, que o exerce por meio de representantes eleitos ou diretamente, nos termos desta Constituição.

18 BRASIL, Constituição (1988), art. 47. Salvo disposição constitucional em contrário, as deliberações de cada Casa e de suas Comissões serão tomadas por maioria dos votos, presente a maioria absoluta de seus membros.

19 BRASIL, Constituição (1988), art. 69. As leis complementares serão aprovadas por maioria absoluta.

20 BRASIL, Regimento Interno do Senado Federal, art. 91. Às comissões, no âmbito de suas atribuições, cabe, dispensada a competência do Plenário, nos termos do art. 58, §2º, I, da Constituição, discutir e votar: I – projetos de lei ordinária de autoria de Senador, ressalvado projeto de código; Art. 288. As deliberações do Senado serão tomadas por maioria de votos, presente a maioria absoluta dos seus membros (Const., art. 47), salvo nos seguintes casos, em que serão: (...) III – por voto favorável da maioria absoluta da composição da Casa: a) projeto de lei complementar (Const., art. 69).

21 HORTA, 1995, p. 366

De acordo com Sacha Coelho, em raciocínio amparado em Hans Kelsen e José Afonso da Silva, as leis complementares conferem validade às demais normas do sistema jurídico tributário, e visam à integração das normas constitucionais de eficácia limitada.[22] Esse autor ressalta, ainda, que a Constituição previu hipóteses meramente exemplificativas para serem tratadas por meio de lei complementar. Nesse sentido, Luís Eduardo Schoueri também afirma que "[p]or certo, aquele rol não é taxativo".[23] Entretanto, tais argumentos não prevalecem atualmente, pois é certo que se pode "observar um gradual afastamento das premissas kelsenianas",[24] que são substituídas, em larga medida, por doutrinas "pós-positivistas". Esse fenômeno já pudemos comprovar em textos anteriores.[25-26]

De qualquer forma, as leis complementares possuem a relevante função de intermediação entre a Constituição e as demais normas do sistema jurídico. Em virtude de sua natureza de lei nacional de coordenação federativa, a lei complementar vincula a todos os demais entes federativos. A falta de uma norma geral nacional atrai a competência legislativa plena para os Estados-Membros, sendo que a sua superveniência suspende a lei estadual em sentido contrário. Nesse modelo de atribuições federativas, a Constituição "outorgou competência suplementar à legislação federal ou estadual no que couber",[27] conforme estabelecem os parágrafos do seu art. 24.

Assim, as normas gerais em matéria tributária são fixadas em lei complementar por meio do exercício da competência legislativa concorrente. Por tal motivo, a enumeração das situações ou assuntos que podem ser por ela disciplinados é taxativa, isto é, são temas definidos *numerus clausus* na Constituição. Mas, esse rigor formal não implica, necessariamente, na previsão de institutos estanques, impermeáveis ao escrutínio interpretativo. São "leis-quadro, princípios amplos, que traçam um plano, sem descer a pormenores",[28] cujas normas também devem ser objeto de interpretação.

Aliás, como já decidiu o Supremo Tribunal federal, as normas gerais em matéria tributária englobam matérias taxativamente previstas na Constituição. No entanto, comportam uma interpretação jurídica ampliativa de cada regra, conforme as especificidades do caso concreto submetido a crivo do Judiciário. Isso é o que se pode concluir da seguinte tese de repercussão geral, fixada pela Corte Maior no julgamento do RE 784.439/DF: "É taxativa a lista de serviços sujeitos ao ISS a que se refere o art. 156, III, da Constituição Federal, admitindo-se, contudo, a incidência do tributo sobre as atividades inerentes aos serviços elencados em lei em razão da interpretação extensiva".[29]

Conforme a jurisprudência do Supremo Tribunal Federal, "a observância de normas gerais em matéria tributária é imperativo de segurança jurídica. Neste contexto, 'gerais' não significa 'genéricas', mas sim 'aptas a vincular todos os entes federados e

---

22 COELHO, 2007, p. 10.
23 SCHOUERI, 2021, p. 86.
24 BUSTAMANTE, 2018, p. 118.
25 CRUZ; DUARTE, 2013, *passim*.
26 ALMEIDA, 2021, *passim*.
27 SILVA, 2014, p. 281.
28 MENDES; BRANCO, 2014, p. 828.
29 BRASIL (2020).

os administrados".[30] Destarte, a lei complementar tributária tem o relevante papel de "harmonizar ou uniformizar as relações ou condutas dos entes federativos entre si".[31] Nesse sentido, ela constitui uma forma de imposição heterônoma frente à autonomia do ente federal, a balizar o exercício de sua competência ordinária. Ressalte-se que essa reserva legal qualificada acarreta em maior segurança jurídica quanto aos critérios essenciais da tributação. Isso é o que se depreende do voto proferido no julgamento do RE nº 559.943-4/RS, no qual a Ministra Carmem Lúcia assim consignou:

> A Constituição de 1988 rompeu com o sistema tributário anterior no que respeita ao âmbito normativo da lei complementar sobre normas gerais. No binômio certeza-igualdade mencionado por Tércio Sampaio, o constituinte de 1988 deu ênfase à certeza, tornando a segurança jurídica tributária de um poder centralizador que garante a uniformidade dos conteúdos do vértice para a base do sistema.[32]

A lei complementar que veicula uma norma geral exerce a função de pressuposto de validade das leis ordinárias expedidas pelos entes federativos, pois "dependem materialmente das suas determinações".[33] Assim, não se trata de norma que simplesmente completa a Constituição, mas sim que confere uniformidade à execução das leis ordinárias infraconstitucionais relativamente a determinados temas centrais do direito. Portanto, a lei complementar estabelece, de maneira mediata, estabilidade quanto a "critérios jurídicos empregados".

Dessa forma, as leis complementares definidoras de normas gerais tributárias possuem a função de estabilização do ordenamento tributário nacional. No entanto, os preceitos genéricos nelas instituídos ficam sob o crivo hermenêutico dos tribunais superiores, que redefinirão o seu alcance por meio de precedentes vinculantes.

A Constituição Federal de 1988 não instituiu uma hierarquia entre a lei ordinária e a lei complementar, mas sim a observância de processo legislativo distinto para a sua elaboração. A outorga constitucional de competências aos entes federados segue um sofisticado sistema de legalidade. Nele, a lei complementar definidora de normas gerais tributárias tem a função de regular princípios e institutos considerados relevantes, motivo pelo qual é dotada de maior legitimidade popular pelo quórum de sua aprovação por maioria absoluta no plenário da casa legislativa.

Conforme estabelece o rol do art. 146, CF/88,[34] as normas gerais tributárias devem tratar, em síntese, da regulamentação dos princípios constitucionais tributários (limitações

---

30 BRASIL (2010).

31 TORRES, 2016, p. 267.

32 BRASIL (2008).

33 TORRES, 2016, p. 273

34 BRASIL, Constituição (1988), art. 146. Cabe à lei complementar: I – dispor sobre conflitos de competência, em matéria tributária, entre a União, os Estados, o Distrito Federal e os Municípios; II – regular as limitações constitucionais ao poder de tributar; III – estabelecer normas gerais em matéria de legislação tributária, especialmente sobre: a) definição de tributos e de suas espécies, bem como, em relação aos impostos discriminados nesta Constituição, a dos respectivos fatos geradores, bases de cálculo e contribuintes; b) obrigação, lançamento, crédito, prescrição e decadência tributários; c) adequado tratamento tributário ao ato cooperativo praticado pelas sociedades cooperativas. d) definição de tratamento diferenciado e favorecido para as microempresas e para as empresas de pequeno porte, inclusive regimes especiais ou simplificados no caso do imposto previsto no art. 155, II, das contribuições previstas no art. 195, I e §§12 e 13, e da contribuição a que se refere o art. 239. Parágrafo único.

constitucionais ao poder de tributar) e dos institutos centrais do direito tributário. São vários os temas a serem disciplinados por meio de lei complementar. No presente artigo abordaremos o papel de estabelecer a definição do tributo e das espécies tributárias, o fato gerador, base de cálculo e contribuintes dos impostos, além de delimitar os institutos da obrigação, lançamento, crédito, prescrição e decadência tributários.

3 A definição de tributo e das espécies tributárias

O Código Tributário Nacional (CTN), Lei nº 5.172, de 25 de outubro de 1966, seguiu o processo de elaboração das leis ordinárias. Na época de sua edição, a Constituição de 1946 não exigia que uma lei complementar dispusesse sobre normas gerais. No entanto, o *codex* foi concebido para servir como uma lei nacional tributária. Assim, com o advento da Constituição de 1988, as normas gerais codificadas compatíveis com a nova ordem jurídica foram recepcionadas como lei complementar em sentido material, nos termos do art. 34, §5º, do Ato das Disposições Constitucionais Transitórias.[35]

Entre as suas normas mais relevantes estão aquelas ligadas à definição dos tributos e das espécies tributárias. Essas regras delimitam o âmbito de aplicação de todas as demais, em um verdadeiro corte epistemológico. Nesse sentido, somente as obrigações que se enquadrarem na definição fornecida pelo Código Tributário Nacional serão alcançadas pelas normas tributárias.

De acordo com o art. 3º, do CTN, tributo é "toda prestação pecuniária compulsória, em moeda ou cujo valor nela se possa exprimir, que não constitua sanção de ato ilícito, instituída em lei e cobrada mediante atividade administrativa plenamente vinculada". A essa definição deve ser acrescida aquela noção básica advinda do direito financeiro,[36] segundo a qual o tributo é uma receita pública derivada.

Como bem anota a doutrina, esse instituto forma a "essência" do direito tributário.[37] Trata-se da obrigação legal gerada pela prática de ato lícito, prevista em lei em favor dos entes públicos. Por força deste conceito legal, o tributo é formado por cinco elementos constitutivos: inseparáveis entre si. A delimitação exata deste instituto passa, necessariamente, pela análise de seus aspectos constitutivos que, quando identificados cumulativamente em uma dada situação, fazem surgir a tributária correspondente. Destarte, os elementos do conceito serão analisados a seguir como partes indissociáveis do conceito de tributo, isto é, como elementos de sua existência ontológica. São eles:

A lei complementar de que trata o inciso III, d, também poderá instituir um regime único de arrecadação dos impostos e contribuições da União, dos Estados, do Distrito Federal e dos Municípios, observado que: I – será opcional para o contribuinte; II – poderão ser estabelecidas condições de enquadramento diferenciadas por Estado; III – o recolhimento será unificado e centralizado e a distribuição da parcela de recursos pertencentes aos respectivos entes federados será imediata, vedada qualquer retenção ou condicionamento; IV – a arrecadação, a fiscalização e a cobrança poderão ser compartilhadas pelos entes federados, adotado cadastro nacional único de contribuintes.

[35] BRASIL, Constituição (1988). Ato das Disposições Constitucionais Transitórias. Art. 34. (...) §5º Vigente o novo sistema tributário nacional, fica assegurada a aplicação da legislação anterior, no que não seja incompatível com ele e com a legislação referida nos §3º e §4º.

[36] BRASIL, Lei nº 4.320/64, art. 9º. Tributo é a receita derivada instituída pelas entidades de direito público, compreendendo os impostos, as taxas e contribuições nos termos da constituição e das leis vigentes em matéria financeira, destinando-se o seu produto ao custeio de atividades gerais ou especificas exercidas por essas entidades.

[37] COELHO, 2005, p. 29.

Prestação (obrigação de dar): Esse elemento indica que o tributo é uma obrigação positiva, do tipo dar ou entregar algo (dinheiro) a alguém (Estado). Assim, o tributo é o vínculo jurídico obrigacional que une o credor, em regra uma pessoa jurídica de direito público, ao devedor, o contribuinte ou responsável, estabelecendo o direito potestativo de exigir seu cumprimento ao primeiro, e o dever individual abstrato de pagamento ao segundo. Deve-se ressaltar que o art. 113, do CTN,[38] por sua vez, define a obrigação tributária como um instituto que decorre logicamente do conceito de tributo. Note-se que o dispositivo mencionado prevê duas espécies de obrigações tributárias, a saber, a *obrigação principal* e a *obrigação acessória*. O conceito de tributo corresponde apenas à primeira delas, àquela que deve ser prevista em lei. Conforme estabelece o §2º daquele artigo, o termo "legislação" permite que atos administrativos normativos estabeleçam obrigações acessórias de fazer ou não fazer algo, tais como o preenchimento de documentos fiscais. Há, nesse caso específico, uma verdadeira flexibilização da legalidade tributária, o que não afronta à norma do art. 5º, II, da CF/88 por estar expressamente prevista entre as normas gerais codificadas.

Pecuniária (em espécie). Tributo é uma prestação cujo objeto é fixado em lei para ser cumprido pelo devedor exclusivamente com a entrega de dinheiro, isto é, o seu pagamento ocorre em moeda corrente. Assim, estão afastadas quaisquer outras prestações em bens, como joias ou imóveis, ou em serviços, seja militar, eleitoral ou júri. Dessa maneira, a lei não pode prever uma obrigação tributária cujo pagamento seja *in natura*. Entretanto, se houver o inadimplemento da obrigação, o devedor poderá quitar o crédito tributário correspondente com bens imóveis, desde que atendidos requisitos previstos em lei ordinária do ente competente, conforme previsto no art. 156, IX, do CTN.[39] Ressalte-se que a cláusula *em moeda, ou cujo valor nela se possa exprimir*, contida no conceito legal de tributo, significa que a obrigação tributária pode ser cumprida mediante a utilização de selos ou estampilhas, nos termos do art. 162, CTN. Entretanto, essa prática está atualmente, embora possa ser vista em certos produtos controlados, tais como em bebidas e nos cigarros.

Não sancionatória. O tributo não é uma pena infligida pela prática de ato ilícito. Trata-se de uma receita derivada que não se confunde com a multa ou outra espécie de sanção estatal. O que se veda é que a lei descreva um ato criminoso como hipótese de incidência. Assim, caso o agente fiscal se depare com fatos que aparentemente sejam ilícitos,[40] poderá optar entre duas soluções possíveis: (a) efetuará o lançamento sobre a aquisição da disponibilidade sobre a renda ou mercadorias de origem duvidosa, inclusive com a cominação da sanção mais gravosa prevista em lei, se for configurada

---

[38] BRASIL, Código Tributário Nacional, art. 113. A obrigação tributária é principal ou acessória. §1º A obrigação principal surge com a ocorrência do fato gerador, tem por objeto o pagamento de tributo ou penalidade pecuniária e extingue-se juntamente com o crédito dela decorrente. §2º A obrigação acessória decorre da legislação tributária e tem por objeto as prestações, positivas ou negativas, nela previstas no interesse da arrecadação ou da fiscalização dos tributos. §3º A obrigação acessória, pelo simples fato da sua inobservância, converte-se em obrigação principal relativamente à penalidade pecuniária.

[39] BRASIL, Código Tributário Nacional, art. 156. Extinguem o crédito tributário: (...) XI – a dação em pagamento em bens imóveis, na forma e condições estabelecidas em lei.

[40] BRASIL, Código Tributário Nacional, art. 118. A definição legal do fato gerador é interpretada abstraindo-se: I – da validade jurídica dos atos efetivamente praticados pelos contribuintes, responsáveis, ou terceiros, bem como da natureza do seu objeto ou dos seus efeitos; II – dos efeitos dos fatos efetivamente ocorridos.

a fraude;[41] ou (b) caso seja uma situação evidentemente criminosa, deverá proceder ao lançamento do tributo, aplicar a sanção qualificada por lei em virtude do golpe e, ainda, proceder a devida representação à autoridade competente para que sejam tomadas as medidas criminais cabíveis, pois eventual perda do produto do crime para o Estado em virtude de sentença criminal não afasta direitos potestativos de terceiros (art. 91, Código Penal). Essa é a orientação que se pode colher do Supremo Tribunal Federal, pois, após reconhecer a importância atual da teoria *pecunia non olet,* estabeleceu que "a exoneração tributária dos resultados econômicos do fato criminoso (...) constitui violação do princípio da isonomia fiscal, de manifesta inspiração ética".[42]

Ex lege (instituída em lei). O tributo é uma obrigação legal e, por esse motivo, configura uma prestação cogente. Trata-se de um dever fundamental de cumprimento obrigatório, sob sanção do Estado. Esse é um elemento de validade que decorre do princípio da legalidade tributária, pelo qual a lei ordinária deve, em regra, dispor sobre todos os aspectos da exação.[43-44] As exceções à legalidade são matérias taxativamente estabelecidas na Constituição (arts. 153, §1º; 155, §4º, IV, 'c'; e 177, §4º, I, 'b'). Dessa maneira, a vontade do sujeito passivo é irrelevante para a configuração da obrigação tributária.[45]

Cobrada por atos administrativos vinculados. O último elemento de configuração de um tributo exige que a atividade de exação seja feita em total observância aos padrões legais, isto é, veda a discricionariedade administrativa na arrecadação de tributos. Em reforço a essa regra geral, o CTN, em seu artigo 142, estabelece que a omissão do agente fiscal, seja dolosa ou culposa, configura hipótese de responsabilidade funcional. No entanto, pode-se verificar que houve uma flexibilização dessa regra pela jurisprudência do Superior Tribunal de Justiça,[46] ao erigir a figura do autolançamento como substitutivo do ato oficial de constituição do crédito tributário. Embora o exame das consequências de tal decisão escape ao escopo do presente artigo, ela demonstra claramente que as regras gerais tributárias estão em constante reconstrução por força dos precedentes vinculantes que emanam dos tribunais superiores.

Além da definição do tributo, enquanto gênero orientador da aplicação do sistema tributário nacional, a norma geral tributária deve estabelecer critérios para a definição das espécies tributárias. A regra que exerce esse papel é o art. 4º, do CTN.[47] O seu teor é

---

41 BRASIL, Lei nº 4.502/64, art. 72. Fraude é toda ação ou omissão dolosa tendente a impedir ou retardar, total ou parcialmente, a ocorrência do fato gerador da obrigação tributária principal, ou a excluir ou modificar as suas características essenciais, de modo a reduzir o montante do imposto devido a evitar ou diferir o seu pagamento.

42 BRASIL (1998).

43 BRASIL, Constituição (1988), art. 150. Sem prejuízo de outras garantias asseguradas ao contribuinte, é vedado à União, aos Estados, ao Distrito Federal e aos Municípios: I – exigir ou aumentar tributo sem lei que o estabeleça.

44 BRASIL, Código Tributário Nacional, art. 97. Somente a lei pode estabelecer: I – a instituição de tributos, ou a sua extinção;

45 BRASIL, Código Tributário Nacional, art. 123. Salvo disposições de lei em contrário, as convenções particulares, relativas à responsabilidade pelo pagamento de tributos, não podem ser opostas à Fazenda Pública, para modificar a definição legal do sujeito passivo das obrigações tributárias correspondentes.

46 BRASIL, Superior Tribunal de Justiça, Súmula 436. A entrega de declaração pelo contribuinte reconhecendo débito fiscal constitui o crédito tributário, dispensada qualquer outra providência por parte do fisco.

47 BRASIL, Código Tributário Nacional, art. 4º. A natureza jurídica específica do tributo é determinada pelo fato gerador da respectiva obrigação, sendo irrelevantes para qualificá-la: I – a denominação e demais características formais adotadas pela lei; II – a destinação legal do produto da sua arrecadação.

extremamente relevante, pois determina que a distinção das espécies tributárias deve levar em consideração o fato gerador da obrigação tributária, e não a denominação adotada pela lei para um determinado tributo. Isso implica, na prática, que é a realidade social que realmente importa para a identificação da natureza específica de um determinado tributo, e não a sua designação legal.

Assim, o imposto foi definido pelo código como o tributo que "tem por fato gerador uma situação independente de qualquer atividade estatal específica, relativa ao contribuinte" (art. 16, CTN); a taxa, aquele que "têm como fato gerador o exercício regular do poder de polícia, ou a utilização, efetiva ou potencial, de serviço público específico e divisível, prestado ao contribuinte ou posto à sua disposição" (art. 77, CTN); e a contribuição de melhoria, a obrigação que "é instituída para fazer face ao custo de obras públicas de que decorra valorização imobiliária, tendo como limite total a despesa realizada e como limite individual o acréscimo de valor que da obra resultar para cada imóvel beneficiado" (art. 81, CTN).

Porém, o modelo constitucional instaurado em 1988 não seguiu essa tricotomia. Além dela, expressamente mencionada no art. 145, da Carta Magna,[48] houve a inserção no sistema tributário nacional de duas outras obrigações impositivas, quais sejam, o empréstimo compulsório (art. 148) e as contribuições especiais (art. 149). Verifica-se, assim, pela literalidade do seu texto, que a Constituição atual inaugurou uma nova corrente classificatória, pela qual existem cinco espécies tributárias (teoria quinquipartida). Entretanto, seguimos a premissa central acerca da natureza específica dos tributos para classificá-los, qual seja, a sua natureza específica decorre do fato gerador. Essa abordagem foi sintetizada por Geraldo Ataliba na fórmula *aspecto material da hipótese de incidência,* pela qual é "a materialidade do conceito do fato, descrito hipoteticamente pela h.i., que fornece o critério para a classificação das espécies tributárias"[49] (descrição abstrata do fato gerador).

Assim sendo, considerando que o tributo integra as receitas públicas derivadas, e que a sua denominação legal é irrelevante para determinar sua natureza específica, entendemos que a norma geral estabelece *três espécies tributárias*: impostos, taxas e contribuições. Tais categorias comportam subdivisões internas, como veremos a seguir, mas podem ser distinguidas com certa facilidade a partir de sua especificidade material.

Nessa linha de raciocínio, não olvidamos a norma contida no inciso II do artigo 4, CTN, a qual estabelece que a destinação legal do produto da arrecadação do tributo é irrelevante para a identificação como espécie autônomo. No entanto, realizando uma interpretação de tal regra em conformidade com a totalidade dos preceitos da Constituição atual, entendemos que se trata de preceito com ela incompatível e, por essa razão, não foi recepcionada. São vários os preceitos constitucionais que determinam que a destinação

---

[48] BRASIL, Constituição (1988), art. 145. A União, os Estados, o Distrito Federal e os Municípios poderão instituir os seguintes tributos: I – impostos; II – taxas, em razão do exercício do poder de polícia ou pela utilização, efetiva ou potencial, de serviços públicos específicos e divisíveis, prestados ao contribuinte ou postos a sua disposição; III – contribuição de melhoria, decorrente de obras públicas.

[49] ATALIBA, 2013, p. 130.

do produto da arrecadação dos tributos é relevante para a sua caracterização, tais como os arts. 149,[50] 167, IV,[51] e 195,[52] entre outros.

A nossa classificação tripartida das espécies tributárias é fruto da reconstrução interpretativa das normas contidas no código em conformidade com os preceitos citados da Constituição. Uma de suas virtudes é afastar a noção de que as contribuições especiais seriam consideradas uma espécie de "impostos finalísticos", sejam parafiscais ou destinados à seguridade social. Isso nos parece impossível do ponto de vista estritamente científico, uma verdadeira contradição em termos, pois o imposto, como já foi ressaltado, é o tributo cujo fato gerador não pode ser vinculado a qualquer contraprestação estatal. Ao contrário, a função do imposto é a manutenção contínua de recursos para a realização das despesas estatais genéricas ou inespecíficas, isto é, o imposto está atrelado ao financiamento dos gastos estatais correntes (bem comum).

As contribuições, enquanto espécie tributária autônoma, distinguem-se dos impostos e das taxas, formando um verdadeiro *tertium genus*. Elas são os tributos cujo fato gerador corresponde a uma função ou despesa estatal direcionada a um grupo determinado ou determinável de pessoas, não necessariamente os seus contribuintes. Assim, as contribuições, de qualquer tipo, possuem uma determinação mediata (referibilidade difusa) que as caracteriza. Não são tão vinculadas quanto às taxas, e não são tão desvinculadas quanto os impostos.

Vejamos, a título ilustrativo, a Contribuição para o Custeio da Iluminação Pública (CCIP), prevista no art. 149-A, da Constituição de 1988. Fruto da emenda constitucional nº 39, de 2002, esse tributo surgiu após o Supremo Tribunal Federal ter declarado a inconstitucionalidade da taxa de iluminação pública (Súmula Vinculante nº 41). Conforme a jurisprudência sedimentada da Corte Maior, é vedado aos Municípios instituírem taxa de iluminação pública, por se tratar de serviço "inespecífico, não mensurável, indivisível e insuscetível de ser referido a determinado contribuinte" (RE nº 233.332/RJ, Rel. Min. Ilmar Galvão, Plenário).[53] Assim, muito embora o imposto seja a receita pública adequada para prover serviços dotados de tal abrangência genérica, o Congresso Nacional inseriu no sistema tributário nacional uma nova forma de contribuição, cuja receita foi vinculada taxativamente à despesa com iluminação pública. Essa nova obrigação tributária foi, posteriormente, declarada constitucional no bojo do RE nº 573.675-0/SC.[54] A ementa desse julgado esclarece que a CCIP é um "tributo de caráter *sui generis*, que não se confunde

---

[50] BRASIL, Constituição (1988), art. 149. Compete exclusivamente à União instituir contribuições sociais, de intervenção no domínio econômico e de interesse das categorias profissionais ou econômicas, como instrumento de sua atuação nas respectivas áreas (...).

[51] BRASIL, Constituição (1988), art. 167. São vedados: IV – a vinculação de receita de impostos a órgão, fundo ou despesa, ressalvadas a repartição do produto da arrecadação dos impostos a que se referem os arts. 158 e 159, a destinação de recursos para as ações e serviços públicos de saúde, para manutenção e desenvolvimento do ensino e para realização de atividades da administração tributária, como determinado, respectivamente, pelos arts. 198, §2º, 212 e 37, XXII, e a prestação de garantias às operações de crédito por antecipação de receita, previstas no art. 165, §8º, bem como o disposto no §4º deste artigo;

[52] BRASIL, Constituição (1988), art. 195. A seguridade social será financiada por toda a sociedade, de forma direta e indireta, nos termos da lei, mediante recursos provenientes dos orçamentos da União, dos Estados, do Distrito Federal e dos Municípios, e das seguintes contribuições sociais:

[53] BRASIL (1999).

[54] BRASIL (2009).

com um imposto, porque sua receita se destina à finalidade específica, nem com uma taxa, por não exigir a contraprestação individualizada de um serviço ao contribuinte".

Destarte, considerando que: (a) taxa é o tributo cujo fato gerador é a prestação de serviço público ou o exercício do poder de polícia direcionado a um contribuinte determinado; (b) imposto é a obrigação tributária cujo fato gerador é formado por sinais privados indicativos de renda, consumo, ou patrimônio, e que não está vinculado a uma contraprestação estatal específica direcionada ao contribuinte, e (c) as contribuições possuem o fato gerador vinculado a uma despesa pública direcionada a um grupo determinado de pessoas. Adotamos a classificação dos tributos sintetizada a seguir, por reputarmos ser coerente com as normas gerais do sistema tributário nacional. Assim, as espécies tributárias são:

> (1) *Os Impostos*: ordinários (arts. 145, I; 153; 155; e 156, CF); residuais e extraordinários de guerra (art. 154, CF);
> (2) *As Taxas*: de polícia e de serviços públicos, específicos e divisíveis (art. 145, II, e §2º, CF);
> (3) *As Contribuições* (arts. 145, III; 149 e 195, CF):
> 3.1. de melhoria;
> 3.2. especiais:
> a) sociais:
> a.1) gerais (art. 149, 1ª parte, CF/88);
> a.2) de seguridade social (art. 195, CF/88);
> a.2.1) ordinárias (art. 195, I a IV, CF);
> a.2.2) residuais (195, §4º, CF);
> a.2.3) de previdência pública (art. 149, §1º, CF);
> b) extrafiscais/intervenção no domínio econômico (arts. 149, 2ª parte, e 177, §4º, CF);
> c) parafiscais/interesse de categorias profissionais (arts. 149, 3ª parte, e 240, CF);
> d) iluminação pública (149-A, CF).

Ressalte-se que os empréstimos compulsórios não foram incluídos nesta sistematização, embora constem expressamente do art. 148, da Constituição. Na realidade, tais instrumentos não possuem natureza jurídica de receita pública, eis que não configuram uma entrada definitiva de recursos no erário. Portanto, eles integram o que se denomina em finanças públicas de *movimentos de fundos ou de caixa*, escapando, assim, do conceito de tributo. O mesmo ocorre, por motivos diferentes, em relação às tarifas. Nesse caso, não se configura um tributo por se tratar de uma receita pública originária, também denominada de preço público. Os valores cobrados a título de uso de serviços públicos em regime contratual de concessão administrativa não são regidos pelo direito tributário.

Também devemos ressaltar que a Constituição Federal, em seu art. 146, III, 'a', segunda parte, exige que os impostos tenham três aspectos estruturais definidos em lei complementar, a saber: o fato gerador, a base de cálculo e os contribuintes. Desse modo, exige-se uma certa uniformização da tributação nacional na arrecadação de impostos. Por essa razão, pode-se afirmar que os impostos formam a espécie tributária por excelência, eis que seus elementos centrais devem passar pelo processo legislativo das leis complementares, mais rigoroso e representativo do que as taxas e contribuições. Quando não houver uma lei complementar específica, como acontece com ICMS (LC

87/96) e ao ISSQN (LC 116/03), o Código Tributário Nacional estabelecerá os elementos específicos dos impostos.

É importante ressaltar, por fim, que as matérias sob reserva de lei complementar não podem ser disciplinadas por meio de medidas provisórias.[55] Assim sendo, as alíquotas dos impostos podem ser fixadas dessa fonte formal, eis que não há a exigência de lei complementar para defini-las. Dessa maneira, nos termos das normas constitucionais, além das alíquotas de impostos, será possível a edição de medida provisória em matéria tributária apenas para dispor sobre taxas e contribuições.

4 A delimitação dos institutos centrais do direito tributário

A Constituição exige um regramento detalhado da matéria tributária por meio de lei complementar. Nesse contexto, as normas gerais tributárias possuem a função de balizar não somente o exercício da competência ordinária dos entes federados, mas também a de reger a atividade arrecadatória propriamente dita. Isso porque a capacidade ativa, isto é, a aptidão para praticar os atos próprios do sujeito ativo da obrigação tributária está vinculada aos institutos centrais do direito tributário que estão sob reserva legal qualificada. Conforme estabelece o art. 146, III, 'b', da Constituição, cabe à lei complementar definir o alcance da obrigação, lançamento, crédito, prescrição e decadência tributários.

Destarte, considerando-se que a hipótese de incidência (*tipo*) corresponde à descrição hipotética (abstrata) de um fato, necessária ao surgimento da obrigação tributária, é correto afirmar que a Constituição restringiu a margem de apreciação do legislador ordinário em questões fiscais. Dessa maneira, o fato gerador da obrigação tributária, ou melhor, o comportamento concreto do sujeito passivo correspondente à descrição legal, é delimitado em âmbito nacional pelas normas gerais tributárias. Consequentemente, a atividade de exação também sofre a restrição de tais regras codificadas, por força da legalidade administrativa.

Como se sabe, a estrutura da norma jurídica é composta por três elementos: hipótese; mandamento; sanção. Nesse contexto, para que a obrigação tributária exista, é indispensável a adequação do fato realizado pelo contribuinte à hipótese normativa, fenômeno a que se denomina de subsunção. Assim, a hipótese de incidência deve conter todos os aspectos para se aferir a validade da obrigação tributária, eis que é o seu pressuposto lógico. Tais elementos da relação jurídica tributária estão contidos nas normas gerais do Código Tributário Nacional, e não podem ser livremente alterados pelos entes federados.

A *obrigação tributária*, primeiro dos institutos mencionados naquele dispositivo constitucional, somente existirá quando o contribuinte praticar o que estava abstratamente previsto na norma de incidência. "Portanto, temos primeiramente (lógica e cronologicamente) uma descrição legislativa (hipotética) de um fato; ulteriormente, ocorre, acontece, realiza-se este fato concretamente".[56] Seguimos, neste assunto, o

---

[55] BRASIL, Constituição (1988), art. 62. (...) §1º É vedada a edição de medidas provisórias sobre matéria (...) III reservada a lei complementar.

[56] ATALIBA, 2013, p.71.

pensamento de Geraldo Ataliba,[57] com alguns reparos pontuais. Para esse autor, a obrigação tributária possui quatro aspectos determinantes, a saber:

1. *Aspecto Material* (núcleo da hipótese de incidência): Trata-se do seu mais importante elemento, aquele capaz de designar "todos os dados de ordem objetiva, configuradores do arquétipo"[58] da norma de incidência. É o que contém a descrição abstrata dos sinais indicativos e necessários para a subsunção do fato à regra jurídica. É formado pela **(a)** definição, em tese, do **fato gerador**[59] (norma-tipo, *tatbestand*; ou *fattispecie*), isto é, pela narração pormenorizada de um fato economicamente relevante (patrimônio; renda; consumo; prestação de serviços ou políticas públicas) na regra jurídica. Aqui, deve-se atentar para a distinção terminológica entre hipótese de incidência e fato gerador, institutos que não se confundem, embora sejam complementares. De acordo com a técnica descritiva utilizada pelo legislador, pode-se identificar três espécies de fatos geradores: o *instantâneo,* que consiste na prática de um ato isolado pelo sujeito passivo em um dado momento identificável pelo Fisco, como ocorre nos impostos sobre o consumo; o *continuado,* que envolve uma situação que se prolonga no tempo de forma indeterminada, como nos impostos sobre a propriedade; e o *complexo,* formado por vários fatos considerados em conjunto pelo legislador durante determinado lapso de tempo, tal como se verifica nos impostos sobre a renda. O aspecto material da hipótese de incidência abrange, ainda, a **(b)** delimitação da **base de cálculo**, ou "descrição legal de um padrão ou unidade de referência que possibilite a quantificação da grandeza financeira do fato tributário".[60] Este é o critério legal de medida ou grandeza capaz de quantificar ou dimensionar o *quantum* da obrigação tributária (valor, peso, tamanho). Trata-se de um aspecto essencial do tributo, complementar à definição do fato gerador, que lhe confere a sua identidade específica.[61] Tome-se como exemplo de base de cálculo os art. 3º, da Lei nº 9.718/98 (receita bruta) e o art. 6º, do Dec. Lei nº 1.598/77 (lucro real).

O mencionado autor inclui um terceiro elemento entre o núcleo da hipótese de incidência, chamado de *alíquota.* Esse é o "fator que, aplicado sobre a base de cálculo, conduz à determinação da dívida tributária".[62] No entanto, como se trata de uma mera fração ou porcentagem aplicável à base de cálculo para se obter o valor exato da obrigação tributária, bem como por não constar das normas gerais submetidas à reserva legal qualificada, entendemos que a alíquota configura um mero aspecto quantitativo da obrigação tributária. Ademais, verifica-se que a definição de alíquotas no direito brasileiro é marcada por situações de flexibilização da legalidade, isto é, de margens de livre apreciação do Poder Executivo na quantificação de certas prestações tributárias. Esse é o caso dos tributos extrafiscais, bem ilustrado pelo julgamento no qual "o Supremo Tribunal Federal (STF) decidiu que a regulamentação, por meio de decreto,

---

57 ATALIBA, 2013, *passim.*

58 ATALIBA, 2013, p. 106.

59 BRASIL, Código Tributário Nacional, art. 114. Fato gerador da obrigação principal é a situação definida em lei como necessária e suficiente à sua ocorrência.

60 BARRETO, 1986, p. 38.

61 BRASIL, Constituição (1988), art. 145, §2º. As taxas não poderão ter base de cálculo própria de impostos.

62 BARRETO, 1986, p. 50.

do Fator Acidentário de Prevenção (FAP) é compatível com o princípio constitucional da legalidade tributária"[63] (tema 554 de Repercussão Geral).

2. *Aspecto Pessoal* (subjetivo), formado pelos critérios de determinação dos sujeitos da relação jurídica. Integra o conjunto das normas gerais por ser a sua delimitação extremamente importante para o Estado e os cidadãos em geral. São as circunstâncias legais de identificação dos polos da obrigação tributária. De um lado, figura o *sujeito ativo*, credor da obrigação tributária, que, por força do art. 119, CTN,[64] em regra é o ente federativo dotado da atribuição para instituir o tributo. Entretanto, a lei ordinária poderá estabelecer uma pessoa jurídica de direito privado diversa como credora da prestação,[65] o que se denomina de parafiscalidade. Já, do outro lado da relação jurídica, repousa o *sujeito passivo* (devedor) que, por sua vez, poderá ser: (*i*) *contribuinte*, quando tiver relação pessoal e direta com o fato gerador; ou (*ii*) *responsável*, quando, não se tratando de contribuinte, a sua obrigação decorrer expressamente de lei.[66] Nesse último caso, haverá a obrigação de pagar (*haftung*) por débito (*schuld*) de terceiro.

O instituto da sujeição passiva é extremamente relevante para a atividade de cobrança de tributos, pois possibilita uma maior praticidade na arrecadação. Esse é o motivo principal pelo qual se exige lei complementar para tratar da obrigação tributária, e, em especial, dos contribuintes de impostos. A jurisprudência dos tribunais superiores trata dessa questão de vários precedentes vinculantes, como aquele que afirma ser "inconstitucional lei estadual que verse sobre a responsabilidade de terceiros por infrações de forma diversa das regras gerais estabelecidas pelo Código Tributário Nacional".[67] Ressalte-se, ainda, a título exemplificativo, a orientação segundo a qual "nos tributos indiretos, quando há transferência do encargo financeiro, o pleito de restituição exige a prova relativa à inexistência do repasse da exação, nos termos do art. 166 do CTN".[68]

3. *Aspecto espacial* (territorialidade), que são "circunstâncias de lugar, contidas explícita ou implicitamente na h.i., relevantes para a configuração do fato imponível".[69] Está intimamente ligado à competência legislativa do sujeito ativo da obrigação tributária, como foi reconhecido pelo Superior Tribunal de Justiça em casos que envolvem a tributação de serviços pelos Municípios da federação.[70]

---

63 STF (2023).

64 BRASIL, Código Tributário Nacional, art. 119. Sujeito ativo da obrigação é a pessoa jurídica de direito público, titular da competência para exigir o seu cumprimento.

65 BRASIL, Código Tributário Nacional, art. 7º. A competência tributária é indelegável, salvo atribuição das funções de arrecadar ou fiscalizar tributos, ou de executar leis, serviços, atos ou decisões administrativas em matéria tributária, conferida por uma pessoa jurídica de direito público a outra (...) §3º Não constitui delegação de competência o cometimento, a pessoas de direito privado, do encargo ou da função de arrecadar tributos.

66 BRASIL, Código Tributário Nacional, art. 121. Sujeito passivo da obrigação principal é a pessoa obrigada ao pagamento de tributo ou penalidade pecuniária. Parágrafo único. O sujeito passivo da obrigação principal diz-se: I – contribuinte, quando tenha relação pessoal e direta com a situação que constitua o respectivo fato gerador; II – responsável, quando, sem revestir a condição de contribuinte, sua obrigação decorra de disposição expressa de lei.

67 BRASIL (2021).

68 BRASIL (2014).

69 ATALIBA, 2013, p. 104

70 A Primeira Seção do STJ, no julgamento do Recurso Especial nº 1.060.210/SC, da relatoria do Ministro Napoleão Nunes Maia Filho, submetido ao rito dos recursos repetitivos (Tema 355), firmou a orientação de que "o sujeito ativo da relação tributária, na vigência do DL 406/68, é o Município da sede do estabelecimento prestador (art. 12); a partir da LC 116/03, é aquele onde o serviço é efetivamente prestado, onde a relação é perfectibilizada" (...). BRASIL (2023).

4. *Aspecto temporal*, que são circunstâncias de tempo necessárias para a configuração do fato gerador, e estão previstas na lei de maneira expressa ou implícita, tais como o princípio da anterioridade, por exemplo.

O artigo 146, III, "b", da Constituição, elenca, ainda, outros institutos que devem ser delimitados por lei complementar. São eles: o *lançamento*, o *crédito*, a *prescrição* e a *decadência tributários*. Entretanto, a sua análise escapa aos limites do presente trabalho. Assim, à guisa de conclusão, ressaltamos que tais assuntos não podem ser disciplinados livremente pelo legislador ordinário, o qual deve conformar sua atuação pelo que for previsto no Código Tributário Nacional.

Entretanto, embora as normas gerais em matéria tributária sejam matéria reservada à lei complementar, as mesmas estão em constante reconstrução por meio da atividade jurisdicional, especialmente a realizada pelos tribunais superiores. Isso é o que se pode comprovar pelo grande número de decisões vinculantes por proferidas em matéria tributária, o que expõe a extrema litigiosidade que essa seara do direito apresenta atualmente.

Entre as normas produzidas pelo Supremo Tribunal Federal, destacamos as seguintes: "São inconstitucionais o parágrafo único do artigo 5º do Decreto-Lei nº 1.569/1977 e os artigos 45 e 46 da Lei nº 8.212/1991, que tratam de prescrição e decadência de crédito tributário" (*Súmula Vinculante nº 8*); "É constitucional a adoção, no cálculo do valor de taxa, de um ou mais elementos da base de cálculo própria de determinado imposto, desde que não haja integral identidade entre uma base e outra" (*Súmula Vinculante nº 29*). "É inconstitucional a exigência de depósito prévio como requisito de admissibilidade de ação judicial na qual se pretenda discutir a exigibilidade de crédito tributário" (*Súmula Vinculante nº 28*); "O ICMS não compõe a base de cálculo para a incidência do PIS e da Cofins" (*Tema de Repercussão Geral nº 69*); É inconstitucional a incidência do IRPJ e da CSLL sobre os valores atinentes à taxa Selic recebidos em razão de repetição de indébito tributário (*Tema de Repercussão Geral nº 962*).

Já entre as decisões do Superior Tribunal de Justiça, evidenciamos, também por amostragem, as que se seguem: "A simples falta de pagamento do tributo não configura, por si só, nem em tese, circunstância que acarreta a responsabilidade subsidiária do sócio, prevista no art. 135 do CTN. É indispensável, para tanto, que tenha agido com excesso de poderes ou infração à lei, ao contrato social ou ao estatuto da empresa" (*Tema Repetitivo nº 97*); "É legítima a incidência de ISS sobre os serviços bancários congêneres da lista anexa ao DL nº 406/1968 e à LC nº 56/1987 (*Tema Repetitivo nº 132*); "Incide imposto de renda sobre o adicional de 1/3 (um terço) de férias gozadas" (*Tema Repetitivo nº 881*); "O redirecionamento da execução fiscal, quando fundado na dissolução irregular da pessoa jurídica executada ou na presunção de sua ocorrência, pode ser autorizado contra o sócio ou o terceiro não sócio, com poderes de administração na data em que configurada ou presumida a dissolução irregular, ainda que não tenha exercido poderes de gerência quando ocorrido o fato gerador do tributo não adimplido, conforme art. 135, III, do CTN" (*Tema Repetitivo nº 981*) "O ICMS compõe a base de cálculo do Imposto de Renda da Pessoa Jurídica (IRPJ) e da Contribuição Social sobre o Lucro Líquido (CSLL), quando apurados na sistemática do lucro presumido" (*Tema Repetitivo nº 1008*); "Incide a contribuição previdenciária a cargo do empregador sobre o auxílio-alimentação pago em pecúnia" (*Tema Repetitivo nº 1064*).

Conclusão

A redefinição das normas gerais tributárias pela jurisprudência vinculante dos tribunais superiores é um fenômeno real, o qual altera o alcance das regras de incidência produzidas mediante o processo legislativo ordinário. Assim, a crença propagada pelo positivismo jurídico de que há um sentido unívoco e estanque para cada palavra contida na norma é falsa, pois o significado das expressões jurídicas é definido, em última análise, no âmbito de um caso concreto submetido ao crivo do judiciário sob contraditório.

Isso não afasta a segurança jurídica exigida pela Constituição para reger a relação entre Estado e contribuintes. Ao contrário, apenas a reforça, pois as normas gerais tributárias, após ultrapassarem as formalidades impostas pela Lei Maior para sua edição, são (re)afirmadas por meio da dialética judicial, que se caracteriza pelo confronto de razões jurídicas apresentadas pelos polos antagônicos da obrigação tributária. Esse processo de (re)construção de sentido, mediado pelo órgão de jurisdição, estabelece o típico jogo da linguagem jurídica, justamente aquilo que a mantém coerente com a evolução dos fatos sociais.

Assim, os órgãos de cúpula do judiciário exteriorizam o sentido da norma de incidência tributária após realizar a sua interpretação técnica no bojo de um caso levado ao seu conhecimento. A jurisdição é a única função estatal dotada de atribuições específicas para o controle de constitucionalidade das normas, seja em concreto ou em abstrato. Essa tarefa essencial do Estado de Direito deve ser feita em conformidade com a totalidade da Constituição e, também, considerando as diretrizes centrais do sistema tributário nacional que constam das leis nacionais a ela complementares.

Nesse contexto, o tributo deve ser analisado enquanto instrumento integrante das receitas públicas estatais, e não como um fim em si mesmo. Trata-se de um instituto ligado à ideia do bem comum ou de alteridade institucional, considerado indispensável para que o Brasil seja construído como uma sociedade livre, justa e solidária, capaz de equacionar a erradicação da pobreza com o desenvolvimento econômico.

Para que isso possa se tornar realidade, a Carta Política erigiu a legalidade tributária em um padrão mais rigoroso. Esse modelo constitucional é regido pelas normas editadas pela União no exercício de sua competência legislativa concorrente, as quais devem seguir o processo legislativo próprio das leis complementares. Dessa maneira, denominamos tal característica do sistema tributário brasileiro de *reserva legal qualificada*, eis que determinadas matérias, expressamente estabelecidas na Constituição, devem ser aprovadas por um quórum deliberativo maior do que aquele previsto para as normas ordinárias. Tais assuntos são agrupados pela expressão "normas gerais tributárias", e abrangem, em suma, os princípios e as regras centrais do ordenamento fiscal brasileiro.

Assim, procedeu-se por meio do presente texto a análise de tais disposições essenciais, ressaltando-se o seu papel de destaque na definição do conceito de tributo, dos critérios exigidos para a classificação das espécies tributárias. Entre essas se destaca o imposto como única categoria jurídica capaz de gerar receitas para a realização de despesas direcionadas à generalidade da população, razão pela qual deve ter seu fato gerador, sua base de cálculo e contribuintes estabelecidos em lei complementar. Também se buscou enfatizar a obrigação tributária enquanto cerne do sistema de normas gerais, especialmente quanto à definição dos seus aspectos principais, quais sejam, os elementos material e pessoal da regra de incidência.

Logo, conclui-se que a lei complementar é o principal meio de definição de normas gerais tributárias. Ela deve ser editada visando à harmonização da interpretação e aplicação dos institutos centrais dessa seara jurídica pelos entes federados. Seu objetivo último é, assim, conferir maior legitimidade popular à regulamentação de tais temas.

No entanto, cabe ao Poder Judiciário extrair o sentido final dessas regras tributárias amplas, que são formadas por expressões jurídicas relativamente vagas ou imprecisas. Dessa maneira, estabelece-se critérios objetivos para a aplicação concreta das regras matrizes do sistema mediante a edição de precedentes vinculantes. Assim, confere-se a segurança jurídica necessária para que tanto os agentes públicos quanto os cidadãos, destinatários das normas gerais tributárias, pautem suas condutas ou escolhas por normas submetidas ao debate jurídico, de modo a cumpri-las na melhor medida possível. A legalidade tributária qualificada mantém uma certa margem de apreciação pelo poder executivo no momento de subsunção das condutas dos contribuintes à norma de incidência, a qual, entretanto, é passível de posterior correção judicial.

Destarte, esta dupla influência sobre a hipótese de incidência tributária, ocorrida na edição da lei complementar e na fixação judicial de seu sentido vinculante, promove a (re)definição constante do alcance ou incidência das regras sobre os fatos tributáveis, estabelecendo-se um modelo que prestigia a convivência harmônica entre os poderes e o necessário diálogo institucional acerca das fontes primárias do direito tributário.

Referências

ALMEIDA, Maurício Coutinho de. Fontes do Direito Tributário. *In*: MARTINS; Ives Gandra da Silva; BRITO, Edvaldo Pereira de (Orgs.). *Direito Tributário*: princípios e normas gerais. Coleção Doutrinas Essenciais. São Paulo: RT, 2011. v. 1.

ALMEIDA, Maurício Coutinho de. *O Direito Natural Fenomenológico*: uma teoria para a boa interpretação do direito tributário. Rio de Janeiro: Lumen Juris, 2021.

ATALIBA, Geraldo. *Hipótese de Incidência Tributária*. 6. ed. São Paulo: Malheiros, 2013.

BALEEIRO, Aliomar. *Uma Introdução à Ciência das Finanças*. 16. ed. Rio de Janeiro: GEN/Forense, 2008.

BARRETO, Aires. *Base de Cálculo, Alíquota e Princípios Constitucionais*. São Paulo: RT, 1986.

BRASIL. [Constituição (1946)]. *Constituição da República Federativa do Brasil, de 18 de setembro de 1946*. Disponível em: https://www.planalto.gov.br/ccivil_03/Constituicao/Constituicao46.htm. Acesso em: 11 out. 2023.

BRASIL. [Constituição (1967)]. *Constituição da República Federativa do Brasil de 1967*. Disponível em: https://www.planalto.gov.br/ccivil_03/Constituicao/Constituicao67.htm. Acesso em: 11 out. 2023.

BRASIL. [Constituição (1988)]. *Constituição da República Federativa do Brasil, de 05 de outubro de 1988*. Disponível em: https://www.planalto.gov.br/ccivil_03/constituicao/constituicao.htm. Acesso em: 12 out. 2023.

BRASIL. Supremo Tribunal Federal. Tribunal Pleno. *Ação Declaratória de Constitucionalidade nº 1 – Distrito Federal*. Relator Min. Moreira Alves. 16 jun. 1995. Disponível em: chrome-extension://efaidnbmnnnibpcajpcglclefindmkaj/https://redir.stf.jus.br/paginadorpub/paginador.jsp?docTP=AC&docID=881. Acesso em: 02 out. 2023.

BRASIL. Supremo Tribunal Federal. *Habeas Corpus nº 77.530/RS*. Paciente: Pio Chagas Junior. Coator: Superior Tribunal de Justiça. Relator: Min. Sepúlveda Pertence. 18 set. 1998. Disponível em: chrome-extension://efaidnbmnnnibpcajpcglclefindmkaj/https://redir.stf.jus.br/paginadorpub/paginador.jsp?docTP=AC&docID=77385. Acesso em: 12 out. 2023.

BRASIL. Supremo Tribunal Federal. *Recurso Extraordinário nº 233.332/RJ*. Recorrente: Município de Niterói. Recorrido: Sylvio de Almeida. Relator: Min. Ilmar Galvão. 14 maio 1999. Disponível em: chrome-extension://efaidnbmnnnibpcajpcglclefindmkaj/https://redir.stf.jus.br/paginadorpub/paginador.jsp?docTP=AC&docID=254319. Acesso em: 27 set. 2023.

BRASIL. Supremo Tribunal Federal. *Recurso Extraordinário nº 573.675/SC*. Recorrente: Ministério Público do Estado de Santa Catarina. Recorrido: Município de São José. Relator: Min. Ricardo Lewandowiski. 21 maio 2009. Disponível em: chrome-extension://efaidnbmnnnibpcajpcglclefindmkaj/https://redir.stf.jus.br/paginadorpub/paginador.jsp?docTP=AC&docID=593814. Acesso em: 11 set. 2023.

BRASIL. Supremo Tribunal Federal. *Agravo Regimental no Recurso Extraordinário nº 433.352*. Relator Min. Joaquim Barbosa. 20 abr. 2010. Disponível em chrome-extension://efaidnbmnnnibpcajpcglclefindmkaj/https://redir.stf.jus.br/paginadorpub/paginador.jsp?docTP=AC&docID=611796. Acesso em: 01 out. 2023.

BRASIL. Supremo Tribunal Federal. *Recurso Extraordinário nº 784.439/DF*. Tema 296 de Repercussão Geral. [...]. Recorrente: Banco Sudameris Brasil S/A. Recorrido: Município de Maceió. Relator: Min. Rosa Weber. 29 jun. 2020. Disponível em: chrome-extension://efaidnbmnnnibpcajpcglclefindmkaj/https://redir.stf.jus.br/paginadorpub/paginador.jsp?docTP=TP&docID=753823135. Acesso em: 21 set. 2023.

BRASIL. Supremo Tribunal Federal. *ADI nº 6284/GO*. Requerente: Partido Progressista. Relator: Min. Roberto Barroso. 15 set. 2021. Disponível em: chrome-extension://efaidnbmnnnibpcajpcglclefindmkaj/https://redir.stf.jus.br/paginadorpub/paginador.jsp?docTP=TP&docID=757432824. Acesso em: 12 out. 2023.

BRASIL. Supremo Tribunal Federal. *Recurso Extraordinário nº 559.943-4/RS*. Recorrente: Instituto Nacional do Seguro Social. Recorrido: Abdalla Husein Relator: Min. Carmem Lúcia. 12 jun. 2008. Disponível em: chrome-extension://efaidnbmnnnibpcajpcglclefindmkaj/https://redir.stf.jus.br/paginadorpub/paginador.jsp?docTP=AC&docID=551049. Acesso em: 22 set. 2023.

BRASIL. Superior Tribunal de Justiça. Primeira Seção. *Súmula nº 436*. A entrega de declaração pelo contribuinte reconhecendo débito fiscal constitui o crédito tributário, dispensada qualquer outra providência por parte do fisco. 13 maio 2010. Disponível em: chrome-extension://efaidnbmnnnibpcajpcglclefindmkaj/https://www.stj.jus.br/docs_internet/revista/eletronica/stj-revista-sumulas-2017_42_capSumula436-440.pdf. Acesso em: 15 set. 2023.

BRASIL. Superior Tribunal de Justiça. Recurso Especial nº 1.434.438/ES. Recorrente: Município de Vitória. Recorrido: Trans Overseas do Brasil Ltda. Relator: Min. Og Fernandes. 25 mar. 2014. Disponível em: https://processo.stj.jus.br/processo/revista/inteiroteor/?num_registro=201303504752&dt_publicacao=25/03/2014. Acesso em: 15 out. 2023.

BRASIL. Superior Tribunal de Justiça. *AgInt no AREsp nº 1429549/SP*. Agravante: Município de São Paulo. Agravado: MIL TEC EIRELI. Relator: Min. Paulo Sérgio Domingues. 20 jun. 2023. Disponível em: chrome-extension://efaidnbmnnnibpcajpcglclefindmkaj/https://scon.stj.jus.br/SCON/GetInteiroTeorDoAcordao?num_registro=201900094334&dt_publicacao=20/06/2023. Acesso em: 10 out. 2023.

BRASIL. *Lei nº 5.172, de 25 de outubro de 1966 (Código Tributário Nacional)*. Dispõe sobre o Sistema Tributário Nacional e institui normas gerais de direito tributário aplicáveis à União, Estados e Municípios. Disponível em: https://www.planalto.gov.br/ccivil_03/leis/l5172compilado.htm. Acesso em: 12 out. 2023.

BRASIL. Congresso Nacional. Senado Federal. *Regimento Interno: Resolução nº 93, de 1970*. Brasília: Senado Federal, 2019. Disponível em: chrome-extension://efaidnbmnnnibpcajpcglclefindmkaj/https://www2.senado.leg.br/bdsf/bitstream/handle/id/567298/Regimento_interno_v1.pdf?sequence=1&isAllowed=y. Acesso em: 01 out. 2023.

BUSTAMANTE, Thomas. *Em defesa da Legalidade*: temas de direito constitucional e filosofia política. Belo Horizonte: Arraes, 2018.

COELHO, Sacha Calmon Navarro. *Comentários à Constituição de 1988 Sistema Tributário*. 7. ed. Rio de Janeiro: Forense, 1998.

COELHO, Sacha Calmon Navarro. Sistema Tributário e Conceito de Tributo no Direito Brasileiro. *In*: TORRES, Heleno Taveira (Coord.). *Tratado de Direito Constitucional Tributário* – Estudos em homenagem a Paulo de Barros Carvalho. São Paulo: Saraiva, 2005.

COELHO, Sacha Calmon Navarro. *A Lei Complementar como Agente Normativo Ordenador do Sistema Tributário e da Repartição das Competências Tributárias*. Porto Alegre: Magister, 2007.

CRUZ, Álvaro Ricardo de Souza. *Hermenêutica Jurídica e(m) Debate*: o constitucionalismo brasileiro entre a teoria do discurso e a ontologia existencial. Belo Horizonte: Fórum, 2007.

CRUZ, Álvaro Ricardo de Souza; DUARTE, Bernardo Augusto Ferreira. *Além do Positivismo Jurídico*. Belo Horizonte: Arraes, 2013.

HART, Herbert L. A. *O Conceito de Direito*. Tradução de Antônio de Oliveira Sette-Câmara. São Paulo: WMF Martins Fontes, 2018.

HOLMES, Stephen; SUNSTEIN, Cass R. *O Custo dos Direitos*: por que a liberdade depende dos impostos. Tradução de Marcelo Brandão Cipolla. São Paulo: WMF Martins Fontes, 2019.

PAULSEN, Leandro. *Curso de Direito Tributário Completo*. 9. ed. São Paulo: Saraiva, 2018.

RODRIGUES, Marilene Talarico Martins. *Lei Complementar*. *In*: MARTINS; Ives Gandra da Silva; BRITO, Edvaldo Pereira de (Orgs.). *Direito Tributário*: princípios e normas gerais. Coleção Doutrinas Essenciais. São Paulo: RT, 2011. v. 1.

SILVA, José Afonso da. *Comentário Contextual à Constituição*. 9. ed. São Paulo: Malheiros, 2014.

SILVA, Virgílio Afonso da. *Direito Constitucional Brasileiro*. São Paulo: Edusp, 2021.

STF decide que definição de alíquotas do Seguro Acidente de Trabalho por decreto é constitucional. Para o Plenário, não há incompatibilidade com o princípio constitucional da legalidade tributária. *Portal Supremo Tribunal Federal*, 22 nov. 2021. Disponível em: https://portal.stf.jus.br/noticias/verNoticiaDetalhe.asp?idConteudo=476971&ori=1. Acesso em: 27 set. 2023.

TORRES, Heleno Taveira. Código Tributário Nacional e as Normas Gerais do Sistema Tributário. *In*: COELHO, Sacha Calmon Navarro (Coord.). *Código Tributário Nacional 50 Anos* – Estudos em Homenagem à Professora Misabel de Abreu Machado Derzi. Belo Horizonte: Fórum, 2016.

TORRES, Ricardo Lobo. *Tratado de Direito Constitucional Financeiro e Tributário* – Vol. IV: os tributos na Constituição. Rio de Janeiro: Renovar, 2007.

Informação bibliográfica deste texto, conforme a NBR 6023:2018 da Associação Brasileira de Normas Técnicas (ABNT):

CRUZ, Álvaro Ricardo de Souza; ALMEIDA, Maurício Coutinho de. Legalidade tributária qualificada: a (re)definição das normas gerais tributárias por lei complementar. In: LOBATO, Valter de Souza (coord.); MARINHO NETO, José Antonino (org.). *O papel da lei complementar tributária no desenho federativo brasileiro*. Belo Horizonte: Fórum, 2024. p. 225-246. ISBN 978-65-5518-779-3.

NORMAS GERAIS EM MATÉRIA DE PROCESSO ADMINISTRATIVO TRIBUTÁRIO: PROPOSTAS PARA UMA LEI COMPLEMENTAR UNIFORMIZADORA

AURÉLIO OLIVEIRA ANDRADE

Introdução

O manicômio jurídico-tributário outrora evidenciado por Alfredo Augusto Becker[1] parece não ter alcançado uma cura mesmo depois de quase 60 anos de depuração e aperfeiçoamento da legislação tributária. Parece-nos mesmo que depois de sucessivas décadas de reformas adiadas e de outras tantas pseudorreformas o direito tributário brasileiro vem sendo tratado com cuidados paliativos.

A complexidade do sistema aumenta cada dia mais com a promulgação de inúmeras normas tributárias nos mais de 5.500 entes competentes para editá-las.[2] Já não bastasse as discussões acerca do direito material, salta aos olhos a possibilidade de um mesmo contribuinte estar submetido a normas processuais distintas tanto quantas sejam as relações jurídicas que venham a estabelecer com distintos entes políticos.

Não à toa o estoque de processos no Conselho Administrativo de Recursos Fiscais (Carf), órgão de julgamento na esfera federal – e isto para citar somente um tribunal administrativo – atingiu incríveis 88 mil processos, em julho de 2023, com um valor envolvido superior a R$1 trilhão.[3]

---

1 Cf. BECKER, Alfredo Augusto. *Teoria geral do direito tributário*. São Paulo: Lejus, 1998.

2 Para se ter uma ideia da vastidão da legislação tributária no Brasil, em recente estudo, o Instituto Brasileiro de Planejamento e Tributação (IBPT) mapeou que, desde a promulgação da Constituição de 1988, foram editadas 7.129.074 novas normas. Do total de normas editadas no Brasil nestes 34 anos, cerca de 6,54% referem-se à matéria tributária. São 38.540 normas tributárias federais (8,26% das normas tributárias), 154.030 normas tributárias estaduais (33,01% das normas tributárias) e 273.991 normas tributárias municipais (58,73% das normas tributárias). Em média foram editadas 54 normas tributárias por dia útil ou 2,26 normas por hora útil. (Quantidade de Normas Editadas no Brasil: 34 Anos Da Constituição Federal De 1988. *Instituto Brasileiro de Planejamento e Tributação*, out. 2022. Disponível em: https://ibpt.com.br/quantidade-de-normas-editadas-no-brasil-34-anos-da-constituicao-federal-de-1988/. Acesso em: 14 maio 2023).

3 Disponível em: http://carf.economia.gov.br/dados-abertos/dados-abertos-2023/dados-abertos-202308-final.pdf. Acesso em: 12 set. 2023.

O processo administrativo tributário brasileiro padece de uma grave pulverização normativa, com cada ente competente legislando ao seu talante e *a forfait*, sem um mínimo direcionamento. Aqueles que atuam diuturnamente na seara tributária anseiam por um mínimo de uniformização, ou seja, por um arcabouço normativo mínimo que oriente União, Estados/Distrito Federal e Municípios no seu mister legislativo.

Nesse contexto caótico da legislação processual administrativo tributária, é de se saudar a iniciativa conjunta dos presidentes do Senado e do Supremo Tribunal Federal (STF), que através do Ato Conjunto nº 1/2022 instituiu comissão de juristas visando à elaboração de anteprojetos para a uniformização e a modernização dos processos administrativo e tributário, sob a presidência da ministra do Superior Tribunal de Justiça, Regina Helena Costa.

Nesse sentido, buscaremos com este breve opúsculo realizar uma leitura do atual panorama do processo administrativo tributário no Brasil, de maneira a identificar suas deficiências e possibilidades de melhoria. Na tentativa de contribuir para o debate acadêmico em torno do tema, analisaremos a viabilidade da instituição, via lei complementar, de normas gerais de processo administrativo tributário. Isso porque entendemos que a vocação primeira da Lei Complementar, este *tertium genus legis*, é complementar à Constituição, explicitando categorias, definindo conceitos e dando concretude às normas constitucionais.

Para tanto, em um primeiro momento, adentraremos os aspectos gerais do processo administrativo tributário brasileiro. Posteriormente, analisaremos o papel da Lei Complementar em matéria tributária, principalmente a sua vocação na instituição de normas gerais. Ao final, tentaremos delimitar quais institutos podem ser tratados nesta via legislativa, buscando trazer algumas propostas de temas que devem ser normatizados em lei nacional, de maneira a uniformizar, minimamente, o processo administrativo tributário brasileiro. Por fim, passaremos a tecer considerações acerca do Projeto de Lei Complementar (PLP) nº 124/2022, o qual se originou dos trabalhos realizados pela comissão de juristas.

1 Processo administrativo tributário: aspectos gerais

Como sabido, a jurisdição no Brasil é una, isto é, prerrogativa exclusiva do Poder Judiciário. A origem etimológica do vocábulo "jurisdição" deriva do latim *juris* (direito) e *dição* (dizer). É, portanto, o poder que determinado órgão possui para aplicar o direito, com a possibilidade de utilização da força coercitiva do Estado para ver cumpridas suas determinações.

Em que pese a unidade jurisdicional brasileira, é facultado aos contribuintes a possibilidade de verem suas discussões tributárias solucionadas por órgãos administrativos. Órgãos estes que têm a prerrogativa de reanalisar o lançamento tributário mediante provocação do sujeito passivo.

A existência de órgãos administrativos em matéria tributária é uma evolução do Estado Democrático de Direito, que prima pela efetivação dos direitos fundamentais constitucionalmente consagrados.

O Estado contemporâneo tem sua existência legitimada e consubstanciada na satisfação das necessidades da coletividade. Nesse sentido, o Direito desempenha o papel de modular o comportamento humano e possibilitar a vida em sociedade, alcançando a finalidade última do Estado: o bem comum.

Nesse sentido, a atividade exacional encontra guarida na ação estatal orientada ao interesse público. Observa-se o caráter instrumental da atividade fiscal que decorre da necessidade da manutenção estatal. A prerrogativa exacional, *per se*, não está inserida nas finalidades essenciais do Estado, mas, embora não se imponha como prerrogativa, sempre se apresenta como "caminho mais eficiente ao atendimento dos interesses da coletividade".[4] Todavia, não se pode desconsiderar que o fundamento do Estado Democrático de Direito perpassa pelo trinômio vida-liberdade-propriedade, e que a ação arrecadatória estatal, tão necessária à manutenção do Estado, interfere diretamente na seara da liberdade e da propriedade.

Por isso é que o tributo no Estado de Direito pressupõe a expressa autorização da nação, de modo a resguardar eventual arbítrio na manifestação impositiva.

> O tributo nasce no espaço aberto pela autolimitação da liberdade, constitui o preço da liberdade, pois é o instrumento que distancia o homem do Estado, e pode implicar na opressão da liberdade, se o não contiver a legalidade.[5]

Tanto assim o é que a competência do legislador ordinário para tributar apresenta-se como uma autorização dada pelo legislador constituinte que, encarnando a vontade geral da nação, a consubstancia de forma clara e concisa na Constituição. Em função disso, o legislador ordinário só pode tributar na medida expressa daquilo que lhe foi delegado.

É por ser o tributo ingerência estatal na propriedade e na liberdade dos cidadãos que este ato deve cuidar para ser o mais legítimo possível. Com este fito, e vinculado à ideia de Estado Democrático de Direito, é que surge estampado na Administração Pública o princípio da autotutela.

Nas palavras da professora Maria Sylvia Zanella Di Pietro, titular das arcadas:

> [e]nquanto pela tutela a Administração exerce controle sobre outra pessoa jurídica por ela mesma instituída, pela autotutela o controle se exerce sobre os próprios atos, com a possibilidade de anular os ilegais e revogar os inconvenientes ou inoportunos, independentemente de recurso ao Poder Judiciário.
> É uma decorrência do princípio da legalidade; se a Administração Pública está sujeita à lei, cabe-lhe, evidentemente, o controle da legalidade.[6]

Manifestação máxime de tal princípio em matéria tributária é a existência do processo administrativo tributário. Ou seja, a possibilidade de a administração rever seus atos, *in casu*, o lançamento e anulá-lo caso verifique a existência de algum vício formal ou material que conduza a sua nulidade. Isso porque, como dito, o princípio da

---

4 SEVERINI, Tiago Vasconcelos. Transação em matéria tributária no direito brasileiro? *Revista Jurídica da Presidência*, Brasília, v. 11, n. 95, p.107-131, jan. 2010.

5 TORRES, Ricardo Lobo. *A idéia de liberdade no estado patrimonial e no estado fiscal*. Rio de Janeiro: Renovar, 1991.

6 DI PIETRO, Maria Sylvia Zanella. *Direito Administrativo*. 12. ed. São Paulo: Editora Atlas, 2000. p. 73.

autotutela é o poder-dever da Administração Pública de rever os atos por ela praticados no intuito de promover uma administração que seja a mais adequada e proba possível, isto é, que promova a menor interferência e a maior satisfação aos administrados.

Cleucio Nunes nos dá conta de que, no Brasil, o embrião dos Tribunais Administrativo Tributários surge ainda no período colonial, com a instalação do Conselho da Fazenda pelo Marques de Pombal, em 1761. Este Conselho possuía prerrogativas jurisdicionais, abarcando características de um tribunal contencioso.[7]

O Conselho da Fazenda, contudo, perde a função jurisdicional em 1831, fazendo com que, no país, as demandas contenciosas de natureza tributária fiquem restritas à análise do Poder Judiciário até a Constituição de 1946.

Para se ter uma ideia, somente em 1969 é que se inicia um processo de sistematização das normas processuais administrativo tributárias, com a edição do Decreto-Lei nº 822, que outorgou ao Poder Executivo competência para regular o processo administrativo fiscal. Em âmbito Federal, porém, esta sistematização aconteceria somente em 1972, com o advento do Decreto nº 70.235.

É a partir da Constituição de 1988, todavia, que o contencioso tributário ganha relevância, em virtude do aumento considerável do volume de processos, gerado, principalmente, pela elevação da carga tributária e pela complexificação do sistema.

Neste cenário, pululam inciativas estaduais e municipais de sistematização do processo administrativo tributário com a criação dos respectivos tribunais administrativos locais. Estes órgãos de julgamento administrativo estão, geralmente, vinculados à pasta da Fazenda do ente político competente, sendo, portanto, componentes da estrutura do Poder Executivo.

O Poder Executivo, portanto, via tribunais administrativos, exerce de modo atípico a função jurisdicional.[8] Atípico, porque como mencionado anteriormente, no Brasil, vige o princípio da universalidade da jurisdição, o qual insculpido no inciso XXXV do art. 5º da Constituição reza que "a lei não excluirá da apreciação do Poder Judiciário lesão ou ameaça a direito".

O processo administrativo tributário, nesse sentido, como visto, é o meio pelo qual os entes políticos exercem o autocontrole da legalidade da atividade exacional, sendo que as regras orientadoras do contencioso administrativo tributário constituem típicas normas de atribuição da competência administrativa tributária. Dessa forma, em que pese o exercício atípico da jurisdição, tais normas devem observar os princípios constitucionais característicos do processo jurisdicional, como o devido processo legal (art. 5º, LIV da CRFB/88), a ampla defesa e o contraditório (art. 5º, LV da CRFB/88), a publicidade (art. 5º, LX da CRFB/88) e a duração razoável do processo (art. 5º, LXXVIII da CRFB/88).

---

[7] NUNES, Cleucio Santos. *Curso Completo de Direito Processual Tributário*. São Paulo: Saraiva Educação, 2020.

[8] A evolução do Estado de Direito – que desde as ideias revolucionárias de Montesquieu possui organização tripartite – permitiu que no atual estágio em que se encontra, os poderes constituídos não possuam funções estanques. Antes, funções tipicamente atreladas a outros poderes são agora exercidas pelo Executivo. E não só pelo Executivo. O Judiciário não só mais julga, ao contrário administra e legisla, e o Legislativo também julga e administra. Nesse limiar de ideias, ao poder Executivo não mais incumbe somente a função de administrar, este, agora, também legisla e julga. Há de se observar que estas novas nuances não podem ser compreendidas como uma distorção, uma invasão de competência de um poder sobre o outro. Não obstante devem ser tidas como uma garantia adicional que o Estado moderno oferece ao cidadão nas suas relações com estes poderes estatais.

Contudo, saliente-se desde logo que a despeito de a atividade dos tribunais administrativo tributários ser atipicamente jurisdicional, as regras sobre processo administrativo tributário consubstanciam verdadeiras regras de direito tributário, possuindo, deste modo, natureza tributária e não processual.[9] Sendo a natureza de um instituto determinante de seu regime jurídico, por decorrência lógica, aplica-se ao processo administrativo tributário o regime jurídico tributário.

Pensar de forma diversa – atribuindo natureza processual às regras do processo administrativo tributário – conduziria a conclusão absurda de que somente a União poderia legislar sobre tal matéria, em virtude do disposto no art. 22, I da CRFB/1988. Antes, em sendo genuínas normas tributárias, a competência para legislar sobre o assunto é concorrente entre todos os entes políticos, em atenção às regras veiculadas nos arts. 24, I, §§1º a 4º e 146, III da CRFB/1988.

À guisa de conclusão: o processo administrativo tributário é o procedimento por meio do qual a Administração Pública exerce sua autotutela, revendo o lançamento tributário, de maneira a convalidá-lo – na hipótese de observância dos requisitos materiais e formais – ou anulando-o, caso verifique a existência de vícios que ocasionem sua nulidade. A competência para a reanálise do lançamento é desempenhada, geralmente, pelo Poder Executivo, por meio dos tribunais administrativos, que o faz no exercício da atividade jurisdicional atípica, devendo observar, contudo, os princípios constitucionais aplicáveis ao processo judicial. Por fim, as regras processuais administrativo tributárias possuem natureza de normas tributárias – se lhes aplicando o regime jurídico tributário – de modo que a competência para legislar sobre o tema é concorrentemente exercida por todos os entes políticos nacionais.

2 Normas gerais de direito tributário e o papel da lei complementar

A Lei Complementar como conhecemos hoje apareceu pela primeira vez no art. 6º, §8º da Emenda Constitucional nº 17/1965, o qual previa que "[o]s projetos de leis complementares da Constituição e os de Código ou de reforma de Código receberão emendas perante as comissões, e sua tramitação obedecerá aos prazos que forem estabelecidos nos regimentos internos ou em resoluções especiais". Posteriormente, a Constituição de 1967 (arts. 49, II, e 53) e a Emenda Constitucional nº 1/1969 (arts. 46, II, e 50) também dispuseram sobre a lei complementar. A Constituição de 1988, por seu turno, consagrou a lei complementar como um *tertium genus legis*, ao dispor em seu art. 59, II que o processo legislativo compreende a elaboração, dentre outros, de leis complementares.

Há quem remonte a origem das leis complementares brasileiras à *loi organique* francesa, que desde 1875 prestava-se à organização dos poderes públicos.[10] Foi, porém,

---

[9] Nesse sentido, é a lição de Paulo Cesar Conrado: "Sobre a relação jurídica, efetiva ou potencial, da qual o processo é instrumento é que incide a noção de conflito. Mais: é essa relação (de direito material, onde o conflito se põe) que revela, adotado um certo modo de classificar, a natureza do processo. Falaremos, com efeito, ora em processo civil, oral em processo penal, sempre de acordo com a índole das relações jurídicas conflituosas. Regra: a natureza da relação jurídica onde a noção de conflito se põe denuncia a natureza da relação processual". (CONRADO, Paulo Cesar. *Introdução à teoria geral do processo civil*. 2. ed. São Paulo: Max Limonad, 2003. p. 25).

[10] FERREIRA FILHO, Manoel Gonçalves. *Do Processo Legislativo*. 6. ed. São Paulo: Saraiva, 2007.p. 247.

na Constituição francesa de 1958 que à *loi organique* foi atribuída hierarquia intermediária entre as normas constitucionais e as normas previstas na legislação ordinária.[11]

No Brasil, em retrospectiva histórica, entende-se que a função da lei complementar é a de integrar o sentido de norma constitucional não autoexecutável e de eficácia limitada, tornando explícito ou desenvolvendo este sentido, sem ampliá-lo ou restringi-lo.

Muito já se discutiu acerca da posição hierárquica da lei complementar no ordenamento jurídico pátrio, sendo possível identificar duas correntes na doutrina. A primeira, que possui como expoentes, por exemplo, os professores José de Mesquita Lara,[12] Celso Ribeiro Bastos[13] e Misabel Derzi,[14] entende que as leis complementares não possuem hierarquia formal em relação às leis ordinárias, sendo determinadas pelo conteúdo que veiculam. Para estes autores, a Constituição reservou determinadas matérias à disciplina exclusiva desta espécie legislativa, devido à necessidade de maior higidez na deliberação e aprovação de leis que versem sobre determinados assuntos. Isso porque, é válido recordar, a lei complementar necessita de quórum qualificado para sua aprovação. Assim, alguns temas que são mais sensíveis à sociedade – a exemplo de algumas normas de direito tributário e financeiro – necessitariam de uma maior representatividade no momento de sua aprovação.

A segunda corrente, por sua vez, encabeçada por autores da envergadura de Geraldo Ataliba[15] e Hugo de Brito Machado,[16] entende que as leis complementares são hierarquicamente superiores às leis ordinárias, estando abaixo somente das normas de estatura constitucional. Os que defendem a hierarquia formal das leis complementares alegam que estas poderiam disciplinar qualquer matéria jurídica, não estando vinculadas apenas aos temas assinalados pela Constituição. Para estes autores, portanto, diferentemente do que defende a primeira corrente, uma vez aprovada e promulgada uma lei complementar, esta só seria revogável por outra lei complementar. A topografia legislativa, dessa forma, somente faria sentido se a lei complementar pudesse "engessar" determinados assuntos, sob pena de afronta à segurança jurídica.

Filiamo-nos à primeira corrente apresentada por entender que se a Constituição expressamente estabeleceu para quais assuntos seria necessário a promulgação de lei complementar, a *contrario sensu*, todos os demais temas devem ser tratados por leis ordinárias. Presumindo-se que não existem palavras inúteis no texto constitucional (*verba cum effectu sunt accipienda*), entendemos violar o espírito da constituição a possibilidade de "engessar" determinado tema de maneira que somente outra lei aprovada com quórum qualificado pudesse alterá-lo. Isso faria com que maiorias ocasionais do Congresso

---

11 BASTOS, Celso Ribeiro. A inexistência de hierarquia entre a lei complementar e as leis ordinárias. Cadernos de Direito Tributário e Finanças Públicas, São Paulo, v. 7, n. 26, p. 29, jan./mar. 1999.

12 Cf. LARA, José de Mesquita. As normas gerais de direito financeiro e do direito tributário, sua natureza e função. *Revista de Direito Tributário*, São Paulo, n. 76, p. 137-146, 1999.

13 Cf. BASTOS, Celso Ribeiro. A inexistência de hierarquia entre a lei complementar e as leis ordinárias. *Cadernos de Direito Tributário e Finanças Públicas*, São Paulo, v. 7, n. 26, p. 11-20, jan./mar. 1999.

14 Cf. BALEEIRO, Aliomar; DERZI, Misabel. *Direito tributário brasileiro*: CTN comentado. 14. ed. Rio de Janeiro: Forense, 2018.

15 Cf. ATALIBA, Geraldo. *Lei complementar na constituição*. São Paulo: Editora Revista dos Tribunais, 1971.

16 Cf. MACHADO, Hugo de Brito. Posição Hierárquica da Lei Complementar. *Revista Dialética de Direito Tributário*, São Paulo, n. 14, p. 19-22, nov. 1996.

Nacional pudessem petrificar em lei complementar temas banais e que só a muito custo poderiam ser novamente alterados.

A lei complementar para nós, portanto, é medida excepcional reclamada pelo texto da Constituição, sendo aplicável somente para temas de extrema relevância social, que necessitam de uma representação mais acurada para sua aprovação.

Nesse sentido é que, em matéria tributária, a Constituição expressamente exigiu em seu art. 146 a necessidade de lei complementar para (i) disciplinar conflitos de competência entre os entes federados; (ii) regular as limitações constitucionais ao poder de tributar; e (iii) estabelecer normas gerais em matéria de legislação tributária.

Especificamente sobre o papel da lei complementar em matéria tributária, a doutrina se divide em duas correntes bastante definidas. A primeira, conhecida como corrente dicotômica, defendida por autores como Geraldo Ataliba[17] e Roque Antônio Carrazza,[18] entende que a lei complementar pode versar apenas sobre conflitos de competência e limitações constitucionais ao poder de tributar, sendo que as normas gerais previstas no art. 146, III da Constituição, poderiam se prestar somente a regular estes dois temas. Assim, estabelecer normas gerais não seria um terceiro papel da lei complementar, a não ser que fosse para dirimir conflitos de competência ou regular limitações ao *jus tributandi*.

Com a devida vênia aos defensores dessa corrente, alinhamo-nos com o que preconiza a corrente tricotômica, segundo a qual as normas gerais podem disciplinar temas além daqueles previstos nos incisos I e II do art. 146 da Constituição. Posicionamo-nos nesse sentido por entender que se as normas gerais pudessem regular tão somente os conflitos de competência e as limitações constitucionais ao poder de tributar não faria sentido que esta previsão viesse contida em um inciso apartado. A própria técnica de redação legislativa[19] conduz à lógica oposta, pois se existem três incisos é porque os assuntos ali tratados são distintos.

Dessa forma, entendemos que as normas gerais em matéria tributária possuem a função de harmonizar o sistema, o que é imprescindível em um sistema tributário federado, com diversas instâncias legislativas autônomas. Assim, compartilhamos do entendimento de que as leis complementares que veiculam normas gerais em matéria tributária são, na realidade, normas nacionais, ou seja, de observância cogente pelas três esferas de governo (União, Estados/Distrito Federal e Municípios).[20]

As normas gerais em matéria tributária, portanto, que devem, necessariamente, ser veiculadas por lei complementar, são instrumentos de uniformização dos institutos tributários mais elementares à função arrecadatória. O seu papel é gerar coesão no

---

[17] Cf. ATALIBA, Geraldo. *Lei complementar na constituição*. São Paulo: Editora Revista dos Tribunais, 1971.

[18] Cf. CARRAZZA, Roque Antônio. *Curso de Direito Constitucional Tributário*. 29 ed. rev. ampl. e atual. São Paulo: Malheiros Editores, 2013.

[19] *Vide* art. 10 da LC nº 95/1998.

[20] Como assinala Sacha Calmon, "É preciso, porém, estabelecer quanto ao tema um "escolástico distínguo". É que o Congresso Nacional, ao lado das suas funções normais de órgão legislativo da União Federal (ordem jurídica parcial), outras exerce que não são do exclusivo interesse desta. É o caso, por exemplo, das emendas à Constituição, que são feitas pelo Congresso Nacional em prol da Nação, alterando a própria ordem constitucional. O mesmo se pode dizer da lei complementar, que, ao nosso ver, é lei nacional de observância obrigatória pelas ordens parciais". (COÊLHO, Sacha Calmon Navarro. *Curso de direito tributário brasileiro*. Rio de Janeiro: Forense, 2020. p. 135-136).

sistema tributário traçado pela Constituição, principalmente quando consideramos que este está inserido em uma república federativa, na qual todos os centros de poder possuem competência para legislar sobre o assunto.

Como mencionado, o Estado brasileiro optou por se organizar como uma república federativa, na qual a competência tributária foi distribuída entre todos os entes federados (União, Estados/Distrito Federal e Municípios). Essa multiplicidade de sistemas impacta sensivelmente todas as partes envolvidas na relação tributária. Do ponto de vista dos contribuintes, estes têm de conhecer e se adaptar a todos os sistemas com os quais necessite interagir, fazendo com que, eventualmente, possuam mais ou menos direitos e deveres, a depender única e exclusivamente do lugar no qual se encontrem. Por outro lado, do ponto de vista da eficiência arrecadatória, impede que se desenvolva um sistema que atenda satisfatoriamente às necessidades estatais, em virtude da proliferação de mecanismos isolados e autônomos criados por cada ente arrecadador.

Em verdade, a despeito da autonomia de cada ente (que deve adaptar o sistema tributário local à sua realidade e particularidade), deve existir um mínimo de racionalidade sistêmica naquelas matérias comuns a todos eles, de maneira a gerar alguma previsibilidade e calculabilidade aos contribuintes.

Partindo dessa premissa, cabe indagar se as regras atinentes ao processo administrativo tributário estariam abarcadas pelo conceito de normas gerais veiculadas através de lei complementar. Entendemos que sim. Isso porque da leitura do art. 146, III da Constituição é possível observar que o legislador constituinte reservou à lei complementar a prerrogativa de estabelecer normas gerais em matéria de legislação tributária, *especialmente* sobre (i) definição de tributos e de suas espécies; (ii) obrigação, lançamento, crédito, prescrição e decadência tributários; e (iii) adequado tratamento tributário ao ato cooperativo praticado pelas sociedades cooperativas. Veja-se que a redação da regra constitucional foi no sentido de não estabelecer um rol taxativo (*numerus clausus*) de quais temas podem ser matéria de normas gerais. O uso da palavra "especialmente" denota a intenção do constituinte de deixar a cargo de legislador complementar estabelecer quais outros assuntos serão veiculados por meio de lei complementar, desde que se enquadrem no conceito de normas gerais (*numerus apertus*).

Entendemos, dessa forma, que as regras tributárias (sejam elas de direito material ou processual) que se destinem a harmonizar o sistema, conferindo-lhe um mínimo de racionalidade, previsibilidade e calculabilidade, são exemplos de normas gerais e, dessa forma, devem ser veiculadas, necessariamente, por meio de lei complementar. Assim, as regras de direito processual administrativo tributário que visem à harmonização e racionalização do sistema tributário nacional são exemplos de normas gerais não só passíveis, mas que devem, necessariamente, receber tratamento via lei complementar.

À guisa de conclusão: as leis complementares são uma terceira espécie legislativa que não possui hierarquia formal em relação às leis ordinárias. Em que pese haver divergência, entendemos que ambas estão no mesmo patamar hierárquico, sendo que a lei complementar se diferencia da ordinária pela matéria que lhe é constitucionalmente reservada e pelo quórum necessário à sua aprovação. Fiamo-nos, ainda, à corrente tricotômica das leis complementares, a qual entende que, em matéria tributária, existe um triplo papel para esta espécie legislativa. Nesse sentido, normas gerais em matéria tributária são toda e qualquer regra vocacionada à harmonização e racionalização do sistema tributário, tenha ela natureza material ou processual. Ademais, o art. 146, III da CRFB/1988 não estabeleceu um rol taxativo de institutos que devem ser tratados por lei complementar, porquanto o legislador constituinte foi expresso em prever que os temas ali dispostos são "especialmente" matéria de normas gerais, mas não exclusivamente. Daí ser possível concluir que regras de processo administrativo tributário podem (e devem) ser objeto de lei complementar.

3 Por uma lei complementar uniformizadora do processo administrativo tributário: limites e necessidades

Como mencionado, a necessidade de racionalização e harmonização do sistema tributário brasileiro, em virtude da pulverização de centros legislativos em matéria tributária, reclama uma uniformização das regras básicas e elementares da atividade arrecadatória – tanto materialmente, quanto processualmente falando. Essa uniformização normativa busca atingir a máxima otimização do sopesamento realizado entre a autonomia federativa dos entes tributantes e os direitos e garantias constitucionalmente conferidos aos contribuintes.

É constante a tensão entre o princípio federativo e a busca pela harmonização de um sistema tributário pulverizado entre diversos centros de poder. Nesse sentido, questiona-se quais matérias e institutos jurídicos as normas gerais de processo administrativo tributário, veiculadas via lei complementar, poderiam prever. Parece-nos óbvio que uma disciplina minuciosa e exaustiva do processo administrativo tributário, que busque uma padronização geral entre todos os entes federativos, vai de encontro à autonomia federativa da União, Estados/Distrito Federal e Municípios.

Portanto, quando mencionamos a necessidade de uniformização dos principais institutos processuais administrativos, estamos propondo uma lei complementar que não invada a competência de cada ente político de ajustar as normas processuais tributárias às suas particularidades e assimetrias regionais. Ao nosso sentir, uma eventual lei complementar deveria tratar de estabelecer garantias processuais mínimas aos contribuintes, as quais devem, necessariamente, ser depreendidas do texto constitucional.

É que a teoria processual, atualmente, deve ser entendida à luz do Estado Democrático de Direito. O processo, assim, não deve ser entendido apenas em uma perspectiva técnica instrumental, isto é, como um meio para o atingimento de determinado fim. Antes, as normas processuais devem buscar a plenipotencialização dos indivíduos, devendo ser interpretadas como legítimas garantias contra o arbítrio estatal.[21] Não por outro motivo, no Brasil, é possível se falar em processo constitucional democrático, uma vez que diversas garantias processuais foram alçadas ao *status* de normas constitucionais.

Nesse limiar de ideias, uma lei complementar que se proponha a uniformizar o processo administrativo tributário deve tratar de densificar as garantias processuais constitucionais, tornando-as operacionalizáveis pelo cidadão-contribuinte. Não por outro motivo, essas normas gerais podem, por exemplo, densificar princípios e

---

[21] NUNES, Dierle José Coelho. *Processo Jurisdicional Democrático*: uma análise crítica das reformas processuais. Curitiba: Juruá, 2008.

regras garantidores do devido processo legal, do contraditório, da ampla defesa, da transparência, da publicidade, da duração razoável, da eficiência etc.

São exemplos de temas que não só podem, mas que devem ser tratados por uma lei complementar que busque uniformizar as regras processuais administrativo tributárias:

1) o princípio da paridade de armas entre administração e contribuinte (composição paritária dos órgãos julgadores, com representantes do Fisco e dos contribuintes e instrumentos processuais equivalentes);
2) prazos máximos e mínimos para a prática dos atos processuais (como defesas e recursos);
3) contagem dos prazos processuais em dias úteis, buscando uma simetria com o código de Processo Civil (CPC);
4) proibição de julgamento final por órgão monocrático (recurso hierárquico);
5) proibição de desempate mediante atribuição de peso duplo ao voto de um determinado julgador (voto de qualidade);
6) vedação de depósito recursal para interposição de recurso às instâncias superiores;
7) estabelecimento de ao menos duas instâncias julgadoras autônomas e independentes.

Por outro lado, entendemos violar a autonomia dos entes federados a instituição de normas gerais que prevejam, dentre outros assuntos:

1) as espécies recursais existentes;
2) número mínimo de julgadores para cada instância administrativa;
3) os critérios para admissão dos membros dos órgãos julgadores;
4) necessidade da existência de uma instância uniformizadora da jurisprudência administrativa;
5) valores mínimos para revisão de ofício das decisões favoráveis aos contribuintes.

Veja-se, portanto, que uma lei complementar veiculadora de normas gerais de processo administrativo tributário deve se ater à densificação dos princípios e regras processuais constitucionalmente previstos. Assim, ao dispor sobre os temas acima propostos, o legislador complementar salvaguardará garantias constitucionais mínimas dos contribuintes, pelo que não se poderá cogitar de interferência na autonomia dos entes subnacionais, uma vez que estes não poderiam dispor de forma diversa. Isso porque, por exemplo, a existência de instrumentos processuais distintos para o Fisco e os contribuintes viola o princípio da constitucional da isonomia, assim como a atribuição de peso duplo ao voto de determinado julgador. A previsão de prazos máximos e mínimos para a prática dos atos processuais, por seu turno, densifica o princípio constitucional da eficiência administrativa.

Lado outro, os temas para os quais entendemos ser vedados a edição de normas gerais via lei complementar são justamente aqueles que dizem respeito a aspectos regionais e locais. Veja-se, por exemplo, que o valor mínimo para revisão de ofício das decisões favoráveis aos contribuintes pode ser muito diferente nos estados do sudeste e nos estados do norte, em virtude de questões como as atividades econômicas predominantes e os incentivos financeiros e fiscais existentes na região. Do mesmo modo, o número mínimo de julgadores dos órgãos administrativos pode variar em consequência do tamanho da população local e do fluxo de processos existentes naquele tribunal.

Portanto, ao nosso sentir, é totalmente viável a edição de uma lei complementar nacional uniformizadora da legislação processual administrativo tributária. Essa lei complementar, antes de interferir na autonomia dos entes políticos subnacionais, garantiria direitos processuais mínimos aos contribuintes. Direitos estes constitucionalmente previstos, mas que reclamam densificação via atuação legislativa complementar.

4 Breves considerações sobre o PLP nº 124/2022

Finalizados os trabalhos da comissão de juristas instituída pelo Ato Conjunto nº 1/2022 e presidida pela ministra Regina Helena Costa, do Superior Tribunal de Justiça, foram apresentados, ao presidente do Congresso Nacional, uma série de proposições legislativas (anteprojetos) que visam melhorar e aperfeiçoar o ambiente de negócios e o sistema tributário brasileiro.

Uma das proposições apresentadas é o PLP nº 124/2022, que "dispõe sobre normas gerais de prevenção de litígio, consensualidade e processo administrativo, em matéria tributária". De acordo com a exposição de motivos do referido projeto, uma de suas finalidades é promover "alterações com vistas à harmonização das normas relativas ao processo administrativo tributário, como forma de fortalecer o contencioso administrativo por meio da previsão de garantias mínimas a serem observadas por todas as esferas da Federação".

Ao nosso sentir, andou bem a comissão de notáveis, que, na linha do que expusemos acima, trasladaram para o referido projeto uma série de princípios e normas constitucionais, os quais, espera-se, sejam positivadas em futura Lei Complementar, com vistas à harmonização e sistematização de normas processuais administrativo-tributárias.

Conforme mencionamos alhures, entendemos que as disposições de uma lei nacional de processo administrativo tributário devem concretizar valores e princípios constitucionais, os quais não sendo passíveis de inobservância pelos entes, não confeririam à atividade legislativa do legislador federal (nacional), invasão à sua autonomia.

Ao analisar o PLP apresentado, observamos que esta é a tônica dos dispositivos ali veiculados. Vemos nos incisos dos arts. 208-C e seguintes (a serem inseridos no CTN) hipóteses do que aventamos supra. Ali estão previstos, por exemplo, o princípio do devido processo legal (art. 208-C, inc. III, IV e VI[22]), o princípio da eficiência (art.

---

[22] Art. 208-C. O julgamento dos processos de exigência de tributos e multas previstas na legislação tributária e de outros que lhe são correlatos, observará o seguinte:
III – da decisão de primeira instância caberão recursos voluntário e de ofício, conforme legislação específica;
IV – o julgamento de segunda instância será realizado por órgão colegiado, conforme legislação específica; e
VI – sempre haverá duplo grau de jurisdição, conforme legislação específica.

208-D, inc. I, II e III[23]), princípio da imparcialidade (art. 208-E[24]), princípio da motivação e publicidade (art. 208-F[25]), princípio da legalidade (art. 208-H[26]). Ou seja, todos estes dispositivos prestam-se a densificar princípios e valores constitucionalmente postos.

Ainda, foram respeitadas as particularidade locais de cada ente federado com previsões, como a do art. 208-C, inc. V,[27] que faculta, mas não obriga, a existência de instância superior; e a do art. 208-I,[28] que prevê a possibilidade de trâmite diferenciado para processos que envolvam autos de infração com valores distintos.

Portanto, entendemos que o projeto apresentado vem em boa hora. Ao densificar os princípios constitucionais e harmonizar o sistema, os contribuintes ganham em segurança jurídica e previsibilidade normativa, diminuindo o custo de conformidade tributária, melhorando o ambiente de negócios e possibilitando a tomada mais consciente de decisões.

Conclusão

O processo administrativo tributário brasileiro, que permite à Administração Pública exercer a revisão do lançamento (princípio da autotutela), é o mecanismo pelo qual o contribuinte se resguarda da prática de atos eivados de nulidade e lhe garante a existência de um julgamento técnico por profissionais habilitados e conhecedores da legislação tributária.

Contudo, em um país de dimensões continentais como o Brasil, estruturado em uma república federativa, na qual existem mais de 5.500 entes políticos competentes para legislar sobre matéria tributária, o contribuinte pode se ver tolhido de alguns

---

[23] Art. 208-D. Será garantido aos contribuintes, no mínimo, o direito aos recursos, defesas e incidentes previstos neste artigo, além de outros previstos na legislação específica:
I – apresentação de impugnação, em 30 (trinta) dias contados da ciência da lavratura do Auto de infração;
II – interposição de recurso voluntário, em 30 (trinta) dias contados da ciência da decisão de primeira instância que lhe for desfavorável;
III – interposição de recurso especial, em 15 (quinze) dias, contados da ciência da decisão de segunda instância que lhe for desfavorável, nas hipóteses previstas na legislação específica, quando houver instância superior;

[24] Art. 208-E. A decisão definitiva favorável ao sujeito passivo no processo administrativo tributário não poderá ser revista pelos secretários de fazenda, pelo ministro da economia ou por qualquer outro integrante do poder executivo.

[25] Art. 208-F. As decisões e os acórdãos deverão indicar com clareza os pressupostos de fato e de direito que os determinaram e as administrações tributárias deverão torná-los públicos, disponibilizando-os para consulta.

[26] Art. 208-H. A Administração deve anular seus próprios atos quando eivados de vício de legalidade. Parágrafo único. São nulos:
I – os atos e termos lavrados por pessoa incompetente;
II – o lançamento, os despachos e as decisões proferidos por autoridade incompetente ou impedida, sem fundamentação ou com preterição do direito de defesa

[27] V – quando houver instância superior, caberá recurso especial contra decisão de segunda instância que conferir à legislação tributária interpretação diversa daquela que lhe tenha atribuído outro colegiado do mesmo tribunal administrativo, conforme legislação específica.

[28] Art. 208-I. O trâmite e o julgamento do processo administrativo tributário poderão ser diferenciados em função do valor do crédito tributário discutido ou do indébito pleiteado pelo sujeito passivo, nos termos da legislação específica.

direitos e garantias constitucionais. Além disso, pela simples razão de sua localização geográfica, pode gozar de mais ou menos direitos e deveres.

É a garantia da observância de direitos constitucionais mínimos que legitima a existência de normas gerais de processo administrativo tributário, as quais, por dicção constitucional, devem ser veiculadas mediante lei complementar. Aliás, é a lei complementar o instrumento adequado para a uniformização de institutos, regras e princípios básicos e elementares da atividade arrecadatória, porque, em sendo lei nacional, submete todos os entes políticos, que lhe devem subserviência.

A lei complementar instituidora de normas gerais em matéria de processo administrativo tributário, porém, encontra limite nas especificidades locais e regionais de cada ente competente, de modo que o seu papel é densificar regras e garantias constitucionais mínimas. As normas processuais, que devem ser interpretadas à luz de seu papel democrático, no atual estágio do Estado de Direito, ganharam estatura constitucional e é justamente por isso que a lei complementar que as torne operacionalizáveis não viola o princípio federativo e a autonomia da União, dos Estados/Distrito Federal e dos Municípios, em virtude de todos estes entes renderem vassalagem à Constituição, não podendo dispor de forma diversa.

Nesse sentido, andou bem o PLP nº 124/2022, que, ao propor regras básicas de processo administrativo tributário, densificando princípios constitucionais, harmoniza o sistema, garantindo calculabilidade aos cidadãos contribuintes, diminuindo o "custo Brasil" e melhorando o ambiente de negócios.

Portanto, uma lei complementar uniformizadora do processo administrativo tributário brasileiro busca racionalizar e harmonizar o sistema. Pode-se dizer que o advento de uma legislação nesse sentido – o que se espera acontecer em breve – é o início de uma luta antimanicomial contra um sistema tributário complexo e pouco efetivo. Esperamos poder dizer no futuro que as normas gerais de direito administrativo tributário editadas, veiculadas via lei complementar, foram o início do fim do manicômio jurídico tributário brasileiro.

Referências

ATALIBA, Geraldo. *Lei complementar na constituição*. São Paulo: Editora Revista dos Tribunais, 1971.

BALEEIRO, Aliomar; DERZI, Misabel. *Direito tributário brasileiro*: CTN comentado. 14. ed. Rio de Janeiro: Forense, 2018.

BASTOS, Celso Ribeiro. A inexistência de hierarquia entre a lei complementar e as leis ordinárias. *Cadernos de Direito Tributário e Finanças Públicas*, São Paulo, v. 7, n. 26, p. 11-20, jan./mar. 1999.

BASTOS, Celso Ribeiro. *Lei Complementar*: teoria e comentários. 2. ed. São Paulo: Celso Bastos: Instituto Brasileiro do Direito Constitucional, 1999.

BECKER, Alfredo Augusto. *Teoria geral do direito tributário*. São Paulo: Lejus, 1998.

CARRAZZA, Roque Antônio. *Curso de Direito Constitucional Tributário*. 29. ed. rev. ampl. e atual. São Paulo: Malheiros Editores, 2013.

COÊLHO, Sacha Calmon Navarro. *Curso de direito tributário brasileiro*. Rio de Janeiro: Forense, 2020.

CONRADO, Paulo Cesar. *Introdução à teoria geral do processo civil*. 2. ed. São Paulo: Max Limonad, 2003. p. 25.

DI PIETRO, Maria Sylvia Zanella. *Direito Administrativo*. 12. ed. São Paulo: Editora Atlas, 2000.

FERREIRA FILHO, Manoel Gonçalves. *Do Processo Legislativo*. 6. ed. São Paulo: Saraiva, 2007.

LARA, José de Mesquita. As normas gerais de direito financeiro e do direito tributário, sua natureza e função. *Revista de Direito Tributário*, São Paulo, n. 76, p. 137-146, 1999.

MACHADO, Hugo de Brito. Posição Hierárquica da Lei Complementar. *Revista Dialética de Direito Tributário*, São Paulo, n. 14, p. 19-22, nov. 1996.

NUNES, Cleucio Santos. *Curso Completo de Direito Processual Tributário*. São Paulo: Saraiva Educação, 2020.

NUNES, Dierle José Coelho. *Processo Jurisdicional Democrático*: uma análise crítica das reformas processuais. Curitiba: Juruá, 2008.

Quantidade de Normas Editadas no Brasil: 34 Anos Da Constituição Federal De 1988. *Instituto Brasileiro de Planejamento e Tributação*, out. 2022. Disponível em: https://ibpt.com.br/quantidade-de-normas-editadas-no-brasil-34-anos-da-constituicao-federal-de-1988/. Acesso em: 14 maio 2023.

SEVERINI, Tiago Vasconcelos. Transação em matéria tributária no direito brasileiro? *Revista Jurídica da Presidência*, Brasília, v. 11, n. 95, p.107-131, jan. 2010.

TORRES, Ricardo Lobo. *A idéia de liberdade no estado patrimonial e no estado fiscal*. Rio de Janeiro: Renovar, 1991.

Informação bibliográfica deste texto, conforme a NBR 6023:2018 da Associação Brasileira de Normas Técnicas (ABNT):

ANDRADE, Aurélio Oliveira. Normas gerais em matéria de processo administrativo tributário: propostas para uma lei complementar uniformizadora. In: LOBATO, Valter de Souza (coord.); MARINHO NETO, José Antonino (org.). *O papel da lei complementar tributária no desenho federativo brasileiro*. Belo Horizonte: Fórum, 2024. p. 247-260. ISBN 978-65-5518-779-3.

LEI COMPLEMENTAR E O PRINCÍPIO DA SIMETRIA: O PROCESSO LEGISLATIVO TRIBUTÁRIO DOS ESTADOS E MUNICÍPIOS

BERNARDO MOTTA MOREIRA,
MAURÍCIO PEREIRA FARO

Considerações iniciais: a Lei Nacional de Normas Gerais Tributárias

Intensas são as discussões doutrinárias e jurisprudenciais relativas ao tema das normas gerais de direito tributário. Certamente, deve-se à tendência histórica dos governos centralizadores da União, ao menos desde Dom Pedro I até o regime militar. O modelo de federação brasileiro é sempre motivo de inúmeras críticas, sobretudo no que diz respeito à concentração do poder de tributar e da arrecadação no ente central. Daí a importância de se discutir a história da construção do termo norma geral, bem como a evolução do papel da lei complementar no Direito Tributário, motivo pelo qual merecem aplausos os organizadores da presente obra.

O objetivo do presente estudo é jogar luzes sobre o processo legislativo tributário de Estados e Municípios que, por peculiaridades e normas locais, têm legislado sobre os respectivos tributos mediante o instrumento da lei complementar. Já foram identificados inúmeros desafios ao processo legislativo em matéria tributária[1] e a obrigatoriedade do uso do instrumento da lei complementar – que demanda mobilização parlamentar mais intensa e maior custo político para a aprovação – em certas Constituições Estaduais e Leis Orgânicas é mais um tema que merece aprofundamento, uma vez que envolve os princípios da simetria e da separação de poderes, o papel da norma geral tributária, a existência de hierarquia entre lei ordinária e lei complementar etc. São assuntos que serão debatidos ao longo deste trabalho.

Pois bem.

---

1 MOREIRA, Bernardo Motta. *A governamentalização do poder de tributar*: desafios do processo legislativo tributário. Belo Horizonte: Letramento; Casa do Direito, 2021. *Vide* ainda: CARDOSO, Alessandro Mendes. *Processo legislativo tributário federal e bloqueios à concretização do projeto constitucional*. Porto Alegre: Livraria do Advogado, 2023.

As normas gerais de direito tributário devem constar de leis nacionais, vale dizer, que disciplinam a matéria uniformemente para todos os entes federados, e não somente no exercício da competência da União. Há muito, lembrava Ataliba que a função das normas gerais de direito financeiro é completar a Constituição, uma vez que apenas a disciplina constitucional do exercício do poder tributário não é suficiente para evitar todos os atritos possíveis de ocorrer. Assim, observou que "só se reconhecerá norma geral onde houver lei que possa ser qualificada como nacional".[2]

Apesar de a Constituição da República de 1934 ter feito menção a "normas fundamentais" e a regras que tinham algum atributo de norma geral,[3] tal como hoje conceituada, a expressão "normas gerais de direito" foi utilizada, pela primeira vez, no art. 5º, XV, alínea "b", da Constituição de 1946.[4] Note-se que, apesar de o texto constitucional não ter expressamente determinado a observância das normas gerais pelos Estados e Municípios, a aplicação destas a todas as esferas do governo foi aceita com fundamento no art. 6º da própria Carta, que estabelecia que a competência dos Estados seria tão somente supletiva ou complementar, em relação à matéria de norma geral.

Ainda sob a égide da Constituição de 1946, ficou assentado que a força da lei de normas gerais provinha não da sua forma, que era idêntica à das demais regras produzidas pelo Congresso Nacional e aprovadas por maioria simples. O que era relevante era seu conteúdo, o qual, apesar de constituído de matéria de interesse também dos Estados e Municípios, os impedia de dispor de forma diversa. Tal impedimento não se dava por questões hierárquicas, mas em razão de competência, eis que era a União o ente competente para legislar sobre matérias afetas aos demais entes políticos. Aos Estados e Municípios, a competência ficava restrita às normas complementares e supletivas.

Em relação às normas gerais, a Constituição de 1967 apresentou inovações. Diversamente das regras de direito financeiro, em que foi mantido o regime das leis ordinárias (art. 8º, XVII, "c"), no caso das normas gerais de direito tributário, estabeleceu-se a necessidade de edição de lei complementar, aprovada pela maioria absoluta dos membros do Congresso Nacional (art. 18, §1º). Restou, portanto, consagrada a dupla função das normas gerais de Direito Tributário: estabelecer regras comuns em matéria tributária para a União, Estados e Municípios, estando aí compreendidas as limitações ao poder de tributar, e dispor sobre seus conflitos nessa matéria.

A Constituição da República de 1988 (CRFB/88) manteve a denominação de "normas gerais" para se referir às regras jurídicas que, sem serem formalmente constitucionais, têm características destas, como (a) serem editadas pelo Congresso Nacional, versando sobre matérias que, em princípio, seriam de competência também dos Estados e Municípios, (b) padronizarem a normatividade inerentes a estes e à União, (c) limitarem os respectivos poderes de legislar e (d) disporem sobre seus conflitos de competência.

---

2 ATALIBA, Geraldo. *Sistema Constitucional Tributário*. São Paulo: Revista dos Tribunais, 1968. p. 93 e seguintes. p. 93 e seguintes.

3 Constituição de 1934: "Art. 5º – Compete privativamente à União: (...) XIX – legislar sobre: (...) c) normas fundamentais do direito rural, do regime penitenciário, da arbitragem comercial, da assistência social, da assistência judiciária e das estatísticas de interesse coletivo; (...) i) comércio exterior e interestadual, instituições de crédito; câmbio e transferência de valores para fora do País; normas gerais sobre o trabalho, a produção e o consumo, podendo estabelecer limitações exigidas pelo bem público".

4 Constituição de 1946: "Art. 5º – Compete à União: (...) XV – legislar sobre: (...) b) normas gerais de direito financeiro; de seguro e previdência social; de defesa e proteção da saúde; e de regime penitenciário".

Entende-se que são regras "quase-constitucionais", como um sobre-direito em relação a cada ordem jurídica parcial.[5]

Em seu art. 146, a CRFB/88 dispôs sobre as funções genéricas da lei complementar tributária,[6] incluindo, de forma apartada, o estabelecimento de normais gerais em um inciso autônomo. Isto é, a nova Carta considerou que a lei complementar, além de regular as limitações ao poder de tributar e dispor sobre seus conflitos de competência, também deverá estabelecer regras gerais a serem cumpridas por Estados e Municípios. Algumas vozes consideraram que o objetivo era o fortalecimento da União Federal, em detrimento dos demais entes federados,[7] o que acabaria violando o federalismo. Mas não é disso que se trata.

A lei complementar de normas gerais de direito tributário, na linha do que expôs Misabel Derzi,[8] emana da União por meio de lei complementar e pertence àquela ordem jurídica no Estado Federal. Sendo hierarquicamente inferior à Constituição, sobrepõe-se, entretanto, às ordens jurídicas parciais da própria União, dos Estados, do Distrito Federal e dos Municípios. Isto é, a existência de uma ordem jurídica nacional que paira sobre as ordens jurídicas parciais não implica que a União é superior aos Estados e Municípios. Ao revés, deve ela se sujeitar às normas gerais expedidas pelo Congresso Nacional. Dessa forma, a norma geral não se destina a restringir a competência dos entes tributantes. Na realidade, serve para conformar a outorga de competências realizada pela Constituição, com o objetivo de que, uniformemente, a atividade tributária possa ser desenvolvida.

Percebe-se ser função das normas gerais a garantia da segurança jurídica dos contribuintes, já que prescrevem normas uniformes para serem seguidas pelos entes federados, evitando-se uma multiplicidade de regulações próprias, nem sempre compatíveis entre si, o que diminuiria a racionalidade do sistema e aumentaria a insegurança dos administrados.[9] As normas gerais não obstam ou mitigam a competência outorgada aos entes tributantes, mas tornam possível o seu adequado exercício. Não há discriminação de um ente, mas a pretensão de tratar-lhes de maneira uniforme e, principalmente, obrigar a que assim tratem os contribuintes.

---

5 LARA, José de Mesquita. As normas gerais de direito financeiro e de direito tributário, sua natureza e função. *Revista de Direito Tributário*, n. 76, p. 139, 1999.

6 "Art. 146. Cabe à lei complementar: I – dispor sobre conflitos de competência, em matéria tributária, entre a União, os Estados, o Distrito Federal e os Municípios; II – regular as limitações constitucionais ao poder de tributar; III – estabelecer normas gerais em matéria de legislação tributária, especialmente sobre: a) definição de tributos e de suas espécies, bem como, em relação aos impostos discriminados nesta Constituição, a dos respectivos fatos geradores, bases de cálculo e contribuintes; b) obrigação, lançamento, crédito, prescrição e decadência tributários; c) adequado tratamento tributário ao ato cooperativo praticado pelas sociedades cooperativas. d) definição de tratamento diferenciado e favorecido para as microempresas e para as empresas de pequeno porte, inclusive regimes especiais ou simplificados no caso do imposto previsto no art. 155, II, das contribuições previstas no art. 195, I e §§12 e 13, e da contribuição a que se refere o art. 239 (...)".

7 Cf. FRANCO, Mônica Miranda. A Constituição como um Sistema de Princípios e Normas – As normas gerais de Direito Tributário. *Revista dos Tribunais: Cadernos de Direito Constitucional e Ciência Política*, v. 7, n. 26, jan./mar. 1999. p. 170.

8 BALEEIRO, Aliomar. *Direito Tributário Brasileiro*, atualizada por Misabel Abreu Machado Derzi. Rio de Janeiro: Forense, 2005. p. 41.

9 FERRAZ JÚNIOR, Tércio Sampaio. Segurança jurídica: normas gerais tributárias. *Revista de Direito Tributário*, São Paulo, n. 17, p. 54-55, 1981.

Subjetivamente, portanto, tal lei complementar tem como destinatários a União, os Estados, o Distrito Federal e os Municípios. Quando a União edita uma lei complementar de normas gerais, os Estados e Municípios não estão, a rigor, "representados" neste ato legislativo pela União, mas sim "presentados", porque no sistema da Constituição a autonomia das pessoas constitucionais tem que conviver com a possibilidade de a União editar normas de caráter nacional necessárias à harmonização do sistema tributário como um todo.[10]

Em grande parte, a norma geral de Direito Tributário do país se consubstancia no Código Tributário Nacional – CTN,[11] havendo iterativa manifestação do Poder Judiciário nesse sentido.[12] Com efeito, paralelamente às normas gerais dos impostos, o CTN contempla de maneira suficiente as matérias arroladas na alínea "b", do inciso III, do art. 146, da Constituição, a saber: obrigação, lançamento, crédito, prescrição e decadência tributários. Cuida-se de rol meramente exemplificativo, não excluindo a abordagem de outros institutos inerentes à tributação que se enquadrem no conceito de normas gerais de Direito Tributário.[13] Essa interpretação é extraída do teor do mencionado inciso III, que aduz que cabe à lei complementar estabelecer normas gerais *especialmente* sobre as matérias ali tratadas.[14]

---

[10] BORGES, José Souto Maior. Normas gerais do direito tributário, inovações do seu regime na Constituição de 1988. *Revista de Direito Tributário*, n. 87, p. 68, 2003.

[11] É sabido e ressabido que a Lei nº 5.172, de 25 de outubro de 1966, que instituiu o Código Tributário Nacional, apesar de tratar-se de lei ordinária, foi recepcionada como lei complementar, eis que trata de matéria hoje reservada a essa espécie normativa, com fundamento no art. 146 da vigente Constituição.

[12] "O Código Tributário Nacional cumpre função de lei complementar" (STJ, 2ª Turma, REsp nº 139787, Min. Rel. Peçanha Martins, DJ 27.03.2000). "A lei ordinária que dispõe a respeito de matéria reservada à lei complementar usurpa competência fixada na Constituição Federal, incidindo no vício de inconstitucionalidade; o Código Tributário Nacional, na parte em que dispõe sobre normas gerais, embora lei ordinária, cumpre função de lei complementar, conforme iterativos pronunciamentos do Supremo Tribunal Federal" (STJ, 1ª Seção, EREsp nº 129925, Min. Rel. Ari Pargendler, DJ 15.05.2000). "A lei complementar referida no art. 146 da Constituição, acima transcrito, é basicamente, o Código Tributário Nacional. Certos tributos, especialmente os criados após o CTN, têm as suas leis complementares próprias, que se conjugam, nas linhas maiores, com a lei complementar básica, que é o CTN". (STF, Tribunal Pleno, ADI 1600, Voto do Min. Carlos Velloso, DJ 20.06.2003).

[13] "Segundo cremos, a identificação deve ser feita conforme as diretrizes que vimos observando e que dessumem da tradição constitucional brasileira: têm natureza de norma geral as matérias de Direito Financeiro ou Tributário que disponham sobre conflitos de competência entre as entidades tributantes ou uniformizem regras sobre fatos, objetos, relações e situações jurídicas que, idêntica ou analogamente, ocorrem nessas ordens jurídicas parciais. São, assim, de normas gerais, as que envolvem regras de necessária existência em cada uma dessas ordens jurídicas e que delas forçosamente constariam, se não houvesse o expediente constitucional de regras comuns. Por conseguinte, a padronização do tratamento jurídico de situações idênticas ou análogas de cada ordem jurídica, ao lado da prevenção de conflitos de competência, devem ser considerados os pontos indiciantes de normas gerais, reiterado que a padronização referida pode dizer respeito à União, Estados e Municípios, conjuntamente, somente a dois destes, somente aos Estados ou ainda somente aos Municípios" (LARA, José de Mesquita. As normas gerais de direito financeiro e de direito tributário, sua natureza e função. *Revista de Direito Tributário*, n. 76, p. 142, 1999).

[14] EMENTA: TRIBUTO – REGÊNCIA – ARTIGO 146, INCISO III, DA CONSTITUIÇÃO FEDERAL – NATUREZA. O princípio revelado no inciso III do artigo 146 da Constituição Federal há de ser considerado em face da natureza exemplificativa do texto, na referência a certas matérias. MULTA – TRIBUTO – DISCIPLINA. Cumpre à legislação complementar dispor sobre os parâmetros da aplicação da multa, tal como ocorre no artigo 106 do Código Tributário Nacional. MULTA – CONTRIBUIÇÃO SOCIAL – RESTRIÇÃO TEMPORAL – ARTIGO 35 DA LEI Nº 8.212/91. Conflita com a Carta da República – artigo 146, inciso III – a expressão "para os fatos geradores ocorridos a partir de 1º de abril de 1977", constante do artigo 35 da Lei nº 8.212/91, com a redação decorrente da Lei nº 9.528/97, ante o envolvimento de matéria cuja disciplina é reservada à lei complementar. (RE nº 407190, Relator Min. Marco Aurélio, Tribunal Pleno, julgado em 27/10/2004, DJ 13-05-2005).

A partir da lei complementar de normas gerais, os Estados, o Distrito Federal e os Municípios poderão editar regras que cuidem da matéria tributária, exercendo a competência suplementar, com o escopo de atenderem suas peculiaridades locais e específicas, na esteira do §2º, do art. 24, da CRFB/88,[15] e de exercerem suas respectivas competências tributárias.

1 As regras sobre a instituição de códigos tributários, previstas nas Constituições Estaduais e Leis Orgânicas

Considerando as normas da Constituição da República e adotando uma suposta ideia de paridade, diversas Constituições Estaduais e Leis Orgânicas estabelecem que o "código tributário", seja estadual ou municipal, são matérias reservadas à lei complementar. A Constituição Estadual de Minas Gerais, por exemplo, prevê em seu art. 65, §2º, inciso I, que o "código tributário estadual" é matéria de lei complementar. Do mesmo modo e assim como diversas municipalidades, a Lei Orgânica do Município mineiro de João Pinheiro, prevê, em seu art. 51, inciso I, que será objeto de lei complementar o "Código Tributário do Município". A Constituição do Estado do Acre, por sua vez, dispõe no parágrafo único do art. 56, que se considera lei complementar "a Lei do Sistema Tributário Estadual" (inciso VII).

De início, é bom ressaltar que tais previsões destoam da previsão da Constituição da República, que não exige lei complementar nesses casos. A Carta Maior, como se viu, em seu art. 146, III, exige lei complementar em matéria de direito tributário para "estabelecer normas gerais", "especialmente sobre: a) definição de tributos e de suas espécies, bem como em relação aos impostos discriminados nesta Constituição, a dos respectivos fatos geradores, bases de cálculo e contribuintes; b) obrigação, lançamento, crédito, prescrição e decadência tributários; c) adequado tratamento tributário ao ato cooperativo praticado pelas sociedades cooperativas; d) definição de tratamento diferenciado e favorecido para as microempresas e para as empresas de pequeno porte, inclusive regimes especiais ou simplificados no caso do imposto previsto no art. 155, II, das contribuições previstas no art. 195, I e §§12 e 13, e da contribuição a que se refere o art. 239". Sendo assim, para a Constituição da República, as normas de direito tributário que não disponham sobre esses temas devem ser tratadas pela espécie "lei ordinária", inexistindo previsão genérica de que normas de direito tributário estadual ou municipal sejam reservadas à lei complementar.

Observe-se que a Carta Maior estabeleceu as matérias tributárias que deverão ser objeto de lei complementar e não que o "Código Tributário Nacional" seja previsto em lei complementar. É claro que, como adiantado acima, o CTN contempla a maior parte das matérias arroladas no art. 146, mas existem outras leis complementares dispondo sobre normas gerais tributárias, como é o caso da Lei Complementar nº 123/2006 (Simples Nacional) ou da Lei Complementar nº 116/2003 (norma geral do Imposto sobre Serviços).

---

[15] "Art. 24. Compete à União, aos Estados e ao Distrito Federal legislar concorrentemente sobre: I - direito tributário, financeiro, penitenciário, econômico e urbanístico; (...) §2º – A competência da União para legislar sobre normas gerais não exclui a competência suplementar dos Estados".

A despeito desse entendimento, vários Municípios criaram os respectivos "códigos tributários" por lei complementar, justamente para cumprir o disposto em suas Leis Orgânicas. O Município de João Pinheiro, para ficar no mesmo exemplo, instituiu o Código Tributário pela Lei Complementar nº 01/2002, estabelecendo diversas regras tributárias e, inclusive, criando tributos municipais, como o Imposto sobre a Propriedade Predial e Territorial Urbana (IPTU), entre outros.

No Estado do Acre, tendo em vista que a Constituição daquele Estado diz que "a Lei do Sistema Tributário Estadual" tem natureza de lei complementar, todas as leis em matéria tributária, criando ou regulando os tributos estaduais são aprovadas na forma de lei complementar.[16]

Em que pese inexistir um conceito legal claro e expresso sobre o que seria um código (da leitura da Lei Complementar nº 95, de 1998, é possível extrair o conceito de código como sendo uma lei que concentra em si todas as normas pertinentes a determinada matéria (art. 13, §), vários municípios possuem suas leis tributárias previstas em sede de leis complementares. Criam, extinguem e alteram seus tributos mediante leis aprovadas por quórum qualificado, portanto.

A celeuma jurídica a ser analisada no presente artigo é se as previsões das leis orgânicas ou Constituições Estaduais são válidas, ou seja, se é possível, por força do princípio da simetria, que certas matérias sejam obrigatoriamente veiculadas em leis complementares, além do que estabelece a Constituição da República.

2 O princípio da simetria, as regras de processo legislativo e a jurisprudência do Supremo Tribunal Federal

É muito forte no constitucionalismo brasileiro a ideia do princípio da simetria, que impõe a reprodução de certas normas constitucionais por todos os entes políticos brasileiros. Um tema que o STF tradicionalmente nega a competência regional e local, considerando-o de observância e reprodução obrigatória,[17] é o processo legislativo.

A Constituição de 1969 previa expressamente que os Estados deveriam respeitar as regras de processo legislativo lá constantes.[18] Diversamente, a CRFB/88, em seu art. 25, apenas estabelece que "os Estados organizam-se e regem-se pelas Constituições e leis

---

[16] No Estado, por exemplo, o ICMS é regulado pela Lei Complementar nº 55, de 9 de julho de 1997. As taxas estaduais são previstas na Lei Complementar nº 376, de 31 de dezembro de 2020.

[17] Léo Ferreira Leoncy sistematiza as regras condicionantes da autonomia estadual da seguinte forma: "Na Constituição de 1988, os limites à autonomia dos Estados-membros se apresentam sob múltiplas formas e funções. Vêm consagrados (a) ora expressamente (normas expressas), (b) ora implicitamente (normas implícitas); aparecem sob a formulação (c) ora de um mandamento (normas mandatórias), (d) ora de uma vedação (normas vedatórias). Por outro lado, há também uma variedade de normas em que tratou o constituinte federal de estabelecer limites aos Estados. Assim, para se enumerar apenas as categorias mais conhecidas, é possível apontar (a) os princípios constitucionais sensíveis, (b) as normas de preordenação constitucional, (c) as normas federais extensíveis e (d) os princípios constitucionais estabelecidos" (LEONCY, Léo Ferreira. *Controle de constitucionalidade estadual* – As normas de observância obrigatória e a defesa abstrata da Constituição do Estado-membro. São Paulo: Saraiva, 2007. p. 14).

[18] "Art. 13. Os Estados organizar-se-ão e reger-se-ão pelas Constituições e leis que adotarem, respeitados dentre outros princípios estabelecidos nessa Constituição, os seguintes: (...) III – o processo legislativo; (...)". A rigidez da vinculação entre as normas da Constituição da República e as normas estaduais era tamanha no regime constitucional anterior que o art. 200 da Emenda Constitucional 1/69 chegou a prever que "as disposições constantes desta Constituição ficam incorporadas, no que couber, ao direito constitucional legislado dos Estados".

que adotarem, observados os princípios desta Constituição". Foi necessário, portanto, que o STF desse uma resposta quanto à necessidade de reprodução obrigatória, pelos Estados e Municípios, das normas de processo legislativo.

Num primeiro momento, parecia que a Corte Maior iria se inclinar para a desnecessidade de extensão das regras constitucionais de processo legislativo aos Estados. Com efeito, nos autos da ADI-MC nº 56[19] (Pleno, relator Ministro Célio Borja, DJ de 04.08.1989), a Corte indeferiu o pleito liminar do Governador do Estado da Paraíba, por não encontrar na CRFB/88 o dispositivo "que torna obrigatória para os Estados a observância das normas dos seus artigos 61, II, a e b e 63, I".

Não obstante, alguns anos depois, no julgamento do mérito da ADI 56[20] (Pleno, relator Ministro Nelson Jobim, DJ de 03.10.2002), o Plenário, à unanimidade, seguindo o voto relator, considerou que "os Estados-membros e o Distrito Federal devem observar as matérias cuja iniciativa pertence ao Chefe do Poder Executivo, sob pena de afronta ao princípio da separação dos poderes". Ficou evidenciado, neste julgamento, que a cláusula de reserva relativa ao poder de instauração do processo legislativo traduziria postulado constitucional de observância compulsória pelos Estados-Membros.[21]

A respeito do processo legislativo, a Corte Maior acabou se consolidando quanto à obrigatoriedade de os Estados-Membros observarem as linhas básicas do modelo federal. No julgamento da ADI-MC nº 822 (Pleno, relator Ministro Sepúlveda Pertence, DJ 12/03/1993),[22] foi analisada uma questão recorrente, a saber, a possibilidade de

---

[19] Ementa: "Ação direta de inconstitucionalidade de dispositivos da Lei n. 5129/89, do Estado da Paraíba. Medida cautelar. Emenda parlamentar que implicaria aumento de despesas em projeto da iniciativa do Executivo. Falta de indicação da norma da lei fundamental que tornaria obrigatória para os Estados o comando dirigido a União (artigos 61, inciso II, alíneas a e b e 63, inciso I CF/1988). Inexistência, atualmente, das numerosas regras de simetria compulsória da Carta de 1967 (EC n. 1/69). Matéria que depende de mais acurada indagação. Indeferimento da medida liminar" (ADI nº 56 MC, Relator Min. Celio Borja, Tribunal Pleno, julgado em 07.06.1989, DJ 04.08.1989).

[20] Ementa: "Constitucional. Projeto de lei de iniciativa do Executivo estadual com emendas parlamentares. Servidores públicos. Veto parcial. Promulgação da lei pela assembléia. Vício de iniciativa sanado em relação a dois dos dispositivos atacados, em face de posterior projeto de lei do executivo. Inconstitucionalidade do artigo que diz respeito à vinculação de determinadas carreiras aos vencimentos e vantagens da defensoria pública. Inconstitucionalidade do art. 14. Ofensa ao art. 61, §1º, II, 'c' da CF. Prejudicialidade quanto aos artigos 7º e 17 da lei 5.219/89 atacada. Precedentes. Ação julgada procedente." (ADI nº 56, Relator Min. Nelson Jobim, Tribunal Pleno, julgado em 03.10.2002, DJ 29.11.2002).

[21] Ementa: "(...) O respeito às atribuições resultantes da divisão funcional do Poder constitui pressuposto de legitimação material das resoluções estatais, notadamente das leis. – Prevalece, em nosso sistema jurídico, o princípio geral da legitimação concorrente para instauração do processo legislativo. Não se presume, em conseqüência, a reserva de iniciativa, que deve resultar – em face do seu caráter excepcional – de expressa previsão inscrita no próprio texto da Constituição, que define, de modo taxativo, em 'numerus clausus', as hipóteses em que essa cláusula de privatividade regerá a instauração do processo de formação das leis. – O desrespeito à prerrogativa de iniciar o processo legislativo, quando resultante da usurpação do poder sujeito à cláusula de reserva, traduz hipótese de inconstitucionalidade formal, apta a infirmar, de modo irremissível, a própria integridade do diploma legislativo assim editado, que não se convalida, juridicamente, nem mesmo com a sanção manifestada pelo Chefe do Poder Executivo. (...) – A definição (ou vedação) de limites etários para efeito de inscrição em concurso público de provas ou de provas e títulos compreende-se no conceito de regime jurídico dos servidores públicos, submetendo-se, em conseqüência, no que se refere à instauração do processo legislativo, à cláusula de reserva de iniciativa, estabelecida na Constituição da República. – A questão da fixação, por lei, de limite máximo de idade para inscrição em concursos públicos. O exame da matéria sob a dupla perspectiva dos postulados constitucionais da igualdade e da razoabilidade. Precedentes do Supremo Tribunal Federal" (ADI nº 776 MC, Relator Min. Celso de Mello, Tribunal Pleno, julgado em 23.10.1992, DJ 15.12.2006).

[22] Ementa: "Processo legislativo: tendência da jurisprudência do STF no sentido de observância compulsória pelos Estados-membros das linhas básicas do modelo federal do processo legislativo, em particular, as que dizem com as hipóteses de iniciativa reservada e com os limites do poder de emenda parlamentar: consequente deferimento de medida cautelar suspensiva de vigência de dispositivos legais estaduais oriundos de emendas parlamentares

apresentação de emendas parlamentares em projetos de lei de iniciativa reservada ao Chefe do Poder Executivo, como aqueles que reajustam vencimentos e tratam de regime jurídico de servidores públicos. O relator Sepúlveda Pertence observou que a jurisprudência do STF ainda não estava definitivamente assentada e que haveria uma tendência, a partir de alguns julgamentos em sede de cautelares, de considerar que as linhas básicas do modelo constitucional federal do processo legislativo – em particular, as que dizem com as hipóteses de iniciativa reservada e com os limites do poder de emenda parlamentar –, inserem-se no conteúdo do princípio de independência e harmonia dos poderes e se imporiam, portanto, à observância compulsória dos ordenamentos estaduais.

Por sua vez, a ADI nº 89 (Pleno, relator Ministro Ilmar Galvão, DJ de 20.08.1993)[23] foi ajuizada pelo Governador do Estado de Minas Gerais em face de artigos do Ato das Disposições Transitórias da Constituição Estadual de 1989 que versavam sobre formas de provimento de cargos e empregos públicos sem o atendimento ao princípio constitucional do concurso público, padecendo, portanto, do vício de inconstitucionalidade formal, pois deveriam seguir a regra da iniciativa privativa do Chefe do Poder Executivo (art. 61, §1º, alíneas "a" e "c", da CRFB/88), que é um corolário do princípio da separação dos Poderes.[24]

Seguindo, então, essa orientação e reafirmando que as regras básicas do processo legislativo federal devem ser observadas pelos demais entes federados, o STF veio se defrontando com outras questões correlatas e confirmou: (i) que a Constituição estadual não pode dispor sobre regras que seriam de iniciativa legislativa privativa do Chefe do Poder Executivo segundo os ditames previstos na Carta Maior, usurpando a iniciativa dele (ADI-MC 1.160);[25] (ii) que o Estado não pode alterar, em sua Constituição, o quórum

---

a projeto do executivo que implicaram aumento da despesa proposta, na linha de precedentes (ADIns 766 e 774). (ADI nº 822 MC, Relator Min. Sepúlveda Pertence, Tribunal Pleno, julgado em 05.02.1993, DJ 12.03.1993).

23 Ementa: "AÇÃO DIRETA DE INCONSTITUCIONALIDADE. ARTIGOS 21, 25, 26, 27, 32 E 33 DO ATO DAS DISPOSIÇÕES CONSTITUCIONAIS TRANSITÓRIAS DO ESTADO DE MINAS GERAIS, DE 21 DE SETEMBRO DE 1989. Normas que, por disporem, sem exceção, sobre servidores públicos do Estado, padecem do vício de inconstitucionalidade formal, por inobservância do princípio da reserva da iniciativa legislativa ao Chefe do Poder Executivo, corolário do postulado da separação dos poderes, imposto aos Estados pelo art. 25 da CF/88 e, especialmente, ao constituinte estadual, no art. 11 do ADCT/88, combinados, no presente caso, com o art. 61, paragrafo 1., alíneas a e c, da mesma Carta. Configuração, ainda, de inconstitucionalidade material, relativamente aos arts. 21, 27 e 33, por contemplarem hipóteses de provimento de cargos e empregos públicos mediante transferência indiscriminada de servidores e aproveitamento de bolsistas, ao arrepio do disposto no art. 37, II, do Texto Fundamental. Procedência da ação". (ADI nº 89, Relator Min. Ilmar Galvão, Tribunal Pleno, julgado em 04.02.1993, DJ 20.08.1993).

24 Sobre a relação das regras do processo legislativo e o princípio da separação dos poderes, foram lúcidas as ponderações do Ministro Sepúlveda Pertence: "mais que um princípio sensível, no art. 2º, a Constituição erigiu a independência e harmonia dos Poderes num dos princípios fundamentais do regime constitucional da República. De tal modo que entendo que hão de reconhecer-se princípios constitucionais de observância compulsória nas linhas básicas do processo legislativo federal, em tudo aquilo que disser respeito à mecânica de equilíbrio dos Poderes, em tudo aquilo que atingir ou puder atingir à independência e harmonia dos Poderes. Com efeito, Sr. Presidente, é evidente que o processo legislativo é um dos cenários básicos em que se põe o problema, em que se resolve o problema do jogo dos poderes na estrutura do Estado. E não há um modelo *a priori* de independência e harmonia dos Poderes. O regime brasileiro de independência e harmonia dos Poderes há de ser extraído daquele desenhado no texto positivo da Constituição, no qual, repito, o processo legislativo é um dos momentos mais relevantes de identificação".

25 Ementa: "Aposentadoria: proventos: vantagem inserida em Constituição Estadual: plausibilidade, segundo a jurisprudência do STF, no sentido de que é inconstitucional o trato pelo constituinte estadual de matérias – a exemplo da relativa a aposentadoria de servidores civis –, incluídas, no processo legislativo ordinário, na reserva de iniciativa do Poder Executivo: precedentes" (ADI nº 1160 MC, Relator Min. Sepúlveda Pertence, Tribunal Pleno, julgado em 30.03.1995, DJ 19.05.1995).

de aprovação de matérias legislativas fixado na Constituição da República (ADI 486);[26] e (iii) que o Estado não pode alterar ou criar exceções – o Estado de São Paulo havia ressalvado os casos de iniciativa exclusiva – ao cumprimento da regra constitucional de que "a matéria constante de projeto de lei rejeitado somente poderá constituir objeto de novo projeto, na mesma sessão legislativa, mediante proposta da maioria absoluta dos membros de qualquer das Casas do Congresso Nacional", previsto no art. 67 da CRFB/88 (ADI 1.546).[27] Vale notar que, justamente com base no princípio da simetria, o STF decidiu que as Constituições estaduais podem prever o cabimento de Medidas Provisórias, a serem apresentadas pelos governadores, em caso de relevância e urgência e desde que elas sejam convertidas em leis pelas respectivas Assembleias Legislativas.

Relativamente à matéria objeto do presente trabalho, isto é, se os Estados ou os Municípios infringem as normas constitucionais de processo legislativo federal se exigirem lei complementar em situação em relação à qual a Constituição da República não dispõe expressamente, a jurisprudência não seguiu um movimento tão retilíneo, conforme se passa a observar.

O entendimento até então consagrado de que os Estados e os Municípios não estariam autorizados a exigir quórum de maioria absoluta (lei complementar) para aprovar suas respectivas leis estaduais e municipais, a não ser naquelas matérias que, em âmbito federal, exigiam quórum superior ao de maioria simples,[28] não prevaleceu no julgamento da ADI nº 2.314. Em apertada maioria (6 a 5), a Corte constitucional passou

---

[26] Ementa: "Ação direta de inconstitucionalidade – Processo de reforma da constituição estadual – Necessária observância dos requisitos estabelecidos na Constituição Federal (art. 60, §§1º a 5º) – Impossibilidade constitucional de o Estado-membro, em divergência com o modelo inscrito na Lei Fundamental da República, condicionar a reforma da Constituição Estadual à aprovação da respectiva proposta por 4/5 (quatro quintos) da totalidade dos membros integrantes da Assembleia legislativa – Exigência que virtualmente esteriliza o exercício da função reformadora pelo poder legislativo local – A questão da autonomia dos estados-membros (CF, art. 25) – Subordinação jurídica do poder constituinte decorrente às limitações que o órgão investido de funções constituintes primárias ou originárias estabeleceu no texto da Constituição da República: 'é na Constituição Federal que se localiza a fonte jurídica do poder constituinte do Estado-membro' (Raul Machado Horta) – O significado da Constituição e os aspectos de multifuncionalidade que lhe são inerentes – Padrões normativos que se impõem à observância dos Estados-membros em tema de reforma de sua própria Constituição – Inconstitucionalidade caracterizada – Ação direta procedente" (ADI nº 486, Relator Min. Celso de Mello, Tribunal Pleno, julgado em 03.04.1997, DJ 10.11.2006).

[27] Ementa: "Constitucional. Constituição estadual e Regimento interno da Assembleia legislativa. Estrutura do processo legislativo. Projeto de lei rejeitado. Reapresentação. Expressões em dispositivos que desobedecem ao art. 25 e se contrapõem ao art. 67, ambos da CF. A observância das regras federais não fere autonomia estadual. Precedentes. Ação julgada procedente em parte" (ADI nº 1546, Relator Min. Nelson Jobim, Tribunal Pleno, julgado em 03.12.1998, DJ 06.04.2001). O Ministro relator se referiu ao parecer de Manoel Gonçalves Ferreira Filho, segundo o qual: "é evidente, portanto, que, ao deferir ao Governador, chefe do Poder Executivo, um poder que a Lei Magna federal reserva aos parlamentares, está a Carta paulista contrariando um dos princípios do processo legislativo adotado pelo Texto nacional. É, pois, o art. 29 da Constituição de São Paulo inconstitucional, por desobedecer ao art. 25 da Carta federal, na medida em que se contrapõe ao princípio contido no art. 67".

[28] Ementa: "AÇÃO DIRETA DE INCONSTITUCIONALIDADE. CONSTITUIÇÃO DO ESTADO DO PIAUÍ. PREVISÃO DE NECESSIDADE DE EDIÇÃO DE LEI COMPLEMENTAR. PROCESSO LEGISLATIVO. NORMAS QUE VERSAM SOBRE SERVIDOR PÚBLICO. SITUAÇÕES EM QUE A CONSTITUIÇÃO FEDERAL EXIGE LEI ORDINÁRIA. VIOLAÇÃO AO PRINCÍPIO DA SIMETRIA. AÇÃO JULGADA PROCEDENTE. I – A inconstitucionalidade dos preceitos impugnados decorre da violação ao princípio da simetria, uma vez que a Constituição do Estado do Piauí exige a edição de Lei Complementar para o tratamento de matérias em relação às quais a Constituição Federal prevê o processo legislativo ordinário. II – A jurisprudência reiterada desta Corte é no sentido de que o Estado-membro, em tema de processo legislativo, deve observância cogente à sistemática ditada pela Constituição Federal. Precedentes. III – Ação julgada procedente para declarar a inconstitucionalidade dos incisos III, VII, VIII, IX e X, e do parágrafo único do art. 77 da Constituição do Estado do Piauí" (ADI nº 2872, Relator Min. Eros Grau, Relator p/ Acórdão: Min. Ricardo Lewandowski, Tribunal Pleno, julgado em 01.08.2011, DJe 02.09.2011).

a admitir a extrapolação do modelo do processo legislativo federal no que diz respeito a quais temas podem ser tratados por leis complementares, ou seja, quais matérias exigiriam um quórum superior ao da maioria simples para a sua aprovação.[29] O STF passou, portanto, a considerar que seria possível a criação de quórum mais dificultoso para a aprovação de determinadas matérias nas leis orgânicas ou constituições estaduais, ainda que não guardem simetria com as matérias cujo quórum qualificado é exigido no processo legislativo federal.[30]

Todavia, a virada da jurisprudência acabou não se confirmando. No julgamento da ADI nº 5.003, o Pleno do STF, à unanimidade, decidiu que a ampliação da reserva de lei complementar, para além daquelas hipóteses demandadas no texto constitucional restringe indevidamente o arranjo democrático-representativo desenhado pela Constituição da República, ao permitir que legislador estadual crie, por meio do exercício do seu poder constituinte decorrente, óbices procedimentais – como é o quórum qualificado – para a discussão de matérias estranhas ao seu interesse ou cujo processo legislativo, pelo seu objeto, deva ser mais célere ou responsivo aos ânimos populares.[31]

---

[29] Ementa: "POLÍCIA CIVIL – REGÊNCIA – LEI – NATUREZA. A previsão, na Carta estadual, da regência, quanto à polícia civil, mediante lei complementar não conflita com a Constituição Federal" (ADI nº 2.314, Rel. Min. Joaquim Barbosa, Rel. p/ Acórdão Min. Marco Aurélio, Tribunal Pleno, julgado em 17.06.2015, pub. 07.10.2015).

[30] Assim consignou o Ministro Celso de Mello em seu voto: "É que não se pode subtrair, ao Estado-membro, a prerrogativa institucional de valorizar, segundo critérios e padrões próprios e mediante utilização da lei complementar (cujo projeto exige maioria absoluta para ser aprovado), a disciplina normativa a ser dispensada a determinadas matérias de interesse eminentemente regional. Esta Suprema Corte, ao garantir tal prerrogativa ao Estado-membro, estará, na realidade, reafirmando a essencialidade de que se reveste, como valor constitucional que é, o primado da autonomia estadual, prestigiando, desse modo, um dos elementos que compõem a estrutura em que se apoia o pacto da Federação". A mesma posição foi adotada pelo STF quando do julgamento da ADI 1.087: "(...) 1. Nos termos da jurisprudência recém delineada nesta Corte, não ofende a Constituição Federal a previsão, na Carta estadual, da regência, quanto ao estatuto dos militares, mediante lei complementar. (...)" (ADI nº 1.087, Rel. Min. Edson Fachin, Tribunal Pleno, julgado em 03.03.2016).

[31] Ementa: AÇÃO DIRETA DE INCONSTITUCIONALIDADE. DIREITO CONSTITUCIONAL. ARTIGO 57, PARÁGRAFO ÚNICO, IV, V, VII E VIII, DA CONSTITUIÇÃO DO ESTADO DE SANTA CATARINA. HIPÓTESES DE RESERVA DE LEI COMPLEMENTAR NÃO CONTIDAS NA CONSTITUIÇÃO FEDERAL. VIOLAÇÃO AO PRINCÍPIO DEMOCRÁTICO, À SEPARAÇÃO DE PODERES E À SIMETRIA. PRECEDENTES. AÇÃO DIRETA DE INCONSTITUCIONALIDADE CONHECIDA E JULGADO PROCEDENTE O PEDIDO. 1. A lei complementar, conquanto não goze, no ordenamento jurídico nacional, de posição hierárquica superior àquela ocupada pela lei ordinária, pressupõe a adoção de processo legislativo qualificado, cujo quórum para a aprovação demanda maioria absoluta, ex vi do artigo 69 da CRFB. 2. A criação de reserva de lei complementar, com o fito de mitigar a influência das maiorias parlamentares circunstanciais no processo legislativo referente a determinadas matérias, decorre de juízo de ponderação específico realizado pelo texto constitucional, fruto do sopesamento entre o princípio democrático, de um lado, e a previsibilidade e confiabilidade necessárias à adequada normatização de questões de especial relevância econômica, social ou política, de outro. 3. A aprovação de leis complementares depende de mobilização parlamentar mais intensa para a criação de maiorias consolidadas no âmbito do Poder Legislativo, bem como do dispêndio de capital político e institucional que propicie tal articulação, processo esse que nem sempre será factível ou mesmo desejável para a atividade legislativa ordinária, diante da realidade que marca a sociedade brasileira – plural e dinâmica por excelência – e da necessidade de tutela das minorias, que nem sempre contam com representação política expressiva. 4. A ampliação da reserva de lei complementar, para além daquelas hipóteses demandadas no texto constitucional, portanto, restringe indevidamente o arranjo democrático-representativo desenhado pela Constituição Federal, ao permitir que Legislador estadual crie, por meio do exercício do seu poder constituinte decorrente, óbices procedimentais – como é o quórum qualificado – para a discussão de matérias estranhas ao seu interesse ou cujo processo legislativo, pelo seu objeto, deva ser mais célere ou responsivo aos ânimos populares. 5. In casu, são inconstitucionais os dispositivos ora impugnados, que demandam edição de lei complementar para o tratamento (i) do regime jurídico único dos servidores estaduais e diretrizes para a elaboração de planos de carreira; (ii) da organização da Polícia Militar e do Corpo de Bombeiros Militar e do regime jurídico de seus servidores; (iii) da organização do sistema estadual de educação; e (iv) do plebiscito e do referendo – matérias para as quais a Constituição Federal não demandou tal espécie normativa. Precedente: ADI 2872, Relator Min. EROS GRAU, Redator p/ Acórdão Min. RICARDO LEWANDOWSKI, Tribunal Pleno, julgado em 01.08.2011, Dje 05.09.2011. 6. Ação direta conhecida e julgado procedente o pedido,

Posteriormente, outros julgamentos do plenário do mesmo tribunal confirmaram a tradicional jurisprudência, no sentido de que a exigência pelo poder constituinte estadual ou municipal de lei complementar para a disciplina de temas em relação aos quais a Constituição de 1988 não previu tal espécie normativa, não observa o princípio da simetria constitucional.[32] Manteve-se firme, portanto, o entendimento de que são de observância obrigatória as regras que regem o processo legislativo federal, tendo como lastro principal a preservação da separação de poderes.

Evidentemente, não existindo hierarquia entre lei complementar e lei ordinária, a votação e aprovação de lei complementar em contexto a exigir apenas o rito de lei ordinária não configura vício formal, porquanto é satisfeito, e suplantado, o requisito da maioria simples. Deve vigorar o brocardo de "quem pode o mais, pode o menos", de modo que a lei complementar eventualmente aprovada deve ser tratada como lei ordinária.

Em face disso, volvendo aos exemplos trazidos no tópico anterior, uma vez que a Constituição do Estado de Minas Gerais e a Lei Orgânica de João Pinheiro preveem que o "código tributário estadual" é matéria de lei complementar, inovando neste assunto relativamente às regras da Constituição da República, tais diplomas normativos revelam-se inconstitucionais. Da mesma forma, a Constituição do Acre extrapola as regras básicas de processo legislativo federal, ao dispor que todas as leis relativas ao sistema tributário estadual sejam previstas em lei complementar.

3 A posição do Tribunal de Justiça do estado de Minas Gerais e a desnecessidade de criação de tributos ou de isenções por lei complementar

Considerando que diversos Municípios, observando sua lei orgânica, criaram códigos tributários por lei complementar, surgiram litígios julgados pelo Tribunal de Justiça do Estado de Minas Gerais que merecem ser trazidos à baila.

Aproveitando o exemplo do Município de João Pinheiro, já analisado anteriormente, a Corte mineira julgou um caso de questionamento de uma isenção instituída por lei ordinária, diante das normas específicas daquela localidade. O Município de João Pinheiro aduziu que a isenção não poderia ter sido concedida mediante lei ordinária, porque, pela norma contida no art. 51, da Lei Orgânica, o IPTU fora criado pela Lei Complementar nº 01/2002, que instituiu o Código Tributário Municipal.

Corretamente, decidiu o desembargador relator Pedro Bitencourt que, "o fato de a lei orgânica prever a necessidade de edição de lei complementar para dispor sobre o Código Tributário Municipal não leva à ilação de que a instituição do IPTU e, consequentemente, a outorga de isenção devam ocorrer por meio dessa espécie normativa, pois não há, na

---

para declarar inconstitucional o artigo 57, parágrafo único, IV, V, VII e VIII, da Constituição do Estado de Santa Catarina. (ADI nº 5003, Relator: Luiz Fux, Tribunal Pleno, julgado em 05.12.2019, publicado em 19.12.2019).

32 Cf. ADI nº 3804, relator Dias Toffoli, tribunal pleno, julgado em 06.12.2021, publicado em 16.03.2022; e ADI nº 2926, relator Nunes Marques, tribunal pleno, julgado em 18.03.2023, publicado em 22.05.2023.

Constituição da República, determinação expressa nesse sentido".[33] (Apelação Cível nº 1.0363.15.002878-7/001, 19ª Câmara Cível, pub. 10.10.2019).

Sob o mesmo raciocínio, no julgamento do Incidente de Uniformização de Jurisprudência nº 1.0016.13.016577-8/001 (Apelação Cível nº 1.0016.13.016577-8/001, 1ª Câmara Unif. Jurisp. Cível, Relatora Des. Heloisa Combat, pub. 23.01.2015), o Tribunal de Minas Gerais fixou a tese do sentido da legitimidade da instituição de contribuição de iluminação pública, no âmbito do município de Alfenas, por meio de lei ordinária, não obstante a exigência contida na respectiva lei orgânica, de edição de lei complementar para tratar do Código Tributário Municipal.

É importante notar que a decisão não foi unânime, o que demonstra a relevância de se debater o tema e de se pacificar definitivamente tal entendimento. Certamente, vários Municípios – e Estados, como o Acre – vem encontrando mais dificuldade em aprovar matérias tributárias do que deveriam, considerando que a aprovação de leis complementares depende de mobilização parlamentar mais intensa para a criação de maiorias consolidadas no âmbito do Parlamento, bem como do dispêndio de capital político e institucional, processo esse que nem sempre será factível, ainda mais considerando as peculiaridades da matéria tributária.[34]

4 A inexistência de hierarquia entre a lei complementar e a lei ordinária

Por derradeiro, é importante debruçar, rapidamente, sobre a questão relativa à existência ou não de hierarquia entre a lei complementar e a lei ordinária.

A lei complementar é aquela que deverá dispor sobre matéria indicada na Constituição, implícita ou expressamente, e que está submetida à aprovação da maioria absoluta das Casas do Congresso Nacional (art. 69 da Constituição de 1988).[35] Por si só e por seu quórum de aprovação, não é hierarquicamente superior a qualquer outro instrumento normativo.[36] Cuida-se de espécie normativa diferenciada, com processo legislativo próprio e matéria reservada. Reale as coloca como um "*tertium genus* de leis, que não ostentam a rigidez dos preceitos constitucionais, nem tampouco devem comportar a revogação (perda da vigência) por força de qualquer lei ordinária superveniente".[37]

Especificamente no âmbito do Direito Tributário, a lei complementar, além das indicadas funções de contexto mais geral, tem as seguintes atribuições: criar certos

---

33 E continuou, na esteira do que defendido no presente estudo: "Com efeito, a norma inserta no art. 146, exige, em matéria tributária, a reserva de lei complementar para dispor sobre: conflito de competência entre os entes federativos (inciso I); regular as limitações constitucionais ao poder de tributar (inciso II); estabelecer normas gerais de Direito Tributário (inciso III). Ademais, as normas insertas no art. 148 e 154, I, estabelecem a necessidade de lei complementar para instituição, pela União, de empréstimos compulsórios e impostos de competência residual, respectivamente. Desse modo, é de se convir, perfeitamente viável a disciplina da matéria (concessão de isenção do IPTU) por meio de lei ordinária, não havendo que se falar na existência de vício formal por esse motivo".

34 Para aprofundar sobre as peculiaridades da matéria tributária e o processo legislativo tributário, *vide*: MOREIRA, Bernardo Motta. *A governamentalização do poder de tributar*: desafios do processo legislativo tributário. Belo Horizonte: Letramento; Casa do Direito, 2021.

35 Art. 69. As leis complementares serão aprovadas por maioria absoluta.

36 BORGES, José Souto Maior. Normas gerais do direito tributário, inovações do seu regime na Constituição de 1988. *Revista de Direito Tributário*, n. 87, 2003. p. 54.

37 REALE, Miguel. *Parlamentarismo brasileiro*. São Paulo: Saraiva, 1962. p.110.

tributos (arts. 148, 153, VII, 154, 195, §4º) e a de tornar mais detalhada a regulamentação de certos impostos, cujas linhas mestras já são traçadas na Constituição da República (arts. 155, §2º, XII e 156, §3º).

O caráter de supremacia hierárquica relativamente às leis ordinárias foi defendido por muitos,[38] talvez porque a lei complementar seja editada pelo Congresso, com validade em todo o território nacional, abarcando a União Federal, Estados, Distrito Federal e Municípios. Teria influenciado também a posição topográfica no rol dos incisos do art. 59[39] da Constituição de 1988, eis que a previsão da lei complementar vem logo abaixo das emendas constitucionais, sendo de aprovação mais severa que as leis ordinárias.

Ocorre que, justamente por agirem em campos distintos, não é tecnicamente correto considerar que a lei ordinária é hierarquicamente inferior à lei complementar. Tanto as leis complementares como as leis ordinárias estão previstas no art. 59 da Constituição. Fácil é perceber que a lei ordinária extrai seu fundamento de validade diretamente da Carta Maior e não da lei complementar, razão pela qual se conclui inexistir qualquer relação hierárquica entre as espécies, mas tão somente coordenação no mesmo patamar normativo.

A lei complementar tem seu campo material de incidência expressamente ou implicitamente determinado pela própria Constituição, de modo que não haveria possibilidade de superposição normativa a gerar conflito com lei ordinária. É claro que poderão ocorrer casos de invasão do campo material reservado à outra.

Como quem pode o mais pode o menos, o quórum de maioria absoluta dos parlamentares é hábil para aprovação de lei complementar, tratando de regras que, em razão da matéria, poderiam ser veiculadas por lei ordinária. Isso não impedirá que, futuramente, lei ordinária superveniente disponha de forma diversa, revogando ou alterando o disposto na lei complementar.[40]

Por outro lado, a especificidade e a força dos provimentos de norma geral advêm do respectivo conteúdo, e seu tratamento em matéria tributária é intangível por outros

---

[38] Hugo de Brito Machado, Haroldo Valadão, Pontes de Miranda, Wilson Accioli, Nelson Sampaio, Geraldo Ataliba, Manoel Gonçalves Ferreira Filho, Ricardo de Moura Paulo, entre outros juristas de escol.

[39] Art. 59. O processo legislativo compreende a elaboração de: I – emendas à Constituição; II – leis complementares; III – leis ordinárias; IV – leis delegadas; V – medidas provisórias; VI – decretos legislativos; VII – resoluções.

[40] Tal posição foi consagrada pelo STF: "Contribuição Social sobre o Faturamento – COFINS (CF, art. 195, I). Revogação pelo art. 56 da Lei 9.430/1996 da isenção concedida às sociedades civis de profissão regulamentada pelo art. 6º, II, da Lei Complementar 70/1991. Legitimidade. Inexistência de relação hierárquica entre lei ordinária e lei complementar. Questão exclusivamente constitucional, relacionada à distribuição material entre as espécies legais. Precedentes. A Lei Complementar 70/1991 é apenas formalmente complementar, mas materialmente ordinária, com relação aos dispositivos concernentes à contribuição social por ela instituída. ADC 1, Rel. Moreira Alves, *RTJ* 156/721". (RE nº 377.457, Rel. Min. Gilmar Mendes, julgamento em 17-9-2008, Plenário, *DJE* de 19.12.2008). No mesmo sentido: RE nº 522.719-AgR, Rel. Min. Ayres Britto, julgamento em 23.11.2010, Segunda Turma, *DJE* de 04.03.2011; AI nº 603.649-AgR, Rel. Min. Dias Toffoli, julgamento em 15.12.2009, Primeira Turma, *DJE* de 05.02.2010; AI nº 591.353-AgR, Rel. Min. Ellen Gracie, julgamento em 4-8-2009, Segunda Turma, *DJE* de 28-8-2009; RE nº 515.074-AgR, Rel. Min. Cezar Peluso, julgamento em 09.06.2009, Segunda Turma, *DJE* de 01.07.2009; RE nº 551.553-AgR, Rel. Min. Marco Aurélio, julgamento em 26.05.2009, Primeira Turma, *DJE* de 26.06.2009; AI nº 709.691-AgR, Rel. Min. Eros Grau, julgamento em 28.04.2009, Segunda Turma, *DJE* de 29.05.2009; AI nº 700.657-AgR, Rel. Min. Menezes Direito, julgamento em 05.05.2009, Primeira Turma, *DJE* de 28.08.2009; AI nº 541.632-AgR, Rel. Min. Joaquim Barbosa, julgamento em 17.03.2009, Segunda Turma, *DJE* de 17-4-2009; RE nº 492.044-AgR, Rel. Min. Ricardo Lewandowski, julgamento em 16.12.2008, Primeira Turma, *DJE* de 20.02.2009; AI nº 614.094-AgR, Rel. Min. Cármen Lúcia, julgamento em 28.10.2008, Primeira Turma, *DJE* de 27-2-2009; AI nº 637.299-AgR, Rel. Min. Celso de Mello, julgamento em 18.09.2007, Segunda Turma, *DJ* de 05.10.2007; RE nº 457.884-AgR, Rel. Min. Sepúlveda Pertence, julgamento em 21.02.2006, Primeira Turma, *DJ* de 17.03.2006.

instrumentos normativos, que não a lei complementar, em cumprimento do art. 146 da Constituição.

Conclusões

Objetivamente, a partir do presente estudo, conclui-se que:

a) É função das normas gerais do Direito Tributário a garantia da segurança jurídica dos administrados, já que prescrevem normas uniformes para serem seguidas pelos entes federados, evitando-se uma multiplicidade de regulações próprias, nem sempre compatíveis entre si, o que diminui a racionalidade do sistema e aumenta a insegurança dos cidadãos;
b) As normas gerais não obstam ou mitigam a competência outorgada aos entes tributantes, mas tornam possível o seu adequado exercício. Não há discriminação de um ente, mas a pretensão de tratar-lhes de maneira uniforme e, principalmente, obrigar a que assim tratem os contribuintes;
c) A Constituição da República de 1988 manteve a denominação de "normas gerais" para se referir às regras jurídicas que, sem serem formalmente constitucionais, têm características destas, como (i) serem editadas pelo Congresso Nacional, versando sobre matérias que, em princípio, seriam de competência também dos Estados e Municípios, (ii) padronizarem a normatividade inerentes a estes e à União, (iii) limitarem os respectivos poderes de legislar e (iv) disporem sobre seus conflitos de competência. Assim, de forma mais pormenorizada que as Cartas Constitucionais anteriores, em seu art. 146, a Constituição de 1988 estabeleceu as seguintes funções genéricas da lei complementar: (iii.1) dispor sobre conflitos de competência, em matéria tributária, entre a União, os Estados, o Distrito Federal e os Municípios; (iii.2) regular as limitações constitucionais ao poder de tributar; (iii.3) estabelecer normas gerais em matéria de legislação tributária, especialmente sobre: (iii.3.1) definição de tributos e de suas espécies, bem como em relação aos impostos discriminados nesta Constituição, a dos respectivos fatos geradores, bases de cálculo e contribuintes; (iii.3.2) obrigação, lançamento, crédito, prescrição e decadência tributários; (iii.3.3) adequado tratamento tributário ao ato cooperativo praticado pelas sociedades cooperativas; e (iii.3.4) definição de tratamento diferenciado e favorecido para as microempresas e para as empresas de pequeno porte);
e) a ampliação da reserva de lei complementar, em Constituições Estaduais e Leis Orgânicas, para além daquelas hipóteses demandadas no texto constitucional é inconstitucional, uma vez que restringe indevidamente o arranjo democrático-representativo desenhado pela Constituição da República, ao permitir que legislador estadual crie, por meio do exercício do seu poder constituinte decorrente, óbices procedimentais (como é o quórum qualificado) para a discussão de certas matérias, como a tributária;
f) seguindo a tradicional jurisprudência do Supremo Tribunal Federal sobre o princípio da simetria e da separação dos poderes, além da inexistência de hierarquia entre lei complementar e lei ordinária, e considerando que certas

Constituições Estaduais e Leis Orgânicas extrapolam o texto da Constituição da República de 1988 ao preverem a necessidade de leis complementares para dispor sobre "código tributário" ou "sistema tributário" das respectivas localidades, o Poder Legislativo estadual ou municipal poderá/deverá se valer de leis ordinárias para dispor sobre a criação e a alteração dos tributos de sua competência.

Referências

ATALIBA, Geraldo. *Sistema Constitucional Tributário*. São Paulo: Revista dos Tribunais, 1968. p. 93 e seguintes.

BALEEIRO, Aliomar. *Direito Tributário Brasileiro*, atualizada por Misabel Abreu Machado Derzi. Rio de Janeiro: Forense, 2005.

BORGES, José Souto Maior. Normas gerais do direito tributário, inovações do seu regime na Constituição de 1988. *Revista de Direito Tributário*, n. 87, 2003.

BORGES, José Souto Maior. *Lei Complementar Tributária*. São Paulo: Ed. Revista dos Tribunais, 1975.

CARDOSO, Alessandro Mendes. *Processo legislativo tributário federal e bloqueios à concretização do projeto constitucional*. Porto Alegre: Livraria do Advogado, 2023.

FERRAZ JÚNIOR, Tércio Sampaio. Segurança jurídica: normas gerais tributárias. *Revista de Direito Tributário*, São Paulo, n. 17, p. 54-55, 1981.

FRANCO, Mônica Miranda. A Constituição como um Sistema de Princípios e Normas – As normas gerais de Direito Tributário. *Revista dos Tribunais: Cadernos de Direito Constitucional e Ciência Política*, v. 7, n. 26, jan./mar. 1999.

LARA, José de Mesquita. As normas gerais de direito financeiro e de direito tributário, sua natureza e função. *Revista de Direito Tributário*, n. 76, 1999.

LEONCY, Léo Ferreira. *Controle de constitucionalidade estadual* – As normas de observância obrigatória e a defesa abstrata da Constituição do Estado-membro. São Paulo: Saraiva, 2007.

MOREIRA, Bernardo Motta. *A governamentalização do poder de tributar*: desafios do processo legislativo tributário. Belo Horizonte: Letramento; Casa do Direito, 2021.

REALE, Miguel. *Parlamentarismo brasileiro*. São Paulo: Saraiva, 1962.

Informação bibliográfica deste texto, conforme a NBR 6023:2018 da Associação Brasileira de Normas Técnicas (ABNT):

MOREIRA, Bernardo Motta; FARO, Maurício Pereira. Lei complementar e o princípio da simetria: o processo legislativo tributário dos estados e municípios. In: LOBATO, Valter de Souza (coord.); MARINHO NETO, José Antonino (org.). *O papel da lei complementar tributária no desenho federativo brasileiro*. Belo Horizonte: Fórum, 2024. p. 261-275. ISBN 978-65-5518-779-3.

O CONTEÚDO MÍNIMO DA LEI COMPLEMENTAR: A UNIFORMIDADE COMO CRITÉRIO DISTINTIVO DA NORMA GERAL EM MATÉRIA TRIBUTÁRIA E A LEI COMPLEMENTAR COMO PARÂMETRO

BRUNO FAJERSZTAJN,
BRUNO CAMPOS CHRISTO TEIXEIRA

Introdução

As discussões sobre as funções da lei complementar e as matérias que podem ser disciplinadas por ela são profícuas, importando ao presente trabalho, de forma objetiva, abordar a sua veiculação para dispor sobre norma geral em matéria tributária, conforme previsão contida no artigo 146, inciso III, da Constituição Federal[1] e avaliar se, nessa hipótese, a lei complementar deve exaurir cada um dos temas relacionados nesse dispositivo ou deve servir como parâmetro à disciplina da matéria pela lei ordinária.

A dificuldade, em primeiro lugar, em se definir norma geral em matéria tributária é amplamente reconhecida na doutrina,[2] e tem implicações importantes para as relações tributárias, considerando a controvérsia sobre o seu campo de incidência e aplicação

---

1 "Art. 146. Cabe à lei complementar: (...)
III – estabelecer normas gerais em matéria de legislação tributária, especialmente sobre:
a) definição de tributos e de suas espécies, bem como, em relação aos impostos discriminados nesta Constituição, a dos respectivos fatos geradores, bases de cálculo e contribuintes;
b) obrigação, lançamento, crédito, prescrição e decadência tributários;
c) adequado tratamento tributário ao ato cooperativo praticado pelas sociedades cooperativas.
d) definição de tratamento diferenciado e favorecido para as microempresas e para as empresas de pequeno porte, inclusive regimes especiais ou simplificados no caso do imposto previsto no art. 155, II, das contribuições previstas no art. 195, I e §§12 e 13, e da contribuição a que se refere o art. 239".

2 De acordo com os ensinamentos de Sacha Calmon: "O terceiro objeto genérico da lei complementar é o de editar as normas gerais de Direito Tributário, expressão de resto polêmica à falta de um conceito escorreito de norma geral no Direito Tributário brasileiro, com a doutrina falhando por inteiro no encalço de conceituar o instituto de modo insofismável. O falecido Prof. Carvalho Pinto chegou ao ponto de definir o que não era norma geral. Ficou nisso. E Rubens Gomes de Sousa teve a humilde ousadia de afirmar que a doutrina não chegada ainda à norma geral que levasse ao conceito das normas gerais de Direito Tributário. Para logo, o assunto complica-se pelo fato de existir a partilha das competências legislativas entre as pessoas políticas. Fôssemos um Estado unitário, e o problema desapareceria. Mas as dificuldades de modo algum impedem o trato da matéria". COÊLHO, Sacha Calmon Navarro. Curso de Direito Tributário Brasileiro. 11. ed. Rio de Janeiro: Forense, 2010. p. 93.

e, consequentemente, a validade de hipóteses definidas por uma espécie de lei em detrimento de outra.

A lei complementar é amplamente reconhecida como veículo de tradução do texto constitucional.[3] Em sendo a constituição a norma basilar do ordenamento jurídico, ela naturalmente não se propõe a disciplinar detalhadamente as hipóteses normativas, cabendo ao legislador trazer à realidade as diretrizes originalmente traçadas pelo constituinte. Nesse sentido, cabe reproduzir os ensinamentos de Luís Eduardo Schoueri sobre a origem da lei complementar no ordenamento pátrio:

> Desde os primórdios da república, já se percebia que o texto constitucional não poderia ser exaustivo, exigindo, daí, a edição de leis para sua complementação. Naquela época, não se cogitava uma lei formalmente complementar, com quórum diferenciado. Em seu aspecto material, entretanto, o instituto da lei complementar não pode ser considerado uma novidade. A primeira constituição republicana de 1891, já previa, em seu artigo 34, competir privativamente ao Congresso Nacional "Decretar as leis orgânicas para a execução completa da Constituição.

A escolha de uma espécie normativa específica para, entre outros, definir o conteúdo da norma constitucional decorre da organização do estado no sistema federativo, que tem uma face nacional, de um lado, que traduz os interesses congregados das comunidades parciais a ele submetidas, e outras faces parciais, onde se revelam as atribuições específicas e autônomas de cada ente federativo.

As leis complementares, nesse cenário, assumem especial relevância no desdobramento dessa face nacional do Estado Federal, sendo o fio condutor da unidade do ordenamento jurídico, que projeta, indistintamente, sobre as ordens parciais, o teor da norma constitucional, garantindo a harmonia entre elas. Para se ratificar essa premissa, recorre-se à valiosa lição de Geraldo Ataliba[4] sobre o conteúdo das normas gerais em matéria tributária:

> As normas gerais de direito financeiro e tributário são, por definição e pela sistemática constitucional, leis nacionais; leis que não se circunscrevem ao âmbito de qualquer pessoa política, mas os transcendem aos três. Não se confundem com a lei federal, estadual ou municipal e têm seu campo próprio e específico, excludente das outras três e reciprocamente.

No âmbito do Direito Tributário, a norma constitucional veio, principalmente, estabelecer as limitações ao poder de tributar e definir a competência dos entes estatais para a instituição e cobrança dos tributos.[5]

---

[3] De acordo com Ricardo Mariz de Oliveira: "Realmente, a lei complementar requer maioria absoluta de aprovação, mas não é complementar pela vontade dos seus legisladores, ou pelo simples fato de que qualquer uma delas tenha sido aprovada com iguais ou mais votos do que a maioria absoluta, e, sim, pela matéria constitucionalmente prevista, de forma expressa, para ser disciplinada por lei complementar". DE OLIVEIRA, Ricardo Mariz de. *Fundamentos do Imposto de Renda*. São Paulo: Instituto Brasileiro de Direito Tributário, 2020. v. I. p. 489. (versão do *kindle*).

[4] ATALIBA, Geraldo. Normas Gerais na Constituição – Leis Nacionais, Leis Federais e seu Regime Jurídico. *In*: ATALIBA, Geraldo. *Estudos e Pareceres de Direito Tributário*. São Paulo: Revista dos Tribunais, 1980. v. III. p. 15-16.

[5] Conforme sustenta Luís Eduardo Schoueri: "É no texto constitucional que se encontra a feição do Estado, prevendo-se, ali mesmo, os meios para seu custeio. Por tal razão, é na Constituição que se verifica a fundamentação

Definida a competência tributária, ao legislador ordinário, no âmbito da respectiva ordem jurídica parcial, cabe, sem perder de vista os limites da sua competência, instituir a hipótese de incidência tributária para exigir o tributo. Por outro lado, a definição dos elementos comuns das relações tributárias ficaria a cargo do legislador complementar, conforme previsão contida na hipótese do artigo 146, inciso III, da Constituição Federal.[6]

Se os temas que devem ser objeto de lei complementar são relativamente fáceis de se identificar, considerando que estão relacionados, ainda que exemplificativamente, no citado dispositivo constitucional, não há clareza sobre o nível de detalhamento a que deve chegar a legislação complementar, enquanto norma geral.

Nesse contexto, as perguntas que se pretende responder são: toda e qualquer disposição em lei complementar sobre algum dos temas relacionados como típicos de norma geral veiculará efetivamente uma norma geral ou existe algum nível de detalhe que escapa à competência do legislador complementar e, por isso, pode ser disciplinado por lei ordinária? Qual é esse limite? Uma lei complementar que venha disciplinar a sujeição passiva de um imposto será, invariavelmente, em todos os seus detalhes, uma norma geral?

A resposta mais simples para essas perguntas é no sentido de que todas as questões envolvendo qualquer um dos elementos das normas gerais em matéria tributária deveriam necessária e exclusivamente passar pela disciplina da lei complementar. No entanto, essa compreensão não parece a mais adequada, considerando, em primeiro lugar, que o próprio legislador complementar, ao disciplinar elementos da norma geral, prevê hipóteses que podem ser disciplinadas pelo legislador,[7] ou admitem disposição de lei em contrário.[8] Em segundo lugar, mesmo quando não o faz, negar-se a possibilidade de o legislador ordinário disciplinar temas relacionados aos que estão no raio da norma geral, poderia levar, de um lado, à desnaturação da norma geral e, de outro, à supressão da atividade legiferante dos entes federativos, considerando haver uma zona cinzenta entre o que de fato está inserido no tópico das normas gerais e o que não está.

---

jurídica para a própria criação de tributos. É, pois, o instrumento para a conferência de competência tributária. A competência é uma das categorias das técnicas da tributação e será estudada no Capítulo VI. Neste passo, basta considerar que o texto constitucional prevê a existência de tributos e delineia quem serão as pessoas jurídicas de direito público que poderão instituí-los. O tema da competência é extremamente relevante, especialmente quando o Estado adota a forma federal. Assim, no Brasil o texto constitucional previu estrutura federal, onde se identificam a União, os Estados e o Distrito Federal. Embora haja quem levante dúvidas se os municípios participam, enquanto tais, do pacto federativo, o Constituinte houve por bem conferir também a eles uma parcela da competência tributária. Pois bem: é na Constituição que se sabe quem pode instituir qual tributo SCHOUERI, Luís Eduardo. Direito Tributário. 6. ed. São Paulo: Saraiva, 2016. p. 77.

6 Após analisarem o conceito de normas gerais, Mateus Gripp e Yasmin Fernandes defendem a impossibilidade dessas normas abordarem temas específicos das relações tributárias inerentes a cada esfera jurídica: "De fato, quaisquer dos autores supracitados, na identificação do conteúdo que reputam singular às normas gerais, parecem afirmar a impossibilidade de que elas incorram em especificidades, dispondo sobre matérias quaisquer de modo minudente. Este ao menos o inequívoco trato distintivo das normas desta sorte". GRIPP, Mateus Silva de Muzio; DA SILVA, Yasmin Fernandes Soares. O Julgamento do RE n. 1.311.742/SP e a Crise de Confiança no Federalismo Brasileiro em Tempos de Pandemia. *In*: LEAL, Roger Stiefelmann (Coord. geral); DÁRGEL, Anelise Domingues Shuler (Coord. Exe.); SEGUNDO, Luiz Paulo Ferreira; CHAMBÔ, Pedro Luís. *O Estado Federal em Tempos de Pandemia*. São Paulo: Ed. Dia a dia Forense, 2022. p. 416-417.

7 O que acontece, por exemplo, no artigo 124, II, do CTN.

8 O que acontece, por exemplo, no artigo 125, do CTN.

Por isso, tentar-se-á revelar, sem a pretensão de exaurir a controvérsia, se há alguma fronteira entre as competências do legislador complementar e do legislador ordinário no âmbito da definição de temas sabidamente relativos a normas gerais.

1 O tratamento uniforme como critério para a instituição de lei complementar para dispor sobre norma geral em matéria tributária

O Estado Federal tem origem nos Estados Unidos da América, em 1787, e surge da percepção dos estados reunidos naquele território, organizados em uma confederação, da fragilidade do vínculo existente entre eles, e da busca de coesão para o fortalecimento dos seus interesses, especialmente frente à antiga matriz. Esses estados, até então soberanos, unem-se para formar uma federação e passam a se submeter a uma constituição única e a um governo central,[9] preservando, contudo, a sua autonomia administrativa, judiciária, legislativa e política.[10]

No Brasil, adotou-se o Estado Federal a partir da Proclamação da República, sistema que tem sido adotado desde então.[11] Misabel de Abreu Machado Derzi avalia que nosso sistema prestigia a conformação das políticas públicas, entre as esferas de poder, em nível nacional. Confira-se, a seguir, trecho de artigo seu:[12]

> Ora, as mesmas observações feitas pela corrente Federalista nacionalista norte-americana podem ser tecidas para tratar do Federalismo brasileiro, pois no que tange a tributos e orçamento, à segurança pública, ao regime penitenciário, à saúde, à educação, ao meio ambiente e urbanístico além de outras matérias. A União faz as suas intervenções legislativas por meio de normas e diretrizes gerais, mas há espaço, ainda, para a atuação legislativa dos Estados e Municípios. Em relação à implementação e execução, a administração federal é absolutamente impotente para alcançar algum sucesso, sem a atuação efetiva dos demais Entes estatais. Podemos concluir, igualmente, que, no modelo brasileiro, Estados e Municípios trabalham ativamente a democracia nacional e cumprem fins nacionais. Deles depende a concreção dos direitos fundamentais como o direito à vida, à segurança pública, à saúde, à educação e ao meio ambiente.

Há, nessa organização, uma fragmentação da ordem jurídica. De um lado, há as normas das ordens jurídicas parciais, compostas, respectivamente, por cada uma das instâncias de poder, como, no caso do Brasil, a União, os Estados, os Municípios e o Distrito Federal, e, de outro, as normas da ordem jurídica total, que congrega os interesses das comunidades a nível nacional, que se harmonizam entre si por meio do

---

[9] DALLARI, Dalmo de Abreu. *O Estado Federal*. 2. ed. São Paulo: Saraiva, 2019. p. 15 a 23.

[10] COÊLHO. Sacha Calmon Navarro. *Op. Cit.*, p. 23.

[11] LOPES FILHO, Juraci Mourão. *Competências Federativas*. 2. ed. Salvador: JusPodivm, 2019. p. 95.

[12] DERZI, Misabel de Abreu Machado. *Proteção da confiança e incentivos fiscais para o desenvolvimento*. (Os problemas centrais que os projetos de reforma tributária propostos não resolvem). *In*: CARVALHO, Paulo de Barros (Coord.); SOUZA, Priscila de. (Org.). *Constructivismo lógico semântico e os diálogos entre teoria e prática*. 1. ed. São Paulo: Noeses, 2019. p. 961.

princípio da simetria, que obriga a Constituição Estadual e a Lei Orgânica Municipal a reproduzirem as principais características do modelo federal.[13]

Além da submissão das ordens jurídicas parciais à Constituição Federal, a coerência normativa entre elas também se dá por meio da lei complementar, que, ao explicitar o texto constitucional, garante a convergência em torno do conteúdo normativo a ser aplicado e disciplinado pelos respectivos entes federativos. Nesse ponto, cumpre destacar os ensinamentos de José Souto Maior Borges sobre a lei complementar:[14]

> Na doutrina brasileira, o ponto de partida para a formulação do conceito "ontológico" ou "doutrinário" – ou material de lei complementar, como preferimos denominá-lo é um estudo clássico de Victor Nunes Leal no qual ele sustenta que, em princípio, todas as leis são complementares, porque se destinam a completar princípios básicos enunciados na Constituição. Adverte entretanto Nunes Leal que geralmente se reserva esta denominação para aquelas leis sem as quais determinados dispositivos constitucionais não podem ser aplicados.

A advertência registrada no trecho em destaque, sobre a reserva da lei complementar para desdobrar especialmente as normas constitucionais que não poderiam ser aplicadas sem ela, é o que deve pautar, em primeiro lugar, a escolha do constituinte por ela em detrimento de outro veículo legislativo.

Ou seja, lança-se mão da lei complementar quando o constituinte já tenha delineado, no texto constitucional, os elementos que qualificam a competência tributária para a instituição e cobrança de determinado tributo, mas o exercício da capacidade tributária esteja obstado pela falta de definição de outros elementos da relação tributária específica. É o que acontece, por exemplo, na hipótese do artigo 155, inciso I, e parágrafo 1º, inciso III, da Constituição Federal,[15] ao tratar do imposto sobre heranças e doações.

Mas, não só. Pode-se dizer que a escolha do constituinte pela lei complementar não está atrelada exclusivamente à falta de definição de elementos da relação tributária, o que poderia ser, em tese, resolvido por meio de lei ordinária, mas também, à necessidade de se harmonizar as ordens jurídicas parciais, como acontece nas hipóteses do artigo 146, inciso III, da Constituição Federal.

Nesse contexto, a inviabilidade da aplicação da norma constitucional não é meramente instrumental, mas está atrelada, materialmente, à necessidade de se dispensar tratamento uniforme aos contribuintes de diferentes entes federativos. E essa condição não pode ser cumprida por lei ordinária, já que essa espécie legal tem aptidão para disciplinar apenas matérias dentro do raio de competência do próprio ente federativo,

---

13 MOREIRA, André Mendes. O Federalismo Brasileiro e a Repartição de Receitas Tributárias. *In*: DERZI, Misabel de Abreu Machado (Org.); JÚNIOR, Onofre Alves Batista (Org.); MOREIRA, André Mendes (Org.). *Estado Federal e Tributação*. Belo Horizonte: Arraes Editores, 2015. v. I. p. 155.

14 BORGES, José Souto Maior. *Lei Complementar Tributária*. São Paulo: Editora Revista dos Tribunais, 1975. p. 31-32.

15 "Art. 155. Compete aos Estados e ao Distrito Federal instituir impostos sobre
I – transmissão causa mortis e doação, de quaisquer bens ou direitos; (...)
§1º O imposto previsto no inciso I: (...)
III – terá competência para sua instituição regulada por lei complementar:
a) se o doador tiver domicilio ou residência no exterior;
b) se o de cujus possuía bens, era residente ou domiciliado ou teve o seu inventário processado no exterior".

não se estendendo às demais ordens jurídicas, portanto, sendo incapaz de atribuir uniformidade à matéria legislada.

Apenas a lei complementar, a serviço da ordem jurídica total, poderia garantir a uniformidade de tratamento tributário aos contribuintes por meio da definição das normas gerais de direito tributário.

A lei complementar nesse contexto concretiza os princípios basilares do Estado Federativo, da Isonomia e Segurança Jurídica. Determinam a regulamentação, na unidade do território nacional, como forma de se estabelecerem normas uniformes, previsíveis, consistentes e estáveis entre os diversos entes tributantes e os contribuintes.[16]

A Segurança Jurídica é ideia ínsita ao próprio conceito de Direito, o que dispensaria disposições expressas em qualquer texto normativo. De qualquer sorte, a expressão segurança está distribuída em diversos dispositivos na Constituição, tais como o *caput* do artigo 5º, seu inciso XXXIII, o artigo 6º, o artigo 23, inciso XII, o artigo 103-A, parágrafo 1º, entre outros. A Segurança Jurídica é o conjunto de condições que permite aos indivíduos conhecerem, antecipadamente, as consequências de seus atos, estando assim vinculada à ideia de certeza da aplicação das normas jurídicas, assegurando que os sujeitos de direitos e obrigações não sejam surpreendidos com modificações normativas que lhe causem consequências antes não previstas. A Segurança Jurídica também está atrelada, como aposto, acima, à ideia de estabilidade, confiabilidade, previsibilidade (não surpresa), e mensurabilidade das regras, protegendo expectativas legitimamente constituídas pelos indivíduos.[17]

Aqui, cabe ressalvar que o constituinte, ao se referir a normas gerais, não pretendeu se referir a normas genéricas, mas, sim, a normas que alcançassem todas as ordens jurídicas e seus jurisdicionados. Este é o entendimento do Supremo Tribunal Federal ("STF"), conforme se pode extrair da ementa do julgamento do RE nº 433.352-AgR:

> CONSTITUCIONAL. TRIBUTÁRIO. IMPOSTO SOBRE SERVIÇOS. ISS. ENTIDADES AUTORIZADAS A FUNCIONAR EPLO BANCO CENTRAL DO BRASIL. LEI COMPLEMENTAR DE NROMAS GERAIS QUE AFASTA A TRIBUTAÇÃO. DESCARACTERIZAÇÃOI DE ISENÇÃO HETERÔNOMA. CORRETO PAPEL DAS NORMAS GERAIS EM MATÉRIA TRIBUTÁRIA.
>
> 1. A Segunda Turma desta Corte firmou precedentes no sentido da não incidência do ISS sobre as atividades desempenhadas por instituições autorizadas a funcionar pelo Banco Central do Brasil – BACEN.
>
> 2. A observância de normas gerais em matéria tributária é imperativo de segurança jurídica, na medida em que é necessário assegurar tratamento centralizado a alguns temas para que seja possível estabilizar legitimamente expectativas. Neste contexto, "gerais" não significa "genéricas", mas sim "aptas a vincular todos os entes federados e os administrados". (...) (STF; RE nº 433.352-AgR/MG; Rel. Min. Joaquim Barbosa; Segunda Turma; DJ: 28.5.2010)

---

[16] Sobre a segurança jurídica na Federação e as normas gerais, confira-se: ÁVILA, Humberto. Responsabilidade Pessoal dos Administradores por Atos Praticados com Abuso de Poder. *Revista Direito Tributário Atual*, São Paulo, IBDT/Dialética, n, 25, 2012. p. 385.

[17] ÁVILA, Humberto. *Sistema Constitucional Tributário*. São Paulo: Ed. Saraiva. 2004. p. 295-300.

Não obstante tenha o STF, em algumas ocasiões, considerado inconstitucional a disciplina de matérias de norma geral por lei ordinária sob o argumento exclusivo de que o meio legislativo empregado seria inadequado,[18] isto é, estar-se-ia diante de inconstitucionalidade formal, entende-se que o critério distintivo da norma geral prevista no artigo 146, inciso III, da Constituição, é a dispensa de tratamento uniforme a todas as partes integrantes de relações tributárias.

Prova disso é o histórico entendimento do Supremo Tribunal Federal ("STF") no sentido de que não seria exigida lei complementar para a definição dos fatos geradores, bases de cálculo e sujeitos passivos das contribuições especiais. Além da interpretação literal do artigo 146, inciso III, alínea *a*, da Constituição Federal, apoia-se esse entendimento na compreensão de que a lei complementar se faz necessária quando precisa disciplinar temas comuns a mais de uma ordem jurídica parcial.

Nesse sentido, confira-se o seguinte trecho do voto condutor proferido pelo Ministro Gilmar Mendes no julgamento do RE nº 1.053.574 – RS:

> As normas gerais são normas não exaustivas, leis-quadro, princípios-quadro, que traçam um plano sem descer a pormenores. É em razão disso que se aplicam a todos os entes da federação.
> Em matéria tributária, a Constituição Federal de 1988 conferiu a lei complementar o papel de veicular normas gerais em matéria de legislação tributária (art. 146, III).
> Mas entendo que não faz sentido que a União edite normas gerais atinentes ao fato gerador, sujeito passivo e à base de cálculo das contribuições especiais, se tais disposições aplicam-se, tão somente, à União. (...)
> No tocante às contribuições, ressalvadas as previsões expressas no texto constitucional (art. 195, §4º c/c art. 154, I), este papel seria bem exercido pela legislação ordinária (art. 150, I, da CF/88 c/c art. 97 do CTN).
> As definições a que se refere a segunda parte do art. 146, III, a, do texto constitucional aplicam-se, mais propriamente, aos impostos, notadamente aqueles de competência dos Estados e dos Municípios, como é o caso do ISSQN e do ICMS, que possam gerar conflitos de competência tributária.
> Com efeito, nestes casos, a lei complementar que veicula normas gerais traçará diretrizes sobre sujeito passivo, fato gerador e base de cálculo de modo a conferir uniformidade ao longo do território nacional, evitando, ainda, conflitos de competência tributária entre os diversos entes tributantes.

Além da uniformidade destinada a atender à Segurança Jurídica, também o Princípio da Isonomia ocupa papel relevante na presente discussão. Sempre que o Princípio da Isonomia, previsto no artigo 150, inciso II, da Constituição Federal,[19] orientar a construção de uma norma que se aplique indistintamente a todas as ordens jurídicas, e, apenas nessas hipóteses, estar-se-á diante de norma geral em matéria tributária a ser

---

[18] Nesse sentido, conferir acórdão do julgamento da Ação Direta de Inconstitucionalidade ("ADI") nº 6284, Arguição de Descumprimento de Preceito Fundamental ("ADPF") nº 189, ADI nº 4845 e ADPF nº 190.

[19] "Art. 150. Sem prejuízo de outras garantias asseguradas ao contribuinte, é vedado à União, aos Estados, ao Distrito Federal e aos Municípios: (...)
II – instituir tratamento desigual entre contribuintes que se encontrem em situação equivalente, proibida qualquer distinção em razão de ocupação profissional ou função por eles exercida, independentemente da denominação jurídica dos rendimentos, títulos ou direitos".

disciplinada por lei complementar. *A contrariu sensu*, quando o Princípio da Isonomia justificar a construção de normas jurídicas que, em razão das especificidades das ordens jurídicas respectivas, admitam disciplinas distintas, estar-se-á diante de norma específica a ser disciplinada por lei ordinária.

Foi justamente com vistas a preservar a Isonomia entre os contribuintes submetidos a diferentes ordens jurídicas que o STF, no emblemático julgamento do Recurso Extraordinário (RE) nº 556.664 – RS, considerou inconstitucional a instituição, por lei ordinária, de prazo prescricional de 10 (dez) anos para as contribuições de seguridade social.

Convém trazer o seguinte trecho do voto proferido pelo então Relator Ministro Gilmar Mendes sobre a controvérsia debatida:

> Se a Constituição não determinou o conceito da norma geral de Direito Tributário, no mínimo fixou-lhe a função: estabelecer preceitos que devam ser seguidos em âmbito nacional, que ultrapassem a competência do Congresso Nacional para ditar o direito positivo federal.
> Trata-se de normas com maior espectro, a serem seguidas por todas as esferas políticas com competência tributária de maneira uniforme, seja por direta incidência sobre as relações jurídico-tributárias, seja como fator delimitador da edição da legislação ordinária em matéria fiscal.
> E a fixação de prazos decadenciais e prescricionais, a definição da sua forma de fluência são questões que exigem tratamento uniforme em âmbito nacional.
> Não se justifica, ao menos por meio de legislação ordinária, a criação de hipóteses de suspensão ou interrupção, nem o incremento ou redução de prazos, sob pena de admitirem-se diferenciações em cada um dos Estados e Municípios e para cada espécie tributária, mesmo dentro de uma mesma esfera política, com evidente prejuízo à vedação constitucional de tratamento desigual entre contribuintes que se encontrem em situação equivalente e à segurança jurídica, valor jurídico maior, que fundamenta os institutos examinados.

Pode-se afirmar, a partir dessa perspectiva, que o constituinte recorreu à lei complementar para dispor sobre normas gerais em matéria tributária porque, na medida em que ela tem projeção nacional, constitui o instrumento legal adequado para definir de forma uniforme os elementos da relação tributária de toda a generalidade dos contribuintes, garantindo-lhes, assim, tratamento isonômico.

E, como será adiante proposto, se a lei complementar, ao dispor sobre normas gerais em matéria tributária, deve dispensar, à luz da Isonomia, tratamento uniforme aos seus destinatários, quando a lei admitir tratamento desigual entre os destinatários, estar-se-á diante do campo de incidência da lei ordinária.

2 A lei complementar como parâmetro à lei ordinária

De acordo com a premissa firmada no tópico anterior, na medida em que é dotada de alcance nacional, apenas a lei complementar pode disciplinar, sem comprometer a Segurança Jurídica e a Isonomia, os elementos comuns das relações tributárias. E essa premissa é importante para a compreensão dos limites entre a hipótese que deve ser disciplinada pelo legislador complementar e a que deve ser disciplinada pelo legislador ordinário.

Se ao legislador ordinário fosse permitido definir os elementos comuns das relações tributárias, romper-se-ia com a coerência normativa das ordens jurídicas parciais, subsistindo, por exemplo, múltiplos prazos prescricionais para a cobrança de créditos tributários, múltiplos contribuintes e bases de cálculo para o mesmo tributo, entre outros.

Em contrapartida, se ao legislador complementar fosse permitido instituir as hipóteses de incidência dos tributos de competência dos entes federativos, haveria uma clara violação ao pacto federativo, porque se estaria suprimindo a autonomia daquele ente para exercer a sua competência tributária.

Embora se tenha clareza, no plano teórico, das respectivas atribuições do legislador ordinário e do legislador complementar na disciplina da matéria tributária, não são raras as controvérsias envolvendo a invasão da competência de um pelo outro.

Afirmar que a lei complementar deve invariavelmente disciplinar os temas relacionados como norma geral em matéria tributária não contribui para a elucidação prática do problema porque a dificuldade está justamente em definir o que distingue a norma geral de uma norma específica.

Defender, nesse contexto, que a norma geral define os elementos comuns às relações tributárias pode funcionar como ponto de partida para a identificação dos temas que se encaixariam nesse gênero normativo, porém, não é suficiente para distinguir, numa análise vertical de um determinado tema, quando a norma perde suas características genéricas.

A título exemplificativo, não há dúvidas de que a disciplina da prescrição é norma geral em matéria tributária, porém, não parece que a legislação complementar deva disciplinar de forma exaustiva o tema, definindo todos os aspectos da norma e as suas consequências sob diversas circunstâncias, porque, se assim o fizer, deixará de ser genérica.

Registra-se, nesse contexto, que o STF, não raramente, tem afastado a inconstitucionalidade de leis ordinárias que supostamente invadiriam o conteúdo da lei complementar, o que ocorreu, por exemplo, no julgamento do RE nº 636.652 – SC (Tema nº 390), em que a Suprema Corte confirmou a constitucionalidade do artigo 40 da Lei nº 6.830, de 22.9.1980, ao disciplinar a prescrição intercorrente. Confira-se, a seguir, trecho do voto condutor proferido pelo Relator Ministro Roberto Barroso:

> 16. Como visto, de acordo com o art. 146, III, b, da CF/1988, compete à lei complementar a disciplina das normas gerais em matéria tributária, entre as quais se encontra a prescrição. O CTN tratou desse último instituto em seu art. 174. Essa é uma regra de caráter nacional, de observância obrigatória por todos os integrantes da federação. A exigência da edição de lei complementar para versar sobre normas gerais em matéria tributária, principalmente acerca da prescrição, tem o propósito de dar tratamento uniforme ao instituto e, como consequência, a sujeitos passivos que se encontram em situações equivalentes. Com isso, também se confere segurança jurídica à matéria, evitando-se que cada ente político estabeleça um prazo próprio de prescrição. (...)
> 19. No tocante à prescrição ordinária, o Supremo Tribunal Federal possui o entendimento consolidado de que somente lei complementar pode estabelecer o prazo prescricional ou introduzir uma causa de interrupção. (...)

> 21. A despeito de a introdução da prescrição intercorrente tributária ter sido feita por lei ordinária, entendo que não há vício de inconstitucionalidade. Nesse caso, o legislador ordinário se limitou a transpor o modelo estabelecido pelo art. 174 do CTN, adaptando-o às particularidades da prescrição verificada no curso de uma execução fiscal. Em verdade, o tratamento dado ao tema por meio de lei ordinária nacional atende ao comando do art. 22, I, da CF/1988, porquanto compete à União legislar sobre direito processual. Tal competência garante, assim como o art. 146, III, do CF/1988, a uniformidade do tratamento da matéria em âmbito nacional e, por conseguinte, a preservação da isonomia entre os sujeitos passivos nas execuções fiscais em todo o País. (...)
> 24. Não se está aqui a negar a necessidade de compatibilização entre o Código Tributário Nacional – lei complementar que trata de norma gerais de direito tributário – e a Lei de Execução fiscal – lei ordinária de índole procedimental. O art. 40 da LEF não extrapola o dispositivo constitucional, porque, ao estabelecer o marco inicial para a prescrição intercorrente, apenas prevê um marco processual para a contagem do prazo, sem que deixe de observar o prazo de 5 (cinco) anos, estabelecido no CTN.

Veja-se que, no caso em exame, o STF reafirmou o posicionamento de que a prescrição seria objeto de norma geral e só poderia ser disciplinada por lei complementar, ou seja, não superou o seu histórico entendimento sobre o tema. Reconheceu, no entanto, que o legislador ordinário, ao disciplinar aspectos da prescrição intercorrente no contexto da legislação processual, de competência da União, não teria extrapolado os limites da norma geral, especialmente o prazo prescricional por ela ditado. A lei processual, de competência da União, não contrariou na visão da Suprema Corte, as normas gerais ditadas no CTN.

Ou seja, haveria espaço para o legislador ordinário disciplinar as especificidades dos temas que estão, a rigor, inseridos na relação das normas gerais em matéria tributária, desde que não ultrapassasse os parâmetros estabelecidos na norma geral.

Esse entendimento parece estar em sintonia com a tendência indicada pela Suprema Corte de aplicação do que se pode denominar legalidade suficiente em detrimento da legalidade estrita. Sem realizar qualquer juízo de validade dessa controversa teoria, por estar fora do escopo deste estudo, segundo tais preceitos, a conformação de ato normativo à lei não exigiria que todos os aspectos normativos estivessem delineados no veículo legal, bastando que os parâmetros estivessem lá traçados.[20]

Embora a questão analisada na presente ocasião não se confunda com a análise da legalidade, inclusive porque o teste de legalidade pressupõe a hierarquia entre a hipótese legal e o ato normativo, o que não existe entre a lei complementar e a lei ordinária, essa perspectiva do STF revela um indicativo de que o conteúdo normativo da lei complementar não seria exauriente.

Vale registrar, no entanto, que o STF, no caso acima mencionado, reforçando a perspectiva inaugurada no julgamento do RE nº 556.664, citado no tópico anterior, apregoou a uniformização como critério distintivo da norma geral.

No voto supracitado, o Ministro Roberto Barroso afirma que "A exigência da edição de lei complementar para versar sobre normas gerais em matéria tributária, principalmente acerca da prescrição, tem o propósito de dar tratamento uniforme ao

[20] Conferir o entendimento manifestado pelo STF no julgamento do RE nº 677.725 – RS (Tema nº 554).

instituto e, como consequência, a sujeitos passivos que se encontram em situações equivalentes".

Essa compreensão permeia o julgamento de outras controvérsias que têm como pano de fundo a invasão da competência do legislador complementar pelo legislador ordinário. É o que se extrai do entendimento manifestado pelo STF no julgamento do RE nº 562.276 – PR, por meio do qual se afastou lei ordinária que dava novos contornos à responsabilidade tributária, valendo transcrever o seguinte trecho do voto proferido pela Ministra Ellen Gracie:[21]

> As normas gerais são aquelas que orientam o exercício da tributação, sendo passíveis de aplicação por todos os entes tributantes. O Egrégio Tribunal Regional Federal da 4ª Região, nos autos da AIAC 1998.04.01.020236-0, bem definiu como normas gerais "aquelas que, simultaneamente, estabelecem os princípios, os fundamentos, as diretrizes, os critérios básicos, conformadores das leis que completarão a regência da matéria e que possam ser aplicadas uniformemente em todo o País, indiferentemente de regiões ou localidades. (...)
> A definição dos traços essenciais da figura da responsabilidade tributária, como o de exigir previsão legal específica e, necessariamente, vínculo do terceiro com o fato gerador do tributo, enquadra-se, sim, no rol das normas gerais de direito tributário que orientam todos os entes políticos.
> Do mesmo modo, a previsão de regras matrizes de responsabilidade tributária aplicáveis à generalidade dos tributos também se encontra no âmbito das normas gerais, assegurando uniformidade de tratamento dos terceiros perante o Fisco nas diversas esferas: federal, estadual, distrital ou municipal.

Portanto, há uma consistência no argumento de que a norma geral é aquela que cuida de definir, em atenção à Segurança jurídica e à Isonomia, os elementos comuns às relações tributárias de forma uniforme.

Diante disso, pode-se afirmar que a lei complementar pode estabelecer parâmetros uniformes para a disciplina das normas gerais, a serem observados pelo legislador ordinário no exercício de sua competência. A lei ordinária, a seu turno, disciplinará as especificidades da relação, ainda que disponha sobre matéria que, a rigor, insira-se no gênero das normas gerais em matéria tributária.

Dentro dessa perspectiva, o legislador ordinário, em regra, não poderia instituir hipótese normativa que extrapolasse os contornos definidos pela lei complementar, sob pena de veicular tratamento particular para os contribuintes da respectiva ordem jurídica parcial em detrimento dos demais. Observando, contudo, os parâmetros definidos pela lei complementar, poderia disciplinar situações particulares sobre aquela matéria.

Não se desconhece, contudo, que há dispositivos do próprio CTN, recebido no ordenamento jurídico como lei complementar, que admitem disposição de lei em sentido contrário.[22] Ou seja, partindo de uma interpretação estritamente literal, poder-se-ia advogar a ideia de que, nesses casos, o legislador ordinário, sob o seu juízo de conveniência e oportunidade, teria competência para definir hipótese normativa contrária à própria previsão contida no CTN.

---

[21] Esse entendimento foi reafirmado por ocasião dos julgamentos da ADIs nº 4845 e 6284.

[22] Artigos 103, 116, 117, 120, 123, 125, 136, 143, 154, 155, parágrafo 1º, 177, 180, inciso II, e 218.

Não parece, contudo, que seja possível ao legislador ordinário instituir, a princípio, hipótese legal contrária ao que tenha sido definido pelo legislador complementar, ou, no caso, de acordo com o CTN. Porém, tampouco parece que os dispositivos do CTN, que preveem a possibilidade de disposição em lei em sentido contrário, estejam eivados de inconstitucionalidade, o que poderia ser suscitado diante desse aparente conflito entre a lei complementar e a lei ordinária.

A jurisprudência do STF analisada neste trabalho, ao revelar o papel uniformizador da lei complementar sem excluir o papel do legislador ordinário, indica que a lei ordinária pode dispor de forma diferente da lei complementar, não necessariamente contrária a ela. Em outras palavras, a previsão de que a lei ordinária pode dispor em sentido contrário ao dispositivo do CTN, interpretada conforme a Constituição, significa que ela pode dispor de forma diferente da hipótese traçada no CTN.

Vale registrar que, nesses casos, não haveria violação, em tese, aos princípios da Isonomia ou da Segurança Jurídica. Pressupõe-se que o legislador complementar, ao criar as hipóteses específicas em que o legislador ordinário poderia disciplinar a matéria de forma diferente do que ele estabeleceu, já teria as submetido ao teste de Isonomia e de Segurança Jurídica.

A violação aos princípios da Isonomia e da Segurança Jurídica ocorrerá, no entanto, se o legislador ordinário, ao instituir hipótese normativa diferente daquela traçada pelo legislador complementar, extrapolar os parâmetros definidos pelo legislador complementar, ou seja, de modo, por exemplo, a estender a obrigação tributária para além dos aspectos pessoal, temporal, ou quantitativo definidos em lei complementar.

A ideia de parâmetro não pode ser analisada senão sob a perspectiva das limitações ao poder de tributar, que se dirigem ao ente estatal, na medida em que este, embora sob diferentes esferas de poder, detém o monopólio legiferante para instituir os tributos, de um lado, e o poder para cobrá-los, de outro. Ou seja, a instituição de princípios e regras constitucionais que definem limites para o exercício da competência tributária, devem ser analisados sob a perspectiva protetiva do contribuinte.

Por isso, admite-se que o legislador ordinário possa definir hipóteses normativas distintas daquelas traçadas pelo legislador complementar, no entanto, jamais para prejudicar a parte hipossuficiente da relação tributária, no caso, o contribuinte. Entende-se, inclusive, que se a lei ordinária efetivamente dispuser em sentido contrário ao que tenha sido estabelecido na lei complementar, porém, para preservar o interesse do contribuinte, ela não terá extrapolado os parâmetros da lei complementar.

A título de exemplo, cita-se a disciplina da responsabilidade tributária. Conforme previsão contida no artigo 136 do CTN, "Salvo disposição de lei em contrário, a responsabilidade por infrações da legislação tributária independe da intenção do agente ou do responsável e da efetividade, natureza e extensão dos efeitos do ato".

Aplicando o raciocínio desenvolvido até aqui, pode-se afirmar que o legislador complementar trouxe um parâmetro para a disciplina da responsabilidade tributária consistente na desnecessidade de identificação da intenção do agente para lhe atribuir a obrigação tributária.

Porém, não haverá desrespeito aos parâmetros definidos pelo artigo 136 do CTN se a lei ordinária vier definir hipótese de responsabilidade tributária pelo cometimento de infração da legislação tributária que exige a identificação da intenção do agente para que a obrigação lhe seja imputada.

Inclusive, há vários exemplos dessa situação no ordenamento jurídico, que subsistem sem qualquer tipo de questionamento dessa espécie. É o que acontece nas hipóteses de multa qualificada por sonegação, fraude ou conluio, nos termos do artigo 44, parágrafo 1º, da Lei nº 9.430, de 27.12.1996.[23] Bruno Fajersztajn,[24] coautor deste trabalho, pôde analisar o papel central do elemento subjetivo para a imposição da multa qualificada, nos seguintes termos:

> Evidentemente que as infrações dolosas devem ser apenadas de forma mais severa do que as infrações cometidas de maneira culposa, já que é nítida a maior gravidade da conduta. (...) Tratando dos limites ao planejamento tributário, Greco interpreta o intuito doloso, presente nas hipóteses de multa agravada em questão, como elemento subjetivo do tipo, a exemplo do que ocorre no Direito Penal. Isto significa que, na visão do autor, a imposição da multa qualificada não requere apenas a vontade do agente quanto à economia obtida com o não pagamento ou redução do tributo, sendo necessária a vontade de violar a norma proibitiva. Assim como no Direito Penal, o dolo de que trata a Lei n. 4.502/64 configura a intenção de violar a norma proibitiva e não se confunde com a intenção de economizar tributo. A imposição de multa agravada, nesse contexto, pressupõe a intenção de economizar tributo e concomitantemente a intenção de burlar a norma legal que prevê a sua incidência. Logo, quando o contribuinte extrapola os limites do ordenamento acreditando estar agindo de forma lícita, como muitas vezes ocorre em matéria de planejamento tributário, não há que se cogitar de multa qualificada.

Como se pode notar, a despeito de a lei complementar estabelecer que a responsabilidade independe da intenção do agente, o legislador ordinário, ao instituir a hipótese de multa qualificada, condicionou a sua aplicação à demonstração do dolo, o que, inclusive, é essencial para a aferição da culpabilidade e, consequentemente, à aplicação proporcional da sanção, e, ainda, para o atendimento à Isonomia.

Isso confirma a tese de que o legislador ordinário pode dispor sobre matérias que, a princípio, estariam reservadas à lei complementar, como são as normas gerais em matéria tributária, desde que atendidos os parâmetros definidos pela lei complementar ou, quando o legislador complementar expressamente admitir disposição de lei em sentido contrário, para preservar os interesses do contribuinte.

---

23 "Art. 44. Nos casos de lançamento de ofício, serão aplicadas as seguintes multas:
I – de 75% (setenta e cinco por cento) sobre a totalidade ou diferença de imposto ou contribuição nos casos de falta de pagamento ou recolhimento, de falta de declaração e nos de declaração inexata; (...)
§1º O percentual de multa de que trata o inciso I do caput deste artigo será majorado nos casos previstos nos arts. 71, 72 e 73 da Lei nº 4.502, de 30 de novembro de 1964, independentemente de outras penalidades administrativas ou criminais cabíveis, e passará a ser de: (...)
VI – 100% (cem por cento) sobre a totalidade ou a diferença de imposto ou de contribuição objeto do lançamento de ofício;
VII – 150% (cento e cinquenta por cento) sobre a totalidade ou a diferença de imposto ou de contribuição objeto do lançamento de ofício, nos casos em que verificada a reincidência do sujeito passivo".

24 FAJERSZTAJN, Bruno. *Multas no Direito Tributário*. São Paulo: Ed. Quartier Latin, 2019. p. 307-313.

Conclusão

De forma sintética, foi possível apresentar o contexto de surgimento da lei complementar no Estado Federal brasileiro como instrumento de uniformização normativa das múltiplas ordens jurídicas, dado o seu caráter nacional.

No âmbito do direito tributário, identificou-se a necessidade de se valer da lei complementar para dispor sobre norma geral em matéria tributária dada a necessidade de se disciplinar, de modo uniforme, os elementos comuns às relações tributárias.

Diante disso, observou-se que a norma geral em matéria tributária está assentada especialmente nos princípios da Segurança Jurídica e da Isonomia, e que a necessidade de se dispensar tratamento uniforme a todas as ordens jurídicas é o critério distintivo do campo de incidência da lei complementar em relação ao da lei ordinária, permitindo aos sujeitos de direito estabilidade, confiabilidade, previsibilidade (não surpresa), e mensurabilidade das regras, protegendo expectativas legitimamente constituídas pelos indivíduos.

Depois, apresentou-se o entendimento do STF no sentido de que a lei ordinária poderia disciplinar alguns aspectos de temas próprios das normas gerais em matéria tributária, desde que não transpusesse os parâmetros fixados pela lei complementar, que teriam o condão de garantir a uniformidade normativa a todas as ordens jurídicas.

Diante disso, foi possível concluir que a lei complementar tem o condão de conferir tratamento uniforme aos destinatários da norma, independentemente da ordem jurídica parcial a que se submeta, podendo definir parâmetros que possam ser observados pelo legislador ordinário.

O legislador ordinário pode, em princípio, exercer sua competência legislativa, podendo inclusive regular de forma mais específica, os temas objeto de lei complementar, mas sempre dentro dos parâmetros das normas gerais previstas em lei complementar ou, em relação ao que for expressamente admitido dispor em sentido contrário, em favor do contribuinte.

Referências

ATALIBA, Geraldo. Normas Gerais na Constituição – Leis Nacionais, Leis Federais e seu Regime Jurídico. *In*: ATALIBA, Geraldo. *Estudos e Pareceres de Direito Tributário*. São Paulo: Revista dos Tribunais, 1980. v. III.

ÁVILA, Humberto. *Sistema Constitucional Tributário*. São Paulo: Ed. Saraiva. 2004.

ÁVILA, Humberto. Responsabilidade Pessoal dos Administradores por Atos Praticados com Abuso de Poder. *Revista Direito Tributário Atual*, São Paulo, IBDT/Dialética, n, 25, 2012.

BORGES, José Souto Maior. *Lei Complementar Tributária*. São Paulo: Editora Revista dos Tribunais, 1975.

FAJERSZTAJN, Bruno. *Multas no Direito Tributário*. São Paulo: Ed. Quartier Latin, 2019.

COÊLHO, Sacha Calmon Navarro. *Curso de Direito Tributário Brasileiro*. 11. ed. Rio de Janeiro: Forense, 2010.

DALLARI, Dalmo de Abreu. *O Estado Federal*. 2. ed. São Paulo: Saraiva, 2019.

DERZI, Misabel de Abreu Machado. *Proteção da confiança e incentivos fiscais para o desenvolvimento*. (Os problemas centrais que os projetos de reforma tributária propostos não resolvem). *In*: CARVALHO, Paulo de Barros (Coord.); SOUZA, Priscila de. (Org.). *Constructivismo lógico semântico e os diálogos entre teoria e prática*. 1. ed. São Paulo: Noeses, 2019.

GRIPP, Mateus Silva de Muzio; DA SILVA, Yasmin Fernandes Soares. O Julgamento do RE n. 1.311.742/SP e a Crise de Confiança no Federalismo Brasileiro em Tempos de Pandemia. *In*: LEAL, Roger Stiefelmann (Coord. geral); DÁRGEL, Anelise Domingues Shuler (Coord. Exe.); SEGUNDO, Luiz Paulo Ferreira; CHAMBÔ, Pedro Luís. *O Estado Federal em Tempos de Pandemia*. São Paulo: Ed. Dia a dia Forense, 2022.

LOPES FILHO, Juraci Mourão. *Competências Federativas*. 2. ed. Salvador: JusPodivm, 2019.

MOREIRA, André Mendes. O Federalismo Brasileiro e a Repartição de Receitas Tributárias. *In*: DERZI, Misabel de Abreu Machado (Org.); JÚNIOR, Onofre Alves Batista (Org.); MOREIRA, André Mendes (Org.). *Estado Federal e Tributação*. Belo Horizonte: Arraes Editores, 2015. v. I.

OLIVEIRA, Ricardo Mariz de. *Fundamentos do Imposto de Renda*. São Paulo: Instituto Brasileiro de Direito Tributário, 2020. v. I.

SCHOUERI, Luís Eduardo. *Direito Tributário*. 6. ed. São Paulo: Saraiva, 2016.

Informação bibliográfica deste texto, conforme a NBR 6023:2018 da Associação Brasileira de Normas Técnicas (ABNT):

FAJERSZTAJN, Bruno; TEIXEIRA, Bruno Campos Christo. O conteúdo mínimo da lei complementar: a uniformidade como critério distintivo da norma geral em matéria tributária e a lei complementar como parâmetro. In: LOBATO, Valter de Souza (coord.); MARINHO NETO, José Antonino (org.). *O papel da lei complementar tributária no desenho federativo brasileiro*. Belo Horizonte: Fórum, 2024. p. 277-291. ISBN 978-65-5518-779-3.

LEI COMPLEMENTAR E A CONCEITUAÇÃO DO DEVEDOR CONTUMAZ

GUSTAVO BRIGAGÃO,
RODRIGO CASERTA

Introdução: breve histórico sobre o papel da lei complementar tributária e a problemática relativa à conceituação do "devedor contumaz"

Da forma como a conhecemos hoje, a lei complementar foi introduzida em nosso ordenamento jurídico pela Constituição Federal de 1967 (CF/67), que, no seu art. 19, §1º, dispunha que a referida espécie normativa "estabelecerá normas gerais de direito tributário, disporá sobre os conflitos de competência tributária entre a União, os Estados, o Distrito Federal e os Municípios, e regulará as limitações constitucionais do poder tributário".

Naquela época, surgiram duas diferentes correntes doutrinárias a respeito do papel da lei complementar em matéria tributária:

(i) a corrente dicotômica,[1] que defendia que o seu papel estava limitado à edição de normas gerais de direito tributário especificamente sobre: a) conflitos de competência entre os diferentes entes federados e b) limitações constitucionais ao poder de tributar; e

(ii) a corrente tricotômica,[2] que sustentava que, além das funções acima especificadas, a edição de normas gerais em matéria tributária constituía atribuição autônoma da referida espécie normativa.

Em que pese os aprofundados e proveitosos debates teóricos a respeito do tema, fato é que eles chegaram ao fim com a promulgação da Constituição Federal de 1988

[1] ATALIBA, Geraldo. Normas Gerais de Direito Financeiro e Tributário. São Paulo: Revista de Direito Público, RT, 1969. v. 10. p. 45 e seguintes; CARVALHO, Paulo de Barros. *Curso de Direito Tributário*. 3. ed. São Paulo: Saraiva, 1988. p. 110.

[2] MARTINS, Ives Gandra da Silva; BASTOS, Celso Ribeiro. *Comentários à constituição do Brasil (Promulgada em 5 de outubro de 1988)*. São Paulo: Saraiva, 1990. p.73; e BORGES, José Souto Maior. Normas gerais de Direito Tributário: Velho tema sob perspectiva nova. *Revista dialética de Direito Tributário*, São Paulo, n. 213, p. 57, jun. 2013.

(CF/88). Com efeito, em linha com a então já majoritária corrente tricotômica,[3] a atual carta constitucional elencou, de forma objetiva, as atribuições reservadas à lei complementar e tratou a fixação "de normas gerais em matéria de legislação tributária" como função independente das demais (inciso III do art. 146 da CF/88).

Apesar de uma controvérsia inicial a respeito das matérias que poderiam ser objeto das ditas "normas gerais", firmou-se consenso no sentido da amplitude do seu alcance.[4] Hoje, tem-se absolutamente claro na doutrina e jurisprudência nacionais que a lei complementar possui a importante função de assegurar uma disciplina minimamente uniforme em relação a diretrizes, conceitos e critérios tributários básicos, de forma a se evitar interpretações deturpadas e dispares no âmbito dos diferentes entes federados e preservar, em última análise, a integração do sistema tributário nacional e a própria segurança jurídica.[5]

De acordo com o entendimento da Corte Especial do Tribunal Regional da Quarta Região (TRF-4), de lavra da Rel. Maria Lúcia Luz Leiria:"[normas gerais em matéria tributária são] aquelas que, simultaneamente, estabelecem os princípios, os fundamentos, as diretrizes, os critérios básicos, conformadores das leis que completarão a regência da matéria e que possam ser aplicadas uniformemente em todo o País, indiferentemente de regiões ou localidades" (AIAC nº 1998.04.01.020236-8/RS, por maioria, Rel. Juíza Maria Lúcia Luz Leiria, nov. 2001).

É de se destacar que, mais recentemente, a CF/88 passou a atribuir nova função à referida espécie normativa. Com efeito, a partir da Emenda Constitucional nº 42, de 19 de dezembro de 2003, determinou-se que "lei complementar poderá estabelecer critérios especiais de tributação, com o objetivo de prevenir desequilíbrios da concorrência, sem prejuízo da competência de a União, por lei, estabelecer normas de igual objetivo".

Tem-se, assim, que, além de servir de veículo normativo concretizador de certos ditames constitucionais expressos,[6] a lei complementar possui como funções típicas:

(i) dispor sobre conflitos de competência entre os diferentes entes federados;
(ii) regular as limitações constitucionais ao poder de tributar;

[3] Como ensina Alcides Jorge Costa, a corrente dicotômica "não alcançou grande repercussão na doutrina e nenhuma na jurisprudência" COSTA, Alcides Jorge. Normas Gerais como instrumentos de uniformização do direito tributário. *In*: COSTA, Alcides Jorge. *Sistema tributário nacional e a estabilidade da Federação Brasileira*. São Paulo: Noeses, 2012. p.22.) No mesmo sentido, André Luiz Borges Netto, para quem a corrente tricotômica "sempre foi amplamente aceita pelos tribunais e entre os juristas da "escola bem-comportada do direito" BORGES NETTO, André Luiz. Lei Complementar Tributária. *Cadernos de Direito Constitucional e Ciência Política*, v. 3, n. 10, p. 5-11, jan./mar. 1995).

[4] "O artigo 146, inciso III, da Constituição Federal, ao dispor competir à lei complementar estabelecer normas gerais em matéria de legislação tributária, mostra-se exemplificativo, na referência que se segue a certos temas nas alíneas. Isso decorre do fato de as alíneas estarem antecedidas de texto contendo o vocabulário 'especialmente', evidenciando-se, é de repetir, a clara natureza exemplificativa." (Supremo Tribunal Federal – STF – RE: nº 407190 RS, Relator: Min MARCO AURÉLIO, Data de Julgamento: 27.10.2004, Tribunal Pleno, Data de Publicação: DJ 13.05.2005 PP-00006 EMENT VOL-02191-03 PP-00534 RDDT nº 118, 2005, p. 157-162 LEXSTF v. 27, n. 319, 2005, p. 296-306).

[5] COELHO, Sacha Calmon Navarro. A lei complementar como agente normativo ordenador do sistema tributário e da repartição das competências tributárias. *Revista da Faculdade de Direito da UFMG [recurso eletrônico]*, Belo Horizonte, n. 37, p. 313-338, 2000. Disponível em: http://dspace/xmlui/bitstream/item/12133/1083.pdf?sequence=1. Acesso em: 10. out. 2023; ANDERLE, Ricardo. O papel da lei complementar na solução de conflitos de competência. *In*: *XIII Congresso Nacional de Estudos Tributários - 50 Anos do Código Tributário Nacional*. Noeses: 2016. p. 162.

[6] E.g. CF/88 art. 155, §1º, III; art. 153, VII; art. 154, I; art. 156, §3º.

(iii) estabelecer normas gerais em matéria de legislação tributária, assegurando, entre outros aspectos, uma disciplina uniforme em âmbito nacional em relação a conceitos e critérios tributários básicos; e
(iv) fixar critérios especiais de tributação tendentes a evitar desequilíbrios concorrenciais.

É no âmbito dessas duas últimas funções da lei complementar que se insere o tema objeto do presente artigo, qual seja, a conceituação do denominado "devedor contumaz".

Atualmente, multiplicam-se as normas editadas pelos entes federados com o intuito de reprimir a inadimplência reiterada. Exemplos disso são: (i) a proibição da celebração de transação tributária "que envolva devedor contumaz" constante do art. 5º, V, da Lei nº 13.988/2020; e (ii) os diversos regimes especiais de fiscalização e tributação instituídos por estados e municípios, que estabelecem uma séria de medidas restritivas e punitivas contra devedores contumazes, tais como cancelamento de inscrições estaduais, representação para fins penais, apuração e pagamento de tributo a cada operação realizada e limitação ao aproveitamento de créditos fiscais.

Em que pese o exposto acima, ainda não há legislação nacional que nos permita delimitar, com uniformidade e segurança, o conceito de "devedor contumaz".

Nesse vácuo, o que se verifica é a tentativa de diferentes entes federados em utilizar critérios objetivos e estanques para a caracterização desses contribuintes – notadamente o número de competências em que verificado o descumprimento da obrigação principal e o valor do crédito tributário não recolhido – para, a partir dela, adotar as acima mencionadas medidas restritivas e punitivas.

Tais critérios, contudo, não se prestam minimamente à identificação dos devedores contumazes e trazem a possibilidade de que contribuintes que tenham deixado de cumprir suas obrigações tributárias de forma pontual ou em razão de dificuldades financeiras momentâneas fiquem sujeitos às referidas medidas de exceção (algumas delas, historicamente rechaçadas pela jurisprudência dos nossos tribunais superiores).

No presente artigo, trataremos da figura do devedor contumaz no direito brasileiro, procurando identificar os contornos a serem utilizados na sua caracterização, e, em seguida, demonstraremos a necessidade de uma normatização de alcance nacional que impeça os diferentes entes federados de, a pretexto de combater esse tipo de inadimplência, penalizar, muitas vezes com medidas ilegais e inconstitucionais, contribuintes que deixaram de cumprir suas obrigações tributárias de forma pontual ou em decorrência de dificuldades financeiras.

1 Da figura do devedor contumaz, da inválida tentativa de diversos entes federados em assim qualificar seus respectivos contribuintes e da necessidade e premência da edição de lei complementar sobre a matéria

A despeito das diversas críticas que merece,[7] é certo que o julgamento do recurso ordinário em *habeas corpus* (RHC) nº 163.334/SC serviu para reacender, em âmbito nacional,

[7] Sem pretensão de esgotar o assunto, citamos, a título exemplificativo, as seguintes: (i) a criminalização de conduta não expressamente tipificada pela lei penal; e (ii) a subjetivização do crime de apropriação indébita; e

a discussão acerca da responsabilidade dos denominados devedores contumazes e da necessidade de se combater a inadimplência desse tipo de contribuinte.

De fato, naquela ocasião, o Tribunal entendeu que a inadimplência contumaz e dolosa relativa ao ICMS próprio do contribuinte configura crime de apropriação indébita. Eis a tese então fixada:

> O contribuinte que deixa de recolher, de forma contumaz e com dolo de apropriação, o ICMS cobrado do adquirente da mercadoria ou serviço incide no tipo penal do art. 2º, II, da Lei nº 8.137/1990.[8] (grifamos)

No que importa ao assunto tratado no presente artigo, é de se destacar que, no julgamento acima referido, o STF procurou se aprofundar na análise da denominada inadimplência contumaz, tendo indicado diversos aspectos absolutamente indispensáveis à sua caracterização, bem como valiosas lições quanto à necessidade de diferenciá-la da mera inadimplência eventual.

É o que se verifica da ementa do acórdão e do voto proferido pelo Ministro Luís Roberto Barroso, relator do RHC nº 163.334/SC:

> ***EMENTA***:
> *Não recolhimento do valor de ICMS cobrado do adquirente da mercadoria ou serviço. Tipicidade. 1. O contribuinte que deixa de recolher o valor do ICMS cobrado do adquirente da mercadoria ou serviço apropria-se de valor de tributo, realizando o tipo penal do art. 2º, II, da Lei nº 8.137/1990. 2. Em primeiro lugar, uma interpretação semântica e sistemática da regra penal indica a adequação típica da conduta, pois a lei não faz diferenciação entre as espécies de sujeitos passivos tributários, exigindo apenas a cobrança do valor do tributo seguida da falta de seu recolhimento aos cofres públicos. 3. Em segundo lugar, uma interpretação histórica, a partir dos trabalhos legislativos, demonstra a intenção do Congresso Nacional de tipificar a conduta. De igual modo, do ponto de vista do direito comparado, constata-se não se tratar de excentricidade brasileira, pois se encontram tipos penais assemelhados em países como Itália, Portugal e EUA. 4. Em terceiro lugar, uma interpretação teleológica voltada à proteção da ordem tributária e uma interpretação atenta às consequências da decisão conduzem ao reconhecimento da tipicidade da conduta. Por um lado, a apropriação indébita do ICMS, o tributo mais sonegado do País, gera graves danos ao erário e à livre concorrência. Por outro lado, é virtualmente impossível que alguém seja preso por esse delito. 5. Impõe-se, porém, uma interpretação restritiva do tipo, de modo que somente se considera criminosa a inadimplência sistemática, contumaz, verdadeiro modus operandi do empresário, seja para enriquecimento ilícito, para lesar a concorrência ou para financiar as próprias atividades. 6. A caracterização do crime depende da demonstração do dolo de apropriação, a ser apurado a partir de circunstâncias objetivas factuais, tais como o inadimplemento prolongado sem tentativa de regularização dos débitos, a venda de produtos abaixo do preço de custo, a criação de obstáculos à fiscalização, a utilização de "laranjas" no quadro societário, a falta*

(iii) subversão do princípio do *in dubio pro reo*, pois, da forma em que tratado o caso, caberia aos contribuintes provar de que não agiram com dolo e de forma contumaz.

[8] BRASIL. *Lei nº 8.137, de 27 de dezembro de 1990*. Define crimes contra a ordem tributária, econômica e contra as relações de consumo, e dá outras providências. Disponível em: http://www.planalto.gov.br/ccivil_03/leis/l8137.htm. Acesso em: 26 out. 2021.
Art. 2º Constitui crime da mesma natureza: (...)
II – deixar de recolher, no prazo legal, valor de tributo ou de contribuição social, descontado ou cobrado, na qualidade de sujeito passivo de obrigação e que deveria recolher aos cofres públicos".

> *de tentativa de regularização dos débitos, o encerramento irregular das suas atividades, a existência de débitos inscritos em dívida ativa em valor superior ao capital social integralizado etc. 7. Recurso desprovido. 8. Fixação da seguinte tese: O contribuinte que deixa de recolher, de forma contumaz e com dolo de apropriação, o ICMS cobrado do adquirente da mercadoria ou serviço incide no tipo penal do art. 2º, II, da Lei nº 8.137/1990.* (grifamos)
>
> ***VOTO DO MINISTRO LUÍS ROBERTO BARROSO:***
>
> *Empresas que deixam sistematicamente de recolher o ICMS colocam-se, ilicitamente, em uma situação de enorme vantagem competitiva em relação a seus competidores. São verdadeiros free riders, que se beneficiam duplamente: ao se apropriar do valor do ICMS e ao usufruir dos serviços públicos bancados pelos demais contribuintes. A prática produz, então, um efeito cascata, em que aqueles que deixam de recolher o imposto acabam por pressionar os concorrentes a seguir o mesmo caminho, e assim sucessivamente. (...)*
>
> *Seja para a proteção da ordem tributária, seja para evitar consequências desastrosas para a livre concorrência, deve-se buscar, no texto legal, a interpretação que permita a proteção mais eficaz do bem jurídico e minimize as implicações negativas. Considerando que a redação do art. 2º, II, da Lei nº 8.137/1990 permite a compreensão de que a conduta de não recolhimento do ICMS é típica, também uma interpretação teleológica voltada à proteção do bem jurídico e uma interpretação atenta às consequências conduzem ao reconhecimento da adequação típica da conduta. (...)*
>
> ***Nem todo devedor de ICMS comete o delito. (...) A situação é diversa em relação aos devedores contumazes, que fazem do inadimplemento seu modus operandi. Trata-se de devedores que utilizam os valores de ICMS arrecadados dos consumidores para financiar suas atividades empresariais, permanecendo no mercado, de forma predatória, por vários anos. Quando promovidos atos de cobrança contra tais contribuintes, no mais das vezes não se encontram bens penhoráveis e a execução se mostra infrutífera.*** *(...)*
>
> ***É preciso, portanto, que se constate que a inadimplência do devedor é reiterada, sistemática, contumaz, verdadeiro modelo negocial do empresário, seja para enriquecimento ilícito, para lesar a concorrência ou para financiar as próprias atividades.*** *Trata-se de elemento de valoração global do fato, a ser apurado pelo juiz em cada processo concreto. Além da própria conduta atual de inadimplência reiterada, também deve-se levar em consideração o histórico de regularidade de recolhimentos tributários do agente, apesar de episódios de não recolhimentos específicos, justificados por fatores determinados.*
>
> (...) não é quem deixou de pagar ICMS, eventualmente, em momento de dificuldade, ou pulou um, dois ou até três meses. É o devedor contumaz, que não paga quase que como estratégia empresarial, que lhe dá vantagem competitiva e permite que venda mais barato que os outros, induzindo os demais à mesma estratégia criminosa. O que estamos tentando enfrentar é o comportamento empresarial ilegítimo que gera concorrência desleal e, em muitos mercados, é muito evidente. (grifamos)

Como se depreende da leitura das passagens transcritas acima, o devedor contumaz diferencia-se dos demais contribuintes por fazer da inadimplência a sua "estratégia empresarial", obtendo, a partir dela, vantagem competitiva capaz de causar danos à livre concorrência.

Nos termos do entendimento adotado pelo STF, a identificação dos referidos devedores deve ser feita de forma casuística, levando-se em consideração o histórico de regularidade do contribuinte e a existência de justificativas para o não recolhimento do tributo. Ainda de acordo com o Tribunal, constituem aspectos a serem necessariamente verificados na qualificação de um contribuinte como devedor contumaz, práticas ilícitas tendentes a frustrar os atos de cobrança dos débitos fiscais (e.g. criação de obstáculos à fiscalização, utilização de "laranjas" no quadro societário, encerramento irregular de atividades).

Ao comentarem o referido julgamento, principalmente sob a ótica da necessidade da correta classificação de um contribuinte como "devedor contumaz", Hamilton Dias De Souza e Hugo Funaro[9] assim se manifestam:

> *Já os devedores contumazes* ***agem de forma ilícita, notadamente por meio de pessoas interpostas ou em favor de terceiros ocultos, possuindo, invariavelmente, patrimônio insuficiente para satisfazer obrigações tributárias****, trabalhistas etc. Devem, portanto, ser impedidos de atuar, mediante cassação de inscrição no cadastro de contribuintes. O ordenamento protege a atividade lícita, não servindo de escudo a quem atue no campo da ilicitude.*
>
> Daí porque a lei deve estabelecer critérios razoáveis para classificar os contribuintes, de modo a preservar a liberdade de iniciativa dos devedores eventual e reiterado, e reprimir a atuação dos devedores contumazes. (grifamos)

Apesar da grande repercussão gerada pelo julgamento do RHC nº 163.334/SC (potencializada pelo fato de envolver aspecto criminal), o entendimento quanto à necessidade de se diferenciar os devedores contumazes dos demais contribuintes – justificando-se, assim, a atribuição de tratamentos diferenciados e mais gravosos àqueles – não é novo no âmbito da nossa Suprema Corte.

De fato, no ano de 2007, o STF entendeu pela constitucionalidade de norma federal[10] que possibilitava o cancelamento do registro de funcionamento de empresas tabagistas reiteradamente inadimplentes com o fisco. Naquela ocasião, o Tribunal, contrariando a sua histórica jurisprudência quanto à impossibilidade de utilização de meios coercitivos indiretos para a cobrança de tributos[11] (as denominadas "sanções políticas"), entendeu que a referida medida excepcional era válida por visar combater os denominados devedores contumazes, então entendidos como os contribuintes que se

---

[9] SOUZA, Hamilton Dias de; FUNARO, Hugo. Criminalização da dívida do ICMS exige identificação correta do devedor contumaz. *Jota*, 23 fev. 2019. Disponível em: https://www.jota.info/opiniao-e-analise/artigos/criminalizacao-da-divida-do-icms-exige-identificacao-correta-do-devedor-contumaz-23022019. Acesso em: 15 maio 2024.

[10] BRASIL. *Decreto-Lei nº 1.593, de 21 de dezembro de 1977.* Altera a legislação do Imposto sobre Produtos Industrializados, em relação aos casos que especifica, e dá outras providências. Disponível em: http://www.planalto.gov.br/ccivil_03/decreto-lei/del1593.htm. Acesso em: 26 out. 2021.
"Art 2º – O registro especial poderá ser cancelado, a qualquer tempo, pelo Secretário da Receita Federal se, após a sua concessão, ocorrer um dos seguintes fatos: (...)
II – inidoneidade manifesta ou descumprimento reiterado de obrigação tributária principal".

[11] Nesse sentido, citem-se: (i) Súmula nº 70, aprovada em 13.12.1963 – "É inadmissível a interdição de estabelecimento como meio coercitivo para cobrança de tributo"; (ii) Súmula nº 323, aprovada em 13.12.1963 – "É inadmissível a apreensão de mercadorias como meio coercitivo para pagamento de tributos"; (iii) Súmula nº 547, aprovada em 12.12.1969 – "Não é lícito à autoridade proibir que o contribuinte em débito adquira estampilhas, despache mercadorias nas alfândegas e exerça suas atividades profissionais"; e (iv) ARE 915.424 AgR, julgado em 2015: "(...) o Estado não pode valer-se de meios indiretos de coerção, convertendo-os em instrumentos de acertamento da relação tributária, para, em função deles – e mediante interdição ou grave restrição ao exercício da atividade empresarial, econômica ou profissional – constranger o contribuinte a adimplir obrigações fiscais eventualmente em atraso". (STF, Rel. Min. Celso de Mello, Segunda Turma).

utilizam de "estratégia empresarial de não recolhimento sistemático de tributos como instrumento de apropriação e acumulação de vantagens competitivas indevidas".[12]

Apesar do extenso acórdão proferido por ocasião do referido julgamento, os seus fundamentos estão suficientemente resumidos no seguinte trecho do voto-vista do Ministro Cesar Peluso:

> *Ao investigar a ratio iuris da necessidade de registro especial par a atividade de produção de cigarros, vê-se, logo, que provém de norma inspirada não só por objetivos arrecadatórios, senão também por outras finalidades que fundamentam a exigência jurídica dos requisitos previstos para a manutenção do registro especial, entre os quais se inclui o da regularidade fiscal.*
>
> *Esta finalidade extrafiscal que, diversa da indução do pagamento de tributo, legitima os procedimentos do Decreto-Lei nº 1.593/77, é a defesa da livre concorrência. Toda a atividade da indústria de tabaco é cercada de cuidados especiais em razão das características desse mercado, e, por isso, empresas em débito com tributos administrados pela SRF podem ver cancelado o registro especial – que é verdadeira autorização para produzir –, bem como interditados os estabelecimentos.*
>
> *Não há impedimento a que a norma tributária, posta regularmente, hospede funções voltadas para o campo da defesa da liberdade de competição no mercado, sobretudo após a previsão textual do art. 146-A da Constituição da República. Como observa MISABEL DE ABREU MACHADO DERZI, "o crescimento da informalidade (...), além de deformar a livre concorrência, reduz a arrecadação da receita tributária, comprometendo a qualidade dos serviços públicos (...). A deformação do princípio da neutralidade (quer por meio de um corporativismo pernicioso, quer pelo crescimento da informalidade(...)), após a Emenda Constitucional nº 42/03, afronta hoje o art. 146-A da Constituição da República. Urge restabelecer a livre concorrência e a lealdade na competitividade". (...)*
>
> *Dadas as características do mercado de cigarros, que encontra na tributação dirigida um dos fatores determinantes do preço do produto, parece-me de todo compatível com o ordenamento limitar a liberdade de iniciativa a bem de outras finalidades jurídicas tão ou mais relevantes, como a defesa da livre concorrência e o exercício da vigilância estatal sobre setor particularmente crítico para a saúde pública. (...)*
>
> *Donde se conclui que, perante as características desse mercado industrial concentrado, em que o fator tributo é componente decisivo na determinação dos custos e preços do produto, o descumprimento das obrigações fiscais é aqui acentuadamente grave, dados seus vistosos impactos negativos sobre a concorrência, o consumidor, o erário e a sociedade. E representa, ainda, tentativa de fraude ao princípio da igualdade e de fuga ao imperativo de que a generalidade dos contribuintes deva pagar tributos.*
>
> *Tampouco apresenta a empresa, e isto é crucial, justificativas algo convincentes contra a arguição de inadimplemento, **aparentando adotar estudada estratégia empresarial de não recolhimento sistemático de tributos como instrumento de apropriação e acumulação de vantagens competitivas indevidas**. (...)*
>
> *Numa síntese, em passo algum da petição inicial, a empresa avança argumentos capazes de representar ou prefigurar razões jurídicas apreciáveis contra a pretensão de incidência dos tributos não recolhidos. **Não se lhe encontra nenhuma que, baseada em tese ou teses de alguma razoabilidade jurídica, lhe justifique ou explique tão largo inadimplemento, a título de eventual 'opinio iuris sive necessitatis', que revelaria crença justa na existência de direito subjetivo oponível ao Fisco**. (...)*
>
> *Daí, tenho, então, por acertada a distinção proposta no parecer de HUMBERTO ÁVILA:*

[12] Atualmente, o tema está sendo analisado novamente no âmbito da ADI nº 3.465, relativa à possibilidade de cancelamento do registro de produtor de biodiesel. O caso já conta com dois votos no sentido da possibilidade de aplicação da referida medida punitiva (Mins. Dias Toffoli e Luiz Roberto Barroso).

> *"O cancelamento do registro especial porque, após a sua concessão, há '**qualquer tipo**' de descumprimento de obrigação tributária, é inconstitucional, pois a cassação se transformaria em sanção política (...) por uso coercitivo pelo Poder Público, adotado com o propósito direto ou indireto de forçar o contribuinte a pagar o tributo, causador de restrição excessiva e desproporcional ao direito de livre exercício de atividade lícita;*
> *No entanto, se registro especial for cancelado porque, após a sua concessão, há **descumprimento 'substancial, reiterado e injustificado'** de obrigação tributária principal ou acessória, a medida **já não mais se encaixa no conceito jurisprudencial de sanção política**, já que embora haja uso de meio restritivo pelo poder público, ele é adotado com a finalidade de controlar a produção e comercialização de cigarro, e de garantir a coexistência harmônica das liberdades, especialmente a liberdade de concorrência, e não causa, por essa razão, restrição excessiva nem desproporcional ao direito fundamental de livre exercício de atividade lícita."*
> Tal distinção permite dar ao caso o tratamento singular que suas particularidades exigem, sem permitir à administração pública tirar, de eventual decisão contrária à demandante, tese aplicável a outras hipóteses em que se não verifique situação típica de comportamento anticoncorrencial aqui presente". (STF, Medida Cautelar em Ação Cautelar nº 1.657-6/RJ, Tribunal Pleno, Relator Min. Joaquim Barbosa, Sessão de 27.06.2007) (grifamos)

Ou seja, também nessa ocasião, o Tribunal asseverou que a inadimplência contumaz (apta a justificar, inclusive, a adoção da medida excepcional de cancelamento do registro de funcionamento do contribuinte) deve ser entendida como a inadimplência "substancial, reiterada e injustificada" que, usada sistematicamente como "estratégia empresarial", é capaz de causar danos à livre concorrência.

Como se observa pela transcrição acima, no referido precedente, o STF, fundamentado na doutrina de Misabel De Abreu Machado Derzi,[13] consignou que o estabelecimento de tratamentos tributários diferenciados com o intuito de combater desequilíbrios concorrenciais causados pela inadimplência contumaz encontraria previsão expressa no já mencionado art. 146-A da CF/88.

Nesse particular, tramita no Congresso Nacional (CN) o Projeto de Lei complementar do Senado (PLS) nº 284/2017, que, ao pretender regulamentar o mencionado art. 146-A da CF/88, dispõe sobre regimes especiais de tributação a serem aplicados a **devedores contumazes**.

Em absoluta sintonia com a jurisprudência e doutrina acima mencionadas, o referido projeto de lei assim conceitua o devedor contumaz:

> *Art. 4º. (...)*
> *II – (...) **devedor contumaz**, caracterizado na hipótese de inadimplência substancial, reiterada e **injustificada** de tributo, **cumulada com qualquer uma das seguintes situações**:*
> *a) evidências de que a pessoa jurídica tenha sido constituída para a prática de fraude fiscal estruturada, inclusive em proveito de terceiras empresas;*
> *b) evidências de que a pessoa jurídica esteja constituída por interpostas pessoas que não sejam os verdadeiros sócios ou acionistas, ou o titular, no caso de firma individual;*

[13] DERZI, Misabel de Abreu Machado. Quebras da livre concorrência no ICMS, no IPI e PIS-Cotins: corporativismo, informalidade, ampla cumulatividade residual e substituição tributária. *Revista internacional de direito tributário*, Belo Horizonte, Abradt-Del Rey, v. 3, p. 116-117, jan./jun. 2005.

> *c) evidências de que a pessoa jurídica participe de organização constituída com o propósito de não recolher tributos ou de burlar os mecanismos de cobrança de débitos fiscais;*
> *d) produção, comercialização ou estocagem de mercadoria roubada, furtada, falsificada, adulterada ou em desconformidade com os padrões estabelecidos pelo agente regulador ou órgão fiscalizador competente;*
> e) utilização como insumo, comercialização ou estocagem de mercadoria objeto de contrabando ou descaminho. (grifamos)

A justificativa ao referido PLS expõe, de forma bastante didática, as diferenças existentes entre os devedores contumazes e os demais tipos de contribuintes inadimplentes, conforme se verifica pelo seguinte trecho dos pareceres já aprovados pelas Comissões de Assuntos Econômicos (CAE) e de Transparência, Governança, Fiscalização e Controle e Defesa do Consumidor (CTFC):

> *O art. 4º, II, autoriza que a autoridade administrativa do ente tributante, quando da aplicação individual de três critérios especiais formais, cancele a inscrição do sujeito passivo no cadastro de contribuintes. A medida equivale à interdição comercial do estabelecimento, pois o impede de emitir nota fiscal eletrônica.*
> *Esse sujeito passivo precisa ser qualificado de **devedor contumaz**, aquele que pratica inadimplência substancial, reiterada e injustificada do tributo. **O devedor contumaz atua no campo do ilícito. Trata-se de criminoso**, e não de empresário, que se organiza para não pagar tributos e, com isso, obter vantagem concorrencial, dentre outras. Para tanto, viola sistematicamente o ordenamento jurídico, **praticando inúmeros ilícitos, comumente mediante a utilização de laranjas, registro de endereços e sócios falsos, possuindo, invariavelmente, patrimônio insuficiente para satisfazer obrigações tributárias**, trabalhistas, etc.*
> Por outro lado, é preciso assegurar a não aplicação dos critérios especiais de tributação ao devedor eventual ou ao devedor reiterado cuja inadimplência não implique desequilíbrio concorrencial. Esses dois tipos de devedor atuam licitamente no mercado e devem se submeter ao procedimento normal de cobrança de dívidas (inscrição em dívida ativa, execução fiscal, arrolamento de bens, medida cautelar fiscal, protesto de certidão da dívida ativa, etc.), não podendo sofrer qualquer restrição à liberdade de iniciativa tendente a forçá-los a cumprir as suas obrigações tributárias. (grifamos)

Mais recentemente, como resultado dos trabalhos de uma Comissão de Juristas presidida **pela Ilma. Ministra do STJ, Regina Helena Costa**, outro projeto de lei complementar sobre o tema passou a tramitar no Congresso Nacional.

Com efeito, o Projeto de Lei Complementar (PLP) nº 125/2022, de iniciativa do Senador Rodrigo Pacheco, ao "estabelecer normas gerais relativas a direitos, garantias e deveres dos contribuintes" (em observância ao disposto no art. 146, III, da CF/88, portanto), assim trata da conceituação e caracterização do "devedor contumaz":

> *Art. 33. Considera-se devedor contumaz aquele que, **devidamente identificado através de processo administrativo definitivo, sujeito ao duplo grau**, apresentar débitos inscritos em dívida ativa em valor consolidado superior ao estabelecido em regulamentação de cada ente federativo, **desde que comprovado que operacionaliza suas atividades com o emprego de fraudes contra o fisco**, a ser comprovada mediante a demonstração da utilização de um ou mais dos seguintes artifícios:*

I – a falsificação de documentos, inclusive a emissão de documentos fiscais que relatem operações fictícias;
II – a simulação ou dissimulação de atos, negócios ou operações, no intuito de promover fraudes contra o fisco em proveito de terceiros, em especial mediante a comprovação de:
a) da prestação de declaração falsa às autoridades fazendárias, nos tributos constituídos por declaração, acerca do real sujeito passivo relacionado ao fato gerador em virtude da a utilização de interpostas pessoas;
b) da prática de sucessões empresariais mascaradas;
c) da inexistência de fato no local em que a empresa declara ter o seu domicílio fiscal;
d) da realização de operações de doação e/ou compra e venda simuladas no intuito de promover o esvaziamento ou a blindagem patrimonial, antes ou depois da inscrição na dívida ativa;
e) da realização de operações de fuga do quadro societário, notadamente quando utilizadas interpostas pessoas, no intuito de promover o esvaziamento da pessoa jurídica, evadindo os reais beneficiários de eventuais responsabilidades tributárias e patrimoniais;
f) do registro de bens, dos beneficiários finais, em nome de interpostas pessoas, para fins de blindagem patrimonial, inclusive mediante a utilização de empresas patrimoniais com desvio de finalidade;
g) do esvaziamento ou a blindagem patrimonial previamente à recuperação ou à falência.
III – a constituição de seu quadro social ou indicação de representação legal por interpostas pessoas, com o objetivo de encobrir o beneficiário final ou do gestor de fato de eventuais responsabilizações; e
IV – a utilização de empresas sem efetiva atividade econômica, com evidente intuito de fraude, com a intenção de absorver suas responsabilidades civis ou tributárias, ou com o propósito de burlar os mecanismos de fiscalização ou cobrança de débitos fiscais mediante blindagem patrimonial por meio de empresas patrimoniais com desvio de finalidade."
Art. 34. ***O procedimento administrativo para caracterização do devedor contumaz deve ser iniciado por representação*** *com a demonstração dos elementos de fato e de direito que evidenciem as situações previstas no art. 33.*
§1º Presentes os requisitos de que trata o caput, a autoridade competente determinará a intimação dos interessados para exercício do seu direito de defesa no prazo de trinta dias. (...). (grifamos)

Como se observa, ambos os projetos de lei complementar acima referidos trazem definição bastante similar de devedor contumaz, qual seja, aquele contribuinte que operacionaliza suas atividades de forma ilícita para não pagar tributo.

Em que pese os mencionados projetos de lei complementares ainda estarem em tramitação, diferentes entes federados têm editado suas próprias normas instituidoras de regimes especiais de tributação e fiscalização que, sob os mais diversos pretextos, atribuem tratamento mais gravoso aos devedores contumazes. Entre as diversas medidas restritivas e/ou punitivas previstas nos referidos regimes especiais, destacam-se as seguintes:

(i) cancelamento de inscrições fiscais e cassação de credenciamentos, habilitações e autorizações;
(ii) representação para fins penais;
(iii) vedação ao aproveitamento de créditos fiscais enquanto não comprovado o pagamento do tributo;
(iv) retenção, para averiguação, de todas as mercadorias remetidas pelo contribuinte ou a ele destinadas;

(v) impedimento à utilização de benefícios ou incentivos fiscais relativamente ao ICMS;
(vi) apuração e pagamento de tributo por operação;
(vii) atribuição de diferentes hipóteses de responsabilidade tributária;
(viii) antecipação do prazo de pagamento de tributos; e
(ix) sujeição à vigilância constante por funcionários do fisco, inclusive com plantões permanentes no estabelecimento.

Sem qualquer uniformidade, contudo, cada um desses atos normativos traz uma definição própria do que deve ser entendido como "devedor contumaz".

Destaca-se, entretanto, que, apesar das diversas diferenças existentes entre elas, quase todas se baseiam em dois critérios objetivos para fins de identificação da inadimplência contumaz: (**i**) o número de períodos em que verificado o descumprimento da obrigação principal e (**ii**) o valor do crédito tributário não recolhido.

A título ilustrativo, transcrevam-se:

SÃO PAULO – Lei Complementar n° 1.320/2018:

Artigo 19 – Ficará sujeito a regime especial para cumprimento das obrigações tributárias, na forma e condições previstas em regulamento, o devedor contumaz, assim considerado o sujeito passivo que se enquadrar em pelo menos uma das situações:

I – possuir débito de ICMS declarado e não pago, inscrito ou não em dívida ativa, relativamente a 6 (seis) períodos de apuração, consecutivos ou não, nos 12 (doze) meses anteriores;

II – possuir débitos de ICMS inscritos em dívida ativa, que totalizem valor superior a 40.000 (quarenta mil) Unidades Fiscais do Estado de São Paulo – UFESPs e correspondam a mais de 30% (trinta por cento) de seu patrimônio líquido, ou a mais de 25% (vinte e cinco por cento) do valor total das operações de saídas e prestações de serviços realizadas nos 12 (doze) meses anteriores." (grifamos)

GOIÁS – Decreto nº 4.852/97:

"Art. 463-A. O sujeito passivo será considerado devedor contumaz quando, após notificado, se enquadrar, alternativamente, nas seguintes situações:

I – deixar de recolher o ICMS declarado em documento que formalizar o cumprimento da obrigação acessória, comunicando a existência de crédito tributário, por quatro meses seguidos ou oito meses intercalados nos doze meses anteriores ao último inadimplemento, no valor mínimo total de R$ 100.000,00 (cem mil reais);

II - tiver créditos tributários inscritos em dívida ativa, em valor superior a R$ 100.000,00 (cem mil reais), relativos ao ICMS declarado e não recolhido no prazo legal, que abrangerem mais de quatro períodos de apuração. (grifamos)

PARANÁ - Decreto 7.871/2017 (RICMS):

Art. 113. A CRE poderá determinar regime especial de controle, de fiscalização e de pagamento, aos contribuintes considerados devedores contumazes, visando o cumprimento de suas obrigações, nos termos desta Seção.

§1.º Considera-se devedor contumaz o contribuinte que, alternativamente:

I – considerando cada estabelecimento, deixar de recolher o ICMS declarado em Guia Nacional de Informação e Apuração do ICMS - GIA/ICMS, GIA-ST ou apurado por meio da EFD, no todo ou em parte, relativo a 8 (oito) períodos de apuração do imposto, consecutivos ou não, nos 12 (doze) meses do período considerado;

II – considerando todos os estabelecimentos da empresa sediados neste Estado, tiver créditos tributários inscritos em dívida ativa no Estado em valor superior a:
a) 30% (trinta por cento) do patrimônio líquido, apurado no seu último balanço patrimonial; ou
b) 30% (trinta por cento) do faturamento anual declarado em GIA/ICMS ou EFD. (grifamos)

BAHIA – Lei nº 7.014/1996:
Art. 45-C. Será considerado devedor contumaz o contribuinte que se enquadrar em uma das seguintes situações:
I – estiver inadimplente com o recolhimento do ICMS declarado referente a 03 (três) meses, consecutivos ou alternados, de apuração do imposto;
II – tiver débitos tributários inscritos em Dívida Ativa, sem exigibilidade suspensa, em valor superior a R$500.000,00 (quinhentos mil reais), desde que ultrapasse:
a) 30% (trinta por cento) do seu patrimônio líquido; ou
b) 25% (vinte e cinco por cento) do faturamento do ano imediatamente anterior." (grifamos)

MATO GROSSO – Lei nº 7.098/1998:
Art. 47-L. O sujeito passivo que, mediante Ato Declaratório do Secretário Adjunto da Receita Pública da Secretaria de Estado de Fazenda, for considerado devedor contumaz poderá ser submetido a sistema especial de controle, fiscalização e arrecadação.
§1º Considera-se como devedor contumaz o sujeito passivo que alternativamente:
I – deixar de recolher o ICMS declarado, por 4 (quatro) meses consecutivos ou 8 (oito) meses intercalados, nos 12 (doze) meses anteriores ao último inadimplemento;
II – tiver crédito tributário inscrito em dívida ativa, relativo ao ICMS declarado e não recolhido no prazo legal, abrangendo mais de 4 (quatro) períodos de apuração, em valor e/ou percentual que exceder aos critérios mínimos fixados no regulamento desta Lei.
§2º O disposto no inciso I do §1º deste artigo somente se aplica quando o valor total do imposto e respectivos acréscimos legais excederem o valor equivalente a 750 (setecentos e cinquenta) UPF/MT. (grifamos)

MARANHÃO – Lei nº 7.799/2002:
Art. 168. O contribuinte que repetidamente incidir em infração à legislação tributária, bem como aquele que for considerado devedor contumaz, ficará submetido ao Regime Especial de Fiscalização – REF.
Art. 168-A. É devedor contumaz o contribuinte que:
I – deixar de recolher, no todo ou em parte, o ICMS devido nos prazos legais, declarado em arquivo digital de entrega obrigatória, relativo a seis períodos de apuração do imposto, consecutivos ou alternados, nos doze meses anteriores ao de referência, considerados todos os estabelecimentos da empresa; ou
II – tiver créditos tributários inscritos em dívida ativa em valor superior a R$ 200.000,00 (duzentos mil reais), nos doze meses anteriores ao de referência, considerados todos os estabelecimentos da empresa; (...) (grifamos)

RIO GRANDE DO NORTE – Lei nº 10.497/2019:
Art. 10. Será considerado devedor contumaz, para efeito desta Lei, o contribuinte que:
I – deixar de recolher o imposto devido por 3 (três) meses consecutivos ou 6 (seis) meses alternados; ou
II – tiver créditos tributários inscritos em Dívida Ativa referentes à falta de recolhimento do imposto, no todo ou em parte, apurado e declarado, em valor que ultrapasse:
a) R$250.000,00 (duzentos e cinquenta mil reais), considerados todos os estabelecimentos da empresa;

b) 30% (trinta por cento) do valor total das operações e prestações nos doze meses imediatamente anteriores. (grifamos)

ALAGOAS – Lei nº 5.900/1996:
Art. 60-A. Poderá ser submetido a Regime Especial de Controle de Fiscalização o sujeito passivo que:
I – for considerado devedor contumaz, assim entendido aquele que:
a) deixar de recolher o imposto declarado, pelos períodos respectivamente indicados, consecutivos ou alternados:
1. 03 (três) meses, na hipótese de contribuinte beneficiário de tratamento tributário diferenciado ou favorecido; e
2. *06 (seis) meses, nos demais casos.*
b) deixar de recolher, por 02 (dois) meses, consecutivos ou alternados, o imposto retido em razão de substituição tributária; ou
c) tiver créditos tributários inscritos em Dívida Ativa, em valor que ultrapasse:
1. R$250.000,00 (duzentos e cinquenta mil reais), considerados todos os estabelecimentos da empresa;(...) (grifamos)

SALVADOR (BA) – Lei nº 7.186/2009:
Art. 99-D. Para fins do disposto nesta Lei, considera-se inadimplente contumaz em relação ao recolhimento do ISS o contribuinte que deixar de recolher o ISS devido por 4 (quatro) meses de incidência consecutivos ou 6 (seis) meses de incidência alternados, dentro de um período de 12 (doze) meses. (grifamos)

PINHAIS (RS) – Lei 501/2001:
Art. 148-A. A fim de resguardar a correta execução desta Lei, a Secretaria Municipal de Finanças poderá determinar regime especial de controle, de fiscalização e de pagamento aos contribuintes considerados devedores contumazes, visando ao cumprimento de obrigações, conforme definido pelo Poder Executivo.
§1º Considera-se devedor contumaz o contribuinte que, alternativamente:
I – deixar de recolher o ISS declarado por 03 (três) meses consecutivos ou 06 (seis) meses alternados, no período de 02 (dois) anos;
II – esteja inscrito na Dívida Ativa do Município em decorrência da existência de crédito tributário vencido e não pago, que ultrapasse o valor equivalente a 30% (trinta por cento) do faturamento bruto do ano calendário imediatamente anterior, considerados todos os estabelecimentos do sujeito passivo. (grifamos)

Do cenário apresentado acima, dois aspectos merecem atenção.

O primeiro diz respeito à impossibilidade de os estados e municípios, cada qual seguindo a sua conveniência, pretenderem qualificar a inadimplência dos seus contribuintes para, a parir daí, justificar a adoção de medidas de exceção já tidas como ilegais/inconstitucionais pelos nossos tribunais superiores.

De fato, como visto acima, os regimes especiais de tributação/fiscalização que vêm sendo instituídos pelos estados e municípios com o intuito de combater a (por eles) denominada "inadimplência contumaz" preveem, por exemplo, indevidas restrições ao aproveitamento de créditos e o cancelamento de inscrição e registro de funcionamento dos estabelecimentos, o que há muito é rechaçado pela jurisprudência e somente foi admitido em situação absolutamente excepcional,[14] diante de efetivo potencial danoso à livre concorrência.

Tal aspecto é de suma importância quando se constata que, além de todas as "medidas de exceção" adotadas contra os denominados devedores contumazes, já há tentativas de alguns entes federados de, a partir da qualificação da inadimplência de seus contribuintes, pretender criar hipótese de responsabilidade tributária não prevista na legislação complementar tributária nacional.

Trata-se do Parecer nº 717/2016-PRCON/PGDF,[15] por meio do qual a Procuradoria-Geral do Distrito Federal (PGDF) busca afastar, em relação aos contribuintes qualificados como devedores contumazes pela legislação do referido ente federado, a já pacificada jurisprudência do Superior Tribunal de Justiça (STJ) no sentido de que "o inadimplemento da obrigação tributária pela sociedade não gera, por si só, a responsabilidade solidária do sócio-gerente" (Súmula nº 430/STJ).

Tais exemplos, a nosso ver, são suficientes para se constatar a impossibilidade de estados e municípios livremente criarem seus próprios critérios de identificação da inadimplência contumaz para, a partir daí, aplicarem tratamento tributário absolutamente incompatível com a legislação e jurisprudência nacionais. Não é por outra razão que o constituinte reservou à lei complementar a edição de normas gerais tributárias e a regulamentação das hipóteses em que se justifica a adoção de regimes especiais de tributação tendentes à defesa da livre concorrência.

O segundo aspecto a que nos referimos acima diz respeito à inadequação e insuficiência da utilização de critérios objetivos e estanques para fins de qualificação dos devedores contumazes (tais como o número de períodos em que verificado o descumprimento da obrigação principal e o valor do crédito tributário não recolhido).

De fato, como visto acima, a inadimplência contumaz é a inadimplência "substancial, reiterada e injustificada" que, operacionalizada a partir de práticas ilícitas, funciona como verdadeira "estratégia empresarial" (inclusive causando danos à livre concorrência).

Ao contrário do "automático" enquadramento, como devedor contumaz de um contribuinte que deixou de recolher tributos durante alguns meses ou que tenha determinado montante de débitos inscritos em dívida ativa (como faz a legislação dos estados e municípios acima transcrita), a identificação dos referidos devedores deve levar em consideração o histórico de regularidade do contribuinte, a existência de justificativas para o não recolhimento do tributo e, ainda, a existência de outras ilicitudes (tais como a criação de obstáculos à fiscalização, o encerramento irregular de atividades e a utilização de interpostas pessoas).

Diante do exposto acima, parece-nos que, a despeito do número de meses em que houve o descumprimento da obrigação tributária principal ou do montante de tributos não recolhidos (critérios que podem se mostrar absolutamente irrelevantes a depender, por exemplo, do porte ou setor de atividade do contribuinte), a identificação

---

[14] A título exemplificativo, cite-se: (i) STJ, Agravo em Recurso Especial (AREsp) nº 1.241.527/RS, Segunda Turma, Relator Min. Francisco Falcão, Sessão de 19.03.2019; (ii) STF, Recurso Extraordinário (RE) nº 550.769, Tribunal Pleno, Relator Min. Joaquim Barbosa, Sessão de 22.05.2013; e (iii) STF, Agravo Regimental na Suspensão de Tutela Provisória 102/RJ, Tribunal Pleno, Relator Min. Dias Toffoli, Sessão de 27.03.2020.

[15] BRASIL. Procuradoria Geral do Distrito Federal. Parecer nº 717/2016-PRCON/PGDF. Disponível em: http://parecer.pg.df.gov.br/arquivo/PRCON/2016/PRCON.0717.2016.pdf. Acesso em: 26 out. 2021.

da inadimplência contumaz deve ser feita caso a caso, levando em consideração as características subjetivas de cada contribuinte.

Nesse particular, merece aplausos a iniciativa do PLP nº 125/2022 de propor a criação de procedimento específico à caracterização de um contribuinte como "devedor contumaz", garantindo-lhe o duplo grau de jurisdição e o direito à ampla defesa e ao contraditório.

A nosso ver, somente a partir dessa verificação criteriosa será possível se diferenciar, com segurança, a perniciosa figura da inadimplência contumaz da mera inadimplência eventual ou decorrente de situações excepcionais que fogem ao controle dos contribuintes.

Note-se que, apesar de elaboradas a partir da legislação já editada por estados e municípios, as críticas acima apresentadas também são integralmente aplicáveis em âmbito federal.

De fato, por meio do projeto de Lei Ordinária nº 1646/2019,[16] a União Federal, sob a justificativa da necessidade de adoção de medidas de combate à inadimplência reiterada e substancial, igualmente se equivoca, ao pretender conceituar o devedor contumaz com base em critério exclusivamente objetivo, qual seja, o montante dos débitos não recolhidos pelo sujeito passivo.[17]

Acreditamos que uma análise mais detida do Arrazoado Técnico da Associação dos Juízes Federais do Brasil – AJUFE,[18] anexado ao referido projeto de lei, levará o Congresso Nacional a rejeitar sua aprovação. Em absoluta consonância com todo o entendimento exposto no decorrer do presente artigo, essa manifestação assim dispõe sobre a figura do devedor contumaz:

> *A figura do devedor contumaz não se confunde com a do devedor eventual. O exemplo mais comum e que ajuda na compreensão da figura do devedor contumaz é o daquele que declara as vendas realizadas em seu empreendimento, não recolhe os impostos delas decorrentes e, dessa forma, permite-se praticar preços impossíveis para os demais concorrentes.*
> *Esses preços bem mais inferiores só são factíveis em virtude de o devedor contumaz intencionalmente não realizar o recolhimento de tributos. Não havendo esse recolhimento, essas obrigações terminam por não entrar em sua matriz de custo e, consequentemente, permitem-no reduzir seus preços e promover uma concorrência altamente predatória.*

---

16 Ainda em trâmite na Câmara dos Deputados.

17 "Art. 1º Esta Lei estabelece medidas para o combate ao devedor contumaz e de fortalecimento da cobrança da dívida ativa.
Parágrafo único. **Considera-se devedor contumaz o contribuinte cujo comportamento fiscal se caracteriza pela inadimplência substancial e reiterada de tributos**.
Art. 2º Os órgãos da administração tributária da União poderão instaurar procedimento administrativo para caracterização e aplicação de restrições administrativas ao devedor contumaz, quando houver:
(...)
§1º **Para fins do procedimento de que trata o caput, considera-se inadimplência substancial e reiterada de tributos a existência de débitos, em nome do devedor ou das pessoas físicas ou jurídicas a ele relacionadas, inscritos ou não em dívida ativa da União, de valor igualou superior a R$ 15.000.000,00 (quinze milhões de reais), em situação irregular por período igual ou superior a um ano**.
§2º Considera-se em situação irregular o crédito tributário que não esteja garantido ou com exigibilidade suspensa, observado o disposto no art. 206 da Lei nº 5.172, de 25 de outubro de 1966- Código Tributário Nacional". (grifamos)

18 ASSOCIAÇÃO DOS JUÍZES FEDERAIS DO BRASIL. *Arrazoado Técnico*. Devedor Contumaz: apontamentos acerca do Projeto de Lei nº 1.646/2019. Disponível em: http://ajufe.org.br/images/pdf/AJUFE_ARRAZOADO_TECNICO_DEVEDOR_CONTUMAZ.pdf. Acesso em: 26. out. 2021.

> ***O devedor contumaz, portanto, é aquele cuja atuação extrapola os limites da inadimplência, fazendo do ato de burla das obrigações tributárias circunstância primordial do próprio empreendimento***. ***Em outras palavras, ele faz do não pagamento de impostos o seu próprio negócio, o seu diferencial competitivo ou principal estratégia de atuação no mercado.*** *Trata-se, assim, de um inadimplemento deliberado, propositadamente intentado e, dessa forma, impossível de ser visualizado senão sob a ótica da ilicitude.*
>
> *Para além da inadimplência intencional e sistemática de obrigações tributárias,* ***a conduta do devedor contumaz se espraia também por artifícios outros como o de se valer de falsificações e uso de "laranjas" para mascarar os verdadeiros responsáveis pelo empreendimento e suas fraudes***. *(...)*
>
> Sua atuação envolve, assim, práticas predatórias no mercado, situando-os no âmbito de uma concorrência desleal na medida em que não recolhem os impostos que seus demais concorrentes recolhem. E o fazem aproveitando-se do fato de que, de maneira diversa à sonegação, que constitui crime, o fato de dever tributos não envolve qualquer tipificação nesse sentido. O que repercute, inevitavelmente, na convicção pela prevalência da impunidade e, assim, de que o risco dessa conduta compensa. (grifamos)

Diante da clareza da manifestação acima, resta, mais uma vez, evidente a invalidade de qualquer pretensão tendente a qualificar a inadimplência contumaz a partir de critérios objetivos, tais como o montante dos créditos não recolhidos pelo contribuinte ou número de períodos de apuração a que eles se referem.

Todo o exposto no decorrer do presente artigo também serve para demonstrar a absoluta necessidade de uniformização nacional acerca da conceituação do denominado "devedor contumaz". Tal medida, ao interromper a multiplicação de diferentes e equivocadas definições sobre o referido instituto, acabará por garantir a necessária integração do sistema jurídico tributário nacional e, em última análise, prestigiar a segurança jurídica.

Imperioso, assim, que o Congresso Nacional aprove, com urgência, lei complementar que (i) defina o conceito de "devedor contumaz" de maneira consentânea com a melhor doutrina e jurisprudência nacionais e (ii) estabeleça procedimento administrativo necessário à caracterização dessa figura, com a garantia do direito à ampla defesa e ao contraditório.

Nesse particular, o PLS nº 284/2017 e, principalmente, PLP nº 125/2022 trazem, como visto, importantíssimas contribuições ao tema, razão por que devem ter sua tramitação acelerada pelo Congresso Nacional.

Conclusão

Apesar do necessário combate à inadimplência contumaz, é preciso que se tenha bastante atenção à precisa identificação da sua ocorrência, de forma a se evitar que contribuintes que tenham deixado de recolher tributos de forma pontual ou em decorrência de dificuldades financeiras excepcionais venham a ser penalizados com medidas já rechaçadas pelos nossos tribunais superiores (e por eles somente flexibilizadas em casos de absoluta excepcionalidade).

Como visto no decorrer do presente artigo, o devedor contumaz diferencia-se dos demais contribuintes por fazer da inadimplência a sua "estratégia empresarial", obtendo, a partir de práticas ilícitas, vantagem competitiva. Sua identificação, além de demandar uma análise das características concretas de cada caso, depende da verificação da coexistência de outras práticas ilícitas (utilização de interpostas pessoas, utilização de interpostas pessoas, encerramento irregular de atividades etc).

Nessa linha, e em observância aos arts. 146 e 146-A da CF/88, faz-se imperiosa a imediata edição de lei complementar que estabeleça, em âmbito nacional, os contornos necessários à correta identificação da perniciosa figura do devedor contumaz, afastando-se, por completo, os diversos e inadequados critérios de caracterização desse tipo de contribuinte que hoje vêm sendo utilizados por diversos entes federados.

Referências

ANDERLE, Ricardo. O papel da lei complementar na solução de conflitos de competência. *In*: *XIII Congresso Nacional de Estudos Tributários - 50 Anos do Código Tributário Nacional.* Noeses: 2016. p. 1.099 a 1.038.

ASSOCIAÇÃO DOS JUÍZES FEDERAIS DO BRASIL. *Arrazoado Técnico.* Devedor Contumaz: apontamentos acerca do Projeto de Lei nº 1.646/2019. Disponível em: http://ajufe.org.br/images/pdf/AJUFE_ARRAZOADO_TECNICO_DEVEDOR_CONTUMAZ.pdf. Acesso em: 26. out. 2021.

ATALIBA, Geraldo. Normas Gerais de Direito Financeiro e Tributário. São Paulo: Revista de Direito Público, RT, 1969. v. 10. p. 45 e seguintes.

BORGES, José Souto Maior. Normas gerais de Direito Tributário: Velho tema sob perspectiva nova. *Revista dialética de Direito Tributário,* São Paulo, n. 213, jun. 2013.

BORGES NETTO, André Luiz. Lei Complementar Tributária. *Cadernos de Direito Constitucional e Ciência Política,* v. 3, n. 10, p. 5-11, jan./mar. 1995.

BRASIL. *Decreto-Lei nº 1.593, de 21 de dezembro de 1977.* Altera a legislação do Imposto sobre Produtos Industrializados, em relação aos casos que especifica, e dá outras providências. Disponível em: http://www.planalto.gov.br/ccivil_03/decreto-lei/del1593.htm. Acesso em: 26 out. 2021.

BRASIL. *Lei nº 8.137, de 27 de dezembro de 1990.* Define crimes contra a ordem tributária, econômica e contra as relações de consumo, e dá outras providências. Disponível em: http://www.planalto.gov.br/ccivil_03/leis/l8137.htm. Acesso em: 26 out. 2021.

BRASIL. Procuradoria Geral do Distrito Federal. *Parecer nº 717/2016-PRCON/PGDF.* Disponível em: http://parecer.pg.df.gov.br/arquivo/PRCON/2016/PRCON.0717.2016.pdf. Acesso em: 26 out. 2021.

CARVALHO, Paulo de Barros. *Curso de Direito Tributário.* 3. ed. São Paulo: Saraiva, 1988.

CARVALHO, Paulo de Barros. O princípio da segurança jurídica no campo tributário. *Revista de Direito Tributário,* São Paulo, n. 94, 2007.

CARRAZA, Roque Antonio. *Curso de Direito Constitucional Tributário.* 19. ed. São Paulo: Malheiros, 2003.

COELHO, Sacha Calmon Navarro. A lei complementar como agente normativo ordenador do sistema tributário e da repartição das competências tributárias. *Revista da Faculdade de Direito da UFMG [recurso eletrônico],* Belo Horizonte, n. 37, p. 313-338, 2000. Disponível em: http://dspace/xmlui/bitstream/item/12133/1083.pdf?sequence=1. Acesso em: 10. out. 2023.

COSTA, Alcides Jorge. Normas Gerais como instrumentos de uniformização do direito tributário. *In*: COSTA, Alcides Jorge. *Sistema tributário nacional e a estabilidade da Federação Brasileira.* São Paulo: Noeses, 2012. p.22.

DERZI, Misabel de Abreu Machado. Quebras da livre concorrência no ICMS, no IPI e PIS-Cotins: corporativismo, informalidade, ampla cumulatividade residual e substituição tributária. *Revista internacional de direito tributário,* Belo Horizonte, Abradt-Del Rey, v. 3, p. 116-117, jan./jun. 2005.

GRECO, Marco Aurélio. *Contribuições (uma figura sui generis).* São Paulo: Editora Dialética, 2000.

MARTINS, Ives Gandra da Silva; BASTOS, Celso Ribeiro. *Comentários à constituição do Brasil (Promulgada em 5 de outubro de 1988).* São Paulo: Saraiva, 1990.

SOUZA, Hamilton Dias de. Lei Complementar em Matéria Tributária. *In*: MARTINS, Ives Gandra da Silva (Coord.). *Curso de direito tributário*. São Paulo: Saraiva, 1982.

SOUZA, Hamilton Dias de; FUNARO, Hugo. Criminalização da dívida do ICMS exige identificação correta do devedor contumaz. *Jota*, 23 fev. 2019. Disponível em: https://www.jota.info/opiniao-e-analise/artigos/criminalizacao-da-divida-do-icms-exige-identificacao-correta-do-devedor-contumaz-23022019. Acesso em: 15 maio 2024.

VELLOSO, Carlos Mário da Silva. Lei complementar tributária. *Revista De Direito Administrativo*, 235, p. 117-138, 2004.

ULHOA CANTO, Gilberto. Lei Complementar Tributária. *Cadernos de Pesquisas Tributárias*, São Paulo, v. 15, p. 2 e ss.

Informação bibliográfica deste texto, conforme a NBR 6023:2018 da Associação Brasileira de Normas Técnicas (ABNT):

BRIGAGÃO, Gustavo; CASERTA, Rodrigo. Lei complementar e a conceituação do devedor contumaz. In: LOBATO, Valter de Souza (coord.); MARINHO NETO, José Antonino (org.). *O papel da lei complementar tributária no desenho federativo brasileiro*. Belo Horizonte: Fórum, 2024. p. 293-310. ISBN 978-65-5518-779-3.

O PROJETO DE LEI COMPLEMENTAR Nº 124/2022: UMA NOVA CHANCE PARA O "PAT NACIONAL"

LEONEL PITTZER

Introdução

O estoque de crédito tributário em contencioso ultrapassou R$5,4 trilhões em 2019, o que representou aproximadamente 75% do PIB daquele ano.[1] Desse total, mais de R$4 trilhões são alvo de disputas judiciais.[2] A União e o INSS são os maiores litigantes do país: estão diretamente envolvidos em praticamente 59% das demandas ativas na justiça federal.[3]

Há aproximadamente 77 milhões de processos em tramitação, dos quais cerca de 40% são de natureza tributária. Esses processos (tributários) levam em média quase 19 anos entre as esferas administrativa e judicial.[4]

As execuções fiscais representam quase 70% das execuções pendentes.[5] Segundo o relatório Justiça em Números de 2021, "Esses processos são os principais responsáveis pela alta taxa de congestionamento do Poder Judiciário, representando aproximadamente 36% do total de casos pendentes e congestionamento de 87% em 2020".[6]

Ou seja, o contencioso tributário é um dos principais "gargalos" do – já disfuncional – sistema de litigância brasileiro. Tanto que o direito tributário é a segunda matéria com mais temas afetados à repercussão geral.

---

1 INSPER. *Contencioso Tributário no Brasil*. 2020. p. 7. Disponível em: https://www.insper.edu.br/wp-content/uploads/2021/01/Contencioso_tributario_relatorio2020_vf10.pdf. Acesso em: 10 nov. 2023.

2 *Ibid*., p. 9.

3 CONSELHO NACIONAL DE JUSTIÇA. 100 maiores litigantes – 2012. Brasília: CNJ, 2012. p. 15. Disponível em: https://bibliotecadigital.cnj.jus.br/jspui/bitstream/123456789/64/1/100%20Maiores%20Litigantes%202012.pdf. Acesso em: 10 nov. 2023.

4 CONSELHO NACIONAL DE JUSTIÇA. *Sistematização do diagnóstico do contencioso judicial tributário*: aportes iniciais – 2022. Brasília: CNJ, 2022. p. 29. Disponível em: https://www.cnj.jus.br/wp-content/uploads/2022/02/sistematizacao-do-diagnostico-do-contencioso-judicial-tributario-aportes-iniciais-v10-2.pdf. Acesso em: 10 nov. 2023.

5 *Ibid*. p. 6.

6 CONSELHO NACIONAL DE JUSTIÇA. *Justiça em números* – 2021. Brasília: CNJ, 2021. p. 169. Disponível em: https://www.cnj.jus.br/wp-content/uploads/2021/11/relatorio-justica-em-numeros2021-221121.pdf. Acesso em: 10 nov. 2023.

Foi diante desse cenário que, em 2022, os então presidentes do Senado Federal e do Supremo Tribunal Federal (STF) – Senador Rodrigo Pacheco e Ministro Luiz Fux – instituíram Comissão de Juristas com a missão de formular proposições legislativas para "dinamizar, unificar e modernizar o processo administrativo e tributário nacional".[7]

A Comissão, presidida pela Ministra Regina Helena Costa, representou um inédito esforço conjunto de representantes da administração tributária, do Conselho Administrativo de Recursos Fiscais (CARF), da Procuradoria-Geral da Fazenda Nacional (PGFN), da advocacia e do Poder Judiciário em prol do aprimoramento do contencioso tributário.

Os trabalhos foram desenvolvidos em duas Subcomissões – a do Processo Administrativo[8] e a do Processo Tributário[9] – que, ao final de seis meses, apresentaram nove Anteprojetos de Lei,[10] dentre os quais o "de lei complementar sobre normas gerais de prevenção de litígios, consensualidade e processo administrativo em matéria tributária."

Nesse Anteprojeto, a Comissão formulou proposições que podem ser agrupadas em três eixos: (i) normas gerais que induzem à solução consensual de conflitos tributários (preparando o CTN para a criação e o fortalecimento dos institutos da consulta, mediação, arbitragem e transação); (ii) uma proposta de microssistema de dosimetria de pena a ser observado por todos os entes; e (iii) uma "moldura" mínima para o processo administrativo tributário, um "PAT nacional".

No que concerne ao terceiro eixo, a Comissão criou um "esqueleto" de PAT – a ser respeitado por todos os mais de 5.500 entes federados – que (i) unificou os requisitos essenciais do auto de infração (artigo 208-B); (ii) impôs o duplo grau de jurisdição (artigo 208-C, VI); (iii) padronizou recursos cabíveis e prazos, inclusive alinhando a contagem desses ao disposto no CPC (artigo 208-D); (iv) proibiu o recurso hierárquico (artigo 208-E); (v) previu as hipóteses básicas de nulidade (artigo 208-H); e (vi) vinculou os julgadores às decisões proferidas em sede de repercussão geral, controle concentrado de constitucionalidade ou nos autos de recurso repetitivo e às súmulas vinculantes do STF (artigo 208-G).

O Anteprojeto foi transformado no Projeto de Lei Complementar (PLP) nº 124/2022 por iniciativa do senador Rodrigo Pacheco e, atualmente, aguarda o relatório final da

---

7 Ato Conjunto nº 01/22.

8 Composta por Valter Shuenquener (Relator), Gustavo Binenbojm, Patrícia Baptista, Maurício Zockun, Flávio Amaral Garcia, Alexandre Aroeira Salles e André Jacques Luciano Uchôa Costa.

9 Composta por Marcus Lívio Gomes (Relator), Bruno Dantas Nascimento, Júlio Cesar Vieira Gomes, Ricardo Soriano de Alencar, Adriana Gomes Rego, Valter de Souza Lobato, Aristóteles de Queiroz Câmara, Caio César Farias Leôncio, Leonel Pereira Pittzer, Josiane Ribeiro Minardi, Edvaldo Pereira de Brito e Luiz Gustavo Antônio Silva Bichara.

10 Anteprojetos de (i) lei ordinária para a reforma da Lei nº 9.784/1999; (ii) lei complementar sobre normas gerais de prevenção de litígios, consensualidade e processo administrativo em matéria tributária; (iii) lei ordinária do processo administrativo tributário da União; (iv) lei ordinária sobre o processo de consulta tributária da União; (v) lei de Mediação Tributária da União; (vi) lei ordinária de arbitragem em matéria tributária e aduaneira; (vii) lei de Código de Defesa dos Contribuintes; (viii) lei ordinária de execução fiscal; e (ix) lei ordinária de custas da justiça federal.

Comissão Temporária Interna do Senado,[11] instituída[12] para "examinar e, se assim entender, consolidar os anteprojetos apresentados no âmbito da Comissão de Juristas".[13]

O presente artigo analisará essa proposta de PAT nacional, contextualizando as inovações sugeridas e evidenciando o esforço da Comissão para padronizar minimamente o processo administrativo tributário, garantindo alguma previsibilidade para os contribuintes, sem, contudo, invadir esfera de competência dos entes subnacionais.

O Congresso Nacional já havia tentado aprovar um PL similar. No entanto, algumas previsões do Projeto de Lei do Senado (PLS) nº 222/2013 foram "barradas" pelas Comissões de Finanças e Tributação e de Constituição e Justiça e de Cidadania da Câmara dos Deputados justamente por ferirem o pacto federativo.

Ou seja, trata-se de uma nova chance para o PAT nacional.

1 O Projeto de Lei Complementar nº 124/2022

O Diagnóstico do Contencioso Tributário Administrativo[14] apurou que 71% dos representantes da fazenda e da advocacia[15] acreditam que a atual estrutura do federalismo fiscal brasileiro contribui para a insegurança que assola o PAT, em especial pela ausência de uma padronização mínima dos procedimentos. O Diagnóstico constatou ainda que as legislações dos entes federados divergem (i) 33% em relação aos elementos essenciais do auto de infração; (ii) 61% no que se refere às hipóteses de nulidade do lançamento; e (iii) 74% no que tange aos prazos para a interposição de recursos.

Essas foram as principais "dores" tratadas na proposta de PAT nacional da Comissão.

1.1 A unificação dos requisitos essenciais do auto de infração e das hipóteses de nulidade

Como adiantado, os processos administrativos tributários dos mais de 5.500 entes não coincidem nem mesmo quanto aos elementos básicos do lançamento. Ora, se União, Estados, Municípios e Distrito Federal sequer estão alinhados no ponto de partida do PAT, ao final dos processos as divergências serão inevitavelmente múltiplas e estruturais.

O problema é que o pleno exercício dos Direitos à Ampla Defesa e ao Contraditório dos contribuintes depende diretamente da adequada compreensão das acusações fiscais. Tais Primados – que compõem o Princípio maior da Garantia da Defesa[16] – impõem

---

[11] Composta pelos senadores titulares Eduardo Braga (AM), Efraim Filho (PB), Oriovisto Guimarães (PR), Vanderlan Cardoso (GO), Daniella Ribeiro (PB), Jaques Wagner (BA), Eduardo Gomes (TO), Rogerio Marinho (RN) e Tereza Cristina (MS); e os suplentes Otto Alencar (BA), Weverton Rocha (MA), Fernando Farias (AL), Dorinha Seabra (TO), Augusta Brito (CE), Silvestre Irajá (TO), Izalci Lucas (DF), Wellington Fagundes (MT). Disponível em: https://legis.senado.leg.br/comissoes/composicao_comissao?codcol=2608. Acesso em: 20 set. 2023.

[12] RQS nº 479/2023. Disponível em: https://www25.senado.leg.br/web/atividade/materias/-/materia/157458. Acesso em: 10 nov. 2023.

[13] *Ibid.*

[14] ASSOCIAÇÃO BRASILEIRA DE JURIMETRIA. *Diagnóstico do contencioso tributário administrativo*. São Paulo: ABJ, 2022. p. 56-58. Disponível em: https://abj.org.br/pdf/abj_bid_2022.pdf Acesso em: 10 nov. 2023.

[15] Foram consultados representantes de mais de 15 (quinze) estados.

[16] "Para a aplicação verdadeira desse princípio, é, portanto, indispensável, a possibilidade de interferir no convencimento do julgador, a certeza da paridade inicial entre as partes, evitando impedir que a igualdade de direitos se transforme em desigualdade de fato por causa da inferioridade de cultura ou de meios econômicos entre os participantes. Com isso torna-se fundamental: a notificação dos atos processuais à parte interessada; a

que os contribuintes tenham perfeitas condições de entender o que lhes está sendo imputado para, então, efetivamente influenciar o convencimento do órgão julgador, exercendo o controle da legalidade do auto de infração com plenitude.

Nas palavras de Aurélio Pitanga Seixas Filho, o lançamento "(...) deve conter expressamente sua motivação ou fundamentação, que, no caso, é a descrição da conduta praticada pelo contribuinte (ou fato gerador ocorrido), matéria fática esta que deve ser devidamente valorada com a lei de regência".[17] É preciso que o auto individualize com clareza a conduta supostamente praticada pelo contribuinte e aponte os dispositivos legais violados para viabilizar uma defesa eficaz.

Como reconhece Leandro Paulsen, "O Auto de Infração tem de satisfazer requisitos mínimos (...): qualificação do autuado, descrição dos fatos, fundamentação legal da exigência do tributo e da multa, montante devido, notificação para pagamento ou impugnação, identificação do autuante, local, data e assinatura". E prossegue Paulsen alertando que "(...) ***não se trata de nada que não seja absolutamente necessário para a compreensão do lançamento e verificação da sua regularidade, ensejando o exercício do direito de defesa***".[18]

Foi justamente no intuito de exigir que os processos administrativos tributários de todos os entes assegurem aos contribuintes a boa compreensão da acusação fiscal, de modo que possam exercer o Direito à Ampla Defesa e ao Contraditório com plenitude, que a Comissão sugeriu a inclusão do artigo 208-B no Capítulo IV do Código Tributário Nacional.

O artigo 208-B do PLP nº 124/2022 impõe como elementos obrigatórios do lançamento (i) a qualificação do autuado; (ii) a descrição clara dos fatos; (iii) o(s) dispositivo(s) legal(is) infringido(s) e a penalidade cominada; (iv) o fundamento jurídico da imputação; (v) a liquidação da exigência fiscal e a intimação para cumpri-la ou impugná-la. A Comissão não "inventou a roda": a norma sugerida é bem semelhante à prevista no artigo 10 do Decreto nº 70.235/72, que ainda regula o processo administrativo fiscal federal.

É o mínimo, mas o Diagnóstico do Contencioso Tributário Administrativo demonstrou ser necessário garantir, via lei complementar nacional, que todo lançamento seja (i) precedido de um levantamento completo dos fatos; (ii) acompanhado de fundamentação jurídica precisa e do cálculo detalhado do débito; (iii) com menção expressa aos dispositivos que tipifiquem adequadamente a conduta e apontem os meios de defesa cabíveis.

Por sua vez, o artigo 208-H do PLP nº 124/2022 prevê que "a Administração deve anular seus próprios atos quando eivados de vício de legalidade" e define como hipóteses mínimas de nulidade (i) atos e termos lavrados por pessoa incompetente; bem como (ii) lançamento, despachos e decisões proferidos por autoridade incompetente ou impedida,

---

possibilidade de exame das provas constantes do processo; o direito de participar da construção da prova, além de apresentar defesa escrita, aspectos que também estão presentes no princípio da ampla defesa, considerando que esses princípios estão sempre interligados". (MARINELA, Fernanda. *Direito Administrativo*. 5. ed. Niterói: Editora Impetus, 2011. p. 1.041).

[17] SEIXAS FILHO, Aurélio Pitanga. A Motivação dos Atos Administrativos, em especial do Lançamento Tributário. *In*: VOSS, Agatha Accorsi *et al*. *Estudos de Direito Tributário em Homenagem à Memória de Gilberto de Ulhôa Canto*. Rio de Janeiro: Forense, 1998. v. 1.

[18] PAULSEN, Leandro. *Curso de direito tributário*: completo. Porto Alegre: Livraria do Advogado, 2014. p. 398.

sem fundamentação ou com preterição do direito de defesa. O mote aqui foi o respeito aos Primados da Legalidade, do Devido Processo Legal e da Garantia da Defesa.

De outro lado, a Comissão, prestigiando os Princípios da Verdade Material e da Instrumentalidade das Formas, indicou meios para sanar nulidades que não tenham causado efetivo prejuízo. É o caso, por exemplo, do parágrafo 1º do artigo 208-H, que trata da nulidade das intimações, mas já estabelece que "o comparecimento do administrado supre a falta ou a irregularidade delas". Na mesma linha, o parágrafo 4º dispõe que, caso seja possível decidir o mérito em favor do contribuinte que se aproveitaria da declaração de nulidade, não há necessidade de anular atos viciados.

1.2 O duplo grau obrigatório

O artigo 208-C do PLP nº 124/2022 impõe (i) o julgamento colegiado em segundo grau e (ii) a instância revisional obrigatória.

Com isso, a Comissão pretende ampliar os Direitos ao Contraditório e à Ampla Defesa dos contribuintes na esfera administrativa, fortalecendo o PAT e o controle da legalidade dos créditos tributários.

Conforme demonstrado na introdução, o Judiciário está abarrotado de demandas tributárias. Por isso, reduzir os litígios judiciais foi como um "mantra" repetido obstinadamente pela Comissão. Mas, para alcançar tal objetivo, é necessário melhorar as taxas de consensualidade e fortalecer o processo administrativo.

Infelizmente, a relação entre fisco e contribuintes ainda é marcada pela desconfiança,[19] de modo que estes judicializam a esmagadora maioria das decisões administrativas que lhes são desfavoráveis.

Além disso, 48,2% das autuações são reformadas por decisões judiciais de primeira instância, as quais são confirmadas pelos respectivos tribunais em 93% dos casos.[20] Esses números evidenciam que o controle da legalidade do lançamento ainda é muito falho na esfera administrativa.

Daí a importância de se buscar a densificação da legitimidade democrática e da consistência jurídica da decisão administrativa definitiva. Se o auto for ratificado por uma decisão bem lançada, proferida por um órgão colegiado, em grau recursal, naturalmente o impulso de judicialização será menor.

Ademais, o duplo grau favorece a formação de precedentes, o que contribui para o aumento da previsibilidade do sistema de litigância administrativo e, consequentemente, para a estabilização da relação fisco-contribuinte.

A inclusão do duplo grau obrigatório decorre também da intenção da Comissão de alinhar o PAT brasileiro aos padrões internacionais, especialmente ao Pacto de San José da Costa Rica. É, sem dúvidas, um marco civilizatório para o contencioso tributário do país.

---

[19] ASSOCIAÇÃO BRASILEIRA DE JURIMETRIA. Diagnóstico do contencioso tributário administrativo. São Paulo: ABJ, 2022. p. 99-100. Disponível em: https://abj.org.br/pdf/abj_bid_2022.pdf Acesso em: 10 nov. 2023.

[20] CONSELHO NACIONAL DE JUSTIÇA. Sistematização do diagnóstico do contencioso judicial tributário: aportes iniciais – 2022. Brasília: CNJ, 2022. p. 32. Disponível em: https://www.cnj.jus.br/wp-content/uploads/2022/02/sistematizacao-do-diagnostico-do-contencioso-judicial-tributario-aportes-iniciais-v10-2.pdf. Acesso em: 10 nov. 2023.

Por fim, o artigo 208-C, IV, do PLP nº 124/2022 prevê que o duplo grau é obrigatório, "conforme legislação específica". Isso exprime, mais uma vez, a preocupação da Comissão em respeitar a órbita de autonomia dos entes subnacionais. Embora o PLP imponha o duplo grau, caberá a cada ente instituí-lo da forma que julgar mais adequada e pertinente em até dois anos, nos termos do artigo 211-B, inclusive, com eventuais limitações – desde que razoáveis e proporcionais.

1.3 A padronização de recursos e prazos

Conforme já sinalizado, os PATs dos entes federados divergem 74% em relação aos prazos para a interposição de recursos.

Assim, no intuito de garantir alguma previsibilidade para a prática contenciosa administrativa (qualquer sociedade estabelecida no Brasil está submetida a no mínimo três entes tributantes), a Comissão propôs uma padronização mínima de recursos e prazos, inclusive alinhando a contagem desses ao disposto no CPC.

O artigo 208-D do PLP assegura, ao menos, o direito dos contribuintes (i) à apresentação de impugnação em 30 dias; (ii) à interposição de recurso voluntário igualmente em 30 dias; (iii) à oposição de embargos de declaração em cinco dias; e (iv) à interposição de recurso especial em 15 dias, "nas hipóteses previstas na legislação específica, quando houver instância superior".

Mais uma vez fica evidente a preocupação da Comissão em respeitar a autonomia dos entes subnacionais. Além de o PLP preservar a competência regulamentar dos Estados, Municípios e Distrito Federal em relação ao recurso especial, o *caput* do artigo 208-D é expresso no sentido de que os recursos e prazos que estipula são direitos mínimos dos contribuintes. Ou seja, nada impede que os entes os ampliem. Aliás, no PL do novo PAT federal (nº 2.483/2022), cujo Anteprojeto também foi encubado na Comissão, o prazo para a apresentação de impugnação é de 60 dias, por exemplo.

Além disso, os §§3º e 4º do artigo 208-D dispõem que os prazos correrão apenas nos dias úteis (com expediente normal no órgão em que tramita o processo), excluindo-se o dia de início e incluindo-se o do vencimento. Por fim, o §5º estabelece que os prazos ficarão suspensos entre os dias 20 de dezembro e 20 de janeiro, inclusive.

Essa proposição unifica a contagem de prazos de todo o sistema de litigância tributária. Ganham os contribuintes, com mais segurança jurídica no contencioso. Ganham os entes, com a melhora do ambiente de negócios.[21]

Trata-se de uma importante e antiga bandeira da advocacia. É preciso garantir um tempo razoável de descanso no final do ano aos advogados – especialmente aos autônomos, que não contam com equipe, ajuda. Além disso, com prazos correndo nos finais de semana e feriados, o descanso interjornada dos advogados fica prejudicado.[22]

---

[21] A pesquisa "Economic Policy Uncertainty", realizada pelas Universidades de Northwestern, Stanford e Chicago, apurou que a insegurança tributária dificulta a geração de empregos e afasta investimentos (BAKER, Scott R.; BLOOM, Nick; DAVIS, Steven J. Economic Policy Uncertainty Index. *Economic Research*, [s. l.], [2020]. Disponível em: https://www.policyuncertainty.com/. Acesso em: 10 nov. 2023).

[22] "(...) nem é preciso muita experiência forense para compreender que, com prazos em trâmite durante o final de semana, o advogado simplesmente não tem descanso. (...) a crítica de que a previsão legal ofende o princípio da celeridade processual destoa em absoluto da realidade forense. O processo demora demais, muito além do tempo razoável previsto no art. 5.º, LXXVIII, da CF, mas culpar os prazos por isso é inocência. A culpa na realidade

O Estado do Rio de Janeiro, encampando proposta da Comissão Especial de Assuntos Tributários (CEAT) da OAB/RJ, editou a Lei nº 9.789/22, que "Dispõe sobre a contagem em dias úteis dos prazos processuais que especifica e suspende a tramitação dos processos que especifica durante o recesso de Natal". Trilharam o mesmo caminho os Estados do Mato Grosso (Leis nºs 10.735/2018 e 10.946/1019), do Paraná (Lei nº 18.877/2016), de Alagoas (Lei nº 8.939/1023) e de Goiás (Lei nº 20.276/2018).

1.4 A proibição do recurso hierárquico

O artigo 208-E do PLP nº 124/2022 estabelece que "a decisão definitiva favorável ao sujeito passivo no processo administrativo tributário não poderá ser revista pelos secretários de fazenda, pelo ministro da economia ou por qualquer outro integrante do poder executivo", isto é, "fecha a porta" para o chamado recurso hierárquico.

Já era hora. A possibilidade de revisão de acórdão de órgão colegiado – sem qualquer provocação – por decisão singular de ministro ou secretário de fazenda viola o Princípio da Garantia da Defesa, frustra o ideal de desjudicialização e atenta contra a democracia participativa.

Aliás, o recurso hierárquico desafia o próprio fundamento de existência do processo administrativo fiscal: a efetiva participação do contribuinte no controle da legalidade do lançamento.

Sobre o tema, Gustavo Brigagão e Bruno Lyra defendem que "(...) o Secretário, julgador singular, que não necessariamente possui formação jurídica (...), possa atender melhor ao interesse público do que o Conselho de Contribuintes órgão coletivo, paritário, técnico e que realiza julgamentos abertos ao contribuinte".[23]

É verdade que, de acordo com as Súmulas 346[24] e 743[25] do STF, a Administração Pública possui a prerrogativa de controlar seus próprios atos, podendo anulá-los ou revogá-los quando maculados por vício, independentemente de autorização judicial.

Ocorre que, no contexto do PAT, tal prerrogativa (que obviamente não é absoluta) tem um potencial extremamente lesivo para os direitos processuais constitucionais dos contribuintes.

Trata-se, na realidade, de um resquício do período da história brasileira em que direitos individuais eram diminuídos em nome da consecução dos ideais do Estado.

Não por outra razão, o cabimento do recurso hierárquico é exceção entre os entes federados. Infelizmente, o Estado do Rio de Janeiro atribui ao seu Secretário de Fazenda

---

é do tempo morto, ou seja, o tempo de espera entre os atos processuais, principal culpado pela morosidade procedimental" (NEVES, Daniel Amorim Assumpção. *Novo código de processo civil comentado*. Salvador: Editora Juspodivm, 2016. p. 348-349).

23 BRIGAGÃO, Gustavo; LYRA, Bruno. *Processo Administrativo Fiscal e o Recurso Hierárquico*. *In*: DERZI, Misabel Abreu Machado (Coord.). *Separação de Poderes e Efetividade do Sistema Tributário*. Belo Horizonte: Del Rey, 2010. p. 157.

24 BRASIL. Supremo Tribunal Federal. Súmula nº 346: "A Administração Pública pode declarar a nulidade dos seus próprios atos". Disponível em: https://jurisprudencia.stf.jus.br/pages/search/seq-sumula346/false. Acesso em: 10 nov. 2023.

25 BRASIL. Supremo Tribunal Federal. Súmula nº 743: "A administração pode anular seus próprios atos, quando eivados de vícios que os tornam ilegais, porque deles não se originam direitos; ou revogá-los, por motivo de conveniência ou oportunidade, respeitados os direitos adquiridos, e ressalvada, em todos os casos, a apreciação judicial". Disponível em: https://jurisprudencia.stf.jus.br/pages/search/seq-sumula473/false. Acesso em: 10 nov. 2023.

a competência de, a qualquer momento, "avocar processo administrativo-tributário, para efeito de decisão ou novo encaminhamento, visando a resguardar interesse de ordem pública, e à estrita observância da Justiça fiscal e da legalidade dos atos".[26]

O Estado de Alagoas,[27] por sua vez, determina que o recurso seja interposto quando o acórdão, proferido pelo Pleno do Conselho, (i) anular débitos acima de 2.000 (duas mil) unidades[28] Padrão Fiscal do Estado de Alagoas – UPFAL[29] e (ii) contar com dois ou mais votos favoráveis à Fazenda.

Os exemplos acima descortinam o verdadeiro objetivo do recurso hierárquico: acautelar interesses arrecadatórios em detrimento das garantias fundamentais que nortearam a elaboração do Anteprojeto do PLP nº 124/22 e todo o trabalho da Comissão – o Devido Processo Legal, a Ampla Defesa e o Contraditório. Por isso, a Comissão decidiu bani-lo, por unanimidade de votos.

1.5 O sistema de precedentes e o PAT nacional

O sistema de precedentes brasileiro começou a ser edificado com a edição da Emenda Constitucional nº 45/04, que (i) vinculou a Administração Pública (direta e indireta) às decisões proferidas pelo Supremo em sede de controle concentrado de constitucionalidade;[30] (ii) criou o "filtro" da repercussão geral,[31] posteriormente regulamentado pela Lei nº 11.418/2018;[32] e (iii) previu a possibilidade daquele Tribunal editar súmulas com efeitos vinculantes.[33]

Mas certamente foi o Código de Processo Civil de 2015 que o consolidou, ao conferir – por obra do seu artigo 927 – eficácia vinculante aos precedentes qualificados.[34]

Interpretar é construir sentido. É atividade criativa. Assim, quando os tribunais definem – especialmente em julgamentos vinculativos – que determinado texto legal deve ser interpretado em um sentido tal, em detrimento de algum(ns) outro(s) possível(is) e razoável(is), estão criando direito.

Segundo Teresa Arruda Alvim e Bruno Dantas, "a criação do direito é obra do Judiciário. A palavra do juiz, quando se consubstancia em jurisprudência pacificada, sumulada e em precedentes qualificados pela lei como obrigatórios em sentido forte, é pauta de conduta, é NORMA, para os jurisdicionados"[35] (Grifo no original).

---

26 Artigo 124, III, do Decreto nº 2.473/1979.

27 Artigo 49 da Lei nº 6.771/2006.

28 O que representa cerca de R$65.720,00 em 2023. Portaria SEFAZ, n. 1.979, p. 30, 28 dez. 2022. Disponível em: https://diario.imprensaoficial.al.gov.br/apinova/api/editions/viewPdf/29166. Acesso em: 10 nov. 2023.

29 Artigo 1º da Instrução Normativa SEF nº 31, de 16 de julho de 2019. Disponível em: https://gcs2.sefaz.al.gov.br/#/documentos/visualizar-documento?key=d47dnEI2h04%3D. Acesso em: 10 nov. 2023.

30 Artigo 102, §2º, da Constituição Federal.

31 Artigo 102, §3º, da Constituição Federal.

32 Que incluiu os artigos 543-A e 543-B no Código de Processo Civil de 1973.

33 Artigo 103-A da Constituição Federal.

34 Quais sejam: (i) as decisões do Supremo Tribunal Federal em controle concentrado de constitucionalidade; (ii) os enunciados de súmula vinculante; (iii) os acórdãos em Incidente de Assunção de Competência ou de Resolução de Demandas Repetitivas e em julgamento de Recursos Extraordinário e Especial repetitivos; (iv) os enunciados das súmulas do Supremo Tribunal Federal em matéria constitucional e do Superior Tribunal de Justiça em matéria infraconstitucional; (v) a orientação do Plenário ou do Órgão Especial aos quais estiverem vinculados.

35 ALVIM, Teresa Arruda; DANTAS, Bruno. *Recurso especial, recurso extraordinário e a nova função dos tribunais superiores* – Precedentes no direito brasileiro. 6. ed. São Paulo: Thomson Reuters Brasil, 2019. p. 283.

Ou seja, os precedentes obrigatórios possuem eficácia normativa[36] e pautam condutas.

Por exemplo, quando o Superior Tribunal de Justiça (STJ) decide, em sede de Recurso Repetitivo, que não incide Contribuição Previdenciária sobre o terço constitucional de férias, naturalmente muitos empregadores deixam de recolher a Contribuição sobre a rubrica. Por isso, não é razoável que os contribuintes orientados por posicionamentos consolidados em precedentes obrigatórios sejam autuados (e ainda percam a discussão no respectivo tribunal administrativo). Isso obviamente frustra as expectativas legítimas depositadas pelos contribuintes no ato judicial. Também não é aceitável que contribuintes em situações jurídicas equivalentes sejam submetidos a soluções jurídicas completamente diversas apenas porque discutem a controvérsia fiscal em arenas distintas. É urgente um intercâmbio jurisprudencial maior entre as esferas administrativa e judicial e o respeito ao precedente em sentido forte é a "largada" desse caminho. Até porque se uma decisão de tribunal administrativo desrespeitar precedente vinculante, o contribuinte certamente judicializará – e ganhará – a discussão.

Como o traço marcante do neoconstitucionalismo é o "foco no Poder Judiciário", o juiz é o "guardião das promessas civilizatórias dos textos constitucionais"[37] e os precedentes são as ferramentas para que tal promessa seja cumprida.

Apesar disso, o Diagnóstico do Contencioso Judicial Tributário revelou que apenas 13 entes tributantes[38] possuem ato que vincule de alguma maneira a administração tributária a precedentes. E apenas nove[39] vão além do que já impõe a Constituição Federal – necessidade de respeito (i) aos acórdãos proferidos em sede de controle concentrado[40] e (ii) à súmula vinculante.[41-42]

A ausência de vinculação de mais de 90% dos entes aos precedentes em sentido forte certamente contribui para que quase 50% das autuações já sejam reformadas logo na primeira instância judicial.

O Judiciário, por seu turno, vem colhendo os frutos da observância ao sistema de precedentes. O Diagnóstico do Contencioso Judicial Tributário identificou uma relação

---

36 Especificamente no âmbito do direito tributário, Luís Roberto Barroso afirmou que a guinada jurisprudencial promovida pelo STF equivale à lei nova, ao votar pela modulação da decisão por meio da qual o Plenário concluiu que é devido IPI na importação de automóveis para uso próprio (STF – RE nº 723.651/PR; Rel.: Min. Marco Aurélio Mello; Trib. Pleno; J.: 04.02.2016; DJe.: 05.08.2016), contrariando posicionamento dominante em ambas as turmas. O mesmo Ministro reiterou que "a mudança da jurisprudência da Corte equivale verdadeiramente à criação de direito", ao votar pela modulação do acórdão que reconheceu o direito dos contribuintes à restituição do ICMS/ST quando a base de cálculo efetiva for inferior à presumida (STF – RE nº 593.849/MG; Rel.: Min. Edson Fachin; Trib. Pleno; J.: 19.10.2016; DJe.: 05.04.2017), rompendo com a premissa jurisprudencial histórica de que, na substituição tributária, o fato gerador é definitivo.

37 SARMENTO, Daniel. O neoconstitucionalismo no Brasil: riscos e possibilidades. *Revista Brasileira de Estudos Constitucionais*, Belo Horizonte, v. 3, n. 9, p. 4, jan. 2009.

38 Receita Federal do Brasil, Sefaz/MG, Sefaz/CE, Sefaz/PA, Sefaz/SP, Sefaz/SE, Sefaz/TO, Sefaz/RS, Sefaz/MT, Sefaz/RN, Sefaz/São Paulo, Sefaz/Belo Horizonte, Sefaz/Fortaleza.

39 Receita Federal do Brasil, Sefaz/MG, Sefaz/PA, Sefaz/RS, Sefaz/MT, Sefaz/SP, Sefaz/RN, Sefaz/Belo Horizonte e Sefaz/Fortaleza.

40 Artigo 102, §2º, da Constituição Federal.

41 Artigo 103-A, da Constituição Federal.

42 CONSELHO NACIONAL DE JUSTIÇA. Diagnóstico do contencioso judicial tributário brasileiro: relatório final de pesquisa / Conselho Nacional de Justiça; Instituto de Ensino e Pesquisa. – Brasília: CNJ, 2022. p. 90. Disponível em: https://www.cnj.jus.br/wp-content/uploads/2022/02/relatorio-contencioso-tributario-final-v10-2.pdf. Acesso em: 10 nov. 2023.

inversamente proporcional entre o número de casos repetitivos afetados e julgados e o estoque de processos tributários dos tribunais de cúpula.[43] Além disso, o estoque de processos tributários do STF foi reduzido em 49,1% (de 6.654, em 2017, para 3.390, em 2020), e o do STJ foi reduzido em 37,3% (de 46.610, em 2016, para 29.211, em 2021).[44]

É nesse contexto que o artigo 208-G do PLP nº 124/2022 prevê que as súmulas vinculantes, os temas firmados sob a sistemática da repercussão geral ou dos recursos repetitivos e os acórdãos proferidos em sede de controle concentrado deverão ser respeitados pelos órgãos julgadores administrativos.

2 O cuidado da comissão com o pacto federativo: diferenças entre o PLP nº 124/2022 e o PLS nº 222/2013

O PLS nº 222/2013 também buscava estabelecer "normas gerais sobre o processo administrativo fiscal, no âmbito das administrações tributárias da União, dos Estados, do Distrito Federal e dos Municípios".

Após sua aprovação no Senado Federal pelo placar de 64 a 1,[45] o PLS sofreu duras críticas na Câmara dos Deputados e foi reformulado pela Comissão de Finanças e Tributação sob a justificativa de que algumas proposições invadiam a esfera de competência dos entes subnacionais.

Em síntese, os pareceres elaborados pelas Comissões de Finanças e Tributação[46] e de Constituição e Justiça e de Cidadania[47] reputaram inconstitucionais as previsões do inciso IV do artigo 2º, do §3º do artigo 6º e do parágrafo único do artigo 8º, que impunham (i) o julgamento colegiado em grau recursal; (ii) a criação de órgão misto com a prerrogativa de aprovar súmulas de observância obrigatória por todas as administrações tributárias do país; e (iii) proibiam transferências voluntárias da União aos entes que não ajustassem suas legislações aos ditames da Lei em até dois anos.

O artigo 2º, IV, do PLS nº 222/2013 determinava que o julgamento de segunda instância fosse sempre realizado por órgão colegiado e paritário.

Já o PLP nº 124/2022 trouxe proposição mais moderada, impondo o duplo grau "conforme a legislação específica". Ou seja, o PLP reservou algum espaço de conformação legislativa para que cada ente o institua da forma que julgar mais adequada e pertinente.

---

[43] CONSELHO NACIONAL DE JUSTIÇA. *Diagnóstico do contencioso judicial tributário brasileiro*: relatório final de pesquisa / Conselho Nacional de Justiça; Instituto de Ensino e Pesquisa. – Brasília: CNJ, 2022. p. 169. Disponível em: https://www.cnj.jus.br/wp-content/uploads/2022/02/relatorio-contencioso-tributario-final-v10-2.pdf. Acesso em: 10 nov. 2023.

[44] *Ibid*. p. 296.

[45] Texto aprovado no Senado Federal: Disponível em: https://legis.senado.leg.br/sdleg-getter/documento?dm=4322993&ts=1630411741447&disposition=inline&_gl=1*15ogwnp*_ga*NDAyODk1NjcwLjE2OTE2OTI4NDI.*_ga_CW3ZH25XMK*MTcwMDE3NzQwOS42Ny4xLjE3MDAxNzk4MDcuMC4wLjA. Acesso em: 10 nov. 2023.

[46] BRASIL. Câmara dos Deputados. *Parecer do Relator da Comissão de Finanças e Tributação sobre o Projeto de Lei Complementar nº 381, de 2014*. Disponível em: https://www.camara.leg.br/proposicoesWeb/prop_mostrarintegra?codteor=1361211&filename=Parecer-CFT-2015-07-14. Acesso em: 10 nov. 2023.

[47] BRASIL. Câmara dos Deputados. *Parecer do Relator da Comissão de Constituição e Justiça e de Cidadania sobre o Projeto de Lei Complementar nº 381, de 2014*. Disponível em: https://www.camara.leg.br/proposicoesWeb/prop_mostrarintegra?codteor=1980757&filename=Parecer-CCJC-2021-03-24. Acesso em: 10 nov. 2023.

Essa percepção é reforçada pelo teor do artigo 208-I do PLP, segundo o qual "o trâmite e o julgamento do processo administrativo tributário poderão ser diferenciados em função do valor do crédito tributário discutido ou do indébito pleiteado pelo sujeito passivo, nos termos da legislação específica".

Ou seja, o PLP impõe o duplo grau como regra. Caso avance no Congresso e venha a ser promulgado, PATs sem qualquer previsão de instância revisional serão fatalmente ilegais. Porém, o PLP acomoda limitações razoáveis e proporcionais à capacidade estrutural e à realidade orçamentária do ente, inclusive em função do valor do crédito ou do indébito.

Por exemplo, as Turmas Recursais das Delegacias de Julgamento – órgãos colegiados recém-criados pela Receita Federal do Brasil[48] para a revisão de decisões monocráticas proferidas em processos de baixa complexidade[49] – são, a priori, compatíveis com o artigo 208-C do PLP nº 124/2022.

Por sua vez, o artigo 6º, §3º, do PLS nº 222/2013 instituía colegiado – composto por membros dos Estados e do Distrito Federal – que teria competência para aprovar súmulas vinculantes a todas as administrações tributárias.

A Comissão de Finanças e Tributação alegou que o esforço de padronização do PAT não poderia "atropelar" as peculiaridades de cada ente[50] e a Procuradoria-Geral da Fazenda Nacional afirmou que a medida era "muito peculiar, haja vista cada ente ter sua própria legislação material e processual, portanto, inviável a uniformidade".[51]

Por fim, o artigo 8º, parágrafo único, do PLS nº 222/2013 criava uma espécie de punição orçamentária (vedação ao recebimento de repasses federais voluntários) para os entes subnacionais que não ajustassem seus PATs em até dois anos.

Não há paralelo para essas medidas no PLP nº 124/2022.

Diferentemente do PLS nº 222/2013, que avançou sobre a órbita de competência dos Estados, Municípios e Distrito Federal, criando órgão de unificação de jurisprudência com ascendência sobre todas as administrações tributárias e impondo grave penalidade para os entes que não observassem seus ditames, o PLP nº 124/2022 apenas definiu uma "moldura" mínima de PAT que assegure direitos básicos dos contribuintes, respeitando o pacto federativo.

Isso sem falar que a reforma tributária, que está em fase final de tramitação no Congresso Nacional, deslocará o eixo gravitacional do federalismo fiscal brasileiro. A unificação do ICMS e do ISS na figura do Imposto sobre Bens e Serviços (IBS), que será arrecadado, gerido e distribuído pelo Conselho Federativo formado por membros dos Estados, Distrito Federal e Municípios,[52] refundará o pacto federativo fiscal do país.

---

[48] Portaria RFB nº 309, de 31 de março de 2023.

[49] Assim compreendido aquele cujo lançamento fiscal não supere 1.000 salários-mínimos.

[50] BRASIL. Câmara dos Deputados. *Parecer do Relator da Comissão de Constituição e Justiça e de Cidadania sobre o Projeto de Lei Complementar nº 381, de 2014*. p. 3. Disponível em: https://www.camara.leg.br/proposicoesWeb/prop_mostrarintegra?codteor=1980757&filename=Parecer-CCJC-2021-03-24. Acesso em: 10 nov. 2023.

[51] BRASIL. Procuradoria-Geral da Fazenda Nacional. *Parecer nº 1.526, de 02 de agosto de 2013*. Disponível em: http://dados.pgfn.fazenda.gov.br/dataset/pareceres/resource/15262013. Acesso em: 10 nov. 2023.

[52] "Art. 156-B. Os Estados, o Distrito Federal e os Municípios exercerão de forma integrada, exclusivamente por meio do Conselho Federativo do Imposto sobre Bens e Serviços, nos termos e limites estabelecidos nesta Constituição e em lei complementar, as seguintes competências administrativas relativas ao imposto de que trata o art. 156-A:

A reforma tributária transferirá competências (i) tributárias para arrecadar e distribuir recursos; (ii) administrativas para regulamentar o Imposto; e de (iii) representação dos entes subnacionais para esse novo órgão central.

A partir dessa nova perspectiva de federalismo fiscal fica ainda mais difícil enxergar alguma incompatibilidade do PLP nº 124/2022 com os artigos 1º[53] e 18[54] da Constituição Federal.

Nesse contexto reformista, soaria até contraditório que o pacto federativo fosse invocado como fundamento de inconstitucionalidade para "barrar" Projeto de Lei que visa resguardar os direitos (constitucionais) dos contribuintes à Ampla Defesa, ao Contraditório e ao Devido Processo Legal.

Conclusão

O PLP nº 124/2022 reservou importantes espaços de conformação legislativa para os entes. Padronizou hipóteses de nulidade, recursos e prazos, mas é expresso no sentido de que se trata de direitos mínimos dos contribuintes. Ou seja, nada impede que os entes os ampliem.

Impôs o duplo grau como regra, mas permite limitações razoáveis e proporcionais à capacidade estrutural e à realidade orçamentária do ente, inclusive em função do valor do crédito ou do indébito.

Preservou a competência regulamentar dos entes em relação ao recurso especial, ao duplo grau.

Ou seja, diferentemente do PLS nº 222/2013, que avançou sobre a órbita de competência dos Estados, Municípios e Distrito Federal, criando órgão de unificação de jurisprudência com ascendência sobre todas as administrações tributárias e impondo grave penalidade para os entes que não observassem seus ditames, o PLP nº 124/2022

I – editar normas infralegais sobre temas relacionados ao imposto, de observância obrigatória por todos os entes que o integram;
II – uniformizar a interpretação e a aplicação da legislação do imposto, que serão vinculantes para todos os entes que o integram;
III – arrecadar o imposto, efetuar as compensações e distribuir o produto da arrecadação entre Estados, Distrito Federal e Municípios; e
IV – dirimir as questões suscitadas no âmbito do contencioso administrativo tributário entre o sujeito passivo e a administração tributária.
§1º O Conselho Federativo do Imposto sobre Bens e Serviços, entidade pública sob regime especial, terá independência técnica, administrativa, orçamentária e financeira.
§2º Na forma da lei complementar:
I – todos os Estados, o Distrito Federal e todos os Municípios participarão da assembleia geral, que funcionará como instância máxima de deliberação e autoridade orçamentária, sendo os votos distribuídos de forma paritária entre o conjunto dos Estados e o Distrito Federal e o conjunto dos Municípios e o Distrito Federal;
(...)
IV – o Conselho Federativo do Imposto sobre Bens e Serviços coordenará a atuação integrada dos Estados, do Distrito Federal e dos Municípios, na fiscalização, no lançamento, na cobrança e na representação administrativa ou judicial do imposto, podendo definir hipóteses de delegação ou compartilhamento de competências entre as administrações tributárias e entre as procuradorias dos entes federativos; (...)".

53 "Art. 1º A República Federativa do Brasil, formada pela união indissolúvel dos Estados e Municípios e do Distrito Federa (...)".

54 "Art. 18. A organização político-administrativa da República Federativa do Brasil compreende a União, os Estados, o Distrito Federal e os Municípios, todos autônomos, nos termos desta Constituição".

apenas definiu uma "moldura" mínima de PAT que assegure direitos básicos dos contribuintes, respeitando o pacto federativo.

Considerando que, com a aprovação da reforma tributária, haverá a transferência de importantes competências tributárias, administrativas e de representação dos entes ao Conselho Federativo, soaria até contraditório que o federalismo fosse invocado como fundamento de inconstitucionalidade do PLP nº 124/2022, que visa resguardar os direitos (constitucionais) dos contribuintes à Ampla Defesa, ao Contraditório e ao Devido Processo Legal.

Referências

ALVIM, Teresa Arruda; DANTAS, Bruno. *Recurso especial, recurso extraordinário e a nova função dos tribunais superiores* – Precedentes no direito brasileiro. 6. ed. São Paulo: Thomson Reuters Brasil, 2019.

ASSOCIAÇÃO BRASILEIRA DE JURIMETRIA. *Diagnóstico do contencioso tributário administrativo*. São Paulo: ABJ, 2022. p. 56-58. Disponível em: https://abj.org.br/pdf/abj_bid_2022.pdf Acesso em: 10 nov. 2023.

BAKER, Scott R.; BLOOM, Nick; DAVIS, Steven J. Economic Policy Uncertainty Index. *Economic Research*, [*s. l.*], [2020]. Disponível em: https://www.policyuncertainty.com/. Acesso em: 10 nov. 2023.

BRASIL. Câmara dos Deputados. *Parecer do Relator da Comissão de Finanças e Tributação sobre o Projeto de Lei Complementar nº 381, de 2014*. Disponível em: https://www.camara.leg.br/proposicoesWeb/prop_mostrarintegra?codteor=1361211&filename=Parecer-CFT-2015-07-14. Acesso em: 10 nov. 2023.

BRASIL. Procuradoria-Geral da Fazenda Nacional. *Parecer nº 1.526, de 02 de agosto de 2013*. Disponível em: http://dados.pgfn.fazenda.gov.br/dataset/pareceres/resource/15262013. Acesso em: 10 nov. 2023.

BRIGAGÃO, Gustavo; LYRA, Bruno. *Processo Administrativo Fiscal e o Recurso Hierárquico*. *In*: DERZI, Misabel Abreu Machado (Coord.). *Separação de Poderes e Efetividade do Sistema Tributário*. Belo Horizonte: Del Rey, 2010.

CONSELHO NACIONAL DE JUSTIÇA. *100 maiores litigantes* – 2012. Brasília: CNJ, 2012. p. 15. Disponível em: https://bibliotecadigital.cnj.jus.br/jspui/bitstream/123456789/64/1/100%20Maiores%20Litigantes%202012.pdf. Acesso em: 10 nov. 2023.

CONSELHO NACIONAL DE JUSTIÇA. *Diagnóstico do contencioso judicial tributário brasileiro*: relatório final de pesquisa / Conselho Nacional de Justiça; Instituto de Ensino e Pesquisa. – Brasília: CNJ, 2022. p. 90. Disponível em: https://www.cnj.jus.br/wp-content/uploads/2022/02/relatorio-contencioso-tributario-final-v10-2.pdf. Acesso em: 10 nov. 2023.

CONSELHO NACIONAL DE JUSTIÇA. *Justiça em números* – 2021. Brasília: CNJ, 2021. p. 169. Disponível em: https://www.cnj.jus.br/wp-content/uploads/2021/11/relatorio-justica-em-numeros2021-221121.pdf. Acesso em: 10 nov. 2023.

CONSELHO NACIONAL DE JUSTIÇA. *Sistematização do diagnóstico do contencioso judicial tributário*: aportes iniciais – 2022. Brasília: CNJ, 2022. p. 29. Disponível em: https://www.cnj.jus.br/wp-content/uploads/2022/02/sistematizacao-do-diagnostico-do-contencioso-judicial-tributario-aportes-iniciais-v10-2.pdf. Acesso em: 10 nov. 2023.

INSPER. *Contencioso Tributário no Brasil*. 2020. p. 7. Disponível em: https://www.insper.edu.br/wp-content/uploads/2021/01/Contencioso_tributario_relatorio2020_vf10.pdf. Acesso em: 10 nov. 2023.

MARINELA, Fernanda. *Direito Administrativo*. 5. ed. Niterói: Editora Impetus, 2011.

NEVES, Daniel Amorim Assumpção. *Novo código de processo civil comentado*. Salvador: Editora Juspodivm, 2016.

PAULSEN, Leandro. *Curso de direito tributário*: completo. Porto Alegre: Livraria do Advogado, 2014.

SEIXAS FILHO, Aurélio Pitanga. A Motivação dos Atos Administrativos, em especial do Lançamento Tributário. *In*: VOSS, Agatha Accorsi *et al*. *Estudos de Direito Tributário em Homenagem à Memória de Gilberto de Ulhôa Canto*. Rio de Janeiro: Forense, 1998. v. 1.

Informação bibliográfica deste texto, conforme a NBR 6023:2018 da Associação Brasileira de Normas Técnicas (ABNT):

PITTZER, Leonel. O projeto de lei complementar nº 124/2022: uma nova chance para o "PAT nacional". In: LOBATO, Valter de Souza (coord.); MARINHO NETO, José Antonino (org.). *O papel da lei complementar tributária no desenho federativo brasileiro*. Belo Horizonte: Fórum, 2024. p. 311-324. ISBN 978-65-5518-779-3.

TRIBUTAÇÃO E CONSENSUALIDADE: O PAPEL DOS MÉTODOS ADEQUADOS DE RESOLUÇÃO DE CONFLITOS NO CENÁRIO DE LITIGIOSIDADE TRIBUTÁRIA

LORENA GARGAGLIONE DIAS

Introdução

O Direito Tributário moderno enfrenta uma série de desafios, acentuados pela sobrecarga do sistema judiciário, incapaz de lidar com o elevado número de processos, particularmente aqueles relacionados às lides fiscais, e pela complexidade do sistema tributário que, por si só, gera conflitos e, muitas vezes, confrontam com o princípio fundamental da segurança jurídica dada a incerteza quanto ao recolhimento de forma correta na perspectiva do contribuinte.

O excesso de litigiosidade compromete o Sistema de Justiça como um todo, ao passo que macula sua credibilidade e confiança, afeta diretamente a celeridade da tramitação e duração razoável do processo, selada após a "reforma do Judiciário", com a inclusão do inciso LXXVIII ao art. 5º da CF/88.[1]

Consequentemente, surge a necessidade de dar tratamento eficaz a esses desafios. Nota-se os esforços dispendidos para atenuar tais adversidades por meio de iniciativas como transações tributárias e parcelamento de débitos. No entanto, é fundamental uma revisão estrutural do Sistema Nacional Tributário, com objetivo de alcançar a tão sonhada simplificação ao passo que suprime conceitos jurídicos ambíguos. Tais conceitos muitas vezes são interpretados de maneira divergente em relação à Constituição, seguindo princípios jurídicos abstratos que tendem a favorecer uma abordagem conservadora pelo setor público.

Neste contexto, é imperativo considerar a possibilidade de adotar a mediação e a arbitragem como forma eficaz de resolução de questões tributárias. Esses métodos destacam-se por sua celeridade, eficiência e economia às partes. Em que pese seja vantajoso

[1] Introduzido por meio da Emenda à Constituição nº 45/2004.

para Administração e para o Administrado, a aplicação desses métodos alternativos em questões tributárias enfrenta objeções na discussão jurídica brasileira, principal motivo está relacionado à direitos patrimoniais disponíveis, conforme o disposto no artigo 1º, §1º, da Lei nº 9.307, de 23 de setembro de 1996.

Isso significa dizer que para efetivar a implementação de Métodos Alternativos de Resolução de Conflitos no direito tributário brasileiro é necessário superar a resistência em relação ao princípio da inafastabilidade ou irrenunciabilidade da jurisdição estatal.

Na intenção de superar a discussão posta sobre indisponibilidade do interesse público e autocomposição pelo instituto da transação, é que Regina Helena Costa esclarece:

> Entretanto, a objeção (que feriria o princípio da indisponibilidade do interesse público) não nos parece válida, uma vez que a transação nesse contexto, somente poderá ser efetuada observados os parâmetros fixados na Constituição e na lei, em consonância com o aludido dispositivo.
> Autêntico instrumento de praticabilidade tributária, por vezes, a transação revelar-se-á mais vantajosa ao interesse público do que o prolongamento ou eternização do conflito.[2]

A ausência de diálogo aberto entre Fisco e Contribuinte, dada a interpretação da supremacia e indisponibilidade do interesse público, acentua esse quadro, fazendo com que as controvérsias tributárias tenham como primeira opção de resolução o socorro do Poder Judiciário.

Para ilustrar, mencionam-se os índices apresentados pela pesquisa Justiça em Números relativa ao ano de 2022,[3] coordenada pelo Conselho Nacional de Justiça (CNJ), os quais demonstraram que, no âmbito da Justiça Federal, os processos de execução de créditos tributários correspondiam a 42% do total de processos em 1º grau, ao passo que nas Justiças Estaduais concentra 86% dos processos dessa natureza, representando percentual de 39% do total dos casos pendentes e taxa de congestionamento de 89,7% – ano base 2021.

Como exposto acima, o Relatório de atividade do Supremo Tribunal Federal (STF), do ano 2021, destaca que o arcabouço de demandas em matéria tributária é de 11,17% do acervo geral.[4]

Todos esses argumentos comprovam a forte cultura da judicialização nas relações jurídico-tributárias no Brasil. Com esse sentimento, munido do ímpeto de estimular a criação e implementação efetiva de alternativas legais de resolução consensual de conflitos administrativos e judiciais, em matéria tributária, o Senado Federal, em parceria com o STF, autorizou a criação de um grupo de pesquisa para elaboração de projetos legislativos para introdução ao ordenamento jurídico brasileiro de alternativas para dinamização, unificação e modernização dos processos administrativos e judiciais tributários.

---

2 COSTA, Regina Helena. *Curso de direito tributário*: Constituição e Código Tributário Nacional. São Paulo: Saraiva, 2016. p. 265.

3 BRASIL. Conselho Nacional de Justiça. Justiça em Números 2022. Disponível em: https://www.cnj.jus.br/wp-content/uploads/2022/09/justica-em-numeros-2022-1.pdf Acesso em: 17 jun. 2023.

4 BRASIL. Supremo Tribunal Federal. *Relatório de atividades do Supremo Tribunal Federal – 2021*. Disponível em: https://bibliotecadigital.stf.jus.br/xmlui/handle/123456789/3775_Acesso em: 17 jun. 2023.

E, com a publicação do Ato Conjunto dos Presidentes do Senador Federal e do STF nº 1, em 23 de fevereiro de 2022, criou-se a "Comissão de Juristas", grupo de especialistas que, coordenados pela Min. Regina Helena Costa, outorgou-se 180 dias para discussão e apresentação dos Projetos de Lei (PLs).

Ao final do período prescrito, a Comissão entregou ao Senador Rodrigo Pacheco, Presidente do Senado Federal, conjunto de projetos legislativos que, no entender da Comissão, contribuiriam para o enfrentamento da inefetividade, ineficiência e morosidade do Poder Judiciário na apreciação de matérias tributárias, sendo:[5] 1) PL nº 2.481/2022, tendente a reformar a Lei nº 9.784/1999 (Lei de Processo Administrativo); 2) PL nº 2.483/2022, sobre o processo administrativo tributário federal e dá outras providências; 3) PL nº 2.484/2022, que dispõe sobre o processo de consulta quanto à aplicação da legislação tributária e aduaneira federal; 4) PL nº 2.485/2022, sobre mediação tributária na União e dá outras providências; 5) PL nº 2.486/2022, sobre arbitragem em matéria tributária e aduaneira; 6) PL nº 2.488/2022, sobre cobrança da dívida ativa da União, dos Estados, do direito público, e dá outras providências; 7) Projeto de Lei Complementar (PLP) nº 125/2022, estabelece normas gerais relativas a direitos, garantias e devedores dos contribuintes (Código de Defesa dos Contribuintes); e 8) Indicação INS nº 56/2022, sugere ao Poder Executivo Federal que regulamente a atuação do conselheiro representante do contribuinte no Conselho Administrativo de Recursos Fiscais (CARF).

Com o mesmo propósito é que o Conselho Nacional de Justiça recomenda a aplicabilidade da autocomposição tributária, ocasião em que institui a Política Judiciária Nacional de tratamento adequado à alta litigiosidade do contencioso tributário, com a finalidade de assegurar a todos o direito à solução dos conflitos tributários de forma efetiva, garantindo a celeridade e o acesso à justiça, nos termos do art. 1º da Resolução nº 471/2022.

Este estudo busca, por meio de uma abordagem dedutiva e utilizando pesquisa bibliográfica, explorar os contornos dos métodos adequados de resolução de conflitos no âmbito tributário, dando especial ênfase ao instituto da arbitragem e da mediação no âmbito tributário no contexto brasileiro. Serão detalhados os principais pontos de debate, com foco nos Projetos de Leis nºs 2.485/2022 (mediação) e nº 2.486/2022 (arbitragem), que buscam incorporar a mediação e a arbitragem no âmbito tributário.

O objetivo é demonstrar que os métodos autocompositivos podem e devem ser utilizados para aumentar a efetividade na resolução de questões tributárias, e devem ser incentivados pelo Poder Público, em particular pelo judiciário, a fim de reduzir o grande volume de processos em andamento e garantir uma resolução mais eficiente desses litígios.

Para tanto, será realizada uma breve análise dos métodos adequados para a solução de disputas, destacando a introdução desses mecanismos no Brasil. Na sequência, será explorada a mediação e a arbitragem e a sua incidência na realidade tributária,

[5] Mais informações: AGÊNCIA SENADO. *Sugestões de comissão sobre processos tributário e administrativo viram projetos.* 23 set. 2022. Disponível em:ttps://www12.senado.leg.br/noticias/materias/2022/09/23/sugestoes-de-comissaosobreprocessostributarioeadministrativoviramprojetos?_gl=1*1nrlvbn*_ga*MTM3NjAyODQ3NC4xNjgyNzcyNzcy*_ga_CW3ZH25XMK*MTY4MjkxMTMxMi4zLjAuMTY4MjkxMTMxNS4wLjAuMA. Acesso em: 18 jun. 2023.

buscando destacar a sua possibilidade e o status atual dos projetos de lei que tramitam sobre esses instrumentos.

Sempre nos inspirando, à frente do seu tempo, destaco que os estudos e dedicação da nossa professora homenageada em matéria de consensualidade merecem atenção. Tamanha importância empregada no assunto é que na condição de Presidente da Comissão Especial de Direito Tributário do Conselho Federal da Ordem dos Advogados do Brasil – CFOAB, Misabel de Abreu Machado Derzi criou grupo de trabalho com fins a elaboração de Parecer Jurídico sobre cada um dos projetos de Lei acima nominados.

1 A consensualidade a partir dos métodos adequados de resolução de conflitos

A habilidade de resolver disputas de forma autônoma se destaca como um indicador do avanço da humanidade em direção a uma justiça pacificadora. É responsabilidade do Estado promover essa abordagem, sendo o ator central na promoção do equilíbrio social e da cultura da conciliação. Enquanto isso, o setor privado desempenha um papel secundário, porém crucial, ao incentivar a autocomposição para maximizar seus benefícios no contexto da aplicação prática da resolução consensual. Os métodos adequados de resolução de conflitos surgem, portanto, como uma ferramenta essencial no esforço para buscar o consenso[6].

A análise da estabilidade das interações humanas é crucial no debate sobre o desenvolvimento social. Nesse contexto, a valorização da estruturação dessas interações por meio de um diálogo racional representa o principal objetivo nas relações humanas. As práticas restaurativas emergem como uma via tangível para alcançar um estado de bem-estar real, tanto nas relações sociais quanto na relação do cidadão com o Estado. Aqui, o conceito de bem-estar está intrinsecamente ligado ao equilíbrio e à plenitude das relações humanas.

No âmbito jurídico é evidente que os conflitos são prejudiciais para todas as partes envolvidas, independentemente de estarem relacionados a contratos ou não. Portanto, a busca por mecanismos capazes de atenuar situações conflituosas por meio de abordagens restaurativas assume grande importância. Essas práticas permitem que as partes estabeleçam o diálogo de modo pacífico como primeiro passo para resolver suas diferenças de maneira construtiva e colaborativa. Nesse sentido, a capacidade de alcançar uma solução mutuamente satisfatória para resolver disputas representa a evolução e maturidade da comunidade humana, pois o consenso reflete o exercício da racionalidade.

Por outro lado, a busca pela resolução de conflitos ou por mecanismos que reduzam as chances de disputas intermináveis nos tribunais é uma necessidade contemporânea. Assim, os métodos adequados surgem como uma alternativa nesse cenário, incorporados ao contrato ou previstos na legislação como forma de beneficiar as partes envolvidas e promover a sustentabilidade do empreendimento e o bem-estar daqueles afetados por ele.

---

[6] VASCONCELOS, Carlos Eduardo de. Mediação de Conflitos e práticas restaurativas. 5. ed. Rio de Janeiro: Forense; São Paulo: Método, 2017. p. 36.

Além disso, os bens jurídicos são consideravelmente mais eficazes quando observados sob a perspectiva dos métodos adequados. Dessa forma, os acordos firmados, tanto no âmbito do direito público quanto no privado, têm a oportunidade de alcançar plena eficácia, sem serem interrompidos por processos judiciais prolongados e prejudiciais. No contexto da justiça consensual, não há uma dicotomia entre as partes como vencedor e vencido, prevalecendo a noção de equidade, que pode ser obtida a partir da construção de uma postura amigável.[7] Nesse cenário, todos ganham e cedem um pouco do que possuem em prol do consenso.

A pesquisa acadêmica sobre o tema e a exploração de métodos variados têm o potencial de contribuir para o progresso coletivo. A justiça consensual demonstra eficácia de forma incontestável. Portanto, os Métodos Adequados de Solução de Conflitos (MASCs) representam uma das maiores inovações no âmbito processual, seja incorporado diretamente ao processo judicial, seja como uma alternativa a ele.

No Brasil, a promulgação da Lei nº 13.105, de 16 de março de 2015 (Código de Processo Civil), impulsionou os procedimentos de autocomposição, como a mediação e a conciliação, e os procedimentos de heterocomposição, como a arbitragem. Embora essas práticas já contassem com bases legais anteriores ao CPC, como a Lei nº 9.307/1996, que regulamenta a arbitragem, e a Resolução nº 125/2010 do CNJ, que prevê a conciliação e a mediação, foi somente com o CPC que a adoção e disseminação dessas abordagens foram fortalecidas.

As regulamentações atuais e a resolução do CNJ moldam os primeiros contornos de uma cultura voltada para o consenso, inclusive no contexto judiciário. Isso representa uma tentativa de superar a tradição centrada em sentenças, introduzindo novos métodos para a resolução de disputas. A resolução mencionada, que aborda a implementação da "Política Judiciária Nacional de Tratamento Adequado de Conflitos de Interesses no Poder Judiciário", destaca-se como uma das medidas mais significativas, marcando um momento histórico na definição de uma identidade consensual para a justiça brasileira.[8]

Na realidade, os MASCs surgiram como uma forma eficaz de resolver divergências, com a perspectiva de solucionar os problemas enquanto se preserva o relacionamento. Isso é válido tanto em contextos empresariais quanto públicos (no âmbito da Administração Pública e dos administrados) e até mesmo em âmbito pessoal.[9]

Há uma ampla gama de informações a serem exploradas em relação a esses métodos. No entanto, este estudo se concentrará principalmente no instituto da mediação e da arbitragem aplicados especificamente ao contexto tributário. Portanto, é relevante observar que esses procedimentos, como no caso da arbitragem, que já é regulamentada desde 1996, baseiam-se na utilização de câmaras, entidades separadas do Poder Judiciário, para a resolução de conflitos.

---

[7] GUERREIRO, Luis Fernando. *Os métodos de solução de conflitos e o Processo Civil*: Sistema multiportas de solução de conflitos. 1. ed. São Paulo: Atlas, 2015. p.11.

[8] Cf. MACHADO, Carlos Henrique. A arbitrabilidade objetiva dos conflitos envolvendo o Poder Público e as perspectivas da arbitragem tributária no Brasil. *Revista do Direito*, Santa Cruz do Sul, v. 1, n. 54, p. 59-85, jan./abr. 2018. Disponível em: https://online.unisc.br/seer/index.php/direito/index. Acesso em: 24 maio 2023.

[9] Cf. VASCONCELOS, Carlos Eduardo de. Mediação de Conflitos e práticas restaurativas. 5ª. Ed. Rio de Janeiro: Forense; São Paulo: Método, 2017.

Nesse contexto, as partes concordam com o compromisso arbitral, muitas vezes por meio de uma cláusula compromissória. Esta cláusula deve ser incluída no contrato entre as partes, de forma destacada e com uma assinatura específica, para atender às formalidades procedimentais estabelecidas pelas normas processuais.

Essa dinâmica é de grande importância, pois as partes optam por renunciar à via judicial para resolver quaisquer disputas de natureza patrimonial disponíveis originadas do contrato em questão. É essencial enfatizar que, em termos de eficácia do procedimento, essa escolha deve ser bem fundamentada.

Nos tempos atuais, o processo arbitral se destaca como uma escolha apropriada. Isso se torna evidente ao considerarmos sua velocidade, sua abordagem altamente técnica, adequada ao conhecimento especializado necessário para resolver a questão, sua eficiência em várias situações e a criação de um ambiente mais estável para as partes envolvidas.

Destaca-se, no entanto, que a cláusula de arbitragem geralmente é escalonada, tornando o procedimento de mediação uma etapa obrigatória anterior à arbitragem, o que impõe a regulamentação conjunta de ambos os institutos no contexto tributário. A mediação funciona como mais uma oportunidade para que as partes se unam na tentativa de resolver suas diferenças e solucionar o conflito antes de renunciarem a essa opção e entregarem a questão ao tribunal arbitral.

2 Mediação e arbitragem no âmbito tributário: a vantajosidade de sua instituição e o estado da arte no Brasil

A progressão do direito brasileiro, intensificada nos últimos dez anos, teve início com a promulgação da Emenda Constitucional nº 45/2004, que enfatiza questões cruciais como a celeridade e a duração razoável do processo (garantias fundamentais). Esses princípios foram consolidados no Código de Processo Civil de 2015, que democratizou a relação jurídica processual, conferindo autonomia às partes envolvidas.

Em consonância com a ênfase no diálogo e na autocomposição, a Lei nº 13.140/2015 entrou em vigor no momento da promulgação do novo Código de Processo Civil em 2015. Esta lei regulamenta a mediação entre indivíduos como meio de resolver disputas, particularmente no contexto da Administração Pública. O parágrafo único do artigo 1º desta lei define mediação como "atividade técnica realizada por um terceiro imparcial, sem autoridade decisória, que, escolhida ou aceita pelas partes, auxilia e encoraja a identificação ou o desenvolvimento de soluções consensuais para a controvérsia".

A definição de mediação trazida pela literatura jurídica especializada é a seguinte:

> (...) meio destinado à obtenção de autocomposição. O mediador intermedeia as partes, auxiliando-as para que cheguem a uma solução consensual de conflito. O mediador nada decide; apenas conduz as partes, mediante técnicas adequadas, para que elas tenham melhores condições de darem uma solução à disputa.

Não há, na mediação, qualquer caráter jurisdicional, não sendo conferido ao mediador poder de decidir ou de impor qualquer medida às partes. De igual modo, as partes não estão sujeitas a qualquer supremacia ou poder exercido pelo mediador.[10]

O Conselho Nacional de Justiça (CNJ) desempenha um papel fundamental na promoção da resolução consensual de conflitos, intensificando seus esforços para tornar isso uma prática padrão em todo o país. A razão pela qual o CNJ direciona sua atenção para o treinamento de instrutores em mediação e conciliação é evidente. Portanto, de acordo com a instituição,

> É uma forma de solução de conflitos na qual uma terceira pessoa, neutra e imparcial, facilita o diálogo entre as partes, para que elas construam, com autonomia e solidariedade, a melhor solução para o conflito. Em regra, é utilizada em conflitos multidimensionais ou complexos. A Mediação é um procedimento estruturado, não tem um prazo definido e pode terminar ou não em acordo, pois as partes têm autonomia para buscar soluções que compatibilizem seus interesses e necessidades.

A mediação vai além de ser simplesmente um instrumento de prevenção e resolução de conflitos. Ela encontra respaldo nos princípios da imparcialidade do mediador, igualdade entre as partes, comunicação oral, informalidade, autonomia da vontade, busca pelo consenso, confidencialidade e boa-fé, conforme estabelecido no artigo 2º da Lei nº 13.140/2015.

As partes desempenham um papel ativo na construção do acordo, estabelecendo normas que representam uma verdadeira intenção de alcançar a pacificação, consolidando a criação de um relacionamento não adversarial, mais harmonioso entre administrador e administrado.

Portanto, é crucial considerar a mediação como uma das abordagens amigáveis para resolver disputas tributárias, uma das alternativas fornecidas pelo Sistema Multiportas. Esse sistema abrange a recuperação de receitas, tanto no âmbito judicial quanto extrajudicial, por meio da concessão de desoneração total ou parcial da dívida. Isso traz benefícios, como isenção de honorários advocatícios e uma redução significativa da multa.

Até sua implementação no Município de Porto Alegre/RS, havia uma grande incerteza quanto à previsão da aplicação desse método em disputas relacionadas ao direito tributário brasileiro, porém, esse questionamento foi superado. Sem dúvida, a promoção de métodos de autocomposição de litígios, enfatizada no Código de Processo Civil de 2015, através de diversos dispositivos (como os artigos 139, V; 154, VI; 165; 190; 221, parágrafo único; 334, §§4º e 5º, entre outros), contribuiu para tornar concreta a possibilidade de alcançar acordos no âmbito tributário.[11]

---

[10] CUNHA, Leonardo Carneiro da. A mediação no contexto do sistema multiportas de solução de disputas. *In*: CABRAL, Trícia Navarro Xavier; CURY, Cesár Filipe. *Lei de Mediação comentada artigo por artigo*. São Paulo: Foco, 2020. p. 2.

[11] Cf. FARIA, Luiz Alberto Gurgel de. Prefácio. *In*: SEELFELDER FILHO, Claudio Xavier. *Comentários sobre Transação Tributária à luz da Lei 13.988/20 e outras alternativas de extinção do passivo tributário*. São Paulo: Thomson Reuters Brasil, 2021.

Apesar de a existência da Lei nº 13.140 desde 2015, que regulamenta a mediação como um meio de resolver disputas no âmbito da Administração Pública, cujo artigo 3º prevê a possibilidade de mediar questões relativas a direitos indisponíveis passíveis de transação, desde que homologados em juízo e após a oitiva do Ministério Público, e considerando também o artigo 3º do CPC/15, que determina que o Estado deve promover, sempre que viável, uma solução consensual de conflitos por meio de conciliação e mediação, é notável que, na prática, a mediação tributária ainda não é amplamente praticada. Exceto por alguns municípios pioneiros, essa não é uma realidade que se estende por todo o país.

Por outro lado, países como México, Espanha, Itália e Portugal já regulamentaram a mediação tributária, transformando-a em uma prática para alcançar a justiça fiscal.

A Comissão de Juristas apresentou, entre outros anteprojetos, o Projeto de Lei nº 2.485/2022, que merece destaque especial. Este projeto propõe a instituição da mediação tributária como um meio para prevenir ou solucionar conflitos de forma conjunta ou coletiva relacionados a questões tributárias. A definição de mediação, conforme estabelecido no parágrafo único do artigo 1º da Lei nº 13.140/2015, é a "atividade técnica exercida por um terceiro imparcial, sem autoridade decisória, que, escolhida ou aceita pelas partes, as auxilia e estimula a identificar ou desenvolver soluções consensuais para a controvérsia". A mediação é uma forma de autocomposição na qual as partes envolvidas, de forma voluntária e por acordo mútuo, concedem a um terceiro neutro e imparcial o poder de tomar decisões sobre o desfecho do conflito que as envolve.

Semelhante à Lei nº 13.028/2022, com disposições suplementares contidas na Lei Federal nº 13.140/2015 e no CPC/15, a proposta do anteprojeto de mediação tributária da União tem como objetivo promover a resolução conjunta de disputas e é de caráter voluntário, podendo ser solicitada por qualquer uma das partes envolvidas, tanto pelo agente competente da administração tributária federal quanto pelo sujeito passivo (artigo 4º). A mediação será conduzida por mediadores internos e/ou externos, os quais podem ou não ter vínculo funcional com a Administração Pública federal (artigo 2º).

Além das diretrizes mencionadas acima, o projeto apresenta novos princípios, incluindo legalidade, consensualidade, voluntariedade das partes, informalidade nas fases preparatórias e nas tratativas, autodeterminação processual e substantiva, tomada de decisão informada, qualificação do mediador, sigilo e confidencialidade, segurança jurídica, divulgação do resultado do processo consensual entre as partes, incluindo a aplicação e o plano, especialmente em casos de atos discricionários, e respeito entre as partes e em relação à legislação vigente.

Em conformidade com o princípio da qualificação do mediador, incorporado pelo inciso "x" do artigo 3º, o Projeto de Lei determina que o Ministério da Economia será responsável pela certificação dos mediadores. Nesse contexto, um mediador interno pode ser um auditor da Secretaria da Receita Federal (SRF) ou um Procurador da Fazenda Nacional com mais de dez anos de experiência no cargo. Por outro lado, um mediador externo deve ter concluído um curso de qualificação específico.

Com o propósito de recuperar receitas que não foram pagas voluntariamente pelo contribuinte, o artigo 8º do Projeto de Lei nº 2485/2022 oferece amplas oportunidades para a implementação da mediação tributária. Essa medida aplica-se nas seguintes fases:

i) durante o processo fiscal; ii) no contexto do contencioso administrativo tributário; iii) durante o processo de inscrição em dívida ativa; e iv) no âmbito do litígio judicial tributário.

O Projeto de Lei (PL) segue uma redação semelhante à da Lei nº 13.028/2022, determinando que o contribuinte pode ser representado por uma entidade de classe. No entanto, o PL não exige a assistência de um advogado para validar o acordo celebrado por meio da mediação.

Considerando que a presença de um advogado é crucial para a administração da justiça, é imperativo que sua participação na representação do contribuinte seja um requisito fundamental, em consonância com o princípio de igualdade entre as partes. Isso garante que os termos acordados sejam equitativos, uma vez que o município também é representado por seu auditor e pelo Procurador designado.

Além disso, ao contrário do estipulado no artigo 5º, inciso III, da Lei nº 13.988/2020, que proíbe transações para devedores considerados contumazes (ainda não definidos por uma lei específica), o Projeto de Lei sobre mediação tributária não apresenta quaisquer restrições à mediação em seus artigos, nem mesmo para os "maus devedores".

Apesar de a proposta permitir que todos os contribuintes regularizem suas obrigações tributárias, existe o risco de que essa abordagem resulte em insucesso da medida. Isso pode desestimular a aplicação da mediação devido a possíveis descumprimentos por parte de devedores que usam a falta de pagamento como parte de seu modelo de negócios, ou seja, que não têm a intenção de quitar seus débitos com o Fisco.

Em que pese o cenário de vantajosidade, é mister mencionar a disposição do art. 16 da proposta a qual prevê que:

> Os mediadores não poderão ter contato com o sujeito passivo fora do ambiente da mediação, devendo guardar sigilo quanto a todos os fatos, informações e documentos que tenham acesso, salvo se figurarem, em tese, crimes da ação pública, ou caso venham a servir de motivos para fundamentar o objeto do ato e acordo conclusivo.

Por fim, para validar o instrumento formalizado no Termo de Acordo Tributário, é essencial submetê-lo a uma autoridade designada, de acordo com o ato emitido pelo Ministério da Economia, conforme indicado no parágrafo único do artigo 4º. Não está prevista homologação judicial para créditos já constituídos e em fase de execução, nem para os propósitos delineados nos incisos II e III do *caput* do artigo 515 da Lei nº 13.105/2015 (CPC/15).

Embora o inciso XIII do Projeto de Lei preveja a "publicidade do resultado do procedimento consensual entre as partes, incluindo a motivação e o objeto, especialmente no caso de ato discricionário", os outros artigos não especificam como essa efetividade será alcançada. Não fica evidente se será feito por meios eletrônicos, como na transação tributária, conforme destacado por Tarsila Ribeiro Marques Fernandes:

> Além de concretizar o princípio da publicidade e da transparência, a divulgação em meio eletrônico tem a grande utilidade de orientar os devedores que pretendem transacionar

com a Administração Pública, no sentido de dar conhecimento do que tem sido até então aceito como parâmetros para concessões recíprocas.[12]

Sob os aspectos mencionados, a implementação potencial da mediação em questões tributárias introduz uma nova dimensão ao direito tributário, buscando estabelecer um sistema baseado no consenso e na autonomia do contribuinte.

Um desafio significativo que impacta tanto o sistema de justiça quanto a Administração Pública é a alta prevalência de disputas tributárias, tanto em âmbito administrativo quanto judicial. Nesse contexto, a administração tem explorado diversas abordagens para simplificar a cobrança e o recolhimento de impostos, incluindo estratégias como parcelamentos, transações tributárias e reformas no sistema tributário para promover sua simplificação.[13]

Diante disso, surge a perspectiva de adotar a arbitragem como um meio para resolver disputas tributárias e lidar com a insuficiente resolução dessas questões. Atualmente, o Projeto de Lei nº 2486/2022 está em tramitação, com o objetivo de regular a aplicação da arbitragem nesse contexto.

No entanto, há desafios iniciais relacionados às discussões sobre essa abordagem. Apesar dos projetos de lei em andamento, parte da literatura jurídica adota uma postura mais conservadora, priorizando o interesse público e questionando o uso da arbitragem em assuntos tributários. Isso se deve à natureza indisponível do interesse público e à dificuldade de afastar a competência do judiciário em questões de sua alçada.[14]

Ademais, outro ponto sensível na adoção da arbitragem é a possibilidade de as decisões do tribunal arbitral entrarem em conflito com jurisprudências e súmulas já consolidadas pelo judiciário. No entanto, em relação a esse aspecto, observa-se que:

> (...) cai por terra qualquer argumento no sentido de que as decisões arbitrais estariam contrariando entendimento pacificado do judiciário (e confrontando o interesse público), na medida em que o projeto de lei prevê também que "qualquer das partes pode pleitear ao órgão do Poder Judiciário competente a declaração de nulidade caso a sentença arbitral contrarie enunciado de súmula vinculante, decisão do Supremo Tribunal Federal em controle concentrado de constitucionalidade ou acórdão proferido em julgamento de incidente de resolução de demandas repetitivas, incidente de assunção de competência, recurso extraordinário com repercussão geral reconhecida e recursos extraordinário ou especial repetidos.[15]

---

[12] Cf. FERNANDES, Tarsila Ribeiro Marques. Transação em Matéria Tributária: Um estudo sobre a Lei 13.988/2020. *In*: DANTAS, Marcelo. *Inovações no Sistema de Justiça: Meios Alternativos de Resolução de Conflitos, Justiça Multiportas e Iniciativas para Redução de Litigiosidade e o Aumento da Eficiência nos Tribunais*: Estudos em Homenagem a Múcio Vilar Ribeiro Dandas. São Paulo: Revista dos Tribunais, 2022.

[13] Cf. ANDRADE, Lucas Simões de. *Arbitragem tributária e a possibilidade de implementação*. São Paulo, 2020. Disponível em: https://www.camaracbmac.com.br/arbitragem-tributaria-possibilidade-de-implementacao/. Acesso em: 25 maio 2023.

[14] Cf. ANDRADE, Lucas Simões de. *Arbitragem tributária e a possibilidade de implementação*. São Paulo, 2020. Disponível em: https://www.camaracbmac.com.br/arbitragem-tributaria-possibilidade-de-implementacao/. Acesso em: 25 maio 2023.

[15] Cf. ANDRADE, Lucas Simões de. *Arbitragem tributária e a possibilidade de implementação*. São Paulo, 2020. Disponível em: https://www.camaracbmac.com.br/arbitragem-tributaria-possibilidade-de-implementacao/. Acesso em: 25 maio 2023.

Entretanto, embora a Lei de Arbitragem inicialmente restrinja o uso do instituto a direitos patrimoniais disponíveis, uma parcela da literatura interpreta essa restrição de maneira distinta, argumentando que

> Tratar a arbitragem em temas tributários significa, em grande parte, reenfrentar algumas das problemáticas já debatidas (e algumas superadas) pela teoria administrativista brasileira. Nesse sentido, a admissibilidade da arbitragem tributária supõe reconhecer que a disponibilidade dos tributos repousa também sobre a ausência de um controle obrigatório dos litígios fiscais pelo Poder Judiciário. Nesse sentido, justamente, João Ricardo Catarino (2012, p. 16), rechaça peremptoriamente o óbice da indisponibilidade como um entrave para a implementação da arbitragem no Direito Tributário, porquanto, mesmo que houvesse na arbitragem a dispensa ou a renúncia ao imposto tão frequentemente citada por parte da doutrina, a indisponibilidade do interesse público deve ser analisada com temperamentos (CATARINO, ROSSINI, 2016). Segundo o Autor, a doutrina brasileira difere o interesse público primário do secundário, sendo que primeiro se refere à promoção e à concretização de valores eleitos pela sociedade como um todo, enquanto os secundários são aqueles relacionados aos bens patrimoniais do Estado ou de suas entidades. Portanto, tratando-se os interesses estatais secundários, como bens e direitos eminentemente patrimoniais, a Administração Pública estaria autorizada a submeter-se ao juízo arbitral, por um motivo bastante singelo: os bens e direitos em referência existem única e exclusivamente para que o administrador público deles disponha para concretização de algum interesse primário.[16]

Ao final, é crucial ponderar sobre a atual sobrecarga judicial em assuntos tributários, que exerce pressão sobre o sistema em prol de uma reforma estrutural. Segundo Machado, "a supremacia estatal no âmbito tributário está sendo desmistificada, impulsionando uma marcante tendência de desjudicialização, alimentada pela crise dos sistemas de justiça pública".[17]

Nessa perspectiva, ao considerar a celeridade, a eficiência processual e a eficácia inerentes ao procedimento arbitral, é perceptível que em breve, a Administração Pública também adotará esse recurso em questões tributárias, transcendendo o conservadorismo predominante. Há diversas vantagens na implementação da arbitragem, como enfatizado por Xavier:

> Conforme dados carreados pela Escola de Arbitragem Internacional, de Queen Mary, Universidade de Londres, as oito principais vantagens da arbitragem seriam: (i) exequibilidade dos laudos arbitrais; (ii) flexibilidade procedimental; (iii) possibilidade de escolha de árbitros; (iv) confidencialidade; (v) neutralidade; (vi) definitividade das decisões; (vii) celeridade procedimental e (viii) custo.[18]

---

[16] MACHADO, Carlos Henrique. A arbitrabilidade objetiva dos conflitos envolvendo o Poder Público e as perspectivas da arbitragem tributária no Brasil. *Revista do Direito*, Santa Cruz do Sul, v. 1, n. 54, p. 78, jan./abr. 2018. Disponível em: https://online.unisc.br/seer/index.php/direito/index. Acesso em: 24 maio 2023.

[17] MACHADO, Carlos Henrique. A arbitrabilidade objetiva dos conflitos envolvendo o Poder Público e as perspectivas da arbitragem tributária no Brasil. *Revista do Direito*, Santa Cruz do Sul, v. 1, n. 54, p. 80, jan./abr. 2018. Disponível em: https://online.unisc.br/seer/index.php/direito/index. Acesso em: 24 maio 2023.

[18] XAVIER, Camilla Siqueira. A arbitragem em matéria tributária no Brasil: avanços e desafios. *Revista de Finanças Públicas, Tributação e Desenvolvimento*, v. 7, n. 8, p. 21-57, jan./jun. 2019. p. 42.

Na literatura, discute-se a possibilidade de integrar a arbitragem em assuntos tributários, desde que se adote uma abordagem específica, que envolve a revisão de certas disposições do CTN (Código Tributário Nacional), conforme descrito a seguir:

> Ainda, a necessidade de edição de lei complementar vai além da inclusão de nova hipótese de extinção do crédito tributário. Ao levar a lide tributária para esfera da arbitragem, é de suma importância que se suspenda a exigibilidade do crédito tributário até que seja proferida a sentença arbitral, até mesmo para conferir segurança jurídica e evitar o ajuizamento de ações de repetição de indébito tributário, corroborando com a desjudicialização do processo tributário. Assim, endossamos as ideias de Priscila Faricelli de Mendonça em "Arbitragem e Transação Tributárias" para justificar a necessidade da edição de medida complementar para suspender a exigibilidade do crédito tributário e incluir um novo inciso ao art. 151 do CTN, dispondo expressamente que a convenção de arbitragem deverá suspender a exigibilidade.[19]

Ainda, a autora argumenta que:

> Além disso, é importante analisar a necessária reforma do art. 174 do CTN. A instauração do procedimento arbitral para ser eficaz deve interromper o prazo prescricional de cobrança do crédito tributário. Assim, estamos diante de mais uma norma geral de direito tributário: a prescrição. Nessa esteira, imprescindível edição de lei com status de complementar, bem como foi feito com a modificação do inciso I conferida pela lei complementar nº 118/2005.[20]

Portanto, verificada a necessidade de previsão legislativa, com a respectiva adequação do Sistema Tributário Nacional para a recepção do procedimento arbitral e da mediação. Nota-se que, com o avançar das muitas discussões em diversas frentes públicas e privadas, que o procedimento não tarda em ser uma realidade efetiva no âmbito do direito tributário.

Ademais, isso se mostra como um cenário favorável tanto ao contribuinte quanto ao fisco, principalmente pela celeridade na resolução das demandas, bem como na assertividade técnica que o instituto conseguirá garantir a finalização das lides de modo terminativo em tempo ágil.

Conclusão

Os Métodos Adequados de Solução de Conflitos (MASCs) têm desempenhado um papel crucial, oferecendo uma alternativa ou complemento ao processo judicial. Divididos em três categorias distintas e interrelacionadas – Mediação, Conciliação e Arbitragem – esses métodos oferecem uma resolução ágil, econômica e muitas vezes mais eficaz do que o processo judicial tradicional.

---

19 XAVIER, Camilla Siqueira. A arbitragem em matéria tributária no Brasil: avanços e desafios. *Revista de Finanças Públicas, Tributação e Desenvolvimento*, v. 7, n. 8, p. 51, jan./jun. 2019.

20 XAVIER, Camilla Siqueira. A arbitragem em matéria tributária no Brasil: avanços e desafios. *Revista de Finanças Públicas, Tributação e Desenvolvimento*, v. 7, n. 8, p. 51, jan./jun. 2019.

Essa abordagem é fundamental para o futuro do Direito Tributário, e sem dúvida nossa professora homenageada, mãe de todas nós, inspira a geração de tributaristas, levando com brilhantismo a mensagem da consensualidade.

Seu papel tem sido crucial para modernização do direito tributário, pautada na compreensão da necessidade de abolirmos a cultura do litígio a qualquer custo, riscando do vocabulário velhas expressões do direito processual pátrio como lide, controversa, pretensão resistida, devendo ser substituída pelo diálogo e medidas que promovam a justiça da paz.

O fortalecimento do diálogo entre Administração e Administrado com a ausência de decisão impositiva eleva as partes a exercer papel de protagonistas enquanto responsáveis pelo resultado obtido. Nesse contexto, ganha relevância a atuação ética da nossa homenageada Misabel de Abreu Machado Derzi, enquanto construtora dessa nova realidade resolutiva e preventiva, rendendo a ela todas as merecidas homenagens. Não poderia deixar de registar que seu coração inclinado a dar oportunidades, nesse sentimento registro minha gratidão por estar aqui.

Embora tenhamos longo caminho a percorrer, é motivador observar a mudança de cultura na relação Administração e Administrado, ainda que sutil, essa postura torna viável a adoção da mediação como alternativa para resolução de controvérsias tributárias, frente aos métodos adversariais tradicionais, promovendo maior acesso à justiça fiscal.

Logo chegará o dia em que olharemos para o passado nos questionando como suportamos por tanto tempo um Sistema de Justiça respaldado no litígio como forma de solução eficaz dos conflitos sociais. Revoluciona-se o acesso à justiça, não tendo como única alternativa viável a salvaguarda e proteção exclusiva do Poder judiciário.

O impacto positivo da postura colaborativa tem gerado resultados, como a celeridade processual, a redução de custos, o descongestionamento do sistema judiciário, contribuindo para efetividade dos direitos e garantias fundamentais. E, – a mais importante – o estímulo da cultura do diálogo como instrumento transformador da sociedade em todas suas relações, não apenas a jurídica.

É certo que a mediação e a arbitragem têm encontrado ambiente favorável para sua consolidação; a Lei nº 13.028/2022 e os Projetos de Leis nsº 2.485/2022 (mediação) e 2.486/2022 (arbitragem) são a certeza disso!

Conclui-se que os MASCs representam um recurso promissor para o presente e o futuro, profundamente enraizado em todos os aspectos da vida social, marcada por conflitos e divergências de interesses e, reconhecendo o trabalho incansável de nossa professora na mudança de cultura com foco na consensualidade entre as partes, dedico a ela este artigo.

Referências

AGÊNCIA SENADO. *Sugestões de comissão sobre processos tributário e administrativo viram projetos.* 23 set. 2022. Disponível em: https://www12.senado.leg.br/noticias/materias/2022/09/23/sugestoes-de-comissaosobreprocessostributarioeadministrativoviramprojetos?_gl=1*1nrlvbn*_ga*MTM3NjAyODQ3NC4xNjgyNzcyNzcy*_ga_CW3ZH25XMK*MTY4MjkxMTMxMi4zLjAuMTY4MjkxMTMxNS4wLjAuMA. Acesso em: 18 jun. 2023.

ANDRADE, Lucas Simões de. *Arbitragem tributária e a possibilidade de implementação.* São Paulo, 2020. Disponível em: https://www.camaracbmac.com.br/arbitragem-tributaria-possibilidade-de-implementacao/. Acesso em: 25 maio 2023.

BRASIL. Conselho Nacional de Justiça. *Justiça em Números 2022*. Disponível em: https://www.cnj.jus.br/wp-content/uploads/2022/09/justica-em-numeros-2022-1.pdf Acesso em: 17 jun. 2023.

BRASIL. Conselho Nacional de Justiça. *Mediação e Conciliação*. Disponível em: https://www.cnj.jus.br/programaseacoes/conciliacaoemediacao/#:~:text=A%20Mediação%20é%20uma%20forma,em%20conflitos%20multidimensionais%20ou%20complexos. Acesso em: 18 jun. 2023.

BRASIL. Conselho Nacional de Justiça. *Regulamento das ações de capacitação e do banco de dados da política de tratamento adequado de conflitos*. Disponível em: https://www.cnj.jus.br/wpcontent/uploads/2020/11/Regulamento_capacitacao_mediacao__proporcao_de_inst._e_excecao_a_codocencia.17.10.pdf Acesso em: 18 jun. 2023.

BRASIL. *Constituição da República Federativa do Brasil de 1988*. Disponível em: https://www.planalto.gov.br/ccivil_03/constituicao/constituicao.htm. Acesso em: 18 jun. 2023.

BRASIL. Senado Federal. *Projeto de Lei nº 2485, de 2022*. Dispõe sobre a mediação tributária na União e dá outras providências. Disponível em: https://www25.senado.leg.br/web/atividade/materias/-/materia/154740. Acesso em: 18 jun. 2023.

BRASIL. Supremo Tribunal Federal. *Relatório de atividades do Supremo Tribunal Federal – 2021*. Disponível em: https://bibliotecadigital.stf.jus.br/xmlui/handle/123456789/3775\. Acesso em: 17 jun. 2023.

COSTA, Regina Helena. *Curso de direito tributário*: Constituição e Código Tributário Nacional. São Paulo: Saraiva, 2016.

CUNHA, Leonardo Carneiro da. A mediação no contexto do sistema multiportas de solução de disputas. *In*: CABRAL, Trícia Navarro Xavier; CURY, Cesár Filipe. *Lei de Mediação comentada artigo por artigo*. São Paulo: Foco, 2020.

FARIA, Luiz Alberto Gurgel de. Prefácio. *In*: SEELFELDER FILHO, Claudio Xavier. *Comentários sobre Transação Tributária à luz da Lei 13.988/20 e outras alternativas de extinção do passivo tributário*. São Paulo: Thomson Reuters Brasil, 2021.

FERNANDES, Tarsila Ribeiro Marques. Transação em Matéria Tributária: Um estudo sobre a Lei 13.988/2020. *In*: DANTAS, Marcelo. *Inovações no Sistema de Justiça: Meios Alternativos de Resolução de Conflitos, Justiça Multiportas e Iniciativas para Redução de Litigiosidade e o Aumento da Eficiência nos Tribunais*: Estudos em Homenagem a Múcio Vilar Ribeiro Dandas. São Paulo: Revista dos Tribunais, 2022.

GUERREIRO, Luis Fernando. *Os métodos de solução de conflitos e o Processo Civil*: Sistema multiportas de solução de conflitos. 1. ed. São Paulo: Atlas, 2015.

MACHADO, Carlos Henrique. A arbitrabilidade objetiva dos conflitos envolvendo o Poder Público e as perspectivas da arbitragem tributária no Brasil. *Revista do Direito*, Santa Cruz do Sul, v. 1, n. 54, p. 59-85, jan./abr. 2018. Disponível em: https://online.unisc.br/seer/index.php/direito/index. Acesso em: 24 maio 2023.

VASCONCELOS, Carlos Eduardo de. *Mediação de Conflitos e práticas restaurativas*. 5. ed. Rio de Janeiro: Forense; São Paulo: Método, 2017.

XAVIER, Camilla Siqueira. A arbitragem em matéria tributária no Brasil: avanços e desafios. *Revista de Finanças Públicas, Tributação e Desenvolvimento*, v. 7, n. 8, p. 21-57, jan./jun. 2019.

Informação bibliográfica deste texto, conforme a NBR 6023:2018 da Associação Brasileira de Normas Técnicas (ABNT):

DIAS, Lorena Gargaglione. Tributação e consensualidade: o papel dos métodos adequados de resolução de conflitos no cenário de litigiosidade tributária. In: LOBATO, Valter de Souza (coord.); MARINHO NETO, José Antonino (org.). *O papel da lei complementar tributária no desenho federativo brasileiro*. Belo Horizonte: Fórum, 2024. p. 325-338. ISBN 978-65-5518-779-3.

NORMAS GERAIS DE DIREITO FINANCEIRO-TRIBUTÁRIO E A LEI DE RESPONSABILIDADE FISCAL

LUCAS BEVILACQUA,
RAFAEL CAMPOS SOARES DA FONSECA

Introdução

O advento da EC nº 95/2016 que veiculou a exigência de prévio impacto financeiro-orçamentário para concessão de incentivos fiscais com o Novo Regime Fiscal (art.113, ADCT: a proposição legislativa que crie ou altere despesa obrigatória ou renúncia de receita deverá ser acompanhada da estimativa do seu impacto orçamentário e financeiro.) reascendeu a discussão quanto à eficácia das prescrições da Lei de Responsabilidade Fiscal (Lei Complementar nº 101/2000) aos entes subnacionais diante da previsão anterior do art.14 da LRF.

Parcela da doutrina *jus*-financeira sustentou pela ineficácia do art. 113, ADCT aos entes subnacionais;[1] o que rechaçado pela jurisprudência do Supremo Tribunal Federal (STF) quando do exame de incentivos fiscais de ICMS que inobservavam tal dispositivo.[2]

O enfoque a ser conferido ao tema guarda pertinência com o federalismo financeiro, pois se indaga acerca da viabilidade de um processo de nacionalização do arcabouço normativo relativo à ordenação fiscal das unidades constituintes a partir de legislação formulada pelo Congresso Nacional. Esse é o problema investigado neste espaço de pesquisa, diante do qual se adota hipótese positiva por conta da experiência centralizadora da Federação brasileira.

---

1 Disponível em: https://www.conjur.com.br/2020-dez-28/stf-impacto-renuncias-fiscais-estaduais. Acesso em: 17 maio 2024.

2 A Emenda Constitucional nº 95/2016, por meio da nova redação do art. 113 do ADCT, estabeleceu requisito adicional para a validade formal de leis que criem despesa ou concedam benefícios fiscais, requisitos esses que, por expressar medida indispensável para o equilíbrio da atividade financeira do Estado, dirige-se a todos os níveis federativos.
[ADI nº 5.816, rel. min. Alexandre de Moraes, j. 05.11.2019, P, *DJE* de 26.11.2019 e ADI nº 7.374, rel. min. Cármen Lúcia, j. 11.09.2023, P, *Informativo STF* 1.107.

A esse propósito, assume-se como premissa de raciocínio que o desenho constitucional do sistema federal tem decisivo impacto na prática federativa, no entanto a análise daquele deve ser necessariamente complementada por fatores sócio-históricos que moldam a dinâmica das relações intergovernamentais e a interação entre pressões sociais e as características funcionais da organização territorial de poder. Logo, a compreensão do fenômeno estudado demanda a conjugação da ordem-moldura constitucional com as práticas culturais, tendo em conta o federalismo como processo e resultado de tomadas de decisão por níveis de governo autônomos.

Com objetivo de cumprir essas expectativas, o itinerário argumentativo deste artigo está divido, além desta introdução e de considerações finais, nas seguintes partes: (i) a compreensão sistemática da função das leis complementares que veiculam normas gerais de Direito Financeiro na organização político-administrativa do país; (ii) explicação do surgimento da LRF na experiência sócio-política brasileira; e (iii) os principais desafios previstos em um esforço necessário pela atualização da Lei de Responsabilidade Fiscal no contexto do federalismo financeiro.

1 Normas gerais de direito financeiro e leis complementares na organização político-administrativa da Constituição de 1988

Sob a vigência da nova Carta Constitucional, indica-se, de plano, que do universo de 105 reformas constitucionais formais realizadas até o aniversário de 30 anos da Constituição da República de 1988, em 05 de outubro de 2018, 57 Emendas Constitucionais e 1 de Revisão promulgadas possuem cunho federativo, indicando taxa temática superior a 55%, conquanto as leis complementares que veiculam temática federal e possuem repercussões no Direito Financeiro totalizam 78 de um universo de 104 diplomas dessa espécie legislativa no mesmo marco temporal.

Torna-se fundamental examinar com a devida profundidade a dimensão normativo-constitucional do Estado Federal inaugurado pela Constituição da República de 1988, principalmente pela perspectiva da repartição constitucional de competências, que não é só feita no título constitucional "Da Organização do Estado", mas ao longo de todas as partes da ordem constitucional, desde o preâmbulo às disposições transitórias de eficácia exaurida.[3]

Torna-se referencial explanatório o princípio da independência e separação dos poderes na medida em que se dividem as competências em administrativas, legislativas e judiciais. Do mesmo modo, a discriminação de poderes tributários está conceitualmente abarcada nas competências de caráter legiferante, porquanto traduz atribuição de legislar, desenhando o perfil jurídico de gravame tributário ou de obrigações necessárias à sua arrecadação, ou seja, a possibilidade de produzir normas jurídicas sobre tributos.[4]

---

[3] "A Constituicao Financeira abrange, porém, toda a Constituicao, logo, nao se pode reduzir apenas àquela hipotese [art. 163 da CR/88], tampouco às que dispoem sobre matéria tributária e orcamentária, sem cabimento para as demais modalidades de normas gerais de direito financeiro" (TORRES, Heleno Taveira. Direito Constitucional Financeiro: teoria da constituição financeira. São Paulo: Revista dos Tribunais, 2014. p. 319).

[4] CARVALHO, Paulo de Barros. *Curso de Direito Tributário.* 26. ed. São Paulo: Saraiva, 2014. p. 218-219.

Por outro lado, o complexo condomínio legislativo brasileiro será esgrimido a dar prevalência às competências privativas ou concorrentes da União que possuam impactos na gestão das finanças públicas dos entes subnacionais, bem como a dar-se ênfase às categorias jurídicas das normas gerais de direito financeiro e das leis complementares de índole nacional.

Em relação à organização territorial do poder segundo as fontes normativas (federalismo legislativo), abaixo do altiplano constitucional, possuem relevância as leis complementares que veiculam as normas de Direito Financeiro nas suas diversas modalidades no plano intergovernamental vertical, conquanto de modo a coordenar horizontalmente os níveis federativos há as resoluções do Senado Federal, com eficácia de lei, para estatuir alíquotas de impostos estaduais e municipais, mas de abrangência nacional, assim como os convênios que visam instituir vínculo jurídico entre as unidades federativas.[5] No âmbito interno do federalismo, pressupõe-se autonomia na presença da heteronomia, com normas externas que garantem alguma unidade entre as relações interestaduais, isto é, visa-se uniformizar procedimentos em um sistema descentralizado de poder.[6]

Na verdade, a figura das normas gerais de Direito Financeiro surgiu já na Constituição de 1946 (art. 5º, XV, *b*, CR/46) e sempre se direcionou para matérias legislativas, sob a influência dos princípios temáticos da Constituição alemã de Weimar. Esse fato caracterizou condição de possibilidade para um Código Tributário Nacional, com obrigações tributárias principais e acessórias de verniz nacional e uniforme. Na década de 1940, a então incipiência do Direito Tributário era creditada à instabilidade das leis tributárias, sendo que o Código Tributário Nacional veio a disciplinar, de forma global, a legislação sobre tributos no território brasileiro. O âmbito nacional da norma veio a atender o problema de insegurança jurídica ligada à falta de legislação una em todo o mercado nacional interno.

Realiza-se esse breve excurso ao Código Tributário Nacional, porque o alcance de normas gerais teria sido o primeiro problema substancial da Comissão presidida por Oswaldo Aranha, ante a preocupação de preservar a autonomia legislativa dos entes subnacionais. Consta na exposição de motivos do CTN que a saída da Comissão foi abster-se de procurar um conceito predeterminado e proceder à análise individual de cada situação concreta. Essa seria uma peculiaridade do movimento de codificação brasileira, pois ela seria nacional, e não federal, com aplicabilidade simultânea a todos os níveis de governo integrantes da Federação.[7]

Cuida-se de debate antigo e constantemente revisitado pela doutrina a respeito da delimitação conceitual das normas gerais em direito financeiro, na condição de inovação da Assembleia Nacional Constituinte que desaguou na Constituição de 1946.[8]

---

5 TORRES, Heleno Taveira. *Direito Constitucional Financeiro*: teoria da constituição financeira. São Paulo: Revista dos Tribunais, 2014. p. 307.

6 SCAFF, Fernando Facury. *Orçamento Republicano e Liberdade Igual*: ensaio sobre direito financeiro, república e direitos fundamentais no Brasil. Belo Horizonte: Fórum, 2018. p. 31.

7 "Por outras palavras, a Comissão teve presente que o Código, embora atribuído à competência federal por uma razão óbvia de hierarquia legislativa, não será lei 'federal' mas 'nacional'." (BRASIL. MINISTÉRIO DA FAZENDA. *Trabalhos da Comissão Especial do Código Tributário Nacional*. Rio de Janeiro: Imprensa Nacional, 1954. p. 8).

8 Como primeiro esforço sistematizador e individualmente direcionado ao tema: PINTO, Carlos Alberto A. de Carvalho. *Normas Gerais de Direito Financeiro*. São Paulo: Prefeitura do Município de São Paulo, 1949.

Em estudo publicado em contexto próximo ao de criação dessa comissão, Rubens Gomes de Sousa faz certa genealogia dos debates constituintes que levaram a incorporação do conceito de normas gerais de direito financeiro à tradição dos textos constitucionais brasileiros, concluindo que as principais dificuldades dessa novidade foram os opositores à autonomia do direito financeiro, por compreendê-lo no âmbito do direito administrativo, e os defensores da autonomia legislativa dos entes locais, chegando-se a uma solução de compromisso segundo a qual a União somente disporia sobre matérias gerais e uniformes no arranjo federativo. No entanto, referido tributarista afasta a definição *a priori* de norma geral, por conceber a fixação do conceito teoricamente impossível e praticamente inconveniente, pois prévia limitação conceitual poderia retirar a potência do próprio dispositivo constitucional.

Sendo assim, seria o bastante sinalizar a finalidade do art. 5º, XV, *b*, CR/46, que é "permitir que, através de legislação ordinária federal sôbre normas gerais, sejam fixadas as consequências necessárias dos preceitos constitucionais em matéria financeira, de forma a assegurar a atuação efetiva e uniforme de tais preceitos".[9] Nesse ponto, a União agiria em posição de superioridade hierárquica perante os demais entes dentro do sistema federativo, delimitando efetivamente uma regulamentação uniforme sobre preceitos constitucionais tributários. Por outro lado, a limitação constitucional desse poder conferido é a competência legislativa das entidades políticas subordinadas às normas.[10]

Desde então, controverte-se a respeito da codificação tributária como conjunto de normas gerais com aptidão para dar unidade de conteúdo ao sistema tributário nacional, promovendo-se igualdade ou certeza por intermédio da segurança jurídica, ampliando-se ou restringindo-se o alcance das "normas gerais" para regular limitações e conflitos de competência ou somente postular os princípios gerais de direito tributário, o que, em última análise, para Tércio Sampaio, consistiria em pré-concepção ideológica liberal clássica ou centralizadora da função do sistema tributário no Estado e na sociedade.[11]

Atualmente, as normas gerais de direito tributário estão previstas como espécie sob reserva de lei complementar, dispondo especialmente sobre a definição dos tributos, suas espécies e os aspectos fundamentais da regra-matriz, emparelhadas aos conflitos de competência e a regulamentação de limitações constitucionais ao poder de tributar, nos termos do art. 146, da Constituição da República de 1988.

Por seu turno, também muito se controverte sobre o vasto espectro de outras relações jurídicas derivadas de um conceito amplo de Direito Financeiro, na condição de "ramo do Direito no qual se estuda como o Estado arrecada, reparte, gasta e se

---

[9] SOUSA, Rubens Gomes de. Normas gerais do direito financeiro. *Revista de Direito Administrativo,* Rio de Janeiro, v. 37, p. 15, jul. 1954.

[10] " Por sua vez o limite do dispositivo é a competência legislativa das entidades políticas subordinadas às normas (...) o conceito de norma geral, em lugar de ser delimitativo poderia passar a ser ampliativo, isto é, poderia servir de fundamento à União para legislar além do âmbito exigido pela regulamentação do preceito constitucional que fornece justificativa à própria legislação ordinária sôbre normas gerais". (SOUSA, Rubens Gomes de. Normas gerais do direito financeiro. *Revista de Direito Administrativo,* Rio de Janeiro, v. 37, p. 16, jul. 1954.)

[11] FERRAZ JUNIOR, Tércio Sampaio. Segurança jurídica e normas gerais tributárias. *Revista de Direito Tributário,* São Paulo, a. 5, n. 17-18, p. 51-56, jul./dez. 1981.

endivida, e como isso é organizado e controlado, visando a consecução dos objetivos constitucionais".[12]

Basta verificar que logo após a vigência da Lei nº 4.320/1964, que estatui normas gerais de direito financeiro para elaboração e controle dos orçamentos e balanços da União, dos Estados, dos Municípios e do Distrito Federal, de acordo com o disposto no art. 5º, XV, *b*, CR/46, havia severas dúvidas sobre a aplicabilidade de toda a legislação para os entes subnacionais na medida em que parcela dela dispõe até mesmo sobre contabilidade pública.

A título de exemplificação, em estudo da lavra de Geraldo Ataliba em favor de municipalidade, conclui-se que a autonomia dos Estados e Municípios estaria violada por preceitos desse diploma legal, pois o controle orçamentário seria problema interno da administração, bem como a elaboração do orçamento público e a contabilidade pública são formas de instrumentar a administração estadual e municipal, logo dizem respeito à autonomia política dessas pessoas jurídicas de direito público. Enfim, "exigências de estatística" não seriam suficientes para justificar o interesse nacional da União em legislar sobre tema carecedor de disciplina uniforme.[13]

A despeito do caráter monográfico do esforço de conceituação de normas gerais de direito financeiro, impende assumir aqui a formulação teórica de Heleno Torres, sob as luzes de uma Teoria de Constituição Financeira, que define essa categoria jurídica pela supraordenação com prevalência sobre as leis dos entes federativos, por força da especialização da matéria em sede constitucional.[14]

Em termos temáticos e assumindo a bipartição da produção normativa do Congresso Nacional em federais quando somente vinculam a União e nacionais no caso de destinarem-se a todas as pessoas que estejam no território nacional e de cumprimento obrigatório por todos os entes federativos, Regis de Oliveira delimita o conteúdo dessas normas ao âmbito direito financeiro, isto é, "as entradas e receitas originárias, o crédito público, a despesa, o orçamento, a fiscalização orçamentária e financeira, a recepção de fundos e as formas de participação dos produtos arrecadados".[15]

Por conseguinte, normas gerais de direito financeiro são de competência exclusiva da União, nos termos do art. 24, I e §1º, da Constituição de 1988. Nessa hipótese, o Congresso Nacional age como Legislador Nacional para dispor de modo uniforme em todo o território sobre assunto de interesse nacional a respeito de receita, despesa, dívidas e orçamento público, além de controle e fiscalização do Erário.

Na qualidade de normas de supraordenação, ocasionam vício de inconstitucionalidade de normas editadas por todos os entes federativos que a contrariem, em razão de violação direta ao condomínio de repartição constitucional de competências legislativas. Além disso, essas normas não são necessariamente veiculadas por leis complementares, tendo em conta a existência de matérias formuladas de acordo com a regra geral da

---

[12] SCAFF, Fernando Facury. *Orçamento Republicano e Liberdade Igual*: ensaio sobre direito financeiro, república e direitos fundamentais no Brasil. Belo Horizonte: Fórum, 2018. p. 80.

[13] ATALIBA, Geraldo. Normas gerais de direito financeiro. *Revista de Direito Administrativo,* Rio de Janeiro, v. 82, p. 60, jul. 1965.

[14] TORRES, Heleno Taveira. *Direito Constitucional Financeiro*: teoria da constituição financeira. São Paulo: Revista dos Tribunais, 2014. p. 318.

[15] OLIVEIRA, Regis Fernandes de. *Curso de Direito Financeiro.* 7. ed. São Paulo: Revista dos Tribunais, 2015. p. 223.

juridicidade da Administração por espécie legislativa ordinária.[16] Contudo, os principais temas de finanças públicas foram reservados à lei qualificada por desiderato do Poder Constituinte que concebeu a possibilidade de um código nacional de finanças públicas.

Lado outro, as leis complementares exsurgem no conturbado contexto da destituição de João Goulart da Presidência da República, de modo a possibilitar um sistema de governo parlamentarista, mediante leis votadas em ambas as Casas do Congresso Nacional e por maioria absoluta dos parlamentares, nos termos do art. 22 da EC nº 4/1961 à Constituição de 1946. Em seguida, ganharam importância com a Reforma Tributária Nacional operada durante o governo militar por meio da EC nº 18/1965, sagrando-se na história constitucional brasileira com as Cartas de 1967 e 1969 a partir de seu reconhecimento como fontes formais de inovação da ordem jurídica.

Na teoria da Constituição Financeira, as leis complementares cumprem na atualidade precipuamente duas funções no ordenamento jurídico brasileiro: a integração orgânica das competências federativas, obtendo-se coerência, uniformidade e harmonização entre o emaranhado legislativo editado pelos três níveis federativos; e conferir aos cidadãos segurança jurídica quanto às fontes na medida em que estabelecem critérios jurídicos para as leis dos entes federativos, por sua vez vinculadas às normas gerais de amplitude nacional.[17]

O princípio federativo significa em termos jurídicos a existência de ordens jurídicas parciais de pessoas políticas dotadas de autonomia política que se complementam na ordem jurídica do Estado soberano, sendo assim no caso brasileiro a própria Constituição escalona e delimita as espécies normativas de natureza primária, atribuindo-lhes funções e reservas de matéria nos termos do devido processo legislativo.

Por essa razão, a Constituição da República pode ser teoricamente decomposta em uma Constituição Nacional com as normas aplicáveis a todos os entes federativos e em uma Constituição Federal cuja plêiade de comandos tem como limitação vincular apenas a União.

A esse respeito, a lei complementar desempenha importante função no ordenamento jurídico e possui assento constitucional. Como premissa de raciocínio, deve-se levar em conta que não ostentam caráter ontológico de complemento ao texto constitucional, bem como representam exigência de quórum qualificado, em consonância à dicção literal

---

[16] Pela didática, convém transcrever excerto da ementa da ADI nº 2.198 na qual o Supremo Tribunal Federal decidiu, por maioria, que lei ordinária federal pode autorizar o TCU a criar sítio eletrônico para divulgação de dados financeiros dos entes federativos: "Ação direta de inconstitucionalidade. Lei Federal nº 9.755/98. Autorização para que o Tribunal de Contas da União crie sítio eletrônico denominado Contas Públicas para a divulgação de dados tributários e financeiros dos entes federados. Violação do princípio federativo. Não ocorrência. Prestígio do princípio da publicidade. Improcedência da ação. (...) 2. Ausência de inconstitucionalidade formal por ofensa ao art. 163, inciso I, da Constituição Federal, o qual exige a edição de lei complementar para a regulação de matéria de finanças públicas. Trata-se de norma geral voltada à publicidade das contas públicas, inserindo-se na esfera de abrangência do direito financeiro, sobre o qual compete à União legislar concorrentemente, nos termos do art. 24, I, da Constituição Federal. 3. A norma não representa desrespeito ao princípio federativo, inspirando-se no princípio da publicidade, na sua vertente mais específica, a da transparência dos atos do Poder Público. Enquadra-se, portanto, no contexto do aprimoramento da necessária transparência das atividades administrativas, reafirmando e cumprindo, assim, o princípio constitucional da publicidade da administração pública (art. 37, caput, CF/88). 4. Ação julgada improcedente". (BRASIL. MINISTÉRIO DA FAZENDA. SUPREMO TRIBUNAL FEDERAL. *Ação Direta de Inconstitucionalidade nº 2.198*. Rel. Min. Dias Toffoli, Tribunal Pleno, j. 11.04.2013, Publ. DJe 161 em 19.08.2013).

[17] TORRES, Heleno Taveira. *Direito Constitucional Financeiro*: teoria da constituição financeira. São Paulo: Revista dos Tribunais, 2014. p. 311.

do art. 69 do texto constitucional, por exigências democráticas imaginadas pelo Poder Constituinte em relação à criação de consensos parlamentares a respeito de matéria expressamente indicada na ordem constitucional.

No entanto, não há hierarquização da lei complementar em relação aos demais diplomas legislativos, tendo em conta que a localização textual ou a representatividade quantitativa dos parlamentares votantes não são fatores hábeis a indicar hierarquia entre espécies legislativas no ordenamento jurídico, sem recorrer-se a uma argumentação ontológica. Portanto, eventual antinomia entre normas encontradas deve ser resolvida, recorrendo-se diretamente à repartição constitucional de competências legislativas, por revelar ofensa direta ao texto constitucional.[18] Mesmo raciocínio é aplicável à interdição constitucional de medida provisória veicular, matéria reservada a lei complementar, por forçado art. 62, §1º, III, da vigente Constituição da República, desde a redação incluída pela EC nº 31/2001.

Em síntese, conclui-se que a única diferença que se evidencia entre lei ordinária e lei complementar é a atinente à matéria e ao quórum qualificado exigível para aprovação da legislação nas Casas parlamentares, sendo que antinomias entre essas espécies também são resolvidas por critérios hermenêuticos de cronologia ou especificidade.[19] Na origem, cuida-se de decisão política levada a efeito em processo constituinte originário, derivado ou decorrente, cuja finalidade é a redução de divergências entre as leis promulgadas pelos três níveis da federação, assegurando-se algum grau de estabilidade ao ordenamento jurídico e possibilitando-se a unidade econômica em mercado único pressuposta no pacto federativo.

No entanto, a prática financeira conta outra história, na medida em que se mostra indefensável a crítica que diz respeito à falta de sistematicidade das normas gerais de direito financeiro, o que termina em não permitir maior racionalização jurídica da atividade financeira do Estado. Isso porque a fragmentação da temática atualmente experimentada contraria o desejo constituinte originário de garantir uniformidade ao tratamento da atividade financeira do Estado, posteriormente ratificado pelo Poder Constituinte derivado no âmbito da Reforma da Administração Pública levada a efeito pela EC nº 19/1998.[20] Por isso, defende-se que a unificação ou, pelo menos, a consolidação do emaranhado legislativo atinente ao direito financeiro, conjuntamente à regulamentação por interposição legislativa dos dispositivos constitucionais ainda carentes de operacionalização no plano infraconstitucional, levaria à produção de resultados mais justos e eficientes por parte da Constituição Financeira.[21]

---

[18] TORRES, Heleno Taveira. *Direito Constitucional Financeiro*: teoria da constituição financeira. São Paulo: Revista dos Tribunais, 2014. p. 314-315.

[19] Tese do Tema 71 da repercussão geral: "É legítima a revogação da isenção estabelecida no art. 6o., da Lei Complementar 70/1991 pelo art. 56 da Lei 9.430/1996, dado que a LC 70/1991 é apenas formalmente complementar, mas materialmente ordinária com relação aos dispositivos concernentes à contribuição social por ela instituída". (BRASIL. MINISTÉRIO DA FAZENDA. Recurso Extraordinário nº 377.457. Rel. Min. Gilmar Mendes, Tribunal Pleno, j. 17.09.2008, Publ. DJe 241 em 19.12.2008).

[20] Art. 30 da EC nº 19/1998: "O projeto de **lei complementar** a que se refere o art. 163 da Constituição Federal será apresentado pelo Poder Executivo ao Congresso Nacional no prazo máximo de cento e oitenta dias da promulgação desta Emenda". (grifos nossos)

[21] "A Constituição, ao ampliar o rol de matérias sujeitas a normas gerais, permitiu a formação de um amplo conjunto de leis complementares as quais, não obstante guardem conexão entre si, submetidas que estão aos

Em notável esforço em prol de uma taxonomia de normas gerais de direito financeiro, Heleno Torres classificou estas em: (i) de direito financeiro propriamente ditas, (ii) organização orçamentária, (iii) com repercussões financeiras da criação ou modificação de unidades federativas, (iv) cooperação entre pessoas do federalismo para equilíbrio do desenvolvimento e do bem-estar da população, (v) pagamento de precatórios, (vi) despesas públicas específicas e (vii) previdência privada. Lado outro, separou as leis complementares de direito tributário em seção própria.[22]

A bem da verdade, caso a Constituição da República de 1988 fosse sintética e menos detalhista, bastaria prever o que consta em seu inciso I do art. 163, isto é, que compete a lei complementar dispor sobre finanças públicas, porque daí é possível extrair a maior parte das matérias explicitadas em outro local do texto constitucional em aparente redundância. Outro dispositivo conveniente nessa versão hipotética mais concisa da Constituição Financeira seria o que determina a necessidade de lei complementar regular o Plano Plurianual, a Lei de Diretrizes Orçamentárias e a Lei Orçamentária Anual (art. 165, §9º, I, CR/88), sendo que enquanto não sobrevier essa legislação, a matéria é regida pela própria ordem constitucional em disposição que se pretende transitória (art. 35, §2º, ADCT, CR/88).

Feitas essas considerações, entende-se como multifacetada a realidade fático-normativa que a LRF buscou regular e não o fez completamente, diante das dificuldades em sistematizar em diploma único todos os temas financeiros reservados em nível constitucional às leis complementares que veiculam normas gerais de direito financeiro ou tenham impacto sobre o arranjo federativo.

2 O contexto de surgimento e a persistente necessidade da LRF

Extrai-se da literatura econômica quatro fases conjunturais e estruturantes no relacionamento entre finanças estaduais e o federalismo no período republicano brasileiro.[23] Neste artigo, focaliza-se no último momento inaugurado com a mudança do quadro macroeconômico, a queda da inflação no Plano Real e a decisão de inserir o Brasil na cadeia globalizada de consumo e produção. Nesse quadro, estabeleceu-se um novo marco regulatório para as finanças estaduais, a título de redefinição da arquitetura do controle do endividamento do setor público, por meio de um conjunto

mesmos princípios constitucionais, não atendem a um critério de sistematização com suficiente uniformidade, com racionalização das finanças públicas.

Diante disso, é de concluir que a Constituição Financeira obteria melhores resultados mediante uma unificação das normas gerais ou, pelo menos, uma ampla consolidação dos seus dispositivos, como é o caso da relação entre a Lei 4.320/1964 e a Lei de Responsabilidade Fiscal (LC 101/2001)". (TORRES, Heleno Taveira. *Direito Constitucional Financeiro*: teoria da constituição financeira. São Paulo: Revista dos Tribunais, 2014. p. 336).

22 TORRES, Heleno Taveira. *Direito Constitucional Financeiro*: teoria da constituição financeira. São Paulo: Revista dos Tribunais, 2014. p. 318-329.

23 Esse excurso econômico e federativo foi recentemente realizado pelo segundo autor em: FONSECA, Rafael Campos Soares da; FONSECA, Reynaldo Soares da; FONSECA, Leonardo Campos Soares da. Regime de contratações públicas e o estado de calamidade pública em âmbito financeiro. *In*: FONSECA, Reynaldo Soares da; COSTA, Daniel Castro Gomes da (Org.). *Direito Regulatório*: desafios e perspectivas para a Administração Pública. Belo Horizonte: Fórum, 2020. p. 19-35. Com mais profundidade e enfoque econômico, veja-se tese de livre-docência: LOPREATO, Francisco Luiz Cazeiro. *O colapso das finanças estaduais e a crise da federação*. São Paulo: UNESP, 2002.

de programas, cujo impacto financeiro foi o refinanciamento praticamente integral das dívidas estaduais na ordem de centenas de bilhões em valores da época.

A partir dos desdobramentos internacionais e internos das crises econômicas de 1980, o Plano Real facilitou novo desenho do pacto federativo, pois para promover a estabilização monetária tornou-se necessária a condução de uma política econômica com valorização cambial, juros altos e inflação em queda. Portanto, esses componentes tornaram insustentáveis as contas públicas dos Estados federados e a solvência das instituições financeiras estaduais.

Somente nesse contexto é possível compreender a edição da Lei Complementar nº 101/2000, com votação nominal de quórum qualificado (suficiente para emenda constitucional) e tramitação de 13 meses (comparativamente rápida para a espécie legislativa). Ao impor sanções financeiras aos entes federativos, limitar os gastos com pessoal, o endividamento e possibilidade de conceder renúncias fiscais e sob o pretexto de veicular normas gerais de direito financeiro, a LRF efetivamente restringiu a autonomia decisória dos entes subnacionais no que tange à atividade financeira do setor público. De todo modo, não houve consistente veto dessa legislação por parte dos governadores.

De acordo com Cristiane Leite, esse evento histórico e político pode ser explicado por cinco razões.[24] A primeira é o novo padrão de relacionamento fiscal e financeiro entre governos central e locais decorrentes do advento do Plano Real. O cenário internacional também inspirava temor com a recente crise russa, bem como cenários críticos de outros países em desenvolvimento anteriormente presenciados.

Outro fator foi o incrementalismo da ordenação fiscal na linha defendida por Martus Tavares,[25] isto é, desde o advento da Secretaria do Tesouro Nacional, em 1986, inovações na ordem institucional e jurídica brasileira acresceram maior transparência à execução orçamentária à reforma administrativa da EC nº 19, houve uma série de medidas encadeadas que restringiram a liberdade de atuação dos governadores em prol de uma coordenação macroeconômica estabilizadora da União. Mesmo após a LRF, esse esforço de ordenação continuou, como se depreende do advento da Lei de Crimes Fiscais (Lei nº 10.028/2000), que alterou o código penal e as leis relacionadas a crimes de responsabilidade de chefes dos Executivos dos entes federativos, com a finalidade de tipificar ilícitos relacionados às finanças públicas.

Também contribuiu para a criação do arcabouço fiscal a habilidade dos altos burocratas federais em minimizarem possíveis divergências com outros atores relevantes a partir de um processo aberto, com consultas e acolhimento de sugestões e interesses no âmbito da negociação política.[26]

Enfim, a preferência dos governadores também pesou, pois as exigências positivadas na LRF já estavam em boa parte atendidas no âmbito do processo prévio de renegociação das dívidas públicas estaduais, assim como havia interesse de limitar o crescimento das despesas públicas dos poderes locais financeiramente autônomos.

---

[24] LEITE, Cristiane Kerches da Silva. Federalismo, Processo Decisório e Ordenamento Fiscal: a criação da lei de responsabilidade fiscal. *In*: *Texto para Discussão 1593*, Brasília, mar. 2011. p. 11 e *ss*.

[25] TAVARES, Martus. Vinte Anos de Política Fiscal no Brasil: dos fundamentos do novo regime à lei de responsabilidade fiscal. *Revista de Economia & Relações Internacionais*, São Paulo, v. 4, n. 7, p. 79-101, jul. 2005.

[26] AFONSO, José Roberto R. Uma História da Lei Brasileira de Responsabilidade Fiscal. *Revista de Direito Público*, Porto Alegre, edição especial, p. 132-133, 2016.

Essa trajetória poderia levar à conclusão de superação das crises de financiamento dos Estados com sustentabilidade financeira. Contudo, a realidade caminhou em outra direção. A recessão econômica observada no Brasil nos últimos anos indica dependência de suporte financeiro federal por falta de capacidade de gestão da atividade financeira em contextos emergenciais, o que se observa desde a deterioração fiscal das contas públicas dos Estados-Membros a partir de 2013, que, por sua vez, culminou em novo processo de renegociação de dívida em 2016. Mais recentemente, a gestão econômica do país é posta novamente à prova em função da pandemia referente ao COVID-19, notadamente pelos impactos econômicos e fiscais decorrentes de calamidade pública derivada de crise sanitária.

3 Desafios para a preservação das funcionalidades federativas da Lei de Responsabilidade Fiscal

Em esforço de avaliação crítica dos 20 anos de vigência da LRF, a realidade econômica e social recoloca à comunidade jurídica a indagação do que significa e respectiva utilidade das normas gerais de Direito Financeiro em um sistema federal heterogêneo e de múltiplos agentes relevantes com interesses diversos. Concebida a função do sistema jurídico em estabilizar as expectativas sociais em relação a condutas humanas, os fatos demandam aprimoramento do arcabouço normativo na medida em que se alteraram as condições e os limites da ordenação fiscal da Federação.

O descompasso entre realidade financeira e o Direito posto reflete-se no grau de judicialização da governança econômica desempenhada pelo Estado brasileiro e suas unidades constituintes. Nessa arena de conflitos, são expressas preferências e necessidades por parte de agentes institucionais não imaginados e, consequentemente, contempladas no contexto de elaboração da LRF.

A despeito da competência jurisdicional para uniformização de interpretações sobre leis federais residir no Superior Tribunal de Justiça, desde o advento da atual ordem constitucional, a LRF foi objeto de invulgar número de questionamentos perante o Supremo Tribunal Federal, conforme se extrai da base de dados desta Corte. Pesquisa fundamentada na indexação da Lei Complementar nº 101/2000 forneceu resultados expressivos: a produção de 158 acórdãos, sendo 107 desses originados no Plenário; 852 decisões monocráticas proferidas por Ministros do STF; e 124 pronunciamentos por parte da Presidência do Tribunal.[27] Portanto, em um exame preambular, é possível observar que esse marco normativo voltado à normatização da dimensão financeira da Federação brasileira tornou-se fonte de intensa litigiosidade, à luz da liberdade de atuação dos agentes, órgãos e entes públicos dotados de autonomia financeira.

Baseado na metáfora de que o Poder Judiciário é uma instância que expressa uma dimensão patológica da vida pública ou privada, pois a jurisdição faz-se, em regra, necessária perante disfuncionalidades das relações sociais, a persistência de conflitos federativos de conotação financeira por décadas, seja pela reedição das discordâncias derivadas de uma lide sociológica latente, seja pela ausência de prestação jurisdicional

[27] A data de referência é 14 de abril de 2020 e os parâmetros de pesquisa foram: (LCP-000101) e (LCP-000101) (PLENO.SESS.). XXXX

adequada ou até mesmo possível, torna urgente uma repactuação política da conformação pragmática do federalismo financeiro, de maneira a equacionar as finanças públicas dos entes federados em um quadro mutuamente sustentável, sem perder-se o sentido solidário do signo federal.

Por evidente, uma empreitada dessa natureza exige o exercício de liderança pública pelos mandatários dos mais altos cargos republicanos em prol de uma solução possível e consensual dentro de uma imaginação constitucional crível no universo de possibilidades decorrentes da experiência jurídica brasileira.

Porém, com o objetivo de salientar não só a viabilidade, mas a imperatividade, de conservação jurídico-política das instituições fiscais consolidadas ao longo das últimas duas décadas, concebe-se a categoria jurídica das normas gerais de Direito Financeiro como a moldura e o fundamento de processo referente à atualização normativa das funcionalidades federativas da Lei de Responsabilidade Fiscal.

Conclusão

Os problemas fundamentais da dogmática jurídica consistem em esforços aproximativos e intermináveis, mas que valem a pena em razão do progressivo ganho cognitivo que se reflete em aperfeiçoamentos institucionais. Nessa linha, os traços básicos da capacidade de autofinanciamento e controle da atividade financeira das unidades constituintes em um sistema federal são espécie digna desse gênero.

Por isso, argumentou-se ser possível a imaginação e a implementação de alternativos arranjos institucionais e normativos em relação à engenharia política do Estado brasileiro, sobretudo mediante a ênfase no caráter conciliador e coordenador das normas gerais de Direito Financeiro veiculadas por leis complementares, à luz de um modelo de federalismo fiscal cooperativo de equilíbrio já presente no vigente programa constitucional, mas carente de efetivação empírica pela lógica de direitos e instituições.

Nesse sentido, a partir do aprimoramento da Lei de Responsabilidade Fiscal pelas vias próprias da política qualificada pela ambiência da democracia constitucional, defendeu-se uma repactuação da conformação pragmática do federalismo financeiro, de maneira a equacionar as finanças públicas dos entes federados em um quadro mutuamente sustentável, sem perder-se o sentido solidário do signo federal.

A propósito, isso demanda um processo de nacionalização do arcabouço normativo relativo à ordenação fiscal das unidades constituintes a partir de legislação uniforme e nacional formulada pelo Congresso Nacional que se torna legítima na exata medida em que possibilita ampla participação dos órgãos e pessoas destinatárias dessas normas no momento de suas elaborações, assim como endereça as preferências e as necessidades não contempladas no contexto originário da LRF.

Referências

AFONSO, José Roberto R. Uma História da Lei Brasileira de Responsabilidade Fiscal. *Revista de Direito Público,* Porto Alegre, edição especial, p. 126-154, 2016.

ATALIBA, Geraldo. Normas gerais de direito financeiro. *Revista de Direito Administrativo,* Rio de Janeiro, v. 82, p. 39-60, jul. 1965.

BRASIL. MINISTÉRIO DA FAZENDA. *Trabalhos da Comissão Especial do Código Tributário Nacional.* Rio de Janeiro: Imprensa Nacional, 1954.

BRASIL. MINISTÉRIO DA FAZENDA. SUPREMO TRIBUNAL FEDERAL. *Ação Direta de Inconstitucionalidade nº 2.198.* Rel. Min. Dias Toffoli, Tribunal Pleno, j. 11.04.2013, Publ. DJe 161 em 19.08.2013.

BRASIL. MINISTÉRIO DA FAZENDA. *Recurso Extraordinário nº 377.457.* Rel. Min. Gilmar Mendes, Tribunal Pleno, j. 17.09.2008, Publ. DJe 241 em 19.12.2008.

CARVALHO, Paulo de Barros. *Curso de Direito Tributário.* 26. ed. São Paulo: Saraiva, 2014.

FERRAZ JUNIOR, Tércio Sampaio. Segurança jurídica e normas gerais tributárias. *Revista de Direito Tributário,* São Paulo, a. 5, n. 17-18, p. 51-56, jul./dez. 1981.

FONSECA, Rafael Campos Soares da; FONSECA, Reynaldo Soares da; FONSECA, Leonardo Campos Soares da. Regime de contratações públicas e o estado de calamidade pública em âmbito financeiro. *In*: FONSECA, Reynaldo Soares da; COSTA, Daniel Castro Gomes da (Org.). *Direito Regulatório*: desafios e perspectivas para a Administração Pública. Belo Horizonte: Fórum, 2020.

LEITE, Cristiane Kerches da Silva. Federalismo, Processo Decisório e Ordenamento Fiscal: a criação da lei de responsabilidade fiscal. *In*: *Texto para Discussão 1593,* Brasília, mar. 2011.

LOPREATO, Francisco Luiz Cazeiro. *O colapso das finanças estaduais e a crise da federação.* São Paulo: UNESP, 2002.

OLIVEIRA, Regis Fernandes de. *Curso de Direito Financeiro.* 7. ed. São Paulo: Revista dos Tribunais, 2015.

PINTO, Carlos Alberto A. de Carvalho. *Normas Gerais de Direito Financeiro.* São Paulo: Prefeitura do Município de São Paulo, 1949.

SCAFF, Fernando Facury. O que são normas gerais de direito financeiro? *In*: MARTINS, Ives Gandra; MENDES, Gilmar Ferreira; NASCIMENTO, Carlos Valder do (Coord.) *Tratado de Direito Financeiro.* São Paulo: Saraiva, 2013. v. 1.

SCAFF, Fernando Facury. *Orçamento Republicano e Liberdade Igual*: ensaio sobre direito financeiro, república e direitos fundamentais no Brasil. Belo Horizonte: Fórum, 2018.

SOUSA, Rubens Gomes de. Normas gerais do direito financeiro. *Revista de Direito Administrativo,* Rio de Janeiro, v. 37, p. 12-34, jul. 1954.

TAVARES, Martus. Vinte Anos de Política Fiscal no Brasil: dos fundamentos do novo regime à lei de responsabilidade fiscal. *Revista de Economia & Relações Internacionais,* São Paulo, v. 4, n. 7, p. 79-101, jul. 2005.

TORRES, Heleno Taveira. *Direito Constitucional Financeiro*: teoria da constituição financeira. São Paulo: Revista dos Tribunais, 2014.

Informação bibliográfica deste texto, conforme a NBR 6023:2018 da Associação Brasileira de Normas Técnicas (ABNT):

BEVILACQUA, Lucas; FONSECA, Rafael Campos Soares da. Normas gerais de direito financeiro-tributário e a lei de responsabilidade fiscal. In: LOBATO, Valter de Souza (coord.); MARINHO NETO, José Antonino (org.). *O papel da lei complementar tributária no desenho federativo brasileiro.* Belo Horizonte: Fórum, 2024. p. 339-350. ISBN 978-65-5518-779-3.

LEI COMPLEMENTAR E O CONCEITO DE NORMAS GERAIS DE DIREITO TRIBUTÁRIO

MARIA HELENA SANTOS SILVA FERREIRA

Introdução

A lei complementar é uma espécie normativa de abrangência nacional, visto que possui aplicação ampla, (União, Estados, Municípios e DF), subordinando-se a ela todas as ordens jurídicas parciais. Conforme ensina Geraldo Ataliba,[1] sua função é complementar à Constituição Federal de acordo com sua previsão, ou quando exista lacuna que resulte em conflito de competência.

Sobre a definição do conceito de Lei Complementar, Paulo de Barros Carvalho[2] esclarece que essas se prestam a complementar, a depender da matéria, aqueles dispositivos não autoexecutáveis da Carta Magna, ou, ainda, aquelas em que se verifica o comando legal de regulamentação em razão da matéria, que se submete ao quórum de maioria absoluta:

> Têm entendido os constitucionalistas que tais leis são aquelas necessárias ao complemento de dispositivos da Lei Básica que não sejam autoaplicáveis, qualificando-as ontologicamente pela matéria inserida no seu conteúdo. E, se dermos revista em nossa Constituição, encontraremos uma série de leis irremediavelmente ligadas ao desdobramento normativo de princípios que delas dependem em termos de realização substantiva.
> Nada obstante, o direito que entre nós vigora erigiu conceito de lei complementar que nos interessa conhecer por tratar-se de noção jurídico-posit1fiva: lei complementar é aquela que, dispondo sobre matéria, expressa ou implicitamente, prevista na redação constitucional, está submetida ao quórum qualificado do art. 69 (CF), isto é, maioria absoluta nas duas Casas do Congresso Nacional. É com essa porção significativa que a vemos inúmeras vezes mencionada pelo constituinte, e é assim que devemos recebê-la, numa exegese genuinamente intrassistemática. Desse conceito jurídico-positivo sobressaem dois traços identificadores:

---

1 ATALIBA, Geraldo. *Normas Gerais de Direito Financeiro e Tributário e Autonomia dos Estados e Municípios*. 1969. RDP 10/69. p. 47-49.

2 CARVALHO, Paulo de Barros. *Curso de Direito Tributário*. 31. ed. rev. atu. São Paulo: Ed. Noeses, 2021. Capítulo VII. P. 228-229.

a) matéria expressa ou implicitamente indicada na Constituição; e b) o quórum especial do art. 69 (CF). Ao primeiro, denominamos pressuposto material ou ontológico. Ao segundo, requisito formal. Daí o afirmar-se que a lei complementar reveste-se de natureza ontológico-formal. Os assuntos que o constituinte reservou para o campo da lei complementar estão quase sempre expressos, inobstante possamos encontrar, em alguns passos, a simples alusão à lei, desacompanhada do qualificativo complementar. Em circunstâncias como essa, a bem empreendida análise do comando supremo apontará que a grandeza do tema somente pode ser objeto de lei complementar, visto que estão em pauta regulações diretas de preceitos da Lei Maior, que por outros estatutos não poderiam ser versadas.

A lei complementar pode ser entendida sob dois aspectos, quais sejam, o formal e o material.[3-4] No aspecto formal, é levado em consideração o procedimento legislativo para dizer que será entendida como lei complementar toda norma elaborada pelo Congresso Nacional com aprovação de maioria absoluta, conforme dispõe o art. 69,[5] da CF/88. Já o aspecto material, entende-se por lei complementar aquela que tem função de complementar o texto constitucional (dispositivo de eficácia contida), sendo um instrumento constitucional utilizado para integrar e fazer atuar a própria Constituição, ou ainda, operacionalizando os comandos constitucionais estabelecidos expressamente.[6]

Quanto aos aspectos formal e material da lei complementar, Paulo de Barros Carvalho[7] esclarece que:

> Interessa-nos agora o enfoque semântico da hierarquia, que, como já dissemos, pode dar-se no aspecto formal e no aspecto material. A primeira, quando a norma superior dita apenas os pressupostos de forma que a norma subordinada há de respeitar; a segunda, sempre que a regra subordinante preceituar os conteúdos de significação da norma inferior. O modo como as leis são produzidas, seus requisitos procedimentais, desde a propositura até a sanção (quando houver); os esquemas de alteração ou modificação de umas pelas outras; como também os meios de revogação parcial ou total (ab-rogação), tudo isso concerne ao segmento de indagações da hierarquia formal entre regras jurídicas. No domínio material, porém, a hierarquia se manifesta diversamente, indo a norma subordinada colher na compostura semiológica da norma subordinante o núcleo do assunto sobre o qual pretende dispor.

A lei complementar possui competência delimitada no art. 146, da CF/88, e a Constituição Federal de 1988 estabelece, em síntese, que cabe àquela legislar sobre: a) conflitos de competência; b) limitações ao poder de tributar e, c) normas gerais em matéria de legislação tributária.

É necessário pontuar que existem duas teorias no que diz respeito às normas gerais de Direito Tributário: a dicotômica e a tricotômica. A Teria Dicotômica, encabeçada

---

3 COÊLHO, Sacha Calmon Navarro. Capítulo III. In: COÊLHO, Sacha Calmon Navarro. Curso de Direito Tributário Brasileiro. 17. ed. Rio de Janeiro: Ed. Forense, 2020. Versão E-book. Capítulo III. p. 132-133.

4 BORGES, José Souto Maior. Capítulo IV. In: BORGES, José Souto Maior. Lei Complementar Tributária. São Paulo. Ed. Revista dos Tribunais. 1975.

5 Art. 69. As leis complementares serão aprovadas por maioria absoluta.

6 COÊLHO, Sacha Calmon Navarro. Capítulo III. *In*: COÊLHO, Sacha Calmon Navarro. *Curso de Direito Tributário Brasileiro*. 17. ed. Rio de Janeiro: Ed. Forense, 2020. Versão E-book. p. 136-136.

7 CARVALHO, Paulo de Barros. Capítulo VII. *In*: CARVALHO, Paulo de Barros. *Curso de Direito Tributário*. 31. ed. rev. atu. São Paulo: Ed. Noeses, 2021. Versão E-book. p. 231-231.

por Geraldo Ataliba, Souto Maior Borges e outros, estabeleceu o parâmetro de que as normas gerais devem ter por conteúdo regular limitações e conflitos de competência (teoria dicotômica). A Teoria Tricotômica, defendida por Ives Gandra Martins, Hamilton Dias de Souza e outros, defendia que a lei complementar tem a tríplice função de dispor sobre conflitos de competência, regular as limitações constitucionais ao poder de tributar e estabelecer normas gerais.

Feitas essas considerações preliminares, esclarecemos que o intuito deste estudo é averiguar o conceito de normas gerais em matéria de legislação tributária, bem como a sua extensão, atento ao que estabelece a CF/88, bem como, o Código Tributário Nacional, o que faremos a seguir.

1 A delimitação das normas gerais na CF/88 e no CTN

Em análise ao art. 146, da CF/88, vemos que foram ali arroladas algumas matérias às quais é cabível a elaboração de Lei complementar, bem como algumas matérias entendidas como normas gerais:

> Art. 146. Cabe à lei complementar:
> I – dispor sobre conflitos de competência, em matéria tributária, entre a União, os Estados, o Distrito Federal e os Municípios;
> II – regular as limitações constitucionais ao poder de tributar;
> III – estabelecer normas gerais em matéria de legislação tributária, especialmente sobre:
> a) definição de tributos e de suas espécies, bem como, em relação aos impostos discriminados nesta Constituição, a dos respectivos fatos geradores, bases de cálculo e contribuintes;
> b) obrigação, lançamento, crédito, prescrição e decadência tributários;
> c) adequado tratamento tributário ao ato cooperativo praticado pelas sociedades cooperativas.
> d) definição de tratamento diferenciado e favorecido para as microempresas e para as empresas de pequeno porte, inclusive regimes especiais ou simplificados no caso do imposto previsto no art. 155, II, das contribuições previstas no art. 195, I e §§12 e 13, e da contribuição a que se refere o art. 239. (Incluído pela Emenda Constitucional nº 42, de 19.12.2003)

O inc. III, do art. 146, da CF/88, estabelece as normas gerais em matéria de legislação tributária. Nesse sentido, Sacha Calmon Navarro Coêlho[8] explica que o rol constante do inc. III foi apresentado a título exemplificativo.

Preliminarmente, cumpre ressaltar que, nos termos do art. 34, §5º, do Ato das Disposições Constitucionais Transitórias, da CF/88,[9] a fim de evitar a movimentação de órgãos do Poder Legislativo para implementação de normas jurídicas já existentes,[10]

---

[8] COÊLHO, Sacha Calmon Navarro. Capítulo III. *In*: COÊLHO, Sacha Calmon Navarro. *Curso de Direito Tributário Brasileiro*. 17. ed. Rio de Janeiro: Ed. Forense, 2020. Versão E-book. p. 145-145.

[9] Art. 34. O sistema tributário nacional entrará em vigor a partir do primeiro dia do quinto mês seguinte ao da promulgação da Constituição, mantido, até então, o da Constituição de 1967, com a redação dada pela Emenda nº 1, de 1969, e pelas posteriores.
(...)
§4º As leis editadas nos termos do parágrafo anterior produzirão efeitos a partir da entrada em vigor do sistema tributário nacional previsto na Constituição.

[10] CARVALHO, Paulo de Barros. Capítulo VII. *In*: CARVALHO, Paulo de Barros. *Curso de Direito Tributário*. 31. ed. rev. atu. São Paulo: Ed. Noeses, 2021. Versão E-book. p. 217-218.

todas as normas do CTN foram recepcionadas com eficácia de norma complementar,[11] com exceção daquelas que contrariam a Carta Magna de 1988. Desse modo, vemos que uma outra forma de traçar uma direção rumo ao conceito de normas gerais é por meio da análise detalhada do CTN.

De acordo com o artigo 1º, do CTN, que trará das disposições preliminares, foi ressaltada que essa lei trata da regulamentação de normas gerais, de modo que, em se tratando de uma norma complementar, possui alcance nacional, tendo sido sublinhado, no entanto, a possibilidade de ser estabelecida legislação complementar supletiva ou regulamentar, vejamos:

> Art. 1º Esta Lei regula, com fundamento na Emenda Constitucional n. 18, de 1º de dezembro de 1965, o sistema tributário nacional e estabelece, com fundamento no artigo 5º, inciso XV, alínea b, da Constituição Federal as normas gerais de direito tributário aplicáveis à União, aos Estados, ao Distrito Federal e aos Municípios, sem prejuízo da respectiva legislação complementar, supletiva ou regulamentar.

Desse modo, tendo em vista que o CTN presta-se a regular normas gerais de direito tributário, em uma análise sistemática da norma, vemos uma gama de matérias que se encaixam no conceito de normas gerais, que se encontram principalmente delineadas no Livro Segundo, mas também no Livro Um, e que, portanto, devem ser regulamentadas por meio de lei complementar, apesar de não se encontrarem adequadamente posicionadas sistematicamente, como bem destacado por Vera Maria Araújo Damiani.[12]

Na busca da matéria onde se encontram delineadas as normas gerais, vemos que os institutos tratados no Livro Segundo, do CTN, tais como a Legislação Tributária, a obrigação tributária, o crédito tributário e a administração fazendária, descritos abaixo de maneira extensiva na sua aplicação, são entendidas como normas gerais, de modo que, no caso de necessidade de ser suplementadas ou regulamentadas, deverão essas o fazer via lei complementar:

> *a) Legislação Tributária:* vigência, aplicação, interpretação e integração da Legislação Tributária (Leis, Tratados e Convenções Internacionais e Decretos; Normas Complementares;);
> *b) Obrigação Tributária:* fato Gerador, sujeito ativo, sujeito passivo, solidariedade, capacidade tributária, domicílio Tributário, responsabilidade tributária (responsabilidade dos sucessores, responsabilidade de terceiros e responsabilidade por infrações);
> *c) Crédito Tributário:* constituição, lançamento, suas modalidades, suspensão, moratória, extinção (modalidades e pagamento), pagamento indevido, exclusão (isenção e anistia), garantias e privilégios (Preferências);
> *d) Administração Tributária:* Fiscalização, Dívida Ativa, Certidões Negativas.

Assim, podemos concluir que, dentro do que foi tratado sobre matéria de normas gerais, a CF/88, no inc. III, da CF/88, ocupou-se de apresentar ali algumas definições. Em

---

11 COÊLHO, Sacha Calmon Navarro. Capítulo III. *In*: COÊLHO, Sacha Calmon Navarro. *Curso de Direito Tributário Brasileiro*. 17. ed. Rio de Janeiro: Ed. Forense, 2020. Versão E-book. p. 145-145.

12 DAMIANI, Vera Maria Araújo. Normas Gerais de Direito Tributário. *Revista de Direito Tributário*, São Paulo, v. 6, n. 19/20, p. 33, jan./jun. 1982.

análise ao Código Tributário Nacional, vemos que a definição de normas gerais acontece de maneira mais detalhada, tendo em vista que todo o Livro Segundo trata deste tema, sendo possível verificar, ainda, no Livro Primeiro, outras matérias passíveis de serem consideradas como uma norma geral de direito tributário, para fim de elaboração de matéria para dispor ou regular via lei complementar.

2 A norma geral e a competência concorrente

No que diz respeito ao conceito de normas gerais de direito tributário e a competência concorrente da União, dos Estados, Municípios e DF, para legislar sobre matéria de lei complementar, devem ser observados o art. 22, parágrafo único, e o art. 24, inc. I, §1º,§2º,§3º e §4º, da CF/88:

> Art. 22. Compete privativamente à União legislar sobre:
> (...)
> Parágrafo único. Lei complementar poderá autorizar os Estados a legislar sobre questões específicas das matérias relacionadas neste artigo.
> Art. 24. Compete à União, aos Estados e ao Distrito Federal legislar concorrentemente sobre:
> I – direito tributário, financeiro, penitenciário, econômico e urbanístico; (Vide Lei nº 13.874, de 2019)
> (...)
> §1º No âmbito da legislação concorrente, a competência da União limitar-se-á a estabelecer normas gerais. (*Vide* Lei nº 13.874, de 2019)
> §2º A competência da União para legislar sobre normas gerais não exclui a competência suplementar dos Estados. (*Vide* Lei nº 13.874, de 2019)
> §3º Inexistindo i federal sobre normas gerais, os Estados exercerão a competência legislativa plena, para atender a suas peculiaridades. (Vide Lei nº 13.874, de 2019)
> §4º A superveniência de lei federal sobre normas gerais suspende a eficácia da lei estadual, no que lhe for contrário.(Vide Lei nº 13.874, de 2019)

Além da complexidade que envolve a definição do conceito de norma geral de direito tributário, para fins de elaboração de lei complementar, a competência para que a ordem parcial disponha de maneira concorrente sobre o tema fez com que a discussão se tornasse ainda mais complexa, diante da possibilidade de a União dominá-la, limitando a atividade, legiferando por parte dos Estados e dos Municípios, sob pena de ferir a autonomia desses.

Conforme bem asseverou Sacha Calmon Navarro Coêlho,[13] em análise ao art. 24, 3º, da CF/88,[14] foi estabelecida a possibilidade de ser realizada a legislação concorrente complementar por parte da ordem parcial, visando sanar lacuna, até que sobrevenha

---

[13] COÊLHO, Sacha Calmon Navarro. Capítulo III. *In*: COÊLHO, Sacha Calmon Navarro. *Curso de Direito Tributário Brasileiro*. 17. ed. Rio de Janeiro: Ed. Forense, 2020. Versão E-book. p. 144-145.

[14] Art. 24. Compete à União, aos Estados e ao Distrito Federal legislar concorrentemente sobre:
(...)
§1º No âmbito da legislação concorrente, a competência da União limitar-se-á a estabelecer normas gerais. (*Vide* Lei nº 13.874, de 2019)
§2º A competência da União para legislar sobre normas gerais não exclui a competência suplementar dos Estados. (*Vide* Lei nº 13.874, de 2019)

lei complementar, sendo certo que, nesse momento, será aproveitada a legislação local no que não lhe for incompatível:

> Salvo sua inexistência, quando as ordens parciais poderão suprir a lacuna (art. 24, §3º, da CF) até e enquanto não sobrevenha a B) C) solicitada lei complementar, a qual, se e quando advinda, paralisa as legislações locais, no que lhe forem contrárias ou incongruentes (art. 24, §4º);

Ressaltamos que, identificada a necessidade de haver norma complementar, na sua inexistência, não tendo a União emitido norma nacional, a competência de ordem parcial se tornará plena. Nesse sentido, apontamos os seguintes esclarecimentos realizados por Sacha Calmon Navarro Coêlho:[15]

> A concorrência é meramente substitutiva, i.e., se a União não emitir normas gerais, a competência das pessoas políticas (Estados-Membros e Municípios) torna-se plena. Emitidas que sejam as normas gerais, cumpre sejam observadas quando do exercício das respectivas competências privativas por parte de Estados e Municípios, sem prejuízo da eventual e limitada competência supletiva do Estado-Membro na própria temática da norma geral, conforme se pode verificar a uma simples leitura da repartição geral de competências levada a efeito pela Constituição de 1988.

Nesse sentido, entender a definição do conceito de normas gerais e suas limitações é importante, pois deve se encontrar compatível com o princípio federativo, evitando a confusão entre lei nacional e lei simplesmente federal, garantindo a autonomia dos Estados, Municípios e Distrito Federal, evitando que a União usurpe a competência legislativa desses entes federados ao argumento de estar dispondo sobre normas gerais de direito tributário. Sobre esse assunto, Souto Maior Borges[16] esclareceu que:

> Em decorrência do que aqui ficou exposto, sustenta-se que as normas gerais de direito tributário não podem atuar como instrumento da regulação das atividades de uma pessoa pública por outra. Matéria que possa ser disciplinada em leis federais, estaduais ou municipais, sem perigo de atrito ou usurpação de competência tributária, é insusceptível de regulamentação como norma geral de direito tributário.

3 Análise sobre as definições de normas gerais

Além das normas gerais definidas no art. 146, inc. III, da CF/88, que obrigatoriamente devem ser editadas por meio de lei complementar, não se tem bem definido o conceito de normas gerais, seja pela legislação ou pela doutrina.

---

§3º Inexistindo lei federal sobre normas gerais, os Estados exercerão a competência legislativa plena, para atender a suas peculiaridades. (*Vide* Lei nº 13.874, de 2019)

§4º A superveniência de lei federal sobre normas gerais suspende a eficácia da lei estadual, no que lhe for contrário. (*Vide* Lei nº 13.874, de 2019)

15 COÊLHO, Sacha Calmon Navarro. Capítulo III. *In*: COÊLHO, Sacha Calmon Navarro. *Curso de Direito Tributário Brasileiro*. 17. ed. Rio de Janeiro: Ed. Forense, 2020. Versão E-book. p. 147-147.

16 BORGES, José Souto Maior. Normas gerais de direito tributário. *Revista de Direito Público*, ano VII, n. 31. p. 251-281.

Em uma análise geral, vemos que, apesar do esforço realizado por estudiosos que tentaram tratar do conceito e da abrangência das normas gerais, como Geraldo Ataliba, Rubens Gomes de Sousa e Carvalho Pinto,[17] dada a complexidade, não foi possível chegar a uma conclusão sobre a definição de normas gerais de Direito Tributário.

Paulo de Barros Carvalho[18] chama atenção para o contexto histórico, quando da Constituição de 1967, quanto à dificuldade em se estabelecer na doutrina o conceito de normas gerais de direito tributário. Destacou que esse conceito nem mesmo chegou a ser tratado por aqueles estudiosos, que entendiam pela interpretação literal da lei sobre essa matéria. Em razão da sua imprecisão e insegurança, sempre chamou atenção dos especialistas para essa zona cinzenta, em razão da possibilidade de impactar na competência e autonomia dos órgãos parciais, como mencionamos no tópico anterior, vejamos:

> No itinerário da pesquisa da substância volitiva daquele dispositivo, sempre chamou a atenção dos especialistas a imprecisão e insegurança do conceito de normas gerais de direito tributário, que, na forma registrada pelo legislador, maculava dois princípios essenciais à existência mesma do sistema constitucional brasileiro. Sim, porque na medida em que fosse deferida à legislação complementar produzir, indiscriminadamente, regras jurídicas que penetrassem o recinto das competências outorgadas aos Estados-Membros, ainda que sob o pretexto de fazê-lo mediante normas gerais, estar-se-ia trincando o postulado federativo, encarnado, juridicamente, na autonomia recíproca da União e dos Estados, sob o pálio da Constituição. Ao mesmo tempo, se tais preceitos, protegidos pela capa da generalidade, pudessem invadir as prerrogativas constitucionais de que usufruem os Municípios, sem limitações determinadas, precisas e antecipadamente conhecidas, teríamos inevitável esvaziamento do princípio que assegurava autonomia àquelas pessoas políticas. Não é ocioso lembrar o grau de relevância que essas duas diretrizes assumiam na estrutura da ordem jurídica de então. Foram tidas, invariavelmente, como orientações diretivas muito caras, que o constituinte versara com grande apreço, procurando preservá-las de modo rígido e insistente. Não seria crível, portanto, que as admitisse anuladas pela via indireta de um instrumento indefinido, nebuloso e amplo, como sugere a interpretação literal das normas gerais de direito tributário. Ora, se pensarmos que, além disso, as duas sentenças constitucionais expressas sustentavam a máxima implícita da isonomia das pessoas políticas – União, Estados, DF e Municípios –, intuiríamos, com facilidade, o fator decompositivo que ela (a interpretação literal) representava, em termos de exegese do sistema constitucional que vigorava no Brasil.

Com a CF/88, Paulo de Barros Carvalho[19] ressalta que a definição apresentada no art. 146, sobre a função da lei complementar, mexeu com o sistema, ao preceituar o legislador constitucional que toda a matéria da legislação tributária está contida no âmbito de competência da lei complementar, vejamos:

---

17 DAMIANI, Vera Maria Araújo. Normas Gerais de Direito Tributário. *Revista de Direito Tributário*, São Paulo, v. 6, n. 19/20, p. 33, jan./jun. 1982.

18 CARVALHO, Paulo de Barros. Capítulo VII. *In*: CARVALHO, Paulo de Barros. *Curso de Direito Tributário*. 31. ed. rev. atu. São Paulo: Ed. Noeses, 2021. Versão E-book. p. 223-224.

19 CARVALHO, Paulo de Barros. Capítulo VII. *In*: CARVALHO, Paulo de Barros. *Curso de Direito Tributário*. 31. ed. rev. atu. São Paulo: Ed. Noeses, 2021. Versão E-book. p. 226-227.

> Seja como for, estatui o art. 146 da Constituição Federal de 1988 que cabe à lei complementar três funções: 1ª) dispor sobre conflitos de competências entre as entidades tributantes; 2ª) regular as limitações constitucionais ao poder de tributar; e 3ª) estabelecer normas gerais em matéria de legislação tributária. Abre aqui o constituinte as três alíneas do inc. III, em tom de esclarecimento, para proclamar que, além das normas gerais propriamente ditas, a lei complementar estaria habilitada a reger, com especificidade: a) a definição de tributos e de suas espécies, bem como, em relação aos impostos discriminados na Constituição, a dos respectivos fatos geradores, bases de cálculo e contribuintes; e b) obrigação, crédito, prescrição e decadência tributários.
>
> Não pretendemos exagerar na crítica à sensibilidade do constituinte de 1988, mas a forma escolhida para verter o comando do art. 146 sacode as estruturas do sistema, mexe com seus fundamentos e provoca fenda preocupante na racionalidade que ele, sistema, deve ostentar. Em poucas palavras, preceituou o legislador constitucional que toda a matéria da legislação tributária está contida no âmbito de competência da lei complementar. Aquilo que não cair na vala explícita da sua "especialidade" caberá, certamente, no domínio da implicitude de sua "generalidade".

Em estudo elaborado por Vera Maria Araújo Damiani, foram apresentados os pensamentos de alguns doutrinadores sobre o conceito de normas gerais. Nesse espeque, ela destacou que, para Geraldo Ataliba (RDA 82/59), não era possível trazer o conceito de normas gerais, tendo ele defendido que uma maneira segura era a análise de cada caso em concreto. Já Rubens Gomes de Sousa (RF 155/23) defendia que delimitar um conceito de norma geral poderia resultar em um problema, pois ao agir dessa maneira, poderia esterilizar o próprio dispositivo constitucional, tendo esse questionado, se prescindia elaborar norma geral para dispor de norma geral. Por fim, Hamilton Dias de Sousa entendia que não cabia à Constituição Federal apontar a definição de normas gerais, e que, por uma questão técnica, a fim de assegurar unidade de sistema, não constavam de seu texto, evitando a colocação de conceitos gerais que podem vir a ser alterados posteriormente.[20]

Ante a grande complexidade da delimitação da matéria envolvendo as normas gerais de Direito Tributário, Geraldo Ataliba[21] realizou análise, demonstrando na sua concepção as hipóteses que entendia não ser de atuação destas:

> Em conclusão, as normas gerais de direito tributário não podem dispor sobre criação e extinção de tributos. Criação não, porque criação não é da lei complementar, é da ordinária; extinção também não, porque só quem tem o poder de criar uma obrigação pode ter o poder de extingui-la. Só a lei que diz como nasce um tributo pode dizer como se extingue. Só a lei estadual dirá como se extinguem as obrigações tributárias no âmbito do Estado. Só a lei municipal pode dizer como se extinguem as obrigações tributárias no âmbito do Município, Isto é matéria de direito tributário, obrigação tributária. Como não é o caso de conflito nem caso de limitação constitucional, não pode norma geral dispor sobre extinção de tributo. Não pode dispor sobre lançamento. Lançamento é ato administrativo regido pelo direito administrativo, simplesmente federal, estadual e municipal, conforme o caso;

---

20 DAMIANI, Vera Maria Araújo. Normas Gerais de Direito Tributário. *Revista de Direito Tributário*, São Paulo, v. 6, n. 19/20, p. 28, jan./jun. 1982.

21 ATALIBA, Geraldo. Lei complementar tributária e alcance das disposições do código tributário nacional. Vox Legis, ano XII, v. 138, p. 1-16, jun. 1980.

> não é matéria de lei complementar. Não pode dispor sobre fiscalização, órgãos fiscais, procedimentos fiscais, porque isso tudo é matéria administrativa, portanto de lei ordinária estadual, federal, municipal e não de lei complementar. Não pode dispor sobre multas, procedimentos, penalidades, infrações, etc. que isso não é matéria tributária, é matéria nitidamente administrativa (...), portanto matéria exclusivamente de lei ordinária, federal, estadual e municipal. O que cabe às normas gerais é, completando a Constituição, estabelecer normas sobre conflitos e, num segundo momento, regular as limitações constitucionais do poder de tributar.
> (...) é afastada de plano a possibilidade das normas gerais tratarem de problemas tais como ordenação de relação jurídica tributária, sujeição ativa e passiva, prazos referentes a prescrição e decadência, ato administrativo do lançamento e sua disciplina jurídica, condições para criação da obrigação tributária, forma de extinção do débito, etc. Ressalvada a possibilidade de tais normas terem quanto às matérias supraenumeradas, caráter supletivo, o que seria perfeitamente lícito.

> Após o estudo do entendimento desses estudiosos, e, constatada ainda a ausência do conceito de normas gerais, Vera Maria Araújo Damiani chegou à conclusão de que a norma geral deve ser entendida como a lei complementar, sob os aspectos vertical e horizontal, vejamos:

> O problema da definição das "normas gerais" é considerado inviável por grandes tributaristas. Contudo, para nós, a "norma geral" de Direito Tributário é a lei complementar, considerada sob dois aspectos: 1) o vertical, que governa a atividade das três pessoas jurídicas de direito público interno: a União, os Estados e os Municípios (vide CTN, arts. 6º, 7º, 8º., etc.). 2) o horizontal, em que a aplicação do texto abstrai dessas pessoas jurídicas de direito público e disciplina diretamente institutos do Direito Tributário (vide CTN, arts. 114, 142, 97, IV, etc.), pertençam eles a qualquer tributo.
> Toda Lei é uma norma jurídica obrigatória, contém um comando, divergindo entre si na forma e nos objetivos. A "Norma Geral" também é preceito ordinatório, com a diferença de que precisa revestir a forma de lei complementar (art. 18, §1º da Constituição) e determinar, dirigindo-se ao legislador, que baixe leis ordinárias aplicáveis a um conjunto de institutos semelhantes ou afins. Segundo Carvalho Pinto, "norma geral é norma básica, estrutural, fundamental por excelência" (Normas Gerais de Direito Financeiro, p. 38).
> (...)
> As "Normas Gerais de Direito Tributário" têm por objetivo o desenvolvimento de preceitos assecuratórios da unidade do sistema.

Em análise aos dispositivos constitucionais, o professor José Mesquita de Lara[22] tratou sobre a matéria de normas gerais de Direito Tributário, bem como lei complementar, delineando-as, ressaltando que as matérias tratadas no art. 146, inc. III, da CF/88, não se tratam de um rol definitivo, vejamos:

> No que diz respeito às normas gerais de direito tributário, a Constituição de 1988, cortando cerce controvérsias que emergiram da Constituição anterior, enquadra, desde logo, como matéria de norma geral, regras sobre, obrigação, lançamento, crédito, prescrição e decadência tributárias; a definição de tributos e suas espécies; os fatos geradores, base de cálculo e

[22] LARA, José Mesquita. As Normas Gerais de Direito Financeiro e do Direito Tributário, sua Natureza e Função. *Revista de Direito Tributário*, São Paulo, n. 76, p. 177-178, 1999.

> contribuintes dos impostos nela discriminados, e o tratamento tributário do ato cooperativo praticado pelas sociedades cooperativas (art. 146, III). Também devem ser qualificadas como matérias de norma geral de direito tributário as pertinentes a disputas sobre competência tributária entre a União, Estados e Municípios, e a limitação ao poder de tributar destas entidades, por dizerem respeito à composição de conflitos intergovernamentais de tributação e fatos e a situações de interesse comum dessas entidades (art. 146, I e II da CF).
> A par dessas matérias, que de um modo geral relacionam-se com a quase totalidade dos tributos, a Constituição menciona outras identificáveis como próprias de norma geral, já agora restritas a determinados impostos, como ocorre com as alíquotas máximas do imposto sobre transmissão causa mortis e doação, e a regulamentação deste imposto nas hipóteses de o de cujus ter deixado bens no exterior; ali ter tido residência ou domicílio; de ter sido o inventário dos seus bens processado noutro país, e de quando o doador ter domicílio ou residência no estrangeiro (CF, art. 155, §1º, III, a e b).
> Ainda de acordo com os princípios que orientam a identificação da matéria de norma geral, também serão qualificadas como tal o rol dos serviços sujeitos ao imposto municipal sobre serviços de qualquer natureza; as alíquotas máximas deste; a exclusão de sua incidência em exportação de serviços; e, no concernente ao imposto sobre vendas de combustíveis líquidos e gasosos a varejo, suas alíquotas máximas (CF, art. 156, IV, §4º, I)
> (...)
> A Listagem acima não é completa, por arrolar matérias eventualmente mencionadas pela lei maior com características de norma geral.

Com o objetivo de demonstrar a divergência de entendimento e a dificuldade de se chegar a um denominador comum com relação às normas gerais de Direito Tributário, colacionamos abaixo, o entendimento de Reinaldo Pizolio Jr.,[23] que entendia pela aplicação taxativa do art. 146, inc. III da CF/88, ao defender que a matéria reservada às normas gerais de direito tributário encontravam-se delimitadas exclusivamente ali, devendo a lei complementar ser utilizada se houver exigência expressa nesse sentido, vejamos:

> Já dissemos também que tal veículo normativo somente poderá ser utilizado em face de exigência expressa da Constituição Federal, de forma que, onde não houver tal previsão, a lei complementar não poderá ser utilizada mesmo assim o queira o Congresso Nacional. Em face destas conclusões, podemos obter uma outra, consistente na constatação de que a lei complementar possui campo específico de atuação, campo este que lhe é próprio e privativo, muito embora pesem respeitabilíssimas opiniões em contrário (da qual trataremos em seguida, no Capítulo XII deste trabalho). Este campo específico de atuação da lei complementar é fornecido pela própria Carta Magna mediante a exigência expressa de tal espécie legislativa para o tratamento de determinadas matérias, tidas como maior relevância. Convém salientar, contudo, que muito embora a Carta Magna aponte de maneira clara as matérias que serão objeto de tratamento por meio de lei complementar, há que se constatar que não há matéria que, por si só, vale dizer, por sua própria natureza, seja necessariamente afeta a este veículo normativo. Em outros termos, não existe tema que, em razão somente do seu conteúdo material, seja obrigatoriamente objeto de veiculação por esta espécie legislativa. Sendo assim, considerando que a determinação das matérias que serão tratadas através da lei complementar cabe à própria Constituição Federal, é ela mesma que irá nos fornecer aquilo

---

23 PIZOLIO JR., Reinaldo. Considerações a cerca da Lei Complementar em Matéria Tributária. *Cadernos de Direito Tributário e Finanças Públicas*, São Paulo, v. 4, n. 14, p. 189, jan./mar. 1996.

que denominamos de campo especifico de atuação da lei complementar. Por esta razão, poderemos observar leis complementares que venham a tratar de direito constitucional, leis complementares que venham a tratar de direito financeiro, de direito eleitoral, de direito tributário e assim por diante.

Hugo de Brito Machado,[24] a seu turno, já apresenta o entendimento de que é equivocado o pensamento de que a matéria reservada à lei complementar deve estar inserida expressa ou implicitamente na Constituição Federal:

> A rigor, não há vigente Constituição qualquer norma, ou princípios, que expressa ou implicitamente autorize a conclusão de que a lei complementar somente pode cuidar das matérias a estas reservadas pela Constituição. Existem é certo, dispositivos que tornam determinadas matérias privativas de lei complementar, o que é coisa rigorosamente diversa. A existência de um campo de reserva de lei complementar, todavia, não quer dizer que não possa a lei complementar cuidar de outras matérias. Pode, sim, e deve, o legislador adotar a forma de lei complementar para cuidar não apenas das matérias a este entregues, em caráter privativo, pelo constituinte, mas também de outras, às quais deseja imprimir maior estabilidade, ao colocá-las fora do alcance de maiorias ocasionais, ou até dos denominados acordos de lideranças.
>
> Não se diga que a existência de dispositivos da Constituição, asseverando que a lei complementar cuidará de tal matéria, implica vedação ao trato de matéria diversa. Não implica. Basta ver-se que alguns dispositivos da Constituição reportam-se a lei, sem qualificação, e isto não quer dizer que a lei ordinária só possa cuidar daquelas matérias expressamente referidas pela Constituição.

Diante do exposto, vemos que a definição, ou delimitação do que abrange as normas gerais de direito tributário, pode se tornar um problema, na medida em que, dentre as matérias passíveis de sua aplicação, há grande divergência sobre a possibilidade de uma definição, sua delimitação, sua aplicação dentro dos contornos estabelecidos pela Constituição Federal de 1988, ou ainda, fora, servindo o CTN de legislação complementar a fim de dispor de matéria de normas gerais.

Conclusão

Diante do exposto, vimos que há grande complexidade envolvendo o tema normas gerais de Direito Tributário, não existindo na legislação tributária e na doutrina uma regra precisa quanto ao seu conceito. Sintetizando:

Há quem entenda que não é possível chegar a uma conclusão sobre a definição de normas gerais.

Para outros estudiosos de lei complementar, o art. 146, inc. III, alíneas "a", "b", "c" e "d", é o suficiente para delimitar normas gerais de Direito Tributário, sendo o referido rol exaustivo. No entanto, destacamos que essa interpretação pode levar à restrição de

---

24 MACHADO, Hugo de Brito. Posição Hierárquica da Lei Complementar. *Revista Dialética de Direito Tributário*, São Paulo, n. 14. p. 19-22. nov. 1996.

dispositivos constitucionais que tratem de norma geral, podendo implicar em ofensa à Constituição Federal.

Vimos também que alguns doutrinadores entendem que o rol apresentado no art. 146, da CF/88, relacionadas às normas gerais de Direito Tributário, tem cunho meramente exemplificativo, devendo ser considerados para efeito da matéria abrangida por estas outros dispositivos constitucionais que se prestam a tratar de regras gerais e de lei complementar. Além disso, defendem a necessidade de se observar as delimitações postas no CTN sobre normas gerais.

Em análise ao CTN, vimos que o Livro Segundo é responsável por dispor das normas gerais de direito tributário, ressaltando expressamente que se incluem neste rol, as matérias envolvendo Legislação Tributária, Obrigação Tributária, Crédito Tributário e Administração Tributária. No entanto, diante do que demonstramos, há divergência de entendimento nesse sentido por parte de Geraldo Ataliba e outros doutrinadores.

Vera Maria Araújo Damiani chegou à conclusão de que a norma geral deve ser entendida como a lei complementar, sob os aspectos vertical e horizontal.

Por fim, restou claro que entender o conceito de normas gerais também é importante, a fim de evitar o monopólio da União no processo legislativo concorrente que caberia a outro ente federativo.

Da nossa parte, entendemos que o rol constante no art. 146, da CF/88 é exemplificativo e que a lei complementar tributária, o CTN, deve ser observado, seja no Livro Segundo, seja no Primeiro, a fim de apurar a gama de matérias entendidas como normas gerais, considerando cada caso em concreto, para que se possa definir necessariamente quais matérias deverão ser tratadas via lei complementar, entender o contrário, em nossa opinião, poderia resultar na limitação daquele dispositivo constitucional.

O propósito do presente artigo não é conceituar normas gerais, mas demonstrar a complexidade, que não reduzida ao longo dos anos e estudos que foram realizados com foco em entender a sua matéria, limitação, regulamentação e aplicabilidade, possibilitando a utilização adequada da lei complementar. A continuidade de novos estudos e reflexões aprofundadas sobre o tema faz-se imprescindível, para que possamos evoluir na correta aplicação da lei complementar, assegurando o efetivo cumprimento dos seus objetivos.

Referências

ATALIBA, Geraldo. *Normas Gerais de Direito Financeiro e Tributário e Autonomia dos Estados e Municípios*. 1969. RDP 10/69.

ATALIBA, Geraldo. Lei complementar tributária e alcance das disposições do código tributário nacional. *Vox Legis*, ano XII, v. 138, p. 1-16, jun. 1980.

BORGES, José Souto Maior. Normas gerais de direito tributário. *Revista de Direito Público*, ano VII, n. 31.

BRASIL. *Lei nº 5.172, de 25 de outubro de 1966*. Disponível em: http://www.planalto.gov.br/ccivil_03/leis/l5172compilado.htm .7/2022. Acesso em: 16 maio 2024.

BRASIL. *Constituição da República Federativa do Brasil de 1988*. Disponível em: http://www.planalto.gov.br/ccivil_03/constituicao/constituicao.htm. Acesso em: 19 jul. 2022.

CARVALHO, Paulo de Barros. *Curso de Direito Tributário*. 31. ed. rev. atual. São Paulo: Ed. Noeses, 2021.

COÊLHO, Sacha Calmon Navarro. *Curso de Direito Tributário Brasileiro*. 17. ed. Rio de Janeiro: Ed. Forense, 2020. Versão E-book.

DAMIANI, Vera Maria Araújo. Normas Gerais de Direito Tributário. *Revista de Direito Tributário*, São Paulo, v. 6, n. 19/20, jan./jun. 1982.

LARA, José Mesquita. As Normas Gerais de Direito Financeiro e do Direito Tributário, sua Natureza e Função. *Revista de Direito Tributário*, São Paulo, n. 76, 1999.

MACHADO, Hugo de Brito. Posição Hierárquica da Lei Complementar. *Revista Dialética de Direito Tributário*, São Paulo, n. 14. p. 19-22. nov. 1996.

PIZOLIO JR., Reinaldo. Considerações a cerca da Lei Complementar em Matéria Tributária. *Cadernos de Direito Tributário e Finanças Públicas*, São Paulo, v. 4, n. 14, jan./mar. 1996.

Informação bibliográfica deste texto, conforme a NBR 6023:2018 da Associação Brasileira de Normas Técnicas (ABNT):

FERREIRA, Maria Helena Santos Silva. Lei complementar e o conceito de normas gerais de direito tributário. In: LOBATO, Valter de Souza (coord.); MARINHO NETO, José Antonino (org.). *O papel da lei complementar tributária no desenho federativo brasileiro*. Belo Horizonte: Fórum, 2024. p. 351-363. ISBN 978-65-5518-779-3.

PARTE IV

LEI COMPLEMENTAR E AS LIMITAÇÕES CONSTITUCIONAIS AO PODER DE TRIBUTAR

LEI COMPLEMENTAR E IMUNIDADE DAS ENTIDADES BENEFICENTES DE ASSISTÊNCIA SOCIAL: UM BREVE EXAME DA JURISPRUDÊNCIA DO TRIBUNAL REGIONAL FEDERAL DA 6ª REGIÃO SOBRE O CEBAS

ANDRÉ PRADO DE VASCONCELOS

Introdução

A instalação do Tribunal Regional Federal da 6ª Região, que traduz histórica transformação da estrutura de prestação jurisdicional no âmbito do segundo grau da Justiça Federal brasileira, a primeira desde a edição da Constituição Cidadã de 1.988, impõe à nova Corte instituída inúmeros desafios.

Não obstante, do enfrentamento desses mesmos desafios começa a se delinear a formação de uma jurisprudência tipicamente mineira, concretização do sonho de todos que aspiraram a nova Corte.

Nessa senda, um dos temas que vem sendo objeto de grande debate no âmbito da jurisprudência da Corte refere-se à fruição de imunidade por parte das entidades beneficentes de assistência social, em especial, a necessidade de obtenção do CEBAS – Certificação de Entidade Beneficente de Assistência Social para tal fim.

O presente texto tem por escopo fazer a análise, num primeiro momento, do regime jurídico das leis complementares para fins de detecção de vício de inconstitucionalidade na veiculação de matérias que não são típicas de lei complementar por meio de lei ordinária quando a questão desborda os limites legislativos estritos impostos pelo legislador constituinte.

Num segundo momento, far-se-á a análise dos embargos de declaração no Recurso Extraordinário nº 566.622/RS quando restou dirimida a questão sobre a possível contradição entre o que havia sido decidido anteriormente no âmbito das ADI'S nº 2.028, 2.036, 2.228 e 2.621 e a própria tese firmada no âmbito do Tema nº 32 pelo Supremo Tribunal Federal.

Por fim, e na questão particular que envolve a validade da exigência do CEBAS para fruição da imunidade pelas entidades beneficentes de assistência social, serão examinados, exemplificativamente, julgados das Turmas componentes da Segunda Seção do Tribunal Regional Federal da 6ª Região que marcam o início da evolução da jurisprudência da Corte no particular.

Vamos, pois, em frente.

1 Regime jurídico das leis complementares

Sob o ponto de vista dogmático, a lei complementar, quanto aos aspectos de sua criação, validade e eficácia, possui regime jurídico singular que se traduz no atendimento a dois requisitos constitucionais fundamentais.

De um lado, há o requisito formal consistente na adoção de quórum especial e qualificado previsto no artigo 69 do texto constitucional que reza: "as leis complementares serão aprovadas por maioria absoluta". É dizer, para ser considerada complementar, a lei tem de ser votada por um número maior de parlamentares, qualificando, no particular, a decisão congressual na deliberação das matérias desse segmento legislativo.

De outro lado, há o requisito material consistente na atribuição de competência constitucional à legislação complementar de determinadas matérias que o próprio legislador constituinte elencou na estruturação das diversas competências legislativas ao longo do texto.

Particularmente quanto ao Sistema Tributário Nacional, o veículo legislativo da lei complementar presta-se, nos termos do artigo 146 da CF/88 a: "I – dispor sobre conflitos de competência, em matéria tributária, entre a União, os Estados, o Distrito Federal e os Municípios; II – regular as limitações constitucionais ao poder de tributar; III – estabelecer normas gerais em matéria de legislação tributária, especialmente sobre: a) definição de tributos e de suas espécies, bem como, em relação aos impostos discriminados nesta Constituição, a dos respectivos fatos geradores, bases de cálculo e contribuintes; b) obrigação, lançamento, crédito, prescrição e decadência tributários; c) adequado tratamento tributário ao ato cooperativo praticado pelas sociedades cooperativas; d) definição de tratamento diferenciado e favorecido para as microempresas e para as empresas de pequeno porte, inclusive regimes especiais ou simplificados no caso do imposto previsto no art. 155, II, das contribuições previstas no art. 195, I e §§ 12 e 13, e da contribuição a que se refere o art. 239".

De fato, esse regime jurídico singular diferencia a lei complementar, como veículo legislativo, de todas as demais normas do ordenamento, em especial, as leis ordinárias produzidas pela União Federal. Não há hierarquia em sentido estrito, mas, sobretudo, especialidade quanto à matéria objeto de deliberação congressual.

E, para a análise da questão envolvendo o regramento da imunidade de contribuição para a seguridade social das entidades beneficentes de assistência social, na esteira da jurisprudência do Supremo Tribunal Federal nos embargos de declaração no Recurso Extraordinário nº 566.622/RS (rel. do Acórdão Min. Rosa Weber), há de se observar, inicialmente, a nítida diferenciação entre a matéria que pode ou não ser objeto de legislação ordinária.

Discorrendo sobre o tema em sua obra "Lei Complementar Tributária", José Souto Maior Borges estabelece a diferenciação, além de delimitar as consequências da edição de lei complementar fora dos estritos parâmetros constitucionais. Segundo o saudoso professor, a edição de lei complementar sobre matéria constitucionalmente atribuída à lei ordinária em nada macula sua validade, gerando mera impropriedade terminológica.

Por óbvio e *a contrario sensu* verifica-se que veiculação de matéria reservada à lei complementar em sede de lei ordinária gera o vício de inconstitucionalidade tanto formal quanto material, pelo que reside na identificação do conteúdo regrado, se obedeceu ao quórum qualificado ou não e se está constitucionalmente atribuído à lei complementar ou não, a tarefa central no exame da validade de eventual lei ordinária no ordenamento jurídico nacional.

As lições de José Souto Maior Borges, que levavam em conta o texto constitucional anterior à atual Constituição, por sua atualidade, continuam merecendo citação, senão veja-se:

> Lei complementar é ato legislativo para cuja elaboração a Constituição Federal exige quórum especial do art. 50. À luz do regime jurídico estabelecido pela Constituição no disciplinamento dessas competências legislativas e apenas sob esse ângulo, o quórum do artigo 50 – requisito de existência e validade – fornece a diferença específica da lei complementar em contraste não só com a lei ordinária, mas também com as outras categorias legislativas. É esse quórum atributo que ao acrescentar-se ao gênero "atos normativos" forma a espécie que distingue a lei complementar das outras espécies do mesmo gênero. Todavia, apenas ele não basta, porque a Constituição o associa à indeclinável exigência de inserção do ato legislativo num âmbito material de validade próprio. Se o critério jurídico formal, por si só, fosse suficiente para a identificação da lei complementar, qualquer lei editada pela União com observância do quórum estabelecido no art. 50 converter-se-ia *ipso facto* em lei complementar, o que não ocorre.
>
> Como se expôs, o quórum de aprovação é um requisito para a formação que, aliado á matéria privativa da lei complementar, resulta em ato legislativo elaborado com observância plena dos cânones da Constituição.
>
> Entretanto, sem o quórum do art. 50, a lei complementar material fere a Constituição, incorrendo numa inconstitucionalidade externa ou extrínseca ao conteúdo legislativo. A inconstitucionalidade será, na hipótese, puramente formal, porque o ato legislativo estará inserido na esfera de lei complementar, mas seu processo de elaboração terá desatendido ao modelo constitucional.
>
> Diversamente ocorrerá, consoante exposto (supra Cap. III, § 3º), se a lei for votada em sentido contrário, isto é, com observância da área de competência reservada constitucionalmente à lei complementar. Aí, as consequências jurídicas serão distintas se (a) estivermos em presença do campo da lei ordinária da União, que é apenas uma parcela do campo total da competência legislativa da União e (b) se estivermos no campo da lei ordinária estadual ou municipal. Na hipótese (a), será a lei impropriamente designada "complementar" porque valerá tanto e não mais do que uma lei ordinária da União. Não é o rótulo, o nomen iuris inapropriado que transubstanciará o ato legislativo. Na hipótese (b), o ato legislativo existirá, afetada apenas a sua validade dada a sua inconstitucionalidade intrínseca ou substancial, por violação das regras constitucionais de competência legislativa material. Por essa via particular, o estudo da lei complementar desemboca na teoria dos atos legislativos inconstitucionais, que tanto atormenta a doutrina.[1]

[1] BORGES, José Souto Maior. Lei complementar Tributária. São Paulo: Editora Revista dos Tribunais, 1975.

Como se vê *a contrario sensu* do exposto pelo autor, não há vício de inconstitucionalidade no fato de matérias que não são típicas de lei complementar serem tratadas em lei ordinária quando a questão desborda os limites legislativos estritos impostos pelo legislador constituinte.

E, particularmente, quanto à imunidade das entidades beneficentes de assistência social, foi essa intelecção que norteou o julgamento final do Supremo Tribunal Federal nos embargos de declaração no Recurso Extraordinário nº 566.622/RS (rel. do Acórdão Min. Rosa Weber), como se verá a seguir.

2 O que restou decidido no Recurso Extraordinário nº 566.622/RS: Tema nº 32 – exame conjunto com as ADI's nº 2.028, 2.036, 2.228 e 2.621

Nos embargos de declaração no Recurso Extraordinário nº 566.622/RS acabou dirimida questão importante sobre a possível contradição entre o que havia sido decidido anteriormente no âmbito das ADI'S nº 2.028, 2.036, 2.228 e 2.621 e a própria tese firmada no âmbito do Tema nº 32 que determinava que "os requisitos para o gozo de imunidade hão de estar previstos em lei complementar".

Isto porque dos votos proferidos nas ADIs nº 2028, 2036, 2228 e 2621, há o reconhecimento pela maioria do colegiado do Supremo Tribunal Federal da necessidade de lei complementar para a caracterização da imunidade das entidades beneficentes de assistência social, mas admite-se que questões procedimentais possam ser regradas mediante legislação ordinária.

Por consequência, a certificação prevista no art. 55, II, da Lei nº 8.212/1991, na redação original; na redação que lhe foi dada pelo art. 5º da Lei nº 9.429/1996; e na redação que lhe foi dada pelo art. 3º da Medida Provisória nº 2.187-13/2001 foram consideradas válidas.

No particular, os fundamentos contidos no voto do Ministro Alexandre de Moraes esclarecem a questão:

> Desse cenário, conclui-se que, no RE 566.622, todo o artigo 55 da Lei nº 8.212/1991 foi declarado inconstitucional, haja vista a necessidade de lei complementar para dispor acerca da imunidade tributária.
>
> Todavia, nas ADIs, entendeu-se pela constitucionalidade do inciso II do artigo 55 da Lei 8.212/1991, que estabelece a obrigatoriedade de Registro e do Certificado de Entidade Beneficente de Assistência Social, fornecidos pelo Conselho Nacional de Assistência Social (CEBAS), isso porque, tratando-se de norma meramente procedimental, pode ser objeto de lei ordinária.
>
> Afasto, de plano, as afirmações de disparidade entre os votos proferidos oralmente nas sessões de julgamento e as transcrições publicadas (p. 59)[2].
>
> (...)
>
> Conclui-se, portanto, que o resultado da votação das ADIs foi no sentido proposto pelo Ministro TEORI, qual seja, repita-se, a possibilidade de lei ordinária regulamentar questões

---

[2] BRASIL. Supremo Tribunal Federal. *Recurso Extraordinário nº 566.622/RS*. Relator MIN. MARCO AURÉLIO, Plenário, 18.12.2019. Disponível em: https://portal.stf.jus.br/processos/downloadPeca.asp?id=15343040941&ext=.pdf. Acesso em: 18 jun. 2024.

> meramente procedimentais relacionadas à certificação, fiscalização e controle das entidades beneficentes de assistência social, tudo com o escopo de verificar o efetivo cumprimento dos objetivos dispostos no artigo 203 da Constituição Federal (págs. 63/64)[3].
> (...)
> Por fim, o voto proposto pelo Ministro TEORI ZAVASCKI está em perfeita harmonia com o recente julgamento da ADI 1.802, de relatoria do Min. DIAS TOFFOLI, no qual o Plenário desta CORTE, por unanimidade, reconheceu a diferença entre o conteúdo normativo meramente procedimental, que pode ser regulamentado por lei ordinária; e a matéria relacionada ao modo beneficente das entidades de assistência social, especialmente quanto às contrapartidas a serem observadas, cuja regulamentação é reservada à lei complementar (p. 64).[4]

Da mesma forma, a intervenção do Ministro Luis Roberto Barroso é esclarecedora quando assevera:

> Presidente, também estou votando na linha da Ministra Rosa Weber, para reconhecer a aparente contradição, considerar constitucional o Cebas e reafirmar – porque não mudei de opinião – o entendimento de que aspectos procedimentais das imunidades podem estar previstos em leis ordinárias, enquanto os que estabelecem condições para fruição material da imunidade devem estar previstos em lei complementar. Estou igualmente dando provimento aos embargos, em todos os feitos, na linha proposta pela Ministra Rosa Weber. Apenas deixo claro que uma coisa é procedimento e outra coisa é exigência material. Nessa linha, considero que o Cebas é válido. Portanto, acompanho a Ministra Rosa Weber (p. 75)[5].

Do que foi exposto, evidencia-se que a exigência do CEBAS sempre foi constitucional enquanto procedimento à exceção da fixação das contrapartidas que teriam de ser observadas pelas entidades postulantes do certificado, como, aliás, consta da certidão final do julgamento, senão veja-se:

> O Tribunal, por maioria, acolheu parcialmente os embargos de declaração para, sanando os vícios identificados, i) assentar a constitucionalidade do art. 55, II, da Lei nº 8.212/1991, na redação original e nas redações que lhe foram dadas pelo art. 5º da Lei nº 9.429/1996 e pelo art. 3º da Medida Provisória n. 2.187-13/2001; e ii) a fim de evitar ambiguidades, conferir à tese relativa ao tema n. 32 da repercussão geral a seguinte formulação: "A lei complementar é forma exigível para a definição do modo beneficente de atuação das entidades de assistência social contempladas pelo art. 195, § 7º, da CF, especialmente no que se refere à instituição de contrapartidas a serem por elas observadas", nos termos do voto da Ministra Rosa Weber, Redatora para o acórdão, vencido o Ministro Marco Aurélio

---

[3] BRASIL. Supremo Tribunal Federal. *Recurso Extraordinário nº 566.622/RS*. Relator MIN. MARCO AURÉLIO, Plenário, 18.12.2019. Disponível em: https://portal.stf.jus.br/processos/downloadPeca.asp?id=15343040941&ext=.pdf. Acesso em: 18 jun. 2024.

[4] BRASIL. Supremo Tribunal Federal. *Recurso Extraordinário nº 566.622/RS*. Relator MIN. MARCO AURÉLIO, Plenário, 18.12.2019. Disponível em: https://portal.stf.jus.br/processos/downloadPeca.asp?id=15343040941&ext=.pdf. Acesso em: 18 jun. 2024.

[5] BRASIL. Supremo Tribunal Federal. *Recurso Extraordinário nº 566.622/RS*. Relator MIN. MARCO AURÉLIO, Plenário, 18.12.2019. Disponível em: https://portal.stf.jus.br/processos/downloadPeca.asp?id=15343040941&ext=.pdf. Acesso em: 18 jun. 2024.

(Relator). Ausente, justificadamente, o Ministro Celso de Mello. Presidência do Ministro Dias Toffoli. Plenário, 18.12.2019 (p. 82).[6]

3 Como vêm decidindo os órgãos fracionários do Tribunal Regional Federal da 6ª região

Na questão particular que envolve a validade da exigência do CEBAS para recebimento da imunidade pelas entidades beneficentes de assistência social. Partindo, pois, das diretrizes estabelecidas pela Suprema Corte, observa-se que os julgados da Terceira Turma do Tribunal Regional Federal da 6ª Região firmam jurisprudência no sentido da interpretação mais rígida da exigência.

Como primeiro exemplo, cita-se o julgado nos segundos embargos de declaração nos autos nº 1000649-87.2018.4.01.3803, de relatoria do Desembargador Federal Miguel Ângelo de Alvarenga Lopes, recurso interposto pelo autor ECO INSTITUTO DE DESENVOLVIMENTO SUSTENTÁVEL contra acórdão que acolheu os embargos de declaração com efeitos infringentes para dar parcial provimento à apelação, reformando a sentença e afastando o reconhecimento da imunidade apenas pelo preenchimento dos requisitos constantes do art. 14 do Código Tributário Nacional, bem como para afastar a declaração do direito à repetição do indébito, prejudicada a remessa necessária.

Segundo a fundamentação constante do v. acórdão, há de se valorizar o entendimento vinculante da Suprema Corte para exigir a certificação que, no caso em discussão, fundamentava-se em exigência constante da Lei nº 12.101/2009, senão veja-se:

> Em atenção ao disposto no art. 927 da Lei nº 13.105/2015 (CPC), é obrigatória a aplicação das decisões do Supremo Tribunal Federal em controle concentrado de constitucionalidade, da tese jurídica definida em incidente de assunção de competência ou de resolução de demandas repetitivas e em julgamento de recursos extraordinário e especial repetitivos.
> Assim, entendeu-se necessário o suprimento da omissão e a eliminação da contradição com o precedente vinculante invocado no acórdão Id 261743633, razão pela qual foram atribuídos efeitos infringentes.
> A alteração do julgado por meio dos embargos de declaração com efeitos infringentes não encontra qualquer resistência no ordenamento jurídico ou na jurisprudência, tanto é que a própria Tese de Repercussão Geral nº 32, aqui discutida, foi reformulada pelo Supremo Tribunal Federal por ocasião do julgamento dos embargos de declaração.
> A pretensão de reforma dos entendimentos esposados na decisão deve ser aviada em recurso próprio.
> Por fim, em atenção ao disposto no art. 1.025 do CPC, consideram-se incluídos no acórdão os elementos que o embargante suscitou, para fins de prequestionamento, ainda que os embargos de declaração sejam inadmitidos ou rejeitados, caso o tribunal superior considere existentes erro, omissão, contradição ou obscuridade.[7]

---

[6] BRASIL. Supremo Tribunal Federal. Recurso Extraordinário nº 566.622/RS. Relator MIN. MARCO AURÉLIO, Plenário, 18.12.2019. Disponível em: https://portal.stf.jus.br/processos/downloadPeca.asp?id=15343040941&ext=.pdf. Acesso em: 18 jun. 2024.

[7] MINAS GERAIS. Tribunal Regional Federal da 6ª Região. Apelação Cível nº 1000649-87.2018.4.01.3803.Rel. Des. Fed. Miguel Ângelo de Alvarenga Lopes. 3ª Turma, Belo Horizonte, PJe, Data 08.07.2023.

Da mesma forma, o Desembargador Federal Álvaro Ricardo de Souza Cruz, revendo posicionamento anterior, também passou a entender exigível o CEBAS para fruição da imunidade pelas entidades beneficentes de assistência social, senão veja-se:

> Vê-se, pois, que o Supremo Tribunal Federal reconheceu, expressamente, a constitucionalidade do art. 55, II, da Lei nº 8.212/91, que estabelecia a exigência de que a entidade que pretendesse usufruir da imunidade, nos termos do parágrafo 7º do art. 195 da Constituição, fosse 'portadora do Certificado e do Registro de Entidade de Fins Filantrópicos, fornecido pelo Conselho Nacional de Assistência Social, renovado a cada três anos', previsão, em termos, reproduzida no art. 1º da Lei nº 12.101/2009, dispositivo cuja constitucionalidade, aliás, foi reconhecida por aquela Excelsa Corte nos autos da Ação Direta de Inconstitucionalidade nº 4.480.
> Na mesma trilha, as decisões monocráticas proferidas no Supremo Tribunal Federal nos autos da Reclamação nº 55.902/SC, de Relatoria da Ministra Carmem Lúcia, julgado em 10/11/2022, e na Reclamação nº 49.255/PR, de Relatoria do Ministro Dias Toffoli, julgado em 17/11/2021.
> (...)
> Nesse contexto, revejo o entendimento anteriormente esposado por esta relatoria, para reconhecer a constitucionalidade da exigência de apresentação de Certificado de Registro de Entidade de Fins Filantrópicos, fornecido pelo Conselho Nacional de Assistência Social ou documento que o valha (Certificado de Entidade Beneficente de Assistência Social - CEBAS) como condição para fruição da imunidade prevista art. 195, parágrafo 7º, da Constituição, razão pela qual, no caso sob exame, a ordem de segurança deve ser denegada, tal como decidido em primeira instância e confirmado pelo Tribunal Regional Federal da 1ª Região.[8]

De se esclarecer, contudo, que o ilustre Desembargador Federal Dolzany da Costa assevera no caso concreto do último julgamento transcrito, sem alteração no julgado, contudo, que "a questão da necessidade, ou não, de apresentação do CEBAS fica superada porque, tendo a Fundação apelante optado pela via do Mandado de Segurança, estreita por natureza e não dotada de instrução probatória, ela não comprovou, todavia, o implemento dos requisitos gizados no art. 14 do CTN, quais sejam, não distribuir qualquer parcela de seu patrimônio ou de suas rendas, a qualquer título; aplicar integralmente no País os seus recursos na manutenção dos seus objetivos institucionais; e manter escrituração de suas receitas e despesas em livros revestidos de formalidades capazes de assegurar sua exatidão".[9]

Por fim, traz-se à luz entendimento recentemente firmado pela Quarta Turma do Tribunal Regional Federal da 6ª Região, o outro órgão fracionário componente da Segunda Seção da Corte, na esteira de julgados anteriores do Tribunal Regional Federal da 1ª Região (Trf1 – Ac nº 1000672-72.2018.4.01.3305, Desembargador Federal Hercules Fajoses – Sétima Turma, Pje 08.09.2022 e Trf1 – Agrrex 0007491-18.2014.4.01.3811, Desembargador Federal Kassio Marques, – Corte Especial, E-Djf1 17.03.2020), em que o relator Desembargador Federal Lincoln Rodrigues de Faria firma que é possível, sob

---

[8] MINAS GERAIS. Tribunal Regional Federal da 6ª Região. *Apelação Cível nº 0044385-75.2004.4.01.3800*. Rel. Des. Fed. Álvaro Ricardo de Souza Cruz. 3ª Turma, Belo Horizonte, PJe, Data 30.08.23.

[9] MINAS GERAIS. Tribunal Regional Federal da 6ª Região. *Apelação Cível nº 0044385-75.2004.4.01.3800*. Rel. Des. Fed. Álvaro Ricardo de Souza Cruz. 3ª Turma, Belo Horizonte, PJe, Data 30.08.23.

a égide da Lei nº 12.101/2009, a fruição da imunidade pelas entidades beneficentes de assistência social mesmo que sem a certificação CEBAS.

O entendimento do ilustre relator parte do pressuposto de que mesmo ausente o CEBAS, mas comprovado que as contrapartidas previstas em Lei Complementar foram observadas, pode ser reconhecida a imunidade tributária, já que tal certificado tem mera função procedimental, adjetiva, portanto.

Nesse sentido, a fundamentação do julgado:

> 2.2.1 – Certificado CEBAS
> O CEBAS é um certificado concedido pelo Governo Federal, por intermédio dos Ministérios da Educação, do Desenvolvimento Social e Agrário e da Saúde, às pessoas jurídicas de direito privado, sem fins lucrativos, reconhecidas como entidades beneficentes de assistência social que prestem serviços nas áreas de educação, assistência social ou saúde, que atendam ao disposto na lei de regência.
> Tal certificação foi regulamentada no artigo 1º da Lei nº 12.101/2009 (atualmente estabelecida no art. 6º da LC 187/2021), como condição para as entidades beneficentes de assistência social se beneficiarem da imunidade tributária em questão.
> Quanto ao tema, o Supremo Tribunal Federal, na ADI nº 4.480/DF, concluiu pela inconstitucionalidade de vários artigos da Lei nº 12.101/2009, que, repise, dispôs sobre a certificação das entidades beneficentes de assistência social (CEBAS) e também quanto aos procedimentos de isenção de contribuições para a seguridade social.
> Confira-se a ementa do acórdão da ADI 4.480/DF:
> Ação direta de inconstitucionalidade. 2. Direito Tributário. 3. Artigos 1º; 13, parágrafos e incisos; 14, §§ 1º e 2º; 18, §§ 1º, 2º e 3º; 29 e seus incisos; 30; 31 e 32, § 1º, da Lei 12.101/2009, com a nova redação dada pela Lei 12.868/2013, que dispõe sobre a certificação das entidades beneficentes de assistência social e regula os procedimentos de isenção de contribuições para a seguridade social. 4. Revogação do § 2º do art. 13 por legislação superveniente. Perda de objeto. 5. Regulamentação do § 7º do artigo 195 da Constituição Federal. 6. Entidades beneficentes de assistência social. Modo de atuação. Necessidade de lei complementar. Aspectos meramente procedimentais. Regramento por lei ordinária. 7. Precedentes. ADIs 2.028, 2.036, 2.621 e 2.228, bem como o RE-RG 566.622 (tema 32 da repercussão geral). 8. Ação direta de inconstitucionalidade parcialmente conhecida e, nessa parte, julgada parcialmente procedente para declarar a inconstitucionalidade do art. 13, III, § 1º, I e II, § 3º, § 4º, I e II, e §§ 5º, 6º e 7º; art. 14, §§ 1º e 2º; art. 18, caput; art. 31; e art. 32, § 1º, da Lei 12.101/2009, com a nova redação dada pela Lei 12.868/2013. (STF, Tribunal Pleno, ADI 4.480/DF, rel. Gilmar Mendes, j, 27mar.2020, DJe 15abr.2020).
> Em referida ADI, o Supremo Tribunal Federal declarou a constitucionalidade do certificado CEBAS. Em voto vencedor, o Ministro Gilmar Mendes asseverou que:
> (...)
> *Partindo da premissa do que fora decidido nas ADIs 2.028, 2.036, 2.621 e 2.228 e RE-RG 566.622, não vislumbro inconstitucionalidade do artigo 1º da Lei 12.101/2009, o qual apenas dispõe sobre a certificação das entidades beneficentes.* (grifos na transcrição).
> Ou seja, apesar de ter declarada a constitucionalidade da certificação, ressalvou que o CEBAS apenas certifica o cumprimento dos requisitos exigidos para o gozo da imunidade tributária prevista no art. 195, § 7º, da CRFB, sendo um mero aspecto procedimental e que, portanto, poderia inclusive ser instituído por lei ordinária.

> A *contrario sensu*, é de se concluir que mesmo ausente o CEBAS, mas comprovado que as contrapartidas previstas em Lei Complementar foram observadas, há de ser reconhecida a imunidade tributária.
> (...)
> Tanto é que a eventual obtenção do certificado de entidade beneficente de assistência social (CEBAS) possui efeito apenas declaratório, de forma que o ato concessivo se dá com efeitos *'ex tunc'*.
> Nesse sentido, o teor da súmula nº 612 do Superior Tribunal de Justiça:
> Súmula nº 612 do STJ. 'O certificado de entidade beneficente de assistência social (Cebas), no prazo de sua validade, possui natureza declaratória para fins tributários, retroagindo seus efeitos à data em que demonstrado o cumprimento dos requisitos estabelecidos por lei complementar para a fruição da imunidade'.
> Assim, mesmo não possuindo o certificado, mas comprovados os requisitos para a sua concessão, estabelecidos em lei complementar, é de se declarar a imunidade tributária.
> É o caso dos autos.
> A não concessão do CEBAS é desimportante quando se evidencia a presença das condições estabelecidas em Lei Complementar para se usufruir da imunidade tributária, estabelecida no artigo 195, § 7º, da CRFB.
> Por isso, sem razão a recorrente sobre o referido ponto.[10]

Pelos fundamentos apresentados, observa-se clara distinção entre os órgãos fracionários da 2ª Seção do Tribunal Regional Federal da 6ª Região quanto à natureza do CEBAS seja como requisito para fruição da imunidade pelas entidades beneficentes de assistência social, ou mera certificação de situação de fato demonstrável por outras formas.

Por outro lado, nem mesmo a edição da Lei Complementar nº 187/2021 modifica o cenário de distinção observado, uma vez que o artigo 3º do texto é claro aos estabelecer os requisitos para fruição da imunidade e, ao mesmo tempo, não torna determinante o ato de certificação como constituidor do direito, senão veja-se:

> Art. 3º Farão jus à imunidade de que trata o § 7º do art. 195 da Constituição Federal as entidades beneficentes que atuem nas áreas da saúde, da educação e da assistência social, certificadas nos termos desta Lei Complementar, e que atendam, cumulativamente, aos seguintes requisitos:
> I – não percebam seus dirigentes estatutários, conselheiros, associados, instituidores ou benfeitores remuneração, vantagens ou benefícios, direta ou indiretamente, por qualquer forma ou título, em razão das competências, das funções ou das atividades que lhes sejam atribuídas pelos respectivos atos constitutivos;
> II – apliquem suas rendas, seus recursos e eventual superávit integralmente no território nacional, na manutenção e no desenvolvimento de seus objetivos institucionais;
> III – apresentem certidão negativa ou certidão positiva com efeito de negativa de débitos relativos aos tributos administrados pela Secretaria Especial da Receita Federal do Brasil e pela Procuradoria-Geral da Fazenda Nacional, bem como comprovação de regularidade do Fundo de Garantia do Tempo de Serviço (FGTS);

---

10 MINAS GERAIS. Tribunal Regional Federal da 6ª Região. *Apelação Cível nº 0066117-92.2016.4.01.3800*. Rel. Des. Fed. Lincoln Rodrigues de Faria. 4ª Turma, Belo Horizonte, PJe, Data 09.10.23.

> IV – mantenham escrituração contábil regular que registre as receitas e as despesas, bem como o registro em gratuidade, de forma segregada, em consonância com as normas do Conselho Federal de Contabilidade e com a legislação fiscal em vigor;
> V – não distribuam a seus conselheiros, associados, instituidores ou benfeitores seus resultados, dividendos, bonificações, participações ou parcelas do seu patrimônio, sob qualquer forma ou pretexto, e, na hipótese de prestação de serviços a terceiros, públicos ou privados, com ou sem cessão de mão de obra, não transfiram a esses terceiros os benefícios relativos à imunidade prevista no § 7º do art. 195 da Constituição Federal;
> VI – conservem, pelo prazo de 10 (dez) anos, contado da data de emissão, os documentos que comprovem a origem e o registro de seus recursos e os relativos a atos ou a operações realizadas que impliquem modificação da situação patrimonial;
> VII – apresentem as demonstrações contábeis e financeiras devidamente auditadas por auditor independente legalmente habilitado nos Conselhos Regionais de Contabilidade, quando a receita bruta anual auferida for superior ao limite fixado pelo inciso II do caput do art. 3º da Lei Complementar nº 123, de 14 de dezembro de 2006; e
> VIII – prevejam, em seus atos constitutivos, em caso de dissolução ou extinção, a destinação do eventual patrimônio remanescente a entidades beneficentes certificadas ou a entidades públicas.[11]

Talvez a utilização do Instituto de Assunção de Competência – IAC previsto no artigo 947 do Código de Processo Civil seja o caminho a seguir para pacificação do tema. O tempo dirá.

Conclusões

Na aurora da nova Corte Federal criada pela Lei nº 14.226/2021, diversos são os desafios a vencer para concretização de uma prestação jurisdicional célere e adequada, como merece o jurisdicionado mineiro.

Mas se "a vida (...) quer da gente é coragem" nos exatos termos propostos por Guimarães Rosa, a mais nova Corte Federal começa a enfrentar as lides que lhe são postas, buscando firmar posicionamentos ao mesmo tempo adequados e que digam a que veio no cenário jurídico nacional.

Sob essa perspectiva, um dos temas nos quais os Desembargadores Federais da Segunda Seção do Tribunal Regional Federal da 6ª Região estão se debruçando é justamente sobre a imunidade das entidades beneficentes de assistência social.

Impulsionados pela necessidade prática de fundamentar o entendimento a respeito dos requisitos para fruição da mencionada imunidade, em especial, o papel da CEBAS – Certificação de Entidades de Beneficentes de Assistência Social na obtenção de tal benefício fez-se a análise legal, doutrinária e jurisprudencial da questão ao que, a título de conclusão, podem ser elencadas as seguintes afirmações:

a) Dado o regime jurídico próprio das leis complementares, a veiculação de matéria reservada a essa tipologia legal por meio de lei ordinária gera o vício

---

[11] BRASIL. Lei Complementar nº 187, de 16 de dezembro de 2.021. Dispõe sobre a certificação das entidades beneficentes e regula os procedimentos referentes à imunidade de contribuições à seguridade social – DOU de 08.07.2022 – Edição extra.

de inconstitucionalidade tanto formal quanto material, pelo que reside na identificação do conteúdo regrado, se obedeceu ao quórum qualificado ou não e se está constitucionalmente atribuído à lei complementar ou não, a tarefa central no exame do texto e sua validade no ordenamento jurídico nacional;

b) Da intelecção dos votos proferidos nas ADIs nº 2028, 2036, 2228 e 2621, observa-se que ao mesmo tempo em que há reconhecimento pela maioria do colegiado do Supremo Tribunal Federal da necessidade de lei complementar para a caracterização da imunidade das entidades beneficentes de assistência social, admite-se que questões procedimentais possam ser regradas mediante da legislação ordinária.

c) Por consequência, a certificação prevista no art. 55, II, da Lei nº 8.212/1991, na redação original; na redação que lhe foi dada pelo art. 5º da Lei nº 9.429/1996; e na redação que lhe foi dada pelo art. 3º da Medida Provisória nº 2.187-13/2001 foram consideradas válidas. É dizer, a exigência do CEBAS sempre foi constitucional enquanto procedimento, mesmo quando não veiculada em Lei Complementar, à exceção da fixação das contrapartidas que teriam de ser observadas pelas entidades postulantes do certificado.

d) No âmbito do Tribunal Regional Federal da 6ª Região, na questão particular que envolve a validade da exigência da CEBAS para recebimento da imunidade pelas entidades beneficentes de assistência social, os julgados da Terceira Turma firmam jurisprudência no sentido da interpretação mais rígida da exigência, partindo das diretrizes estabelecidas pela Suprema Corte no particular;

e) A Quarta Turma da mesma Corte Regional, por sua vez, tem julgado, entendendo a CEBAS como mera certificação de situação de fato demonstrável por outras formas, retirando, pois, seu caráter de essencialidade para reconhecimento do direito às entidades beneficentes de assistência social.

Talvez, como dito ao final do tópico onde se fez o exame da jurisprudência das turmas componentes da Segunda Seção do Tribunal Regional Federal da 6ª Região, a utilização do Instituto de Assunção de Competência – IAC previsto no artigo 947 do Código de Processo Civil, possa ser o caminho a seguir para pacificação do tema no âmbito da Corte.

Que o futuro nos traga a resposta!!!

Referências

BORGES, José Souto Maior. *Lei complementar Tributária*. São Paulo: Editora Revista dos Tribunais, 1975.

BRASIL. *Lei Complementar nº 187, de 16 de dezembro de 2.021*. Dispõe sobre a certificação das entidades beneficentes e regula os procedimentos referentes à imunidade de contribuições à seguridade social – DOU de 08.07.2022 – Edição extra.

BRASIL. Supremo Tribunal Federal. *Recurso Extraordinário nº 566.622/RS*. Relator MIN. MARCO AURÉLIO, Plenário, 18.12.2019. Disponível em: https://portal.stf.jus.br/processos/downloadPeca.asp?id=15343040941&ext=.pdf. Acesso em: 18 jun. 2024.

MINAS GERAIS. Tribunal Regional Federal da 6ª Região. *Apelação Cível nº 0044385-75.2004.4.01.3800*. Rel. Des. Fed. Álvaro Ricardo de Souza Cruz. 3ª Turma, Belo Horizonte, PJe, Data 30.08.23.

MINAS GERAIS. Tribunal Regional Federal da 6ª Região. *Apelação Cível nº 0066117-92.2016.4.01.3800*. Rel. Des. Fed. Lincoln Rodrigues de Faria. 4ª Turma, Belo Horizonte, PJe, Data 09.10.23.

MINAS GERAIS. Tribunal Regional Federal da 6ª Região. *Apelação Cível nº 1000649-87.2018.4.01.3803*.Rel. Des. Fed. Miguel Ângelo de Alvarenga Lopes. 3ª Turma, Belo Horizonte, PJe, Data 08.07.2023.

Informação bibliográfica deste texto, conforme a NBR 6023:2018 da Associação Brasileira de Normas Técnicas (ABNT):

VASCONCELOS, André Prado de. Lei complementar e imunidade das entidades beneficentes de assistência social: um breve exame da jurisprudência do Tribunal Regional Federal da 6ª Região sobre o CEBAS. In: LOBATO, Valter de Souza (coord.); MARINHO NETO, José Antonino (org.). *O papel da lei complementar tributária no desenho federativo brasileiro*. Belo Horizonte: Fórum, 2024. p. 367-378. ISBN 978-65-5518-779-3.

IMUNIDADES TRIBUTÁRIAS: O PAPEL DA LEI COMPLEMENTAR NA LIMITAÇÃO CONSTITUCIONAL AO PODER DE TRIBUTAR

KALEANDRA DE CASTRO LIMA

Introdução

As restrições ao exercício do poder de tributar estão amplamente distribuídas ao longo do Texto Constitucional, com foco deste estudo voltado para as imunidades previstas na Seção II do Título VI da Constituição da República de 1988 (CR/88), que versa sobre o sistema tributário nacional. As imunidades, sendo objeto de considerável destaque no ordenamento jurídico brasileiro, frequentemente suscitam debates doutrinários e litígios judiciais, dado que representam simultaneamente uma proteção ao contribuinte e uma limitação ao poder estatal, impedindo a tributação de certas situações ou sujeitos.

Conforme determina o artigo 146, II da CR/88, as imunidades tributárias devem ser regulamentadas por lei complementar que também possuem um papel importante no ordenamento jurídico brasileiro. Prevista no Texto Constitucional, em matéria tributária estão reservados aspectos fundamentais como conflitos de competência, limitações constitucionais ao poder de tributar, estabelecimento de normas gerais, instituição e regulamentação de determinados tributos, dentre outros.

Entretanto, diante do crescente número de leis complementares promulgadas no cenário jurídico brasileiro, muitas vezes empregadas como ferramentas políticas para modificar o sistema tributário nacional, há uma discussão em andamento sobre os limites da atuação do legislador infraconstitucional ao fazer uso desse instrumento, bem como a sua pertinência quando se trata da regulamentação das imunidades tributárias. Portanto, a relevância deste artigo reside justamente na avaliação do uso excessivo das leis complementares, as quais frequentemente buscam modificar o sentido e a intenção originalmente estabelecidos pelo constituinte originário na Constituição Federal.

Logo, o artigo foi desenvolvido a partir de uma pesquisa bibliográfica, com uma abordagem qualitativa, sendo a pesquisa atinente à vertente jurídico-sociológica. O raciocínio desenvolvido na pesquisa será predominantemente dedutivo. Desta forma, a pesquisa propõe analisar a utilização das leis complementares para regular as imunidades tributárias a partir de um estudo da legislação, doutrina e jurisprudência brasileira.

1 As imunidades no ordenamento jurídico brasileiro

Por muito tempo, as imunidades tributárias foram objeto de privilégio para aqueles com alto poder aquisitivo e político. No período da Grécia e Roma antiga, os tributos não eram cobrados daqueles que eram considerados cidadãos legítimos. Posteriormente, no Império Romano, as desonerações se estenderam aos proprietários de terra e ao clero, abrangendo a família real nos anos seguintes.[1]

A utilização da imunidade tributária sofreu uma mudança paradigmática, com o avanço da democracia e a valorização dos direitos sociais, abrangendo direitos importantes para a sociedade, como a livre manifestação de pensamento e religião, liberdade de organização partidária e sindical, educação, saúde, dentre outros. Apesar da mudança contextual, da qual as imunidades deixaram de ser um instrumento de poder e passaram a ser uma garantia aos contribuintes, a noção conceitual permanece a mesma: eximir determinado grupo dos encargos fiscais.[2]

No ordenamento jurídico brasileiro, as imunidades tributárias foram expressamente previstas pela primeira vez na Constituição de 1981, na qual foi instituída a imunidade recíproca entre a União e os Estados, proibiu-se a tributação da produção dos demais Estados pelo Estado para onde fossem exportadas e impediu tanto os Estados quanto a União de instituírem impostos sobre o trânsito de produtos. Além disso, ficou vedado o estabelecimento, subvenção e dificultação do exercício de práticas religiosas.[3] Não causa surpresa que a imunidade recíproca tenha sido a primeira a ser estabelecida em nosso sistema jurídico, dada sua significativa importância para a preservação e manutenção institucional dos entes federativos.

Desde então, os textos constitucionais foram se adaptando ao cenário econômico e social nacional, reduzindo ou ampliando o rol de imunidades concedidas durante cada período. Atualmente, as imunidades encontram-se espalhadas na CR/88, como nos artigos 150, VI, alíneas "a" a "e", e §§ 2º a 4º; 153, §4º, inciso II; 156, §3º, inciso II; 195, §7º, dentre outros, que impede a instituição de impostos pela União, Estados, Distrito Federal e Municípios.[4]

---

1 JORGE, Carolina Schäffer Ferreira. *Interpretação das Imunidades do Art. 150,* Vi, da Constituição Federal. São Paulo, 2014.

2 Conforme aduz Bernardo Moraes: "um privilégio concedido a alguma pessoa de não ser obrigada a determinado encargo ou ônus". MORAES, Bernardo Ribeiro de. A Imunidade Tributária e Seus Novos Aspectos. *In*: MARTINS, Ives Gandra da Silva (Coord.). *Imunidades Tributárias*. São Paulo: Revista dos Tribunais: Centro de Extensão Universitária, 1998. p. 105.

3 A redação do artigo se dava: "Art. 9º – É da competência exclusiva dos Estados decretar impostos: §2º – É isenta de impostos, no Estado por onde se exportar, a produção dos outros Estados.
Art. 10 – É proibido aos Estados tributar bens e rendas federais ou serviços a cargo da União, e reciprocamente.
Art. 11 – É vedado aos Estados, como à União: 1º) criar impostos de trânsito pelo território de um Estado, ou na passagem de um para outro, sobre produtos de outros Estados da República ou estrangeiros, e, bem assim, sobre os veículos de terra e água que os transportarem; 2º) estabelecer, subvencionar ou embaraçar o exercício de cultos religiosos; 3º) prescrever leis retroativas". (BRASIL. *Constituição da República dos Estados Unidos do Brasil de 1981*. Rio de Janeiro, 1891.

4 BRASIL. Constituição da República Federativa do Brasil de 1988. Brasília, DF: Presidência da República, 2016.

A CR/88 possui uma seção exclusiva para as limitações ao poder de tributar, devido a sua importância, podendo ser categorizadas em princípios e imunidades. Embora os princípios constitucionais não sejam o objeto do presente artigo, é importante ressaltar uma breve distinção entre esses institutos, os quais, para a doutrina majoritária, não se confundem. Também conhecidos como limites formais, os princípios constitucionais apresentam uma natureza intrínseca de generalidade e abstração, orientando a aplicação das normas e a atuação dos Poderes.[5]

Por outro lado, as imunidades retiram a competência do legislador sobre determinado tema ou entidade, não sendo passíveis de generalização ou abstração.[6] Esse é o posicionamento da ilustre professora Misabel Derzi, ao atualizar o Compêndio de Direito Tributário, de Aliomar Baleeiro, no que tange ao conceito de Imunidades. Enquanto os princípios guiam o poder de exercício da competência pela Administração, as imunidades restringem esse poder, impedindo o legislador de regulamentar normas futuras.[7]

Partindo dessa diferenciação, as imunidades são consideradas limites materiais, como regras estruturais autônomas, uma vez que não constituem comandos diretos para os indivíduos sujeitos à jurisdição, nem para os aplicadores da norma, mas sim para o legislador, ao restringir sua competência. Para Clélio Chiesa, as imunidades como norma de estrutura "estabelecem o procedimento formal a ser observado para a produção de normas de tributação, delimitando materialmente o exercício da competência impositiva outorgada às pessoas políticas de direito público interno".[8]

Tratando-se do aspecto conceitual, Aliomar Baleeiro define as imunidades como "disposições da lei maior que vedam ao legislador ordinário decretar impostos sobre certas pessoas, matérias ou fatos, enfim situações que definem".[9] Misabel Derzi, ao conceituar, aduz que as imunidades representam uma:

> regra constitucional expressa (ou implicitamente necessária), que estabelece a não competência das pessoas políticas da federação para tributar certos fatos e situações, de forma amplamente

---

[5] Conforme expõe Hugo de Brito Machado: "Tais princípios existem para proteger o cidadão contra os abusos do Poder. Em face do elemento teleológico, portanto, o intérprete, que tem consciência dessa finalidade, busca nesses princípios a efetiva proteção do contribuinte" (MACHADO, Hugo de Brito. *Curso de Direito Tributário*. 30. ed. São Paulo: Malheiros Editores, 2009).

[6] Nas palavras de Souto Maior Borges: Analisada sob o prisma do fim, objetivo ou escopo, a imunidade visa assegurar certos princípios fundamentais ao regime, a incolumidade de valores éticos e culturais consagrados pelo ordenamento constitucional positivo e que se pretende manter livres das interferências ou perturbações da tributação. (BORGES, José Souto Maior. *Teoria da Isenção Tributária*. 3.ed. São Paulo: Malheiros, 2001. p. 221).

[7] Conforme expõe os ilustres autores, as imunidades: "são normas que somente atingem certos fatos e situações, amplamente determinadas (ou determináveis) na Constituição; 2. reduzem, parcialmente, o âmbito de abrangência das normas atributivas de poder aos entes políticos da Federação, delimitando-lhes negativamente a competência; 3. e, sendo proibições de tributar expressas (ou fortes), têm eficácia ampla e imediata 4. criam direitos ou permissões em favor das pessoas imunes, de forma juridicamente qualificada". (BALEEIRO, Aliomar. *Limitações Constitucionais ao Poder de Tributar*. 8. ed. atualizada por Misabel Abreu Machado Derzi. Rio de Janeiro: Forense, 2010. p. 116).

[8] CHIESA, Clélio. Imunidades e Normas Gerais de Direito Tributário. *In*: SANTI, Eurico Marcos Diniz de (Coord.). *Curso de especialização em direito tributário*: estudos analíticos em homenagem a Paulo de Barros Carvalho. Rio de Janeiro: Forense, 2007. p. 924.

[9] BALEEIRO, Aliomar. Limitações Constitucionais ao Poder de Tributar. 8. ed. atualizada por Misabel Abreu Machado Derzi. Rio de Janeiro: Forense, 2010. p. 262.

determinada, delimitando negativamente, por meio de redução parcial, a norma de atribuição de poder tributário.[10]

Uma vez que as imunidades estão diretamente relacionadas a não atuação do legislador, a maior parte da doutrina classifica o instituto no capítulo de imunidades. Contudo, há uma corrente doutrinária minoritária representada por autores, como Sacha Calmon[11] e José Souto Maior Borges,[12] que sustentam que as imunidades não apenas afastam a competência, como também a própria hipótese de incidência.

Para os autores, isso ocorre porque as imunidades delimitam o perfil impositivo do fato jurídico selecionado pelo legislador, não configurando um fator de incidência tributária. Não há, nesse sentido, uma atribuição de competência e após, a sua limitação. A competência já é posta de forma limitada constitucionalmente.

Merece destaque o papel exercido pelas imunidades como garantidoras de direitos fundamentais ou até mesmo como um direito fundamental em si. Para doutrinadores como Regina Helena Costa, as imunidades são consideradas como direitos fundamentais "porque apresentam os atributos próprios do regime jurídico especial a que estes estão sujeitos (...): são normas constitucionais, erigidas ao status de cláusulas pétreas, e os comandos nelas contidos revestem-se de aplicabilidade direta e imediata".[13] Dessa forma, as imunidades seriam um direito fundamental por limitar a atividade do legislador, de forma irrenunciável, com papel densificador, ou seja, permitindo a concretização dos demais deveres fundamentais pelo Estado.

Lado outro, conforme defendem alguns doutrinadores como Ricardo Lobo Torres, a imunidade é garantidora dos direitos fundamentais e, por esse motivo, não podem ser objeto de emenda à luz do artigo 60 §4º, inciso IV, da Constituição Federal. Nesse sentido, compreende-se que, por meio da não atuação do legislador, é possível o exercício dos direitos fundamentais dos contribuintes. Existe na garantia dos direitos fundamentais um dever do Estado em agir para garantir seu exercício, como também existe um dever de não agir, em decorrência do mínimo existencial.[14]

De acordo com Torres, as imunidades subsistem independentemente de previsão constitucional e têm validade no ordenamento jurídico. O que caracteriza uma imunidade é propriamente a sua fundamentação nos direitos fundamentais. Qualquer instituto que afasta a tributação fundamentado em conceitos diferentes, como justiça e utilidade, ainda que rotulados como imunidades, não se enquadram na sua definição.

Analisada a natureza jurídica das imunidades e sua previsão atual no ordenamento jurídico brasileiro, faz-se necessário o estudo em relação à classificação das imunidades.

---

[10] DERZI, Misabel. *Limitações Constitucionais ao Poder de Tributar*. Nota de atualização, 2010. p. 227.

[11] Para Sacha Calmon (2020), além da competência, a imunidade também está no conceito de hipótese de incidência das normas tributárias. A hipótese de incidência, para o autor, corresponde ao fato gerador menos qualquer hipótese de fator de isenção ou imunidade. Logo, além de afastar a competência do legislador em legislar sobre a tributação, também afasta a hipótese de incidência, visto que havendo imunidade ou isenção, não poderá incidir a tributação.

[12] BORGES, José Souto Maior. *Isenções tributárias*. São Paulo: Sugestões Literárias, 1969. p. 209.

[13] COSTA, Regina Helena. *Imunidades tributárias*. 2. ed. rev. e atual. São Paulo: Malheiros, 2006. p.82

[14] Conforme expõe Torres: o mínimo existencial, como condição da liberdade, postula as prestações positivas estatais de natureza assistencial e ainda exibe o status negativos, das imunidades fiscais: o poder de imposição do Estado não pode invadir a esfera da liberdade mínima do cidadão representada pelo direito à subsistência. (TORRES, Ricardo Lobo. *Curso de Direito Financeiro e Tributário*. 16. ed. Rio de Janeiro: Renovar, 2009. p. 70).

A principal classificação realizada pela doutrina são as imunidades subjetivas, objetivas e mistas.

As imunidades denominadas subjetivas são assim classificadas em decorrência do sujeito da relação tributária. A título de exemplo, as entidades sindicais dos trabalhadores, as instituições de educação e assistência social, sem fins lucrativos, partidos políticos e suas fundações que não possuem renda, patrimônio ou serviço tributado por força da Constituição (artigo 150, VI, c da CR/88).

Nesses casos, o constituinte buscou proteger o patrimônio e renda de determinados sujeitos, afastando-os da condição de contribuinte, nessas hipóteses. Dentre os objetivos, estão a liberdade política, acesso à educação e assistência social, e a garantia à livre nomeação sindical. Ora, o Estado não pode garantir esses direitos ao mesmo tempo em que cria embaraços fiscais para o seu funcionamento.

No que se refere às imunidades classificadas como objetivas, são aquelas que objetivam garantir direitos a partir de determinados bens. Como exemplo, lista-se a imunidade de livros, jornais e periódicos e do papel destinado à sua impressão (artigo 150, VI, d). Nessa modalidade, as imunidades não incidem sobre a renda ou patrimônio, que continuam sendo objeto de tributação, mas sobre a circulação de mercadorias e prestação dos serviços.

Objetivando a garantia ao livre pensamento, expressão e acesso à educação e à informação, tal garantia é fundamental para o progresso. Com a evolução no âmbito digital, está cada dia mais comum os livros digitais e aparelhos para leitura. Assim, como o objetivo de incentivo e difusão de cultura, estendeu-se a imunidade aos aparelhos de leitura digital.

Por fim, as imunidades mistas são aquelas que mesclam o sujeito com o objeto. Recentemente, foi instituída a imunidade de fonogramas e videofonogramas musicais produzidos no Brasil, desde que contenha obras musicais ou literomusicais de autores brasileiros, bem como aquelas interpretadas por artistas brasileiros. Ademais, também garantiu a imunidade aos materiais e arquivos digitais que os contenham.

Conforme exposto no momento de sua proposição de emenda, por meio da PEC da Música, busca promover a liberdade de expressão, fomentar a cultura nacional, tornando-a mais acessível, e combater a contrafação, que corresponde à reprodução não autorizada e é crime no Brasil, nos termos do artigo 184 do Código Penal.

Apesar de ser relevante para a análise das imunidades, essa categorização não é amplamente aceita na doutrina. Autores como Carazza sustentam que toda imunidade é, em última instância, subjetiva. Isso ocorre porque, independentemente do elemento que suscita a imunidade, seja o sujeito ou o objeto, a pessoa, seja física ou jurídica, será sempre a beneficiária.[15]

Por fim, destaca-se que a CR/88, ao dispor sobre determinadas imunidades, reclama por uma regulamentação infralegal. É o caso dos partidos políticos e suas fundações, das entidades sindicais dos trabalhadores, das instituições de educação e de assistência social sem fins lucrativos que devem atender aos requisitos previstos em lei (artigo 150, VI, c); as glebas rurais que devem ser definidas por lei (artigo 153, VI , §4º,

[15] CARRAZA, Roque Antônio. *Curso de Direito Constitucional Tributário*. 33. ed. São Paulo: Malheiros, 2021. p. 683.

II) e; as entidades beneficentes de assistência social que devem atender aos requisitos estabelecidos em lei (artigo 195§7º).[16]

Existe um debate substancial na doutrina e nos tribunais superiores acerca da forma de regulamentação das imunidades, especialmente se deve ocorrer por meio de lei ordinária ou se representaria uma inconstitucionalidade formal, exigindo o processo legislativo da lei complementar. O próximo tópico tem como objetivo analisar o posicionamento de destacados doutrinadores brasileiros e a posição adotada pelos tribunais nesse contexto.

2 Lei complementar e seus limites

Os primeiros indícios de uma lei específica em nosso ordenamento jurídico ocorreram nas constituições de 1934 e 1981, com a previsão de lei orgânicas. Contudo, a lei complementar nos contornos atuais, com suas características particulares, surgiu após a Emenda do Parlamentarismo Brasileiro nº 4/1961,[17] que previu em seu artigo 22 a "possibilidade de leis complementarem a organização do sistema parlamentar criado, cuja aprovação ocorreria mediante um quorum específico".[18]

Conforme se verifica, a emenda previu a expressão complementar como verbo, caracterizando a sua função de complemento ao Texto Constitucional.[19] A expressão 'lei complementar' só foi adotada propriamente com a Emenda Constitucional nº 17/1965[20] que alterou diversos artigos da Constituição de 1946 e incluiu os projetos de leis complementares. A expressão continuou presente nas Constituições de 1967, na Emenda Constitucional nº 1/1969 até a Constituição Federal de 1988, com previsão de quórum especial e matérias legislativas reservadas para a sua publicação.

---

[16] BRASIL. *Constituição da República de 1988*. Disponível em: https://www.planalto.gov.br/ccivil_03/Constituicao/Constituicao.htm. Acesso em: 20 maio 2024.

[17] O Art. 22 foi o primeiro que tratou acerca da lei complementar sem utilizar dessa denominação, mas sim como uma característica, e foi assim transcrito: "Poder-se-á complementar a organização do sistema parlamentar de governo ora instituído, mediante leis votadas, nas duas casas do Congresso Nacional, pela maioria absoluta dos seus membros". (BRASIL. *Emenda do Parlamentarismo Brasileiro nº 4, de 02 de setembro de 1961*. Institui o sistema parlamentar do governo. Casa Civil, Presidência da República, DOU de 02 set. 1961. Disponível em: https://www.planalto.gov.br/ccivil_03/constituicao/emendas/emc_anterior1988/emc04-61.htm. Acesso em: 20 maio 2024.).

[18] BRASIL. *Emenda do Parlamentarismo Brasileiro nº 4, de 02 de setembro de 1961*. Institui o sistema parlamentar do governo. Casa Civil, Presidência da República, DOU de 02 set. 1961. Disponível em: https://www.planalto.gov.br/ccivil_03/constituicao/emendas/emc_anterior1988/emc04-61.htm. Acesso em: 20 maio 2024.

[19] A expressão hoje é criticada pela doutrina, uma vez que a maioria considera não haver hierarquia entre as leis complementares e as demais leis infraconstitucionais, sendo que todas têm o papel de complementar a Constituição Federal. Nesse sentido: "A locução, porém, não parece ter sido a mais adequada. Como tem notado a doutrina, considerando o escalonamento hierárquico do sistema normativo e a amplitude semântica das normas constitucionais, toda norma infraconstitucional é complementar à Constituição". (SEHEN, Sólon. A Lei complementar no Sistema de Fontes do Direito Tributário. *Revista Dialética de Direito Tributário*, São Paulo, Dialética, n. 82, p. 117, 2002).

[20] A primeira vez que um texto utilizou a expressão "lei complementar" foi na EC nº 17/1965, Art. 6º Os parágrafos do art. 67 da Constituição passam a ter a seguinte redação: §8º Os projetos de leis complementares da Constituição e os de Código ou de reforma de Código receberão emendas perante as comissões, e sua tramitação obedecerá aos prazos que forem estabelecidos nos regimentos internos ou em resoluções especiais. (BRASIL. *Emenda Constitucional nº 17, de 26 de novembro de 1965. Altera dispositivos constitucionais referentes ao Poder Legislativo.* Casa Civil, Presidência da República, DOU de 06 dez. 1965. Disponível em: https://www.planalto.gov.br/ccivil_03/Constituicao/Emendas/Emc_anterior1988/emc17-65.htm. Acesso em: 20 maio 2024).

Celso Ribeiro Bastos define lei complementar como "aquela que contempla uma matéria a ela entregue de forma exclusiva e que, em consequência repele normações heterogêneas, aprovada mediante um quórum próprio de maioria absoluta".[21] Não há que se falar em hierarquia[22] ou a falha na autoaplicação das normas constitucionais, mas somente na vontade do legislador ordinário em escolher determinadas matérias para serem tratadas através de procedimento específico, com quórum especial.

Trata-se de uma limitação formal à atuação do legislador, que não possui discricionariedade para afastar a necessidade de lei complementar ao legislar sobre determinada matéria. Nesse sentido, versa Solon Sehn:

> A lei complementar deve ser compreendida como uma limitação formal à regra da liberdade de conformação legislativa, que só é admitida por estar expressa no texto constitucional. Trata-se de restrição que objetiva conferir maior estabilidade a certas matérias reputadas relevantes pelo constituinte. Estas, em razão do quorum de maioria absoluta, estariam a salvo de maiorias fortuitas no Congresso Nacional,subtraídas do jogo eleitoral. Ao mesmo tempo, por exigirem um consenso entre as maiorias e minorias parlamentares, contribuem para a efetivação do princípio.[23]

A lei complementar, nesse sentido, só é obrigatória quando expressamente prevista na CR/88. Isso porque alguns doutrinadores entendem que caberia lei complementar sempre que se tratar de norma não autoaplicável, bem como seria possível a utilização do instituto mesmo quando não previsto pela Constituição.

O autor discorda, uma vez que a definição da lei complementar possui caráter ontológico-formal e, consequentemente, não pode ser utilizada sem a referida previsão constitucional, devido ao princípio da legalidade, que ao aplicado ao poder público, não pode atuar salvo lei permissiva.

Lado outro, conforme esclarece Sacha Calmon,[24] não há nenhum prejuízo na utilização de lei complementar em situações nas quais seriam cabíveis leis ordinárias. A inconstitucionalidade formal encontra-se quando é utilizada a lei ordinária em matéria reservada à lei complementar, visto que a Constituição expressamente prevê sua utilização.

Discorre-se ainda acerca da classificação da lei complementar. No ordenamento jurídico brasileiro, o atual sistema de repartição de competências mescla características de técnicas de verticais e horizontais, permitindo a existência de competências privativas, comuns, administrativas exclusivas e as concorrentes.

Apesar da complexidade presente no sistema tributário adotado no Brasil, cuja análise não será abordada neste artigo, a divisão de competências é uma necessidade

---

[21] SILVA, José Afonso da. *Comentário contextual à Constituição*. 2. ed. São Paulo: Malheiros, 2006. p. 462.

[22] Discute-se na doutrina acerca da hierarquia da lei complementar perante a lei ordinária, o que não é objeto deste artigo. Contudo, para fins de fundamentação, compreende-se neste texto que não há hierarquia, uma vez que ambas retiram seus fundamentos da Constituição Federal. A diferença entre as leis complementares e as leis ordinárias encontra-se na sua reserva legal para os assuntos pré-determinados pelo constituinte originário.

[23] SEHEN, Sólon. A Lei complementar no Sistema de Fontes do Direito Tributário. *Revista Dialética de Direito Tributário*, São Paulo, Dialética, n. 82, p. 118, 2002.

[24] CALMON, Sacha. *A Lei Complementar como Agente Normativo Ordenador do Sistema Tributário e da Repartição das Competências Tributárias*. São Paulo: Revista dos Tribunais, 2016.

inerente ao próprio Estado Federal descentralizado. Nesse arranjo, cada unidade da federação detém autonomia para legislar sobre seus respectivos interesses. Kelsen aborda essa divisão, enfatizando a importância de normas válidas em todo o território para manter a unidade federativa e a soberania. Ao mesmo tempo, a divisão de competências garante autonomia e evita a dependência entre os territórios. Ele as denomina como "centrais", enquanto aquelas vigentes apenas em um ente eram chamadas de "locais ou não centrais".[25]

Dessa forma, cabe à União legislar, através do poder legislativo bicameral, sobre aspectos gerais que valem para todos os entes, em todo o território federal e àquelas que tratam acerca de um ente, valendo exclusivamente na sua extensão territorial, não tendo nenhuma relação com os demais, denominadas pela doutrina como lei nacionais e federais, respectivamente.[26]

As leis nacionais, nessa classificação, seriam válidas e vigentes para a União, os estados, Distrito Federal e os municípios,[27] indiscriminadamente, enquanto as leis federais valeriam apenas para a União, as leis estaduais para os estados e as leis municipais para os municípios os quais foi exercido o poder legislativo.

Existe uma doutrina minoritária, representada pelo autor Sérgio Resende de Barros, que estabelece uma outra forma de classificação, definindo que dentro das leis federais existem as leis intransitivas e transitivas. As leis federais intransitivas são "pelas quais a União se autogoverna e se auto-administra. São leis da União para a União: interna corporis", o que corresponderia às leis federais na classificação anterior.

As leis transitivas, por sua vez, não tratam acerca de um governo ou administração específico, mas sobre as relações entre os entes da federação e distinguem-se entre leis federativas e leis nacionais. As leis federativas alcançam os demais entes e objetivam a manutenção da organização político-administrativa, ou seja, "institutos e instituições de ordem pública, de teor político-administrativo", enquanto as leis federais nacionais entram em vigor para a nação, buscando a manutenção das relações sociais, ou seja, "a essas leis, porque disciplinam a convivência nacional, assim entendida a coexistência pacífica ou litigiosa dos que convivem na sociedade nacional, cumpre nominar leis nacionais".

---

[25] Conforme expõe Kelsen: "Algumas das normas serão válidas para o território inteiro – do contrário este não seria o território de uma única ordem -, enquanto outras serão válidas apenas para diferentes partes dele. Sugerimos que as normas válidas para o território inteiro sejam chamadas normas centrais e as normas válidas só para uma parte do território, normas não centrais ou normas locais". (KELSEN, Hans. Teoria Geral do Direito e do Estado. São Paulo: Ed. Martins Fontes, 2000. p. 434).

[26] Segundo Hélio do Valle Pereira, "a distinção entre leis nacionais e leis federais. Aquelas são relativas à atribuição legislativa da União como ente que congrega todas as pessoas políticas, estabelecendo normas a eles comuns (p.ex., direito penal, normas gerais tributárias). As leis federais referem-se à regulamentação de situações que envolvem exclusivamente a União, como pessoa pública equiparada às demais (v.g., estatuto de seus servidores, criação de imposto federal)". (PEREIRA, Hélio do Valle. *Manual da Fazenda*. Pública em juízo. 3. ed. rev., atual., ampl. Rio de Janeiro: Renovar, 2008. p. 7).

[27] Geraldo Ataliba, no mesmo entendimento, consoante ao exposto por Kelsen, define as leis nacionais como "categoria jurídico-positiva diversa, é o produto legislativo do Estado nacional, total, global. Vige no território do Estado brasileiro. vinculando todos os sujeitos à sua soberania, abstração feita de qualidades outras que possam revestir. Esta lei faz abstração da circunstância de ser o Brasil estado unitário ou federal". (ATALIBA, Geraldo. Normas Gerais de Direito Financeiro e Tributário e Autonomia dos Estados e Municípios. *Revista de Direito Público*, n. 10, p. 49, 1969).

Assim, para ilustrar, uma lei federal de natureza federativa é a Lei Complementar nº 24/1975, que aborda os convênios entre os estados e o Distrito Federal para concessão de isenções do imposto sobre operações relativas à circulação de mercadorias. Neste caso, a União legisla sobre um tema que envolve outros entes federativos, como os estados e o DF. Por outro lado, leis federais nacionais são exemplificadas pela Lei nº 5.988/1973, que regulamenta os direitos autorais e possui abrangência em todo o território nacional de forma geral.[28]

Partindo da classificação majoritária, muitos doutrinadores como Geraldo Ataliba e Ives Gandra definem a lei complementar como uma lei nacional. A posição, conforme já exposto, se dá por entender que os comandos da lei complementar atingem todos os entes federativos.[29]

Contudo, esse entendimento vem sendo contestado por autores como Solon Sehn, que entendem que as matérias tratadas pela lei complementar não necessariamente vão tratar sobre temas que abrangem todos os entes federativos, sendo hoje possível até mesmo a publicação de leis complementares estaduais. Além disso, no ordenamento jurídico brasileiro, há temas que, mesmo abrangendo todos os entes, não exigem uma lei complementar para sua regulamentação, podendo ser normatizados por leis ordinárias federais.[30]

Este parece ser atualmente o entendimento mais adequado em relação às leis nacionais e às leis complementares. O que definirá se uma lei é ou não nacional é a matéria tratada e os entes submetidos à legislação e não o fato de ser regulamentado

---

28 Segundo o autor, apesar de, na prática, as leis federais, federativas e nacionais serem semelhantes, não se confundem: "a diferença entre norma federativa e norma nacional: distingue-se o alcance imediato. Mediatamente, por reflexo, tanto as normas federativas repercutem na Nação, quanto às normas nacionais repercutem na Federação. Porém, imediatamente, por destinação, enquanto os primeiros incidem no convívio federativo, (de Estados e Municípios), as segundas incidem no convívio nacional (de nacionais e paranacionais). Por isso, não coincidem. Ambas – norma federativa e norma nacional – são transitivas. Partem da mesma origem: a União. Mas com destinos diferentes: a Federação e a Nação, transitam por duas órbitas diferentes, a do Estado Federal e a do Estado Nacional, embora dentro de um só e mesmo sistema: o do Estado". (BARROS, Sérgio Resende de. *Leis federais transitivas e intransitivas*. Constituição federal: avanços, contribuições e modificações no processo democrático brasileiro. Tradução. São Paulo: CEU – Centro de Extensão Universitária; Ed. Revista dos Tribunais, 2008. p. 634-636. Disponível em: http://www.srbarros.com.br/pt/lei-no-8_ 666--lei-federativa.cont. Acesso em: 10 jul. 2022).

29 "Considero a lei complementar uma lei nacional. Inclusive no que diz respeito às leis complementares que veiculam normas autoaplicáveis (imposto sobre grandes fortunas), visto que a relevância da matéria é de tal ordem que sua implantação pode ocasionar distorções no exercício harmônico dos poderes federativos. Por esta razão, tenho defendido a tese de que a lei complementar, que cria normas gerais, é lei da Federação e não da União, emprestando esta seu aparelho legislativo à Federação, que, por maioria absoluta, das Casas Legislativas da própria Federação (Senado) e do povo (Câmara), produz uma lei de dignidade legislativa superior à lei ordinária". (BASTOS, *apud* MARTINS, Ives Gandra da Silva. Imunidades Tributárias e as Leis Complementares, Ordinárias e Federais. *Revista Dialética de Direito Tributário*, n. 168, p. 75, 2009.)

30 Conforme expôs o autor, "Também parece inadequada a tentativa de caracterização da lei complementar como sendo uma lei nacional. Estas, diferente das leis federais stricto sensu, cujo âmbito de aplicação circunscreve-se à União e a seus administrados, aplicam-se a todas as pessoas políticas de direito constitucional interno, por serem fruto da atividade legislativa do Estado total ou global. Todavia, existem matérias que, apesar de não estarem sujeitas à reserva de lei complementar, constituem leis tipicamente nacionais. É o caso da competência privativa da União para legislar sobre direito civil, comercial e penal (CF, art. 22, I), que podem perfeitamente ser regulados por lei ordinária federal. Essa constatação já é suficiente para afastar as doutrinas que afirmam ser a lei complementar uma lei nacional, e não simplesmente federal.32 Além disso, a previsão pelo texto constitucional de leis complementares estaduais, como a do §3º do art. 25, também exclui a procedência dessa generalização indiscriminada". (SEHEN, Sólon. A Lei complementar no Sistema de Fontes do Direito Tributário. *Revista Dialética de Direito Tributário*, São Paulo, Dialética, n. 82, p. 120, 2002).

por lei complementar ou ordinária. Partindo desse posicionamento, seria possível a elaboração de leis complementares estaduais,[31] que regulamentassem a título de exemplo "conflitos de competência só entre ISS (municipal) e ICMS (estadual), entre ISS e IPI (federal)".[32]

O atual texto constitucional previu, conforme artigo 146, II, da CR/88, que caberá a lei complementar regulamentar as limitações ao poder de tributar e, apesar da discussão existente em relação à exclusividade da aplicação da lei complementar para tratar da matéria que será vista no tópico a seguir, partindo da aplicação do artigo como premissa inicial, todas as imunidades regulamentadas por lei complementar seriam leis nacionais.

Ao analisar o artigo 150, que dispõe que "é vedado à União, aos Estados, ao Distrito Federal e aos Municípios",[33] afastando a tributação em diversas situações, como a imunidade recíproca, sobre templos de qualquer culto, sobre livros, dentre outros, bem como o respeito a princípios da legalidade, noventena e da anterioridade do exercício financeiro, nota-se que há a abjunção da tributação de todos os entes. Dessa forma, entende-se que, qualquer lei complementar que tratar da regulamentação desse artigo abrangendo todos os entes será uma lei nacional.

Contudo, quando analisamos outros artigos da CR/88, como 151, 152, 153 §4 inciso II, que afastam a tributação apenas de determinado ente federativo, qualquer lei complementar que regular esses artigos será apenas lei federal ou estadual, se couber. Isso porque, conforme já exposto, uma lei complementar não necessariamente irá atingir todos os entes da federação, premissa necessária em todas as vertentes para que seja uma lei nacional, podendo tratar sobre assuntos locais.

3 O papel da lei complementar na regulamentação das regras de competência e limitações ao poder de tributar

Discute-se, a partir da exposição conceitual realizada, qual seria o papel e os limites de atuação do legislador ao utilizar de lei complementar para regulamentar as imunidades previstas no texto constitucional.

Dentre as matérias reservadas à lei complementar, elenca-se: (i) resolver conflitos de competência tributária entre os entes federados; (ii) estabelecer as limitações constitucionais ao poder de tributar; (iii) regular normas gerais relacionadas a tributos, conforme previsto no artigo 146 da CR/88.

Nesse sentido, o entendimento majoritário pela maioria dos autores é pela regulamentação das imunidades por meio da Lei Complementar.[34] Conforme expõe Ives Gandra,[35] o tema foi tratado no XXIII Simpósio Nacional de Direito Tributário, no

---

[31] BORGES, José Souto Maior Borges. *Revista de Direito Tributário nº 61*. São Paulo: Malheiros, 2013. p. 53.

[32] O STF já reconheceu a constitucionalidade das leis complementares estaduais, determinando no julgamento do Recurso Extraordinário nº 106.032/SP que as hipóteses de cabimento da lei complementar estadual estão limitadas às previstas na CR/88.

[33] BRASIL. *Constituição da República de 1988*. Disponível em: https://www.planalto.gov.br/ccivil_03/Constituicao/Constituicao.htm. Acesso em: 20 maio 2024.

[34] MARTINS, Ives Gandra da Silva. Imunidades Tributárias e as Leis Complementares, Ordinárias e Federais. Revista Dialética de Direito Tributário, n. 168, p. 45, 91, 139-140, 149, 171, 228 e 368, 2009.

[35] MARTINS, Ives Gandra da Silva. Imunidades Tributárias e as Leis Complementares, Ordinárias e Federais. *Revista Dialética de Direito Tributário*, n. 168, p. 71, 2009.

qual também chegaram à conclusão de que, por força do artigo 146, II, da CF/88, faz-se necessário a edição de lei complementar.

Ocorre que autores, como Aliomar Baleeiro, sustentam que não é necessária a edição de lei complementar para regulamentação das imunidades, uma vez que a CR/88 não o fez de forma explícita e clara, como fez diante de outros dispositivos.[36] Nesse caso, não estaria em consonância com o texto constitucional utilizar a expressão "Lei" sendo que sempre prevê de forma expressa o uso de "Lei Complementar" nos seus artigos.

Ademais, entre os argumentos que defendem a utilização da lei ordinária está o critério da especialidade. Conforme defende o autor Carlos André Ribas de Mello, o artigo 150, VI, C, da CR/88, permite a edição de lei ordinária, visto que se trata de uma norma especial em relação ao artigo 146, II da CR/88, aplicando-se especificamente e exclusivamente a situação.

Este tem sido o argumento dos que defendem a constitucionalidade do artigo 2º da lei ordinária nº 9.393/1996, que definiu o conceito de "pequenas glebas rurais" para determinação da imunidade do ITR, regulando o artigo 153, § 4º, II, CR/88.[37] Para autores como Yoshiaki Ichihara e Ercias Rodrigues de Sousa,[38] é cabível a lei ordinária dado que, além de beneficiar o contribuinte que anteriormente não tinha seus direitos fundamentais assegurados, o artigo não faz menção diretamente à lei complementar. Conforme já exposto, tal argumento não parece razoável para sustentar a elaboração de leis ordinárias para tratar das imunidades e demais limitações ao poder de tributar, sendo afastada por boa parte da doutrina e pelos tribunais superiores.

Ricardo Lobo Torres, em sua abordagem, destaca que compete à lei complementar estabelecer os critérios que legitimam o exercício do direito à imunidade.[39] Isso inclui, por exemplo, a exigência de que as entidades beneficiadas utilizem integralmente os recursos no território nacional. Por outro lado, atribui-se à lei ordinária a função de definir as condições para a existência da pessoa imune e regulamentar seu processo de legalização.

---

[36] BALEEIRO, Aliomar. *Direito Tributário Brasileiro*. 12. ed. Rio de Janeiro: Forense, 2013. p. 222.

[37] A CR/88 prevê em seu artigo 153, §4º, II, CR/88: "Compete à União instituir impostos sobre: §4º O imposto previsto no inciso VI do caput: II – não incidirá sobre pequenas glebas rurais, definidas em lei, quando as explore o proprietário que não possua outro imóvel; (Incluído pela Emenda Constitucional nº 42, de 19.12.2003) (BRASIL. *Constituição da República de 1988*. Disponível em: https://www.planalto.gov.br/ccivil_03/Constituicao/Constituicao.htm. Acesso em: 20 maio 2024). Apesar do artigo utilizar-se da expressão "definidas em lei", trata-se de uma imunidade que deveria ser regulada por lei complementar, conforme artigo 146, II, da CR/88. Contudo, o legislador, por meio de lei complementar determinou no 2º da lei nº 9.393/1996: Art. 2º Nos termos do art. 153, §4º, in fine, da Constituição, o imposto não incide sobre pequenas glebas rurais, quando as explore, só ou com sua família, o proprietário que não possua outro imóvel. Parágrafo único. Para os efeitos deste artigo, pequenas glebas rurais são os imóveis com área igual ou inferior a: I – 100 ha, se localizado em município compreendido na Amazônia Ocidental ou no Pantanal mato-grossense e sul-mato-grossense; II – 50 ha, se localizado em município compreendido no Polígono das Secas ou na Amazônia Oriental; III – 30 ha, se localizado em qualquer outro município". (BRASIL. *Lei nº 9.393, de 19 de dezembro de 1996*. Dispõe sobre o Imposto sobre a Propriedade Territorial Rural – ITR, sobre pagamento da dívida representada por Títulos da Dívida Agrária e dá outras providências. Casa Civil, Presidência da República, DOU de 20 dez. 1996. Disponível em: https://www.planalto.gov.br/ccivil_03/leis/l9393.htm. Acesso em: 10 maio 2024).

[38] Nas palavras do jurista, que defende a utilização da lei ordinária: "Assim, porque se refere o Constituinte singelamente à lei, entendemos hábil o veículo e perfeito o comando emitido, estando ao abrigo de qualquer tentativa de tributação a propriedade daquelas glebas mantidas dentro do paradigma posto pela lei ordinária". (SOUSA, Ercias Rodrigues de. *As imunidades tributárias na Constituição Federal*. Curitiba: Juruá, 2003. p. 177-179)

[39] TORRES, Ricardo Lobo. *Curso de Direito Financeiro e Tributário*. 16. ed. Rio de Janeiro: Renovar, 2009.

O Supremo Tribunal Federal (STF), embora sem uma análise aprofundada sobre a matéria, apresentou uma posição similar. Ao julgar a ADI nº 1802, tratou o tema após o legislador infraconstitucional legislar sobre o artigo 150, VI, C da CR/88 por meio de uma lei ordinária: Inicialmente, o legislador editou a Lei Ordinária nº 9.430/1996,[40] a qual regulamentou o procedimento de suspensão da imunidade, quando não cumprido o estabelecido nos artigos 9º, §1º, e 14 do Código Tributário Nacional; Posteriormente, através da Lei Ordinária nº 9.532/1997,[41] que sofreu algumas alterações com a lei nº 9.718/1998 e nº 12.868/2013, as quais o legislador, nos artigos 12, 13 e 14, determinou quais seriam as instituições de educação ou de assistência social e os requisitos para gozar da imunidade, quais os rendimentos que não estariam abarcados pela imunidade e novas hipóteses de suspensão em caso de cometimento de infração.

O STF, ao analisar a questão, considerou inconstitucional o *caput*, parágrafo primeiro e alínea F do artigo 12, o artigo 13 e 14 da Lei nº 9.532/1997, sob o argumento de que caberia exclusivamente à lei complementar a delimitação, bem como as condições para o gozo da imunidade prevista no artigo 150, VI, C da CR/88. Ademais, ressaltou-se que nem mesmo a lei complementar teria poder para determinar o que seria ou não objeto da imunidade, visto que tal limitação só poderia ser feita pelo constituinte, que não o fez.[42]

---

[40] Conforme Art. 32 da Lei nº 9.430/1996: "A suspensão da imunidade tributária, em virtude de falta de observância de requisitos legais, deve ser procedida de conformidade com o disposto neste artigo. §1º Constatado que entidade beneficiária de imunidade de tributos federais de que trata a alínea c do inciso VI do art. 150 da Constituição Federal não está observando requisito ou condição previsto nos arts. 9º, §1º, e 14, da Lei nº 5.172, de 25 de outubro de 1966 – Código Tributário Nacional, a fiscalização tributária expedirá notificação fiscal, na qual relatará os fatos que determinam a suspensão do benefício, indicando inclusive a data da ocorrência da infração (...)". (BRASIL. *Lei nº 9.393, de 19 de dezembro de 1996*. Dispõe sobre o Imposto sobre a Propriedade Territorial Rural – ITR, sobre pagamento da dívida representada por Títulos da Dívida Agrária e dá outras providências. Casa Civil, Presidência da República, DOU de 20 dez. 1996. Disponível em: https://www.planalto.gov.br/ccivil_03/leis/l9393.htm. Acesso em: 10 maio 2024). Entende-se, no presente estudo, que o artigo mencionado não violou a Constituição, uma vez que apenas regulamentou o procedimento já previsto em lei complementar, no caso o CTN. Na decisão proferida na ADI nº 1802 posteriormente, o STF ao analisar a Lei nº 9.532/1997, ratificou esse posicionamento.

[41] Dentre os artigos declarados inconstitucionais pelo STF em decorrência do vício formal da utilização da lei ordinária, estão: Art. 12, da Lei nº 9.532/1997: "Para efeito do disposto no art. 150, inciso VI, alínea 'c', da Constituição, considera-se imune a instituição de educação ou de assistência social que preste os serviços para os quais houver sido instituída e os coloque à disposição da população em geral, em caráter complementar às atividades do Estado, sem fins lucrativos. (*Vide* artigos 1º e 2º da Mpv nº 2.189-49, de 2001) (*Vide* Medida Provisória nº 2158-35, de 2001) §1º Não estão abrangidos pela imunidade os rendimentos e ganhos de capital auferidos em aplicações financeiras de renda fixa ou de renda variável. §2º Para o gozo da imunidade, as instituições a que se refere este artigo, estão obrigadas a atender aos seguintes requisitos: (...) Art. 13. Sem prejuízo das demais penalidades previstas na lei, a Secretaria da Receita Federal suspenderá o gozo da imunidade a que se refere o artigo anterior, relativamente aos anos-calendários em que a pessoa jurídica houver praticado ou, por qualquer forma, houver contribuído para a prática de ato que constitua infração a dispositivo da legislação tributária, especialmente no caso de informar ou declarar falsamente, omitir ou simular o recebimento de doações em bens ou em dinheiro, ou de qualquer forma cooperar para que terceiro sonegue tributos ou pratique ilícitos fiscais". (BRASIL. *Lei nº 9.532, de 10 de dezembro de 1997*. Altera a legislação tributária federal e dá outras providências. Casa Civil, Presidência da República, DOU de 11 dez. 1997. Disponível em: https://www.planalto.gov.br/ccivil_03/Leis/L9532.htm. Acesso em: 20 maio 2024).

[42] Conforme voto proferido pelo Relator Ministro Relator Marco Aurélio: "Com o advento da Constituição de 1988, o constituinte dedicou uma seção específica às 'limitações do poder de tributar' (art. 146, II, CF) e nela fez constar a imunidade das instituições de assistência social. Diante de tal fato, mesmo com a referência expressa ao termo 'lei', não há mais como sustentar que inexiste reserva de lei complementar. Com efeito, a Carta Magna estabeleceu, em seu art. 146, II, cabe à lei complementar regular as limitações constitucionais ao poder de tributar. (...) No entanto, é importante destacar que a necessidade de lei complementar para disciplinar as limitações ao poder de tributar, por óbvio, não impede que o constituinte selecione matérias passíveis de alteração de forma menos rígida, permitindo uma adaptação mais fácil do sistema às modificações fáticas e contextuais, com o propósito de velar melhor pelas finalidades constitucionais. (...) No mais, a definição dos limites objetivos ou materiais, bem como dos aspectos subjetivos ou formais, atende aos princípios da proporcionalidade e da razoabilidade, não

Contudo, o STF não afastou a possibilidade da lei ordinária quando se tratar de matéria menos rígida em relação às imunidades, quando se tratar de procedimentos, ou mudanças fáticas e contextuais, com o fim de tornar mais eficiente o sistema. Ao analisar o RE nº 636.941/RS, de maneira semelhante, a Corte sustentou que o papel da Lei Complementar restringe-se aos aspectos materiais ou objetivos, enquanto a lei ordinária trata do âmbito formal e subjetivo. Assim, questões relativas à renda, patrimônio e serviços abrangidos pela imunidade são atribuídas à Lei Complementar, ao passo que a lei ordinária regula os sujeitos e os requisitos para a concessão da imunidade.

No que se refere ao conteúdo a ser regulamentado por Lei Complementar, autores como Sacha Calmon[43] e Geraldo Ataliba[44] alegam que as imunidades já possuem os seus limites previstos no próprio Texto. A sua regulação é muitas vezes desnecessária, visto que, ao conceituar a imunidade, a CR/88 já limita seu sujeito e objeto.

Sacha Calmon expõe que o legislador somente está obrigado a regulamentar as imunidades, através da lei complementar, quando houver previsão expressa da sua necessidade no Texto Constitucional.[45] Partindo do pressuposto de que se trata de um dever estabelecido pelo poder de primeiro grau, para o autor, quando a Constituição prevê obrigatoriamente a necessidade de regulação pela lei complementar, caso não haja, a imunidade estaria por si só inaplicável.[46] Nesse sentido, caso não haja a regulamentação obrigatória e o artigo tenha eficácia limitada, os contribuintes podem distribuir mandado de injunção.

Contudo, parte da doutrina discorda do autor. Uma vez que as imunidades previstas na CR/88 nada mais do que representam a vontade do legislador em proteger

---

implicando significativa restrição do alcance do dispositivo interpretado – qual seja, o conceito de imunidade – ou redução das garantias dos contribuintes. (Relator: Min. Marco Aurélio)".

43 Dentre os autores que consideram irrelevantes a regulamentação das imunidades através da lei complementar, encontra-se Sacha Calmon, que traduz: "As leis complementares para regular limitações ao poder de tributar, repelimo-las por entender que são desnecessárias, só se apropositado em raros casos de dispositivos de eficácia limitada para evitar paralisia constitucional. Mesmo assim, as vedações deveriam sair prontas da CF". (CALMON, Sacha. A Lei Complementar como Agente Normativo Ordenador do Sistema Tributário e da Repartição das Competências Tributárias. São Paulo: Revista dos Tribunais, 2016. p. 682).

44 Para Geraldo Ataliba, a atuação do legislador através da lei complementar possui muita relevância e acabou sendo um assunto esquecido pela doutrina por um longo período. Sua importância se dá uma vez que "Nenhuma lei pode ampliar ou restringir a imunidade que é ontologicamente constitucional". (ATALIBA, Geraldo. Normas Gerais de Direito Financeiro e Tributário e Autonomia dos Estados e Municípios. Revista de Direito Público, n. 10, p. 231, 1969).

45 Aduz o autor: "Quando a Constituição põe uma limitação ao poder de tributar, sem requisitar tópica e expressamente lei complementar, a competência conferida ao legislador da lei complementar para regulá-la é uma competência facultativa. Exercê-la-á o legislador pós-constitucional se quiser (trata-se de poder-faculdade na lição de Santi Romano) (...) Quando a Constituição põe uma limitação ao poder de tributar, requisitando tópica e expressamente lei complementar, seja para conter, seja para ditar conteúdo normativo (proibições de eficácia limitada e proibições de eficácia contível), ao legislador da lei complementar é dada uma competência obrigatória (poder dever na terminologia de Santi Romano". (CALMON, Sacha. *A Lei Complementar como Agente Normativo Ordenador do Sistema Tributário e da Repartição das Competências Tributárias*. São Paulo: Revista dos Tribunais, 2016. p. 681).

46 O autor conclui o raciocínio no seguinte sentido: "O artigo 150, VI, c, dispõe que é vedado instituir impostos sobre o patrimônio, a renda ou os serviços dos partidos políticos, inclusive as suas fundações, das entidades sindicais dos trabalhadores, das instituições de educação e de assistência social, sem fins lucrativos, atendidos os requisitos da lei. Nesta hipótese, o dispositivo constitucional vedatório exige complementação quanto aos requisitos sem os quais não é possível a fruição da imunidade. O legislador, sob pena de omissão, está obrigado a editar lei complementar (regulação obrigatória)". (CALMON, Sacha. *A Lei Complementar como Agente Normativo Ordenador do Sistema Tributário e da Repartição das Competências Tributárias*. São Paulo: Revista dos Tribunais, 2016. p. 68).

determinados contribuintes ou situações da atuação do Estado Fiscal, os sujeitos beneficiados por essa vontade não podem ser prejudicados apenas por ausência de lei regulatória e conduta omissiva do legislador infraconstitucional, que deixou de cumprir seu dever legal.[47] O que não pode haver é, ao considerar as imunidades como direito fundamental ou uma garantia aos direitos fundamentais, os contribuintes terem seus direitos violados por uma omissão do Estado, que pode não possuir interesse na regulamentação, buscando justamente aumentar sua tributação.

No que se refere à eficácia limitada apontada pelo autor, José Afonso da Silva[48] define as leis complementares como "leis integrativas de normas constitucionais de eficácia limitada, contendo princípio institutivo ou de criação de órgãos, e sujeitas à aprovação pela maioria absoluta dos membros das duas Casas do Congresso Nacional". Contudo, quando entendemos que as imunidades têm aplicabilidade independente da lei complementar, em caso de omissão do legislador, as imunidades seriam normas de eficácia contida, uma vez que possuem aplicação independente da regulamentação, podendo ser limitada a qualquer tempo pelo instituto legal. Nesse sentido, José Afonso da Silva define as normas de eficácia contida como:

> aquelas em que o legislador constituinte regulou suficientemente os interesses relativos a determinada matéria, mas deixou margem à atuação restritiva por parte da competência discricionária do Poder Público, nos termos que a lei estabelecer ou nos termos de conceitos gerais nelas enunciados.[49]

Assim, as normas de eficácia contida, como as imunidades, são normas de eficácia plena e de aplicabilidade imediata, pois possuem juridicidade suficiente, uma vez que estão presentes os critérios espacial, material, temporal, pessoal e quantitativo, de forma suficiente para vinculação do direito a usufruir do instituto, cabendo ao legislador, nesse sentido, restringir a sua eficácia, disciplinando apenas sobre os direitos subjetivos.

Em consonância com esse entendimento, parte-se do pressuposto de que a lei complementar, quando trata acerca das limitações ao poder de tributar e, mais especificamente sobre as imunidades, não tem o papel de aumentar, reduzir ou alterar o disposto expressamente pelo legislador originário, conforme expõe Moreira Alves, "não é possível se admitir que uma lei complementar, ainda que a Constituição diga que ela pode regular limitações à competência tributária, possa aumentar restrições a essa competência. Ela pode é regulamentar".[50] Nesse sentido, caberia ao legislador apenas o papel de regular estritamente nos limites estabelecidos pelo constituinte originário,

---

47 Para Humberto Ávila, apesar de a sua aplicação estar condicionada à regulamentação legal, caso não haja essa regulamentação, ainda assim é possível o cumprimento da imunidade, haja vista que: "a Constituição Federal, expressa ou implicitamente, estabelece os requisitos cujo preenchimento habilita a entidade à fruição do direito à imunidade". (ÁVILA, Humberto. *Sistema Constitucional Tributário*. 4. ed. São Paulo: Saraiva, 2010. p. 141).

48 SILVA, José Afonso da. *Aplicabilidade das Normas Constitucionais*. 3. ed. São Paulo: Malheiros Editores, 1998. p. 194.

49 SILVA, José Afonso da. *Aplicabilidade das Normas Constitucionais*. 3. ed. São Paulo: Malheiros Editores, 1998. p. 116.

50 MARTINS, Ives Gandra da Silva. Imunidades Tributárias e as Leis Complementares, Ordinárias e Federais. *Revista Dialética de Direito Tributário*, n. 168, p. 79, 2009).

via de regra no âmbito da operacionalização da sua aplicação, sendo inconstitucional qualquer lei complementar que ultrapasse esse limite.[51]

Conclusão

Destaca-se a extrema relevância das leis complementares para o ordenamento jurídico brasileiro, sobretudo no contexto tributário. Elas representam instrumentos poderosos para a regulação de normas criteriosamente selecionadas pelo constituinte originário, proporcionando clareza, coesão e estabilidade às regras tributárias. Contudo, é crucial ressaltar que a sua utilização desmedida pode gerar insegurança e instabilidade no sistema tributário nacional.

As imunidades, por sua vez, representam uma garantia ao contribuinte e um dever do Estado. São uma ordem direta da CR/88 que limitam a atuação do poder legislativo, independente do contexto ou cenário político e social, enquanto estiver vigente.

Observa-se que determinados aspectos das imunidades tributárias podem ser adequadamente regulamentados por lei ordinária, conforme decidido pelos tribunais superiores. Essa abordagem permite uma maior flexibilidade e celeridade no processo legislativo, garantindo que as imunidades possam ser adaptadas às necessidades e evoluções socioeconômicas e políticas do país.

Contudo, merece atenção o presente posicionamento, uma vez que o limite do que pode ou não ser regulado por lei ordinária pode vir a se tornar extremamente subjetivo, e utilizado para estratégias políticas, aumentando o risco de ações judiciais que discutam a constitucionalidade dessas normas. Por tanto, é necessário atenção ao núcleo essencial estabelecido na Constituição Federal de 1988.

Uma vez que a CR/88 dispõe sobre as imunidades, seus objetos e sujeitos, ela conceitua e limita o instituto. Logo, o papel do legislador não pode ultrapassar os limites postos pela Constituição. Ampliar ou reduzir conceitos constitucionalmente postos significa alterar a abrangência da competência tributária, e as imunidades, por força do constituinte originário, já limitaram de forma suficiente a competência do legislador nesse sentido.

Por fim, destaca-se o papel do legislador, que deve conduzir uma análise minuciosa e sistemática de todo o ordenamento jurídico. Isso visa evitar quaisquer inconstitucionalidades materiais ou formais, garantindo a harmonia e a conformidade da legislação com as garantias fundamentais estabelecidas na Constituição. Dessa forma, a utilização

---

[51] Para Clélio Chiesa, o papel da lei complementar é restrito, não podendo ultrapassar o limite constitucional estabelecido: "nas imunidades condicionadas o constituinte esgotou a atividade legiferante quanto ao delineamento do direito material, ou seja, quanto ao âmbito de abrangência das imunidades contempladas no texto constitucional, deixando ao legislador ordinário apenas a tarefa de disciplinar o procedimento que deve ser adotado pelo beneficiário para ter direito à fruição dos benefícios de determinada imunidade, nada mais." O autor conclui afirmando que "a lei complementar que, a título de regular as imunidades condicionadas, dificultar excessivamente o gozo dos seus benefícios é absolutamente inconstitucional, pois o seu espectro é restrito a editar normas necessárias a dar operatividade aos comandos constitucionais e não anulá-los". (CHIESA, Clélio. Imunidades e Normas Gerais de Direito Tributário. *In*: SANTI, Eurico Marcos Diniz de (Coord.). *Curso de especialização em direito tributário*: estudos analíticos em homenagem a Paulo de Barros Carvalho. Rio de Janeiro: Forense, 2007. p. 925.).

criteriosa das leis complementares apresenta-se como um imperativo para a eficiência e a segurança jurídica do sistema tributário brasileiro.

Referências

ÁVILA, Humberto. *Sistema Constitucional Tributário*. 4. ed. São Paulo: Saraiva, 2010.

ATALIBA, Geraldo. Normas Gerais de Direito Financeiro e Tributário e Autonomia dos Estados e Municípios. *Revista de Direito Público*, n. 10, 1969.

BALEEIRO, Aliomar. *Direito Tributário Brasileiro*. 12. ed. Rio de Janeiro: Forense, 2013.

BALEEIRO, Aliomar. *Limitações Constitucionais ao Poder de Tributar*. 8. ed. atualizada por Misabel Abreu Machado Derzi. Rio de Janeiro: Forense, 2010.

BARROS, Sérgio Resende de. *Leis federais transitivas e intransitivas*. Constituição federal: avanços, contribuições e modificações no processo democrático brasileiro. Tradução. São Paulo: CEU – Centro de Extensão Universitária; Ed. Revista dos Tribunais, 2008. Disponível em: http://www.srbarros.com.br/pt/lei-no-8_ 666--lei-federativa.cont. Acesso em: 10 jul. 2022.

BORGES, José Souto Maior. *Isenções tributárias*. São Paulo: Sugestões Literárias, 1969.

BORGES, José Souto Maior Borges. *Revista de Direito Tributário nº 61*. São Paulo: Malheiros, 2013.

BORGES, José Souto Maior. *Teoria da Isenção Tributária*. 3. ed. São Paulo: Malheiros, 2001.

BRASIL. *Constituição da República de 1988*. Disponível em: https://www.planalto.gov.br/ccivil_03/Constituicao/Constituicao.htm. Acesso em: 20 maio 2024.

BRASIL. *Constituição da República dos Estados Unidos do Brasil de 1981*. Rio de Janeiro, 1891.

BRASIL. *Emenda Constitucional nº 17, de 26 de novembro de 1965. Altera dispositivos constitucionais referentes ao Poder Legislativo*. Casa Civil, Presidência da República, DOU de 06 dez. 1965. Disponível em: https://www.planalto.gov.br/ccivil_03/Constituicao/Emendas/Emc_anterior1988/emc17-65.htm. Acesso em: 20 maio 2024.

BRASIL. *Emenda do Parlamentarismo Brasileiro nº 4, de 02 de setembro de 1961*. Institui o sistema parlamentar do governo. Casa Civil, Presidência da República, DOU de 02 set. 1961. Disponível em: https://www.planalto.gov.br/ccivil_03/constituicao/emendas/emc_anterior1988/emc04-61.htm. Acesso em: 20 maio 2024.

BRASIL. *Lei nº 9.393, de 19 de dezembro de 1996*. Dispõe sobre o Imposto sobre a Propriedade Territorial Rural – ITR, sobre pagamento da dívida representada por Títulos da Dívida Agrária e dá outras providências. Casa Civil, Presidência da República, DOU de 20 dez. 1996. Disponível em: https://www.planalto.gov.br/ccivil_03/leis/l9393.htm. Acesso em: 10 maio 2024.

BRASIL. *Lei nº 9.532, de 10 de dezembro de 1997*. Altera a legislação tributária federal e dá outras providências. Casa Civil, Presidência da República, DOU de 11 dez. 1997. Disponível em: https://www.planalto.gov.br/ccivil_03/Leis/L9532.htm. Acesso em: 20 maio 2024.

CALMON, Sacha. *A Lei Complementar como Agente Normativo Ordenador do Sistema Tributário e da Repartição das Competências Tributárias*. São Paulo: Revista dos Tribunais, 2016.

CARRAZA, Roque Antônio. *Curso de Direito Constitucional Tributário*. 33. ed. São Paulo: Malheiros, 2021.

CHIESA, Clélio. Imunidades e Normas Gerais de Direito Tributário. *In*: SANTI, Eurico Marcos Diniz de (Coord.). *Curso de especialização em direito tributário*: estudos analíticos em homenagem a Paulo de Barros Carvalho. Rio de Janeiro: Forense, 2007.

COSTA, Regina Helena. *Imunidades tributárias*. 2. ed. rev. e atual. São Paulo: Malheiros, 2006.

DERZI, Misabel. *Limitações Constitucionais ao Poder de Tributar*. Nota de atualização, 2010.

JORGE, Carolina Schäffer Ferreira. *Interpretação das Imunidades do Art. 150*, Vi, da Constituição Federal. São Paulo, 2014.

KELSEN, Hans. *Teoria Geral do Direito e do Estado*. São Paulo: Ed. Martins Fontes, 2000.

ICHIHARA, Yoshiaki. *Imunidades tributárias*. São Paulo: Atlas, 2000. p. 319-320.

MACHADO, Hugo de Brito. *Curso de Direito Tributário*. 30. ed. São Paulo: Malheiros Editores, 2009.

MARTINS, Ives Gandra da Silva. Imunidades Tributárias e as Leis Complementares, Ordinárias e Federais. *Revista Dialética de Direito Tributário*, n. 168, 2009.

MELLO, Carlos André Ribas de. A imunidade e a espécie legislativa contida no art. 150, VI, c, da Constituição – lei complementar ou lei ordinária? *Revista Dialética de Direito Tributário*, v. 79, p. 24-34, abr./2002.

MORAES, Bernardo Ribeiro de. A Imunidade Tributária e Seus Novos Aspectos. *In*: MARTINS, Ives Gandra da Silva (Coord.). *Imunidades Tributárias*. São Paulo: Revista dos Tribunais: Centro de Extensão Universitária, 1998.

PEREIRA, Hélio do Valle. *Manual da Fazenda*. Pública em juízo. 3. ed. rev., atual., ampl. Rio de Janeiro: Renovar, 2008.

SEHEN, Sólon. A Lei complementar no Sistema de Fontes do Direito Tributário. *Revista Dialética de Direito Tributário*, São Paulo, Dialética, n. 82, 2002.

SILVA, José Afonso da. *Aplicabilidade das Normas Constitucionais*. 3. ed. São Paulo: Malheiros Editores, 1998.

SILVA, José Afonso da. *Comentário contextual à Constituição*. 2. ed. São Paulo: Malheiros, 2006.

SOUSA, Ercias Rodrigues de. *As imunidades tributárias na Constituição Federal*. Curitiba: Juruá, 2003. p. 177-179.

TORRES, Ricardo Lobo. *Curso de Direito Financeiro e Tributário*. 16. ed. Rio de Janeiro: Renovar, 2009.

Informação bibliográfica deste texto, conforme a NBR 6023:2018 da Associação Brasileira de Normas Técnicas (ABNT):

LIMA, Kaleandra de Castro. Imunidades tributárias: o papel da lei complementar na limitação constitucional ao poder de tributar. In: LOBATO, Valter de Souza (coord.); MARINHO NETO, José Antonino (org.). *O papel da lei complementar tributária no desenho federativo brasileiro*. Belo Horizonte: Fórum, 2024. p. 379-395. ISBN 978-65-5518-779-3.

IMUNIDADES TRIBUTÁRIAS E A NECESSIDADE DE LEI COMPLEMENTAR PARA SUA EFETIVAÇÃO

SERGIO VILLANOVA VASCONCELOS,
RAFAEL KORFF WAGNER

Introdução

O presente artigo pretende investigar as imunidades tributárias, oferecendo uma visão aprofundada sobre seu papel e implicações no ordenamento jurídico brasileiro. As imunidades, originárias do termo latino *immunitas*, denotam uma proteção contra a incidência tributária, desempenhando um papel crucial na configuração do sistema fiscal brasileiro.

A pesquisa foi direcionada pelo seguinte problema de pesquisa: quais são as naturezas e classificações das imunidades tributárias no contexto jurídico brasileiro, e quais delas demandam a implementação de leis complementares para sua efetivação? Este questionamento central visou desvendar a aplicação das imunidades tributárias, enfatizando tanto suas definições e categorizações quanto a necessidade de legislação complementar para sua efetivação no Brasil.

Compreender a relevância social do tema das imunidades tributárias é fundamental, uma vez que essas normas têm um impacto direto na vida dos cidadãos e na estruturação da sociedade como um todo. No contexto social, as imunidades tributárias desempenham um papel essencial ao promover a igualdade de acesso a serviços e instituições de grande importância, como educação, saúde e religião. Ao imunizar entidades que oferecem esses serviços do pagamento de tributos, o Estado reconhece a relevância de tais atividades para o desenvolvimento humano e a construção de uma sociedade mais justa.

Do ponto de vista jurídico, o tema das imunidades tributárias é de grande relevância, pois envolve a interpretação e aplicação de dispositivos constitucionais que têm impacto direto nas finanças públicas e no sistema tributário brasileiro. A Constituição Federal de 1988 estabelece as bases para as imunidades, porém, muitas vezes, é necessária a intervenção do Poder Judiciário para esclarecer questões específicas relacionadas a essas normas. Isso implica uma constante evolução na jurisprudência, à medida que novos casos são apresentados e novos argumentos são desenvolvidos. Além disso, as imunidades tributárias também são relevantes no âmbito legislativo, já que a criação de leis complementares para regulamentá-las é uma tarefa que requer análise detalhada, o que se pretende investigar no presente artigo.

O método adotado incluiu uma pesquisa bibliográfica detalhada, com ênfase na qualidade e profundidade da análise, e utilizou-se do raciocínio dedutivo para elucidar as nuances das imunidades tributárias.

A primeira seção do artigo centrou-se no conceito e na evolução histórica das imunidades tributárias. Aqui, o estudo traçou suas origens e discutiu como diferentes pensadores jurídicos interpretam essas imunidades. A segunda seção detalhou a classificação das imunidades tributárias, categorizando-as em subjetivas, objetivas e mistas. Este segmento forneceu uma visão clara das diferentes formas de imunidades e suas implicações específicas no ordenamento jurídico brasileiro, ressaltando a complexidade e a diversidade do tema.

Seguiu-se uma exploração detalhada das imunidades que demandam lei complementar. Essa parte do trabalho ressaltou a relevância dessas leis no estabelecimento de critérios e limites para a aplicação de imunidades, enfatizando seu papel na garantia de justiça e uniformidade no sistema tributário.

As considerações finais refletiram sobre a necessidade de equilibrar os direitos dos cidadãos com as exigências fiscais do Estado. O artigo salientou a importância de manter as leis tributárias atualizadas e alinhadas com as mudanças econômicas e sociais, garantindo um sistema tributário que não apenas siga os preceitos constitucionais, mas que também atenda às necessidades contemporâneas da sociedade.

O estudo busca contribuir para um entendimento mais abrangente das imunidades tributárias, destacando a necessidade de uma regulamentação cuidadosa e a sua influência no tecido social e jurídico. Almejou enriquecer o debate acadêmico e informar práticas jurídicas, fornecendo contribuições valiosas para estudiosos, juristas e legisladores. Finalmente, este artigo buscou provocar uma reflexão sobre as imunidades tributárias, incentivando um diálogo contínuo entre teoria e prática e destacando a importância de uma ampla abordagem no estudo do Direito Tributário.

1 Conceito de imunidades tributárias

O termo "imunidade" deriva do latim antigo *immunitas*, instituto em que determinadas pessoas e situações eram liberadas do pagamento de determinados *munus* ou encargos, por exemplo, tributos.[1] Trata-se, assim, de uma espécie de exoneração tributária, cujo fundamento principal é duplo: a vedação de que o Estado, através de imposições fiscais, invada a esfera da liberdade mínima do cidadão (proteção ao mínimo social); e uma forma de preservar as instituições básicas do Estado, tal o caso das instituições voltadas para a democracia e dos entes que se empenham na gestão e manutenção da Administração Pública e prestação de serviços públicos.[2]

Ao longo do tempo, a doutrina tem defendido o conceito de imunidade tributária como uma limitação constitucional às competências tributárias, ou seja, como hipóteses

1 SABBAG, Eduardo. *Direito Tributário Essencial*. 7. ed. Rio de Janeiro: Forense, 2020. p. 68.

2 MAZZA, Alexandre. *Manual de direito tributário*. 5. ed. São Paulo: Editora Saraiva Educação, 2019. p. 437.

de não incidência previstas na CF/88. Essa definição é compartilhada por vários juristas. Todos esses estudiosos concordam que a imunidade, a isenção e a não incidência são hipóteses de desoneração do tributo, diferindo apenas no veículo utilizado para introduzir essas normas.[3]

Alfredo Augusto Becker considera que imunidade seja "hipótese de não-incidência constitucionalmente qualificada".[4] Segundo ele, na imunidade, não se origina uma obrigação tributária, nem se estabelece um crédito. A imunidade é a representação da própria ausência de aplicação de tributos.

No entanto, Roque Antônio Carrazza propõe uma outra interpretação do conceito de imunidade tributária, sugerindo que essa expressão pode ter duas acepções. A primeira, mais ampla, refere-se à incompetência da pessoa política para tributar. Já a segunda, mais restrita, veda aos entes políticos a tributação de pessoas específicas em virtude de sua natureza jurídica, atividade desempenhada ou relação com determinados fatos, bens ou situações.[5]

De acordo com o autor citado, as imunidades tributárias são uma classe limitada e claramente identificável de normas jurídicas que constam expressamente no texto da CF/88 e estabelecem a incompetência das pessoas políticas de direito constitucional interno para criar tributos que incidam sobre situações específicas e suficientemente caracterizadas.

Em uma visão semelhante, Leandro Pausen define imunidades tributárias como um conjunto de normas jurídicas contidas no regramento constitucional que estabelecem a incompetência das pessoas políticas de direito constitucional interno para tributar determinadas situações especificadas.[6] Em outras palavras, a edição de normas tributárias não poderá alcançar as situações contempladas por normas imunizantes, de forma que tais normas colaboram no campo impositivo e impõem limites à atividade legislativa.

Assim, é possível conceituar as imunidades como: a) conjunto de normas jurídicas: Representa um número limitado de normas que contemplam hipóteses de imunidade; b) contempladas na CF/88: Condição essencial para a classificação de uma norma como sendo imunizante; c) que estabelecem a incompetência das pessoas políticas de direito constitucional interno para instituírem tributos sobre certas situações nela especificadas: As imunidades são normas de estrutura que se dirigem ao legislador, delimitando seu campo de atuação de forma negativa.

Em outras palavras, imunidades tributárias são normas jurídicas contidas na CF/88 que determinam a incompetência das pessoas políticas de direito constitucional interno para instituírem tributos que alcancem a situação delimitada pelas referidas normas, sendo que tais normas somente poderão ser regulamentadas leis complementares que não dificultem excessivamente o gozo do benefício tributário em questão.

---

[3] Imunidade, isenção e não incidência são conceitos distintos na desoneração tributária. Imunidade é uma limitação constitucional ao poder de tributar. Isenção é uma dispensa legal do pagamento de tributo, concedida por lei. Não incidência ocorre quando a situação fática não se enquadra na hipótese de incidência do tributo.

[4] BECKER, Alfredo Augusto. *Teoria geral de direito tributário*. São Paulo: Saraiva, 1963. p. 198.

[5] CARRAZZA, Roque Antonio. *A imunidade tributária das Empresas Estatais Delegatárias de Serviços Públicos*. São Paulo: Editora Malheiros, 2004. p. 171.

[6] PAULSEN, Leandro. *Curso de Direito Tributário completo*. 11. ed. São Paulo: Saraiva, 2020. p. 108.

O instituto aqui em ênfase tem como objetivo primordial o benefício da sociedade em que estão inseridas. É importante destacar que a sociedade é o verdadeiro titular da imunidade e não as entidades ou instituições que dela se utilizam. Dessa forma, para serem beneficiárias da imunidade, as pessoas políticas e instituições devem ter uma função social definida e essencial em prol da sociedade.[7]

As atividades, serviços, rendas, patrimônios e instituições que estão isentos do pagamento de tributos devem contribuir para a construção de uma sociedade livre, justa e solidária, promovendo o desenvolvimento nacional, combatendo a pobreza e a marginalização, reduzindo as desigualdades sociais e regionais e promovendo o bem-estar de todos, sem discriminação. Nessa ótica, quem usufrui da imunidade deve cumprir metas e desenvolver atividades que contribuam para o bem-estar da sociedade.

Sendo assim, a imunidade tributária é baseada em valores essenciais da sociedade. Isso porque seus efeitos para pessoas, serviços, patrimônios e rendas tem como objetivo principal beneficiar a sociedade. A CF/88, portanto, concede valor à imunidade tributária e atribui certas responsabilidades a certas pessoas que precisam da exoneração tributária para cumprir essas incumbências.

2 Classificação das imunidades tributárias

Ao adentrar o estudo das imunidades tributárias no ordenamento jurídico brasileiro, depara-se com uma diversidade de categorias e critérios que moldam essa área fundamental do Direito Tributário. A análise profunda dessas imunidades revela uma gama complexa de disposições que servem tanto para delimitar o poder de tributar do Estado quanto para proteger certas atividades ou entidades de relevância social, cultural ou econômica. Este panorama se desdobra em uma classificação proposta por renomados doutrinadores, que engloba as imunidades subjetivas, objetivas e mistas. Cada uma destas categorias possui características distintas, visando atender objetivos específicos dentro da estrutura fiscal e jurídica do país e, quanto ao alcance, as imunidades genéricas e específicas.

De acordo com Luis Eduardo Schoueri, quanto ao destinatário, as imunidades tributárias podem ser categorizadas em três tipos: subjetivas, objetivas e mistas, com base na sua aplicabilidade a indivíduos, bens ou uma combinação de ambos.[8]

A concepção de imunidades tributárias reflete um equilíbrio delicado entre a necessidade de arrecadação fiscal e o reconhecimento de certas atividades ou entidades como essenciais ou meritórias de proteção especial. Essa proteção não é apenas um incentivo econômico, mas também um reconhecimento de valores sociais, culturais ou religiosos que a sociedade deseja promover e preservar. Por exemplo, a imunidade tributária para instituições educacionais e de saúde, em muitas jurisdições, reflete a valorização desses serviços essenciais para o bem-estar e o desenvolvimento da sociedade.

Iniciando a classificação das imunidades, nas imunidades subjetivas, indivíduos são isentos de tributos com base em suas características legais, exemplificado pela imunidade recíproca (art. 150, VI, a) na Constituição Federal do Brasil de 1988. Este tipo

---

7 PAULSEN, Leandro. *Curso de Direito Tributário completo*. 11. ed. São Paulo: Saraiva, 2020. p. 111.

8 SCHOUERI, Luís Eduardo. *Direito tributário*. 5. ed. São Paulo: Saraiva, 2015. p. 378.

de imunidade fundamenta-se na natureza jurídica dos beneficiários desse privilégio constitucional.[9]

De acordo com Bettencourt:

> Nesse sentido, são subjetivas as imunidades que alcançam pessoas, em função da sua natureza jurídica. É o caso, por exemplo, da imunidade recíproca, concedida em função da natureza jurídica das pessoas políticas (União, Estados, Municípios e Distrito Federal).[10]

As imunidades objetivas, por outro lado, são concedidas com base em determinados eventos, bens ou circunstâncias. Indivíduos beneficiam-se desta imunidade não por sua natureza jurídica, mas devido às atividades que desempenham, como é o caso da imunidade atribuída a livros, jornais, periódicos e o papel utilizado em sua impressão (art. 150, VI, d).[11]

Imunidades mistas combinam elementos tanto objetivos quanto subjetivos. Elas são atribuídas, levando-se em conta tanto a realidade de um evento quanto as características jurídicas das pessoas envolvidas.

Roque Antonio Carrazza, corroborando essa classificação, enfatiza que a imunidade é sempre subjetiva, pois beneficia pessoas, quer pela sua natureza jurídica ou pela relação com determinados eventos, bens ou circunstâncias. As imunidades subjetivas são concedidas com base na natureza jurídica do beneficiado, enquanto as mistas combinam ambos os critérios.[12]

Finalmente, argumenta-se que as normas que regem as imunidades tributárias são parte integrante das normas de competência tributária, pois elas colaboram na definição do alcance das competências tributárias de cada entidade federativa. Portanto, as normas imunizantes, independentemente da causa de proteção, sempre beneficiam indivíduos, seja devido à sua natureza jurídica, sua relação com eventos, bens ou circunstâncias específicas, ou uma combinação de ambos os fatores.

No tocante ao alcance, as imunidades podem ser classificadas em genéricas e específicas. As imunidades genéricas, delineadas no artigo 150, VI, e nos parágrafos subsequentes da Constituição Federal de 1988, representam uma barreira ao poder de tributação do Estado sobre certas entidades ou atividades. Essas imunidades são fundamentais para salvaguardar aspectos vitais da sociedade, como a liberdade religiosa, a promoção da educação e a difusão da cultura, estabelecendo assim um regime fiscal favorável para instituições religiosas, educacionais e culturais.[13]

Além disso, as imunidades específicas, que estão espalhadas por diversos dispositivos da Constituição, focam em áreas e situações mais detalhadas, isto é, relacionam-se

---

9 BRASIL. *Constituição da República Federativa do Brasil de* 1988. Disponível em: http://www.planalto.gov.br/ccivil_03/constituicao/constituicaocompilado.htm. Acesso em: 05 nov. 2023.

10 BETTENCOURT, Artur Henrique Rios Tavares Machado. *Imunidades Tributárias*: considerações sobre sua aplicação formalista. 138 f. Dissertação (Mestrado em Direito) – Programa de Estudos Pós-Graduados em Direito, Pontifícia Universidade Católica de São Paulo, São Paulo, 2020. p. 31.

11 SCHOUERI, Luís Eduardo. *Direito tributário*. 5. ed. São Paulo: Saraiva, 2015. p. 434.

12 CARRAZZA, Roque Antônio. *Curso de Direito Constitucional Tributário*. 28. ed. São Paulo: Ed. Malheiros, 2012. p. 809.

13 BRASIL. *Constituição da República Federativa do Brasil de 1988*. Disponível em: http://www.planalto.gov.br/ccivil_03/constituicao/constituicaocompilado.htm. Acesso em: 05 nov. 2023.

somente a um ente político ou a um tributo. Elas refletem escolhas políticas e econômicas precisas, destinadas a promover o desenvolvimento de setores específicos, proteger grupos sociais vulneráveis, ou incentivar práticas que contribuem para o bem-estar coletivo. Tais imunidades podem variar de acordo com o tipo de tributo, a natureza da entidade beneficiada ou o propósito da atividade isenta.

Além disso, é possível classificar as imunidades tributárias como condicionadas e incondicionadas, dependendo de sua dependência ou independência de requisitos específicos para sua aplicação. Notadamente, entidades educacionais e assistenciais não lucrativas são obrigadas a atender a determinadas condições estabelecidas por lei para serem elegíveis à imunidade tributária. Essa exigência encontra fundamento no artigo 146, inciso II, da Constituição Federal, que estipula que apenas uma lei complementar pode estabelecer tais requisitos.[14]

Contrastando com isso, a imunidade tributária concedida a livros, jornais, periódicos e ao papel utilizado para sua impressão é classificada como incondicionada. Isso se deve ao fato de que essa imunidade não está subordinada ao cumprimento de quaisquer requisitos legalmente definidos.[15]

Nesse sentido, percebe-se o quanto este mecanismo é essencial para o equilíbrio e a justiça fiscal dentro de uma sociedade democrática. As imunidades não apenas limitam o poder de tributar do Estado, mas também refletem os valores e prioridades da nação, protegendo e incentivando atividades e entidades que contribuem significativamente para o bem-estar social, cultural e econômico. Assim, as imunidades tributárias, em suas diversas formas e aplicações, emergem como ferramentas essenciais para a promoção de uma distribuição equitativa de encargos fiscais e para o fortalecimento de setores-chave da sociedade, garantindo que o sistema tributário opere de maneira eficiente.

3 Imunidades tributárias e a lei complementar

A compreensão aprofundada dessas imunidades, contudo, exige um olhar criterioso sobre as leis complementares, que desempenham papel fundamental na regulamentação dessas imunidades. As leis complementares, segundo a Constituição, têm a função de detalhar e normatizar as disposições gerais e específicas em matéria tributária, garantindo que o exercício do poder de tributar pelo Estado se alinhe aos princípios constitucionais. Esta abordagem normativa é crucial para assegurar que as imunidades sejam aplicadas de forma justa e uniforme, evitando distorções e conflitos entre os entes federativos e protegendo os contribuintes de eventuais abusos fiscais.

[14] BETTENCOURT, Artur Henrique Rios Tavares Machado. *Imunidades Tributárias*: considerações sobre sua aplicação formalista. 138 f. Dissertação (Mestrado em Direito) – Programa de Estudos Pós-Graduados em Direito, Pontifícia Universidade Católica de São Paulo, São Paulo, 2020. p. 32.

[15] BETTENCOURT, Artur Henrique Rios Tavares Machado. *Imunidades Tributárias*: considerações sobre sua aplicação formalista. 138 f. Dissertação (Mestrado em Direito) – Programa de Estudos Pós-Graduados em Direito, Pontifícia Universidade Católica de São Paulo, São Paulo, 2020. p. 32.

No Brasil, a expressão "lei complementar" surgiu no texto da Constituição pela primeira vez na Emenda Constitucional nº 17/1965[16] e, posteriormente, na Emenda Constitucional nº 18/1965,[17] que, no último caso, nada mais fez do que citar as "leis complementares" como um dos meios possíveis para regular o sistema tributário nacional.[18]

Contudo, apesar de utilizar a expressão "lei complementar", não se verificava, à época, nenhuma exigência no que concerne à necessidade de quórum especial ou qualificado para sua aprovação, sendo somente com a Constituição Federal de 1967, em seus arts. 49, II,[19] e 53,[20] que a Lei Maior passou a exigir um quórum qualificado para as chamadas "leis complementares".[21]

Além disso, o §1º, do art. 19, determinava que caberia à lei complementar estabelecer normas gerais de direito tributário, dispor sobre os conflitos de competência tributária e regular as limitações constitucionais ao poder de tributar.[22]

A Emenda Constitucional nº 1/1969 seguiu a linha criada pela Constituição de 1967, dispondo em seus arts. 46, II,[23] e 50[24] a exigência de quórum qualificado para sua aprovação e a indicação das matérias que deveriam ser tratadas por lei complementar.

Com relação ao direito tributário, o §1.º do art. 18[25] da Emenda Constitucional nº 1/1969 manteve a regra da Constituição de 1967, no sentido de que caberia à lei complementar estabelecer normas gerais de direito tributário, dispor sobre os conflitos de competência entre os entes federados e regular as limitações constitucionais do poder de tributar.

---

16 Art. 6.º da Emenda Constitucional 17/1965, que incluiu o §8.º no art. 67 da Constituição Federal de 1946: "Art. 67. (...) §8.º Os projetos de leis complementares da Constituição e os de Código ou de reforma de Código receberão emendas perante as comissões, e sua tramitação obedecerá aos prazos que forem estabelecidos nos regimentos internos ou em resoluções especiais".

17 Arts. 1.º e 4.º da Emenda Constitucional 18/1965:
"Art. 1.º O sistema tributário nacional compõe-se de impostos, taxas e contribuições de melhoria, e é regido pelo disposto nesta Emenda, em leis complementares, em resoluções do Senado Federal, e, nos limites das respectivas competências, em leis federal, estadual ou municipal.
(...)
Art. 4.º Somente a União, em casos excepcionais definidos em lei complementar, poderá instituir empréstimos compulsórios".

18 BASTOS, Celso Ribeiro. *Lei complementar*: teoria e prática. 2. ed. São Paulo: Celso Bastos Editor, 1999. p. 36.

19 "Art. 49. O processo legislativo compreende a elaboração de:
(...)
II – leis complementares à Constituição."

20 "Art. 53. As leis complementares à Constituição serão votadas por maioria absoluta dos membros das duas Casas do Congresso Nacional, observados os demais termos da votação das leis ordinárias."

21 BASTOS, Celso Ribeiro. *Lei complementar*: teoria e prática. 2. ed. São Paulo: Celso Bastos Editor, 1999, p. 37.

22 Art. 19. (...)
§1º – Lei complementar estabelecerá normas gerais de direito tributário, disporá sobre os conflitos de competência tributária entre a União, os Estados, o Distrito Federal e os Municípios, e regulará as limitações constitucionais do poder tributário.

23 "Art. 46. O processo legislativo compreende a elaboração de:
(...)
II – leis complementares à Constituição."

24 "Art. 50. As leis complementares somente serão aprovadas, se obtiverem maioria absoluta dos votos dos membros das duas Casas do Congresso Nacional, observados os demais têrmos da votação das leis ordinárias."

25 "Art. 18. (...) §1.º Lei complementar estabelecerá normas gerais de direito tributário, disporá sôbre os conflitos de competência nesta matéria entre a União, os Estados, o Distrito Federal e os Municípios, e regulará as limitações constitucionais do poder de tributar."

Por fim, a Constituição Federal de 1988 indica a lei complementar como espécie normativa (art. 59, II) e, em seu art. 69, dispõe acerca da necessidade de quórum qualificado para a sua aprovação.

No que concerne à caracterização da lei complementar como espécie normativa, é preciso fazer sua separação das demais normas do ordenamento jurídico, que, a princípio, também podem ser consideradas como "complementares", mas apenas em seu sentido amplo.

Dessarte, em um sentido amplo, entende-se como lei complementar aquela que se destina a resolver princípios básicos enunciados na Constituição,[26] completando os dispositivos constitucionais de modo a torná-los plenamente eficazes.[27] Assim, destina-se a "complementar" a Lei Maior, independentemente de qualquer consideração formal ou de caráter procedimental, como o quórum especial ou qualificado.[28]

Nesse contexto, importante mencionar uma advertência de José Afonso da Silva, no sentido de que, quando se afirma que essas leis, chamadas de "complementares" em uma acepção lata, vão "completar" os dispositivos constitucionais, isso significa que elas se limitam a desenvolver os princípios traçados no texto da Constituição Federal, e não a aplicar qualquer tipo de mutação por via indireta, mudando um sentido no Texto Constitucional. Em outras palavras, não podem aquelas leis promover interpretação autêntica da Constituição.[29]

Por outro lado, em seu sentido estrito, a lei complementar trata-se de espécie normativa formalmente identificada, distinta de outras espécies normativas, como a lei ordinária. Logo, se determinada lei não for aprovada pelo Congresso Nacional como lei complementar, ela não poderá ser considerada como tal. No caso da Constituição Federal de 1988, ela incluiu dentre as espécies normativas a lei complementar, nos termos do seu art. 59, II, de maneira que podemos verificar a existência de lei complementar em sentido estrito no Brasil.

Para o Direito Tributário, o art. 146 determinou que cabe à lei complementar: (I) dispor sobre conflitos de competência entre a União, os Estados, o Distrito Federal e os Municípios; (II) regular as limitações constitucionais ao poder de tributar; (III) estabelecer normas gerais em matéria de legislação tributária, especialmente sobre (III.a) definição de tributos e de suas espécies, bem como relativamente aos impostos discriminados nessa Constituição, a dos respectivos fatos geradores, bases de cálculo e contribuintes; (III.b) obrigação, lançamento, crédito, prescrição e decadência tributários; (III.c) adequado tratamento tributário ao ato cooperativo praticado pelas sociedades cooperativas; e (III.d) definição de tratamento diferenciado e favorecido para as microempresas e para as empresas de pequeno porte.

Diante desse cenário, surge o questionamento se a lei complementar se diferencia das outras espécies normativas somente em virtude de uma questão formal, que é seu quórum qualificado para aprovação, ou também do ponto de vista material, em razão

---

26 AMARO, Luciano. *Direito tributário brasileiro*. 14. ed. São Paulo: Saraiva, 2008. p. 167.

27 SILVA, José Afonso da. *Aplicabilidade das normas constitucionais*. 6. ed. São Paulo: Malheiros, 2002. p. 228.

28 BORGES, José Souto Maior. *Lei complementar tributária*. São Paulo: RT, 1975. p. 30.

29 SILVA, José Afonso da. *Aplicabilidade das normas constitucionais*. 6. ed. São Paulo: Malheiros, 2002. p. 230.

das matérias que a Constituição Federal determina, expressa ou implicitamente, serem de sua competência.

José Souto Maior Borges identifica nas leis complementares a existência de dois requisitos: (i) um de ordem formal, que somente diz respeito a seu procedimento específico de votação; e (ii) outro de ordem material, que está submetido à competência da União para expedir leis complementares que tratem apenas acerca de certas e determinadas matérias.[30]

Regina Helena Costa também distingue a lei complementar da lei ordinária mediante dois critérios, um de ordem formal, consistente no quórum qualificado para sua aprovação, e outro de caráter material, traduzido nas matérias especialmente indicadas para seu âmbito.[31]

Tanto é assim que, na hipótese de ser obedecido somente o critério formal, sem a observância do critério material, a lei complementar poderá ser alterada por mera lei ordinária. Isso acontece porque, conforme lição de Humberto Ávila, a hierarquia entre lei complementar e lei ordinária é apenas eventual e existente somente no caso de a lei complementar exercer uma função fundante da lei ordinária. Se não for essa a hipótese, isto é, se o legislador escolheu a lei complementar como instrumento para regular situação de fato sem que a Constituição o exigisse, entende-se que aquele diploma legal está, na verdade, exercendo função de lei ordinária, daí ser possível sua alteração por meio da última.[32]

Mas quais as funções e, consequentemente, as matérias que são reservadas à lei complementar tributária?

Esse é um tema que já suscitou muitos debates na doutrina, com duas correntes principais, sendo uma conhecida como "corrente dicotômica" e a outra como "corrente tricotômica". Segundo Luís Eduardo Schoueri, para a primeira corrente, a lei complementar tributária teria apenas duas funções, uma vez que não haveria espaço para "normas gerais" que não se esgotassem nos conflitos de competência e na regulação das limitações constitucionais ao poder de tributar. Por outro lado, a visão tricotômica enxergava no dispositivo três funções que não se confundiam, ou seja, entendia que o estabelecimento de "normas gerais" seria uma função autônoma.[33]

Considerando que o presente trabalho pretende tratar de lei complementar na regulação de imunidades tributárias, ou seja, de limitações constitucionais ao poder de tributar, pretendemos não entrar em maiores detalhes acerca dessa discussão sobre as funções da lei complementar, afinal de contas, em ambas as correntes, a regulação das limitações constitucionais ao poder de tributar surge como uma função específica daquela espécie legislativa.

Nesse contexto, surge a pergunta: em quais casos se mostra como necessária a edição de lei complementar para tratar da regulação de alguma imunidade, ao invés de uma mera lei ordinária?

---

30 BORGES, José Souto Maior. *Lei complementar tributária.* São Paulo: RT, 1975. p. 34.

31 COSTA, Regina Helena. *Curso de direito tributário.* 8. ed. São Paulo: Saraiva, 2021. p. 56.

32 ÁVILA, Humberto. *Sistema constitucional tributário.* 5. ed. São Paulo: Saraiva, 2012. p. 189.

33 SCHOUERI, Luís Eduardo. *Direito tributário.* 7. ed. São Paulo: Saraiva, 2017. p. 85.

Em primeiro lugar, é importante destacar que, nem sempre, o Texto Constitucional vai indicar de forma expressa as matérias que estão sujeitas à lei complementar. Como afirma Paulo de Barros Carvalho, a Constituição Federal pode indicar de forma expressa ou implícita a matéria que é reservada à lei complementar, pois existem situações em que a Carta Maior utiliza uma simples alusão à "lei", desacompanhado do qualificativo "complementar". Nessas circunstâncias, uma bem compreendida análise do Texto Constitucional apontará se o tema deve ser objeto de lei complementar, visto que estão em pauta regulações diretas de preceitos da Lei Maior, que não poderiam ser versadas por simples lei ordinária.[34]

Assim, mesmo nos casos em que o Texto Constitucional faça referência somente ao termo "lei", pode ser que a espécie legislativa tenha competência para tratar da matéria seja uma lei complementar, e não uma lei ordinária. Nesse sentido, vejamos um trecho do voto do Ministro Dias Toffoli, em seu voto na Ação Direta de Inconstitucionalidade nº 1.802 (ADI nº 1.802),[35] que tratou de uma discussão a respeito da necessidade ou não se lei complementar para regular uma determinada imunidade:

> Com o advento da Constituição de 1988, o constituinte dedicou uma seção específica às "limitações do poder de tributar" (art. 146, II, CF) e nela fez constar a imunidade das instituições de assistência social. Diante de tal fato, mesmo com a referência expressa ao termo "lei", não há mais como sustentar que inexiste reserva de lei complementar. Com efeito, a Carta Magna estabeleceu, em seu art. 146, II, caber a lei complementar regular as limitações constitucionais ao poder de tributar. Assim, o constituinte teve a preocupação de exigir quórum qualificado para a aprovação dessa importante regulamentação, com o propósito de dar estabilidade à disciplina do tema e dificultar sua modificação, estabelecendo regras nacionalmente uniformes e rígidas. No entanto, é importante destacar que a necessidade de lei complementar para disciplinar as limitações ao poder de tributar, por óbvio, não impede que o constituinte selecione matérias passíveis de alteração de forma menos rígida, permitindo uma adaptação mais fácil do sistema às modificações fáticas e contextuais, com o propósito de velar melhor pelas finalidades constitucionais.

Segundo o Ministro Dias Toffoli, não importa se o Texto Constitucional mencionou expressamente a necessidade de lei complementar para regular uma determinada limitação constitucional ao poder de tributar, tornando-se necessário, isso sim, verificar qual a matéria que se quer regular por meio da legislação infraconstitucional, levando-se em conta a premissa de que a Carta Maior teve a preocupação de exigir a lei complementar quando for importante gerar uma certa estabilidade à disciplina do tema e dificultar sua modificação, estabelecendo regras nacionais uniformes e rígidas.

Por outro lado, matérias meramente procedimentais vinculadas às imunidades não precisariam de lei complementar, bastando a sua regulação por mera lei ordinária, como destacado na ementa da Ação Declaratória de Inconstitucionalidade nº 2.208

---

[34] CARVALHO, Paulo de Barros. *Curso de direito tributário*. 17. ed. São Paulo: Saraiva, 2005. p. 209-210.

[35] STF. Tribunal Pleno, *Ação Direta de Inconstitucionalidade nº 1.802*, Rel. Min. Dias Toffoli, j. 12.04.2018.

(ADI nº 2.028),[36] que tratou da necessidade de lei complementar para regular uma determinada imunidade.

Como se pode perceber, essa abordagem combina leis ordinárias e complementares para a regulamentação da imunidade, atribuindo funções distintas a cada tipo de legislação. De acordo com essa perspectiva, a lei complementar seria necessária para disciplinar aspectos substanciais da imunidade, enquanto a lei ordinária seria adequada para regular questões formais relacionadas à estrutura e operação das entidades imunes.[37]

Conclusão

A análise das imunidades tributárias conduz a uma reflexão profunda sobre a dinâmica entre a arrecadação fiscal e a promoção do bem-estar social. Essas imunidades, inseridas no contexto do Direito Tributário, representam não apenas uma limitação ao poder de tributar, mas também um instrumento de realização de justiça social e equidade. Ao imunizar certas entidades e atividades de tributos, o Estado reconhece sua importância fundamental para a sociedade e promove um ambiente mais equitativo e inclusivo.

Essa concepção de imunidades tributárias vai além do mero benefício fiscal; ela reflete a intenção do constituinte de proteger liberdades fundamentais e promover o desenvolvimento social. As imunidades para entidades de educação e assistência social, por exemplo, são um reconhecimento de seu papel essencial no desenvolvimento humano e na construção de uma sociedade mais justa. A proteção conferida a templos de qualquer culto demonstra o respeito à liberdade religiosa e à diversidade cultural do país.

No entanto, a implementação dessas imunidades não está isenta de desafios. A necessidade de leis complementares para sua regulamentação exige um equilíbrio entre a rigidez necessária para evitar abusos e a flexibilidade necessária para se adaptar às mudanças sociais e econômicas. Esse equilíbrio é delicado e requer uma interpretação cuidadosa para que o propósito original da imunidade não seja deturpado ou sua eficácia diminuída.

Ademais, a jurisprudência sobre imunidades tributárias é um campo dinâmico, refletindo as tensões entre os interesses do Estado em arrecadar e a necessidade de proteger certas atividades e entidades de relevância social. As decisões judiciais nessa área, especialmente da Corte Suprema, são fundamentais para delinear os contornos das imunidades e garantir sua aplicação correta, evitando interpretações que possam levar à evasão fiscal.

Diante desse cenário, é imprescindível que o estudo das imunidades tributárias seja continuado e aprofundado. Advogados, legisladores, acadêmicos e a sociedade como um todo devem estar atentos às mudanças e desafios que surgem neste campo.

---

[36] STF, Tribunal Pleno, *Ação Direta de Inconstitucionalidade nº 2.028*, Redatora do Acórdão. Mina. Rosa Weber, j. 02.03.2017.

[37] NORONHA, Luana Bernardino. A imunidade das instituições de assistência social. A tributação das entidades de previdência fechada. *In*: DIFINI, Luiz Felipe Silveira Difini (Org.). *Imunidades Tributárias e Direitos Fundamentais*. Porto Alegre: Livraria do Advogado, 2010. p. 210.

A interpretação e aplicação das imunidades devem ser feitas com um olhar crítico, sempre ponderando o contexto social e econômico atual e as finalidades constitucionais que as embasam.

Portanto, as imunidades tributárias são um aspecto vital do sistema tributário brasileiro, desempenhando um papel crucial na promoção de uma sociedade mais justa e socialmente equilibrada. A sua análise e compreensão exigem uma abordagem multidisciplinar e contextualizada, considerando não apenas os aspectos legais, mas também os impactos sociais, culturais e econômicos.

Referências

AMARO, Luciano. *Direito tributário brasileiro.* 14. ed. São Paulo: Saraiva, 2008.

ÁVILA, Humberto. *Sistema constitucional tributário.* 5. ed. São Paulo: Saraiva, 2012.

BASTOS, Celso Ribeiro. *Lei complementar*: teoria e prática. 2. ed. São Paulo: Celso Bastos Editor, 1999.

BECKER, Alfredo Augusto. *Teoria geral de direito tributário.* São Paulo: Saraiva, 1963.

BETTENCOURT, Artur Henrique Rios Tavares Machado. *Imunidades Tributárias*: considerações sobre sua aplicação formalista. 138 f. Dissertação (Mestrado em Direito) – Programa de Estudos Pós-Graduados em Direito, Pontifícia Universidade Católica de São Paulo, São Paulo, 2020.

BORGES, José Souto Maior. *Lei complementar tributária.* São Paulo: RT, 1975.

BRASIL. *Constituição da República Federativa do Brasil de* 1988. Disponível em: http://www.planalto.gov.br/ccivil_03/constituicao/constituicaocompilado.htm. Acesso em: 05 nov. 2023.

CARRAZZA, Roque Antonio. *A imunidade tributária das Empresas Estatais Delegatárias de Serviços Públicos.* São Paulo: Editora Malheiros, 2004.

CARRAZZA, Roque Antônio. *Curso de Direito Constitucional Tributário.* 28. ed. São Paulo: Ed. Malheiros, 2012.

CARVALHO, Paulo de Barros. *Curso de direito tributário.* 17. ed. São Paulo: Saraiva, 2005.

COSTA, Regina Helena. *Curso de direito tributário.* 8. ed. São Paulo: Saraiva, 2021.

MARTINS, Ives Gandra da Silva. Imunidades Tributárias e as Leis Complementares, Ordinárias e Federais. *Revista Direito Tributário Atual*, n. 23, p. 207-213, 2009.

MARTON, Ronaldo Lindimar José. A Lei Complementar e a Regulação da Imunidade Tributária dos Templos de Qualquer Culto. *Revista do Mestrado em Direito da UCB*, v. 6, n. 2, 2012.

MAZZA, Alexandre. *Manual de direito tributário.* 5. ed. São Paulo: Editora Saraiva Educação, 2019.

NORONHA, Luana Bernardino. A imunidade das instituições de assistência social. A tributação das entidades de previdência fechada. *In*: DIFINI, Luiz Felipe Silveira Difini (Org.). *Imunidades Tributárias e Direitos Fundamentais.* Porto Alegre: Livraria do Advogado, 2010.

PAULSEN, Leandro. *Curso de Direito Tributário completo.* 11. ed. São Paulo: Saraiva, 2020.

SABBAG, Eduardo. *Direito Tributário Essencial.* 7. ed. Rio de Janeiro: Forense, 2020.

SCHOUERI, Luís Eduardo. *Direito tributário.* 5. ed. São Paulo: Saraiva, 2015.

SCHOUERI, Luís Eduardo. *Direito tributário.* 7. ed. São Paulo: Saraiva, 2017.

SILVA, José Afonso da. *Aplicabilidade das normas constitucionais.* 6. ed. São Paulo: Malheiros, 2002.

SILVA FILHO, Paulo Antônio Machado da. Imunidade das Entidades de Assistência Social na Jurisprudência Constitucional e a Necessidade de Lei Complementar. *Revista dos Tribunais*, v. 972, 2016.

VELLOSO, Andrei Pitten. *Imunidade das entidades beneficentes de assistência social*: reserva de lei complementar e vácuo legislativo. Carta Forense. São Paulo, 03 abr. 2017.

Informação bibliográfica deste texto, conforme a NBR 6023:2018 da Associação Brasileira de Normas Técnicas (ABNT):

VASCONCELOS, Sergio Villanova; WAGNER, Rafael Korff. Imunidades tributárias e a necessidade de lei complementar para sua efetivação. In: LOBATO, Valter de Souza (coord.); MARINHO NETO, José Antonino (org.). *O papel da lei complementar tributária no desenho federativo brasileiro*. Belo Horizonte: Fórum, 2024. p. 397-409. ISBN 978-65-5518-779-3.

A VISÃO DO SUPREMO TRIBUNAL FEDERAL SOBRE O PAPEL DA LEI COMPLEMENTAR NO QUE TANGE À IMUNIDADE TRIBUTÁRIA: ANÁLISE DAS CONCLUSÕES DO RECURSO EXTRAORDINÁRIO Nº 566.622

THAIS DE BARROS MEIRA,
ANA CAROLINA PEREIRA DE MELLO

Introdução

Em 23 de dezembro de 2017, o Plenário do Supremo Tribunal Federal, por maioria e nos termos do voto do Ministro Relator Marco Aurélio, ao apreciar o Tema 32 de repercussão geral, concluiu, nos autos do Recurso Extraordinário nº 566.622, em síntese, que "a regência de imunidade faz-se mediante lei complementar". Após julgamento de um dos Embargos de Declaração opostos nos autos do referido recurso extraordinário, foi fixada a tese de que "a lei complementar é forma exigível para a definição do modo beneficente de atuação das entidades de assistência social contempladas pelo art. 195, § 7º, da CF, especialmente no que se refere à instituição de contrapartidas a serem por elas observadas".

Nos autos do referido recurso extraordinário foi analisado, com profundidade, o papel da lei complementar para fins de limitação constitucional ao poder de tributar, tal como prescrito pelo artigo 146, inciso II, da Constituição Federal, e a intersecção desse dispositivo com o artigo 195, parágrafo 7º, da Constituição Federal, que prevê que não estão sujeitas ao recolhimento de contribuição para a seguridade social as entidades beneficentes de assistência social que atendam às exigências estabelecidas em lei.

No acórdão do julgamento de 23 de fevereiro de 2017, há, inclusive, um resumo do histórico da jurisprudência sobre o papel da lei complementar no que tange à imunidade tributária. Trata-se de importante julgado a ser examinado na presente obra.

1 Síntese da controvérsia

Como esclarecido pelo Ministro Teori Zavascki, em 04 de junho de 2014, foram reunidos, para julgamento conjunto, o Recurso Extraordinário acima mencionado nº 566.622, representativo do Tema 32 de repercussão geral, e as Ações Diretas de Inconstitucionalidade nº 2028, 2036, 2228 e 2621.

Nos autos dos Recurso Extraordinário nº 566.622, discutia-se a inconstitucionalidade do inciso III e os parágrafos 3º, 4º e 5º do artigo 55 da Lei nº 8.212, de 24 de julho de 1991, com a redação dada pela Lei nº 9.732, de 11 de dezembro de 1998.

O artigo 55 da Lei nº 8.212/91 tratava dos requisitos que deveriam ser cumpridos para fins de aplicação da "isenção" da contribuição previdenciária devida pelas entidades empregadoras, nos termos dos artigos 22 e 23 desse mesmo diploma legal.

O inciso III do artigo 55 da Lei nº 8.212/91, com a redação que lhe foi dada pela Lei nº 9.532/97 estabelecia que a "isenção" em questão seria aplicável apenas à entidade empregadora que promovesse, "gratuitamente e em caráter exclusivo, a assistência social beneficente a pessoas carentes, em especial a crianças, adolescentes, idosos e portadores de deficiência". No mesmo sentido, os parágrafos 3º e 5º do artigo 55 da Lei nº 8.212/91 previam, respectivamente, que somente seriam classificadas como assistência social beneficente "a prestação gratuita de benefícios e serviços a quem dela necessitar", ou, ainda, "a oferta e a efetiva prestação de serviços de pelo menos sessenta por cento ao Sistema Único de Saúde, nos termos do regulamento". De acordo com o parágrafo 4º do artigo 55 da Lei nº 8.212/91, a "isenção" de que trata o referido dispositivo legal seria cancelada pelo antigo Instituto Nacional do Seguro Social ("INSS") caso verificado o descumprimento do disposto no artigo 55 da Lei nº 8.212/91.

Além disso, em conformidade com os incisos I e II da Lei nº 8.212/91, para que a entidade pudesse usufruir da "isenção" em questão, deveria ser reconhecida de utilidade pública federal e estadual ou do Distrito Federal ou municipal e portadora do Certificado e do Registro de Entidade de Fins Filantrópicos ("CEBAS"), fornecido pelo Conselho Nacional de Assistência Social ("CNAS").[1]

Usa-se a palavra "isenção" entre aspas, pois a impossibilidade de cobrança de contribuições devidas pela seguridade social das entidades beneficentes está prevista pela Constituição Federal, mais precisamente pelo seu artigo 195, parágrafo 7º, que prevê que "[s]ão isentas de contribuição para a seguridade social as entidades beneficentes de assistência social que atendam às exigências estabelecidas em lei".

A palavra "isenção" é equivocadamente utilizada pela Constituição Federal, como esclarecem Aliomar Baleeiro e Misabel Derzi,[2] que citam, inclusive, que o Superior

---

[1] "Art. 55. Fica isenta das contribuições de que tratam os arts. 22 e 23 desta Lei a entidade beneficente de assistência social que atenda aos seguintes requisitos cumulativamente:
I – seja reconhecida como de utilidade pública federal e estadual ou do Distrito Federal ou municipal;
II – seja portadora do Certificado e do Registro de Entidade de Fins Filantrópicos, fornecido pelo Conselho Nacional de Assistência Social, renovado a cada três anos; (redação dada pela Lei nº 9.429, de 26.12.1996).
II – seja portadora do Registro e do Certificado de Entidade Beneficente de Assistência Social, fornecidos pelo Conselho Nacional de Assistência Social, renovado a cada três anos; (redação dada pela Medida Provisória nº 2.187-13, de 2001)."

[2] BALEEIRO, Aliomar; DERZI, Misabel. *Direito Tributário Brasileiro*: CTN Comentado 14. Ed. Rio de Janeiro: Ed. Forense, 2018. p. 223.

Tribunal Federal realiza a equiparação de tais "isenções" às imunidades em diversas oportunidades, demonstrando a impropriedade técnica da redação constitucional.

De qualquer forma, nos termos do dispositivo constitucional acima mencionado, há apenas dois requisitos a serem cumpridos para que a limitação ao poder de tributar de que trata esse dispositivo seja aplicável: (i) trate-se de entidades beneficentes de assistência social; e (ii) sejam atendidas as exigências estabelecidas em lei.

Paralelamente, o artigo 146, inciso II, da Constituição Federal prevê, ainda, que cabe à lei complementar "regular as limitações constitucionais ao poder de tributar".

O Código Tributário Nacional, recepcionado pela Constituição Federal com *status* de lei complementar, em seu artigo 14, listou os seguintes requisitos a serem cumpridos para fins da proibição da instituição de impostos sobre "o patrimônio, a renda ou serviços dos partidos políticos, inclusive suas fundações, das entidades sindicais dos trabalhadores, das instituições de educação e de assistência social, sem fins lucrativos (...)":[3]

(i) prestar os serviços para os quais houver sido instituída, sem finalidade lucrativa, e os colocar à disposição da população em geral, em caráter complementar às atividades do Estado;
(ii) não distribuir qualquer parcela de seu patrimônio ou de suas rendas, a qualquer título, aplicando integralmente os seus recursos, no País e na manutenção e desenvolvimento dos seus objetivos institucionais;
(iii) manter a escrituração completa de suas receitas e despesas em livros revestidos de formalidades capazes de assegurar sua exatidão, conservando em boa ordem, pelo prazo de cinco anos, contado da data da emissão, os documentos que comprovem a origem de suas receitas e a efetivação de suas despesas, bem assim a realização de quaisquer outros atos ou operações que venham a modificar sua situação patrimonial;
(iv) não remunerar, por qualquer forma, seus dirigentes pelos serviços prestados, exceto no caso de dirigentes que atuem efetivamente na gestão executiva do Instituto e desde que cumpridos determinados requisitos previstos em lei;
(v) apresentar anualmente a Declaração de Rendimentos, em conformidade com o disposto em ato da Secretaria da Receita Federal;
(vi) recolher os tributos retidos sobre os rendimentos por elas pagos ou creditados e a contribuição para a seguridade social relativa aos empregados, bem como cumprir as obrigações acessórias daí decorrentes;
(vii) assegurar a destinação de seu patrimônio a outro Instituto que atenda às condições para gozo da imunidade, no caso de incorporação, fusão, cisão ou de encerramento de suas atividades, ou a órgão público; e
(viii) outros requisitos, estabelecidos em lei específica, relacionados com o funcionamento dessas entidades.

Assim, basicamente, o que foi discutido nos autos do Recurso Extraordinário nº 566.622 foi a inconstitucionalidade dos incisos I a III e parágrafos 3º, 4º e 5º do artigo

[3] Conforme redação dada pela Lei Complementar nº 104, de 10 de janeiro de 2001.

55 da Lei nº 8.212, de 24 de julho de 1991, com a redação dada pela Lei nº 9.732, de 11 de dezembro de 1998, considerando-se as disposições do artigo 195, parágrafo 7º, da Constituição Federal.

Nesse sentido, foi analisado: (i) se a lei a que faz menção o artigo 195, parágrafo 7º, da Constituição Federal seria uma lei ordinária ou uma lei complementar; (ii) qual seria o papel do artigo 14 do Código Tributário Nacional, que faz menção apenas à limitação da instituição de impostos sobre patrimônio das entidades de assistência social, e não à limitação da instituição de contribuições.

Os dispositivos em questão já haviam sido revogados no momento do julgamento pela Lei nº 12.101, de 27 de novembro de 2009, que tratava da certificação das entidades beneficentes de assistência social. Mais especificamente, esse diploma legal tratava dos requisitos para a emissão do CEBAS, requisito para a fruição da imunidade de contribuições previdenciárias.

A Lei nº 12.101/09 foi revogada, posteriormente, pela Lei Complementar nº 187, de 16 de dezembro de 2021, que atualmente dispõe sobre a certificação das entidades beneficentes e regula os procedimentos referentes à imunidade de contribuições à seguridade social de que trata o parágrafo 7º do artigo 195 da Constituição Federal.

Embora a questão da regulamentação da matéria por lei complementar ou lei ordinária já tenha sido superada, a análise do acórdão em questão continua relevante, pois consolida o entendimento do Supremo Tribunal Federal acerca do papel da lei complementar na regulamentação de imunidades tributárias, especialmente os seus limites para tratar dessa questão.

2 A lei complementar e as imunidades tributárias

Há, na doutrina, a categorização da lei complementar em sentido "amplo" e em sentido "restrito".[4] No primeiro modelo, tem-se uma classificação ontológica, de modo que se qualificaria como lei complementar aquela cujo sentido seja "complementar" aos termos da Constituição Federal, independentemente da observância do processo formal legislativo para sua edição e demais requisitos formais. Assim, nesse modelo doutrinário, a lei complementar caracteriza-se quando há o complemento de disposição constitucional não autoexecutável, *i.e.*, que depende de complementação.

Já a lei complementar em sentido restrito decorre de uma análise positivista, sendo aquela que se origina do processo legislativo qualificado, nos termos do artigo 69 da Constituição Federal, com o objetivo de regulamentar matérias especificamente delegadas. A lei complementar se reveste de certos elementos, como a taxatividade de matérias decorrentes da reserva constitucional, quórum especial para aprovação, impossibilidade de delegação da sua elaboração ao Presidente da República (artigo 68 da Constituição Federal) e outras especificidades que a segregam dos demais tipos legislativos.

---

[4] BORGES, José Souto Maior. Eficácia e Hierarquia da Lei Complementar. *Revista de Direito Público*, ano VI, p. 99, jul./set. 1973.

A função da lei complementar é objeto de controvérsias, que podem ser resumidas por meio de duas teorias: (i) a teoria dicotômica; e (ii) a teoria tricotômica, em virtude da interpretação do artigo 146 da Constituição Federal.

Tomando por base os ensinamentos de Paulo de Barros Carvalho, à luz da corrente dicotômica, a Constituição Federal autorizaria a edição de lei complementar como norma geral a fim de dispor sobre *conflitos de competência entre as entidades tributantes e (...)* sobre *as limitações constitucionais ao poder de tributar.* Portanto, a definição de tributo, seus fatos imponíveis e bases de cálculo seria de competência exclusiva da lei complementar apenas quando tais questões estivessem relacionadas a conflitos de competência ou limitações ao poder de tributar.[5]

Diferentemente, para a corrente tricotômica, três seriam as hipóteses para a veiculação de normas gerais por meio de lei complementar: (i) conflitos de competência, em matéria tributária, entre a União, os Estados, o Distrito Federal e os Municípios; (ii) limitações constitucionais ao poder de tributar; e (iii) normas gerais em matéria de legislação tributária, especialmente sobre a) definição de tributos e de suas espécies, bem como em relação aos impostos discriminados nesta Constituição, a dos respectivos fatos geradores, bases de cálculo e contribuintes; b) obrigação, lançamento, crédito, prescrição e decadência tributários; e c) adequado tratamento tributário ao ato cooperativo praticado pelas sociedades cooperativas.

Especificamente no que tange à imunidade tributária, esclarece-se, utilizando-se os ensinamentos de Paulo Ayres Barreto, que a Constituição Federal traz enunciados prescritivos que (i) outorgam a competência impositiva; e (ii) estabelecem a incompetência dos entes tributantes para "alcançar, por intermédio de tributos, certas pessoas ou situações nela previstas (imunidades)". A demarcação do campo de atuação dos entes tributantes surge da aplicação concomitante desses dois conjuntos de enunciados prescritivos.[6]

A imunidade pode ser classificada como uma "incompetência legislativa tributária"[7], *i.e.*, indisponível ao legislador, tratando-se, portanto, de verdadeira restrição ao poder de tributar. Assim, a lei complementar não poderá modificar o sentido ou restringir a imunidade constitucional.[8]

O desenho do campo material onde será exercida a competência tributária e a definição de como esse exercício ocorrerá são balizados não somente por disposições constitucionais, mas, também, como esclarece Luciano Amaro, por disposições infraconstitucionais, de menor rigidez, que complementariam.[9]

Sacha Calmon Navarro Coêlho[10] esclarece que não são todos os casos de limitação constitucional ao poder de tributar que exigem regulamentação via lei complementar,

---

5 CARVALHO, Paulo de Barros. *Curso de direito tributário*. São Paulo: Saraiva, 2002. p. 199.

6 BARRETO, Paulo Ayres. *Contribuições*: regime jurídico, destinação e controle. São Paulo: Noeses, 2011. p. 147.

7 TÔRRES, Heleno Taveira. Imunidade de Entidades sem Fins Lucrativos e Remuneração de Diretores e Conselheiros. In: TÔRRES, Heleno Taveira. Grandes Questões Atuais do Direito Tributário. São Paulo: Ed. Dialética, 2014. v. 18. p. 150.

8 BOTALLO, Eduardo D. Alcance das Leis Complementares que Versem Limitações Constitucionais ao Poder de Tributar. *Revista de Direito Público*, n. 49-50, ano X. p. 288.

9 AMARO, Luciano. *Direito tributário brasileiro*. São Paulo: Saraiva, 2008. p. 109.

10 COÊLHO, Sacha Calmon Navarro. *Curso de Direito Tributário Brasileiro*. 16. Ed. Rio de Janeiro: Ed. Forense, 2016. p. 76.

podendo existir hipóteses em que as disposições da própria Constituição Federal se encerram em si mesma, por exemplo. Cita, nesse sentido, três hipóteses factuais e sua correlação com a necessidade ou dispensa de lei complementar:

(i) Cenário no qual a Constituição Federal limita o poder de tributar sem requisitar complemento por lei complementar mandatória, de modo que ao legislador teria uma faculdade de tratar sobre o tema. Situação da imunidade sobre livros, jornais, periódicos e papel para sua impressão do artigo 150, inciso VI, alínea "d";
(ii) Em sentido oposto, o caso da complementação por lei complementar de forma mandatória pela Constituição Federal, como condição necessária às disposições da carta constituinte. Nesse sentido, o caso da imunidade do artigo 150, inciso VI, alínea "c" da Constituição Federal, que dispõe sobre os partidos políticos, entidades sindicais e instituições de educação e assistência social, determinando que os requisitos para imunidade de tais entes devem ser dispostos em lei à parte; e
(iii) Por fim, a hipótese em que limitação ao poder de tributar disposto no texto constitucional de forma "autoaplicável", ou seja, de modo a rejeitar a complementação por outros atos legais, dado que a norma já se encontra disposta plenamente na Constituição Federal.

Comentando uma suposta relação de indissociabilidade entre a lei complementar e a imunidade das instituições de educação e assistência social (artigo 150, IV, "c" da Constituição Federal), Humberto Ávila[11] menciona que o exercício desse direito constitucional não se *condiciona* à existência de lei complementar. Isto é, não seria uma situação de inaplicabilidade da restrição ao poder de tributar somente por falta da edição de lei complementar.

Por outro lado, quando a imunidade tributária tenha que ser regulamentada por lei, em observância, inclusive, ao artigo 146, inciso II, da Constituição Federal, esse papel, como confirmado pelo Supremo Tribunal Federal, deveria ser desempenhado por lei complementar. No cenário hipotético em que se concluísse que a constituição não delimitou a competência à lei complementar, por exemplo, seria possível admitir que lei ordinária federal viesse a regular normas gerais, no que teríamos, inclusive, a possiblidade de normas gerais serem aventadas em medida provisória. Ou seja, seria admitida a possibilidade do chefe do executivo, na figura individual do presidente, de dispor sobre imunidades tributárias, como exemplificou Ives Gandra Silva Martins.[12]

O sistema constitucional vigente concedeu às leis complementares função de normatizar como se dará o gozo das imunidades, com o papel de traçar os aspectos

[11] ÁVILA, Humberto. *Sistema Constitucional Tributário*. 3. ed. São Paulo: Ed. Saraiva: 2008. p. 141.

[12] MARTINS, Ives Gandra Silva. Imunidades Tributárias e as Leis Complementares, Ordinárias e Federais. Revista Dialética de Direito Tributário, n. 168, ed. 168, p. 72, 2009.

formais de aproveitamento de tal restrição ao poder de tributar, sem alterar a essência da imunidade constitucional, como esclarece Clélio Chiesa.[13]

3 Resumo do histórico da jurisprudência do Supremo Tribunal Federal sobre o assunto

Diversos Ministros do Supremo Tribunal Federal discorreram, em seus votos, sobre o histórico de julgamentos daquele tribunal acerca do papel da legislação infraconstitucional no que tange à imunidade tributária.

Um dos mais antigos precedentes sobre a matéria foi trazido pelo Ministro Teori Zavaski: o Recurso Extraordinário nº 93.700, julgado pela Primeira Turma do Supremo Tribunal Federal em 03 de abril de 1981, que teria definido que a legislação ordinária poderia tratar do funcionamento e constituição de entidades de assistência social, e a lei complementar deveria tratar dos limites objetivos da própria imunidade.

Ainda que essa decisão tenha sido proferida antes da Constituição Federal de 1988, foi fundamento do acórdão do Supremo Tribunal Federal, de 27 de agosto de 1998, que concedeu a medida liminar pleiteada nos autos da Ação Direta de Inconstitucionalidade nº 1.802/DF, em que se discutia o papel da lei complementar no que tange à previsão do artigo 150, inciso VI, alínea "c" da Constituição Federal, que prevê que é vedado à União, aos Estados, ao Distrito Federal e aos Municípios instituir impostos sobre "patrimônio, renda ou serviços dos partidos políticos, inclusive suas fundações, das entidades sindicais dos trabalhadores, das instituições de educação e de assistência social, sem fins lucrativos, *atendidos os requisitos da lei" (g.n).*

Em acórdão de 12 de abril de 2018, o Plenário do Supremo Tribunal Federal concluiu que, de acordo com a orientação que prevaleceu no julgamento das Ações Diretas de Inconstitucionalidade nº 2.028/DF, 2.036/DF, 2.228/DF e 2.621/DF, caberia ao legislador ordinário tão somente tratar dos "aspectos procedimentais necessários à verificação do atendimento das finalidades constitucionais da regra de imunidade, tais como as referentes à certificação, à fiscalização e ao controle administrativo". Seriam inconstitucionais, por vício formal, "artigos de lei ordinária que dispõem sobre o modo beneficente (no caso de assistência e educação) de atuação das entidades acobertadas pela imunidade, especialmente aqueles que criaram contrapartidas a serem observadas pelas entidades, padecem de vício formal, por invadir competência reservada a lei complementar".

Entre a análise da medida cautelar e o julgamento do mérito da Ação Direta de Inconstitucionalidade nº 1.802/DF, em 1º de fevereiro de 2003, o Plenário do Supremo Tribunal Federal julgou a Medida Cautelar na Ação Direta de Inconstitucionalidade nº 2.545, em que foram suspensos os efeitos da Lei nº 10.260, de 10 de julho de 2001, dentre outros motivos, em virtude da obrigatoriedade, instituída por lei ordinária, de que as instituições de ensino imune destinassem todos os valores não recolhidos a título de contribuição previdenciária para bolsas de estudos a alunos comprovadamente carentes.

---

[13] CHIESA, Clélio. Imunidade e Normas Gerais de Direito Tributário. *In*: SANTI, Eurico Marcos Diniz de (Coord.). *Curso de Especialização em Direito Tributário*: Estudos Analíticos em Homenagem a Paulo de Barros Carvalho. Rio de Janeiro: Ed. Forense, 2006. p. 938.

Posteriormente, em 24 de junho de 2005, houve a publicação do acórdão proferido nos autos do Recurso Extraordinário nº 428.815, julgado pela Primeira Turma do Supremo Tribunal Federal, que concluiu que seria legítima a exigência de Certificado de Entidade de Fins Filantrópicos, em que o Poder Público reconheceria o preenchimento das condições de constituição e funcionamento da entidade para fins de aplicação da imunidade prevista no artigo 195, parágrafo 7º, da Constituição Federal.

Em 03 de maio de 2012, nos autos da Ação Direta de Inconstitucionalidade nº 3.330, o Plenário do Supremo Tribunal Federal entendeu que a Lei nº 11.096, de 13 de janeiro de 2005, não teria invadido campo destinado à lei complementar quando, ao regulamentar o PROUNI, passou a prever que seria obrigatória a concessão de bolsas a alunos de baixa renda e diminuto grau de patrimonialização. Entendeu-se que "o propósito da referida norma foi justamente fazer com que as entidades beneficentes de assistência social, agraciadas pela 'isenção' legal, sejam obrigadas a aplicar o resultado operacional na manutenção e no desenvolvimento de seus objetivos *institucionais*, o que, no caso em apreço, tomado em conjunto com a intenção governamental de ampliar o acesso ao Ensino Superior, significa que este resultado operacional deverá ser aplicado na concessão de bolsas de estudos".

Posteriormente, em 16 de outubro de 2017, no julgamento do RMS nº 28200 AgR/DF, a Primeira Turma do Supremo Tribunal Federal entendeu que "a entidade não possui direito adquirido à manutenção perpétua da imunidade, sendo legítima a exigência de renovação periódica da demonstração do cumprimento dos requisitos constitucionais para a fruição da imunidade".

4 Posição do Supremo Tribunal Federal no Recurso Extraordinário nº 566.622

Segundo o Ministro Marco Aurélio (relator), a definição do alcance formal e material da expressão "deveria considerar a finalidade da imunidade em questão. Vale destacar que referido Ministro fez uma longa análise da jurisprudência do Supremo Tribunal Federal acerca da melhor forma de interpretação das imunidades tributárias, para concluir que, de modo inequívoco, aquele tribunal vem decidindo que deve prevalecer a interpretação teleológica das imunidades, de forma que, em caso de antinomias potenciais, o elemento sistemático adquire relevância prática junto ao teleológico".[14]

---

[14] Um dos exemplos citados pelo Ministro relator foi o Recurso Extraordinário nº 325.882/SP, julgado pelo Plenário do Supremo Tribunal Federal em 18 de dezembro de 2002, em que se decidiu que a imunidade prevista no artigo 150, inciso Vi, alínea "b" da Constituição Federal que trata da imunidade do patrimônio, renda ou serviços dos templos abrange não somente os prédios destinados aos cultos, mas, também, os imóveis de sua propriedade que estejam alugados, cuja propriedade não poderia sujeitar-se à incidência do Imposto Predial e Territorial Urbano ("IPTU"). Segundo o Ministro Marco Aurélio:
"O constituinte objetivou estimular a criação de partidos políticos e de entidades sindicais, assegurando-lhes autonomia financeira e favorecendo o pleno exercício da democracia representativa – artigo 1º, parágrafo único, da Carta –, da liberdade política – artigo 17 – e da liberdade sindical – artigo 8º. Buscou também incentivar a iniciativa privada no auxílio ao Estado para cumprimento dos deveres e das funções sociais previstas nos artigos 6º, 196 – saúde –, 203 – assistência social – e 205 – educação. A definição do âmbito normativo da imunidade não pode ser alheia a esses fins políticos e sociais, de extrema relevância, visados pela Constituição, de tal forma que a interpretação que considere essas conexões valorativas será sempre a mais pertinente".

Para Tércio Sampaio Ferrar Junior, a interpretação finalística ou teleológica deve ser sempre aplicada em conformidade com a Lei de Introdução do Código Civil, que estabelece que "na aplicação da lei, o juiz atenderá aos fins sociais a que ela se dirige e às exigências do bem comum".[15]

No caso específico sob análise, o objetivo do artigo 195, parágrafo 7º, da Constituição Federal seria garantir a realização de direitos fundamentais sociais, de forma que "[q]ualquer interpretação que favoreça obstáculos ao alcance desse propósito há de ser evitada, cabendo prestigiar aquela que beneficie a conquista da função política e social própria" desse dispositivo legal. Consequentemente, segundo o Ministro relator, tratando-se de autêntica limitação ao poder de tributar, as exigências legais ao exercício das imunidades seriam sempre as normas de regulação mencionada pelo artigo 146, inciso II, da Constituição Federal.

A lei complementar a que faz menção referido dispositivo constitucional seria o Código Tributário Nacional, mais especificamente seu artigo 14. Embora referido dispositivo normativo faça referência apenas a impostos, havendo um vácuo com relação às contribuições, deveria ser aplicado por analogia, considerando-se o gênero tributo.

À lei ordinária caberia tão somente prever requisitos que não extrapolem as disposições do Código Tributário Nacional ou em lei complementar posterior (atualmente, a Lei Complementar nº 187/2021), sendo vedada à lei ordinária a criação de novos limites além daqueles já previstos em lei complementar, sob pena de inconstitucionalidade formal.

O Ministro relator destacou, ainda, que, no caso específico examinado, os incisos I e II do artigo 55 da Lei nº 8.212/91 trariam condições prévias para o exercício da imunidade, cuja satisfação deveria ser analisada por "um órgão burocrático, sem função de fiscalização tributária, denominado Conselho Nacional de Assistência Social".

O Ministro Luis Barroso acompanhou o Ministro relator tendo destacado que a jurisprudência do Supremo Tribunal Federal sobre o tema era no sentido de que caberia (i) à lei ordinária disciplinar requisitos subjetivos associados à estrutura e funcionamento das entidades de assistência social; e (ii) à lei complementar tratar de questões que representariam interferência no espectro objetivo das imunidades.[16]

O Ministro Teori Zavaski, em seu voto, destacou que a jurisprudência do Supremo Tribunal Federal reconhece *"que há, de fato, um terreno normativo a ser suprido pelo legislador ordinário, sobretudo no desiderato de prevenir que o benefício seja sorvido por entidades beneficentes de fachada"*. Por outro lado, "há intervenções mais severas na liberdade de ação de pessoas jurídicas voltadas ao assistencialismo constituem matéria típica de limitação ao poder de tributar e, por isso, só poderiam ser positivadas pelo legislador complementar".

Em conformidade com o entendimento do Ministro Teori Zavaski, não há dúvidas de que podem ser regulamentadas por leis ordinárias questões mais simples, por exemplo, normas de procedimento, que imputam obrigações meramente acessórias às entidades beneficentes, em ordem a viabilizar a fiscalização de suas atividades.

---

[15] FERRAR JUNIOR, Tércio Sampaio. *Introdução ao estudo do direito*: técnica, decisão, dominação. 8. ed. São Paulo: Atlas, 2015.

[16] É o que se verifica no Recurso Extraordinário nº 93.700, mencionado pelo Ministro Teori Zavaski.

No entanto, ainda havia certa indefinição quanto a normas que digam respeito à constituição e ao funcionamento dessas entidades, pois "qualquer comando que implique a adequação dos objetivos sociais de uma entidade a certas finalidades filantrópicas (a serem cumpridas em maior ou menor grau) pode ser categorizada como norma de constituição e funcionamento, e, como tal, candidata-se a repercutir na possibilidade de fruição da imunidade".

O Ministro Zavaski também recorre à interpretação teleológica da imunidade, destacando que a imunidade em questão, em última instância, visa "*à consecução de alguns dos objetivos que são fundamentais para a República, como a construção de uma sociedade solidária e voltada para a erradicação da pobreza*". Tais objetivos não poderiam ficar dependentes da vontade transitória dos governos, razão pela qual o regime das entidades beneficentes não poderia ficar sujeito a "flutuações legislativas erráticas". Destaca que o regime diferenciado das leis complementares "além de caracterizado por um consenso mais qualificado, não se coaduna com a edição de medidas provisórias", razão pela qual esses seriam os veículos mais indicados para definirem "o modo beneficente de atuação das entidades de assistência social", especialmente no que tange às contrapartidas a serem observadas por tais entidades.

No entanto, como, no caso específico, nos termos do artigo 55, inciso II, da Lei nº 8.212/91, o contribuinte não teria comprovado a obtenção do CEBAS, votou pela improcedência de seu Recurso Extraordinário.

O Ministro Dias Toffoli destacou que, segundo o relator, a exigência de que a entidade fosse reconhecida como de utilidade pública e que tivesse CEBAS emitido pelo CNAS seriam inconstitucionais, pois teriam caráter constitutivos. No entanto, de acordo com o seu entendimento, tais normas teriam caráter instrumental "servindo tão somente para regulamentar a constituição e o funcionamento da entidade imune, não interferindo no campo material reservado à lei complementar". Dessa forma, os incisos I e II do artigo 55 da Lei nº 8.212/91 não seriam inconstitucionais.

Por maioria, contudo, prevaleceu o voto do Ministro Marco Aurélio (relator), que declarou a inconstitucionalidade integral do artigo 55 da Lei nº 8.212/91.

Posteriormente, em 18 de dezembro de 2019, o Plenário do Supremo Tribunal Federal acolheu os Embargos de Declaração apresentados pela União Federal para modificar parcialmente o acórdão do julgamento de 23 de fevereiro de 2017, declarando constitucional o inciso II do artigo 55 da Lei nº 8.212/91.

A constitucionalidade da exigência do CEBAS havia sido declarada nos autos das Ações Direta de Inconstitucionalidade nºs 2.028/DF, 2.036/DF, 2.228/DF e 2.621/DF. Destaque-se, inclusive, que no momento da prolação do acórdão que julgou o mérito da Ação Direta de Inconstitucionalidade nº 1.802, constou na ementa do referido acórdão o seguinte trecho:

> 3. A orientação prevalecente no recente julgamento das ADIs nº 2.028/DF, 2.036/DF, 2.228/DF e 2.621/DF é no sentido de que os artigos de lei ordinária que dispõem sobre o modo beneficente (no caso de assistência e educação) de atuação das entidades acobertadas pela imunidade, especialmente aqueles que criaram contrapartidas a serem observadas pelas entidades, padecem de vício formal, por invadir competência reservada a lei complementar. Os aspectos procedimentais necessários à verificação do atendimento das finalidades

constitucionais da regra de imunidade, tais como as referentes à certificação, à fiscalização e ao controle administrativo, continuam passíveis de definição por lei ordinária. (destaques nossos)

Mas, como mencionado anteriormente, na linha do voto do Ministro Marco Aurélio, proferido nos autos do acórdão original do Recurso Extraordinário nº 566.622, foi declarada inconstitucional.

Segundo a Ministra Rosa Weber, a conclusão no sentido de que os aspectos procedimentais podem ser normatizados por lei ordinária não seria incompatível com o que tinha sido decidido pelo Plenário do Supremo Tribunal Federal, assim o acórdão original deveria ser modificado. Essa foi a conclusão que veio a prevalecer por maioria de votos.

Portanto, nos autos do Recurso Extraordinário nº 566.622 decidiu-se que "a lei complementar é forma exigível para a definição do modo beneficente de atuação das entidades de assistência social contempladas pelo art. 195, § 7º, da CF, especialmente no que se refere à instituição de contrapartidas a serem por elas observadas". Mas, a certificação das entidades beneficentes de assistência social poderia ser regulamentada por lei ordinária.

Considerações finais e conclusões

Após um longo percurso trilhado pelo Supremo Tribunal Federal, concluiu-se que, por se tratar de verdadeira limitação ao poder de tributar, a imunidade prevista pelo artigo 195, parágrafo 7º, da Constituição Federal deveria ser a lei complementar, "especialmente no que se refere à instituição de contrapartidas a serem por elas observadas". A forma de certificação de tais entidades, a sua fiscalização e o seu controle administrativo podem ser disciplinadas por lei ordinária. Mas, como bem destacado pelo Ministro Teori Zavaski, o desafio é identificar comandos, emanados de lei ordinária, que repercutem, de forma indevida, na possibilidade de fruição da imunidade.

Após o julgamento do recurso extraordinário sob análise, foi editada a Lei Complementar nº 187/2021, com a finalidade, justamente, de regulamentar as disposições do artigo 195, parágrafo 7º, da Constituição Federal. No entanto, esse diploma legal traz uma série de requisitos que devem ser cumpridos para que a entidade de assistência social não tenha que recolher contribuições previdenciárias.

Embora o objetivo do presente artigo fosse apenas tratar do papel da lei complementar para fins de limitação ao poder de tributar, mais especificamente para regulamentar a imunidade tributária, é bom lembrar que ainda que seja editada uma lei complementar com esse objetivo, tal norma não teria o condão de restringir a aplicação da imunidade.

Referências

AMARO, Luciano. *Direito tributário brasileiro.* São Paulo: Saraiva, 2008.

ÁVILA, Humberto. *Sistema Constitucional Tributário.* 3. ed. São Paulo: Ed. Saraiva: 2008.

BALEEIRO, Aliomar; DERZI, Misabel. *Direito Tributário Brasileiro*: CTN Comentado 14. Ed. Rio de Janeiro: Ed. Forense, 2018.

BARRETO, Paulo Ayres. *Contribuições*: regime jurídico, destinação e controle. São Paulo: Noeses, 2011.

BORGES, José Souto Maior. Eficácia e Hierarquia da Lei Complementar. *Revista de Direito Público*, ano VI, p. 99, jul./set. 1973.

BOTALLO, Eduardo D. Alcance das Leis Complementares que Versem Limitações Constitucionais ao Poder de Tributar. *Revista de Direito Público*, n. 49-50, ano X. p. 288.

CARVALHO, Paulo de Barros. *Curso de direito tributário*. São Paulo: Saraiva, 2002. p. 199.

CHIESA, Clélio. Imunidade e Normas Gerais de Direito Tributário. *In*: SANTI, Eurico Marcos Diniz de (Coord.). *Curso de Especialização em Direito Tributário*: Estudos Analíticos em Homenagem a Paulo de Barros Carvalho. Rio de Janeiro: Ed. Forense, 2006.

COÊLHO, Sacha Calmon Navarro. *Curso de Direito Tributário Brasileiro*. 16. Ed. Rio de Janeiro: Ed. Forense, 2016.

FERRAR JUNIOR, Tércio Sampaio. *Introdução ao estudo do direito*: técnica, decisão, dominação. 8. ed. São Paulo: Atlas, 2015.

MARTINS, Ives Gandra Silva. Imunidades Tributárias e as Leis Complementares, Ordinárias e Federais. *Revista Dialética de Direito Tributário*, n. 168, ed. 168, p. 72, 2009.

TÔRRES, Heleno Taveira. *Imunidade de Entidades sem Fins Lucrativos e Remuneração de Diretores e Conselheiros*. *In*: TÔRRES, Heleno Taveira. Grandes Questões Atuais do Direito Tributário. São Paulo: Ed. Dialética, 2014. v. 18.

Informação bibliográfica deste texto, conforme a NBR 6023:2018 da Associação Brasileira de Normas Técnicas (ABNT):

MEIRA, Thais de Barros; MELLO, Ana Carolina Pereira de. Visão do Supremo Tribunal Federal sobre o papel da lei complementar no que tange à imunidade tributária: análise das conclusões do Recurso Extraordinário nº 566.622. In: LOBATO, Valter de Souza (coord.); MARINHO NETO, José Antonino (org.). *O papel da lei complementar tributária no desenho federativo brasileiro*. Belo Horizonte: Fórum, 2024. p. 411-422. ISBN 978-65-5518-779-3.

IMUNIDADES TRIBUTÁRIAS: INTERPRETAÇÃO E APLICAÇÃO E SUA GARANTIA COMO CLÁUSULA PÉTREA NO ORDENAMENTO JURÍDICO BRASILEIRO

TIAGO CONDE TEIXEIRA,
CAIO RUGGIERO NICOLAU SANTOS

1 O que são as imunidades tributárias?

A capacidade do Estado de tributar o contribuinte é, antes de tudo, baseada na hierarquia do interesse público e bem comum sobre as vontades particulares. Não obstante, a habilidade de tributar é constitucional, ao mesmo tempo amparada e limitada pela Constituição Federal vigente de 1988. A definição dos fatos geradores, sua incidência ou não, quem deve contribuir e quais entes federativos devem administrar tais tributos são características essenciais para o financiamento do país.

Este financiamento, por sua vez, não é apenas arrecadação para o poder público e seus membros, mas também é convertido em políticas, serviços e direitos para o contribuinte que o pagou. Dentre eles, podemos elencar o direito à saúde, educação, cultura, previdência, esportes, meio ambiente, dentre outros. As normas para sua arrecadação e utilização, relativas ao ente federado responsável, seja ele a União, Estados-Membros, Distrito Federal ou Municípios, estão delimitadas pela Constituição e o código de direito tributário nacional.

Desta forma, o escopo do presente trabalho consiste em analisar e compreender, de forma mais aprofundada, como as imunidades tributárias são utilizadas para impor limites impostos ao fisco, que impedem a apreensão ilegítima da renda do contribuinte. Essas imunidades, dotadas de previsibilidade, conferem segurança jurídica e garantias ao cidadão perante o fisco, que são elementos essenciais do direito tributário brasileiro e de estudo, e devem ser equiparadas à cláusulas pétreas.

Primeiramente, é preciso conceituar o que seriam as imunidades tributárias. Podem ser definidas como situações e casos específicos em que o Estado fica impossibilitado de tributar. Estas imunidades, por sua vez, são consideradas direitos fundamentais do contribuinte, sendo impossível sofrerem mudanças que diminuam seu alcance.

Doutrinariamente, as imunidades encontram algumas divergências entre autores, porém, é possível perceber que existem duas ideias principais: proteção de interesses, previamente estabelecidos pela constituinte, ou garantir os direitos fundamentais, protegendo-os de tributações.[1]

Imunidades tributárias também podem ser entendidas como regras constitucionais que proíbem que determinadas pessoas, operações, objetos, dentre outros, sejam tributados.[2] A fundamentação dessas imunidades consiste em preservar os valores estabelecidos pela Constituição Federal relacionados a liberdades individuais, como as liberdades de acesso à informação, religiosa, expressão etc.[3]

Assim como o poder estatal de tributação, as imunidades também são embasadas na Constituição Federal, conforme seu Art. 60, §4º:

> Art. 60. A Constituição poderá ser emendada mediante proposta:
> (...)
> §4º Não será objeto de deliberação a proposta de emenda tendente a abolir:
> I – a forma federativa de Estado;
> II – o voto direto, secreto, universal e periódico;
> III – a separação dos Poderes;
> IV – os direitos e garantias individuais.

Destaca-se com maior ênfase o inciso IV, que elenca os direitos e garantias individuais como cláusulas pétreas. Supõe-se, logicamente, que estes direitos e garantias mencionados convergem com aqueles classificados como direitos fundamentais.

Levando em consideração o conceito de imunidades e seu embasamento constitucional, também é preciso diferenciá-lo da ideia de isenção. Enquanto o primeiro leva em consideração fatos que nunca poderiam ter sido tributados, o segundo parte do pressuposto de situações que, em via de regra, podem ser sujeitas à tributação, mas que a existência de determinadas condições leva à retirada do fato gerador, fazendo com que o tributo não seja mais devido.[4]

As imunidades tributárias, desta forma, são garantias fundamentais elencadas pela Constituição Federal, conforme mencionado anteriormente. São limitações impostas ao Estado e seu poder de tributar, protegendo direitos fundamentais. Estas limitações, por sua vez, não podem ser passíveis de alteração por emendas constitucionais no sentido de suprimi-las ou reduzi-las.

Os ensinamentos de Regina Helena Costa já realizavam a distinção e definição destes conceitos com maestria:[5]

> (...) se a Lei Maior assegura o exercício de determinados direitos, que qualifica como fundamentais, não pode tolerar que a tributação, também constitucionalmente disciplinada,

---

1 MELLO, R. L. M. Imunidades tributárias como cláusulas pétreas. Revista Tributária e de Finanças Públicas, v. 146, p. 225-242, 2021.

2 PAULSEN, Leandro. *Curso de direito tributário completo*. 8. ed. São Paulo: Saraiva, 2017. p. 107.

3 AMARO, Luciano. *Direito tributário brasileiro*. São Paulo: Saraiva, 2014.

4 PAULSEN, Leandro. *Curso de direito tributário completo*. 8. ed. São Paulo: Saraiva, 2017. p. 108.

5 COSTA, Regina Helena. Tributação e direitos fundamentais. *In*: BRASIL. STJ. *Doutrina*: edição comemorativa, 25 anos. Brasília: STJ, 2014. p. 569.

seja desempenhada em desapreço a esses mesmos direitos. E uma das maneiras pelas quais, indesejavelmente, pode o exercício de direitos vir a ser amesquinhado é por intermédio da tributação, porquanto o tributo, necessariamente, interfere com o direito de liberdade e o direito de propriedade. O princípio da não obstância do exercício de direitos fundamentais por via da tributação projeta seus efeitos, inicialmente, no próprio Texto Fundamental. Todas as normas constitucionais vedatórias da tributação em determinadas situações ou em relação a determinadas pessoas, bem como aquelas garantidoras do exercício de direitos, representam sua aplicação, tais como as imunidades e os princípios.

É possível perceber que os direitos e garantias individuais classificados como cláusulas pétreas não são apenas aqueles previstos no Art. 5º da Constituição, sendo também presentes no Art. 60 e em diversas outras seções do texto,[6] dentre eles estão as imunidades tributárias. Alguns exemplos jurisprudenciais que fortalecem esta ideia encontram-se, dentre outros, na ADIN-939-7/DF, em que foi analisada a constitucionalidade da EC nº 3/93, e definido que o princípio constitucional da anterioridade tributária é uma cláusula pétrea. Em termos simples, este princípio estabelece que o fisco só pode cobrar um novo imposto depois de decorridos 90 dias desde sua publicação.

O princípio da anterioridade foi consagrado pelo Supremo Tribunal Federal (STF) como cláusula pétrea que protege o cidadão de ações indevidas do fisco,[7] conforme seguinte trecho:

> 2. O Princípio da Anterioridade (art. 150, III, "b", da CF), por configurar uma das maiores garantias tributárias do cidadão em face do Estado/Fisco, é consagrado pelo SUPREMO TRIBUNAL FEDERAL como cláusula pétrea, nos termos do art. 60, §4º, IV, da CF (ADI 939, Rel. Min. SYDNEY SANCHES, DJ de 18/03/1994).
> Além de constituir garantia individual, assegura a possibilidade de o contribuinte programar-se contra a ingerência estatal em sua propriedade, preservando-se, pois, a segurança jurídica. (Ação Direta de Inconstitucionalidade nº 5.733/DF).

Outro exemplar de jurisprudência no tocante a este assunto encontra-se no Recurso Extraordinário nº 639631/RS, sobre a imunidade tributária concedida às instituições de assistência social e educação onde consta que

> 7. O Sistema Tributário Nacional, encartado em capítulo próprio da Carta Federal, encampa a expressão "instituições de assistência social e educação" prescrita no art. 150, VI, "c", cuja conceituação e regime jurídico aplica-se, por analogia, à expressão "entidades beneficentes de assistência social" contida no art. 195, §7º, à luz da interpretação histórica dos textos das CF/46, CF/67 e CF/69, e das premissas fixadas no verbete da Súmula nº 730. É que até o advento da CF/88 ainda não havia sido cunhado o conceito de "seguridade social", nos termos em que definidos pelo art. 203, inexistindo distinção clara entre previdência, assistência social e saúde, a partir dos critérios de generalidade e gratuidade.

---

6 MELLO, R. L. M. Imunidades tributárias como cláusulas pétreas. Revista Tributária e de Finanças Públicas, v. 146, p. 225-242, 2021.

7 BRASIL. SUPREMO TRIBUNAL FEDERAL. *Ação Direta de Inconstitucionalidade nº 5733/DF*. Ministro Relator: Alexandre de Moraes, Tribunal Pleno. Julgamento em 20 de setembro de 2019. Publicação em 03 de outubro de 2019.

> 8. As limitações constitucionais ao poder de tributar são o conjunto de princípios e demais regras disciplinadoras da definição e do exercício da competência tributária, bem como das imunidades. O art. 146, II, da CF/88, regula as limitações constitucionais ao poder de tributar reservadas à lei complementar, até então carente de formal edição. 9. A isenção prevista na Constituição Federal (art. 195, §7º) tem o conteúdo de regra de supressão de competência tributária, encerrando verdadeira imunidade. As imunidades têm o teor de cláusulas pétreas, expressões de direitos fundamentais, na forma do art. 60, §4º, da CF/88, tornando controversa a possibilidade de sua regulamentação através do poder constituinte derivado e/ou, ainda mais, pelo legislador ordinário. (Recurso Extraordinário nº 636941/RS).

É possível perceber como a imunidade tributária concedida à estas modalidades de instituições estão em consonância com os direitos fundamentais protegidos constitucionalmente. Esta decisão do STF leva a segurança jurídica para um caminho onde as imunidades tributárias devem, conforme protegido pela carta da República, ser consideradas cláusulas pétreas, impossíveis de serem reduzidas.

Isto não quer dizer que as instituições garantidoras destes direitos estão livres de responsabilidades e obrigações. As entidades de assistência social e educação sem fins lucrativos, que dispõem de imunidades tributárias, devem, por exemplo, não remunerar seus funcionários pelos serviços para continuarem usufruindo.[8] Além disso, devem aplicar integralmente seus recursos na manutenção e desenvolvimento dos seus objetivos sociais, manter escrituração completa, cumprir as obrigações acessórias e assegurar a destinação de seu patrimônio a outra instituição da mesma natureza,[9] de acordo com o art. 14 do CTN.

Ainda seguindo as decisões do STF quanto aos direitos e garantias individuais, tem-se que, para estimular a cultura, livre-pensamento, e educação, os livros, jornais, periódicos e o papel destinado a sua impressão, incluindo o livro eletrônico, bem como as obras artísticas em geral, produzidas internamente por autores e interpretadas por artistas nacionais são dotados de imunidade tributária.[10] É o que consta em trecho da Súmula Vinculante nº 57:

> A imunidade tributária constante do art. 150, VI, d, da CF/88 aplica-se à importação e comercialização, no mercado interno, do livro eletrônico (e-book) e dos suportes exclusivamente utilizados para fixá-los, como leitores de livros eletrônicos (e-readers), ainda que possuam funcionalidades acessórias.[11]

Outro exemplo está na Ação Cível Originária (ACO) nº 2757, que firmou entendimento sobre a imunidade tributária da Companhia Estadual de Águas e Esgotos do Rio de Janeiro (Cedae) em relação ao imposto de renda. O argumento foi baseado no Art.

---

8 SARAIVA, Carmen Ferreira; ALENCAR, Ingrid Saraiva. Cláusulas Pétreas: Limitações Ao Poder De Tributar. *Revista Científica Semana Acadêmica*, Fortaleza, ano MMXXII, n. 000225, 29 ago. 2022.

9 BRASIL. *Lei nº 5.172, de 25 de outubro de 1966*. Dispõe sobre o Sistema Tributário Nacional e institui normas gerais de direito tributário aplicáveis à União, Estados e Municípios. Brasília, DF: Diário Oficial da União, 1966.

10 SARAIVA, Carmen Ferreira; ALENCAR, Ingrid Saraiva. Cláusulas Pétreas: Limitações Ao Poder De Tributar. *Revista Científica Semana Acadêmica*, Fortaleza, ano MMXXII, n. 000225, 29 ago. 2022.

11 BRASIL. SUPREMO TRIBUNAL FEDERAL. Jurisprudência. Súmulas Vinculantes. *Súmula Vinculante nº 57*. Aprovação em 15 de abril de 2020. Publicação em 24 de abril de 2020.

150, VI, a, da Constituição, que garantiu a imunidade tributária recíproca às sociedades de economia mista prestadoras de serviços públicos, notadamente quando prestados com cunho essencial e exclusivo.[12]

> 1. A imunidade tributária recíproca (art. 150, VI, 'a', da CRFB/88) é extensível às empresas públicas e às sociedades de economia mista prestadoras de serviços públicos, notadamente quando prestados com cunho essencial e exclusivo.
> 2. In casu, trata-se de sociedade de economia mista que executa serviço público de modo exclusivo, com capital social fechado e quase que integralmente titularizado pelo Estado do do Rio de Janeiro (99,9996%), sem indicação de qualquer risco de quebra do equilíbrio concorrencial ou de livre-iniciativa, mercê da ausência de comprovação de que a CEDAE concorra com outras entidades no campo de sua atuação.

Desta forma, fica entendido que direitos individuais, como no caso acima, o direito de acesso à água, são dotados de imunidade tributária por serem essenciais à vida do contribuinte e de toda a sociedade. As cláusulas pétreas são utilizadas em situações como essas para impedir o confisco e a tributação excessiva de elementos basilares da sociedade.

Ao se propor uma reflexão sobre as imunidades tributárias, observa-se a limitação constitucional ao poder de tributar[13] imposta pelo Poder Constituinte Originário, de modo a instituir um dever de omissão da cobrança de tributos sobre determinados fatos ou sobre determinados direitos e constituir norma de eficácia ampla e imediata. Nesse contexto, elas se diferenciam da não incidência, efetivada quando, por exclusão, o que não está taxativamente enumerado na lei não pode ser tributado, e da isenção, pois esta tem apenas *status* legal e é criada pelo ente tributante (União, Estado, DF ou Município) responsável pelo tributo por meio de lei, que ser pode revogada a qualquer tempo.[14]

Dessarte, não se pode revogar as imunidades tributárias por meio do Poder Constituinte Derivado ou de lei, dado que constituem direitos e garantias individuais de estatura constitucional e, portanto, não podem sequer ser objeto de deliberação, segundo o art. 60, §4º, IV, da Constituição Federal,[15] e merecem interpretação extensiva que lhe dê o maior alcance e efetividade, conforme recomenda o próprio Supremo Tribunal Federal.[16] Por seu turno, a isenção deve ser interpretada literalmente, segundo preceitua o art. 111 do CTN,[17] de sorte a não transcender os sentidos literais e objetivos possíveis do texto da norma.

---

12 BRASIL. SUPREMO TRIBUNAL FEDERAL. *ACO nº 2.757*, Rel. Min. Luiz Fux, j. 11 de maio de 2017.

13 BALEEIRO, Aliomar. *Limitações Constitucionais ao poder de tributar*. 8. ed. Editora: ® Forense Juridica – Grupo Gen, 2010.

14 SEGUNDO, Hugo de Brito M. *Manual de Direito Tributário*. São Paulo: Grupo GEN, 2022. Versão *E-book*. ISBN 9786559772261. Disponível em: https://integrada.minhabiblioteca.com.br/#/books/9786559772261/. Acesso em: 07 nov. 2023.

15 BRASIL. [Constituição (1988)]. *Constituição da República Federativa do Brasil de 1988*. Brasília, DF: Presidente da República, [2023]. Disponível em: http://www.planalto.gov.br/ccivil_03/constituicao/constituicao.htm. Acesso em: 07 fev. 2023.

16 BRASIL. SUPREMO TRIBUNAL FEDERAL. *ADI nº 4.029*, Rel. Min. Luiz Fux, j. 08.03.2012, P, *DJE* de 27.06.2012.

17 BRASIL. *Lei nº 5.172, de 25 de outubro de 1966*. Dispõe sobre o Sistema Tributário Nacional e institui normas gerais de direito tributário aplicáveis à União, Estados e Municípios. Brasília, DF: Diário Oficial da União, 1966.

Ao contrário do que se pensa no senso comum, as imunidades não se referem apenas aos impostos inscritos no art. 150, VI,[18] mas também a outros tributos, como as taxas de certidões de obtenção de certidões em repartições públicas, para defesa de direitos e esclarecimento de situações de interesse pessoal e o direito de petição aos Poderes Públicos em defesa de direitos ou contra ilegalidade ou abuso de poder (art. 5º, XXXIV).[19] Outrossim, as contribuições sobre o domínio econômico também foram agraciadas com imunidades quando incidirem sobre as receitas decorrentes de exportação e quando incidirem também sobre a importação de produtos estrangeiros ou serviços (art. 149, §2º, I e II).[20]

Nessa óptica, as imunidades constituem uma prerrogativa – e não um privilégio –, que mitiga de maneira dialética o princípio da igualdade – que preceitua que todos devem arcar com os custos gerais do Estado por meio dos tributos – e potencializa o princípio da capacidade contributiva e os direitos e garantias fundamentais, por exemplo, a liberdade religiosa, sindical e política e a educação, haja vista que quando determinados bens e serviços atuam fora do Domínio Econômico, não há que se falar em capacidade contributiva. Por conseguinte, considera-se que as imunidades tributárias não foram fruto da mera arbitrariedade do legislador constituinte, mas, sim, conclusões de uma interpretação sistemática para a concretização dos direitos fundamentais e sociais instituídos no Título II da Constituição, de maneira que esses dispositivos interagem e conversam de uma maneira simbiótica.[21]

Por outro lado, observam-se imunidades que foram objeto de pressão por grupos de interesse – um dispositivo que não guarda relação de coesão com outros, tendo alcance limitado – e outras que decorrem da lógica do sistema de repartição de receitas tributárias, como acontece nas imunidades às exportações. Desse modo, as imunidades não estão previstas no texto constitucional de maneira exaustiva, visto que, por exemplo, as repartições consulares estrangeiras estão afastadas da tributação por um costume internacional.[22] Além disso, necessário se faz integrar o texto constitucional com a regulamentação infraconstitucional dos dispositivos da imunidade, pois o Supremo asseverou que cabe à Lei Complementar – e somente a ela – definir as condições e requisitos materiais para a fruição da imunidade tributária.[23]

Outrossim, é fundamental refletir que muitas imunidades tributárias são fruto da interpretação e da construção dos Tribunais Superiores, em especial o Supremo Tribunal Federal, que deu a última palavra sobre a imunidade em casos complexos que envolvem uma miríade de interesses. Cite-se, por exemplo, o caso dos Correios, quando foi reconhecida a imunidade recíproca do serviço postal prestado por essa estatal mesmo quando em regime de não monopólio, haja vista que essa última oxigena economicamente o custeio da atividade em regime de monopólio que muitas vezes não

---

[18] BRASIL. [Constituição (1988)]. *Constituição da República Federativa do Brasil de 1988*. Brasília, DF: Presidente da República, [2023]. Disponível em: http://www.planalto.gov.br/ccivil_03/constituicao/constituicao.htm. Acesso em: 07 fev. 2023.

[19] Idem.

[20] Idem.

[21] SCHOUERI, Luís E. *Direito Tributário*. São Paulo: Editora Saraiva, 2022. Versão *E-book*. ISBN 9786555596366.

[22] *Idem*.

[23] BRASIL. SUPREMO TRIBUNAL FEDERAL. *ADI nº 4.480/DF*, Rel. Min. Gilmar Mendes, j. 27 de março de 2020.

é lucrativa, como a entrega de encomendas para lugares isolados e subdesenvolvidos, a fim de garantir a igualdade e a universalidade.[24]

Esse raciocínio se coaduna com o pensamento do professor Luís Eduardo Schoueri, o qual argumenta que a capacidade contributiva da entidade que atua no Domínio Econômico tem imunidade "se os recursos assim gerados forem integralmente destinados às finalidades da entidade imune".[25] Assim, tal imunidade não ofende o princípio da livre concorrência, na medida em que os gastos assistenciais e sociais inerentes à finalidade de justiça distributiva e função alocativa do setor público equivalem à carga tributária imunizada – muito diferente de a entidade pública reduzir os preços por meio da imunidade tributária para maior participação no mercado concorrencial.[26]

Nesse análise, trata-se de eximir serviços e bens de tributos, como (i) patrimônio, renda ou serviços, uns dos outros entes políticos – chamada de imunidade recíproca; (ii) templos de qualquer culto, (iii) livros, jornais, periódicos e o papel destinado a sua impressão, (iv) o patrimônio, renda ou serviços dos partidos políticos, inclusive suas fundações, das entidades sindicais dos trabalhadores, das instituições de educação e de assistência social, sem fins lucrativos, atendidos os requisitos da lei e (v) fonogramas e videofonogramas musicais produzidos no Brasil contendo obras musicais ou literomusicais de autores brasileiros e/ou obras em geral interpretadas por artistas brasileiros, bem como os suportes materiais ou arquivos digitais que os contenham, salvo na etapa de replicação industrial de mídias ópticas de leitura a laser.[27]

Destarte, a Min. Regina Helena Costa destaca que a atividade tributante deve conviver harmonicamente com os direitos fundamentais, de modo a justificar tanto as imunidades tributárias quanto o princípio do não confisco, que articula a tributação módica, a fim de garantir a viabilidade e a extensão dos direitos fundamentais.[28]

2 Como podem ser classificadas?

As imunidades podem ser classificadas em subjetivas, objetivas ou mistas, conforme se referem a pessoas, coisas ou ambas.[29]

2.1 Imunidades subjetivas

2.1.1 Imunidades recíprocas

Nesse cenário, as imunidades subjetivas alcançam as pessoas em função de sua natureza jurídica, como o art. 150, VI, "a", da Constituição Federal, apelidado de imunidade recíproca que se refere ao patrimônio, renda ou serviços da União, dos

---

[24] BRASIL. SUPREMO TRIBUNAL FEDERAL. *RE nº 627051 / PE*, Rel. Min. Gilmar Mendes, j. 12 de novembro de 2014.

[25] SCHOUERI, Luís E. *Direito Tributário*. São Paulo: Editora Saraiva, 2022. Versão *E-book*. ISBN 9786555596366.

[26] Idem.

[27] BRASIL. [Constituição (1988)]. *Constituição da República Federativa do Brasil de 1988*. Brasília, DF: Presidente da República, [2023]. Disponível em: http://www.planalto.gov.br/ccivil_03/constituicao/constituicao.htm. Acesso em: 07 fev. 2023.

[28] COSTA, Regina Helena. *Imunidades tributárias*. Teoria e análise da jurisprudência do STF. 2. ed. revista e atualizada. São Paulo: Malheiros, 2006. p. 79.

[29] SCHOUERI, Luís E. *Direito Tributário*. São Paulo: Editora Saraiva, 2022. Versão *E-book*. ISBN 9786555596366.

Estados, do Distrito Federal e dos Municípios. Dessa maneira, essa imunidade proíbe que os entes se destruam mutuamente pela via da tributação de impostos e que exerçam soberania uns sobre os outros, uma vez que o Estado Federal brasileiro atribuiu somente à União a soberania, tendo os outros entes autonomia.[30]

Alguns juristas justificam a imunidade recíproca com base na ausência de capacidade contributiva, de modo a se estender às autarquias e fundações instituídas e mantidas pelo Poder Público, no que se refere ao patrimônio, à renda e aos serviços vinculados a suas finalidades essenciais ou às delas decorrentes (art. 150, §2º). Entretanto, ela não abrange o patrimônio, a renda e os serviços da entidade que estejam relacionados à exploração de atividade econômica regida pelas normas inerentes aos empreendimentos privados, ou em que haja pagamento de preço ou tarifa pelo usuário (concessão patrocinada), pois nesse caso o Poder Público é despido de poder de império.[31]

Nessa conjuntura, o Supremo Tribunal Federal reconheceu a imunidade recíproca do SERPRO, empresa pública prestadora de serviços de tratamento de informações e de processamento de dados, apesar de inserido em regime concorrencial, pois se trata de um serviço público essencial ao funcionamento do Estado Brasileiro.[32] Esse julgado foi uma exceção à regra de que empresas públicas que exerçam atividade econômica, em regime de livre iniciativa e livre concorrência, não estão abrangidas pela imunidade recíproca.

Nessa conjuntura, o Supremo reconheceu a imunidade tributária da CEDAE, sociedade de economia mista de saneamento básico do Rio de Janeiro que atua em regime de monopólio, sob o argumento de que os critérios definidores da imunidade de uma empresa estatal quanto a impostos sobre patrimônio, renda ou serviços de outros entes federativos não se define pela forma societária que a companhia adota (empresa pública ou sociedade de economia mista), e sim pela natureza dos serviços que presta.[33] Ademais, o STF também reconheceu a imunidade da INFRAERO[34] e dos Correios[35] com base no mesmo entendimento: prestadores de serviço público de prestação obrigatória e exclusiva do Estado, de sorte que não há que se falar em preservar a liberdade de concorrência.

Portanto, fundamenta-se a imunidade recíproca no princípio federal, isto é, a isonomia política dos entes da federação – e na ausência de capacidade contributiva, na medida em que um dos objetivos da República Federativa do Brasil é alcançar a igualdade e a redução das grandes disparidades regionais.

---

[30] MENDES, Gilmar F.; BRANCO, Paulo G. *Série IDP* – Linha Doutrina – Curso de direito constitucional. Editora Saraiva, 2020. E-book. ISBN 9788553618088. Disponível em: https://integrada.minhabiblioteca.com.br/#/books/9788553618088/. Acesso em: 08 nov. 2023.

[31] BALEEIRO, Aliomar. *Limitações Constitucionais ao poder de tributar*. 8. ed. Editora: Forense Juridica – Grupo Gen, 2010.

[32] BRASIL. SUPREMO TRIBUNAL FEDERAL. *Ag.Reg. na Ação Cível Originária 2.658 Distrito Federal*, Rel. Min. Luís Roberto Barroso, j. 11.05.2020.

[33] BRASIL. SUPREMO TRIBUNAL FEDERAL. *ACO nº 2.757*, Rel. Min. Luiz Fux, j. 11 de maio de 2017.

[34] BRASIL. SUPREMO TRIBUNAL FEDERAL. *RE nº 363.412*, Rel. Min. Celso de Mello, j. em 07.08.2007.

[35] BRASIL. SUPREMO TRIBUBNAL FEDERAL. *RE nº 428.821-4/SP*, 2ª T., Rel. Min. Carlos Velloso, j. em 21.09.2004, DJ de 08.10.2004.

2.1.2 Entidades políticas, sindicais, educacionais e assistenciais

Nesse contexto, as imunidades subjetivas, justificadas na ausência de capacidade contributiva, também afetam os partidos políticos, inclusive suas fundações, as entidades sindicais dos trabalhadores e as instituições de educação e de assistência social, sem fins lucrativos, também têm direito à imunidade, relativamente ao seu patrimônio, à sua renda e aos seus serviços, segundo a redação do art. 150, VI, c, da Constituição Federal. Por consequência, a teleologia da norma protege a liberdade política, a liberdade sindical e estimula aqueles que desejam colaborar com o Estado na prestação de serviços de assistência social, desde que sem finalidade lucrativa, de sorte que necessitam de uma lei complementar para que possa produzir todos os efeitos possíveis, sendo uma norma de eficácia limitada na classificação de José Afonso da Silva.

De antemão, a norma já produz dois efeitos válidos no ordenamento jurídico: impede que uma legislação que tribute as referidas entidades seja constitucional e revoga todas as normas que tributam essas entidades. Dessarte, a possibilidade de a lei fazer exigências, como condição para o gozo da imunidade, diz respeito apenas às entidades de educação e assistência social sem fins lucrativos, e não aos partidos políticos nem às entidades sindicais, a fim de definir balizas objetivas para o estabelecimento da ausência de finalidade lucrativa.[36] Trata-se de um intento do governo empreendedor de coordenar e incentivar a iniciativa privada a executar os serviços públicos próprios, como educação e assistência social.

Nesse sentido, estão traçadas no art. 14 do CTN, que tem *status* de lei complementar e exige de tais entidades que: (i) não distribuam qualquer parcela de seu patrimônio ou de suas rendas, a qualquer título; (ii) apliquem integralmente, no País, os seus recursos na manutenção dos seus objetivos institucionais; (iii) mantenham escrituração de suas receitas e despesas em livros revestidos de formalidades capazes de assegurar sua exatidão.[37] Cumpre ressaltar também que o Supremo Tribunal Federal restringiu o conceito de educação às instituições de ensino que são autorizadas pelo Estado.[38]

Ademais, quando as entidades mencionadas deixarem de aplicar os recursos excedentes em suas finalidades essenciais e atuarem dentro do Domínio Econômico, a imunidade não mais se justifica. Por isso, a imunidade e a livre concorrência devem ser sopesadas no caso concreto, na medida em que as entidades imunes não podem praticar preços manifestamente inferiores ao de mercado.

Note-se também que não é pertinente a invocação de critérios de classificação de tributos, colhidos a partir da legislação ordinária, para restringir a abrangência da imunidade: a Segunda Turma do STF entendeu que a imunidade abrange até mesmo

---

[36] SEGUNDO, Hugo de Brito M. *Manual de Direito Tributário*. São Paulo: Grupo GEN, 2022. Versão *E-book*. ISBN 9786559772261. Disponível em: https://integrada.minhabiblioteca.com.br/#/books/9786559772261/. Acesso em: 07 nov. 2023.

[37] BRASIL. *Lei nº 5.172, de 25 de outubro de 1966*. Dispõe sobre o Sistema Tributário Nacional e institui normas gerais de direito tributário aplicáveis à União, Estados e Municípios. Brasília, DF: Diário Oficial da União, 1966.

[38] BRASIL. SUPREMO TRIBUNAL FEDERAL. *AgRg no RE nº 378.666-DF*, 2ª Turma, rel. Min. Ricardo Lewandowski, j. 03.04.2012, DJe 20.04.2012. Revista Dialética de Direito Tributário, n. 201, jun. 2012, p. 200.

o ICMS incidente sobre produtos vendidos pela entidade imune, desde que a receita respectiva seja revertida no atendimento de suas finalidades institucionais.[39]

2.2 Imunidades objetivas

Por outro ângulo, as imunidades objetivas são concedidas em razão de determinados bens, fatos, situações ou atividades desenvolvidas, não importando as características específicas das pessoas jurídicas ou objetos beneficiados. Menciona-se também como exemplo o art. 150, VI, "d", da Constituição, que é a imunidade aos "livros, jornais, periódicos e o papel destinado a sua impressão". Assim, essa imunidade se restringe aos impostos incidentes sobre a importação, a produção industrial e a circulação das mercadorias mencionadas, como o Imposto de Importação, o IPI e o ICMS, e não os impostos incidentes sobre a renda e o patrimônio de editoras e livreiros, por exemplo.

Nessa perspectiva, tal imunidade não se encontra amparada na ausência de capacidade contributiva, mas no estímulo à atividade cultural, por meio dos livros, periódicos e jornais, além de garantia da liberdade de manifestação do pensamento, do direito de crítica e de posicionamento político, religioso ou ideológico.[40] Assim, essa imunidade surgiu no Brasil com a Constituição de 1946 por iniciativa de deputado constituinte Jorge Amado em resposta à ditadura getulista, que dificultava a importação de papel de imprensa pelos jornais de oposição.[41]

Além disso, sendo objetiva, essa imunidade não se estende aos lucros advindos da venda de livros pelo IPRF, mas somente à mercadoria e sua circulação, de sorte a afastar a tributação do ICMS, por exemplo. Nessa linha, a jurisprudência assentou que não cabe ao aplicador da lei condicionar a imunidade a que o conteúdo da publicação seja "adequado", de maneira que livros didáticos e periódicos pornográficos não recebem tratamento diferenciado.[42] Desse modo, o Supremo também estendeu, por meio da Súmula Vinculante nº 57, a imunidades tributárias aos livros eletrônicos, chamados de *e-books* e leitores de livros eletrônicos, ditos *e-readers*.[43]

Por outro lado, a jurisprudência de nossos tribunais superiores evoluiu, no sentido correto de estender a imunidade a todo periódico, que, como os catálogos telefônicos, presta serviços essenciais de informação à coletividade,[44] porém aponta-se que meros catálogos de produtos de empresas não se consideram livros, jornais ou periódicos.[45] Ressalta-se também que essa imunidade não alcança o PIS e o FINSOCIAL, pois estes são contribuições e o art. 150, VI, d) diz respeito somente a impostos.[46]

---

[39] BRASIL. SUPREMO TRIBUNAL FEDERAL. *RE nº 141.670*, AgR/SP, 2ª T., Rel. Min. Nelson Jobim, j. em 10.10.2000, v. u., DJ de 02.02.2001, p. 105.

[40] SCHOUERI, Luís E. *Direito Tributário*. São Paulo: Editora Saraiva, 2022. Versão *E-book*. ISBN 9786555596366.

[41] CARRAZZA, Roque Antonio. Importação de bíblias em fitas – sua imunidade – Exegese do art. 150, VI, "d", da Constituição Federal. *Revista Dialética de Direito Tributário*, n. 26, p. 134, 1997.

[42] SCHOUERI, Luís E. *Direito Tributário*. São Paulo: Editora Saraiva, 2022. Versão *E-book*. ISBN 9786555596366.

[43] Idem.

[44] BALEEIRO, Aliomar. *Limitações Constitucionais ao poder de tributar*. 8. ed. Editora: Forense Juridica – Grupo Gen, 2010.

[45] SCHOUERI, Luís E. *Direito Tributário*. São Paulo: Editora Saraiva, 2022. Versão *E-book*. ISBN 9786555596366.

[46] BRASIL. SUPREMO TRIBUNAL FEDERAL. *RE nº 141.715*, Relator: Min. MOREIRA ALVES. Julgado em XXXXX-2-1998, Segunda Turma, DJ de XXXXX-5-1998.

Nota-se que também constitui uma imunidade objetiva a destinada a proteger fonogramas e videofonogramas musicais produzidos no Brasil contendo obras musicais ou literomusicais de autores brasileiros e/ou obras em geral interpretadas por artistas brasileiros, bem como os suportes materiais ou arquivos digitais que os contenham, salvo na etapa de replicação industrial de mídias ópticas de leitura a laser. Assim, para se ter uma adequada leitura desse dispositivo, faz-se necessária uma integração com os conceitos advindos da Lei dos Direitos Autorais, que divide as obras audiovisuais em cinematográficas ou videofonográficas, a depender das técnicas de produção.[47]

Cumpre ressaltar aqui que ao referir-se a "videofonogramas", e não a "obras audiovisuais", o constituinte derivado excluiu a obra cinematográfica do âmbito da referida imunidade, já que os videofonogramas constituem mais uma técnica industrial e menos uma criação artística. Nesse aspecto, zela-se pelo incentivo à produção cultural enquanto direito fundamental.[48]

2.3 Imunidades mistas

As imunidades mistas caracterizam-se por reunirem tanto aspectos objetivos quanto subjetivos, como é o caso das imunidades a templos de qualquer culto, de maneira que não somente o edifício onde se pratica o culto é imune, mas também tudo que vincula o órgão à função religiosa.[49] Por conseguinte, não se cogita capacidade contributiva dos cultos e estende-se a imunidade aos imóveis acessórios, de sorte que o templo não deve ser apenas a igreja, sinagoga ou edifício principal, onde se celebra a cerimônia pública, mas também a dependência acaso contígua, o convento, os anexos por força de compreensão, inclusive a casa ou residência do pároco ou pastor, desde que não empregados em fins econômicos.[50]

Assim, convém destacar que mesmo os imóveis dos cultos que não forem destinados às finalidades religiosas estão imunes à tributação, consoante a súmula nº 724 do Supremo, desde que a renda continue afetada às finalidades religiosas.[51] Nesse ínterim, é necessário destacar que essa imunidade visa proteger menos as instituições religiosas e mais os templos, de modo que associação civil se dedicar a fins religiosos não é suficiente para fazer jus à imunidade, na ausência do templo.

Dessa maneira, §4º do art. 150 visa justamente ressaltar que as vedações expressas no inciso VI, alíneas "b" e "c", compreendem somente o patrimônio, a renda e os serviços, relacionados com as finalidades essenciais das entidades nelas mencionadas, de maneira a restringir o escopo de amplitude da norma. Nesse caminho, "templo" não significa necessariamente um bem imóvel, de jeito que o professor Schoueri pontua que "nada impede cogitar-se uma embarcação movida por missionários, a qual, em sua atividade religiosa, também estará imune".[52]

---

47 *Idem.*

48 Idem.

49 BALEEIRO, Aliomar. *Limitações Constitucionais ao poder de tributar*. 8. ed. Editora: Forense Juridica – Grupo Gen, 2010.

50 *Idem.*

51 SCHOUERI, Luís E. *Direito Tributário*. São Paulo: Editora Saraiva, 2022. Versão *E-book*. ISBN 9786555596366.

52 *Idem.*

Faz-se necessária uma leitura integrada desse instituto com o art. 19, I, da Constituição,[53] o qual assegura que é vedado à União estabelecer cultos religiosos ou igrejas, subvencioná-los, embaraçar-lhes o funcionamento ou manter com eles ou seus representantes relações de dependência ou aliança, ressalvada, na forma da lei, a colaboração de interesse público, na medida em que o Estado, em sua neutralidade, respeitando as minorias, não pode ter preferências, mas não os embaraça.

Conclusão

O estudo sobre imunidades tributárias revela a complexidade e a amplitude desse tema no contexto jurídico brasileiro. As imunidades constituem uma limitação ao poder de tributar, estabelecida pelo Poder Constituinte Originário, visando proteger determinados fatos, bens ou direitos de incidência tributária. Diferenciando-se da não incidência e da isenção, as imunidades são direitos constitucionais que não podem ser revogados por meio do Poder Constituinte Derivado ou de legislação infraconstitucional.

A interpretação das imunidades requer uma abordagem extensiva, conforme preconizado pelo Supremo Tribunal Federal, para garantir o máximo alcance e efetividade desses dispositivos constitucionais. Nessa linha, elas não se limitam apenas aos impostos mencionados no artigo 150, VI da Constituição, abrangendo também outros tributos, como taxas e contribuições sobre o domínio econômico. Assim, as imunidades são fundamentais para equilibrar princípios constitucionais, como o da igualdade e da capacidade contributiva, e para assegurar direitos e garantias fundamentais, como a liberdade religiosa, sindical e educacional.

São, portanto, resultantes de uma interpretação sistemática da Constituição, buscando a concretização dos direitos fundamentais e sociais. A classificação das imunidades em subjetivas, objetivas e mistas permite compreender sua aplicação específica a pessoas, coisas ou ambas. Destacam-se as imunidades recíprocas, subjetivas, que protegem entes federativos, e as imunidades objetivas, como a dos livros, jornais e periódicos, que buscam incentivar a atividade cultural e garantir a liberdade de expressão.

A evolução jurisprudencial, especialmente as decisões do Supremo Tribunal Federal, desempenha um papel significativo na definição e aplicação das imunidades tributárias. A interpretação extensiva, muitas vezes guiada por princípios constitucionais, contribui para a adaptação dessas normas à realidade social e econômica.

Por fim, a necessidade de lei complementar para algumas imunidades, conforme previsto na Constituição, destaca a importância do devido processo legislativo na regulamentação dessas normas, garantindo segurança jurídica e respeitando o princípio da legalidade. As imunidades tributárias, portanto, desempenham um papel crucial na harmonização dos interesses estatais e individuais, refletindo a complexidade e a sensibilidade do sistema tributário brasileiro.

---

[53] BRASIL. [Constituição (1988)]. *Constituição da República Federativa do Brasil de 1988*. Brasília, DF: Presidente da República, [2023]. Disponível em: http://www.planalto.gov.br/ccivil_03/constituicao/constituicao.htm. Acesso em: 07 fev. 2023.

Referências

AMARO, Luciano. *Direito tributário brasileiro*. São Paulo: Saraiva, 2014.

BALEEIRO, Aliomar. *Limitações Constitucionais ao poder de tributar*. 8. ed. Editora: Forense Juridica – Grupo Gen, 2010.

BRASIL. [Constituição (1988)]. *Constituição da República Federativa do Brasil de 1988*. Brasília, DF: Presidente da República, [2023]. Disponível em: http://www.planalto.gov.br/ccivil_03/constituicao/constituicao.htm. Acesso em: 07 fev. 2023.

BRASIL. *Lei nº 5.172, de 25 de outubro de 1966*. Dispõe sobre o Sistema Tributário Nacional e institui normas gerais de direito tributário aplicáveis à União, Estados e Municípios. Brasília, DF: Diário Oficial da União, 1966.

BRASIL. SUPREMO TRIBUBNAL FEDERAL. *RE nº 428.821-4/SP*, 2ª T., Rel. Min. Carlos Velloso, j. em 21.09.2004, DJ de 08.10.2004.

BRASIL. SUPREMO TRIBUNAL FEDERAL. *RE nº 141.670*, AgR/SP, 2ª T., Rel. Min. Nelson Jobim, j. em 10.10.2000, v. u., DJ de 02.02.2001, p. 105.

BRASIL. SUPREMO TRIBUNAL FEDERAL. *ACO nº 2.757*, Rel. Min. Luiz Fux, j. 11 de maio de 2017.

BRASIL. SUPREMO TRIBUNAL FEDERAL. *ADI nº 4.029*, Rel. Min. Luiz Fux, j. 08.03.2012, P, *DJE* de 27.06.2012.

BRASIL. SUPREMO TRIBUNAL FEDERAL. *ADI nº 4.480/DF*, Rel. Min. Gilmar Mendes, j. 27 de março de 2020.

BRASIL. SUPREMO TRIBUNAL FEDERAL. *Ação Direta de Inconstitucionalidade nº 5733/DF*. Ministro Relator: Alexandre de Moraes, Tribunal Pleno. Julgamento em 20 de setembro de 2019. Publicação em 03 de outubro de 2019.

BRASIL. SUPREMO TRIBUNAL FEDERAL. *Ag.Reg. na Ação Cível Originária 2.658 Distrito Federal*, Rel. Min. Luís Roberto Barroso, j. 11.05.2020.

BRASIL. SUPREMO TRIBUNAL FEDERAL. *RE nº 363.412*, Rel. Min. Celso de Mello, j. em 07.08.2007.

BRASIL. SUPREMO TRIBUNAL FEDERAL. *RE nº 627051 / PE*, Rel. Min. Gilmar Mendes, j. 12 de novembro de 2014.

BRASIL. SUPREMO TRIBUNAL FEDERAL. *RE nº 141.715*, Relator: Min. MOREIRA ALVES. Julgado em XXXXX-2-1998, Segunda Turma, DJ de XXXXX-5-1998.

BRASIL. SUPREMO TRIBUNAL FEDERAL. *AgRg no RE nº 378.666-DF*, 2ª Turma, rel. Min. Ricardo Lewandowski, j. 03.04.2012, DJe 20.04.2012. Revista Dialética de Direito Tributário, n. 201, jun. 2012, p. 200.

BRASIL. SUPREMO TRIBUNAL FEDERAL. Jurisprudência. Súmulas Vinculantes. *Súmula Vinculante nº 57*. Aprovação em 15 de abril de 2020. Publicação em 24 de abril de 2020.

CARRAZZA, Roque Antonio. Importação de bíblias em fitas – sua imunidade – Exegese do art. 150, VI, "d", da Constituição Federal. *Revista Dialética de Direito Tributário*, n. 26, 1997.

COSTA, Regina Helena. *Imunidades tributárias*. Teoria e análise da jurisprudência do STF. 2. ed. revista e atualizada. São Paulo: Malheiros, 2006.

COSTA, Regina Helena. Tributação e direitos fundamentais. *In*: BRASIL. STJ. *Doutrina*: edição comemorativa, 25 anos. Brasília: STJ, 2014.

MELLO, R. L. M. Imunidades tributárias como cláusulas pétreas. *Revista Tributária e de Finanças Públicas*, v. 146, p. 225-242, 2021.

MENDES, Gilmar F.; BRANCO, Paulo G. *Série IDP* – Linha Doutrina – Curso de direito constitucional. Editora Saraiva, 2020. E-book. ISBN 9788553618088. Disponível em: https://integrada.minhabiblioteca.com.br/#/books/9788553618088/. Acesso em: 08 nov. 2023.

PAULSEN, Leandro. *Curso de direito tributário completo*. 8. ed. São Paulo: Saraiva, 2017.

SARAIVA, Carmen Ferreira; ALENCAR, Ingrid Saraiva. Cláusulas Pétreas: Limitações Ao Poder De Tributar. *Revista Científica Semana Acadêmica*, Fortaleza, ano MMXXII, n. 000225, 29 ago. 2022.

SCHOUERI, Luís E. *Direito Tributário*. São Paulo: Editora Saraiva, 2022. Versão *E-book*. ISBN 9786555596366.

SEGUNDO, Hugo de Brito M. *Manual de Direito Tributário*. São Paulo: Grupo GEN, 2022. Versão *E-book*. ISBN 9786559772261. Disponível em: https://integrada.minhabiblioteca.com.br/#/books/9786559772261/. Acesso em: 07 nov. 2023.

Informação bibliográfica deste texto, conforme a NBR 6023:2018 da Associação Brasileira de Normas Técnicas (ABNT):

TEIXEIRA, Tiago Conde; SANTOS, Caio Ruggiero Nicolau. Imunidades tributárias: interpretação e aplicação e sua garantia como cláusula pétrea no ordenamento jurídico brasileiro. In: LOBATO, Valter de Souza (coord.); MARINHO NETO, José Antonino (org.). *O papel da lei complementar tributária no desenho federativo brasileiro*. Belo Horizonte: Fórum, 2024. p. 423-436. ISBN 978-65-5518-779-3.

PARTE V

LEI COMPLEMENTAR E TRIBUTOS EM ESPÉCIE

LEI COMPLEMENTAR: CONFLITO DE COMPETÊNCIA SOBRE AS ATIVIDADES BANCÁRIAS DE OPERAÇÃO DE CRÉDITO

BIANCA MAURI FRADE,
MARCO ANTÔNIO FERREIRA COELHO FILHO

Introdução

A Constituição Federal de 1988 (CF/88) conferiu aos Municípios e à União, a competência para instituir o imposto sobre as operações financeiras (IOF) e o imposto sobre serviços de qualquer natureza definidos por lei complementar (ISS), respectivamente, sob uma rígida repartição de competências tributárias. Nesse sentido, o texto constitucional reservou à lei complementar dispor sobre os conflitos de competência tributária, regular as limitações constitucionais ao poder de tributar e estabelecer as normas gerais em matéria tributária, limitada aos significados jurídicos definidos pelo legislador constitucional.

Ocorre que a rigidez constitucional na repartição de competências tributárias possui como papel primordial garantir que um ente federado não institua a cobrança de imposto que não lhe tenha sido atribuída.

Nota-se, contudo, que as atividades exercidas pelas instituições financeiras convivem com a incerteza existente entre a delimitação da competência tributária da administração municipal e da administração federal para a instituição de tributos sobre as suas atividades de concessão de crédito. Isso porque é possível identificar uma indefinição da correta separação entre as operações de crédito, sujeitas ao IOF, e as prestações de serviços relacionadas ao setor bancário e financeiro, sujeitas ao ISS.

No que tange especificamente às operações de crédito realizadas pelas instituições financeiras, muitas das atividades que antecedem à concessão do próprio crédito (atividades-meio) são necessárias e acessórias ao objetivo social dessas empresas, que acabam sofrendo também a tributação do imposto municipal, mesmo que vinculadas à consecução de sua atividade principal sujeita ao imposto federal.

Contudo, como se observa na vasta jurisprudência dos tribunais superiores, a autorização constitucional para que a lei complementar liste os serviços sujeitos à incidência do ISS não permite que o legislador ultrapasse os limites para a instituição de tributos sob pena de ferir o pacto federativo.

Assim, o presente trabalho inicia-se com uma breve análise dos estudos doutrinários envolvendo o papel da lei complementar em matéria tributária e o exame da competência tributária constitucional sob a luz tipológica e conceitual. Na sequência, passa-se a verificar a cobrança do ISS e do IOF nas operações de crédito realizadas por instituições bancárias e financeiras, bem como o papel constitucional da lei complementar como fundamental para evitar a bitributação e a invasão de competência tributária de outros entes federados.

Por fim, busca-se realizar um resumido estudo jurisprudencial envolvendo a tributação das atividades-meio nas operações de crédito no contexto das atividades financeiras.

1 Tipos e conceitos: a delimitação das competências tributárias e o papel da lei complementar

A Constituição de 1988 estabeleceu um Estado federalista baseado na descentralização do poder em torno das esferas federal, estadual e municipal. Ao instituir as regras de competências tributárias, o legislador constituinte moldou os fatos sobre os quais o Estado pode exigir prestações pecuniárias de seus administrados, limitando a instituição de tributos sobre fatos e sujeitos constitucionalmente definidos, e sobre manifestações de capacidades contributivas determinadas.

Orientado pelos princípios da segurança jurídica e da unidade do ordenamento, o texto constitucional tributário brasileiro, por meio das regras de distribuição de competências, impede a atuação concorrente entre os entes federativos na criação de impostos sobrepostos. Sobre as competências tributárias, discorre Roque Antonio Carrazza:

> De fato, entre nós, a forca tributante estatal não atua livremente, mas dentro dos limites do direito positivo. Como veremos em seguida, cada uma das pessoas políticas não possui, em nosso País, poder tributário (manifestação do ius imperium do Estado), mas competência tributária (manifestação de autonomia da pessoa política e, assim, sujeita ao ordenamento jurídico-constitucional). A competência tributária é determinada pelas normas constitucionais, que, como é pacífico, são de grau superior às de nível legal, que – estas, sim – preveem as concretas obrigações tributárias.[1]

No estudo da competência tributária, vasta é a doutrina brasileira sobre a discussão envolvendo a utilização de tipos ou conceitos pelo legislador constitucional.

Ao aprofundar os estudos sobre os tipos e conceitos no campo tributário, Misabel de Abreu Machado Derzi atribui aos tipos uma estrutura flexível e fluida, dotados de características como "abertura, gradação, inteireza, sentido e aproximação à realidade

1 CARRAZZA, Roque Antonio. *Curso de Direito Constitucional Tributário*. 31. ed. São Paulo / SP: Malheiros Editores, 2017. p. 595-596.

são modeladas na norma ou normas que o prescrevam".[2] Por outro lado, os conceitos são entendidos pela autora como fixos, rígidos e irrenunciáveis.

Partindo das premissas acima traçadas, Misabel Derzi defende que a competência tributária trata de matéria conceitual, uma vez que pertinente ao próprio federalismo:

> Ora, o tipo como ordenação do conhecimento em estruturas flexíveis, de características renunciáveis, que admite as transições fluidas e contínuas e as formas mistas, não se adapta à rigidez constitucional de discriminação da competência tributária.
> Essa rigidez tem como pedra básica a competência privativa, mola mestra do sistema, o qual repele a bitributação e evita a promiscuidade entre tributos distintos. Conceitos como bitributação, invasão de competência, bis in idem, identidade ou diversidade entre espécies tributárias necessários ao funcionamento harmônico e aplicação das normas constitucionais não se aperfeiçoam por meio das relações comparativas do "mais ou menos" ou "tanto mais (...) quanto menos" inerentes ao pensamento tipológico; muito mais ajustam-se às excludentes "ou (...) ou" e às características irrenunciáveis e rígidas dos conceitos determinados".[3]

Segundo a autora, o princípio federativo não comportaria a flexibilidade do pensamento tipológico por razão de segurança jurídica, inerente ao texto constitucional tributário brasileiro. Em razão disso, Misabel Derzi atribui ao direito tributário uma tendência conceitual, sendo os tributos "objeto de uma enumeração legal exaustiva, de modo que aquilo que não está na lei, inexiste juridicamente".[4]

Em sentido contrário, partindo das mesmas premissas veiculadas supra, o autor Luís Eduardo Schoueri atribui à lei complementar maior importância para dispor sobre conflitos de competência tributária. Para o autor, o texto constitucional veicula tipos, que devem ser adequados à realidade social vigente pelo legislador complementar:

> Encontra-se, aqui, o papel da lei complementar: a solução dos conflitos de competência e a definição das hipóteses tributárias e bases de cálculo implicam a criação, pelo legislador complementar, de definições das realidades contempladas pelo constituinte.
> Noutras palavras, enquanto o constituinte contemplou a realidade econômica do ponto de vista tipológico, com a fluidez a ele inerente, impôs ao legislador complementar a tarefa de expressar a mesma realidade através de conceitos, seja por meio de definições de "fatos geradores", bases de cálculo e contribuintes, seja através da imposição de limites em casos de conflitos.[5]

Nesse sentido, para Schoueri, as determinações constitucionais seriam fluidas na medida que pretendem concretizar valores de acordo com a realidade econômica,

---

2 DERZI, Misabel Abreu Machado. *Direito tributário, direito penal e tipo*. 3. ed. revista, atualizada e ampliada. Belo horizonte: Fórum, 2018. p. 84.

3 DERZI, Misabel Abreu Machado. *Direito tributário, direito penal e tipo*. 3. ed. revista, atualizada e ampliada. Belo horizonte: Fórum, 2018. p. 126-127.

4 DERZI, Misabel Abreu Machado. *Direito tributário, direito penal e tipo*. 3. ed. revista, atualizada e ampliada. Belo horizonte: Fórum, 2018. p. 287.

5 SCHOUERI, Luís Eduardo. A lei complementar e a repartição de competências tributárias. *In*: *IX CONGRESSO NACIONAL DE ESTUDOS TRIBUTÁRIOS*. Sistema tributário nacional e a estabilidade da federação brasileira. São Paulo: Noeses, 2012. p. 691.

enquanto a lei complementar seria rígida (conceitual), sendo esta responsável por delimitar os conflitos de competência e definir as hipóteses tributáveis.

Apesar da divergência entre os autores, Schoueri, tal qual Misabel, conclui pela rigidez na repartição de competências tributárias pelo constituinte como "ferramenta fundamental para assegurar que uma mesma capacidade contributiva não seja atingida por duas pessoas jurídicas de direito público".[6] Por conseguinte, atribui à lei complementar o papel de afastar os conflitos supostamente não delimitados pelo constituinte.

No escopo do presente trabalho, parte-se da premissa que a competência tributária prevista no texto constitucional brasileiro é rígida, cabendo à lei complementar reafirmá-la.

2 Tributação das operações financeiras: diferenciação entre serviços e operações de crédito

2.1 Hipótese de incidência do ISS

A Constituição da República, em seu art. 156, III, estabelece a competência dos municípios de criar imposto "sobre serviços de qualquer natureza, não compreendidos no art. 155, II, definidos em lei complementar".

O referido dispositivo não estabelece uma definição do conceito de serviços, somente prescrevendo a tributação do ISS, de forma ampla, sobre serviços de qualquer natureza, e excluindo de pronto aqueles serviços já englobados na competência do ICMS, como os de transporte intermunicipal e interestadual e de comunicações.

A Lei Complementar nº 116/2003 (LC nº 116/03), ao estabelecer o fato gerador do ISS, também não define o conceito do que seriam serviços tributáveis por esse imposto, resumindo-se a definir que o fato gerador seria a prestação de serviços constantes de sua lista anexa. Percebe-se assim que o legislador optou por listar os serviços que estariam incluídos no campo de incidência do ISS sem definir de forma clara e objetiva o que caracterizaria a prestação de serviços em si.

A ausência de definição do conceito de serviços gera, até hoje, um debate acalorado consubstanciado por vasta jurisprudência do STF para que seja definido se determinados itens da lista anexa da LC nº 116/03 se enquadram ou não no campo de incidência do ISS.

Historicamente, entendeu-se que, frente a omissão constitucional e legal, restaria delegado para o direito civil a tarefa de definir o conceito do que seria serviço. Essa possibilidade está em linha com o art. 110 do Código Tributário Nacional (CTN) que prescreve de forma expressa que não caberia a legislação tributária alterar definições e conceitos provenientes do direito privado para a definição ou delimitação de competências tributárias.[7]

---

[6] SCHOUERI, Luís Eduardo. A lei complementar e a repartição de competências tributárias. *In*: *IX CONGRESSO NACIONAL DE ESTUDOS TRIBUTÁRIOS*. Sistema tributário nacional e a estabilidade da federação brasileira. São Paulo: Noeses, 2012. p. 700.

[7] Art. 110. A lei tributária não pode alterar a definição, o conteúdo e o alcance de institutos, conceitos e formas de direito privado, utilizados, expressa ou implicitamente, pela Constituição Federal, pelas Constituições dos Estados, ou pelas Leis Orgânicas do Distrito Federal ou dos Municípios, para definir ou limitar competências tributárias.

Nesse sentido, definiu-se que, seguindo o direito civil, a prestação de serviços seria caracterizada como obrigação de fazer, em oposição a obrigação de dar que seria tributada pelo ICMS, entre outros tributos.

Esse entendimento pode ser ilustrado pela decisão do RE nº 116.121 que tratou da incidência de ISS na locação de bens móveis.[8] O Ministro Celso de Mello, em seu voto acompanhando a divergência, afirmou que:

> Tenho para mim, na mesma linha de entendimento exposta por AIRES FERNANDINO BARRETO ("Revista de Direito Tributário", vol. 38/192) e por CLÉBER GIARDINO ("Revista de Direito Tributário", vol. 38/196), que a qualificação da "locação de bens móveis", como serviço, para efeito de tributação municipal mediante incidência do ISS, nada mais significa do que a inadmissível e arbitrária manipulação, por lei complementar, da repartição constitucional de competências impositivas, eis que o ISS somente pode incidir sobre obrigações de fazer, a cuja matriz conceitual não se ajusta a figura contratual da locação de bens móveis.

Contudo, o STF, em decisões mais recentes, tem ampliado o conceito de serviços, afirmando que não caberia ao CTN, recepcionado como lei complementar, restringir a interpretação de conceitos constitucionais (como o de serviço). Dessa forma, entendeu-se que os conceitos de direito privado, utilizados pelo direito tributário, devem ser interpretados conforme a norma tributária e o arcabouço constitucional que a estabeleceu.

Assim, ao julgar a incidência do ISS sobre atividades desenvolvidas por operadoras de planos de saúde no RE nº 651.703,[9] o STF prescreveu novo conceito de serviços, que pode ser entendido da seguinte forma:

> (...) o conceito de prestação de serviços não tem por premissa a configuração dada pelo Direito Civil, mas relacionado ao oferecimento de uma utilidade para outrem, a partir de um conjunto de atividades materiais ou imateriais, prestadas com habitualidade e intuito de lucro, podendo estar conjugada ou não com a entrega de bens ao tomador.

Frente à nova jurisprudência do STF que foi aplicada de forma ampla em julgamentos sobre outros temas como *leasing*, o conceito objetivo de definir serviços como uma mera obrigação de fazer se tornou superado.

A partir desse novo cenário, Aires F. Barreto[10] conceitua serviço como "todo o esforço humano desenvolvido em benefício de outra pessoa". E prossegue conceituando o que seria serviço tributável "como o desempenho de atividade economicamente

---

8 TRIBUTO – FIGURINO CONSTITUCIONAL. A supremacia da Carta Federal é conducente a glosar-se a cobrança de tributo discrepante daqueles nela previstos.
IMPOSTO SOBRE SERVIÇOS – CONTRATO DE LOCAÇÃO. A terminologia constitucional do Imposto sobre Serviços revela o objeto da tributação. Conflita com a Lei Maior dispositivo que imponha o tributo considerado contrato de locação de bem móvel. Em Direito, os institutos, as expressões e os vocábulos têm sentido próprio, descabendo confundira locação de serviços com a de móveis, práticas diversas regidas pelo Código Civil, cujas definições são de observância inafastável – artigo 110 do Código Tributário Nacional.
(STF; RE nº 116.121/SP, relator Ministro Octávio Gallotti, relator do acórdão Ministro Marco Aurélio, Tribunal Pleno, julgado em 11.10.2000, DJ 25.05.2001).

9 STF, RE nº 651.703, relator Ministro Luiz Fux, Tribunal Pleno, julgado em 29.09.2016, DJe 26.04.2017.

10 BARRETO, Aires. *ISS, IOF e instituições financeiras*. 1. ed. São Paulo: Noeses, 2016. p. 6.

apreciável, remunerada, sob regime de direito privado, mas sem subordinação objetivando produzir utilidade para outrem".

Das definições citadas acima é possível identificar características imprescindíveis para a presente análise para a definição do fato gerador do ISS no contexto das operações bancárias, como:

(a) o serviço deve ser realizado em benefício de outrem, não do prestador;
(b) a atividade caracterizada como serviço deve ter conteúdo economicamente apreciável; e
(c) o esforço deve visar a criação de uma utilidade para o contratante.

2.2 Hipótese de incidência do IOF

O art. 153, V da CF/88 atribuiu à União Federal, a competência para a criação do imposto sobre operações de crédito, câmbio e seguro, ou relativas a títulos ou valores mobiliários. Adicionalmente, o §5º do referido artigo acrescentou ao campo de incidência do IOF as operações com ouro como ativo financeiro.

As hipóteses de incidência do referido imposto, por sua vez, estão disciplinadas no art. 63 do CTN,[11] incluindo as diversas operações que estão abrangidas na incidência do IOF de acordo com o delimitado pelo texto constitucional.

Da leitura dos dois dispositivos citados, percebe-se que o campo de incidência do IOF permeia diferentes materialidades. Assim, mesmo que todas as operações tenham sido englobadas no campo de incidência do IOF, na prática, é possível afirmar que se tratam na verdade de cinco diferentes tributos com hipóteses de incidência distintas, sendo elas:

(a) Crédito;
(b) Câmbio;
(c) Seguro;
(d) Títulos ou valores mobiliários; e
(e) Ouro como ativo financeiro.

A doutrina majoritária, ao analisar a extensão do campo de incidência do IOF, é uníssona em afirmar que, mesmo que se englobe diferentes fatos e atos, todas as

[11] Art. 63. O impôsto, de competência da União, sôbre operações de crédito, câmbio e seguro, e sôbre operações relativas a títulos e valôres mobiliários tem como fato gerador:
I – quanto às operações de crédito, a sua efetivação pela entrega total ou parcial do montante ou do valor que constitua o objeto da obrigação, ou sua colocação à disposição do interessado;
II – quanto às operações de câmbio, a sua efetivação pela entrega de moeda nacional ou estrangeira, ou de documento que a represente, ou sua colocação à disposição do interessado em montante equivalente à moeda estrangeira ou nacional entregue ou posta à disposição por êste;
III – quanto às operações de seguro, a sua efetivação pela emissão da apólice ou do documento equivalente, ou recebimento do prêmio, na forma da lei aplicável;
IV – quanto às operações relativas a títulos e valôres mobiliários, a emissão, transmissão, pagamento ou resgate dêstes, na forma da lei aplicável.
Parágrafo único. A incidência definida no inciso I exclui a definida no inciso IV, e reciprocamente, quanto à emissão, ao pagamento ou resgate do título representativo de uma mesma operação de crédito.

hipóteses de incidência referem-se a operações, em oposição ao ISS em que se busca tributar serviços. Esse entendimento é bem resumido por Thaís Cíntia Cárnio,[12] in verbis:

> Enfim, o IOF é tributo multifacetado. Divide-se em cinco grandes áreas de incidência, bastante distintas entre si. O ponto de intersecção entre elas é o termo *operações*, o que torna o entendimento de seu conceito algo especialmente relevante para a correta absorção das regras matrizes de incidência.
> Sob a perspectiva do mercado financeiro e de capitais, operações são a materialização das avenças negociadas entre as partes contratantes, com o intuito de alcançar determinado resultado econômico.
> Já sob a ótica jurídica, operações poderiam ser definidas como atos regulados pelo Direito, que produzem efeitos jurídicos.

Aires F. Barreto,[13] ao analisar as diferenças entre operação e prestação, define que "operação é negócio jurídico havido entre um alienante e um adquirente". Nesse sentido, o autor destaca que as operações não estão restritas ao campo de incidência do IOF, englobando também, as operações com produtos industrializados (IPI) e operações que importem a circulação de mercadorias (ICMS). Contudo, Aires Barreto afirma que operações não se confundem com prestação de serviços, destacando que:

> nos três casos, não se poderá ter incidência de ISS, pela simples, mas bastante e suficiente razão, de que não se tem nenhuma prestação de serviços (o fato prestar serviços), mas uma "operação", ou seja, ato ou negócio jurídico que, no que nos interessa, é relativo a crédito, ou a outros negócios financeiros, como o câmbio, seguro, títulos ou valores mobiliários.

Por fim, Barreto aponta que a Constituição da República, ao definir as regras de competências tributárias, foi clara em tratar "operação" e "prestação" de forma diferente, mesmo quando poderiam ser tributadas pelo mesmo imposto. À título exemplificativo, no caso do ICMS, foi conferida a incidência do imposto tanto sobre operações relativas à circulação de mercadoria quanto sobre a prestação de serviço de transporte e comunicação.

Assim, percebe-se que o núcleo da incidência do IOF, operações, não pode ser confundido ou simplificado com o intuito de confundi-lo ou assemelhá-lo às prestações de serviços abrangidas pelo ISS, sob pena de um ente federado invadir a competência do outro.

Em relação à hipótese de incidência específica do IOF sobre operações de crédito (IOF-Crédito), foco do presente trabalho, o supracitado art. 63 do CTN estabelece "a sua efetivação pela entrega total ou parcial do montante ou do valor que constitua o objeto da obrigação, ou sua colocação à disposição do interessado".

O art. 3º, §3º do Decreto nº 6.306/2007 (Regulamento do IOF), dispõe que a expressão operações de crédito para fins da determinação da hipótese de incidência desse tributo compreende:

---

12 CÁRNIO, Thaís Cíntia. *IOF*: Teoria, Prática e Intervenção estatal. São Paulo: ed. Atlas, 2015. p. 152.

13 BARRETO, Aires. *ISS, IOF e instituições financeiras*. 1. ed. São Paulo: Noeses, 2016. p. 14-15.

(ii) empréstimos sob qualquer modalidade, inclusive abertura de crédito e desconto de títulos;
(iii) alienação, à empresa que exercer as atividades de *factoring*, de direitos creditórios resultantes de vendas a prazo; e
(iv) mútuo de recursos financeiros entre pessoas jurídicas ou entre pessoa jurídica e pessoa física.

Dessa forma, é possível afirmar que as hipóteses de incidência do IOF-Crédito e do ISS são, em primeira análise, inconfundíveis, já que um trata de operações financeiras de crédito e o outro da prestação de serviços. Contudo, como será discutido adiante, existem situações em que a celebração de operações de crédito requerem a realização de serviços preparatórios, entendidos como atividades-meio para a consecução do objetivo final (crédito), que podem gerar dúvidas sobre o correto enquadramento frente às competências tributárias definidas constitucionalmente.

3 Conflito de competência na tributação das operações de crédito e a tributação das atividades-meio: estudos de caso

Como exposto supra, o legislador constituinte outorgou aos entes federativos competências para a instituição e cobranças de tributos, concedendo à lei complementar a responsabilidade de dispor sobre eventuais conflitos de competência sob a luz dos conceitos constitucionais, de forma a ratificá-los.

Quanto à autorização concedida pelo art. 156, III da CF/88 para a lei complementar definir os serviços tributáveis pelos Municípios e Distrito Federal, destaca-se que o campo de incidência do ISS alcança as prestações de serviços, em favor de terceiros, com natureza econômica e fora do campo de incidência de outros entes federados.

A partir dessas premissas, passa-se a analisar a pretensão dos entes municipais em tributar as atividades não compreendidas em seu campo de incidência, acessórias às atividades finais dos contribuintes.

3.1 Impossibilidade da tributação da atividade-meio: análise da jurisprudência do STJ

Sobre a impossibilidade da tributação da atividade-meio, é vasta a jurisprudência do Superior Tribunal de Justiça no sentido de impossibilitar a incidência do imposto municipal quando o fato gerador principal estiver atrelado à incidência de tributo diverso, sob pena de invasão de competência tributária e violação do pacto federativo.

Ao analisar o tema em sede de Recurso Repetitivo, envolvendo empresa de telecomunicações, o STJ afastou a incidência do ICMS sobre as atividades-meio, preparatórias para a prestação da atividade-fim. No caso, o Tribunal fundamentou no sentido de que as atividades que antecedem à prestação de serviços de comunicação não constituem a prestação de serviços isoladamente. Nesse sentido, verifica-se trecho do voto relator:[14]

---

[14] PROCESSUAL CIVIL. RECURSO ESPECIAL. TRIBUTÁRIO. ICMS. SERVIÇOS CONEXOS (SUPLEMENTARES) AO DE COMUNICAÇÃO (TELEFONIA MÓVEL): TROCA DE TITULARIDADE DE APARELHO CELULAR; CONTA DETALHADA; TROCA DE APARELHO; TROCA DE NÚMERO; MUDANÇA DE ENDEREÇO DE

Em relação aos demais serviços acima listados, aplicando-se a mesma linha de entendimento, verifica-se que não se referem a processo de transmissão (emissão ou recepção) de informações de qualquer natureza.

Nesse contexto, a despeito de alguns deles serem essenciais à efetiva prestação do serviço de comunicação e admitirem a cobrança de tarifa pela prestadora do serviço (concessionária de serviço público), por assumirem o caráter de atividade meio, não constituem, efetivamente, serviços de comunicação, razão pela qual não é possível a incidência do ICMS.

Em outra oportunidade, o STJ decidiu que a atividade de construção civil realizada com o objetivo de viabilizar a incorporação imobiliária, em terreno próprio, não seria tributada pelo ISS. Nas razões de decidir, o fundamento utilizado foi o mesmo do acórdão anterior, no sentido que "não cabe a incidência de ISS na hipótese, já que o alvo desse imposto é atividade humana prestada em favor de terceiros como fim ou objeto; tributa-se o serviço-fim, nunca o serviço-meio, realizado para alcançar determinada finalidade".[15]

Nesses casos e em diversos outros envolvendo a prestação de serviços acessórios à atividade fim do contribuinte, é uníssona a jurisprudência do STJ no sentido de que não pode incidir o ISS sobre a atividade-meio ou acessória.

A partir de tais precedentes, passa-se a analisar a jurisprudência relacionada à cobrança do ISS sobre as atividades-meio envolvendo as operações bancárias e financeiras.

COBRANÇA DE CONTA TELEFÔNICA; TROCA DE ÁREA DE REGISTRO; TROCA DE PLANO DE SERVIÇO; BLOQUEIO DDD E DDI; HABILITAÇÃO; RELIGAÇÃO. NÃO INCIDÊNCIA DO ICMS.
(...) 2. *A prestação de serviços conexos ao de comunicação por meio da telefonia móvel (que são preparatórios, acessórios ou intermediários da comunicação) não se confunde com a prestação da atividade fim* processo de transmissão (emissão ou recepção) de informações de qualquer natureza, esta sim, passível de incidência pelo ICMS.
Desse modo, a despeito de alguns deles serem essenciais à efetiva prestação do serviço de comunicação e admitirem a cobrança de tarifa pela prestadora do serviço (concessionária de serviço público), por assumirem o caráter de atividade meio, não constituem, efetivamente, serviços de comunicação, razão pela qual não é possível a incidência do ICMS.
(...)4. Agravo regimental de fls. 871/874 não provido. Recurso especial não provido. Acórdão sujeito ao regime previsto no art. 543-C do CPC, c/c a Resolução 8/2008 – Presidência/STJ.
(STJ; REsp n. 1.176.753/RJ, relator Ministro Napoleão Nunes Maia Filho, relator para acórdão Ministro Mauro Campbell Marques, Primeira Seção, julgado em 28.11.2012, DJe de 19.12.2012.)

15 TRIBUTÁRIO. IMPOSTO SOBRE SERVIÇO. INCORPORAÇÃO IMOBILIÁRIA DIRETA. CONSTRUÇÃO FEITA PELO INCORPORADOR EM TERRENO PRÓPRIO, POR SUA CONTA E RISCO. NÃO INCIDÊNCIA. AUSÊNCIA DE PRESTAÇÃO DE SERVIÇO A TERCEIRO.
(...)4. Na incorporação direta, por sua vez, o incorporador constrói em terreno próprio, por sua conta e risco, realizando a venda das unidades autônomas por "preço global", compreensivo da cota de terreno e construção. Ele assume o risco da construção, obrigando-se a entregá-la pronta e averbada no Registro de Imóveis. Já o adquirente tem em vista a aquisição da propriedade de unidade imobiliária, devidamente individualizada, e, para isso, paga o preço acordado em parcelas.
5. Como a sua finalidade é a venda de unidades imobiliárias futuras, concluídas, conforme previamente acertado no contrato de promessa de compra e venda, *a construção é simples meio para atingir-se o objetivo final da incorporação direta; o incorporador não presta serviço de "construção civil" ao adquirente, mas para si próprio.*
6. Logo, não cabe a incidência de ISSQN na incorporação direta, já que o alvo desse imposto é atividade humana prestada em favor de terceiros como fim ou objeto; tributa-se o serviço-fim, nunca o serviço-meio, realizado para alcançar determinada finalidade. As etapas intermediárias são realizadas em benefício do próprio prestador, para que atinja o objetivo final, não podendo, assim, serem tidas como fatos geradores da exação.
7. Recurso especial não provido.
(STJ; REsp nº 1.166.039/RN, relator Ministro Castro Meira, Segunda Turma, julgado em 01.06.2010, DJe de 11.06.2010).

3.2 Incompetência dos Municípios para a cobrança do ISS sobre a atividade de análise de crédito

A jurisprudência dos tribunais superiores brasileiros, historicamente, é pacífica no sentido de afastar a tributação sobre as atividades acessórias aos serviços bancários e financeiros. Nesse sentido, o STF e STJ, à época da vigência do Decreto-Lei nº 406/68, ao fundamentar pela taxatividade da lista de serviços, destacaram a incompetência dos municípios para a instituição de imposto sobre serviços bancários:

> 1- Tributário. Imposto sobre serviços (ISS). Operações bancárias relativas a "outras cobranças", "transferência de fundos", "custódia", "ressarcimento de custos de cheques" e "diversos", não contidos na lista específica do Decreto-lei n. 834/69.
> 2. *Não pode a Prefeitura exigir o ISS sobre serviços bancários não definidos na lista do Decreto-lei n. 834/69, porque os serviços, prestados pelo Banco, se enquadram no âmbito da competência tributária da União.*
> 3. Pode a Prefeitura cobrar, no entanto, o imposto relativo à cobrança de títulos.
> 4. Recurso extraordinário conhecido em parte e nessa parte provido.
> (RE 96963, Relator(a): ALFREDO BUZAID, Primeira Turma, julgado em 19-04-1983, DJ 13-05-1983 PP-06505 EMENT VOL-01294-03 PP-00684 RTJ VOL-00106-03 PP-01099)
> ISS - SERVIÇOS BANCARIOS ACESSORIOS.
> Os serviços de datilografia, estenografia, secretaria e expediente inserem-se no procedimento ordinário das *operações bancárias, sendo serviços auxiliares e acessórios, não revestidos de autonomia necessária para caracterização de serviço individualizável e gerador do tributo municipal*.
> precedentes do c. STF
> RECURSO IMPROVIDO.
> (REsp nº 13.802/SP, relator Ministro Garcia Vieira, Primeira Turma, julgado em 12.02.1992, DJ de 23.03.1992, p. 3433.)

Com a edição da Lei Complementar nº 116/2003, o item 15 da lista anexa incluiu as atividades do setor bancário e financeiro aos serviços tributáveis pelo ISS, elencando em 18 subitens as situações sujeitas ao imposto municipal. Dentre essas hipóteses, o item 15.08 veicula a tributação das atividades de "análise e avaliação de operações de crédito", conforme previsto no item 15.08 da lista anexa.[16]

Diante de tal disposição, e partindo do pressuposto que a atividade de prestação de serviços sujeita ao imposto municipal é autônoma, questiona-se sobre a possibilidade de incidência do ISS sobre tais atividades cadastrais realizadas por instituições financeiras.

Inicialmente, sobre os encargos cadastrais cobrados pelas instituições bancárias e financeiras, não se pode deixar de notar que tais tarifas são essenciais para a concessão de empréstimos e financiamentos, ou seja, para o próprio nascimento da operação de crédito. Nesse sentido, não poderiam as instituições financeiras, a fim de viabilizar o seu objeto social, não cumprirem com tais atividades preparatórias de avaliação de

---

[16] *LC nº 116/03*: 15.08 – Emissão, reemissão, alteração, cessão, substituição, cancelamento e registro de contrato de crédito; estudo, análise e avaliação de operações de crédito; emissão, concessão, alteração ou contratação de aval, fiança, anuência e congêneres; serviços relativos à abertura de crédito, para quaisquer fins;

riscos envolvendo as condições financeiras do devedor com relação ao cumprimento da referida obrigação.

Dessa forma, na confecção de tais serviços, o cliente não contrata a instituição financeira para uma prestação de serviços autônoma quanto à sua própria situação financeira, mas sim de uma análise inerente que antecede o objetivo final da busca dessas instituições, ou seja, a concessão do crédito.

O objetivo final na análise de crédito é garantir a solidez financeira do mutuário para proteção do próprio credor, instituição financeira. Percebe-se assim que o objetivo do suposto serviço é beneficiar as duas partes, já que, por ser uma etapa da concessão de crédito, é necessário para o cliente atingir o seu objetivo de ter o seu crédito liberado, mas também beneficia o próprio suposto prestador, ao garantir que o mutuário possui condições de quitar o seu empréstimo. Nesse sentido, o serviço de análise de crédito realizado no âmbito da contratação do empréstimo, por si só, não possui utilidade para o contratante ou valor econômico inerente, bem como gera benefícios para o próprio prestador, demonstrando assim a total ausência de autonomia dos serviços como fato gerador do ISS.

No que trata à possibilidade específica da tributação dessas atividades preparatórias à concessão do crédito, o STJ possui posicionamento específico quanto à impossibilidade da tributação pelo imposto municipal das atividades bancárias como prestação de serviços autônomas. A jurisprudência majoritária da Corte Superior afasta a incidência do ISS na hipótese de operações bancárias realizadas de forma acessória, com o propósito específico de viabilizar o desempenho das atividades-fim inerentes às instituições financeiras.

Ao analisar a tributação pelo item 15.08 da lista anexa à LC nº 116/03 no AREsp nº 669.755/RJ, envolvendo a cobrança de tarifa de excesso de limite por instituição bancária, a Primeira Turma do STJ decidiu pela impossibilidade da cobrança de ISS sobre o serviço acessório vinculado à concessão do crédito quando realizado pela própria instituição financeira:

> TRIBUTÁRIO. IMPOSTO SOBRE SERVIÇOS DE QUALQUER NATUREZA - ISSQN. SERVIÇOS BANCÁRIOS. TARIFA DE EXCESSO DE LIMITE. LEVANTAMENTO DE INFORMAÇÕES E AVALIAÇÃO DE VIABILIDADE E DE RISCOS PARA A CONCESSÃO DE CRÉDITO EM CARÁTER EMERGENCIAL. ATIVIDADE (MEIO) REALIZADA PELA PRÓPRIA INSTITUIÇÃO FINANCEIRA. NÃO INCIDÊNCIA.
> (...)
> 5. O levantamento de informações e a avaliação da viabilidade e dos riscos na concessão do crédito enquadram-se na atividade de estudo, análise e avaliação de operação de crédito (fato gerador do imposto).
> *6. Na hipótese de a análise de riscos ser realizada pela mesma instituição financeira responsável pela concessão do crédito emergencial, por se caracterizar atividade meio, não haverá incidência do imposto, a qual fica restrita para o caso de os referidos serviços serem realizados por terceiros não vinculados à concessão do crédito (p. ex.: prestador de serviço de análise de riscos).*
> 7. In casu, a instituição bancária recorrente realiza, por conta própria, a análise de risco para o fim de conceder o crédito emergencial, razão pela qual a tarifa de excesso de limite não pode sofrer a incidência do imposto.

8. Agravo conhecido para dar provimento ao recurso especial.[17]

Assim, postulando pela impossibilidade de tributação da atividade-meio quando vinculado ao serviço da concessão de crédito, o referido julgamento destacou que, apesar de a respectiva tarifa não compor a base de cálculo do ISS, o item 15.08 não seria inconstitucional, uma vez que o imposto municipal pode ser cobrado quando realizado por terceiros não vinculados ao serviço de concessão de crédito. Ou seja, a limitação da competência dos municípios para instituição do imposto está exatamente na análise se a atividade é instrumental à operação de crédito, sujeita à incidência do IOF, ou se é cobrada de forma autônoma à concessão do crédito.

Noutra ocasião, em decisão monocrática proferida no AREsp nº 1.989.731/SP, o Ministro Gurgel de Faria anulou o acórdão proferido pelo TJSP com o intuito de que o tribunal reapreciasse os valores autuados de ISS sobre as cobranças de análise de crédito, vinculadas às atividades de instituição bancária. A decisão confirmou a jurisprudência do STJ afirmando que, como a análise de riscos teria sido realizada pela mesma instituição financeira responsável pela concessão do crédito, esse serviço não estaria sujeito à incidência do ISS por se caracterizar como atividade-meio.

Contudo, apesar de bem delimitada a jurisprudência da Corte Superior, nota-se, em específico que, a jurisprudência do TJSP oscila no sentido de ora permitir a tributação das atividades meio pelo ISS, ora aplicar o entendimento do STJ pela não incidência. Extrai-se da jurisprudência do tribunal:

> APELAÇÃO CÍVEL – Embargos à Execução Fiscal – Município de Campinas – ISS de 2011 a 2013 – Instituição financeira – Tributação de atividades designadas como "concessão de adiantamento a depositantes" (COSIF 7.1.7.95.19-3 e 7.1.7.98.04-2) – Alegação do banco de que seriam atividades-meio inerentes à atividade-fim de concessão de crédito a clientes, de modo que não se enquadrariam em nenhuma das hipóteses previstas no item 15 da lista anexa à Lei Complementar nº 116/03 – Sentença de rejeição dos embargos, sob o fundamento de que houve efetiva prestação de serviço, sujeita ao ISS – Insurgência da instituição financeira – Acolhimento – Elementos dos autos indicando que a atividade tributada pelo ISS envolve o levantamento de informações, de dados cadastrais e análise de viabilidade de risco, como procedimento prévio e emergencial à concessão de crédito aos clientes do banco – *Atividade de natureza financeira, que se afasta do conceito de prestação de serviço,* ainda que admitida a interpretação extensiva do rol da lista anexa à Lei Complementar nº 116/03 para atividades congêneres às lá previstas – Precedentes desta C. Câmara – Tema de Repercussão Geral nº 296, Tema Repetitivo nº 132 e Súmula nº 424 do C. Superior Tribunal de Justiça – Sentença reformada para acolher os embargos e julgar extinta a execução fiscal – RECURSO PROVIDO.[18]
>
> APELAÇÃO – Embargos à execução fiscal – ISS – Serviços bancários – Taxatividade da lista de serviços que não interfere na possibilidade de se conferir interpretação extensiva aos dispositivos da mesma – Diferença entre analogia e interpretação extensiva – "Adiantamento

---

[17] STJ; AREsp nº 669.755/RJ, relator Ministro Gurgel de Faria, Primeira Turma, julgado em 05.06.2018, DJe de 22.08.2018.

[18] TJSP; Apelação Cível nº 1029541-83.2018.8.26.0114; Relator (a): Tania Mara Ahualli; Órgão Julgador: 15ª Câmara de Direito Público; Foro de Campinas – SEF – Setor de Execuções Fiscais; Data do Julgamento: 10.10.2022; Data de Registro: 10.10.2022.

a depositantes" – Distinção entre as receitas decorrentes da concessão do crédito (sujeitas a IOF) e a tarifa cobrada como contraprestação pela análise de crédito emergencial (sujeita a ISS) – Ausência de provas da natureza e do correto enquadramento legal dos serviços tributados – Presunção de legitimidade do auto de infração não afastada – Sentença mantida – RECURSO DESPROVIDO.[19]

Outro exemplo que demonstra a impossibilidade de as atividades-meio serem tributadas pelo ISS é a tarifa de cadastro. Mesmo que exista uma cobrança sobre esse suposto serviço, sua existência está totalmente atrelada à operação principal de concessão de crédito. Um cliente dificilmente contrataria somente esse tipo de serviço, já que o cadastro objetiva a coleta e o controle de informações do cliente para que ele possa usufruir do produto principal a ser oferecido pela Instituição financeira, normalmente crédito. Por esse motivo, várias instituições financeiras somente cobram a tarifa de cadastro quando a operação de crédito principal é concluída. Ou seja, o grau de dependência do serviço de cadastro à concessão de crédito implica na ausência de cobrança por esse serviço no caso de não contratação da operação principal.

Com lastro nas decisões dos tribunais e no entendimento doutrinário sobre a impossibilidade da tributação das atividades-meio, entende-se que, para fins de incidência do ISS adstrita à competência tributária outorgada constitucionalmente aos Municípios, não se pode cogitar a incidência do referido imposto sobre as atividades acessórias à principal, contemplada no campo de incidência do imposto federal.

Como já discutido no Tópico 2 do presente trabalho, a competência tributária é regra constitucional rígida, não admitindo flexibilidade quanto ao seu alcance, sob pena de invasão da competência de outro ente federado. A lei complementar, por sua vez, possui a função de dispor sobre os conflitos de competência. Entretanto, nessa função, a lei complementar não pode criar ou expandir a competência inicialmente delimitada pela Constituição.

A partir da jurisprudência dos tribunais brasileiros, identifica-se que a LC nº 116/03, ao incluir itens como análise de crédito ou tarifa de cadastro como serviços tributáveis pelo ISS, não busca alcançar as atividades-meio de operações de crédito, pois esses atos não são serviços autônomos vinculados à operação de crédito, sujeita ao IOF.

Conclusão

Por todo o exposto, viu-se que, a Constituição Federal de 1988 adotou um modelo rígido, ao disciplinar as normas de competência tributária de cada um dos entes federados, com o objetivo de promover o modelo federativo do Estado e garantir a solidez do sistema, evitando a invasão do campo de incidência de cada ente e a manutenção do pacto federativo. Todavia, observada a necessidade de disciplinar os potenciais conflitos na instituição tributária entre os entes, o legislador constituinte atribui à lei complementar um relevante papel de oferecer os contornos e as balizas necessárias às regras de competência já estabelecidas pelo texto constitucional.

[19] TJSP; Apelação Cível nº 1000534-39.2020.8.26.0514; Relator (a): Henrique Harris Júnior; Órgão Julgador: 18ª Câmara de Direito Público; Foro de Itupeva – SEF – Setor das Execuções Fiscais; Data do Julgamento: 13.04.2023.

Sobre os impostos tratados no presente artigo e as suas incidências sobre a atividade bancária, a Constituição de 1988 estabeleceu as competências da União para a instituição do IOF sobre operações de crédito (entre outras materialidades) e dos Municípios e Distrito Federal para a criação do ISS sobre a prestação de serviços, materialidades nitidamente diversas.

No campo de atuação principal dos bancos e das instituições financeiras são realizadas etapas preparatórias à concessão do crédito que, a princípio, estariam abarcadas na lista de serviços anexa à LC nº 116/03, como serviços de análise de crédito e elaboração de cadastro. Contudo, como exposto no presente trabalho, as operações de crédito não poderiam ser subdivididas em várias atividades, quando praticada pelo mesmo contribuinte.

Frente a essa situação, as municipalidades questionam a incidência do ISS sobre os referidos serviços preparatórios da atividade bancária / financeira, ocasionando na invasão de competência do imposto federal.

Não obstante à pretensão dos municípios em tributar as operações de crédito, de competência do imposto federal, os tribunais superiores brasileiros possuem jurisprudência consolidada no sentido de que atividades-meio, entendidas assim aquelas intermediárias e assessórias das operações de crédito, não devem ser consideradas como serviços sujeitos ao ISS. Nesse sentido, as Cortes Superiores afastam a incidência do ISS, por entenderem inexistir na atividade-meio a materialidade para a incidência do imposto municipal, quais sejam: a autonomia da atividade como um serviço tributável, a utilidade *per si* para o cliente e a essência econômica individualizada.

Apesar de a lei complementar, responsável por dispor sobre conflitos de competência e normas gerais em matéria tributária prever serviços de confecção de cadastro como tributáveis pelo ISS, a tributação de atividades acessórias às operações de crédito implica em evidente invasão de competência da União. Assim, não poderia a lei complementar dar contornos da competência tributária para além dos definidos constitucionalmente, como entendemos que não o faz no caso das atividades preparatórias para a concessão de crédito.

Por fim, entende-se como acertadas as decisões proferidas pelos tribunais no sentido de oferecer a melhor interpretação à lei complementar que não pretendeu invadir a competência de outros entes federados ao instituir a incidência do ISS sobre tais serviços, mas de tributar apenas quando identificada a natureza finalística do serviço previsto na lista anexa.

Referências

BARRETO, Aires. *ISS, IOF e instituições financeiras*. 1. ed. São Paulo: Noeses, 2016.

CÁRNIO, Thaís Cíntia. *IOF*: Teoria, Prática e Intervenção estatal. São Paulo: ed. Atlas, 2015.

CARRAZZA, Roque Antonio. *Curso de Direito Constitucional Tributário*. 31. ed. São Paulo / SP: Malheiros Editores, 2017.

DERZI, Misabel Abreu Machado. *Direito tributário, direito penal e tipo*. 3. ed. revista, atualizada e ampliada. Belo horizonte: Fórum, 2018.

SCHOUERI, Luís Eduardo. A lei complementar e a repartição de competências tributárias. *In*: *IX CONGRESSO NACIONAL DE ESTUDOS TRIBUTÁRIOS*. Sistema tributário nacional e a estabilidade da federação brasileira. São Paulo: Noeses, 2012.

Informação bibliográfica deste texto, conforme a NBR 6023:2018 da Associação Brasileira de Normas Técnicas (ABNT):

FRADE, Bianca Mauri; COELHO FILHO, Marco Antônio Ferreira. Lei complementar: conflito de competência sobre as atividades bancárias de operação de crédito. In: LOBATO, Valter de Souza (coord.); MARINHO NETO, José Antonino (org.). *O papel da lei complementar tributária no desenho federativo brasileiro*. Belo Horizonte: Fórum, 2024. p. 439-453. ISBN 978-65-5518-779-3.

IMPOSTO SOBRE SERVIÇOS DE QUALQUER NATUREZA: LEI COMPLEMENTAR, MATERIALIDADE E LISTA DE SERVIÇOS

FÁBIO SOARES DE MELO

1 Competência tributária e materialidade

A titularidade da competência tributária é outorgada às pessoas políticas de Direito Público (União, Estados, Distrito Federal e Municípios) em conformidade com as orientações firmadas pela Constituição Federal, sendo inquestionável que o legislador constituinte, ao atribuir competências aos entes políticos, definiu e discriminou o âmbito dentro do qual reside em sua respectiva a esfera de atuação tributária.

A competência tributária consiste na aptidão, conferida constitucionalmente, pela qual as pessoas políticas possam criar seus tributos, os quais possuem fundamental importância no exercício da atividade financeira do Estado. Em resumo, a competência tributária é a aptidão jurídica para a criação de tributos, mediante a descrição das hipóteses de incidência compreendidas na Constituição Federal.

A instituição e a criação de quaisquer espécies tributárias (impostos, taxas, contribuições sociais, contribuições de melhoria e empréstimos compulsórios) somente poderão ser exercidas pela pessoa política eleita pela Constituição Federal, de modo que estejam asseguradas as respectivas receitas públicas.

A Constituição Federal disciplinou, de forma rigorosa, o exercício das competências tributárias, retirando a faculdade de o legislador definir, ao seu talante, o alcance das normas jurídicas que criam tributos, configurando o que se costuma entender por "sistema rígido de distribuição de competências tributárias".

O critério material da regra-matriz de incidência tributária consiste em determinados negócios jurídicos compreendidos na Constituição Federal, configuradores de fenômenos reveladores de riquezas praticados pelo contribuinte e/ou pertinentes a ele.

A materialidade de qualquer espécie tributária, em regra, costuma ser apontada nas normas jurídicas de tributação como "fato gerador" da obrigação tributária, embora na aludida expressão se encontre tanto a situação hipotética (previsão normativa) como a situação fática (evento real).

2 Legislação complementar e lista de serviços

No âmbito do ISS, a Constituição Federal estabelece que o imposto incide sobre serviços de qualquer natureza, não compreendidos os serviços de transporte interestadual, intermunicipal e de comunicação (ICMS/Serviços), *"definidos em lei complementar"* (artigo 156, inciso III), determinando que compete à referida espécie legislativa, dentre outras atribuições, "estabelecer normas gerais em matéria de legislação tributária, especialmente sobre (...) definição de tributos e de suas espécies, bem como, em relação aos impostos discriminados nesta Constituição, a dos respectivos fatos geradores, bases de cálculo e contribuintes" (artigo 146, inciso III, alínea "a").

Observa-se que a própria Constituição Federal (artigo 30, inciso III) estipula que "compete aos Municípios instituir e arrecadar os tributos de sua competência".

A definição de serviço nas "listas" anexas às leis complementares implica em acirrada controvérsia, pois, se, de um lado, encontra-se a autonomia municipal para instituir o imposto, de outro lado, confere competência ao legislador nacional para determinar os serviços passíveis de incidência do imposto municipal.[1]

Não há dúvida de que a discriminação das competências tributárias às pessoas jurídicas de direito público constitui princípio constitucional. Desta forma, considerando que os Municípios se encontram subordinados ao Congresso Nacional quanto à edição de lei complementar estabelecendo os serviços que possam prever em suas respectivas legislações, mostra-se evidente desrespeito à autonomia municipal relativa à instituição e cobrança do ISS.

José Souto Maior Borges[2] observa que "a lei complementar ao definir os serviços tributáveis pelo Município não tem por função limitar a competência tributária municipal, plena e sem vácuos a serem preenchidos no plano infraconstitucional. (...) Sem autonomia financeira – é vetusta a afirmação do princípio – não há autonomia política e administrativa".

Elizabeth Nazar Carrazza[3] pontua que a legislação complementar "não cria o ISS, nem, tampouco, estabelece limitações constitucionais ao poder de tributar. Regula, apenas, o exercício de competência tributária por seu titular. Desta forma, a competência municipal para tributar serviços independe da edição de lei complementar que os defina".

Roque Antonio Carrazza[4] assevera:

> Ora, se o Município é autônomo e se sua autonomia é assegurada principalmente com a decretação e arrecadação dos tributos de sua competência (art. 30, III, da CF), já vemos que o campo do ISS não pode ter suas dimensões aumentadas, diminuídas ou, muito menos, anuladas por uma lei complementar.
>
> (...)

---

1 A este respeito, foram editados o Decreto-Lei nº 406, de 31.12.68, Decreto-Lei nº 834, de 08.09.69, Lei Complementar nº 56, de 15.12.87, Lei Complementar nº 100, de 22.12.99, Lei Complementar nº 116, de 31.07.03 e Lei Complementar nº 157, de 29.12.16.

2 BORGES, José Souto Maior. *Lei Complementar Tributária*. São Paulo: Revista dos Tribunais, 1975.p. 187-188.

3 CARRAZZA, Elizabeth Nazar. *O Imposto sobre Serviços na Constituição*. Dissertação de Mestrado. Pontifícia Universidade Católica de São Paulo. São Paulo, 1976. p. 62. Inédita.

4 CARRAZZA, Roque Antonio. *Curso de Direito Constitucional Tributário*. 32. ed. São Paulo: Malheiros Editores, 2019. p. 866-868.

> Como corolário disto, temos que a competência municipal para tributar serviços independe da edição de lei complementar que os defina. Segue-se, daí, que o legislador complementar não pode fixar rol de serviços tributáveis pelos Municípios. (...) A nosso ver, serviços não mencionados em tal lista poderão perfeitamente ser tributados por meio de ISS. (...) Por outro giro verbal, a lei complementar não pode considerar serviços, para fins de tributação por via de ISS, fatos que não os sejam.

José Eduardo Soares de Melo,[5] no sentido de que, "como não se pode ignorar que a norma prevendo lei complementar para 'definir os serviços de qualquer natureza', tributáveis pelo ISS, deve possuir um mínimo de eficácia; pode ser entendido que, sem prejudicar a competência municipal, a 'definição' teria por escopo explicitar os serviços a fim de evitar eventuais conflitos de competência em razão de materialidades assemelhadas, afetas à União, Estados e Distrito Federal".

No entanto, a questão relativa à abrangência da "lista de serviços" foi apreciada pelo Supremo Tribunal Federal (STF), firmando diretriz no sentido de ser "*taxativa*" (Recurso Extraordinário nº 77.183/SP. Plenário. Relator Ministro Aliomar de Andrade Baleeiro. j. 19.04.74), embora admita interpretação "ampla e analógica" (Recurso Extraordinário nº 75.952/SP. 2ª Turma. Relator Ministro Carlos Thompson Flores. j. 29.10.73).

O Superior Tribunal de Justiça (STJ) adotou idêntica postura no Acórdão proferido no Recurso Especial nº 834.060/PR, a saber:

> Tributário. Recurso Especial. ISS. Lista de Serviços. Taxatividade. Interpretação Extensiva. Possibilidade.
> 1. Embora taxativa, em sua enumeração, a lista de serviços admite interpretação extensiva, dentro de cada item, para permitir a incidência do ISS sobre serviços correlatos àqueles previstos expressamente. Precedentes do STF e desta Corte.
> 2. Esse entendimento não ofende a regra do art. 108, §1º, do CTN, que veda o emprego da analogia para a cobrança de tributo não previsto em lei. Na hipótese, não se cuida de analogia, mas de recurso à interpretação extensiva, de resto autorizada pela própria norma de tributação, já que muitos dos itens da lista de serviços apresentam expressões do tipo 'congêneres', 'semelhantes', 'qualquer natureza', 'qualquer espécie', dentre outras tantas.
> 3. Não se pode confundir analogia com interpretação analógica ou extensiva. A analogia é técnica de integração, vale dizer, recurso de que se vale o operador do direito diante de uma lacuna do ordenamento jurídico. Já a interpretação, seja ela extensiva ou analógica, objetiva desvendar o sentido e o alcance da norma, para então definir-lhe, com certeza, a sua extensão. A norma existe, sendo o método interpretativo necessário, apenas, para precisar-lhe os contornos (...).
> (Recurso Especial nº 834.060/PR, 2ª Turma. Relator Ministro José de Castro Meira, j. 15.08.06. p. 25.08.06).

Posteriormente, nos termos do Tema nº 296 de Repercussão Geral, o Supremo Tribunal Federal (STF) firmou tese no sentido de que "É taxativa a lista de serviços sujeitos ao ISS a que se refere o art. 156, III, da Constituição Federal, admitindo-se, contudo, a incidência do tributo sobre as atividades inerentes aos serviços elencados

---

[5] MELO, José Eduardo Soares de. *ISS. Teoria e Prática*. 7. ed. São Paulo: Malheiros Editores e Editora JusPodivm, 2023. p. 82-83.

em lei em razão da interpretação extensiva" (Recurso Extraordinário nº 784.439/DF. Plenário. Relatora Ministra Rosa Maria Pires Weber. j. 29.06.20. p. 15.09.20).

A expressão constitucional "serviços de qualquer natureza" não configura "cheque em branco", para que o legislador infraconstitucional, de forma irrestrita e incondicional, possa impor a tributação pelo ISS sobre circunstância fática que não configure a verdadeira materialidade do referido imposto.

A adoção do termo *"serviço de qualquer natureza"* pressupõe, evidentemente, competência para se tributar "qualquer natureza" (espécie) de "serviço" (gênero), de forma que referida exigência ("qualquer natureza") guarde total e absoluta pertinência a determinado "serviço", não sendo juridicamente possível conferir amplitude ilimitada a tal expressão, distinta da Constituição Federal, não sendo permitido tributar fato que não configure materialidade constitucional do imposto: ou seja, serviço de "qualquer natureza", mas desde que se trate, por óbvio, de "serviço".

Ressalte-se que o presente estudo não tem por finalidade dissecar a questão relativa ao conceito constitucional de serviço passível de incidência do imposto – teoria civilista versus teoria econômica e irresoluta jurisprudência do Supremo Tribunal Federal – mas tão somente, o papel da legislação complementar para fins de determinação da respectiva materialidade.

O exame acerca da materialidade do ISS decorre da Constituição Federal para a legislação infraconstitucional, jamais em sentido inverso, na medida em que a lei complementar não tem o condão de legitimar a incidência do imposto sobre fato que não se amolde aos parâmetros constitucionais de competência atribuída aos Municípios.

A circunstância de determinada atividade encontra-se compreendida em item específico da "lista de serviços" passível de tributação pelo ISS não implica, obrigatoriamente, na sua indubitável incidência, na medida em que deve configurar a materialidade do imposto em observância aos contornos constitucionais.

Em outras palavras, nem todos os itens previstos nas "listas de serviços" são passíveis de tributação pelo ISS, da mesma forma que nem todos os serviços possíveis de tributação pelo imposto encontram-se hipoteticamente descritos nas "listas de serviços" das respectivas Municipalidades.

A este respeito, exemplificativamente, embora a "cessão de direito de uso", "arrendamento mercantil (*leasing*)", "licenciamento de uso de programa de computador (*software*)", "cessão de direitos", dentre outras hipóteses, se encontrem previstas na "lista de serviços", em nosso sentir não configuram materialidade do ISS, pois se mostra evidente que de "serviços" não se tratam.[6]

O fato de a "lista de serviços" anexa à legislação complementar descrever elenco exaustivo de fatos passíveis de incidência pelo ISS não tem o condão de legitimar a exigência sobre todas as referidas hipóteses, pressupondo, para tanto, se

---

6 Reiteramos que o Supremo Tribunal Federal (STF) entendeu que "é constitucional a incidência do Imposto sobre Serviços de Qualquer Natureza (ISS) sobre contratos de franquia (franchising)", nos moldes do Tema nº 300 de Repercussão Geral (Recurso Extraordinário nº 603.136/RJ. Plenário. Relator Ministro Gilmar Ferreira Mendes). Nesse sentido, observamos julgamento pelo Supremo Tribunal Federal (STF), do Tema nº 590 de Repercussão Geral (Recurso Extraordinário nº 688.223/PR. Relator Ministro José Antonio Dias Toffoli. j. 06.12.21. p. 03.03.22), relativo à "*incidência do ISS sobre contratos de licenciamento ou de cessão de programas de computador (software) desenvolvidos para clientes de forma personalizada*".

tratar efetivamente de serviço tributável em conformidade ao modelo constitucional compreendido na esfera de competência municipal (artigo 156, inciso), parecendo-nos juridicamente inaceitável a incidência do imposto sobre:

(a) Negócios jurídicos que não constituem autênticos serviços (arrendamento mercantil, cessão de direito de uso, licença de uso etc.);
(b) Itens que se utilizam das expressões *"congêneres"*, *"auxiliares"* e *"semelhantes"*, que não se justificam na tipicidade cerrada; e
(c) Itens que adotam os termos *"quaisquer"*, *"qualquer natureza"*, *"qualquer espécie"* conferem amplitude a específicos serviços e demandam a utilização de método analógico, remanescendo tão somente a eventual inclusão de esdrúxulo item que preveja e assegure a incidência do ISS sobre *"demais serviços não indicados nos itens anteriores"*.

No que concerne ao emprego de termos abrangentes e desprovidos de legitimidade jurídica, apenas a título ilustrativo, repudiamos similar previsão normativa no âmbito do Imposto sobre Produtos Industrializados (IPI), ao se utilizar das *"equiparações à industrial"*, para fins de determinação do sujeito passivo deste imposto (Decreto Federal nº 7.212, de 15.06.10) e do enquadramento de determinado produto industrializado como *"outros"*, na ausência de específica descrição para fins de apuração da alíquota aplicável no âmbito do Decreto Federal nº 8.950, de 29 de dezembro de 2016 (Tabela de Incidência do IPI – TIPI).

Referências

BORGES, José Souto Maior. *Lei Complementar Tributária*. São Paulo: Revista dos Tribunais, 1975.

CARRAZZA, Elizabeth Nazar. *O Imposto sobre Serviços na Constituição*. Dissertação de Mestrado. Pontifícia Universidade Católica de São Paulo. São Paulo, 1976.

CARRAZZA, Roque Antonio. *Curso de Direito Constitucional Tributário*. 32. ed. São Paulo: Malheiros Editores, 2019.

MELO, Fábio Soares de. *Imposto sobre Serviços de Qualquer Natureza (ISS)*. Estrutura e Jurisprudência. 2. ed. Porto Alegre: Livraria do Advogado, 2023.

MELO, José Eduardo Soares de. *ISS. Teoria e Prática*. 7. ed. São Paulo: Malheiros Editores e Editora JusPodivm, 2023.

Informação bibliográfica deste texto, conforme a NBR 6023:2018 da Associação Brasileira de Normas Técnicas (ABNT):

MELO, Fábio Soares de. Imposto sobre serviços de qualquer natureza: lei complementar, materialidade e lista de serviços. In: LOBATO, Valter de Souza (coord.); MARINHO NETO, José Antonino (org.). *O papel da lei complementar tributária no desenho federativo brasileiro*. Belo Horizonte: Fórum, 2024. p. 455-459. ISBN 978-65-5518-779-3.

LEI COMPLEMENTAR E ITCMD EXTERIOR: REITERAÇÃO OU DISTINÇÃO?

GABRIEL RIBEIRO BREGA

Introdução

No dia 1º de março de 2021, o Supremo Tribunal Federal (STF) julgou o Tema nº 825, que tratava da possibilidade de, ante a ausência de lei complementar nacional, os Estados instituírem o Imposto sobre Transmissão *Causa Mortis* ou Doação de Quaisquer Bens ou Direitos (ITCMD) nos casos em que o doador tiver domicílio ou residência no exterior, ou em que o *de cujus* possuía bens, era residente ou domiciliado ou teve seu inventário processado no exterior.[1] Na oportunidade, o Tribunal fixou a tese de que seria vedada a instituição do ITCMD Exterior, pelos Estados, sem lei complementar disciplinando seu sujeito ativo.

Conforme será melhor explicitado em tópico posterior deste trabalho, a decisão do STF se embasou na ideia de que a lei complementar exigida pelo artigo 155, §1º, inciso III da Constituição Federal de 1988 teria o condão de, além de estabelecer normas gerais sobre a matéria em questão, dispor sobre conflitos de competência em matéria tributária. Embora, pelo artigo 24, §3º da Constituição, os Estados tenham, diante de competência concorrente, competência para estipular normas gerais, em face da inexistência de norma editada pela União, essa possibilidade não existe para normas que disponham sobre conflitos de competência.

Nesse cenário, pode causar espécie que, em relação ao ITCMD Exterior, o STF tenha se manifestado pela indisponibilidade da lei complementar, mas, relativamente ao Imposto sobre a Propriedade de Veículos Automotores (IPVA), tenha ratificado,[2] em diferentes momentos, a possibilidade de os Estados instituírem referido tributo mesmo na ausência dessa espécie normativa. Uma leitura apressada poderia levar à conclusão

---

1 Para fins de praticidade, o ITCMD incidente sobre as situações descritas – quando o doador tiver domicílio ou residência no exterior, ou o *de cujus* possuía bens, era residente ou domiciliado ou teve seu inventário processado no exterior – será referenciado como "ITCMD Exterior".

2 Entre outros: AI nº 167.777/SP-AgR, Segunda Turma, Rel. Min. Marco Aurélio, DJ de 09.05.97; RE nº 601.247/RS-AgR, Segunda Turma, Rel. Min. Ricardo Lewandowski, DJe de 13.06.12.

de que o que diferencia os dois casos seria o fato de, no primeiro, a Constituição fazer uma exigência expressa e específica de lei complementar, e, no segundo, não – havendo, no caso do ITCMD Exterior, algo como uma regra específica, especial, de exigência de lei complementar.

Com efeito, o presente trabalho tem o intuito de investigar a função desempenhada pelo artigo 155, §1º, inciso III, buscando esclarecer a origem da imprescindibilidade de lei complementar no caso descrito – se, exclusivamente, da previsão expressa no artigo 155, §1º, inciso III, ou se já decorreria dos próprios artigos 146 e 24, todos da Constituição. Assim, coloca-se a seguinte pergunta-problema: a impossibilidade de os Estados instituírem o ITCMD Exterior sem lei complementar estipulando seu sujeito ativo decorre da existência do artigo 155, §1º, inciso III da Constituição Federal ou já poderia ser reconstruída a partir da disciplina constitucional dispensada à lei complementar tributária – da qual referido dispositivo seria, então, mera reiteração? Em outras palavras, seria o artigo 155, §1º, inciso III mera explicitação (ou repetição) de norma já reconstruída a partir de outros dispositivos do texto constitucional?

A pergunta se mostra de suma relevância para aferir, de forma precisa, os contornos do artigo 146 da Constituição Federal. Tem-se, cada vez mais, questionado o papel da lei complementar na estruturação do sistema tributário nacional, e, nesse espeque, é necessária a reflexão a respeito do espaço conferido a essa espécie normativa. A propósito, caso se entenda que a imprescindibilidade de lei complementar, para fins de instituição do ITCMD Exterior, não deriva do fato de haver exigência específica dessa espécie normativa no artigo 155, §1º, inciso III, a lógica deverá ser aplicada a outros impostos que potencialmente gerem conflitos de competência e em relação aos quais a regulamentação por lei complementar é inexistente ou deficiente. Com efeito, mais do que pela resposta que venha a ser obtida perante a pergunta posta, esta pesquisa justifica-se pelos meios seguidos para se atingir a solução da questão, na medida em que, para tanto, mostrar-se-á imprescindível perscrutar o exato desenho atribuído à lei complementar tributária pela Constituição Federal.

Uma ressalva, porém, quanto à relevância deste estudo, mostra-se necessária. No momento em que este trabalho está sendo elaborado, tramita, no Congresso Nacional, a Proposta de Emenda à Constituição nº 45, de 2019 (PEC nº 45/2019), a qual, dentre diversas outras mudanças no Sistema Tributário Constitucional, traz relevantes alterações no âmbito do ITCMD. Merece destaque, notadamente, a disposição contida no artigo 16, que trata do sujeito ativo do ITCMD Exterior, até que lei complementar regule a questão. Caso o projeto seja, de fato, aprovado, os Estados poderiam cobrar o ITCMD Exterior mesmo na ausência de lei complementar. As repercussões da PEC nº 45/2019 sobre o objeto deste estudo serão analisadas com maior profundidade ao longo deste trabalho.

Destarte, na primeira seção deste estudo, apresenta-se a discussão doutrinária a respeito da noção da lei complementar e das funções por ela desempenhadas em matéria tributária. Na segunda seção, realiza-se uma breve análise dos principais aspectos ligados ao ITCMD. Em seguida, na terceira seção, examina-se o posicionamento do STF a respeito do tema. Na quarta seção, por sua vez, trata-se da exigência de lei complementar para a regulação da competência para instituição do ITCMD Exterior. Por fim, chega-se a uma conclusão acerca da pergunta-problema posta.

1 Lei complementar

1.1 Conceito, Classificação e Hierarquia

Tradicionalmente, a doutrina conceitua a lei complementar como aquela que complementa uma norma constitucional não autoexecutável, ou seja, aquela sem a qual uma norma constitucional não pode ser aplicada.[3] Trata-se, da chamada acepção ontológica, doutrinária, ampla ou material da lei complementar.[4]

Contudo, conforme argutamente observado por Geraldo Ataliba – em estudo referente à Constituição anterior, mas cujo valor se mantém inalterado para a ora em vigor –, não há uma coincidência entre a acepção doutrinária da lei complementar e aquela encampada pela Constituição Federal: nem toda lei complementar, no sentido material, é tratada pelo texto constitucional como tal, da mesma forma que há leis disciplinadas pelo constituinte como lei complementar que não se subsomem à acepção ontológica desta.[5] Por isso, fala-se em uma acepção jurídico-positiva de lei complementar, a qual variará de acordo com o ordenamento jurídico: é lei complementar aquilo que a Constituição disser que é. É esta a acepção que será trabalhada ao longo deste trabalho.

No âmbito da Constituição Federal de 1988, a lei complementar diferencia-se dos demais atos normativos a partir de dois pressupostos: **(1)** material, na medida em que lhe são reservadas determinadas matérias, cuja disciplina somente por ela poderá ser feita; e **(2)** formal, uma vez que se exige, para sua aprovação, quórum de maioria absoluta.[6]

Na seara tributária, a Constituição Federal traz, em seu artigo 146, três funções materiais para a lei complementar: **(1)** dispor sobre conflitos de competência; **(2)** regular as limitações constitucionais ao poder de tributar; e **(3)** estabelecer normas gerais em matéria de legislação tributária. Apesar da dicção constitucional expressa, há uma antiga – e persistente – divergência doutrinária a respeito de referidas funções, dividindo-se a doutrina entre a corrente dicotômica, a corrente tricotômica e variações correlatas.

Em linhas gerais – dado que a explicitação dos pormenores de cada uma das correntes ultrapassa os objetivos deste trabalho –, a corrente dicotômica entende que o artigo 146 da Constituição Federal confere à lei complementar tributária apenas duas funções: veicular normas gerais acerca de **(1)** conflitos de competência; ou de **(2)** limitações constitucionais ao poder de tributar. Não haveria, assim, uma terceira aplicação autônoma da lei complementar, para a instituição de normas gerais desvinculadas dessas duas hipóteses. Essa corrente considera que a possibilidade de a lei complementar veicular normas gerais definindo, por exemplo, fato gerador e base de cálculo, seria contrária ao princípio federativo e à autonomia dos Estados e Municípios. Ademais, sustenta que os aspectos descritos no artigo 146, inciso III já estariam delineados na própria Constituição.[7]

---

3 Conforme definição elaborada por Vitor Nunes Legal. Cf. LEAL, Vitor Nunes. Leis Complementares da Constituição. *Revista de Direito Administrativo*, v. 7, p. 381, 1947.

4 BORGES, José Souto Maior. *Lei Complementar Tributária*. São Paulo: Ed. R.T., 1975.p. 30-31.

5 ATALIBA, Geraldo. *Lei Complementar na Constituição*. São Paulo: Ed. R.T, 1971. p. 30-31.

6 BORGES, José Souto Maior. Normas gerais de Direito Tributário: Velho Tema sob Perspectiva Nova. *Revista Dialética de Direito Tributário*, n. 213, p. 54, 2013; TÔRRES, Heleno Taveira. Código Tributário Nacional: Teoria da Codificação, Funções das Leis Complementares e Posição Hierárquica no Sistema. *Revista Dialética de Direito Tributário*, n. 71, p. 93, 2001.

7 CARRAZZA, Roque Antônio. *Curso de Direito Constitucional Tributário*. 32. ed. São Paulo: Malheiros, 2019. p. 1045-1051.

A corrente dicotômica teve como principal expoente Geraldo Ataliba,[8] que em apresentação referente à Constituição de 1988,[9] manifestou-se no sentido de que não há efetivo espaço para atuação de lei complementar em nenhuma das três hipóteses previstas no artigo 146, podendo ela, no máximo, reproduzir o texto constitucional – pois não há conflitos de competência, as limitações constitucionais ao poder de tributar não precisam ser reguladas e os elementos previstos no inciso III já decorrem do próprio texto constitucional.

No entanto, concorda-se com José Souto Maior Borges,[10] no sentido de que a corrente dicotômica promove uma interpretação corretiva e derrogatória do artigo 146, anulando parcialmente o expressamente disposto no texto constitucional, ao ignorar o previsto no inciso III do dispositivo mencionado. O autor, porém, manifesta um entendimento alternativo, afirmando que, na realidade, o que se tem é que todas as aplicações da lei complementar do artigo 146 estão resumidas no inciso III, pois, necessariamente, as normas que dispusessem sobre conflitos de competência e sobre as limitações constitucionais ao poder de tributar seriam gerais. Dessa forma, os incisos I e II estariam abarcados pelo inciso III, mas não esgotariam seu âmbito de aplicação, pois seria possível à lei complementar veicular normas gerais a respeito de outras questões.

A corrente tricotômica, por sua vez, sustenta possuir a lei complementar tributária três distintas funções: **(1)** dispor sobre conflitos de competência; **(2)** regular as limitações constitucionais ao poder de tributar; e **(3)** estabelecer normas gerais em matéria de legislação tributária. O papel de estipular normas gerais seria, assim, autônomo, não se confundindo com os dois primeiros.[11]

Filia-se, neste trabalho, à corrente tricotômica, no sentido de se entender o papel da lei complementar de estabelecer normas gerais como autônomo, à luz da expressa redação do artigo 146 da Constituição Federal. Não obstante, diverge-se quanto à classificação das funções desempenhadas por esse ato normativo. Explica-se.

Há, além das três (ou duas, a depender da corrente) funções materiais atribuídas à lei complementar pelo texto constitucional no artigo 146, uma quarta: a de exercício de competência da União. A Constituição Federal reserva à lei complementar a tarefa de instituir determinados tributos de competência da União (artigos 148 e 153, inciso VII, que dispõem, respectivamente, acerca do Empréstimo Compulsório e do Imposto sobre Grandes Fortunas), além de exigi-la para o exercício da competência residual (artigos 154, inciso I e 195, §6º). Essa hipótese não pode ser reconduzida a nenhum dos incisos do artigo 146, sendo imperativo o reconhecimento de função distinta.[12]

---

8 ATALIBA, Geraldo. Normas Gerais de Direito Financeiro e Tributário e Autonomia dos Estados e Municípios. *Revista de Direito Público*, v. 2, n. 10, p. 45-80, 1969.

9 ATALIBA, Geraldo. Lei Complementar em Matéria Tributária. *Revista de Direito Tributário*, São Paulo, v. 13, n. 48, p. 89-92,1989.

10 BORGES, José Souto Maior. Normas gerais de Direito Tributário: Velho Tema sob Perspectiva Nova. *Revista Dialética de Direito Tributário*, n. 213, p. 48-65, 2013. p. 48-65.

11 COSTA, Alcides Jorge. Normas Gerais de Direito Tributário: Visão Dicotômica ou Tricotômica. *In*: BARRETO, Aires Fernandino (Coord.). *Direito Tributário Contemporâneo*: Estudos em Homenagem a Geraldo Ataliba. São Paulo: Malheiros, 2011. p. 18-20.

12 TÔRRES, Heleno Taveira. Código Tributário Nacional: Teoria da Codificação, Funções das Leis Complementares e Posição Hierárquica no Sistema. *Revista Dialética de Direito Tributário*, n. 71, p. 92-93, 2001; AMARO, Luciano. Direito Tributário Brasileiro. 12. ed. São Paulo: Saraiva, 2006. p. 168-170; NOGUEIRA, Johnson Barbosa. Lei Complementar e a Competência Legislativa Estadual. *Direito Tributário Atual*, São Paulo, v. 13, p. 137, abr. 1994.

Ademais, no exercício desse desiderato, a lei complementar atua como legítima lei federal, estando à serviço da União.[13] Diverge, assim, substancialmente, das três funções supramencionadas, na qual se enquadra como verdadeira lei nacional – aquela aplicável a todos os entes federados, oriunda da ordem jurídica total (composta pelas ordens jurídicas parciais federal, estaduais e municipais).[14] Embora, assim como as leis federais, a lei nacional seja emanada do Congresso Nacional, este está desempenhando, ao emiti-las, atribuições constitucionais distintas (da mesma forma como ocorre quando aprova Emendas à Constituição). Não há, assim, uma coincidência entre leis nacionais e leis complementares tributárias, caracterizando-se estas, como aquelas, apenas nas hipóteses previstas no artigo 146 (ou a ele reconduzíveis).

Portanto, em uma classificação mais consentânea à Constituição Federal de 1988, as funções da lei complementar tributária poderiam ser divididas em: **(1)** atuação enquanto lei federal, para **(a)** instituição de tributos de competência da União; e **(b)** exercício de competência residual; e **(2)** atuação enquanto lei nacional, para **(a)** dispor sobre conflitos de competência; **(b)** regular as limitações constitucionais ao poder de tributar; e **(c)** estabelecer normas gerais em matéria de legislação tributária.[15]

Sem adentrar de forma delongada o mérito da discussão acerca da existência, ou não, de hierarquia entre a lei complementar e a lei ordinária federal, pode-se vislumbrar, em referida classificação, uma possível resposta: quando atua enquanto lei nacional, é a lei complementar hierarquicamente superior à ordinária; quando atua como lei federal, não.[16] Aproxima-se, assim, em linhas gerais, da solução proposta por José Souto Maior Borges,[17] à luz da ordem constitucional anterior, e retomada por Sacha Calmon,[18] sob a vigência da atual, pela qual a hierarquia das leis complementares dependeria da função por elas desempenhada: quando fundamento a validade de outros atos normativos, seriam superiores à lei ordinária; quando atuam diretamente, não.

Uma vez expostas as noções gerais acerca da lei complementar, passa-se à análise de suas funções.

---

13 Nesse sentido, pode a lei federal tomar a forma seja de lei ordinária, seja de lei complementar, de acordo com a exigência da Constituição Federal. Cf. TÔRRES, Heleno Taveira. Código Tributário Nacional: Teoria da Codificação, Funções das Leis Complementares e Posição Hierárquica no Sistema. *Revista Dialética de Direito Tributário*, n. 71, p. 93, 2001.

14 COÊLHO, Sacha Calmon Navarro. Normas gerais de Direito Tributário e Sistema Tributário Municipal. *In*: NASCIMENTO, Carlos Valder do; DI PIETRO, Maria Sylvia Zanella; MENDES, Gilmar Ferreira (Org.). *Tratado de Direito Municipal*. Belo Horizonte: Fórum, 2018. p. 634.

15 Trata-se de uma adaptação, à teoria tricotômica, da classificação proposta por Heleno Tôrres. O autor, porém, adepto de uma variação da teoria dicotômica, entende que todas as hipóteses de atuação da lei complementar enquanto lei nacional se limitariam ao estabelecimento de normas gerais, não sendo esta atribuição autônoma. Cf. TÔRRES, Heleno Taveira. Código Tributário Nacional: Teoria da Codificação, Funções das Leis Complementares e Posição Hierárquica no Sistema. *Revista Dialética de Direito Tributário*, n. 71, p. 94, 2001. Classificação semelhante (embora sem referência a lei nacional) é desenvolvida por Luciano Amaro, cf. AMARO, Luciano. *Direito Tributário Brasileiro*. 12. ed. São Paulo: Saraiva, 2006. p. 168-170.

16 TÔRRES, Heleno Taveira. Código Tributário Nacional: Teoria da Codificação, Funções das Leis Complementares e Posição Hierárquica no Sistema. *Revista Dialética de Direito Tributário*, n. 71, p. 94, 2001.

17 BORGES, José Souto Maior. *Lei Complementar Tributária*. São Paulo: Ed. R.T., 1975.

18 COÊLHO, Sacha Calmon Navarro. Normas gerais de Direito Tributário e Sistema Tributário Municipal. *In*: NASCIMENTO, Carlos Valder do; DI PIETRO, Maria Sylvia Zanella; MENDES, Gilmar Ferreira (Org.). *Tratado de Direito Municipal*. Belo Horizonte: Fórum, 2018. p. 638.

1.2 Funções da Lei Complementar Tributária

Para fins deste trabalho, assumem relevância tão somente as atribuições da lei complementar tributária em seu desiderato nacional. A atuação da lei complementar enquanto lei federal não será objeto de aprofundamento. Centra-se, então, nos papéis discriminados no artigo 146.

A primeira função, de dispor sobre conflitos de competência, refere-se ao papel, que deve ser desempenhado pela lei complementar, de evitar referidos conflitos. Contudo, conforme propugnado pela doutrina majoritária, dada a rígida e detalhada repartição de competências tributárias feita pelo constituinte, os conflitos de competência seriam sempre aparentes, decorrendo de uma má compreensão do texto constitucional pelos representantes dos entes políticos. Nesse sentido, não há conflito de competência no plano lógico-jurídico, objetivo, mas tão somente no plano prático, subjetivo. Nesse cenário, cabe à lei complementar tão somente explicitar, realçar, dar contornos mais precisos à repartição de competências que já é feita pela Constituição Federal.[19]

Já a segunda função, de regular as limitações constitucionais ao poder de tributar, encontra menor âmbito de aplicação prática no sistema tributário brasileiro. De acordo com Sacha Calmon, três seriam as situações possíveis: **(1)** quando a Constituição limita o poder de tributar sem requisitar de forma expressa lei complementar, a competência do legislador para editá-la é facultativa; **(2)** quando a Constituição limita o poder de tributar, requisitando de forma expressa lei complementar, a competência do legislador para editá-la é obrigatória; e **(3)** quando a Constituição limita o poder de tributar de uma forma autoaplicável, a edição de lei complementar é vedada.[20]

Por fim, a terceira função, de estabelecer normas gerais em matéria de legislação tributária, é o principal campo de atuação da lei complementar tributária no ordenamento jurídico brasileiro. Aqui, atribui-se à lei complementar tributária o papel de veicular os critérios materiais para a elaboração das leis tributárias pelas ordens jurídicas parciais, promovendo a articulação entre estas e o texto constitucional.[21] Conforme leciona José Souto Borges,[22] as normas gerais seriam sobrenormas, que condicionam o conteúdo das leis ordinárias editadas pelos entes políticos.

Parte-se, neste trabalho, da interpretação de que as normas gerais referidas pelo artigo 146, inciso III seriam as mesmas do artigo 24 da Constituição Federal, que trata da competência concorrente entre os entes políticos.

---

[19] CARRAZZA, Roque Antônio. *Curso de Direito Constitucional Tributário*. 32. ed. São Paulo: Malheiros, 2019. p. 1085; COÊLHO, Sacha Calmon Navarro. Normas gerais de Direito Tributário e Sistema Tributário Municipal. *In*: NASCIMENTO, Carlos Valder do; DI PIETRO, Maria Sylvia Zanella; MENDES, Gilmar Ferreira (Org.). *Tratado de Direito Municipal*. Belo Horizonte: Fórum, 2018. p. 641; NOGUEIRA, Johnson Barbosa. Lei Complementar e a Competência Legislativa Estadual. *Direito Tributário Atual*, São Paulo, v. 13, p. 140, abr. 1994.

[20] COÊLHO, Sacha Calmon Navarro. Normas gerais de Direito Tributário e Sistema Tributário Municipal. *In*: NASCIMENTO, Carlos Valder do; DI PIETRO, Maria Sylvia Zanella; MENDES, Gilmar Ferreira (Org.). *Tratado de Direito Municipal*. Belo Horizonte: Fórum, 2018. p. 642.

[21] COÊLHO, Sacha Calmon Navarro. Normas gerais de Direito Tributário e Sistema Tributário Municipal. *In*: NASCIMENTO, Carlos Valder do; DI PIETRO, Maria Sylvia Zanella; MENDES, Gilmar Ferreira (Org.). *Tratado de Direito Municipal*. Belo Horizonte: Fórum, 2018. p. 643.

[22] BORGES, José Souto Maior. Normas gerais de Direito Tributário: Velho Tema sob Perspectiva Nova. *Revista Dialética de Direito Tributário*, n. 213, p. 54, 2013.

A Constituição confere aos entes competência concorrente para legislar sobre Direito Tributário. Nesse caso, cabe à União estipular normas gerais, tendo os Estados competência suplementar, nos termos dos §§1º e 2º. Contudo, por força do artigo 146, inciso III, referidas normas gerais têm de ser veiculadas por lei complementar. Não há duas espécies de normas gerais tributárias, a do artigo 24 e a do artigo 146, inciso III, mas tão somente uma, que, por força do último dispositivo mencionado, deve ser veiculada por meio de lei complementar.

Não se está aqui a entrar em contradição com o anteriormente sustentado, no sentido de que a lei complementar seria lei nacional, emitida pela ordem jurídica total (e não parcial federal). O artigo 24, §1º, estipula que a competência para estabelecer normas gerais é da União, ordem parcial federal. De fato, tal é o caso na maior parte das matérias elencadas no dispositivo, cabendo à União, por meio de leis federais ordinárias, estipular normas gerais. No entanto, especificamente para o Direito Tributário – única área aqui sob análise –, referidas normas devem ser veiculadas por lei complementar, nacional. Em matéria tributária, tem a lei ordinária federal o mesmo espaço das leis estaduais, qual seja, em suma, instituir os tributos e fixar seus aspectos específicos (não gerais), à luz do disposto na lei complementar. Nas palavras de Sacha Calmon, a respeito do artigo 24 da Constituição Federal, "onde se lê União, leia-se Congresso Nacional, e onde se lê lei federal, leia-se complementar, ao menos em matéria tributária".[23]

Dessa forma, tendo-se em vista que as normas gerais tratadas no artigo 24 são as mesmas a respeito das quais versa o artigo 146, inciso III, aplicam-se a este o previsto nos §§3º e 4º do artigo 24: na ausência de lei nacional, editada pelo Congresso Nacional, veiculando normas gerais tributárias, podem os Estados exercer competência legislativa, a fim de atender a suas peculiaridades.[24]

Isso, porém, aplica-se apenas à lei complementar que estabelece normais gerais. Nas duas outras funções dadas à lei nacional tributária pelo artigo 146 da Constituição Federal, na ausência de lei complementar emanada do Congresso Nacional, não podem os entes legislar supletivamente.

Filia-se, aqui, a vertente distinta daquela que sustenta que as normas gerais de que trata o artigo 24 não se confundem com aquelas previstas no artigo 146, inciso III, por as primeiras serem veiculadas por lei ordinária federal, e, estas, por lei complementar. Assim, para essa visão, naquilo que é reservado à lei complementar pelo artigo 146, não caberia, ante ausência de norma geral, o exercício da competência legislativa plena pelos Estados, nos termos do §3º do artigo 24, uma vez que essa possibilidade existiria tão somente nas hipóteses em que as normas gerais são veiculadas por lei ordinária federal.[25]

Em que pese esse entendimento, é ele incompatível com a própria redação do artigo 24. O *caput* do dispositivo, em seu inciso I, referencia de forma expressa o Direito Tributário entre as matérias em relação às quais possuem os entes competência

---

[23] COÊLHO, Sacha Calmon Navarro. Normas gerais de Direito Tributário e Sistema Tributário Municipal. *In*: NASCIMENTO, Carlos Valder do; DI PIETRO, Maria Sylvia Zanella; MENDES, Gilmar Ferreira (Org.). *Tratado de Direito Municipal*. Belo Horizonte: Fórum, 2018. p. 646.

[24] CARRAZZA, Roque Antônio. *Curso de Direito Constitucional Tributário*. 32. ed. São Paulo: Malheiros, 2019. p. 1138.

[25] MARTINS, Ives Gandra da Silva. Imunidades Tributárias e as Leis Complementares, Ordinárias e Federais. *Revista Dialética de Direito Tributário*, n. 168, p. 71-81, 2009.

concorrente, cabendo, nos termos do §1º, à União estabelecer normas gerais. Em seguida, o artigo 146 estipula que normas gerais, no Direito Tributário, devem ser veiculadas por lei complementar. Ora, não há espaço para a edição de duas espécies de normas gerais tributárias pelo Congresso Nacional – uma, enquanto órgão legiferante da União, na forma de lei ordinária federal, e, outra, enquanto aparato a serviço da Federação, na forma de lei complementar –, de modo que, por uma leitura sistemática do texto constitucional, trata-se da mesma norma, fazendo o artigo 146 uma exceção ao artigo 24, ao exigir que a norma geral neste referenciada, na seara tributária, seja veiculada por lei complementar.

Portanto, explicitados os entendimentos que se têm acerca dos principais aspectos relativos à lei complementar tributária, passa-se à análise do ITCMD e da relação deste com a lei complementar.

2 Imposto sobre transmissão causa mortis e doação

Em 25 de outubro de 1966, quando da promulgação do Código Tributário Nacional, o imposto de transmissão *causa mortis* era fundido ao imposto de transmissão *inter vivos* (onerosa ou gratuita) da propriedade imobiliária. A junção desses tributos se deu a partir da Emenda Constitucional nº 18, de 1965, sendo mantida na Constituição de 1967. Assim, o artigo 35 do Código Tributário Nacional trata dos impostos de transmissão de forma conjunta.[26]

A Constituição Federal de 1988, porém, voltou a separar os impostos de transmissão. O imposto sobre a transmissão *inter vivos* onerosa de imóveis (ITBI) passou a ser de competência dos Municípios, nos termos do artigo 156, inciso II da Constituição. Já a competência para a instituição do imposto sobre a transmissão *causa mortis* e doação de quaisquer bens e direitos (e não somente imóveis) foi atribuída aos Estados e ao Distrito Federal, conforme consta do artigo 155, inciso I.

A regulamentação do imposto *causa mortis* pelo Código Tributário Nacional foi, assim, recepcionada pela atual ordem constitucional somente naquilo que com esta é compatível. Por isso, o tributo é apenas parcialmente disciplinado por lei complementar, o que torna a definição de seus principais aspectos objeto de intensa controvérsia.

Nesse cenário, antes de se adentrar a discussão do problema posto neste trabalho, válida se mostra a análise do ITCMD à luz da estrutura da norma tributária desenvolvida por Sacha Calmon,[27] em sua obra "Teoria Geral do Tributo, da Interpretação e da Exoneração Tributária". Sustenta o autor que a norma tributária é composta da hipótese de incidência (fato previsto como jurígeno) e da consequência jurídica (dever tributário decorrente), as quais se desdobram em diferentes aspectos. Primeiro, analisa-se a hipótese de incidência.

Quanto ao aspecto material do ITCMD, pode-se afirmar que o imposto incide sobre dois fatos: **(1)** a transmissão *causa mortis* de quaisquer bens e direitos; e **(2)** a doação de

---

26 BALEEIRO, Aliomar; DERZI, Misabel Abreu Machado. *Direito Tributário Brasileiro*: CTN Comentado. 14. ed. Rio de Janeiro: Forense, 2018.

27 COÊLHO, Sacha Calmon Navarro. *Teoria Geral do Tributo, da Interpretação e da Exoneração Tributária*. 4. ed. Belo Horizonte: Fórum, 2018.

quaisquer bens e direitos. Como menciona Carrazza,[28] há a incidência sobre transmissões não onerosas de qualquer bem ou direito. Leciona Aliomar Baleeiro[29] – referindo-se ao antigo imposto unificado sobre transmissão, mas cujo racional se aplica ao ITCMD hoje existente –, que o fato gerador é a transferência do domínio, por meio do contrato ou do óbito. Diverge, assim, da afirmação de Sacha Calmon,[30] para quem o fato jurígeno do ITCMD seria o acréscimo patrimonial experimentado pelo herdeiro, legatário, meeiro ou cessionário.

Quanto ao aspecto temporal, entende-se que, no caso da transmissão *causa mortis*, o fato gerador ocorre no momento do óbito, tendo em vista que com este considera-se aberta a sucessão e transmitida a herança.[31] No caso da doação, porém, encontra-se intensa divergência doutrinária: há autores que entendem que o fato gerador ocorre no momento em que o contrato se perfectibiliza, com o aceite por parte do donatário, enquanto outros sustentam que se dá no momento da tradição, para os bens móveis, ou da averbação do instrumento no registro, no caso de bens imóveis.[32] A discussão a respeito do aspecto temporal do ITCMD, no caso da doação, foge ao escopo do presente trabalho; no entanto, tende-se a adotar o posicionamento de que a ocorrência do fato gerador se dá no momento do registro ou da tradição.[33]

No que concerne ao aspecto espacial, necessário destacar que referido elemento não se confunde com a competência para instituir e cobrar o imposto. Em linha com os ensinamentos de Sacha Calmon,[34] o aspecto espacial diz respeito tão somente às condições de lugar do fato gerador – leia-se, onde ocorreu –, que podem, ou não, determinar a qual ente seu pagamento é devido (sujeito ativo), a depender do que constar da consequência jurídica da norma tributária. Nesse sentido, pode-se dizer que, no caso da transmissão *causa mortis*, o fato gerador ocorre no último domicílio do falecido.[35] Já para a doação, o local de ocorrência do fato gerador também segue a controvérsia concernente ao aspecto temporal, de modo que é possível interpretar que sua ocorrência se dá no local de celebração do contrato, ou no local da tradição ou averbação no registro do bem.

O aspecto pessoal – incluído na estrutura da norma tributária por Sacha Calmon, e ponto de divergência entre a teoria deste e a de Paulo de Barros Carvalho – é "a pessoa

---

28 CARRAZZA, Roque Antônio. *Curso de Direito Constitucional Tributário*. 32. ed. São Paulo: Malheiros, 2019.

29 BALEEIRO, Aliomar; DERZI, Misabel Abreu Machado. *Direito Tributário Brasileiro*: CTN Comentado. 14. ed. Rio de Janeiro: Forense, 2018.

30 COÊLHO, Sacha Calmon Navarro. *Curso de Direito Tributário Brasileiro*. 18. ed. Rio de Janeiro: Editora Forense, 2022. p. 377-378.

31 Conforme artigo 1.784 do Código Civil Brasileiro: "Art. 1.784. Aberta a sucessão, a herança transmite-se, desde logo, aos herdeiros legítimos e testamentários".

32 BIAVA JÚNIOR, Roberto. Incidência do ITCMD quando o Doador tiver Domicílio ou Residência no Exterior, ou quando o "de Cujus" possuía Bens, era Residente ou Domiciliado ou teve o seu Inventário Processado no Exterior – Análise de Constitucionalidade das Leis Estaduais que instituíram o ITCMD nestas Hipóteses. *Direito Tributário Atual*, n. 26, p. 319, 2011.

33 Em consonância, inclusive, com o entendimento do STF a respeito do ITBI, no tema de repercussão geral 1124, em que o Tribunal fixou a seguinte tese: "O fato gerador do imposto sobre transmissão inter vivos de bens imóveis (ITBI) somente ocorre com a efetiva transferência da propriedade imobiliária, que se dá mediante o registro".

34 COÊLHO, Sacha Calmon Navarro. *Teoria Geral do Tributo, da Interpretação e da Exoneração Tributária*. 4. ed. Belo Horizonte: Fórum, 2018.

35 Nos termos do artigo 1.785 do Código Civil: "Art. 1.785. A sucessão abre-se no lugar do último domicílio do falecido".

envolvida com o fato jurígeno descrito na hipótese de incidência".[36] Não se confunde, assim, com o destinatário do dever de pagar (sujeito passivo). Trata-se, na hipótese de transmissão *causa mortis*, do indivíduo que vem a óbito, e, na hipótese da doação, do doador do bem.

Finda a análise da hipótese de incidência, passa-se a destrinchar a consequência jurídica.

A definição do sujeito passivo (quem deve pagar), nos termos do artigo 42 do Código Tributário Nacional, é atribuída às legislações estaduais.[37] No caso da transmissão *causa mortis*, o contribuinte é o herdeiro ou o legatário.[38]

Quanto ao elemento quantitativo (quanto pagar), incluem-se nele base de cálculo e alíquotas ou valor fixo, adições e subtrações.[39] A base de cálculo do ITCMD é o valor venal dos bens, nos termos, inclusive, do artigo 38 do Código Tributário Nacional.[40] No caso da transmissão *causa mortis*, a apuração se faz no processo judicial de inventário,[41] sendo que, conforme previsto na Súmula nº 113 do STF,[42] o imposto é calculado sobre o valor dos bens na data da avaliação, e não da abertura da sucessão – verbete que, apesar de ser objeto de críticas, permanece em vigor. Ademais, o imposto incide sobre o valor dos quinhões recebidos pelos herdeiros, e não sobre o valor total da herança.[43]

Ainda no elemento quantitativo, no que concerna às alíquotas, cabe, conforme previsto no artigo 155, §1º, inciso IV, ao Senado Federal fixar as alíquotas máximas do ITCMD, o que foi feito pela Resolução nº 9, de 5 de maio de 1992, que estipulou o teto de 8%. Discussão existe a respeito da possibilidade de os Estados adotarem, dentro do limite estabelecido pelo Senado, alíquotas progressivas para o ITCMD.[44] Embora os pormenores dessa discussão fujam ao escopo do presente estudo, tende-se a entender, como manifestado por Misabel Derzi[45] na atualização da obra de Aliomar Baleeiro, que a progressividade das alíquotas do ITCMD é uma obrigação decorrente dos princípios constitucionais da personalização e da capacidade contributiva. A PEC nº 45/2019 prevê,

---

36 COÊLHO, Sacha Calmon Navarro. *Teoria Geral do Tributo, da Interpretação e da Exoneração Tributária*. 4. ed. Belo Horizonte: Fórum, 2018. p. 106.

37 Dispõe o artigo 42 do Código Tributário Nacional que: "Art. 42. Contribuinte do imposto é qualquer das partes na operação tributada, como dispuser a lei".

38 BALEEIRO, Aliomar; DERZI, Misabel Abreu Machado. *Direito Tributário Brasileiro*: CTN Comentado. 14. ed. Rio de Janeiro: Forense, 2018.

39 COÊLHO, Sacha Calmon Navarro. *Teoria Geral do Tributo, da Interpretação e da Exoneração Tributária*. 4. ed. Belo Horizonte: Fórum, 2018.

40 Versa o artigo 38 do Código Tributário Nacional: "Art. 38. A base de cálculo do imposto é o valor venal dos bens ou direitos transmitidos".

41 BIAVA JÚNIOR, Roberto. Incidência do ITCMD quando o Doador tiver Domicílio ou Residência no Exterior, ou quando o "de Cujus" possuía Bens, era Residente ou Domiciliado ou teve o seu Inventário Processado no Exterior – Análise de Constitucionalidade das Leis Estaduais que instituíram o ITCMD nestas Hipóteses. *Direito Tributário Atual*, n. 26, p. 320, 2011.

42 Súmula nº 113: "O imposto de transmissão 'causa mortis' é calculado sobre o valor dos bens na data da avaliação".

43 Conforme parágrafo único do artigo 35 do Código Tributário Nacional: "Nas transmissões causa mortis, ocorrem tantos fatos geradores distintos quantos sejam os herdeiros ou legatários.".

44 BIAVA JÚNIOR, Roberto. Incidência do ITCMD quando o Doador tiver Domicílio ou Residência no Exterior, ou quando o "de Cujus" possuía Bens, era Residente ou Domiciliado ou teve o seu Inventário Processado no Exterior – Análise de Constitucionalidade das Leis Estaduais que instituíram o ITCMD nestas Hipóteses. *Direito Tributário Atual*, n. 26, p. 321, 2011.

45 BALEEIRO, Aliomar; DERZI, Misabel Abreu Machado. *Direito Tributário Brasileiro*: CTN Comentado. 14. ed. Rio de Janeiro: Forense, 2018.

de forma expressa, a progressividade desse tributo em razão do valor da transmissão ou da doação.

O "como pagar", o "onde pagar" e o "quando pagar" são elementos a serem fixados pelas legislações estaduais.

Por fim, no que tange ao elemento "a quem pagar", objeto central deste trabalho, fornece a própria Constituição Federal parte das respostas. Nos termos do artigo 155, §1º, incisos I e II, tem-se que: **(1)** quanto aos bens imóveis, e os respectivos direitos, o ITCMD é cabível ao Estado em que está situado o bem; e **(2)** quanto aos bens móveis, títulos e créditos, o ITCMD compete ao Estado onde for processado o inventário ou o arrolamento, ou tiver domicílio o doador – pela PEC nº 45/2019, porém, nessa segunda hipótese, a competência passaria a ser do Estado onde domiciliado o *de cujus* ou o doador. Assim, antevendo a possibilidade de conflitos na instituição do tributo, a própria Constituição fornece, de forma mais didática, critérios para a correta delimitação da competência entre os Estados e o Distrito Federal.

Contudo, nos dizeres de Roberto Biava Júnior,[46] quando há algum elemento de estraneidade em referido imposto, confere a Constituição Federal à lei complementar a tarefa de precisar a delimitação das competências. De acordo com o artigo 155, §1º, inciso III, nos casos em que o doador tiver domicílio ou residência no exterior, ou em que o *de cujus* possuía bens, era residente ou domiciliado ou teve o seu inventário processado no exterior, cabe à lei complementar dispor sobre o ente competente para a cobrança do tributo.

Vale, assim, à luz do que foi exposto no tópico 1, analisar a função desempenhada pela lei complementar em questão.

A lei complementar prevista no dispositivo mencionado teria a função não só de estipular normas gerais a respeito do tributo sob análise, mas também, e especialmente, de dispor sobre conflitos de competência. Aliás, ainda que seja possível extrair do texto constitucional a qual ente caberia a cobrança do tributo em cada hipótese,[47] fato é que a ausência de uma explicitação por parte da lei complementar teria um enorme potencial para, na aplicação prática da Constituição, gerar conflitos de competência.

No entanto, decorridos mais de 30 anos desde a promulgação da Constituição Federal de 1988, não houve a edição de lei complementar regulamentando o ITCMD Exterior, sendo que tampouco o Código Tributário Nacional trata da situação. Assim, surge o questionamento acerca da possibilidade de os Estados, valendo-se de sua

---

46 BIAVA JÚNIOR, Roberto. Incidência do ITCMD quando o Doador tiver Domicílio ou Residência no Exterior, ou quando o "de Cujus" possuía Bens, era Residente ou Domiciliado ou teve o seu Inventário Processado no Exterior – Análise de Constitucionalidade das Leis Estaduais que instituíram o ITCMD nestas Hipóteses. *Direito Tributário Atual*, n. 26, p. 324, 2011.

47 Conforme notado por Roberto Biava Júnior, em determinadas hipóteses abarcadas pelo inciso III do artigo 155, §1º a Constituição Federal já fixa o sujeito ativo competente. Tal se dá, notadamente, em dois casos: (1) quando o de cujus reside no exterior e possui bens imóveis situados no Brasil; e (2) quando *de cujus* brasileiro, com inventário processado no Brasil, tem bens móveis no exterior. Nesses casos, seria possível a aplicação das regras contidas nos outros dois incisos. Cf. BIAVA JÚNIOR, Roberto. Incidência do ITCMD quando o Doador tiver Domicílio ou Residência no Exterior, ou quando o "de Cujus" possuía Bens, era Residente ou Domiciliado ou teve o seu Inventário Processado no Exterior – Análise de Constitucionalidade das Leis Estaduais que instituíram o ITCMD nestas Hipóteses. *Direito Tributário Atual*, n. 26, p. 327, 2011. Não obstante o mérito dessa constatação, impende-se reconhecer que são situações específicas, que não ilidem o fato de que, na ausência de lei complementar, a instituição do ITCMD Exterior pelos Estados teria um enorme potencial para gerar conflitos de competência.

competência supletiva prevista no artigo 24, §3º, prescindirem da lei complementar e instituírem o ITCMD Exterior diretamente.

Conforme acima firmado, em matéria tributária, a competência supletiva dos Estados, prevista no artigo 24, §3º, existe tão somente nas situações em que a lei complementar se destina a instituir normas gerais. Nos demais casos, não podem os Estados exercer mencionada prerrogativa.

Ora, como a lei complementar prevista no artigo 155, §1º, inciso III, tem a função precípua de dirimir conflitos de competência entre os Estados, não podem estes, prescindido de tal diploma, instituir o ITCMD Exterior. A propósito, caso isso fosse possível, cada legislação estadual iria prever a forma que entendesse razoável de tributação das situações em análise, com enorme potencial para a ocorrência de bitributação.

Se a Constituição houvesse, como nos demais casos de ITCMD, fixado de forma mais evidente os critérios para a delimitação da competência para cobrança do ITCMD Exterior, na ausência de lei complementar, poderiam os Estados, com base no artigo 24, §3º, exercer competência plena, e instituir o tributo em questão. A propósito, estariam prescindindo de lei complementar apenas veiculadora de normas gerais, e, respeitada a fixação constitucional dos critérios de competência, não haveria tamanha potencialidade de, pelas leis estaduais instituidoras do ITCMD Exterior, surgirem conflitos de competência.

Mediante antecipado na introdução a este artigo, a PEC nº 45/2019, em trâmite no Congresso Nacional, dá uma solução transitória à questão, fixando que, até que seja editada uma lei complementar reguladora, o ITCMD Exterior caberá: **(1)** em relação a bens imóveis, sempre ao Estado de situação do bem; e **(2)** em relação aos bens móveis, **(a)** na hipótese em que o doador tiver domicílio ou residência no exterior, **(i)** ao Estado de domicílio do donatário, ou, **(ii)** se este também tiver domicílio ou residência fora do Brasil, ao Estado em que se encontrar o bem; e **(b)** na hipótese em que o *de cujus* possuía bens ou teve seu inventário processado no exterior, **(i)** ao Estado onde era domiciliado; ou **(ii)** se residente ou domiciliado no exterior, ao Estado onde tiver domicílio o herdeiro ou legatário. A proposta, porém, ainda não foi aprovada, de modo que, até o presente momento, aplicável o entendimento consignado pelo Supremo Tribunal Federal no julgamento do Tema nº 825, conforme será exposto no próximo tópico.

3 O posicionamento do STF

Em 20 de agosto de 2015, o Plenário do STF reconheceu a repercussão geral da controvérsia de que tratava o Recurso Extraordinário nº 851.108/SP, interposto contra Acórdão do Tribunal de Justiça do Estado de São Paulo que entendeu que a legislação estadual do Estado de São Paulo não poderia exigir o ITCMD quando o doador tiver domicílio ou residência no exterior, tendo em vista a inexistência de lei complementar regulando a matéria. Foi, assim, definido o Tema nº 825.

O tema ficou sob relatoria do Ministro Dias Tóffoli, tendo sido julgado pelo Plenário da Corte no dia 1º de março de 2021. Na oportunidade, foi fixada a seguinte tese:

É vedado aos estados e ao Distrito Federal instituir o ITCMD nas hipóteses referidas no art. 155, §1º, III, da Constituição Federal sem a edição da lei complementar exigida pelo referido dispositivo constitucional.

Embora não tenha se manifestado, de forma expressa, no sentido de que referida lei complementar seria de caráter nacional, o STF ratificou o entendimento de que as normas gerais previstas no artigo 24 da Constituição Federal são as mesmas de que trata o artigo 146, inciso III, trazendo este, porém, a exigência de que, no campo tributário, sejam veiculadas por lei complementar.[48]

Nesse sentido, o Supremo Tribunal Federal entendeu que a possibilidade dada aos Estados, pelo artigo 24, §3º da Constituição Federal, de exercer competência plena na ausência de lei editada pela União, aplica-se tão somente às hipóteses em que cabia a esta estabelecer normas gerais. Referida permissão, assim, inexiste nas situações em que é atribuída à lei complementar a função de dispor sobre conflitos de competência e regular limitações constitucionais ao poder de tributar.

Dessa forma, no entendimento da Corte – que é o mesmo que aqui se adota –, inexiste direito ao exercício da competência supletiva pelos Estados, na ausência de lei complementar, não só para tratar de competência ou limitações constitucionais ao poder de tributar, mas também nos casos em que a estipulação de normas gerais por esses entes possa gerar conflitos de competência entre os entes políticos. Aliás, as funções da lei complementar tributária não são estanques, sendo possível – e provável – que uma mesma lei complementar, ao estipular normas gerais, trate de conflitos de competência ou limitações ao poder de tributar.

Ocorre que a lei complementar de que trata o artigo 155, §1º, inciso III da Constituição Federal teria, além da clara função de estipular normas gerais, o objetivo precípuo de explicitar a competência delineada constitucionalmente, evitando conflito entre os entes políticos. A propósito, nas situações em que o doador tiver domicílio ou residência no exterior, ou em que o *de cujus* possuía bens, era residente ou domiciliado ou teve seu inventário processado no exterior, a Constituição não é clara na atribuição de competência, assumindo a lei complementar relevante função de tornar evidente o *discrímen* constitucional.

Nessa toada, à luz da interpretação que o Tribunal tem a respeito da possibilidade conferida aos Estados pelo artigo 24, §3º, e considerando que a lei complementar de que trata o artigo 155, §1º, inciso III se destinaria não exclusivamente a estipular normas gerais, entendeu o Supremo Tribunal Federal que não podem os Estados instituir o ITCMD Exterior sem lei complementar regulando-o.

Destarte, firmado o entendimento – com respaldo na jurisprudência do STF – de que não podem os Estados exercer competência legislativa plena, ante a ausência de lei complementar, no caso do ITCMD Exterior, volta-se para a análise do problema que motivou este estudo: se a origem dessa impossibilidade deriva da exigência expressa de lei complementar pelo artigo 155, §1º, inciso III.

---

[48] BRASIL. Supremo Tribunal Federal. Tribunal Pleno. Recurso Extraordinário nº 851108. Relator: Dias Toffoli. Data de julgamento: 1 mar. 2021. Data de Publicação: 20 abr. 2021.

4 A prescindibilidade do artigo 155, §1º, inciso III

Mediante até aqui sustentado, a instituição do ITCMD exterior pelos Estados, na ausência da lei complementar prevista pelo artigo 155, §1º, inciso III da Constituição Federal, não é possível, uma vez que referida lei teria o escopo de, além de estipular normas gerais, dirimir, preventivamente, potenciais conflitos de competência entre os Estados na cobrança do imposto sob análise.

No entanto, a questão objeto do presente trabalho remanesce: a imprescindibilidade de lei complementar para a instituição, pelos Estados, do ITCMD Exterior, decorre da previsão expressa no artigo 155, §1º, inciso III, ou pode ser extraída do próprio tratamento que a Constituição dispensa à lei complementar tributária?

Por todo o exposto, entende-se pela segunda opção: a exigência expressa de lei complementar pelo artigo 155, §1º, inciso III consiste em mera reiteração constitucional, explicitando, mais uma vez, aquilo que decorre da conjugação dos artigos 146 e 24. A indisponibilidade da lei complementar, no caso, decorre não dessa disposição específica, mas do próprio tratamento dispensado pela Constituição Federal à lei complementar tributária. Não há, aqui, uma regra especial: em qualquer caso em que o exercício de competência supletiva pelos Estados puder levar ao surgimento de conflitos de competência, não poderão eles prescindir de lei complementar.

Nessa toada, eventual distinção, no que diz respeito à lei complementar, promovida entre os regimes do ITCMD Exterior e do IPVA – em cujo mérito não se entra neste trabalho – não pode se pautar unicamente no fato de, naquele, haver uma exigência específica e expressa dela, e, neste, não. A imprescindibilidade de lei complementar no caso do ITCMD Exterior deriva da própria disciplina constitucional dessa espécie normativa (aplicável, também, ao IPVA), e não de dispositivo a ele exclusivo. Uma distinção que se pretenda coerente, assim, terá de demonstrar como, no caso do IPVA, sua instituição direta pelos Estados não teria o mesmo potencial de gerar conflitos de competência.

Se a Constituição Federal, em seu artigo 146, inciso I, dispõe que cabe à lei complementar tributária dispor sobre conflitos de competência; se o artigo 24 confere aos Estados a possibilidade de prescindir da lei complementar tão somente no caso de ausência de normas gerais; e se, ante a ausência de fixação, pela Constituição, de critérios claros para a delimitação da competência dos Estados para a instituição do ITCMD Exterior, a cobrança de referido tributo por cada Estado, de forma unilateral, é situação capaz de gerar bitributação e conflitos de competência, tem-se que, por decorrência lógica, é necessária lei complementar estipulando critérios para a fixação da competência para a cobrança do ITCMD Exterior, e tal lei complementar é imprescindível – no sentido de que os Estados não podem exercer competência plena em face de sua ausência.

Dessa forma, constata-se que a previsão do artigo 155, §1º, inciso III consiste em mera reiteração e explicitação, em face de uma situação mais específica, da exigência, contida no artigo 146, inciso I, de que a lei complementar disponha sobre conflitos de competência, regulamentação esta indispensável para que o tributo seja instituído pelos Estados.

Conclusão

A lei complementar tributária, em sua acepção jurídico-positiva, pode ser empregada seja como lei federal, seja como lei de caráter nacional. Enquanto lei a serviço da Federação (e dirigida a todos os entes federados), assume três principais funções materiais, dispostas no artigo 146 da Constituição Federal. Referidas funções, embora autônomas e independentes, não são estanques, imiscuindo-se.

Um dos papéis desempenhado pela lei complementar enquanto lei nacional é o de estipular normas gerais tributárias. Referidas normas são as mesmas previstas no artigo 24, que trata do exercício de competência concorrente entre os entes políticos – competência esta presente em matéria tributária. No entanto, a possibilidade, conferida pelo §3º do artigo 24 da Constituição, de os Estados exercerem sua competência plena na ausência de lei editada pela União (que, no caso do Direito Tributário, é lei complementar editada pela Federação), restringe-se às situações em que cabe à lei complementar veicular normas gerais, não se estendendo às duas outras funções estipuladas pelo artigo 146.

O Imposto sobre Transmissão Causa *Mortis* e Doações de Quaisquer Bens e Direitos, cuja instituição é de competência dos Estados e do Distrito Federal, é apenas parcialmente regulado pelo Código Tributário Nacional. Por isso, há, ainda, grandes controvérsias a respeito de seus principais aspectos.

No que concerne ao sujeito ativo (a quem pagar o tributo), a própria Constituição, antevendo a potencialidade de surgimento de conflitos de competência entre os Estados, estipulou critérios para a correta delimitação de a qual ente o imposto é devido em cada situação. No entanto, nos casos em que o doador tem domicílio ou residência no exterior, ou em que o *de cujus* possuía bens, era residente ou domiciliado ou teve seu inventário processado no exterior, atribui o artigo 155, §1º, inciso III à lei complementar a função de regular a competência para sua instituição.

Não obstante, mais de 30 anos depois da promulgação da Constituição, essa lei complementar não foi editada. Com isso, surge o questionamento a respeito da possibilidade de os Estados, com base no artigo 24, §3º, exercerem competência plena e cobrarem o tributo. Isso, porém, não seria possível, pois a lei complementar, nesse caso, além da função de estipular normas gerais, destinar-se-ia à resolução, ainda que preventiva, de conflitos de competência. Assim, como a possibilidade dada aos Estados pelo artigo 24, §3º da Constituição Federal se limita às hipóteses de ausência de normas gerais, não caberia sua aplicação.

Conclui-se, porém, que a exigência de lei complementar para a regulação do ITCMD Exterior, bem como a impossibilidade de os Estados prescindirem dela, não decorrem única e necessariamente do artigo 155, §1º, inciso III, mas da própria conjugação dos artigos 24 e 146, sendo o disposto na norma referente ao ITCMD mera reiteração constitucional.

Referências

AMARO, Luciano. *Direito Tributário Brasileiro*. 12. ed. São Paulo: Saraiva, 2006.

ATALIBA, Geraldo. Lei Complementar em Matéria Tributária. *Revista de Direito Tributário*, São Paulo, v. 13, n. 48, p. 84-107,1989.

ATALIBA, Geraldo. *Lei Complementar na Constituição*. São Paulo: Ed. R.T, 1971.

ATALIBA, Geraldo. Normas Gerais de Direito Financeiro e Tributário e Autonomia dos Estados e Municípios. *Revista de Direito Público*, v. 2, n. 10, p. 45-80, 1969.

BALEEIRO, Aliomar; DERZI, Misabel Abreu Machado. *Direito Tributário Brasileiro*: CTN Comentado. 14. ed. Rio de Janeiro: Forense, 2018.

BIAVA JÚNIOR, Roberto. Incidência do ITCMD quando o Doador tiver Domicílio ou Residência no Exterior, ou quando o "de Cujus" possuía Bens, era Residente ou Domiciliado ou teve o seu Inventário Processado no Exterior – Análise de Constitucionalidade das Leis Estaduais que instituíram o ITCMD nestas Hipóteses. *Direito Tributário Atual*, n. 26, p. 311-340, 2011.

BORGES, José Souto Maior. *Lei Complementar Tributária*. São Paulo: Ed. R.T., 1975.

BORGES, José Souto Maior. Normas gerais de Direito Tributário: Velho Tema sob Perspectiva Nova. *Revista Dialética de Direito Tributário*, n. 213, p. 48-65, 2013.

BRASIL. Supremo Tribunal Federal. Tribunal Pleno. *Recurso Extraordinário nº 851108*. Relator: Dias Toffoli. Data de julgamento: 1 mar. 2021. Data de Publicação: 20 abr. 2021.

CARRAZZA, Roque Antônio. *Curso de Direito Constitucional Tributário*. 32. ed. São Paulo: Malheiros, 2019.

COÊLHO, Sacha Calmon Navarro. *Curso de Direito Tributário Brasileiro*. 18. ed. Rio de Janeiro: Editora Forense, 2022.

COÊLHO, Sacha Calmon Navarro. Normas gerais de Direito Tributário e Sistema Tributário Municipal. *In*: NASCIMENTO, Carlos Valder do; DI PIETRO, Maria Sylvia Zanella; MENDES, Gilmar Ferreira (Org.). *Tratado de Direito Municipal*. Belo Horizonte: Fórum, 2018. p. 633-665.

COÊLHO, Sacha Calmon Navarro. *Teoria Geral do Tributo, da Interpretação e da Exoneração Tributária*. 4. ed. Belo Horizonte: Fórum, 2018.

COSTA, Alcides Jorge. Normas Gerais de Direito Tributário: Visão Dicotômica ou Tricotômica. *In*: BARRETO, Aires Fernandino (Coord.). *Direito Tributário Contemporâneo*: Estudos em Homenagem a Geraldo Ataliba. São Paulo: Malheiros, 2011. p. 11-26.

LEAL, Vitor Nunes. Leis Complementares da Constituição. *Revista de Direito Administrativo*, v. 7, p. 379-394, 1947.

MARTINS, Ives Gandra da Silva. Imunidades Tributárias e as Leis Complementares, Ordinárias e Federais. *Revista Dialética de Direito Tributário*, n. 168, p. 71-81, 2009.

NOGUEIRA, Johnson Barbosa. Lei Complementar e a Competência Legislativa Estadual. *Direito Tributário Atual*, São Paulo, v. 13, p. 133-145, abr. 1994.

TÔRRES, Heleno Taveira. Código Tributário Nacional: Teoria da Codificação, Funções das Leis Complementares e Posição Hierárquica no Sistema. *Revista Dialética de Direito Tributário*, n. 71, p. 84-103, 2001.

Informação bibliográfica deste texto, conforme a NBR 6023:2018 da Associação Brasileira de Normas Técnicas (ABNT):

BREGA, Gabriel Ribeiro. Lei complementar e ITCMD exterior: reiteração ou distinção? In: LOBATO, Valter de Souza (coord.); MARINHO NETO, José Antonino (org.). *O papel da lei complementar tributária no desenho federativo brasileiro*. Belo Horizonte: Fórum, 2024. p. 461-476. ISBN 978-65-5518-779-3.

O PAPEL DA LEI COMPLEMENTAR NO ICMS – ENFRENTAMENTO DA GUERRA FISCAL, REDUÇÃO DAS DESIGUALDADES REGIONAIS E PROTEÇÃO DA LIVRE CONCORRÊNCIA

JOÃO KLEBER VAZ,
ONOFRE ALVES BATISTA JÚNIOR

Introdução

A Constituição da República Federativa do Brasil de 1988 (CRFB/1988) tem como princípios de sua ordem econômica a livre concorrência e a redução das desigualdades regionais e sociais,[1] sendo essa última, ainda, "objetivo fundamental da República Federativa do Brasil".[2]

O objetivo de redução das desigualdades regionais e sociais, integrado ao princípio federativo,[3] demanda não apenas a instituição de mecanismos que promovam a manutenção do equilíbrio e da harmonia entre os entes federados, mas, mais do que isso, que tais mecanismos sejam orientados por uma perspectiva de *justiça distributiva* de forma a se garantir especial proteção aos estados mais pobres, que têm sua economia

---

[1] BRASIL. *Constituição da República Federativa do Brasil de 1988*. Brasília, DF: Presidente da República. Disponível em: https://www.planalto.gov.br/ccivil_03/constituicao/constituicao.htm. Acesso em: 11 out. 2023. "Art. 170. A ordem econômica, fundada na valorização do trabalho humano e na livre iniciativa, tem por fim assegurar a todos existência digna, conforme os ditames da justiça social, observados os seguintes princípios: (...) IV – livre concorrência; (...) VII – redução das desigualdades regionais e sociais; (...).".

[2] "Art. 3º Constituem objetivos fundamentais da República Federativa do Brasil: (...) II – erradicar a pobreza e a marginalização e reduzir as desigualdades sociais e regionais; (...).".

[3] O princípio federativo impõe a participação e a autonomia dos entes federados. A forma federativa de estado constitui, inclusive, cláusula pétrea. "Art. 60. (...) §4º. Não será objeto de deliberação a proposta de emenda tendente a abolir: I – a forma federativa de Estado;".

mais fragilizada.[4] O devido atendimento ao princípio federativo, dessa forma, reclama a concretização da ideia de autonomia dos entes federados.[5]

O Sistema Tributário Constitucional brasileiro demanda justiça tributária e, para tanto, incorpora, de maneira inequívoca, o princípio da capacidade econômica.[6] A tributação conforme a capacidade econômica é a única ideia compatível com o Estado Democrático de Direito de desiderato social esculpido pela CRFB/1988, que possibilita, pelo viés tributário, a observância do objetivo fundamental da República (art. 3º) de redução das desigualdades sociais e de combate da miséria. Da mesma forma, em que pese a legislação tributária infraconstitucional brasileira estabeleça limites exagerados para a caracterização de microempresas e empresas de pequeno porte, pretendeu o constituinte dar um tratamento mais benéfico aos menores agentes econômicos, de forma a reduzir o poder de barganha das grandes empresas e a minimizar as desigualdades sociais, bem como a assegurar a livre concorrência.[7]

O princípio da livre concorrência, no sistema tributário constitucional pátrio, assim, exige o tratamento equitativo de contribuintes em situação equivalente[8] e reclama o tratamento favorecido a microempresas e empresas de pequeno porte.[9] Por outro giro, a CRFB/1988 prevê, ainda, a possibilidade de instituição de critérios especiais de tributação para prevenção de desequilíbrios da concorrência.[10]

No presente estudo, analisa-se a lei complementar do Imposto sobre Operações Relativas à Circulação de Mercadorias e Prestação de Serviços (ICMS), em especial, o papel da lei complementar na concretização e proteção dos objetivos constitucionais supramencionados, bem como os mecanismos previstos para a contenção da desenfreada concessão de benefícios tributários[11] pelos estados federados no contexto da guerra fiscal e para a proteção da livre concorrência.

---

4 "Art. 151. É vedado à União: I – instituir tributo que não seja uniforme em todo o território nacional ou que implique distinção ou preferência em relação a Estado, ao Distrito Federal ou a Município, em detrimento de outro, admitida a concessão de incentivos fiscais destinados a promover o equilíbrio do desenvolvimento sócioeconômico entre as diferentes regiões do País; (...)".

5 A autonomia dos Estados federados está condicionada, antes de tudo, a sua autonomia financeira. Isso porque o Estado da federação que não possui recursos próprios se vê incapacitado de implementar suas políticas públicas e de desempenhar seu papel constitucional.

6 Cf. BATISTA JÚNIOR, Onofre Alves. *Manual de Direito Tributário*. Belo Horizonte: Casa do Direito, 2023. p. 376-377: "Por isso é que se deve densificar o conteúdo normativo do princípio da capacidade econômica (compatível com a ideia de justiça distributiva no sentido contemporâneo) de forma a incorporar em seu núcleo de sentidos a função redistributiva dos tributos".

7 Acredita-se que o dispositivo constitucional, ao contrário do pretendido, vem causando distorções na concorrência e favorecendo a terceirização de mão de obra, contribuindo para a formação de um "precariado".

8 "Art. 150. Sem prejuízo de outras garantias asseguradas ao contribuinte, é vedado à União, aos Estados, ao Distrito Federal e aos Municípios: (...) I - instituir tratamento desigual entre contribuintes que se encontrem em situação equivalente, proibida qualquer distinção em razão de ocupação profissional ou função por eles exercida, independentemente da denominação jurídica dos rendimentos, títulos ou direitos; (...)".

9 "Art. 146. Cabe à lei complementar: (...) d) definição de tratamento diferenciado e favorecido para as microempresas e para as empresas de pequeno porte, inclusive regimes especiais ou simplificados no caso do imposto previsto no art. 155, II, das contribuições previstas no art. 195, I e §§12 e 13, e da contribuição a que se refere o art. 239. (...)".

10 "Art. 146-A. Lei complementar poderá estabelecer critérios especiais de tributação, com o objetivo de prevenir desequilíbrios da concorrência, sem prejuízo da competência de a União, por lei, estabelecer normas de igual objetivo".

11 TRIBUNAL DE CONTAS DA UNIÃO. *Portaria TCU nº 174, de 24 de novembro de 2022*. Brasília-DF, Presidente do Tribunal de Contas da União. p. 16. Disponível em: https://pesquisa.apps.tcu.gov.br/documento/btcu/Portaria%2520TCU%2520n%25C2%25BA%2520280/%2520/DTRELEVANCIA%2520desc/16. Acesso em: 14 out.

1 O papel da Lei Complementar nº 24/1975 no enfrentamento da guerra fiscal

Na chamada "modernidade líquida",[12] é a partir do constante risco de migração do capital liquefeito que se instaura a chamada "guerra fiscal",[13] sendo que, internamente, os Estados-Membros replicam a mesma disputa havida entre os Estados nacionais,[14] com os mesmos efeitos danosos. Nessa conjuntura, os Estados-Membros sacrificam tributos, sobretudo por meio da concessão de benefícios fiscais, para atrair o capital migrante e garantir alguns empregos para seus trabalhadores. É com o sacrifício de sua receita tributária e com o enfraquecimento de suas condições de cumprir seu desiderato social que os Estados se tornam mais atrativos ao setor privado.

A "renúncia de receitas" por parte dos Estados-Membros tem se dado principalmente por meio de uma desregrada concessão de "benefícios tributários" ao ICMS. Essas concessões foram feitas à revelia do Conselho Nacional de Política Fazendária (CONFAZ), em desobediência à imposição constante na Lei Complementar nº 24, de 7 de janeiro de 1975,[15] e em flagrante ofensa à CRFB/1988.[16]

A LC nº 24/1975 regulamenta o art. 155, §2º, alínea "g" da CRFB/1988, e condiciona a concessão de benefícios relativos ao ICMS a decisão unânime dos Estados e do Distrito Federal no âmbito dos convênios do CONFAZ,[17] no intuito de resguardar equilíbrio e a

---

2023: "Benefícios tributários: são disposições preferenciais da legislação que fornecem vantagens tributárias a certos contribuintes e que não estão disponíveis a outros. Assim, o benefício está disponível somente aos contribuintes que possam se beneficiar com a redução da sua base de contribuição. São as desonerações de imposto, taxa ou contribuição, autorizada por dispositivo legal que, excepcionando a legislação instituidora de um tributo, tenha objetivo específico e alcance grupo específico de contribuintes, de setor ou de região".

12 Cf. BAUMAN, Zigmund. *Modernidade líquida*. Rio de Janeiro: Zahar, 2001. p. 172.

13 Nesse sentido, BATISTA JÚNIOR, Onofre Alves. Por que a guerra fiscal? Os desafios do Estado na modernidade líquida. *Revista Brasileira de Estudos Políticos*, v. 102, p. 305-341, 2011. Disponível em: https://pos.direito.ufmg.br/rbep/index.php/rbep/article/view/135/130. Acesso em: 14 out. 2023.

14 *Vide* BATISTA JÚNIOR, Onofre Alves. *O Outro Leviatã e a Corrida ao Fundo do Poço*. São Paulo: Almedina, 2014.

15 BRASIL. *Lei Complementar nº 24, de 07 de Janeiro de 1975*. Brasília, DF: Presidente da República. Disponível em: https://www.planalto.gov.br/ccivil_03/leis/lcp/lcp24.htm#:~:text=LEI%20COMPLEMENTAR%20N%C2%BA%2024%2C%20DE,mercadorias%2C%20e%20d%C3%A1%20outras%20provid%C3%AAncias. Acesso em: 13 out. 2023. "Art. 1º. As isenções do imposto sobre operações relativas à circulação de mercadorias serão concedidas ou revogadas nos termos de convênios celebrados e ratificados pelos Estados e pelo Distrito Federal, segundo esta Lei. Parágrafo único – O disposto neste artigo também se aplica: I – à redução da base de cálculo; II – à devolução total ou parcial, direta ou indireta, condicionada ou não, do tributo, ao contribuinte, a responsável ou a terceiros; III – à concessão de créditos presumidos; IV – a quaisquer outros incentivos ou favores fiscais ou financeiro-fiscais, concedidos com base no imposto de circulação de mercadorias, dos quais resulte redução ou eliminação direta ou indireta, do respectivo ônus; V – às prorrogações e às extensões das isenções vigentes nesta data.
Art. 2º. Os convênios a que alude o artigo 1º serão celebrados em reuniões para as quais tenham sido convocados representantes de todos os Estados e do Distrito Federal, sob a presidência de representantes do Governo Federal. (...)".

16 BRASIL. *Constituição da República Federativa do Brasil de 1988*. Brasília, DF: Presidente da República. Disponível em: https://www.planalto.gov.br/ccivil_03/constituicao/constituicao.htm. Acesso em: 11 out. 2023. "Art. 155. Compete aos Estados e ao Distrito Federal instituir impostos sobre: (...)§2.º O imposto previsto no inciso II atenderá ao seguinte: (...) XII – cabe à lei complementar: g) regular a forma como, mediante deliberação dos Estados e do Distrito Federal, isenções, incentivos e benefícios fiscais serão concedidos e revogados".

17 BRASIL. *Lei Complementar nº 24, de 07 de Janeiro de 1975*. Brasília, DF: Presidente da República. Disponível em: https://www.planalto.gov.br/ccivil_03/leis/lcp/lcp24.htm#:~:text=LEI%20COMPLEMENTAR%20N%C2%BA%2024%2C%20DE,mercadorias%2C%20e%20d%C3%A1%20outras%20provid%C3%AAncias. Acesso em: 13 out. 2023. "Art. 2º (...) §2º. A concessão de benefícios dependerá sempre de decisão unânime dos Estados representados; a sua revogação total ou parcial dependerá de aprovação de quatro quintos, pelo menos, dos representantes presentes. (...)".

harmonia entre os Estados federados, visando evitar a "corrida ao fundo do poço" – a competição entre os entes estaduais através da concessão dos benefícios.[18] Ocorre, no entanto, que as leis estaduais que instituíam benefícios de maneira inconstitucional, na prática, escapavam deliberadamente do controle de constitucionalidade.

Em uma espécie de "fraude à Constituição", aproveitando-se da morosidade do Judiciário, os Estados concediam benefícios tributários sabidamente inconstitucionais que vigiam até serem declarados inconstitucionais. Isso ocorria porque, a princípio, as leis são presumidas constitucionais até que sobrevenha decisão do Judiciário. Por isso, os benefícios tributários inconstitucionais concedidos pelas leis estaduais se presumiam constitucionais, eram aplicados e geravam efeitos, até que, anos depois, o Judiciário decidisse em sentido contrário.

A análise da (in)constitucionalidade das leis estaduais é feita pelo Supremo Tribunal Federal (STF).[19] Muitas vezes, antes mesmo que o mérito da Ação Direta de Inconstitucionalidade (ADI) fosse apreciado pelo STF, o Estado instituidor do benefício revogava a lei estadual inconstitucional, evitando o julgamento do mérito da ADI pelo STF e a consequente declaração de inconstitucionalidade. Após a revogação, de forma sabidamente inconstitucional, era usual os Estados reinserirem o benefício fiscal em outra lei estadual, presumidamente constitucional. Com isso, prolongava-se artificialmente a vigência do benefício fiscal inconstitucional, fraudando-se (evitando-se) o controle de constitucionalidade.

Mesmo nos casos em que as leis estaduais eram declaradas inconstitucionais pelo STF, várias vezes, os efeitos já produzidos eram conservados.[20] Isso acontecia porque, conforme dispõe a Lei nº 9.868/1999, a declaração de inconstitucionalidade de lei ou de ato normativo pode ser feita de forma que seus efeitos tenham eficácia a partir do momento do trânsito em julgado da decisão.[21] Muitas vezes, assim, a lei inconstitucional produz seus efeitos por um largo período de tempo.

Muitas vezes, ainda, os benefícios fiscais declarados inconstitucionais pelo STF foram convalidados pelo Conselho Nacional de Política Fazendária (CONFAZ). Exemplo disso é o que se deu em 2011, quando os governos de Rondônia, Paraná e Pará, após terem os benefícios instituídos declarados inconstitucionais, ameaçaram utilizar seu poder de veto[22] para impedir as futuras concessões de benefícios tributários a outros

---

18 BATISTA JÚNIOR, Onofre Alves. *O Outro Leviatã e a Corrida ao Fundo do Poço*. São Paulo: Almedina, 2014.p. 307 *et seq*.

19 BRASIL. *Constituição da República Federativa do Brasil de 1988*. "Art. 102. Compete ao Supremo Tribunal Federal, precipuamente, a guarda da Constituição, cabendo-lhe: I - processar e julgar, originariamente: a) a ação direta de inconstitucionalidade de lei ou ato normativo federal ou estadual e a ação declaratória de constitucionalidade de lei ou ato normativo federal; (...)".

20 Sobre o tópico, cf. SUPREMO TRIBUNAL FEDERAL. *RE nº 556.664/RS*. Tribunal Pleno. Relator: Min. Gilmar Mendes. Julgamento: 12.06.2008. Publicação: 14.11.2008. Disponível em: https://redir.stf.jus.br/paginadorpub/paginador.jsp?docTP=AC&docID=561617. Acesso em: 14 out. 2023.

21 BRASIL. *Lei nº 9.868, de 10 de novembro de 1999*. Brasília-DF, Presidente da República. Disponível em: https://www.planalto.gov.br/ccivil_03/leis/l9868.htm. Acesso em: 13 out. 2023. "Art. 27. Ao declarar a inconstitucionalidade de lei ou ato normativo, e tendo em vista razões de segurança jurídica ou de excepcional interesse social, poderá o Supremo Tribunal Federal, por maioria de dois terços de seus membros, restringir os efeitos daquela declaração ou decidir que ela só tenha eficácia a partir de seu trânsito em julgado ou de outro momento que venha a ser fixado".

22 BRASIL. *Lei Complementar nº 24, de 7 de Janeiro de 1975*. "Art. 1º – As isenções do imposto sobre operações relativas à circulação de mercadorias serão concedidas ou revogadas nos termos de convênios celebrados e ratificados

Estados, caso seus próprios benefícios não fossem ratificados pelos demais Estados por meio de um convênio do CONFAZ.[23]

Foi assim que a guerra fiscal se generalizou entre os Estados brasileiros, provocando uma desenfreada competição pelo capital liquefeito, com os Estados-Membros instituindo benefícios tributários inconstitucionais, evitando a todo custo o controle de constitucionalidade. Havendo o controle, a modulação dos efeitos feita pelo STF acabava por preservar os efeitos dos benefícios concedidos até a data da declaração de inconstitucionalidade (ou outro termo fixado pelo STF). Não havendo a modulação dos efeitos, ou em qualquer caso, declarado inconstitucional o benefício, os Estados pressionavam o CONFAZ pela convalidação do benefício inconstitucional. Portanto, quando não violada, a LC nº 24/1975 foi utilizada para subverter seu próprio objetivo primário – qual seja, a imposição de consenso entre os Estados, no âmbito do CONFAZ, para concessão de benefícios tributários relativos ao ICMS.

2 A Lei Complementar nº 62/1989 e a omissão legislativa no enfrentamento das desigualdades regionais

No que diz respeito à guerra fiscal, os Estados-Membros menos desenvolvidos têm na concessão desenfreada de benefícios tributários a única forma de fazer frente aos Estados mais desenvolvidos, em especial da Região Sul e Sudeste do país. Na falta de outros mecanismos que pudessem funcionar para reduzir as desigualdades regionais, restam aos Estados mais pobres lançarem mão da guerra fiscal.

Entretanto, os Estados-Membros mais ricos também têm instituído benefícios tributários sobre o ICMS. Por isso, o resultado líquido é a sistemática redução do ICMS em todo o território nacional, prejudicando a todos os Estados-Membros, sem que haja efetiva mitigação das desigualdades regionais. Para além disso, a constante movimentação do capital, que sempre persegue condições mais favoráveis, culmina em ineficiência econômica e no deslocamento improdutivo de mercadorias entre Estados.

Conforme analisado, mesmo antes da Constituição vigente, a LC nº 24/1975 já instituía mecanismo apto a evitar que os Estados-Membros criassem desequilíbrios fiscais, através da imposição de decisão unânime no âmbito do CONFAZ para instituição de benefícios relativos ao ICMS. A possibilidade de concessão de benefícios tributários, por certo, não é causa determinante da guerra fiscal que se instaurou no país, mas apenas um sintoma do desequilíbrio federativo, que impulsiona os Estados a violar a LC nº 24/1975 e que ainda hoje remanesce sem solução.

Enquanto a conjuntura geoeconômica do país favorece principalmente aos Estados da Região Sul e Sudeste (que possuem localização estratégica para logística e comportam o mercado consumidor substancial), os Estados de outras regiões do país (em

pelos Estados e pelo Distrito Federal, segundo esta Lei. (...) Art. 2º – Os convênios a que alude o art. 1º, serão celebrados em reuniões para as quais tenham sido convocados representantes de todos os Estados e do Distrito Federal, sob a presidência de representantes do Governo federal. (...) §2º – A concessão de benefícios dependerá sempre de decisão unânime dos Estados representados; a sua revogação total ou parcial dependerá de aprovação de quatro quintos, pelo menos, dos representantes presentes."

[23] Chantagem fiscal. *Folha de São Paulo*, São Paulo, quinta-feira, 21 jan. 2010. Disponível em: https://www1.folha.uol.com.br/fsp/opiniao/fz2101201002.htm. Acesso em: 13 out. 2023.

especial, aqueles mais distantes do epicentro geoeconômico: o Norte e o Nordeste) não conseguem atrair o capital liquefeito. Por isso, são necessários mecanismos suplementares constitucionais eficazes, capazes de resguardar a autonomia desses entes federados frente ao cenário de disparidade socioeconômica – cujo enfrentamento, repisa-se, é objetivo constitucional.[24]

A matéria das desigualdades regionais mereceu, ainda na Constituição Federal, a previsão de um mecanismo de enfrentamento próprio. O art. 161, II, da CRFB/1988, dispõe que cabe a lei complementar estabelecer normas sobre a entrega dos recursos previstos no art. 159, especialmente sobre os critérios de rateio dos Fundos de Participação dos Estados e do Distrito Federal (FPE) e do Fundo de Participação dos Municípios (FPM), objetivando a promoção do equilíbrio socioeconômico entre Estados e Municípios.[25]

Ao tratar da repartição de receitas da União, o art. 159, I, estabelece a distribuição de 50% do produto da arrecadação dos impostos sobre a renda e proventos de qualquer natureza (IR) e sobre produtos industrializados (IPI), na forma de suas alíneas. A alínea "a" impõe que 21,5% da arrecadação desses impostos será entregue ao Fundo de Participação dos Estados e do Distrito Federal (FPE). Já a alínea "c" determina que três por cento do mesmo montante será destinado ao financiamento do setor produtivo das Regiões Norte, Nordeste e Centro-Oeste, por meio de instituições financeiras de caráter regional, de acordo com os planos regionais de desenvolvimento, sendo que ao semiárido do Nordeste fica assegurado metade dos recursos destinados à Região.[26]

Os critérios de rateio do FPE, no entanto, são um problema ainda não resolvido. Atualmente, a matéria é regulada pela Lei Complementar nº 62, de 28 de dezembro de 1999.[27] Inicialmente, o art. 2º dessa lei complementar determinava que 85% dos recursos do FPE seriam destinados às Unidades da Federação integrantes do Norte, Nordeste e Centro-Oeste, e 15% às demais unidades da federação.[28] No Anexo Único, a mesma Lei Complementar instituiu coeficientes individuais de participação de cada Estado e do Distrito Federal, que deveriam ser aplicados até o exercício de 1991, inclusive.[29] De

---

[24] BRASIL. Constituição da República Federativa do Brasil de 1988. "Art. 3º Constituem objetivos fundamentais da República Federativa do Brasil: (...) III – erradicar a pobreza e a marginalização e reduzir as desigualdades sociais e regionais; (...)".

[25] "Art. 161. Cabe à lei complementar: (...) II – estabelecer normas sobre a entrega dos recursos de que trata o art. 159, especialmente sobre os critérios de rateio dos fundos previstos em seu inciso I, objetivando promover o equilíbrio sócioeconômico entre Estados e entre Municípios; III - dispor sobre o acompanhamento, pelos beneficiários, do cálculo das quotas e da liberação das participações previstas nos arts. 157, 158 e 159. Parágrafo único. O Tribunal de Contas da União efetuará o cálculo das quotas referentes aos fundos de participação a que alude o inciso II".

[26] "Art. 159. A União entregará: I – do produto da arrecadação dos impostos sobre renda e proventos de qualquer natureza e sobre produtos industrializados, 50% (cinquenta por cento), da seguinte forma: a) vinte e um inteiros e cinco décimos por cento ao Fundo de Participação dos Estados e do Distrito Federal; (...) c) três por cento, para aplicação em programas de financiamento ao setor produtivo das Regiões Norte, Nordeste e Centro-Oeste, através de suas instituições financeiras de caráter regional, de acordo com os planos regionais de desenvolvimento, ficando assegurada ao semiárido do Nordeste a metade dos recursos destinados à Região, na forma que a lei estabelecer; (...)".

[27] BRASIL. *Lei Complementar nº 62, de 28 de dezembro de 1989*. Brasília-DF, Presidente da República. Disponível em: https://www.planalto.gov.br/ccivil_03/leis/LCP/Lcp62.htm. Acesso em: 13 out. 2023.

[28] Em sua redação original: "Art. 2º Os recursos do Fundo de Participação dos Estados e do Distrito Federal – FPE serão distribuídos da seguinte forma: I - 85% (oitenta e cinco por cento) às Unidades da Federação integrantes das regiões Norte, Nordeste e Centro-Oeste; II – 15% (quinze por cento) às Unidades da Federação integrantes das regiões Sul e Sudeste".

[29] Em sua redação original: "Art. 2º (...) §1º Os coeficientes individuais de participação dos Estados e do Distrito Federal no Fundo de Participação dos Estados e do Distrito Federal - FPE a serem aplicados até o exercício de

1992 em diante, os critérios de rateio dos recursos do FPE deveriam ser fixados em lei específica, tendo-se em conta parâmetros de população e renda *per capita* atualizados, e obedecendo-se a destinação já mencionada (85% para Norte, Nordeste e Centro-Oeste, 15% para as demais regiões).[30]

No entanto, esses novos critérios nunca foram instituídos, o que fez com que os coeficientes "provisórios" fixados no Anexo Único vigorassem de maneira indeterminada. Assim, a repartição de receitas da União entre os Estados seguiu baseada em coeficientes rígidos e atécnicos, de maneira que o mecanismo constitucional da repartição de receitas teve sua eficácia no enfrentamento das desigualdades socioeconômicas regionais significativamente mitigada.

Em 2012, na ocasião do julgamento da ADI nº 875/DF,[31] o STF declarou a inconstitucionalidade, sem pronúncia da nulidade, dos incisos I e II do art. 2º, dos §§ 1º, 2º e 3º e do Anexo Único da Lei Complementar no 62/1989. Reconheceu-se, no julgamento do mérito, que os coeficientes de participação fixados 20 anos antes não refletiam a realidade socioeconômica do país:

> Não há dúvida, pois, de que a manutenção de coeficientes de participação fixos há mais de vinte anos revela-se em descompasso com o que determina o art. 161, II, da Constituição, uma vez que tais coeficientes – fixados com base na média histórica dos coeficientes aplicados anteriormente à Constituição de 1988, quando a apuração se dava tendo como parâmetro os artigos 88 e seguintes do Código Tributário Nacional – não mais retratam a realidade socioeconômica dos entes federativos.[32]

Na ocasião do julgado, foram confrontados dados referentes à população, ao PIB, ao PIB *per capita* e à Área Territorial dos Estados-Membros, pelo que se constatou que os critérios de rateio em vigor eram de fato antiquados e geravam severas distorções. Concluiu-se que, de acordo com a evolução histórica dos indicadores, as regiões Centro-Oeste e Sul deveriam receber menos recursos, posto que cresceram mais rápido que o restante do país. Em sentido inverso, o Nordeste deveria ter recebido mais verbas.[33]

A declaração de inconstitucionalidade, no entanto, foi feita sem pronúncia da nulidade, assegurando-se a aplicação dos dispositivos declarados inconstitucionais até 31 de dezembro 2012.[34] Findo o prazo, o Congresso Nacional ainda não havia editado

---

1991, inclusive, são os constantes do Anexo Único, que é parte integrante desta Lei Complementar".

30 Em sua redação original: "Art. 2º (...) §2º Os critérios de rateio do Fundo de Participação dos Estados e do Distrito Federal, a vigorarem a partir de 1992, serão fixados em lei específica, com base na apuração do censo de 1990. §3º Até que sejam definidos os critérios a que se refere o parágrafo anterior, continuarão em vigor os coeficientes estabelecidos nesta Lei Complementar".

31 SUPREMO TRIBUNAL FEDERAL. *ADI nº 875 / DF*. Tribunal Pleno. Relator(a): Min. Gilmar Mendes. Julgamento: 24.02.2010. Publicação: 30.04.2010. Disponível em: https://redir.stf.jus.br/paginadorpub/paginador.jsp?docTP=AC&docID=610258. Acesso em: 13 out. 2023.

32 *Op. cit.*, p. 35.

33 *Op. cit.*, p. 38.

34 *Op. cit.*, p. 1: "EMENTA: Ações Diretas de Inconstitucionalidade (ADI nº 875/DF, ADI nº 1.987/DF, ADI nº 2.727/DF e ADI nº 3.243/DF). Fungibilidade entre as ações diretas de inconstitucionalidade por ação e por omissão. Fundo de Participação dos Estados – FPE (art. 161, inciso II, da Constituição). Lei Complementar nº 62/1989. Omissão inconstitucional de caráter parcial. Descumprimento do mandamento constitucional constante do art. 161, II, da Constituição, segundo o qual lei complementar deve estabelecer os critérios de rateio do Fundo de Participação dos Estados, com a finalidade de promover o equilíbrio socioeconômico entre os entes federativos.

nova legislação sobre os critérios de rateio do FPE. Foi então ajuizada a ADO nº 23, pelos Governadores da Bahia, do Maranhão, de Minas Gerais e de Pernambuco, na qual, em decisão monocrática, o Relator Min. Dias Toffoli concedeu, em caráter cautelar, a manutenção dos repasses do FPE conforme os critérios anteriormente vigentes, por mais 150 dias ou até que se tivesse nova disciplina jurídica a respeito.[35]

Tal disciplina se deu somente com a Lei Complementar nº 143/2013.[36] Essa lei complementar prorrogou a aplicação da regra declarada inconstitucional pelo STF até 31 de dezembro de 2015,[37] e estabeleceu critérios de rateio semelhantes aos que vigoravam antes da vigência da Lei Complementar nº 62/1989 – à época, previstos nos artigos 88 e seguintes da Lei nº 5.172, de 25 de outubro de 1966 (Código Tributário Nacional).[38]

Os novos critérios têm em conta o *fator representativo da população* e o *fator representativo do inverso da renda per capita*. O problema é que esses critérios, implementados na nova redação do art. 2º, III, da Lei Complementar nº 62/1989,[39] incidem somente sobre a parcela que superar o montante previsto no inciso II do mesmo artigo, correspondente ao valor distribuído no decêndio do exercício de 2015, corrigido pelo IPCA e pelo percentual equivalente a 75% (setenta e cinco por cento) da variação real do Produto Interno Bruto nacional do ano anterior.[40]

Ações julgadas procedentes para declarar a inconstitucionalidade, sem a pronúncia da nulidade, do art. 2º, incisos I e II, §§1º, 2º e 3º, e do Anexo Único, da Lei Complementar nº 62/1989, assegurada a sua aplicação até 31 de dezembro de 2012".

35 SUPREMO TRIBUNAL FEDERAL. *ADO nº 23/DF* (Decisão Monocrática de 204/01/2013). Relator(a): Min. Dias Toffoli. Julgamento: 24.01.2013. Publicação: 31.01.2013. Disponível em: https://portal.stf.jus.br/processos/downloadPeca.asp?id=123586128&ext=.pdf. Acesso em: 13 out. 2023.

36 BRASIL. *Lei Complementar nº 143, de 17 de julho de 2013*. Brasília-DF, Presidenta da República. Disponível em: https://www.planalto.gov.br/ccivil_03/leis/lcp/lcp143.htm. Acesso em: 13 out. 2023.

37 "Art. 1º O art. 2º da Lei Complementar no 62, de 28 de dezembro de 1989, passa a vigorar com a seguinte redação: "Art. 2º Os recursos do Fundo de Participação dos Estados e do Distrito Federal (FPE), observado o disposto no art. 4o, serão entregues da seguinte forma: I - os coeficientes individuais de participação dos Estados e do Distrito Federal no FPE a serem aplicados até 31 de dezembro de 2015 são os constantes do Anexo Único desta Lei Complementar; (...)".

38 BRASIL. *Lei nº 5.172, de 25 de outubro de 1966 (Código Tributário Nacional)*. Brasília-DF, Presidente da República. Disponível em: https://www2.camara.leg.br/legin/fed/lei/1960-1969/lei-5172-25-outubro-1966-358971-publicacaooriginal-1-pl.html. Acesso em: 13 out. 2023. "Art. 88. O Fundo de Participação dos Estados e do Distrito Federal, a que se refere o artigo 86, será distribuído da seguinte forma: I – 5% (cinco por cento), proporcionalmente à superfície de cada entidade participante; II – 95% (noventa e cinco por cento), proporcionalmente ao coeficiente individual de participação, resultante do produto do fator representativo da população pelo fator representativo do inverso da renda per capita , de cada entidade participante, como definidos nos artigos seguintes. Parágrafo único. Para os efeitos do disposto neste artigo, consideram-se: I – a superfície territorial apurada e a população estimada, quanto à cada entidade participante, pelo Instituto Brasileiro de Geografia e Estatística; II – a renda per capita , relativa a cada entidade participante, no último ano para o qual existam estimativas efetuadas pela Fundação 'Getúlio Vargas'".

39 BRASIL. *Lei Complementar nº 62, de 28 de dezembro de 1989*. "Art. 2º Os recursos do Fundo de Participação dos Estados e do Distrito Federal (FPE), observado o disposto no art. 4º, serão entregues da seguinte forma: III – também a partir de 1º de janeiro de 2016, a parcela que superar o montante especificado no inciso II – será distribuída proporcionalmente a coeficientes individuais de participação obtidos a partir da combinação de fatores representativos da população e do inverso da renda domiciliar per capita da entidade beneficiária, assim definidos: a) o fator representativo da população corresponderá à participação relativa da população da entidade beneficiária na população do País, observados os limites superior e inferior de, respectivamente, 0,07 (sete centésimos) e 0,012 (doze milésimos), que incidirão uma única vez nos cálculos requeridos; b) o fator representativo do inverso da renda domiciliar per capita corresponderá à participação relativa do inverso da renda domiciliar per capita da entidade beneficiária na soma dos inversos da renda domiciliar per capita de todas as entidades. (...)".

40 "Art. 2º (...) II – a partir de 1o de janeiro de 2016, cada entidade beneficiária receberá valor igual ao que foi distribuído no correspondente decêndio do exercício de 2015, corrigido pela variação acumulada do Índice

Colocando de outro modo, a cada transferência do FPE, consideram-se duas quantias: a primeira é o *valor corrigido*, que corresponde ao valor corrigido do montante distribuído no decêndio do exercício de 2015, a partir da variação acumulada do IPCA no período e da variação real do PIB no ano anterior ao da base de cálculo. A segunda é o *montante a ser distribuído*, ou seja, 21,5% do produto da arrecadação do IR e do IPI no decêndio anterior ao da distribuição.[41]

A regra instituída pela Lei Complementar nº 143/2013 pode ser sintetizada da seguinte maneira:

a) se o *montante a ser distribuído* é superior ao *valor corrigido*, aplica-se sobre a diferença entre essas quantias os novos critérios. Sobre o *valor corrigido*, são então aplicados os critérios julgados inconstitucionais pelo STF, na ocasião do julgamento da ADI nº 875/DF;
b) se o *montante a ser distribuído* é igual ou inferir ao *valor corrigido*, aplica-se apenas o critério declarado inconstitucional.[42]

Assim, a resposta do Congresso Nacional, consubstanciada na Lei Complementar nº 143/2013, consistiu em manter a aplicação dos critérios declarados inconstitucionais como regra-padrão, restringindo a incidência dos novos critérios às ocasiões em que o *montante a ser distribuído* seja superior ao *valor corrigido* – hipótese em que os novos critérios incidiriam somente sobre a diferença entre esses valores.[43]

Em resposta a isso, em 25 de novembro de 2013, o Governador de Alagoas ajuizou nova ADI, contra a nova redação dos artigos 2º, I, II e III, primeira parte, e §2º, incluindo também o Anexo Único, que já havia sido declarado inconstitucional na ocasião da ADI nº 875/DF. No julgamento da ADI nº 5.069/DF, no mês de junho de 2023, o voto vencedor da Relatora Min. Cármen Lúcia consignou o seguinte:

> Não se pode admitir, entretanto, a manutenção dissimulada de sistemática de rateio cuja inconstitucionalidade tinha sido declarada por este Supremo Tribunal, que decidiu que os índices fixados no Anexo Único da Lei Complementar n. 62/1989 estavam defasados em 2010 e não eram aptos a promover a justa distribuição de recursos em conformidade com as disposições constitucionais sobre a matéria.
> Mantidas as normas introduzidas pela Lei Complementar n. 143/2013, grande parte dos recursos do Fundo de Participação dos Estados e do Distrito Federal continuaria a ser

---

Nacional de Preços ao Consumidor Amplo (IPCA) ou outro que vier a substituí-lo e pelo percentual equivalente a 75% (setenta e cinco por cento) da variação real do Produto Interno Bruto nacional do ano anterior ao ano considerado para base de cálculo;".

41 MINISTÉRIO DA FAZENDA – Secretaria do Tesouro Nacional (STN). *O que você precisa saber sobre as transferências fiscais da* União: Fundo de Participação dos Estados e do Distrito Federal -FPE. Brasília-DF, março de 2023. Disponível em: https://cdn.tesouro.gov.br/sistemasinternos/apex/producao/sistemas/thot/arquivos/publicacoes/28549_909191/anexos/6379_227182/Cartilha%20FPE.pdf?v=4489:inline. Acesso em: 13 out. 2023.

42 BRASIL. *Lei Complementar nº 62, de 28 de dezembro de 1989*. "Art. 2º (...) §2º Caso a soma dos valores a serem distribuídos, nos termos do inciso II do caput, seja igual ou superior ao montante a ser distribuído, a partilha dos recursos será feita exclusivamente de acordo com o referido inciso, ajustando-se proporcionalmente os valores".

43 Cf. GODOI, Marciano Seabra. Nova legislação do Fundo de Participação dos Estados (LC 143/2013): a curiosa resposta do Congresso Nacional às determinações do Supremo Tribunal Federal. *In*: DERZI, Misabel Abre Machado; BATISTA JÚNIOR, Onofre Alves; MOREIRA, André Mendes (Org.). *Estado Federal e tributação*: das origens à crise atual. Belo Horizonte: Arraes Editores, 2015.

rateada, por longo período, com base em coeficientes fixos, sistemática invalidada por este Supremo Tribunal no julgamento das Ações Diretas de Inconstitucionalidade n. 875, 1.987, 2.727 e 3.243.[44]

Sob esses fundamentos, foi reconhecida a inconstitucionalidade da nova redação dos incisos II e III e do §2º do art. 2º da Lei Complementar nº 62/1989, implementada pela Lei Complementar nº 143/2013. Novamente, não houve pronúncia de nulidade, de maneira que as disposições inconstitucionais seguirão sendo aplicadas "até 31.12.2022 ou até a superveniência de nova legislação sobre a matéria".[45]

Dessa forma, a repartição de receitas da União tem utilizado (e seguirá utilizando, até que sobrevenha nova legislação) os critérios rígidos e atécnicos estabelecidos a partir da conjuntura política e histórica do país em 1989, gerando significativas distorções que prejudicam, sobretudo, os Estados-Membros que mais necessitam dessas verbas para exercer sua autonomia e desiderato social.

A Constituição da República Federativa do Brasil de 1988 tem, na repartição de receitas da União, seu principal mecanismo de proteção à autonomia dos Estados-Membros mais pobres. Não é exagero dizer que os Estados do Norte e do Nordeste são absolutamente dependentes dessas verbas para proteção de sua autonomia e exercício de se desiderato social. Mesmo assim, pode-se questionar, até mesmo, se tal mecanismo seria *suficiente* à concretização do objetivo constitucional de enfrentamento das desigualdades regionais, mesmo que o rateio se desse de maneira adequada.

Frente à reiterada omissão do Congresso Nacional quanto à implementação de critérios adequados para rateio dos recursos do Fundo de Participação dos Estados e do Distrito Federal, a guerra fiscal (e seu progressivo agravamento) é o resultado esperado. Sem meios de resguardar sua autonomia e realizar seu desiderato social, os Estados mais pobres não tiveram e não têm alternativa senão o uso autofágico do mecanismo de concessão desregrada de benefícios tributários inconstitucionais, em uma vã tentativa de atrair o capital liquefeito. É assim que a fragilidade do pacto federativo no Brasil, cujo Congresso Nacional se manteve omisso ao objetivo de enfrentamento às desigualdades regionais, permitiu e permite a instauração e o progressivo agravamento do cenário de guerra fiscal.

Conforme já analisado, as concessões de benefícios pelos Estados mais pobres à revelia do CONFAZ tiveram como resposta a perpetuação do mesmo comportamento por parte dos demais Estados, o que não só evitou que os Estados mais pobres se beneficiassem da medida, como prejudicou substancialmente a arrecadação do ICMS em todo o território nacional.

---

[44] SUPREMO TRIBUNAL FEDERAL. *ADI nº 5069 / DF*. Tribunal Pleno. Relatora: Min. Cármen Lúcia. Julgamento: 19.06/.023. Publicação: 30.06.2023. p. 19. Disponível em: https://portal.stf.jus.br/processos/downloadPeca.asp?id=15359322188&ext=.pdf. Acesso em: 13 out. 2023.

[45] *Op. cit.*, p. 22: "15. Pelo exposto, julgo parcialmente prejudicada a ação direta quanto ao inc. I do art. 2º da Lei Complementar n. 62/1989, alterado pela Lei Complementar n. 143/2013, e ao Anexo Único da Lei Complementar n. 62/1989 e, na parte remanescente, julgo procedente o pedido para reconhecer a inconstitucionalidade dos incs. II e III e do §2º do art. 2º da Lei Complementar n. 62/1989, alterados pela Lei Complementar n. 143/2013, sem pronúncia de nulidade, mantendo-se a aplicação desses dispositivos legais até 31.12.2022 ou até a superveniência de nova legislação sobre a matéria".

A solução do problema perpassa pelo papel atribuído à Lei Complementar no atual desenho constitucional. Nesse sentido, conforme analisa Gustavo Carvalho Chehab,

> A lei complementar prevista na Constituição Federal de 1988 teve origem na Lei Orgânica francesa. Manoel Gonçalves Ferreira Filho (2007, p. 247), citando Vedel, assinala que a expressão "loi organique" (lei orgânica) foi "empregada no Direito francês, desde 1875, para 'designar as leis relativas à organização dos poderes públicos'" (...).[46] (grifos nossos).

A concepção da lei complementar como aquela relativa à organização dos poderes públicos, embora não esgote o papel da lei complementar na tradição brasileira, é sem dúvidas a mais adequada à compreensão do art. 161, inciso II, da CRFB/1988. Os critérios de rateio do FPE, que devem ser definidos de modo a "promover o equilíbrio socioeconômico entre Estados e entre Municípios", constituem forma de organização dos Estados em prol da concretização do objetivo constitucional de combate às desigualdades regionais.[47]

A dificuldade que se coloca, ao que se evidencia, é a formação de um *quórum* especial das leis complementares (maioria absoluta)[48] para defender os interesses de uma minoria social e populacional do país – ainda que essa seja a determinação constitucional. Na atual constituição da Câmara dos Deputados, mesmo abrangendo cerca de 59% dos entes federados representados, as Regiões Norte e Nordeste representam somente 40% dos deputados votantes, dado que o critério estabelecido para fixação do número de deputados – estabelecido pela Lei Complementar nº 78, de 30 de dezembro de 1993 – garante maior representatividade nessa casa legislativa aos Estados mais populosos.[49]

Tendo-se em conta o cenário de redução da arrecadação do ICMS em decorrência da guerra fiscal, é de se esperar que os representantes das Regiões Sul e Sudeste apresentem resistência a votar em favor de critérios de rateio que diminuam os repasses do FPE a suas regiões. Em todo caso, somente a edição de Lei Complementar que institua critérios adequados de rateio dos recursos do FPE poderá sanar a causa primeira da guerra fiscal – a ineficiência do Brasil no enfrentamento das desigualdades regionais.

---

[46] CHEHAB, Gustavo Carvalho. A lei complementar no direito brasileiro. *Revista de Informação Legislativa*, Brasília, a. 49, n. 193, p. 2, jan./mar. 2012. Disponível em: https://www2.senado.leg.br/bdsf/bitstream/handle/id/496567/000940658.pdf?sequence=1&isAllowed=y. Acesso em: 13 out. 2023.

[47] BRASIL. *Constituição da República Federativa do Brasil de 1988*. "Art. 161. Cabe à lei complementar: (...) II – estabelecer normas sobre a entrega dos recursos de que trata o art. 159, especialmente sobre os critérios de rateio dos fundos previstos em seu inciso I, objetivando promover o equilíbrio sócioeconômico entre Estados e entre Municípios; (...)".

[48] "Art. 69. As leis complementares serão aprovadas por maioria absoluta".

[49] BRASIL. *Lei Complementar nº 78, de 30 de dezembro de 1993*. Brasília-DF, Presidente da República. Disponível em: https://www.planalto.gov.br/ccivil_03/LEIS/LCP/Lcp78.htm. Acesso em: 14 out. 2023. "Art. 1º Proporcional à população dos Estados e do Distrito Federal, o número de deputados federais não ultrapassará quinhentos e treze representantes, fornecida, pela Fundação Instituto Brasileiro de Geografia e Estatística, no ano anterior às eleições, a atualização estatística demográfica das unidades da Federação. Parágrafo único. Feitos os cálculos da representação dos Estados e do Distrito Federal, o Tribunal Superior Eleitoral fornecerá aos Tribunais Regionais Eleitorais e aos partidos políticos o número de vagas a serem disputadas. Art. 2º Nenhum dos Estados membros da Federação terá menos de oito deputados federais. Parágrafo único. Cada Território Federal será representado por quatro deputados federais. Art. 3º O Estado mais populoso será representado por setenta deputados federais. (...)".

3 O papel da lei complementar na prevenção de desequilíbrios da concorrência

A análise feita até o momento, concernente aos impactos da concessão desregrada de benefícios tributários relativos ao ICMS, tem ainda uma outra face: a dos impactos na livre concorrência. A Constituição Federal também cuidou dessa matéria de maneira explícita. Em primeiro, ao vedar o tratamento desigual a contribuintes em situação equivalente.[50] Em segundo, ao estabelecer a possibilidade de criação de critérios especiais de tributação, com o objetivo de favorecer às microempresas e empresas de pequeno porte.[51] Em terceiro, ao estabelecer a possibilidade de criação de critérios especiais de tributação, com o objetivo de prevenir desequilíbrios da concorrência.[52] Essas duas últimas disposições foram incluídas pela Emenda Complementar nº 42, de 19 de dezembro de 2003,[53] e em ambos os casos, a implementação deve ser feita através de lei complementar.

A vedação do tratamento desigual a contribuintes em situação equivalente decorre do chamado *princípio da neutralidade,* que por sua vez, é decorrência direta do princípio da livre concorrência. O princípio da neutralidade dispõe que o Estado deve ter postura neutra e imparcial em relação aos agentes econômicos em competição no mercado, abstendo-se de causar desequilíbrios na concorrência.[54]

A exceção ao tratamento desigual é o tratamento favorecido às microempresas e empresas de pequeno porte. O tratamento mais favorável justifica-se pelo intuito de aumentar comparativamente o poder de mercado desses agentes econômicos "menores", evitando a concentração do poder nas grandes empresas. Sob essa perspectiva, é sabido que o poder econômico tem "a capacidade de aumentar preços, ou reduzir aspectos concorrenciais não ligados diretamente ao preço, de modo lucrativo, acima dos níveis de competição do mercado, em montantes não triviais, e por um período extenso de tempo".[55]

Por fim, a criação de critérios especiais de tributação, com o objetivo de prevenir desequilíbrios da concorrência também decorre do *princípio da neutralidade.* Nesse sentido, Ricardo Seibel de Freitas Lima aduz que a prevenção de desequilíbrios da concorrência

---

[50] BRASIL. *Constituição da República Federativa do Brasil de 1988.* "Art. 150. Sem prejuízo de outras garantias asseguradas ao contribuinte, é vedado à União, aos Estados, ao Distrito Federal e aos Municípios: (...) I – instituir tratamento desigual entre contribuintes que se encontrem em situação equivalente, proibida qualquer distinção em razão de ocupação profissional ou função por eles exercida, independentemente da denominação jurídica dos rendimentos, títulos ou direitos;".

[51] "Art. 146. Cabe à lei complementar: (...) III – estabelecer normas gerais em matéria de legislação tributária, especialmente sobre: (...) d) definição de tratamento diferenciado e favorecido para as microempresas e para as empresas de pequeno porte, inclusive regimes especiais ou simplificados no caso do imposto previsto no art. 155, II, das contribuições previstas no art. 195, I e §§12 e 13, e da contribuição a que se refere o art. 239. (...) ".

[52] "Art. 146-A. Lei complementar poderá estabelecer critérios especiais de tributação, com o objetivo de prevenir desequilíbrios da concorrência, sem prejuízo da competência de a União, por lei, estabelecer normas de igual objetivo".

[53] BRASIL. *Emenda Constitucional nº 42, de 19 de dezembro de 2003*. Brasília-DF, Congresso Nacional. Disponível em: https://www.planalto.gov.br/ccivil_03/constituicao/Emendas/Emc/emc42.htm#art1. Acesso em: 14 out. 2023.

[54] Cf. MOREIRA, André Mendes. Neutralidade, valor acrescido e tributação. Belo Horizonte: Fórum, 2019. p. 29.

[55] Cf. FONSECA, Rodrigo Garcia da. O poder econômico no mercado e o seu controle na legislação antitruste. Revista de Informação Legislativa, Brasília, a. 41, n. 164, p. 107, out./dez. 2004. Disponível em: https://www2.senado.leg.br/bdsf/bitstream/handle/id/1010/R16407.pdf?sequence=4&isAllowed=y. Acesso em: 14 out. 2023.

constitui *dever positivo* decorrente do princípio da neutralidade, enquanto a vedação do tratamento desigual a contribuintes em situação equivalente consubstanciaria *dever negativo* decorrente do mesmo princípio.[56]

A concessão de benefícios fiscais referentes ao ICMS gera reflexos nocivos ao mercado e à livre concorrência, pois favorece os agentes econômicos de maior porte em prejuízo das microempresas e empresas de pequeno porte. Em primeiro, porque a inconstitucionalidade e informalidade que caracterizam os benefícios concedidos conduzem a um cenário de insegurança e complexificação jurídica. Nesse sentido, os contribuintes do imposto não conseguem prever se o benefício será declarado inconstitucional – e sendo esse o caso, se terá sua nulidade declarada.[57] Essa insegurança jurídica favorece aos maiores agentes econômicos, que são capazes de usufruir dos benefícios e criar provisões com base no riscos de posterior declaração de inconstitucionalidade, enquanto as microempresas e empresas de pequeno porte não gozam das mesmas condições. Além disso, não é segredo que o Sistema Tributário Nacional brasileiro é extremamente complexo, dificultando o acesso efetivo à informação por parte dos contribuintes de menor porte, que raramente dispõem de consultoria jurídica adequada para tanto.

Em segundo, porque essas concessões, ao contrário do Sistema Tributário de Referência, não se baseiam no princípio da capacidade econômica, mas são indiferentes aos preceitos de justiça distributiva – com exceção daquelas que realizam o dever positivo decorrente do princípio da neutralidade, qual seja, de promover tratamento privilegiado aos agentes econômicos de menor porte. Isso promove maior concentração do poder econômico, com um aumento na disparidade das condições de competição no mercado. Nesse sentido, a Portaria-TCU nº 174/2022 analisa o seguinte:

> Uma das desvantagens dos benefícios tributários citada pela literatura é o fato de eles normalmente beneficiarem os estratos mais altos da sociedade. Uma vez que são os contribuintes de maior renda que normalmente arcam com um valor maior de tributos (dentro do princípio da progressividade), a instituição de benefícios que reduzam a obrigação de pagar tributos irá beneficiar mais esses contribuintes. Segundo Howard (1997, p.18), "a grande maioria dos gastos tributários beneficiam indivíduos bem acima da linha da pobreza". Para Brown (2003, p.51) o "principal critério do desenho do benchmark deveria representar um tratamento tributário consistente entre atividades ou classes de contribuintes similares".[58]

Em terceiro, porque os benefícios fiscais no âmbito do ICMS visam atender os interesses dos maiores agentes econômicos. Não é demais lembrar, ainda a esse ponto, o que se analisou desde o princípio: a concessão dos benefícios fiscais de ICMS pelos Estados-Membros, no contexto de guerra fiscal, visa atrair o interesse do grande capital. São esses agentes que possuem capacidade de influência política para constranger os

---

[56] Cf. LIMA, Ricardo Seibel de Freitas. *Livre concorrência e o dever de neutralidade tributária*. 2005. Dissertação (Mestrado em Direito) – Programa de Pós-Graduação em Direito da Universidade Federal do Rio Grande do Sul, Porto Alegre, 2005.

[57] Cf. MUZZI FILHO, Carlos Victor; BATISTA JÚNIOR, Onofre Alves. A Guerra Fiscal do ICMS e os Critérios Especiais de Tributação para Prevenir Desequilíbrios da Concorrência. Revista dialética de direito tributário, São Paulo, v. 33, p. 51-62, 2015.

[58] TRIBUNAL DE CONTAS DA UNIÃO. *Portaria TCU nº 174, de 24 de novembro de 2022*, p. 32.

Estados-Membros (em especial, os mais pobres) a conceder benefícios. Nessa linha, Rodrigo Garcia da Fonseca analisa o seguinte:

> Uma observação adicional é importante. A experiência demonstra que o poder econômico resulta normalmente não só em acúmulo crescente de recursos financeiros, como também em forte capacidade de influência política na região em que atua (ou quer atuar) o agente poderoso, interferindo na própria atividade normativa e reguladora do Estado. Essa situação tende a perpetuar o poder econômico nos mesmos setores sociais e cria riscos sérios para a democracia.[59]

Cumpre salientar que o interesse do grande capital não reside no benefício fiscal *per se*, mas sim no ganho de poder econômico dele decorrente. A título de exemplo, em um mercado altamente competitivo, a concessão equânime de benefícios fiscais poderia ser revertida em queda de preços, sem qualquer proveito prático para o agente ou impactos na distribuição do poder econômico, gerando benefícios apenas aos consumidores. O que interessa ao grande capital é justamente a captura de um poder econômico ainda maior, que possibilite uma lucratividade acima dos níveis normais do mercado.

Assim, verifica-se que a concessão de benefícios fiscais relativos ao ICMS no contexto de guerra fiscal tem causado severos danos à livre concorrência, através da concentração do poder econômico nas grandes empresas. Essas concessões violam os deveres *negativos* e *positivos* decorrentes do princípio da neutralidade (respectivamente, a vedação do tratamento desigual e a prevenção de desequilíbrios da concorrência), posto que instituem tratamento privilegiado aos grandes agentes econômicos, de maneira desigual, gerando distorções. É também violada, assim, a previsão constitucional de tratamento privilegiado às microempresas e empresas de pequeno porte – que na prática, não são beneficiadas pelos incentivos fiscais.

A efetiva solução do problema remete à necessidade de instituição de mecanismos eficazes no enfrentamento das desigualdades regionais (em especial, de critérios de rateio adequado dos repasses do FPE) e ao reestabelecimento de um equilíbrio federativo, por iniciativa dos Estados-Membros ou sob intervenção da União.

Conclusão

No presente estudo, analisou-se que as leis complementares desempenham papel fundamental no que concerne ao Imposto sobre Operações Relativas à Circulação de Mercadorias e Prestação de Serviços. Avaliou-se, no âmbito da guerra fiscal, como funcionou a Lei Complementar nº 24/1975, que institui a obrigatoriedade de decisão unânime dos Estados-Membros no âmbito dos convênios do CONFAZ para criação de benefícios fiscais. Constatou-se que o referido diploma tem sido sistematicamente violado.

Quanto ao tópico do enfrentamento das desigualdades regionais, analisou-se que o mecanismo constitucionalmente previsto para resguardar a autonomia dos Estados-Membros mais pobres – a repartição de receitas da União – tem sido ineficaz. Isso se deve ao fato de que, devido à reiterada omissão do Congresso Nacional, os repasses do

---

[59] Cf. FONSECA, Rodrigo Garcia da. *O poder econômico no mercado e o seu controle na legislação antitruste*, p. 107.

FPE têm se dado com base em critérios inadequados, não condizentes com a realidade socioeconômica das regiões do país.

Por fim, foram investigados os impactos da guerra fiscal do ICMS na livre concorrência. Sobre a matéria, concluiu-se que os benefícios têm gerado distorções de mercado, que favorecem o aumento da concentração de poder econômico nas grandes empresas, gerando prejuízos à concorrência.

No curto prazo, foi proposta como solução a instituição de Lei Complementar que estabeleça critérios especiais de tributação aptos a prevenir desequilíbrios da concorrência, nos termos do art. 146-A da Constituição Federal. No entanto, restou demonstrado que o efetivo enfrentamento dos problemas analisados perpassa pela edição de lei complementar que institua critérios adequados de repasse dos recursos do FPE, bem como pelo reestabelecimento do equilíbrio federativo entre as unidades federadas.

Referências

BATISTA JÚNIOR, Onofre Alves. *Manual de Direito Tributário*. Belo Horizonte: Casa do Direito, 2023.

BATISTA JÚNIOR, Onofre Alves. *O Outro Leviatã e a Corrida ao Fundo do Poço*. São Paulo: Almedina, 2014.

BATISTA JÚNIOR, Onofre Alves. Por que a guerra fiscal? Os desafios do Estado na modernidade líquida. *Revista Brasileira de Estudos Políticos*, v. 102, p. 305-341, 2011. Disponível em: https://pos.direito.ufmg.br/rbep/index.php/rbep/article/view/135/130. Acesso em: 14 out. 2023.

BAUMAN, Zigmund. *Modernidade líquida*. Rio de Janeiro: Zahar, 2001.

BRASIL. *Constituição da República Federativa do Brasil de 1988*. Brasília, DF: Presidente da República. Disponível em: https://www.planalto.gov.br/ccivil_03/constituicao/constituicao.htm. Acesso em: 11 out. 2023.

BRASIL. *Emenda Constitucional nº 42, de 19 de dezembro de 2003*. Brasília-DF, Congresso Nacional. Disponível em: https://www.planalto.gov.br/ccivil_03/constituicao/Emendas/Emc/emc42.htm#art1. Acesso em: 14 out. 2023.

BRASIL. *Lei Complementar nº 24, de 07 de Janeiro de 1975*. Brasília, DF: Presidente da República. Disponível em: https://www.planalto.gov.br/ccivil_03/leis/lcp/lcp24.htm#:~:text=LEI%20COMPLEMENTAR%20N%C2%BA%2024%2C%20DE,mercadorias%2C%20e%20d%C3%A1%20outras%20provid%C3%AAncias. Acesso em: 13 out. 2023.

BRASIL. *Lei Complementar nº 143, de 17 de julho de 2013*. Brasília-DF, Presidenta da República. Disponível em: https://www.planalto.gov.br/ccivil_03/leis/lcp/lcp143.htm. Acesso em: 13 out. 2023.

BRASIL. *Lei Complementar nº 62, de 28 de dezembro de 1989*. Brasília-DF, Presidente da República. Disponível em: https://www.planalto.gov.br/ccivil_03/leis/LCP/Lcp62.htm. Acesso em: 13 out. 2023.

BRASIL. *Lei Complementar nº 78, de 30 de dezembro de 1993*. Brasília-DF, Presidente da República. Disponível em: https://www.planalto.gov.br/ccivil_03/LEIS/LCP/Lcp78.htm. Acesso em: 14 out. 2023.

BRASIL. *Lei nº 5.172, de 25 de outubro de 1966 (Código Tributário Nacional)*. Brasília-DF, Presidente da República. Disponível em: https://www2.camara.leg.br/legin/fed/lei/1960-1969/lei-5172-25-outubro-1966-358971-publicacaooriginal-1-pl.html. Acesso em: 13 out. 2023.

BRASIL. *Lei nº 9.868, de 10 de novembro de 1999*. Brasília-DF, Presidente da República. Disponível em: https://www.planalto.gov.br/ccivil_03/leis/l9868.htm. Acesso em: 13 out. 2023.

BRASIL. SECRETARIA DA RECEITA FEDERAL DO BRASIL. *Gasto tributário* – Conceito e Critérios de Classificação. Brasília-DF: SRFB, 2020a. Disponível em: https://www.gov.br/receitafederal/ptbr/centraisdeconteudo/publicacoes/relatorios/renuncia/gastostributariosbasesefetivas/sistematributariodereferenciastrv102.pdf/@@download/file. Acesso em: 11 out. 2023.

Chantagem fiscal. *Folha de São Paulo*, São Paulo, quinta-feira, 21 jan. 2010. Disponível em: https://www1.folha.uol.com.br/fsp/opiniao/fz2101201002.htm. Acesso em: 13 out. 2023.

CHEHAB, Gustavo Carvalho. A lei complementar no direito brasileiro. *Revista de Informação Legislativa*, Brasília, a. 49, n. 193, p. 191-203, jan./mar. 2012. Disponível em: https://www2.senado.leg.br/bdsf/bitstream/handle/id/496567/000940658.pdf?sequence=1&isAllowed=y. Acesso em: 13 out. 2023.

ESTADO DE MINAS GERAIS. *Lei Estadual nº 20.824, de 31 de julho de 2013*. Belo Horizonte/MG, Assembleia Legislativa de Minas Gerais. Disponível em: https://www.almg.gov.br/legislacao-mineira/LEI/20824/2013/. Acesso em: 14 out. 2023.

ESTADO DE MINAS GERAIS. *Lei Estadual nº 6.763, de 26 de dezembro de 1975*. Belo Horizonte/MG, Assembleia Legislativa de Minas Gerais. Disponível em: https://www.almg.gov.br/legislacao-mineira/texto/LEI/6763/1975/?cons=1. Acesso em: 14 out. 2023.

FONSECA, Rodrigo Garcia da. O poder econômico no mercado e o seu controle na legislação antitruste. *Revista de Informação Legislativa*, Brasília, a. 41, n. 164, out./dez. 2004. Disponível em: https://www2.senado.leg.br/bdsf/bitstream/handle/id/1010/R16407.pdf?sequence=4&isAllowed=y. Acesso em: 14 out. 2023.

GODOI, Marciano Seabra. Nova legislação do Fundo de Participação dos Estados (LC 143/2013): a curiosa resposta do Congresso Nacional às determinações do Supremo Tribunal Federal. *In*: DERZI, Misabel Abre Machado; BATISTA JÚNIOR, Onofre Alves; MOREIRA, André Mendes (Org.). *Estado Federal e tributação*: das origens à crise atual. Belo Horizonte: Arraes Editores, 2015.

LIMA, Ricardo Seibel de Freitas. *Livre concorrência e o dever de neutralidade tributária*. 2005. Dissertação (Mestrado em Direito) – Programa de Pós-Graduação em Direito da Universidade Federal do Rio Grande do Sul, Porto Alegre, 2005.

MINISTÉRIO DA FAZENDA – Secretaria do Tesouro Nacional (STN). *O que você precisa saber sobre as transferências fiscais da* União: Fundo de Participação dos Estados e do Distrito Federal -FPE. Brasília-DF, março de 2023. Disponível em: https://cdn.tesouro.gov.br/sistemasinternos/apex/producao/sistemas/thot/arquivos/publicacoes/28549_909191/anexos/6379_227182/Cartilha%20FPE.pdf?v=4489:inline. Acesso em: 13 out. 2023.

MOREIRA, André Mendes. *Neutralidade, valor acrescido e tributação*. Belo Horizonte: Fórum, 2019.

MUZZI FILHO, Carlos Victor; BATISTA JÚNIOR, Onofre Alves. A Guerra Fiscal do ICMS e os Critérios Especiais de Tributação para Prevenir Desequilíbrios da Concorrência. *Revista dialética de direito tributário*, São Paulo, v. 33, p. 51-62, 2015.

SUPREMO TRIBUNAL FEDERAL. *ADI nº 5069 / DF*. Tribunal Pleno. Relatora: Min. Cármen Lúcia. Julgamento: 19.06/.023. Publicação: 30.06.2023. Disponível em: https://portal.stf.jus.br/processos/downloadPeca.asp?id=15359322188&ext=.pdf. Acesso em: 13 out. 2023.

SUPREMO TRIBUNAL FEDERAL. *ADI nº 875 / DF*. Tribunal Pleno. Relator(a): Min. Gilmar Mendes. Julgamento: 24.02.2010. Publicação: 30.04.2010. Disponível em: https://redir.stf.jus.br/paginadorpub/paginador.jsp?docTP=AC&docID=610258. Acesso em: 13 out. 2023.

SUPREMO TRIBUNAL FEDERAL. *ADO nº 23/DF* (Decisão Monocrática de 204/01/2013). Relator(a): Min. Dias Toffoli. Julgamento: 24.01.2013. Publicação: 31.01.2013. Disponível em: https://portal.stf.jus.br/processos/downloadPeca.asp?id=123586128&ext=.pdf. Acesso em: 13 out. 2023.

SUPREMO TRIBUNAL FEDERAL. *RE nº 556.664/RS*. Tribunal Pleno. Relator: Min. Gilmar Mendes. Julgamento: 12.06.2008. Publicação: 14.11.2008. Disponível em: https://redir.stf.jus.br/paginadorpub/paginador.jsp?docTP=AC&docID=561617. Acesso em: 14 out. 2023.

TRIBUNAL DE CONTAS DA UNIÃO. *Portaria TCU nº 174, de 24 de novembro de 2022*. Brasília-DF, Presidente do Tribunal de Contas da União. Disponível em: https://pesquisa.apps.tcu.gov.br/documento/btcu/Portaria%2520TCU%2520n%25C2%25BA%2520280/%2520/DTRELEVANCIA%2520desc/16. Acesso em: 14 out. 2023.

Informação bibliográfica deste texto, conforme a NBR 6023:2018 da Associação Brasileira de Normas Técnicas (ABNT):

VAZ, João Kleber; BATISTA JÚNIOR, Onofre Alves. Papel da lei complementar no ICMS – enfrentamento da guerra fiscal, redução das desigualdades regionais e proteção da livre concorrência. In: LOBATO, Valter de Souza (coord.); MARINHO NETO, José Antonino (org.). *O papel da lei complementar tributária no desenho federativo brasileiro*. Belo Horizonte: Fórum, 2024. p. 477-492. ISBN 978-65-5518-779-3.

A POSSIBILIDADE DE COBRANÇA DE IMPOSTOS ESTADUAIS MESMO COM A AUSÊNCIA DE LEI COMPLEMENTAR NACIONAL

JOÃO PAULO FANUCCHI DE ALMEIDA MELO,
MATHEUS LEONÍDIO BARBOSA DOS SANTOS

Introdução

Inicialmente, agradecemos ao festejado professor Valter Lobato e ao promissor advogado e pesquisador, José Antonino Marinho Neto, pelo gentil e honroso convite para contribuir com esta relevante obra em que se propõe analisar o papel da lei complementar tributária no federalismo brasileiro.

Será abordada, neste trabalho, a (im)prescindibilidade da fixação de normas gerais, por lei complementar nacional, como pressuposto para a constitucionalidade da exigência de impostos estaduais, concentrando a análise no Imposto sobre a Propriedade de Veículos Automotores (IPVA), e no Imposto sobre a Transmissão *Causa Mortis* e Doação (ITCMD), este último em hipóteses específicas de sua incidência.

Para tanto, serão analisadas as decisões proferidas pelo Supremo Tribunal Federal (STF) em oportunidades nas quais exerceu o controle de constitucionalidade dessas exações, tendo como parâmetro os dispositivos constitucionais que impõem a regulamentação por lei complementar nacional.

Antes, contudo, serão feitas breves reflexões acerca do papel da lei complementar em matéria tributária, a fim de melhor contextualizar a discussão.

1 Breves considerações sobre o papel da lei complementar em matéria tributária

A lei complementar figura dentre os atos normativos do Ordenamento Jurídico pátrio desde a Emenda nº 4, de 1961, à Constituição de 1946.[1]

---

1 SANTOS, Luiz Alberto dos. Processo legislativo no Brasil: as leis complementares. *República.org*, Rio de Janeiro, 2022. Disponível em: https://republica.org/emnotas/conteudo/processo-legislativo-no-brasil-as-leis-complementares-1/. Acesso em: 26 set. 2023.

Apesar de seguirem, em linhas gerais, o mesmo rito, dois aspectos diferenciam a lei complementar da lei ordinária: o formal e o material.[2]

O aspecto formal é a exigência de aprovação pela maioria absoluta (art. 69 da CF/1988), em contraposição ao quórum de maioria simples necessário à aprovação de lei ordinária.

Com isso, as matérias tratadas por essa espécie normativa estão menos sujeitas aos casuísmos e alterações de humor que naturalmente permeiam o cotidiano legislativo, exigindo maior mobilização para a aprovação de modificações.

O aspecto material, por sua vez, refere-se ao fato de que a exigência de lei complementar é destinada à regulação de determinados assuntos, sendo inconstitucional fazê-lo por lei ordinária, lei delegada, medida provisória ou decreto.

Destaca-se, nesse ponto, que as hipóteses constitucionais cuja regulação demanda lei complementar encerram *numerus clausus*, isto é, não se pode exigir essa espécie normativa para além das matérias especificadas no texto constitucional.

Nas palavras do Ministro Luiz Fux, do Supremo Tribunal Federal, essa é a interpretação que melhor se coaduna com os ideais democráticos, sobretudo na garantia de tutela dos interesses das minorias:

> A aprovação de leis complementares depende de mobilização parlamentar mais intensa para a criação de maiorias consolidadas no âmbito do Poder Legislativo, bem como do dispêndio de capital político e institucional que propicie tal articulação, processo esse que nem sempre será factível ou mesmo desejável para a atividade legislativa ordinária, diante da realidade que marca a sociedade brasileira – plural e dinâmica por excelência – e da necessidade de tutela das minorias, que nem sempre contam com representação política expressiva.[3]

A partir disso, é possível concluir que a função da lei complementar em matéria tributária é destinada – e restrita – à (1) instituição excepcional de tributos – empréstimo compulsório (art. 148), imposto residual (art. 154, I) e imposto extraordinário de guerra (art. 154, II); (2) solução de conflitos de competência; (3) regulação das limitações constitucionais ao poder de tributar; e ao (4) estabelecimento de normas gerais de direito tributário.[4]

Quanto à exigência de lei complementar para a instituição de certos tributos, observa-se um reforço da noção de solidariedade como pressuposto à obtenção, junto ao patrimônio dos particulares, de receitas para o financiamento das atividades estatais, sobretudo por se tratarem, no caso, de excepcionalidades.

Nos demais casos, constata-se que a lei complementar cria regras gerais destinadas a regulamentar diretamente as normas constitucionais, situando-se, ainda que

---

[2] MELO, João Paulo Fanucchi de Almeida. *A (in)constitucionalidade da cobrança de IPVA no Estado de Minas Gerais*. Monografia (Pós-Graduação lato sensu de Direito Tributário) – Faculdade de Direito Milton Campos, Belo Horizonte, 2008.

[3] BRASIL. Supremo Tribunal Federal. *Ação Direta de Inconstitucionalidade nº 5.003/SC*. Relator Ministro Luiz Fux, DJe 19.12.2019.

[4] MELO, João Paulo Fanucchi de Almeida. *A (in)constitucionalidade da cobrança de IPVA no Estado de Minas Gerais*. Monografia (Pós-Graduação lato sensu de Direito Tributário) – Faculdade de Direito Milton Campos, Belo Horizonte, 2008.

teoricamente, entre a Constituição e as leis ordinárias[5] – não havendo que se falar, porém, em hierarquia[6] –, visando garantir a autonomia dos entes federados, a teleologia das limitações ao poder de tributar e a uniformização nacional da tributação

> Perante a Constituição de 1988, a lei complementar tributária não representa uma superioridade da União frente aos demais entes federativos, mas sim um instrumento para atribuição de um mínimo de uniformidade e coerência na tributação pelas diversas ordens jurídicas parciais da federação, garantindo assim a segurança jurídica dos contribuintes sem restringir a autonomia dos entes federativos, autonomia esta que baliza a validade da lei complementar de normas gerais.[7]

Nas palavras de Ives Gandra da Silva Martins, a lei complementar é típica norma de estabilização, "na medida em que nem produz, nem interpreta, nem executa, nem sanciona comportamentos ou leis, mas apenas explicita princípios harmonizadores do direito, permitindo que a legislação ordinária seja conformada no perfil explicitado".[8] Feitas essas considerações, voltemos nossa atenção ao art. 146, III, 'a' da Lei Maior, que reserva à lei complementar a função de definir o fato gerador, a base de cálculo e o contribuinte dos impostos discriminados na Constituição.

Sabe-se que o Código Tributário Nacional (CTN), recepcionado pela Constituição de 1988 com *status* de lei complementar, cuida de definir o fato gerador, a base de cálculo e o contribuinte de alguns impostos, mas não o fez em relação ao IPVA, eis que tal espécie tributária inexistia à época em que editada aquela lei. Cronologicamente, o CTN é datado de 1966, ao passo que o IPVA foi introduzido no ordenamento jurídico do País em 1985.

Além disso, em que pese tratar do ITCMD, o CTN não tratou das doações e heranças advindas do exterior, embora a Constituição reclame expressamente a existência de lei complementar específica para tratar dessa matéria.

Assim, é compreensível que se questione, à primeira vista, a constitucionalidade da exigência desses impostos, já que o pressuposto do art. 146, III, 'a' não estaria, aparentemente, sendo atendido, uma vez que, até hoje, não há lei complementar fixando normas gerais dos mencionados impostos, notada e especificamente, no que se refere ao IPVA, sobre fato gerador, base de cálculo e contribuintes, tal como exigido pelo texto constitucional.

É o que se pretende analisar a seguir.

---

5 Sacha Calmon assinala que "A lei complementar é, por excelência, um instrumento constitucional utilizado para integrar e fazer atuar a própria Constituição" (COELHO, Sacha Calmon Navarro. **Curso de Direito Tributário Brasileiro**, 9a ed. Rio de Janeiro: Forense, 2007).

6 Ainda que não haja hierarquia, há certa superioridade da lei complementar quando constitui fundamento de validade da lei ordinária (COELHO, Sacha Calmon Navarro. *Curso de Direito Tributário Brasileiro*. 9. ed. Rio de Janeiro: Forense, 2007).

7 DERZI, Misabel Abreu Machado. Notas de atualização. In: BALEEIRO, Aliomar. Limitações constitucionais ao poder de tributar. 8. ed. Rio de Janeiro: Forense, 2010.

8 MARTINS, Ives Gandra da Silva. *O Sistema Tributário Brasileiro*: história, perfil constitucional e proposta de reforma. São Paulo: Revista Analisis Tributária n. 150, 2000.

2 A exigência do IPVA independe de lei complementar nacional

Esclareça-se, de início, que a análise da constitucionalidade da exigência do IPVA vai muito além da leitura superficial do art. 146, III, 'a' da CF.

A partir do método de interpretação teleológico, o Direito não pode ser tomado como um fim em si mesmo, mas como um instrumento de consecução de fins definidos pela Constituição.[9]

Logo, a aplicação de todo e qualquer dispositivo constitucional deve ser precedida de análise da sua finalidade, a fim de evitar que, por descuido do intérprete, a norma se torne mera burocracia, destituída de propósito, ou mesmo constitua obstáculo aos próprios fins constitucionais.

Ademais, a partir do método sistemático, interpreta-se a Constituição como um todo, ou seja, com unidade, justeza e conformidade, de modo que a aplicação de uma norma nunca poderá contrariar o sistema.[10]

No que se refere, pois, ao IPVA, cumpre averiguar se a exigência de lei complementar poderia contrariar o sistema.

Nesse caso, tem-se, de um lado, a previsão de que todos os impostos devem ter normas gerais fixadas por lei complementar – medida voltada à uniformização nacional e garantia de consenso qualificado em aspectos da exação –, e, de outro, a garantia de autonomia dos Estados federados, que pode ser extraída a partir de vários dispositivos constitucionais, e que pressupõe autogestão e autodeterminação, inclusive na obtenção de receitas derivadas por meio da tributação.

No caso, o STF compreendeu que prevalece o último, isto é, o sistema privilegia a autodeterminação dos entes:

> A possibilidade do exercício da competência plena pelos Estados e pelo Distrito Federal, ante a ausência de legislação complementar federal, especialmente no que se refere à matéria financeiro-tributária, cuida-se de tema sensível ao pacto federativo, por envolver o equilíbrio financeiro e a autonomia das Unidades da Federação.
> A Federação se caracteriza pela tríplice autonomia dos Estados- membros, que, embora não sejam dotados de soberania, tem garantida constitucionalmente sua autonomia financeira, a partir da previsão de suas competências tributárias e da repartição constitucional de receitas.[11]

Nas oportunidades que teve para se manifestar sobre a controvérsia, a Corte reconheceu que compete aos entes federados, e não apenas à União, a edição de leis necessárias à aplicação do sistema tributário nacional, nos termos do art. 34, §3º do Ato das Disposições Constitucionais Transitórias.[12]

Registrou-se, ainda, que a Constituição garante aos Estados a competência plena para dispor sobre assuntos de competência legislativa concorrente – o que inclui a

---

[9] BARROSO, Luís Roberto. *Curso de direito constitucional contemporâneo*: os conceitos fundamentais e a construção do novo modelo. 9. ed. São Paulo: Saraiva Educação, 2020.

[10] MELO, João Paulo Fanucchi de Almeida. *Direito Constitucional Tributário*: princípios, regras, competências e imunidades. Belo Horizonte: Del Rey, 2022.

[11] BRASIL. Supremo Tribunal Federal. Recurso Extraordinário nº 851.108. Rel. Min. Dias Toffoli, DJe 20.04.2021.

[12] BRASIL. Supremo Tribunal Federal. *Agravo Regimental no Recurso Extraordinário nº 601.247*. Rel. Min. Ricardo Lewandowski, DJe 13.06.2012.

tributação, nos termos do art. 24, I da CF – quando inexiste lei federal fixando normas gerais (art. 24, §3º).[13]

Extrai-se, disso, que a inércia da União em editar leis de interesse dos demais entes, por si só, não os impede de exercer as competências que lhes são constitucionalmente asseguradas.

Logo, considerando que é o STF quem dá a última palavra em matéria constitucional, tem-se por válida a exigência de IPVA, mesmo que inexista lei complementar nacional prevendo sua base de cálculo, fato gerador e contribuinte.

A título de menção, ainda que não seja o foco desse trabalho, mas com intuito de firmar novamente posição defendida desde 2008,[14] que, embora inexista lei complementar nacional para tratar das normas gerais do IPVA, notadamente fato gerador, base de cálculo e contribuintes, e que tal inércia não impede que os estados legislem plenamente sobre a matéria, por força do princípio da simetria,[15] as referidas matérias inerentes ao imposto em análise deverão estar veiculadas por lei complementar estadual.

Em outras palavras, levando em conta que a interpretação do STF no sentido de que o instrumento normativo nacional não é condição à constitucionalidade da exação, há que se reconhecer que a exigência de lei complementar permanece, mesmo que seja estadual, em respeito ao princípio da simetria, a fim de que seja cumprido o propósito traçado na Constituição, não se admitindo a tratativa por outra espécie normativa.[16]

Insta salientar que em fevereiro de 2023, o deputado Federal Kim Kataguiri apresentou o Projeto de Lei Complementar nº 12/2023, que "estabelece normas tributárias gerais para a instituição do Imposto de Propriedade de Veículo Automotor, nos termos do art. 146, III da Constituição Federal".[17] Até a data de fechamento deste artigo, o projeto encontra-se em análise pela Comissão de Viação e Transportes da Câmara dos Deputados.

---

[13] BRASIL. Supremo Tribunal Federal. *Agravo Regimental no Agravo de Instrumento nº 167.777.* Rel. Min. Marco Aurélio, DJ 09.05.1997.

[14] MELO, João Paulo Fanucchi de Almeida. A (in)constitucionalidade da cobrança de IPVA no Estado de Minas Gerais. Monografia (Pós-Graduação lato sensu de Direito Tributário) – Faculdade de Direito Milton Campos, Belo Horizonte, 2008.

[15] O princípio da simetria decorre da noção de que todo o Ordenamento Jurídico emana diretamente da Constituição, de modo que as normas constitucionais que dispõem acerca do processo legislativo são aplicáveis a todos os entes, União, Estados, Distrito Federal e Municípios, mesmo quando tratarem de assuntos de seu interesse exclusivo, ainda que não exista comando expresso nesse sentido. Assim, ao mesmo tempo em que não se admite a utilização de processo legislativo mais rigoroso ou com quórum qualificado caso a Constituição reserve matérias à lei ordinária, também não se admite a adoção de lei ordinária para tratar de matéria reservada, pela Constituição, à lei complementar. (MELO, João Paulo Fanucchi de Almeida. *Direito Constitucional Tributário*: princípios, regras, competências e imunidades. Belo Horizonte: Del Rey, 2022).

[16] BRASIL. Supremo Tribunal Federal. *Ação Direta de Inconstitucionalidade nº 5184*. Rel. Min. Luiz Fux, DJe 16.09.2019.

[17] BRASIL. Câmara dos Deputados. *Projeto de Lei Complementar nº 12, de 2023*. Estabelece normas tributárias gerais para a instituição do Imposto de Propriedade de Veículo Automotor, nos termos do art. 146, III da Constituição Federal. Disponível em: https://www.camara.leg.br/proposicoesWeb/fichadetramitacao?idProposicao=2346876. Acesso em: 26 set. 2023.

3 A exigência de ITCMD em doações e heranças advindas do exterior depende de lei complementar nacional

Em 2021, o STF declarou a inconstitucionalidade da exigência de ITCMD antes da edição de lei complementar nacional, nas doações cujo doador é domiciliado ou residente no exterior; ou na herança, se o *de cujus* possuía bens, era residente ou domiciliado ou teve o seu inventário processado no exterior.[18]

Trata-se, igualmente, de um imposto estadual, de modo que poder-se-ia questionar se a Corte não promoveu, em sede deste julgamento, superação do entendimento firmado acerca da prescindibilidade de lei complementar em relação ao IPVA.

A resposta é negativa.

Em sede do julgamento mais recente, o STF registrou expressamente que, na linha de seu entendimento, a edição de lei complementar fixando normas gerais continua não sendo requisito para a exigência de impostos estaduais.

Cabe lembrar, contudo, que, conforme exposto alhures, a função da lei complementar em matéria tributária não se restringe à veiculação de normas gerais, e, no caso do ITCMD em operações internacionais, a imprescindibilidade dessa espécie normativa decorre justamente de outra função: a solução de conflitos de competência:[19]

> 5. Prescinde de lei complementar a instituição do imposto sobre transmissão causa mortis e doação de bens imóveis – e respectivos direitos -, móveis, títulos e créditos no contexto nacional. Já nas hipóteses em que há um elemento relevante de conexão com o exterior, a Constituição exige lei complementar para se estabelecerem os elementos de conexão e fixar a qual unidade federada caberá o imposto.
> 6. O art. 4º da Lei paulista nº 10.705/00 deve ser entendido, em particular, como de eficácia contida, pois ele depende de lei complementar para operar seus efeitos. Antes da edição da referida lei complementar, descabe a exigência do ITCMD a que se refere aquele artigo, visto que os estados não dispõem de competência legislativa em matéria tributária para suprir a ausência de lei complementar nacional exigida pelo art. 155, §1º, inciso III, CF. *A lei complementar referida não tem o sentido único de norma geral ou diretriz, mas de diploma necessário à fixação nacional da exata competência dos estados*.
> 7. Recurso extraordinário não provido.
> 8. Tese de repercussão geral: "É vedado aos estados e ao Distrito Federal instituir o ITCMD nas hipóteses referidas no art. 155, §1º, III, da Constituição Federal sem a edição da lei complementar exigida pelo referido dispositivo constitucional".
> 9. Modulam-se os efeitos da decisão, atribuindo a eles eficácia ex nunc, a contar da publicação do acórdão em questão, ressalvando as ações judiciais pendentes de conclusão até o mesmo momento, nas quais se discuta: (1) a qual estado o contribuinte deve efetuar o pagamento do ITCMD, considerando a ocorrência de bitributação; e (2) a validade da cobrança desse imposto, não tendo sido pago anteriormente.[20] (grifamos)

---

[18] BRASIL, 2021.

[19] Sacha Calmon compreende que, em matéria tributária, não há conflito de competência propriamente, mas sim invasão de competência em razão de insuficiência normativa da Constituição, que faz com que a pessoa política exerça a tributação de maneira mais ampla do que lhe foi garantido (COELHO, Sacha Calmon Navarro. *Curso de Direito Tributário Brasileiro*. 9. ed. Rio de Janeiro: Forense, 2007).

[20] *Idem*.

Em que pesem as fundadas críticas,[21] até mesmo porque a ausência de lei complementar nacional do IPVA gera importantes conflitos de competência entre estados e Distrito Federal,[22] não se pode olvidar que o STF defendeu a presença de *distinguishing* para sustentar a necessidade de lei complementar nacional prévia para viabilizar a cobrança do ITCD nas operações sujeitas à incidência materializadas ou provenientes do exterior.[23]

Cabe registrar, ainda, que o dever da União de fixar normas para solução dos conflitos de competência deve ser interpretado restritivamente, e não pode servir de pretexto para a ingerência indevida do ente federal em assuntos de atribuição e interesse exclusivos dos Estados. Nesse sentido:

> Os limites, não obstante, das normas gerais, encontram-se na própria autonomia das pessoas estatais que compõem a Federação. Se, dentro do Direito tributário, a prevenção de conflitos de competência é um marco importante, indicador desses limites, a função de orientação, padronização e uniformização ensejará dúvidas ao intérprete quanto à sua extensão. O federalismo integrativo, já por si centralizador, não pode sufocar, de forma nenhuma, a autonomia e a descentralização, enfim, a dessimetria a que se refere PONTES DE MIRANDA, sob pena de converter-se o País em verdadeira unidade política.[24]

Conclusão

1. A lei complementar, típica norma de estabilização, exerce relevante papel na harmonização e conformidade entre o texto constitucional e a legislação ordinária, especialmente aquela que servirá para instituição de impostos.

2. Em matéria tributária, a lei complementar, para além de limitar a instituição de tributos excepcionais, cuida de estabelecer normas gerais, critérios para a solução de conflitos de competência e regulação das limitações constitucionais ao poder de tributar.

3. Destaca-se, contudo, que, no que se refere ao estabelecimento de normas gerais, a exigência não é absoluta, e deve ser lida em conformidade com os demais preceitos constitucionais, de modo a afastar, sobretudo, interpretações que não se coadunam com a forma federativa de estado, elevada à condição de cláusula pétrea. Logo, a ausência de lei complementar nacional não impede que os estados legislem plenamente.

4. Nesse sentido, segundo o STF, revela-se incompatível com a ordem constitucional a exigência de lei complementar nacional veiculando normas gerais para a cobrança do IPVA, já que a Constituição garante aos Estados federados a autonomia

---

21 *Vide* HARADA, Kiyoshi. *Funções das normas gerais no direito tributário*. São Paulo: Harada Advogados Associados, 2021. Disponível em https://haradaadvogados.com.br/direito-tributario/. Acesso em: 25 set. 2023.

22 Nesse sentido, o STF julgou o Tema 708: "A Constituição autoriza a cobrança do Imposto sobre a Propriedade de Veículos Automotores (IPVA) somente pelo Estado em que o contribuinte mantém sua sede ou domicílio tributário" e agora enfrenta um importante imbróglio a ser julgado no Tema 1198, cujo título é: '*Constitucionalidade da cobrança do Imposto sobre a Propriedade de Veículos Automotores (IPVA) por Estado diverso da sede de empresa locadora de veículos, quando esta possuir filial em outro estado, onde igualmente exerce atividades comerciais (distinção do Tema 708, RE 1.016.605)*'".

23 Não se propôs, nesse trabalho, enfrentar tema cada vez mais caro no direito tributário: modulação de efeitos de efeitos nos acórdãos proferidos pelo STF.

24 DERZI, Misabel Abreu Machado. Notas de atualização. *In*: BALEEIRO, Aliomar. *Limitações constitucionais ao poder de tributar*. 8. ed. Rio de Janeiro: Forense, 2010.

para instituir e exigir os próprios tributos. No entanto, atualmente, vale a ressalva e pedido de providências, a ausência de lei complementar nacional tem proporcionado importantes entraves e disputas referentes a conflitos de competências. É inerente à forma federativa de estado a especificação da competência de cada ente, bem como a existência de mecanismos voltados à sua preservação, o que justificou a declaração de inconstitucionalidade da incidência do ITCMD em doações e heranças advindas do exterior, cuja competência há de ser previamente estabelecida em lei complementar.

Referências

BARROSO, Luís Roberto. *Curso de direito constitucional contemporâneo*: os conceitos fundamentais e a construção do novo modelo. 9. ed. São Paulo: Saraiva Educação, 2020.

BRASIL. [Constituição (1988)]. *Constituição da República Federativa do Brasil*. Diário Oficial da União, Brasília, DF, 5 out. 1988.

BRASIL. Câmara dos Deputados. *Projeto de Lei Complementar nº 12, de 2023*. Estabelece normas tributárias gerais para a instituição do Imposto de Propriedade de Veículo Automotor, nos termos do art. 146, III da Constituição Federal. Disponível em: https://www.camara.leg.br/proposicoesWeb/fichadetramitacao?idProposicao=2346876. Acesso em: 26 set. 2023.

BRASIL. *Lei nº 5.172, de 25 de outubro de 1966*. Dispõe sobre o Sistema Tributário Nacional e institui normas gerais de direito tributário aplicáveis à União, Estados e Municípios. Diário Oficial da União, Brasília, DF, 27 out. 1966.

BRASIL. Supremo Tribunal Federal. *Ação Direta de Inconstitucionalidade nº 5.003/SC*. Relator Ministro Luiz Fux, DJe 19.12.2019.

BRASIL. Supremo Tribunal Federal. *Ação Direta de Inconstitucionalidade nº 5184*. Rel. Min. Luiz Fux, DJe 16.09.2019.

BRASIL. Supremo Tribunal Federal. *Agravo Regimental no Agravo de Instrumento nº 167.777*. Rel. Min. Marco Aurélio, DJ 09.05.1997.

BRASIL. Supremo Tribunal Federal. *Agravo Regimental no Recurso Extraordinário nº 601.247*. Rel. Min. Ricardo Lewandowski, DJe 13.06.2012.

BRASIL. Supremo Tribunal Federal. *Recurso Extraordinário nº 851.108*. Rel. Min. Dias Toffoli, DJe 20.04.2021.

COELHO, Sacha Calmon Navarro. *Curso de Direito Tributário Brasileiro*. 9. ed. Rio de Janeiro: Forense, 2007.

DERZI, Misabel Abreu Machado. Notas de atualização. *In*: BALEEIRO, Aliomar. *Limitações constitucionais ao poder de tributar*. 8. ed. Rio de Janeiro: Forense, 2010.

HARADA, Kiyoshi. *Funções das normas gerais no direito tributário*. São Paulo: Harada Advogados Associados, 2021. Disponível em https://haradaadvogados.com.br/direito-tributario/. Acesso em: 25 set. 2023.

MARTINS, Ives Gandra da Silva. *O Sistema Tributário Brasileiro*: história, perfil constitucional e proposta de reforma. São Paulo: Revista Analisis Tributária n. 150, 2000.

MELO, João Paulo Fanucchi de Almeida. *A (in)constitucionalidade da cobrança de IPVA no Estado de Minas Gerais*. Monografia (Pós-Graduação lato sensu de Direito Tributário) – Faculdade de Direito Milton Campos, Belo Horizonte, 2008.

MELO, João Paulo Fanucchi de Almeida. *Direito Constitucional Tributário*: princípios, regras, competências e imunidades. Belo Horizonte: Del Rey, 2022.

SANTOS, Luiz Alberto dos. Processo legislativo no Brasil: as leis complementares. *República.org*, Rio de Janeiro, 2022. Disponível em: https://republica.org/emnotas/conteudo/processo-legislativo-no-brasil-as-leis-complementares-1/. Acesso em: 26 set. 2023.

Informação bibliográfica deste texto, conforme a NBR 6023:2018 da Associação Brasileira de Normas Técnicas (ABNT):

MELO, João Paulo Fanucchi de Almeida; SANTOS, Matheus Leonídio Barbosa dos. A possibilidade de cobrança de impostos estaduais mesmo com a ausência de lei complementar nacional. In: LOBATO, Valter de Souza (coord.); MARINHO NETO, José Antonino (org.). *O papel da lei complementar tributária no desenho federativo brasileiro*. Belo Horizonte: Fórum, 2024. p. 493-501. ISBN 978-65-5518-779-3.

LEI COMPLEMENTAR EM MATÉRIA TRIBUTÁRIA E A INCONSTITUCIONALIDADE DO ICMS-DIFAL NAS OPERAÇÕES INTERESTADUAIS DESTINADAS A CONSUMIDOR FINAL CONTRIBUINTE

PEDRO HENRIQUE ALVES MINEIRO

Introdução

No atual contexto de profusão de julgamentos em sede de repercussão geral e recursos repetitivos pelo STF e STJ, respectivamente, mostra-se cada vez mais relevante o estudo da lei complementar em matéria tributária. Embora a jurisprudência dos tribunais superiores ainda seja vacilante em relação ao tema, no caso do ICMS-DIFAL incidente nas operações e prestações interestaduais destinadas a consumidor final não contribuinte, o STF já reconheceu, por ocasião do julgamento do Tema nº 1.093 de Repercussão Geral, que a lei complementar veiculando normas gerais é requisito de validade para a sua instituição e cobrança pelos Estados.

Nesse sentido, o presente estudo realizará, inicialmente, uma retrospectiva histórica acerca da lei complementar e das normas gerais em matéria tributária, em sua relação com o Princípio Federativo e as normas de competência tributária. Em um segundo momento, será analisada a regra-matriz de incidência do ICMS-DIFAL, verificando-se quais aspectos ou critérios são passíveis de extrair do texto constitucional e em qual medida a lei complementar é necessária para o exercício da competência pelos Estados. Assim, busca-se confirmar a hipótese de que é inconstitucional a instituição e cobrança do ICMS-DIFAL, tanto nas operações e prestações interestaduais destinadas a consumidor final não contribuinte, conforme já reconhecido pelo STF, quanto nas operações interestaduais destinadas a consumidor final contribuinte do imposto.

1 Autonomia federativa, competências tributárias e os papéis da lei complementar em matéria tributária

A forma federativa de Estado está presente no ordenamento jurídico brasileiro desde a Constituição de 1891, quando as antigas Províncias foram transformadas em

Estados e houve a tentativa de descentralização do poder, que, desde a Declaração de Independência, era bastante concentrado nas mãos do Governo central (União). O Brasil adotou, portanto, o federalismo "centrífugo" ou por segregação, na medida em que buscou fortalecer o poder estadual, de dentro para fora.[1]

As principais características do federalismo, que o distinguem das demais formas de Estado, segundo Raul Machado Horta,[2] são: (i) a repartição de competências entre a União e os Estados; (ii) a existência de uma ordem jurídica da União e, concomitantemente, ordens jurídicas parciais dos Estados; (iii) a participação dos Estados na formação da ordem jurídica da União; e (iv) a autonomia dos Estados, que pode se desdobrar em autonomia administrativa, legislativa, judiciária, política e financeira. No caso brasileiro, a própria Constituição de 1988 atribui aos Municípios o *status* de ente federado (art. 18), sendo dotados de competências legislativas próprias e autonomia financeira, alcançada sobretudo por meio da arrecadação de tributos próprios e de transferências intergovernamentais.

A repartição de competências, assim, está relacionada com a autonomia dos entes federados, manifestando-se por meio de duas formas: a repartição horizontal, quando há demarcação material das fronteiras normativas entre os entes federados; e a repartição vertical, quando se atribui idêntica matéria legislativa a mais de um ente, ficando o ente central (União) responsável pelas normas gerais e os entes locais (Estados ou Municípios) responsáveis pelo preenchimento dos espaços deixados pelas normas gerais, em atenção às peculiaridades locais.[3]

Desde logo é possível concluir que as normas gerais devem se restringir a estabelecer diretrizes básicas acerca de determinada matéria, sem entrar em pormenores, sob pena de suprimir integralmente a autonomia legislativa dos demais entes federados, em violação ao princípio federativo. Não há autonomia quando o Estado e o Município, a pretexto de exercer sua competência legislativa, ficam limitados à mera reprodução da norma geral.

No tocante às normas gerais em matéria financeira, é possível encontrá-las no ordenamento jurídico brasileiro antes mesmo do surgimento da lei complementar, remetendo-se à Constituição de 1946, cujo art. 5º, XV, "b" estipulava a competência da União para legislar sobre normas gerais de direito financeiro. Esse fato representou, à época, uma conquista pela autonomia da disciplina do Direito Financeiro em relação ao Direito Administrativo, embora o Direito Tributário ainda não houvesse adquirido *status* de disciplina ou ramo jurídico didaticamente autônomo.

Além da competência legislativa concorrente (no âmbito das normas gerais), a Constituição de 1946 previa a competência privativa no tocante à instituição de impostos pela União (art. 15), Estados (art. 19) e Municípios (art. 29), além da competência residual dos Estados e da União (art. 21), com a ressalva de que o imposto federal excluiria o imposto estadual idêntico, e da competência comum de todos os entes federados de cobrar contribuição de melhorias e taxas (art. 30), desde que houvesse conexão com a

---

1 HORTA, Raul Machado. *Estudos de Direito Constitucional*. Belo Horizonte: Del Rey, 1995. p. 346.

2 HORTA, Raul Machado. *Estudos de Direito Constitucional*. Belo Horizonte: Del Rey, 1995. p. 347-348.

3 HORTA, Raul Machado. *Estudos de Direito Constitucional*. Belo Horizonte: Del Rey, 1995. p. 366.

atuação estatal respectiva. Desde a Carta de 1946, portanto, se observa a concomitância da repartição horizontal e vertical de competências tributárias.

Nesse contexto, foi promulgada a Lei nº 4.320/1964, dispondo sobre normas gerais de direito financeiro para elaboração e controle dos orçamentos e balanços da União, dos Estados, do Distrito Federal e dos Municípios. Após a Emenda Constitucional nº 18/1965, que representou uma grande reforma do sistema constitucional tributário, foi promulgado o Código Tributário Nacional como lei ordinária (Lei nº 5.172/1966). Em seu Livro Primeiro, o CTN trouxe diversas definições, inclusive dos tributos e de seus fatos geradores, bases de cálculo e contribuintes, enquanto no Livro Segundo, intitulado "Normas Gerais de Direito Tributário", cuidou-se de temas como obrigação, lançamento, crédito, prescrição e decadência tributária, dentre outros. Somente com a Constituição de 1967, o CTN foi recepcionado com *status* de lei complementar.

As principais características da lei complementar, já presente na EC nº 18/1965, porém que ganhou robustez a partir da Constituição de 1967, são: (i) a exigência de quórum qualificado para sua aprovação, no caso, a aprovação pela maioria absoluta dos membros da Câmara dos Deputados e do Senado Federal (requisito formal); e (ii) a determinação constitucional de que a matéria seja regulada expressamente por lei complementar (requisito material). Nesse sentido, não há que se falar em superioridade hierárquica da lei complementar em relação à lei ordinária, tendo em vista que o campo reservado a cada uma delas é distinto e, apenas em casos específicos, a lei complementar servirá como fundamento de validade para a lei ordinária.[4]

Em linhas gerais, a Constituição de 1967 manteve a lógica de repartição horizontal de competências para os entes federados, delineando de forma rígida as competências privativas da União, dos Estados e dos Municípios no tocante aos impostos, deixando no âmbito da competência comum as taxas e contribuições de melhoria, porém modificou a competência residual, que foi atribuída exclusivamente para a União. Sob a perspectiva da repartição vertical de competências, identifica-se uma das mais significativas novidades da Carta de 1967: a diferenciação das normas gerais de direito financeiro e tributário, reconhecendo-se a autonomia didática do Direito Tributário.

À exemplo da carta anterior, a Constituição de 1967 atribuiu à União a competência para legislar sobre normas gerais de direito financeiro, ressalvando-se, todavia, a prerrogativa dos Estados de legislarem supletivamente sobre a matéria. Ademais, o texto constitucional não exigiu a promulgação de lei complementar como requisito para instituição de normas gerais em matéria financeira, mantendo-se a Lei nº 4.320/1964 com *status* de lei ordinária. Não há uma coincidência, portanto, entre lei complementar e norma geral, já que é possível que a norma seja geral em função da matéria (financeira, por exemplo) e não seja necessário quórum qualificado.[5]

Em sentido oposto, a Constituição de 1967 determinou que as normas gerais de direito tributário deveriam ser obrigatoriamente veiculadas por meio de lei complementar, nos termos do seu art. 19, §1º: "Lei complementar estabelecerá normas gerais de direito

---

[4] BORGES, José Souto Maior. *Lei Complementar Tributária*. São Paulo: Revista dos Tribunais, 1975. p. 58.

[5] SCAFF, Fernando Facury. O que são normas gerais de direito financeiro? *In*: MARTINS, Ives Gandra da Silva; MENDES, Gilmar Ferreira; NASCIMENTO, Carlos Valter do (Coord.). *Tratado de Direito Financeiro*. São Paulo: Saraiva, 2013. v. 1.p. 36.

tributário, disporá sobre os conflitos de competência tributária entre a União, os Estados, o Distrito Federal e os Municípios, e regulará as limitações constitucionais do poder tributário". Essa redação foi reproduzida pelo art. 18, §1º, da EC nº 1/1969.

A controvérsia acerca da adequada interpretação do referido dispositivo constitucional ocasionou o surgimento de duas correntes doutrinárias: (i) a corrente tricotômica, defendida por Ives Gandra da Silva Martins,[6] sustentava que a lei complementar exercia três papéis: estabelecer normas gerais em matéria tributária, dispor sobre conflitos de competência e regular as limitações constitucionais ao poder de tributar; e (ii) a corrente dicotômica, defendida por Geraldo Ataliba,[7] Paulo de Barros Carvalho[8] e Roque Antonio Carrazza,[9] sustentava que a lei complementar tinha uma única finalidade, a veiculação de normas gerais em matéria tributária, que, por sua vez, exerciam duas funções, dispor sobre conflitos de competência e regular as limitações constitucionais ao poder de tributar. Conforme destaca Paulo de Barros Carvalho,[10] permitir que a lei complementar produzisse indiscriminadamente normas gerais em matéria tributária colocaria em risco a autonomia dos Estados e dos Municípios, e, de um modo geral, o princípio federativo.

Com a promulgação da Constituição Federal de 1988, o debate entre as correntes dicotômica e tricotômica perdeu o objeto, tendo em vista que o art. 146 prevê expressamente os três papéis principais da lei complementar em matéria tributária: dispor sobre conflitos de competência (inciso I), regular as limitações constitucionais ao poder de tributar (inciso II) e estabelecer normas gerais em matéria tributária (inciso III), com destaque para a definição dos fatos geradores, bases de cálculo e contribuintes dos impostos previstos na Constituição (alínea "a").

Em primeiro lugar, a lei complementar exerce o papel de dispor sobre conflitos de competência, que podem surgir no exercício da competência tributária pelos entes federados, quando não ficam claros: (i) os limites espaciais definidos na regra de competência, ou seja, em relação a um mesmo tributo, não há clareza qual ente é competente para institui-lo, como é o caso, por exemplo, do IPVA; ou (ii) os limites materiais, quando não há certeza sobre qual tributo (ou se nenhum tributo) deva incidir sobre determinado fato jurídico, como é o caso, por exemplo, do ICMS e do ISSQN sobre operações envolvendo *softwares*, o que resulta também na incerteza relativa a qual ente é competente para instituir tributo nessas operações.

Nesse sentido, observa-se a correlação entre os conflitos de competência e os "fatos geradores" dos impostos previstos na Constituição, na medida em que esses conflitos dizem respeito à definição de um ou mais critérios da regra-matriz de incidência tributária. Dessa forma, os conflitos de competência poderiam facilmente se enquadrar na categoria de normas gerais, prevista no art. 146, III, "a", pois são resolvidos justamente pela definição dos "fatos geradores" pela lei complementar.

---

[6] MARTINS, Ives Gandra da Silva. *A Constituição Aplicada*. Belém: CEJUP, 1991. p. 10.

[7] ATALIBA, Geraldo. Normas gerais de direito financeiro e tributário e a autonomia dos Estados e Municípios. *Revista de Direito Público*, São Paulo, ano 2, n. 10, p. 63, out./dez. 1969.

[8] CARVALHO, Paulo de Barros. *Curso de direito tributário*. 31. ed. rev. atual. São Paulo: Noeses, 2021. p. 222.

[9] CARRAZZA, Roque Antonio. *Curso de Direito Constitucional Tributário*. 29. ed., rev., ampl. e atual. até a Emenda Constitucional n. 72/2013. São Paulo: Malheiros, 2013. p. 1048.

[10] CARVALHO, Paulo de Barros. *Curso de direito tributário*. 31. ed. rev. atual. São Paulo: Noeses, 2021. p. 223.

Em segundo lugar, a lei complementar exerce o papel de regular as limitações constitucionais ao poder de tributar, para as quais a Constituição de 1988 dedicou uma seção específica (Seção II – Das Limitações do Poder de Tributar), nos artigos 150 a 152, com destaque para os princípios da legalidade e da isonomia tributária, e as regras da anterioridade, da irretroatividade, da vedação ao confisco, além das regras imunizantes, previstas no art. 150, VI.

Por um lado, é necessário compatibilizar o art. 146, II, da CRFB/1988, que prevê o papel da lei complementar de regular as limitações constitucionais ao poder de tributar, com o art. 151, III, da CRFB/1988, que veda à União instituir isenções "heterônomas", relativas a tributos da competência de outros entes federados. Por outro lado, deve-se considerar que as limitações ao poder de tributar são verdadeiras garantias fundamentais esculpidas no texto constitucional, que não podem ser suprimidas sequer por emenda constitucional (art. 60, §4º, IV, da CRFB/1988).

Assim, o art. 146, II, da CRFB/1988 deve ser interpretado no sentido de que a lei complementar pode prever determinados requisitos formais e materiais para a fruição das imunidades, por exemplo, mas não pode ampliar ou restringir as suas hipóteses de aplicação. É o caso do art. 14 do CTN, que prevê alguns requisitos para fruição da imunidade dos partidos políticos, entidades sindicais, instituições de educação e assistência social sem fins lucrativos (art. 150, VI, "c", da CRFB/1988), como não distribuir lucros e patrimônio, aplicar integralmente os recursos no Brasil, em seus objetivos institucionais, e manter escrituração contábil idônea.

Em terceiro lugar, a lei complementar estabelece normas gerais em matéria tributária, que não estão restritas às hipóteses de conflitos de competência e de limitações constitucionais ao poder de tributar, como sustentado pela corrente dicotômica à época da Constituição de 1967. Não obstante, o estudo das normas gerais em matéria tributária não deve ser feito de forma acrítica, com atenção, sobretudo, à possibilidade de definição, pela lei complementar, dos critérios da regra-matriz de incidência tributária, que são referidos pelo art. 146, III, "a", da CRFB/1988, como "fatos geradores, bases de cálculo e contribuintes".

Vale destacar, esse dispositivo demonstra o intuito do constituinte de 1988 de padronizar alguns critérios da regra-matriz de incidência tributária, restringindo, de certo modo, a margem de atuação do legislador ordinário. Contudo, para que não haja violação ao princípio federativo, é necessário que a lei complementar respeite os contornos mínimos definidos nas regras de competência e não pretenda fixar as alíquotas e os aspectos operacionais relativos à cobrança e fiscalização do imposto.

Assim, a lei complementar que dispõe sobre normas gerais em matéria tributária possui papéis bem delimitados, não podendo modificar as regras de competência, sob pena de alterar, por vias oblíquas, o sistema constitucional tributário. Nesse sentido, conclui Roque Antonio Carrazza[11] que a lei complementar tributária deve se limitar a "explicitar o que está implícito na Constituição", ou seja, "não pode inovar, mas apenas declarar", sob pena de extrapolar as atribuições constitucionais.

---

[11] CARRAZZA, Roque Antonio. *Curso de Direito Constitucional Tributário*. 29. ed., rev., ampl. e atual. até a Emenda Constitucional n. 72/2013. São Paulo: Malheiros, 2013. p. 1047.

Dessa forma, as regras de competência tributária, que conferem aos entes federados a aptidão legislativa para instituição de determinados tributos, servem como verdadeiros limites ao papel da lei complementar. Conforme as lições de Misabel Derzi,[12] a Constituição Federal de 1988 previu uma rígida discriminação de competências tributárias, por meio de conceitos fechados, que são caracterizados pelas notas irrenunciáveis, fixas e rígidas, garantindo elevado grau de certeza na aplicação das normas, em observância ao princípio da segurança jurídica.

Em relação ao ICMS, especificamente, a Constituição Federal de 1988, em seu art. 155, §2º, XII[13] previu expressamente os temas que deveriam ser tratados por lei complementar, dentre os quais é possível identificar alguns que também dizem respeito à padronização de critérios da regra-matriz de incidência tributária, não representando novidade em relação ao art. 146 da CRFB/1988, como aqueles previstos nas alíneas "a", "b", "d", "e", "h", "i", além de outros temas que também se enquadram na definição de normas gerais, embora não tratem especificamente da regra-matriz de incidência tributária, como aqueles previstos nas alíneas "c", "f", "g", que dizem respeito à não cumulatividade do ICMS e à regulação da concessão e revogação de isenções, incentivos e benefícios fiscais do imposto.

Na hipótese de ausência de "lei federal" sobre normas gerais, o art. 24, §3º, da CRFB/1988 prevê que "os Estados exercerão a competência legislativa plena, para atender a suas peculiaridades". A aplicação desse dispositivo aos casos que tratam de normas gerais em matéria tributária não é irrestrita, limitando-se aos casos em que a norma geral tiver alcance local, e "não, portanto, quando estiver em jogo o inter-relacionamento de vários Estados-membros.[14]

Ademais, a ausência de lei complementar não pode ser suprida pela celebração de acordo entre os Estados, como é o caso dos convênios no âmbito do ICMS. De fato, enquanto não havia sido promulgada a LC nº 87/1996, era possível a edição de convênio para dispor sobre normas gerais de ICMS, nos termos do art. 34, §8º, do ADCT. Atualmente, o papel dos convênios é restrito à previsão de isenções, incentivos

---

12 DERZI, Misabel de Abreu Machado. *Direito Tributário, Direito Penal e Tipo*. São Paulo: Revista dos Tribunais, 1988. p. 84-104.

13 Art. 155, §2º, XII – cabe à lei complementar:
a) definir seus contribuintes;
b) dispor sobre substituição tributária;
c) disciplinar o regime de compensação do imposto;
d) fixar, para efeito de sua cobrança e definição do estabelecimento responsável, o local das operações relativas à circulação de mercadorias e das prestações de serviços;
e) excluir da incidência do imposto, nas exportações para o exterior, serviços e outros produtos além dos mencionados no inciso X, "a"
f) prever casos de manutenção de crédito, relativamente à remessa para outro Estado e exportação para o exterior, de serviços e de mercadorias;
g) regular a forma como, mediante deliberação dos Estados e do Distrito Federal, isenções, incentivos e benefícios fiscais serão concedidos e revogados.
h) definir os combustíveis e lubrificantes sobre os quais o imposto incidirá uma única vez, qualquer que seja a sua finalidade, hipótese em que não se aplicará o disposto no inciso X, b;
i) fixar a base de cálculo, de modo que o montante do imposto a integre, também na importação do exterior de bem, mercadoria ou serviço.

14 CARRAZZA, Roque Antonio. *Curso de Direito Constitucional Tributário*. 29. ed., rev., ampl. e atual. até a Emenda Constitucional n. 72/2013. São Paulo: Malheiros, 2013. p. 1138.

e benefícios fiscais, nos termos da LC nº 24/1975, além da instituição da substituição tributária em operações interestaduais, nos termos do art. 9º da LC nº 87/1996.

Conclui-se, portanto, que a lei complementar dispondo sobre normas gerais em matéria tributária é condição necessária para o exercício da competência tributária dos entes federados sempre que o interesse não for meramente local, como nos casos de operações e prestações que envolvam mais de um Estado ou Município, e nos casos em que houver potenciais conflitos de competência. Assim, no caso do ICMS-DIFAL, que é devido nas operações e prestações interestaduais destinadas a consumidor final contribuinte ou não do imposto, sempre é necessária a previsão de normas gerais em lei complementar.

2 Inconstitucionalidade do ICMS-DIFAL

O ICMS-DIFAL, que diz respeito ao ICMS devido ao Estado de destino nas operações e prestações interestaduais destinadas a consumidor final, calculado com base no diferencial de alíquotas, foi criado pela Constituição Federal de 1988, com previsão nos incisos VII e VIII do §2º do art. 155. Em sua redação original, os dispositivos diferenciavam claramente as operações e prestações interestaduais destinadas a consumidor final contribuinte e não contribuinte: se contribuinte, o ICMS devido ao Estado de origem seria calculado com base na alíquota interestadual e, ao Estado de destino, seria devido o ICMS-DIFAL, correspondente à diferença entre a alíquota interna do Estado de destino e a alíquota interestadual; se não contribuinte, o ICMS seria devido apenas ao Estado de origem, calculado com base na alíquota interna deste Estado.

Dessa forma, é possível observar uma certa mudança de paradigma em relação ao ICMS: antes da Constituição de 1988, aplicava-se o "princípio da origem" em relação ao (antigo) ICM, isto é, o imposto era devido, em regra, ao Estado onde está situado o estabelecimento comercial, industrial ou produtor que promovesse a saída da mercadoria; após a Constituição de 1988, o "princípio da origem" deu lugar, em maior medida, ao "princípio do destino", pois, tanto o ICMS-DIFAL quanto o ICMS incidente nas prestações de serviços de transporte interestadual e nas operações interestaduais com lubrificantes, combustíveis e energia elétrica são devidos ao Estado onde está situado o adquirente, isto é, onde há o consumo dos bens e serviços.

As modificações promovidas pela Constituição de 1988 ao ICMS levaram à insuficiência do Decreto-Lei nº 406/1968 quanto à previsão de normas gerais acerca do imposto. Diante disso, adotou-se solução provisória, disposta no art. 34, §8º, do Ato das Disposições Constitucionais Transitórias, segundo o qual, caso não fosse editada lei complementar no prazo de 60 dias, os Estados e o Distrito Federal poderiam editar convênio fixando as normas para regular provisoriamente a matéria.

Nesse contexto, foi editado o Convênio ICM nº 66/1988, que previa, em seu art. 2º, II e III, a ocorrência do fato gerador do imposto (leia-se, do ICMS-DIFAL), na entrada no estabelecimento de contribuinte de mercadoria oriunda de outro Estado, destinada a consumo ou a ativo fixo, e na utilização, por contribuinte, de serviço (de transporte) cuja prestação se tenha iniciado em outro Estado e não esteja vinculada a operação ou prestação subsequente tributada pelo ICMS. O art. 5º do Convênio, por sua vez, previa que a base de cálculo do ICMS-DIFAL seria o valor da operação ou prestação sobre o qual foi cobrado o ICMS pelo Estado de origem. Já o art. 21, XII previa que o consumidor final seria o contribuinte do ICMS-DIFAL.

O Convênio ICM nº 66/1988 perdeu eficácia com a promulgação da Lei Complementar nº 87/1996 (Lei Kandir), que, ao contrário daquele, foi bastante tímida na regulação do ICMS-DIFAL. As únicas referências ao ICMS-DIFAL na Lei Kandir estão: (i) no art. 6º, §1º, que prevê que a possibilidade de instituição da substituição tributária (ICMS-ST) pela lei estadual, inclusive em relação ao ICMS-DIFAL, nas operações interestaduais destinadas a consumidor final contribuinte do imposto; e (ii) nos artigos 11, II, "c", 12, XIII, e 13, IX e §3º, que estabelecem a incidência do ICMS-DIFAL nas prestações de serviço de transporte interestadual, não vinculadas a operação ou prestação subsequente.

Posteriormente, em virtude do crescimento substancial do comércio eletrônico, que facilitou a aquisição de bens e serviços de forma remota por consumidores finais não contribuintes e causou uma grande concentração da arrecadação do ICMS nos Estados em que está localizada a sede das empresas de *e-commerce*, sobretudo em São Paulo, foi celebrado o Protocolo ICMS nº 21/2011 entre os Estados da Federação, com exceção de Amazonas, Minas Gerais, Paraná, Rio de Janeiro, Rio Grande do Sul, Santa Catarina e São Paulo, que não aderiram ao Protocolo.

A principal novidade trazida pelo Protocolo ICMS nº 21/2011 foi a possibilidade de exigência do ICMS-DIFAL nas operações interestaduais destinadas a consumidor final não contribuinte, de forma não presencial, por meio de *internet, telemarketing ou showroom*. Contudo, o Protocolo contrariava o disposto no art. 155, §2º, VII, da CRFB/1988, que limitou, na sua redação original, a aplicação do ICMS-DIFAL às operações e prestações interestaduais destinadas a consumidor final contribuinte do imposto, razão pela qual foi declarado inconstitucional pelo STF no julgamento em conjunto do RE nº 680.089/SE e das ADIs nº 4.628/DF e nº 4.713/DF.

Nesse contexto, foi promulgada a Emenda Constitucional nº 87/2015, que alterou a regra de repartição de competências do ICMS nas operações e prestações interestaduais destinadas a consumidor final não contribuinte, que passaram, tal como aquelas destinadas a consumidor final contribuinte, a atrair a incidência do ICMS-DIFAL. No tocante ao dever de recolhimento do ICMS-DIFAL, o art. 155, §2º, VIII, da CRFB/1988 atribuiu a responsabilidade ao destinatário, quando este for contribuinte do imposto, e ao remetente, quando aquele não for contribuinte do ICMS. O art. 99 do ADCT previa, ainda, a partilha do ICMS-DIFAL nessas novas hipóteses, de modo a transferir gradativamente o produto da arrecadação aos Estados de destino, que passaram a ficar, a partir de 2019, com 100% da receita do ICMS-DIFAL arrecadado.

Posteriormente, os Estados celebraram o Convênio ICMS nº 93/2015, para estabelecer os procedimentos aplicáveis às operações e prestações interestaduais destinadas a consumidor final não contribuinte do ICMS. Conforme a cláusula segunda, §§1º e 1º-A, do Convênio ICMS nº 93/2015, com a redação dada pelo Convênio ICMS nº 152/2015, foi previsto que a base de cálculo do ICMS e do ICMS-DIFAL nessas hipóteses seria única, correspondendo ao valor da operação ou ao preço do serviço, com a inclusão do ICMS em sua própria base de cálculo, conforme o art. 13, §1º, da LC nº 87/1996. Assim, para calcular o ICMS devido ao Estado de origem, seria aplicada a alíquota interestadual sobre a base de cálculo, e, para o ICMS-DIFAL, bastaria aplicar a diferença entre as alíquotas interna e interestadual.

Por ocasião do julgamento conjunto da ADI nº 5.469/DF e do RE nº 1.287.019/DF (Tema nº 1.093 de Repercussão Geral), o Supremo Tribunal Federal reconheceu que a EC nº 87/2015 deu origem a uma nova relação jurídico-tributária entre o remetente do bem ou serviço e o Estado de destino nas hipóteses em que o destinatário for a consumidor final não contribuinte, havendo substancial alteração na sujeição ativa da obrigação tributária. Dessa forma, o STF acolheu a tese de que o ICMS-DIFAL instituído pela EC nº 87/2015 configura uma regra-matriz de incidência tributária autônoma, que não foi disciplinada pela LC nº 87/1996, sendo alvo em potencial de inúmeros conflitos federativos, o que justifica a necessidade de lei complementar específica disciplinando as normas gerais do imposto.

Assim, restou-se consignado nos acórdãos do STF que, por se tratar de normas gerais em matéria tributária, nos termos do art. 146, III e, no caso do ICMS, do art. 155, §2º, XII, da CRFB/1988, convênio interestadual não poderia suprir a ausência de lei complementar, razão pela qual o Tribunal declarou a inconstitucionalidade das cláusulas 1ª, 2ª, 3ª, 6ª e 9ª do Convênio ICMS nº 93/2015 e das leis estaduais que regulam a cobrança do ICMS-DIFAL nas referidas hipóteses. Ademais, houve a modulação de efeitos da referida decisão, que seriam aplicados somente a partir de 1º de janeiro de 2022.

Nesse contexto, os Estados se anteciparam para a aprovação do Projeto de Lei Complementar nº 32/2021 antes do término do ano de 2021, que regularia a incidência do ICMS-DIFAL tanto nas operações e prestações interestaduais destinadas a consumidor final não contribuinte quanto nas operações e prestações interestaduais destinadas a consumidor final contribuinte do imposto. Contudo, a sanção presidencial do projeto aprovado pelo Congresso Nacional somente ocorreu no dia 04.01.2022, o que levou à aplicação das regras constitucionais da espera nonagesimal (art. 150, III, "c", da CRFB/1988) e da anterioridade anual (art. 150, III, "b", da CRFB/1988), de modo que o ICMS-DIFAL somente poderá ser cobrado no próximo exercício, ou seja, a partir de 1º/01/2023.

A esse respeito, o art. 3º da LC nº 190/2022 não deixa dúvidas, pois afirma expressamente que a referida lei somente produzirá efeitos após a observância do disposto no art. 150, III, "c", da CRFB/1988 (regra da noventena), que, por sua vez, remete expressamente à alínea "b" do mesmo inciso (regra da anterioridade anual); ou seja, somente em 1º.01.2023. Isso, ainda que os Estados tenham se antecipado ao início da vigência da referida lei complementar, alterando a sua legislação estadual – nesses casos, há a suspensão da eficácia da lei estadual, até o início da vigência da lei complementar, conforme o entendimento do STF no RE nº 1.221.330 (Tema nº 1.094 de Repercussão Geral), no caso do ICMS incidente na importação por não contribuinte habitual do imposto.[15]

---

[15] Ementa: RECURSO EXTRAORDINÁRIO. TEMA 1094 DA REPERCUSSÃO GERAL. CONSTITUCIONAL E TRIBUTÁRIO. ICMS INCIDENTE NA IMPORTAÇÃO DE BENS E MERCADORIAS, POR PESSOA FÍSICA OU JURÍDICA, COM BASE EM LEI ESTADUAL EDITADA POSTERIORMENTE À PROMULGAÇÃO DA EC Nº 33/2001, PORÉM ANTES DA VIGÊNCIA DA LEI COMPLEMENTAR FEDERAL Nº 114/2002. POSSIBILIDADE. 1. A jurisprudência desta CORTE, no julgamento do RE 439.796-RG (Rel. Min. JOAQUIM BARBOSA, Tema 171), fixou a orientação de que, "após a Emenda Constitucional 33/2001, é constitucional a incidência de ICMS sobre

Nesse sentido, tampouco restam dúvidas de que os argumentos invocados pelo STF para sustentar a inconstitucionalidade do ICMS-DIFAL nas operações e prestações interestaduais destinadas a consumidor final não contribuinte também se aplicam àquelas operações em que o consumidor final seja contribuinte do imposto. Afinal, se houve a necessidade de regular sobre os aspectos ou critérios da norma de incidência do ICMS-DIFAL por meio de lei complementar (após o julgamento do Tema nº 1.093/STF), é porque não havia (para nenhum dos casos), até então, regulação em lei complementar, com exceção das prestações de serviço de transporte interestadual destinados a consumidor final contribuinte, como já visto.

Vale destacar, antes da edição da Lei Complementar nº 190/2022, era possível extrair somente os seguintes critérios da regra-matriz de incidência do ICMS-DIFAL nas operações interestaduais (de circulação de mercadorias) destinadas a consumidor final contribuinte: (i) critério material, extraído do art. 155, II, da CRFB/1988 e do art. 2º, I, da LC nº 87/1996, como sendo realizar operações de circulação de mercadorias; (ii) sujeito passivo, extraído do art. 4º da LC nº 87/1996 e do art. 155, §2º, VIII, "a", da CRFB/1988, como sendo o adquirente da mercadoria (destinatário); e (iii) alíquota, calculada com base na diferença entre a alíquota interna do Estado de destino e a alíquota interestadual, conforme o art. 155, §2º, VII, da CRFB/1988.

Contudo, o trabalho de construção da regra-matriz de incidência ficou prejudicado em função da indefinição de outros critérios, notadamente: (i) critério espacial; (ii) critério temporal; (iii) sujeito ativo, como decorrência lógica da ausência de definição do critério espacial; e (iv) base de cálculo. A omissão da lei complementar em relação à definição desses critérios, sobretudo do critério espacial, impossibilita o adequado exercício da competência tributária, na medida em que há inúmeros conflitos de competência insanáveis pela mera interpretação sistemática do texto constitucional e da Lei Complementar nº 87/1996.

Dessa forma, por se tratar de operações interestaduais, cujo interesse não é meramente local, o exercício da competência tributária dos Estados em relação ao ICMS-DIFAL é condicionado à edição de lei complementar dispondo sobre normas gerais acerca do critério espacial do imposto, de modo que, na sua ausência, os Estados não podem legislar sobre a matéria, ainda que supletivamente. Portanto, enquanto não houver a produção de efeitos da Lei Complementar nº 190/2022, ou seja, em relação

---

operações de importação efetuadas por pessoa, física ou jurídica, que não se dedica habitualmente ao comércio ou à prestação de serviços". 2. Tal imposição tributária depende da edição de lei complementar federal; publicada em 17/12/2002, a Lei Complementar 114 supriu esta exigência. 3. As leis ordinárias estaduais que previram o tributo após a Emenda 33/2001 e antes da entrada em vigor da LC 114/2002 são válidas, mas produzem efeitos apenas a contar da vigência da referida lei complementar. 4. No caso concreto, o tributo é constitucional e legalmente devido com base na Lei Estadual 11.001/2001, cuja eficácia teve início após a edição da LC 114/2002. 5. Recurso Extraordinário a que se dá provimento, de modo a denegar a segurança, restabelecendo a sentença de primeiro grau. Atribuída repercussão geral a esta matéria constitucional e fixada a seguinte tese de julgamento: "I – Após a Emenda Constitucional 33/2001, é constitucional a incidência de ICMS sobre operações de importação efetuadas por pessoa, física ou jurídica, que não se dedica habitualmente ao comércio ou à prestação de serviços, devendo tal tributação estar prevista em lei complementar federal. II – As leis estaduais editadas após a EC 33/2001 e antes da entrada em vigor da Lei Complementar 114/2002, com o propósito de impor o ICMS sobre a referida operação, são válidas, mas produzem efeitos somente a partir da vigência da LC 114/2002".
(RE nº 1221330, Relator(a): Luiz Fux, Relator(a) p/ Acórdão: Alexandre de Moraes, Tribunal Pleno, julgado em 16.06.2020, Processo Eletrônico Repercussão Geral – Mérito DJe-204 Divulg. 14.08.2020 Public. 17.08.2020).

aos fatos geradores ocorridos até 31.12.2022, a cobrança do ICMS-DIFAL nesses casos é inconstitucional.

Conclusões

No presente estudo, foi possível verificar que a Constituição Federal de 1988 adotou a teoria tricotômica em relação aos papéis da lei complementar em matéria tributária. São eles: (i) dispor sobre conflitos de competência, (ii) regular as limitações constitucionais ao poder de tributar e (iii) estabelecer normas gerais em matéria tributária, com destaque para a definição dos fatos geradores, bases de cálculo e contribuintes dos impostos previstos na Constituição.

Observou-se, ainda, que a lei complementar dispondo sobre normas gerais em matéria tributária é condição necessária para o exercício da competência tributária dos entes federados sempre que o interesse não for meramente local, como nos casos de operações e prestações que envolvam mais de um Estado ou Município, e nos casos em que houver potenciais conflitos de competência. Assim, no caso do ICMS-DIFAL, que é devido nas operações e prestações interestaduais destinadas a consumidor final contribuinte ou não do imposto, sempre é necessária a previsão de normas gerais em lei complementar.

Por fim, concluiu-se que a prévia edição de lei complementar foi observada, em relação ao ICMS-DIFAL, somente no caso das prestações de serviço de transporte interestadual destinados a consumidor final contribuinte, disciplinadas pela Lei Complementar nº 87/1996. Nos casos de operações interestaduais destinadas a consumidor final contribuinte, à semelhança das operações e prestações interestaduais destinadas a consumidor final não contribuinte, cuja necessidade de regulação prévia por lei complementar já foi reconhecida pelo STF no Tema nº 1.093 de Repercussão Geral, é evidente a inconstitucionalidade do ICMS-DIFAL antes do início da vigência da Lei Complementar nº 190/2022, que finalmente disciplinou a matéria.

Referências

ATALIBA, Geraldo. Normas gerais de direito financeiro e tributário e a autonomia dos Estados e Municípios. *Revista de Direito Público*, São Paulo, ano 2, n. 10, p. 45-80, out./dez. 1969.

BORGES, José Souto Maior. *Lei Complementar Tributária*. São Paulo: Revista dos Tribunais, 1975.

CARRAZZA, Roque Antonio. *Curso de Direito Constitucional Tributário*. 29. ed., rev., ampl. e atual. até a Emenda Constitucional n. 72/2013. São Paulo: Malheiros, 2013.

CARVALHO, Paulo de Barros. *Curso de direito tributário*. 31. ed. rev. atual. São Paulo: Noeses, 2021.

DERZI, Misabel de Abreu Machado. *Direito Tributário, Direito Penal e Tipo*. São Paulo: Revista dos Tribunais, 1988.

HORTA, Raul Machado. *Estudos de Direito Constitucional*. Belo Horizonte: Del Rey, 1995.

MARTINS, Ives Gandra da Silva. *A Constituição Aplicada*. Belém: CEJUP, 1991.

SCAFF, Fernando Facury. O que são normas gerais de direito financeiro? *In*: MARTINS, Ives Gandra da Silva; MENDES, Gilmar Ferreira; NASCIMENTO, Carlos Valter do (Coord.). *Tratado de Direito Financeiro*. São Paulo: Saraiva, 2013. v. 1.

Informação bibliográfica deste texto, conforme a NBR 6023:2018 da Associação Brasileira de Normas Técnicas (ABNT):

MINEIRO, Pedro Henrique Alves. Lei complementar em matéria tributária e a inconstitucionalidade do ICMS-DIFAL nas operações interestaduais destinadas a consumidor final contribuinte. In: LOBATO, Valter de Souza (coord.); MARINHO NETO, José Antonino (org.). *O papel da lei complementar tributária no desenho federativo brasileiro*. Belo Horizonte: Fórum, 2024. p. 503-514. ISBN 978-65-5518-779-3.

PARTE VI

LEI COMPLEMENTAR E A REFORMA TRIBUTÁRIA

POSSÍVEIS IMPACTOS NA TRIBUTAÇÃO DOS INTERMEDIADORES DIGITAIS A PARTIR DA REFORMA TRIBUTÁRIA SOBRE O CONSUMO

ANA CAROLINA MONGUILOD,
LIVIA ACCESSOR RICCIOTTI,
CARLOS ALBERTO GUEIROS NETO

Introdução

A digitalização da economia revolucionou as relações comerciais, particularmente ao permitir o surgimento de novas tecnologias facilitadoras de negócios. O ritmo desta evolução foi acelerado pela pandemia do COVID-19. O consequente isolamento social impôs o fechamento de estabelecimentos físicos e a intensificação das contratações feitas por meio de plataformas digitais. O "novo normal" alterou os hábitos de compra, reduzindo o costume de ida às lojas físicas, assim como revelou a desnecessidade de se ir ao banco para se efetuar, por exemplo, um pagamento. Tudo isso passou a ser feito com cliques em um *smartphone* ou em um *laptop*.

Nesse contexto, ganharam força as figuras dos "marketplaces" e dos intermediadores financeiros. Os "marketplaces" são plataformas digitais intermediadoras das compras e vendas de produtos e serviços de fornecedores e consumidores online. Os intermediadores financeiros, ou meios de pagamento, por sua vez, cuidam da transferência de recursos financeiros em tais transações também de forma digital. Ambos atuam como intermediadores de negócios, sem participação direta no resultado da operação.

O crescimento exponencial de tais inovações tecnológicas, combinado com a falta de regulação específica e de ferramentas de controle do fluxo dessas operações digitais pelas autoridades fiscais, chegou a gerar dúvidas sobre a tributação dessas entidades.

Tais evoluções tecnológicas também provocaram incômodo por resultarem em grande pulverização de operações com atores econômicos e consumidores que muitas vezes se veem desobrigados de obrigações tributárias diversas (como o recolhimento do Imposto sobre a Circulação de Mercadorias e Serviços – "ICMS", e do Imposto sobre a Prestação de Serviços de Qualquer Natureza – "ISS").

Incômodo ainda maior foi causado por operações realizadas no mercado consumidor brasileiro a partir de plataformas digitais localizadas no exterior, as quais estão, em um primeiro momento, alheias aos atuais mecanismos de recolhimento dos tributos hoje incidentes sobre essas operações. Suas operações abrangem tanto remessas de mercadorias para o Brasil,[1] como prestações de serviços e cessões de direitos (gerando pretensões tributárias diversas no Brasil, relativas aos vários tributos incidentes na fonte quando contratações são feitas por residentes no Brasil com não residentes no exterior). Com efeito, tais operações *cross border* já causaram debates e motivaram inúmeros estudos em todo o mundo, que ainda discute como adequar a tributação internacional à digitalização da economia no contexto da Organização para a Cooperação e o Desenvolvimento Econômico ("OCDE").[2]

Foi nesse cenário que surgiu a proposta de reforma tributária trazida pela Proposta de Emenda à Constituição ("PEC") nº 45/2019, já aprovada em dois turnos na Câmara dos Deputados e no Senado Federal, agora devolvida à Câmara dos Deputados para apreciação das alterações votadas pelo Senado.[3] A proposição pretende instituir dois tributos sobre valor agregado (conhecidos internacionalmente como Impostos sobre Valor Agregado – "IVA"), sob a sistemática do chamado "IVA dual", sendo um deles cobrado na esfera federal com outro ficando em âmbito subnacional (estadual e municipal). Em linhas gerais, a Contribuição para o Programa de Integração Social ("PIS") e a Contribuição para o Financiamento da Seguridade Social ("COFINS") serão substituídas pela CBS, enquanto os atuais ICMS e ISS seriam substituídos por um único imposto, o IBS. O Imposto sobre Produtos Industrializados ("IPI") deixaria de existir, enquanto passaria a ser cobrado um Imposto Seletivo ("IS") sobre operações supostamente prejudiciais à saúde ou ao meio ambiente.

Ainda que se admita que a Reforma Tributária em trâmite tenha alguns atributos relevantes, importantes pontos de preocupação e razões para críticas foram deixados em seu texto. No presente artigo, trataremos de um deles, consistente em dispositivo que pretende alargar a sujeição passiva dos novos IVAs, permitindo sua cobrança em face de terceiros. É o §3º do art. 156-A da PEC nº 45/2019 prevê que a "Lei complementar poderá definir como sujeito passivo do imposto a pessoa que concorrer para a realização, a execução ou o pagamento da operação, ainda que residente ou domiciliada no exterior".

O amplo e genérico texto abre margem para que o legislador complementar possa atribuir responsabilidade passiva a terceiros diversos, ainda que não tenham qualquer relação jurídico-tributária efetiva com a ocorrência do fato gerador. Basta que tenham concorrido para a "realização, execução ou o pagamento da operação", podendo ser responsabilizados mesmo quando residentes e domiciliados no exterior. Parece indicar que o legislador infraconstitucional poderá atribuir aos marketplaces digitais e aos intermediadores financeiros a obrigação de recolher o IBS e a CBS, em sujeição passiva

[1] Sobre a remessa de mercadorias ao Brasil a partir do exterior, exploraremos a experiência do "Remessa Conforme" no Capítulo IV abaixo.

[2] A esse respeito, confira-se vasto material já desenvolvido e ainda em desenvolvimento pela Organização para a Cooperação e o Desenvolvimento Econômico ("OCDE"): Disponível em: https://www.oecd.org/tax/addressing-the-tax-challenges-of-the-digital-economy-9789264218789-en.htm. Acesso em: 23 maio 2024.

[3] Até o fechamento deste artigo, em 12 de novembro de 2023, a PEC nº 45/2019 ainda aguardava aprovação final pelo Congresso Nacional.

que substituirá ou será supletiva à obrigação do contribuinte, aquele que efetivamente realizará o fato gerador dos novos tributos.

A seguir, buscaremos abordar algumas das possíveis implicações da eventual aprovação do §3º do art. 156-A da PEC nº 45/2019 para essas plataformas digitais.

1 Tributação atual e controvérsias envolvendo marketplaces e intermediadores financeiros

No Brasil, até o presente momento, não há um tributo que incide unicamente sobre o consumo na economia digital. A tributação do consumo é repartida entre União, Estados e Municípios mediante a cobrança de tributos diversos em múltiplas e sobrepostas incidências (por exemplo, PIS/COFINS, IPI, ICMS, ISS). Para se concluir qual a tributação incidente sobre operações inovadoras, contribuintes e operadores do direito buscam adequar conceitos de fato jurídico tributário conhecidos àquela atividade digital sob exame.

No caso dos marketplaces, normalmente se tem uma plataforma tecnológica disponibilizada a terceiros interessados na comercialização de suas mercadorias ou serviços. A plataforma permite que tais terceiros sejam conectados aos consumidores finais. A *priori*, portanto, não há que se falar em relação de consumo entre os operadores das plataformas e os comerciantes, tampouco entre aqueles e os consumidores finais. À semelhança dos negócios jurídicos conhecidos, tem-se, na verdade, a mera disponibilização do espaço virtual para a aproximação de terceiros.

Prática similar acontece com relação aos intermediadores financeiros ou meios de pagamentos, os quais se prestam à atuação como agentes facilitadores em transações financeiras realizadas entre terceiros mediante a disponibilização de seus serviços digitais para a concretização do pagamento dessas operações.

Em ambos os casos nos parece claro que esses agentes intermediadores não realizam operações com os bens e serviços comercializados, mas sim prestam serviços ou cedem direito de uso de suas plataformas para que terceiros possam ali desenvolver as suas próprias atividades comerciais com maior facilidade e com o fim de atingir o maior número de consumidores.

Já os terceiros que utilizam as plataformas para a comercialização de seus produtos e serviços de forma digital, por meio do chamado *e-commerce*, eles sim estariam submetidos ao recolhimento dos correspondentes tributos incidentes na venda realizada (por exemplo, o ICMS quando há venda de mercadoria). No caso dos produtos, como essas operações muitas vezes envolvem vendedores e consumidores domiciliados em Estados da Federação distintos, a Emenda Constitucional nº 87, de 16 de abril de 2015 ("EC 87"), buscou regulamentar a incidência do ICMS nessas ocasiões, de modo a proporcionalizar a arrecadação tributária a todos os Estados envolvidos por meio da cobrança do Diferencial de Alíquota ("DIFAL").[4]

[4] Com a implementação da EC nº 87/2015, o art. 155, VII, da Constituição Federal, passou a assim dispor:
"Art. 155. (...)
VII – nas operações e prestações que destinem bens e serviços a consumidor final, contribuinte ou não do imposto, localizado em outro Estado, adotar-se-á a alíquota interestadual e caberá ao Estado de localização do

O caso do DIFAL evidencia uma tentativa do legislador e das autoridades fiscais de adequar o sistema tributário às inovações trazidas pela evolução da economia digital, nesta hipótese por meio do comércio eletrônico. No entanto, diante da ausência de regulamentação sobre a cobrança, o Supremo Tribunal Federal reconheceu a inconstitucionalidade da cobrança do DIFAL até que fosse editada Lei Complementar para este fim,[5] fixando a seguinte tese constante do Tema nº 1.093:

> A cobrança do diferencial de alíquota alusivo ao ICMS, conforme introduzido pela Emenda Constitucional nº 87/2015, pressupõe edição de lei complementar veiculando normas gerais. (grifos aditados)

Na situação examinada, tendo a EC nº 87 alterado o §2º do art. 155 da Constituição Federal e incluído o art. 99 no Ato das Disposições Constitucionais Transitórias, para tratar da sistemática do DIFAL nas operações destinadas a consumidor final, contribuinte ou não do imposto, localizado em outro Estado, toda a disciplina dessa cobrança se deu por Convênio CONFAZ (i.e., o Convênio ICMS nº 93/2015).

No voto, o Ministro Marco Aurélio, relator do processo, indaga se a sistemática disposta na EC nº 87 teria exaurido a regra matriz do tributo, prescindindo da exigência constitucional de veiculação da matéria via lei complementar – e conclui que não. Ressalta, nesse ponto, que especificamente em relação ao ICMS, a competência de lei complementar preserva a unidade da Federação ao ensejar a fixação de parâmetros nacionais a fim de se evitar sobreposição de regimes livremente estabelecidos pelos legisladores estaduais.

Com efeito, o art. 146 da Constituição federal atribui à lei complementar a competência para (i) dispor sobre conflitos de competência em matéria tributária; (ii) regular as limitações constitucionais ao poder de tributar; e (iii) editar normas gerais tributárias, definindo, especialmente, o fato gerador, a base de cálculo e o contribuinte dos tributos.

É bem verdade que o tribunal modulou os efeitos desta decisão para que produzisse efeitos apenas a partir de 2022. No mesmo ano, sobreveio a Lei Complementar nº 190, de 04 de janeiro de 2022, que, tendo em vista a declaração da inconstitucionalidade no julgamento da repercussão geral em questão, incorporou a disciplina do DIFAL prevista no Convênio ICMS nº 93/2015, superando o vício de competência arguido por meio da alteração na Lei Complementar nº 87, de 13 de setembro de 1996 ("Lei Kandir").

Outro exemplo clássico desse embate é o da tributação dos softwares. Em discussão que perdurou durante décadas no Poder Judiciário, os Estados defendiam que a comercialização de softwares padronizados, ou os "softwares de prateleira", configuraria venda de produtos, logo, tributável pelo ICMS. Os Municípios, por sua vez, defendiam que o desenvolvimento dessas tecnologias configuraria uma prestação de serviço, portanto passível de cobrança pelo ISS.

---

destinatário o imposto correspondente à diferença entre a alíquota interna do Estado destinatário e a alíquota interestadual".

5 No Julgamento do Recurso Extraordinário nº 1.287.019, de Relatoria do Ministro Marco Aurélio, com Relatoria para o Acórdão do Ministro Dias Toffoli, julgado pelo Plenário do Supremo Tribunal Federal em 24 de fevereiro de 2021, em regime de repercussão geral.

A discussão parece ter chegado a um fim, pelo menos no âmbito do conflito de competência entre ICMS x ISS, com o julgamento das Ações Diretas de Inconstitucionalidade ("ADIs") 5659 e 1945,[6] por meio das quais o Supremo Tribunal Federal afastou a incidência do ICMS sobre o licenciamento ou a cessão do direito de uso de programas de computação, independentemente da forma de aquisição. O entendimento majoritário prevalecente na Corte foi de que a elaboração de softwares é um serviço que resulta do esforço humano. Tanto no fornecimento personalizado quanto no licenciamento ou na cessão de direito de uso de software padronizado teríamos uma obrigação de fazer na confecção do programa de computador. Como resultado, seria negócio potencialmente sujeito ao ISS, e não ao ICMS.

Antes desta definição do STF pela cobrança do ISS sobre os softwares, os Estados, ainda buscando realizar a sua pretensão de cobrar o ICMS sobre tais operações, parecem ter antecipado a discussão a ser abordada no seguinte tópico, direcionada à tributação dos marketplaces e intermediadores financeiros. E o fizeram mediante a edição do Convênio ICMS nº 106, de 29 de setembro de 2017, do Conselho Nacional de Política Fazendária ("CONFAZ"). O diploma tinha por objetivo "disciplinar os procedimentos de cobrança do ICMS incidente nas operações com bens e mercadorias digitais por meio da transferência eletrônica de dados".

O referido convênio chamou a atenção, à época, por claramente tentar disciplinar o tratamento tributário a ser atribuído às plataformas digitais, atingindo os marketplaces e os intermediadores financeiros, ainda que não houvesse autorização legal para isso.

A Cláusula quarta do Convênio[7] determinava que, nas operações supostamente envolvendo mercadorias digitais intermediadas por plataformas mediante transferência eletrônica de dados, o contribuinte do ICMS não seria o efetivo comerciante do produto digital, mas sim a "pessoa jurídica detentora do site ou de plataforma eletrônica que realiza a venda ou disponibilização, ainda que por intermédio de pagamento periódico".

Vê-se, então, que os Estados tentaram atribuir não só a responsabilidade tributária às plataformas eletrônicas, como também a responsabilidade principal, colocando-as na posição de contribuintes do ICMS, sem que tenha sido feita qualquer ressalva sobre a relação com a ocorrência do fato gerador ou com o inadimplemento da pessoa jurídica comerciante ou do consumidor final.

Não suficiente (e aqui já antecipando a pretensão que posteriormente veio a se materializar com a propositura da PEC nº 45/2019), o Convênio nº 106/2017, por meio de sua cláusula quinta, também conferiu aos Estados a inconcebível autorização para que pudessem atribuir a responsabilidade pelo recolhimento do imposto:

---

6 Julgadas em 24 de fevereiro de 2021, de relatoria do Ministro Dias Toffoli, pelo Plenário do Supremo Tribunal Federal.

7 Cláusula quarta. A pessoa jurídica detentora de site ou de plataforma eletrônica que realize a venda ou a disponibilização, ainda que por intermédio de pagamento periódico, de bens e mercadorias digitais mediante transferência eletrônica de dados, é o contribuinte da operação e deverá inscrever-se nas unidades federadas em que praticar as saídas internas ou de importação destinadas a consumidor final, sendo facultada, a critério de cada unidade federada:
I – a indicação do endereço e CNPJ de sua sede, para fins de inscrição;
II – a escrituração fiscal e a manutenção de livros e documentos no estabelecimento referido no inciso I;
III – a exigência de indicação de representante legal domiciliado em seu território.

(i) àquele que realizar a oferta, venda ou entrega do bem ou mercadoria digital ao consumidor, por meio de transferência eletrônica de dados, em razão de contrato firmado com o comercializador;
(ii) ao intermediador financeiro, inclusive a administradora de cartão de crédito ou de outro meio de pagamento;
(iii) ao adquirente do bem ou mercadoria digital, na hipótese de o contribuinte ou os responsáveis descritos nas situações anteriores não serem inscritos na unidade federada de que trata a cláusula quarta;
(iv) à administradora de cartão de crédito ou débito ou à intermediadora financeira responsável pelo câmbio, nas operações de importação.

Neste caso, os Estados sequer tiveram o cuidado de publicar norma com redação ampla que permitisse interpretação para o acionamento dos intermediadores digitais. Ao contrário, foram nomeados expressamente. Tudo isso para que fosse facilitada a arrecadação em face desses agentes intermediadores, ainda que não pudessem dispor da condição de contribuintes ou de responsáveis.

Alguns Estados chegaram a implementar em suas legislações internas a autorização concedida pelo CONFAZ, a exemplo do Estado do Rio de Janeiro, que editou a Lei Estadual nº 8.795, de 17 de abril de 2020, justamente no período inicial da pandemia do COVID-19, época em que as plataformas digitais ganharam ainda mais força. A legislação interna passou a prever a atribuição de sujeição passiva para o recolhimento do ICMS à: (i) pessoa jurídica detentora de site ou de plataforma eletrônica que realize a venda ou a disponibilização, ainda que por intermédio de pagamento periódico, de bens e mercadorias digitais mediante transferência eletrônica de dados; e (ii) pessoa jurídica detentora de site ou de plataforma eletrônica que realize prestação de serviço de comunicação, ainda que por intermédio de pagamento periódico.

Surpreendentemente, essa alteração legislativa foi referendada pelo Órgão Especial do Tribunal de Justiça do Estado do Rio de Janeiro ("TJRJ") em agosto de 2022, que reconheceu a constitucionalidade da lei estadual que atribui responsabilidade tributária às plataformas eletrônicas no julgamento da ADI nº 0040214-33.2020.8.19.0000.

Ainda que a matéria não tenha sido examinada pelo Supremo Tribunal Federal até o momento, não resta dúvida de que a tentativa dos Estados de criar tributação ou sujeição passiva por meio de Convênio infralegal é flagrantemente inconstitucional, pois exorbita completamente a competência desse instrumento normativo. As Resoluções do CONFAZ não podem usurpar da competência atribuída à lei complementar, de ditar as regras do jogo da tributação, especialmente para tratar de sujeição passiva. A matéria sujeita a esta classe normativa deve se restringir à regulamentação da concessão de benefícios fiscais e harmonizar as legislações estaduais, sem que isso possa resultar na criação de regras gerais de tributação.

2 Possibilidade de atribuição de sujeição passiva do IBS e da CBS nos termos do art. §3º do art. 156-a da PEC nº 45/2019[8]

Como já mencionado, a PEC nº 45/2019 traz em seu texto a possível concretização da antiga pretensão de se atribuir sujeição passiva aos marketplaces e intermediadores financeiros, desta vez com relação aos novos IBS e CBS.[9]

O §3º do art. 156-A da Proposta assim dispõe:

> Art. 156-A. Lei complementar instituirá imposto sobre bens e serviços de competência dos Estados, do Distrito Federal e dos Municípios. (...)
> §3º Lei complementar poderá definir como sujeito passivo do imposto a pessoa que concorrer para a realização, a execução ou o pagamento da operação, ainda que residente ou domiciliada no exterior.[10]

Como abordamos no tópico anterior, atualmente, sem a vigência do dispositivo proposto, não haveria autorização legal para que a responsabilidade tributária pelos tributos tipicamente incidentes no comércio digital fosse atribuía a terceiro que não possui relação com a ocorrência do fato gerador da obrigação tributária. Os Estados tentaram por meio da edição do Convênio nº 160/2017, mas a pretensão revelou-se notoriamente inconstitucional, novamente citando o art. 146 da Constituição Federal, que reserva essa matéria à lei complementar.

A Lei Kandir, que regulamenta a cobrança do ICMS, define que o contribuinte do imposto é, em regra, qualquer pessoa, física ou jurídica, que realize, com habitualidade ou em volume que caracterize intuito comercial, operações que configurem fato gerador do ICMS, ainda que se iniciem no exterior.[11]

Por sua vez, o Código Tributário Nacional (Lei nº 5.172, de 25 de outubro de 1966)[12] disciplina que a lei pode atribuir expressamente a responsabilidade pelo crédito tributário a terceira pessoa, <u>desde tenha vinculação com a ocorrência do fato gerador da obrigação tributária</u>, excluindo a responsabilidade do contribuinte ou atribuindo-lhe responsabilidade supletiva ou subsidiária.[13]

Evidentemente, nenhuma das disposições tem o condão de atribuir aos marketplaces e intermediadores financeiros, que atuam em ambientes digitais, a condição de contribuinte ou responsável tributário pelo recolhimento do imposto devido pelos

---

[8] Aplicável também à CBS em função do disposto no §16 do art. 195 da Constituição Federal proposto pela PEC nº 45/2019.

[9] A aplicação da ampliação da sujeição passiva à CBS se dá a partir de outros dispositivos que conectam os dois tributos em uma mesma Lei Complementar e adoção de regras comuns em relação a fatos geradores, bases de cálculo, hipóteses de não incidência e sujeitos passivos (Art. 149-B proposto pela PEC 45/2019).

[10] Segundo o §16 do art.195 da Constituição Federal proposto pela PEC 45/2015, "§16. Aplica-se à contribuição prevista no inciso V do caput o disposto no art. 156-A, §1º, I a VI, VIII, X a XIII, §3º, §5º, II a VI, VIII e IX, e §§6º a 11 e 13".

[11] Art. 4º Contribuinte é qualquer pessoa, física ou jurídica, que realize, com habitualidade ou em volume que caracterize intuito comercial, operações de circulação de mercadoria ou prestações de serviços de transporte interestadual e intermunicipal e de comunicação, ainda que as operações e as prestações se iniciem no exterior.

[12] Lei ordinária recepcionada pela Constituição Federal com status de lei complementar.

[13] Art. 128. Sem prejuízo do disposto neste capítulo, a lei pode atribuir de modo expresso a responsabilidade pelo crédito tributário a terceira pessoa, vinculada ao fato gerador da respectiva obrigação, excluindo a responsabilidade do contribuinte ou atribuindo-a a este em caráter supletivo do cumprimento total ou parcial da referida obrigação.

utilitários de suas plataformas, uma vez que o escopo de suas atividades se esgota na intermediação do negócio, sem qualquer influência sobre a operação comercial ou financeira realizada entre os terceiros. Não há, portanto, qualquer relação, direta ou indireta, com a ocorrência do fato gerador do ICMS, por exemplo.

Nos termos atuais, eventual ampliação do escopo legislativo relativo à sujeição passiva para o recolhimento do tributo deveria ser feita por meio do instrumento legítimo, notadamente uma lei complementar. Isso foi chancelado recentemente pelo Supremo Tribunal Federal na ocasião do julgamento da ADI nº 6.284, por meio do qual a Corte rechaçou a possibilidade de ampliação do campo de sujeição passiva por meio de Lei Estadual e definiu que *"é inconstitucional lei estadual que disciplina a responsabilidade de terceiros por infrações de forma diversa das regras gerais estabelecidas pelo CTN"*.

Agora, por meio de referida alteração constitucional, pretende-se acolher o pleito de se buscar o recolhimento de tributos em face de qualquer pessoa que concorra para a realização, execução ou pagamento da operação, mesmo que essa pessoa não tenha relação com a ocorrência do fato gerador. Parece-nos que o dispositivo terá o principal propósito de atingir o *e-commerce* originado no exterior, operação que dificulta ainda mais a cobrança de tributos dos pulverizados consumidores no Brasil. O novo dispositivo permitiria que fossem atingidos, em solo nacional, agentes intermediadores de plataformas digitais que atuam a partir de países estrangeiros.

Chama ainda mais atenção o escopo bastante amplo do texto proposto, que praticamente dá uma "carta branca" para que a lei complementar atribua a sujeição passiva a terceiros que não necessariamente possuem relação com a ocorrência do fato gerador.

Isso significa uma temerária possibilidade de marketplaces e intermediadores financeiros virem a ser cobrados para o recolhimento do IBS e da CBS já de início, independentemente de eventual responsabilidade tributária dos agentes diretamente relacionados com a ocorrência do fato gerador. Na prática, há margem de interpretação no sentido de que o fisco poderá responsabilizar os intermediadores digitais para o recolhimento dos tributos, substituindo no polo passivo da obrigação tributária os comerciantes e os consumidores que utilizam a plataforma.

Essa pretensão se dá em função da maior facilidade de concentração de esforços em torno das plataformas, o que faria com que o fisco estivesse dispensado de fiscalizar os contribuintes "menores", isto é, aqueles que utilizam as plataformas para desenvolver as atividades mercantis ou ainda aqueles que consomem os produtos comercializados digitalmente. Some-se a isso o fato de que essas plataformas supostamente disporiam de recursos financeiros mais abrangentes do que os demais, o que, em certa medida, garantiria que a obrigação tributária seria mais facilmente adimplida.

Na prática, isso poderá resultar na cobrança do IBS e da CBS de forma exclusiva e exacerbada em face dos marketplaces e intermediadores financeiros, trazendo-lhes adicionais deveres principais e acessórios. Isso traria às plataformas não só o dever de recolher os tributos que seriam devidos pelos seus utilitários e/ou de fiscalizá-los, mas também os custos de conformidade para se adequar a essa realidade, o que pode envolver a contratação de pessoal e de sistemas de controle, por exemplo.

E não esqueçamos que essas plataformas já terão que recolher o IBS e a CBS sobre as suas atividades regulares de intermediação (que corresponderiam ao PIS/COFINS e ISS nos termos atuais). Ou seja, estarão duplamente onerados pelas obrigações de recolhimento dos tributos: tanto sobre suas atividades próprias e aquelas realizadas por terceiros.

O fato de que essas alterações possam ser introduzidas ao texto constitucional, com a faculdade de que o legislador venha a regulamentá-las por lei complementar, enfraquece a possibilidade de discussão sobre a constitucionalidade ou legalidade dessas eventuais cobranças do ponto de vista formal.

No entanto, se não for desenvolvida de forma justa e viável, essa autorização poderá ser excessivamente onerosa às plataformas, com efeitos práticos absolutamente indesejáveis à economia nacional. Isto sim deverá ser objeto de questionamento. Afinal, as inúmeras e incalculáveis vantagens econômicas trazidas pelas plataformas digitais fizeram com que o País passasse a depender dessas atividades.

Caso a medida não seja mais amplamente discutida e a lei complementar, de forma impensada, venha a impor sujeição passiva excessivamente onerosa às plataformas digitais e principalmente aos intermediadores financeiros, poderá inviabilizar a própria operação desses agentes digitais. É preciso se ater à particularidade dessas plataformas e, se for o caso de responsabilizá-los, que sejam implementados mecanismos eficientes e pouco onerosos aos marketplaces e intermediadores financeiros.

3 Experiência internacional

A perspectiva de digitalização do consumo – que não é nova no Brasil – já é uma realidade presente há ainda mais tempo no exterior. Tanto em países desenvolvidos como em desenvolvimento, o desafio de tributar a economia digital parece chamar a atenção das autoridades locais, inclusive com a implementação de mecanismos de coleta tributária concentrado nos grandes *players*.

Na Europa, ainda em período pandêmico, o Conselho da União Europeia aprovou, em março de 2021, a *Directive Amendment* DAC-7, que, em resumo, obriga as plataformas digitais a apurarem e informarem às autoridades tributárias dos países que compõem o bloco informações relevantes sobre os seus utilitários, por exemplo, o número da conta bancária do particular e o número de contribuinte do IVA cobrado por países da União Europeia.[14]

A medida, que também prevê a troca de informações e colaboração mútua das autoridades fiscais dos países do bloco, tem o claro objetivo de evitar a evasão fiscal dos fornecedores que atuam no comércio digital. Assim o faz, impondo a essas plataformas o dever de fiscalizar, manter e informar às autoridades fiscais os dados particulares daqueles fornecedores que operam em seu ambiente virtual.

De forma ainda mais eficiente, desde julho de 2021 a União Europeia inaugurou o programa *One Stop Shop* (OSS), que trouxe importantes mudanças nas regras de operacionalização e tributação do IVA Europeu sobre as operações de *e-commerce*

---

[14] MANCA, Mauro. *EU DAC7 Proposal Further Strengthens EU Tax Administrative Cooperation, Even in Respect of Digital Platforms*. European Taxation. IBFD, April 2021. p. 139-146.

cross-border (envolvendo mais de uma jurisdição) para consumidor final (operações "B2C" – *business to consumer*).[15] Dentre as novas regras vigentes, destacam-se as seguintes envolvendo as plataformas digitais:

(i) plataformas online podem se registrar em um país membro da União Europeia e isso será válido para a declaração e pagamento do IVA em todas as vendas e prestações de serviços à distância ocorridas no bloco;
(ii) plataformas online que facilitam os fornecimentos passam a ser consideradas, em certas circunstâncias, como fornecedores (*deemed suppliers*); e
(iii) novos requisitos de manutenção de registros para plataformas regulares que facilitam o fornecimento de bens e serviços, inclusive quando essas plataformas não são consideradas fornecedores.

Muitos são os desafios já travados pelos operadores digitais com a atribuição da condição fictícia de fornecedor às plataformas (*deemed suppliers*) em algumas circunstâncias para o recolhimento do IVA Europeu. A medida tem gerado críticas, de um lado, em função da excessiva onerosidade que recai sobre esses agentes, principalmente fiscalizatórias. Estudos dão conta de que o desafio dessas plataformas poderá ser ainda maior, uma vez que há a expectativa de que as situações nas quais as plataformas atuam como substitutas de seus fornecedores para o recolhimento do IVA Europeu devem ser ampliadas a partir da entrada em vigor, em 01 de janeiro de 2025, de novas provisões a serem incluídas no *ViDA* (*"VAT in the Digital Age"*), aprovado pela União Europeia em 08 de dezembro de 2022 com o propósito de adaptar as regras do IVA às operações *cross-border*.[16]

Na América Latina e no Caribe, por outro lado, a tributação da atividade digital parece ainda longe de ser uniformizada. Muito em função da disparidade econômica, social e territorial dos países caribenhos e latino-americanos, é possível perceber uma grande variedade na forma pela qual os países optam por tributar tais operações. Apesar disso, o Imposto sobre Valor Agregado mostra-se uma realidade já concreta na maioria das jurisdições.[17]

Países como Bahamas, Argentina, Uruguai, Colômbia, Barbados, Costa Rica, Chile, Equador, México e Paraguai já obrigam os fornecedores não residentes a recolher o IVA quando da prestação de serviços digitais aos seus residentes, fazendo com que tenham que se adequar às legislações internas. A regra geral ainda é de que o imposto seja recolhido diretamente pelo fornecedor do produto ou serviço digital, mas Colômbia e Paraguai, por exemplo, já aplicam mecanismos que transferem aos intermediadores financeiros a obrigação de recolhimento do IVA.

---

[15] UNIÃO EUROPEIA. *VAT on e-Commerce* – One Stop Shop. Disponível em https://vat-one-stop-shop.ec.europa.eu/index_en. Acesso em: 25 nov. 2023.

[16] MATESANZ, Fernando. The Increasing Liability of Digital Platforms in the Collection of EU VAT. International VAT Monitor. IBFD May/June 2023. p. 107-113.

[17] ANNACONDIA, Fabiola; ALARCÓN, Laura. VAT on Digital Services and B2C Transactions: Experiences in the Latin American and Caribbean Region. International VAT Monitor. IBFD, July/August 2021. p. 185-203.

4 Experiência "remessa conforme"

Os esforços para implementar um sistema de recolhimento concentrado do imposto na figura das plataformas intermediadoras parece ter incentivado a Receita Federal do Brasil ("RFB") a instituir uma espécie de experiência prévia de controle no âmbito aduaneiro.

Isto porque, com a edição da Instrução Normativa RFB nº 2.146, de 29 de junho de 2023, o Órgão Fazendário instituiu o programa intitulado de "Remessa Conforme", que tem por objetivo a facilitação do controle dos tributos recolhidos em operações de importação de mercadorias no comércio internacional, além de garantir transparência ao consumidor.

Por meio do referido programa, as plataformas digitais internacionais demonstrarão ao consumidor brasileiro os tributos incidentes sobre as mercadorias adquiridas no próprio carrinho de compras virtual. Com isso, o consumidor poderá saber a carga tributária que recai sobre o produto que está sendo adquirido do exterior.

A discussão sobre a tributação de compras internacionais ganhou força com a ascensão de plataformas digitais sediadas na Ásia. O Governo Federal chegou a desenhar uma proposta de revogação da isenção do Imposto de Importação sobre as compras internacionais entre pessoas físicas em valor não superior a US$50,00.

Com a implementação do Remessa Conforme, a isenção do Imposto de Importação para compras de até US$50,00 foi mantida, desde que elas tenham sido feitas por intermédio de plataformas que aderiram ao programa.

Notícias dão conta de que os resultados percebidos pela Receita Federal com a implementação do programa têm sido satisfatórios. Prova disso é que quase 80% das remessas de mercadorias importadas até julho teriam sido oriundas de plataformas que aderiram ao Remessa Conforme.[18]

Embora com escopo e finalidade relativamente distintos, a medida pode ser proveitosa como uma experiência de controle tributário concentrado nas plataformas digitais. Ainda mais positiva porque demonstra que, nesse caso, as plataformas não parecem estar sendo excessivamente oneradas com a cobrança dos tributos e com os custos de conformidade, uma vez que estes valores estão sendo repassados ao consumidor final no momento da compra de forma transparente, em uma espécie de retenção na fonte.

Conclusões

Como visto, os marketplaces e os intermediadores financeiros ou meios de pagamento são plataformas digitais facilitadoras que atuam na intermediação de negócios, sem relação direta com a transação mantida entre terceiros (comerciantes e consumidores finais). Na prática, são plataformas digitais por meio das quais se fazem operações comerciais e financeiras. Isto é, apenas disponibilizam o seu espaço digital

[18] Colaboração de marketplaces para cobrar impostos adianta tema da reforma tributária. Portal Jota, 19 set. 2023. Disponível em: https://www.jota.info/coberturas-especiais/ecommerce-internacional/colaboracao-de-marketplaces-para-cobrar-impostos-adianta-tema-da-reforma-tributaria-19092023. Acesso em: 18 out. 2023.

para que terceiros possam realizar negócios jurídicos, como uma compra e venda ou um pagamento, por exemplo.

Na qualidade de agentes intermediadores, e, consequentemente, de prestadores de serviços, estão atualmente submetidos ao recolhimento do ISS aos Municípios. No entanto, os Estados já arquitetaram a possibilidade de cobrar desses agentes digitais o ICMS supostamente devidos por terceiros que utilizam a sua plataforma, ainda que os intermediadores não possuam relação direta com a ocorrência do fato gerador da obrigação tributária.

A tentativa dos Estados de ampliar e criar critérios de sujeição passiva por meio de convênio do CONFAZ foi inconstitucional, porque exorbitava a competência desse instrumento normativo. Afinal, a atribuição de responsabilidade tributária só pode ser deliberada expressamente por meio de lei complementar.

No entanto, dispositivo contido no texto da reforma tributária aprovado em dois turnos na Câmara dos Deputados e no Senado Federal, atualmente aguardando nova votação na Câmara, prevê a possibilidade de que lei complementar atribua a essas plataformas eletrônicas intermediadoras de negócios a responsabilidade tributária para o recolhimento do IBS e da CBS devidos pelos terceiros que a utilizam em decorrência de suas operações comerciais.

O amplo e genérico texto da PEC nº 45/2019 parece conferir carta branca para que a lei complementar atribua responsabilização a essas plataformas e aos intermediadores financeiros, fazendo com que tenham a obrigação tributária antes da busca pelos terceiros, mesmo sem relação direta com a ocorrência do fato gerador da obrigação tributária.

O dispositivo causa preocupação porque, se não for apropriadamente discutido e implementado de forma econômica e prática, a lei complementar a ser editada poderá onerar excessivamente e inviabilizar a operação dos marketplaces e meios de pagamento, concentrando nesses agentes todo o tributo devido pelos seus usuários.

Com a implementação desse novo regramento, as plataformas digitais teriam um considerável custo adicional de conformidade, além do dever de recolher o IBS e a CBS sobre duas operações distintas, isto é, tanto no contexto das suas próprias atividades de intermediação como nas operações de comercialização realizadas pelos terceiros.

A experiência com o programa Remessa Conforme, ainda que incipiente e com características relativamente distintas, pode ser um importante ponto de partida para que seja analisada a viabilidade e possibilidade da implementação de um sistema eficiente de controle das obrigações tributárias e de transparência com o consumidor, de modo a evitar que o ônus recaia exclusivamente sobre as plataformas digitais.

Se promulgada a PEC nº 45/2019 nos moldes já apreciados pelas duas casas do Congresso Nacional, deveremos acompanhar com cuidado o desenho da lei complementar regulamentadora. Recomendamos estudos voltados, desde já, para o desenvolvimento de possíveis mecanismos eficientes e automatizados de controle, com o fim de mitigar possíveis danos indesejados com a implementação do novo regime.

Referências

ANNACONDIA, Fabiola; ALARCÓN, Laura. *VAT on Digital Services and B2C Transactions: Experiences in the Latin American and Caribbean Region.* International VAT Monitor. IBFD, July/August 2021.

Colaboração de marketplaces para cobrar impostos adianta tema da reforma tributária. *Portal Jota,* 19 set. 2023. Disponível em: https://www.jota.info/coberturas-especiais/ecommerce-internacional/colaboracao-de-marketplaces-para-cobrar-impostos-adianta-tema-da-reforma-tributaria-19092023. Acesso em: 18 out. 2023.

MANCA, Mauro. *EU DAC7 Proposal Further Strengthens EU Tax Administrative Cooperation, Even in Respect of Digital Platforms.* European Taxation. IBFD, April 2021.

MATESANZ, Fernando. *The Increasing Liability of Digital Platforms in the Collection of EU VAT.* International VAT Monitor. IBFD May/June 2023.

QUINTANILHA, Gabriel. Absurda atribuição de responsabilidade tributária aos *marketplaces* no RJ. *Consultor Jurídico,* 02 out. 2022. Disponível em: https://www.conjur.com.br/2022-out-02/gabriel-quintanilha-responsabilidade-tributaria-aos-marketplaces. Acesso em: 17 out. 2023.

Receita Federal regulamenta o Programa Remessa Conforme. *Portal Gov.com.* Disponível em: https://www.gov.br/receitafederal/pt-br/assuntos/noticias/2023/julho/receita-federal-regulamenta-o-programa-remessa-conforme. Acesso em: 18 out. 2023.

SANTI, Eurico Marcos Diniz de *et al. Reforma Tributária e neutralidade do IVA.* São Paulo: Editora Max Limonad, 2023.

SANTI, Eurico Marcos Diniz de; MACHADO, Nelson. *Imposto sobre bens e serviços / Centro de Cidadania Fiscal:* estatuto, PEC45, PEC Brasil solidário, PEC 110, notas técnicas e visão 2023. 2. ed. São Paulo: Editora Max Limonad, 2023.

UHDRE, Dayana de Carvalho. Marketplaces: Possibilidades e Limites à sua Responsabilização no Âmbito da Tributação Indireta. *Revista de Direito Tributário Atual,* São Paulo: IBDT, ano 39, n. 48, p. 134-151, 2º quadrimestre 2021.

UNIÃO EUROPEIA. *VAT on e-Commerce* – One Stop Shop. Disponível em https://vat-one-stop-shop.ec.europa.eu/index_en. Acesso em: 25 nov. 2023.

Informação bibliográfica deste texto, conforme a NBR 6023:2018 da Associação Brasileira de Normas Técnicas (ABNT):

MONGUILOD, Ana Carolina; RICCIOTTI, Livia Accessor; GUEIROS NETO, Carlos Alberto. Possíveis impactos na tributação dos intermediadores digitais a partir da reforma tributária sobre o consumo. In: LOBATO, Valter de Souza (coord.); MARINHO NETO, José Antonino (org.). *O papel da lei complementar tributária no desenho federativo brasileiro.* Belo Horizonte: Fórum, 2024. p. 515-529. ISBN 978-65-5518-779-3.

LEI COMPLEMENTAR, REFORMA TRIBUTÁRIA E *MARKETPLACES*

BETINA TREIGER GRUPENMACHER,
DAYANA DE CARVALHO UHDRE,
CARLOS RENATO CUNHA

1 Lei complementar, normas gerais em matéria tributária e federação

A Federação Brasileira, "formada pela união indissolúvel dos Estados e Municípios e do Distrito Federal" (art. 1º da Constituição da República), possui, como cada uma das federações mundo agora, idiossincrasias, peculiaridades, um modo próprio de ser, que se afasta, em maior ou menor grau, da primeira Federação historicamente conhecida, a que foi criada com o surgimento dos EUA.

A interrelação entre a Federação e a tributação, contudo, parece ser algo perene. Não há dúvida de que a forma de descentralização adotada pelo texto constitucional tem fortes implicações no campo tributário. O aspecto tributário primordial da Federação dá-se na necessária garantia de **autonomia financeira**. Tal autonomia implica a existência de fontes de receitas próprias, à parte de eventuais receitas fruto de repasse entre os entes federativos.

E com isso concorda Carrazza, quando afirma:

> Parece certo que, sendo autônomo, cada Estado deve, sem interferências federais ou estaduais, prover as necessidades de seu governo e administração. Para isto, a Lei Maior conferiu a todos o direito de regular suas despesas e, conseguintemente, de instituir e arrecadar, em caráter privativo e exclusivo, os tributos que as atenderão.[1]

E pontifica Amílcar Falcão:

[1] CARRAZZA, Roque Antonio. *Curso de Direito Constitucional Tributário*. 29 ed. São Paulo: Malheiros, 2013. p. 171.

> É evidente que seria enganosa toda concessão de autonomia a determinada comunidade política, se concomitantemente não se lhe assegurasse o necessário poder de autodeterminação no que respeita à obtenção dos meios financeiros para o custeio dos seus serviços.[2]

Assim sendo, "(...) nem a União há de invadir os limites da competência dos Estados, nem estes poderão imiscuir-se em assuntos federais".[3] Souto Maior Borges também ensina: "O princípio básico que preside à estruturação do Estado federal é a repartição de competências (*Kompetenzverteilung*), em particular a repartição de competências tributárias (*Steuerkonpetenzen*)".[4] E a vedação de emenda à Constituição sobre o tema é rigorosa: impede até mesmo que a modificação seja *tendente* à abolição da estrutura federativa.

Verifica-se, portanto, que o Princípio Federativo espraia-se em toda a distribuição de competências para instituição de tributos e na problemática das normas gerais em matéria tributária.

Essas normas gerais devem ser inseridas, no sistema jurídico, por meio do veículo "lei complementar", previsto no art. 59, II da Carta Maior, que, como dispõe o art. 69, necessita, para sua aprovação, de quórum qualificado. E, nesse tema, encontra-se considerável tensão federativa. O ponto sensível refere-se às funções e limites das normas gerais, que possuem indubitável natureza de "normas nacionais" e, como recorda Eurico Marcos Diniz de Santi, são típicas normas de estrutura.[5]

Interpretando sistematicamente o texto constitucional, temos que, em respeito à forma de Estado adotada no Brasil – a federativa –, não pode a União legislar sobre peculiaridades tributárias de forma a desrespeitar a autonomia dos demais entes federativos.

A doutrina diverge acerca do alcance da norma de competência do art. 146 da Constituição da República, tendo se formado as teorias dicotômica e tricotômica acerca do tema. Aquela, adotada, por exemplo, por Paulo de Barros Carvalho e Roque Antonio Carrazza, afirma que a União somente pode emitir tais normas gerais para dispor sobre conflitos de competência e para regular as limitações constitucionais à tributação, podendo, para esse fim, legislar sobre "fatos geradores, prescrição, decadência" *etc.*, numa forte defesa da Federação.[6] A segunda teoria, adotada, exemplificativamente, por Humberto Ávila e Eurico Marcos Diniz de Santi, afirma que as previsões dos incisos I, II e III do art. 146 são normas de competência diversas, podendo o legislador complementar dispor sobre cada uma das matérias.[7]

---

2 FALCÃO, Amílcar de Araújo. *Introdução ao Direito Tributário*. 3 ed. rev. e atual. por Flávio Bauer Novelli. Rio de Janeiro: Forense, 1987. p. 89-90.

3 CARRAZZA, Roque Antonio. *Curso de Direito Constitucional Tributário*. 29 ed. São Paulo: Malheiros, 2013. p. 171.

4 BORGES, José Souto Maior. *Teoria Geral da Isenção Tributária*. 3 ed. São Paulo: Malheiros, 2007. p. 29.

5 SANTI, Eurico Marcos Diniz de. O Código Tributário Nacional e as normas gerais de Direito Tributário. In: SANTI, Eurico Marcos Diniz de (Coord.). Curso de Direito Tributário e Finanças Públicas: do fato à norma, da realidade ao conceito jurídico. São Paulo: Saraiva, 2008. p. 322.

6 CARVALHO, Paulo de Barros. Curso de Direito Tributário. 32 ed. São Paulo: Noeses, 2022. p. 233-234; CARRAZZA, Roque Antonio. Curso de Direito Constitucional Tributário. 29 ed. São Paulo: Malheiros, 2013. p. 1048.

7 SANTI, Eurico Marcos Diniz de. O Código Tributário Nacional e as normas gerais de Direito Tributário. *In*: SANTI, Eurico Marcos Diniz de (Coord.). *Curso de Direito Tributário e Finanças Públicas*: do fato à norma, da realidade ao conceito jurídico. São Paulo: Saraiva, 2008. p. 328-329.

Contudo, a afirmação de existência de conflito entre a teoria tricotômica e a Federação merece aprofundamento. Isso porque a Federação e a previsão do artigo 146, III, "a" e "b", nasceram, juridicamente, no mesmo átimo temporal: a promulgação da atual Constituição. Nesse sentido, Humberto Ávila afirma:

> (...) é preciso interpretar a regra de competência para a edição de normas gerais de acordo com o princípio federativo. É, porém, exagerado não atribuir um mínimo de sentido ao dispositivo constitucional que prevê as três funções para a lei complementar. Esse entendimento tem o seguinte fundamento: as normas previstas no artigo 146 estão dispostas na mesma Constituição que institui o princípio federativo. (...) Não há, pois, um princípio federativo, de um lado, e regras de competência, de outro, como se fossem entidades separadas e pudessem ser interpretadas em momentos distintos. O que há é um princípio federativo resultante da conexão com as regras de competência (...).[8]

Como coadunar referidas alíneas "a" e "b" do inciso III, e o Princípio Federativo? Afinal, ambos os enunciados prescritivos são contemporâneos e possuem o mesmo nível hierárquico. Mas, de outro lado, a interpretação literal do art. 146 pode simplesmente esvaziar a competência tributária dos entes federativos, com uma ampla outorga de poderes ao legislador complementar nacional. Resta-nos uma interpretação sistemática de tais enunciados. Inicialmente, não podemos concordar que as hipóteses arroladas no inciso III do art. 146 sejam exemplificativas, apesar do termo "especialmente", constante de sua redação. Isso implicaria na própria negação da existência de autonomia legislativa dos entes federativos em matéria tributária, apesar de o Texto Constitucional demorar-se na delimitação da competência tributária de cada nível federativo: um verdadeiro contrassenso, que nos leva à opinião de que se trata de previsão taxativa.

Em relação às suas alíneas, a conclusão parece-nos ser diferente para cada uma. No que se refere à alínea "a", o absurdo acima referido continuaria existindo, se não houver limites para o legislador complementar nacional: o Constituinte teria outorgado competência tributária a Estados, Distrito Federal e Municípios para *nada*; bastaria o legislador complementar definir diferentemente um "fato gerador", para que se esvaziasse de modo importante a possibilidade de instituição de tributos. *Resta-nos, portanto, compreender referido enunciado como visando ao cumprimento das hipóteses dos incisos I e II do mesmo art. 146*. Já no que tange à alínea "b", que trata de normas gerais para definição de obrigação, lançamento, crédito, prescrição e decadência tributária, não chegamos à mesma conclusão. É que, tais matérias, não nos parecem ensejar "conflitos de competência" entre os entes federativos: o efeito, de eventual inexistência de lei nacional sobre tais temas, seria a possibilidade de milhares de diferentes definições sobre importantes institutos de direito tributário por todo o Brasil, sem que uma influenciasse na outra. Do mesmo modo, não vislumbramos tais temas abrangidos no conceito de "limitações" ao poder de tributar, ao menos num sentido estrito, de temas relacionados nos artigos 150 a 152 da CR/88. Como a previsão encontra-se expressamente no Texto Constitucional, não consideramos possível sua simples desconsideração: *a competência tributária dos entes federativos encontra-se, a nosso ver, vinculada à previsão do legislador*

---

[8] ÁVILA, Humberto. *Sistema Constitucional Tributário*. 2. ed. São Paulo: Saraiva, 2006. p. 137.

complementar nacional em relação a tais temas, fazendo parte, tal "limitação", do desenho do Princípio Federativo em nosso sistema.

Pois bem. Os requisitos para a aprovação de lei complementar encontram-se previstos no art. 69 da CR/88, e, com fundamento na doutrina de Barros Carvalho, pode-se verificar dois elementos identificadores de uma lei complementar, em nosso sistema: a) matéria expressa ou implicitamente indicada na Constituição (pressuposto material ou ontológico); e b) o quórum especial do art. 69 da Carta Maior (pressuposto formal).[9]

Muito se têm discutido acerca da existência ou não de hierarquia entre lei complementar e lei ordinária. A Carta Maior deu às leis complementares diferentes funções, e, portanto, não é possível haver uma descrição uniforme, nem mesmo sacar afirmações universais sobre sua hierarquia.[10] Portanto, a resposta a tal dúvida é: depende. Se a lei complementar possui natureza de norma de estrutura, por exemplo, no caso das funções previstas no artigo 146, I e II, da CR/88, a resposta é sim. Nesses casos, a norma veiculada através de lei complementar é hierarquicamente superior à norma veiculada por lei ordinária, até mesmo porque delimita a competência tributária infraconstitucional. Em outros casos, como quando a lei complementar veicula normas de conduta – exemplos seriam as previsões dos artigos 148 e 154, I da CR/88 –, inexiste qualquer hierarquia.

Desse modo, parece-nos clara a possibilidade de existência de lei complementar materialmente ordinária, vale dizer, que trata de matéria que não lhe é privativa, e, portanto, pode ser revogada por lei ordinária. Trata-se de posição que já era defendida por Souto Maior Borges, para quem "'Lei complementar' extravasante é substancialmente lei ordinária e, como tal, revogável por outra lei ordinária da União".[11]

2 Reforma tributária: o IBS e o papel da lei complementar

Como antes afirmado, a Federação é cláusula pétrea em nosso sistema, impedindo até mesmo que a modificação seja *tendente* à abolição da estrutura federativa.

Interessante é a questão acerca da existência de lesão ao Princípio Federativo por parte de Emendas Constitucionais que modifiquem a competência tributária posta pelo chamado poder constituinte originário. Carrazza afirma que tal "(...) 'cláusula pétrea' não pode ser violada, nem por via oblíqua, o que ocorreria, por hipótese, se pretendêssemos retirar, mediante emenda constitucional, a competência tributária dos Estados".[12]

Segundo Luciano Amaro:

> A forma federativa de estado é imutável, ou seja, só se transforma o Brasil em um país unitário por revolução, porque a Constituição não permite que nenhuma emenda nesse sentido possa ser aprovada. (...)

---

[9] CARVALHO, Paulo de Barros. *Curso de Direito Tributário*. 32 ed. São Paulo: Noeses, 2022. p. 62.

[10] BORGES, José Souto Maior. *Lei Complementar Tributária*. São Paulo: RT, 1975. p. 79.

[11] BORGES, José Souto Maior. *Lei Complementar Tributária*. São Paulo: RT, 1975. p. 29.

[12] CARRAZZA, Roque Antonio. *Curso de Direito Constitucional Tributário*. 29 ed. São Paulo: Malheiros, 2013. p. 167.

> (...) nós temos ainda os desdobramentos do princípio federativo: se a Federação é algo que tem que ser preservado, nós temos que preservar também a autonomia financeira, sem a qual não há autonomia administrativa, nem autonomia política dos entes federais, inclusive, no Brasil, os municípios.[13]

A princípio, uma Emenda Constitucional que mude o arranjo das competências tributárias, por si só, não deixa transparecer qualquer tendência à abolição da forma federativa de estado. Mas isso pode ocorrer se, por exemplo, suprimir-se um tributo de competência dos Estados-Membros e dos Municípios, que venha a causar-lhes a falta de capacidade financeira, e, como consequência, a diminuição de autonomia.[14]

Esse é um tema que ganha relevância no momento em que se discute a ampla reforma tributária da tributação sobre o consumo, constante da Proposta de Emenda Constitucional nº 45/2019, com a extinção do Imposto sobre Serviços – ISS municipal e do Imposto sobre a Circulação de Mercadorias e Serviços – ICMS estadual, unificados no Imposto sobre Bens e Serviços – IBS de competência compartilhada entre Estados, Distrito Federal e Municípios, conforme previsão do artigo 156-A que será inserido no Texto Constitucional.

Não pretendemos, contudo, aprofundar a temática sobre os possíveis impactos federativos dessa mudança de fôlego em nosso sistema tributário. Interessa-nos apontar o(s) papel(éis) da lei complementar segundo o texto da mencionada PEC, segundo a redação aprovada na Câmara dos Deputados e ainda não analisada pelo Senado Federal na data em que redigido este artigo.

Iniciamos pela previsão do *caput* do artigo 156-A, que prevê que a lei complementar instituirá o IBS – situação curiosíssima, em que um imposto estadual e municipal será "instituído" pela União, num papel que vai além do que se esperaria de uma norma geral em matéria tributária nos termos do artigo 146, III, "a" da Constituição.

Instituir o tributo é criá-lo, com a previsão dos elementos normativos mínimos que compõem a chamada Regra-Matriz de Incidência Tributária, conforme os ensinamos de Paulo de Barros Carvalho.[15] Vale dizer: lei complementar de natureza nacional diretamente preverá, em substituição a quem a Constituição Federal arrola como entes competentes para a tributação, a hipótese tributária, a sujeição passiva e a base de cálculo do imposto. A exceção é a fixação da alíquota, que será fixada por cada Estado, Município e o Distrito Federal, conforme previsão do inciso V do §1º do referido dispositivo constitucional.

À lei complementar caberá, também, exceções ao creditamento para fins da não cumulatividade (art. 156-A, §1º, inciso VIII); fixar condições e limites para a fixação da alíquota de referência por Resolução do Senado Federal (art. 156-A, § 1º, XII); definição de sujeito passivo (art. 156-A, §3º); regras para distribuição da arrecadação, forma de cálculo, efeitos da mora e questão de distribuição nos regimes específicos, regras de compensação, ressarcimento de créditos, critérios para definição do ente de destino e regimes específicos, forma de redução do impacto sobre aquisição de bens de capital,

---

13 AMARO, Luciano. As cláusulas pétreas e o direito tributário. *Revista Dialética de Direito Tributário*. São Paulo: Dialética, n. 21, p. 72-73, jun. 1997.

14 Sobre o tema, veja-se interessante análise de BERTI, Flávio de Azambuja. *Direito Tributário e Princípio Federativo*. São Paulo: Quartier Latin, 2007. p. 230-243.

15 CARVALHO, Paulo de Barros. *Curso de Direito Tributário*. 32 ed. São Paulo: Noeses, 2022. p.267-389.

processo administrativo fiscal, hipóteses de devolução do imposto a pessoas físicas e diferimento em regimes aduaneiros especiais e zonas de processamento de exportação (art. 156-A, §5º).

Poderá ainda criar exceção à anulação de crédito em caso de imunidade (art. 156-A, §6º), definir operações com serviços (art. 156-A, §7º), tratar da preservação da arrecadação de entes federativos no caso de alteração de legislação federal que reduza ou eleve a arrecadação (art. 156-A, §8º, inciso I).

No âmbito do poderoso Conselho Federativo previsto pelo artigo 156-B, a lei complementar tratará da representação de Estados e Municípios, seu financiamento e controle externo, sua atuação na arrecadação, fiscalização, lançamento, cobrança, representação administrativa ou judicial com possibilidade de delegar ou compartilhar às administrações tributárias e procuradorias tais funções, assim como fixar sua estrutura e gestão (art. 156-B, §2º).

Por fim, caberá ainda à lei complementar estabelecer mecanismos para assegurar à Zona Franca de Manaus o seu potencial competitivo (art. 92-B do Ato das Disposições Constitucionais Transitórias – ADCT), além de regras sobre a compensação provisória entre os entes federativos, na transição entre os regimes (Art. 131, §2º, §4º e 5º e art. 132, §3º do ADCT) e sobre aproveitamentos de créditos do ICMS no final do prazo de transição (art. 134, ADCT).

Vê-se que a PEC nº 45/2019 dá enorme proeminência ao papel da lei complementar na conformação do IBS. Reflitamos sobre os limites desse escopo no que tange à responsabilidade tributária.

3 Limites do sistema à responsabilização dos *marketplaces* e as leis complementares

Um dos pontos que merecem um pouco mais de atenção, no âmbito da reforma tributária, é justamente a previsão inaugurada pela proposta de redação no novo art. 156-A §3º da Constituição Federal. Estabelece referido dispositivo a possibilidade de *lei complementar estabelecer como sujeito passivo do IBS pessoa que concorrer para a realização, a execução ou o pagamento da operação, ainda que residente ou domiciliada no exterior.*

Um olhar para além do cenário Brasil nos revela que a presença dessa previsão legal – isto é de se oportunizar à lei complementar eleger pessoa não realizadora do evento tributável, mas que de alguma forma concorra para a sua realização, execução ou mesmo para o pagamento da operação subjacente à tributação - está em consonância às orientações internacionais relacionadas aos impostos sobre o consumo. Em apertada síntese, a digitalização da economia impulsionou, desde o final da década de 1990, discussões no âmbito da OCDE orientadas à adaptação dos sistemas de tributação sobre o consumo à era de intangíveis.

Trata-se tal movimento, a que temos chamado de "globalização do direito",[16] de uma tentativa internacional de se implementar uma harmonização mínima entre os

[16] Essa expressão significa a redefinição de estratégias regulatórias mais adaptadas a uma realidade global, que traz consigo atores adicionais produtores de normas. Referimo-nos aos organismos internacionais e aos relatórios e recomendações (*soft laws*) por eles elaborados. É importante alertar que, embora não se tratem de diplomas que

sistemas de tributação sobre os consumos nacionais diante dos desafios impostos pelos modelos de negócios digitais. O crescimento do comércio digital e a intangibilização dos próprios bens objeto das operações de consumo têm permitido transações transfronteiriças sem muitos custos operacionais, logísticos ou mesmo presença física durante o ciclo de consumo. Tal fato desafia a lógica dos sistemas de tributação então instituídos, a qual é assente em uma realidade de operações tangíveis, que no limite eram fiscalizáveis nas alfândegas quando em cena transações internacionais.

Eis o mote pelo qual a OCDE tem buscado, desde o final da década de 1990,[17] quando da realização da Conferência de Ottawa, trazer à lume debates que visem propor direcionamentos para que os sistemas nacionais adaptem os sistemas de tributação à era do consumo de intangíveis – tendencialmente globais. Dois são os principais pontos de atenção, identificados pelo referido organismo, a serem endereçados pela comunidade internacional. O primeiro é quanto ao estabelecimento do critério a ser observado para fins de atribuição de competência tributária a um dos países envolvidos nas operações transfronteiriças. E, o segundo, é o relativo a como se estruturar métodos de recolhimento que assegurem seja o imposto vertido ao país eleito como o competente. Trata-se aqui de se buscar garantir o *enforcement* arrecadatório, e lá de se atingir consenso internacional no debate relativo a eleição do princípio da origem ou do destino como critério definidor do país competente ao recolhimento do imposto indireto incidente sobre as operações de consumo internacionais.

Passadas quase três décadas foram aprovadas as Diretrizes IVA,[18] documento internacional cujo objetivo é justamente o de se estabelecer as orientações discutidas e acordadas no âmbito da OCDE, a fim de adaptar os sistemas de tributação sobre o consumo justamente nos dois pontos acima mencionados. Relativamente ao primeiro ponto, optou-se pelo princípio do destino, no qual a competência para tributar o consumo é atribuída ao país em que o adquirente está estabelecido, residente ou domiciliado, por ser ele o mais adequado para fins de observância à concorrência e livre mercados no cenário global. Já quanto à segunda questão, são sugeridas medidas de *enforcement* distintas para os casos de transações B2B e B2C. Para operações B2B, desde que compatível

---

tenham força cogente, a importância política dos atores envolvidos em sua elaboração, assim como o mecanismo (dialogal) em que são construídos, torna suas diretrizes altamente receptíveis pelos Estados de forma geral. Dado o objetivo do presente artigo, não desenvolveremos o presente tópico aqui, mas já tivemos a oportunidade de falar um pouco mais sobre em outros textos: UHDRE, Dayana de Carvalho. Breves notas sobre a proposta brasileira de regulamentação dos criptoativos à luz das experiências internacionais de Japão, Suíca, Mata e Liechtenstein. *In*: GOMES, Daniel *et al.* (Coord.). *Criptoativos, Tokenização, Blockchain, Metaverso*: aspectos filosóficos, tecnológicos, jurídicos, econômicos. São Paulo: Thompsons Reuters Brasil, 2022. p. 501-530; UHDRE, Dayana de Carvalho. Realidade Digital, Tributação Indireta e Tendências Internacionais: o que a blockchain tem (ou pode ter) com isso? *In*: CRAVO, Daniela Copetti *et al.* (Coord.). *Direito Público e Tecnologia*. Indaiatuba: Editora Foco, 2022. p. 177-200.

17 Desde a Conferência de Ottawa, de 1998, e tendo por pano de fundo o avanço do *e-commerce*, os países se debruçam sobre como se adaptar e harmonizar os sistemas jurídicos de IVA a fim de se garantir a tributação do comércio transfronteiriço de intangíveis em uma única jurisdição, bem como que se observe os princípios da neutralidade e livre-concorrência no mercado mundial, da eficiência, da efetividade e equidade, da certeza e simplicidade, e da flexibilidade OECD. *Electronic Commerce*: Taxation Framework Conditions. A Report by the Committee on Fiscal Affairs. 1998. Disponível em: https://www.oecd.org/ctp/consumption/1923256.pdf. Acesso em: 21 maio 2024; OECD. Taxation and Electronic Commerce: Implementing the Ottawa Taxation Framework Conditions. OECD Publishing, Paris. 2001. Disponível em: https://doi.org/10.1787/9789264189799-en. Acesso em: 21 maio 2024.

18 OECD. International VAT/GST Guidelines. *OECD Publishing*, Paris. 2017. Disponível em: https://doi.org/10.1787/9789264271401-en. Acesso em: 15 out. 2023.

com os sistemas internos dos países, é sugerido o diferimento do IVA: ao invés de o fornecedor ser responsável pelo acertamento e pagamento do imposto perante o Estado competente, tal atribuição passa a ser do adquirente. Já nas operações B2C, tendo em conta que é ao fornecedor – não estabelecido no país de destino – que compete verter os valores de IVA, é sugerido que se estruturem regimes jurídicos simplificados a fim de estimular o *compliance* voluntário.

Essa última sugestão, para além de trazer inúmeros riscos, não é, na opinião do próprio grupo de trabalho formado para auxiliar a elaboração do documento internacional (Diretrizes IVA), a melhor solução a longo prazo.[19] Daí porque novas proposituras advindas da continuidade das discussões e estudos foram trazidas à tona. Mais especificamente, fora constatado pelos especialistas a centralidade crescente do papel das plataformas nesse novo cenário de comércio digital, razão pela qual as propostas mais recentes da OCDE têm sugerido seja a esses atores atribuído, integralmente ou subsidiariamente, a responsabilidade pelo cálculo e recolhimento dos impostos.[20]

Feita essa brevíssima contextualização, reiteramos o que dissemos ao início do presente tópico: a previsão constante na PEC nº 45 para o art. 156-A §3º da Constituição Federal aproxima o Brasil da tendência internacional, capitaneada pelos *reports* da OCDE a esse assunto voltados, de responsabilizar os *marketplaces* pelo recolhimento do imposto sobre o consumo incidentes nas operações por eles oportunizadas. No entanto, é importante compreender que já no âmbito das orientações internacionais são estabelecidas condicionantes e limites à instituição de tal mister às plataformas. Afinal, tratam-se, esses atores, de intermediários das operações objeto da tributação, não sendo elas as realizadoras dos eventos que denotam capacidade contributiva e, portanto, legitimadores das incidências tributárias.

É dizer, os *marketplaces* seriam terceiros, agentes não realizadores das hipóteses de incidência do imposto sobre o consumo, e por não serem partícipes dos eventos que configurem fato-signo presuntivo de riqueza, não deteriam eles a "capacidade contributiva" legitimadora da pretensão exacional do Fisco. Daí que se atribuir a terceiro não realizador da hipótese de incidência tributária é algo que se deve fazer com parcimônia e dentro dos limites dos sistemas jurídicos. Não por outra razão, a OCDE pontuou no Relatório *The Role of Digital Platforms in the Collection of VAT/GST on Online Sales* ser necessário eleger indicadores que autorizem a presunção de que as plataformas estariam em condições fáticas que lhes possibilitem cumprir com o regime de responsabilidade imputado. Mais especificamente, consta no relatório ser razoável supor que a plataforma estará em condições de cumprir com as obrigações de IVA, assumindo a responsabilidade exclusiva, se: (i) detiver ou tiver acesso a informações suficientes e precisas conforme necessário para cumprir com as obrigações de IVA pertinentes às operações que facilitam; e (ii) tenha meios para cobrar o IVA relativo ao fornecimento.

No entanto, é necessário que olhemos em que medida tais orientações, tendência e condicionantes fazem sentido no sistema jurídico brasileiro. E tal discussão ganha relevância no cenário atual de potencial reforma tributária, na medida em que é preciso

---

19 OECD. *Report by the Technology Technical Advisory Group*. 2000; OECD. *WP9 Report*. 2001.

20 OECD. The Role of Digital Platforms in the Collection of VAT/GST on Online Sale. *OECD Publishing*, Paris. 2019. Disponível em: https://doi.org/10.1787/e0e2dd2d-en. Acesso em: 21 maio 2024.

estabelecer os limites dentro dos quais a futura lei complementar regulamentadora do IBS poderá, com base no art. 156-A §3º da Constituição Federal, atribuir responsabilidade tributária às plataformas de *e-commerce*. É disso que nos ocuparemos nos próximos subtópicos.

3.1 Responsabilidade Tributária? Entendendo o instituto da sujeição passiva no sistema brasileiro

Analisando-se o sistema brasileiro no que tange à sujeição passiva, é estabelecido pelo art. 121 do CTN serem duas as espécies de possíveis devedores da relação jurídica tributária: o contribuinte e o responsável. Contribuinte é aquele que deteria "relação pessoal e direta com a situação que constitua o respectivo fato gerador"; responsável aquele que "sem revestir a condição de contribuinte" estaria obrigado por decorrência "expressa de lei". No entanto, há também menção no bojo do próprio CTN à possibilidade de fonte pagadora ser responsável pelo tributo que lhe caiba reter (art. 9º, §1º e art. 45). Há ainda previsão na Constituição Federal – nos artigos 155, §2º, XII, "b" e art. 23, §9º dos ADCT, e especificamente em relação ao ICMS – do instituto da substituição tributária.

Tais dispositivos legais foram interpretados e sistematizados de inúmeras e distintas formas pelos estudiosos do tema.[21] E, o mesmo cenário de heterogeneidade na categorização das espécies de sujeição passiva é encontrado em jurisprudência.[22] No entanto, apesar desse cenário em grande medida confuso (em doutrina e jurisprudência) acerca do tema, ao menos dois pontos parecem não ter maiores divergências: seriam eles as ideias nucleares quanto às figuras do contribuinte e do responsável tributário. Contribuinte seria aquele que realizou a materialidade do fato previsto na hipótese de incidência e que, por essa razão, está obrigado ao adimplemento da prestação tributária. Responsável, a seu turno, seria terceiro, isto é, não realizador do ato ou negócio previsto no antecedente da regra-matriz, alçado à categoria de devedor da prestação jurídico-tributária.

Ocorre que tais entendimentos centrais, apesar de aparentemente serem pontos de convergência, acabam sendo a origem de muitas das incompreensões relacionadas ao tema. É que lhes são subjacentes a premissa de que se estaria a tratar de apenas uma relação jurídica – cujo objeto seja o pagamento dos tributos – e que os "responsáveis" e "substitutos" seriam "terceiros" chamados a pagar por manifestação de riqueza

---

[21] *Vide* dentre outros: SOUSA, Rubens Gomes de. *Compêndio de Direito Tributário.* São Paulo: Resenha Tributária; Carvalho, 1975; CARVALHO, Paulo de Barros. *Curso de Direito Tributário.* 26. ed. Saraiva: São Paulo, 2015; TORRES, Ricardo Lobo. *Curso de Direito Financeiro e Tributário.* 16. ed. Rio de Janeiro: Renovar, 2009; COÊLHO, Sacha Calmon Navarro. *Curso de Direito Tributário Brasileiro.* 9. ed. Rio de Janeiro: Forense, 2008; GRUPENMACHER, Betina Treiger. Artigo 122. *In*: GRILLO, Fábio Artigas; SILVA, Roque Sérgio D'Andrea Ribeiro da. *Código Tributário Nacional Anotado.* Curitiba: Ordem dos Advogados do Brasil – Seção Paraná, 2014. Disponível em: http://www2.oabpr.org.br/downloads/ctn_v2.pdf. Acesso em: 21 maio 2024.

[22] *Vide*: STJ, REsp nº 1.036.375/SP, Relator: Ministro Luiz Fux, Primeira Seção, julgado em 11.03.2009, DJ 30.03.2009; STJ, 2ª Turma, STJ. Resp nº 86465/RS, Relator Ministro Ari Pargendler, julgado em 05.09.1996, DJ 07.10.1996; TJ, 1ª Turma, Resp nº 503.406/SC, Rel. Teori Zavascki julgado em 06.11.2003, Dje 15.03.2004; STJ, 2ª Turma, Resp nº 1229308/MG, Ministro Mauro Campbell Marques, julgado em 22.02.2011, DJ2 04.03.2011; STF; RE nº 603191, Relator(a): Ellen Gracie, Tribunal Pleno, julgado em 01.08.2011, Repercussão Geral – Mérito DJe-170 Divulg 02.09.2011 Public 05.09.2011 Ement VOL-02580-02 PP-00185; STF. VRE nº 603191, Relator(a): Ellen Gracie, Tribunal Pleno, julgado em 01.08.2011, Repercussão Geral – Mérito DJe-170 Divulg 02.09.2011 PUBLIC 05.09.2011 Ement VOL-02580-02 PP-00185.

demonstrado por outrem – o realizador da hipótese de incidência tributária. Assim, para bem compreender esses institutos, defendemos ser necessário ampliar o olhar relativo ao fenômeno fiscal, compreendendo-o como um conjunto de diversas obrigações de natureza distinta, todas convergindo para o objetivo final de verter aos cofres públicos a tributação devida – ancorada nos eventos reveladores de capacidade contributiva. Ao se vislumbrar a autonomia de cada obrigação jurídica – pelas quais cada um dos responsáveis e/ou substitutos são chamados a colaborar com a tributação –, é possível identificar sua natureza e seus próprios pressupostos de fato, sujeitos e objetos. E mais, ao se analisar cada uma dessas relações jurídicas, conclui-se sequer ser correto chamar o respectivo obrigado de terceiro, posto que se trata de sujeito próprio a ela.

Trata-se de concepção explorada por Marçal Justen Filho[23] e Leandro Paulsen,[24] em suas teses de doutorado, que, ao se debruçarem no tema, brindaram-nos com leituras mais robustas, apontando para essa multiplicidade de normas – e suas interconexões – regentes da "sujeição passiva tributária" e identificando os limites normativos – conexo à ideia de "capacidade colaborativa" – às escolhas desses outros sujeitos passivos pertencentes às relações adjacentes. Assim é que ao olharmos a relação jurídica tributária como um plexo de obrigações jurídicas que, para além do dever de pagar tributo (dita principal), abarca obrigações instrumentais vocacionadas a tornar a essa tributação efetiva e eficaz, podemos melhor identificar os fundamentos de legitimidade e limites à imputação das sujeições passivas.

Em resumo, e ancorando-nos nas lições dos mencionados autores, de um lado temos a obrigação principal, fundamental no princípio da capacidade contributiva, em que é imputado ao sujeito realizador da hipótese tributária o dever principal de pagar o tributo. De outro, a atribuição de responsabilidades *latu sensu* (que abrange a responsabilidade por substituição, e a responsabilidade em sentido estrito), assentes no dever fundamental de cooperação com a Administração Pública, e exigem, como condição de legitimidade, que o sujeito chamado a colaborar detenha posição fática de ascendência relativamente ao fato tributável e/ou contribuinte. Mais detidamente, seriam duas situações distintas aptas a justificar, no sistema brasileiro, a responsabilização de "terceiros" não realizadores da hipótese de incidência tributária. A primeira seria a imputação a esses "terceiros" do dever de reter e/ou cobrar os valores devidos a título de tributos, em razão de deterem acesso a eles (valores), caso em que falaríamos de responsabilidade por substituição. A segunda corresponderia à hipótese de se exigir desses sujeitos o exercício de sua posição de ascendência sobre os contribuintes, a fim de influenciá-los a adimplirem com seus deveres ao pagamento de tributos, caso em que nos referiríamos à responsabilidade *stricto sensu*.

É dizer, enquanto o fundamento de legitimação, e limite, da obrigação principal – cujo objeto é o pagamento de tributo – reside no princípio da capacidade contributiva, o dos deveres instrumentais atrelam-se ao princípio da capacidade colaborativa. Tendo em conta nossa opção de ser Estado Social e Democrático, assente, entre outros,

---

[23] JUSTEN FILHO, Marçal. *Sujeição Passiva Tributária.* Belém: CEJUP, 1986.

[24] PAULSEN, Leandro. *Responsabilidade e Substituição Tributárias*. Porto Alegre: Livraria do Advogado [livro eletrônico], 2012. Ainda: PAULSEN, Leandro. *Capacidade Colaborativa*. Princípio de Direito Tributário para obrigações acessórias e de terceiros. Porto Alegre: Livraria do Advogado, 2014.

no princípio da solidariedade social, o pagamento de tributos é verdadeiro dever fundamental, por ser instrumento de implementação de políticas públicas voltadas à garantia dos direitos fundamentais dos cidadãos. Nesse contexto, é do interesse de toda a sociedade que os valores devidos sejam adequadamente recolhidos aos cofres públicos, de modo a ser justificado eventual atribuição de deveres de colaboração dos cidadãos com a Administração.

No entanto, ainda que justificável não significa que a imputação de deveres formais, atrelados à arrecadação fiscal, a pessoas não realizadoras das hipóteses de incidência, seja legítima, em qualquer circunstância. A praticabilidade fiscal – intentada com essa exigência de colaboração – deve ser sopesada a outros princípios existentes no sistema jurídico (razoabilidade, proporcionalidade). E é nesse contexto que ganha relevância a concepção de capacidade colaborativa enquanto fundamento e limite à instituição de obrigações instrumentais ou de substituição ou responsabilidade tributárias. Em suma, trata-se de atribuir deveres apenas àqueles que, pelas suas situações fáticas, detenham condições de contribuir (seja prestando informações, exigindo o pagamento do tributo pelo contribuinte ou mesmo retendo o valor devido, por exemplo) com a Administração fiscal.

No que tange à instituição de obrigações de substituição e responsabilidade tributárias, casos em que os "terceiros" podem ser chamados a adimplir com o pagamento do tributo devido em razão de omissões suas no desempenho de seus deveres de colaboração que resultaram em prejuízos aos cofres públicos, é exigido proximidade desses eleitos com o fato signo presuntivo de riqueza do tributo. Trata-se de interpretação possível do quanto disposto no art. 128 do CTN (diploma de normas gerais) que limita a escolha, pelos entes federados, de terceiros responsáveis ao recolhimento do imposto àqueles que detenham vinculação indireta com o fato jurídico tributário. Trata-se, aliás, de previsão que é decorrência lógica do princípio da capacidade contributiva, posto estabelecer que apenas os sujeitos detentores de posição de poder, relativamente aos contribuintes, apta à reversão, aos cofres públicos, dos valores relativos à manifestação de riqueza expressada pelo fato jurídico tributário, ou a influenciá-los que o façam, são que potencialmente assumiriam a obrigação de pagamento do tributos – seja como "substituto" do contribuinte, ou como seu "garante" ("responsável"). Daí, defendermos que o princípio da capacidade contributiva também seria limite – ainda que indireto – à escolha dos sujeitos passivos das relações de substituição e responsabilidade tributária.

Em apertada síntese, nosso sistema jurídico exige, como condição de imputação de responsabilidade *lato sensu*, que os sujeitos a quem atribuído tais deveres tenham a possibilidade de acesso aos valores representativos da manifestação de riqueza que a previsão normativa intenta alcançar, ou poder de influência significativo perante os contribuintes relativamente ao adimplemento (por eles) das obrigações tributárias. Sem tais requisitos, ilegítimo se atribuir responsabilidade tributária a qualquer terceiro, inclusive às plataformas digitais intermediadoras das operações de consumo. Tratam-se de limites sistêmicos, extraíreis do conjunto de enunciados constitucionais e das normas gerais (estruturantes do desenho da competência tributária) direcionadas aos entes federados. Não nos parece, portanto, que eventual lei complementar regente do futuro IBS possa desrespeitar tais barreiras, mas antes ser com elas compatíveis.

O CTN enquanto diploma que exerce função de lei complementar de normas gerais continuará, com fundamento no art. 146, III da Constituição Federal, a reger de forma ampla o delineamento das obrigações tributárias, inclusive o tema de sujeição passiva.

Tendo em conta tais limites sistêmicos, portanto, passamos ao próximo tópico do presente artigo, qual seja verificar quais os limites a que a lei complementar do IBS deve se ater a fim de instituir a responsabilização das plataformas de *marketplace* pelo recolhimento dos impostos sobre o consumo incidentes nas operações que intermediam.

3.2 Limites à responsabilização tributária *vis-a-vis* o novo artigo 156-A §3º da Constituição Federal

A atual proposta de redação do 156-A §3º da Constituição Federal prevê a possibilidade de *lei complementar estabelecer como sujeito passivo do IBS pessoa que concorrer para a realização, a execução ou o pagamento da operação, ainda que residente ou domiciliada no exterior*. Da leitura desse dispositivo é de se chamar a atenção ao uso do termo "sujeito passivo". É que tal opção constitucional nos demonstra a possibilidade de, no caso do IBS, falarmos tanto em plataformas assumindo a posição de "contribuintes" como de "responsáveis" pelo cálculo e recolhimento do imposto sobre o consumo.

Tendo por pano de fundo as propostas da OCDE, estaríamos autorizando *in terra brasilis* o legislador complementar instituir tanto a responsabilidade integral quanto a subsidiária das plataformas de *marketplace* pelo recolhimento do IBS. Em síntese, dois seriam os regimes de responsabilização das plataformas digitais sugeridos pela OCDE: (i) o de responsabilização exclusiva, em que o intermediário assume fictamente a posição de integrante da cadeia de consumo, sendo reputado sujeito passivo adquirente do bem ou serviço; e (ii) o de responsabilização subsidiária e solidária.[25] Olhemos mais atentamente ambas as hipóteses *versus* os limites sistêmicos anteriormente mencionados.

Inicialmente, é de se pontuar que a própria OCDE salienta ser necessário eleger indicadores que autorizem a presunção de que as plataformas estariam em condições fáticas que lhes possibilitem cumprir com o regime de responsabilidade imputado, mormente o integral. Mais especificamente, consta no relatório ser razoável supor que a plataforma estará em condições de cumprir com as obrigações de IVA, assumindo a responsabilidade exclusiva, se: (i) detiver ou tiver acesso a informações suficientes e precisas conforme necessário para cumprir com as obrigações de IVA pertinentes às operações que facilitam; e (ii) tenha meios para cobrar o IVA relativo ao fornecimento.

Contextualizando essas orientações internacionais ao sistema brasileiro, é possível perceber que tal abordagem (que denominaremos funcionalista), ao buscar limitar a responsabilização das plataformas para os casos em que se observe que elas faticamente deteriam condições de cumprir os deveres que lhes sejam imputados, está alinhada ao sistema brasileiro, que exige "capacidade colaborativa" daqueles chamados a colaborarem com a Administração Fiscal. Em outras palavras, em que pese o relatório da OCDE focar-se na identificação de critérios que autorizassem a imputação de dever exclusivo às plataformas (deter acesso às informações necessárias ao cumprimento do dever e aos

[25] Há um "terceiro regime", que consiste na instituição de deveres de colaboração com a fiscalização tributária, o qual não seria em realidade autônomo aos outros dois, mas antes a eles concomitante.

meios para cobrar o IVA do fornecedor), a observação da "capacidade colaborativa" no sistema brasileiro é subjacente a qualquer dos regimes de responsabilização propostos, por decorrência lógica dos princípios da razoabilidade e proporcionalidade. Assim é que – repita-se – o sistema brasileiro está em consonância a essa condicionante macrointernacional de imputação de responsabilização.

No entanto, detemos aqui algumas outras condicionantes, atreladas indiretamente ao princípio da capacidade contributiva e relativamente à imputação do dever de pagar o tributo. Mais especificamente, um primeiro ponto a ser debatido e ultrapassado, em território brasileiro, quanto à possibilidade de se adotar a tendência internacional de responsabilização (exclusiva ou subsidiária) das plataformas de *marketplace* pelo imposto sobre o consumo incidente no caso, é quanto ao posicionamento (ou não) desses atores na dinâmica negocial de forma tal a deterem acesso aos valores objeto da tributação, ou a influenciarem no correto adimplemento por parte dos contribuintes.

Ingressando no regime de responsabilização exclusiva, vimos que a proposta da OCDE consiste em se atribuir fictamente ao intermediário a posição de integrante da cadeia de consumo, como se fosse próprio sujeito passivo adquirente do bem ou serviço para seguinte revenda ao consumidor final. Pois bem, partindo da premissa de que a obrigação tributária é conformada, em realidade, por várias e distintas obrigações tributárias, todas vocacionadas ao correto recolhimento dos tributos, a figura do contribuinte estaria atrelada à sujeição passiva apenas da obrigação principal. Logo, a proposta da OCDE, em vias de ser acatada pelo novel art. 156-A §3º da Constituição Federal proposto, acaba por instaurar uma ficção, em prol da praticabilidade fiscal, de que seriam as plataformas de *e-commerce* agentes "realizadores" do fato signo presuntivo de riqueza, e portanto contribuintes (e não responsáveis, no sentido técnico) do IBS.

Abstraído o aspecto terminológico (responsável versus contribuinte), é de se indagar se colocar as plataformas na posição de contribuinte seria uma opção legítima no sistema brasileiro. Pois bem, colocando-se a questão em perspectiva, é de se recordar que a tributação sobre o consumo tem em vista, em realidade, atingir a manifestação de riqueza expressada pelo consumidor ao gastar com a aquisição de bens e/ou serviços. No entanto, por uma questão de praticabilidade fiscal, a opção feita pelos sistemas IVA foi a de se atribuir aos fornecedores – e não aos consumidores – a condição de sujeito passivo da obrigação principal, atrelando-se a ele, fictamente, a realização do "fato gerador" do tributo, lógica essa amplamente aceita como adequada. Assim é que, em um primeiro exame, impor-se mais uma ficção, reputando a realização da hipótese de incidência às plataformas, por equipará-las à condição de fornecedores, não seria opção de toda estranha ao sistema, a fomentar, em tese, grandes celeumas.

Contudo, há um ponto de atenção digno de ser comentado. É que é preciso que se tenha isso em consideração, ao se instituir uma ficção atrelada à uma repercussão fiscal, é necessário que o sujeito considerado contribuinte detenha manifestação de capacidade contributiva relativa ao evento tributável. No caso dos fornecedores em geral, é de se perceber que a relação de negócio, cujo objeto é aquisição de um bem e/ ou serviço, tem dois sujeitos conectados juridicamente ante interesses contrapostos: de um lado o prestador ou fornecedor e do outro, o tomador ou adquirente. Assim os valores atrelados ao evento tributável estão ora nas mãos de um dos lados, ora nas mãos do outro, de forma a ser perfeitamente possível escolher qual dos partícipes da relação jurídica de consumo, que se intenta tributar, será eleito "contribuinte" pelo sistema posto.

Não é esse o caso das plataformas: nem sempre elas estarão de fato no outro lado da relação negocial subjacente ao consumo, ou ainda deterão em suas mãos – justamente por não estarem em nexo jurídico aos consumidores – os valores expressivos dessa manifestação de riqueza. Logo, não nos parece adequada, sob a perspectiva da simplicidade e certeza, atribuir às plataformas a posição própria de contribuinte dos tributos justamente porque, diferentemente dos fornecedores, esses atores muitas vezes não estarão conectados – negociavelmente – aos consumidores, e à manifestação de riqueza por eles expressadas no gasto com bens e serviços.[26]

Diferente seria o caso de se imputar a esses agentes o papel de substitutos tributários (responsáveis por substituição). É dizer, poder-se-ia pensar em se atribuir a esses atores o dever, *prima facie,* de verterem os valores relativos ao tributo, incidente sobre as operações de consumo, devidos pelos contribuintes, mas aos quais, por uma situação fática de ascendência, deteriam acesso. Nesse caso, teríamos a atribuição à pessoa não realizadora do evento tributável do dever instrumental de colaborar com o Fisco, retendo e/ou cobrando (ressarcimento) do contribuinte o valor por ele devido a título de tributo. E, em sendo esse o caminho escolhido, questão a ser debatida e ultrapassada, em território brasileiro, é sobre o posicionamento das plataformas na dinâmica negocial de forma tal a deterem acesso às informações das transações e aos valores objeto da tributação.[27]

Concluímos aqui que a resposta depende do modelo de negócio em causa. No que tange ao acesso às informações relativas aos negócios travados, exceto se o modelo for estruturado para apenas conectar as partes a fim de que elas diretamente acertem entre si valores, forma de pagamento, entrega etc., regra geral, os *marketplaces* detêm sim acesso às informações-chaves dos negócios entabulados em seus ambientes virtuais. Já no que se refere ao acesso aos valores relativos às transações haveria, em suma, dois cenários possíveis. Um primeiro em que a plataforma de *marketplace* só receberia a remuneração pelos seus serviços sem ter acesso ao dinheiro dos fornecedores, caso das plataformas que optam por contratar empresas, muitas vezes *fintechs* especializadas em *split* de pagamentos. E um segundo, no qual a plataforma de *marketplace* efetivamente recebe todo o dinheiro relativo às operações que intermedia, repassando, após a retenção de suas comissões, o saldo devedor aos fornecedores. De se notar, aliás, que nesse último caso, tendo em conta o volume de valores por esses agentes processados, a título de pagamento pelos fornecimentos realizados, e o risco sistêmico ao sistema financeiro nacional, o Banco Central do Brasil emitiu a Circular nº 3.886/2018 em que sujeita os *marketplaces* à sua regulação prudencial.[28]

Apenas nessa segunda hipótese nos parece ser possível sim imputar às plataformas de *marketplace* a responsabilização por substituição, atribuindo a elas o dever de

---

[26] UHDRE, Dayana de Carvalho. *Tributação Indireta na Era Digital*: E o Brasil Nisso? 2023. 534 f. Tese (Doutorado em Ciências Fiscais) – Universidade Católica de Lisboa, Lisboa, 2023.

[27] UHDRE, Dayana de Carvalho. *Tributação Indireta na Era Digital*: E o Brasil Nisso? 2023. 534 f. Tese (Doutorado em Ciências Fiscais) – Universidade Católica de Lisboa, Lisboa, 2023.

[28] UHDRE, Dayana de Carvalho. *Tributação Indireta na Era Digital*: E o Brasil Nisso? 2023. 534 f. Tese (Doutorado em Ciências Fiscais) – Universidade Católica de Lisboa, Lisboa, 2023.

recolherem o imposto sobre intangíveis devidos pelas operações que intermediam. Já relativamente à primeira hipótese (plataformas detêm as informações das transações, mas não o acesso aos valores relativos às operações de consumo), em que pese não elegível ao regime de responsabilização exclusiva, duas ordens de questionamentos nos parecem dignos de comentários. Uma primeira consistente em se identificar algum outro papel passível de ser imputado a esses agentes intermediários, em prol da facilitação do recolhimento fiscal, e uma segunda, relacionada à possibilidade de se imputar às processadoras de pagamentos, por deterem acesso aos valores objeto da tributação sobre o consumo, a obrigação de reterem os valores devidos e repassá-los ao Fisco, em substituição aos contribuintes.

Quanto à primeira questão, é possível se aventar a possibilidade de, desde que cumpridas as exigências impostas pelo sistema brasileiro, atribuir às plataformas de *marketplace* a responsabilidade subsidiária pelo recolhimento dos valores devidos a título de imposto sobre o consumo. Já no que tange à segunda questão, aventar-se a possibilidade de imputar a responsabilidade por substituição às facilitadoras de pagamento é algo que a par de encontrar guarida em alguns regimes jurídicos pelo mundo,[29] e até mesmo pelo quanto disposto no art. 156-A §3º da Constituição Federal ora proposto,[30] não parece ser medida que respeite tanto as diretrizes internacionais quanto as condicionantes do sistema brasileiro. É que nesse caso, não há dúvidas de que deteriam (as facilitadoras de pagamento) acesso aos valores correspondentes às transações comerciais, no entanto, é o acesso automático às informações necessárias ao adequado desempenho da retenção e/ou cobrança dos valores devidos a título de IVA que não deteriam (ou dificilmente deteriam).

Ingressando na possibilidade de se imputar responsabilidade subsidiária às plataformas de *marketplace*, só seriam elas chamadas a responder, solidariamente aos fornecedores (que continuam a ser os sujeitos passivos prioritários – como contribuintes que são), quando tais sujeitos estejam em desconformidade com as Administrações Fiscais. No entanto, para além do descumprimento por parte do(s) fornecedor(es), a responsabilização das plataformas, para ser legítima consoante as diretrizes da OCDE, pressupõe imputação de alguma atitude culposa às plataformas – seja o descumprimento de ação esperada ou mesmo omissão do dever de cuidado – que contribua para o não recolhimento do tributo.

Olhando tais orientações *vis-à-vis* ao sistema brasileiro, é facilmente perceptível que essas premissas elencadas pela OCDE são bastante similares às impostas pelo sistema brasileiro para fins de responsabilização tributária *stricto sensu*. É dizer, as condicionantes impostas no Relatório da OCDE para fins de responsabilização subsidiária e solidária das plataformas digitais – quais sejam: ausência de pagamento pelo contribuinte e

---

[29] Argentina, Colombia, Costa Rica, e Paraguai. OECD/WBG/CIAT/IDB. *VAT Digital Toolkit for Latin America and the Caribbean*. 2021. p. 154. Disponível em: https://www.oecd.org/tax/consumption/vat-digital-toolkit-for-latin-america-and-the-caribbean.htm. Acesso em: 21 maio 2024.

[30] Art. 156-A Lei complementar instituirá imposto sobre bens e serviços de competência dos Estados, do Distrito Federal e dos Municípios.
(...)
§3º Lei complementar poderá definir como sujeito passivo do imposto a pessoa que concorrer para a realização, a execução ou *o pagamento da operação*, ainda que residente ou domiciliada no exterior (grifamos).

atitude culposa por parte desses intermediários – também encontram guarida no sistema brasileiro, sendo com ele compatível. Porém, aqui, para além daquelas duas, é exigida uma condicionante a mais, qual seja a posição de ascendência dessas plataformas de *marketplace*, relativamente ao contribuinte, que lhes possibilite influenciar tais sujeitos passivos a cumprirem com seus deveres tributários.

Dito de outra forma, o sistema brasileiro exige para fins de responsabilização tributáriaria que: (i) as plataformas de *marketplace* tenham a possibilidade fática de influenciarem no adimplemento por parte dos contribuintes de suas obrigações tributárias (principais); (ii) em razão desse posicionamento estratégico, seja estabelecido dever de colaborar com a administração para fins de que esses devedores principais (contribuintes) efetivamente recolham os tributos devidos; (iii) descumprimento desse dever de colaboração (focado em influir no pagamento do tributo devido), a influir no (iv) inadimplemento pelo contribuinte do dever de recolher os tributos devidos.[31]

Tendo em conta o protagonismo de poucas plataformas digitais no volume total das transações de *e-commerce*,[32] é possível concluir que dificilmente a grande massa de fornecedores consegue escalar suas vendas à margem desses intermediários digitais. Presumível, portanto, que, regra geral, esses intermediários detêm a possibilidade fática de influenciarem os fornecedores (contribuintes) no acertamento de suas obrigações fiscais, sendo possível lhes serem imputados deveres de colaboração com a Administração cujo foco é o recolhimento dos tributos por parte dos contribuintes. Logo, os itens (i) e (ii) supramencionados, em tese, seriam de fácil observação. Já os itens (iii) e (iv) chamam a atenção ao fato de ser necessário um nexo causal entre os deveres de colaboração exigidos das plataformas, o seu descumprimento por parte desses intermediários e a ausência de recolhimento dos tributos por parte dos contribuintes. Apenas se verificada tal interconexão é que seria legítimo se exigir da plataforma – enquanto garante – o pagamento dos tributos. Assim é que é para eventual imputação de responsabilidade subsidiária das plataformas no âmbito da lei complementar do IBS é necessário que as hipóteses hipóteses aventadas observem certa correlação entre o dever de colaboração imposto à plataforma (agir em prol do acertamento e/ou remover os fornecedores inadimplentes; ou a realização de *due diligence* dos fornecedores, por exemplo), o seu descumprimento e o resultado danoso ao erário (não pagamento do tributo pelo contribuinte).

Referências

AMARO, Luciano. As cláusulas pétreas e o direito tributário. *Revista Dialética de Direito Tributário*. São Paulo: Dialética, n. 21, p. 71-78, jun. 1997.

---

[31] UHDRE, Dayana de Carvalho. *Tributação Indireta na Era Digital*: E o Brasil Nisso? 2023. 534 f. Tese (Doutorado em Ciências Fiscais) – Universidade Católica de Lisboa, Lisboa, 2023.

[32] Projeta-se que aproximadamente dois em cada três fornecimentos de produtos para o *e-commerce* sejam feitos por meio de plataformas digitais – INTERNATIONAL POST CORPORATION. *IPC Online Shopper Survey 2017 reports*. 2017. Disponível em: https://www.ipc.be/services/markets-and-regulations/cross-border-shopper-survey/2017. Acesso em: 15 out. 2023. No Brasil, relatório da Ebit/Nielsen aponta que 78% do faturamento total em *e-commerce* reside em varejistas de *marketplace*. E, dentre eles, 80% do mercado concentram-se em 04 (quatro) plataformas principais: Mercado Livre (32%), Magazine Luiza (19%), B2W (19%), e Via Varejo (11%) – EBIT/NIELSEN. *Webshoppers 42ª edição*. 2020. Disponível em: https://myagmexpress.com/downloads/Webshoppers_42.pdf. Acesso em: 21 maio 2024.

ÁVILA, Humberto. *Sistema Constitucional Tributário*. 2. ed. São Paulo: Saraiva, 2006.

BERTI, Flávio de Azambuja. *Direito Tributário e Princípio Federativo*. São Paulo: Quartier Latin, 2007.

BORGES, José Souto Maior. *Lei Complementar Tributária*. São Paulo: RT, 1975.

BORGES, José Souto Maior. *Teoria Geral da Isenção Tributária*. 3 ed. São Paulo: Malheiros, 2007.

CARRAZZA, Roque Antonio. *Curso de Direito Constitucional Tributário*. 29 ed. São Paulo: Malheiros, 2013.

CARVALHO, Paulo de Barros. *Curso de Direito Tributário*. 26. ed. Saraiva: São Paulo, 2015.

CARVALHO, Paulo de Barros. *Curso de Direito Tributário*. 32 ed. São Paulo: Noeses, 2022.

COÊLHO, Sacha Calmon Navarro. *Curso de Direito Tributário Brasileiro*. 9. ed. Rio de Janeiro: Forense, 2008.

EBIT/NIELSEN. *Webshoppers 42ª edição*. 2020. Disponível em: https://myagmexpress.com/downloads/Webshoppers_42.pdf. Acesso em: 21 maio 2024.

FALCÃO, Amílcar de Araújo. *Introdução ao Direito Tributário*. 3 ed. rev. e atual. por Flávio Bauer Novelli. Rio de Janeiro: Forense, 1987.

GRUPENMACHER, Betina Treiger. Artigo 122. *In*: GRILLO, Fábio Artigas; SILVA, Roque Sérgio D'Andrea Ribeiro da. *Código Tributário Nacional Anotado*. Curitiba: Ordem dos Advogados do Brasil – Seção Paraná, 2014. Disponível em: http://www2.oabpr.org.br/downloads/ctn_v2.pdf. Acesso em: 21 maio 2024.

INTERNATIONAL POST CORPORATION. IPC Online Shopper Survey 2017 reports. 2017. Disponível em: https://www.ipc.be/services/markets-and-regulations/cross-border-shopper-survey/2017. Acesso em: 21 maio 2024.

JUSTEN FILHO, Marçal. *Sujeição Passiva Tributária*. Belém: CEJUP, 1986.

OECD. *Electronic Commerce*: Taxation Framework Conditions. A Report by the Committee on Fiscal Affairs. 1998. Disponível em: https://www.oecd.org/ctp/consumption/1923256.pdf. Acesso em: 21 maio 2024.

OECD. *Report by the Technology Technical Advisory Group*. 2000.

OECD. *WP9 Report*. 2001.

OECD. Taxation and Electronic Commerce: Implementing the Ottawa Taxation Framework Conditions. *OECD Publishing*, Paris. 2001. Disponível em: https://doi.org/10.1787/9789264189799-en. Acesso em: 21 maio 2024.

OECD. International VAT/GST Guidelines. *OECD Publishing*, Paris. 2017. Disponível em: https://doi.org/10.1787/9789264271401-en. Acesso em: 15 out. 2023.

OECD. The Role of Digital Platforms in the Collection of VAT/GST on Online Sale. *OECD Publishing*, Paris. 2019. Disponível em: https://doi.org/10.1787/e0e2dd2d-en. Acesso em: 21 maio 2024.

OECD/WBG/CIAT/IDB. *VAT Digital Toolkit for Latin America and the Caribbean*. 2021. p. 154. Disponível em: https://www.oecd.org/tax/consumption/vat-digital-toolkit-for-latin-america-and-the-caribbean.htm. Acesso em: 21 maio 2024.

PAULSEN, Leandro. *Responsabilidade e Substituição Tributárias*. Porto Alegre: Livraria do Advogado [livro eletrônico], 2012.

PAULSEN, Leandro. *Capacidade Colaborativa*. Princípio de Direito Tributário para obrigações acessórias e de terceiros. Porto Alegre: Livraria do Advogado, 2014.

SANTI, Eurico Marcos Diniz de. O Código Tributário Nacional e as normas gerais de Direito Tributário. *In*: SANTI, Eurico Marcos Diniz de (Coord.). *Curso de Direito Tributário e Finanças Públicas*: do fato à norma, da realidade ao conceito jurídico. São Paulo: Saraiva, 2008. p. 322-329.

SOUSA, Rubens Gomes de. *Compêndio de Direito Tributário*. São Paulo: Resenha Tributária; Carvalho, 1975.

TORRES, Ricardo Lobo. *Curso de Direito Financeiro e Tributário*. 16. ed. Rio de Janeiro: Renovar, 2009.

UHDRE, Dayana de Carvalho. *Tributação Indireta na Era Digital*: E o Brasil Nisso? 2023. 534 f. Tese (Doutorado em Ciências Fiscais) – Universidade Católica de Lisboa, Lisboa, 2023.

UHDRE, Dayana de Carvalho. Breves notas sobre a proposta brasileira de regulamentação dos criptoativos à luz das experiências internacionais de Japão, Suíca, Mata e Liechtenstein. *In*: GOMES, Daniel *et al*. (Coord.).

Criptoativos, Tokenização, Blockchain, Metaverso: aspectos filosóficos, tecnológicos, jurídicos, econômicos. São Paulo: Thompsons Reuters Brasil, 2022. p. 501-530.

UHDRE, Dayana de Carvalho. Realidade Digital, Tributação Indireta e Tendências Internacionais: o que a blockchain tem (ou pode ter) com isso? *In*: CRAVO, Daniela Copetti *et al.* (Coord.). *Direito Público e Tecnologia.* Indaiatuba: Editora Foco, 2022. p. 177-200.

Informação bibliográfica deste texto, conforme a NBR 6023:2018 da Associação Brasileira de Normas Técnicas (ABNT):

GRUPENMACHER, Betina Treiger; UHDRE, Dayana de Carvalho; CUNHA, Carlos Renato. Lei complementar, reforma tributária e marketplaces. In: LOBATO, Valter de Souza (coord.); MARINHO NETO, José Antonino (org.). *O papel da lei complementar tributária no desenho federativo brasileiro*. Belo Horizonte: Fórum, 2024. p. 531-548. ISBN 978-65-5518-779-3.

A RELEVÂNCIA DAS LEIS COMPLEMENTARES NA TRIBUTAÇÃO DE *SOFTWARES*: EVOLUÇÃO JURISPRUDENCIAL E NOVOS DESAFIOS

BRUNO MATOS VENTURA,
MARIA ISABELA QUEIROZ

Introdução

Nas últimas décadas, a tecnologia evoluiu de forma intensa e passou a fazer parte de uma multiplicidade de aspectos relativos à convivência humana. Dessa forma, operações que eram realizadas apenas no meio físico, foram transportadas para o meio digital, e a internet passou a integrar o dia a dia da sociedade. Assim, começou a ser possível realizar pagamentos, compras, trocas de mensagens e até pedidos de serviços no meio virtual.

Nessa expansão das atividades digitais os *softwares* – programas de computador – foram parte essencial, uma vez que seu desenvolvimento decorreu da necessidade de atender as demandas realizadas ao lazer e às atividades profissionais. Tais programas se expandiram a diversos níveis, setores e públicos, e passaram a compor um mercado altamente lucrativo.

Como a legislação brasileira não tinha normas específicas para abarcar as operações que envolvessem os *softwares*, iniciou-se uma guerra fiscal entre os Estados e Municípios, a fim de integrar as operações no âmbito de incidência do Imposto sobre a Circulação de Mercadorias e prestação de Serviços de Transporte e de Comunicação ("ICMS") e do Imposto Sobre Serviços de Qualquer Natureza ("ISS"), respectivamente.

Contudo, uma vez que os critérios materiais da Regra Matriz de Incidência Tributária tanto do ISS quanto do ICMS estavam intimamente ligados à materialidade da operação, a atividade do Poder Judiciário foi de extrema importância para analisar os contornos das normas tributárias, definir a natureza jurídica de tais operações e, consequentemente, definir a competência para tributá-las.

Nesse sentido, o presente trabalho pretende analisar a evolução jurisprudencial em relação à tributação dos *softwares*, em especial, a relevância das Leis Complementares para a atribuição da competência tributária, bem como os desafios dos legisladores acerca do tema, diante da recente aprovação do Projeto de Emenda Constitucional nº 45/2019 – Reforma Tributária.

1 A evolução jurisprudencial sobre a tributação de *softwares*

1.1 Recurso Extraordinário nº 176.626/SP

A primeira oportunidade em que o Supremo Tribunal Federal ("STF") analisou a tributação das operações envolvendo *software* foi no julgamento do Recurso Extraordinário ("RE") nº 176.626/SP, em 1998.

O referido recurso foi interposto pelo Estado de São Paulo em face de acórdão do Tribunal de Justiça do Estado de São Paulo ("TJ/SP") que julgou procedente Ação Declaratória de inexistência de relação jurídico-tributária ajuizada por Munps Processamento de Dados Ltda., que visava ao reconhecimento da não incidência do ICMS sobre operações de licenciamento de programas de computador objetos de contratos de licenciamento ou cessão de direito de uso.

O acórdão recorrido manteve a sentença proferida em primeira instância, que entendeu pela não incidência do ICMS sobre os contratos de licenciamento ou cessão de direito de uso de *softwares*, uma vez que estes não se enquadrariam no conceito de mercadoria. Considerou-se que mercadorias deveriam, necessariamente, ser objeto de contratos de compra e venda, e não de contratos de licenciamento ou cessão, bem como que o conceito de mercadoria estaria adstrito ao suporte físico e não poderia ser identificado no ambiente virtual.

Nesse sentido, o Estado de São Paulo recorreu sustentando que, apesar da natureza de produção intelectual dos programas de computador, uma vez que estes eram produzidos em larga escala, acabariam se caracterizando como mercadorias e, portanto, estariam sob o âmbito de incidência do ICMS.

Remetidos os autos ao Superior Tribunal de Justiça ("STJ"), foi proferida decisão que negou provimento ao Recurso Especial. Por sua vez, encaminhada a discussão para a análise do STF, o caso foi distribuído para a relatoria do Ministro Sepúlveda Pertence, sendo ementado da seguinte forma:[1]

> (...) II. RE: questão constitucional: âmbito de incidência possível dos impostos previstos na Constituição: ICMS e mercadoria. Sendo a mercadoria o objeto material da norma de competência dos Estados para tributar-lhe a circulação, a controvérsia sobre se determinado bem constitui mercadoria é questão constitucional em que se pode fundar o recurso extraordinário.
> III. Programa de computador ("software"): tratamento tributário: distinção necessária. Não tendo por objeto uma mercadoria, mas um bem incorpóreo, sobre as operações de "licenciamento ou cessão do direito de uso de programas de computador" "matéria exclusiva da lide", efetivamente não podem os Estados instituir ICMS: dessa impossibilidade, entretanto, não resulta que, de logo, se esteja também a subtrair do campo constitucional de incidência do ICMS a circulação de cópias ou exemplares dos programas de computador

[1] RE 176626, Relator(a): SEPÚLVEDA PERTENCE, Primeira Turma, julgado em 10-11-1998, DJ 11-12-1998 PP-00010 EMENT VOL-01935-02 PP-00305 RTJ VOL-00168-01 PP-00305

produzidos em série e comercializados no varejo – como a do chamado "software de prateleira" (off the shelf) – os quais, materializando o corpus mechanicum da criação intelectual do programa, constituem mercadorias postas no comércio.

Verifica-se que no julgamento do referido Recurso Extraordinário, o Ministro Sepúlveda Pertence, partindo da doutrina de Rui Saavedra, realizou a distinção conceitual dos programas de computador enquanto a forma como são concebidos e o seu propósito de utilização, classificando os *softwares* como (i) *standard* (de prateleira); (ii) por encomenda e (iii) adaptado ao cliente.

Os *softwares* de prateleira (*standard*) seriam aqueles programas de computador produzidos em série e vendidos no varejo para o público geral, ou seja, que têm a elaboração pensada para uma pluralidade de usuários e, consequentemente, são objeto de contratos de adesão, nos quais o usuário se vincula tacitamente ao utilizar o programa.

Os *softwares* por encomenda seriam aqueles desenvolvidos de forma individualizada para atender às necessidades de um determinado usuário. Por sua vez, os *softwares* adaptados ao cliente seriam uma modalidade intermediária, entre os *standards* e os por encomenda, nos quais poderíamos identificar a produção em série e para uma pluralidade de usuários, mas que poderiam ser ajustados, por um profissional ou usuário, para se adequarem à certas necessidades.

Partindo dessas premissas, o Ministro Relator passou a esclarecer o conceito de mercadoria, já que este era imprescindível para definir os contornos do aspecto de incidência do ICMS. Neste sentido, a Corte conceituou mercadoria como um bem corpóreo destinado a atos de comércio, ou seja, sem suporte físico, não há mercadoria.

Logo, uma vez que os contratos de licenciamento e cessão de uso de *softwares* têm por objeto um bem incorpóreo – o programa de computador –, e estes não têm natureza jurídica de mercadoria, tais operações não poderiam sofrer a incidência do ICMS. No mesmo sentido, o afastamento da tributação de tais operações pelo ICMS também se baseou no fato de que os *softwares*, em regra, não seriam alvo de alienação, mas tão somente de licenciamento. Isso pois, os desenvolvedores possuem propriedade intelectual sobre os *softwares*, de modo que, com a sua comercialização, sua propriedade não é cedida, havendo uma mera disponibilização do direito de uso.

Contudo, no que tange às operações com *softwares* de prateleira, considerou-se que o comerciante desses programas não assume a condição de licenciado ou de cessionário dos direitos do desenvolvedor, de modo que não pode transferi-los ao consumidor final. Dessa forma, não estaríamos diante de uma negociação de direitos autorais, mas da alienação do suporte físico que materializa a obra intelectual, no caso, o *software*.

Assim, realizando a segmentação entre o licenciamento e a cessão de uso das operações com o exemplar do programa de computador, o Ministro Sepúlveda Pertence concluiu que a circulação de cópias ou exemplares de *softwares* produzidos em série e comercializados no varejo, estariam sobre o campo de incidência do ICMS, uma vez que se caracterizam como mercadorias em razão de se materializarem num bem corpóreo.

Em que se pese a 1ª Turma do STF ter analisado o mérito do Recurso Extraordinário nº 176.626/SP, uma vez que este tinha por objeto o reconhecimento da incidência do ICMS sobre o licenciamento ou a cessão de direito de uso do *software*, o recurso não foi conhecido.

Com efeito, apesar de o STF não ter dirimido o conflito de competência entre Estados e Municípios, já que deixou de se manifestar sobre a incidência do ISS sobre as operações com *softwares*, o entendimento firmado no julgamento do RE nº 176.626/SP norteou o posicionamento da Corte por diversos anos, sendo ratificado quando do julgamento do RE nº 199.464/SP, em 1999, e do RE nº 285.870/SP, em 2008.

Nessas duas oportunidades, a Corte reafirmou que incide o ICMS sobre as operações com *softwares* que estejam materializados num corpo físico e que constituam mercadorias que possam ser alienadas comercialmente. Contudo, conforme se passará a demonstrar, o STF veio a modificar a sua própria jurisprudência, ao apreciar as Ações Diretas de Inconstitucionalidade nº 1.945/MT e nº 5.659/MG.

1.2 Ações Diretas de Inconstitucionalidade nº 1.945/MT e nº 5.659/MG

O processo de rompimento dos critérios estabelecidos pelo STF no julgamento do Recurso Extraordinário nº 176.626/SP iniciou-se com o julgamento da Medida Cautelar formulada na Ação Direta de Inconstitucionalidade nº 1.945/MT e se concretizou com o julgamento do mérito da demanda, ocorrido em conjunto com a Ação Direta de Inconstitucionalidade nº 5.659/MG, em 2021, sob a relatoria do Ministro Dias Toffoli.

A ADI nº 1.945/MT foi ajuizada pelo Partido do Movimento Democrático Brasileiro ("PMDB"), a fim de questionar a Lei nº 7.098/1998 do Estado de Mato Grosso, em especial, os artigos 2º, §1º, inciso VI e 6º, §6º, que previam a incidência do ICMS sobre as operações com *software*, ainda que realizadas por transferência eletrônica de dados.

O Partido suscitou que a Lei Estadual incorria em inconstitucionalidade formal, uma vez que violava (i) a previsão do artigo 146 da Constituição Federal, por tratar de matérias que não tinham sido objeto de Lei Complementar, bem como; (ii) a competência tributária municipal prevista no artigo 156, inciso III, da Constituição Federal, eis que o Estado do Mato Grosso buscava instituir tributo sobre serviços definidos na Lei Complementar nº 56/1987.

Ao analisar a Medida Cautelar requerida, o Tribunal entendeu que (i) a exigência de lei complementar relativa ao ICMS já teria sido cumprida com a publicação da Lei Complementar nº 87/1996, e; (ii) o meio de disponibilização do software (corpóreo ou incorpóreo) não era apto a descaracterizar a natureza da circulação de mercadorias dos softwares de prateleira, de modo que tais operações estariam sob a incidência do ICMS. Nesse sentido, verifica-se a ementa da decisão:[2]

> Ação Direta de Inconstitucionalidade. Direito Tributário. ICMS. (...)
> 8. ICMS. Incidência sobre softwares adquiridos por meio de transferência eletrônica de dados (art. 2º, §1º, item 6, e art. 6º, §6º, ambos da Lei impugnada). Possibilidade. Inexistência de bem corpóreo ou mercadoria em sentido estrito. Irrelevância. O Tribunal não pode se furtar a abarcar situações novas, consequências concretas do mundo real, com base em premissas jurídicas que não são mais totalmente corretas. O apego a tais diretrizes jurídicas acaba

[2] ADI nº 1945 MC, Relator(a): Octavio Gallotti, Relator(a) p/ Acórdão: Gilmar Mendes, Tribunal Pleno, julgado em 26.05.2010, DJe-047 Divulg. em 11.03.2011, Public. em 14.03.2011, Ement. VOL-02480-01 PP-00008 RTJ VOL-00220-01 PP-00050.

por enfraquecer o texto constitucional, pois não permite que a abertura dos dispositivos da Constituição possa se adaptar aos novos tempos, antes imprevisíveis.

Por sua vez, a ADI nº 5.659/MG foi proposta pela Confederação Nacional de Serviços ("CNS"), visando questionar a constitucionalidade dos Decretos nº 46.877/2015 e nº 43.080/2002 e Lei nº 6.763/1975, todos editados pelo Estado de Minas Gerais. Para os objetivos do presente trabalho, importa destacar o artigo 43 do Decreto nº 43.080/2002, que passou a prever a incidência do ICMS sobre operações com softwares, veja:

> Art. 43 – Ressalvado o disposto no artigo seguinte e em outras hipóteses previstas neste Regulamento e no Anexo IV, a base de cálculo do imposto é: (...)
> XV - na saída ou no fornecimento de programa para computador:
> a – exclusivo para uso do encomendante, o valor do suporte físico ou informático, de qualquer natureza;
> b – destinado a comercialização, duas vezes o valor de mercado do suporte informático;

Apesar de os dispositivos legais questionados nas referidas Ações Diretas de Inconstitucionalidade serem diversos e terem sido publicados em diferentes momentos, estamos diante da mesma questão jurídica, qual seja, a tributação das operações envolvendo *softwares*. A esse respeito, vale lembrar que a ADI nº 1.945/MT foi ajuizada em 1999, teve seu julgamento iniciado em 2020, com a disponibilização do voto da Min. Relatora Cármen Lúcia, mas, em razão do pedido de vista do Min. Dias Toffoli, foi suspenso e, ao ser retomado em 2021, foi realizado conjuntamente com a ADI nº 5.659/MG.

O voto proferido pela Min. Cármen Lúcia nos autos da ADI nº 1.945/MT analisa as inconstitucionalidades formais e materiais suscitadas pelo PMDB em relação à Lei nº 7.098/1998 do Estado de Mato Grosso. Em relação à inconstitucionalidade formal, a relatora reafirmou o entendimento proferido no prévio julgamento da Medida Cautelar, no sentido de que a exigência de lei complementar relativa ao ICMS já teria sido cumprida com a publicação da Lei Complementar nº 87/1996.

No que se refere à inconstitucionalidade material, a Min. também considerou que não assistiria razão ao Recorrente. Feitos os devidos esclarecimentos sobre a jurisprudência do STF até então existente sobre o tema, em especial em relação ao voto do Min. Sepúlveda Pertence no julgamento do RE nº 176.626, a Min. considerou que, mesmo na aquisição de um exemplar de *software* – inserido em um CD ou disquete – há a aquisição do direito de uso do programa que executará os comandos anunciados pelo fabricante.

Nesse sentido, o voto da relatora considerou que os *softwares* – ainda que considerados bens incorpóreos – possuem natureza jurídica de mercadoria, uma vez que o simples formato de venda – em prateleira ou *marketplace* – não seria suficiente para descaracterizar o fato de que as licenças de uso estão postas indiscriminadamente à disposição do público para venda. Assim, a aquisição da licença ou da cessão de uso decorreria da transferência do código computacional ao adquirente – o que implicaria na circulação da mercadoria – e, estando ressalvados os direitos de autor ao programador, verificar-se-ia a incidência do ICMS.

A Ministra Relatora aproveita para fazer uma ressalva e excluir do campo de incidência do ICMS as operações com *softwares* decorrentes de contratos de desenvolvimento sob demanda, bem como em relação aos suportes inerentes a esses programas. E, por sua vez, consolidou que, no caso de aquisição da licença ou de cessão de uso dos *softwares* por meio do *cloud computing*, sem que ocorra a transferência do código computacional, estar-se-á diante de prestação de serviços, conforme a previsão do item 1.05 da Lista de Serviços da Lei Complementar nº 116/2003, o que sujeita a operação à incidência do ISS.

Nesse sentido, ao final de seu voto, a Min. Cármen Lúcia julgou improcedentes os pedidos formulados pelo PMDB, concluindo que "as operações mercantis que façam circular as licenças ou cessões de uso de determinado programa de computador (*software* ou aplicativo) ensejam a aplicação e incidência do ICMS". Na sequência, o Min. Edson Fachin proferiu voto acompanhando a Relatora e, com o pedido de vista do Min. Dias Toffoli, o julgamento foi suspenso.

Retomado o julgamento, agora em conjunto com a ADI nº 5.659/MG, o Min. Dias Toffoli proferiu seu voto, sendo que, em um primeiro momento, pontuou que, para fins da incidência do ICMS, não seria possível afirmar que este abrangeria apenas operações com bens corpóreos, de modo que seria importante analisar as características do negócio jurídico de aquisição para confirmar ou rejeitar a ocorrência do fato gerador do ICMS.

Ainda, ao abordar a distinção entre *softwares* de prateleira e por encomenda, indicadas no julgamento do RE nº 176.626, indicou que essa distinção não seria mais suficiente para definir a competência tributária, pois com a evolução tecnológica, surgiram negócios jurídicos que não poderiam ser enquadrados nessa classificação inicialmente adotada pela Suprema Corte.

Seguindo com a análise do direito comparado, o Min. Relator indicou que a União Europeia tributa as operações com *software* pelo IVA, diante de uma previsão expressa na legislação de que a prestação de serviços consiste na cessão de um bem incorpóreo, que pode ser ou não representado por um título. Contudo, o Min. destacou que a Constituição Federal de 1988 não possui disposição expressa de qual seria a definição de mercadoria, de modo que não se poderia afirmar sua vinculação à existência de um bem corpóreo e que, no caso de operações com bens incorpóreos, se teria a caracterização da prestação de serviços, com a consequente incidência do ISS.

Desta feita, uma vez que os dispositivos normativos não continham a definição das bases econômicas do ICMS e do ISS, o Ministro Dias Toffoli passou a buscar um critério objetivo para resolver a controvérsia. Assim, uma vez que a repartição de competências entre os Estados e os Municípios geram inúmeros conflitos, o Ministro destacou que a Corte, tradicionalmente, vem resolvendo tais indefinições de forma objetiva, ou seja, reconhecendo a incidência do ISS no caso de o serviço estar definido na Lista de Serviços anexa à Lei Complementar nº 116/2003, ainda que a sua prestação envolva o fornecimento de bens. Já em relação ao ICMS, o STF reconhece a sua incidência quando as operações de circulação de mercadorias não estejam definidas pela Lei Complementar como tributáveis pelo ISS.

Por conseguinte, uma vez que as operações com softwares – licenciamento ou cessão de uso – estavam previstos no subitem 1.05 da Lista de Serviços anexa à Lei

Complementar nº 116/2003, isso seria o suficiente para legitimar a incidência do ISS sobre tais transações, conforme o excerto do voto do Min. Relator:

> Em suma, não vejo como desconsiderar, para o deslinde da presente controvérsia, a legítima opção do legislador complementar de, por meio do subitem 1.05 da lista anexa à LC nº 116/03, fazer incidir o imposto municipal, e não o estadual, sobre o licenciamento ou a cessão de direito de uso de programas de computador. Ou seja, considerando-se a LC nº 116/03 e o critério adotado pelo próprio legislador complementar, não vislumbro como deixar de se aplicar o ISS às operações com programas de computador, notadamente tendo em vista o fato de que, a meu sentir, o legislador não desbordou do conceito constitucional de "serviços de qualquer natureza".

E, ao analisar a adequação dos softwares no conceito de serviço, o Ministro retomou a noção de que estes decorriam de um esforço intelectual e que esta característica não poderia ser desconsiderada pela simples replicação do material para comercialização para diversos usuários:

Associo a esse critério objetivo, positivado no direito nacional, a noção de que a elaboração de um software é um serviço que resulta do esforço humano, seja o software (i) feito por encomenda, voltado ao atendimento de necessidades específicas de um determinado usuário; (ii) padronizado , fornecido em larga escala no varejo; (iii) customizado, o qual contempla características tanto do software padronizado quanto do software por encomenda; iv) disponibilizado via download, cujo instalador é transmitido eletronicamente de um servidor remoto para o computador do próprio usuário; (v) disponibilizado via computação em nuvem. (...)

Reafirmo que o software é produto do engenho humano, é criação intelectual, sendo essa sua característica fundamental. Ou seja, faz-se imprescindível a existência de esforço humano direcionado para o desenvolvimento de um programa de computador. Não há como, a meu ver, desconsiderar esse elemento, ainda que estejamos diante de software que é replicado para comercialização com diversos usuários.

Os Ministros Alexandre de Moraes, Roberto Barroso, Rosa Weber e Ricardo Lewandowski acompanharam o Ministro Relator, concluindo pela incidência do ISS sobre as operações de licenciamento e cessão de uso de *software*, diante da previsão contida na Lei Complementar nº 116/2003.

1.3 Recurso Extraordinário nº 688.223/SP – Tema nº 590 da Repercussão Geral

Apesar do julgamento das Ações Diretas de Inconstitucionalidade nº 1.945/MT e nº 5.659/MG em 2021, verifica-se que estas não eram as únicas ações em trâmite no STF que questionavam a tributação das operações com *softwares*. O Recurso Extraordinário nº 688.223/SP também tinha sido levado à apreciação da Corte.

O referido foi interposto pela Tim Celular S/A em face de acórdão proferido pelo Tribunal de Justiça do Estado do Paraná ("TJ/PR") que reconheceu a validade da incidência do ISS sobre as operações de licenciamento e cessão de uso de *software*. Nesse sentido, a Recorrente sustentou que tais atividades não consistiam em serviços, bem como que o artigo 156, inciso III, da Constituição Federal, não autoriza a cobrança do tributo sobre o consumo do serviço, mas sobre a sua prestação.

Diante da relevância econômica, política, social e jurídica, em 21.09.2012, o Supremo Tribunal Federal reconheceu a Repercussão Geral do julgamento e afetou a discussão no Tema nº 590 – *Incidência de ISS sobre contratos de licenciamento ou de cessão de programas de computador (software) desenvolvidos para clientes de forma personalizada.*

Ao analisar o Tema, o STF proferiu acórdão que negou provimento ao Recurso Extraordinário, mantendo o acórdão proferido pelo TJ/PR, que entendeu pela incidência do ISS sobre as operações que envolvem *softwares*.

O voto do Min. Relator Dias Toffoli fez referência ao julgamento das Ações Diretas de Inconstitucionalidade nº 1.945/MT e nº 5.659/MG e retomou a natureza do software enquanto criação intelectual humano, concluindo que restam verificadas as obrigações de dar. Ao final do julgamento, foi firmada a seguinte tese de Repercussão Geral:

> É constitucional a incidência do ISS no licenciamento ou na cessão de direito de uso de programas de computação desenvolvidos para clientes de forma personalizada, nos termos do subitem 1.05 da lista anexa à LC nº 116/03.

Desta feita, verifica-se que a Suprema Corte, recentemente, reafirmou o entendimento exposto no julgamento das Ações Diretas de Inconstitucionalidade nº 1.945/MT e nº 5.659/MG, afastando a caracterização dos serviços pela sua generalidade ou personalização e definindo a competência tributária também por meio da previsão da Lei Complementar nº 116/03.

2 Reforma tributária e a relevância das leis complementares

A Constituição Federal de 1988, com a finalidade de conferir autonomia financeira aos Entes Federados (União, Estados, Distrito Federal e Municípios), acabou por desenvolver um sistema tributário com a pluralidade de competências para a instituição de tributos. Contudo, a atribuição de competências para os Entes Federados acabou gerando conflitos de competência e insegurança jurídica, uma vez que a simples indicação da materialidade tributável não seria um critério seguro para que o Poder Público e os Contribuintes indicassem, com certeza, o imposto incidente sobre tal operação.

A hipótese ora tratada, da tributação das operações de licenciamento e cessão de uso de *softwares* reflete apenas um dos diversos conflitos tributários entre Estado (ICMS) e Municípios (ISS) sobre as operações de consumo que tiveram que ser resolvidos pelos intérpretes do Direito Tributário. Por sua vez, estes tiveram que se valer da interpretação sistêmica do ordenamento jurídico para traçar os parâmetros da incidência do ICMS e do ISS.

Nesse sentido, em consonância o exposto no capítulo anterior, verifica-se que a previsão da incidência do imposto pela Lei Complementar foi pressuposto essencial para a conclusão pelo Poder Judiciário sobre a definição dos limites da competência tributária dos Entes Federados em relação às operações de licenciamento e cessão de uso de *softwares*.

Nesse sentido, cumpre destacar que Leis Complementares são aquelas que dispõem sobre matérias expressamente determinadas pela Constituição Federal e que tiveram a sua competência definida no artigo 146, nos seguintes termos:

> Art. 146. Cabe à lei complementar:
> I – *dispor sobre conflitos de competência*, em matéria tributária, entre a União, os Estados, o Distrito Federal e os Municípios;
> II – *regular as limitações constitucionais ao poder de tributar;*
> III – *estabelecer normas gerais em matéria de legislação tributária*, especialmente sobre:
> a) definição de tributos e de suas espécies, bem como, em relação aos impostos discriminados nesta Constituição, a dos respectivos fatos geradores, bases de cálculo e contribuintes;
> b) obrigação, lançamento, crédito, prescrição e decadência tributários;
> c) adequado tratamento tributário ao ato cooperativo praticado pelas sociedades cooperativas.
> d) definição de tratamento diferenciado e favorecido para as microempresas e para as empresas de pequeno porte, inclusive regimes especiais ou simplificados no caso do imposto previsto no art. 155, II, das contribuições previstas no art. 195, I e §§12 e 13, e da contribuição a que se refere o art. 239.

Acerca da relevância das Leis Complementares, leciona Paulo de Barros Carvalho:[3]

> A lei complementar, com sua natureza singular, matéria especialmente prevista na Constituição e quórum qualificado a que alude o artigo 69 desde Diploma – maioria absoluta nas duas Casas do Congresso – cumpre hoje função institucional da mais elevada importância para a estruturação da ordem jurídica brasileira. Aparece como significativo instrumento de articulação das normas do sistema, recebendo numerosos cometimentos nas mais diferentes matérias de que se ocupou o legislador constituinte. Viu afirmada sua posição intercalar, submetida aos ditames da Lei Maior e, ao mesmo tempo, subordinando os demais diplomas legais. Não como negar-lhe, agora, supremacia hierárquica com relação às outras leis que, por disposição expressa no parágrafo único do art. 59, nela terão que buscar o fundamento forma de suas validades.

Dessa forma, verifica-se que o entendimento do Supremo Tribunal Federal para a definição da competência tributária acerca das operações sobre licenciamento ou cessão de uso de *softwares* está em consonância com a previsão do artigo 146 da Constituição Federal, enaltecendo a competência da Lei Complementar para dispor sobre os conflitos de competência em matéria tributária e, por sua vez, reconhecendo a incidência do ISS sobre as referidas operações.

Contudo, com a aprovação da Proposta de Emenda Constitucional (PEC) nº 45/2019, que pretende alterar o sistema tributário brasileiro, verificamos que o principal enfoque das Leis Complementares, qual seja as disposições sobre conflitos de competência entre os Entes Tributantes, será solucionado.

A Reforma Tributária proposta na referida PEC prevê a criação do Imposto sobre Bens e Serviços (IBS), Contribuição sobre Bens e Serviços (CBS) e Imposto Seletivo (IS), a fim de substituir os seguintes tributos: IPI; ICMS; PIS; COFINS; e o ISS. A competência

---

3 CARVALHO, Paulo de Barros. *Direito Tributário* – Linguagem e Método. 2. ed. São Paulo: Dialética, 2008. p. 387.

da CBS ficará vinculada à União Federal e a do IBS será atribuída aos Estados, Distrito Federal e Municípios.

Apesar de não entrarmos no mérito de tal proposta, a fim de analisar sua pertinência e aplicação dentro do contexto brasileiro, verifica-se que ela tem por objetivo trazer mais simplicidade ao sistema tributário nacional, eliminando os conflitos de competência entre os Entes e buscando diminuir o Custo Brasil – decorrente dos custos de conformidade e administrativos para que as empresas possam operar no país.

A partir da aprovação de tal PEC nº 45/2019, com a consequente extinção do ICMS e do ISS e a previsão de uma base de incidência ampla para o IBS e a CBS, haverá, na prática, o fim do conflito de competência entre Estados e Municípios, num contexto geral.

Contudo, o maior impacto das medidas por ela proposta está sujeita às normas infraconstitucionais que serão futuramente editadas pelos legisladores, o que reflete na mudança do foco da alínea I para as alíneas II e III do artigo 146 da Constituição Federal.

No entanto, apesar de realizado esse rearranjo, fato é que as Leis Complementares serão de suma importância para a operação da Reforma Tributária, uma vez que esta mantém a lógica normativa constitucional de que a Constituição define competências e limitações ao poder de tributar, enquanto as disposições específicas sobre a materialidade dos tributos são definidas pela legislação infraconstitucional.

Nesse sentido, colacionamos os seguintes excertos que atribuem competência para que a matéria seja tratada pelas Leis Complementares:

> Art. 1º A Constituição Federal passa a vigorar com as seguintes alterações: (...)
> Art. 156-A. *Lei complementar instituirá imposto sobre bens e serviços de competência dos Estados, do Distrito Federal e dos Municípios.* (...)
> VIII – com vistas a observar o princípio da neutralidade, <u>será não cumulativo, compensando-se o imposto devido pelo contribuinte com o montante cobrado sobre todas as operações nas quais seja adquirente de bem, material ou imaterial, inclusive direito, ou de serviço, excetuadas exclusivamente as consideradas de uso ou consumo pessoal,</u> *nos termos da lei complementar*, e as hipóteses previstas nesta Constituição; (...)
> XII – <u>resolução do Senado Federal fixará alíquota de referência do imposto para cada esfera federativa,</u> *nos termos de lei complementar*, que será aplicada salvo disposição em contrário em lei específica, nos termos do disposto no inciso V deste parágrafo. (...)
> Art. 156-B<u>. Os Estados, o Distrito Federal e os Municípios exercerão de forma integrada, exclusivamente por meio do Conselho Federativo do Imposto sobre Bens e Serviços, nos termos e nos limites estabelecidos nesta Constituição e *em lei complementar*, as seguintes competências administrativas relativas ao imposto de que trata o art. 156-A</u>:
> I – editar normas infralegais sobre temas relacionados ao imposto, de observância obrigatória por todos os entes que o integram;
> II – uniformizar a interpretação e a aplicação da legislação do imposto, que serão vinculantes para todos os entes que o integram;
> III – arrecadar o imposto, efetuar as compensações e distribuir o produto da arrecadação entre os Estados, o Distrito Federal e os Municípios;
> IV – dirimir as questões suscitadas no âmbito do contencioso administrativo tributário entre o sujeito passivo e a administração tributária. (...)

> Art. 225. Todos têm direito ao meio ambiente ecologicamente equilibrado, bem de uso comum do povo e essencial à sadia qualidade de vida, impondo-se ao Poder Público e à coletividade o dever de defendê-lo e preservá-lo para as presentes e futuras gerações.
> §1º Para assegurar a efetividade desse direito, incumbe ao Poder Público: (...)
> VIII – *manter regime fiscal favorecido para os biocombustíveis, na forma de lei complementar, a fim de assegurar-lhes tributação inferior à incidente sobre os combustíveis fósseis,* capaz de garantir diferencial competitivo em relação a estes, especialmente em relação às contribuições de que tratam o art. 195, I, 'b', IV e V, e o art. 239 e aos impostos a que se referem os arts. 155, II, e 156-A desta Constituição. (...)
> Art. 8º Fica criada a Cesta Básica Nacional de Alimentos, em observância ao direito social à alimentação previsto no art. 6º da Constituição Federal.
> Parágrafo único. *Lei complementar definirá os produtos destinados à alimentação humana que comporão a Cesta Básica Nacional de Alimentos,* sobre os quais as alíquotas dos tributos previstos nos arts. 156-A e 195, V, da Constituição Federal serão reduzidas a zero.
> Art. 9º A lei complementar que instituir o imposto de que trata o art. 156-A e a contribuição de que trata o art. 195, V, ambos da Constituição Federal, poderá prever os regimes diferenciados de tributação de que trata este artigo, desde que sejam uniformes em todo o território nacional e sejam realizados os respectivos ajustes nas alíquotas de referência com vistas a reequilibrar a arrecadação da esfera federativa.

Ademais, a relevância das Leis Complementares também se demonstra no fato de que, apesar de a legislação do CBS e da IBS serem únicas e aplicadas em todo o território nacional, as alíquotas serão fixadas por cada Ente Federativo. Ou seja, o local do consumo, aspecto espacial da regra matriz de incidência tributária definido para os novos tributos, será de suma importância para a definição da alíquota a ser aplicável às operações tributáveis.

No que se refere às operações com licenciamento e cessão de uso de *software,* isso se agrava, uma vez que além de se caracterizarem como bens incorpóreos, que, em regra, são disponibilizados por meio digital e podem ser consumidos em qualquer lugar do Brasil, a expressão consumo precisará ser mais bem limitada.

Em grandes empresas, a aquisição de um *software* não costuma ser realizada apenas para a matriz ou para um estabelecimento, mas para a pessoa jurídica como um todo. Nesses casos, no caso de a matriz adquirir uma licença para ser utilizada por suas filiais, qual será o local de consumo do bem? Consequentemente, qual será a alíquota aplicável à operação: a instituída pelo Ente Federado onde está localizada a matriz ou do local dos estabelecimentos?

Ademais, vale destacar também que, embora as alíquotas da CBS e IBS não tenham sido instituídas, os cálculos divulgados pelas equipes técnicas do Ministério da Fazenda preveem uma alíquota geral de 27,5%, que poderá ser reduzida em até 60% quando da instituição de regimes tributários favorecidos que, até o momento, abarcam os serviços de educação, saúde, medicamente, insumos agropecuários, dentre outros.

No que tange às operações de licenciamento e cessão de uso dos *softwares*, estas sofrerão significativo aumento da carga tributária. Inclusive, verifica-se que o setor de *software* e serviços de tecnologia da informação está em intensa movimentação perante o Congresso Nacional a fim de discutir os impactos da PEC nº 45/2019 para as empresas do setor.

Ainda, verifica-se também que a Reforma Tributária proposta pela PEC nº 45/2019 considerou as mudanças ocasionadas pelas inovações tecnológicas, em especial as discussões acerca da tributação dos softwares, de modo que passou a prever a incidência do IBS e da CBS sobre operações com bens incorpóreos, conforme pode-se verificar do texto aprovado pelo Senado Federal no último dia 09 de novembro:

> Art. 156-A. Lei complementar instituirá imposto sobre bens e serviços de competência dos Estados, do Distrito Federal e dos Municípios.
> §1º O imposto previsto no caput atenderá ao seguinte:
> I – incidirá sobre operações com bens materiais ou imateriais, inclusive direitos, ou com serviços;
> Art. 195. A seguridade social será financiada por toda a sociedade, de forma direta e indireta, nos termos da lei, mediante recursos provenientes dos orçamentos da União, dos Estados, do Distrito Federal e dos Municípios, e das seguintes contribuições sociais: (...)
> V – sobre bens e serviços, nos termos de lei complementar.

Dessa forma, identificamos a preocupação do legislador a fim de abarcar o maior número de operações possíveis nessa Reforma Tributária, contudo, será de suma importância que as Leis Complementares a serem editadas futuramente acompanhem as inovações tecnológicas. Isso porque, apesar de os conflitos de competência tributária terem sido dirimidos pela PEC nº 45/2019, poderão iniciar discussões acerca da tributação de tais operações, mais especificamente sobre a ocorrência ou não dos critérios da regra matriz de incidência dos novos tributos, o que poderá afastar a incidência destes sobre as operações com *softwares* e novas tecnologias.

Nesse sentido, cumpre-nos aguardar a aprovação do texto final da PEC nº 45/2019 e, posteriormente, a definição dos contornos específicos da CBS e do IBS, bem como as definições dos regimes de tributação favorecida pelas Leis Complementares.

Conclusão

Conforme analisado no presente trabalho, a evolução da tecnologia trouxe novos conceitos para a sociedade e, consequentemente, para o Direito Tributário que viu a dicotomia entre "mercadorias" e "serviços" sendo questionada ao definir a competência tributária para a tributação sobre as operações de licenciamento e cessão de uso de *softwares.*

Dessa forma, Estados e Municípios passaram a ajustar as suas legislações a fim de atrair a tributação dessas operações para o âmbito de incidência do ICMS ou do ISS, sendo necessário que o Poder Judiciário, em especial, o Supremo Tribunal Federal, se debruçasse sobre a questão a fim de solucionar o referido conflito de competência.

Nesse sentido, perpassamos os julgamentos mais emblemáticos do STF sobre o tema a fim de demonstrar a evolução do entendimento sobre a tributação desses negócios jurídicos que, por sua vez, desaguaram no julgamento das Ações Diretas de Inconstitucionalidade nº 1.945/MT e nº 5.659/MG.

Nesta oportunidade, a Corte considerou que deveria prevalecer a previsão do artigo 146 da Constituição, uma vez que "o simples fato de o serviço se encontrar definido em lei complementar como tributável pelo ISS já atrairia, em tese, a incidência tão somente desse imposto sobre o valor total da operação e afastaria a do ICMS", conforme previsão constante no artigo 146 da Constituição Federal.

Por sua vez, reafirmamos a importância das Leis Complementares no ordenamento jurídico brasileiro, em especial, para a definição da tributação sobre as operações de licenciamento e cessão de uso de *softwares*. Contudo, com a recente aprovação do Projeto Emenda Constitucional nº 45/2019, verificamos uma mudança da relevância desse instituto, que passará da resolução de conflitos de competência, previsto no inciso I do artigo 146 da Constituição Federal, para regular as limitações constitucionais ao poder de tributar e definição das normas gerais de direito tributário.

Nesse sentido, a PEC nº 45/2019 traz diversas menções à Leis Complementares que precisarão ser editadas pelos legisladores até o ano de 2026, quando está previsto o início da transição para o novo regime.

No setor de *softwares* e serviços de tecnologia da informação verificamos um ponto de atenção que terá que ser delimitado pela Lei Complementar, o que deverá ser entendido como "local de consumo" para fim da incidência e alíquota do IBS. Conforme destacamos, no caso dos *softwares* é possível que o bem adquirido por uma empresa seja utilizado pelos estabelecimentos filiais localizados em outras Unidades Federativas. Ou seja, no caso de não esclarecido exatamente o que será entendido por "consumo", é possível que um mesmo contribuinte seja cobrado sob diversas alíquotas.

Ademais, a alíquota prevista pelos estudos da equipe técnica do Ministério da Fazenda, no importe de 27,5%, aumentam substancialmente os custos tributários, de modo que os representantes do setor vêm provocando o Congresso Nacional, em especial a partir de debates na Comissão de Ciência, Tecnologia, Inovação e Informática a fim de discutir os impactos da PEC nº 45/2019 para as empresas do setor.

Contudo, uma vez que a Reforma Tributária ainda está em discussão pelo Congresso Nacional, cumpre acompanhar a sua tramitação, bem como das Leis Complementares a serem editadas na sequência a fim de verificar os impactos para o setor de desenvolvimento de *softwares* e tecnologia da informação, bem como a reação do setor ao aumento da tributação.

Referências

CARVALHO, Paulo de Barros. *Direito Tributário* – Linguagem e Método. 2. ed. São Paulo: Dialética, 2008.

Informação bibliográfica deste texto, conforme a NBR 6023:2018 da Associação Brasileira de Normas Técnicas (ABNT):

VENTURA, Bruno Matos; QUEIROZ, Maria Isabela. A relevância das leis complementares na tributação de softwares: evolução jurisprudencial e novos desafios. In: LOBATO, Valter de Souza (coord.); MARINHO NETO, José Antonino (org.). *O papel da lei complementar tributária no desenho federativo brasileiro*. Belo Horizonte: Fórum, 2024. p. 549-561. ISBN 978-65-5518-779-3.

LEI COMPLEMENTAR, ATO COOPERATIVO E REFORMA TRIBUTÁRIA: EM BUSCA DO ADEQUADO TRATAMENTO TRIBUTÁRIO

EDUARDO SILVEIRA FRADE,
JUSELDER CORDEIRO DA MATA

Introdução

A Constituição Federal, em seu artigo 146, inciso III, alínea "c" assenta que caberá à Lei Complementar dispor sobre normas gerais, especialmente sobre o adequado tratamento do ato praticado pelas sociedades cooperativas.

Ocorre, porém, que tal enunciado normativo é dotado de necessidade de delimitação, uma vez que o legislador constitucional adotou termos vagos, cuja necessidade de descrição cabe à Ciência Jurídica.

Neste sentido, busca-se, através do presente texto, esclarecer o papel da lei complementar quando na determinação de normas gerais, em melhor medida no afã de descrever o que dever ser compreendido como ato cooperativo e, notadamente seu adequado tratamento tributário.

Considerando, também, o contexto no qual se insere o texto, qual seja o dos debates acerca da proposta de reforma constitucional no sistema tributário nacional, busca-se, também, remeter essa discussão, considerando-se a proposta de reforma tributária hoje em trâmite no Senado Federal cujo principal objeto é a reunião de tributos, numa suposta simplificação, mas que também menciona a necessidade de definição do adequado tratamento tributário do ato cooperativo, avançado na discussão, porém ainda relegando à lei complementar esse papel.

Assim, busca-se, a partir de uma abordagem qualitativa, de método dedutivo, tendo o referencial bibliográfico como principal instrumento de pesquisa, compreender o que haveria de ser o adequado tratamento do ato cooperativo, precisando o papel da lei complementar para a definição deste, situando, sincronicamente, a discussão para o ano de 2023, a fim de tecer considerações se a atual proposta de reforma tributária supriria o papel da definição do instituto, ainda não regulado por meio da citada lei complementar.

1 O papel da lei complementar em matéria tributária

Estipula o artigo 146, inciso III, alínea "c" da Constituição Federal, que caberá à lei complementar estabelecer normas gerais em matéria de legislação tributária, precisando sobre o adequado tratamento tributário do ato cooperativo.

Portanto, a compreensão do adequado tratamento do ato cooperativo necessariamente requer a descrição do papel desempenhado por esta norma no sistema jurídico brasileiro, de sorte a compreender sua posição hierárquica dentre os demais veículos introdutores de normas, bem como compreender a função que esta desempenha em matéria tributária.

O artigo 59 da Constituição Federal prescreve os instrumentos legais introdutores de normas no nosso ordenamento jurídico, conforme se observa:

> Art. 59. O processo legislativo compreende a elaboração de:
> I – emendas à Constituição;
> II – leis complementares;
> III – leis ordinárias;
> IV – leis delegadas;
> V – medidas provisórias;
> VI – decretos legislativos;
> VII – resoluções.
> Parágrafo único. Lei complementar disporá sobre a elaboração, redação, alteração e consolidação das leis.

De antemão, esclarece-se que o que o supramencionado artigo prescreve são os instrumentos legais, isto é, frutos de um processo legislativo, introduzindo normas ao ordenamento jurídico brasileiro. Notadamente, isto não desprestigia outros veículos capazes de introduzir normas, como sentenças, mas que, por não serem oriundas de um procedimento legislativo, não serão por nós analisadas.

Conforme se observa do artigo 59 da Constituição Federal, abaixo dela há outros instrumentos normativos legais, os quais são expostos numa relação de hierarquia, devendo guardar com a Constituição e com as normas hierarquicamente superiores coerência lógica.

Dentre os instrumentos jurídicos introdutores de normas e frutos de um processo legislativo, há a lei complementar. O que seria esta, sua relação e distinção com os outros veículos, bem como seu papel em matéria tributária é o que se tentará, brevemente, explanar, sem pretensão de esgotar o tema, mas para fornecer as bases para a compreensão de sua importância e função desempenhada para a prescrição do adequado tratamento tributário do ato cooperativo.

1.1 A lei complementar no ordenamento jurídico

As leis complementares inserem-se numa pirâmide hierárquica de instrumentos normativos frutos de um processo legislativo que tem, na Constituição Federal, seu cume e instrumento de validade.

Destarte, todo instrumento normativo introduzido no ordenamento jurídico brasileiro deverá, em relação à Constituição Federal, apresentar-se condizente, resguardando os valores e fundamento daquele que é, neste sistema legal, a norma fundamental, embora não hipotética, que compreende que esta seria o fundamento de validade maior de todos os comandos normativos.

Na pirâmide hierárquica projetada, a lei complementar estaria tão somente abaixo da própria Constituição Federal e de suas emendas, porém acima das leis ordinárias, leis delegadas e outros instrumentos normativos.

O reconhecimento formal e material da lei complementar, contudo, não se encontra pautada tão somente no artigo 59, *caput*, da Constituição Federal. Seu parágrafo único cuida em destacar que ela disporá sobre a elaboração, redação, alteração e consolidação das leis. Outrossim, o artigo 69 destaca que "as leis complementares serão aprovadas por maioria absoluta".

Observam-se, com isso, os dois âmbitos de reconhecimento das leis complementares, quais sejam: material e formal. Formalmente, a lei complementar é aquela cujo *quórum* de aprovação é de maioria absoluta, ou seja, sendo aquela que tem como condição de validade a adequação de um procedimento legislativo, dando-se a aprovação por metade mais um dos membros do Congresso Nacional, por sua vez dividido em Câmara dos Deputados e Senado Federal.

Já sob o aspecto material, a teor do que prescreve o artigo 59, parágrafo único, da Constituição Federal, a lei complementar é aquela que "tem por objetivo (conteúdo) a complementação da Constituição, quer ajuntando-lhe normatividade, quer operacionalizando-lhe os comandos".[1]

Levando tal compreensão ao ramo tributário, Paulo de Barros Carvalho observa que "a legislação complementar cumpre assim, em termos tributários, relevante papel de mecanismo de ajuste, calibrando a produção legislativa ordinária em sintonia com os mandamentos supremos da Constituição da República".[2]

Decorrendo da análise da legislação complementar, o supracitado professor cuida em destacar uma posição de hierarquia que se forma dela em relação ao ordenamento jurídico. Assenta, portanto, que, sob o aspecto da hierarquia formal, a lei complementar será norma superior quando "dita apenas os pressupostos que a norma inferior há de respeitar",[3] e sendo materialmente superior "sempre que a regra subordinante preceituar os conteúdos de significação da norma inferior".[4]

Sob o aspecto formal, a legislação complementar, na medida em que requer *quórum* diferenciado, notadamente, representativo de mais da metade dos representantes eleitos do povo brasileiro, num regime democrático, há de refletir não só a vontade destes, mas de mais da metade da população brasileira, que lhes outorgou tal representatividade, o que serve, pois, de fundamento para que a legislação inferior as respeite. Ademais, também há hierarquia material, de sorte que o conteúdo das normas prescritas pelos

---

1 COÊLHO, Sacha Calmon Navarro. *Curso de Direito Tributário Brasileiro*. 15. ed. Rio de Janeiro: Forense, 2016. p. 247.

2 CARVALHO, Paulo de Barros. *Direito tributário linguagem e método*. 5. ed. São Paulo: Noeses, 2013. p. 392.

3 *Op. cit.*, p. 393.

4 *Op. cit.*, p. 393.

instrumentos inferiores deverá respeitar os comandos que prescreveu a lei complementar, guardando com esta coerência.

A lei complementar não se confunde com a lei ordinária. Além da relação hierárquica de superioridade da primeira em relação à segunda, a última também deve ser materialmente compatível com a primeira.

Ademais, há uma outra diferença. Em que pese o órgão legislativo responsável pela emissão de ambos instrumentos legais seja o mesmo, a lei complementar é lei nacional, enquanto a legislação ordinária, lei federal. "Noutras palavras, a lei complementar está a serviço da Constituição e não da União Federal".[5] Ou seja, a lei ordinária cuida em prescrever comandos que, embora devam guardar conformidade com a Constituição Federal, emanam da vontade do ente político União, ao passo que a lei complementar atua com fulcro de complementação da atuação constitucional, funcionando como "manifestações da própria Constituição, daí o adjetivo complementar (da Constituição)"[6] e que resulta da vontade indissolúvel de todos os entes políticos, quais sejam União, estados, Distrito Federal, Municípios e territórios.

Sobre o papel da lei complementar, esclarece Sacha Calmon Navarro Coêlho:[7]

> a) Serve para complementar dispositivos constitucionais de eficácia limitada, na terminologia de José Afonso da Silva;
> b) Serve ainda para conter dispositivos constitucionais de eficácia contida (ou contível)
> c) Serve para fazer atuar determinações constitucionais consideradas importantes e de interesse de toda a Nação. Por isso mesmo as leis complementares requisitam de *quórum* qualificado por causa da importância nacional das matérias postas à sua disposição

Como sintetiza Celso Antônio Bandeira de Melo,[8] em referência à terminologia adotada por José Afonso da Silva, as normas de eficácia limitada são aquelas cujos efeitos essenciais dependem de ulterior legislação. Já as normas de eficácia contida ou contível seriam aquelas cujos efeitos poderiam ser limitados por uma legislação posterior.

À lei complementar caberia, pois, o papel de complementação das normas jurídicas constitucionais, sejam elas de eficácia limitada ou contida, de sorte que seriam o instrumento essencial para fazer valer os objetivos e a intencionalidade do legislador quando editou a norma constitucional.

Em relação ao cooperativismo, deve a Lei nº 5.764/71 – norma geral que regulamenta o cooperativismo – em razão da superveniente edição da Lei Complementar, ser com a última coerente e, portanto, revogada tacitamente naquilo que não for com ela compatível.

Em matéria tributária, à Lei Complementar, caberia determinar os conteúdos das normas constitucionais, razão pela qual o Código Tributário Nacional, uma vez que

---

5 COÊLHO, Sacha Calmon Navarro. *Curso de Direito Tributário Brasileiro*. 15. ed. Rio de Janeiro: Forense, 2016. p. 250.

6 *Op. cit.*, p. 253.

7 *Op. cit.*, p. 250.

8 MELO, Celso Antônio Bandeira de. Eficácia das normas constitucionais sobre justiça social. *Revista do Serviço Público*, v. 39, n. 4, p. 68, 1982.

faz valer o poder de tributar do Estado, fora recebido com *status* de lei complementar, embora esta classe normativa não existisse à época de sua edição.

Ainda em relação à posição da lei complementar e sua relação com os demais instrumentos, quatro importantes consequências são extraídas por Sacha Calmon Navarro Coêlho,[9] quais sejam: a) a Constituição escolhe a matéria da lei complementar; b) não cabe ao legislador ordinário adentrar na matéria reservada à lei complementar; c) em relação ao fundamento da validade, a lei complementar é superior às ordinárias; d) a matéria reservada à lei complementar é indelegável.

As determinações de interesse de toda nação são, como já mencionado, aquelas que atendem aos interesses de toda a nação brasileira, de sorte que não representem isoladamente a vontade de um dos entes políticos, mas sim de todos conjuntamente, razão pela qual, reitera-se, ser a lei complementar lei nacional e, pois, superior à lei ordinária, destacando-se, ademais, seu papel como regra estruturante, que, como observa Paulo de Barros Carvalho,[10] consiste naquelas que cuidam do proceder do homem em sociedade, regulando-o de maneira mediata e indireta, diferentemente, pois, das regras de comportamento, que são as regras de conduta.

Em matéria tributária, a lei complementar cumpre acentuado papel, sobre o qual se tratará.

1.2 A lei complementar em matéria tributária

Acerca do papel exercido pela lei complementar em matéria tributária, vigoram no Brasil duas grandes correntes doutrinárias, denominadas de dicotômica e tricotômica, que interpretam o artigo 146 da Constituição Federal de maneira distinta.

Em síntese, a corrente dicotômica preconiza que a lei complementar deve dispor sobre normas gerais em matéria tributária, responsáveis, por sua vez, pelo tratamento do conflito de competências e regulação das limitações constitucionais ao poder de tributar. Do outro lado, a corrente tricotômica entende que a lei complementar debruça-se sobre conflito de competências, regulação das limitações constitucionais ao poder de tributar e o estabelecimento de normas gerais de direito tributário.

A divergência entre as duas correntes está, pois, entre definir o que seriam as normas gerais de direito tributário, vistas como gênero do qual decorrem as regulações ao poder de limitar, e as normas sobre conflito de competência, para a corrente dicotômica ou como uma terceira vertente de papel desempenhado pela lei complementar, consorte a corrente tricotômica entende, notadamente, não se devendo esquecer a finalidade de complementar os ditames constitucionais, posto ser esta a finalidade da lei complementar.

Há fortes defensores de ambas as correntes doutrinárias, contudo, entendemos que melhor baliza deve se dar à corrente tricotômica, uma vez que o próprio artigo 146 já estabelece competências próprias da lei complementar que, ao nosso sentir, não podem ser enquadradas como responsáveis por dirimir conflitos de competência, tampouco limitações constitucionais ao poder de tributar. Representam valores, querendo o

---

[9] COÊLHO, Sacha Calmon Navarro. *Curso de Direito Tributário Brasileiro*. 15. ed. Rio de Janeiro: Forense, 2016. p. 255.

[10] CARVALHO, Paulo de Barros. *Direito tributário linguagem e método*. 5. ed. São Paulo: Noeses, 2013. p. 390.

constituinte que fossem realizadas complementações posteriores, justamente por serem normas de eficácia contida ou limitada.

Ou seja, a própria Constituição estabelece reservas de lei complementar a determinadas matérias, determinando o adequado tratamento tributário do ato cooperativo (artigo 146, inciso III, alínea "c") conteúdos sobre os quais é cabível a edição de normas gerais de direito tributário, posto não estarem necessariamente enquadradas como limitações ao poder de tributar ou conflitos de competência.

As normas gerais de direito tributário, passíveis de ser instituídas por meio de lei complementar, são aquelas que cuidam de estabelecer a uniformidade do Sistema Tributário Nacional, em consonância com os princípios e limites impostos pela Constituição Federal. A função da lei complementar é de ser instrumento de concretização dos comandos constitucionais, inclusive no que tange à matéria tributária.

O artigo 146 da Constituição Federal, neste sentido, não estipula exaustivamente as normas gerais de direito tributário, posto que o próprio CTN é recepcionado como tal e estipula, em seu livro, aquilo que entende como normas gerais de direito tributário e que complementam aquelas veiculadas constitucionalmente.

Ou seja, além das reservas de competência constitucionalmente atribuídas à lei complementar, o CTN, além de recepcionado como lei complementar, também cuida em estabelecer outras normas gerais de direito tributário que, em síntese, referem-se a como fazer normas em sede de tributação, devendo, pois, ser observadas nacionalmente por todos os entes políticos.

A lei complementar é de observância nacional, portanto, devendo-lhe respeito todos os entes políticos. Assim, quando a Constituição estabelece competências exclusivas à lei complementar como responsáveis por dirimir conflitos de competência ou impor limitações constitucionais ao poder de tributar, determina normas gerais que devem ser por ela veiculadas.

Desta sorte, entende-se que, sempre que forem estabelecidas normas sobre como fazer normas, está sendo veiculada uma norma geral e que, por competirem à lei complementar, devem ser respeitadas por todos os entes políticos. Por entender, pois, que às leis complementarem também cabem estabelecer normas sobre como estabelecer normas é que se dá maior baliza à corrente tricotômica.

Ademais, também compete, por determinação expressa do artigo 146-A da Constituição Federal, introduzido pela Emenda Constitucional nº 42, de 19 de dezembro de 2013, estabelecer normas que determinem critérios especiais de tributação, com o objetivo de prevenir desequilíbrios da concorrência, também conferindo, neste sentido, à lei complementar a prerrogativa de atuar com fins extrafiscais, determinando juridicamente a opção político-econômica do país.

Destarte, além de estabelecer normas sobre como fazer normas, a lei complementar também detém a prerrogativa de prescrever juridicamente a opção político-econômica estatal, de sorte a, no âmbito tributário, refletir aquela que seria a posição nacional de cunho extrafiscal, sendo estas normas gerais outras que não limitações ao poder de tributar ou conflitos de competência.

O papel extrafiscal da lei complementar é sentido, também, em relação ao adequado tratamento tributário do ato cooperativo, ao qual lhe compete determinar, por força do artigo 146, inciso III, alínea "c" da Constituição Federal.

O cooperativismo é instrumento de promoção de desenvolvimento socioeconômico, conforme tivemos a oportunidade de defender anteriormente. Deste modo, a definição do adequado tratamento tributário do ato cooperativo detém um papel de promoção político-econômica que reflita a opção constitucional de estímulo ao cooperativismo, integrando-o com os princípios constitucionais e a legislação ordinária, com a função de harmonizar o sistema tributário como complementar do texto constitucional, consorte observa Carlos Valder Nascimento.[11]

Portanto, diante das premissas de que as normas constitucionais não podem ser interpretadas de maneira independente, ou seja, de que a interpretação do texto maior deve ser sistemática, bem assenta Betina Treiger Grupenmacher[12] que o artigo 146, inciso III, alínea "c" da Constituição Federal, que prescreve à lei complementar a função de estabelecer uma norma geral sobre o adequado tratamento tributário do ato cooperativo, não pode ser interpretado de maneira isolada, mas em observância ao sistema tributário nacional e às especificidades do conjunto de normas que regem as associações e as cooperativas, respeitando a natureza jurídica própria destas organizações sociais, que, aliás, devem ser estimuladas, como prescreve o artigo 174, §2º da Constituição Federal.

2 O conteúdo da lei complementar que disporá sobre o adequado tratamento tributário do ato cooperativo

Atualmente, a lei complementar que disciplinaria o adequado tratamento tributário do ato cooperativo, inobstante ainda não existir em nosso ordenamento jurídico, não pode se esquivar de uma compreensão sistêmica da Constituição Federal, posto que é dever desta, enquanto instrumento legislativo introdutor de normas jurídicas complementar os comandos da Carta Magna.

A definição do adequado tratamento tributário não pode – como assentamos anteriormente – se ater a uma interpretação literal do ato cooperativo, tal qual definida no artigo 79 da Lei nº 5.764/71.[13] Sua prescrição deve se dar em corroboração a todo o conteúdo da Constituição Federal.

O artigo 174, §2º da Constituição Federal, prescreve que a lei apoiará e estimulará o cooperativismo e outras formas de associativismo. Ou seja, o legislador colecionou o cooperativismo como valor que, por sua vez, demanda uma postura proativa do Estado em sua regulação e promoção.

---

[11] NASCIMENTO, Carlos Valder do. *Teoria Geral dos atos cooperativos*. São Paulo: Malheiros, 2007. p. 107.

[12] GRUPENMACHER, Betina Treiger. ISS sobre Cooperativas de Trabalho. In: BECHO, Renato Lopes (Coord.). Problemas atuais do Direito Cooperativo. São Paulo: Dialética, 2002. p. 40.

[13] Art. 79. Denominam-se atos cooperativos os praticados entre as cooperativas e seus associados, entre estes e aquelas e pelas cooperativas entre si quando associados, para a consecução dos objetivos sociais.
Parágrafo único. O ato cooperativo não implica operação de mercado, nem contrato de compra e venda de produto ou mercadoria.

É, pois, acertado o professor Renato Lopes Becho[14] quando observa que a lei que dispuser sobre o adequado tratamento tributário do ato cooperativo deve levar em consideração o que prescreve o artigo 174, §2º da Constituição Federal, aliado ao artigo 145, §1º, que prescreve que os tributos terão caráter pessoal e serão graduados segundo a capacidade econômica do contribuinte.

Ou seja, o conteúdo que prescrever a lei complementar acerca do adequado tratamento tributário do ato cooperativo não poderá deixar de compreender os valores resguardados pela Constituição Federal, que assumiu o compromisso de apoiar e estimular o cooperativismo, mas também deverá aplicar às sociedades cooperativas uma tributação que reconheça as particularidades destas, de sorte a aplicar-lhe uma tributação que abarque a essência do cooperativismo, refletindo na compreensão da capacidade econômica destas sociedades, considerando, sobretudo, não serem sociedades cujo fim almejado seja o lucro, mas a prospecção de auxílio mútuo aos cooperados, permitindo-lhes, em melhor medida, superar as viciosidades do capitalismo, o que, ademais, gera benefícios para toda a coletividade, uma vez que a livre concorrência é fator determinante dos preços no mercado.

Ademais, exsurge destacar que "uma tributação mais benéfica para as cooperativas não é pleito político, mas decorrência intrínseca de sua natureza, reconhecida pelo legislador constituinte"[15] que, no artigo 174, §2º, assumiu o dever de estímulo desta modalidade econômica.

A partir de uma compreensão sistêmica do cooperativismo na Constituição e sobre o papel da lei complementar na determinação do adequado tratamento tributário do ato cooperativo, são valiosas as palavras de Carlos Valder Nascimento:

> ela teria, na minha concepção, várias funções no tocante ao ato cooperativo, ou seja, conceituar, estabelecer claramente o conceito do que seja ato cooperativo; disciplinar a não-incidência e arrolar as operações não tributáveis; disciplinar a disponibilidade econômica e jurídica resultante da prática dos atos e fixar regras tributárias pertinentes ao patrimônio das cooperativas e a prestação de serviços interestadual e intermunicipal.[16]

Em que pese divergirmos do supracitado doutrinador por entendermos que a lei complementar não pode estipular uma condição de não incidência, por ser esta a ausência de um fato jurígeno capaz de ensejar a tributação, concorda-se com este autor na medida em que à lei complementar que dispuser sobre o adequado tratamento tributário do ato cooperativo caberá definir-lhe, respeitando as peculiaridades destas sociedades, bem como caberá determinar, enquanto norma nacional, situações de isenções tributárias.

Ainda que as isenções representem uma faculdade dada a cada um dos entes políticos, estes, enquanto unidades de uma nação, podem ter uma isenção estipulada por meio de lei complementar, uma vez que esta representa uma complementação da vontade constitucional, bem como representa uma norma cuja validade é nacional e, portanto, vincula a atuação dos entes políticos na estipulação de leis ordinárias que

---

[14] BECHO, Renato Lopes. *Tributação das Cooperativas*. 3. ed. São Paulo: Dialética, 2005. p. 220.

[15] *Op. cit.*, p. 221.

[16] NASCIMENTO, Carlos Valder do. *Teoria Geral dos atos cooperativos*. São Paulo: Malheiros, 2007. p. 107.

lhe são hierarquicamente inferiores, posto que a própria Constituição Federal, por meio do artigo 146, inciso III, alínea "c", prescreveu que caberá à lei complementar, formalmente lei nacional, estipular aquilo que seria o adequado tratamento tributário do ato cooperativo, norma geral esta que lhe foi materialmente reservada.

Esta lei complementar, portanto, deverá levar em consideração a necessidade de estímulo ao cooperativismo, bem como a capacidade econômica das cooperativas, num contexto das peculiaridades que rondam as sociedades cooperativas, sobretudo considerando que, ao tratar sobre o adequado tratamento tributário do ato cooperativo, "ante a natureza eminentemente constitucional das sociedades cooperativas, o constituinte entendeu por bem atribuir-lhes um tratamento diferenciado, mais benéfico em matéria tributária".[17]

Todavia, urge destacar que, até o presente momento, não houve a edição desta lei, de sorte que "no âmbito tributário-cooperativista, até que (nova) lei complementar – e apenas ela – venha a dispor sobre a matéria, prevalece, íntegra, a conformação veiculada na Lei n 5.764/71".[18]

3 O adequado tratamento tributário do ato cooperativo

O ato cooperativo deve ser entendido no contexto da natureza jurídica própria das sociedades cooperativas, face a ausência de sua finalidade lucrativa e a possibilidade de promoção de desenvolvimento socioeconômico dos associados e da comunidade em que estas se insiram, motivos pelos quais se entende ser inexorável um tratamento tributário diferenciado para estas sociedades como, à propósito, já defendemos em outras oportunidades.[19]

Em síntese, entende-se como ato cooperativo toda ação praticada pela cooperativa para os fins do atingimento do fim social que prescreve seu estatuto, pouco importando, pois, se praticados entre associados e a cooperativa, entre cooperativas entre si, ou mesmo entre cooperativa e mercado.

Neste sentido, o adequado tratamento tributário do ato cooperativo, a ser prescrito por lei complementar, deve respeitar esse núcleo fundamental e, simultaneamente, ser compreendido por meio de uma interpretação sistemática da Constituição Federal, que, no artigo 174, §2º, adota o compromisso de estímulo ao cooperativismo e outras formas de associativismo, notadamente em razão da propensão que esta reunião de indivíduos e de esforços pode gerar para o desenvolvimento socioeconômico destes e, consequentemente, de toda a coletividade em que estejam inseridos.

---

[17] GRUPENMACHER, Betina Treiger. ISS sobre Cooperativas de Trabalho. *In*: BECHO, Renato Lopes (Coord.). *Problemas atuais do Direito Cooperativo*. São Paulo: Dialética, 2002. p. 39.

[18] MEINEN, Ênio. A Súmula 262 do STJ e as Cooperativas de Crédito. *In*: BECHO, Renato Lopes (Coord.). *Problemas atuais do Direito Cooperativo*. São Paulo: Dialética, 2002. p. 58.

[19] Sobre o tema, destacamos: FRADE, E. S. *A tributação das Sociedades Cooperativas de Crédito*. 1. ed. Rio de Janeiro: Lumen Juris, 2018; FRADE, E. S. A lei complementar que disporá sobre o adequado tratamento do ato cooperativo: uma interpretação do artigo 146, III, "c" da Constituição Federal. *Revista abradt/Fórum de Direito Tributário*, v. 6, p. 79-100, 2020; FRADE, E. S.; OLIVEIRA, M. L. Cooperativismo de crédito: uma alternativa de desenvolvimento socioeconômico. *Revista do Direito Público (Londrina)*, v. 3, p. 153, 2018.

Justamente a realidade da cooperação que incumbe, como observa Gustavo Henrique Moreira do Valle,[20] o dever de adaptar o Sistema Tributário Nacional a esta realidade, mediante a edição de uma lei complementar de normas gerais.

A lei complementar que prescreve o adequado tratamento tributário do ato cooperativo deve, portanto, tomar o Sistema Tributário Nacional e adequá-lo à realidade própria do cooperativismo, considerando, sobretudo, o compromisso de apoio e estímulo a este modelo de produção, assumido constitucionalmente.

O compromisso constitucional de promoção do cooperativismo não pode deixar de promover a estas sociedades uma condição de benefício fiscal, sobretudo porque estas intentam superar as dificuldades que o modelo capitalista gera para a inserção de novos agentes de mercado em condições de igualdade de competição.

Uma visão estrita do ato cooperativo praticado por estas sociedades entende não prospectar o nascimento de um dever jurídico de pagar tributos em relação aos atos praticados entre a cooperativa e seus associados ou entre cooperativas entre si, justamente por compreender que os cooperados são associados das cooperativas e, nesta condição, atuam como sócios delas, razão pela qual não devem ser tributados em relação aos serviços que prestem.

Contudo, como observa Walmor Franke,[21] mesmo em relação às atividades que as cooperativas prestem com estranhos, justifica-se a existência de um benefício fiscal, desde que concorrendo para a prática do ato cooperativo que, entende-se, é aquele que a sociedade cooperativa pratica para os fins de atingimento de seu objeto social.

A lei complementar que dispuser sobre o adequado tratamento tributário do ato cooperativo deve, portanto, prescrever uma norma geral de benefício fiscal[22] que compreenda como ato cooperativo aquele praticado entre cooperativas entre si, entre associados e a cooperativa e dessas com o mercado para fins de atingimento do objetivo social previsto em seu estatuto social.

Concorda-se com Sacha Calmon Navarro Coêlho[23] quando assenta que a não incidência é um não ser jurígeno, ou seja, que uma norma geral de direito tributário não pode prescrever um fato que não seja jurídico. Em outros termos, a lei complementar não pode estipular uma não incidência, posto que esta é a ausência de incidência de uma norma tributante quando não se coadunar com o fato prescrito por ela.

À lei complementar cumpre estabelecer normas gerais de direito tributário, como vimos. Desta sorte, deve colecionar do mundo fenomênico um fato e descrevê-lo como jurídico, porém, simultaneamente, deve levar em consideração seu papel integrativo da Constituição Federal, que deve ser interpretada como um todo, e não em tiras, como bem observa Eros Grau.[24]

---

[20] VALLE, Gustavo Henrique Moreira do. *Panorama Constitucional da Tributação das Sociedades Cooperativas*. Rio de Janeiro: Lumen Juris, 2013. p. 102.

[21] FRANKE, Walmor. *Direito das sociedades cooperativas*. São Paulo: Saraiva, 1973. p. 31.

[22] Tratamos de benefício fiscal como gênero, considerando que o adequado tratamento tributário do ato cooperativo deva implicar em tratamento mais favorável destas em relação à tributação de outras atividades econômicas, observando-se as peculiaridades do cooperativismo.

[23] COÊLHO, Sacha Calmon Navarro. *Curso de Direito Tributário Brasileiro*. 15. ed. Rio de Janeiro: Forense, 2016. p. 150.

[24] GRAU, Eros Robert. *Por que tenho medo dos juízes*: a interpretação/aplicado do direito e os princípios. 6. ed. São Paulo: Malheiros, 2014. p. 84.

Tendo em vista que o artigo 174, §2º da Constituição Federal, prescreve um dever de apoio e estímulo ao cooperativismo, melhor papel a ser despendido pela lei complementar é o de determinar uma norma de isenção para o ato cooperativo praticado pelas sociedades cooperativas, posto que assim daria eficácia ao dever que impõe este artigo e, por meio de uma técnica legislativa, cria uma impossibilidade de fazer incidir uma norma tributante, por retirar dela sua tipicidade material.

A interpretação, pois, da necessidade de criação de uma norma de isenção das sociedades cooperativas entende-se como a que melhor se coaduna, pois, aos ditames da própria Constituição Federal, considerando-se aspectos cruciais das sociedades cooperativas, sobretudo sua ausência de finalidade lucrativa.

As sociedades cooperativas, quando praticam atos para a promoção dos seus objetivos sociais, não têm por finalidade obter lucro, mas sim dar melhores condições de desenvolvimento socioeconômico para os associados.

Sempre, portanto, que uma sociedade cooperativa praticar seu objeto social, não terá por lucro sua finalidade. Tanto que, ao término do exercício social, havendo sobras a serem distribuídas aos associados, estas serão tributadas na esfera de sua individualidade. Assim, o excesso de produção foi, pois, transferido e não remanesceu na cooperativa.

A isenção a ser prescrita não seria, portanto, por razão subjetiva, mas objetiva, pois se isentaria o ato cooperativo, mas não aqueles atos não cooperativos que estas sociedades, porventura, praticarem, ou seja, os atos que estas praticarem que não guardem relação com seu objeto social.

Desta sorte, caso uma sociedade cooperativa pratique uma ação estranha ao seu objeto social, deve ser tributada da mesma forma que uma sociedade comercial, pois o fim lucrativo foi atingido a partir desta prática.

Em que pese Mizabel Derzi em atualização à obra de Aliomar Baleeiro,[25] concluir que a *ratio essendi* da imunidade tributária é de impedir a competência tributária em situações que inexistam fins lucrativos e, portanto, capacidade econômica, proveitos pessoais ou ganhos privados e ausência de remessa dos lucros para o exterior, não se pode compreender que a Constituição tenha previsto um dever de imunidade, a ser instituída por via de lei complementar às sociedades cooperativas.

Quando tratou de imunidade, o legislador reuniu-as no artigo 150, inciso VI da Constituição Federal, podendo ter incluído as sociedades cooperativas ou o ato cooperativo, caso entendesse que estas deveriam gozar desta prerrogativa, sendo imperioso destacar o fato de possuírem uma legislação geral cooperativista anterior à edição da Constituição Federal de 1988, uma vez que a lei geral das cooperativas (Lei nº 5.764) é de 1971.

Na medida em que a imunidade pode ser considerada com a existência de uma condicionante, exposta pela própria Constituição Federal e que impeça a tributação, não se pode assumir que o ato cooperativo ou que as cooperativas sejam imunes, pois, se essa fosse a intenção do legislador, este assim teria procedido, elencando o ato cooperativo dentre as hipóteses de imunidade previstas no artigo 150, inciso VI da Constituição Federal de 1988.

---

[25] BALEEIRO, Aliomar. *Limitações constitucionais ao poder de tributar*. 8. ed. Atualizada por Misabel de Abreu Machado Derzi. Rio de Janeiro: Forense, 2010. p. 502.

Na medida em que o próprio texto constitucional não elencou as sociedades cooperativas nem o ato cooperativo como imunes, esta condição não lhes pode ser atribuída.

Ademais, não poderia a lei complementar que dispuser sobre o adequado tratamento tributário do ato cooperativo, dispor sobre uma não incidência, pois, como vimos, estas correspondem a um não ser jurígeno, como ensina Sacha Calmon Navarro Coêlho.[26]

Todavia, não conceder às sociedades cooperativas, quando praticado um ato cooperativo, uma condição mais benéfica, afronta diretamente o dever de apoio e estímulo ao cooperativismo previsto no artigo 174, §2º da Constituição Federal, notadamente porque a carga tributária é um dos mecanismos mais hábeis a facilitar o desenvolvimento e a prosperidade das atividades econômicas, de sorte que a lei complementar que dispuser sobre o ato cooperativo deve resguardar este compromisso, impondo às cooperativas uma condição mais favorável, de estímulo, respeitando as suas particularidades.

Portanto, a lei complementar deve compreender o ato cooperativo, bem como impor-lhe uma tributação não somente adequada (uma vez que a sintaxe desse termo pouco revela), mas sim propor uma tributação que favoreça o desenvolvimento do cooperativismo enquanto modelo econômico.

Na medida em que o ato cooperativo, para que se opere, inexoravelmente deve relacionar a cooperativa com o mercado, esta conclusão deve estar prevista na imposição de uma condição tributária mais favorável.

Deste modo, não se vislumbra outra possibilidade que não a de que a lei complementar que prescreva o adequado tratamento tributário do ato cooperativo preveja para esse uma isenção. Isenção esta, frise-se, não atrelada subjetivamente à sociedade cooperativa, mas ao ato cooperativo por ela praticado e quando exercido.

Concorda-se com Renato Lopes Becho[27] que a previsão de um tratamento diferenciado – de isenção, na nossa posição – não necessariamente precisaria estar prevista no texto da Constituição Federal. Contudo, estando lá presente, reforça o compromisso de uma interpretação sistêmica que reúna os artigos 146, inciso III, alínea "c" e o artigo 174, §2º, em harmonia com o Sistema Tributário Nacional, de sorte que a previsão de uma norma de isenção ao ato cooperativo não violaria a *ratio essendi* da Constituição Federal, mas, na verdade, a reforçaria, posto que à lei complementar cabe editar as normas gerais em matéria tributária (inclusive o adequado tratamento tributário do ato cooperativo), complementando o próprio texto constitucional, sobretudo nas normas de eficácia contida e limitada.

Em que pese advogar-se no sentido de que o adequado tratamento tributário do ato cooperativo corresponde à necessidade de que a lei complementar estabeleça isenção destes atos quando praticados pelas cooperativas (e não dos ditos atos não cooperativos, que assumimos ser aqueles que a sociedade cooperativa pratica com fins lucrativos e dissociados do seu objetivo social), não se pode deixar de mencionar, como faz Demetrius Nichele Macei,[28] que há outras correntes que identificam no conteúdo previsto pelo

---

[26] COÊLHO, Sacha Calmon Navarro. *Curso de Direito Tributário Brasileiro*. 15. ed. Rio de Janeiro: Forense, 2016. p. 150.

[27] BECHO, Renato Lopes. *Tributação das Cooperativas*. 3. ed. São Paulo: Dialética, 2005. p. 2019.

[28] MACEI, Demetrius Nichele. *Ato cooperativo & tributação*. 2. ed. Curitiba: Juruá, 2014. p. 80-86.

artigo 146, inciso III, alínea "c", uma norma de imunidade, bem como há aqueles que, como o autor, entendem não pela necessidade de um tratamento mais benéfico, mas sim pela preservação das características inerentes a essa espécie de sociedade.

Em relação à síntese dos argumentos das duas outras linhas, entende-se que eles não merecem prosperar, pois: a) a Constituição Federal não elencou o ato cooperativo dentre o rol das imunidades do artigo 150, inciso VI; b) o benefício tributário não fora aleatoriamente prescrito no texto constitucional, mas o fora justamente pelo compromisso de apoio e estímulo assumido no artigo 174, §2º, de sorte que o adequado tratamento tributário do ato cooperativo passa a ser um dever de concessão de um benefício que isente o ato cooperativo dada a sua não finalidade lucrativa, muito embora os atos ditos não cooperativos sejam tributados da mesma forma que quando praticados por sociedades comerciais.

Portanto, melhor compreensão do adequado tratamento tributário do ato cooperativo é aquela que, dando concretude aos valores veiculados pela Constituição Federal, atribui a este um benefício tributário, notadamente uma isenção, porém tributando as cooperativas de igual forma às sociedades comerciais quando praticados atos não cooperativos.

4 A proposta de reforma tributária e o adequado tratamento tributário do ato cooperativo

Atualmente, tramita no Senado Federal o Projeto de Emenda à Constituição nº 45-A, resultado da reunião da Proposta da Emenda à Constituição nº 45 com comandos da Proposta de Emenda à Constituição nº 110, o que tem sido conhecido como proposta de Reforma Tributária, eis que se busca modificação fulcral no Sistema Tributário Brasileiro, especialmente a partir da reunião de tributos sobre o consumo, sendo o Imposto sobre Produtos Industrializados (IPI), o Programa de Integração Social (PIS) e a Contribuição para Financiamento da Seguridade Social (COFINS) reunidos sob a alcunha de Contribuição sobre Bens e Serviços (CBS) de competência federal e o Imposto sobre Serviços de Qualquer Natureza (ISS) e o Imposto sobre a Circulação de Mercadorias, Transporte Interestadual e Intermunicipal e de Comunicação (ICMS) reunidos sob o título de Imposto sobre Bens e Serviços (IBS), a ser cobrados pelos entes estaduais e municipais, porém regido por um Conselho Federativo, que reuniria representantes destes.

Em que pese sejam diversas as análises, sugestivas e críticas que se tenha à esta proposta de reforma constitucional tributária, aterremo-nos, tão somente, à maneira com que esta trata o cooperativismo.

O texto da reforma traz avanço na medida em que enuncia que em sua proposta de reforma o artigo 156-A, §5º, V, segundo o qual caberá à lei complementar dispor sobre o adequado tratamento tributário do ato cooperativo, porém, colocando-o como situação de regime específico de tributação.

Com efeito, tem-se o reforço retórico que o ato cooperativo merece tratamento tributário específico, isto é, diferenciado.

Contudo, chama-nos à atenção que, quanto às orientações, o texto prescreve que o tratamento "será optativo, com vistas a assegurar sua competitividade, observados os princípios da livre concorrência e da isonomia tributária".

Tratar como optativo implica em desrespeitar não só a natureza própria do ato cooperativo, como também o próprio caráter formal da lei complementar, cuja observância há de ser para todos os entes, posto tratar-se de norma nacional.

Em havendo lei complementar que disponha sobre o ato cooperativo, esta deverá valer para todos, uma vez que esta é da própria natureza da lei complementar, como já exposto.

Ademais, se faz imperioso destacar que atribuir tratamento diferenciado ao ato cooperativo não importa em impor tratamento desigual em razão do sujeito. É o ato cooperativo que passa a não gerar um dever de pagamento de tributo, e não a sociedade cooperativa que passa a não ter o dever de adimplir uma obrigação tributária.

Assim, os atos não cooperativos praticados pela sociedade cooperativa sofrem a incidência de uma tributação igual à das sociedades comerciais, posto que almejam finalidades diversas ao atingimento do objeto social da cooperativa.

É a condição de não almejar lucro que faz com que os atos cooperativos, compreendidos como aqueles desempenhados para a consecução do fim social da cooperativa, sejam isentos de tributação. Quando a cooperativa toma medidas diversas daquela de seu objeto social, devem ser tributadas da mesma forma que sociedades comerciais, pois deixou de observar sua prerrogativa.

Destarte, em relação ao princípio da igualdade, a lei complementar deve observar não um tratamento diferenciado (isenção) em relação ao sujeito, mas sim do ato cooperativo que as sociedades cooperativas pratiquem.

Por estes motivos, cumpre destacar que impor tratamento tributário diferenciado ao ato cooperativo também não importa em desrespeito ao princípio da liberdade de concorrência, mesmo porque, como dito, sobre os atos não cooperativos a cooperativa haveria de ser tributada normalmente.

Determinar isenção dos atos cooperativos é compreender que, sobre estes, não há ânimo lucrativo. Ademais, também implica em compreender que as cooperativas exercem importante papel na promoção do desenvolvimento social, possibilitando que os associados exerçam atividades econômicas em regime de concorrência com grandes *players* do mercado, mesmo porque, sem a existência de uma sociedade cooperativa, talvez estes sequer fossem capazes.

Promover tributação isonômica do ato cooperativo implica, pois, em medida de equidade, possibilitando a competição, em mesmos parâmetros, dos associados com empresas que, exercendo atividade lucrativa, atuem naqueles mercados.

O legislador, entrementes, promove interesse observação quando assenta que se deverá dispor sobre o regime de aproveitamento de créditos em etapas anteriores.

Considerando-se que a isenção é ato último da cadeia, é razoável que não haja aproveitamento de crédito sobre as etapas anteriores, mesmo porque a isenção já implicaria em situação mais benéfica.

Entrementes, para que se possa atingir o fim de promoção econômica, é importante que haja a possibilidade de creditamento daquele que, não sendo sociedade cooperativa, adquira produtos ou serviços provenientes de sociedades cooperativas, mesmo porque não se permitindo tal desiderato poderia haver, ao revés, desestímulo ao cooperativismo, quando empresas, justamente por não poder aproveitar o crédito das aquisições de bens ou serviços de cooperativas, optem por não realizar negócios jurídicos com essas sociedades.

Por fim, resta, ainda, destacar a perda de oportunidade do legislador ao, novamente, relegar à lei complementar a definição do ato cooperativo.

Por se tratar de proposta de Reforma Constitucional, poderia esta definir o ato cooperativo enquanto gênero, possibilitando que legislações específicas de cada setor econômico cuidassem em dispor especificamente sobre o ato cooperativo naqueles segmentos.

Não seria, portanto, necessário que houvesse a edição de uma lei complementar, mesmo porque, desde a edição da Constituição Federal de 1988 se espera que tal texto seja editado mas que, até o presente momento, não aconteceu.

Com isso tem sido relegado às decisões judiciais tal papel, como ativismo judicial, exercer dever que competiria ao Poder Legislativo, ainda omisso quanto a este papel, o que repercute em perpetuação de insegurança jurídica.

Conclusão

Como destacado, definir o ato cooperativo é matéria que vem sendo relegada desde a edição da Constituição Federal de 1988, que atribuiu à Lei Complementar o papel de definição deste o que, todavia, não ocorreu até a presente data.

Ao prescrever este dever, todavia, o legislador constitucional reconheceu a necessidade de um tratamento diferenciado ao cooperativismo, mormente pela própria natureza destas sociedades que não tem finalidade lucrativa e são importantes instrumentos de inserção econômica e, consequentemente, de desenvolvimento socioeconômico para os associados.

Neste sentido, tem-se a necessidade de instituição de isenção para os atos cooperativos, os quais sevem ser compreendidos como aqueles praticados entre a cooperativa e seus associados ou mesmo entre as cooperativas entre si, quando associadas, desde que para atingimento de seus fins sociais.

A isenção, contudo, somente atingiria a estas situações, de sorte que todos os atos que fossem praticados pelas cooperativas com não associados ou mesmo entre cooperativas entre si que não sejam associadas ou mesmo atos que fujam ao objeto social da cooperativa hão de ser compreendidos como atos não cooperativos e, portanto, deverão sujeitar-se à tributação normal.

A atual proposta de Reforma Tributária, embora reforce a necessidade de definição do adequado tratamento tributário do ato cooperativo, não cuida em descrevê-lo objetivamente, enquanto gênero, o que poderia ser regulamentado, tão somente, por cada setor.

Com isso tem-se a perda de custo de oportunidade, pois uma vez que a atual proposta de reforma tributária modificaria o texto constitucional, tal descrição poderia ser expressa, não havendo, pois, a necessidade de edição de lei complementar para tanto, desestimulando, assim, o ativismo judicial na definição do tema, bem como reforçando a segurança jurídica.

Referências

BALEEIRO, Aliomar. *Limitações constitucionais ao poder de tributar*. 8. ed. Atualizada por Misabel de Abreu Machado Derzi. Rio de Janeiro: Forense, 2010.

BECHO, Renato Lopes. *Tributação das Cooperativas*. 3. ed. São Paulo: Dialética, 2005.

CARVALHO, Paulo de Barros. *Direito tributário linguagem e método*. 5. ed. São Paulo: Noeses, 2013.

COÊLHO, Sacha Calmon Navarro. *Curso de Direito Tributário Brasileiro*. 15. ed. Rio de Janeiro: Forense, 2016.

FRADE, E. S. A lei complementar que disporá sobre o adequado tratamento do ato cooperativo: uma interpretação do artigo 146, III, "c" da Constituição Federal. *Revista abradt/Fórum de Direito Tributário*, v. 6, p. 79-100, 2020.

FRADE, E. S. *A tributação das Sociedades Cooperativas de Crédito*. 1. ed. Rio de Janeiro: Lumen Juris, 2018.

FRADE, E. S.; OLIVEIRA, M. L. Cooperativismo de crédito: uma alternativa de desenvolvimento socioeconômico. *Revista do Direito Público (Londrina)*, v. 3, p. 153, 2018.

FRANKE, Walmor. *Direito das sociedades cooperativas*. São Paulo: Saraiva, 1973.

GRAU, Eros Robert. *Por que tenho medo dos juízes*: a interpretação/aplicado do direito e os princípios. 6. ed. São Paulo: Malheiros, 2014.

GRUPENMACHER, Betina Treiger. ISS sobre Cooperativas de Trabalho. *In*: BECHO, Renato Lopes (Coord.). *Problemas atuais do Direito Cooperativo*. São Paulo: Dialética, 2002.

MACEI, Demetrius Nichele. *Ato cooperativo & tributação*. 2. ed. Curitiba: Juruá, 2014.

MEINEN, Ênio. A Súmula 262 do STJ e as Cooperativas de Crédito. *In*: BECHO, Renato Lopes (Coord.). *Problemas atuais do Direito Cooperativo*. São Paulo: Dialética, 2002.

MELO, Celso Antônio Bandeira de. Eficácia das normas constitucionais sobre justiça social. *Revista do Serviço Público*, v. 39, n. 4, p. 68, 1982.

NASCIMENTO, Carlos Valder do. *Teoria Geral dos atos cooperativos*. São Paulo: Malheiros, 2007.

VALLE, Gustavo Henrique Moreira do. *Panorama Constitucional da Tributação das Sociedades Cooperativas*. Rio de Janeiro: Lumen Juris, 2013.

Informação bibliográfica deste texto, conforme a NBR 6023:2018 da Associação Brasileira de Normas Técnicas (ABNT):

FRADE, Eduardo Silveira; MATA, Juselder Cordeiro da. Lei complementar, ato cooperativo e reforma tributária: em busca do adequado tratamento tributário. In: LOBATO, Valter de Souza (coord.); MARINHO NETO, José Antonino (org.). *O papel da lei complementar tributária no desenho federativo brasileiro*. Belo Horizonte: Fórum, 2024. p. 563-578. ISBN 978-65-5518-779-3.

A LEI COMPLEMENTAR NA REFORMA TRIBUTÁRIA

ELIDIE PALMA BIFANO,
PAULO COVIELLO FILHO

Introdução. O papel da lei complementar, em matéria tributária, na constituição

Atendendo o honroso convite do prof. dr. Valter de Souza Lobato, ilustre coordenador da obra *O papel da Lei Complementar Tributária no desenho federativo brasileiro*, propomo-nos a examinar o tema da Lei Complementar em matéria tributária, muito especialmente diante da atual discussão, no Congresso Nacional, da Proposta de Emenda à Constituição nº 45/2019 – PEC nº 45, que altera o Sistema Tributário Nacional. O texto aprovado na Câmara dos Deputados foi remetido ao Senado Federal em agosto de 2023, sendo que até a emissão do Relatório pela Comissão de Constituição, Justiça e Cidadania dessa Casa, em 26.10.2023, foram apresentadas 665 emendas ao Projeto. A despeito de o texto ser preliminar, ainda, a PEC nº 45 confere papel bastante relevante à Lei Complementar, que será responsável por tratar de diversos aspectos os quais não estão devidamente regulados no texto proposto, o que é objeto de críticas por parte de juristas, especialistas, órgãos de classe, dentre outros.

O presente estudo visa debater alguns aspectos relevantes voltados à importância da Lei Complementar na reforma tributária em curso, bem como as dificuldades que isso pode gerar.

A Lei Complementar com a função de implementar disposições constitucionais, visto que o Texto Maior nunca poderia ser complementado por norma que não desfruta de igual natureza, surge regulada com a edição da Constituição Federal de 1946, em seu art. 67, nos seguintes termos:

> (...)
> §8º Os projetos de leis complementares da Constituição e os de Código ou de reforma de Código receberão emendas perante as comissões, e sua tramitação obedecerá aos prazos que forem estabelecidos nos regimentos internos ou em resoluções especiais.

Contudo, somente com a Emenda Constitucional nº 18/65 é que as Leis Complementares têm sua função definida em matéria tributária:

> Art. 1º O sistema tributário nacional compõe-se de impostos, taxas e contribuições de melhoria, e é regido pelo disposto nesta Emenda, em leis complementares, em resoluções do Senado Federal, e nos limites das respectivas competências, em lei federal, estadual ou municipal. (g.n.)

Com a entrada em vigor da Constituição de 1967, em 15 de maio desse ano, assim ficou disposto sobre as Leis Complementares e os tributos:

> Art. 18 – O sistema tributário nacional compõe-se de impostos, taxas e contribuições de melhoria e é regido pelo disposto neste Capítulo em leis complementares, em resoluções do Senado e, nos limites das respectivas competências, em leis federais, estaduais e municipais. (g.n.)

O art. 49, ao descrever o processo legislativo, inclui, pela primeira vez de forma explícita, as Leis Complementares, dispondo no art. 53 que elas serão votadas por maioria absoluta dos membros das duas Casas do Congresso Nacional.

Por fim a Constituição ora vigente, de 05.10.1988, dispõe em seu art. 59 que "o processo legislativo compreende a elaboração de leis complementares, leis ordinárias, leis delegadas, medidas provisórias, decretos legislativos e resoluções" (g.n.). A elaboração de Leis Complementares está sujeita a requisitos previstos no Texto Maior, por exemplo, a necessidade de maioria absoluta para aprovação em cada Casa do Congresso Nacional (art. 69). Além disso, dispõe a vigente Carta:

> Art. 146. Cabe à lei complementar:
> I – dispor sobre conflitos de competência, em matéria tributária, entre a União, os Estados, o Distrito Federal e os Municípios;
> II – regular as limitações constitucionais ao poder de tributar;
> III – estabelecer normas gerais em matéria de legislação tributária, especialmente sobre:
> a) definição de tributos e de suas espécies, bem como, em relação aos impostos discriminados nesta Constituição, a dos respectivos fatos geradores, bases de cálculo e contribuintes;
> b) obrigação, lançamento, crédito, prescrição e decadência tributários;
> c) adequado tratamento tributário ao ato cooperativo praticado pelas sociedades cooperativas.
> d) definição de tratamento diferenciado e favorecido para as microempresas e para as empresas de pequeno porte, inclusive regimes especiais ou simplificados no caso do imposto previsto no art. 155, II, das contribuições previstas no art. 195, I e §§12 e 13, e da contribuição a que se refere o art. 239.

Como se pode observar, especialmente em matéria tributária, o âmbito de aplicação da Lei Complementar é muito grande. Embora a Constituição tenha um amplo espectro de regulação, ela não tem objetivo de exaurir as matérias, mas apenas dispor sobre elas, logo não tem caráter exaustivo, requerendo-se a sua implementação com quórum diferenciado,[1] o que é realizado pela Lei Complementar. Com isso, dificilmente um comando constitucional que permite a um ente federado instituir determinado tributo poderia ser diretamente aplicado sob pena de causar distorções na Federação, daí a Lei Complementar ser designada, também, como lei nacional e, jamais, federal.

Ao longo do tempo muitas foram as questões que envolveram a Lei Complementar, desde a sua posição na hierarquia das leis, e o que isso poderia significar, até a sua real necessidade em matéria tributária.

Com relação ao primeiro ponto, o Supremo Tribunal Federal – STF assim decidiu no Tema 71, de repercussão geral, tendo como *leading case*, o RE nº 377.457, a saber:

> Tese:
> É legítima a revogação da isenção estabelecida no art. 6º, II, da Lei Complementar 70/1991 pelo art. 56 da Lei 9.430/1996, dado que a LC 70/1991 é apenas formalmente complementar, mas materialmente ordinária com relação aos dispositivos concernentes à contribuição social por ela instituída. (g.n.)

Portanto, a tese que prevaleceu na jurisprudência do STF foi a da não existência de hierarquia entre Lei Complementar e a lei ordinária. Para o STF, não existe hierarquia entre essas espécies normativas, sendo que a distinção entre elas deve ser aferida em face da Constituição, considerando o campo de atuação de cada uma, nos termos da mais consolidada doutrina.[2]

No que tange à necessidade ou não de uma Lei Complementar para implementar as matérias tributárias tratadas na Constituição de 1988, Geraldo Ataliba[3] defendia que as disposições constitucionais não necessitariam de Lei Complementar, diferentemente do acima comentado. Assim, afirmava esse autor que em termos de matéria tributária "é fantástica a minuciosidade dessa Constituição", permitindo qualificá-la como exaustiva. Além disso, sendo uma constituição rígida "se está dizendo que não pode ser mudada", logo não teria a Lei Complementar qualquer tarefa, pois as matérias a que se aplica estão definidas na Constituição Federal (v.g. competência tributária), o que de *per si* também afasta quaisquer possíveis conflitos de competência. O mesmo para a base de cálculo e todas a demais matérias contempladas no art. 146 da Constituição Federal. A despeito do brilhantismo desse autor na defesa de suas ideias, sua doutrina não logrou ser exitosa no País.

O principal exemplo de Lei Complementar de natureza tributária é o próprio Código Tributário Nacional – CTN, editado em outubro de 1966, recepcionado como Lei Complementar, nos termos do art. 146 da Constituição. Outro exemplo digno de nota é a Lei Complementar nº 116/2003, que dispõe sobre o ISS, em linha com o art. 156, inciso III, da Constituição.

Há, na Constituição Federal, hoje, 135 referências a Leis Complementares, dentre elas muitas em matéria tributária, sendo que até agora (desde 1988) há, ainda, temas que a Constituição prevê que serão objeto de Leis Complementares, mas para os quais

---

1 SCHOUERI, Luís Eduardo. *Direito Tributário*. 8. ed. São Paulo: Saraiva Educação, 2018. p. 75.

2 BORGES, José Souto Maior. *Lei Complementar Tributária*. São Paulo: Revista dos Tribunais, 1975. p. 25.

3 ATALIBA, Geraldo. Lei Complementar em matéria tributária. *Revista dos Tribunais*, São Paulo, ano 13, n. 48, p. 84-105, abr./jun. 1989.

o Congresso Nacional ainda não tratou de editar o respectivo diploma legal. Como exemplo, pode-se destacar o art. 155, parágrafo 1º, inciso III, da Constituição, que trata da competência para regular a incidência do Imposto de Transmissão Causa Mortis e Doação – ITCMD com elementos de conexão no exterior:

> Art. 155. Compete aos Estados e ao Distrito Federal instituir impostos sobre:
> I – transmissão causa mortis e doação, de quaisquer bens ou direitos;
> (...)
> §1º O imposto previsto no inciso I:
> I – relativamente a bens imóveis e respectivos direitos, compete ao Estado da situação do bem, ou ao Distrito Federal
> II – relativamente a bens móveis, títulos e créditos, compete ao Estado onde se processar o inventário ou arrolamento, ou tiver domicílio o doador, ou ao Distrito Federal;
> *III – terá competência para sua instituição regulada por lei complementar:*
> *a) se o doador tiver domicílio ou residência no exterior;*
> b) se o de cujus possuía bens, era residente ou domiciliado ou teve o seu inventário processado no exterior; (g.n)

No julgamento do Recurso Extraordinário – RE nº 851.108 – SP o STF reconheceu que "É vedado aos estados e ao Distrito Federal instituir o ITCMD nas hipóteses referidas no art. 155, § 1º, III, da Constituição Federal sem a intervenção da Lei complementar exigida pelo referido dispositivo constitucional".

Vale destacar que, no julgamento da Ação Direta de Inconstitucionalidade por Omissão – ADO nº 67, o STF ainda estabeleceu o prazo de 12 meses para que o Congresso Nacional edite Lei Complementar com normas gerais definidoras do ITCMD. O prazo em questão é contado a partir da data de publicação da ata de julgamento dessa ADO, o que ocorreu em 29.06.2022. Assim, observa-se que o referido prazo tampouco foi cumprido pelo Poder Legislativo, ainda que instado a fazê-lo pelo STF. Com isso, como conclui o procurador geral da República, no caso em tela, os Estados e o Distrito Federal não podem exercer sua prerrogativa constitucional de tributar tais situações.

Outro exemplo de matéria tributária pendente de Lei Complementar, sempre objeto de projetos de lei, ainda não bem sucedidos, junto ao Congresso Nacional, bem como de referências por aqueles que entendem não haver uma correta distribuição de renda no País, é o tão comentado Imposto sobre Grande Fortunas – IGF, o qual está previsto no art. 153, inciso VII, da Constituição.

Diante das considerações acima, tem-se que a Lei Complementar cumpre papel imprescindível no ordenamento jurídico brasileiro, com destaque para a sua função também no direito tributário, regulando matérias que, apesar de não estarem expressamente explicitadas no texto constitucional, possuem especial importância, o que justifica que sejam objeto de diploma legal que depende de processo legislativo diferenciado. A prática de delegar à legislação complementar a tarefa de regular tributos, como se verá, segue plenamente adotada na Reforma Tributária, hoje sob discussão no Senado Federal, como mais adiante se comenta.

1 Reforma tributária e o papel da lei complementar

A alteração proposta na tributação sobre o consumo, a dita Reforma Tributária em curso (2023), tem como objetivo principal a simplificação do sistema tributário, diminuindo a atual complexidade, que é reconhecidamente um entrave para o desenvolvimento econômico. A unificação dos tributos incidentes sobre o consumo, por meio de padronização de bases de cálculo, alíquotas e implementação da não cumulatividade ampla, busca reduzir a regressividade tributária e trazer maior eficiência ao sistema.

Assim, a principal alteração proposta para o novo regime tributário diz respeito à criação do Imposto sobre Bens e Serviços – IBS, que substituirá o Imposto sobre a Circulação de Mercadorias e sobre Prestações de Serviços de Transporte Interestadual e Intermunicipal e de Comunicação – ICMS e o Imposto sobre Serviços de Qualquer Natureza – ISS, além da criação da Contribuição sobre Bens e Serviços – CBS, a qual substituirá as contribuições devidas ao Programa de Integração Social – PIS e ao Financiamento da Seguridade Social – COFINS, bem como o Imposto sobre Produtos Industrializados – IPI.

Nosso exame do tema está suportado no Relatório da Comissão de Constituição, Justiça e Cidadania – CCJC, de 25.10.2023, sobre a Proposta de Emenda à Constituição nº 45/2019. O texto da Reforma, sob escrutínio do Senado Federal, foi aprovado na Câmara dos Deputados em 07.07.2023 e remetido ao Senado Federal em agosto de 2023, como já se contextualizou. A Reforma Tributária atualmente em discussão no Senado vem caminhando, no que tange ao uso da Lei Complementar, no mesmo sentido da Constituição Federal, ou seja, dispondo que os tributos por ela tratados também serão objeto de regulação por Lei Complementar. Há, no texto que se constitui na proposta de alteração constitucional, aproximadamente, 100 referências a Leis Complementares

A mais relevante hipótese vinculada à edição de Lei Complementar, certamente, diz respeito à própria instituição do IBS, de competência dos Estados, do Distrito Federal e dos Municípios. O texto do Projeto apresenta as regras gerais do referido imposto, as quais deverão ser respeitadas pela Lei Complementar que vier a regulá-las. Outrossim, nos termos do texto do Projeto oriundo da CCJC, a Lei Complementar deverá definir o conceito de "operações com serviços" em contraposição às "operações com bens", disciplinar a forma de cálculo do IBS e da CBS, definir o que se considera "destino" da operação, disciplinar o Conselho Federativo do IBS, instituir o Fundo de Sustentabilidade e Diversificação Econômica do Estado do Amazonas, entre outros aspectos relevantes, pois deixam os contribuintes apreensivos quanto à exata repercussão que tais conceitos terão em seus negócios e atividades.

A principal crítica a ser feita ao papel da Lei Complementar na Reforma Tributária está relacionada, a nosso ver, à experiência que temos de que ela não pode tardar, sob pena de impedir a aplicação das disposições constitucionais e, mais, trazer reflexos para a economia. Além disso, há muitas situações em que, sabidamente, as Leis Complementares extrapolaram suas funções de regular o texto constitucional, criando hipóteses de tributação não permitidas por nosso sistema jurídico, quando submetidas a uma interpretação sistemática. São casos notoriamente conhecidos, dentre outros, as seguintes disposições da Lista de Serviços da Lei Complementar nº 116/2003, objeto de veto por ocasião da sua sanção, a saber:

(i) no caso de planos de saúde, o item XXIII, da Lista de Serviços Anexa, voltado à arrecadação do ISS no domicílio do tomador dos serviços, subitens 4.22, 4.23 e 5.09;
Razões do veto: "O dispositivo comportaria uma potencial perda de eficiência e de arrecadação tributária, além de pressionar por elevação do valor dos planos de saúde, indo de encontro à estratégia governamental de buscar alternativas menos onerosas para acesso aos serviços do setor".
(ii) no caso dos serviços prestados pelas administradoras de cartão de crédito ou débito e demais descritos no subitem 15.01, voltado ao local de incidência do ISS, como sendo o do domicílio do tomador do serviço;
Razão do veto: "Os dispositivos comportariam uma potencial perda de eficiência e de arrecadação tributária, além de redundar em aumento de custos para empresas do setor, que seriam repassados ao custo final, onerando os tomadores dos serviços".

Ainda, em relação à incidência do ISS na atividade de locação de bens móveis, como previsto na Lista Anexa ao Decreto-Lei nº 406/1968, assim decidiu o STF:

> IMPOSTO SOBRE SERVIÇOS (ISS). LOCAÇÃO DE VEÍCULO AUTOMOTOR. INADMISSIBILIDADE, EM TAL HIPÓTESE, DA INCIDÊNCIA DESSE TRIBUTO MUNICIPAL. DISTINÇÃO NECESSÁRIA ENTRE LOCAÇÃO DE BENS MÓVEIS (OBRIGAÇÃO DE DAR OU DE ENTREGAR) E PRESTAÇÃO DE SERVIÇOS (OBRIGAÇÃO DE FAZER). IMPOSSIBILIDADE DE A LEGISLAÇÃO TRIBUTÁRIA MUNICIPAL ALTERAR A DEFINIÇÃO E O ALCANCE DE CONCEITOS DE DIREITO PRIVADO (CTN/1966, ART. 110). INCONSTITUCIONALIDADE DO ITEM 79 DA ANTIGA LISTA DE SERVIÇOS ANEXA AO DL 406/1968. PRECEDENTES DO SUPREMO TRIBUNAL FEDERAL. RECURSO IMPROVIDO. Não se revela tributável, mediante ISS, a locação de veículos automotores (que consubstancia obrigação de dar ou de entregar), eis que esse tributo municipal somente pode incidir sobre obrigações de fazer, a cuja matriz conceitual não se ajusta a figura contratual da locação de bens móveis (RE nº 446.003 AgR, rel. min. Celso de Mello, 2ª T, j. 30.05.2006, DJ de 04.08.2006). (g.n)

Outro aspecto de inconstitucionalidade declarada pelo STF foi a disposição da Lei Complementar nº 87/1996, que possibilitava a cobrança do ICMS na transferência de mercadorias entre estabelecimentos da mesma pessoa jurídica, conforme decidido na Ação Declaratória de Constitucionalidade nº 49, em julgamento de 2021.

Considerando-se esses fatos, é importante que todos estejam atentos à edição de tantas Leis Complementares, como proposto na Emenda Constitucional. De toda sorte cabe ponderar que, neste momento, o único dado concreto sobre tais leis é que elas não poderão, por força do princípio da hierarquia das leis, como contemplado na Constituição, extrapolar seus limites de competência. O certo é que passando boa parte da Reforma Tributária, efetivamente, tais mudanças a serem implementadas pelas Leis Complementares deverão ser discutidas posteriormente, quando haverá total clareza de como o novo sistema tributário efetivamente deverá funcionar e quais são as reais necessidades na sua regulação por parte das ditas Leis Complementares.

É certo que a Lei Complementar desfruta de muito menos divulgação e publicidade, ao longo de seu processo legislativo, do que a reforma constitucional, utilizado o termo publicidade no sentido de que a discussão das normas constitucionais conta com o trabalho paralelo de entidades e órgãos da sociedade civil diretamente interessados e envolvidos com essa matéria. Muitas vezes, as Leis Complementares são discutidas no Congresso Nacional e surpreendem a sociedade quando publicadas, como se observa das declarações de inconstitucionalidade do STF. Contribui para isso o próprio processo legislativo das Leis Complementares que se dá no ambiente do Congresso, com menor participação pública do que ocorre nas PECs, quando é possível que haja maior sensibilidade do Poder Legislativo a interesses de setores específicos. Nesse sentido, é possível que os objetivos buscados pela Reforma não sejam alcançados na prática, a depender do conteúdo da Lei Complementar.

Exemplo do que se comenta é a Lei Complementar nº 24/75, cujo principal objetivo é dispor sobre os convênios para a concessão de isenções do Imposto sobre Operações relativas à Circulação de Mercadorias – ICM, recepcionada pela Constituição Federal de 1988 que alterou o nome desse tributo para ICMS. A despeito de introduzir preceitos para conter a guerra fiscal em matéria de ICM/ICMS, não logrou ser exitosa, surgindo à sua margem uma batalha judicial entre os Estados da Federação, com o uso de expedientes para concessão de todo tipo de incentivo fiscal.

Outro aspecto relevante diz respeito à interferência política, os chamados lobbies, que pode ser mais efetiva no âmbito do processo de elaboração das Leis Complementares, o que pode acarretar a inserção de disposições tributárias que beneficiam determinados setores ou empresas em detrimento do interesse público. Tal interferência política pode criar um ambiente fiscal desigual e injusto, prejudicando a concorrência e o desenvolvimento dos negócios.

Para enfatizar esse ponto, chamamos atenção para o estudo publicado por Bruno Carraza, o qual identificou que as medidas provisórias com matérias de cunho tributário e que concedem benefícios fiscais são as que, em média, recebem mais emendas dos congressistas e cuja aprovação é mais demorada. Segundo o referido estudo, as "MPs tributárias e que concedem benefícios fiscais têm, em média, mais emendas (69,75) do que as demais (41,6). Além disso, também constatamos que a aprovação das MPs tributárias é mais demorada (135 dias) do que a sanção ou promulgação das restantes (123 dias)".[4]

Outro aspecto que pode ser objeto de críticas é a eventual demora na implementação da Reforma Constitucional. O texto da Reforma prevê um período de transição de sete anos (2026 a 2033) para completa substituição dos tributos atuais pelo IBS e pela CBS, mas é possível que as discussões necessárias para aprovação de Leis Complementares, observada sua função constitucional descrita no art. 146, não tenham sido finalizadas até lá. Não é demais enfatizar, como já referido, que mais de 30 anos após a promulgação da Constituição há diversos temas pendentes de Lei Complementar, como os exemplos acima citados, do ITCMD com elemento de conexão no exterior, e do IGF.

A incerteza sobre a implementação do novo regime prejudica o desenvolvimento de novos negócios, visto que a segurança jurídica e previsibilidade do sistema tributário são aspectos centrais na tomada de decisão sobre a realização de tais negócios. Nesse contexto, durante o período de incerteza, em que as citadas Leis Complementares

---

[4] CARRAZA, Bruno. *Dinheiro, eleições e poder*: As engrenagens do sistema político brasileiro. São Paulo: Companhia das Letras, 2018. p. 151.

estarão em discussão, é possível que grupos empresariais, nacionais ou internacionais, adiem ou mesmo suspendam decisões de investimento e planejamento de negócios, prejudicando o desenvolvimento econômico. Afora isso, o chamado lobby pode alterar o direcionamento de certo ato legislativo.

A definição de muitos temas para os quais há necessidade de edição de Lei Complementar também pode contribuir para um sistema mais engessado, em que falta flexibilidade e agilidade para modernização, visto que as Leis Complementares demandam um quórum qualificado para sua aprovação, tornando mais moroso o seu processo legislativo. Assim, caso determinada disposição de Lei Complementar se torne desapegada da realidade negocial, a demora em eventual alteração ou atualização pode impactar na vida dos contribuintes, trazendo inclusive percalços no desenvolvimento dos negócios, tornando difícil a inovação e a competitividade. Entretanto, e como contraponto à questão da flexibilidade, deve-se registrar que o processo para aprovação de Lei Complementar é muito mais simples do que o processo de aprovação de proposta de emenda à Constituição, de forma que a adoção da Lei Complementar permite mais celeridade no processo de renovação e atualização da legislação do que se determinados temas fossem incluídos na própria Constituição.

Um exemplo que pode ser citado está relacionado à discussão sobre a incidência do ISS ou do ICMS no caso de licenciamento de softwares. Como os conflitos de competência devem ser definidos a partir de Lei Complementar, e no caso há verdadeira celeuma sobre o enquadramento da utilidade econômica efetivamente fornecida, muito se discutiu sobre tais aspectos, o que poderia ter sido objeto de pacificação pelo legislador anteriormente.

Como não havia clareza na legislação, o STF foi chamado a se pronunciar sobre o tema em mais de uma oportunidade. No julgamento das ADI nº 1.945/MT e 5.659/MG, o STF consignou que a tradicional distinção entre software de prateleira (padronizado) e por encomenda (personalizado) não era mais suficiente para a definição da competência para a tributação dos negócios jurídicos que envolvam programas de computador em suas diversas modalidades, afirmando que a inclusão do item 1.05 – Licenciamento ou cessão de direito de uso de programas de computação na lista anexa à Lei Complementar nº 116 era a confirmação de que o legislador havia buscado dirimir conflitos de competências em matéria tributária envolvendo softwares, estabelecendo que o licenciamento e a cessão de direito de uso de programas de computação estão sujeitos ao ISS. Com base nesse entendimento, o STF firmou, no julgamento do Tema 590 da Repercussão Geral, a tese de que "É constitucional a incidência do ISS no licenciamento ou na cessão de direito de uso de programas de computação desenvolvidos para clientes de forma personalizada, nos termos do subitem 1.05 da lista anexa à LC nº 116/03".

A necessidade de Lei Complementar também pode acarretar certa sobrecarga do Poder Legislativo, tendo em vista que o processo de aprovação de leis é moroso e burocrático, especialmente em um Congresso Nacional já sobrecarregado de demandas legislativas, o que pode resultar em atrasos na atualização e ajuste do sistema tributário, prejudicando a capacidade do governo de responder rapidamente a mudanças econômicas ou emergências. A própria Reforma Tributária se encaixa nessa observação, pois o sistema atual encontra-se, desde há muito, atrasado, premente de uma renovação, o que não ocorreu ainda justamente pela necessidade de que seja realizado por meio de Ementa Constitucional, sujeita a processo legislativo ainda mais demorado que aquele necessário para elaboração de Lei Complementar, o que dificulta ainda mais o processo de atualização e melhora do ordenamento jurídico.

Também pode ser objeto de crítica o fato de que a existência de um sistema legislativo composto pela Constituição, Lei Complementar, Leis ordinárias e normas infralegais, como é o sistema atual, longe de simplificar e facilitar o trabalho dos contribuintes e das autoridades fiscais, pode, na realidade, tornar ainda mais complexo o entendimento e a conformidade por parte dos contribuintes. Além disso, também pode tornar ainda mais trabalhosa a atividade das autoridades fiscais que devem aplicar as regras. Tudo isso passa, principalmente, pela qualidade dos diplomas legais,[5] mas não se pode descartar que a necessidade de Leis Complementares para tratar de inúmeros pontos pode também contribuir para um sistema tributário menos harmonioso.

Nessa ordem de ideias, ao transferir muitos temas para a Lei Complementar a Reforma pode acabar se tornando vazia, perdendo força, visto que a pressão política durante a elaboração das Leis Complementares pode resultar na erosão de reformas tributárias significativas, de modo que medidas que inicialmente visavam simplificar e aprimorar o sistema tributário podem ser diluídas para acomodar interesses políticos e de atores econômicos, prejudicando o objetivo original do Projeto.

Em suma, apesar de indiscutivelmente ser um instrumento indissociável no processo legislativo, em matéria tributária, o número de temas que serão objeto de Lei Complementar pode trazer consequências negativas para o sistema tributário, e, consequentemente, para o desenvolvimento dos negócios, incluindo complexidade, atrasos, influências indevidas, falta de flexibilidade e sobrecarga do sistema decisório para todos os atores envolvidos nesse processo, o que inclui os contribuintes, por óbvio. Portanto, é essencial que os legisladores ponderem cuidadosamente esses desafios no processo legislativo que será inaugurado após a aprovação da Reforma, visando equilibrar a necessidade de regulação com a necessidade de promover um ambiente de negócios saudável e favorável ao crescimento econômico.

Por outro lado, muito embora haja críticas ao papel da Lei Complementar, há também aspectos positivos que devem ser destacados.

O primeiro aspecto positivo que deve ser mencionado, o qual advém da própria existência de leis e regras no sistema tributário, é a especificidade e aclaramento que decorre da edição da Lei Complementar. Como visto acima, considerando que o texto da Constituição não pode ser exaustivo, as Leis Complementares oferecem uma oportunidade para o legislador regular de forma clara e específica determinada matéria, o que, na perspectiva do direito tributário, é muitíssimo relevante, visto que o direito tributário é pautado na legalidade estrita, tanto que, além do princípio da legalidade geral, estatuído no art. 5º, inciso II, a Constituição ainda contempla no art. 150, inciso I, vedação à União, aos Estados, ao Distrito Federal e aos Municípios "exigir ou aumentar tributo sem lei que o estabeleça", o que é repetido pelo CTN, em seu art. 97, que dispõe

---

5 Com relação à qualidade das leis, é imperiosa a observância da Lei Complementar nº 95/98, que dispõe sobre a elaboração, a redação, a alteração e a consolidação das leis, conforme determina o parágrafo único do art. 59 da Constituição Federal.

que somente a lei pode estabelecer as normas gerais sobre obrigação tributária, definindo seus elementos essenciais, como fato gerador, base de cálculo e alíquota.

A respeito da estrita legalidade a ser observada em matéria tributária, essencial na feitura das leis complementares, é importante mencionar o voto da Ministra Carmen Lúcia na ADI nº 2446, da qual foi relatora. Essa ADI discutiu a validade do art. 1º, da Lei Complementar nº 104/2001, que acrescentou um parágrafo único ao art. 116 do CTN, outorgando poder para a autoridade fiscal desconsiderar negócios jurídicos praticados com a finalidade de dissimular a ocorrência do fato gerador de tributo ou a natureza dos elementos constitutivos da obrigação tributária. Assim, afastando qualquer aspecto de inconstitucionalidade na dita norma, esclareceu a Ministra que a tipicidade no direito tributário é corolário do princípio da legalidade estrita, na forma da Constituição Federal, a exigir definição precisa dos fatos que podem vir a resultar em tributação.

Ainda nessa perspectiva, a edição de Leis Complementares permite que, em reformas complexas como no caso da PEC nº 45, sejam estabelecidos todos os detalhes operacionais que comporão o novo sistema tributário, tais como alíquotas, base de cálculo, obrigações acessórias, competência, dentre outros.

Assim, considerando a importância do sistema tributário e o processo legislativo específico a que se submete a Lei Complementar, parece-nos que a observância dessa regra também pode conferir maior credibilidade ao novo sistema, na medida em que as Leis Complementares aprovadas demonstrarão a vontade da maioria absoluta de representantes junto ao Poder Legislativo. Além disso, espera-se que para obter esse consenso haverá um maior debate, com maior qualidade, objetivando sua aprovação e, consequentemente, maior qualidade do texto legal. Ainda que, como visto acima, inexista hierarquia entre a lei ordinária e a Lei Complementar, é inegável que o processo legislativo de edição das Leis Complementares na Reforma, há de requerer maior cautela por parte dos membros do Congresso para sua aprovação. Além disso, é essencial que a sociedade civil esteja atenta e tenha maior participação, inclusive pelas entidades representantes dos contribuintes, pois só dessa forma será possível promover a democracia, por meio da representatividade plena, considerando-se que o tributo é a mais importante obrigação do cidadão para com o Estado.

Assim, partindo de tais premissa, a utilização de Leis Complementares no processo de implementação da Reforma Tributária também deverá ajudar na busca pela proteção dos interesses públicos, de modo que a elaboração de tais normas permitirá a consideração de nuances e particularidades das políticas tributárias de forma geral, o que viabiliza que o legislador atenda melhor aos interesses públicos, ao estabelecer regras específicas para diferentes setores econômicos, promovendo a equidade fiscal.

Da mesma forma, considerando as peculiaridades do processo de elaboração da Lei Complementar, é esperado, em tese, que ela seja decorrência da coordenação entre entes federativos, visto que é necessário maior nível de concordância para sua aprovação. Como o Brasil é organizado a partir de um pacto federativo, as Leis Complementares possuem um papel de coordenação da tributação entre diferentes níveis de governo, evitando conflitos de competência tributária e garantindo uma aplicação uniforme das regras fiscais em todo o território nacional. Nesse sentido, segundo Schoueri, destaca-se o papel do CTN, que viabilizou a uniformização de critérios básicos para a tributação no

País.[6] Enfatiza-se com isso a feliz designação de lei nacional para a Lei Complementar em matéria tributária.

Outro ponto positivo sobre a Lei Complementar diz respeito à previsibilidade para os investidores. As Leis Complementares bem elaboradas podem fornecer previsibilidade para aqueles que buscam oportunidades nos negócios, os investidores, pois estabelecem regras claras e estáveis, facilitando a atração de investimentos estrangeiros, bem como realização de investimentos domésticos, o que impulsiona o crescimento econômico. Neste contexto, as Leis Complementares podem contribuir para a segurança jurídica, uma vez que, quando bem redigidas, oferecem orientações claras e estáveis para os contribuintes, reduzindo a incerteza e o risco associado à conformidade fiscal. Talvez o maior exemplo nesse sentido seja o art. 43, do CTN, que trata do Imposto sobre a Renda, certamente o tributo mais bem construído e consolidado no País.

Ademais, as Leis Complementares também são importantes, pois visam garantir o cumprimento de requisitos constitucionais, tais como a repartição de competências tributárias entre os entes federativos, bem como podem promover o equilíbrio fiscal ao estabelecerem alíquotas mínimas, evitando uma concorrência fiscal prejudicial entre os entes federativos, o que contribui para um ambiente de negócios mais equilibrado e impede a erosão das bases tributárias. Relembre-se, neste momento, os efeitos deletérios da famigerada Guerra Fiscal entre os Estados, originária do abuso que se fez da Lei Complementar nº 24/1976, o que motivou a edição da Lei Complementar nº 160, em 2017, para pôr termo a toda a confusão que se criou em torno dos incentivos de ICMS, com reflexos na seara do Imposto sobre a Renda.

Portanto, a despeito dos inúmeros desafios relacionados ao papel das Leis Complementares na reforma tributária, é importante reconhecer que elas também podem desempenhar um papel vital na promoção de um sistema tributário mais eficaz, transparente e adequado às necessidades econômicas do País, o que, por sua vez, pode favorecer o desenvolvimento dos negócios e da economia, como um todo.

Conclusões

Conforme largamente aqui tratado, é certo que o texto da Constituição não pode abordar todos os temas que contempla, de forma exaustiva, e, nessa situação, a Lei Complementar cumpre papel imprescindível para o correto funcionamento do ordenamento jurídico brasileiro sendo que, na perspectiva tributária, o maior exemplo é justamente o CTN, conjunto de regras que, editado na década de 1960 do século passado, até hoje orienta com eficácia a atuação dos contribuintes e das autoridades fiscais.

A despeito de doutrinas que enxergaram na Lei Complementar uma ausência de propósito, em matéria tributária, ela cumpre a importante tarefa de tratar de todos os aspectos do fato gerador dos tributos, bem como de sua implementação e cumprimento. Contudo, há, como visto, aspectos positivos e negativos que decorrem do papel atribuído pela Constituição à Lei Complementar. Portanto, a necessidade de edição de Lei Complementar para tratar de diversos aspectos dos tributos pode dificultar ou

---

6 SCHOUERI, Luís Eduardo. *Direito Tributário*. 8. ed. São Paulo: Saraiva Educação, 2018. p. 82.

facilitar a implementação da Reforma Tributária, sendo que a chave do sucesso está na qualidade do processo legislativo, que deve encontrar um equilíbrio adequado entre regulação detalhada ou simples, garantindo que as Leis Complementares sirvam ao interesse público e aos contribuintes, com o objetivo de incentivar o desenvolvimento econômico do País. A par disso, a agilidade na edição de tais normas impõe-se, para que não se venha a esperar 35 anos para tanto, como ocorreu com o ITCMD em hipóteses envolvendo o exterior.

Por fim e não menos relevante, é necessário ter consciência de que o debate público em torno da Reforma Tributária e das Leis Complementares deve ser cuidadoso, desapegado de interesses setoriais ou pessoais, sempre pautado na busca do interesse público.

Referências

ATALIBA, Geraldo. Lei Complementar em matéria tributária. *Revista dos Tribunais*, São Paulo, ano 13, n. 48, p. 84-105, abr./jun. 1989.

BORGES, José Souto Maior. *Lei Complementar Tributária*. São Paulo: Revista dos Tribunais, 1975.

CARRAZA, Bruno. *Dinheiro, eleições e poder*: As engrenagens do sistema político brasileiro. São Paulo: Companhia das Letras, 2018.

SCHOUERI, Luís Eduardo. *Direito Tributário*. 8. ed. São Paulo: Saraiva Educação, 2018.

Informação bibliográfica deste texto, conforme a NBR 6023:2018 da Associação Brasileira de Normas Técnicas (ABNT):

BIFANO, Elidie Palma; COVIELLO FILHO, Paulo. A lei complementar na reforma tributária. In: LOBATO, Valter de Souza (coord.); MARINHO NETO, José Antonino (org.). *O papel da lei complementar tributária no desenho federativo brasileiro*. Belo Horizonte: Fórum, 2024. p. 579-590. ISBN 978-65-5518-779-3.

LEI COMPLEMENTAR NA REFORMA TRIBUTÁRIA: DE NORMA DE SOBREPOSIÇÃO À NORMA DE SUPRESSÃO DE COMPETÊNCIAS EM VIOLAÇÃO AO PRINCÍPIO FEDERATIVO

GABRIEL MENDES RODRIGUES,
VIVIANE PEREIRA DO NASCIMENTO FREIRE,
PAULO ROSENBLATT

Introdução

Discutido desde 2019 e paralisado pela covid-19, o projeto de reforma tributária que se encontra mais avançado no legislativo propõe a remodelagem e aprimoração do sistema tributário atual. A Proposta de Emenda à Constituição nº 45 de 2019 (PEC nº 45) sofreu diversas alterações, para garantir a sua aprovação em dois turnos na Câmara dos Deputados e, no momento (2023), aguarda a apreciação pelo Senado Federal.

Essa emenda traz alterações significativas ao sistema tributário, dentre as quais está a inclusão do §3º no art. 145 da Constituição Federal de 1988, que determina a observância dos princípios da simplicidade, da transparência, da justiça tributária e do equilíbrio, e da defesa do meio ambiente, podendo ser interpretado como os novos fundamentos que irão estruturar o sistema tributário em diante.

O objetivo geral deste artigo consiste em analisar as implicações da PEC nº 45/2019 no sistema tributário brasileiro, com ênfase na ampliação do papel desempenhado pela lei complementar e suas repercussões na autonomia fiscal de estados e municípios, com a centralização do poder de tributar na União Federal e a usurpação de competências dos entes subnacionais, com o potencial de criar uma crise federativa grave. Os objetivos específicos envolvem a investigação da trajetória da lei complementar no Brasil, a avaliação das modificações propostas pela PEC nº 45/2019 em relação à competência tributária e a identificação dos desafios que podem surgir para o federalismo fiscal em decorrência dessas mudanças. A hipótese do artigo é que a ampliação do papel da lei complementar pretendida ofende a cláusula pétrea do princípio federativo.

1 Aspectos da lei complementar e sua equiparação hierárquica com a lei ordinária

Na década de 60, em meio à escalada do autoritarismo militar, a Constituição brasileira de 1967 disciplinou de modo expresso o processo legislativo. Inspirada na lei orgânica francesa, a lei complementar foi instituída no ordenamento jurídico brasileiro através da Emenda Constitucional nº 1/69. A Constituição Federal de 1988 manteve essa espécie normativa e ampliou o seu rol de atribuições, cabendo dispor a lei complementar sobretudo sobre normas gerais em matérias financeiras e tributárias (artigos 169 e 146 do texto constitucional).[1]

Nem todas as disposições constitucionais são autoaplicáveis. A função da lei complementar é integrar a eficácia das normas constitucionais de eficácia limitada e as de eficácia contida. Em seu aspecto formal, exige quórum específico de votação, de maioria absoluta (art. 69, CF/88). E, em seu aspecto material, a Constituição Federal reserva a ela um campo material, distinto da lei ordinária.[2]

No que diz respeito à materialidade da lei complementar, a doutrina brasileira sustenta duas correntes de interpretação: a tricotômica e a dicotômica. A corrente tricotômica é reforçada pela literalidade do artigo 146 da CF/88. A corrente dicotômica, por sua vez, argumenta que a lei complementar deve focar em normas gerais de legislação tributária, permitindo maior autonomia das entidades políticas, o que também se relaciona com a discussão sobre a centralização do poder tributário e a usurpação de competências dos entes subnacionais no contexto da PEC nº 45.[3]

O art. 146 da Constituição Federal dedica-se à lei complementar tributária. Em sua leitura literal, cabe à lei complementar: a) dispor sobre conflitos de competência; (b) regular as limitações ao poder de tributar; c) estabelecer normas gerais. É pela interpretação literal desse dispositivo que a corrente tricotômica se sustenta. A corrente dicotômica, por sua vez, compreende que ela se limita a versar sobre conflitos de competência e a regular as limitações constitucionais ao poder de tributar.

A lei complementar possui caráter nacional, de observância obrigatória por todos os entes federados, mas isso não justifica uma superioridade formal diante das leis ordinárias. Essa questão foi esclarecida por José Souto Maior Borges, em sua obra Lei Complementar Tributária, publicada em 1975.[4] À época, diante da forte influência da Escola de Viena, interpretavam-se as fontes do direito através de uma lógica gradativa

---

[1] KOZIKOSKI. Antonio; FORENSE, Equipe. *Constituição Federal Comentada*. São Paulo: Grupo GEN, 2018. E-book. p. 661. Disponível em: https://integrada.minhabiblioteca. com. br/#/books/9788530982423/. Acesso em: 23 set. 2023.

[2] SCHOUERI, Luís E. Direito tributário. [São Paulo]: Editora Saraiva, 2023. E-book. p. 47. ISBN 9786553626041. Disponível em: https://integrada.minhabiblioteca .com.br/#/books/9786553626041/. Acesso em: 23 set. 2023.

[3] A doutrina aborda duas correntes interpretativas a respeito do art. 146 da Constituição Federal de 1988. A teoria tricotômica sustenta a literalidade do art. 146, na qual compete a lei complementar dispor sobre conflitos de competência, em matéria tributária, entre a União, os Estados, o Distrito Federal e os Municípios; regular as limitações constitucionais ao poder de tributar e estabelecer normas gerais em matéria de legislação tributária. Já a teoria dicotômica defende que cabe à lei complementar dispor sobre as normas gerais em matéria de legislação tributária limitada a tratar sobre conflitos de competência e regular as limitações constitucionais ao poder de tributar. SCHOUERI, Luís E. *Idem*, p. 43.

[4] BORGES, José Souto Maior. *Lei complementar tributária*. São Paulo: Ed. Revista dos Tribunais, EDUC, 1975. A Suprema Corte pacificou o entendimento que inexiste hierarquia entre lei complementar e lei ordinária, pois compreende que não há sobreposição hierárquica da lei complementar. Ag.Reg. no RE nº 670.850/SP.

hierárquica, o que, durante um período, justificou a concepção de superioridade da lei complementar em face da lei ordinária. Também se justificava a superioridade da lei complementar pelo fato de que nenhuma lei ordinária poderia alterá-la ou revogá-la. O próprio Geraldo Ataliba defendia esses argumentos, antes de ser convencido pelo José Souto Maior Borges.[5]

Ao analisar profundamente o caráter da lei complementar, José Souto Maior Borges utiliza da Teoria Geral do Direito para argumentar que a discussão sobre hierarquia somente é cabível em casos de antinomia, quando há conflito material entre normas. Segundo ele, isso não ocorre entre a lei complementar e a lei ordinária, já que a constituição reserva os campos de atuação para cada espécie normativa, os quais não se interseccionam, e a distribuição de competências legislativas é disposta de forma técnica pela Constituição Federal.[6]

Por terem campos de atuação distintos, caso a lei ordinária invada matéria reservada à lei complementar, sua validade será afetada e sua inconstitucionalidade formal poderá ser arguida, em controle difuso ou concentrado. Se a lei complementar invade a competência para legislar sobre matéria reservada à lei ordinária federal, sua natureza jurídica será de lei ordinária posterior, e a depender da especificidade, poderá alterá-la ou revogá-la. Isso porque a origem legislativa de ambas é a mesma: o Congresso Nacional, não havendo conteúdo hierárquico especificado em texto constitucional. O fato é que a lei complementar não poderia tratar de matérias que a Constituição Federal atribuiu a cada ente federativo legislar.

2 O caráter nacional da lei complementar e o princípio federativo

O artigo 24, I, §§1º a 4º, e o art. 30, III, ambos da Constituição Federal, determinam que a competência legislativa em âmbito tributário é distribuída entre todos os entes, ficando a competência exclusiva da União limitada à instituição de tributos a ela atribuídos e ao estabelecimento das normas gerais, sem excluir a competência suplementar dos estados e porventura dos municípios, nas situações de inexistência de lei federal sobre as normas gerais.[7]

Cunhou-se a expressão federalismo cooperativo, para tratar desse intrincado condomínio legislativo, que seria uma espécie de federalismo de 3º grau[8] disposto pela Constituição Cidadã, com um objetivo muito claro: a descentralização dos poderes, com fornecimento concreto de autonomia nos três níveis de governo. A busca pela descentralização e da retirada dos poderes da União, repassando-os ao ente local, é observada por José Afonso da Silva, ao citar que o fato não se trata de novidade trazida

---

[5] BORGES, José Souto. *Idem*, p. 6-14.

[6] BORGES, José Souto. *Idem*, p. 6-14.

[7] É o que se infere dos artigos 23, 24, 25, 29 e 30 da Constituição. BRASIL. Constituição Federal da República de 1988.

[8] O federalismo de primeiro grau se assemelharia ao estado unitário presente em contextos autoritários. Não é estado unitário em virtude da existência de outros entes, mas o poder é sumariamente concentrado no ente central. O segundo grau do federalismo desconsidera os municípios como entes federados, incluindo e dando poder apenas à união e estados. Por fim, o federalismo em terceiro grau apresentado pela Constituição Federal de 1988 inclui os municípios como entes federados. MEIRELLES, Hely Lopes. *Direito Municipal Brasileiro*. 16. ed. São Paulo: Malheiros editores, 2008. p. 44-47.

em 1988, mas sim de um processo histórico iniciado com a Carta de 1937, e posteriormente ampliada na Carta Cidadã atual.[9]

Para além do aperfeiçoamento da federação, a lógica é simples: quanto mais regionalizada é a alocação de poderes (no caso aqui tratado, o poder de impor sua legislação tributária com exercício da autonomia política, administrativa, tributária e orçamentária), mais adequada à realidade local e especializada será a legislação criada.

É bem verdade que a autonomia federativa refere-se ao poder atribuído à União, Estados, Municípios e Distrito Federal, sobre a tomada de decisão em relação ao seu orçamento e repartição de receitas, tendo em vista o federalismo de cooperação e a federação de terceiro grau. Porém, no âmbito teórico, observam-se algumas críticas à essa acepção. José Afonso da Silva contesta o conceito de federação de terceiro grau e a real capacidade de enquadramento dos municípios dentro do federalismo brasileiro, uma vez que, para ele, o conjunto de municípios não poderia formar federação, ao contrário dos Estados.[10] Não obstante, a determinação é expressa no texto constitucional, prova material da vontade legislativa dentro do processo descentralizador.

Sobre esse processo de descentralização, José Souto Maior Borges esclarece que, dentro do Estado Federal, existem órgãos centrais que estendem a sua competência e ditam normas válidas para todo o território, e órgãos locais que ditam normas válidas somente a uma parte do território, ou somente àquela parte específica disposta em texto constitucional. Diz ainda que as normas de natureza jurídica parcial, especificamente aquelas editadas pela União, são facilmente confundidas com as normas de natureza nacional, uma vez que a competência legislativa nesses casos é coincidente.[11]

Todavia, ainda que a competência ativa para editar tais normas seja da União, elas não poderiam ser confundidas em virtude de um fato muito específico: os destinatários, obrigados e vinculados à lei nacional não se resumem a um ente ou alguns entes específicos, mas sim a todos eles, ou seja, há a presença de um processo de vinculação federalizado.

Não por acaso, as leis nacionais que tratam sobre o subsistema tributário nacional, ou sobre as normas gerais em âmbito tributário, estão concentradas em leis complementares, além da Lei nº 5.172 de 1966 (CTN) – a qual, embora não seja lei complementar porque editado antes da introdução dessa espécie normativa no ordenamento jurídico brasileiro, foi materialmente recepcionada pela Constituição Federal de 1988, porque trata de conteúdos previstos no art. 146 da Carta da República.

A ideia de concentração do poder de legislar por meio de lei complementar, inaugurada com a criação do Simples Nacional, pela Emenda Constitucional nº 42, de 19.12.2003, poderá vir a ser expandida na Reforma Tributária. O futuro IBS representa

---

9 AFONSO DA SILVA, José. *Curso de Direito Constitucional positivo*. 18. ed. São Paulo: Revista dos Tribunais, 1989. p.744.

10 AFONSO DA SILVA, José. *Idem*, p. 478.

11 Na federação brasileira, cumpre distinguir, consoante a formulação kelseniana, entre três ordens jurídicas distintas: a) a global e as parciais; b) central e c) periféricas, correspondendo respectivamente à (a) ordem nacional (do Estado federal); (b) simplesmente federal (da União) e (c) estadual (dos Estados). Consequentemente, no Brasil, a lei federal é expressão de uma ordem jurídica parcial central (a comunidade jurídica constituída pelas leis federais, de competência da União). BORGES, José Souto Maior. *Lei complementar tributária*. São Paulo: Ed. Revista dos Tribunais, EDUC, 1975. p. 25-65.

uma real concentração legislativa de poder de tributar nas mãos da União e supressora de competências originalmente previstas em âmbito constitucional.

3 A lei complementar na PEC nº 45/2019

Os objetivos apresentados no relatório da PEC nº 45/2019 são os de adaptar o Sistema Tributário Nacional às conjunturas atuais, diante da multiplicidade de tributos sobre o consumo, o alto contencioso administrativo e judicial decorrente da pluralidade de normas e complexidade na interpretação delas – o que implica em insegurança jurídica – e a necessidade de extinguir a guerra fiscal – que afeta principalmente a arrecadação dos pequenos municípios –, e a regressividade dos impostos indiretos.[12]

A PEC nº 45/2019 tem a pretensão de tornar o sistema tributário mais simples, transparente, justo, equilibrado e sustentável através da unificação das contribuições federais do PIS e da COFINS na Contribuição sobre Bens e Serviços – CBS, e da unificação dos impostos sobre consumo e serviços (ICMS e ISS) no Imposto sobre Bens e Serviços – IBS, esse último a ser gerido através de um Conselho Federativo. Também está prevista a criação do Fundo de Desenvolvimento Regional e do Fundo de Compensação dos Benefícios Fiscais.

Contudo, ao realizar uma análise técnica sobre o texto proposto, fica clara a existência de novas e importantes competências insistentemente atribuídas pela PEC nº 45/2019 à lei complementar, desaguando em sérios problemas de autonomia federativa.

Como mencionado, a União definirá normas gerais sobre tributação, sendo estas de observância obrigatória pelos demais entes federativos, com caráter uniformizador para todos os entes da federação.

A Constituição dispõe sobre os tributos, distribui a competência e impõe o tipo do diploma legislativo a ser seguido por determinado ente em sua própria legislação, observado o princípio da legalidade em âmbito tributário. Não há, nem deveria haver, previsão de instituição direta de tributo de estados e municípios pela União Federal.

Não se trata de hierarquia, mas de base organizacional para o correto funcionamento do sistema em âmbito federativo. Como forma de atenuar o engessamento da legislação tributária, a Constituição se utiliza de determinações genéricas para o estabelecimento de normas de observância universal, mantendo sua adequação à realidade brasileira durante longo período temporal. Trata-se de signos construídos ou conceitos jurídicos que, segundo Souto Maior Borges, são revestidos de um "sentido metafórico"[13] e que, apesar de incidirem no plano normativo, não são autoaplicáveis nem esgotam o significado normativo.

E não se quer dizer que o papel da lei complementar em âmbito tributário deveria ser esvaziado, mas apenas que deveria seguir seu objetivo original de integração das

---

[12] OLIVEIRA, Phelippe Toledo Pires de. *Aspectos controvertidos da reforma tributária*: na visão dos Procuradores da Fazenda Nacional. [São Paulo]: Grupo Almedina (Portugal), 2022. E-book. ISBN 9786556276045. Disponível em: https://integrada.minhabiblioteca .com.br /# /books/97865 562760 45/. Acesso em: 23 set. 2023.

[13] BORGES, José Souto Maior. Normas Gerais de Direito Tributário: Velho tema sob perspectiva nova. *Revista Dialética de Direito Tributário*, São Paulo, n. 213, p. 61, jun. 2013.

normas não nacionais, e como suporte necessário às competências tributárias previstas em âmbito constitucional.

No entanto, a PEC nº 45/2019 (que agora espera apreciação em dois turnos pelo Senado Federal) apresenta um concreto risco de implementação e utilização da lei complementar como veículo introdutor dos tributos sobre bens e serviços, seja através do IBS, seja através da CBS. Se aprovada, haverá um fenômeno de "usurpação normativa", em desrespeito ao art. 60, §4, I da Constituição Federal:

> Art. 60. A Constituição poderá ser emendada mediante proposta:
> §4º Não será objeto de deliberação a proposta de emenda tendente a abolir:
> I – a forma federativa de Estado;

Pretende-se um esvaziamento quase que total das competências conferidas pelo constituinte originário aos entes subnacionais não deveria ser combatido. Afinal, o caminho seguido com a PEC nº 45 sugere movimento que busca enfraquecer a forma federativa do Estado. Lembre-se que a proibição exposta em cláusula pétrea vem acompanhada da palavra "tendente", ou seja, a proposta inconstitucional não é apenas aquela que concretiza a abolição de forma federativa, mas também aquelas em cujo texto se pode aferir uma tendência, desrespeito ainda que parcial ao princípio federativo.

No mesmo sentido, Mendes e Branco afirmam que "é característico do Estado federal que essa atribuição dos Estados-membros de legislar não se resuma a uma mera concessão da União, traduzindo, antes, um direito que a União não pode, a seu talante, subtrair das entidades federadas".[14]

Inclusive, cabe ressaltar que a discussão sobre a utilização equivocada da lei complementar como norma instituidora não surgiu agora; o assunto foi trazido à tona nos debates para a criação do Simples Nacional, sendo a análise deste vital para a compreensão dos problemas lógicos causados pela atribuição de competências à lei do IBS, uma vez que é o único regime de atuação tributante que guarda o mínimo de similaridade.

No Simples, há mera gestão compartilhada de tributos ou tributo novo atribuído pela lei complementar? Silas Santiago esclarece que, no caso do Simples, "os tributos administrados de forma unificada mantêm suas características, mesmo que não na totalidade".[15] Na realidade, a primeira tentativa de implementação do regime simplificado em âmbito nacional para as pessoas tratadas pelo art. 179 da Constituição Federal se deu com a criação da Lei nº 9.317/96. À época, a lei determinava a necessidade de concordância dos entes federados em aderir ao novel regime. A lógica tinha objetivo muito claro: não interferir no pacto federativo; não retirar poder dos entes para autodeterminação. Na época, porém, houve baixíssima adesão ao programa por parte dos municípios, e os estados em sua maioria decidiram por criar seus regimes próprios estaduais, sem renunciar a suas competências.

---

14 MENDES, Gilmar Ferreira; BRANCO, P. G. G. *Curso de Direito Constitucional*. 9. ed. São Paulo: Saraiva, 2014. p. 1336.

15 SANTIAGO, Silas. Simples Nacional: o exemplo do federalismo fiscal brasileiro. 2. ed. São Paulo: Editora Saraiva, 2013. p. 36.

Mantidos os debates legislativos federais sobre a questão, assim se deu a aprovação da Emenda Constitucional nº 42 de 2003, que alterou o art. 146 e determinou:

> Art. 146. Cabe à lei complementar: (...)
> III – estabelecer normas gerais em matéria de legislação tributária, especialmente sobre: (...)
> d) definição de tratamento diferenciado e favorecido para as microempresas e para as empresas de pequeno porte, inclusive regimes especiais ou simplificados no caso do imposto previsto no art. 155, II, das contribuições previstas no art. 195, I e §§12 e 13, e da contribuição a que se refere o art. 239.
> Parágrafo único. A lei complementar de que trata o inciso III, d, também poderá instituir (grifamos) um regime único de arrecadação dos impostos e contribuições da União, dos Estados, do Distrito Federal e dos Municípios.

A Lei Complementar nº 123, de 14 de dezembro de 2006, cumpriu essa previsão constitucional e introduziu o regime do Simples Nacional.

Ainda que não se considere formalmente o Simples como uma nova espécie de tributo, a novidade de implementação centralizada está presente e se assemelha muito à criação de novo tributo, instituído em caráter nacional através de lei complementar federal, com a condensação de diversas exações numa só hipótese de incidência. Nesse sentido, leciona Geraldo Ataliba:[16]

> Enquanto categoria jurídica, a hipótese de incidência é única e indivisível. Trata-se de ente lógico jurídico unitário e incindível. (...) Como ente jurídico – entidade do mundo do direito – trata-se de uma só coisa: a hipótese de incidência. Esta que, no seu todo unitário, dá configuração ao tributo, e permite determinar, por suas características, a espécie tributária. (...) Como decorrência necessária, cada hipótese de incidência só é igual a si mesma e, portanto, inconfundível com todas as demais. Vale dizer – como a hipótese de incidência é o núcleo do tributo, cada tributo só é igual a si mesmo.

Talvez um diferencial importante da lei do Simples com relação ao proposto IBS seja o fato de, apesar de tudo o que foi exposto, aquele não esgota a competência tributária dos entes subnacionais, mas simplesmente abrir exceção para algumas pessoas jurídicas (microempresas e empresas de pequeno porte), cujo patamar financeiro é muito bem delineado por limites de faturamento regionalizados, possam realizar recolhimentos unificados e reduzidos. No Simples, não há supressão dos tributos de competência dos entes subnacionais.

Não se pode jogar com palavras, chamando de subnacional um imposto (IBS) que será instituído pela União Federal (Congresso Nacional), via lei complementar nacional, gerido por um órgão criado por esse mesmo ente, que também poderá exercer influência posterior, visto que a PEC impõe a necessidade de harmonização das regras do IBS ao CBS:[17]

---

16 ATALIBA, Geraldo. *Hipótese de incidência tributária*. 6.ed. São Paulo: Malheiros, 2006. p.65.

17 PEC nº 45/2019. Proposta de Emenda à Constituição nº 45 de 2019. Acrescenta o §5 e o Artigo 156-B à Constituição Federal. Brasília, DF: Congresso Nacional, 2019. Disponível em: [https://www.camara.leg.b r/proposicoesWeb/fichadetramitacao?idProposicao=2196833]. Acesso em: [13 set de 2023].

> Art. 156-B. Os Estados, o Distrito Federal e os Municípios exercerão de forma integrada, exclusivamente por meio do Conselho Federativo do Imposto sobre Bens e Serviços, nos termos e nos limites estabelecidos nesta Constituição e em lei complementar, as seguintes competências administrativas relativas ao imposto de que trata o art. 156-A:
> (...)
> §5º O Conselho Federativo do Imposto sobre Bens e Serviços, a administração tributária da União e a Procuradoria-Geral da Fazenda Nacional compartilharão informações fiscais relacionadas aos tributos previstos nos arts. 156-A e 195, V, e atuarão com vistas a harmonizar normas, interpretações e procedimentos a eles relativos.

Como, até o momento, não está sequer tramitando a proposta de Lei Complementar à qual se refere a PEC, justa é a preocupação que a tal "harmonização" deságue em interferência externa da União sobre o IBS e o Conselho a serem criados. Os tributos previstos no art. 156-A e no art. 195, V, terão os mesmos fatos geradores, bases de cálculo, hipóteses de não incidência, sujeitos passivos, as mesmas imunidades, e os mesmos regimes específicos, diferenciados ou favorecidos de tributação. Além disso, eles se sujeitarão às mesmas regras de não cumulatividade e de creditamento.

Sobre a questão, Fernando Facury Scaff, de forma assertiva, leciona:[18]

> Aqui existe uma pegadinha, pois, a pretexto de dar autonomia aos estados e municípios, a União acabará tendo um poder extraordinário sobre tal conselho, pois não terá voto explícito e sem dele fazer parte. (...) Melhor seria haver a presença da União nesse conselho, com poder de voto relativizado, quanto a essa harmonização. Aqui a possibilidade de fricção de interesses será enorme, se mantido o desenho proposto.

Como a competência está sendo repassada ao âmbito da lei complementar, há a real possibilidade de constantes conflitos de interesse resolvidos em favor da União Federal. Afinal, trata-se de pessoas jurídicas de direito público diferentes, com interesses divergentes e peculiares, o que poderá gerar uma disputa federativa no futuro.

Hoje, a regra é a possibilidade de cada ente exercer competência para a criação de tributos dispostos na Constituição através de legislação periférica, estadual ou municipal. Ao criar verdadeira usurpação com aglutinação dos poderes inicialmente conferidos aos entes federados em uma única origem (lei complementar), pode-se criar um sistema tributário de competência privativa da União Federal, eliminando a competência concorrente originalmente prevista no texto constitucional.

Souto Maior assim ensinou sobre o papel dessa complementaridade:[19]

> A lei complementar tem por função – como o nome indica – complementar o sistema federal de governo, não a de emendar a Constituição. A sua edição decorre do exercício da atividade legislativa plenamente vinculada aos rígidos critérios constitucionais de repartição das competências legislativas.

---

18 SCAFF, Fernando Facury. Conselho federativo (PEC 45-A), conselho da federação e a girafa sem pescoço. Consultor Jurídico, 26 set. 2023. Disponível em: https://www.conjur.com.br/2023-set-26/contas-vista-conselho-federativo-pec-45-conselho-federacao-girafa-pescoco2. Acesso em: 22 maio 2024.

19 BORGES, José Souto Maior. *Lei complementar tributária*. São Paulo: Ed. Revista dos Tribunais, EDUC, 1975. p. 55.

Também não se diga, aliás, que por se tratar de um tributo de "competência" (entre aspas, posteriormente justificadas) conjunta dos estados e municípios, ele poderia ser diretamente instituído por lei complementar, com suposto caráter nacional. Afinal, nacionais são aquelas leis complementares editadas para estabelecer normas gerais e condicionar o exercício da competência tributária dos entes federativos, a ser exercida por leis próprias de cada um deles.

É preciso dar especial atenção ao que restará aos estados e municípios, que se encontrarão em posição de subordinação. Cristiano Carvalho assevera:

> Outro perigo é a centralização de poder em um conselho federativo, que regerá virtualmente todos os aspectos do IBS, deixando para a autonomia dos estados e municípios apenas a instituição de alíquota, na prática, liberdade apenas para fixar alíquota que seja menor que o montante global da tributação. Em outros termos, é como se estados e municípios passassem a viver de "mesada" concedida por um ente centralizado, com poderes que os sobrepujam, o que violaria a cláusula pétrea do pacto federativo.[20]

Quando a lei complementar institui tributo (por exemplo: empréstimo compulsório e imposto de competência residual da União), ela não adquire necessariamente o caráter nacional, sendo apenas um diploma sujeito a rito mais rigoroso de tramitação, diante da excepcionalidade do tributo de que cuida, o qual é de titularidade (competência) do ente responsável pela edição do diploma correspondente.

Com a nova lei, haverá verdadeira exação instituída por Lei Complementar de âmbito nacional, posto que, como dito, a competência instituidora dos entes subnacionais se limitará à fixação da alíquota padrão. Não se trata de mera construção acadêmica, pois a lógica está literalmente presente no proposto art. 156-A, §1º, inciso IV:

> 156-A (...)
> §1º O imposto previsto no *caput* atenderá ao seguinte:
> IV– terá legislação única aplicável em todo o território nacional (...)

Além disso, a novel "entidade pública sob regime especial"[21] (mais uma entidade *sui generis*, em virtude da ausência de hipótese de enquadramento em pessoa jurídica de direito público ou órgão específico, que parece mais com uma espécie de quarto nível federativo-fiscal em nosso país), teria os poderes de editar normas infralegais, uniformizar interpretações em caráter vinculante, fiscalizar, lançar, cobrar e até mesmo iniciar representação administrativa ou judicial do imposto, podendo definir hipóteses de delegação ou de compartilhamento de competências entre as administrações tributárias e entre as procuradorias dos entes federativos membros do Conselho do IBS. São poderes bastante amplos e, uma vez estabelecidos os membros do conselho, torna-se obscuro

---

[20] CARVALHO, Cristiano. Os perigos de uma aprovação às pressas da reforma tributária. *Portal Jota*, 05 jul. 2023. Disponível em: https://www.jota.info/opiniao-e-analise/artigos/os-per igos-de-uma-aprovacao-as-pressas-da-reforma-tributaria-05072023. Acesso em: 22 maio 2024.

[21] A PEC nº 45 denomina o Conselho Federativo como uma entidade pública sob regime especial, dotada de independência técnica, administrativa, orçamentária e financeira, que fará administração compartilhada do IBS com Estados, Municípios e Distrito Federal. Art. 156-B, §1º da PEC/45.

até onde seriam respeitados os melhores interesses de unidades federativas que estejam momentaneamente posicionadas em situação de minoria.[22]

Com esses fundamentos, percebe-se que a competência para tributar bens e serviços será retirada dos estados e municípios, caso aprovada a proposta, sendo transferida e concentrada na figura da lei complementar, cuja iniciativa caberá a qualquer membro ou Comissão da Câmara dos Deputados, do Senado Federal ou do Congresso Nacional, ao Presidente da República, ao Supremo Tribunal Federal, aos Tribunais Superiores, ao Procurador-Geral da República e ao Conselho Federativo, cabendo aos entes subnacionais apenas a definição da alíquota dentro de limites predeterminados.

Na realidade, a competência tributária é ato de soberania estatal fornecida pela Constituição a determinado ente. Pela proposta, observa-se a tentativa de centralização pela União Federal de competência tributária, uma vez que há assunção dos poderes de estados, municípios e Distrito Federal. Assim, a tais entes seria reservada competência legislativa mínima, limitada à possibilidade de expedir regras jurídicas relativas à alíquota.[23]

A competência tributária propriamente dita, objeto da hipótese imposta pelo futuro art. 156-A não estaria, de forma alguma, atrelada aos Estados, Distrito Federal e Municípios, mas seria dividida entre a União Federal e o Conselho Federal.[24] A esse respeito, veja-se:

> Ao contrário do que sugere o texto da PEC 45/19, na sistemática do IBS, a competência para legislar sobre o tributo seria também da União, por meio da lei complementar. O regulamento do imposto também seria elaborado de forma centralizada, pelo Comitê Gestor Nacional, que, embora integrado por representantes de Estados e Municípios, assim como o Congresso Nacional, é entidade federal, onde a autonomia de cada Estado e de cada Município não é exercida em qualquer medida.
>
> Quanto aos benefícios fiscais, que hoje são aprovados através de convênios entre todos os Estados no ICMS, fenômeno que constitucionalmente também é previsto no ISS entre os Municípios, passam a ser vedados no IBS.
>
> Assim, a proposta retira dos Estados e dos Municípios a competência sobre o IBS, atribuindo-a à União, ferindo a cláusula pétrea da Federação, à medida que subtraem dos primeiros a possibilidade de definir regras a respeito de tributos responsáveis por parte substancial de sua arrecadação.
>
> Poderia ser objetado a essa conclusão o argumento de que os Estados e Municípios já sofriam limitações à sua competência, e no que tange ao ICMS, impostas pelo próprio constituinte

---

22 Por exemplo, a Região Sudeste, que representa 44% da população brasileira, teria poder de veto em todas as deliberações do Conselho. Há uma concentração de poder nos estados de São Paulo, Rio de Janeiro e Minas Gerais. Desse modo, eventual alinhamento futuro poderá conduzir ao sufocamento da posição das outras 24 unidades da federação, assim como dos mais de cinco mil municípios brasileiros, em nítida sistemática que encerra a assimetria federativa.

23 Os artigos 6º ao 8º do CTN dispõem sobre o conceito de competência legislativa plena, que é totalmente invertida pela PEC 45/2019.

24 A competência tributária é, em síntese, uma das parcelas entre as prerrogativas legiferantes das quais são portadoras as pessoas políticas, consubstanciada na faculdade de legislar para a produção de normas jurídicas sobre tributos. Configura tema eminentemente constitucional. Uma vez cristalizada a delimitação do poder legiferante, pelo seu legítimo agente (o constituinte), a matéria dá-se por pronta e acabada, carecendo de sentido sua reabertura em nível infraconstitucional. CARVALHO, Paulo de Barros. *Direito Tributário*: Linguagem e Método (Portuguese Edition). 7. Rio de Janeiro: Ed. Noeses, 2018. p. 276-277.

originário. Porém, convém não se olvidar que cabe ao constituinte originário estabelecer o Pacto Federativo e, no exercício desse mister, estabelecer exceções ao exercício pleno das competências tributárias. Já o constituinte derivado não tem a mesma liberdade no que tange a essas exceções.[25]

Também é preocupante o fato de termos aqui a possibilidade de normas infralegais criadas por esse novo órgão adquirirem contornos de normas gerais e de caráter nacional, em virtude dos poderes atribuídos pela Emenda Constitucional.

Ora, não parece pertinente que uma lei complementar, além de estabelecer as normas gerais, seja responsável por aplicar legislação de interesse individual dos entes federados, na figura da União (CBS) e do Conselho Federativo (IBS).

Conclusão

As mudanças propostas pela PEC nº 45/2019 ampliam a função da lei complementar para além do que foi pensado pelo constituinte originário, e pode criar um grave problema federativo em relação ao Sistema Tributário Nacional. O art. 146 da Constituição Federal prescreve o núcleo semântico da premissa normativa que estabelece o critério material de elaboração da lei complementar. Entretanto, o que se observa é a usurpação por esse instrumento legislativo do poder de tributar, provocando insegurança jurídica entre os entes subnacionais.

Bem se sabe que a compreensão da lei complementar não se reduz meramente ao seu caráter formal, mas também pelo seu conteúdo material reservado pela Constituição Federal. Isso não significa que tal espécie normativa deveria ser utilizada como instrumento centralizador de competências constitucionalmente prevista, ou mesmo substituir o papel até então desempenhado pelos entes competentes.

O seu papel, originalmente disposto pelo constituinte, era o de servir como forma de integração federal, utilizando sua característica de lei nacional para regulação das normas gerais em direito tributário, regular limitações constitucionais ao poder de tributar e dirimir conflitos de competência (a depender da classificação dicotômica ou tricotômica adotada). Leis complementares são leis integrativas de normas constitucionais de eficácia limitada ou de eficácia parcial. Servem como instrumento concretizador da Constituição Federal, por seu caráter intermediário entre o texto maior e a norma jurídica legal instituidora da exação em âmbito federal, regional ou local. É incontestável o fato de que ainda há inúmeros dispositivos constitucionais que necessitam de integração normativa por meio da lei complementar.

O grande problema aqui é a retirada de poderes dos estados e municípios, aumentando sua concentração nas mãos da União Federal, que foram sendo gradualmente ampliadas pelas contribuições especiais, nos mais de 35 anos de vigência da Carta Cidadã. Trata-se de uma possível crise federativa a ser considerada, ao inverter as tendências de descentralização perseguidas historicamente pelos sucessivos textos constitucionais.

---

[25] RIBEIRO, Ricardo Lodi. *A Reforma Tributária Viola o Federalismo Fiscal e a Capacidade Contributiva*. Disponível em: https://www.academia.edu/38735334/A_REFORMA_TRIBUT%C3%81RIA_VIOLA_O_FEDERALISMO_FISCAL_E_A_CAPACIDADE_CONTRIBUTIVA?email_work_card=title. Acesso em: 27 out. 2023.

Referências

AFONSO DA SILVA, José. *Curso de Direito Constitucional positivo*. 18. ed. São Paulo: Revista dos Tribunais, 1989.

ATALIBA, Geraldo. *Hipótese de incidência tributária*. 6.ed. São Paulo: Malheiros, 2006.

BORGES, José Souto Maior. *Lei complementar tributária*. São Paulo: Ed. Revista dos Tribunais, EDUC, 1975.

BORGES, José Souto Maior. Normas Gerais de Direito Tributário: Velho tema sob perspectiva nova. *Revista Dialética de Direito Tributário*, São Paulo, n. 213, jun. 2013.

CARVALHO, Cristiano. Os perigos de uma aprovação às pressas da reforma tributária. *Portal Jota*, 05 jul. 2023. Disponível em: https://www.jota.info/opiniao-e-analise/artigos/os-per igos-de-uma-aprovacao-as-pressas-da-reforma-tributaria-05072023. Acesso em: 22 maio 2024.

CARVALHO, Paulo de Barros. *Direito Tributário*: Linguagem e Método (Portuguese Edition). 7. Rio de Janeiro: Ed. Noeses, 2018.

CÂMARA DOS DEPUTADOS. *Proposta de Emenda à Constituição nº 45 de 2019*. Brasília, 2019.

MEIRELLES, Hely Lopes. *Direito Municipal Brasileiro*. 16. ed. São Paulo: Malheiros editores, 2008. p. 44-47.

MENDES, Gilmar Ferreira; BRANCO, P. G. G. *Curso de Direito Constitucional*. 9. ed. São Paulo: Saraiva, 2014.

OLIVEIRA, Phelippe Toledo Pires de. *Aspectos controvertidos da reforma tributária*: na visão dos Procuradores da Fazenda Nacional. [São Paulo]: Grupo Almedina (Portugal), 2022. E-book. ISBN 9786556276045. Disponível em: https://integrada.minhabiblioteca .com.br /# /books/97865 562760 45/. Acesso em: 23 set. 2023.

RIBEIRO, Ricardo Lodi. *A Reforma Tributária Viola o Federalismo Fiscal e a Capacidade Contributiva*. Disponível em: https://www.academia.edu/38735334/A_REFORMA_TRIBUT%C3%81RIA_VIOLA_O_FEDERALISMO_FISCAL_E_A_CAPACIDADE_CONTRIBUTIVA?email_work_card=title. Acesso em: 27 out. 2023.

SANTIAGO, Silas. Simples Nacional: o exemplo do federalismo fiscal brasileiro. 2. ed. São Paulo: Editora Saraiva, 2013. p. 36.

SCAFF, Fernando Facury. Conselho federativo (PEC 45-A), conselho da federação e a girafa sem pescoço. Consultor Jurídico, 26 set. 2023. Disponível em: https://www.conjur.com.br/2023-set-26/contas-vista-conselho-federativo-pec-45-conselho-federacao-girafa-pescoco2. Acesso em: 22 maio 2024.

SCHOUERI, Luís E. *Direito tributário*. [São Paulo]: Editora Saraiva, 2023. E-book. ISBN 9786553626041. Disponível em: https://integrada.minhabiblioteca .com.br/#/books/9786553626041/. Acesso em: 23 set. 2023.

KOZIKOSKI. Antonio; FORENSE, Equipe. *Constituição Federal Comentada*. São Paulo: Grupo GEN, 2018. E-book. Disponível em: https://integrada.minhabiblioteca. com. br/#/books/9788530982423/. Acesso em: 23 set. 2023.

Informação bibliográfica deste texto, conforme a NBR 6023:2018 da Associação Brasileira de Normas Técnicas (ABNT):

RODRIGUES, Gabriel Mendes; FREIRE, Viviane Pereira do Nascimento; ROSENBLATT, Paulo. Lei complementar na reforma tributária: de norma de sobreposição à norma de supressão de competências em violação ao princípio federativo. In: LOBATO, Valter de Souza (coord.); MARINHO NETO, José Antonino (org.). *O papel da lei complementar tributária no desenho federativo brasileiro*. Belo Horizonte: Fórum, 2024. p. 591-602. ISBN 978-65-5518-779-3.

O PAPEL DA LEI COMPLEMENTAR NA REFORMA DA TRIBUTAÇÃO SOBRE O CONSUMO NO BRASIL

ZABETTA MACARINI CARMIGNANI GORISSEN,
MARCELO ROCHA DOS SANTOS

Introdução

Enquanto o presente artigo é escrito,[1] o Congresso Nacional brasileiro discute uma proposta de reforma da tributação sobre o consumo. O regime atual acumula uma série de distorções que implicam em elevado custo de conformidade e excessiva litigiosidade, resultando, em última análise, em um sistema tributário altamente complexo, ineficiente e custoso.[2]

Dentre os vetores que orientam a indigitada reforma, estão a simplicidade, a transparência, a justiça tributária, o equilíbrio e a defesa do meio ambiente.[3] Em termos práticos, isso será concretizado por meio da unificação de tributos, padronização[4] de bases de cálculo e alíquotas, além da centralização da arrecadação no local do consumo dos bens e serviços ("princípio do destino") e do estabelecimento de regras para que a não cumulatividade seja plena, de modo que haja neutralidade na tributação sobre o consumo.

Pretende-se, assim, substituir o Imposto sobre a Circulação de Mercadorias e Serviços (ICMS), o Imposto sobre Serviços (ISS), o Imposto sobre Produtos Industrializados (IPI), a Contribuição para o Programa de Integração Social (PIS) e a Contribuição para o Financiamento da Seguridade Social (COFINS) pelo Imposto sobre Bens e Serviços (IBS)

---

[1] O artigo foi redigido em outubro de 2023. Até o momento, o que se tem de concreto a respeito da reforma da tributação sobre o consumo no Brasil é a aprovação, pela Câmara dos Deputados, da PEC nº 45. Há, contudo, grande expectativa de substanciais mudanças, pelo Senado da República, na redação do texto aprovado pela Câmara dos Deputados.

[2] Cf. PESSÔA, Samuel. *Razões para a Reforma Tributária*. São Paulo: Synergia, 2020. p. VI.

[3] Tais vetores foram erigidos à condição de princípios constitucionais, e passarão, na redação proposta pela PEC nº 45, a compor art. 145, §3º, da Constituição Federal.

[4] A versão da PEC nº 45, atualmente em discussão no Congresso Nacional, prevê regimes específicos para determinados setores (*e.g.*: saúde, educação e insumos agropecuários), que terão, portanto, uma tributação inferior.

e pela Contribuição sobre Bens e Serviços (CBS), que terão características de Imposto sobre Valor Adicionado (IVA) dual.[5][6]

Com a tramitação do texto da Proposta de Emenda Constitucional nº 45 (PEC 45), a reforma caminha a passos largos para aprovação no Congresso Nacional. Por isso, há grande preocupação dos contribuintes em relação à disciplina dos novos tributos com conceitos e respectivas incidências, os impactos das regras de transição e aos eventuais conflitos de interpretação que serão decorrentes da própria implementação da nova realidade tributária nacional – temas dos quais a PEC nº 45, por sua natureza, não se ocupou.[7]

Evidentemente, o estabelecimento da moldura constitucional para implementação da reforma tributária é o primeiro de muitos passos que ainda serão dados ao longo da jornada legislativa que acontecerá no plano infraconstitucional. Nesse cenário, a(s) Lei(s) Complementar(es) que disporá(ão) sobre os novos tributos, bem como sua harmonização com as demais normas de administração tributária (*e.g.*: lançamento, incidência, responsabilidade e cobrança executiva), terá(ão) uma notável responsabilidade e protagonismo. Por isso mesmo, há grande expectativa dos contribuintes e da comunidade jurídica em geral em relação à higidez e completude das normas complementares de forma a introduzir esse novo regramento jurídico tributário de forma mais precisa possível conferindo, portanto, a tal almejada segurança jurídica.[8]

O objetivo do presente trabalho, em vista disso, é justamente contribuir com o debate acerca do papel da Lei Complementar no contexto da reforma da tributação sobre o consumo no Brasil, trazendo luzes sobre os temas que mais preocupam os grandes contribuintes do país – notadamente no que tange ao IVA dual, por ser tributo com contornos jurídicos diversos dos atualmente em vigor –, de modo que sejam atingidos os próprios objetivos da iniciativa reformista.

Considerando a amplitude do tema, é impraticável esgotar, neste trabalho, todos os debates que mereciam aflorar neste momento. Deste modo, para o estudo que será exposto nas linhas que seguem, optamos por concentrar a nossa atenção nos seguintes aspectos: (i) os desafios na implementação de novos tributos sem causar distorções significativas, (ii) criação dos contornos jurídicos de forma clara e objetiva de forma a

---

[5] Para que se tenha uma noção da expressividade dos problemas relacionados a tais tributos, confira-se o relatório *Contencioso Tributário no Brasil* (INSPER. *Contencioso Tributário no Brasil*. 2020. Disponível em: https://www.insper.edu.br/wp-content/uploads/2021/01/Contencioso_tributario_relatorio2020_vf10.pdf. Acesso em: 27 maio 2024), do INSPER (com dados referentes ao ano de 2020), que revela que há um valor de aproximadamente R$5.44 trilhões (cerca de 75% do PIB) em discussão tributária na via administrativa ou judicial.

[6] Para uma visão detalhada das discussões envolvidas em cada tributo, considerando especificamente um recorte metodológico das companhias abertas, *vide* o trabalho de conclusão de mestrado profissional de Ana Teresa Rosa Lima (2017) junto à Escola de Direito da Fundação Getúlio Vargas (LOPES, Ana Teresa Lima Rosa. *O contencioso tributário sob a perspectiva corporativa*: estudo das informações publicadas pelas maiores companhias abertas do país. Dissertação (Mestrado em Direito) – Fundação Getúlio Vargas, Escola de Direito de São Paulo, São Paulo, 2017. Disponível em: https://bibliotecadigital.fgv.br/dspace/handle/10438/18226. Acesso em: 27 maio 2024).

[7] *Vide*: BARBOSA, Rui. *Comentários à Constituição Federal brasileira*: coligidos e ordenados por Homero Pires. São Paulo: Livraria Acadêmica Saraiva & Cia., 1993. v. 2. p. 477.

[8] Em outra ocasião (*vide*: GORISSEN, Zabetta Macarini Carmignani. Nos acostumamos a viver com normas imperfeitas. *Revista ETCO*, São Paulo, n. 25, p. 76, 2020), já nos manifestamos no sentido de que o nosso país se acostumou a conviver com normas tributárias imperfeitas, endereçando ao Poder Judiciário os problemas práticos que sequer existiriam caso tivéssemos uma legislação mais simples e coesa. Esse, portanto, é justamente o desafio da Lei Complementar em análise.

conferir segurança jurídica e evitar a necessidade de judicialização; (iii) garantia da não cumulatividade plena do IVA, (iv) a disciplina do ressarcimento de créditos acumulados e (iv) a uniformização da interpretação da legislação tributária do IBS e da CBS.

1 O papel da lei complementar na reforma da tributação sobre o consumo no Brasil

1.1 Considerações Propedêuticas

A Constituição Federal de 1988 reservou importantíssimas funções à Lei Complementar, especialmente em matéria de Direito Tributário. Luís Eduardo Schoueri[9] leciona que a Lei Complementar exerce função tripla, a saber: (i) estabelecer normas gerais em matéria de legislação tributária, assegurando uma disciplina única em âmbito nacional; (ii) regular as limitações constitucionais ao poder de tributar, com função especialmente importante nos casos em que os dispositivos constitucionais exijam algum tipo de complementação para que tenham eficácia plena; e (iii) disciplinar os conflitos de competência, firmando os limites até onde podem andar os legisladores federal, estadual, distrital ou municipal.

Tais funções sobressaltam no contexto da reforma tributária, pois a disciplina do IVA brasileiro será realizada essencialmente por meio do referido diploma normativo, com amparo nas alterações constitucionais promovidas pela PEC nº 45. Nessa perspectiva, a Lei Complementar[10] terá a função de disciplinar o IBS e a CBS, bem como as regras de transição para o novo regime de tributação sobre o consumo e, ainda, harmonizar as novas disposições com os diplomas normativos já em vigor, conferindo homogeneidade ao IVA brasileiro em suas diversas nuances.

Considerando que as normas gerais e as relativas aos conflitos de competência foram expressamente atribuídas à Lei Complementar, é prudente consignar que a Lei Ordinária – cuja competência[11] é distinta – não poderá ser conflitante com os ditames da Lei Complementar, no que diz respeito ao IVA brasileiro. Nessa perspectiva, fica clara a necessidade de higidez da Lei Complementar que disciplinará o IBS e a CBS, de modo a impedir ou, no mínimo, viabilizar a solução de conflitos que surjam em relação a tais tributos.

1.2 A Raiz dos Problemas Atuais e o que a Experiência tem a Ensinar

De acordo com o relatório *Contencioso Tributário no Brasil*,[12] do INSPER, o nosso país possui um contencioso tributário (administrativo e judicial) da ordem de R$5,44 trilhões, o que equivale a cerca de 75% do Produto Interno Bruto (PIB) do País. Grande

---

9 SCHOUERI, Luís Eduardo. *Direito Tributário*. 12. ed. São Paulo: Saraiva, 2023. p. 43.

10 O presente trabalho é amparado na premissa de que o IBS e a CBS serão objeto de uma única Lei Complementar, considerando que seria contrário aos objetivos de a reforma estabelecer leis isoladas – e potencialmente conflitantes – para os tributos, especialmente considerando que eles terão o mesmo fato gerador e base de cálculo.

11 *Vide*: SCHOUERI, Luís Eduardo. *Op. cit.*, p. 47.

12 INSPER. *Contencioso tributário no Brasil*: Relatório 2020 – Ano de referência 2019. Disponível em: https://www.insper.edu.br/wp-content/uploads/2021/01/Contencioso_tributario_relatorio2020_vf10.pdf. Acesso em: 27 maio 2024.

parte desse contencioso advém da ineficiência da nossa legislação tributária, especialmente no que diz respeito aos tributos que se pretende substituir pelo IBS e pela CBS (IPI, PIS, COFINS, ICMS e ISS).

O cenário atual revela que as malezas de nosso sistema tributário, mencionadas na introdução, têm origem justamente na legislação tributária concebida de forma inadequada. Em outra ocasião, a propósito, sustentamos que o Brasil se acostumou a conviver com normas imperfeitas.[13] Ocorre que, para lidar com os efeitos nefastos de uma norma complexa e permeada por disposições incongruentes, os contribuintes normalmente se veem obrigados a recorrer ao Poder Judiciário, para, assim, obter a justa parcela da arrecadação que lhe cabe.

De toda forma, o nosso atual volume de contencioso em relação a temas tributários não deixa dúvidas de que a elaboração de normas tributárias deve ser amparada em critérios sólidos, que possam dar segurança jurídica aos contribuintes. Nessa perspectiva, exsurge a importância da Lei Complementar do IBS e da CBS, porquanto tal norma será responsável por estabelecer as regras gerais em matéria tributária, trazendo contornos jurídicos precisos para o novo regime jurídico da tributação sobre o consumo no Brasil.

No espectro da competência da Lei Complementar, cabe, assim, a precisa definição da hipótese de incidência do IBS e da CBS, incluindo o detalhamento dos critérios material, temporal, pessoal e espacial da hipótese de incidência dos tributos que serão introduzidos no ordenamento jurídico, assegurando um tratamento único do IVA brasileiro em âmbito nacional, bem como disciplinando antecipadamente como serão solucionados os eventuais conflitos de competência.

Evidentemente, para esse desiderato, o legislador complementar responsável pela disciplina do IBS e da CBS certamente se deparará com aspectos técnicos inerentes à adoção do padrão IVA, além de questões *sui generis* inerentes a um Estado com dimensão continental e população notadamente desigual. Tais desafios serão analisados, a seguir, de forma individualizada.

1.3 Os Incentivos Fiscais e os Regimes Diferenciados Frente ao IBS e à CBS

Um dos maiores desafios da Lei Complementar que disciplinará o IVA brasileiro, em nossa visão, é viabilizar a concretização dos objetivos da reforma, conjugando os princípios que orientam o sistema tributário com os próprios objetivos da República,[14] especialmente no que tange à redução das desigualdades regionais e sociais.

Com efeito, o desafio de se conferir isonomia e neutralidade ao novo IVA dual pressupõe a implementação de um tratamento mais igualitário e uniforme de todas as formas de consumo, que é incompatível com uma série de políticas governamentais de desenvolvimento regional que vêm sendo implementadas ao longo do tempo (*e.g.*:

---

[13] GORISSEN, Zabetta Macarini Carmignani. Nos acostumamos a viver com normas imperfeitas. *Revista ETCO*, São Paulo, n. 25, p. 76, 2020.

[14] Cf. artigo 3º da Constituição Federal de 1988, tais objetivos são: (i) garantir o desenvolvimento nacional; (ii) erradicar a pobreza e a marginalização e reduzir as desigualdades sociais e regionais; (iii) constituir uma sociedade livre, justa e solidária e (iv) promover o bem de todos, sem preconceitos de origem, raça, sexo, cor, idade e quaisquer outras formas de discriminação.

concessão de incentivos fiscais e regimes especiais de tributação com o objetivo promover o desenvolvimento regional e reduzir as desigualdades sociais).

No plano concreto, isso significa que a nova sistemática de tributação sobre o consumo no Brasil traz uma *ruptura* com os padrões atuais de política de desenvolvimento regional com a revogação de grande parte de benefícios e incentivos tributários visto que, nesse modelo se quer ver implementado, não é possível manter essa prática.

O problema que exsurge, assim, é justamente a administração desses regimes especiais e benefícios fiscais já concedidos anteriormente à aprovação da reforma tributária, de modo a impactar o mínimo possível investimentos realizados pelos contribuintes e garantir a competitividade das empresas a nível nacional e internacional. Por outras palavras, a Lei Complementar deverá se ocupar de disciplinar a transição para o novo regime, preservando os direitos adquiridos antes da entrada em vigor do regramento em construção (*e.g.*: créditos acumulados), ao mesmo tempo em que confere neutralidade à tributação.

De outro lado, a própria PEC nº 45 estabeleceu novos regimes especiais de tributação diferenciados, setores com reduções de alíquotas como prestação de serviços técnicos de profissões regulamentadas, regramento especial para setor financeiro e de seguros, tributação diferenciada para o agronegócio, dentre outros, trazendo desafio adicional à mencionada Lei Complementar que deverá regular de forma clara e objetiva e estabelecer todos os contornos jurídicos e tributários ora excepcionados.

E, justamente com relação a esse ponto que chamamos atenção à experiência anterior que nos trouxe ao enorme contencioso hoje existente relativo a praticamente todos os tributos que ora estão sendo reformados pela PEC nº 45 para que, na elaboração da respectiva Lei Complementar, o legislador seja técnico, preciso, criterioso e comprometido com a qualidade das normas que serão introduzidas, evitando-se ao máximo a sua judicialização.

1.4 Não cumulatividade plena do IBS e da CBS

Um segundo aspecto que demandará notável atenção do legislador quando da elaboração da norma complementar é a não cumulatividade do IBS e da CBS. Com efeito, não há maior inimigo da neutralidade que os impostos cumulativos, que incidem em cascata, e se incorporam ao custo de produção ou revenda, em cada etapa da cadeia de produção e distribuição.[15] O modelo de IVA busca, assim, conferir neutralidade à tributação, permitindo a compensação do imposto pago na aquisição com aquele devido na saída de bens ou serviços.

As *guidelines*[16] da Organização para Cooperação e Desenvolvimento Econômico (OCDE) para o IVA esclarecem, inclusive, que a adoção desse modelo de tributação sobre o consumo pressupõe a neutralidade do IVA frente às pessoas jurídicas, dado que esse

---

[15] COELHO, Isaias. *Neutralidade e não-cumulatividade do IVA (IBS/CBA)*. São Paulo: FGV, 2023. Disponível em: https://blogdoibre.fgv.br/posts/neutralidade-e-nao-cumulatividade-do-iva-ibscbs#:~:text=Imposto%20neutro%20n%C3%A3o%20altera%20decis%C3%B5es,relativos%20que%20qualquer%20outro%20imposto. Acesso em: 30 set. 2023.

[16] OCDE. *International VAT/GST Guidelines*. Disponível em: https://www.oecd.org/ctp/international-vat-gst-guidelines-9789264271401-en.htm. Acesso em: 30 set. 2023.

tributo deveria ser suportado exclusivamente pelo consumidor final. Nesse contexto, as diretrizes elencam essencialmente duas formas de se viabilizar a não cumulatividade: (i) o método baseado no imposto destacado em nota fiscal[17] (mais utilizado) e (ii) o método baseado na entidade.[18] Caberia, então, a cada um dos atores da cadeia de produção controlar e recolher o imposto devido em cada etapa.

No que diz respeito especificamente ao controle dos pagamentos do IVA, parece sedutora, na perspectiva do Estado, a ideia de "delegar" a fiscalização da arrecadação tributária a terceiros que possuem interesse justamente em descontar os créditos de IBS e CBS relativos às etapas anteriores. Ainda assim, à luz do artigo 142 do CTN[19] – que trata a atividade de fiscalização como *privativa* da Administração Pública –, não há espaço para delegação dessa competência, sem que se fale em antinomia.

Com efeito, o direito ao crédito poderia ser mitigado, ao revés da não cumulatividade, caso se pudesse exigir a comprovação do recolhimento do IBS e da CBS de quem fornece um determinado bem ou serviço. Além disso, a própria sistemática de controle dos pagamentos realizados nas etapas anteriores traz indesejada complexidade ao sistema. A Lei Complementar do IBS e da CBS, portanto, deverá disciplinar o assunto de forma clara e congruente, de modo que não afete o direito ao crédito pelo contribuinte e que haja margem para indevidas glosas de créditos – as quais, por sua vez, podem gerar um contencioso sem precedentes.

Além de um método de compensação do IVA pago nas etapas anteriores das cadeiras de produção, por meio da adoção do modelo mais adequado à realidade de nosso país, como o *split payment* em discussão como uma alternativa eficiente para se coletar o IVA, espera-se que a Lei Complementar possa disciplinar em também as regras de transição para certas modalidades de recolhimento que, em princípio, não têm lugar no desenho central do IVA (*e.g.*: substituição tributária).

Sobre essa questão, é importante ressaltar que a Lei Complementar deverá estabelecer de forma clara a sistemática em que o *split payment* será adotado e, sobretudo, adequar essa forma de pagamento à realidade econômica e de mercado das operações efetivamente praticadas pelos contribuintes de forma a não impactar o fluxo de caixa das empresas e efetivar restituições de créditos de forma rápida em cumprimento ao princípio basilar da não cumulatividade plena para o IVA.

Por fim, a não cumulatividade plena do IBS e da CBS implica a necessidade de haver um prazo razoável para que as administrações tributárias promovam o ressarcimento dos créditos acumulados em operações não sujeitas ao IVA – tema que merece um subtópico autônomo, que será analisado nas linhas que seguem.

---

[17] *In verbis: "Under the invoice-credit method (which is a 'transaction based method'), each trader charges VAT at the rate specified for each supply and passes to the purchaser an invoice showing the amount of tax charged. The purchaser is in turn able to credit that input tax against the output tax charged on its sales, remitting the balance to the tax authorities and receiving refunds when there are excess credits".*

[18] *In verbis: "Under the subtraction method (which is an 'entity based method'), the tax is levied directly on an accounts-based measure of value added, which is determined for each business by subtracting the VAT calculated on allowable purchases from the VAT calculated on taxable supplies".*

[19] Art. 142. Compete privativamente à autoridade administrativa constituir o crédito tributário pelo lançamento, assim entendido o procedimento administrativo tendente a verificar a ocorrência do fato gerador da obrigação correspondente, determinar a matéria tributável, calcular o montante do tributo devido, identificar o sujeito passivo e, sendo caso, propor a aplicação da penalidade cabível.

1.5 O ressarcimento de créditos de IBS e CBS

No cotidiano das pessoas jurídicas, há situações relacionadas com a maturidade dos negócios (*e.g.*: empresa em fase pré-operacional) ou com o público consumidor dos bens e serviços (*e.g.*: exportações) que geram, naturalmente, créditos acumulados, os quais, se não ressarcidos prontamente, impõem ao sujeito passivo um ônus paralelo à própria carga tributária. É dizer: nesses casos, há nítido financiamento paralelo do Estado às custas dos sujeitos passivos.

Parece claro, assim, que a neutralidade e a simplicidade almejadas pela reforma da tributação sobre o consumo no Brasil deve contemplar uma sistemática rápida e eficiente de devolução dos créditos acumulados.

Em nosso entendimento, não caberia à Constituição Federal – a carta política do país – estabelecer prazos para ressarcimentos de tributos. Isso porque, dentre outros fundamentos, a própria criação do IBS e da CBS (que não se dá por meio da Constituição Federal) é logicamente antecedente à disciplina dos eventuais saldos credores. Ademais, as normas gerais de direito tributário estão reservadas à Lei Complementar, como visto no subtópico 2.1.

Nessa perspectiva, para os créditos de IBS e CBS que serão acumulados sob a égide do novo regramento – e ainda os gerados ao longo da transição – o tema há de ser minuciosamente enfrentado na Lei Complementar que regulamentará o IVA brasileiro, sob pena de comprometer a neutralidade pretendida pela iniciativa reformista.

Com efeito, o grande acúmulo de créditos acumulados sem o pronto ressarcimento pelo ente tributante é uma fonte de não neutralidade que põe em xeque o próprio espírito reformista da PEC nº 45, além de prejudicar sobremaneira os contribuintes que, de boa-fé, acumularão créditos.[20] O desafio da Lei Complementar, nessa perspectiva, é criar mecanismos instantâneos (ou, no mínimo, céleres) de ressarcimento, como forma de viabilizar a não cumulatividade plena do IBS e da CBS. Essa medida é fundamental para garantir a eficiência e a justiça do novo sistema tributário.

Além disso, o estabelecimento de prazos razoáveis é essencial para evitar a descapitalização das empresas.[21] A acumulação de créditos de tributos é uma realidade para muitos negócios, e a falta de ressarcimento rápido pode prejudicar seriamente o fluxo de caixa e a capacidade de investimento das empresas, e, em última análise, tornará os negócios mais frágeis e menos competitivos.

Dessa forma, a existência de prazos razoáveis é crucial para assegurar a credibilidade do sistema tributário e do novo modelo da tributação sobre o consumo introduzido pela PEC nº 45. A falta de prazos razoáveis, portanto, pode gerar grande incerteza jurídica e desincentivar a conformidade tributária como um todo.

Em resumo, a necessidade de haver, na Lei Complementar do IBS e da CBS, prazos razoáveis é imprescindível para garantir a eficiência, a justiça e a credibilidade do novo

---

[20] COELHO, Isaías. *Op. cit.*

[21] O tema é de particular importância, tendo em vista as recentes iniciativas do Governo Federal no sentido de substituir a figura dos Juros sobre o Capital Próprio (JCP) por mecanismos que, dentre outras coisas, buscam afastar o viés de endividamento. Nesse sentido, podemos citar o interesse do Poder Executivo em copiar o modelo europeu, denominado *Debt-equity Bias Reduction Allowance* (DEBRA), que limita a dedutibilidade de juros para as pessoas jurídicas sujeitas ao lucro real. Nessa perspectiva, não é aceitável que o Estado, a um só tempo, represe recursos dos contribuintes e limite a dedutibilidade de juros.

sistema tributário no Brasil. Isso não apenas beneficia os contribuintes, promovendo a estabilidade financeira e o crescimento econômico, mas também é fundamental para o sucesso da reforma tributária como um todo.

1.6 Uniformização da Interpretação da Legislação Tributária do IBS e da CBS

Outra perspectiva que revela o papel crucial da Lei Complementar no contexto da reforma da tributação sobre o consumo no Brasil é a da uniformização da interpretação da legislação tributária – que pode se dar tanto quando da formulação de consultas pelos sujeitos passivos como no bojo de processos administrativos, nos quais haja decisões administrativas que adotem conclusões diferentes à luz do mesmo dispositivo da legislação tributária.

Como se sabe, por força dos princípios consagrados pelo artigo 37 da Constituição Federal de 1988,[22] bem como pelo artigo 2º da Lei nº 9.784/99,[23] a Administração Pública exerce, a um só tempo, o *poder* e o *dever* de uniformizar a interpretação da legislação tributária, em prol da segurança jurídica e da igualdade tributária.[24] Como consequência, dentre as normas gerais a serem incorporadas no ordenamento jurídico brasileiro para disciplinar o IBS e a CBS, deverão constar disposições que se prestem justamente a esse desiderato.

Destarte, o desafio da norma repousa na opção brasileira por adotar o padrão IVA com diferentes tributos incidentes sobre a mesma base de cálculo, porém de competência de entes federativos distintos – no caso da CBS, a União; para o IBS, Estados e municípios de forma compartilhada.[25] Com efeito, a existência de um IVA dito dual, na forma proposta pela PEC nº 45, permite antever disparidades na interpretação da legislação tributária pelas respectivas administrações tributárias, gerando situações esquizofrênicas, que se chocam não apenas com próprio espírito reformista, mas, também, com o próprio princípio da segurança jurídica.[26]

É imperioso, assim, que a Lei Complementar a ser editada para disciplinar as alterações promovidas pela PEC nº 45 na Constituição Federal contemple, desde o início de sua vigência, de expedientes que possam viabilizar a uniformização *plena* da interpretação da legislação do IBS e da CBS.

---

[22] "Art. 37. A administração pública direta e indireta de qualquer dos Poderes da União, dos Estados, do Distrito Federal e dos Municípios obedecerá aos princípios de legalidade, impessoalidade, moralidade, publicidade e eficiência e, também, ao seguinte: (...)".

[23] "Art. 2º A Administração Pública obedecerá, dentre outros, aos princípios da legalidade, finalidade, motivação, razoabilidade, proporcionalidade, moralidade, ampla defesa, contraditório, segurança jurídica, interesse público e eficiência (...)".

[24] Cf. SANTOS, Marcelo Rocha dos. *A Câmara Superior de Recursos Fiscais e os Expedientes de Uniformização de Decisões no Processo Administrativo Federal*. Dissertação (Mestrado) – Fundação Getúlio Vargas, São Paulo, 2020. p. 41. Disponível em: https://bibliotecadigital.fgv.br/dspace/bitstream/handle/10438/30014/Binder1.pdf?sequence=3&isAllowed=y. Acesso em: 30 nov. 2023.

[25] *Vide*: ROCHA, Melina. Por que é preciso uma gestão compartilhada do IBS e da CBS? *Consultor Jurídico*, 04 out. 2023. Disponível em: https://www.conjur.com.br/2023-out-04/melina-rocha-arrecadacao-compartilhada-ibs. Acesso em: 04 out. 2023.

[26] A respeito do assunto, *vide*: Reforma tributária: para TCU, Conselho do IBS pode levar a decisões divergentes. *Portal Jota*, 29 set. 2023. Disponível em: https://www.jota.info/tributos-e-empresas/tributario/reforma-tributaria-para-tcu-conselho-do-ibs-pode-levar-a-decisoes-divergentes-29092023. Acesso em: 29 set. 2023.

Raciocínio análogo deve ser feito para o contencioso administrativo que eventualmente surja na administração cotidiana do IBS e da CBS. Afinal, já não são raros os dissídios de interpretação da legislação tributária surgidos no âmbito de um mesmo tribunal administrativo, que dirá na comparação de precedentes de tribunais distintos – ainda que se refiram a fatos idênticos. Nesse particular, cabe reconhecer que a legislação processual contempla expedientes que se destinam justamente a uniformizar os precedentes dos tribunais administrativos (*e.g.*: recurso especial, resolução e súmulas). Todavia, no caso específico do IBS e da CBS, tais mecanismos devem ser significativamente aprimorados, para que sejam estabelecidos critérios e mecanismos de interpretação da legislação que regerá o IBS e a CBS.

Em arremate, parece-nos que a Lei Complementar a ser editada terá a difícil missão de se harmonizar com outros diplomas processuais, tais como a Lei nº 6.830/94 (Lei de Execuções Fiscais – LEF), o Decreto nº 70.235/72 (Processo Administrativo Federal – PAF), a Lei nº 12.016/09 (Mandado de Segurança – MS) e a própria Lei nº 5.172/66 (Código Tributário Nacional – CTN), os quais, em nossa visão, precisarão ser aprimorados para conviver e disciplinar adequadamente com novas disposições introduzidas no texto constitucional (*e.g.*: normas de representação judicial em matéria de IBS, competência para julgamento de matérias relacionadas ao IBS e disciplina da responsabilidade tributária ampla da pessoa que "concorrer para a realização, a execução ou o pagamento da operação",[27] mesmo que seja residente ou domiciliada no exterior).

Conclusão

Um sistema tributário dito ideal reúne características como a neutralidade, a transparência e a justiça. Tais atributos inspiram a proposta de reforma da tributação sobre o consumo atualmente em discussão no Congresso brasileiro. A higidez das normas que introduzirão o novo regime jurídico da tributação sobre o consumo em nosso país é, nessa perspectiva, pedra angular da funcionalidade do sistema que se pretende atingir.

Evidentemente, a qualidade de um sistema tributário não pode ser analisada apenas no plano teórico. Destarte, os trabalhos que ainda seguirão no âmbito do Congresso Nacional ao longo dos próximos meses terão uma importância incomensurável, não apenas na perspectiva da moldura constitucional, mas, sobretudo, na da Lei Complementar responsável por disciplinar o IVA brasileiro em suas mais diversas nuances.

O papel da Lei Complementar, portanto, é de conferir, a partir dos vetores estabelecidos pela PEC nº 45, efetiva neutralidade, simplicidade e transparência às obrigações tributárias principais e acessórias, de modo que o Brasil tenha um ambiente menos hostil aos investimentos privados e, da mesma forma, que necessite de menos recursos públicos para uma gestão eficiente dos tributos, viabilizando, assim, uma arrecadação eficiente e, da mesma forma, viabilizando políticas de redução das desigualdades sociais e regionais.

---

[27] Disposição prevista na PEC nº 45 para inclusão no artigo 156-A, §3º, da Constituição Federal.

O desafio, sem dúvida, é grande, sobretudo por se tratar de um Estado com extensão continental, população heterogênea e severas desigualdades tanto sociais como regionais. Ainda assim, é pouco provável que a reforma em discussão não acarrete sensíveis melhorias para o ambiente tributário nacional.

Por conseguinte, o empenho de todos os *stakeholders*, sobretudo no que diz respeito às contribuições técnicas para aprimoramento da PEC nº 45 e do desenho da Lei Complementar que disciplinará o IVA brasileiro, será extremamente relevante para a construção de um novo ordenamento jurídico tributário brasileiro que não só atenta os objetivos da reforma do consumo como um todo mas também confira segurança jurídica para os contribuintes e para a sociedade como um todo.

Referências

BARBOSA, Rui. *Comentários à Constituição Federal brasileira*: coligidos e ordenados por Homero Pires. São Paulo: Livraria Acadêmica Saraiva & Cia., 1993. v. 2.

COELHO, Isaias. *Neutralidade e não-cumulatividade do IVA (IBS/CBA)*. São Paulo: FGV, 2023. Disponível em: https://blogdoibre.fgv.br/posts/neutralidade-e-nao-cumulatividade-do-iva-ibscbs#:~:text=Imposto%20neutro%20n%C3%A3o%20altera%20decis%C3%B5es,relativos%20que%20qualquer%20outro%20imposto. Acesso em: 30 set. 2023.

GORISSEN, Zabetta Macarini Carmignani. Nos acostumamos a viver com normas imperfeitas. *Revista ETCO*, São Paulo, n. 25, p. 76, 2020.

INSPER. *Contencioso tributário no Brasil*: Relatório 2020 – Ano de referência 2019. Disponível em: https://www.insper.edu.br/wp-content/uploads/2021/01/Contencioso_tributario_relatorio2020_vf10.pdf. Acesso em: 27 maio 2024.

LOPES, Ana Teresa Lima Rosa. *O contencioso tributário sob a perspectiva corporativa*: estudo das informações publicadas pelas maiores companhias abertas do país. Dissertação (Mestrado em Direito) – Fundação Getúlio Vargas, Escola de Direito de São Paulo, São Paulo, 2017. Disponível em: https://bibliotecadigital.fgv.br/dspace/handle/10438/18226. Acesso em: 27 maio 2024.

OCDE. *International VAT/GST Guidelines*. Disponível em: https://www.oecd.org/ctp/international-vat-gst-guidelines-9789264271401-en.htm. Acesso em: 30 set. 2023.

PESSÔA, Samuel. *Razões para a Reforma Tributária*. São Paulo: Synergia, 2020.

Reforma tributária: para TCU, Conselho do IBS pode levar a decisões divergentes. *Portal Jota*, 29 set. 2023. Disponível em: https://www.jota.info/tributos-e-empresas/tributario/reforma-tributaria-para-tcu-conselho-do-ibs-pode-levar-a-decisoes-divergentes-29092023. Acesso em: 29 set. 2023.

ROCHA, Melina. Por que é preciso uma gestão compartilhada do IBS e da CBS? *Consultor Jurídico*, 04 out. 2023. Disponível em: https://www.conjur.com.br/2023-out-04/melina-rocha-arrecadacao-compartilhada-ibs. Acesso em: 04 out. 2023.

SANTOS, Marcelo Rocha dos. *A Câmara Superior de Recursos Fiscais e os Expedientes de Uniformização de Decisões no Processo Administrativo Federal*. Dissertação (Mestrado) – Fundação Getúlio Vargas, São Paulo, 2020. p. 41. Disponível em: https://bibliotecadigital.fgv.br/dspace/bitstream/handle/10438/30014/Binder1.pdf?sequence=3&isAllowed=y. Acesso em: 30 nov. 2023.

SCHOUERI, Luís Eduardo. *Direito Tributário*. 12. ed. São Paulo: Saraiva, 2023.

Informação bibliográfica deste texto, conforme a NBR 6023:2018 da Associação Brasileira de Normas Técnicas (ABNT):

GORISSEN, Zabetta Macarini Carmignani; SANTOS, Marcelo Rocha dos. O papel da lei complementar na reforma da tributação sobre o consumo no Brasil. In: LOBATO, Valter de Souza (coord.); MARINHO NETO, José Antonino (org.). *O papel da lei complementar tributária no desenho federativo brasileiro*. Belo Horizonte: Fórum, 2024. p. 603-613. ISBN 978-65-5518-779-3.

DA REFORMA (IN)CONSTITUCIONAL TRIBUTÁRIA ANTIFEDERATIVA E O PAPEL DA LEI COMPLEMENTAR NO SISTEMA TRIBUTÁRIO NACIONAL

JOSÉ ANTONINO MARINHO NETO,
JORGE RICARDO EL ABRAS

Introdução

A Reforma Tributária sobre o consumo é o tema que vem ocupado a centralidade das discussões no âmbito da doutrina brasileira do Direito Financeiro e Tributário nos últimos anos. Há uma infinitude de congressos acadêmicos, obras coletivas e produção de artigos em revistas especializadas versando sobre esta matéria. Já se disse tudo sobre as Propostas de Emenda à Constituição (PECs) nº 45/2019 e nº 110/2019, as duas principais em tramitação no Congresso Nacional, a despeito de novas propostas alternativas sempre terem surgido, sobretudo desde a promulgação da Constituição vigente, em 1988 – com especial destaque as propostas 175/95, no governo FHC,[1] a 233/08, no governo Lula,[2] e a 293/04, discutida no governo Temer,[3] aprovadas em comissão especial da Câmara dos Deputados, mas nunca analisadas em Plenário congressional.

Por se tratar de matéria atinente às finanças públicas, a Reforma Tributária adentra o ringue político. A Política entende de finanças melhor que a Academia. Atores políticos – presidentes da República, ministros de Estado, deputados federais, senadores da República, governadores de Estado e seus secretários, prefeitos e seus secretários – conhecem os meandros e as agendas político-financeiro-econômicas das propostas, sabem o que ganham e o que perdem com cada uma delas. E nisso, imagina-se, há consenso: possuem vantagem sobre qualquer digressão acadêmica.

---

1 *Vide*: CÂMARA DOS DEPUTADOS. *PEC nº 175/1995*. Arquivada. Disponível em: https://www.camara.leg.br/proposicoesWeb/fichadetramitacao?idProposicao=14498. Acesso em: 27 maio 2024.

2 *Vide*: CÂMARA DOS DEPUTADOS. *PEC nº 233/2008*. Apensada à PEC 31/2007 – Pronta para Pauta no Plenário (PLEN). Disponível em: https://www.camara.leg.br/proposicoesWeb/fichadetramitacao?idProposicao=384954. Acesso em: 27 maio 2024.

3 *Vide*: CÂMARA DOS DEPUTADOS. *PEC nº 293/2004*. Arquivada. Disponível em: https://www.camara.leg.br/proposicoesWeb/fichadetramitacao?idProposicao=259094. Acesso em: 27 maio 2024.

Mas exatamente porque o Direito normatiza, institucionaliza e coloca amarras à Política é que essa última encontra suas limitações, isto é, nem toda potestade é juridicamente válida, ou seja, juridicamente possível. O Direito, lembrava Luhmann, é autopoiético, produz a si mesmo,[4] do que decorre, evidentemente, que a despeito de vantagens político-econômicas que uma Reforma Tributária eventualmente venha trazer, – ao menos em tese, condói-se – é necessário que ela guarde respeito à Constituição, norma dotada de maior estatura no sistema escalonado de normas que o Direito é, nas primorosas lições de Kelsen.[5] Nisto não há a menor novidade, posto que o Estado de Direito é ideia que conta com ao menos 300 anos na cultura jurídica ocidental. "Tristes tempos estes, meus caros, quando a toda hora, nós somos obrigados a defender o óbvio", lamentava Brecht.[6]

Dentre a multiplicidade de discussões que a Reforma Tributária suscita, busca-se no presente artigo focar sobre a questão federativa, em especial no que diz respeito à autonomia financeira de Estados e Municípios, caso seja aprovada a PEC nº 45/2019. Assim, por imposições metodológicas, porque não se teria tempo e espaço para esgotar todas as discussões que o Federalismo suscita, é que não se discutirá com profundidade aspectos relacionados a repartições de receitas tributárias, fundos, entre outros. A pergunta que se pretende responder é: a unificação da tributação sobre o consumo fere a autonomia financeira de Estados e Municípios? Em caso positivo, tais propostas de emenda ao texto constitucional seriam (in)constitucionais?

Para tanto, pretende-se apresentar as características principais da proposta em discussão quanto à repartição de competências tributárias para que, em seguida, seja feito um ensaio às indagações supramencionadas. De antemão, entende-se no presente trabalho, salvo melhor juízo, que a PEC nº 45/2019 viola o princípio Federativo.

Contudo, caso aprovada, passa-se a delinear as funções que ela atribui à Lei Complementar, em suas diversas nuances. A conclusão a que se chega é que a PEC nº 45/2019 provoca uma mudança de função principal da Lei Complementar no Sistema Tributário Nacional: de estabelecedora de normas gerais para instituidora de tributos.

1 PEC nº 45/2019: características gerais

Na principal proposta de Reforma Tributária em tramitação perante o Congresso Nacional, pretende-se uma unificação de impostos incidentes sobre o consumo, no sentido de que tal reunião, sob o pretexto de simplificar o Sistema Tributário Nacional, lograria êxito em torná-lo mais eficiente.

Com efeito, na tramitação original da PEC nº 45/2019, pretendia-se instituir um Imposto sobre Bens e Serviços (IBS) nacional, somado a um Imposto Seletivo (IS) de caráter extrafiscal, visando desestimular o consumo de bens e serviços prejudiciais

---

4 A este respeito, confira-se DERZI, Misabel de Abreu Machado. *Modificações da Jurisprudência no Direito Tributário*: Proteção da Confiança, boa-fé objetiva e irretroatividade como limitações constitucionais do poder judicial de tributar. São Paulo: Noeses, 2009.

5 KELSEN, Hans. Teoria pura do direito. 8. ed. Tradução de João Baptista Machado. São Paulo: Editora WMF Martins Fontes, 2009.

6 BRECHT, Bertolt. *Brecht on Theatre* (translated and edited by John Willett). Hill and Wang, New York: 1964.

à saúde e/ou ao meio ambiente. A competência da União, Estados e Municípios se reduziria à alteração de alíquotas.

Uma vez aprovada a referida PEC, constaria do Texto Constitucional um art. 152-A, em cujo *caput* se afirmaria que o IBS, a ser instituído por lei complementar, "será uniforme em todo o território nacional, cabendo à União, aos Estados, ao Distrito Federal e aos Municípios exercer sua competência exclusivamente por meio da alteração de suas alíquotas".

No mesmo art. 152-A, §1º, VI, regrar-se-ia que o IBS "terá alíquota uniforme para todos os bens, tangíveis e intangíveis, serviços e direitos, podendo variar entre Estados, Distrito Federal e Municípios". O referido imposto viria em substituição a cinco atuais tributos: IPI, PIS, COFINS, ICMS e ISS.

Na versão aprovada pela Câmara dos Deputados, após a apresentação de substitutivo pelo deputado Aguinaldo Ribeiro (PP/PB) modificando a referida PEC, foi mantido o imposto seletivo, contudo, haveria sensível mudança no perfil da tributação do consumo, com a proposta de criação de um Imposto sobre o Valor Agregado (IVA) Dual: por meio do IBS e da Contribuição sobre Bens e Serviços (CBS).

Com efeito, o IBS, substitutivo do ICMS e do ISS, seria de competência dos Estados, Distrito Federal e Municípios, a ser instituído por meio de lei complementar, com legislação única em todo o território nacional. Aos entes federativos seria resguardada a competência do estabelecimento de sua alíquota. O referido imposto seria administrado por um Conselho Federativo, composto por representantes de todos os Estados, DF e Municípios, com competência tanto para efetuar a distribuição do produto da arrecadação, quanto para regulamentar o citado tributo.

Já a CBS, de competência da União, viria em substituição ao IPI e às contribuições ao PIS e da COFINS, igualmente instituída por meio de lei complementar, com natureza extremamente similar ao IBS.[7]

Já no âmbito do Senado Federal, o senador Eduardo Braga (MDB/AM) apresentou parecer perante a Comissão de Constituição, Justiça e Cidadania (CCJ) daquela casa legislativa, em 25 de outubro, complementando-o posteriormente em 07 de novembro e tendo sido aprovado pela comissão neste último dia, inclusive alterando significativamente o Conselho Federativo (inclusive com a mudança de seu nome para Comitê Gestor), consoante será melhor exposto adiante. Contudo, o sistema do IVA-Dual não foi modificado.

As principais mudanças propostas pelo senador em seu parecer, além das mencionadas, em relação ao texto passado pela Câmara, incluem (i) a criação de uma trava para a carga tributária do IBS e da CBS, levando-se em consideração a média das arrecadações de ICMS e ISS (no caso do IBS), e de PIS, COFINS e IPI (no caso da CBS), entre os anos de 2012 e 2021; (ii) a revisão de regimes diferenciados a cada cinco anos; (iii) a não incidência do Imposto Seletivo sobre exportações, operações com energia elétrica e telecomunicações, bem como sobre itens também produzidos na Zona Franca de Manaus; e (iv) a atualização da lista de atividades incentivadas com redução de 60% na alíquota e uma redução intermediária, de 30%, destinada à prestação de serviços

[7] §15. Aplica-se à contribuição prevista no inciso V o disposto no art. 156-A, §1º, I a VI, VIII, X a XII, §3º, §5º, II, III, V, VI e IX, e §§6º a 10.

liberais e atividades de natureza científica, literária ou artística, submetidas à fiscalização por conselho profissional.

Já no complemento ao parecer, apresentado na CCJ no último 07 de novembro, julga-se que não houve mudanças consideráveis, para fins deste artigo, digno de nota neste corpo de texto apenas a criação de um fator de ajuste em relação à redistribuição do IBS, a ser retido pelo Comitê Gestor, proporcional aos entes federativos que aumentarem a sua arrecadação ao longo do tempo.[8]

Por fim, no ínterim entre a CCJ e a aprovação em dois turnos no Plenário do Senado, no dia seguinte (08.11), outros adendos foram concedidos, sem alteração considerável para o ora proposto.[9] Até a data de fechamento deste artigo, a PEC não retornou à análise pela Câmara dos Deputados.

2 As leis complementares da reforma tributária

A reforma tributária trazida à discussão pela PEC nº 45 é abundante em sua menção a edição de normas complementares, conforme introduzido prefacialmente.

Entende-se a *mens legislatoris*, de modo que a legislação tributária possa ser, em sua essência e concepção, sujeita a maior rigidez nas discussões e modificações.

O próprio deputado Baleia Rossi na apresentação da referida PEC, em sua justificativa/exposição de motivos, fez questão de salientar o caráter nacional e de legislação uniforme,[10] e da intenção clara de se evitar a fragmentação legal e os erros e dificuldades na sua interpretação.[11]

Já no parecer do senador Eduardo Braga, quando da apreciação na CCJ e votação no Senado Federal, trouxe a pretensão de que se tenha uma regulamentação única e uniforme,[12] de quórum qualificado, de modo a propiciar estabilização da lei e

---

[8] Outras alterações mencionáveis à filigrana: (i) a volta de previsão de isenção ou redução em até 100% para atividades de reabilitação urbana de zonas históricas; (ii) a determinação de alíquota zero nas aquisições de medicamentos e dispositivos médicos adquiridos pela Administração Pública e/ou entidades beneficentes, visando sanar a discrepância desonerativa entre os produtos nacionais/importados; (iii) a determinação de alíquota zero dos serviços prestados por Instituição Científica, Tecnológica e de Inovação (ICT) sem fins lucrativos; (iv) a preservação de isenção na compra de automóveis por pessoas com deficiência ou no espectro autista, bem como por profissionais taxistas; (v) que a representação do Comitê Gestor será feita por integrantes das carreiras da administração tributária e das procuradorias dos Estados, DF e Municípios, evitando a criação de novas carreiras e cargos; (vi) a inclusão de tratamento favorecido (*cashback*) ao gás de botijão adquirido por famílias de baixa renda; (vii) a extensão explícita de ressarcimento dos benefícios fiscais pelo Fundo de Compensação de Benefícios Fiscais às pessoas físicas; (viii) a permissão de benefícios fiscais ao setor automotivo; (ix) a retomada de contribuição substitutiva, aos Estados, até 2043, àquelas atuais financiadoras de fundos condicionantes à aplicação de tratamento diferenciado do ICMS; (x) extensão da imunidade do IPVA para plataformas cuja finalidade principal seja a exploração de atividades econômicas; (xi) as menções expressas ao princípio da cooperação e do estabelecimento de obrigações acessórias segundo critérios que visem à sua simplificação; (xii) acréscimo de previsão expressa da destinação da Contribuição da Iluminação Pública (COSIP) ao custeio, expansão e melhoria dos sistemas de monitoramento para segurança e preservação de logradouros públicos; (xiii) a manutenção, até o final do quinto ano de vigência, da carga tributária dos serviços financeiros relacionados aos fundos garantidores e de execução de políticas públicas; e (xiv) a inserção das Sociedades Anônimas do Futebol como destinatárias de regimes específicos de tributação.

[9] Aponta-se, também à pormenor: (i) a inclusão do setor de eventos na alíquota reduzida de 60%; (ii) a inserção dos segmentos de reciclagem e minigeração de energia elétrica no rol de regimes diferenciados; e (iii) a exclusão de aplicação de alíquotas *ad valorem* no regime específico de combustíveis.

[10] Cf. p. 28 da redação original da PEC nº 45/2019.

[11] *Ibid.*, p. 46.

[12] Cf. p. 3 do parecer do relator senador Eduardo Braga à PEC nº 45/2019.

maior segurança jurídica,[13] com objetividade e repelência à complexidade e ao litígio tributários.[14]

As alusões à Lei Complementar, se nossos cálculos estiverem corretos, remontam ao patamar de 75 referências na proposta de emenda, o que conduz a ideia de que, apesar do propósito (com boas intenções, acredita-se) de cimentar a matéria tributária em categoria especial da legislação brasileira, não necessariamente acarretaria, num primeiro sentir, uma simplificação da interpretação ou mesmo a redução do litígio de ordem tributária.

Isso porque, todo excesso diretivo-positivo pode acarretar, ou ao menos suscitar, discussões no momento que se verificar o verdadeiro silêncio eloquente de não haver positivada a sujeição à Lei Complementar de forma expressa em seu texto.[15]

Embora rica tal discussão, importa trazer, epistemologicamente, que a PEC não traz – até o momento – disposição explícita acerca da quantidade de Leis Complementares a serem edificadas pelo legislador.

Infere-se, todavia, de um ponto de vista prático-lógico, que tentar esgotar todos os temas que a proposta de reforma tributária possui em uma ou em um par de diplomas complementares seria abusar do positivismo, da hermenêutica, até mesmo do nível de cognoscibilidade que se espera, não só do cidadão, como até mesmo dos próprios legisladores, administradores e juízes (atuais e futuros), teóricos e contabilistas/tributaristas.

Exceção se faz em relação à Lei Complementar da CBS, por expressa determinação do art. 195, §15, que estabelece que sua instituição ocorrerá, *a priori*, indesviavelmente pela mesma Lei Complementar do IBS, que terá os traços esboçados adiante. Igualmente tentar-se-á trazer alguns outros principais preceitos sobre – a nosso ver – as inúmeras normas complementares levadas a reboque pela proposta de reforma tributária.

2.1 A Lei Complementar do IBS e da CBS

A PEC nº 45/2019 incluiria no texto constitucional o IBS, por meio do art. 156-A, e a necessidade inafastável de reverência à Lei Complementar, no tocante à disposição sobre a sua não cumulatividade (§1º, VIII; §5º, II, III; art. 134 *caput* e §§1º, I e 6º; art. 135 do ADCT; art. 6º da própria PEC 45/2019); fixação de sua alíquota (§1º, XII e art. 130, *caput* e §10 do ADCT);[16] sujeição passiva (§3º); vigência e eficácia processuais/

---

13 *Ibid.*, p. 27.

14 *Ibid.*, p. 33.

15 Toma-se como amostra, não só a total mudez em várias regras ao longo do emendado texto constitucional, como também na positivação parcial-textual, sem saber se propositada ou não, como exemplo a dicção do novo art. 92-B do ADCT, em que "as leis instituidoras dos tributos previstos nos arts. 156-A e 195, V, da Constituição Federal, estabelecerão os mecanismos necessários (...)"; ou mesmo o novel §18 do art. 195 da CRFB, dispondo que "lei estabelecerá as hipóteses de devolução da contribuição prevista no inciso V a pessoas físicas, inclusive em relação a limites e beneficiários, com o objetivo de reduzir as desigualdades de renda."; e igualmente o art. 20 da PEC 45/2019 que estabelece que "até que lei disponha sobre a matéria, a contribuição para o Programa de Formação do Patrimônio do Servidor Público, criado pela Lei Complementar nº 8 (...)". Nas palavras de Aliomar Baleeiro, sobre a doutrina de Biklé e Powell: "*wonderful things congress says by remaining silent*". (BALEEIRO, Aliomar. *Limitações constitucionais ao poder de tributar*. Atualizada por Misabel Abreu Machado Derzi. 8. ed. Rio de Janeiro: Forense, 2010. p. 157).

16 Que teria como alíquota de referência resolução do Senado Federal, aplicável em caso de não edição do ente federativo.

contratuais (art. 21, PEC nº 45/2019) as regras de distribuição/repartição da arrecadação (§5º, I; §9º, I; §11; art. 131 *caput* e §§3º, 5º, 6º; art. 132, §3º do ADCT); o critério espacial de sua matriz de incidência (§5º, IV); o processo administrativo fiscal (§5º, VII e §8º); sua desoneração e – *s. m. j.*, – extrafiscalidade (§5º, V, VI, VIII; §13; art. 225, §1º, VIII; art. 92-B do ADCT; art. 9º *caput* e §§1º, 5º, 6º, I, 7º, 11; art. 10, I, 'b' e §2º da PEC 45/2019); os critérios para as obrigações acessórias (§5º, IX e art. 125, §4º do ADCT); o regramento sobre regimes específicos de tributação (§6º); isenção e imunidade (§7º, II; art. 9º §3º da PEC nº 45/2019); a conceituação/natureza de operações com serviços, com conteúdo e alcance (§8º); até mesmo penalidades em matéria de descumprimento de condições para fruição de crédito presumido específico (art. 19, §5º, PEC nº 45/2019).

Da mesma forma, o art. 195, V e §15 indicam a necessidade, como sobredito, de instituição da CBS a ser veiculada no mesmo diploma do IBS e com a idêntica necessidade de legislação de estatura complementar referente às suas determinações.

2.2 A Lei Complementar do Imposto Seletivo

O Imposto Seletivo, modalidade extrafiscal selecionada pelo legislador constituinte derivado, tem sua base na adição do inciso VIII ao art. 153 da CRFB, dispondo sobre a competência da União, por meio de Lei Complementar, em instituir imposto sobre "a produção, extração, comercialização ou importação de bens e serviços prejudiciais à saúde ou ao meio ambiente".

O chamado pelos principais meios de 'imposto do pecado', apesar de não tão esmiuçado como a disciplina do IBS e da CBS, pela lógica até então perpetrada, espera-se que o seu regramento ocorrerá nos moldes dos tributos anteriores, por meio de Lei Complementar que exaure todos (ou quase todos) os seus elementos, tanto constitutivos quanto periféricos de incidência, com prescindibilidade, até então, de veiculação no mesmo diploma dos novos tributos supracitados.

Aponta-se, entretanto, a positivação expressa sobre a necessidade de edição de Lei Complementar sobre a destinação da arrecadação do Imposto Seletivo aos Estados e ao Distrito Federal; aos Fundos de Participação dos Estados e do Distrito Federal, dos Municípios; e a programas de financiamento ao setor produtivo das regiões norte, nordeste e centro-oeste (art. 7º, PEC nº 45/2019).

2.3 A Lei Complementar do Comitê Gestor (antigo Conselho Federativo)

O Comitê Gestor (Conselho Federativo, na redação original da PEC nº 45/2019) seria então positivado por meio da inserção do art. 156-B na CRFB, ficando a cargo de Lei Complementar os termos e limites a serem estabelecidos quanto às competências administrativas sobre o IBS, que incluiriam a edição de regulamento único e uniforme para a interpretação e aplicação da legislação (art. 156-B, I); a arrecadação, compensação e distribuição do imposto (art. 156-B, II); e a decisão sobre o contencioso administrativo (art. 156-B, III).

Lado outro, afim a este breve estudo, por meio de Lei Complementar, em seu parágrafo 2º, estariam a forma de organização do Comitê Gestor, dispondo sobre a representação paritária de Estados, Distrito Federal e Municípios (§2º, I), a alternância de sua presidência (§2º, II), o seu custeio financeiro (§2º, III), o controle externo a ser exercido por órgão colegiado composto pelos Tribunais de Contas dos Estados, DF e Municípios (§2º, IV); a fiscalização, lançamento, cobrança e a representação administrativa ou judicial do imposto (§2º, V); a composição das carreiras dos servidores-membros (§2º, VI); e sua estrutura e a gestão (§2º, VII).

Recorda-se, oportunamente, que a composição do Comitê Gestor observará o número de 27 membros retratando os Estados e DF – signo representativo de competência estadual – (§3º, I); com mais 27 membros caracterizando os Municípios e DF (14 com base em votos igualitários e 13 com base em votos ponderados populacionais) – signo representativo de competência municipal – (§3º, II).

Já as deliberações, serão consideradas aprovadas se obtiverem, no caso dos Estados e DF, cumulativamente maioria absoluta e mais de 50% da população do país – ao sentir, critério indireto/oblíquo de voto ponderado – (§4º, I); e, na hipótese dos Municípios e DF (§4º, II), a maioria absoluta dos votos.

Para fins do que será trazido mais adiante neste ensaio, sobre ponderação acerca de infringência ao princípio federativo, interessante apontar o que traz o §7º do art. 156-B, sobre a prerrogativa do Comitê Gestor e da administração tributária da União – esta última, até então, exclusivamente – poderem "implementar soluções integradas para a administração e cobrança" do IBS e da CBS.

2.4 Demais referências à Lei Complementar

Existem ainda inúmeros outros referimentos à utilização da Lei Complementar no texto da PEC nº 45, como as condições para a não incidência do ITCMD sobre as transmissões para entidades beneficentes, religiosas e institutos científicos e tecnológicos (art. 155, §1º, VII); a instituição de Fundo de Sustentabilidade e Diversificação Econômica do Estado do Amazonas (art. 92-B, §§2º e 3º do ADCT); a previsão de redução a zero de alíquota do IPI, a partir de 2027, em caso de não substituição pela CIDE (art. 126, *p. u.*, I do ADCT); e o estabelecimento de normas gerais às administrações tributárias da União, Estados, DF e Municípios, quanto aos deveres, direitos e garantias dos servidores (art. 3º, que adiciona novo §17 ao art. 37 da CRFB).

Cita-se, ainda, a necessidade de definição por Lei Complementar, dos produtos destinados à alimentação humana que comporão a Cesta Básica Nacional de Alimentos, para fins de incidência de alíquota zero sobre o IBS e a CBS (art. 8º, §1º, PEC 45/2019).

Por fim, digno de nota o estabelecimento de critérios e limites para apuração do nível de benefícios e sua redução, bem como os procedimentos de análise pela União dos requisitos de habilitação (§6º) sobre o Fundo de Compensação de Benefícios Fiscais ou Financeiro-Fiscais do ICMS, a ser instituído pelo art. 12 da PEC nº 45/2019.

Estabelecidas as premissas acima, passa-se a analisar se a PEC nº 45/2019 confronta ou não o princípio federativo, em especial no que diz respeito à autonomia financeira de Estados e Municípios.

3 Da violação ao princípio do federalismo por comprometimento da autonomia financeira de estados e municípios e a necessidade de controle de emendas constitucionais pelo STF

Seria impossível para as lindes do presente trabalho esgarçar a totalidade da bibliografia produzida sobre o Federalismo, tampouco esgotar a multiplicidade de discussões que ele suscita, exatamente porque o Estado Federal é categoria amplamente estudada tanto pela Ciência Política, a partir dos célebres artigos de Madison, Hamilton e Jay[17] e o respectivo surgimento desta forma de Estado nos Estados Unidos, como pelo Direito, desdobrando-se nas discussões sobre Teoria do Estado, Direito Constitucional e demais ramos do Direito Público. O que se pretende, portanto, é realçar alguns aspectos centrais sobre o Federalismo, para que, à luz das premissas doutrinárias assentadas, se possa verificar a compatibilidade ou não da PEC nº 45/2019 com o texto constitucional.

Entre nós, após o Estado Unitário insculpido na Constituição de 1824,[18] o Decreto nº 1/1889[19] instituiu a República Federativa.

Este mesmo regime prevaleceu nas Constituições de 1891,[20] 1934,[21] 1937,[22] 1946,[23] 1967/1969[24] e 1988.[25-26]

---

17 MADISON, James; HAMILTON, Alexander; JAY, John. *Os artigos federalistas*. Tradução de Maria Luiza X. de A. Borges. Rio de Janeiro: Nova Fronteira, 1993.

18 Art. 1. O IMPERIO do Brazil é a associação Politica de todos os Cidadãos Brazileiros. Elles formam uma Nação livre, e independente, que não admitte com qualquer outra laço algum de união, ou federação, que se opponha á sua Independencia.

19 Art. 1º. Fica proclamada provisoriamente e decretada como a fórma de governo da nação brazileira - a República Federativa.
Art. 2º. As Províncias do Brazil, reunidas pelo laço da federação, ficam constituindo os Estados Unidos do Brazil.
Art. 3º. Cada um desses Estados, no exercício de sua legitima soberania, decretará opportunamente a sua constituição definitiva, elegendo os seus corpos deliberantes e os seus governos locaes.

20 Art 1º – A Nação brasileira adota como forma de Governo, sob o regime representativo, a República Federativa, proclamada a 15 de novembro de 1889, e constitui-se, por união perpétua e indissolúvel das suas antigas Províncias, em Estados Unidos do Brasil.

21 Art 1º – A Nação brasileira, constituída pela união perpétua e indissolúvel dos Estados, do Distrito Federal e dos Territórios em Estados Unidos do Brasil, mantém como forma de Governo, sob o regime representativo, a República federativa proclamada em 15 de novembro de 1889.

22 Art 3º – O Brasil é um Estado federal, constituído pela união indissolúvel dos Estados, do Distrito Federal e dos Territórios. É mantida a sua atual divisão política e territorial.

23 Art 1º – Os Estados Unidos do Brasil mantêm, sob o regime representativo, a Federação e a República. Todo poder emana do povo e em seu nome será exercido.

24 Art 1º – O Brasil é uma República Federativa, constituída sob o regime representativo, pela união indissolúvel dos Estados, do Distrito Federal e dos Territórios.

25 Art. 1º A República Federativa do Brasil, formada pela união indissolúvel dos Estados e Municípios e do Distrito Federal, constitui-se em Estado Democrático de Direito e tem como fundamentos: (...)

26 Contudo, nem sempre se teve de fato um regime federativo em nossa história republicana, seja em virtude de questões políticas, notadamente os diversos regimes ditatoriais, seja em virtude das políticas econômicas adotadas pelo país ao longo dos tempos. Raul Machado Horta, por exemplo, qualificou o período do Estado Novo como um 'Estado Unitário descentralizado' e apontou a 'hipertrofia da administração federal' marcante na Constituição de 1946. Cf. HORTA, Raul Machado. Problemas do federalismo brasileiro. *Revista da Faculdade de Direito da UFMG*, v. 9, p. 68-88, 1957. No mesmo sentido: MAGALHÃES, Dario de Almeida. A crise do federalismo. *Revista de Direito Administrativo*, n. 40, p. 1-14, 1955. e SILVA, Carlos Medeiros. Evolução do regime federativo. *Revista de Direito Administrativo*, n. 39, p. 1-15, 1955. A temática da planificação econômica, com efeito, suscitou interessantes discussões. Paulo Bonavides, por exemplo, sustentando que a concepção de federalismo necessita ser realizada à luz do intervencionismo estatal, afirmou que "a dualidade vertical de ordenamentos e sua coordenação sob a égide da Constituição – preservando cada esfera a natureza própria que lhe pertence – assinala a essência das entidades federativas", ao invés da rígida discriminação de competências. (BONAVIDES, Paulo. Do velho

Parece lícito supor que o Federalismo pode ser compreendido sobre diversos aspectos. Sob o ponto de vista político, ensina Pinto Antunes, ele representa "uma forma espacial ou territorial de divisão dos poderes",[27] por meio do autogoverno das comunidades locais, através dos Estados-Membros e/ou Municípios. Juridicamente, ele pode ser compreendido como a convivência de ordens jurídicas parciais dentro de determinado ordenamento constitucional, em virtude da descentralização operada por meio de repartição de competências (administrativas, legislativas etc.), à moda de Kelsen.[28] Há mesmo aqueles autores, como Derzi e Bustamente que sustentam a ideia do princípio federativo como uma exigência moral, uma vez que o seu mecanismo de descentralização permitiria maior realização do regime democrático.[29]

Do ponto de vista jurídico – o que mais nos interessa no presente trabalho – não há uma forma acabada ou plena do conceito de federalismo. Com efeito, o regime federativo pode assumir várias feições, formatos e configurações, de modo que ele não possui características rígidas e irrenunciáveis. Com efeito, a respeito da polimorfia do federalismo, já em 1950 Candido Motta Filho comparava esta forma de Estado com as pirâmides de Mênfis, "que mudam de fisionomia conforme a posição assumida pelo observador, tem êle várias e perturbadoras aparências. Olhado de dentro para fora, é união; olhado de fora para dentro, é unidade".[30] Esta diversidade de notas ínsita ao Federalismo há muito é apontada pela doutrina nacional.[31] Por todos, vale a leitura de Raul Machado Horta:

ao nôvo federalismo. *Revista de Direito Administrativo*, n. 70, p. 503, 1962.). Raul Machado Horta, por sua vez, se manifestou a respeito do tema em trecho que pode ser considerado uma resposta frontal a Bonavides: "É verdade que o aprofundamento da intervenção estatal na economia, na via eficiente das medidas de caráter nacional, suscita vaticínios catastróficos sôbre o futuro do Estado federal. A conjetura de Karl Loewenstein está baseada na incompatibilidade irredutível entre a planificação econômica e o federalismo. Robert Neumann também conclui pela incompatibilidade entre o verdadeiro federalismo e a economia integralmente planificada. A conduta intervencionista do Estado acarretou, realmente, uma alteração na fisionomia do Estado federal, mas essa repercussão, histórica e politicamente comprovada, não deve conduzir ao juízo final do federalismo. A formulação pessimista, além de pressupor planificação integral da economia, o que limitaria a área de validade da previsão aos Estados submetidos ao sistema de direção total da economia parte, geralmente, da identificação entre federalismo e liberalismo econômico". (HORTA, Raul Machado. A evolução política da federação. *Revista de Ciência Política*, Rio de Janeiro, v. 3, n. 1, p. 30-63/ p. 44-45, jan./mar. 1969.).

27 ANTUNES, José Pinto. O princípio federativo na Constituição brasileira. Revista da Faculdade de Direito da UFMG, v. 5, p. 112, 1953.

28 KELSEN, Hans. *Teoria geral do direito e do estado*. 5. ed. Tradução de Luís Carlos Borges. São Paulo: Martins Fontes, 2016.

29 DERZI, Misabel de Abreu Machado; BUSTAMANTE, Thomas da Rosa de. Federalismo com princípio moral: novas tendências conceituais. *In*: DERZI, Misabel Abreu Machado; BATISTA JÚNIOR, Onofre Alves; MOREIRA, André Mendes (Org.). *Estado federal e tributação das origens à crise atual*. 2. ed. Belo Horizonte: Arraes Editores, 2019. v. 1. p. 449-467. Sobre esta ideia à luz da doutrina americana, confira-se: GERKEN, Heather. Heather K. Gerken, Our Federalism(s), 53 Wm. & Mary L. Rev. 1549-1573 (2012).

30 MOTTA FILHO, Candido. As transformações do federalismo. *Revista da Faculdade de Direito da USP*, v. 46, p. 197, 1950

31 Pinto Ferreira é claro nesse sentido: "Assim sendo, é que certas espécies são possíveis da existência na estrutura federal. Por exemplo, alguns Estados-membros ou todos podem ser sujeitos do direito das gentes, gozando de personalidade internacional, como ocorreu entre os Estados-membros componentes do Império Alemão de 1871. Pode ainda ocorrer a ressalva de direito de guerra entre um ou vários componentes da União e algum Estado estrangeiro. Ou ainda a exigência do consentimento de cada membro da federação para obrigá-lo à guerra, como nos Domínios Britânicos, sendo que na generalidade dos casos a guerra é declarada pelo Poder Central e obrigatória aos Estados-membros. Normalmente a política orçamentária admite dois orçamentos, o da União e o dos Estados-membros, porém é possível no Estado federal um sistema de arrecadação parcial pela União e divisão do arrecadado entre a União e os Estados-membros, ou ainda o orçamento fixado pela União e arrecadado pelos Estados-membros, ou também um sistema de arrecadação da União e, não bastando tal arrecadação, a cobertura

> Sendo múltiplo na sua edificação constitucional, o Estado Federal não se acomoda a uma concepção única e exclusiva, repartindo-se, ao contrário, em espécies variáveis no tempo e no espaço: federalismo dual, federalismo centrífugo, federalismo centrípeto, federalismo de segregação, federalismo clássico, novo federalismo e federalismo cooperativo. Na diversidade de seus tipos constitucionais e históricos, recolhem-se, entretanto, elementos definidores, às vezes mais nítidos e constantes, outras vezes fluidos e imprecisos, mas, de qualquer forma, presentes na estrutura federal, a composição plural dos entes estatais, a indissolubilidade do vínculo federativo, a repartição de competências, a autonomia do Estado-membro, a intervenção federal, o sistema bicameral, a repartição tributária, a existência de um Supremo Tribunal, dotado de jurisdição conclusiva na interpretação e na aplicação da lei federal e da Constituição Federal, conforme o modelo federal norte-americano, ou de um Tribunal Constitucional Federal, para o exercício concentrado na jurisdição constitucional, na mais recente criação do federalismo europeu.[32]

Nesse sentido, reputa-se segura a afirmação de que inexiste uma única forma de federalismo, mas não é qualquer regime que possa ser qualificado como federativo: há determinadas características que compõem o núcleo desta forma de estado. Dentre elas, com certeza sobressai a autonomia federativa.

Consoante preleciona Regis Fernandes de Oliveira, no contexto do Estado Federal, os Estados-Membros são autônomos, exatamente porque a autonomia pressupõe a "capacidade de gerência de seus interesses, devidamente detalhados na Constituição Federal, de prover seus cargos, eleger seus dirigentes e exigir seus tributos".[33] No mesmo sentido, em texto escrito pouco tempo após o fim da vigência do AI-5, denunciando o centralismo histórico brasileiro, Paulo Bonavides assevera que o princípio federativo exprime "a ideia do self-government, do governo da lei, da autodeterminação política, social e econômica de coletividade livres e atuantes".[34]

Do ponto de vista filosófico, é de Kant a ideia segundo a qual a "autonomia é o fundamento da dignidade da natureza humana e de toda a natureza racional".[35] Assim, no sentido kantiano, a autonomia é o que permite que o ser racional possa definir suas condutas, no âmbito moral. Esta noção filosófica parece ter sido transposta para o conhecimento jurídico ocidental.

---

das despesas por contribuição das unidades integrantes, como na Alemanha de 1871, e na Suíça. É possível ainda o sistema de contingentes militares locais, como na Alemanha de 1871 (art. 60) e na Suíça (art. 19), as forças sendo comandadas pela direção do Govêrno Central. De outro lado, também pode processar-se uma desigualdade dos Estados-membros da União, podem ter eles uma desigual organização, como no Canadá, cuja Constituição prevê uma Câmara para o Estado de Ontário, duas para o de Quebec, ou mesmo ainda a desigualdade de participação do número de senadores na Câmara Alta, como na Alemanha social weimariana, na Áustria e na Austrália". (FERREIRA, Pinto. O regime dos estados na federação brasileira. *Revista de Informação Legislativa*, v. 1, n. 1, p. 25-26, mar. 1964).

[32] HORTA, Raul Machado. Reconstrução do federalismo brasileiro. *Revista de Informação Legislativa*, v. 18, n. 72, p. 13-14, out./dez. 1981.

[33] OLIVEIRA, Regis Fernandes de. O federalismo como instrumento de concretização de direitos fundamentais e sociais. *In*: SCAFF, Fernando Facury; TORRES, Heleno Taveira; DERZI, Misabel de Abreu Machado; BATISTA JÚNIOR, Onofre Alves. *Federalismo(s) em juízo*. São Paulo: Noeses, 2019. p. 81.

[34] BONAVIDES, Paulo. O caminho para um federalismo das regiões. *Revista de Informação Legislativa*, v. 17, n. 65, p. 117, jan./mar. 1980.

[35] KANT, Immanuel. *Fundamentação da Metafísica dos Costumes*. Trad. de Guido de Almeida: Grundlegung zur Metaphysik der Sitten. São Paulo: Discurso Editorial: Barcarolla, 2009. p. 436.

Com efeito, Amílcar Falcão distinguia o conceito de autonomia em um aspecto subjetivo, consistente na "personalidade jurídica própria"[36] de determinado ente e outro objetivo, qual seja, a "titularidade de um poder normativo pleno e incontrastável, um poder de autodeterminação ou de produção de norma jurídica, independente e própria".[37] No mesmo sentido é a definição de De Plácido e Silva, para quem a autonomia é definida como "a faculdade que possui determinada pessoa ou instituição, em traçar as normas de sua conduta, sem que sinta imposições restritivas de ordem estranha", de modo que, "seja em relação às pessoas, seja em relação às instituições, o vocábulo tem significado em todo idêntico ao que expressa independência".[38]

Daí a autonomia configurar uma caraterística componente do conceito de federalismo: é necessário que os entes que a compõem sejam independentes. Do que decorre a noção clássica desenvolvida pela doutrina no sentido de que a autonomia se decompõe em vários aspectos, como o político, o administrativo e o financeiro.

A autonomia política diz com o poder das unidades locais (Estados, Municípios e DF) de eleger seus próprios representantes e, por isso mesmo, legislar sobre as matérias de sua competência. A autonomia administrativa refere-se ao autogoverno dessas unidades. E a autonomia financeira configura o poder conferido aos entes locais para auferir suas próprias receitas, de modo a custear os demais aspectos componentes do conceito de autonomia. A doutrina não discrepa neste sentido: não apenas se aponta a existência da autonomia financeira, mas também se afirma que ela constitui a condição para que todas as demais facetas existam.

Não é outro o entendimento de Amílcar Falcão, sobre o sistema federado:

> O que o caracteriza é, exatamente, a conjugação, em um só Estado soberano, de entidades autônomas, titulares de competências próprias para autodeterminar-se, sem sofrerem, em princípio, a injunção do govêrno central. É certo que tal independência conceitual dos governos locais não é absoluta. A própria federação reconhece a legitimidade do exercício de competências concorrentes com a preferência do poder federal sôbre o poder local. A concorrência, todavia, é um dos critérios de distribuição de competência legislativa, vindo, sempre, acompanhada de uma área de competência privativa dos governos locais. Há formas indiretas de incursão do govêrno central no campo reservado aos entes locais. O expediente dos grants-in-aid, tão difundido na república norte-americana, seria a fórmula mais adequada para essa modalidade de penetração federal. Tal fato, embora à luz da ciência política suscite fundadas dúvidas e objeções a propósito de sua compatibilidade com o princípio federativo, é, juridicamente, irrelevante, para servir de objeção à autonomia local, de vez que é a própria comunidade beneficiária dos subsídios quem, no livre ajuizamento dos interêsses que lhe compete disciplinar, incorpora ao seu ordenamento jurídico as estipulações estabelecidas para a concessão do auxílio. (...)
>
> É evidente que seria enganosa tôda concessão de autonomia a determinada comunidade política, se, concomitantemente, não se lhe assegurasse o necessário poder de autodeterminação, no que respeita à obtenção dos meios financeiros, para o custeio dos seus serviços.
>
> Dos diferentes processos existentes, o da discriminação rígida parece-nos ser o mais apropriado. Objeta-se-lhes a circunstância de, pelo mesmo da sua rigidez, impedir uma

---

36 FALCÃO, Amílcar de Araújo. Autonomia dos governos locais em matéria tributária. *Revista de Direito Administrativo*, v. 47, p. 2, 1957.

37 *Ibid.*, p. 3.

38 SILVA, De Plácido e. *Vocabulário Jurídico*. 15. ed. Rio de Janeiro: Editora Forense, 1998. p. 102.

> desejável flexibilidade ou elastério das finanças públicas, a fim de moldar a receita às variações contingentes da despesa pública.
> Talvez, em tese, a objeção seja verdadeira.
> Pràticamente, porém, o que importa considerar é que a boa ou má qualidade de uma discriminação tributária não se determina pelo número de fontes tributárias que ela outorgue, senão pela qualidade dos tributos distribuídos.
> Desde que atendido êsse requisito da suficiência da receita tributária discriminada, não há por que preferir-lhe o sistema mais elástico da não discriminação, ou da discriminação parcial, com predominância do campo concorrente, que padecem do inconveniente de tornar inatingível a verificação da capacidade econômica dos contribuintes, além de ensejarem a superposição condenável de competências impositivas.
> Confrontando-se com os demais sistemas, o da participação em produto da arrecadação de tributos, o da concessão de adicionais e o das subvenções (Matrikular - Beitrage), a vantagem do sistema rígido é manifesta, pela maior independência e autodeterminação que oferece.[39]

No mesmo sentido, Pinto Antunes:

> A autonomia política das regiões é condicionada pelas suas possibilidades econômicas. Sem autonomia econômica, sem meios para realizar suas atribuições constitucionais, a distribuição territorial dos poderes não tem realidade prática. Aquêle poder que detiver ou dispuser de maior riqueza, tal como na ordem privada, acabará por estender a sua competência sôbre a competência do outro poder sem base econômica para o cumprimento das suas atribuições.
> A União, nos Estados federados, em virtude de uma distribuição de rendas que, a favorece, acaba usurpando a autonomia dos Estados-membros diretamente, ou através do município que é atraído à órbita econômica dos seus cofres.
> O «grants in aid", o "federal aid", constitui processo de real intervenção e extensão do poder da União americana sôbre as autonomias dos Estados-membros.[40]

Sacha Calmon chega mesmo a qualificar a autonomia financeira como o penhor da autonomia dos entes federados:

> A característica fundamental do federalismo é a autonomia do Estado-Membro, que pode ser mais ou menos ampla, dependendo do país de que se esteja a cuidar. No âmbito tributário, a sustentar a autonomia política e administrativa do Estado-Membro e do Município – que, no Brasil, como vimos, tem dignidade constitucional –, impõe-se a preservação da autonomia financeira dos entes locais, sem a qual aqueloutras não existirão. Esta autonomia resguarda-se mediante a preservação da competência tributária das pessoas políticas que convivem na Federação e, também, pela discriminação constitucional das fontes de receita tributária, daí advindo a importância do tema referente à repartição das competências no Estado Federal, assunto inexistente, ou pouco relevante, nos Estados Unitários (Regiões e Comunas).
> Uma última conclusão cabe extrair. Sendo a federação um pacto de igualdade entre as pessoas políticas, e sendo a autonomia financeira o penhor da autonomia dos entes federados, tem-se que qualquer agressão, ainda que velada, a estes dogmas, constitui inconstitucionalidade.

[39] FALCÃO, Amílcar de Araújo. Autonomia dos governos locais em matéria tributária. *Revista de Direito Administrativo*, v. 47, p. 3-5, 1957.

[40] ANTUNES, José Pinto. O princípio federativo na Constituição brasileira. *Revista da Faculdade de Direito da UFMG*, v. 5, p. 117, 1953.

> Entre nós, a federação é pétrea e indissolúvel, a não ser pela força bruta de uma revolução cessionista ou de outro Estado, vencedor de uma guerra inimaginável. Tanto é assim, que a Constituição de 1988, a teor do art. 60, §4º, I, proíbe emendas tendentes a abolir a forma federativa de Estado.[41]

E André Mendes Moreira, após asseverar que a autonomia financeira constitui condição do federalismo, ensina que ela teria as características da independência, suficiência e eficiência:

> A autonomia financeira possui três características essenciais, que são a independência, a suficiência e a eficiência na obtenção de recursos.
> A independência na obtenção de recursos deve existir para que o ente federado não precise sujeitar-se a outro com vistas a obter os meios financeiros de que precisa.
> A suficiência dos recursos angariados é fundamental para que os entes possam atender às necessidades públicas que estejam sob sua responsabilidade. Afinal, se a Constituição dá os fins, precisa também prover os meios.
> Por fim, a eficiência na arrecadação (designada por Fritz Neumark como praticidade, comodidade e economicidade arrecadatórias) busca privilegiar cada ente com os impostos mais adequados à sua abrangência (local, regional ou nacional). É o que justifica, por exemplo, a atribuição à União dos impostos sobre o comércio exterior e aos Municípios do imposto sobre propriedade imóvel urbana. Diga-se, ainda, com base em Onofre Batista Júnior, que desde a EC nº 19/98 o princípio da eficiência administrativa é expresso no ordenamento jurídico-constitucional brasileiro.[42]

À luz destes ensinamentos doutrinários é que se passa a demonstrar as razões pelas quais a PEC nº 45/2019 se revela inconstitucional, por violação ao federalismo, em especial no que diz respeito à autonomia financeira de Estados e Municípios, como já apontada por certa parcela doutrinária, tanto no início dos debates acerca da PEC nº 45/2019[43] como no momento de votação no âmbito da Câmara dos Deputados.[44]

---

41 COÊLHO, Sacha Calmon Navarro. O Direito Tributário do Brasil – Federalismo e Constituição. *In*: SCAFF, Fernando Facury; TORRES, Heleno Taveira; DERZI, Misabel de Abreu Machado; BATISTA JÚNIOR, Onofre Alves. *Federalismo(s) em juízo*. São Paulo: Noeses, 2019.125-138. p. 138.

42 MOREIRA, André Mendes. O modelo de federalismo fiscal brasileiro. In: SCAFF, Fernando Facury; TORRES, Heleno Taveira; DERZI, Misabel de Abreu Machado; BATISTA JÚNIOR, Onofre Alves. *Federalismo(s) em juízo*. São Paulo: Noeses, 2019. p. 205.

43 *Vide*: SCAFF, Fernando Facury. Reforma tributária, a cláusula pétrea do federalismo e o STF. *Consultor Jurídico*, 16 abr. 2019. Disponível em: https://www.conjur.com.br/2019-abr-16/contas-vista-reforma-tributaria-clausula-petrea-federalismo-stf. Acesso em: 02. jul. 2023; ÁVILA, Humberto. IVA, uma proposta inconstitucional. *Portal Exame*, 18 out. 2018. Disponível em: https://exame.com/colunistas/opiniao/iva-uma-proposta-inconstitucional. Acesso em: 02. jul. 2023; BATISTA JÚNIOR, Onofre Alves; MARINHO, Marina Soares. As premissas para uma reforma tributária e as impressões iniciais acerca da PEC nº 45/2019. *In*: DERZI, Misabel de Abreu Machado; BATISTA JÚNIOR, Onofre Alves; BUSTAMANTE, Thomas da Rosa de; MEYER, Emílio Peluso Neder (Orgs.). *Repensando o federalismo no Brasil*. Belo Horizonte: Letramento; Casa do Direito, 2020. p. 86-112; MARQUES, Pedro Lucas Debelli; BITTENCOURT JÚNIOR, Rogério Abdala. A concepção político-moral do federalismo, a tributação sobre o consumo e a PEC nº 45/2019. *In*: DERZI, Misabel de Abreu Machado; BATISTA JÚNIOR, Onofre Alves; BUSTAMANTE, Thomas da Rosa de; MEYER, Emílio Peluso Neder (Orgs.). *Repensando o federalismo no Brasil*. Belo Horizonte: Letramento; Casa do Direito; 2020. p. 113-133.

44 MARTINS, Ives Gandra da Silva; SOUZA, Hamilton Dias de; ÁVILA, Humberto; CARRAZZA, Roque Antônio. Relatório sobre as propostas da Câmara para a reforma tributária (parte 1). *Consultor Jurídico*, 30 jun. 2023. Disponível em: https://www.conjur.com.br/2023-jun-30/opiniao-relatorio-comissao-reforma-tributaria-iasp. Acesso em: 02. jul. 2023.

De início, a PEC nº 45/2019 propõe a instituição do IBS, de competência de Estados, Municípios e do DF, por meio de Lei Complementar, editada pelo Congresso Nacional. Em nosso ordenamento constitucional, a principal função delegada a esta espécie legislativa consiste no estabelecimento de normas gerais em matéria tributária, a teor do art. 146, III da CRFB. Na qualidade de normas gerais, elas disciplinam o legislador ordinário quando da instituição de seus tributos, uniformizando-os, para que seja evitado o conflito entre os diversos entes tributantes.[45] Assim, o regime federativo é ínsito às normas gerais em matéria tributária, exatamente porque pressupõe uma pluralidade de entes tributantes em determinado Estado, em um ambiente de condomínio legislativo, à moda de Raul Machado Horta,[46] como ocorre na competência legislativa concorrente.

Com efeito, é de Pinto Antunes a afirmativa segundo a qual "a competência concorrente é, sem dúvida, o ponto nevrálgico do sistema federativo. Por aí se conserva ou se atrofia, até à morte, o sistema federativo de competências".[47]

Ocorre que, no caso do IBS, a lei complementar não cumpriria a função de estabelecimento de normas gerais de tributos a serem instituídos posteriormente pelos entes tributantes: ela própria realizaria a instituição. E nisto há inequívoca supressão de autonomia de Estados e Municípios. Como se entender um determinado tributo de competência de Estados e Municípios que não seja instituído por lei de cada um destes entes?

Poder-se-ia compreender, em verdade, que o IBS seria de competência da União Federal, uma vez que a referida lei complementar seria emanada do mesmo órgão responsável pela produção de leis federais ordinárias, qual seja, o Congresso Nacional. Tem-se verdadeira intromissão quanto à autonomia político-legislativa de Estados e Municípios. Quais órgãos instituem hoje o ICMS? As diversas Assembleias Legislativas, representantes dos povos de cada Estado-Membro. Quais órgãos instituem atualmente o ISS? As milhares de Câmaras de Vereadores, representantes do povo de cada município brasileiro.

Em ambos os tributos citados, as assembleias legislativas e as câmaras de vereadores devem respeito às balizas, às normas gerais elaboradas pelo Congresso Nacional, porque assim o quis a própria Constituição da República, com o fito de evitar o conflito entre os

---

45 A bibliografia sobre normas gerais em matéria tributária é extensa em nossa doutrina. À guisa exemplificativa, é ver: ATALIBA, Geraldo. Normas gerais de direito financeiro e tributário e autonomia dos estados e municípios. Revista de Direito Público, São Paulo, v. 2, n. 10, p. 45-80, out./dez. 1969; FERRAZ JR., Tércio Sampaio. Segurança jurídica e normas gerais tributárias. Revista de Direito Tributário, São Paulo, v. 5, n. 17/18, p. 51-56, jul./dez. 1981; DAMIANI, Vera Maria Araujo. Normas gerais de direito tributário. Revista de Direito Tributário, São Paulo, v. 6, n. 19/20, p. 28-47, jan./jun. 1982; LARA, José de Mesquita. As normas gerais de direito financeiro e do direito tributário, sua natureza e função. Revista de Direito Tributário, São Paulo, n. 76, p. 137-146, 1999; COSTA, Alcides Jorge. Normas gerais de Direito Tributário: visão dicotômica ou tricotômica. In: BARRETO, Aires Fernandino (Coord.). Direito Tributário contemporâneo: estudos em homenagem a Geraldo Ataliba. São Paulo: Malheiros, 2011. p. 11-26; BORGES, José Souto Maior. Normas gerais de Direito Tributário: velho tema sob perspectiva nova. Revista Dialética de Direito Tributário, São Paulo, n. 213, p. 48-65, jun. 2013; COÊLHO, Sacha Calmon Navarro. Normas gerais de Direito Tributário e Sistema Tributário Municipal. In: NASCIMENTO, Carlos Valder do; DI PIETRO, Maria Sylvia Zanella; MENDES, Gilmar Ferreira (Coord.). Tratado de Direito Municipal. Belo Horizonte: Fórum, 2018. v. 1. p. 633-665; TÔRRES, Heleno Taveira. Código tributário nacional: teoria da codificação, funções das leis complementares e posição hierárquica no sistema. FERREIRA, Gilmar (Coord.). Tratado de Direito Municipal. Belo Horizonte: Fórum, 2018. v. 1. p. 633-665.

46 HORTA, Raul Machado. *Estudos de Direito Constitucional*. Belo Horizonte: Del Rey, 1995.

47 ANTUNES, José Pinto. O princípio federativo na Constituição brasileira. *Revista da Faculdade de Direito da UFMG*, v. 5, p. 110, 1953.

diversos entes tributantes. A situação do IBS é diversa: o próprio Congresso Nacional faria, nessa senda, a função das assembleias legislativas e das câmaras de vereadores. Usurpação de competência clara e manifesta. Violação ao princípio federativo que consubstancia inconstitucionalidade.

Proteger o federalismo, vale dizer, é proteger a democracia, a liberdade e igualdade, consoante lição doutrinária de Misabel Derzi:

> Não se nega a possibilidade de a forma unitária de Estado conviver com regimes políticos que adotam o princípio democrático, nem tampouco o princípio federal representa defesa absoluta contra os regimes ditatoriais. Mas a descentralização de poder, peculiar à forma federal de Estado, acarreta mais facilmente a república democrática, dificultando o totalitarismo. Afinal, enriquecer o federalismo, dotando de maior autonomia os entes estatais que convivem no mesmo Estado, ampliar a competência legislativa de Estados-membros e Municípios, é dar maior espaço à codeliberação e à autodeterminação popular. Em um país de grande extensão territorial e elevado número de habitantes como no nosso, restabelecer o equilíbrio federativo, através da concessão de maior autonomia aos entes regionais e locais, é fazer crescer a representação legislativa do cidadão, o qual passa a interferir na formação de ordens jurídicas que têm base territorial menor. Crescer a liberdade política de Estados e Municípios é, sem dúvida, fazer crescer o nível de participação política de cada um em particular.
>
> Portanto, a decisão por um Estado federal é uma decisão pela liberdade e não deixa de ser uma decisão pela igualdade, na medida em que se respeitam as diferenças e peculiaridades locais e regionais. Tal respeito, ao mesmo tempo, torna essas disparidades menos relevantes ou menos radicais.
>
> Está claro que a democracia republicana, como forma de governo, e o federalismo, como forma de Estado, são conceitos inconfundíveis. Mas guardam conexões, pois se assentam ambos na liberdade e na igualdade, em maior ou menor grau. Pois à medida que mais se fortalece e se enriquece o Estado federal naquilo que é sua característica (descentralização jurídico-política), mais ganha, em termos qualitativos, a república democrática que, nas distintas esferas estatais, obtém novas e mais latas oportunidades de codecisão e coparticipação popular na ordem jurídica.
>
> Ora, a Constituição de 1988 representa a culminância de um processo de abertura política já lentamente iniciado, para o restabelecimento da vida democrática nacional. Por isso, como não poderia deixar de ser, cuidou de reforçar o federalismo, como garantia adicional da liberdade, cuidou de aumentar o espaço legislativo dos Estados, do Distrito Federal e dos Municípios. Em relação ao Direito Tributário, impostos, antes atribuídos ao campo de competência da União, passaram ao Poder Legislativo estadual, como o incidente sobre serviços de transporte intermunicipal e interestadual e de comunicação, sobre minerais, combustíveis líquidos e gasosos e energia elétrica. Além disso, o imposto incidente sobre a transmissão *causa mortis* e doação de quaisquer bens ou direitos, como espécie nova, foi conferido aos Estados-membros. Finalmente, a Carta de 1988 permitiu aos entes estaduais, até o advento da Emenda Constitucional n. 03/93, criar adicional ao imposto de renda pago à União. Dois outros impostos compuseram, na redação original da Constituição, o elenco dos tributos de competência municipal, a saber, o de transmissão *inter vivos*, a qualquer título por ato oneroso, de bens imóveis e o de vendas de combustíveis no varejo, o último também extinto pela mesma Emenda Constitucional n. 3/93. Finalmente, a Constituição de 1988 veda à União conceder isenção de tributos estaduais e municipais, reforçando assim a autonomia dos entes políticos da Federação.

> É evidente que, no Direito Tributário, a questão assume dupla importância, envolvendo tanto o fortalecimento político, quanto o financeiro. Ao conferir maior renda tributária a Estados, Distrito Federal e Municípios, quer por meio da participação de um ente estatal no produto da arrecadação de outro, quer pela participação em fundos de redistribuição, quer pela atribuição mais lata de competência tributária, a Constituição dotou-os de maior autonomia política, legislativa e financeira. Sem dúvida, especialmente o crescer da autonomia político-jurídica do Estado Federal é que configura fruto e reflexo de um democrático de direito.[48]

A par disto, o pacto federativo sofreria duro golpe porque fulminaria de vez a autonomia financeira de Estados e Municípios, uma vez que, consoante visto alhures, no caso da PEC nº 45/2019, o Conselho Federativo (ou Comitê Gestor) faria as vezes desses entes, dado que a ele competiria tanto gerir a arrecadação e a distribuição do seu produto quanto sua regulamentação.

Não parece razoável supor que o fato de que o Conselho Federativo (ou Comitê Gestor) possuir em sua composição representantes de cada um dos Estados e Municípios asseguraria a autonomia financeira de cada um destes entes. Isso porque as deliberações entre quase 5600 pessoas jurídicas de direito público, de interesses, situações econômico-fiscais, populacionais e urbanísticas, culturas e, por que não, climas distintos seria manifestamente inviável. E pior: Estados e Municípios dependeriam de transferências de imposto, ao menos em tese, de sua própria competência. Esta dependência traria o fim do federalismo brasileiro, tornando-o meramente nominal.

Não é preciso dizer muito a respeito da atual penúria financeira enfrentada pelos Estados-Membros, o que culminou na instituição da polêmica LCp nº 159/2017, a lei do Regime de Recuperação Fiscal. Tampouco mencionar a fragilidade financeira dos pequenos e médios municípios brasileiros.

Em estudo publicado em 2020, o IPEA apresentou dados no sentido de que, tomando-se por base julho de 2019, 1222 Municípios com menos de 5 mil habitantes teriam arrecadação total dos impostos municipais inferior a 10% de sua receita total.[49] A este respeito, tramita no Congresso Nacional a PEC nº 188/2019, que pretende extinguir municípios na situação acima destacada, por ausência de sustentabilidade financeira.

Mas a questão não afeta apenas os Municípios com até 5 mil habitantes, ainda segundo o IPEA:

---

[48] BALEEIRO, Aliomar. *Limitações constitucionais ao poder de tributar*. Atualizada por Misabel Abreu Machado Derzi. 8. ed. Rio de Janeiro: Forense, 2010. p. 401-402.

[49] INSTITUTO DE PESQUISA ECONÔMICA – IPEA. *Carta de Conjuntura nº 48*. 3º trimestre de 2020. p. 17. Disponível em: https://www.ipea.gov.br/cartadeconjuntura/index.php/2020/07/estimativas-anuais-da-arrecadacao-tributaria-e-das-receitas-totais-dos-municipios-brasileiros-entre-2003-e-2019. Acesso em: 28 jun. 2023.

TABELA 13

Quantidade de municípios por faixa populacional com receitas próprias inferiores ao limiar de 10% da receita total em pelo menos um dos anos (2015-2019)

Faixa populacional	Total	Em pelo menos 1 ano	Nos 5 anos	Em 4 dos 5 anos	Em 3 dos 5 anos	Em 2 dos 5 anos	Em 1 dos 5 anos
Até 5 mil	1252	1245	1193	30	8	7	7
5-10 mil	1199	1175	1081	48	22	13	11
10-20 mil	1343	1303	1181	59	28	20	15
20-50 mil	1101	963	808	50	36	30	39
50-100 mil	350	232	172	12	11	15	22
100-500 mil	276	99	62	12	11	5	9
> 500 mil	47	4	2	2	0	0	0
Total	5568	5021	4499	213	116	90	103

Elaboração: Grupo de Conjuntura da Dimac/Ipea.

O ponto fulcral reside na seguinte indagação: se atualmente este é o cenário, como falar em autonomia de Estados e Municípios caso eles deixassem de gerir, respectivamente, o ICMS e o ISS? A resposta é induvidosamente no sentido de que eles deixariam de ser autônomos, porque seus principais impostos deixariam de ser arrecadados por cada ente, passando a ser objeto de transferência por meio do Conselho Federativo (ou Comitê Gestor).

O caso dos municípios representaria, no fim das contas, verdadeiro retrocesso constitucional. José Alfredo de Oliveira Baracho, em artigo escrito no ano de 1985, em contexto em que os municípios estavam subordinados aos Estados-Membros, assinalava que o municipalismo representava uma "forma primária de atividade social, que, efetivando-se em larga esfera das relações morais e políticas, contribui para aprimorar as instituições".[50] Denunciava, contudo, a insuficiência tributária dos Municípios:

> A insuficiência tributária dos Municípios é uma constante na análise desses temas, desde que se reconhece que o problema da autonomia municipal está ligado, diretamente, ao problema das rendas. Sem meios financeiros adequados é impossível a organização dos serviços de seu peculiar interesse. De há muito, ressalte-se que a percentagem da renda do Município no cômputo da renda geral tem alcançado níveis extremamente baixos. A insuficiência tributária dos Municípios é verificável em todo o curso do regime republicano.[51]

Esta situação culminou em movimento histórico do municipalismo, cuja consequência foi a inclusão dos Municípios no pacto federativo, com a Constituição de 1988. Daí porque a instituição do IBS, ao sentir, parece fazer com que os municípios perdessem a dignidade constitucional que lhes foi conquistada e garantida.

A conclusão a que se chega é a de que, se aprovada a PEC nº 45/2019, compete ao Supremo Tribunal Federal declará-la inconstitucional, por violação ao federalismo, nos termos do art. 60, §4º, I, por todas as razões já declinadas no presente estudo. O controle de emendas à Constituição é aceito tanto pela doutrina[52] quanto pela jurisprudência

[50] BARACHO, José Alfredo de Oliveira. Descentralização do poder – federação e município. *Revista de Informação Legislativa*, v. 22, n. 85, p. 173, jan./mar. 1985.

[51] *Ibid.*, p. 178.

[52] Ives Gandra, embora se referindo a benefícios fiscais no âmbito do ICMS, assim se manifestou sobre a relação entre federalismo, autonomia e cláusulas pétreas: "Como se pode verificar, o dispositivo falou em "abolir", significando que o sistema federativo é assegurado como cláusula imodificável da lei suprema. É que o sistema federativo poderia restar modificado e sensivelmente desfigurado, passando a ser apenas formalmente federativo,

do tribunal, consoante se depreende da leitura de trecho do voto do sempre ministro e eterno decano de nossa Suprema Corte, o Min. Celso de Mello, nos autos do MS nº 34722/DF AgR:

> Cabe reconhecer, por necessário, que o exercício do poder reformador está necessariamente subordinado à estrita observância dos limites formais, circunstanciais e, sobretudo, materiais que conformam a prática concreta (e legítima) dessa extraordinária competência político-jurídica outorgada ao Poder Legislativo da União.
> Todos sabemos que, no plano de nosso sistema jurídico, o Congresso Nacional, ao lado de suas funções legislativas ordinárias, está igualmente investido de atribuições extraordinárias destinadas a viabilizar, a partir do seu concreto exercício, o processo de reforma constitucional.
> Esse poder de reforma constitucional, no entanto, cujo desempenho foi deferido ao Legislativo, não se reveste de força primária ou originária. Pelo contrário, revela-se como prerrogativa estatal necessariamente sujeita a condicionamentos normativos que lhe restringem, de maneira significativa, o exercício, quer no que concerne ao seu alcance, quer no que se refere ao seu conteúdo, quer no que diz respeito à forma de sua manifestação.
> Reconheço, por isso mesmo, que o Congresso Nacional, no exercício do poder de reforma (que não se reveste de caráter absoluto), não tem a prerrogativa de transgredir os limites formais, circunstanciais e materiais estabelecidos no art. 60 da Constituição Federal. Se o fizer, se desrespeitar tais limites, a emenda à Constituição qualificar-se-á como ato irrecusavelmente inconstitucional, pois qualquer mudança da Constituição deve realizar-se de acordo com o texto da Lei Fundamental, jamais contra as limitações que restringem o exercício do poder reformador.[53]

Assim, por todo o exposto, se provocada, cumpre à Suprema Corte guardar a Constituição, papel este que lhe foi soberanamente atribuído pelo Poder Constituinte Originário, de modo a assegurar o federalismo brasileiro.

---

se emendas constitucionais ou leis infraconstitucionais reduzissem à expressão quase nenhuma a autonomia política, financeira ou administrativa das unidades federativas. Na autonomia financeira é de se compreender inserta a liberdade de decidir sobre seus destinos conforme as regras constitucionais. Não podem, a Constituição ou outras leis, criar condições que retirem das entidades federativas o direito de exercer tal autonomia. Na autonomia financeira dos Estados, é o ICMS a sua grande fonte de receita, tributo cuja estadualização implica a existência de regras na Lei Suprema destinadas a evitar que os Estados sejam privados do direito de dirigir suas políticas regionais, ou que sejam pressionados a conceder benefícios, por autênticos "leilões" provocados por investidores que escolhem o local de sua instalação em função dos benefícios que este ou aquele Estado lhes ofereçam. Na atual guerra fiscal, são os investidores que negociam e impõem às Secretarias dos Estados sua política, obtida, por se instalarem naqueles que lhes outorgarem maiores vantagens. Tal fato representa, de rigor, que a verdadeira política financeira não é definida pelos governos, mas exclusivamente pelos investidores. E, muitas vezes, gera descompetitividade no próprio Estado para estabelecimentos, já há longo tempo lá estabelecidos, que não poderão dos estímulos se beneficiar. Ora, é exatamente este tipo de "leilão" que a Suprema Corte atalhou recentemente, exigindo que, para a concessão de estímulos no âmbito do ICMS, haja unanimidade autorizativa dos 26 Estados e do Distrito Federal, em clara sinalização de que, agir de forma contrária, sobre ferir a Constituição, diretamente, feriria, também, o sistema federativo do Estado Brasileiro. É que sem autonomia financeira, a autonomia política fica reduzida e a administrativa limitada. A Federação, fragilizada, manter-se-ia apenas por força de um formalismo legal e não de uma autêntica realidade, construída, a duras penas, desde 1891 com a 1ª Constituição Republicana". (MARTINS, Ives Gandra da Silva. A unanimidade consensual de Estados e Distrito Federal como requisito para concessão de isenções, incentivos e benefícios fiscais de ICMS – Princípio constitucional fundamental para manutenção do pacto federativo, o que o transforma em cláusula imodificável da Lei Suprema. *Revista Fórum de Direito Tributário – RFDT*, Belo Horizonte, ano 10, n. 59, set./out. 2012).

[53] STF, Pleno, *MS nº 34722/DF AgR*. Rel. Min. Celso de Mello, jul. 20.09.2019, DJe 07.10.2019.

4 À guisa conclusiva: uma mudança de função principal da lei complementar no sistema tributário nacional

Consoante trazido, a PEC nº 45/2019 veicula mudança significativa ao sistema tributário nacional,[54] de modo a suscitar que a Lei Complementar passe a ter um papel mais que central, e sim quase exaustivo/definitivo na regulamentação dos novos tributos e na definição das regras relacionadas ao exercício (ou limitação) ao poder de tributar. Essa mudança de função exige análise zelosa e acurada da forma como as leis complementares serão elaboradas e do seu impacto no federalismo fiscal.

O federalismo, feitio máximo do que decorre o princípio federativo, funda-se e sustenta-se na primordial premissa de que os entes ali constituídos/integrantes resguardam suas autonomias, políticas, administrativas e financeiras, subordinando-se apenas à ideia nacionalista, soberana, de devoção absoluta à Constituição Federal. Na lição de Faria, Mazzilli e Carrazza:

> Numa federação – e assim ocorre na brasileira – nem a União nem os Estados-membros são soberanos; são reciprocamente autônomos. Soberano, pois, é o Estado Federado, devidamente estruturado pela Constituição Federal.
>
> Na Federação, os Estados-membros subordinam-se à Constituição Federal, que lhes confere competências, assim como as confere à União (Estado Central). Nela, a União e os Estados federados são autônomos, mas não são soberanos, já que encontram limites em seu agir na Constituição Federal, que, sobrepairando-os, dá validade, em última análise, aos atos jurídicos que praticam. Em rigor, portanto, soberano foi somente o poder constituinte que editou e fez obedecida a Constituição Federal.
>
> Deve ser enfatizado que nas Federações costuma haver absoluta igualdade jurídica – enquanto pessoas de direito constitucional interno – entre os Estados federados e entre estes e a União. Daí a clássica definição de Antônio de Sampaio Dória: 'Federação é a autonomia recíproca da União e dos Estados, sob a égide da Constituição Federal'. (...) A Constituição Federal, como já acenado, limita a faculdade constituinte dos Estados-membros, mediante a repartição de competências entre a ordem jurídica parcial central (a União) e as ordens jurídicas parciais periféricas (os Estados federados). Os Estados federados devem, necessariamente, observar estas competências. (...)
>
> No Brasil, graças ao princípio federativo, convivem harmonicamente (seguindo os ensinamentos de Kelsen) a ordem jurídica global (o Estado brasileiro) e as ordens jurídicas parciais, ou seja, a central (a União) e as periféricas (os Estados-membros). Esta múltipla incidência só é possível por força da cuidadosa discriminação de competências levada a

---

[54] Nesse sentido, recorda-se a sempre magnânima aula de Geraldo Ataliba, a qual "deve a constituição fixar a extensão da competência dos órgãos do estado e as garantias dos indivíduos, na medida em que ela – com extensão ou brevidade, não importa – fixe regras substantivas ou adjetivas referentes à competência de tributar e outorgue garantias ao patrimônio, de forma mais ampla ou mais restrita, nesta mesma medida estará conferindo maior ou menor liberdade ao legislador ordinário e, via de consequência, maiores ou menores garantias ao contribuinte. Em outras palavras, com muitas ou poucas disposições – repetimos: não importa – o constituinte pode modelar parcial ou totalmente o sistema tributário ou deixar a tarefa de plasmá-lo ao legislador ordinário. A feição geral do sistema constitucional, poderá, assim, ser mais ou menos flexível, conforme a natureza e intensidade do trabalho legislativo do constituinte". (ATALIBA, Geraldo. *Sistema Constitucional Tributário Brasileiro*. São Paulo: Revista dos Tribunais, 1968. 294 p. p. 12-13).

cabo pela Constituição Federal, em campos de atuação por ela perfeitamente delimitados, que, em hipótese alguma, atritam ou se superpõem.[55]

Remontando, portanto, as raízes norte-americanas que influenciaram os demais modelos federalistas – a exemplo do Brasil –, este tem como pedra fundamental o equacionamento dos diversos níveis políticos – e suas competências tributárias –, privilegiando a autonomia de seus signatários, de forma mais democrática possível, visando manter a ordem supramunicipal e supraestatal de maneira harmônica.

Ocorre que, na medida em que a Constituição, por meio da discutida proposta de reforma tributária, coloca a Lei Complementar no papel de figura principal e exauriente do exercício das competências tributárias, não só da União, mas também dos Estados e Municípios,[56] conforme referido anteriormente, as independências políticas, administrativas e financeiras mostram-se feridas de (quase) morte, em proeminente desacordo com o espírito federativo que se inspirou a CRFB.

Embora se admita a não prevalência, superposição hierárquica material-temática entre as legislações ordinárias e complementares, certo é que no mínimo há uma reserva de competência, a ser exercida pelos demais membros federativos que se está usurpando, por ocasião do IBS, que, ao sentir, não se remedia pela representação promovida pelo Comitê Gestor.

Da lição de Misabel Derzi, em atualização à obra de Aliomar Baleeiro, recorda-se que "*é preciso observar que o art. 150, I, da Constituição, e, consequentemente, o art. 97 do Código Tributário Nacional referem-se à necessidade de lei da pessoa competente (federal, estadual ou municipal) para instituir e regular o tributo, não satisfazendo o mandamento constitucional nem a edição de normas gerais por meio de lei complementar federal, nem a edição de lei orçamentária ou de diretrizes orçamentárias*".[57-58]

A competência restritiva da União – por meio de Lei Complementar –, portanto, "não pode sufocar, amesquinhar reduzir ou anular o exercício do Poder Legislativo de Estados-membros e Municípios, enfim, a autonomia inerente às pessoas estatais, que compõem o Estado Federal".[59]

Ao revés, na apresentação de motivos/justificativa da PEC nº 45/2019 pelo deputado Baleia Rossi, este ressalta a absoluta rigidez no exercício de competência tributária do

---

55 FARIA, Cássio Juvenal; MAZZILLI, Hugo Nigro; CARRAZZA, Roque Antônio. Algumas considerações sobre o princípio federativo. *Justitia*, São Paulo, v. 51, n. 146, p. 25-26, abr./jun. 1989.

56 Interessante o trazido por Ricardo Lodi, em referência a Heleno Taveira Tôrres, para interpretação sob perspectiva material, segundo o qual "se o Congresso Nacional estabelecer uma lei complementar para regular uma matéria que a ela não foi reservada, este diploma legal só será complementar do ponto de vista formal, tendo eficácia passiva de lei ordinária, o que permite a sua alteração por esse diploma". RIBEIRO, Ricardo Lodi. *Temas de direito constitucional tributário*. Rio de Janeiro: Lumen Juris, 2009. p. 130-131.

57 BALEEIRO, *op. cit.*, p. 156.

58 "E, finalmente, aduz BALEEIRO que a norma geral não decreta '(...) tributo, nem lhe fixa alíquota. Isso cabe exclusivamente à lei ordinária da pessoa de direito público competente para instituí-lo (RE nº 74.464. Neder. Pleno, 14.12.1972, RTJ, 65/194, citando precedentes: RE nº 72.344, 72.508, 72.852, 73.181, 74.507; acrescentem-se ainda: 72.688. Trigueiro, 23.05.1972; 72.663; Thompson, 17.03.1972; Falcão, 28.02.1972 etc.)". (BALEEIRO, Aliomar. *Limitações constitucionais ao poder de tributar*. Atualizada por Misabel Abreu Machado Derzi. 8. ed. Rio de Janeiro: Forense, 2010. p. 35).

59 BALEEIRO, *op. cit.*, p. 158.

IBS pelos entes infranacionais, suprimindo quaisquer disposições que extrapolem a mera alteração de alíquotas. Veja-se, com destaques:

> O *caput* do art. 152-A estabelece que o IBS será instituído por lei complementar de caráter nacional, a exemplo do que ocorre com a Lei Complementar nº 116, que uniformizou a incidência do imposto sobre serviços (ISS). Entretanto, diferentemente do que ocorre com o ISS, *a competência da União, dos Estados, do Distrito Federal e dos Município somente será exercida por meio da alteração de suas alíquotas. Não é permitida qualquer outra disposição relativa ao IBS na legislação dos entes federativos, garantindo-se efetividade à uniformidade nacional do imposto e, ao mesmo tempo, autonomia financeira dos entes na gestão de seus orçamentos*.[60]
> O inciso I desse parágrafo assegura que, embora o IBS seja instituído em caráter nacional por meio de lei complementar, a autonomia federativa dos Estados, do Distrito Federal e dos Municípios fique garantida pela faculdade de alterar as alíquotas por lei ordinária.[61]

Nos parece, *salvo melhor entendimento*, a intenção clara e manifesta do legislador reformador em sobrepor, por Lei Complementar e, *ipso facto*, pela competência federal, em reduzir o alcance das autonomias estaduais e municipais, relegando-os a apenas definições pontuais de alíquotas – em delegação –, aos moldes da normatividade infralegal que hoje existe e tem sido chancelada pelo STF,[62] só que dessa vez à entes com igualdade-paridade constitucionalmente erigidos e assegurados.

O Comitê Gestor, como delineado, em detrimento à determinação política, cultural e financeira regionais, recorda-se, de quase 5600 atores não parece – *s. m. j.* – ser igualmente apto à representação na dimensão apropriada de autonomia recíproca entre os membros federais.

Afigura-se, deste modo, todo o delineado não só um desprestígio ao federalismo, como também digna de nota a sobrecarga legislativa que recairá sobre o legislador complementar, em detrimento do que poderia – prestigiados, inclusive, os princípios da praticidade e economicidade – dispor, cada um dos entes federados, em atividade político-financeira autônoma imanente às suas competências tributárias.

Ora, a forma de organização federal somente se manifesta e atinge os seus objetivos mediante a separação de poderes, a manutenção da autonomia de seus membros e o resguardo dos direitos e garantias individuais e fundamentais.

A descentralização jurídica e a consequente manutenção do exercício pleno das competências tributárias pelos entes regionais são, deste modo, manifestação do próprio federalismo, prestigiando, em última análise, a própria democracia e maior participação local, por seus atores, dentro de uma ordem jurídica central.[63]

---

60 Cf. p. 45 da redação original da PEC nº 45/2019.

61 Cf. p. 48 da redação original da PEC nº 45/2019.

62 *Vide* ADIs nº. 4.397/DF, 5.277/DF e Temas 554 e 939 de Repercussão Geral.

63 Sobre o tema, lição magistral de Misabel Derzi, em anotação à obra de Aliomar Baleeiro: "em um Estado dessa natureza, do tipo federal, a isonomia entre as ordens jurídicas parciais (central, estadual e municipal, no caso brasileiro) é corolário lógico e necessário da descentralização dinâmica. Se os tributos de competência dos Estados nascem de fonte jurídica própria estadual, se aqueles, atribuídos aos Municípios pela Constituição, somente surgem de atos do Poder Legislativo municipal, órgão estatal eleito pelos munícipes, não pode haver hierarquia ou relação de supraordenação de um poder parcial, sobre o outro. Caso houvesse, a descentralização dinâmica (político-jurídica), característica essencial do federalismo, estaria prejudicada. Há sim a subordinação das três ordens parciais a uma ordem jurídica total, ou nacional, que corresponde à parcela de poder não partilhada

Nas palavras de Heleno Taveira Tôrres, "o Estado Democrático de Direito, sabe-se, não se legitima apenas pela soberania do poder constituinte. Exige a contínua efetividade da democracia, expressa pela manifestação de vontade de homens livres".[64]

Assim, nenhum ente federado tem o condão-prerrogativa de decidir sem limites constitucionalmente erigidos e sub-rogar-se em competência, sob a égide do *animus foederati* fundante do paradigma da sociedade democrática brasileira.

Questões de ordem econômicas e financeiras, potencialmente projetadas, não podem prevalecer diante do Estado de Direito e da juridicidade que lhe é imanente. É preciso fazer o federalismo, ainda que o mundo pereça.

Referências

ABRUCIO, Fernando Luiz; COSTA, Valeriano Mendes Ferreira. *Reforma do Estado e o contexto federativo brasileiro*. São Paulo: Konrad-Adenauer-Stiftung, 1998. 187 p.

ANTUNES, José Pinto. O princípio federativo na Constituição brasileira. *Revista da Faculdade de Direito da UFMG*, v. 5, p. 105-121, 1953.

ATALIBA, Geraldo. Normas gerais de direito financeiro e tributário e autonomia dos estados e municípios. *Revista de Direito Público*, São Paulo, v. 2, n. 10, p. 45-80, out./dez. 1969.

ATALIBA, Geraldo. *Sistema Constitucional Tributário Brasileiro*. São Paulo: Revista dos Tribunais, 1968. 294 p.

ÁVILA, Humberto. IVA, uma proposta inconstitucional. *Portal Exame*, 18 out. 2018. Disponível em: https://exame.com/colunistas/opiniao/iva-uma-proposta-inconstitucional. Acesso em: 02. jul. 2023.

BALEEIRO, Aliomar. *Limitações constitucionais ao poder de tributar*. Atualizada por Misabel Abreu Machado Derzi. 8. ed. Rio de Janeiro: Forense, 2010.

BARACHO, José Alfredo de Oliveira. Descentralização do poder – federação e município. *Revista de Informação Legislativa*, v. 22, n. 85, p. 151-184, jan./mar. 1985.

BATISTA JÚNIOR, Onofre Alves; MARINHO, Marina Soares. As premissas para uma reforma tributária e as impressões iniciais acerca da PEC nº 45/2019. *In*: DERZI, Misabel de Abreu Machado; BATISTA JÚNIOR, Onofre Alves; BUSTAMANTE, Thomas da Rosa de; MEYER, Emílio Peluso Neder (Orgs.). *Repensando o federalismo no Brasil*. Belo Horizonte: Letramento; Casa do Direito, 2020. p. 86-112.

BONAVIDES, Paulo. Do velho ao nôvo federalismo. *Revista de Direito Administrativo*, n. 70, p. 500-515, 1962.

BONAVIDES, Paulo. O caminho para um federalismo das regiões. *Revista de Informação Legislativa*, v. 17, n. 65, p. 115-126, jan./mar. 1980.

BORGES, José Souto Maior. Normas gerais de Direito Tributário: velho tema sob perspectiva nova. *Revista Dialética de Direito Tributário*, São Paulo, n. 213, p. 48-65, jun. 2013.

BRECHT, Bertolt. *Brecht on Theatre* (translated and edited by John Willett). Hill and Wang, New York: 1964.

entre as distintas esferas estatais, e da qual são expressão mais evidente as normas constitucionais e as normas gerais de Direito Tributário. Em consequência, as normas gerais jamais substituem o exercício da competência legislativa da União, dos Estados, do Distrito Federal e Municípios em matéria financeira e tributária, de tal sorte que, havendo omissão do legislador ordinário estadual ou municipal, não poderá a União – mesmo editando lei complementar – regular o tributo de alheia competência, para valer no território daquela pessoa que renunciou à faculdade de legislar, atribuída na Carta Magna. (...) Assim, as normas gerais não suprimem, nem reduzem, ou substituem o exercício da competência legislativa tributária por cada pessoa política, que regulará o tributo de sua competência por meio da edição de lei própria, único ato normativo estatal apto a instituí-lo, validamente, dentro do respectivo âmbito territorial de validade. Nem tampouco a existência da norma geral federal poderá paralisar o exercício da competência legislativa estadual ou municipal. BALEEIRO, *op. cit.*, p. 158, p. 160-161.

64 TÔRRES, Heleno Taveira. *Direito constitucional financeiro*: teoria da constituição financeira. São Paulo: Editora Revista dos Tribunais, 2014. p. 126.

CÂMARA DOS DEPUTADOS. *PEC nº 175/1995*. Disponível em: https://www.camara.leg.br/proposicoesWeb/fichadetramitacao?idProposicao=14498. Acesso em: 27 maio 2024.

CÂMARA DOS DEPUTADOS. *PEC nº 293/2004*. Arquivada. Disponível em: https://www.camara.leg.br/proposicoesWeb/fichadetramitacao?idProposicao=259094. Acesso em: 27 maio 2024.

CÂMARA DOS DEPUTADOS. *PEC nº 233/2008*. Apensada à PEC 31/2007 – Pronta para Pauta no Plenário (PLEN). Disponível em: https://www.camara.leg.br/proposicoesWeb/fichadetramitacao?idProposicao=384954. Acesso em: 27 maio 2024.

CARRAZZA, Roque Antônio. *Curso de direito constitucional tributário*. 30. ed. São Paulo: Malheiros Editores, 2015.

COÊLHO, Sacha Calmon Navarro. Normas gerais de Direito Tributário e Sistema Tributário Municipal. *In*: NASCIMENTO, Carlos Valder do; DI PIETRO, Maria Sylvia Zanella; MENDES, Gilmar Ferreira (Coord.). *Tratado de Direito Municipal*. Belo Horizonte: Fórum, 2018. v. 1. p. 633-665.

COÊLHO, Sacha Calmon Navarro. O Direito Tributário do Brasil – Federalismo e Constituição. *In*: SCAFF, Fernando Facury; TORRES, Heleno Taveira; DERZI, Misabel de Abreu Machado; BATISTA JÚNIOR, Onofre Alves. *Federalismo(s) em juízo*. São Paulo: Noeses, 2019. p. 125-138.

COSTA, Alcides Jorge. Normas gerais de Direito Tributário: visão dicotômica ou tricotômica. *In*: BARRETO, Aires Fernandino (Coord.). *Direito Tributário contemporâneo*: estudos em homenagem a Geraldo Ataliba. São Paulo: Malheiros, 2011. p. 11-26.

DAMIANI, Vera Maria Araujo. Normas gerais de direito tributário. *Revista de Direito Tributário*, São Paulo, v. 6, n. 19/20, p. 28-47, jan./jun. 1982.

DERZI, Misabel de Abreu Machado. *Modificações da Jurisprudência no Direito Tributário*: Proteção da Confiança, boa-fé objetiva e irretroatividade como limitações constitucionais do poder judicial de tributar. São Paulo: Noeses, 2009.

DERZI, Misabel de Abreu Machado; BUSTAMANTE, Thomas da Rosa de. Federalismo com princípio moral: novas tendências conceituais. *In*: DERZI, Misabel Abreu Machado; BATISTA JÚNIOR, Onofre Alves; MOREIRA, André Mendes (Org.). *Estado federal e tributação das origens à crise atual*. 2. ed. Belo Horizonte: Arraes Editores, 2019. v. 1. p. 449-467.

FALCÃO, Amílcar de Araújo. Autonomia dos governos locais em matéria tributária. *Revista de Direito Administrativo*, v. 47, p. 1-12, 1957.

FARIA, Cássio Juvenal; MAZZILLI, Hugo Nigro; CARRAZZA, Roque Antônio. Algumas considerações sobre o princípio federativo. *Justitia*, São Paulo, v. 51, n. 146, abr./jun. 1989.

FERRAZ JR., Tércio Sampaio. Segurança jurídica e normas gerais tributárias. *Revista de Direito Tributário*, São Paulo, v. 5, n. 17/18, p. 51-56, jul./dez. 1981.

FERREIRA, Pinto. O regime dos estados na federação brasileira. *Revista de Informação Legislativa*, v. 1, n. 1, p. 12-30, mar. 1964.

GERKEN, Heather; Heather K. Gerken, Our Federalism(s), 53 Wm. & Mary L. *Rev. 1549-1573*, 2012.

HORTA, Raul Machado. A evolução política da federação. *Revista de Ciência Política*, Rio de Janeiro, v. 3, n. 1, p. 30-63, jan./mar. 1969.

HORTA, Raul Machado. *Estudos de Direito Constitucional*. Belo Horizonte: Del Rey, 1995.

HORTA, Raul Machado. Problemas do federalismo brasileiro. *Revista da Faculdade de Direito da UFMG*, v. 9, p. 68-88, 1957.

HORTA, Raul Machado. Reconstrução do federalismo brasileiro. *Revista de Informação Legislativa*, v. 18, n. 72, p. 13-28, out./dez. 1981.

INSTITUTO DE PESQUISA ECONÔMICA – IPEA. *Carta de Conjuntura nº 48*. 3º trimestre de 2020. p. 17. Disponível em: https://www.ipea.gov.br/cartadeconjuntura/index.php/2020/07/estimativas-anuais-da-arrecadacao-tributaria-e-das-receitas-totais-dos-municipios-brasileiros-entre-2003-e-2019. Acesso em: 28 jun. 2023.

KANT, Immanuel. *Fundamentação da Metafísica dos Costumes*. Trad. de Guido de Almeida: Grundlegung zur Metaphysik der Sitten. São Paulo: Discurso Editorial: Barcarolla, 2009.

KELSEN, Hans. *Teoria geral do direito e do estado*. 5. ed. Tradução de Luís Carlos Borges. São Paulo: Martins Fontes, 2016.

KELSEN, Hans. *Teoria pura do direito*. 8. ed. Tradução de João Baptista Machado. São Paulo: Editora WMF Martins Fontes, 2009.

LARA, José de Mesquita. As normas gerais de direito financeiro e do direito tributário, sua natureza e função. *Revista de Direito Tributário*, São Paulo, n. 76, p. 137-146, 1999.

MADISON, James; HAMILTON, Alexander; JAY, John. *Os artigos federalistas*. Tradução de Maria Luiza X. de A. Borges. Rio de Janeiro: Nova Fronteira, 1993.

MAGALHÃES, Dario de Almeida. A crise do federalismo. *Revista de Direito Administrativo*, n. 40, p. 1-14, 1955.

MARQUES, Pedro Lucas Debelli; BITTENCOURT JÚNIOR, Rogério Abdala. A concepção político-moral do federalismo, a tributação sobre o consumo e a PEC nº 45/2019. *In*: DERZI, Misabel de Abreu Machado; BATISTA JÚNIOR, Onofre Alves; BUSTAMANTE, Thomas da Rosa de; MEYER, Emílio Peluso Neder (Orgs.). *Repensando o federalismo no Brasil*. Belo Horizonte: Letramento; Casa do Direito; 2020. p. 113-133.

MARTINS, Ives Gandra da Silva. A unanimidade consensual de Estados e Distrito Federal como requisito para concessão de isenções, incentivos e benefícios fiscais de ICMS – Princípio constitucional fundamental para manutenção do pacto federativo, o que o transforma em cláusula imodificável da Lei Suprema. *Revista Fórum de Direito Tributário – RFDT*, Belo Horizonte, ano 10, n. 59, set./out. 2012.

MARTINS, Ives Gandra da Silva; SOUZA, Hamilton Dias de; ÁVILA, Humberto; CARRAZZA, Roque Antônio. Relatório sobre as propostas da Câmara para a reforma tributária (parte 1). *Consultor Jurídico*, 30 jun. 2023. Disponível em: https://www.conjur.com.br/2023-jun-30/opiniao-relatorio-comissao-reforma-tributaria-iasp. Acesso em: 02. jul. 2023.

MOREIRA, André Mendes. O modelo de federalismo fiscal brasileiro. *In*: SCAFF, Fernando Facury; TORRES, Heleno Taveira; DERZI, Misabel de Abreu Machado; BATISTA JÚNIOR, Onofre Alves. *Federalismo(s) em juízo*. São Paulo: Noeses, 2019. p. 193-226.

MOTTA FILHO, Candido. As transformações do federalismo. *Revista da Faculdade de Direito da USP*, v. 46, p. 197-212, 1950.

OLIVEIRA, Regis Fernandes de. O federalismo como instrumento de concretização de direitos fundamentais e sociais. *In*: SCAFF, Fernando Facury; TORRES, Heleno Taveira; DERZI, Misabel de Abreu Machado; BATISTA JÚNIOR, Onofre Alves. *Federalismo(s) em juízo*. São Paulo: Noeses, 2019. p. 79-107.

RIBEIRO, Ricardo Lodi. *Temas de direito constitucional tributário*. Rio de Janeiro: Lumen Juris, 2009. 401 p.

SCAFF, Fernando Facury. Reforma tributária, a cláusula pétrea do federalismo e o STF. *Consultor Jurídico*, 16 abr. 2019. Disponível em: https://www.conjur.com.br/2019-abr-16/contas-vista-reforma-tributaria-clausula-petrea-federalismo-stf. Acesso em: 02. jul. 2023.

SILVA, Carlos Medeiros. Evolução do regime federativo. *Revista de Direito Administrativo*, n. 39, p. 1-15, 1955.

SILVA, De Plácido e. *Vocabulário Jurídico*. 15. ed. Rio de Janeiro: Editora Forense, 1998.

TÔRRES, Heleno Taveira. Código tributário nacional: teoria da codificação, funções das leis complementares e posição hierárquica no sistema. FERREIRA, Gilmar (Coord.). *Tratado de Direito Municipal*. Belo Horizonte: Fórum, 2018. v. 1. p. 633-665.

TÔRRES, Heleno Taveira. *Direito constitucional financeiro*: teoria da constituição financeira. São Paulo: Editora Revista dos Tribunais, 2014.

Informação bibliográfica deste texto, conforme a NBR 6023:2018 da Associação Brasileira de Normas Técnicas (ABNT):

MARINHO NETO, José Antonino; EL ABRAS, Jorge Ricardo. Da reforma (in)constitucional tributária antifederativa e o papel da lei complementar no sistema tributário nacional. In: LOBATO, Valter de Souza (coord.); MARINHO NETO, José Antonino (org.). *O papel da lei complementar tributária no desenho federativo brasileiro*. Belo Horizonte: Fórum, 2024. p. 615-638. ISBN 978-65-5518-779-3.

POSFÁCIO

Foi com elevada honra profissional e acadêmica e enorme satisfação pessoal que recebi o convite para elaborar o posfácio da obra *O papel da Lei Complementar Tributária no desenho federativo brasileiro*, coordenada pelo professor Valter de Souza Lobato, eminente professor de Direito Tributário da prestigiada Faculdade de Direito da Universidade Federal de Minas Gerais, e organizada por José Antonino Marinho Neto, mestrando em Direito pela mesma Universidade e membro e assessor especial da Presidência da Comissão de Direito Tributário do Conselho Federal da OAB. Por conta da evolução legislativa, doutrinária e jurisprudencial que vem sofrendo, não há tema mais atual e importante do que o tratado nesta extensa e profunda obra.

A sua atualidade decorre, de um lado, do fato de a lei complementar ter suscitado, desde a promulgação da Constituição Federal de 1988 até os dias de hoje, as mais variadas controvérsias doutrinárias e jurisprudenciais. De outro lado, referida atualidade advém da circunstância de que a mencionada Constituição, depois de tantas vezes alterada, foi recém-modificada por meio de uma intitulada "Reforma Tributária", a qual atribuiu à lei complementar a tarefa de definir o novo imposto sobre bens e serviços, entre outras funções.

Sem que se saiba, com precisão e especificidade, qual a hierarquia, o conteúdo, a função e a eficácia da lei complementar, a rigor não se conseguirá adequadamente dirimir as mencionadas controvérsias, nem examinar qual o papel que ela deverá desempenhar na estruturação da aludida reforma. Daí a absoluta atualidade da presente obra, que tem precisamente como objetivo analisar as diversas características e funções exercidas pela lei complementar em nosso ordenamento, sendo dividida em seções que tratam, como não poderia deixar de ser, dos vários âmbitos em que ocorrem as disputas doutrinárias e jurisprudenciais antes referidas: a Lei Complementar no Direito Brasileiro e as regras de competência; Lei Complementar e Federalismo: conflitos de competência; Lei Complementar e Federalismo: normas gerais em matéria tributária; Lei Complementar e as limitações constitucionais ao poder de tributar; Lei Complementar e tributos em espécie; Lei Complementar e a reforma tributária.

A arguta estruturação desses temas na presente obra, fruto da notória competência e da larga experiência de seus organizadores, já permite verificar que não há apenas "uma" lei complementar; o que verdadeiramente há é uma única denominação para fontes diversas, situadas em níveis diversos na hierarquia das fontes, com conteúdos distintos, funções diferentes e eficácias particulares. Daí a atualidade e a utilidade da presente obra, ao enfrentar, separada e destacadamente, cada uma das diferentes funções atribuídas à lei complementar pela Constituição Federal de 1988 com base em artigos escritos por uma plêiade de notáveis professores e advogados que atuam, por vezes há décadas, no âmbito do Direito Tributário.

A importância da presente obra, a seu turno, deriva do intrincado feixe de temas que o seu enfrentamento pressupõe. Em primeiro lugar, é necessário investigar as características da norma constitucional que atribui diferentes funções à lei complementar, situando-a no feixe de normas no mínimo com relação à espécie normativa que exprime (se regra, princípio e/ou postulado), ao estatuto lógico-normativo que traduz (se comando, proibição, permissão e/ou faculdade), ao caráter da norma que veicula (se formal ou material), à vinculação que mantém com a interpretação e aplicação do Direito (se norma de conduta, de competência, de definição, de eficácia, de ab-rogação, de conflito e/ou interpretação), ao sujeito a quem se destina (se ao legislador, ao administrador, ao julgador e/ou ao contribuinte) – entre tantos aspectos.[1] Sem perceber essas particularidades, não se poderá enfrentar com rigor o tema da lei complementar no Direito Tributário Brasileiro.

Em segundo lugar, é preciso examinar o tema da hierarquia da lei complementar no sistema de fontes normativas, objeto de estudos clássicos de Geraldo Ataliba e José Souto Maior Borges e de decisões importantes do Supremo Tribunal Federal. De um lado, há leis complementares que servem de instrumento para instituir ou aumentar tributos e se dirigem aos sujeitos passivos, sem servir de fundamento, material ou formal, para a edição de leis ordinárias pelo legislador competente da unidade federada cuja autonomia é exercida. É o exemplo da lei complementar exigida para instituir ou aumentar os empréstimos compulsórios ou os impostos no exercício da competência residual da União. De outro lado, leis complementares há que servem de fundamento, material ou formal, para a edição de leis ordinárias e se dirigem, não ao contribuinte, mas ao legislador no exercício da competência do ente federado para instituir ou aumentar os tributos. A eterna discussão a respeito da hierarquia não pode desconsiderar essa dicotomia, sob pena de atribuir a mesma hierarquia a leis complementares que exercem funções completamente distintas.

Em terceiro lugar, é preciso enfrentar o tema da relação material entre a Constituição Federal de 1988 e as leis complementares, notadamente aquelas que têm a função de definir os tributos e suas espécies e, em relação aos impostos discriminados pela Constituição, os respectivos fatos geradores, as bases de cálculo e os contribuintes. O perigo aqui é deixar de perceber que o fato de a Constituição ter atribuído à lei complementar a tarefa de definir determinados elementos não quer em absoluto dizer nem que a própria Constituição não os tenha conceituado, nem que esses possam ser, uma vez primeira e livremente, definidos pela lei complementar sem atentar para os limites, formais e materiais, já traçados, direta ou indiretamente, pela Constituição.

Nesse aspecto, não se pode esquecer que os conceitos precisam ser definidos e o são incessantemente: levando-se em conta a imprecisão e inespecificidade da linguagem e os graus de abstração dos conceitos, as definições são necessárias para ajudar a diminuir

1 ÁVILA, Humberto. *Legalidade Tributária Material*. 2. ed. São Paulo: Malheiros/Juspodivm, 2023. p. 11.

sua indeterminação, embora não suficientes para eliminá-la por completo. Desse modo, todos os conceitos podem ser explicados por meio de definições, sendo essas tanto mais importantes quanto mais imprecisas as fronteiras dos conceitos e mais complexas as suas relações com outros conceitos. Sendo assim, o fato de a Constituição ter atribuído à lei complementar a função de definir os tributos e suas espécies – e, com relação aos impostos nela discriminados, os fatos geradores, as bases de cálculo e os contribuintes – não significa em absoluto dizer que tais elementos não foram conceituados no texto constitucional. Ao contrário: precisamente porque conceituados é que precisam ser definidos, pois, se os termos utilizados pela Constituição não exprimissem significados, esses não precisariam ser explicados por meio de definições. Eles precisam ser explicados precisamente tendo em vista que exprimem significados, pois, do contrário, não poderiam ser explicados – faltaria o que explicar. Mas para saber se a Constituição densificou o significado de algum termo, é preciso saber que os significados nem sempre estão expressos, podendo estar acarretados, pressupostos, implícitos e implicados por meio da linguagem constitucional. O fato de o significado não estar expresso na Constituição não quer dizer, de modo algum, que ele não esteja implícito na Constituição. E expresso ou implícito, esse significado não pode ser alterado pela lei complementar por questões elementares de hierarquia formal e material da Constituição.[2]

Em quarto lugar, é preciso enfrentar o tema da relação entre a lei complementar que tem a função de estabelecer normas gerais e o princípio federativo. Esse pressupõe dois elementos mutuamente implicados: autonomia e uniformidade.[3] Autonomia traduz um estado ideal de coisas em que os entes federados possuem a capacidade de se autodeterminar com relação a questões fundamentais do ponto de vista político, econômico ou social, de acordo com suas diferenças regionais e geográficas. Uniformidade traduz um estado ideal de coisas em que os entes federados se submetem a normas comuns aplicáveis indistintamente a todos os entes federados e a todos os contribuintes. Para que haja uma federação, portanto, é necessário que a autonomia e a uniformidade estejam presentes, em maior ou menor medida, mas jamais em máxima medida. Com efeito, de um lado, se houver autonomia total dos entes federados, não só não terão esses autonomia, mas soberania, como também não poderão ser qualificados como entes federados, mas como estados independentes; de outro, se houver uniformidade total, não apenas os entes federados deixarão de ter autonomia, como igualmente deixarão de ser qualificados como entes federados para serem caracterizados como integrantes de um estado unitário.[4]

A autonomia federativa envolve a capacidade de os entes federados subnacionais se autodeterminarem quanto a questões fundamentais, sem influências subjugantes de outros entes federados, seja diretamente, por intermédio dos próprios entes federados, seja indiretamente, por meio de órgãos criados para regular e gerir os interesses federativos. Para que a referida capacidade efetivamente exista no âmbito tributário, é necessário que os entes federados tenham as prerrogativas administrativas, legislativas

---

2 ÁVILA, Humberto. *Competências Tributárias*. 1. ed. São Paulo: Malheiros, 2018. p. 43 e ss.

3 ÁVILA, Humberto. Teoria da Segurança Jurídica. 6. ed. São Paulo: Malheiros/Juspodivm, 2021. p. 324. PLEYER, Marcus. Föderative Gleichheit. Berlim: Duncker und Humblot, 2005. p. 337.

4 ÁVILA, Humberto. *Teoria da Segurança Jurídica*. 6. ed. São Paulo: Malheiros/Juspodivm, 2021. p. 325.

e financeiras de definir, de acordo com seus projetos políticos, econômicos e sociais e conforme suas diferenças regionais e geográficas, os tributos que irão instituir. Para tanto, devem possuir competência legislativa para definir, dentro da moldura constitucional estabelecida por princípios e regras e de acordo com as diretrizes gerais dirigidas a todos os entes federados por meio de normas gerais, sobre o que, de quem, quando, e em que medida os tributos de sua competência serão instituídos e cobrados.

Sendo assim, porém, forçoso é concluir que a autonomia não se resume a ter o ente federado direito de receber receitas tributárias, seja diretamente, pela instituição e cobrança dos tributos abrangidos na sua competência, seja indiretamente, pela obtenção de repasses oriundos de outros entes federados ou de fundos de participação. Para que haja autonomia, preciso é que o ente federado tenha um contínuo e estável poder político, por isso mesmo submetido a normas que, a par de gerais e abstratas, também sejam estáveis, determinadas e previsíveis. A autonomia deixa de existir, por conseguinte, quando o ente federado é submetido a normas individuais e concretas cujo conteúdo e vigência são alterados de maneira ocasional e conforme interesses momentâneos e circunstanciais. Nesse caso, não há condições mínimas para que o processo de poder político possa ser contínuo e estavelmente exercido de modo a manter as individualidades dos entes federados na generalidade da federação.

Além de autonomia, o princípio federativo exige uniformidade federativa: os entes federados devem se submeter a um conjunto de normas gerais, isto é, normas dirigidas indistintamente a todos os entes federados e a todos os contribuintes. Esse requisito, a par de garantir uniformidade federativa, também visa a preservar a segurança jurídica nos seus aspectos de estabilidade, determinação e previsibilidade da ordem jurídica federativa, tanto para os entes federados quanto para os contribuintes.[5] A garantia de uniformidade federativa por intermédio de normas gerais pressupõe, contudo, que essas sejam minimamente determinadas, estáveis e previsíveis. Do contrário, não há como a uniformidade ser garantida nem preservada.

Haverá determinação mínima quando as normas, além de serem gerais (dirigidas a uma classe de sujeitos) e abstratas (dirigidas a uma classe de situações), não forem ambíguas, polissêmicas, elevadamente genéricas ou elevadamente vagas.[6]

O significado de um dispositivo legal (D) é portador de ambiguidade quando uma palavra, expressão ou um enunciado exprime dois ou mais significados conjuntos diferentes, alternativos e não relacionados entre si (D = A, B ou C). É o que ocorre com a palavra "banco", que pode denotar um lugar para se sentar ("Eu sentei no banco da praça"), uma instituição financeira ("Eu apliquei meu dinheiro no banco") ou uma elevação de areia no mar ou em um rio ("O barco encalhou no banco").

O significado de um dispositivo legal (D) é portador de polissemia quando uma palavra, expressão ou enunciado exprime dois ou mais sentidos conjuntos diferentes, alternativos e relacionados entre si (D = A1, A2 ou A3). É o que sucede com a expressão "Faculdade de Direito" que, dependendo do contexto, pode denotar um prédio ("A Faculdade de Direito está com o telhado quebrado"), uma instituição ("A Faculdade de

---

5 ÁVILA, Humberto. *Teoria da Segurança Jurídica*. 6. ed. São Paulo: Malheiros/Juspodivm, 2021. p. 324 e ss.

6 ÁVILA, Humberto. *Teoria da Indeterminação no Direito*. 2. ed. São Paulo: Malheiros/Juspodivm, 2023. p. 43 e ss.

Direito da Universidade de São Paulo é muito prestigiada") ou um curso ("A Faculdade de Direito da Universidade de São Paulo é muito exigente").

O significado de um dispositivo legal (D) é portador de elevada genericidade quando deixa de especificar informação necessária para que possa servir de instrumento de comunicação e orientação (D = A, mas A em que sentido específico?). É o que se passa com a expressão "efeitos práticos da decisão", constante do artigo 20 da Lei de Introdução às Normas do Direito Brasileiro (LINDB), que não especifica "efeitos práticos" em que sentido, com relação ao que, para quem, na perspectiva de quem, como, quando, e em que medida.

O significado de um dispositivo legal (D) é portador de elevada vagueza quando, para a ampla maioria dos casos e não apenas para casos marginais, não se sabe ao certo se ele se aplica ou não se aplica e não há elemento intrínseco que permita de antemão definir se se aplica ou não se aplica (D = A, mas A se aplica a quais casos?). Tal espécie de indeterminação pode ser quantitativa, qualificativa ou socialmente típica.

Haverá vagueza quantitativa ou unidimensional quando uma palavra, expressão ou enunciado exprimir significado que conote determinada propriedade, mas não haja elemento intrínseco que permita prévia e minimamente saber em que medida essa propriedade deve estar presente para que o significado seja considerado aplicável a determinados casos. É o que ocorre com a palavra "calvo", cujo significado não permite saber quantos fios de cabelo a pessoa tem que possuir para deixar de ser calvo.

Haverá vagueza qualitativa ou multidimensional quando uma palavra, expressão ou enunciado exprimir um significado cujas propriedades não possam ser prévia e exaustivamente enumeradas, nem prévia e uniformemente combinadas. É o que sucede com a palavra "inteligente", cujo significado engloba várias propriedades, como capacidade de memorização e de resolução de problemas práticos, criatividade, perspicácia, acurácia, entre outras, não precisando estar todas presentes, nem presentes na mesma medida, para que se possa reputar uma pessoa como inteligente.

Haverá vagueza socialmente típica quando uma palavra, expressão ou enunciado exprimir um significado cujas propriedades só podem ser definidas com recursos a padrões concretos de comportamento externos ao ordenamento jurídico. É o que ocorre com os termos "bons costumes", "diligência habitual", "bom pai de família", "usos e costumes comerciais" ou "usos do tráfego", que não podem ser definidos, na sua intensão ou extensão, sem recursos a padrões sociais, culturais ou comerciais concretamente existentes em determinada comunidade.

Pois bem, se os dispositivos constantes das leis complementares destinadas a garantir a uniformidade federativa exprimirem significados gerais (dirigidos a uma classe de pessoas) e abstratos (dirigidos a uma classe de situações), mas, apesar disso, forem de tal modo ou em tal medida indeterminados a ponto de não servirem de instrumento de comunicação e de orientação para os seus destinatários, a uniformidade federativa não terá como ser garantida nem preservada. Isso ocorrerá se as disposições legais forem efetivamente e não apenas potencialmente ambíguas (exprimirem simultaneamente mais de um significado não relacionado), polissêmicas (exprimirem simultaneamente mais de um significado não relacionado), elevadamente genéricas (exprimirem significados que não especifiquem as informações necessárias para servirem de instrumento de comunicação e orientação) e elevadamente vagas do ponto de vista quantitativo (exprimirem significados que não tornem precisa, para a ampla maioria dos casos, a medida em que deve determinada propriedade estar presente para que eles possam ser aplicados), qualitativo (exprimirem significados que não tornem precisas, para a ampla maioria dos casos, quais são as propriedades que devem estar presentes e como elas devem ser combinadas entre si para que eles possam ser aplicados) e socialmente típico (exprimirem significados que, por carecerem de padrões comportamentais concretos para serem compreendidos e definidos, suscitem dúvidas com relação à sua aplicação na ampla maioria dos casos).

A regra constitucional de reserva de lei complementar para estabelecer normas gerais é violada tanto quando a lei complementar delega para outra fonte normativa ou outro poder a tarefa de estabelecer normas gerais, quanto quando a lei complementar emprega palavras, expressões ou enunciados de tal forma ou em tal medida indeterminados que indiretamente terminam por delegar para outra fonte normativa ou outro poder a tarefa de estabelecer normas gerais. Dos dois modos, pouco importa, a regra constitucional de reserva de lei complementar para estabelecer normas gerais é violada.[7]

A uniformidade federativa, portanto, demanda que os entes federados sejam submetidos a um conjunto de normas gerais, isto é, de normas dirigidas indistintamente a todos os entes federados e a todos os contribuintes. Contudo, para garantir uniformidade federativa, não basta que os dispositivos constantes das leis complementares destinadas a garantir a uniformidade federativa exprimam significados gerais (dirigidos a uma classe de pessoas) e abstratos (dirigidos a uma classe de situações). É igualmente preciso que eles não exprimam significados de tal modo ou em tal medida indeterminados a ponto de não servirem de instrumento de comunicação e de orientação para os seus destinatários. Isso ocorrerá se as disposições constantes da lei complementar forem efetivamente, e não apenas potencialmente, ambíguas, polissêmicas, elevadamente genéricas ou elevadamente vagas do ponto de vista quantitativo, qualitativo ou socialmente típico. Daí se poder afirmar que a mera existência de significados gerais e abstratos não é suficiente para assegurar e preservar a autonomia e a uniformidade federativas. Essas dependem não apenas da generalidade e da abstração dos significados dos dispositivos constantes da lei complementar; também dependem da univocidade e da especificação e precisão mínimas de seus significados, na medida em que, sem essas qualidades adicionais, seus significados não têm como servir de instrumento para garantir minimamente a uniformidade federativa, a participação democrática na conformação de uma federação e a segurança jurídica no âmbito de uma federação.

Em quarto lugar, é preciso analisar o tema da relação entre a lei complementar e a reforma tributária. O desafio, aqui, é não perceber que, dependendo do modo como for redigida a lei complementar que regular o novo imposto, poderá a autonomia federativa ser atingida no seu núcleo, se já não foi pela própria emenda constitucional.

Como visto, a autonomia federativa traduz a capacidade de os entes federados subnacionais se autodeterminarem quanto a questões fundamentais, sem influências subjugantes de outros entes federados, seja diretamente, por intermédio dos próprios

---

[7] ÁVILA, Humberto. *Legalidade Tributária Material*. 2. ed. São Paulo: Malheiros/Juspodivm, 2023. p. 89 e ss.

entes federados, seja indiretamente, por meio de órgãos criados para regular e gerir os interesses federativos. No âmbito tributário, ela demanda que os entes federados tenham as prerrogativas administrativas, legislativas e financeiras de definir, de acordo com seus projetos políticos, econômicos e sociais e conforme suas diferenças regionais e geográficas, os tributos que irão instituir. Por isso mesmo que os entes federados devem possuir competência legislativa para definir, dentro da moldura constitucional estabelecida por princípios e regras e de acordo com as diretrizes gerais dirigidas a todos os entes federados por meio de normas gerais, sobre o que, de quem, quando e em que medida os tributos de sua competência serão instituídos e cobrados.

Sendo assim, porém, a autonomia federativa não pode se identificar com um mero resultado financeiro, antes devendo traduzir um poder político efetivo, contínuo e estável no âmbito federativo. Desse modo, a questão da autonomia federativa não abrange apenas saber "o que" será recebido pelo ente federado, como é o caso da mera garantia de repasses financeiros; ela também abrange a questão de definir "como" o ente federado terá o direito de receber e "como" e "em que medida" irá poder, de maneira contínua e estável, exercer o seu poder sem qualquer tipo de subjugação externa. Daí se poder afirmar que a mera garantia de repasses financeiros, provenientes de outros entes federados ou de fundos constituídos para esse fim, não é suficiente para assegurar e preservar a autonomia federativa.

As breves considerações tecidas até aqui demonstram que o tema da lei complementar só aparentemente é singelo. Seu enfrentamento demanda conhecimentos que extrapolam o âmbito do Direito Tributário e se situam noutros âmbitos, como na Teoria do Direito, na Filosofia do Direito e na Lógica. É precisamente por isso que a presente obra surge em ótima hora, como leitura obrigatória para todos aqueles que se debruçam sobre o Direito Tributário e incansavelmente procuram reconstruí-lo com fundamento na Constituição. Daí eu querer dar os meus mais sinceros e efusivos parabéns, de um lado, ao coordenador Valter de Souza Lobato e ao organizador José Antonino Marinho Neto, pela efetiva e importante contribuição que dão ao Direito Tributário brasileiro ao tão bem estruturar e ao tão oportunamente publicar a presente obra; de outro, aos competentes autores por terem assumido o elevado desafio de enfrentar o intrincado tema da lei complementar por meio de artigos tão interessantes e instigantes. Desejo sinceramente que esta obra receba o sucesso intelectual e editorial a que faz jus e passe doravante a ser leitura obrigatória sobre o tema da lei complementar no Direito Tributário brasileiro.

São Paulo, 16 de março de 2024.

Humberto Ávila
Professor Titular de Direito Tributário da Universidade de São Paulo

Álvaro Ricardo de Souza Cruz
Possui graduação em Economia pela Pontifícia Universidade Católica de Minas Gerais, graduação em Direito pela Universidade Federal de Minas Gerais, mestrado em Direito pela Universidade Federal de Minas Gerais e doutorado em Direito pela Universidade Federal de Minas Gerais. Atualmente, é desembargador federal no Tribunal Regional Federal da 6ª Região e professor adjunto III da Pontifícia Universidade Católica de Minas Gerais. Tem experiência na área de Direito, com ênfase em Direito, atuando principalmente nos seguintes temas: estado democrático de direito, hermenêutica, direito comparado, relações igreja-estado e direito contemporâneo. E-mail: alvaro.sc@terra.com.br. Orcid: https://orcid.org/0000-0002-4910-0462. http://lattes.cnpq.br/1140151449892429.

Ana Carolina Monguilod
Diretora da Associação Brasileira de Direito Financeiro (ABDF). Representante da International Fiscal Association (IFA), no Brasil. Co-chair da Women of IFA Network (WIN) Brasil. Professora do Insper. Advogada, em São Paulo.

Ana Carolina Pereira de Mello
Bacharel em Direito pela USP. Pós-graduada em Direito Tributário pela FGV/SP. Advogada, em São Paulo.

André Prado de Vasconcelos
Graduado em Direito pela Universidade Federal de Minas Gerais (1991) e mestre em MCL – Master in Comparative Law – pela Samford University (2007). Foi Promotor de Justiça do Estado de Minas Gerais (1993-1997). Foi Juiz Federal do Tribunal Regional Federal da 1ª Região (1997-2022). Juiz Federal Coordenador do Programa de Conciliação "Concilia-BR 381 e Anel". Ex-Diretor do Foro da Seção Judiciária de Minas Gerais (2018-2020). Atualmente, é Desembargador Federal do Tribunal Regional Federal da 6ª Região (membro da composição originária a partir 19 de agosto de 2022). Ex-Presidente da Associação dos Juízes Federais de Minas Gerais (AJUFEMG, 2007-2008). Ex-Vice-Presidente da AJUFE para a Primeira Região (2016-2018). Autor do livro *Extinção civil do domínio*. Coautor de inúmeras outras obras. Professor da Escola Superior Dom Helder Câmara. Formador de Instrutores pelo Conselho Nacional de Justiça.

Arthur Maria Ferreira Neto
Mestre e doutor em Direito (UFRGS) e em Filosofia (PUCRS). Professor adjunto de Direito Tributário na UFRGS. Professor permanente do Programa de Pós-Graduação em Direito da UFRGS. Advogado e vice-presidente do TARF(RS).

Arthur Pattussi Bedin
Mestre em Direito Tributário pela Universidade de Coimbra, com graduação em Direito pela Universidade Federal do Rio Grande do Sul. Pós-graduação em Direito Processual Civil e em Direito Tributário Aplicado, também pela Universidade Federal do Rio Grande do Sul. Graduado em Ciências Contábeis. Advogado.

Átila Henrique Moura Faria
Mestre em Direito Público pela UFMG. Membro da Comissão de Direito Tributário da OAB-MG Subseção de Sete Lagoas.

Aurélio Oliveira Andrade
Mestre em Direito Tributário pela Faculdade de Direito da Universidade Federal de Minas Gerais. Bacharel em Direito pela Universidade Federal de Minas Gerais. Membro da Comissão de Direito Tributário da OAB-MG. Advogado.

Bernardo Cabral Filgueiras
Bacharelando em Direito pela Universidade Federal de Minas Gerais (UFMG). Diretor de competições da Liga Acadêmica de Direito Financeiro e Tributário da UFMG. Pesquisador. Monitor de Direito Constitucional.

Bernardo Motta Moreira
Doutor, mestre e bacharel em Direito pela UFMG. Conselheiro do Conselho de Contribuintes de Minas Gerais (CC/MG) e do Conselho Administrativo de Recursos Tributários de Belo Horizonte (CART/BH). Ex-conselheiro titular da Terceira Seção do CARF. Professor do IBMEC-BH. Consultor jurídico concursado da ALMG. Advogado.

Betina Treiger Grupenmacher
Doutora em Direito do Estado pela Universidade Federal do Paraná – UFPR. Mestre em Direito Tributário pela PUC-SP. Pós-doutora pela Universidade de Lisboa. Visiting Scholar pela Universidade de Miami. Pós-graduada pela Universidade de Salamanca, na Espanha. Professora titular dos cursos de graduação e pós-graduação (mestrado e doutorado) em Direito Tributário da Universidade Federal do Paraná. Professora do Programa de Mestrado do IBET. Coordenadora do curso de especialização do IBET-Curitiba. Advogada. E-mail: betina@grupenmacher.com.br.

Bianca Mauri Frade
Graduada em Direito pela Universidade Federal de Minas Gerais – UFMG. Pós-graduada em Direito Tributário pelo Instituto Brasileiro de Estudos Tributários – IBET. Advogada.

Bruno Campos Christo Teixeira
Mestre em Direito Tributário pela Fundação Getúlio Vargas – FGV. Advogado.

Bruno Fajersztajn
Professor de Direito do Instituto Brasileiro de Direito Tributário – IBDT. Mestre em Direito Tributário pela Universidade de São Paulo – USP/SP. Advogado.

Bruno Matos Ventura
Advogado formado pela Pontifícia Universidade Católica de São Paulo – PUC-SP. Especialização em Direito Tributário pela Fundação Getúlio Vargas – FGV/SP. Cursou L.L.M. em International Taxation na Georgetown University – USA.

Caio Ruggiero Nicolau Santos
Graduando em Direito na Faculdade de Direito da Universidade de Brasília. Membro do Programa de Educação Tutorial. Pesquisador do Centro de Estudos Constitucionais Comparados (CECC).

Carlos Alberto Gueiros Neto
Bacharel em Direito pela Universidade Católica de Pernambuco. L.L.M. em Direito Tributário pelo Insper. Advogado, em São Paulo.

Carlos Renato Cunha
Doutor e mestre em Direito do Estado pela Universidade Federal do Paraná – UFPR. Especialista em Direito Tributário pelo Instituto Brasileiro de Estudos Tributários – IBET. Professor conferencista do IBET. Professor seminarista do IBET-Londrina. Professor do Programa de Mestrado em Direito, Sociedade e Tecnologias das Faculdades de Londrina. Professor de Direito Tributário na Pontifícia Universidade Católica do Paraná – PUC-PR, *campus* Londrina. Procurador do Município de Londrina (PR). Advogado. E-mail: renato.cunha@pucpr.br.

Cassiano Menke
Professor adjunto de Direito Tributário da Universidade Federal do Rio Grande do Sul (UFRGS). Doutor em Direito Tributário pela UFRGS. Professor do Curso de Pós-Graduação em Direito Tributário da PUCRS/IET. Professor de Direito Tributário na Escola da Magistratura Federal do RS (ESMAFE-RS) e na Escola Superior da Magistratura da Associação dos Juízes do Rio Grande do Sul – AJURIS. Sócio coordenador da Área Tributária no Silveiro Advogados.

Dayana de Carvalho Uhdre
Doutora pela Universidade Católica de Lisboa. Membro Associada da Blockchains and Artificial intelligence for Business, Economics and Law – BABEL (Universidade de Firenze) e da FGV-SP. Coordenadora da pós-graduação em Blockchain e Direito dos Criptoativos da Esmafe-PR. Chief Innovation Officer WLF. Professora convidada em inúmeros cursos de pós-graduações. Membro da Comissão de Direito Digital e de Direito Tributário da OAB-PR. Palestrante. Procuradora do Estado. Autora, dentre outros, do livro *Blockchain, Tokens e Criptomoedas. Análise Jurídica*. E-mail: dayana.uhdre@gmail.com.

Eduardo Silveira Frade
Doutorando em Direito Tributário pela Pontifícia Universidade Católica de São Paulo (PUC-SP). Mestre em Direito Empresarial pela Faculdade Milton Campos (FDMC), tendo sido bolsista da Coordenação de Aperfeiçoamento de Pessoa de Nível Superior (CAPES). Especialista em Direito Tributário pelo Instituto Brasileiro de Estudos Tributários (IBET) e Especialista em Gestão de Cooperativas de Crédito pela Universidade de São Paulo (USP). Conselheiro de Recursos Fiscais da Secretaria de Estado da Fazenda da Paraíba. Professor da graduação em Direito da Universidade Estadual da Paraíba (UEPB) e da Faculdade Três Marias (FTM). Professor convidado das pós-graduações em Direito do IBET, ESA/PB, UNIESP e UNIMAIS. Advogado sócio e fundador do escritório Azevedo&Frade Advogados.

Elidie Palma Bifano
Graduada pela Faculdade de Direito da USP. Mestra e doutora em Direito Tributário pela PUC-SP. Professora no Curso de Mestrado Profissional da Escola de Direito de São Paulo – FGV e nos Cursos de Especialização do Instituto Brasileiro de Estudos Tributários – IBET, do Instituto Brasileiro de Direito Tributário – IBDT e da Associação Paulista de Estudos Tributários – APET. Advogada.

Fábio Soares de Melo
Doutor e mestre em Direito Tributário PUC-SP. Visiting Professor University of Saint Gallen.

Fernando Aurelio Zilveti
Mestre, doutor e livre-docente em direito tributário pela Faculdade de Direito da Universidade de São Paulo. Professor e diretor do Instituto Brasileiro de Direito Tributário – IBDT.

Gabriel Mendes Rodrigues
Graduado pela Universidade Católica de Pernambuco. Advogado. Pós-graduando em Direito Tributário pelo IBET.

Gabriel Ribeiro Brega
Mestre em Direito Tributário na Universidade Federal de Minas Gerais (UFMG). Graduado em Direito pela Universidade Federal de Juiz de Fora (UFJF). Advogado.

Gustavo Brigagão
Presidente nacional do Centro de Estudos das Sociedades de Advogados (Cesa). Presidente honorário da Associação Brasileira de Direito Financeiro (ABDF). Vice-presidente do Fórum Permanente de Direito Tributário da Escola da Magistratura do Rio de Janeiro. Membro do Conselho de Administração da Câmara Britânica (BRITCHAM). Diretor da Federação das

Câmaras de Comércio do Exterior (FCCE). Membro do Conselho de Altos Estudos de Finanças e Tributação (CAEFT), da Associação Comercial de São Paulo. Professor na pós-graduação em Direito Tributário da Fundação Getúlio Vargas e sócio do escritório Brigagão, Duque Estrada – Advogados.

João Kleber Vaz
Graduando em Direito pela Universidade Federal de Minas Gerais (UFMG). Trainee no escritório Coimbra, Chaves & Batista Advogados.

João Paulo Fanucchi de Almeida Melo
Advogado tributarista. Sócio fundador da Almeida Melo Sociedade de Advogados. Professor da pós-graduação e da graduação da Pontifícia Universidade Católica de Minas Gerais (PUC Minas), na condição de ajunto. Doutor pela Universidade Federal de Minas Gerais (UFMG). Mestre em Direito Público pela PUC Minas. Diretor da Associação Brasileira de Direito Tributário (ABRADT). Presidente da Câmara Jurídica e da Câmara de Assuntos Tributários da Federação das Associações Comerciais e Empresariais do Estado de Minas Gerais da FEDERAMINAS.

Jonathan Malaquias
Graduando em Direito na Faculdade de Direito da USP. Foi aluno do Instituto Brasileiro de Direito Tributário e é assistente jurídico no escritório Lacaz Martins, Pereira Neto, Gurevich & Schoueri Advogados.

Jorge Ricardo El Abras
Mestre e especialista em Direito Tributário pela Faculdade de Direito Milton Campos (FDMC). Graduação em Direito e Ciências da Computação pela Universidade FUMEC. Certified ISO 27001 Lead Implementer em Gestão em Segurança da Informação. Advogado e consultor em Direito Tributário, Financeiro, Empresarial, Compliance, Segurança de Dados e Governança Corporativa.

José Antonino Marinho Neto
Professor do Curso de Especialização em Direito Tributário da PUC Minas Virtual. Mestre e Bacharel em Direito pela Universidade Federal de Minas Gerais (UFMG). Especialista em Direito Constitucional pelo IDP. Pesquisador do Observatório da Macrolitigância Fiscal (IDP). Membro e Assessor Especial da Presidência da Comissão de Direito Tributário do Conselho Federal da OAB. Membro da Comissão de Direito de Tributário da OAB-MG. Advogado e consultor.

José Eduardo Soares de Melo
Doutor e livre-docente em Direito. Professor titular da Faculdade de Direito da PUC-SP (2012-2015). Visiting Scholar da Universidade da Califórnia (Berkeley). Orientador da Buceryus Law School (Hamburgo). Professor emérito da Faculdade Brasileira de Tributação. Consultor Jurídico.

Juselder Cordeiro da Mata
Mestre em Direito Tributário pela Faculdade Milton Campos. Especialista em Direito Tributário pela Pontifícia Universidade Católica de Minas Gerais (PUC Minas). Graduação em Direito pela Pontifícia Universidade Católica de Minas Gerais (PUC Minas). Professor de Direito Tributário. Diretor da Associação Brasileira de Direito Tributário (ABRADT), da Associação Brasileira de Direito Financeiro (ABDF) e do Centro de Estudos de Sociedade de Advogados, seccional Minas GERAL. Vice-presidente da Comissão de Direito Tributário da OAB-MG. Advogado sócio e fundador do escritório Juselder da Mata Sociedade de Advogados.

Kaleandra de Castro Lima
Mestre em Direito Tributário pela Universidade Federal de Minas Gerais. Pós-graduada em Advocacia Cível pela Fundação do Ministério Público. Graduada em Ciências do Estado pela Universidade Federal de Minas Gerais (UFMG). Graduada em Direito pela Escola Superior Dom Helder Câmara.

Leonel Pittzer
Graduado em Direito pela Universidade Federal do Rio de Janeiro em 2006. Mestre em Finanças Públicas, Tributação e Desenvolvimento pela Universidade do Estado do Rio de Janeiro em 2023. Integrou a Comissão de Juristas instalada em 2022 pelo Senado e pelo Supremo Tribunal Federal para a reforma do contencioso tributário. Professor convidado do Centro de Estudos de Direito Econômico e Social, da Escola da Magistratura do Estado do Rio de Janeiro, da Universidade do Estado do Rio de Janeiro e palestrante. Autor de livros e sócio responsável pela área tributária de FUX Advogados com quase 20 anos de experiência em litígios de alta complexidade.

Livia Accessor Ricciotti
Bacharel em Direito pela Universidade Presbiteriana Mackenzie e em Ciências Contábeis pela Trevisan Escola Superior de Negócios. Pós-Graduada em Direito Tributário pelo Instituto Brasileiro de Direito Tributário. Mestre em Direito Econômico, Financeiro e Tributário pela Faculdade de Direito da Universidade de São Paulo. Advogada, em São Paulo.

Lorena Gargaglione Dias
Advogada tributarista há 13 anos. Sócia do escritório Gargaglione Costa Advogados. Pós-graduada em Direito e Processo Tributário pela Faculdade de Direito da Fundação Escola Superior do Ministério Público – FMP/RS. Mestranda em Direito, com ênfase em Direito Tributário e Finanças Públicas pelo IDP. Conselheira Estadual da Seccional Mato Grosso, triênio 2022/2025. Secretária-adjunta da Comissão de Integração com os Tribunais Superiores do Conselho Federal da OAB – CFOAB. Membro Consultivo da Comissão Especial de Direito Tributário do Conselho Federal da OAB – CFOAB, gestões 2022/2025 e 2019/2021.

Lucas Bevilacqua
Doutor e mestre em Direito Econômico e Financeiro pela Universidade de São Paulo (USP). Professor e co-líder do Grupo de Pesquisa "Observatório da Macrolitigância Fiscal". Assessor da vice-presidência do Supremo Tribunal Federal.

Luciana Mundim de Mattos Paixão
Formada em direito pela UFMG. Responsável pela área tributária da Federação das Indústrias do Estado de Minas Gerais. Ex-presidente do Conselho de Contribuintes de Minas Gerais. Diretora da ABRADT. Conselheira suplente do Conselho de Recursos Tributários de Belo Horizonte.

Luís Eduardo Schoueri
Professor titular de Direito Tributário da Faculdade de Direito da USP. Vice-presidente do Instituto Brasileiro de Direito Tributário e sócio-fundador do escritório Lacaz Martins, Pereira Neto, Gurevich & Schoueri Advogados.

Marcelo Rocha dos Santos
Bacharel em Direito pela Universidade Presbiteriana Mackenzie. Pós-graduado em Direito Tributário pelo Instituto Brasileiro de Direito Tributário (IBDT). Mestre em Direito Tributário pela Fundação Getúlio Vargas (FGV). Consultor do Grupo de Estudos Tributários Aplicados (GETAP).

Marco Antônio Ferreira Coelho Filho
Graduado em Direito pela Universidade Federal de Minas Gerais – UFMG. Graduado em Ciências Contábeis pela Pontifícia Universidade Católica de Minas Gerais – PUC Minas. Mestre em Direito Tributário pela Fundação Getúlio Vargas – FGV. Advogado.

Maria Helena Santos Silva Ferreira
Mestre em Direito, Justiça tributária e segurança jurídica. Pós-graduada em Direito Tributário e em Direito Internacional. Atua há mais de 10 anos na área Aduaneira, tendo trabalhado com o despacho aduaneiro de exportação e importação. Possui experiência no contencioso e consultivo aduaneiro. Atualmente, também presta consultoria tributária relacionada aos tributos indiretos.

Maria Isabela Queiroz
Advogada formada pela Universidade Federal de Minas Gerais – UFMG. Especialização em Direito Tributário pelo Instituto Brasileiro de Estudos Tributários – IBET.

Matheus Leonídio Barbosa dos Santos
Assessor Jurídico da Procuradoria-Geral do Município de Belo Horizonte. Advogado. Especialista em Direito Tributário e pós-graduando em Direito Público. Membro do Conselho Estadual de Assuntos Tributários da FEDERAMINAS.

Maurício Coutinho de Almeida
Bacharel em Direito pela Faculdade de Direto Milton Campos (MG). Especialista em Direito Tributário e Mestre em Direito Empresarial pela Faculdade de Direito Milton Campos (MG). Doutor em Direito Público pela PUC Minas. Professor de Direito Tributário da Universidade de Itaúna (MG). Advogado. E-mail: mauriciocoutinho95@hotmail.com. Orcid: https://orcid.org/0009-0008-4146-9071.
http://lattes.cnpq.br/8719052535240472.

Maurício Pereira Faro
Advogado no Rio de Janeiro e em Brasília. Ex-conselheiro titular da Primeira Seção do CARF. Mestre em Direito pela Universidade Gama Filho. Professor dos cursos de pós-graduação do IBET, UCAM, PUC-RJ e FGV/RJ. Presidente da Comissão Especial de Assuntos Tributários da OAB/RJ.

Nina Pinheiro Pencak
Doutoranda e mestre em Finanças Públicas pela Universidade do Estado do Rio de Janeiro. Advogada. Ex-assessora de Ministro do STF.

Onofre Alves Batista Júnior
Pós-doutoramento pela Faculdade de Direito da Universidade de Coimbra. Doutor em Direito pela UFMG. Mestre em Ciências Jurídico-Políticas pela Universidade de Lisboa. Professor de Direito Público da graduação e da pós-graduação da UFMG. Ex-advogado geral do Estado de Minas Gerais. Ex-procurador do Estado de Minas Gerais. Advogado.

Paulo Coviello Filho
Graduado em Direito e em Ciências Contábeis pela Universidade Presbiteriana Mackenzie. Especialista em Direito Tributário pelo IBDT. Advogado e Contador.

Paulo Rosenblatt
Doutor em Direito Tributário pelo Institute of Advanced Legal Studies (IALS), Universidade de Londres. Mestre em Direito Público pela Universidade Federal de Pernambuco (UFPE). Professor de Direito Financeiro e Tributário na Universidade Católica de Pernambuco (UNICAP). Procurador do Estado de Pernambuco. Advogado.

Pedro Henrique Alves Mineiro
Bacharel e mestre em Direito pela Universidade Federal de Minas Gerais. Pós-graduado em Direito Tributário pelo Instituto Brasileiro de Estudos Tributários. Bacharel em Ciências Contábeis pela FIPECAFI.

Rafael Campos Soares da Fonseca
Doutor em Direito Econômico e Financeiro pela Universidade de São Paul. Mestre em Direito, Estado e Constituição pela Universidade de Brasília. Professor e co-líder do Grupo de Pesquisa "Observatório da Macrolitigância Fiscal". Assessor de Ministro do Supremo Tribunal Federal.

Rafael Korff Wagner
Mestre em Direito Constitucional e Processual Tributário pela PUC-SP. Presidente da Comissão Especial de Direito Tributário da OAB-RS. Advogado, em Porto Alegre.

Ricardo Mariz de Oliveira
Graduado em Ciências Jurídicas e Sociais pela Faculdade de Direito da USP em 1963. Pós-graduação (Especialização) em Direito Civil pela mesma faculdade. Presidente do Instituto Brasileiro de Direito Tributário – IBDT e membro de diversas entidades, como a ABDF, o IET, a ABRADT e a FESDT. Professor em cursos de direito tributário pós-graduação *lato sensu* do IBDT e professor convidado por várias faculdades e entidades no país. Palestrante em vários congressos sobre direito tributário. Relator nacional do Brasil perante o Congresso da International Fiscal Association realizado em Cancún, em 1992, para o tema "Tax Consequences of International Acquisitions and Business Combination". Autor de vários artigos e livros, inclusive do livro *Fundamentos do Imposto de Renda.*

Rodrigo Caserta
Sócio de Brigagão Duque Estrada – Advogados (BDE – Advogados). Membro da Associação Brasileira de Direito Financeiro (ABDF) e da International Fiscal Association (IFA). Membro da Associação Paulista de Estudos Tributários (APET). Professor em cursos de especialização em direito tributário.

Sacha Calmon Navarro Coêlho
Advogado. Coordenador do curso de especialização em Direito Tributário das Faculdades Milton Campos, Ex-professor titular das Faculdades de Direito da Universidade Federal de Minas Gerais (UFMG) e Universidade Federal do Rio de Janeiro (UFRJ). Ex-juiz federal. Ex-procurador chefe da Procuradoria Fiscal de Minas Gerais. Ex-presidente da Associação Brasileira de Direito Financeiro (ABDF) no Rio de Janeiro. Autor do "Curso de Direito Tributário Brasileiro" (Forense). E-mail: scalmon@sachacalmon.com.br.

Sergio Villanova Vasconcelos
Mestre em Direito Constitucional e Processual Tributário pela PUC-SP. Advogado, em São Paulo.

Tatiana Midori Migiyama
Bacharela em Ciências Contábeis pela Faculdade de Economia, Administração e Contabilidade da Universidade de São Paulo – FEA-USP. Bacharela em Direito na Faculdade Metropolitanas Unidas de São Paulo. Pós-graduada em Direito Tributário pelo Instituto Brasileiro de Estudos Tributários – IBET/USP. Especialista em Mediação, Conciliação e Arbitragem FGV. Contadora registrada no CRC. Advogada registrada na OAB. Ex-conselheira titular da 3ª Turma da Câmara Superior de Recursos Fiscais do Conselho Administrativo de Recursos Fiscais do Ministério da Economia – CARF. Ex-vice-presidente da 1ª Câmara da 3ª Seção do CARF. Certificada pelo Instituto de Certificação Institucional e dos Profissionais de Seguridade Social – ICSS. Conselheira Fiscal de Entidade Fechada de Previdência Complementar – EFPC. Professora em cursos de pós-graduação *lato sensu*. Coautora de diversos livros técnicos. Ex-membro da Associação Brasileira das Entidades dos Mercados Financeiro e de Capitais – Anbima. Membro da Associação Brasileira das Companhias Abertas – Abrasca. Membro do Instituto Brasileiro de Executivos de Finanças de São Paulo – IBEF SP. Gestora da Tax & Women.

Thais de Barros Meira
Doutora em Direito Tributário pela USP. LL.M. em Harvard Law School. Mestre em Direito do Estado pela PUC-SP. Advogada, em São Paulo.

Thiago Álvares Feital
Doutor e mestre em Direito pela Universidade Federal de Minas Gerais. Conselheiro no Conselho Administrativo de Recursos Fiscais (CARF). Professor no programa de pós-graduação em Direito da Pontifícia Universidade Católica de Minas Gerais (IEC-PUC Minas). Consultor na Federação das Indústrias do Estado de Minas Gerais (FIEMG).

Tiago Conde Teixeira
Doutor em Direito. Doutorando em Direito pela UNB. Mestre em Direito Público pela Universidade de Coimbra (Portugal). Procurador Tributário Adjunto do Conselho Federal da Ordem dos Advogados do Brasil. Presidente da Comissão de Advocacia nos Tribunais Superiores da Ordem dos Advogados do Brasil – OAB-DF. Membro efetivo da Câmara de Tributação da FECOMÉRCIO. Diretor da Associação Brasileira de Direito Tributário – ABRADT. Consultor e advogado.

Valter de Souza Lobato
Professor de Direito Financeiro e Tributário da Universidade Federal de Minas Gerais (UFMG). Doutor e mestre em Direito pela UFMG. Presidente da Associação Brasileira de Direito Tributário (ABRADT). Coordenador da Liga Acadêmica de Direito Financeiro e Tributário da UFMG. Advogado e consultor.

Vinícius André de Oliveira Soares
Bacharelando em Direito pela Universidade Federal de Minas Gerais (UFMG). Presidente da Liga Acadêmica de Direito Financeiro e Tributário da UFMG. Pesquisador.

Viviane Pereira do Nascimento Freire
Graduada pela Universidade Católica de Pernambuco. Advogada.

Zabetta Macarini Carmignani Gorissen
Bacharel em Direito pela Pontifícia Universidade Católica de São Paulo (PUC/SP). Pós-graduada em Direito Tributário e Direito Processual Civil pelo Centro de Estudos de Extensão Universitária (CEEU) e em Direito Empresarial pela Pontifícia Universidade Católica de São Paulo (COGEAE). Diretora Executiva do Grupo de Estudos Tributários Aplicados (GETAP).

Esta obra foi composta em fonte Palatino Linotype, corpo 10
e impressa em papel Offset 75g (miolo) e Supremo 250g (capa)
pela Gráfica Forma Certa.